# 2022

# 上海工业年鉴

# SHANGHAI INDUSTRIAL YEARBOOK

上海市经济和信息化委员会 编

上海社会科学院出版社

# 上海工业年鉴
## 编纂委员会

# 编纂说明

由上海市经济和信息化委员会主编的《上海工业年鉴》是一部全面系统反映上海产业发展、经济运行、技术进步和各类所有制工业企业情况的资料性工具书。

2022年版《上海工业年鉴》反映的是2021年上海工业经济发展的情况，共设置11个栏目：(1) 特载，刊有市经信委领导关于打造更高质量新型产业体系、加快提升品牌经济综合实力、全力推进制造业数字化并转型发展等内容的文章。(2) 综述，总结2021年产业经济和信息化发展工作，部署2022年工作要点。(3) 专题，记述上海落实制造强国战略、推进科创中心建设、工业互联网建设、人工智能发展、产业经济运行、生产性服务业、软件和信息服务业、文化创意产业、在线新经济、都市产业、工业品牌建设、中小企业、产业投资、技术进步、节能降耗、对外经济合作、军民产业融合、国资国企改革等方面的发展情况；(4) 区属工业，反映2021年各区工业的发展情况；(5) 企业简介，介绍一批大中型工业企业2021年的发展情况；(6) 上市股份公司，介绍2021年上海工业类上市股份公司的资产运作、股本结构以及全年主要经济指标；(7) 行业协会简介，介绍80多个工业行业协会2021年的工作；(8) 大事记；(9) 经济法规，刊载2021年国家及部委、上海市颁布的有关工业的主要经济法律法规规章文件；(10) 统计资料，刊载2021年上海工业经济发展的重要统计数据；(11) 企业形象，以彩色版面展示200多户各类企业形象。

《上海工业年鉴》编纂委员会

2022年8月

2021 年 11 月 4 日—10 日，第四届中国国际进口博览会在上海隆重举行。

2021 年 5 月 10 日，第七届中国品牌经济（上海）论坛成功举行。

2021 年 6 月 11 日，由上海航天局抓总研制的长征二号丁遥五十四运载火箭成功将四颗卫星送入预定轨道。

2021 年 7 月 9 日，由上海航天局抓总研制的长征六号遥六运载火箭成功将“钟子号”卫星星座 02 组送入预定轨道。

2021 年 12 月 29 日，中国首制全球最大型 24000TEV 集装箱船在沪东中华长兴岛基地顺利出坞。

2021 年 12 月 17 日，中国首制大型邮轮在上海外高桥船厂实现坞内起浮。

2021 年，上汽集团推出全新明锐轿车深受消费者青睐。

2021 年，上汽集团建成新能源汽车生产线投入生产。

2021 年 5 月 14 日 6 时 52 分，编号为 B-001J 的 C919 民机从浦东机场起飞，于 9 时 54 分安全降落，标志着即将交付东航的首架 C919 首飞试验完成。

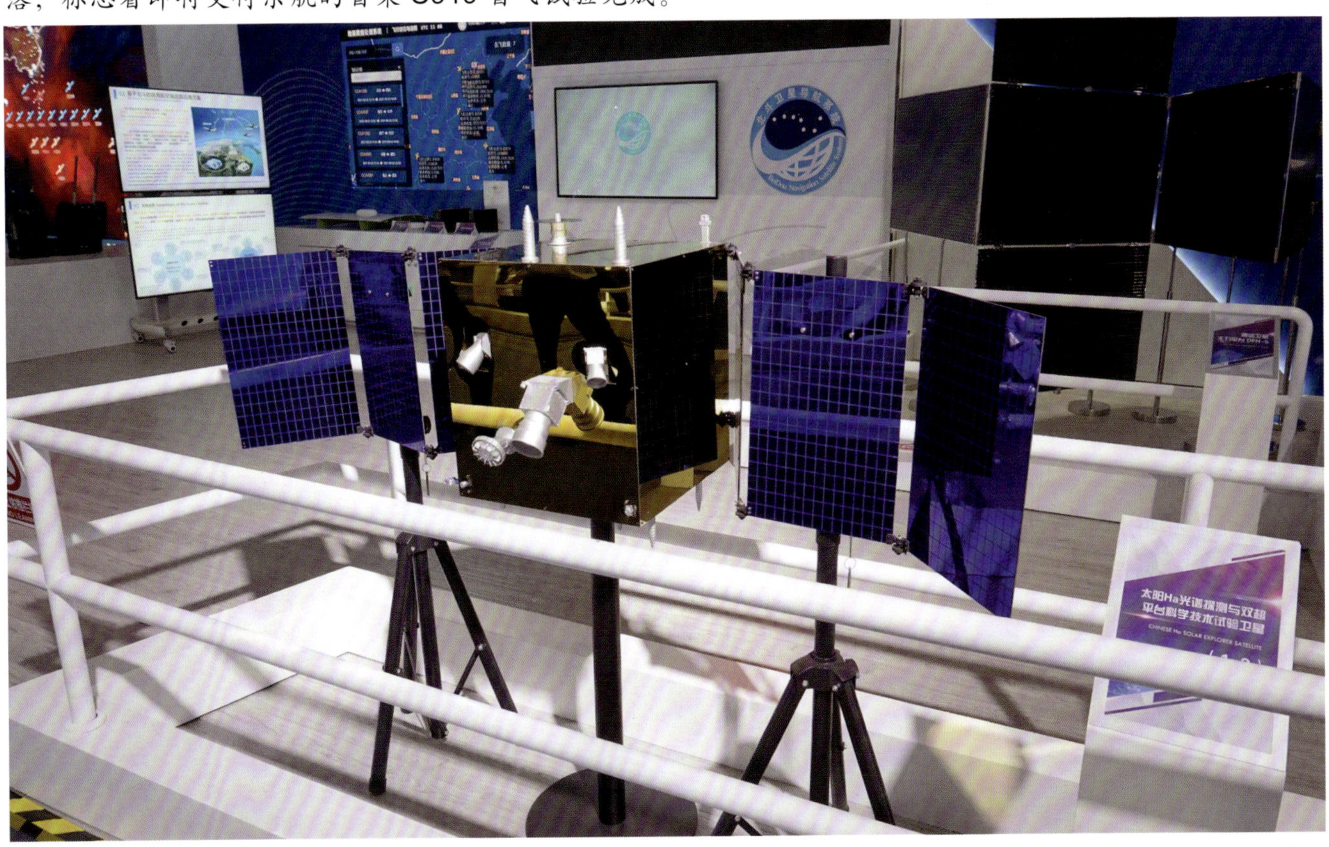


2021 年 9 月 28 日，上海航天局携 43 件展品亮相第 13 届中国国际航空航天博览会（太阳 Hα 光谱探测与双超平台科学技术试验卫星）。

2021 年 7 月 7 日—10 日，2021 世界人工智能大会在上海浦东世博中心召开。

上海发那科机器人有限公司建成国内最大机器人智能制造体检中心。

智能机器人检测车辆已成为上海中通地铁重要安全手段。

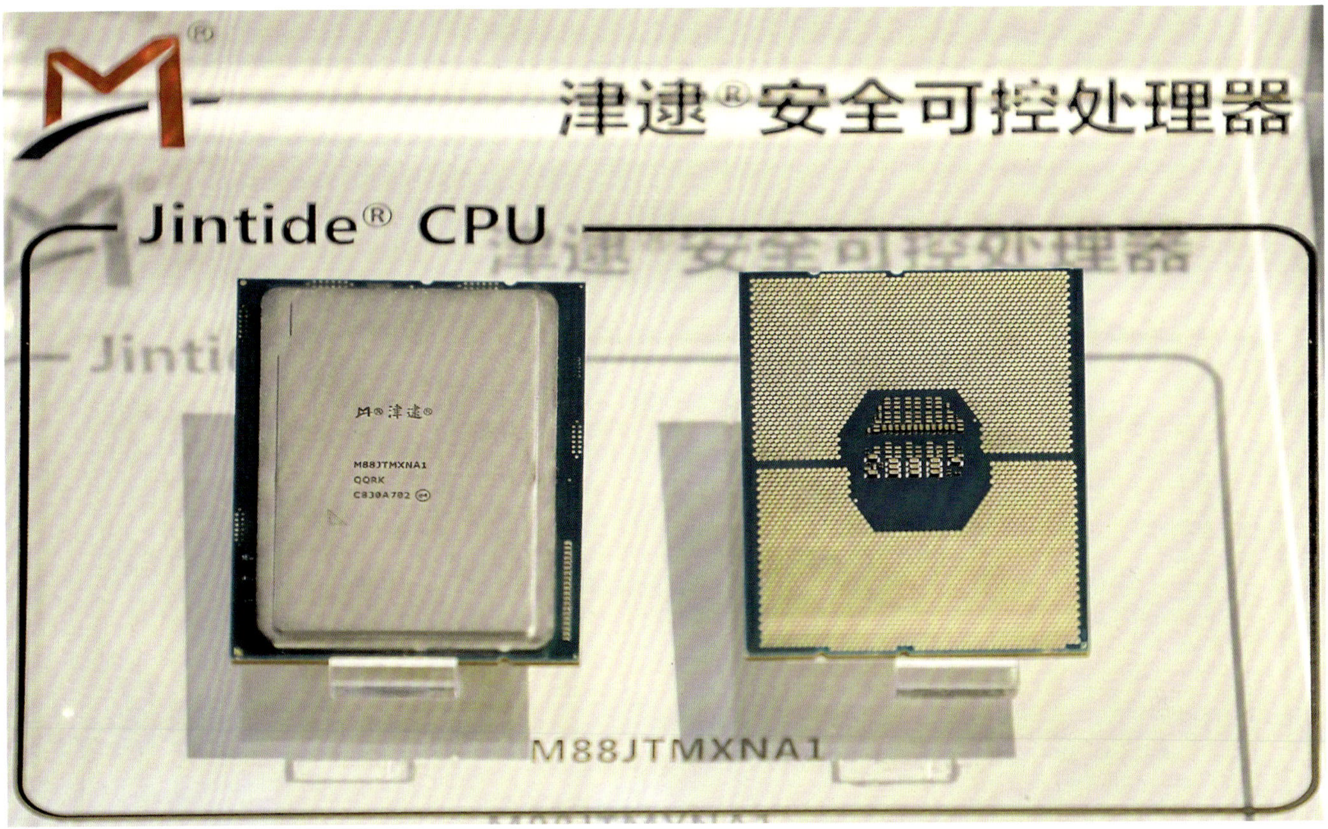


2021 年，上海澜起科技股份有限公司研发的安全可控处理器成为国内行业领先。

张江药谷集聚 1400 余家生物医药创新主体，全球医药 10 强已有 7 家入驻张江。

2021 年，临港嘉定科技城加快建设，初具规模。

位于临港松江科技城的 G60 科创云廊成为互联网连接长三角的新坐标。

2021 年 8 月 5 日，中船动力（集团）有限公司制造全球首台最大功率双燃料主机交付客户。

2021 年，上海外高桥第三电厂保持 10 年发每度电耗煤 281.77 克，节能水平世界领先。

上海日用友捷汽车电气有限公司以自动化生产为抓手，保质量，拓展市场。

上海凤凰自行车有限公司研制的新材料国礼自行车。

2021年12月3日，“华氏杯”第17届上海医药商业（中药师）技能大赛总决赛举行。

上海永太服装金山有限公司成为世界500强企业的金牌供应商。

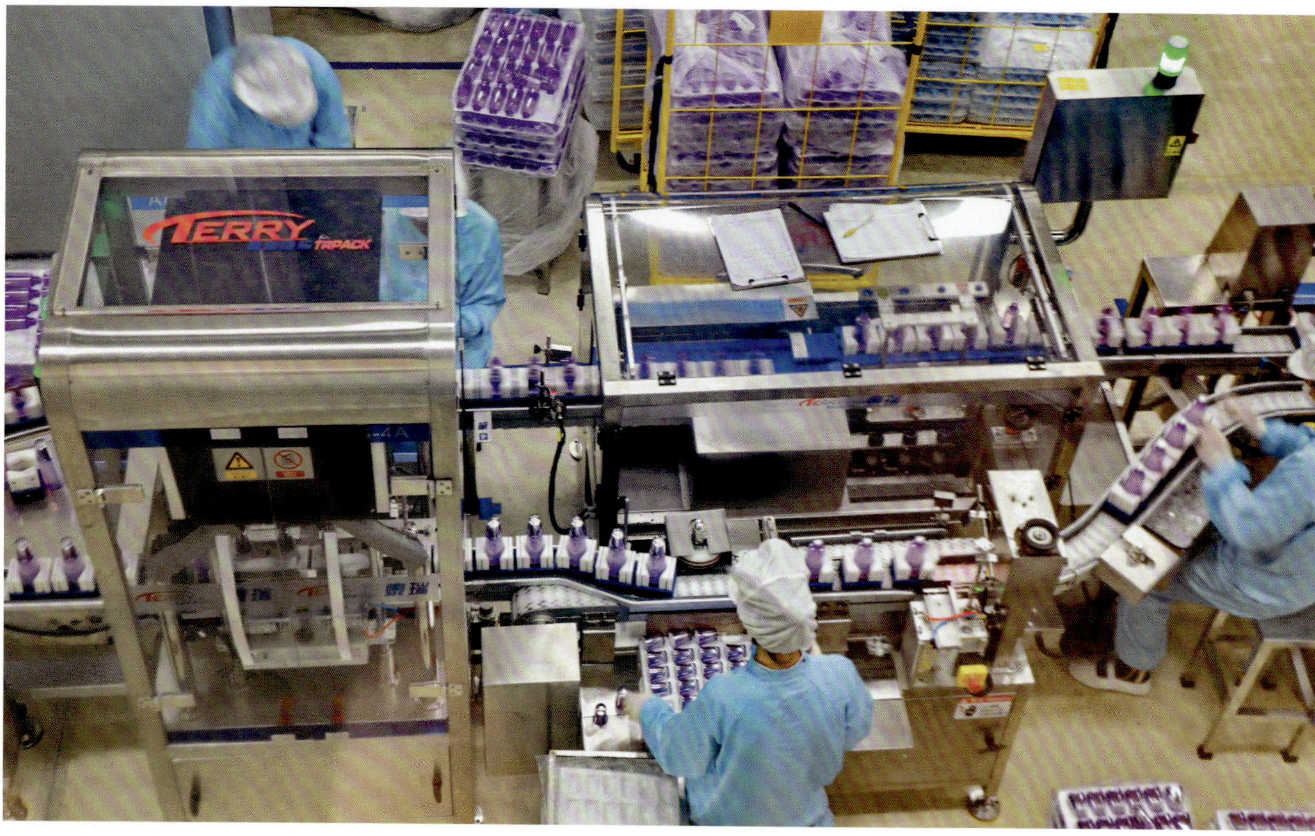

上海伽蓝化妆品全封闭生产线。

东方美谷化妆品产业基地成为上海新名片。

2021 年 6 月 11 日—7 月 10 日，百年上海工业影像作品展成功举办。

（本栏图片由蔡钧等提供）

# 目 录

## 特 载



## 综 述



## 专 题

## 区工业



## 企业简介

## 上市股份公司



## 行业协会简介

## 大事记



## 经济法规



## 统计资料

# 特载

综述
专题
区工业
企业简介
上市股份公司
行业协会简介
大事记
经济法规
统计资料

# 服务大局　谋定快动　在“比学赶超”中争创新业绩

上海市经济和信息化委员会主任　吴金城

（2021年2月24日）

2021年是中国共产党成立100周年，是全面建设社会主义现代化国家新征程开启之年，也是“十四五”开局之年。上海产业信息化工作既面临一系列挑战，也有更大机遇。我们认真贯彻落实习近平总书记考察上海和在浦东开发开放30周年庆祝大会上的重要讲话精神，准确把握新发展阶段，全面贯彻新发展理念，服务构建新发展格局。

坚持稳中求进工作总基调，围绕“三大任务一大平台”、强化“四大功能”“五个中心”和“五个新城”建设，坚持“六个化”、聚焦“六个打造”，持续构建产业和信息化高质量发展体系。

## 一、坚持高端化发展，打造更高质量的新型产业体系

市委、市政府提出，要充分发挥三大先导产业引领作用，重点打造“3+6”新型产业体系，全力做强创新引擎。

集成电路领域，推动成熟工艺产能合理布局、先进工艺量产定型，推动重大产业项目建设，加快打造国家集成电路综合性产业创新基地。

生物医药领域，发布落实新一轮三年行动方案和新一轮产业政策，建设产医融合创新示范基地；推动一批项目签约开工，加快形成产业化能力。

人工智能领域，制订实施算法创新行动计划，推进算力基础工程，加快公共服务平台等重点项目建设，创建人工智能实验室、人工智能算法研究院、市级人工智能创新中心等创新体，更高水平办好2021年世界人工智能大会。

着力发展电子信息、生命健康、汽车、高端装备、先进材料、时尚消费品六大重点产业集群，既要抓总量，也要抓增量，更要提质量。以特斯拉ModelY、大众MEB等项目带动汽车产业升级和品牌提升；依托商飞、商发和“一谷一园”构建大飞机全产业链；加强关键领域先进材料保障能力，加快精品钢材、尼龙66、高性能弹性体等项目建设；时尚消费品突出国品潮货，以创意设计打响食品、化妆品等“上海品牌”。

## 二、坚持数字化转型，打造更具智慧的国际数字之都

重点工作要加快促开局，贯彻落实城市数字化转型的意见，开展城市数字化转型大调研，制订城市数字化转型经济、生活、治理三大领域数字化转型三年行动方案。

“四梁八柱”要抓紧谋布局，加快规划城市神经元系统，建设全面AIoT化的城市数字孪生底座；汇聚多源异构数据，制定统一数据标准、接口规范和调用规则，搭建城市数据对话的智能中枢；推动若干个赋能平台实现全面场景化，构建产业互联网平台，赋能经济高质量转型；构建城市级开发平台，赋能生活高品质转型；基于底座和中枢构建两张网平台，赋能治理高效能转型。

分工合作要形成大格局，各部门、各区建立领导小组和工作专班，加强协同推进；全年建设8000个5G室外基站，数字经济核心产业增加值超5000亿元，国际数据港建设全面启动；累计打造60家智能工厂，创建一批工

业互联网促数字化转型示范企业；打造若干市民最关心、最直接、最受用的标杆应用，形成跨越“数字鸿沟”上海方案；实现“一网通办”网办比例不低于70%，“一网统管”观、管、防一体化覆盖全城。

## 三、坚持融合化方向，打造更强韧性的产业链供应链

推进产业链供应链创新融合发展，提升安全自主可控能力，实施产业基础再造工程“上海方案”，开展强基、突破、融合三大工程；体现政府有为、建立专班推进机制，体现市场主导、通过揭榜挂帅形成赛马机制；统筹补短板锻长板，集中攻关汽车电子芯片等基础短板，锻造高端医疗影像设备等长板；聚焦集成电路、生物医药、新能源与智能网联汽车等重点领域，实施产业链补链固链强链行动。

推动先进制造业和现代服务业深度融合，推进服务型制造，加强供应链管理、检验检测等生产性服务领域和服务平台建设；加快发展创意设计产业，筹备召开首届世界设计之都大会，制定发布提升上海设计之都建设的若干意见。

推动产业科技金融三角互动融合，联动长三角打造产业科技金融融合发展试验区，加强与国家制造业转型升级基金、中小企业发展基金、绿色发展基金、国企混改基金及AI等市场化基金合作；开展首批供应链金融试点，支持硬核企业科创板上市。

## 四、坚持集群化建设，打造更显特色的产业新空间

构建一批强劲活跃的经济增长极，落实中央支持浦东新区高水平改革开放政策意见，发挥好浦东对全市产业发展的创新引领作用；临港新片区要用足特殊综保区等制度优势，构建开放型创新产业集群；发布一体化示范区产业发展规划，实施绿色经济发展、产业创新协同、数字智慧赋能等六大示范工程。

推动五大新城产城融合发展，优化新城产业功能定位，承载“五型经济”发展，做实“一城一名园”推进机制，实现以产促城、以城兴产。嘉定新城联动国际汽车城，做优做强汽车产业集群，加快发展智能传感器、高端医疗器械等新兴产业；青浦新城串联虹桥商务区、市西软信园、华为研发中心等核心区域，着力发展以信息技术为代表的数字经济；松江新城发挥G60科创走廊链接优势，发展智能制造装备、工业互联网等新兴产业；奉贤新城打响“东方美谷”品牌，做大医药等特色产业；南汇新城围绕临港新片区发展，打造“7+5+4”现代化产业体系，建设未来创新之城。推动金山、宝山等重点区域产业转型升级，打造先进制造业和高端生产性服务业重要承载区。

提升特色产业园区发展能级，对接落实全市产业地图，发布第二批市级特色产业园区名单，制定出台特色产业园区创新发展实施办法，加快“张江在线”“长阳秀带”等在线新经济生态园项目落地，推进企业总部基地园区建设。

## 五、坚持品牌化提升，打造更加优质的企业服务环境

编制新一轮打响“上海制造”品牌行动方案，进一步培育名企、名家、名园、名品。围绕培育名企，持续优化营商环境，当好“铂金店小二”，推动大中小企业融通发展。

加强重点企业服务，加大全国知名民企落沪招引力度，推进民营企业总部集聚区建设，实施民营经济百强培育计划；依托市服务企业联席会议，做实“1515”企业诉求协调解决机制；推动营销力赋能、创意设计赋能等企业赋能行动，完善企业服务专员制度。

促进央地融合发展，推动央企与市政府签订战略合作协议，加强在沪央企联动发展，支持央企围绕新型产业

体系加大在沪布局、项目对接和投资合作力度。

发挥人才引领产业发展第一资源作用，实施卓越制造人才提升工程，落实重点产业领域紧缺人才开发目录；制订落实产业菁英人才计划，实施重点产业人才培育专项，每年引进培育200名产业领军人才和青年人才；争取国家部委支持，加强新工科、新医科等学科建设，落实临港新片区等特定区域人才个税优惠政策。

## 六、坚持生态化发展，打造更为给力的产业政策体系

将招商引资和扩大有效投资作为经济工作的“牛鼻子”和“生命线”。

以更快速度推进项目落地布局，围绕三大先导产业及高端装备、新材料、航空航天等领域，开展集中招商活动，创新产业链招商、专业机构招商、朋友圈招商、上市招商等方式，加快推进一批10亿元以上重点招商项目落地。

以更高效率加快新项目建设投产，深化新一轮行政审批制度改革，复制推广多图联审、甩项后置等经验做法；启动实施新一轮高水平技术改造，高质量落实开工、竣工“两个一批”短名单制度，缩短项目建设周期，加快竣工投产、形成新增产出。

以更大力度构建全要素资源生态池，落实规划土地政策、提高工业用地容积率，加强精准环评，实现在上海“好项目不缺土地”；依托基金+基地、基地+基金模式，推进总部楼宇、标准厂房、园区孵化器、中试平台等建设，实现“好产业不缺空间”；推动AI、大数据、北斗、区块链等深度开放赋能，支持绿色IDC建设，实现“好应用不缺场景”；发挥上海5G、集成电路、人工智能、创新药和智能网联汽车等人才优势，支持年轻高端产业人才快速落户，实现“好创意不缺人才”；深化产融对接、产投联动，推动专项资金管理改革，聚焦关键领域、重点项目、优势企业加大聚焦和连续支持力度，实现“好团队不缺资源”。

（本文系作者在上海市经济和信息化系统年度工作会议上的讲话的第二部分）

# 落实国家战略
# 加快提升品牌经济驱动力、影响力和新合力

上海市经济和信息化委员会主任　吴金城

（2021 年 5 月 10 日）

在工信部和上海市政府的关心指导下，第七届中国品牌经济（上海）论坛顺利召开。借此机会，交流三点想法。

**第一，要贯彻落实国家战略，加快提升品牌经济驱动力。**当前在全球新一轮科技革命和产业变革背景下，制造业重新成为全球竞争的新焦点，产业链、创新链、价值链重构，以及经济再全球化，对中国制造向中国创造转型，也对从产品经济向品牌经济升级带来了新机遇、新挑战。要加快提升品牌经济的赋能驱动力，推动科技赋能，依托 AI、5G 等提升创新产品竞争力，助力打造科技含量高、产业转化能力强的自主品牌；加快发展在线新经济，促进线上线下融合，打造一批新生代互联网品牌。推动场景赋能，抓住城市数字化转型机遇，打造工业互联网、智能工厂、便捷就医、为老服务、高效办成一件事等数字化品牌场景，支持各区形成数字化“一区一特色”“一区一品牌”。推动设计赋能，加快工业设计、建筑设计、数字设计、服务设计等业态模式发展，进一步改善产品性能、优化外观形象、凸显品牌价值。

**第二，要激发产业基因活力，加快提升品牌经济影响力。**上海是民族工商业品牌的发祥地，也是中国品牌经济快速发展的缩影。近年来，按照市委、市政府部署要求，全力打响“上海制造”品牌，高端芯片、首研新药、重大装备等一批创新、硬核、智能产品相继涌现并上市应用；两批共发布 40 个特色产业品牌园区，面向全球招商引资、招贤纳才。着力提升产业品牌形象，围绕集成电路、生物医药、人工智能和电子信息、生物医药、汽车、高端装备、新材料、时尚消费品“3+6”重点产业，加快战略高端产品率先创制；聚力支持电子消费品、化妆品、纺织品、工艺品、快消品等发展，提高消费品有效供给能力，深化增品种、提品质、创品牌。

**第三，要加快优化整体生态，提升品牌经济发展新合力。**促进中国品牌、世界共享，借助于中国国际进口博览会、中国国际工业博览会、世界人工智能大会、世界设计之都大会等平台，推动硬核产品、高端精品、国货潮品首发首秀首展；依托上海制造佳品汇、工业品在线交易节、信息消费云峰汇等活动，聚力双循环，引领新消费。我们将持续深化品牌之都建设，实施上海品牌 100+，焕发提振经典品牌，提升壮大优势品牌，孵化催生新锐品牌，推动更多品牌参与全球竞争合作。更好发挥企业等市场主体作用，进一步创新监管、优化服务，努力营造更加优质的营商环境，欢迎各位企业家、投资家将更多的创新项目、高端品牌、人才团队落户上海。

（本文系作者在第七届中国品牌经济〈上海〉论坛上的致辞）

# 全力推进制造业数字化转型并促进高质量发展

上海市经济和信息化委员会

（2021 年 7 月 20 日）

制造业数字化转型是建设制造强国、网络强国、数字中国战略，推动高质量发展、实现“碳达峰碳中和”目标的必由之路。习近平总书记指出，要加快推进新一代信息技术和制造业融合发展，提升制造业数字化、网络化、智能化发展水平。上海坚决贯彻中央部署要求，积极开展制造业数字化转型探索实践。今年第一个工作日发布“全面推进城市数字化转型的意见”，市委、市政府主要领导领衔推动。其中，制造业是数字化转型的主战场，我们聚焦抓好“五个全”，通过数字化“软实力”提升制造业“硬核力”，不断强化高端产业引领功能，力争更好服务国家战略。

## 一、以全方位赋能增效，融合产业血脉和数字化基因

制造业所处的时代方位决定了数字化转型是大局大势。

从历史演进看，近代以来上海工业的发展历程，正是我国工业从轻工业化、重工业化时代到新产业变革演进跃升的生动缩影。如今制造业呈现“一主两融三化”（高质量发展这条主线，两化融合、两业融合，高端化智能化绿色化）新趋势，数字化成为新发展动能。我们感到，制造业离不开数字化赋能、数字化更离不开制造业广阔场景，两者越来越融合、相互成就。

从技术演进看，数字化正在重新定义生产力和生产关系，新冠疫情更加速了数字化进程 5 ～ 10 年，赋予制造业“整体性转变（企业级、行业级、生态级等‘点链圈’全方位数字化转型）、全方位赋能（数据要素、数字技术赋能实现生产要素、生产资料高效流通）、革命性重塑（运用‘工业知识图谱 + 机理模型’，推动流程再造、业务协同）”新内涵。上海顺应时代发展大势，加快推进“3+6”重点产业体系，先后发布“经济数字化转型”“打响‘上海制造’品牌”“工赋上海”等行动计划，旨在更好释放数字化放大、叠加、倍增作用，坚定不移发展先进制造业，进而打造“人无我有、人有我优、人优我特”的现代化产业体系，加快迈向全球卓越制造基地。

## 二、以全产业链数字化转型，促进形成经济增长新动能

上海聚焦“3+6”重点产业体系，按照“一业一策、分类推进”的原则，形成了具有行业特色、精准有效的数字化转型方案，科学引导传统产业进行全方位、全角度、全链条的改造升级，发挥“链主”企业“雁阵带动”效应，提高全要素生产率，形成了一批标杆示范企业。

比如电子信息领域，聚焦 IC 设计、装备、材料等卡脖子环节，通过数字化协同平台实现上下游联合攻关。

汽车领域，发挥上汽等“链主”企业作用，依托工业互联网平台，打造汽车原材料供应、设计研发、制造物流、销售服务等数字供应链体系，带动产品、企业、出行大转型。

高端装备领域，聚焦航空、航天、船舶、能源，推动复杂产品设计、生产、服务的全过程数字孪生，建设虚拟样机，推动云仿真、云评估、云验证。时尚消费品领域，推动工业品、食品、饰品、化妆品、康辅用品、电子消费品及服务等上平台，打造消费互联网和工业互联网“两网贯通”枢纽平台，形成“需求定义设计、需求定义制造”的供求关系新重构。

## 三、以全应用场景开放，加快制造业数字化转型实践

推进“AI+ 制造”揭榜挂帅，打造 100+ 智能工厂，推动 AI 在工业机器人、故障监测、敏捷反应等产业链中应用，做深做透做全灯塔工厂；推出 3 批 58 个场景面向全球招标，推动 250+ 企业、500 个解决方案落地应用。

推进“工业互联网平台 + 制造”布局应用，培育 26 个有行业影响力的工业互联网平台，推动数字化工厂平台化网络化演进，链接全国 120 多万家企业、820 万台设备，打造 3.5 万个工业 App，150 万个数据集、5500 个工业算法、2700 个知识图谱。

特别是推动 5G 和工业互联网从“加法”变“乘法”，落实工信部 5G“扬帆行动”，部署 5G 等数字新基建，截至 7 月，上海累计建设 4.2 万个 5G 室外基站、7.5 万个室内小站；推动航空、汽车、钢铁、船舶等重点行业建设超 500 个场景，建成 5G 全链接工厂 20 个，实现重点领域应用、深度广度双突破。

推进“数字化 + 制造载体”建设，发布两批 40 个特色产业园区，包括集成电路设计园、嘉定智能传感园、张江人工智能岛、金桥 5G 产业生态园等，打造全场景数字园区，推动数字化研发、制造、中试、市场等一体化布局。

上海超大城市是数字化技术最佳试验场，我们按照“政府有为 + 专班推进、市场主导 + 揭榜挂帅”机制，持续推动 AI+、5G+、区块链 +、北斗 +、安全 + 等应用场景开放，实现制造业供需两侧更高水平动态平衡。

## 四、以全生命周期服务，激发各维度多层次转型动力

去年上海在全国中小企业发展环境评估中综合排名位列第一。我们充分发挥数字化引领作用，推动各类主体、行业、区域高质量发展。

面向央企国企数字化转型，发挥央企引领带动作用，中国商飞依托“5G+ 工业互联网”打造智能巡检、5G+8K 视觉识别等 250+ 应用场景，助力全球 10 万人次同步研发生产，建党 100 周年实现 ARJ21 生产 100 架、C919 交付 1 架、CR929 开工制造 1 架；深入国资国企实施数字化转型专项工程，实行“一把手”负责制，发布“数字化转型投入视同于利润”政策，从今年起推动首批全市 60% 市属国企实施数字化转型，覆盖核心业务板块 80% 以上。

面向外企开展国际合作交流，支持国内外优秀数字化解决方案商在沪投资布局，推动新技术率先应用、新项目加快落地，积极赋能传统产业转型升级。面向中小民营企业数字化转型，支持行业龙头打造工业算法库、知识库、模型库等工具包，通过“企业推荐目录 + 专项资金后补贴”，为中小企业提供优质低价的数字化服务和产品，推动超 12 万家中小企业上平台，助力企业平均提质 12.6%、增效 23.4%、降本 12.3%。

面向长三角一体化的数字化赋能，通过数字化转型补链固链强链，上海牵头智能机器人产业链，突破伺服、减速器等“卡脖子”技术，实现短期补链、中期固链、长期强链；落实长三角工业互联网一体化发展示范区要求，推动标识解析国家顶级节点（上海）扩容增能，面向长三角上线 29 个二级节点，服务企业超万家，标识注册量超 100 亿。

## 五、以全要素生态构建，推动制造业数字化转型行稳致远

上海具有全国领先的信息基础设施，海量的价值数据，扎实的科技和产业基础，也是全球排名第三的金融中心。

将人才作为驱动转型的核心动力，吸引集聚 5G 人才占全国 52%，IC 人才占全国 40%，AI 人才占全国 1/3，

智能车、创新药人才占全国25%以上；打造产业人才“1+3”政策体系（《关于新时代上海加强产业人才队伍建设的实施意见》为统领，三大产业人才培育专项为支撑），实施产业菁英计划，聚焦STEM培养“新工科”复合型人才，努力实现集成电路、生物医药、人工智能三大产业人才和产业规模双倍增。

将产融结合作为支撑转型的关键保障，推动产业、科技、金融三角互动，推出政府专项资金“揭榜挂帅”、市场基金股权投资等；优化“基地＋基金”“基金＋基地”发展模式。

将标准规范作为引领转型的重要引擎，按照“管行业管区域也要管数字化转型”要求，参与制定国家、行业、地方等制造业数字化转型标准80余项，力争加快突破一批核心部件、推出一批高端产品、形成一批中国标准。

（本文系在全国工业和信息化主管部门负责同志电视电话会议上的交流材料）

2022·上海工业年鉴

SHANGHAI INDUSTRIAL YEARBOOK

# 推动产业经济和信息化高质量发展<br>实现“十四五”良好开局

上海市经济和信息化委员会

## 一、2021 年工作总结

2021 年，上海市以习近平新时代中国特色社会主义思想为指导，全面贯彻落实党的十九大和十九届历次全会精神，深入贯彻落实习近平总书记考察上海重要讲话精神和对上海工作重要指示要求，认真落实市委、市政府决策部署，聚力稳增长、促投资、抓创新、调结构、优生态，推动产业经济和信息化高质量发展，实现“十四五”良好开局。

### （一）稳增长抓投资促融合，产业经济稳中有进、进中提质

产业经济实现“两个高于”：全市规模以上工业增加值增长 11%，高于全国工业增速、高于全市 GDP 增速。实现“三个万亿级”突破：工业增加值达到 1.07 万亿元，工业总产值超过 4.2 万亿元；三大先导产业总规模超过 1.2 万亿元；软件和信息服务业营收超过 1.26 万亿元，增长 15% 以上。生产性服务业重点领域营收增长 15% 以上，创意设计产业总产出增长 12% 以上。

#### 1．保障产业链供应链畅通稳定

发挥稳增长工作专班机制作用，用好“稳增长 10 问”“促投资 10 问”，落实稳增长“30 条”等措施，聚焦重点区域、重点行业、重点集团、重点企业，市、区联动协调解决海运运力保障、汽车零部件进口、企业用工等诉求。稳住上汽、特斯拉、电气等千亿级重点企业，稳住百家影响大的规上工业企业，稳住出口导向型企业，推动经济平稳运行。全力做好电力等能源稳定保供，加强通信、无线电等保障。

#### 2．投资促进和重点区域建设提速

举办全市重大项目集中开工活动，52 个重大产业项目总投资 2492 亿元；举办全球投资促进大会，总投资 4898 亿元的 216 个重大产业项目签约，80% 以上的项目已注册或开工。举办 65 场进博招商投资推介活动，签约 190 个重大产业项目，总投资超过 930 亿元。支持浦东新区打造世界级创新产业集群和数字化转型示范区，支持临港新片区加快建设开放型创新产业体系。集中推出五个新城“一城一名园”，全力打响嘉定国际汽车智慧城、青浦长三角数字干线、松江 G60 科创走廊、奉贤东方美谷、南汇数联智造品牌；发布第二批 14 个特色产业园区，推出 2900 万平方米产业发展新空间，40 个园区地均产出超过 140 亿元 / 平方公里。

#### 3．产业绿色、融合、协同发展深入推进

发布绿色制造体系建设实施方案，新增 42 家绿色工厂、1 个绿色园区、17 项绿色产品。发布推进先进制造业和现代服务业深度融合发展实施意见，服务型制造示范深入推进。举办第二届中国（上海）工业品在线交易节，实现交易 310 亿元，同比增长 65%。成立长三角集成电路、生物医药、人工智能、新能源汽车产业链联盟以及长三角医药创新发展联盟，联合开展机器人等产业链补链固链强链行动。建立全市产业外经工作网络和联络机制。深化东西部协作以及对口支援地区产业链协同发展。拓展与新加坡、日本横滨以及中国香港等地区产业和信息化合作交流。

### （二）持续强韧产业链，新发展动能加快培育壮大

发布先进制造业发展“十四五”规划，制订实施全力打响“上海制造”品牌新一轮三年行动计划，加快构建“3+6”新型产业体系，产业基础高级化、产业链现代化能力不断提升。

#### 1. 三大主导产业创新高地建设取得新突破

集成电路产业，先进工艺产能、核心芯片能级、关键设备和基础材料配套支撑能力不断提升；加大汽车电子芯片攻关力度，5G基带芯片、千万门级FPGA芯片批量供应；离子注入机、电子束和OCD量测设备、12英寸大硅片、厚膜光刻胶等装备材料实现产业化突破；全年产业规模2500亿元，增长约20%。生物医药产业，促进生物医药发展支持政策发布实施，新增获批1类创新药8个，创历年新高；新增12项产品进入国家创新医疗器械特别审批通道，占全国总数1/5，完成ECMO原型样机研制；上生所灭活疫苗获批上市，上药康希诺疫苗实现规模量产；推动浦东生物医药立法颁布实施，举办首届上海国际生物医药产业周，签约86个项目，总投资613亿元，全年生物医药产业投资增长90%以上；全年产业规模7000亿元，增长约20%。人工智能产业，成功举办2021世界人工智能大会，发布实施国内首个新一代人工智能算法创新计划、首个标准化体系建设指导意见；超过150个项目签约，总投资超过1100亿元；全年产业规模2800亿元，增长约18%。

#### 2. 六大重点产业集群竞相发展

8K超高清芯片、智能座舱、5G通信模组等一批产品达到领先水平。国家燃料电池汽车示范应用城市群获批，新能源汽车累计推广超过67万辆。发布民用航空产业链建设、北斗产业发展三年行动计划，C919大型客机签署全球首单，首艘国产大型邮轮船体建造贯通。工业机器人年产量、海上风电机组市场占有率位居全国第一，重型燃气轮机试验基地加快建设。实施先进材料产业三年行动计划，世界首条35千伏公里级高温超导电缆示范工程正式投运。制定世界一流“设计之都”建设若干意见、化妆品产业三年行动计划，举办东方美谷国际化妆品大会，国货潮品、文创精品、新锐品牌等持续涌现。六大重点产业工业总产值超过2.87万亿元，增长超过10%。

#### 3. 产业基础能力加快提升

成立产业基础再造工作专班领导小组和战略专家咨询委，中国工程院院士专家成果展示与转化中心首批创新成果加快产业化落地。大力实施产业基础再造工程，实施战略性重点领域联合创新计划。新认定超导、船舶动力两家市级制造业创新中心、106家市级企业技术中心。高端医疗装备无机闪烁晶体材料、自动驾驶激光雷达等实现国产化，大型五轴联动数控装备技术性能达到国际先进水平，集成电路制造用高端抛光液、航空玻璃原片、低损耗光纤涂料等实现量产应用突破。战略性新兴制造业产值超过1.6万亿元，增长14.6%，占工业总产值比重提高到40.7%。

### （三）统筹联动立柱架梁，城市数字化转型纵深推进

充分发挥数字化办职能，推动构建形成“1+1+3+3”政策框架（数字化转型意见，“十四五”规划，经济、生活、治理三年行动方案，促进政策、数据条例、数据交易所），召开生活、经济、制造业等数字化转型现场会。

#### 1. 产业数字化加速推进

落实制造业十大领域“一业一策”，建设智能工厂40家，打造灯塔工厂5家，上汽乘用车、华谊新材料2家企业获评国家级智能制造标杆企业，推广智能制造优秀场景200个。形成20个具有影响力的工业互联网平台，打造一批“5G+AI+工业互联网”创新应用。建设便捷就医少等待、快捷停车助通畅、数字酒店智管家等11个数字生活标杆应用，多措并举弥合“数字鸿沟”。推动五个新城数字化转型，加快市北数智园、临港数字孪生城、普陀海纳小镇等首批7个市级数字化转型示范区建设。加快国际数据港建设，发布全国首个智能网联汽车数据跨境流

动操作指引和正面清单。

2．数字产业化蓬勃发展

制订网络安全产业创新高地行动计划、工业软件高质量发展三年行动计划，上海数据交易所挂牌成立。张江在线、长阳秀带等在线新经济生态园建设深入推进，布局建设虹桥在线新经济生态园。推动字节跳动、美团点评、哔哩哔哩等一批新生代互联网总部项目和上下游生态落地，在线新经济核心企业营收年增速约40%，联合发布在线新经济灵活就业新政。成立上海国际金融科技创新中心－区块链实验室，云安全联盟、深信服等网络安全国际性组织、专业机构相继落户。

3．新一代信息基础设施加快建设

累计建设5.4万个5G室外基站，推进5G+智能制造、健康医疗、智慧教育等700余项创新应用。“为困难家庭免费升级百兆宽带”实事项目完成92万户，超额完成80万户年度任务。成立国内首家城市物联感知服务中心，上线城市物联感知场景服务平台，物联网数据卡终端数达到7200万。发布数据中心建设导则，成立IPv6+联合创新中心，启动建设IPv6+创新之城。

（四）完善综合保障，企业服务效能不断提升

1．企业发展环境不断优化

2020年全国中小企业发展环境评估上海综合排名第一，首次开展16个区中小企业发展环境评估。完善市企业服务云功能，实现7×24小时线上帮办，服务企业超过1.5万家。建立中小企业服务专员机制，服务专员超过6200名，为9.4万家企业提供诉求流转、政策推送、企业赋能、融通对接等服务，举办首届市中小企业服务专员技能比武大赛。

2．重点企业培育力度加强

加快建设南虹桥、张江、市北高新民营企业总部集聚区，举办6场知名民企走进3个集聚区、五个新城活动。建立全国民营500强“一企一档”135家，市级“专精特新”企业累计3005家、专精特新“小巨人”企业262家、重点“小巨人”企业103家、制造业单项冠军企业26家，评选表彰30位“上海市优秀企业家”。落实中央财政资金支持中小企业近3.2亿元，受惠企业1.5万余家；市中小企业专项资金1亿元，受惠企业7500余家。

3．央企服务成效显现

推动中船集团总部、中国电气装备集团总部落户。市政府与中国电信、中国联通、中国移动、中海油、国家电网等深化战略合作，推动国家海工装备创新发展平台、中国船舶集团海舟系统自主工业软件发展开放创新平台、中化集团先正达、国网英大等二级子公司及板块落户。

4．金融服务不断探索创新

3家国家中小企业发展子基金落户，总规模超过50亿元。12家商业银行推出“引航贷”等“专精特新”和专精特新“小巨人”企业专属金融产品。“千家百亿信用融资计划”和“科创企业上市贷”余额1142亿元，惠及4726户。首批5条供应链融资授信112亿元，132家链上企业融资41亿元。提升“浦江之光”行动能级，全年新增上市企业50家。科创板上市企业59家，居全国第二位。

5．产业人才队伍建设提速

贯彻落实中央、本市人才工作会议精神，制定新时代上海加强产业人才队伍建设的实施意见，实施集成电路、生物医药、人工智能三大先导产业人才培育专项，200人入选首批“上海产业菁英”高层次人才，引领产业发展的示范带动效应逐步显现。

## 二、2022年工作要点

### （一）指导思想和主要目标

以习近平新时代中国特色社会主义思想为指导，深入落实习近平总书记考察上海重要讲话和在浦东开发开放30周年庆祝大会上的重要讲话精神，全面贯彻落实党的十九大和十九届历次全会精神及中央经济工作会议精神，完整、准确、全面贯彻新发展理念，服务构建新发展格局，贯彻落实制造强国、网络强国、数字中国战略，按照国家工信部和市委、市政府决策部署，坚持稳中求进工作总基调，坚持以供给侧结构性改革为主线，围绕强化“四大功能”、深化“五个中心”建设、发展“五型经济”，加快提升产业和信息化发展能级和核心竞争力。坚持稳字当头、稳中求进，把工业稳增长摆在最重要的位置，保持制造业比重基本稳定；抢占赛道布局、强韧动能，加快数字经济、绿色低碳、元宇宙新赛道及未来产业布局，以智能终端牵引芯片、软件和生态集聚发展；加快高端引领、集群发展，加强招商引资和投资促进，加快培育新增长点、打造重要增长极；深化数字转型、全面赋能，以超级应用场景引领为“牛鼻子”，做强做优做大数字经济；稳健政策体系、优化生态，着力构建全要素生态资源池，实现“五好五不缺”，加快打造“三区一高地”，即现代化经济体系的引领区，产业基础高级化和产业链现代化的先导区，产业高质量发展的示范区，创新型企业集聚的新高地。

### （二）强化高端产业引领功能，勇当高质量发展主力军

加快落实三大产业“上海方案”，推动六大重点产业创新发展，构建现代化产业体系，打造世界级产业集群。

#### 1. 打造三大产业创新高地

推进集成电路产业创新合作发展，完善芯片软硬件生态，开展芯片、整机、系统联动发展。加快建设集成电路产业创新带，高标准建设电子化学品专区。加快推进汽车电子芯片发展。完善张江、临港、嘉定“一体两翼”产业布局，加快建设G60电子信息国际创新产业园、浦江创芯之城等特色产业园区。

推动生物医药产业链布局。落实《上海市浦东新区促进张江生物医药产业创新高地建设规定》，推动部分事项先行先试，加强高端原料药、体外诊断等细分领域布局。深化产医协同，挂牌产医融合示范基地，启动建设1～3家试点医院，加快打通临床研究及应用快通道。落实生物医药产业园区特色化发展方案，推进“1+5+X”产业空间联动发展。推动张江创新成果产业化，加速本地转化落地，促进创新药、高端医疗器械成果涌现。举办2022上海国际生物医药产业周，集聚全球生物医药创新资源和龙头企业，打造生物医药产业标志性国际峰会。

聚焦“算法创新＋场景赋能”，推进人工智能深度赋能应用。实施新一代人工智能算法创新行动，推动人工智能产业发展条例制定、可信AI等地方标准立项。推进人工智能计算公共服务平台建设。围绕智能芯片、前沿算法、智能硬件、AI辅助药物研发等领域布局重点攻关项目。组织开展“揭榜挂帅”，加快畅通AI医疗器械三类许可证取证渠道。推动优势企业科创板上市。编制创新算法示范目录，促进供需对接，探索共建综合性应用场景新机制。持续优化张江人工智能岛、徐汇西岸、临港“信息飞鱼”、马桥AI创新试验区等“4+X”产业空间布局。举办2022世界人工智能大会，首发前沿成果、落地重大应用、激活创新要素，更高水平打造人工智能开放合作和国际交流平台。

#### 2. 推动六大重点产业集群发展

加快电子信息产业转型升级。全面落实超高清行动计划，推动8K全产业链发展，加快超高清机顶盒推广；推动和辉光电二期45K产能提升。加速域控制器、车载智能计算系统产品前装产业化。落实工信部、民政部、卫健委相关政策，推动企业围绕智慧养老应用场景试点示范。

大力推进生命健康产业发展。推动斯微生物等疫苗研发攻关和产业化，促进上药康希诺、上生所等疫苗上市和产能提升。推动君实生物、迈威生物新冠中和抗体、小分子药物研发与产业化能力建设。加快推进健康物联网等研发及产业化。

推动汽车产业提质发展。支持上汽大众、上汽通用传统品牌焕新；新建智能充电桩10万个，新建换电站50座以上，新增推广新能源汽车12万辆以上。开展燃料电池汽车示范应用，新建加氢站超过10座，推广应用燃料电池汽车1000辆。

推动高端装备重大项目建设。推动建立重大技术装备产业发展部市合作协调机制，加快落实北斗、航空产业链建设三年行动计划。聚焦临港打造“全球动力之城”，支持ARJ21和C919生产交付，中航机载项目加快建设。积极发展工业机器人、服务机器人、数控机床等智能制造装备，实施装备数字化融合与生产数字化提升工程，推动重燃试验基地、发那科三期等重大项目建设，发展智慧能源产业。

做强先进材料产业优势。加快宝武吴淞园新材料基地、无取向硅钢产品结构优化、高性能弹性体等先进基础材料重大项目建设。加快万吨级大丝束碳纤维等复合材料重点项目落地。面向集成电路、民用航空、新能源汽车等战略领域需求，加快航空级碳纤维等关键材料开发与生产。

推动时尚消费品向价值链中高端迈进。发布实施时尚消费品产业高质量发展三年行动计划，打造一批绿色食品、时尚美品、智慧用品、文创精品。举办“上海制造佳品汇”、中国品牌经济（上海）论坛，遴选发布“上海时尚100+”，持续推进上海工业博物馆筹备建设。筹办首届世界设计之都大会，成立“国际设计百人”组织，推出一批重磅设计新品，加快培育设计创新中心和设计引领示范企业，打造国内外优秀设计首发地、“设计+”新业态新模式策源地。

### （三）增强产业链供应链韧性，激发创新策源新动能

聚焦构建“3+6”新型产业体系，优化政策支持，激发市场主体活力，保持产业链供应链稳定，促进上中下游、大中小企业融通创新，集聚更多央企和民企总部。

#### 1．加快布局数字经济新赛道

制订数字经济产业新赛道行动计划，着力推进数要素、数创意、云智算、智慧网、新场景、新循环、元安全等重点产业发展，布局若干特色产业园区。实施高能级数字经济企业培育工程，打造5家以上在线新经济领军企业，打响40个新生代互联网经济品牌，加快张江在线、长阳秀带、虹桥在线新经济生态园建设，推进平台灵活就业市场登记试点。发展流量型经济，深化国际数据港建设，试点数据跨境流通。优化上海数据交易所运行，完善交易平台和配套规则。加快工业软件高质量发展，建立创新产品推广应用机制，营造工业软件发展生态。

#### 2．加快布局绿色低碳新赛道

发布工业、新型基础设施领域碳达峰实施方案，实施工业和通信业节能降碳“百一”行动计划。制订绿色低碳产业发展工作方案，加快新能源、新能源汽车、储能和智能电网、碳捕集及资源化利用、循环再生利用等绿色低碳循环相关制造和服务业发展。探索二氧化碳资源化利用试点。大力提升氢能、风能、太阳能、核能等清洁能源技术水平和装备制造能力。推动以绿色低碳为特色的产业园区布局发展。加快在建、拟建、存量“两高”项目的评估、会审和升级改造。推动石化、钢铁等重点行业能源审计、节能诊断和能效对标达标。推动企业和园区建设光伏电站、分布式能源和能源管理中心。创建“四绿”企业50家，零碳示范工厂10家，开展1～2条绿色产业链建设示范。提高废旧动力电池循环利用能力，推进宝山再生资源利用中心项目建设。

3．加快布局元宇宙新赛道

发布元宇宙相关产业发展行动计划，推进链接、交互、计算、工具、生态“五位一体”布局，鼓励领军企业加强前沿布局，搭建元宇宙开发平台，打造试点应用场景。推动设立元宇宙主题论坛，鼓励企业、行业组织等融入开源社区建设。探索设立元宇宙特色产业园区，推动元宇宙相关企业、行业生态龙头集聚发展。

4．打造智能终端新动能

着力发展智能网联汽车，实施消费终端爆款打造、商用终端加速落地、核心系统部件突破、协同产业生态建设、数字工具终端赋能、重点终端项目支撑六大创新突破行动；加快智能公交、智能驾驶、无人配送、AGV、智能座舱、车载交互、高精度地图、5G-V2X 等协同发展，提升 Robotaxi、洋山港智能重卡等示范应用规模。加快培育智能终端优势，推进服务机器人、智能家居、智能穿戴、虚拟显示等终端布局，提升智能手机、国产服务器等市场占有率，培育新技术新产品新应用；探索设立浦东智能终端产业园等特色产业园区，着力引育科技创新型企业，打响上海智能终端品牌。

5．深入实施产业基础再造工程

实施“强基工程”，推进智能芯片、光子芯片等技术攻关，实施高端医疗器械等“揭榜挂帅”。实施“突破工程”，着力引进培育重点行业研发设计软件项目，加快张江实验室、生物医药产业创新平台、重型燃气轮机联合创新中心等建设。实施“融合工程”，发挥国有龙头企业引领带动作用，开展核电、汽车、航空、集成电路等产业链协同攻关，打造长三角产业基础创新共同体。

6．完善产业创新策源和转化体系

加快发展创新型经济，培育高端制剂与绿色制药、产业用纺织、智慧医疗、碳纤维、航空复合材料等 4 ～ 6 家市级制造业创新中心，发布实施企业技术中心管理办法。依托展示与转化中心等平台载体，推动院士创新成果加快转化。优化目录条件，加快更多创新产品推广应用。面向民用航空、汽车、生物医药等领域，鼓励国有企业、重大项目应用国产基础产品和技术。推动首台套装备、首版次软件、首批次新材料在产业基础领域应用。

推进未来产业布局，加强氢能与储氢、基因和细胞技术、未来材料、生物 3D 打印、光子芯片与器件、新型海洋经济、类脑智能、6G 技术、空天技术等未来产业谋划，围绕关键核心技术梳理创新链，培育创新主体和平台，推动未来产业成果转化和产品应用。研究认定未来产业企业技术中心、建立硬核科技评价体系，加强科技、产业、金融良性循环，支持硬核科技企业科创板上市。

7．激发民营和中小企业创新活力

促进民营经济高质量发展。举办服务民营企业促进经济高质量发展市长民企座谈会。加快推进民企 500 强“一企一档”建设，持续开展知名民企走进民企总部集聚区、走进五个新城活动，推动更多优质民营企业入驻和创新发展。发挥民营经济发展战略咨询委“思想库”“智囊团”作用。

促进中小企业向“专精特新”发展。推进实施科创引领、数字赋能、质量提升、融资普惠、卓越服务等重点工程，建设首批中小企业特色产业集群。优化完善创新型中小企业、“专精特新”中小企业、专精特新“小巨人”企业、制造业单项冠军企业梯度培育体系，累计培育“专精特新”企业 5000 家。

强化精准服务。深化企业服务云建设，提升“惠企政策一窗通”功能。落实专精特新企业办实事清单，协调解决企业诉求。聚焦碳达峰碳中和、数字化等重点领域，推出中小企业服务券，赋能“专精特新”企业发展。举办中小企业服务专员技能比武大赛，扩大服务覆盖面，提升服务实效。深入推进“浦江之光”行动，促进“专精特新”等中小企业上市融资。推动国家中小企业发展基金子基金落地，引导社会资本优化企业全生命周期融资服务。

8．推动央地融合发展

服务国家战略任务落实，深化战略对接合作，推动更多央企总部和重要项目落户，拓展央企服务保障“一企一方案”覆盖范围。筹备成立“上海市央企发展联合会”，打造在沪央企信息交流和项目合作平台。组织开展“央企进新城”活动，推动央企与新城融合发展。

9．推动外资优化产业布局

探索部市合作共建制造业外资重大项目协调服务机制。吸引更多外资核心板块、功能平台和关键环节落户。设立市企业服务云“外商投资企业”服务专栏，推动综合服务向一线延伸覆盖，促进外资企业更好融入产业和信息化发展。

（四）推动产业稳增长促发展，打造实体经济主战场

继续做好“六稳”“六保”工作，深入开展大走访、大排查，强化城市安全运行保障，加快投资促进和重大产业项目建设，提升产业园区发展能级，推动产业经济实现质的稳步提升和量的合理增长。

1．深入推进大走访、大排查

协同建立大走访企业数据库，完善数据库分类管理，提升企业智能推荐、诉求收集、协调办理等功能。深化标杆企业、初创企业等各类企业的走访覆盖，保障大走访顺利推进。发挥市服务企业联席会议机制作用，构建“市级部门横向互联、市区两级纵向贯穿”工作网络，强化企业问题诉求分发、督办和反馈，形成稳增长工作政策建议。

2．全力保持经济运行在合理区间

制订工业稳增长时间任务清单，强化目标任务分解和督促落实。振作工业经济运行，提升汽车、机械、轻工、电子等重点行业支撑作用。鼓励有市场、有效益、有订单的企业增加生产计划，指导企业优化节假日期间生产组织安排。制订年产值10亿元以上重点企业服务清单，确保链主企业运行稳定。制订稳增长政策清单，鼓励规上企业不断提升能级，发展制造业总部经济。支持工程机械企业拓展非洲、东南亚等“一带一路”沿线市场；指导出口导向型企业优化生产组织。发挥产业经济运行调度平台作用，着力打通产业链供应链堵点卡点，保障产业链供应链稳定。

3．全力推动投资促进和项目建设

依托中国国际进口博览会、世界人工智能大会、中国国际工业博览会等重大平台，组织策划高质量招商引资活动，筹办全球投资促进大会，推进重点区域和园区、央企、民企主题招商。围绕数字经济、绿色低碳、元宇宙等新赛道，以及智能网联汽车、智能手机、智能家居等终端带动领域，持续引进一批具有重要影响力的产业项目。实施新一轮高水平技术改造行动计划，精准连续支持一批重点技改项目。推动审批流程持续优化，复制推广项目开工建设“芯速度”，加快浦东新区、五个新城等重点区域已开工项目建设。全年力争10亿元以上签约、开工、在建项目达到200个以上。

4．全力提升产业园区发展能级

构建品牌园区引领、特色园区支撑、精品微园联动的园区发展体系，认定第三批特色产业园区，评估前两批特色产业园区建设成效。推动建立“一城一名园”统筹发展工作机制，聚力打响嘉定国际汽车智慧城、青浦长三角数字干线、松江G60科创走廊、奉贤东方美谷、南汇数联智造品牌，加快一批重大项目和载体建设，认定一批特色产业园区功能平台。用好市统筹指标，提高项目认定效率。制订重点产业发展区域城市更新行动计划，优化存量低效用地盘活政策，推进产业结构调整。探索编制资源利用效率评价成果图，通过差别化政策工具推动低效用地处置。支持功能性国企、工业企业、社会资本等各类主体参与园区二次开发，扩大产业园区REITS试点范

围。建设产业用地数据库，推进国家新型工业化产业示范基地、先进制造业集群创建。

5. 全力推进“两业融合”高质量发展

发展服务型经济，打造一批快递业和制造业深度融合示范典型，持续推进服务型制造培育和遴选，制订生产性服务业功能区、服务型制造团体标准。制订总集成总承包、工业洁净行业三年行动计划。举办第三届中国（上海）工业品在线交易节，开展“工业品牌周”等系列活动。

6. 全力强化城市安全运行保障

积极应对能源短缺和价格上涨，协调电煤稳定供应，保障迎峰度冬和迎峰度夏电力运行。制订实施新版电力改革方案，优化“获得电力”营商环境。落实电力直接交易市场化改革，修订电力直接交易规则，开展年度交易。加强煤油盐等行业管理，完善成品油供应体系，优化未加碘盐供应。

（五）深化城市数字化转型，增强全方位赋能主动力

按照“整体性转变、全方位赋能、革命性重塑”的总体要求，加快经济、生活、治理数字化转型向纵深推进，不断提升国际数字之都建设的广度、深度、显示度和体验度。

1. 加快经济数字化转型

支持数字技术创新，推动链主企业运用数字技术对传统产业全方位、全链条改造，促进数字经济和实体经济融合发展。创建国家级智能制造先行区，新增5家灯塔工厂，建设40家智能工厂，推广200个智能制造优秀场景。推动规模以上制造企业DCMM（数据管理能力成熟度评估服务）达标率超过30%。加快工业互联网创新应用，壮大一批工业互联网标杆平台，推动工业互联网“平台＋园区”融合创新，打造3～5个综合场景标杆。建设行业开放平台PaaS能力体系，发展工业大数据。加快培育经济数字化转型专业服务商，助力中小企业上平台上云。推动商务、金融、科创、航运、农业等重点领域数字化转型，打造数字商圈、云上会展等一批应用场景。

2. 加快生活数字化转型

建设8个市民群众最关心、最直接、最受用的应用场景链，深化11个标杆场景2.0版建设。拓展“便捷就医服务”应用，打造智能分诊断等七大场景。推动体育公共数据资源共享，实现“随身码＋”体育场馆100%覆盖。打造“云网边端”教育数字基座，推动5所5G校园应用试点。加快交通出行MaaS系统上线运行，推进地铁、公交乘车码和随身码“三码整合”。推动“红途”平台升级。深化数字酒店建设，打造数字景区、数字博物馆。实施数字伙伴计划，丰富为老服务一键通服务场景。打造一批数字家园、数字商圈商街，优化智慧早餐、智慧菜场等场景建设。

3. 加快治理数字化转型

深化“一件事”业务流程再造，打造20个“高效办成一件事”标杆场景。加快长三角“一网通办”，推进电子证照长三角地区互认共享。推动“随身码”在交通、文旅、私发、信用、监管等领域深度应用。深化“一网统管”观管防一体化建设，打造10个“高效处置一件事”标杆场景，探索建立城市风险智能预警清零机制。加快推动智能安防感知“神经元”建设。打造居村数字化平台，依托“社区云”拓展个人事项服务场景。

4. 完善数字发展环境

加快五个新城、七个市级数字化转型示范区建设，打造综合性、特色化数字化转型标杆区域。打造数字化转型“一区一长板”，加快经验模式复制推广。落实《上海市数据条例》，健全数字法规、制度、标准和政策体系。推进数据交易所运行，完善交易平台和配套规则，挂牌金融、航运、工业等领域数据产品500项以上，开展数据资产会计核算试点。

5. 夯实城市数字新底座

加快建立智能协同、开放共享的城市数字底座开发生态平台，支持重点行业、重点区域率先启动数字底座重大项目和综合场景建设。制定 IPv6 流量提升三年专项行动计划，累计建设 6 万个 5G 室外基站，推动 500 兆以上家庭宽带用户占比达到 40%。加快新型智能终端布局建设，新建城市公共安全视频终端 3 万个。推进物流仓储设施智能升级建设，新建 4000 组智能快件箱。推动商务楼宇、产业园区智能取餐柜设置。

6. 全力做好无线电管理和保障

挖掘频率供给潜力，保障典型应用场景及频率使用需求。提升频谱资源配置能力，开展频率使用率评价，推动频率使用分区域、分时段，可回收、可复用。做好进博会重大活动、北京冬奥会等重要赛事无线电安全保障。优化重要台站设置，完善事中事后监管体系。完成无线电频率台站管理系统改造，增强基站电子数据交互平台功能，实现重点地区 5G 基站和行业无线电台站兼容并存。建设行政执法全过程监管智慧办案系统，深入开展无线电、监控化学品生产经营等执法检查。

（六）融入国际产业竞争合作，强化新发展格局支撑力

优化完善产业人才、资金等综合服务保障，推进重要战略任务落实，发展开放型经济，拓展国际交流合作，助力构建新发展格局的中心节点和战略链接。

1. 加快重要改革试点落实推进

贯彻落实中央 13 号文，争取国家工信部等部委支持浦东在产业和信息化领域改革创新，探索建立符合发展趋势的数字经济规则，加快打造世界级创新产业集群和数字化转型示范区。支持临港新片区实行更大程度压力测试，完善重点产业企业所得税优惠政策，建设重点产业企业所得税认定管理平台，促进前沿产业发展。建设临港新片区国际数据港先导区，围绕数据交易所打造全球数据资源配置重要节点，建设大规模人工智能算力平台，支持构建自主产业生态。深入推进“五个中心”、自贸区等改革事项。推进高端制造业增长极方案发布实施，发布产业地图 2.0 版，推动五个新城投资上规模、建设上水平、产业上能级。召开长三角产业协同发展高端峰会，联合发布三大产业协同发展实施方案，深入开展长三角产业链补链固链强链行动，加快长三角工业互联网一体化发展示范区建设，加强沪西五区与 G60 科创走廊产业联动。

2. 深化对外合作交流

筹办第 23 届中国国际工业博览会，展示产业领域创新成果，促进产业合作交流。深化东西部协作和对口支援地区产业协作，编制上海与对口地区产业协作地图，开展优势特色产业和示范项目对接活动。落实“上海－横滨经济技术交流会议”机制，促进与新加坡及中国港澳台地区产业和信息化合作交流。

3. 优化产业人才队伍建设

制定产业菁英人才计划管理办法，推进“上海产业菁英”高层次人才选拔，完善项目资助和服务保障，打响“上海产业菁英”品牌。落实三大先导产业人才培育专项，推进 2 ～ 3 个重点产业集群人才培育专项制定。加大重点产业人才支持力度，拓展人才奖励数量和资金规模。继续培育一批市级重点产业学院，建设 1 ～ 2 家国家级现代产业学院，促进产教融合发展。

# 2022·上海工业年鉴

SHANGHAI
INDUSTRIAL
YEARBOOK

# 上海落实制造强国战略工作情况

2021年，为落实制造强国战略，持续深入打响“上海制造”品牌，加快迈向全球卓越制造基地，上海市制订新一轮打响“上海制造”品牌三年行动计划。专项行动计划共分为10个部分，具体为名品打造、名企培育、名家汇聚、名园塑造、数字创智、技术创新、质量创优、集群创建、服务创誉和绿色创先等专项行动。

## 一、名品打造专项行动

产品品质不断提升。8K超高清芯片、智能座舱、5G通信模组等一批产品达到国际领先水平。国家燃料电池汽车示范应用城市群获批，新能源汽车累计推广超过67万辆。发布民用航空产业链建设、北斗产业发展三年行动计划，C919大型客机签署全球首单，首艘国产大型邮轮船体建造贯通。工业机器人年产量、海上风电机组市场占有率位居全国第一，重型燃气轮机试验基地加快建设。实施先进材料产业三年行动计划，世界首条35千伏公里级高温超导电缆示范工程正式投运。制定世界一流“设计之都”建设若干意见、化妆品产业三年行动计划，举办东方美谷国际化妆品大会，国货潮品、文创精品、新锐品牌等持续涌现。六大重点产业工业总产值超过2.87万亿元，比上年增长超过10%。

## 二、名企培育专项行动

企业发展环境不断优化。2020年，全国中小企业发展环境评估上海综合排名第一，首次开展16个区中小企业发展环境评估。完善市企业服务云功能，实现7×24小时线上帮办，服务企业超过1.5万家。建立中小企业服务专员机制，服务专员超过6200名，为9.4万家企业提供诉求流转、政策推送、企业赋能、融通对接等服务，举办首届市中小企业服务专员技能比武大赛。

重点企业培育力度加强。加快建设南虹桥、张江、市北高新民营企业总部集聚区，举办6场知名民企走进3个集聚区、五个新城活动，美的、海尔、集度汽车、威高、云南白药、正大天晴等一批创新企业项目落地。建立全国民营500强“一企一档”135家，累计拥有市级“专精特新”企业3005家、专精特新“小巨人”企业262家、重点“小巨人”企业103家、制造业单项冠军企业26家，评选表彰30位“上海市优秀企业家”。落实中央财政资金支持中小企业近3.2亿元，受惠企业1.5万余家；市中小企业专项资金1亿元，受惠企业7500余家。

## 三、名家汇聚专项行动

产业人才队伍建设提速。贯彻落实中央、上海市人才工作会议精神，制定新时代上海加强产业人才队伍建设的实施意见，实施集成电路、生物医药、人工智能三大先导产业人才培育专项，200人入选首批“上海产业菁英”高层次人才，引领产业发展的示范带动效应逐步显现。

## 四、名园塑造专项行动

高端要素资源不断集聚。支持浦东新区打造世界级创新产业集群和数字化转型示范区，支持临港新片区加快建设开放型创新产业体系。中芯临港、宁德时代、中航机载、联影二期、美团、格科、闻泰等项目开工，中船长兴二期、华为青浦研发中心、药明生物、禾赛科技、大丝束碳纤维、商汤超算中心等项目加快建设。集中推出五个新城“一城一名园”，全力打响嘉定国际汽车智慧城、青浦长三角数字干线、松江G60科创走廊、奉贤东方美谷、南汇数联智造品牌；发布第二批14个特色产业园区，推出2900万平方公里产业发展新空间，40个园区地均产出超过140亿元／平方公里。推动五个新城数字化转型，加快市北数智园、临港数字孪生城、普陀海纳小镇等首批7个市级数字化转型示范区建设。

## 五、数字创智专项行动

产业数字化加速推进。落实制造业十大领域“一业一策”，建设智能工厂40家，打造灯塔工厂5家，上汽乘用车、华谊新材料2家企业获评国家级智能制造标杆企业，推广智能制造优秀场景200个。形成20个具有影响力的工业互联网平台，打造一批“5G+AI+工业互联网”创新应用。建设便捷就医少等待、快捷停车助通畅、数字酒店智管家等11个数字生活标杆应用，多措并举弥合数字鸿沟。加快国际数据港建设，发布全国首个智能网联汽车数据跨境流动操作指引和正面清单。

数字产业化蓬勃发展。制订网络安全产业创新高地行动计划、工业软件高质量发展三年行动计划，上海数据交易所挂牌成立。张江在线、长阳秀带等在线新经济生态园建设深入推进，布局建设虹桥在线新经济生态园。推动字节跳动、美团点评、哔哩哔哩等一批新生代互联网总部项目和上下游生态落地，在线新经济核心企业营收增速约40%，联合发布在线新经济灵活就业新政。成立上海国际金融科技创新中心—区块链实验室，新华三、绿盟、南大通用等信创企业集聚发展，云安全联盟、深信服等网络安全国际性组织、专业机构相继落户。

## 六、技术创新专项行动

产业基础能力加快提升。成立产业基础再造工作专班领导小组和战略专家咨询委，中国工程院院士专家成果展示与转化中心首批创新成果加快产业化落地。大力实施产业基础再造工程，编制集成电路核心装备、光刻胶、新能源汽车等14个重点领域白皮书，实施战略性重点领域联合创新计划。新认定超导、船舶动力两家市级制造业创新中心、106家市级企业技术中心。高端医疗装备无机闪烁晶体材料、自动驾驶激光雷达等实现国产化，大型五轴联动数控装备技术性能达到国际先进水平，集成电路制造用高端抛光液、航空玻璃原片、低损耗光纤涂料等实现量产应用突破。战略性新兴制造业产值超过1.6万亿元，同比增长14.6%，占工业总产值比重提高到40.7%。

**七、质量创优专项行动**

加快建设新一代信息基础设施。累计建设5.4万个5G室外基站，推进5G+智能制造、健康医疗、智慧教育等700余项创新应用。“为困难家庭免费升级百兆宽带”实事项目完成92万户，超额完成80万户年度任务。成立国内首家城市物联感知服务中心，上线城市物联感知场景服务平台，物联网数据卡终端数达到7200万。发布数据中心建设导则，成立IPv6+联合创新中心，启动建设IPv6+创新之城。

**八、集群创建专项行动**

三大先导产业建设取得新突破。集成电路方面，先进工艺产能、核心芯片能级、关键设备和基础材料配套支撑能力不断提升，兆芯CPU量产突破200万颗，重要基础软硬件产品加快替代；加大汽车电子芯片攻关力度，5G基带芯片、千万门级FPGA芯片批量供应，RISC-V指令集IP达到国际先进水平；离子注入机、电子束和OCD量测设备、12英寸大硅片、厚膜光刻胶等装备材料实现产业化突破；全年产业规模2500亿元，同比增长约20%。生物医药方面，促进生物医药发展支持政策发布实施，新增获批1类创新药8个，创历年新高；新增12项产品进入国家创新医疗器械特别审批通道，占全国总数1/5，完成ECMO原型样机研制；上生所灭活疫苗获批上市，上药康希诺疫苗实现规模量产；推动浦东生物医药立法颁布实施，举办首届上海国际生物医药产业周，签约86个项目总投资613亿元，全年生物医药产业投资增长90%以上，产业规模7000亿元，同比增长约20%。人工智能方面，成功举办2021世界人工智能大会，发布实施国内首个新一代人工智能算法创新计划、首个标准化体系建设指导意见；超过150个项目签约，总投资超过1100亿元，引进地平线、小冰、出门问问等一批领军企业；依图、天数智芯、燧原等芯片成功发布，人工智能实验室“书生”、天壤蛋白质结构预测平台、小度对话式AI操作系统等关键技术取得突破；全年产业规模2800亿元，同比增长约18%。

**九、服务创誉专项行动**

央企服务成效显现。推动中船集团总部、中国电气装备集团总部落户。市政府与中国电信、中国联通、中国移动、中海油、国家电网等深化战略合作，推动国家海工装备创新发展平台、中国船舶集团海舟系统自主工业软件发展开放创新平台、中化集团先正达、国网英大等二级子公司及板块落户。金融服务不断探索创新。3家国家中小企业发展子基金落户，总规模超过50亿元。12家商业银行推出“引航贷”等“专精特新”和专精特新“小巨人”企业专属金融产品。“千家百亿信用融资计划”和“科创企业上市贷”余额1142亿元，惠及4726户。首批5条供应链融资授信112亿元，132家链上企业融资41亿元。提升“浦江之光”行动能级，全年新增上市企业50家。科创板上市企业59家，居全国第二位。

**十、绿色创先专项行动**

产业绿色、融合、协同发展深入推进。发布绿色制造体系建设实施方案，新增42家绿色工厂、1个绿色园区、17项绿色产品。发布推进先进制造业和现代服务业深度融合发展实施意见，服务型制造示范深入推进。举办第二届中国（上海）工业品在线交易节，实现交易310亿元，同比增长65%。成立长三角集成电路、生物医药、人工智能、新能源汽车产业链联盟以及长三角医药创新发展联盟，联合开展机器人等产业链补链固链强链行动。建立全市产业外经工作网络和联络机制。深化东西部协作以及对口支援地区产业链协同发展。拓展与新加坡、日本横滨以及中国香港地区等产业和信息化合作交流。

（赵广君）

# 上海“3+6”重点产业发展情况

2021年，上海市发布先进制造业发展“十四五”规划，提出发挥上海产业和资源禀赋优秀、主要内容以集成电路、生物医药、人工智能三大先导产业为引领。大力发展电子信息、生命健康、汽车、高端装备、先进材料、时尚消费等六大重点产业，构建“3+6”新型产业体系，打造具有国际竞争力的高端产业集群。

**一、“3+6”新型产业体系**

“3”：聚焦发展集成电路、生物医药、人工智能三大先导产业。要放在更加突出的位置，树立旗帜，强化引领功能，落实好三个“上海方案”。集成电路加快高端芯片、关键配套器件、先进制造工艺、关键装备和材料等领域的“卡脖子”攻关。生物医药加快创新研发和本地成果转化，突破细胞治疗、基因工程、高端影像设备等前沿领域。人工智能创新突破基础理论、算法、算力、数据等环节，加强场景应用，增强对各行业的赋能作用。三大先导产业力争到2025年实现规模倍增。

“6”：提升发展电子信息、生命健康、汽车、高端装备、先进材料、时尚消费品等六大新的重点产业，以制造业为基底，融合拓展相关服务业态，打造高端产业集群。

电子信息，延续和提升原有电子信息产品制造业，重点发展集成电路、下一代通信、新型显示及超高清视频、智能终端、物联网及智能传感等领域，提升产品附加值；向服务端延伸发展软件、“互联网+”等信息服务业。

生命健康，在原有生物医药制造业基础上，向大健康产业拓展，重点发展生物医药、医疗器械、健身康复器材、营养保健品等；向服务端延伸发展健康服务、医药流通、智慧医疗以及精准医疗等领域。

汽车，延续和提升原有汽车制造业，推动中高端乘用车向节能化、智能化、网联化发展，加快发展新能源汽车、智能网联汽车、整车及零部件；向服务端延伸发展出行服务、汽车金融等后市场服务。

高端装备，在原有成套设备制造业基础上，突出高端化导向，重点发展航空航天、船舶和海洋工程装备、智能制造装备、新能源装备、节能环保装备等领域；延伸发展系统集成、智能运维等服务。

先进材料，将石油化工及精细化工制造业、精品钢材制造业归并，并拓展前沿新材料等领域。重点发展化工、钢铁等先进基础材料和战略新材料，以及高温超导、石墨烯、陶铝、碳纤维等前沿新材料；向服务端延伸发展钢铁、化工等大宗商品贸易、材料设计及检测鉴定等。

时尚消费品，顺应消费升级需求，重点发展时尚服饰、特色食品、智能轻工等领域，增强符合都市定位的产业功能，振兴老品牌、培育新品牌，打造设计之都、时尚之都、品牌之都，为建设国际消费城市提供优质高端产品；向服务端延伸发展时尚创意、工业设计等领域。

三大先导产业是将六大重点产业中承担国家战略、体现引领功能的细分领域，放在更加凸显的位置，其中，集成电路、人工智能都是电子信息的细分领域，生物医药也是生命健康的细分领域。同时，六大重点产业之间界限比较清晰，便于统计、监测和发展评估。初步估算新的六大重点产业中制造业产值占全市工业总产值的75%左右，与之紧密相关的服务业部分销售收入超过1万亿元，进一步延伸到金融、交通、商贸等相关生产性服务业，对全市经济发展举足轻重。

**二、聚焦六个维度，全面打造六大高端产业集群**

推动六大重点产业打造具有国际竞争力的高端产业集群。“十四五”时期的关键要抓好六个“量”：

（一）产业规模总量。六大重点产业，近要为全市稳增长做贡献，远要为全市未来发展筑优势，按照支柱产业的要求，要有5000亿～10000亿元的产业规模。从制造业部分看，汽车、电子信息向万亿元级规模迈进，高端装备、先进材料规模超过5000亿元，时尚消费品也有4000亿元；生命健康规模还较小，既要做强生物医药，也要做大健康相关产业。

（二）重大项目增量。以重大项目为产业发展蓄势增能，近几年，汽车、电子信息、高端装备、先进材料、生命健康等领域引进和建设了一批重大项目；“十三五”以来固定资产投入规模也较大，如电子信息投入1300多亿元、汽车860亿元、高端装备400亿元、先进材料500亿元、生物医药250亿元。要抓住制造业投资持续增长的窗口期，更多引进一批十亿元级、百亿元级项目，争取再创新高。

（三）龙头企业体量。各个重点产业都要有若干龙头企业，体现产业链掌控力，如上汽、宝武、上药进入世界500强，电气、船舶、石化、华谊等能级也较高。总体来看，生命健康、时尚消费品相比国内龙头企业，差距还较大，例如，相比医药领域的扬子江、恒瑞，食品领域的伊利、农夫山泉等。“十四五”时期要聚焦支持龙头企业做大做强，在细分领域培育一批独角兽、隐形冠军。同时，也要发力产品端，为“双循环”提供高质量供给。

（四）创新平台质量。上海产业创新资源丰富，整体处于国内领先水平（各类平台、机构、院校、实验室、协会等有2000多家）。六大重点产业都有一批高能级平台，如集成电路、智能传感创新中心、上汽集团技术中心、飞机设计研究院、航天八院、化工院、药物所等，但对比江苏产研院、深圳光启院等新型研发机构。“十四五”时期，要进一步发挥平台作用，集聚全球创新资源，推出一批“杀手锏”技术；特别是要聚焦新兴领域建设一批国家级、市级创新平台和新型研发机构，加快形成创新“场效应”。

（五）载体建设容量。六大重点产业要结合全市产业地图，既要抓“大”，也要抓“小”：一方面提升临港、汽车城、化工区、长兴岛等产业基地能级，挖掘更多增量空间，打造产业生态圈；另一方面也要聚焦细分领域，在特色产业园区建设上下功夫。同时，要抓住全市五大新城建设的发力期，推动“一城一名园”建设，打响“上海制造”名园品牌。还要联动全市文化创意园区，打造时尚创意新IP。

（六）政策要素变量。要将构建新型产业体系作为制定产业政策的出发点和落脚点，在各类产业政策、规划、布局中予以贯彻，做精做强六大重点产业相关的生产性服务业，提升服务能级。结合技术攻关“揭榜挂帅”、园区“腾笼换鸟”等工作，促进资源要素向六大重点产业集聚，积极引导社会力量参与，营造更好的发展环境。

（赵广君）

# 上海先进制造业“十四五”规划开局起步工作情况

2021年是“十四五”规划开局起步年。上海市政府贯彻落实上海先进制造业发展“十四五”规划，各项工作取得良好进展。

**一、先进制造业发展工作情况**

（一）准确学习把握强化高端制造业引领功能内涵

提高站位、统一思想，认真学习习近平总书记考察上海重要讲话和在浦东开发开放30周年庆祝大会上重要讲话，研读习近平总书记关于制造强国战略论述。进一步统一全市发展高端制造业的信心和决心。与科技创新策源功能强化联动，突出“高”和“引”。

“高”体现在：拥有核心技术，关键核心技术是要不来、买不来、讨不来的，亟须把关键核心技术掌握在自己手中。掌控产业链关键环节，在全球化精细分工下，掌控产业链关键环节就掌握话语权。占据价值链高端，控制价值链的中高端，具有极大的价值增值能力，获得高利润回报。数字赋能驱动，以互联网、大数据、人工智能等数字技术为典型，广泛赋能提升实体经济发展能级。

“引”体现在：创新引领，发挥高端制造业技术创新对社会整体创新的引领作用，围绕产业链部署创新链，增强创新的溢出效应。价值引领。发挥高端制造业在价值链中高端的引领作用，促进由规模增长型向价值增值型转变，实现从“量”到“质”的提升。集群引领。发挥高端制造业在产业集群、资源集聚方面的引领作用，聚焦重点企业、行业、园区，提升区域综合竞争力。主体引领。发挥高端制造业企业主体的基石和驱动作用，培育具有全球竞争力的龙头企业，以及高科技、高估值的独角兽和隐形冠军。

同时，把握好“四大功能”之间的关系，高端制造业需要全球资源要素、科技创新、开放合作的有力支撑，从金融、人才、技术、开放等方面支持高端制造业发展。通过高端制造业的引领，能够正向促进资源配置、创新策源、开放枢纽功能的进一步提升。引领创新前沿技术，聚集金融、人才、技术等要素资源，更好融入全球化分工体系，提升综合竞争力。

（二）促进集群集聚，打造高端制造业集群

把高端制造业集群作为高端制造业的载体，促进区域产业向产业集群发展，提升产业规模效率和发展水平。上海市“十四五”规划和2035年远景目标建议明确提出，推动集成电路、生物医药、人工智能三大先导产业规模倍增，加快发展电子信息、汽车、高端装备、先进材料、生命健康、时尚消费品六大重点产业，打造具有国际竞争力的高端制造业集群。

市经信委承担集成电路、生物医药、人工智能三大产业领导小组办公室职责。集成电路产业规模突破2000亿元，占全国22%，加强“一体两翼”空间布局，14纳米芯片规模量产，推动国产CPU、5G芯片等商业化应用。上半年，中芯南方、华力快速增长，带动集成电路制造产值增长超30%。生物医药产业规模达4000亿元，打造“1+5+X”产业布局，建立“张江研发＋上海制造”推进机制；国家药品和医疗器械审评检查长三角分中心在沪挂牌，发布临床试验加速器，首推“新药贷”融资服务。上半年，医疗器械、生物医药制品分别增长32%和22%。人工智能产业规模超2000亿元，华为、商汤、期智研究院、浙大上海高等研究院等重大项目及创新平台加快建设，加强张江人工智能岛、西岸智慧谷、马桥AI创新试验区等产业布局。

打造六大高端制造业集群，在原有六大重点行业发展基础上，推动制造向服务延伸发展，进一步继承和创新，电子信息、汽车、成套设备和生物医药保留为电子信息、汽车、高端装备、生命健康，将原有石油化工及精细化工、精品钢材归并为先进材料，顺应人民群众对美好生活的向往，新增时尚消费品行业。

（三）聚焦关键重点，加快产业高端化发展

一是将创新作为引领发展的第一动力，立足中央对上海的战略定位，围绕产业链部署创新链，围绕创新链布局产业链，全面推进关键核心技术攻关，推动产业基础高级化、产业链现代化。创新平台持续布局，国家集成电路、智能传感器两个制造业创新中心落户，创建燃气轮机制造业创新中心和高端医疗装备等6家市级制造业创新中心，市级及以上企业技术中心达到752家，推动成立工程院院士成果展示与转化中心。提升产业基础能力，承担7个国家战略任务，布局84个“卡脖子”重大核心技术攻关项目。创新成果不断涌现，3家制造业企业进入世界500强，48家企业和产品获得“上海品牌”认证。支持推广203个首台套装备、35个首版次软件、51个首批次材料，推出多项掌握自主知识产权的产品。

二是加快数字化转型赋能产业升级，顺应产业融合发展趋势，加快数字经济和实体经济深度融合，推动数字技术、产品和服务产业化，围绕点、链、圈加快产业深层次的数字化转型。疫中觅机，在全国率先发布在线新经济发展三年行动计划，推动远程办公、在线教育、生鲜电商等12个重点领域快速发展。举办“上海信息消费云峰汇”“中国工业品在线交易节”“上海制造佳品汇”“11直播月上海制造品牌线上购”等活动。“张江在线”“长阳秀带”两个在线新经济生态园揭牌，未来3年都有望形成超150万平米新产业载体。发布“工赋上海”三年行动计划，启动国资国企工业互联网促数字化转型专项工程，推动长三角工业互联网一体化发展示范区及“5G+AI+工业互联网平台”标杆建设。高端装备、汽车、电子信息、航空航天等行业首批认定20家智能工厂，重点行业机器人密度达383台／万人。率先建成“双千兆宽带城市”并发布加速度三年行动计划，实现5G网络中心城区和郊区重点区域室外连续覆盖。

三是打造产业绿色低碳发展新优势，以绿色低碳助力碳达峰碳中和，围绕节能控碳目标，优化产业结构和能源结构，建设高效、清洁、低碳、循环的绿色制造体系，加快制造业低碳绿色转型。抓实绿色工厂、绿色产品、绿色园区和绿色供应链，开发设计116项绿色产品，建设100家绿色工厂、20个绿色园区、11条绿色供应链，“十三五”以来工业单位增加值能耗累计下降17%。落实“四个论英雄”，建立资源利用效率综合评价制度，产业园区单位土地工业总产值从67.4亿元／平方公里提高至76.7亿元／平方公里，园区工业总产值和利润占全市工业比重超过80%。全年实施市级产业结构调整项目超820项，收官“打好污染防治攻坚战——优‘化’行动”等专项调整任务，启动100家化工企业调整改造提升。

四是培育“两业融合”新动能，加快先进制造业和现代服务业深度融合，用好上海制造业实力突出、体系完备和生产性服务业发展领先、要素集聚的优势，积极发展壮大基于需求驱动的服务型制造、基于资源整合的总集成总承包、基于流程协同的供应链管理、基于价值提升的品牌建设。生产性服务业重点领域营收突破3万亿元，占全市服务业比重保持在60%以上（目前64%）。2020年产业电商“双推”工程遴选B2B领域电商平台，入选平台成功对接中小企业客户1655家，其中约三成为全国客户，长三角区域客户达70%以上，有效加快平台企业服务能力“走出去”步伐。遴选产生市级服务型制造示范企业19家、示范项目7个、示范平台10个，浦东、松江2个区评为“服务型制造示范区”，示范企业的服务化率平均达到30%以上。

五是努力做到“五好五不缺”，全面激发市场主体活力，市经信委承担市投资促进工作领导小组办公室职能，上线投资促进平台，成立市投资促进服务中心，搭建全市投资促进工作网络，持续优化提升资源要素配置。“好项目不缺土地”。实行混合用地、创新型产业用地等政策，满足大型企业购地置楼需求、中型企业先租后售、实现小型企业拎包入住。加快存量工业用地二次开发，探索多途径“腾笼换鸟”。“好产业不缺空间”。加快特色产业园区、民营企业总部集聚区开发建设，提供多区位多样化的空间载体和专业配套设施，推动产业集群化发展。“好应用不缺场景”。布局发展在线新经济、工业互联网、数字新基建、国际数据港，加快电子信息、汽车、时尚消费品等行业智联化转型，为企业提供最佳试验田和竞技场。“好创意不缺人才”。上海拥有全国50%的5G人才，40%的集成电路人才，33.7%的人工智能人才，25%的创新药人才，24%的境外在华人才。加快落实人才新政“20条”，大力引进和集聚海内外英才，加大重点产业人才奖励力度，为好的创意提供智力支持。“好团队不缺资源”。依托“五个中心”建设和城市综合优势，为各类企业提供更高质量的金融服务、更高能级的创新服务、更高标准的数据服务，助力创业团队加速成长。

## 二、“十四五”时期先进制造业开局重点工作进展

### （一）加快构建“3+6”新型产业体系

按照市委规划建议和纲要要求，构建“3+6”产业体系，打造高端制造业集群，积极发展生产性服务业。落实好三大先导产业“上海方案”。集成电路，完善“世界级集成电路产业集群新三年行动计划”，细化“汽车电子芯片行动计划”，主动承接全国攻关任务。生物医药，推动《促进生物医药产业高质量发展的若干意见》发布，加快复星医药和斯微生物疫苗的注册申报、生产基地建设，推动龙沙CMO基地、康方研发中心等重大项目签约。人工智能，按照“数据、算法、算力”三位一体布局，完善人工智能算法创新行动计划；加快推进商汤计算赋能平台、依图7纳米芯片工程流片等项目落地。加快推动六大重点产业出产值、出品种、出效应，大力培育新经济增长点，推动新旧动能转换。电子信息，发挥华勤等产业链带动作用，推进电子终端产品全产业链孵化落地赋能，抢先布局下一代智能终端。生命健康，加快发展互联网医疗、精准医疗、CRO、CMO、CDMO等大健康服务新业态新模式，做强养老服务等新产业。汽车，加快推动大众MEB工厂、特斯拉工厂产能爬坡，抓好智能网联汽车新项目。高端装备，制定发布“北斗产业高质量发展三年行动计划”，推动“北斗+”“+北斗”产业快速发展；加快推进大型邮轮项目，做好大飞机和航空发动机专项服务工作。先进材料，制订新材料产业三年行动计划，提升关键材料对重点产业支撑配套能力。时尚消费品，以“数字+”“科技

+”“品牌 +”助力国货潮品，高标准制订化妆品产业三年行动计划，抓好纺织品、快消品、工艺品。

（二）增强产业链韧性和自主可控能力

聚焦关键领域发展创新型产业，实施产业基础再造工程，推动“卡脖子”核心技术攻关。推进产业链创新链融合发展，体现政府有为、建立专班推进机制，市场主导、通过揭榜挂帅形成赛马机制；统筹补短板锻长板，集中攻关通用GPU芯片等基础短板，锻造高端医疗影像设备等长板；聚焦集成电路、生物医药、新能源与智能网联汽车、航空航天等领域，实施产业链补链固链强链行动。探索本市国有企业创新综合改革试点，着力提升国企自主创新能力。推动先进制造业和现代服务业深度融合，推进服务型制造，加强供应链管理、检验检测等生产性服务领域和服务平台建设；加快发展创意设计产业，筹备召开首届世界设计之都大会，制定发布提升上海设计之都建设的若干意见。深化长三角产业链互动融合，开展长三角机器人、大飞机、新能源汽车等产业链梳理建设，组织上海本地机器人整机企业与长三角核心零部件企业开展技术对接；大飞机立足上海、延伸长三角，以G60科创走廊为纽带，打造长三角一体化发展科技引擎和产业平台，汇聚一批与航空产业配套的优质企业。

（三）提升产业数字化转型软实力

按照“整体性转变、全方位赋能、革命性重塑”的要求，加快产业整体数字化转型，实现规模以上企业数字化转型比例达到70%。加快新一代信息技术与制造业深度融合，促进点、链、圈“三增”。促进企业数字化增效，打造智能工厂、智能产品。促进“双链”数字化增智，以数据融通为纽带，打造10个新型工业电商平台、10个供应链金融示范。促进平台生态数字化增能，鼓励龙头企业建设20个具有行业影响力的工业互联网平台。促进行业深度转型，推动数字化转型“一业一方案”。推进数据要素加速流通，发展数据要素市场，建设国家级数据交易所，完善多层次数据交易流通机制。推进公共数据开放提质，打造100个高质量数据集，培育10+第三方公共数据服务运营机构。推进国际数据港建设，以临港新片区为先导，展数据跨境流通“正面清单 + 安全评估”试点，按照“一十百千”布局，建设临港“信息飞鱼”核心承载区。加快发展数字新基建，实现三个提升。实施“双千兆宽带城市加速度计划”，推动网络连接能力提升。统筹空间、用能、规模，布局存算一体的数据中心，推动计算集群能级提升。优化新能源终端布局、车路协同体系、智慧零售和末端配送设施等，推动传统设施融合提升。构筑数据、网络、信息安全“三个增强”体系。

（四）打造高端制造业承载空间

对接落实全市产业地图，打造一批产业特色发展空间，凸显集群集聚优势。打造一批强劲活跃的经济增长极，临港新片区用足特殊综保区等制度优势，构建“7+5+4”开放型创新产业集群；推进一体化示范区绿色创新发展，发布示范区产业发展规划。提升特色产业园区发展能级，编制特色产业园区创新发展办法，加快项目招商、数字化转型和配套建设，支持40个特色产业园区各展所长，争创品牌，加快建设“张江在线”“长阳秀带”等在线新经济生态园，推动项目落地建设、政策靶向突破。推动五大新城产城融合发展，优化新城产业功能定位，做实“一城一名园”推进机制，支持嘉定新城“国际汽车智慧城”、青浦新城“长三角数字干线”、松江新城“G60科创走廊”、奉贤新城“东方美谷”、南汇新城“数联智造”等品牌园区建设，培育引进龙头企业，打造具有国际竞争力的品牌园区。推进产业结构调整和绿色发展，持续优化“四个论英雄”为导向的资源要素优化配置机制，深化产业导向型“腾笼换鸟”操作路径，将淘汰落后产能与盘活资源、引入优质项目相结合。围绕“碳达峰碳中和”目标，找到工作重点、区域重点、行业重点、主体重点，倒逼产业调整，完善工业碳达峰技术路径方案，加快推动建设碳中和产业园。

（五）着力提升企业获得感

落实“五好五不缺”，加强政策聚焦，持续不断优化企业服务。加强重点企业服务，筹备好“全国知名民企走进上海活动暨市长民企面对面圆桌会议”，加大全国知名民企落沪招引力度，推进民营企业总部集聚区建设，实施民营经济百强培育计划推动营销力赋能、金融赋能、创意设计赋能等线上企业“赋能”，完善企业服务专员制度。发挥人才引领产业发展的第一资源作用，将人才作为发展创新型产业、打造世界级产业集群的核心支撑，实施卓越制造人才提升工程，落实《上海市重点领域（产业类）紧缺人才开发目录》，加快集聚产业高层次人才；制订落实产业菁英人才计划，每年引进培育200名左右产业领军人才和产业青年人才；争取国家部委支持，加强新工科、新医科等学科建设，落实临港新片区等特定区域人才个税优惠政策。推动产业科技金融三角互动融合，联动长三角打造产业科技金融融合发展试验区，加强与国家制造业转型升级基金、中小企业发展基金、绿色发展基金、国企混改基金及人工智能等市场化基金合作，支持硬核企业科创板上市。

（六）进一步稳投资稳增长

把招商引资和扩大有效投资作为经济工作的“牛鼻子”和“生命线”。加快推进项目落地布局，围绕三大先导产业及高端装备、新材料、航空航天等领域，开展集中招商活动，创新产业链招商、专业机构招商、朋友圈招商、上市招商等方式，按照“一项一策”制订任务清单、进度清单、问题清单、责任清单，保障项目加快落地。加快新项目建设投产，启动实施新一轮高水平技术改造，高质量落实开工、竣工“两个一批”短名单制度，缩短项目建设周期，加快竣工投产、形成新增产出。推动 ABB 超级工厂等项目竣工、和辉光电项目全面投产、上汽大众 MEB 等项目产能爬坡。加强稳增长工作力度，下半年经济运行不确定性因素较多，面临“二缺三高四隐患”（即缺运力、缺芯，基数高、原材料价格高、海运价格高，存在冬季缺电、原料缺钢、用工不稳、海外订单退潮等运行隐患），抢抓经济稳中向好的时间窗口，与市政府稳增长工作专班加强协同，以月保季、以季保年，强化“稳增长 27 条”指导；分类施策，加强千亿元级、百家影响大、出口导向性重点企业稳增长服务，协同做好统计工作，加强总部经济统计，协调做好价格指数填报，确保新企业新项目及时入统。

（赵广君）

# 上海继续落实《实体经济 50 条》情况

2021 年，上海市认真落实市政府于 2016 年发布的《关于创新驱动发展、巩固提升实体经济能级的若干意见》（以下简称《意见》），推动实体经济持续健康增长，取得新的成绩。

**一、战略性新兴产业持续快速增长**

上海大力培育发展战略性新兴产业，核心技术、关键产品不断突破，自主创新能力显著增强，发展质量持续提升。产业规模不断壮大。《意见》出台后，全市战略性新兴产业增加值由 2017 年的 4943.51 亿元增长至 2021 年的 8794.52 亿元，占全市生产总值比重从 16.4% 提高至 20.3%。重点产业不断壮大。闵行、徐汇、杨浦、嘉定、松江、张江、临港等重点区域初步形成特色鲜明、创新活跃的战略性新兴产业集聚区。张江科学城汇聚 2.2 万家创新型企业，拥有外资研发中心 171 家，“张江研发 + 上海制造”的协同发展格局逐步形成。自主创新能力显著增强。全社会研发投入占全市生产总值的比重由 2017 年的 3.78% 提高至 2021 年的 4.1%。集成电路先进工艺实现量产，7 纳米和 5 纳米刻蚀机进入国际先进生产线，12 英寸大硅片实现批量供应；结直肠癌新药呋喹替尼等创新药物，先进分子成像设备全景 PET/CT、首个国产心脏起搏器等原创医疗器械获批注册上市；全球首款人工智能云端深度学习定制化芯片发布。

**二、现代服务业保持优质发展**

上海现代服务业增长快、规模大、比重高，是经济增长的主要支撑，也是城市经济增长、产业升级和功能提升的重要引擎。现代服务业成为经济增长的主动力。至“十四五”初期，服务业年均增速 7.6%，占全市生产总值的比重为 73.1%；固定资产投资占比 82.1%；外商直接投资实际到位金额 215.30 亿美元，占比 95.5%，服务业成为拉动投资、吸引外资的主力军。现代服务业成为产业优化布局重要方向。中心城区服务业特色化、品质化发展步伐加快，制造业服务化带动郊区服务业规模快速增长。截至 2020 年，生产性服务业重点领域企业营业收入从“十三五”初期的 25171.3 亿元增至 30552.4 亿元。生产性服务业增加值占 GDP 比重从 41.35% 上升至 46.21%，年均增速超过 10%。生产性服务业持续拉动经济增长，显示发展的韧性和活力。郊区服务业占全市服务业比重逐年提升，形成张江科创、虹桥商贸等一批功能性服务业集聚地。现代服务业成为上海城市功能的重要载体。2021 年，上海金融市场交易总额达到 2511.07 万亿元，全球金融中心指数（GFCI）排名升至第 3 位，多层次金融市场体系基本形成，国际金融中心资源配置能级不断增强，金融服务实体经济作用凸显。口岸货物贸易进出口连续保持正增长，全年口岸货物贸易进出口 10.09 万亿元，创历史新高，比上年增长 15.4%。上海港集装箱吞吐量 4703.3 万标箱，同比增长 8.1%，连续 12 年保持世界第一。研发经费支出 1700 亿元，占全市 GDP 的 4.1% 左右，已与纽约、东京、苏黎世等全球重要科创城市的研发强度不相上下；每万人口高价值发明专利拥有量达到 34.2 件；专利授权量 17.93 万件，同比增长 28.29%，其中发明专利授权量 3.29 万件，同比增长 35.74%。

**三、在线新经济发展成为增长新动能**

在构建“双循环”新格局的战略方向下，在线新经济已经成为上海激活数据新要素、培育产业新动能、引领数字新消费的主力军，驱动上海高质量发展的新引擎。2021 年，上海软件和信息服务业营业收入达到 13098.37 亿元，同比增长 20%；新生代互联网经济交出亮眼答卷，拼多多、哔哩哔哩、米哈游、大众点评等企业增长均超过 50%。新模式、新业态接连涌现。截至 2020 年，上海拥有跨境电商相关企业约 8.4 万家，占全国的 14.8%，居第二位；第三方支付占据全国 60% 市场份额，本地生活服务占 70%，网络文学占 90%，网络游戏占 30%。2021 年，上海规模以上互联网和相关服务业企业实现营收 3421.4 亿元，31.1% 的增速在主要省市中排名第一；16 家企业进入中国互联网百强；叮咚买菜、万物新生（爱回收）、怪兽充电等一批新生代互联网企业已成功上市。空间布局逐步优化。上海互联网产业总体呈现环绕黄浦江的“C”形集聚带，构成“浦江 C 圈”。其中，浦东新区依托张江科学城先发优势和自贸区政策资源，拥有全市50%的互联网产值和企业数量，集聚喜马拉雅、阅文集团、盛趣游戏等一批数字娱乐、互联网服务领域重点企业。徐汇区依托漕河泾、滨江地区，吸引阿里、腾讯、网易等龙头企业相继落户，成为全国人工智能产业高地。长宁区围绕大虹桥建设，集聚了拼多多、携程等平台企业，引领全国信息消费。杨浦区依托五角场、长阳等创新创业区域，重点布局云服务、在线教育、数字内容等，集聚了哔哩哔哩、美团点评、优刻得、流利说等优势企业。

**四、营商环境不断改善**

围绕落实《意见》和“民营经济27条”，出台金融服务、高新技术企业、民企总部等配套措施和实施方案，持续提升企业获得感，打造上海良好营商环境。健全市场主体准入和退出机制。健全市场准入评估制度，定期排查清理对市场主体资质、资金、股比、人员、场所等设置的不合理条件。完善市场主体退出机制，全面实施简易注销。全方位推进精准高效政务服务。完善“一网通办”全方位服务体系，实现与企业生产经营密切相关的服务全覆盖，让“进一网、能通办”成为常态。精简优化审批服务。2018—2020年，上海连续推出营商环境优化改革专项行动计划，共实施286项针对性改革措施，出台70多项专项改革政策和配套文件，开发上线20多个新的办事系统。根据2020年世行发布的《中国优化营商环境的成功经验——改革驱动力与未来改革机遇》专题报告显示，在开办企业、获得电力、施工许可、跨境贸易、登记财产等以地方事权为主的评价指标中，两年来上海办事环节平均压缩41%，办事时间平均压缩59%，执行合同、获得电力等指标已达世界先进水平。

**五、市场资源配置更加高效**

推进土地集约高效利用，提高配置效率。2019年，上海全市经营性用地交投体量达到近五年以来的新高，供应858.1公顷，同比上升15%；成交848.7公顷，同比上升19.3%；上海工业用地总计成交512.2公顷，相比2018年增加2.7%，工业用地方面上海首次引入产业用地标准地，提升上海产业用地的资源配置和利用。加强人才集聚，激发创新创业活力。《意见》政策推出至今，每年城镇新增就业岗位近60万个，2021年，全年城镇新增就业岗位63.51万个，帮助引领成功创业近12787人，城镇调查失业率持续保持在5.5%以内，高技能人才占技能劳动者的比重达到35.34%。强化资本服务实体经济发展的功能。加大产业扶持专项资金支持力度，促进政府产业引导基金发展，助力产业升级。推动总规模357.5亿元的国家中小企业发展基金母基金注册落户，综合运用贴息、奖补等手段，推动中小企业加大研发投入，降低综合融资成本。完善科技创新资源配置方式。近年来，上海国际科技创新中心建设成效显著，通过推进科技体制机制改革先行先试，强化科技创新中心建设的制度供给，在行政管理创新、科技成果转移转化、收益分配、创新投入、创新人才发展、开放合作等6个方面开展改革探索；在海外人才永久居留便利服务制度、药品上市许可持有人制度、天使投资税制、区域性股权交易市场“科技创新板”等方面形成了一批可复制推广的改革举措。

**六、实体经济发展质量评估**

（一）新型产业体系建设持续发力

加快发展先进制造业。2021年，全市规模以上工业增加值首次突破1万亿元，同比增长9.5%，规模以上工业总产值39498.54亿元，同比增长10.3%。全市工业战略性新兴产业增加值3651.43亿元，同比增长19.2%，总产值16055.82亿元，同比增长14.6%。集成电路、生物医药、人工智能三大先导产业加快发展，总规模超过1.2万亿元，同比增长20%，其中制造业产值3255亿元，同比增长18.3%。汽车、船舶、都市工业等传统优势产业加快技术升级改造，汽车制造业、专用设备制造业、电气机械和器材制造业较快增长，产值同比增速分别为21.1%、19.7%和15.1%。

积极培育新技术新产业新业态新模式。产业数字化能级不断提升，工业互联网赋能全产业链协同、价值链整合，率先建成标识解析国家顶级节点并辐射长三角，标识注册量突破16亿件，打造一批具有全国影响力的工业互联网行业平台。应用赋能深入推进，累计开放3批58个应用场景，建设智能网联汽车、医疗影像辅助诊断、视觉图像身份识别、智能传感器等4条全国人工智能应用创新揭榜赛道，推动人工智能赋能工业制造、医疗抗疫、交通出行、教育文化、金融商贸、企业服务等领域。在线新经济快速发展，基本形成以浦东、杨浦、静安、长宁为主产业发展布局的“浦江C圈”，网络零售、网络视听、消费金融等信息消费新业态不断涌现。

（二）区域经济统筹协同发展评估

推动全市经济协同一体、集约高效发展。市级层面为加强全市产业规划和空间布局统筹，加快构建现代化新型产业体系，于2018年印发《上海市产业地图》，其中，现状图系统梳理标识企业和创新资源，为寻找技术、标准、人才服务和产业链合作提供指引；而未来图则明确上海各区、重点区域以及重点行业的产业定位和空间布局。区级层面聚焦融合性数字产业、战略性新兴产业、现代服务业和现代农业，加强项目准入统筹，促进产业集群发展，形成16个区、67个重点区域、3+5+X区域以及27个行业的现状图和未来图，对推动各区有序发展，强化区域产业优势，推动经济集约高效发展具有重要意义。

建立重大科技成果跨区域转化的市级协调机制。张江综合性国家科学中心集中度、显示度不断提升，加快推进国家实验室建设，建成和在建的国家重大科技基础设施 14 个。长三角 G60 科创走廊聚焦集成电路、人工智能、生物医药等先进制造业产业集群，建立“1+7+N”产业联盟体系，现已发展为 14 个产业联盟和 11 个产业合作示范园区共建共享的大家庭，共集聚头部企业 1470 家，2020 年产值超过 3.2 万亿元。中芯、华虹、格科微等龙头企业在南京、无锡、绍兴、宁波、嘉兴等地实现跨域布局，实现产业链协同。

（三）开放型经济建设发展评估

拓展“走出去”新空间。上海作为服务国家“一带一路”建设的桥头堡，集中力量推动“一带一路”建设取得高质量发展，各领域务实合作不断取得新进展。2020 年，上海与“一带一路”沿线国家货物贸易额达 7827 亿元，占全国的 8%，对沿线国家直接投资 21.4 亿美元，占全国的 12%，与共建国家的 64 个航点实现通航，与 59 个国家的 91 个省、州、市建立了友城关系，与“一带一路”相关城市的治理经验交流和务实合作不断强化。

深化国内区域经济合作交流。长江经济带发展、长江三角洲区域一体化等国家发展战略加速要素、商品和服务的自由流动。2020 年长三角一体化示范区共形成 32 项具有开创性的制度创新成果，聚焦生态环保、互联互通、创新发展和公共服务四大领域，全力推进 60 个亮点项目，构建形成了“业界共治、机构法定、市场运作”的跨域治理新格局。2021 年，长江经济带地区生产总值 530228 亿元，增长 8.7%，对全国经济增长的贡献率为 46.4%，长江三角洲地区生产总值 276054 亿元，增长 8.4%。区域合作进一步深化，加强科技创新合作，共同打造科技创新策源地，2021 年，G60 科创走廊沿线九城地区生产总值 7.55 万亿元，同比增长 8.97%。

（四）重大项目进展评估

加快重点产业项目建设和储备。2019 年，经市政府研究成立上海市投资促进工作领导小组，办公室设在经信委，统筹招商引资，加快引进制造业总部机构、龙头企业、旗舰项目、功能平台、隐形冠军，推进建设集成电路、生物医药、人工智能、新能源汽车等领域一批重大产业项目，“十三五”期间，累计建设 30 多个 100 亿元级以上、250 多个 10 亿元级以上项目。瞄准国家战略和产业发展制高点，实现关键战略领域创新突破，围绕 5G、大数据中心、人工智能、工业互联网等新基建领域，推进商汤人工智能计算和赋能平台、海尔智谷等项目建设。

（五）经济质量水平发展评估

加快提升质量和标准。2018 年上海发布实施《全力打响“上海制造”品牌加快迈向全球卓越制造基地三年行动计划（2018—2020 年）》，提出“四名六创”10 个专项行动。其中“四名”为名品打造、名企培育、名家汇聚、名园塑造；“六创”分别是技术创新、品牌创响、质量创优、融合创智、集群创建以及绿色创先。同年，上海发布《开展质量提升行动的实施方案》，协调推进“上海品质”工作，引导各行各业通过“上海品质”自愿性认证方式，树立企业形象，确立“上海品质”区域品牌地位。发布《标准先进性评价通用要求》地方标准，完成第一批“上海标准”5 个试点（金锭、CCP12、眼镜配制、绿色展览、急救车）的标准先进性评价，以及 10 余项“上海品牌”申请单位的标准先进性评价，推动地方标准引领产业质量提升。

支持自主品牌振兴和发展。坚定“上海制造”追求卓越的发展取向，形成一批名品、名企、名家、名园，支持推广首台套装备、首版次软件、首批次材料，推出多项掌握自主知识产权的产品，“上海制造”品牌有力打响。截至 2020 年 5 月，“上海品牌”认证共制定发布地方标准 1 项，团体标准 81 项，其中产品类标准 50 项，服务类 31 项，共有 79 家企事业单位获得了 83 张“上海品牌”认证证书，其中“上海制造”类 47 张。创新提升老字号品牌，有力推进品牌建设发展，2018 年，上海市委、市政府印发的《全力打响“上海购物”品牌加快国际消费城市建设三年行动计划》中提出，将老字号重振作为八大专项行动之一。2018—2019 年，市区两级文创扶持项目金额共计 2900 万元，撬动社会资本约 1 亿元，共支持上海罗莱、上海清美、上海晨光等 22 家轻工、纺织、食品类企业，开展新产品、新业态、新技术的文化创意和时尚设计的项目建设。上工申贝、老凤祥、罗莱家纺等 500 余家经典品牌引入新技术，实施智能化转型，2019 年以来市级技改项目中，智能化改造项目数量占比超过 50%。

深入推进产业结构调整。落实“四个论英雄”，建立资源利用效率综合评价制度，产业园区单位土地工业总产值从 67.4 亿元／平方公里提高至 76.7 亿元／平方公里，园区工业总产值占全市工业总产值比重超过 80%。累计完成市级产业结构调整项目 5973 项、成片调整重点区域 51 个，涉及土地 8.2 万亩，节约标准煤 149 万吨。绿色制造不断深入，开发设计 116 项绿色产品，建设 100 家绿色工厂、20 个绿色园区、11 条绿色供应链，“十三五”以来工业单位增加值能耗累计下降 17%。

（赵广君）

# 五个新城制造业发展情况

2021年3月2日，上海市政府印发《关于本市“十四五”加快推进新城规划建设工作的实施意见》，提出到2025年，嘉定、青浦、松江、奉贤、南汇五个新城所在区的GDP总量达到1.1万亿元，基本建成长三角地区具有辐射带动作用的综合性节点城市。

## 一、产业发展稳步增长

2021年，五个新城加快推动产业高质量发展，有力支撑全市稳增长工作。五个新城所在区、管委会完成属地规模以上工业产值超过1万亿元（10008.34亿元），占全市规模以上工业总产值的比重保持在35.5%左右，其中临港新片区可比增速超过79%，其余4个区增速均超过10%（奉贤20.1%）；完成工业固定资产投资491亿元，占全市工业投资的44.4%。

嘉定新城，支撑全区完成属地规模以上工业产值2171亿元，比上年增长13.5%；战略性新兴产业制造业产值919.7亿元，同比增长15.2%；在线新经济总产出2483.7亿元，同比增长31.6%；完成工业固定资产投资76.9亿元。全年完成属地工业产值2940亿元，战略性新兴产业制造业产值1280亿元。

青浦新城，支撑全区完成属地规模以上工业产值1218.6亿元，同比增长12.5%；战略性新兴产业制造业产值305亿元，同比增长16.6%，其中节能环保及新材料行业实现30%以上的增长；工业园区完成规模以上工业产值816.2亿元，同比增长12.8%；完成工业固定资产投资33.4亿元。

松江新城，支撑全区完成属地规模以上工业产值3170.6亿元，同比增长10.4%；战略性新兴产业制造业产值2000亿元，同比增长4.4%，占规模以上工业总产值比重达63.1%；完成工业固定资产投资123.1亿元，同比增长5.9%。

奉贤新城，支撑全区完成属地规模以上工业产值1584.3亿元，同比增长20.1%；战略性新兴产业制造业产值671.7亿元，同比增长18.3%；完成工业固定资产投资62.5亿元（不含临港新片区），同比增长18.8%。新城范围内工业综合开发区、东方美谷、南桥镇共完成规模以上工业总产值539.8亿元，同比增长20%。

南汇新城，累计实现全口径工业总产值和生产性服务业营收2384.6亿元，其中，工业总产值1863.8亿，同比增长79.2%，生产性服务业营收520.8亿，同比增长39.8%，全年完成3000亿元；完成工业固定资产投资195亿元，同比增长约34%。

## 二、特色产业不断集聚

推动新城做强主导产业、做大特色产业、培育未来产业，加快产业集群集聚发展，夯实实体经济发展能级。

嘉定新城，推进汽车“新四化”、智能传感器及物联网、高性能医疗设备及精准医疗等特色产业发展。汽车，全面推进世界级汽车产业中心核心承载区建设，编制完成“上海智能汽车软件园”规划及配套支持政策，园区于11月底揭牌。上汽大众MEB项目全面投产，MEB工厂产量14417辆，总投资约170亿元，预计到2025年投产9款新能源汽车。开展《嘉定区燃料电池汽车示范应用实施方案》编制工作，推进嘉昆太共同打造汽车“新四化”产业发展先行区建设，吸引集度汽车、晶众地图、理想汽车等一批优质企业集聚。智能传感器及物联网，加快推进上海智能传感器产业园建设，国内首条12英寸先进传感器研发中试线成功通线，引进厚孚、初斟等优质企业；禾赛超级工厂、新傲科技等一批重点项目加快推进建设。高性能医疗设备及精准医疗，推动南翔精准医学产业园核心研发基地等园区载体建设，有序推进联影二期、中生复诺健中国研发总部、艾普强粒子设备企业总部等重点项目建设，基本形成多点覆盖、上下游衔接的产业发展态势。现代服务业，大力发展民营企业总部，出台促进民营企业总部发展的若干意见，加快推进东方财富嘉定总部等项目建设，新城范围内共有市级贸易型总部1家、市级民营企业总部2家、区级民营企业总部2家、市级外资总部2家、研发中心4家。着力培育在线新经济新动能，找钢网、圆迈贸易（京东）、卓钢链等电子商务头部企业发展势头迅猛，“1+X”直播经济新生态圈加快建设，打造现厂在线新经济园等直播和短视频基地。鼓励搭建消费平台，启动“2021嘉定购物节”，制订“1+2+12+X”活动总体方案，举办中信泰富万达魔都嘻游记、西云楼奇趣花园夜市等超150项活动，营造全民消费的氛围。

青浦新城，依托长三角一体化示范区制度优势及毗邻淀山湖自然保护区的生态环境优势，借力东西两翼创新辐射，加快发展以信息技术为代表的数字经济。一是做强优数字融合产业，促进数字技术赋能产业，大力发展数字硬核产业和数字服务产业。青浦工业园新增电子信息招商企业7家，推进建设优刻得、极有网络、胜达克等重点项目，新增氢能招商企业3家，对接空气化工、三峡集团等氢能企业；华新板块聚焦发展智慧物流，规模以上服务业实现营收832亿元，增长34.5%；西岑科创中心加快协调华为研发中心项目建设；北斗基地累计入驻企业 276 家，营收、税收实现快速增长；市西软件信息园上半年新增招商企业 90 家，推进建设网易、精测、慧石、创骋等重点项目。二是着力培育未来先导产业，聚焦发展生物医药、人工智能等产业，制定促进生物医药产业高质量发展的三年行动方案和专项扶持政策，建设生物医药产品注册指导服务工作站；推进青浦生命科学园建设，园区新增生物医药招商企业 9 家。青浦工业园新增人工智能招商企业 8 家，推进建设启迪国际科技城、爱仕达智能谷 2 个重点项目。

松江新城，加快发展智能制造装备、新一代电子信息、旅游影视、生物医药、工业互联网等特色产业，推进生产性服务业和生活性服务业高质量特色化发展。智能制造装备，发挥龙工、中联重科、柯马、库卡等龙头企业带动作用，加快引进产业链相关配套企业，实现规模以上产值 231.5 亿元，同比增长 24%。新一代电子信息，以 G60 电子信息国际创新产业园为依托，形成以行业领军企业为引领，大中小企业集聚发展的产业生态，实现规模以上产值 1218.55 亿元。旅游影视，完成文化和旅游公共服务机构功能融合试点建设，1 家国家级、3 家市级试点单位通过验收督导；举办辰山草地广播音乐节等 25 场旅游推介活动，推进二陆书台、广富林酒店群、上海松江农创园、东方童梦奇园亲子主题乐园等重点项目建设。加快引进影视企业，新引进企业 1152 家，同比增长 14.97%；实现税收 9.22 亿元，同比增长 27.17%。生物医药，以 G60 生物医药产业基地为依托，制定出台生物医药产业专项政策，吸引捷诺、海凭国际、恒瑞源正等一批重点企业落户，实现规模以上产值 49.43 亿元，同比增长 22.6%。工业互联网，依托全国首个工业互联网领域国家新型工业化产业示范基地，打造平台高端、应用丰富、产业集聚的生态体系，已集聚上下游产业链相关企业 254 家；设立全市首个区级工业互联网产业创新工程专项资金，累计资助资金 5500 万元；临港松江科技城设立全市首支工业互联网创业投资基金，基金规模超 5 亿元。现代服务业，积极开展国家级服务型示范城市创建工作，发挥政策优势，加强浦江源、仓城、临港松江科技城等生产性服务业功能区建设，支撑全区生产性服务业重点领域实现营收 815.74 亿元，同比增长 20.13%。提升生活性服务业品质，优化商业布局，创新消费新模式，G60 科创云廊、中惠棠里商业中心等商业综合体顺利开业，万科印象城试营业，全面启动广富林遗址特色商业街区创建工作，打造万达广场等智慧商圈，举办第二届“五五购物节”“松江制造品牌秀”等活动。

奉贤新城，立足东方美谷产业集聚优势，持续打响东方美谷“三品”品牌，培育智能网联汽车产业。化妆品方面，举办第四届东方美谷国际化妆品大会，成立上海国际化妆品品牌可持续发展联盟，揭牌东方美谷上海化妆品全球新品首发地示范区，东方美谷新一轮品牌价值已达 287.3 亿元。生物医药方面，举办“2021 东方美谷生命健康发展论坛暨上海 CDMO 产业投资发展大会”和“2021 上海国际生物医药产业周”奉贤区活动，组织“中医药专家一行走进新城走进美谷”等系列活动，打造生物医药产业生态。食品方面，加快建设金汇国际健康食品产业园，积极开展项目招引。

南汇新城，发挥新片区综合制度创新优势，着力打造“4+2+2”前沿产业体系。一是编制产业链地图，绘制集成电路、生物医药、人工智能（数字经济）、民用航空、智能新能源汽车、高端装备制造、氢能产业、绿色再制造等产业链地图，并转化为前沿产业招商作战图，实现挂图作战，精准招商。二是加速形成产业集聚生态，集成电路、生物医药等领域重点引进中芯国际、华大九天、楷领科技、众鸿半导体、澳斯康、科望医药、亚盛医药等项目，已形成产业链集聚态势；智能新能源汽车围绕特斯拉加快产业链配套布局，已集聚特斯拉、上汽、宁德时代、地平线等约 100 家企业，成为首个新片区千亿级产业，实现工业产值 1163.4 亿元，同比增长 159.8%；高端装备制造实现工业产值 320.9 亿元，同比增长 5.8%。

（赵广君）

# 在线新经济发展情况

2021 年，上海把握新一轮科技革命和产业变革机遇，以发展在线新经济为引领，加快推进城市数字化转型。在全市各部门协同联动、通力推进下，上海软件和信息服务业实现营业收入 1.3 万亿元，比上年增长 24%；新生代互联网经济交出亮眼答卷，拼多多、B 站、米哈游、大众点评等企业增长均超过 50%，21 家企业入围“中国互联网百强”，位列全国第二。

**一、完善要素资源高效配置机制，塑造在线新经济发展的良好环境**

研究出台在线新经济“23 条”等政策，统筹利用土地、人才、技术、应用、数据等关键发展要素，着力构建产业首选地、人才蓄水池、业态创新炉、集成应用场。

（一）建设在线新经济生态园和集聚带，按照“四统筹、四最优”原则，建设“张江在线”“长阳秀带”两个在线新经济生态园，构建沿中环线分布的“浦江 C 圈”集聚带，打通“技术 + 产品 + 场景 + 服务 + 消费”全产业链，推动在线新经济企业集聚发展、相互赋能，放大产业辐射带动作用。已吸引美团点评、字节跳动、哔哩哔哩等 20 余个国内外龙头和上下游企业在区域内设立新总部。

（二）强化数字经济设施建设和应用场景开放。加快建设人工智能、5G 等数字新基建，夯实在线新经济的技术底座，目前建设 5G 室外基站 3.2 万余个、室内小站 5.1 万余个。实现中心城区和郊区重点区域室外 5G 网络连续覆盖。实施应用场景开放拓展行动，建立模式场景动态发布机制，在生态园范围内探索设立在线新经济示范应用场景，以场景的开放拓展助推在线新经济更快地跑起来。

（三）加大创新型企业资金支持力度。通过市级产业高质量发展、软件和集成电路等专项资金，采取奖励、资助、贷款贴息、购买服务等方式，精准、连续、滚动支持拥有核心技术、用户流量和商业新模式的创新型头部企业和领军企业。鼓励高成长性优秀企业加快上市步伐，推动叮咚买菜、爱回收、怪兽充电等企业成功上市。

（四）汇聚全球在线新经济产业人才，推出“海聚英才”人才计划，实施高峰人才引领、基础创新人才培育、卓越制造人才提升、高技能人才振兴等工程，在落户、住房、就医、教育等方面出台一揽子政策，吸引集聚产业中高端人才。完善校企联合培养机制，试点“第五学年”应届生项目，力争三年实现产业人才倍增目标。

**二、强化适应数字经济特点政策供给，激活在线新经济发展的创新动能**

针对在线新经济发展的痛点难点堵点，坚持在发展中规范、在规范中发展，探索实施一批在全国具有引领性的改革举措。

（一）着力推动行业合规发展。联合市委网信办、市通管局，开展数据合规治理、APP 个人信息保护、海外上市合规治理等专项检查和培训，推动领军企业健康发展、加快发展。配合市市场监管局，推动社会公众参与网络监督，依据消费者网购评价信息，与投诉举报、广告监测以及案件处罚等涉网信息关联分析，并定期向企业推送各类网络违法关键词，及时帮助大众点评、拼多多等相关企业主动开展风险防控。

（二）试点放开部分审批门槛。联合多部门研究制订新业态新模式的“沙盒”监管措施，创新新型跨界产品和服务审批制度，推动线上线下产品内容互联互通互认，适度允许多元市场主体进入，推动在线医疗、在线展览展示、“新零售 + 早餐”等新业态健康发展。上海互联网医院已达 50 余家，简化线上处方资质后，上海儿童互联网亿元累计诊疗超 2 万人次，让患者足不出户就能享受到优质医疗服务。

（三）打破企业跨区迁移门槛。针对在线新经济企业跨区迁移难度高、周期长的顽疾，试点跨区迁移服务机制创新，将企业跨区迁移顺畅度纳入营商环境评价体系，深化业务流程再造，支持企业因发展需要提出的合理迁移诉求，将迁移手续办理时间缩减至 10 个工作日。

（四）打造开拓进取的企业家队伍。实施“金童玉女”领军企业家培育计划，重点宣传推广 30 位在疫情中做出杰出贡献，爱国敬业、积极向上、开拓进取的领军企业“掌门人”，联合中国新闻社开展相关年度人物评选和专题宣传报道，形成相关深度报道超过 100 篇。

**三、构建精准集成的公共服务体系，培育在线新经济发展的开放生态**

深入研究在线新经济发展机理，以良好的公共政策服务，帮助企业解决发展实际问题，取得市场竞争先机。上海企业已占据全国第三方支付市场的 60%、网络文学市场的 90%、网络游戏市场的 30%、本地生活服务市场的 70%。

（一）创新“高效办成一件事”的集成服务机制。聚焦企业办事全过程、生长全周期，从提升办事效率和便利度出发，深化政务服务“一网通办”应用，加快完善“随申办”“上海投资促进平台”“上海企业服务云”等平台，推广电子印章、电子合同、在线签署等新模式，对高频事项全面实现市场主体办事全程非接触、无纸电子化、无人干预自助办，目前进一步的新经济创业企业实现办理全程无纸化。

（二）建立适应在线新经济职业人群的就业保障机制。加强外卖配送、众包服务等从业保障机制研究，创新相关管理、登记、服务规程。探索通过社会组织为自由职业者提供职称申报渠道，完善职称评价标准建设，开展自由职业者税收征管模式创新。借鉴电子商务经营者管理模式，探索以居住地作为 UP 主、主播从业者、网络媒体人等在线经营场所进行个体工商户注册登记。已服务全国近 200 万内容创作者在线就业。

（三）探索形成“一业一策、一企一策”的问题解决机制。完善议事协调机制，构建覆盖全所有制、全规模的新经济服务体系，组建企业服务专报和工作服务，定期走访企业和召开座谈会，发掘收集行业共性需求和重点瓶颈问题。坚持“有事必应、无事不扰”，累计梳理和解决 150 余个行业发展共性问题，在企业诉求集中的规划布局、人才政策、行业监督等领域推出一系列解决方案。

（刘　文）

# 工业经济运行情况

2021年，在中共上海市委、市政府的坚强领导下，上海市产业系统全力以赴稳增长，叠加内外需求拉动、新动能发力及订单转移等多重积极因素作用，在“十四五”开局之年上海工业交出“三个好于、两个突破”的亮丽成绩，即规模以上工业增加值增速好于全市GDP、好于全国工业、好于疫情前水平；全口径工业增加值首次突破1万亿元，全口径工业总产值首次突破4万亿元，工业高质量发展成效持续显现。

## 一、工业生产规模和速度双跃升

从产值看，2021年规模以上工业总产值39499亿元，与上年比较，可比增速达到10.3%，两年平均增长6%，好于疫情前水平；全口径工业总产值42014亿元，经历10年的低位波动，体量跃上4万亿元新台阶。从增加值看，上海规模以上工业增加值增长11%，高于全国（9.6%）1.4个百分点，为2011年以来最好水平；全口径工业增加值10738.8亿元，可比增长9.5%，拉动GDP（8.1%）2.4个百分点，占全市GDP的24.8%，比上年提高0.1个百分点。从用电量看，全年工业用电851亿千瓦时，占全社会用电48.7%，同比增长10.7%，其中制造业用电687亿千瓦时，增长10.4%，表明工业经济增长势头强劲。

## 二、三大重点行业支撑作用明显

机械行业完成产值7885亿元，同比增长12%，拉动规模以上工业2.3个百分点，其中中集、太平货柜等集装箱制造实现产值149亿元，增长226.3%；ABB、发那科、库卡等工业机器人制造实现产值217亿元，增长21.3%；晶澳等光伏设备制造业实现产值73亿元，增长53.4%。汽车行业完成产值7586亿元，增长21.1%，拉动规模以上工业4个百分点，上海整车产量283万辆，占全国的11%，其中特斯拉产量增长3.1倍。轻工行业产值5905亿元，同比增长12.3%，拉动规模以上工业1.8个百分点，其中大众动力、恩捷新材料、比亚迪等电池制造实现产值187亿元，增长77.7%；老凤祥、金伯利等珠宝首饰制造实现产值385亿元，增长24.5%。以上3个行业合计拉动规模以上工业8.1个百分点，是工业经济稳增长的主要支撑。其他行业中，电力增长15.2%，船舶增长14.4%，医药增长7.1%，石化增长4.2%，电子增长1.4%，烟草增长0.1%，钢铁因压减产能下降1.4%。

**2021年重点行业产值完成情况**

| 行业 | 现价产值（亿元） | 同比增长(%) | 拉动作用(%) |
|---|---|---|---|
| 机械行业 | 7885 | 12 | 2.3 |
| 汽车行业 | 7586 | 21.1 | 4.0 |
| 轻工行业 | 5905 | 12.3 | 1.8 |
| 电子行业 | 5351 | 1.4 | 0.2 |
| 石化行业 | 4678 | 4.2 | 0.5 |
| 钢铁行业 | 1488 | −1.4 | 0.0 |
| 电力行业 | 1301 | 15.2 | 0.5 |
| 医药行业 | 1073 | 7.1 | 0.2 |
| 烟草行业 | 1007 | 0.1 | 0.0 |
| 船舶行业 | 603 | 14.4 | 0.2 |

## 三、新动能新赛道引领工业增长

三大先导产业制造业产值同比增长18.3%。其中集成电路制造产值增长24.1%，中芯、华虹等龙头企业产能不断释放，艾为电子、复旦微电子等中小企业快速成长；生物医药制造产值增长14.7%，强生、和黄、合全等药品加快生产，联影医疗、东富龙科技等抗疫设备需求旺盛；人工智能制造产值增长31.4%，主要是环维电子、达闼机器人等智能产品企业带动。战略性新兴产业制造业产值16056亿元，可比增长14.6%，占规模以上工业的40.6%。绿色低碳赛道产业中，新能源汽车产值1773亿元，增长1.9倍；新能源582亿元，增长16.1%；节能环保940亿元，增长8.8%。培育市级“专精特新”企业3005家、专精特新“小巨人”企业262家、制造业单项冠军企业23家。

## 四、工业投资和出口结构出现分化

从工业投资看，经过3年两位数高速增长，2021年工业投资增速回落至8.2%，其中制造业投资同比增长7.8%。重点行业出现“四升二降”局面，规模占1/3的生物医药、成套设备、石油化工和精品钢材制造业4个行业，分别同比增长103.1%、57.7%、50.4%和39%，规模占约2/3的电子信息、汽车制造业，同比分别下降14.6%、3.6%。从工业出口看，全年规模以上工业出口交货值8223亿元，同比增长8.4%，重点行业“一降六增”，规模占49%的电子行业出口下降5.9%，但是汽车（108.9%）、船舶（10.4%）、石化（27.9%）、钢铁（63%）、机械（20.1%）、医药（20%）等行业出口大幅增长。

## 五、工业绿色集约发展水平提高

2021年，制造业用能总量4736万吨标煤，同比增长0.4%，单位增加值能耗同比下降8.5%。工业经济密度稳步提高，全年产业园区地均工业产值82亿元／平方公里，同比提高7.9%；首批26个特色产业园区地均产出超过180亿元／平方公里，高于全市平均120%；打造1个千亿级园区

（G60 电子信息国际创新产业园）、7 个百亿级园区（金桥 5G 产业生态园、汽车新能港、碳谷绿湾、北斗西虹桥基地等）。

（吴 畅）

# 能源运行情况

2021 年，上海市重点监测企业煤炭、电力、成品油、天然气累计消耗量比上年增长，能源供需平稳运行。

**一、煤炭**

（一）消耗量同比增长。重点监测企业累计煤炭消耗 4962.37 万吨，同比增长 14.9%，其中，电煤消耗 3234.1 万吨，同比增长 11.3%。

（二）调入量同比增长。重点监测企业累计调入煤炭 5121.33 万吨，同比增长 21.22%；其中，调入电煤 3769.68 万吨，同比增长 32.26%。

（三）期末库存量同比增长。12 月底，全市重点企业煤炭期末库存 285.7 万吨，同比增长 71.72%；其中电煤期末库存 240.8 万吨，同比增长 100.7%。根据 12 月份平均日耗量，库存煤炭可用 24 天，其中电煤可用 25 天。

**二、电力**

（一）用电量同比增长。全市合计用电量 1749.6 亿千瓦时，同比增长 11%。其中，第一产业用电 5.5 亿千瓦时，占用电量的 0.32%，同比增长 13.8%；第二产业用电 869.7 亿千瓦时，占用电量的 49.71%，同比增长 10.9%；第三产业用电 596.5 亿千瓦时，占用电量的 34.09%，同比增长 12.6%；城乡居民生活用电 278 亿千瓦时，占用电量 15.89%，同比增长 8.1%。在第二产业中，工业用电 851.5 亿千瓦时，同比增长 10.7%；其中，制造业用电 686.8 亿千瓦时，占全市工业用电量的 80.66%，同比增长 10.4%。

**2021 年上海市主要电厂发电情况**

| 类别 | 发电量／亿千瓦时 | | 利用小时／小时 | |
|---|---|---|---|---|
| | 1 月—12 月累计 | 同比增长 % | 1 月—12 月累计 | 同比增加 |
| 煤电 | 750.21 | 21.2% | 4996 | 876.0 |
| 油电 | 1.52 | 26.4% | 248 | 52.0 |
| 气电 | 151.33 | −0.5% | 1968 | −24.0 |
| 市总计 | 994.67 | 16.3% | 3860 | 503.0 |

注：表格内数据为全市 6000 千瓦及以上电厂数据

（二）发电量同比增长。截至 12 月底，上海市发电装机容量为 2785.79 万千瓦。2021 年，全市累计完成发电量 1006.7 亿千瓦时，同比增长 16.6%。全市 6000 千瓦及以上发电设备平均利用小时 3860 小时，同比增加 503 小时。

（三）净受电量同比增长。全市累计净受电量 742.9 亿千瓦时，同比增长 4.3%。

**三、成品油**

（一）销售量同比增长。中石油、中石化在沪汽、柴油累计销量为 691 万吨，同比增长 5.3%。其中，汽油销量为 410 万吨，同比增长 4.5%；柴油销量为 281.1 万吨，同比增长 6.4%。

（二）生产量同比下降。金山石化、高桥石化累计生产汽、柴油 1034 万吨，同比下降 9.3%。其中，累计汽油产量为 537.7 万吨，同比下降 2.7%；累计柴油产量为 496.3 万吨，同比下降 15.5%。

（三）期末库存量环比增长。12 月末，中石油和中石化在沪成品油库存为 20.6 万吨，环比增加 5.8%。其中，汽油库存量为 14.1 万吨，环比增加 9%；柴油库存为 6.4 万吨，环比下降 0.7%。根据 12 月平均日销量，成品油可用 10 天。

**2021 年 12 月中石油、中石化在沪汽、柴油情况**

| 类别 | 消费量／万吨 | | 生产量／万吨 | | 库存量／万吨 | |
|---|---|---|---|---|---|---|
| | 12 月 | 同比增长 % | 12 月 | 同比增长 % | 12 月末 | 环比增长 % |
| 汽油 | 35.5 | 1.5 | 45.8 | −7.6 | 14.1 | 9.0 |
| 柴油 | 26.9 | 47.8 | 53.6 | 12.6 | 6.4 | −0.7 |
| 合计 | 62.4 | 17.4 | 99.4 | 2.3 | 20.6 | 5.8 |

**四、天然气**

（一）全市用量同比增长。全市天然气用量为 930570 万立方米，同比增长 6.2%。

（二）大工业用气同比增长。全市累计大工业用气量 159254 万立方米，同比增长 5.5%。

（三）电厂用气同比增长。全市累计电厂用气量为 292323 万立方米，同比增长 1.9%。

（吴 畅）

# 国家管理创新成果企业获奖情况

为了深入学习贯彻习近平新时代中国特色社会主义思想，全面贯彻中共十九大和十九届历次全会精神，贯彻落实中央经济工作会议精神，贯彻落实《中共中央、国务院关于营造企业家健康成长环境弘扬优秀企业家精神更好发挥企业家作用的意见》（中发〔2017〕25号），落实工业和信息化部等六部委联合印发的《关于加快培育发展制造业优质企业的指导意见》（工信部联政法〔2021〕70号），根据《关于组织申报第二十八届全国企业管理现代化创新成果的通知》（国管审〔2021〕1号），全国企业管理现代化创新成果审定委员会（简称全国审委会）于2021年组织开展第二十八届全国企业管理现代化创新成果的申报、推荐与审定工作。截至2021年9月底，共收到并受理企业申报材料698项。经组织高等院校、科研机构、企业团体有关专家初审、预审和答辩，并在媒体进行公示后由全国审委会终审，有237项被审定为全国企业管理现代化创新成果，其中一等成果34项、二等成果203项。

第二十八届全国企业管理现代化创新成果充分反映各类企业以习近平新时代中国特色社会主义思想为指导，弘扬伟大建党精神，立足新发展阶段，贯彻新发展理念，构建新发展格局，着力实施创新驱动发展战略，扎实推动企业高质量发展方面的最新实践，集中体现我国企业在国家重大科技项目实施与复杂系统工程管理、企业研发能力提升与产业关键共性技术攻关、数字化转型与智能化服务、领军人才队伍建设与激励、促进双循环的物流与供应链建设、海外市场拓展与国际化经营、精益管理与全面风险控制、综合能源服务转型与绿色发展等方面的最新实践，为政府有关部门制定相关政策提供参考，为其他企业提供可学习借鉴的成功经验，为大专院校和科研机构进行企业管理科学研究与教学提供鲜活案例。

2021年上海企业的获奖情况如下：

一等奖（1项）：

| 成果名称 | 申报单位 |
|---|---|
| 大型船舶企业推动上市公司高质量发展的优质资产运作管理 | 中国船舶工业股份有限公司 |

二等奖（6项）：

| 成果名称 | 申报单位 |
|---|---|
| 助力国际一流营商环境建设的小微企业“三零”办电服务管理 | 国网北京市电力公司；国网上海市电力公司 |
| 适应数字化转型的采购标准化体系建设与实施 | 江南造船（集团）有限责任公司 |
| 城市隧道全生命周期数字化运维管理 | 上海隧道工程股份有限公司 |
| 提升整车开发BOM质量的数字化管控平台建设 | 泛亚汽车技术中心有限公司 |
| 民航物流企业以转换经营机制为目标的混合所有制改革 | 东方航空物流股份有限公司 |
| 纺织企业基于大数据应用的国际贸易供应链服务管理 | 东方国际（集团）有限公司 |

（曹　恺　沈桑杰）

# 工业互联网发展情况

2021年，按照上海城市数字化转型的总体要求，全面落实《推动工业互联网创新升级实施“工赋上海”三年行动计划（2020—2022年）》，重点抓任务落实、抓时间进度，以工业互联网创新发展促制造业数字化转型和高质量发展。

**一、总体成效**

上海共推动超1000家规模以上企业工业互联网创新应用，带动15万多家中小企业上云上平台，平均降本8.4%、提质1.95%、设备利用率提升9.2%、库存减少4.2%，总体发展水平居全国第一梯队（如工业互联网平台普及率18.1%〈全国第2〉，工业互联网模式创新突破比例9.5%〈全国第1〉）。

**二、主要工作**

（一）加强顶层规划和工作部署

在《推进上海经济数字化转型赋能高质量发展行动方案（2021—2023年）》中，明确实施制造新模式转型行动，推动制造业数字化转型“由点及链及圈”，实现“知识化、质量型、数字孪生”创新发展；召开全市经济数字化转型现场会和全市制造业数字化转型工作推进会，面向全市进行制造业数字化转型工作动员部署；指导临港新片区、松江区、浦东新区、金山区、嘉定区等重点区域编制出台工业互联网相关规划和专项政策。

（二）聚焦“一业一策”深入推进

聚焦“3+6”重点产业，明确生物医药、电子信息等十大行业数字化转型总体推进思路和目标，形成一个转型工作方案（能源、航空航天、船舶、核电等已编制完成），启动一批课题研究（全部完成，已在全市制造业数字化转型工作推进会上发布），推动一批应用场景和一批重点项目（征集288项，梳理形成101项重点项目，首批32个拟重点落地项目），推进一批数据试点，开展一批评估评价，研制一批标准规范（已形成约80项标准），编制一批建设指南（钢铁、航天已形成），挖掘一批创新企业（梳理形成232家），培育一批专业人才（近50名行业领军人才和专家）。重点聚焦打造行业数字化转型应用标杆和平台示范，共建成14个国家级智能工厂、20个5G全链接工厂，并加快向灯塔工厂迈进；发挥“链主”企业的雁阵带动效应，已建成宝信、电气数科、云汉芯城等26个具有全国影响力的工业互联网平台，形成“工业数据、工业知识、工业算法”三大能力体系（链接全球120万家企业，153万个工业数据集，链接822万台工业设备，涌现3.5万个工业APP），核心产业规模约1000亿元；推动AI+、5G+、区块链+、北斗+等应用场景开放，以“揭榜挂帅”方式，推动首批196个应用场景开放并启动建设首批十大应用场景。

（三）抓好重大示范工程和项目

联合市国资委，深入实施国资国企工业互联网促企业数字化转型专项工程，落实数字化转型投入视同利润政策，推动上海电气、光明乳业、延锋等打造一批行业数字化转型标杆；长三角G60工业互联网创新应用体验中心正式建成并投入运营，汇聚产业数字化（创新应用模式应用）和数字产业化（智能硬件、工业软件、5G全链接）等内容，打造成为上海制造业数字化转型功能型载体和公共服务平台。推动高质量建设长三角工业互联网一体化公共服务平台，提供面向长三角的数据服务、应用服务、公共服务、人才服务、政策服务等，已累计解决方案200余个，汇聚平台供应商30余家，设备上云超10万台。上海航天精密机械、上海海得控制、上海电科所等6个项目入选工信部2021年度新一代信息技术与互联网融合试点示范。

（四）着力打造“新基建”品牌

一是聚焦电子信息、生物医药等重点产业领域，持续推动一批“5G+AI+工业互联网平台”标杆建设，形成“设计+平台服务”“供应链+区块链+工业互联网平台”“5G+工业互联网”“工业大数据和算法中心”“两网贯穿”等推进模式和发展路径。二是落实长三角工业互联网一体化发展示范区建设，推动标识解析上海顶级节点面向长三角上线58个二级节点（上海新增汽车、能源、电机、仪器仪表等一批行业二级节点），累计标识注册量超300亿，接入企业近15000家，居全国首位，催生一批跨行业跨区域应用新模式。

（五）健全生态体系建设

一是聚焦工业互联网平台以及云网、标识解析、工业数据、两化融合贯标、集成和工业信息安全等专业服务，启动2021年度工业互联网推荐目录，着力培育一批工业互联网“隐形冠军”。二是依托上海市工业互联网协会等，挖掘应用场景，促进供需对接，推动一批重点场景项目签约和落地实施；开展工业互联网高技能人才培训，完成线上线下课程培训超200讲，服务人次40000+；编印《2021年上海市制造业数字化转型实践案例集》。编印每月一期《上海市工业互联网工作简报》。三是推动筹建上海工业数字化研究院，强化制造业数字化转型社会支撑力量，服务前沿战略研究和咨询、行业应用研究、技术产品和解决方案研发、科技成果转移转化、专业人才服务等。四是推动《企业数字化转型评估指南》等一批地方标准获批，以及《面向典型制造场景的边缘应用指南》《面向典型应用场景的工业知识图谱技术规范》等立项团体标准。

（六）强化宣传服务和氛围营造

一是成功举办2021世界人工智能大会全球工业智能论坛，工业数字化赋能系统、“5G+工业互联网”创新联合体启动等。二是拟举办2021年工博会新一代信息技术与应用展馆工业互联网专题展、国际工业互联网大会。三是成功举办第二届工业互联网算法大赛，通过产学研用多方联合，聚焦汽车、航空航天等重点产业领域，形成一批智能算法和知识图谱，提升制造业数据赋能核心能力。

（李海涛）

# 附件：工业互联网促制造业数字化转型典型案例（场景）

## 一、综合性应用案例

近年来，上海在钢铁、航天等领域涌现出一批多模式综合应用案例，例如宝武集团、中国商飞等。

（一）宝武——平台+数据：实现千米之外“一键炼钢”

中国宝武开发具有完全自主知识产权的工业互联网平台xIn3Plat，以面向生产制造的工业互联平台iPlat和面向产业协同的产业生态平台ePlat为核心，提供业务数字化、运营平台化、产业生态化的融合创新能力，平台覆盖300多万台设备，汇聚3000多个工业APP，近2000个工业模型，解决方案跨10个行业九大领域，列入2020年工信部双跨平台。截至目前，平台服务企业近8万家，可减少20%设备故障时间，减少20%维护人员，降低30%废次品率，降低30%劳动强度，提升30%物流效率。

基于平台数字化的能力，催生出智慧服务、智慧制造等多种创新模式和应用场景。1．在智能化生产方面，通过智慧质量让每条生产线拥有7×24小时在线的“火眼金睛”与“最强大脑”，实现秒级质量判定。2．在网络化协同方面，依托工业互联网，实现“一总部多基地”协同管控，践行“ONEMILL”理念。3．在个性化定制方面，通过导入汽车板先期介入EVI，可以为整车厂提供从设计到量产全过程的“高端定制”。4．在服务化延伸方面，宝武智维云相当于把设备专家门诊直接开进各个制造基地，让设备状态更佳、效率更高。

（二）商飞——5G+工业互联网：为大飞机插上腾飞的翅膀

中国商飞建成国内第一个5G全连接工厂，通过全连接平台实现位于上海、北京、山东、江西、四川等五地的设计、制造、试飞、客服等产品全生命周期10个分子公司的互联协同，打通百万零件级生产要素万物互联的关键技术路径。

通过5G全连接工厂，实现设备、产品、物料、人员、工具、工装六类生产要素的万物互联，开发“5G+工业互联网”场景超过250个，涵盖5G+AI复合材料缺陷检测、5G+8K视觉检测、机器人集群应用示范线等。

实现全设备利用率提高20%，生产效率提高15%，产品良率提高10%，质检效率提高95%，生产成本降低10%。

**二、个性化定制案例**

个性化定制是基于客户需求数据基座，推动工业互联网与消费互联网两网贯通，实现“需求定义设计、需求定义制造、需求定义服务”的需求驱动供应链协同新模式，让每一个有创新想法的个体都能有发挥空间（一个基座、两网贯通、三重定义）。上海在国内率先推出消费互联网与工业互联网贯通新模式，在汽车制造、医疗器械、服装制造等领域涌现出一批典型案例。

（一）上汽大通——数据贯通，用户定义

以用户需求为主线，促进创新链、价值链、产业链供需两侧全面融合共创价值，实现“为用户重新定义产品、为客户深耕智能制造、为用户提供便捷服务”的需求驱动业务模式，让“我以为”的本位思潮向“用户觉得好”的用户中心型企业转型升级。

大通通过实施C2B模式，公司及其南京、无锡工厂相继获评“智能制造标杆企业”“灯塔工厂”和“智能工厂”，透明供应链智能连接核心供应商达300家；潜在客户群体基数5年里增长10倍，已达100万数量级，市场份额加速提升。

（二）威马——两网贯穿，每一台车都与众不同

威马汽车基于客户需求，打造C2M大规模个性化定制平台，数据驱动，智能排产，订单状态实时反馈，实现大规模个性化定制的全业务链贯通和数据决策。

基于数据，实现消费互联网和工业互联网两网贯通，实现两网知识图谱的映射和链接，目前已汇聚三张网（即消费互联网、工业互联网、车联网）的数据，当前数据量已超过1PB。

威马汽车打通研发、采购和生产等环节的数据交互适配，具备了数字化智能柔性生产能力和大数据驱动的供应链能力，实现了单一车型配置超1460种，OTD21天，研发周期缩短30%。

（三）普利生——用工业化手段解决个性化问题，让牙齿矫正更简单

普利生将工业4.0与3D打印相结合，打造了国内首家24小时无人值守的牙模3D打印智能工厂，从口腔数据采集、畸形纠正路径、牙模3D打印、到牙套精准匹配，实现产速提升5倍、降本60%，国内正畸行业牙模市场占有率达50%。

（四）宝鸟——从“人配衣”到“衣配人”

宝鸟通过搭建“云定制、云工厂、云服务”，实现单量单裁却能高效完成大量个性化定制，形成智能制造+智慧物流的无缝连接闭环，打破传统服装“人配衣”，高效实现“衣配人”的服务新模式，引导全球服装时尚产业新生态。

**三、网络化协同案例**

网络化协同是通过云设计、云制造和云服务，实现需求方协同、开发者协同、供应商协同与多工厂协同的一种创新模式（三云四协同）。网络化协同模式典型代表有云汉芯城、复星医药、509所、来伊份等。

（一）云汉芯城——云设计、云制造、云服务

云汉芯城通过综合性协同电子制造平台，链接电子产品设计商、电子元器件供应商和电子制造生产商，实现电子产业云设计、云制造和云服务，助力各类电子产品从研发到量产的快速落地。平台链接超过40万电子产业用户开发者、20万个PCB电路板设计者、超过6万家电子元器件供应厂商、协同全国10余个生产厂。

“云设计”核心是利用在线化智能面向可制造设计分析技术，在生产前通过对设计的仿真模拟智能优化，减少生产异常，将单位产品平均生产资料处理时间从6小时下降至5分钟。

“云生产”通过聚合中小型工厂生产能力并智能化改造生产线，通过平台属性发挥规模化效应，通过不同工厂进行生产制造协同，使终端客户单位小批量订单生产平均成本下降约27%。

“云服务”通过整合电子工业软件、电子设计服务商、元器件供应商等一系列行业资源，实现从研发到生产配套服务的全链路优化，提升整体链路效率平均达 92% 以上。

（二）复星医药——为医药全流程按下“加速键”

复星医药以药品制造与研发为核心，通过云平台，形成产品端到端的数字化全生命周期管理。

建设以研发项目管理平台为核心的基础药物研发云平台，打通了新药研发一体化流程，实现新药研发的全球化协同，研发周期从 3 年缩短至 3 月。

建设网络化协同模式的行业领先智能制造云平台，构建面向计划、物料、质量、检测及仓储等数字化系统，实现医药全寿命周期制造协同，制造周期缩短至 10 天。

打造引领和推动产业营销数字化战略转型的营销云平台，融通产业链资源，打造多渠道协同营销体系，实现药物的在线新零售，订单响应缩短至 12 小时以内。

（三）509 所——让卫星生产“有节拍”

航天八院 509 所打造的“数字卫星”设计制造一体化协同平台，打通全业务环节，实现跨地域跨专业的协同研发和制造。目前，该平台已覆盖八院“风云”卫星等 30 多个型号、20 多个单位近 2000 名用户，全面消除系统性设计质量问题，整体研制效率提升 30% 以上。

打通办公室与总装厂房、上海与酒泉／西昌基地之间的测试链路，全部 30 多个在研型号实现“前方指挥测试，后方辅助判读”。

实时跟踪 40 多颗在轨卫星的遥测状态，开展卫星寿命预测评估，实现跨时空遥测与服务协同。

（四）来伊份——用户找零食到零食找用户

来伊份搭建合作伙伴协同平台，推行“云平台、云协同、云服务”的休闲食品产业链一体化管理。

“云平台”与 300 多家休闲食品供应商实现信息共享、注册、引入管理一体化，数据应用标准化、办公自动化，整体业务流程效率提升 80%。

“云协同”将 20 年来沉淀的供应商全生命周期管理体系标准，通过合作伙伴协同平台指导供应商在原料管理、商品管理、质量管理、库存管理、物流配送等环节中进行标准化作业，供应商订单交付周期缩短 20%。

“云服务”对产业上下游生产制造、运营管理，仓储物流、产品营销等业务环节进行数据集成共享，减少供应商备货库存 20% 以上，供应商交货及时率提升 11%。

**四、智能化制造案例**

智能化制造是将正确的数据在正确的时间以正确的方式传递给正确的人和设备，以提高企业的连接能力、整合能力和创新能力（四正确三能力）。上海涌现了晨光、光明乳业、华谊等代表企业。

（一）晨光——一支笔书写“中国制造”大文章

晨光文具作为传统制造企业代表，将数字化融入精益生产管理，对生产物料、生产人员、生产设备实现精准管理，有效提升生产效率和产品质量。晨光全国覆盖超 8 万家零售终端，每年仅中性笔产量就超 50 亿支。基于市场需求每年推出近 1000 款新品，新品只需 7 天就能呈现在全国终端。未来将打通销售终端和消费者数据，实现个性定制和柔性生产，更好服务消费者。

（二）光明乳业——一滴奶的数字化转型之路

光明乳业打造智能牧场，实现精细育种、精准饲喂和奶源追溯的数据互联互通，形成 15 万头的养殖规模，实现自有奶源比例达 60% 以上。

通过产线赋码，实现贯穿全产业链的智能管控，并打造了面向企业及消费者的开放数据平台，年累计销售金额超 100 亿元。

打造乳业营销服务的“光明”模式，不断拓展在线新经济，推动随心订“乳品宅配专家”向“鲜食宅配平台”转型，覆盖光明所有门类食品，实现家庭用户超 160 万户。

（三）华谊——从源头为化工生产“上保险”

华谊集团从生产、营销、研发和采购供应链四方面发力，实现一体化升级和产业链提升，并建设数字化灯塔工厂。

以数据驱动为核心，全面促进价值链提升。数字工厂与物理工厂同步建设，建成国内领先的智能化和绿色化标杆工厂。

以大数据平台为数据湖底座，形成超 2 万节点的集群管理能力，并加速构建风险分级管理与隐患排查治理的双重预防机制。

**五、服务化延伸案例**

服务化延伸是通过“制造＋服务”、“制造＋运维”、“制造＋金融”，实现测得准、控得住、修得快、省得多（三“+”四得）。上海电气、龙工、梅斯医药、空间电源所等在服务化延伸方面进行创新探索。

（一）上海电气——推动高端装备制造向服务型转变

上海电气“星云智汇”工业互联网平台，以高端装备制造行业的工业机理模型和智能化应用为核心，对装备的研发设计、制造装配、运维服务、供应链等阶段进行全面管控和优化。

在传统能源、清洁能源、城市基础设施、医疗等领域已覆盖数字化协同设计、数字孪生应用、质量管理、运维服务、能效管理、供应链协同等数十个工业场景。

平台部署工业 APP 超过 120 个，在线管理超过 10 万台高价值设备，资产价值超 1400 亿元。实现产品制造周期缩短 10% 以上，运维成本降低 15% 以上。

（二）龙工——设备上云，有迹可循

龙工产业链协同云平台，包含“龙车联”“龙养车”“龙商城”“龙营销”“龙管家”五大业务系统，实时监控龙工工程机械设备，通过数据分析，为经销商服务团队提供主动、预防性的维护服务；建立备品备件平台，让商品交易变得更便捷、更透明。

龙车联平台，实时监控龙工工程机械设备，目前平台已接入1万多台设备。龙车辆APP，接入车辆3万多台，代理商可以了解实时的设备位置信息、工况数据，为就近协调服务资源、远程故障诊断、预防性维护提供有力的数据支持。

态势安全感知平台，可对两百多台服务器及2000多台PC终端进行实时监控，并在出现安全问题的第一时间预警，有效提高了安全防护等级。

（三）梅斯医药——数字化打通临床医学—医药研发—医学传播

梅斯医药自主研发临床研究云平台和医学学术传播平台。

前者对标各项国际标准，使得临床研究效能大幅度提升，智能化录入使得数据处理成本下降65%，监察成本可降低53%，数据管理效率提高156%。

后者依托于梅斯医学300万以上的注册医生会员，赋能创新药的医学学术传播，目前国内约65%的创新药械均与梅斯医学进行合作，让更多的临床医生更快知晓并合理应用创新治疗药物，推动创新药械行业发展。

（四）空间电源所——源服务，新智造

航天811所搭建产品互联网络与服务国家级平台，开展基于数字孪生、人工智能、区块链等技术的产品模型构建与数据分析，打造设备预测性维护、装备能效优化、产品衍生服务等电源行业服务型制造新模式，设备联网800余台，采集结构化数据超过30TB，设计、仿真、数字孪生等模型350个，建立各类知识图谱和算法库超过60个，提供电源行业解决方案28套。

# 产业技术创新情况

2021年，上海市认真贯彻创新驱动发展战略，加强关键领域核心技术攻关，以强链补链固链提升产业链韧性和稳定性，以增强企业创新活力提升自主创新能力，推动实现高水平科技自立自强和产业高质量发展。

**一、大咖云集，中国工程院院士成果展示与转化中心正式揭牌开馆**

4月22日，中共上海市委书记李强、中国工程院主席团名誉主席宋健、徐匡迪和院长李晓红为中国工程院院士成果转化中心揭牌。市委常委、副市长吴清，工程院党组成员、副院长钟志华向院士成果转化服务团队代表颁发聘书。该中心以成果转化、成果展示、学术交流、科学普及、战略咨询和科技攻关为重点任务，打造推动产业链和创新链深度融合的合作平台，进一步强化科技创新策源和高端产业引领功能。

院士成果展示馆同期开馆。展馆聚焦创新和新兴产业，呈现近年来院士团队在核心技术攻关方面所取得的突破性成就和原创性重大成果，首期展览面积1.2万平方米，共有200个院士专家团队共计310余项成果参展，包括咨询成果110多项，科技成果204项。

**二、多方协作，推动院士创新成果加速落地转化**

4月22日，上海市委常委、副市长吴清，中国工程院副院长钟志华共同主持召开中国工程院院士专家成果展示与转化中心领导小组会议，加快推进院士成果转化中心建设。中国工程院浙江院院长李兰娟院士、上海院副院长林忠钦院士以及江苏院副院长刘庆、安徽院副院长赵今明应邀参会。市政府副秘书长陈鸣波、中国工程院秘书长陈建峰出席会议，市经信委副主任傅新华代表领导小组办公室汇报工作。

6月10日，中国工程院副院长钟志华院士主持召开会议，落实习近平总书记在两院院士大会上的重要讲话精神，与院士成果转化团队9名组长座谈交流，推进院士成果转化中心建设，推动创新链产业链融合。

院士成果转化中心策划建党百年科技创新成果展，举办“学习习近平总书记‘七一’重要讲话精神”报告会，组织院士成果转化中心首场学术论坛，开展科技企业需求对接会、智慧交通院士专家谈等14场学术活动，策划近20场爱国教育和科普活动。组建院士专家成果转化服务团队，编制《院士专家成果产业化落地服务指引》。钟志华院士团队智慧车列交通系统项目已在嘉定区启动试运营；吴志强院士团队领衔的全球首个离网氢能应用展示馆落地国际汽车城。录制第一季《“士”说“新”语》栏目，加强创新和新兴产业科普，弘扬科学家精神和企业家精神。

**三、强基固本，上海市产业技术创新战略咨询专家委员会正式成立**

12月10日，上海市产业技术创新战略咨询专家会议召开。副市长张为出席会议并讲话，市政府副秘书长陈鸣波主持会议。张为副市长为受聘为战略咨询委员会主任的中国工程院副院长钟志华院士、上海交通大学校长林忠钦院士颁发聘书。国家产业基础专家委员会副主任委员屈贤明，上海市节能行业协会会长王坚等8位院士、10位企业家代表和学者被聘为战略咨询委专家委员。市经信委主任吴金城向战略咨询委通报产业技术创新的整体情况以及下一步的发展思路。

市经信委深入实施产业基础再造工程，坚持政府有为、专班推进，围绕基础零部件、基础材料、基础工艺、基础技术、基础软件等“五基”方向和产业链协同，开展重点环节“揭榜挂帅”、同一赛道“赛马竞争”，聚焦卡脖子环节和重点攻关方向，梳理布局重大攻关项目，形成下一步核心技术攻关“作战图”。

**四、完善布局，产业创新平台能级进一步提升**

成立上海超导制造业创新中心和船舶动力制造业创新中心，面向50个重点发展领域，构建“创新中心+产业联盟+特色园区”的跨领域、多专业、多层次创新网络体系。4家企业入选工信部产业技术基础公共服务平台，为相关产业创新提供质量可靠性试验验证、标准验证与检测等基础支撑和公共服务，完善重点产业技术基础体系。深化产学研合作，集聚各方优势资源推动战略重点领域自主创新突破，在重型燃气轮机领域布局联合创新中心，推动中国重燃与本市5家高校达成战略合作。与市教委共同推进商用航空发动机领域联合创新计划二期建设，中航商发与交大合作项目获上海市产学研合作优秀项目特等奖。

**五、“链主”带动，企业创新主体地位进一步强化**

加强创新型“链主”企业培育，中国建材国际工程集团有限公司和上海和黄药业有限公司入选国家技术创新示范企业，上海航天电子有限公司、上海华力微电子有限公司、思源电气股份有限公司3家企业被评为国家级企业技术中心。2021年度认定106家上海市级企业技术中心，举办上海市企业技术中心培训班，开展市级企业技术中心评价，修订《上海市企业技术中心管理办法》。经统计分析，企业技术中心涵盖40%的集成电路企业、29%的生物医药企业和32%的人工智能企业，涵盖80%的制造业、新兴产业等“百强”企业，涵盖70%的制造业上市企业和70%的专精特新企业。

**六、靶向突破，产业技术创新白皮书明确攻关发力方向**

聚焦国产EDA、国产集成电路装备、光刻胶、汽车电子芯片、仿真软件、云端智能芯片、智能网联汽车、新能源汽车关键零部件、机器人、高端船舶设计建造、航空复合材料、北斗导航关键产品、生物药用关键耗材等重点行业，编制产业技术创新白皮书，并同步开展集成电路、生物医药、人工智能等重点产业链安全评估研究。

产业技术创新白皮书深入解剖整机产品，采用定性和定量相结合的研究方法，梳理主要零部件（系统）以及整个产业体系普遍存在的基础性问题，找准努力方向，主要有三方面创新：一是通过对比国内外关键技术发展水平，分析技术薄弱环节，明确技术差距，确定下一步发展重点。二是通过对关键技术节点深度研究，分析技术成熟度与自主可控度，梳理一批补链固链强链的重点攻关方向。三是依循技术发展规律，提出分类施策建议，推动关键技术逐步实现自主可控。

**七、项目牵引，战略性新兴产业成为经济高质量发展重要引擎**

全年规模以上战略性新兴产业制造业产值16056亿元，同比增长14.6%，占规模以上工业产值的40%左右。围绕集成电路装备、生物医药、人工智能、高端装备、数字经济等重点领域，全年推动24个战新重大项目落地建设，新增总投资60.4亿元，推进战新产业集群发展。集成电路领域，国产CPU主频突破3GHz，千万门级FPGA芯片实现批量供货，12英寸先进工艺清洗设备研制成功；生物医药领域，高端医疗器械用关键基础LYSO晶体打破国外市场垄断，联影医疗uExplorer全身PET-CT扫描仪通过美国食品和药物管理局(FDA)认证；人工智能领域，7纳米通用GPU芯片取得突破性进展，打破国外公司在人工智能云端训练芯片领域的垄断地位。

**八、规划引领，上海市产业技术创新和产业基础能力提升“十四五”规划正式发布**

12月8日，《上海市产业技术创新和产业基础能力提升“十四五”规划》正式印发。规划明确“十四五”期间重点围绕“一群一链一环一网”，通过十大“专项行动”，实现产业技术创新和产业基础能力螺旋上升。到2025年，国家级和市级企业技术中心突破900家，力争培育20家左右国家级和市级制造业创新中心，实现300项关键基础零部件及元器件工程化和产业化，推动150项关键基础材料示范应用，研制10项大型工业基础软件。规模以上工业企业R&D经费支出相当于主营业务收入的比例保持全国前列，规模以上工业企业每亿元主营业务收入有效发明专利数超过1.5件/亿元。

**九、跨界融合，首届产业技术创新大会成功举办**

1月22日，以“激发企业创新活力提升产业链现代化水平”为主题的首届产业技术创新大会召开。市政府副秘书长陈鸣波出席大会并致辞，中国工程院副院长钟志华院士做主旨报告，市经信委主任吴金城为2020年度国家级企业技术中心授牌，副主任张英代表市经信委与4家银行签署《“企业技术中心”专项金融支持服务方案（2021—2025年）》。

上海企业技术中心创新联盟理事长陈平发布《上海企业创新活力指数50强榜单（2020）》《上海产业技术创新白皮书（2020）》《上海市企业技术中心2020年度创新榜单》《2018—2020上海市质量标杆成果集》等4项成果。截至11月底，专项金融支持服务方案，惠及全市企业技术中心442家，发放信贷421.3亿元。

### 十、优化生态，创新要素体系进一步完善

持续推进创新产品应用，新一批90件创新产品纳入本市创新产品推荐目录。发挥标杆引领作用，加大新兴产业质量标杆培育力度，质量标杆申请和入选数量再创历史新高，21家企业优秀质量管理经验获上海市质量标杆称号，其中5家入选全国质量标杆，数量在各省市中名列前茅。积极推动产业链和创新链融合，上海企业技术中心创新联盟2021年度举办2场主题活动和5场专题活动，服务超过5万人次。聚焦经济数字化转型，举办“数字化助力提质增效，产业链共话创新转型”主题活动，助力企业掌握数字化理念、运用数字化方法、率先推进数字化转型，提高产业技术创新能力和核心竞争力。中国科学院何积丰院士出席并做主旨报告。

（金智献）

# 大数据产业发展情况

“十三五”以来，上海市为发展大数据产业，在机制体制建设、数据要素流通、公共数据赋能、产业集聚发展、生态创新构建等方面均取得不俗成绩。全市大数据产业蓬勃发展，数据红利释放加快推动产业升级，创新技术企业纷纷落地，高新技术产品不断涌现，支撑服务全方位提升。

### 一、大数据产业发展统计情况

根据2020年上海市大数据产业专项统计，全市大数据核心企业总数达到1076家，比2019年增长10.6%；总产值达到2842.5亿元，同比增长19%，在疫情及众多外部环境的挑战下，依然保持高水平增长；专利数量方面，企业获授权软件著作权13481项，获授权专利数量4774项，获授权发明专利数量2178项；产业集聚方面，市北高新园区、杨浦云基地等产业集聚区持续稳定发展，临港“信息飞鱼”园区立足国际数据港先导区，加快发展国际数据产业。

### 二、加快构建数据要素市场

2021年11月，为积极贯彻落实中央文件《中共中央国务院关于支持浦东新区高水平改革开放打造社会主义现代化建设引领区的意见》，打造全球数据资源配置的重要节点示范，上海市数据交易所（以下简称“数交所”）正式成立，重点突出准公共服务、全数字化交易、全链生态构建、制度规则创新“四大功能”，体现规范确权、统一登记、集中清算、灵活交付“四个特征”。特别针对数据要素流通过程中“确权难、定价难、互信难、入场难、监管难”5个关键问题，提出5项全国首发：一是全国首发数商体系，涵盖数据交易主体、数据合规咨询、质量评估、资产评估、交付等多领域；二是全国首发数据交易配套制度，率先针对数据交易全过程提供一系列制度规范；三是全国首发全数字化数据交易系统，保障数据交易全时挂牌、全域交易、全程可溯；四是全国首发数据产品登记凭证，实现“一数一码”，可登记、可统计、可普查；五是全国首发数据产品说明书，以数据产品说明书的形式使数据可阅读。数交所成立当天，受理挂牌和完成挂牌的数据产品20个，涉及金融、交通、通信等八大类，达成部分首单交易，包括工商银行和上海市电力达成交易的“企业电智绘”数据产品以及民用海图服务产品等。

2021上海市全球数商大会随数交所成立同步在上海市举行。在积极探索加快数据要素流通、促进数据要素交易市场繁荣发展的过程中，以数据供应商、数据交付商、专业服务商为基本框架涌现的数商新业态基本成型，大数据产业生态建设随之逐步完善。截至2021年底，已发展100余家数商企业，其中数据供应商涉及金融、航运、通信、工业等各领域；数据交付商涵盖行业内多家云计算及隐私计算等头部企业如阿里、腾讯、华为等；专业服务商涵盖国内外顶级会计师事务所和律师事务所如德勤、安永、毕马威等。

### 三、深入推进公共数据开放

截至2022年1月底，上海市通过开放平台已累计完成近6000个公共数据集的开放，其中实时接口2659个。同时，公共数据开放应用取得突破性成果，普惠金融2.0实现面向33家金融机构开放1000余项公共数据，向中小企业普惠信贷1000亿元。

在2020年首批11个公共数据开放应用试点项目的基础上，上海市启动第二批7个公共数据试点项目建设，新产品、新服务不断涌现，例如工商银行打造“轻碳贷”产品，面向低碳、绿色发展企业给予授信额度倾斜市场利率价格优惠；克而瑞打造“CIPIC－产业数字化平台”，构建动态的产业园区（载体）字典和产业经济、产业资产、产业服务等全方位数字化产业知识图谱；百度打造“百度地图无障碍智能出行”产品，为有需要的用户在公交、地铁站提供无障碍设施可靠信息详情；新能源汽车打造“智慧出行充电平台”，实现全市新能源车辆充电时空需求分析、充电设施运行评价、充电供需评估；宝付打造“商品价格异常监控平台”，对跨境电商交易进行价格可信度识别，辅助跨境电商风控等。

### 四、加快推进国际数据港建设

2021年，上海以2+3+1为总体框架（“2”是推动建设临港国际数据港先导区、虹桥全球数字贸易港；“3”是打造

数据流通交易体系、数据资源开发应用标杆载体、生态支撑“三驾马车”；“1”是推进长三角一体化数据合作示范），加快建设国际数据港。临港新片区国际数据港先导区加快建设，加大先行先试和示范建设力度，率先突破国际化数字基础设施，搭建国际数据流通平台，探索面向国际新规则的跨境流动制度创新。虹桥国际中央商务区“全球数字贸易港”全力推进，国际互联网专用通道建成开通，集聚了临空经济示范区、北斗数字基地、北虹桥国家文化数字出版基地等九大平台，规模以上数字企业达到2200多家。数据交易所挂牌成立，以建设国家级数据交易所为目标，组建工作专班，加快推进数据交易相关顶层设计、数据产品挂牌交易、数商生态集聚发展等工作。长三角数据合作示范区建设有序推进，深入推进长三角“一网通办”互联互通，一体化示范区签署《公共数据“无差别”共享合作协议》，加快长三角政务数据共享和公共数据交换。

（薛 威）

# 电子信息制造业发展情况

2021年，上海电子信息制造业全力以赴以打造集成电路世界级产业集群为中心，加快推进电子信息产业高质量发展，保障产业链供应链畅通稳定，突破一批核心技术、补齐一批产业短板、落地一批重大项目、培育一批龙头企业，在“两个百年”交汇之际在构建产业新发展格局上取得扎实有效地工作成效。

## 一、围绕稳保要求，落实促投任务

（一）推动产业规模稳中有升。面临下行压力，积极做好重点企业运行情况跟踪，组织代工企业与对口帮扶地区对接，帮助解决劳动力问题，保障新一代信息技术制造业部分规模总体保持平稳。上海电子信息产业产值约占全国规模的25%，其中集成电路突破2450亿元，集成电路设计排名全国第一。

（二）中芯临港项目正式启动。成为国家窗口指导和大基金投决流程最快的项目。从牵头协调项目整体出资方案，组建出资平台，到协调加快项目前期审批工作，仅100天实现从签约到具备开工条件，创造“中芯临港速度”。

（三）加快推动重大项目实施。建立机制定期排摸重大项目投资进展，推动项目加快厂房建设和产能爬坡，华力二期、和辉二期实现设计产能，闻泰车规级芯片制造项目启动建设，中微临港基地项目、新昇二期项目正式开工，格科微临港项目、精测半导体厂房封顶。

## 二、围绕顶层设计，谋划规划布局

（一）完善集成电路产业发展顶层设计。聚焦重点、明确任务，加快解决关键核心技术“卡脖子”问题，打造产业链最全、产业集聚度最高、综合竞争力最强的集成电路产业体系。

（二）做好电子信息制造业发展规划。加强行业调研，摸准产业方向，找准发展脉络。编织发布《上海市电子信息制造业发展“十四五”规划》，构建“一核三基四前五端”产业体系，形成“一带两区三园多点”产业空间布局。

（三）深化“一体两翼”产业布局。在加快集成电路设计园、智能传感器产业园、东方芯港、松江G60电子信息国际创新产业园等特色产业园建设，组织推进浦江创芯之城、新型显示产业园建设。

## 三、紧盯全球领先，打造集成电路集群

（一）加快龙头企业培育，打造企业集群。上海的集成电路龙头企业数位居国内第一，拥有国内前两大芯片制造企业，设计企业占四成、EDA企业占六成、设备企业占八成。

（二）加快提升制造工艺，扩大产能规模。上海的集成店里产能规模和工艺能级位居国内第一，在整体缺芯的环境下，有力支撑国内设计业需求。中芯国际、积塔半导体月产能、华虹集团工艺验证、SiC工艺产能不断突破。

（三）加快做强核心研究，做大产品设计业。设计业技术水平和产业规模位居国内第一，研究推动本市硅光产业发展。国产X86架构CPU主频突破3GHz，累计出货超200万颗；5G基带芯片、千万门级FPGA芯片批量供货；NB-IOT物联网芯片、4/8K超高清视频核心芯片规模应用。

（四）封测业高端能力持续提升。在3DNand、汽车电子等高端封测试技术全国领先，已在系统级封装、晶圆级封装、FlipChipCSP等先进封测工艺形成规模化产能。开展Chiplet前沿封装测试技术研发，加快筹建先进封测技术研究平台。

（五）装备材料业加快形成国内配套支撑能力。上海围绕产业联动、企业服务，打造世界级产业集群等主体，与有关区、园区、街镇形成有效联动，在晶圆制造工艺设备和量测检测设备技术能力和市场份额上继续保持国内领先，部分产品在国际市场形成突破。

## 四、围绕芯机联动，推动信息产业全链发展

（一）新型显示聚焦龙头企业发展。和辉成功登陆科创板、启动二期扩产、推出AM-OLED笔记本电脑显示屏，上海天马继续保持在专业显示屏领域的国内领先。在第6代平板显示光刻机等一批关键装备实现突破的基础上，谋划布局mini-LED、Micro-LED等显示技术。

（二）积极落实超高清视频行动计划。完成4K超高清智能一体机终端软硬件开发，加快推动安全播控设备产业化突破。国内首个超高清视音频制播呈现国家重点实验室启动建设，成立国内首家8K超高清影像实验室。编制和发布两项超高清智能终端行业团体技术标准，发布国内首个《5G+8K超高清国产化白皮书》。

（三）加快汽车电子智能网联绿色发展。注重在车用传感器、车用终端、车控系统领域自主发展，实现4D成像雷达、激光雷达、图像传感器、胎压传感器、车灯控制、变速器混动变速箱、限行控制等汽车电子领域的自主研发突破。

（四）医疗电子提升关键部件供给能力。联影PET探测器专用芯片、奕瑞科技医用X射线平板探测器、微创三维磁电双定位标测系统，在关注医学影像、电生理国产化取得突破，打破了进口技术垄断。

（五）智慧健康养老加强产品体系建设。以居家养老为工作重点方向，聚焦需求为出发点，强化技术支撑。围绕居家老年群体24小时作息规律，按老年人活动状态和居家环境两大类细分15个场景，支持面向老年群体的智能硬件研发和产业化。

（六）新一代通信重点布局智能终端产业。开展智能终端行业调查，支持城市数字化转型背景下的智能终端研发。按照数字化转型工作，组织调研，编织方案，支持具备数字底座、应用场景、产线更新的智能工厂项目建设。

（七）抓住城市数字化的物联网发展机遇。组织工信部物联网试点示范项目申报评审推荐，布局基于区块链和数字孪生的建设运营项目试点，支持2个物联网地方标准立项编制，打造以制造与服务融合为特征“智能物联”数字底座，推进老旧电梯智能化加装和停车库智能引导等2个智能物联试点项目建设。支持具备在线智能识别、设备管控、多通讯协议互联、云边端协同功能的物联网设施系统研发及产业化。

**五、优化产业生态，增强产业发展支撑力**

（一）构建企业做大做强的投融资环境。全年实现10家集成电路企业登陆科创办。共有35家集成电路企业在国内外资本市场上市，其中科创板上市22家，融资金额突破900亿元，位居国内第一。上海集成电路产业基金一期已投资72个项目，出资465亿元；上海基金二期已投资项目2个，完成72亿元投资。

（二）打造支撑技术创新的公共服务环境。推动成立长三角集成电路融合创新发展产业联盟，开展长三角集成电路产业协同发展计划课题研究，为长三角地区的产业链上企业提供全方位、多层次的合作，加快先进制造业集群发展的产业创新体系建设。

（三）营造满足行业需求的育人环境。推动在沪高校加大集成电路人才培育力度，在国内率先设立集成电路一级学科，率先成立微电子学院国家现代产业学院；联合龙头企业，承担国内首个“集成电路产学研融合协同育人实践平台”，积极推进产业人才培养。

（四）创建适宜企业发展的政策环境。积极落实国家集成电路所得税优惠政策，在全国率先实施集成电路全程保税监管模式，实施符合集成电路产业发展规律的研发支持政策、人员奖励、核心团队奖励、布图设计资助、人才引进重点机构等政策。

（五）保障企业稳定运行的服务环境。积极协调解决电子化学品进口困难，保障25家集成电路重点企业原材料进口需求。将重点企业列入电力供应保障白名单，协调企业境外人才来沪、供应链上游停产、危化品仓储等相关问题，加强产业链供应链保障，确保重点企业的运行稳定。

（六）烘托火热发展的行业氛围。支持举办“Semi China 2021”“产业领袖峰会”等国际性产业交流活动，举办首届EDA大赛、国产EDA/IP对接活动，支持产业生态建设。成功举办长三角汽车电子产业上下游对接交流会，发布汽车电子芯片产品供需手册，召开汽车半导体生态峰会，打造汽车电子芯片产业高地。

（七）物联网抓住城市数字化转型发展机遇。组织工信部物联网试点示范项目申报评审推荐，布局基于区块链和数字孪生的建设运营项目试点，支持2个物联网地方标准立项编制，打造以制造与服务融合为特征“智能物联”数字底座，推进老旧电梯智能化加装和停车库智能引导等2个智能物联试点项目建设。支持具备在线智能识别、设备管控、多通讯协议互联、云边端协同功能的物联网设施系统研发及产业化。

（顾伟华）

# 软件与信息服务业发展情况

2021年，上海软件和信息服务业牢牢把握“五个中心”建设和城市数字化转型的发展契机，立足建设国内大循环的中心节点和国内国际双循环的战略链接，以软件、互联网为引领，夯实产业发展根基，拓展在线新经济、人工智能、大数据应用边界，探索数字技术与实体经济融合催生的新业态和新模式，深入开展软件和信息服务业稳增长相关工作。软件和信息服务业呈快速发展态势，增长远超预期。

**一、总体规模**

各项指标运行稳健，产业规模迈上新台阶。全年营业收入达到13098.4亿元，比上年增长20%，增速为2011年以来最高。其中，软件行业实现营收7149.6亿元，增长11.8%；互联网信息服务业实现营收4717.4亿元，增长35.4%。全市软件和信息服务业规模以上企业数量超过3000家，其中，经营收入超过100亿元企业22家，超10亿元企业128家。至2021年底，全行业从业人员88.7万人，同比增长9.6%。全年软件和信息服务业投融资470笔，其中公布具体金额的135笔投融资合计超过600亿元，主要集中在行业应用软件和智能软件领域等。从融资轮次看，除战略投资外，主要以A轮、B轮和天使轮为主。随着新炬网络、霍莱沃和概伦电子等7家企业成功上市，软件和信息服务业上市企业达到105家，市值超过3.06万亿元。

**二、发展特点**

（一）产业发展呈前高后低，为“十四五”开好局

软件和信息服务业运行总体平稳有序，主要指标均保持增长态势。从走势看，呈现“前高后低”特点。上半年延续上年快速增长态势，实现营业收入超过6000亿元，速度超过25%。受上年基数较高、在线教育和网络游戏外部环境变化等综合因素影响，三、四季度的增速有所放缓，但全年增速仍超20%。其中，互联网信息服务业增速持续保持在30%以上，居各细分行业首位。一批平台型互联网企业的快速增长有力拉动软件和信息服务业的增长，如拼多多、大众点评、米哈游等企业增速均超过50%。

（二）研发投入不断扩大，科技创新持续深入发展

软件和信息技术服务业企业研发投入超过1500亿元，企业平均研发强度达到12.8%。其中，营业收入超过10亿元企业的研发占比超过六成，但中小企业的研发投入强度要高于大企业。上海软件著作权登记继续保持高速增长，全年共登记近23.1万件，同比增长超39%，登记量占全国比重超9%。同时，上海企业持续加大科技创新步伐。

在信息技术创新领域，寒武纪、平头哥、地平线、燧原、天数智芯、禾赛科技等企业加快高端智能芯片、传感器等关键环节“卡脖子”问题的研发。同时，企业运用政策资源、行业力量，瞄准新质操作系统、图数据库、云原生等方向，全力推动核心关键技术的研发和产业化，推出一批有影响力的软件产品。如：星环推出企业级图数据库Transwarp StellarDB，道客推出云原生一体机。

工业软件关键领域，大力推进工业软件与新技术的融合，积极联合工业企业，开展工程化攻关与应用，提升综合性解决方案能力，涌现出了一批重点企业和产品。其中，零束软件的中央计算平台域控制器软件平台项目正式获得国际认证，标志着零束已具备国际认可的汽车软件开发实力。宝信软件发布历经10年自主研发的工业控制系统的核心部件—大型PLC（可编程逻辑控制器），该产品性能指标可媲美欧美厂商高端产品，打破了外资产品的垄断。上扬软件除MES软件被广泛应用于国内的集成电路项目外，其先进过程控制（APC）软件出口美国，实现了国产集成电路专用工业软件的首次对美出口。

产业数字化领域，航天设备制造总厂、新时达机器人等5家企业获国家级智能制造试点示范工厂称号，排名全国城市第一。治理数字化方面，迪爱斯“VR智慧综合应用平台”可提升可视化指挥、治安防控、隐患分析和强化应急处突能力。在生活数字化方面，卫宁健康提供的智慧医疗服务提升了百姓对“数字赋能美好生活”的感受度。

（三）企业实力提升，龙头企业引领产业发展

经过多年深耕发展，软件和信息服务业各细分领域均涌现一批有较大行业影响力的企业。

在软件技术领域，云扩科技等11家软信企业入选福布斯“中国企业科技50强”榜单。有17家企业入选2020年度国家支持的重点软件企业清单。30家软件企业入选工信部发布第三批“国家级专精特新小巨人企业”名单。在互联网信息服务领域，寻梦科技16家企业入围中国互联网协会发布的《2021中国互联网企业综合实力百强企业名单》。

在数字化转型领域，海得控制等11家企业入选工信部第三批服务型制造示范名单。由各行业龙头企业为代表2021届百强企业营收规模占全行业比重接近5成，较上届百强增长28.63%，增速高于全行业平均增速，是产业规模快速壮大的主要力量和行业经济运行的压舱石，是数字产业化的主力军，对全行业的支撑带动作用日益突出。

在关键领域，涌现一批重点企业和产品。概轮EDA软件最高已实现3纳米工艺节点技术，完全可支撑7纳米\5纳米\3纳米等高端工艺节点的半导体设计、制造以及工艺平台开发；上扬软件除MES软件被广泛应用于国内的集成电路项目外，其先进过程控制（APC）软件出口美国，实现了国产集成电路专用工业软件的首次对美出口。

（四）产业布局持续优化，产业发展载体进一步完备

各区围绕软件和信息服务业各领域，依据各区产业特色和发展基础，突出特色，重点提升，实现差异化发展。浦东从“强链、育链、补链”入手，推动以“大智云物移”为代表的软件和信息服务业发展。长宁区以“互联网+生活性服务业”创新试验区建设为契机，集聚一批“互联网+生活性服务业”企业，如拼多多、携程。闵行区聚焦重点领域，依托重点园区基地，积极培育云存储、云计算、数字出版、智能医疗、网络增值服务等网络信息产业。

产业基地能级不断提升。全市共35家园区入选上海市

软件和信息服务产业基地，其中示范型综合基地9家（浦东软件园、漕河泾新兴技术开发区、天地软件园等）、示范型特色基地6家（枫林科创园、金融数据港、盛大天地源创谷等）、培育型综合基地5家、培育型特色基地15家。15家示范型基地产业总值全年达11541亿元，其中软件和信息服务业产值为7762.47亿元，占全市产业规模近6成。基地内营业收入过亿企业数量为689家，软件从业人员数量约31.47万，约占全行业52.1%。

（叶月明）

# 智能制造产业发展情况

2021年，上海智能制造整体发展水平位居全国前列，是国内最大的智能制造系统集成解决方案输出地；上海连续3年蝉联“中国先进制造业城市发展指数”全国第一，智能制造实现本市重点产业全覆盖，智能制造5类核心装备齐全（高档数控机床与工业机器人、增材制造装备、智能传感与控制装备、智能检测与装配装备、智能物流与仓储装备）。智能工厂示范带头作用进一步显现。智能制造5类核心装备全国领先，上海工业机器人产业规模超200亿元，居全国第一；智能制造5种新模式引领全国（离散型、流程型、网络化协同、个性化定制、服务化延伸），重点行业机器人密度达383台／万人，居全国第一；智能制造产教融生态更趋完善。

## 一、智能工厂发展总体情况

智能工厂是综合应用数字化、网络化、智能化等新技术，与产品研发设计，生产制造，仓储物流，运维服务等环节深度融合，具有生产机械化、过程自动化和管理信息化特征的无人或少人化新型工厂（车间、产线）。智能工厂是推动智能制造的切入点和突破口，是智能制造能级和核心竞争力的重要体现。2020年，市经信委等6部门联合发布《上海市建设100+智能工厂专项行动方案（2020—2022年）》（即“10030”工程），计划三年推动建设100家智能工厂，打造10家标杆性智能工厂，培育10家行业一流水平的智能制造系统集成商，搭建10个垂直行业工业互联网平台。

围绕“10030”工程总目标，市经信委制订《智能工厂建设促经济数字化转型方案》，构建“金字塔型”智能工厂梯度培育体系，打造“点、线、面”结合的经济数字化转型模式。结合上海的实际发展情况，融合国家智能制造成熟度测评标准，制定《上海市智能工厂评估标准》评定智能工厂。根据智能工厂要求、技术要素和评分细则，明确智能工厂评估指标，分别对离散型和流程型两类工厂进行评估。评估指标主要包括生产制造智能化、管理服务网络化及新技术融合化等3个方面18项指标。

8月16日，市委书记李强在上海延锋汽车饰件系统有限公司金桥数字化智能工厂，召开全市经济数字化转型现场会议，指出：要聚焦推进数字产业化，全力打造数字经济核心优势；要聚焦推进产业数字化，全面激发实体经济发展活力；要跳出传统产业思维定式，抓住核心关键环节加快攻坚突破、创新集成，深化研发设计、生产制造、经营管理、市场服务等环节数字化应用，努力在经济数字化转型中抢抓先机、走在前列。

2021年，全市智能工厂建设取得阶段性成效，参与线上测评企业突破1000家；组织100余位智能制造专家线下问诊把脉企业近100家；成功创建2家国家级标杆性智能工厂、5家国家级智能制造示范企业、20个国家级智能制造优秀场景；认定授牌上海市标杆性智能工厂5家，累计认定智能工厂60家。

2021世界智能制造大会重磅发布2021年国家级“智能制造标杆企业”名单，上海两家企业摘得桂冠，上海汽车集团股份有限公司乘用车公司成为唯一获此殊荣的中国自主品牌车企，上海华谊新材料有限公司成为全国首家基础化工行业智能工厂。全国有8000家企业参与申报，130家企业进入最终评审，仅11家企业荣膺该称号。

工信部开展智能制造试点示范评选工作，上海市5家企业获评国家级智能制造试点示范工厂，20个场景获评国家级智能制造优秀场景。其中工厂数量排名全国城市第一、场景数量排名全国省市第一，成为2021年度智能制造试点示范“双料冠军”城市。获评企业覆盖上海电子信息、汽车、高端装备、生命健康、先进材料、时尚消费品六大重点产业。

11月1日，“我为群众办实事”实践活动——2021智能制造规划／咨询师培训开班仪式暨上海市工商外国语学校智能制造人才培养基地落成仪式举行，活动由市经信工作党委、市经信委会同市教委、上海交大、市工商外国语学校等单位联合举办。来自上海市有关部门、学校、专家及学员代表等90余人参加。活动中，相关单位共同为首个上海市中职校智能制造高技能人才培养基地与首个上海市物流型智能工厂实训基地授牌，见证首个智能制造研发设计型人才与工匠技能型人才联合培养战略合作签约，并为来自高校、科研院所和行业领军企业的有关智能制造专家颁发聘任证书。市经信委持续依托智能制造人才培养基地，培养智能制造规划师／咨询师100名。推动智能制造技能人才校企联合双元制，依托市经信委下属市工商外国语学校，重点培训操作技能型人才，推动校企联合双元制培养机制，上海机床厂、发那科机器人、拓璞数控、诺倬力数控、诺玛液压等5家企业已经与市工商外合作培养学生200余名。

11月16日，智能制造功能平台与英国皇家工程院院士蒋向前团队实现强强联手，共同组建中英智能测量与质量工程中心。中英智能测量与质量工程中心作为上海智能制造研发与转化功能型平台的重要组成部分，一是促进中英科研院所与计量仪器生产商深度合作，推进新型计量传感器及仪器的科研成果产业化与推广；二是将积极对接上海“3+6”产业体系，聚焦3D打印、核电、光刻机、航空发动机、汽车零部件等多个高端制造领域，推动上海数字化转型、智能化升级，向全球产业链、价值链高端迈进。

**二、重点产业智能制造转型代表**

（一）电子信息产业智能制造转型

上海兰宝传感科技股份有限公司智能传感器制造数字化智能工厂，围绕3条自动化智能传感器生产线、3条模块化精密产品生产线、25组U型手工线，打通和整合现场数字资源，引入精益制造理论，利用边缘计算模型重新构建了数字化的传感器车间，应用Unity3D虚拟现实仿真技术对工厂布局和车间产线生产进行1：1场景建模，按实际生产节拍设计生产仿真系统。数字化工厂经过沙盘模拟推演，最终一次改造成功，在完成创新建设智能工厂的同时，确保生产提质增产降耗，取得良好的经济效益，为电子行业在智能制造数字化工厂应用积累宝贵经验，树立行业新标杆。

（二）汽车产业智能制造转型

上海汽车集团股份有限公司乘用车公司（临港基地智能工厂）上海汽车集团股份有限公司乘用车公司是上汽集团下属集乘用车产品设计、制造、物流、销售及相关服务为一体的国有大型企业。围绕上汽集团战略布局全面发力，公司首创“以用户为中心，数据驱动”的全生命周期全业务链数字新生态，构建了具有“赋能、赋智、赋力、赋值”特色，融合云计算、大数据、AI等新技术的“智能制造＋数字研发＋数字供应链＋数字营销”的新模式，持续打造用户智慧出行新体验，引领自主品牌智能制造标杆创新之路。

（三）高端装备产业智能制造转型

上海振华重工（集团）股份有限公司大型港口机械箱梁钢结构智能工厂，主要生产港口机械箱梁大型钢构件，车间占地1.1万平方米，主要包括大型板单元柔性化自动化生产线、大型箱体柔性装配及物流、智能化焊接、车间网络监控、信息化管控中心及相关辅助设施。振华重工箱梁智能车间项目规划以“中国制造2025”战略为指引，结合精益制造理念，将最新的工业技术与前沿的智能制造技术深度融合，注重质量、效率与绿色发展，在大型箱梁的自动化制造、信息化管理和智能化管控等方面进行卓越有成效的实践。

（四）生命健康产业智能制造转型

上海凯宝药业股份有限公司是国家现代中药高科技产业化示范项目基地，中国制药工业及民族制药工业双百强企业，国家级绿色工厂，上海市高新技术企业和上海市生物医药重点产业，主导产品痰热清注射液在历次重大疫情的防控中均被国家列为临床指南用药，还被列为新型冠状病毒肺炎诊疗方案用药，为临床救治发挥重要作用。不断加快信息化建设和智能制造实施，建有先进的中药数字化提取车间、药品生产在线检测系统及全过程质量追溯系统，集成PLC、DCS、PAT、SCADA、MES、ERP等系统，实现生产流程的可视化，并将智能制造和节能环保有机结合，铸就国药精品，促进高质量可持续发展。

（五）先进材料产业智能制造转型

上海华谊新材料有限公司华谊新材料智能工厂（以下简称上海华谊新材料智能工厂）位于上海化学工业区，是国内丙烯酸及酯系列产品的主要专业生产厂商。作为一家连续流程型化工生产企业，公司在原有化工仪表自动化控制基础上，大力推进智能工厂建设，先后在安全环保、生产调度、质量管控、智能物流、仓储方面进行数字化应用实践，使新材料公司从“传统流程型生产”逐步向“可视化、集成化、自动化、模型化、数字化”转变。

（六）时尚消费品产业智能制造转型

光明乳业作为国内乳业前三甲，上海市快消品行业标杆企业，始终致力于运用数字化技术推动传统乳制品制造升级，实现从牧业、工厂、物流、到销售的全产业链信息互联互通与智能集成制造。通过数字一体化管控平台，提高生产协同效率，加强食品安全管控，降低运营成本及产品不良率，从而提升光明乳业的核心竞争力，进而推动中国乳制品行业的整体生产制造水平，从“制造”向“智造”“质造”迈进。

（杨　凯）

# 高端装备产业发展情况

2021年，上海市经信委发布《上海市高端装备产业发展“十四五”规划》，规划到2025年，上海将初步建成具有全球影响力的高端装备创新增长极与核心技术策源地。产业规模突破7000亿元，上海市级特色产业园区数达到20家以上，建设国家和市级企业技术创新中心100个，实现关键装备与核心部件首台（套）突破300项；同时新兴技术与高端装备融合程度进一步加深，建设高端装备市级智能工厂40家以上。

2021年，全市高端装备产业集群实现工业产值约6100亿元，占全市工业总产值的比重超15%。主要包括“7+X”领域：“7”包括智能制造装备、航空航天装备、船舶海工装备、高端能源装备等四大优势装备产业，以及节能环保装备、医疗装备、微电子装备等三大重点装备产业；“X”指轨道交通、工程机械、农机装备、应急装备等其他基础装备领域。

## 一、智能制造装备

### （一）智能制造装备方面

一是机器人，2021年上海工业机器人产量超7万台，占全国产量约1/4；服务机器人产值比上年增长80%，在商业、医疗、民生领域应用场景不断扩大。二是高档数控机床及加工系统，高档数控磨床、五轴镜像铣机床、大型搅拌摩擦焊机床等专用加工设备取得突破，精密结构件组线加工能力不断提升。三是增材制造、物流仓储、仪器仪表与传感器等，非金属材料3D打印、重载AGV/AMR、自动化仪器仪表等细分领域一批“专精特”小巨人快速成长。

工业机器人本体产值同比增长30%以上，产量达到7万台，占全国总产量的1/4，继续保持机器人“第一城”地位，国际机器人“四大家族”、国产机器人“四小龙”加大投资布局。服务机器人本体产值同比增长50%以上，涌现微创（医疗）、钛米（消杀）、高仙（环卫）、点甜（农业）、爱餐（餐饮）、擎朗（公共服务）、弗莱威（家庭服务）、傅里叶（康复）等一批新兴本土代表企业，在各种场景领域实现首台落地应用，服务机器人将在不久变为“飞入寻常百姓家”的智能终端伙伴。4月14日，长三角机器人产业链协同工作推进会在上海机器人产业研究院召开。全体企业共同发布长三角机器人产业协同发展倡议，呼吁区域内上下游企业、机构、平台加强合作，共同建设机器人创新发展生态圈。

### （二）重点企业方面

中科新松有限公司多可®智能机器人聚焦于智能机器人系列化产品的自主研发和生产，构建基于协作机器人、智能移动机器人、智能应用控制器、操作系统和云平台技术的产品服务体系，产品通过CE和SEMI认证。完成国内首创的协作机器人智能在线检测系统建设；完成国内首条半主动式减振器自动化装配及检测智能装配线。节卡机器人实现3C电子行业装配、打磨、上下料、涂胶、搬运等典型应用解决方案的应用。上海拓璞数控公司自主研制的HMC4020五轴联动加工中心及生产线正式应用，作为国内自主研发的首条飞机大型结构件卧式加工线，为飞机铝合金结构件立式五轴加工组线难题提供解决方案。上海诺倬力机电科技有限公司开发GMH系列五轴龙门，该龙门各轴具有结构对称的特点，在提高精度和动力响应的同时，也降低热误差对机床的影响。云铸三维工业级增材制造生产中心配置工业级非金属设备&金属打印设备及相关后处理工艺；提供选择性激光熔融、立体光固化、选择性激光烧结、多射流熔融等工业级3D打印服务技术。

## 二、航空航天装备

### （一）民用航空装备

以“中国商飞”为核心的商用飞机产业链加快构筑，稳步推进“三个一”阶段目标（ARJ21批产第100架、C919交付第1架、CR929试制第1架）。

### （二）民用航天装备

微小卫星工程中心在临港已建成年产100颗以上微纳卫星和30颗～50颗吨级卫星研制生产的高端卫星基地，航天八院建成年产30颗～50颗商业卫星生产线，北斗卫星导航产业已形成加速爆发态势。

上海航天技术研究院（航天八院）围绕运载火箭、导弹武器、空间站等航天重大任务需求，研制形成以新一代运载火箭3800毫米贮箱五轴搅拌摩擦焊、高精密五轴立式铣车复合加工中心等装备为代表的一批国家急需的国产化高端装备成果，解决了航天领域重点装备卡脖子及进口替代等问题，支撑航天重点型号任务的实施发展。

## 三、船舶海工装备

### （一）高端船舶装备

国内造船行业“三颗明珠”汇聚上海，高端船舶建造技术实力居国内首位，掌握大型液化天然气船、超大型液化石油气船、2万箱以上集装箱船和大型邮轮建造等先进船型建造技术。

### （二）海洋工程装备

形成大吨位海上浮式生产储油轮系列、1.2万英尺钻井船、3000米深水半潜式钻井平台，以及各类起重船、铺管船、极地运输船等多种海洋工程装备生产能力，海工创新中心落地上海。

上海外高桥造船有限公司建造的首艘国产大型邮轮实现全船贯通，全面转入全船内装工程新阶段，首制大型邮轮生产设计和采购工作基本完成，转入全面内装工程、机械／电气完工和系统预调试及调试阶段。外高桥造船厂相继攻克重量重心、安全返港、全船噪音控制等大型邮轮三大关键性技术难题，成功开发应用多种新工装进行矫正辅助，先后解决切割变形、外板成型控制、舷墙矫正控制等问题，一举攻克舷墙建造瓶颈。

沪东中华造船（集团）有限公司成功研发出B型LNG燃料舱，是国内首个、唯一获得船级社GASA（装船准入）认可的LNG-B型舱技术。自主研发和技术创新，突破LNG船货物处理系统热质平衡计算分析方法。低温管道力学理论在大型LNG船低温管系设计的应用上取得突破，沪东中华自主完成大型LNG船低温管系的计算和设计。沪东中华承建的全球最大24000TEU集装箱船。中国自主研发设计建造的全球首创、最大、最先进的23000箱双燃料集装箱船“达飞·索邦号”，在沪东中华完成交付。

江南造船厂建造完成全球首艘新造8.6万立方米LPG双燃料超大型液化气船（VLGC），该船舶是江南造船第四代VLGC，也是全球第一次采用液化石油气（LPG）作为主动力燃料，同时应用抱轴式轴带发电机的VLGC新造船。世界上第一艘IMOB型舱VLEC（超大型乙烷运输船）在江南造船长的3号船坞下水。该型船专为液化乙烷的长途运输而设计，并符合休斯顿航道主尺度包络线限制条件下的最大载货容积，还能够运载除乙烷以外的其他液化气体货物，如液化石油气、乙烯等，其围护系统最低承载温度可低至－104℃。

**四、高端能源装备**

风电装备、光伏装备产值比上年增长40%以上，智能电网设备产值同比增长20%以上，以光伏－储能为代表的智慧能源场景加速在园区、工厂落地，以氢燃料电堆为代表的氢能装备有望成为本市产业下一个爆发增长点，一批新能源科技头部企业、重点项目落地上海，进一步助力加快推进实现“碳达峰，碳中和”目标。

上海电气自主研制全球最长的海上“百米级”风电碳纤维叶片诞生，S102海上风电叶片通过静载测试，该叶片长度达到102米，打破全球记录，配套的上海电气11兆瓦风电机组是亚洲最大的直驱海上风电机组，标志着中国海上风电叶片迈入“百米级”产业化时代。成功研制具有完全自主知识产权的主氦风机、汽轮机，攻克高温下腔体轴承冷却绝热等重大技术难题；自主研制出300千瓦超临界二氧化碳布雷顿循环技术锅炉，为船舶、光热发电等领域提供新型动力等。

6月2日—5日，全球规模最大的光伏行业年度盛会。第十五届国际太阳能光伏与智慧能源大会在沪举行。8月18日，上海市政府与宁德时代新能源科技股份有限公司签署战略合作协议。根据协议，宁德时代将全方位融入上海市高端装备产业数字化发展，推进宁德时代（上海）创新中心及国际功能总部、电池模组智能工厂、未来能源研究院等多个项目落地。9月25日，中国电气装备集团在上海举行成立大会，进一步发挥国内电气装备、先进储能、清洁能源发电与并网、海上风电等领域战略优势，提升能源装备领域产业链现代化水平和高端竞争能力。

**五、工程机械装备**

上海振华重工集团自主研发的第三代低姿态岸桥投运，该款低姿态岸桥整机高度与起升高度差仅为12.8米，为全球同类限高条件下达到最大轨上起升高度、性能参数最优的低姿态岸桥；研制国内生产能力最大的环保型2000吨／小时螺旋式连续卸船机；建设全球首创“北斗导航无人驾驶智能导引车、堆场水平布置侧面装卸、单小车自动化岸桥、低速自动化轨道吊、港区全自动化”的新一代自动化码头装卸系统。研制3E-PLUS级超大型岸桥，核心指标全球领先；研制世界最大双起升双小车岸桥；建造国内首座、世界最大的海上换流站，填补国内大型海上换流站领域建造技术的空白；研制世界上安装能力最大、沉放精度最高的隧道沉管施工装备——自航式沉管运输安装一体船。

上海隧道公司自主研发两台14米级超大直径泥水气平衡盾构，在工作压力、常压刀盘及常压换刀技术高耐压和高可靠性、刀盘中心三重冲洗系统、无轨车架快速推进、主驱动长距离免维修等技术创新上均有显著提升。同时深钻“超大直径盾构推拼同步”技术，打造“智能盾构”，实现隧道盾构法施工掘进效率递增，在上海机场联络线（3标）工程中成功应用。其装备的综合技术达到国际先进水平。

（杨 凯）

# 生物医药产业发展情况

2021年，上海市生物医药产业实现加速发展。一是产业规模快速增长，全年产业规模7617亿元，比上年增长14%；制造业产值1712亿元，可比增长12%。二是产业投资高速增长，新增工业投资同比增长75%。三是创新药械数量创历年新高，新增已获批1类国产创新药8个，约占全国总数的1/5；新增12项产品进入国家创新医疗器械特别审批通道，占全国总数近1/5，累计有61项产品进入国家创新医疗器械特别审批通道、已获批24项。四是科创板上市企业数量持续增加，新增6家生物医药企业科创板上市，累计已有17家科创板上市企业，约占全国总数的1/5。

## 一、保障疫情防控

推进疫情防控急需药械研发产业化。疫苗方面，推动上生所灭活疫苗和上药康希诺腺病毒载体疫苗规模量产并获批上市，成功实现新冠疫苗"上海产"。治疗药物方面，加快推进君实生物口服核苷类小分子药物VV116在乌兹别克斯坦正式获批临床使用，在国内开展临床I期研究。ECMO技术攻关方面，推动微创集团完成ECMO原型样机研制。确保疫苗调拨和供应链稳定，积极争取工信部提前向上海调拨疫苗累计3342余万剂，助力上海尽快形成新冠病毒免疫屏障；通过专项资金支持东富龙等5家企业开展新冠疫苗生产设备、耗材关键技术研发和产业化，资助金额4755万元。实现新冠病毒检测设备升级换代，新冠病毒检测试剂日产能超820万人份；伯杰医疗研制的核酸检测一体机获批上市，30分钟即可完成检测。

## 二、强化产业顶层设计

出台实施产业高质量发展政策。发布《关于促进本市生物医药产业高质量发展的若干意见》，构建"研发＋临床＋制造＋应用"的产业链政策体系；印发《关于推进上海市生物医药研发与制造协同发展的若干举措》，为生物医药企业就地转化、集约管理、高效发展提供制度保障；发布《上海市生物医药产业投资指南（2021版）》《上海市生物医药产业政策汇编》和《上海市生物医药产业发展白皮书（2021）》，方便企业充分了解和利用好产业政策。编制发布生物医药产业规划，发布《上海市生物医药产业发展"十四五"规划》，明确建设成为世界级生物医药产业集群核心承载地的目标。颁布实施浦东生物医药产业法规，在市人大指导支持下制定《上海市浦东新区促进张江生物医药产业创新高地建设规定》，2021年底经市人大审议通过并颁布实施。

## 三、提升创新策源能力

强化生物医药领域前沿研究，成立生物医药前沿产业创新中心（筹），促进基础研究和应用研究融合；面向生物医药重点领域，布局建设7家上海市协同创新中心（含培育）。加强核心技术攻关，积极推动"阿尔茨海默病发病机制及其相关创新药物的研究"等新一批市级科技重大专项立项；通过"科技创新行动计划"生物医药科技支撑等专项共立项近400项，资助金额近2.5亿元。加快重大平台建设，光源二期首批线站、超强超短激光装置投入试运行；培育建设G60脑智科创基地、上海市重大传染病和生物安全研究院等创新研究机构，为创新药械的研究提供支撑。

## 四、实施"张江研发＋上海制造"行动

优化产业空间布局。新增G60生物医药产业基地和青浦生命科学园2个市级生物医药产业特色园区；在临港新片区和张江园区内，开展产业用地混合利用试点，允许企业自行确定产业用地混合比例。加大招商引资力度，招引科望医药、迈科康生物等重点企业来沪落地。10月，召开首届"上海国际生物医药产业周"期间，共有86个项目签约，总投资613亿元。推动重大项目落地与建设，加快建设药明生物、昊海生物等8个生物医药领域的上海市重大建设项目（占先进制造业项目总数的1/5）；推动华领医药、心玮医疗等在沪优质企业在本市新增投资。推进跨区研发制造联动发展，持续推动"张江研发＋浦东转化""张江研发＋外区转化""张江外溢＋回流上海""张江试水＋本市扩张"等4种模式，已有微创医疗、和元生物等超过50个有"张江研发＋上海制造"属性的项目新落地，投资总额约500亿元。

## 五、加强资源要素供给

深化产医融合发展，HI−CLIP−临床试验加速器已成功对接40个临床试验项目，成功对接率达93%，临床试验启动时间平均提速30%左右；推动4个1类创新药品纳入国家医保目录。创新金融服务模式，生物医药产业股权投资基金首期（规模90亿元）已经启动并投资16个项目；首次推出针对生物医药企业的担保基金批次贷"新药贷"，完成企业授信并发放贷款3750万元。加快专业人才高地建设，将生物医药列为人才引进重点支持的领域，累计63位生物医药领域海归人才获得"浦江人才计划"支持；资助生物医药产业首席技师5人、技能大师工作室2个。

## 六、营造优良产业生态

打造国际影响力产业峰会，举办首届"上海国际生物医药产业周"，汇聚100余名顶级科学家、100余名顶级投资

人、1000余名顶尖企业家，树立上海生物医药国际产业名片。推行生物医药研发用物品和特殊物品通关便利化，发布并实施《上海市生物医药研发用物品进口试点方案》；起草《上海市生物医药产业特殊物品通关便利化机制的工作方案》，建立特殊物品出入境联合监管机制。推动高效审评审批服务，印发《创新服务机制推动本市医疗器械产业高质量发展实施方案》，首批12家生物医药产品注册指导服务工作站正式挂牌成立，将药械审评审批服务指导下沉、延伸至园区；2021年批准注册第二类医疗器械1338项，平均用时38个工作日，较法定时限平均缩短68.3%。提升环评审批效率，对生物医药市级重大产业项目，项目报告书和报告表环评审批的承诺办结时间（不含法定公示时间）从20个工作日和10个工作日，进一步压缩为17工作日和7个工作日。

（黄书泽）

# 节能环保产业发展情况

2021年是“十四五”规划的开局之年，也是实现“双碳”宏伟目标的奠基期。面对新冠肺炎疫情的严峻复杂形势，上海节能环保企业积极应对挑战，提升竞争力，产业发展势头良好，实现稳步增长的态势。全市节能环保产业实现总收入约为1935.36亿元（不含规模以下制造业产值），比上年（1744.85亿元）增长10.92%。其中，规模以上制造企业共计213家，总产值940.31亿元；规模以上服务企业396家，总营业收入745.93亿元；规模以下服务业总营业收入249.12亿元。

**一、节能环保制造与服务业情况分析**

（一）节能环保制造业

全市节能环保规模以上制造企业共计213家，全年实现总产值约940.31亿元。其中，上半年总产值446.42亿元，下半年总产值493.89亿元。全年较上年增加88.55亿元，同比增长10.40%。

1．产业规模及分布

从区域分布来看，闵行区节能环保制造业产值位于全市第一，占37.14%；嘉定区占24.25%，闵行、嘉定、浦东三区合计占72.05%。闵行、嘉定两区分别在节能制造业、环保制造业两个板块处于领先地位。

**2021年各区节能环保制造业产值情况**

（单位：亿元）

| 行政区 | 合计 | 节能制造业 | 资源综合利用制造业 | 环保制造业 |
|---|---|---|---|---|
| 闵行区 | 349.19 | 348.73 | / | / |
| 嘉定区 | 228.06 | 86.10 | 18.29 | 123.67 |
| 浦东新区 | 100.26 | 71.61 | 6.62 | 22.02 |
| 松江区 | 57.70 | 41.44 | 7.74 | 8.52 |
| 宝山区 | 57.04 | 44.11 | 11.05 | 1.89 |
| 金山区 | 56.00 | 45.58 | 6.66 | 3.75 |
| 奉贤区 | 40.47 | 25.98 | 10.53 | 3.96 |
| 青浦区 | 37.26 | 11.52 | 20.21 | 5.54 |
| 普陀区 | 3.27 | / | / | / |
| 崇明区 | 2.07 | / | 1.77 | / |
| 长宁区 | 0.92 | / | / | / |
| 黄浦区 | / | / | / | / |
| 徐汇区 | / | / | / | / |
| 静安区 | / | / | / | / |
| 虹口区 | / | / | / | / |
| 杨浦区 | / | / | / | / |
| | | | | |

注：表中标“/”的数据由于企业数量较少，产值未作统计

从服务领域来看，节能制造业产值675.38亿元，占总产值的71.82%；环保制造业产值177.40亿元，占总产值的18.87%；资源综合利用制造业产值87.53亿元，占总产值的9.31%。

2．与上年相比，节能环保制造业变化

2020年，节能环保制造业规模以上产值为851.76亿元。2021年产值增加88.55亿元。

从细分领域看，节能和资源综合利用行业产值均有所增长，增幅最大的为节能制造业，产值增加66.61亿元，环保制造业产值略有下降。

**2021年节能环保制造业各领域变化情况**

（单位：亿元）

| 领域 | 2021年产值 | 2020年产值 | 产值变化 |
|---|---|---|---|
| 节能制造业 | 675.38 | 608.77 | 66.61 |
| 资源综合利用制造业 | 87.53 | 65.33 | 22.20 |
| 环保制造业 | 177.40 | 177.66 | −0.26 |

从细分行业看，增幅最大的是空调行业，产值增加12.06亿元；其次为电机行业，产值增加11.19亿元；大气治理行业产值与上年相比，有所下降。

**2021年节能环保制造业各行业变化情况**

（单位：亿元）

| 行业 | 2021年产值 | 2020年产值 | 产值变化 |
|---|---|---|---|
| 空调 | 160.65 | 148.59 | 12.06 |
| 电机 | 54.22 | 43.03 | 11.19 |
| 机械 | 70.92 | 60.67 | 10.25 |
| 自动化系统 | 30.64 | 22.07 | 8.57 |

（续表）

| 行业 | 2021 年产值 | 2020 年产值 | 产值变化 |
|---|---|---|---|
| 泵 | 54.51 | 46.65 | 7.86 |
| 水治理 | 46.65 | 40.79 | 5.86 |
| 大气治理 | 114.54 | 120.50 | −5.96 |

从行政区看，增幅最大的是闵行区，产值增加 37.47 亿元；其次为金山区，产值增加 12.24 亿元；浦东新区和普陀区产值有所下降。

**2021 年节能环保制造业产值各区产值变化情况**

（单位：亿元）

| 行政区 | 2021 年产值 | 2020 年产值 | 产值变化 |
|---|---|---|---|
| 闵行区 | 349.19 | 311.72 | 37.47 |
| 金山区 | 56.00 | 43.76 | 12.24 |
| 嘉定区 | 228.06 | 217.70 | 10.36 |
| 宝山区 | 57.04 | 49.35 | 7.69 |
| 松江区 | 57.70 | 50.07 | 7.63 |
| 奉贤区 | 40.47 | 33.11 | 7.36 |
| 青浦区 | 37.26 | 30.34 | 6.92 |
| 崇明区 | 2.07 | 1.43 | 0.64 |
| 长宁区 | 0.92 | 0.88 | 0.04 |
| 黄浦区 | / | / | / |
| 徐汇区 | / | / | / |
| 静安区 | / | / | / |
| 虹口区 | / | / | / |
| 杨浦区 | / | / | / |
| 浦东新区 | 100.26 | 100.87 | −0.61 |
| 普陀区 | 3.27 | 4.67 | −1.4 |

注：表中标“/”的数据由于企业数量较少，产值未作统计

（二）节能环保服务业

2021 年，全市节能环保规模以上服务企业共计 396 家，实现总营业收入 995.05 亿元，比上年增长 11.4%。其中，规模以上服务企业增长 7.7%，营业收入增加 53.58 亿元；规模以下服务企业增长 24.1%，营业收入增加 48.38 亿元。（以下所有数据分析仅针对规模以上服务企业）

**2021 年节能环保服务业总营业收入情况**

（单位：亿元）

| | 单位数（家） | 2021 年 | 2020 年 | 增速（%） |
|---|---|---|---|---|
| 规模以上企业／事业 | 396 | 745.93 | 692.35 | 7.7 |
| 规模以下企业／事业 | / | 249.12 | 200.74 | 24.1 |
| 合计 | 396 | 995.05 | 893.09 | 11.4 |

1．产业规模及分布

从区域分布来看，浦东新区节能环保规模以上服务企业有 91 家，总营业收入 229.02 亿元，居第一位，占规模以上服务企业总营业收入的 30.70%，闵行区总营业收入 166.95 亿元，占 22.38%；浦东、闵行、徐汇三区合计占 64.94%。闵行、浦东两区分别在节能服务业、环保服务业两个板块处于领先地位。

**2021 年各区节能环保服务业总营业收入情况**

（单位：亿元）

| 行政区 | 企业数 | 合计 | 节能服务业 | 环保服务业 | 资源循环利用服务业 |
|---|---|---|---|---|---|
| 浦东新区 | 91 | 229.02 | 81.02 | 92.71 | 55.29 |
| 闵行 | 57 | 166.95 | 101.67 | 44.10 | 21.18 |
| 徐汇 | 46 | 88.44 | 14.66 | 64.16 | 9.63 |
| 普陀 | 15 | 42.98 | 7.24 | 12.92 | 22.82 |
| 宝山 | 24 | 36.63 | 5.07 | 22.41 | 9.14 |
| 杨浦 | 22 | 33.74 | 1.85 | 25.72 | 6.17 |
| 长宁 | 15 | 28.67 | 22.76 | 3.65 | 2.26 |
| 静安 | 21 | 21.95 | 0.37 | 19.28 | 2.31 |
| 松江 | 22 | 20.66 | 0.24 | 9.56 | 10.86 |
| 嘉定 | 15 | 18.97 | 0.72 | 11.92 | 6.33 |
| 黄浦 | 20 | 13.45 | 2.74 | 4.48 | 6.23 |
| 青浦 | 16 | 13.16 | 0.00 | 8.84 | 4.32 |
| 奉贤 | 9 | 10.86 | 0.00 | 6.89 | 3.97 |
| 虹口 | 9 | 10.43 | 4.83 | 3.64 | 1.97 |
| 金山 | 7 | 5.94 | 0.00 | 4.65 | 1.29 |
| 崇明 | 7 | 4.07 | 0.17 | 1.31 | 2.60 |

从服务领域来看，环保服务业总营业收入 336.26 亿元，占 45.08%，节能服务业总营业收入 243.32 亿元，占规模以上企业总营业收入的 32.62%；资源循环利用服务业总营业收入 166.35 亿元，占 22.30%。

2．与上年相比，节能环保服务业变化

2020 年，节能环保规模以上服务企业总营业收入为 692.35 亿元。与上年相比，2021 年上半年增加 53.58 亿元。

从细分领域看，节能、环保和资源循环利用服务业总营业收入皆有所增长。

**2021 年节能环保服务业各领域变化情况**

（单位：亿元）

| 领域 | 2021 年总营业收入 | 2020 年总营业收入 | 产值变化 |
|---|---|---|---|
| 环保服务业 | 336.26 | 311.56 | 24.70 |
| 节能服务业 | 243.32 | 219.82 | 23.50 |
| 资源循环利用服务业 | 166.35 | 160.98 | 5.37 |

从行政区看，浦东、闵行、徐汇等 9 个区总营业收入有所增长，其中浦东新区增加最大，为 38.54 亿元；其次为闵行区，增加 13.12 亿元；黄浦、杨浦等 7 个区总营业收入略有下降，其中普陀区下降幅度最大。

**2021 年节能环保服务业各区营业收入变化情况**

（单位：亿元）

| 行政区 | 2021 年总营业收入 | 2020 年总营业收入 | 收入变化 |
|---|---|---|---|
| 浦东新区 | 229.02 | 190.48 | 38.54 |
| 闵行 | 166.95 | 153.83 | 13.12 |
| 徐汇 | 88.44 | 79.91 | 8.53 |
| 静安 | 21.95 | 20.15 | 1.8 |
| 虹口 | 10.43 | 9.24 | 1.19 |
| 松江 | 20.66 | 19.59 | 1.07 |

（续表）

| | | | |
|---|---|---|---|
| 宝山 | 36.63 | 35.59 | 1.04 |
| 长宁 | 28.67 | 27.88 | 0.79 |
| 青浦 | 13.16 | 12.95 | 0.21 |
| 黄浦 | 13.45 | 13.82 | −0.37 |
| 杨浦 | 33.74 | 34.16 | −0.42 |
| 崇明 | 4.07 | 4.99 | −0.92 |
| 奉贤 | 10.86 | 12.17 | −1.31 |
| 金山 | 5.94 | 7.50 | −1.56 |
| 嘉定 | 18.97 | 21.29 | −2.32 |
| 普陀 | 42.98 | 48.79 | −5.81 |

**二、产业发展主要举措**

2021年，围绕加快推动节能环保产业发展，助力实现“双碳”目标的工作要求，组织开展了企业调研、座谈及对接等活动，及时跟踪、掌握企业发展情况，主动加强提供服务，协调企业需求。

（一）跟踪全市重点节能环保企业，掌握产业发展动向

大部分节能环保制造企业产能比上年有一定增长。随着“碳达峰”的推进，部分企业通过增加新产品研发、新建产业园、研发中心或制造车间等，实现产值稳增长，涌现一批行业龙头企业，如水泵行业的凯泉泵业、空调行业的大金空调、以及空压机行业的海立集团等等。

大部分节能环保服务企业营业收入比上年也有所增长。节能环保服务企业努力打造“多元化”服务模式，推进能源费用托管型、“互联网＋”、降碳环保技术等服务。许多国企勇于承担“工业环境的治理者”的重要角色，将实现“碳达峰、碳中和”为己任，积极作为。第三方服务企业主动出击，积极研发“节能降碳”技术，抢占降碳领域新赛道，不断拓展新业务。

（二）开展节能环保对接活动和企业调研，推进产业发展

节能环环保服务业协会在青浦、嘉定等区和宝武、上汽等工业集团开展节能环保对接活动，参加的服务企业有34家，工业企业222家。还围绕空压机、中央空调、智慧节能等节能专项，开展技术推进、研讨活动，参加服务企业约35家，工业企业约26家。

此外，围绕“数字化转型”和“双碳”目标，组织开展40余家制造及服务企业的调研、调查工作，了解各企业产业及创新发展情况，向企业宣贯相关政策，力所能及地帮助企业解决部分问题。

（三）编制节能环保产业发展报告

组织收集160余家企业、以及区和集团2020年度产业数据，完成《2020年节能服务产业发展报告》，并向社会发布。

（四）企业梳理排摸并建议新增入库名单

结合绿色工厂推荐的评审工作，挖掘一批节能环保制造企业。与环科院沟通协作，进一步摸排、梳理430余家具有一定规模的环保服务企业信息，根据战略性新兴产业目录，提出建议新增服务企业371家，新增制造企业68家。

（钱春华）

# 生产性服务业发展及服务型制造情况

2021年，上海生产性服务业保持稳定增长，增加值占全市服务业的比重保持在63%以上。生产性服务业重点领域实现营收总额35451亿元，比上年增长15.3%。总体来看，2020年的低基数因素逐步消化，政策驱动、需求驱动逐步显现，各重点领域呈现较好的发展活力和韧性。

**一、各重点领域发展情况**

（一）挖掘新市场机会，电子商务和信息化服务、研发设计服务同比分别增长21.3%和20.2%。电子商务和信息化服务实现营收总额4994.2亿元，同比增长21.3%，拉动重点领域营收总额增速2.1个百分点，两年平均增长15.8%。随着2020年低基数因素逐步消除，该领域全年增速从一季度的55%回落至四季度的21.3%。但部分重点企业仍不断挖掘新的市场机会，特别是互联网数据服务及数字营销服务业企业表现较好，珍岛信息技术（上海）股份有限公司打造SaaS智能营销云平台，向全球企业客户提供营销软件及服务，全年营收总额5.3亿元，增幅达到50%。

研发设计服务实现营收总额4687.4亿元，同比增长20.2%。工业设计服务、生产性医学研究和试验发展等行业增长突出，同比增幅分别达到21%和29%。典型企业如：上海龙创汽车设计有限公司是中国最早成立的第三方汽车设计公司之一，2021年公司的无人驾驶车改制试制业务取得重点突破，全年实现营收总额4.5亿元，同比增长30%以上。

（二）受上年度基数较低和季节性因素叠加影响，供应链管理服务全年呈现N型走势。供应链管理服务2021年实现营收总额7157.2亿元，同比增长29.8%，拉动重点领域营收总额增速3.2个百分点，两年平均增长17.4%。该领域以航运企业为主体，与国际航运业同步形成二、四季度的增速高峰和一、三季度的增速低谷，全年增速呈现N型走势。发展情况较好的上海泓明供应链有限公司是中国领先的第三方集成电路供应链物流服务商，该公司基于唯一识别码的供应链服务平台涵盖产业链运输、仓储、服务在内的所有环节，全年营收同比增长40%以上。

（三）业务长周期冲抵风险，金融专业服务、总集成总承包新模式保持稳定增长。金融专业服务实现营收总额3976.5亿元，同比增长6.9%。该领域头部企业增速具有较高稳定性，在过去的两年内，通过持续消化存量业务，消弥了疫情带来的短期影响。如上汽通用金融服务公司建立“信用管理+资产管理”的服务新模式，全年实现营收总额102亿元，同比增长7%。

总集成总承包服务以大型工程类企业为主，项目实施周期大多较长。疫情期间部分项目的实施进度发生延迟，对一些企业的资金流造成一定压力。但由于多数企业采用了“设计—采购—施工”的一体化服务模式，存量项目的最终完工并未受到实质性影响。典型案例有：上海市安装工程集团有限公司的民用IDC数据中心项目发展亮眼，全年营收总额101.7亿元，同比增长27%；中曼石油天然气集团股份有限公司海外工程项目运行平稳，实现营收总额18亿元左右，同比增长15%以上。

（四）生产性服务业其他重点领域发展态势较好，均实现两位数增长。专业中介服务实现营收总额5509.1亿元，同比增长13.4%。上海晨达人力资源股份有限公司实施“互联网+人力资源服务”创新模式，通过TO–B端的人力资源服务平台“HRO云”及TO–C端的招聘软件“面包圈”，实现线上、移动、线下三位一体的业务模式，实现营收总额5.5亿元，同比增长63%。

专业维修服务、检验检测服务同比分别增长14.6%和16.8%。代表性企业上海普惠飞机发动机维修有限公司全年维修发动机132台，第四季度公司业务显著增长，发动机维修数量环比增长超20%，全年利润总额1.2亿元，同比增长21.8%；华测检测上海公司建有7万平米共15个大类实验室，已获CNAS/CMA/UKAS/NVLAP等不同领域的资质认定，全年营收总额6.7亿元，同比增长41%。

**二、主要发展特征**

综合全年发展情况，生产性服务业主要呈现以下特征：

（一）各重点领域头部企业发展良好，环比增速加快。一方面，生产性服务业重点领域中营收总额达到100亿元及以上的大型企业，收入占重点领域营收总额的27.6%，同比增长20.5%；营收总额达到10亿元及以上（100亿元以下）的中型企业收入占重点领域营收总额的32.4%，同比增长17.2%。另一方面，剔除2020年同期基数偏低的因素，年底账期叠加重点领域企业的季节性业务高峰，大中型企业全年的环比增速呈现逐季提高态势，其中：二季度环比增长2.6%，三季度环比增长3.3%，四季度环比增长4.9%。

（二）数字化转型成效显著，互联网企业收入持续高增长。全年全国规模以上互联网和相关服务业企业业务收入15500亿元，同比增长21.2%，上海互联网业务累计收入位居全国前五、同比增长达31.1%。

（三）新需求带动新模式，助力生产性服务业加快发展。如：产业电商聚焦B端、匹配制造业企业需求，围绕生产关键环节提供精准服务；研发设计服务凸显多平台聚集优势，突出功能性、一站式服务能力；检验检测服务围绕“3+6”产业提供服务新模式，取得较好发展；金融和专业中介服务发力实体经济，拓展“线上+”新体验。

（沈　霖）

# 轻纺产业发展情况

2021年，上海市轻纺产业稳中向好，带动消费潜力稳步释放。

**一、经济运行整体情况**

（一）经济总体运行平稳，经济回温缓慢。2021年，上海轻纺产业规模以上企业实现工业总产值（可比价）6289.30亿元，比上年增长10.73%（同期全市工业同比增长10.2%）；出口交货值905.81亿元，同比增长1.42%（同期全市工业增长8.4%）；出口交货值占销售产值的14.42%。

（二）质效保持上行趋势。2021年，全市轻纺产业共有2973家规模以上企业，实现主营业务收入7505.41亿元，同比增长12.49%；利润总额625.83亿元，同比增长6.5%；销售利润率为8.34%；缴纳税金168.78元，同比增长12.85%（同期全市工业缴纳税金同比增长3.2%）。

**二、分行业发展情况**

（一）产值方面。轻纺产业产值（可比价）排名前三的行业是食品、塑料制品、电池家电及照明器具，分别占轻纺总产值的19.72%、12.61%、11.27%。排名落后的3个行业是其他运输设备制造业、仪器仪表制造业、其他工具日用杂品制造，合计占比1.17%。其中，涨幅最显著的是相关专用设备制造业、文教体育用品制造业、电池家电及照明器具等3个行业。

由于美国等西方国家对中国纺织品服装采取贸易禁令，以及纺织低碳工业相关政策的推进，在一定程度上对国内纺织品服装工业造成影响，加上国内疫情反复和纺织原材料涨价和供应不足等原因，使纺织服装服饰业工业受到一定打击，造成纺织业整体处于低迷状态。

（二）出口方面。轻纺产业出口交货值排名前三的行业是电池家电及照明器具、相关专用设备、塑料制品，合计占轻纺总出口额的52.98%。排名落后的3个行业是木竹藤棕草制品、其他工具日用杂品制造、其他运输设备制造业，合计占比1.25%。

（三）利润方面。利润排名前三的行业是食品、相关专业设备制造业、塑料制品，合计占轻纺总利润的49.55%。排名落后的3个行业是其他运输设备制造业、木材加工及木藤棕草制品业、仪器仪表制造业。

**三、统筹布局推进上海时尚消费品产业发展**

作为上海“3+6”新型产业体系的重要组成部分，加强顶层设计，加快编制《上海时尚消费品产业高质量发展行动计划（2022—2025）》，印发并实施《上海市化妆品产业高质量发展行动计划（2021—2023年）》，举办上海制造佳品汇，销售额689亿元，同比增长11.4%；创新启动上海制造时尚消费佳品海外推广计划等。2021年，时尚消费品产业规模达到4335.86亿元，同比增长9.9%，共有企业1246家，其中，制造业企业为781家，产业规模为3514.01亿元，占总产业规模的81%，同比增长9.7%；时尚消费品服务业企业为465家，产业规模为821.85，同比增长10.5%。

**四、重点领域发展情况**

（一）促进食品工业健康有序发展。全年食品工业实现工业产值1295.8亿元，同比增长9.8%，共有425家规模以上工业企业。乳品制造、粮油深加工、豆制品加工、调味料、休闲食品等上海优势产业持续良好发展，光明乳业主营业务超过100亿元，太太乐、百事等企业主营业务超过50亿元；益海嘉里成为全国第一个上市粮油企业，妙可蓝多成为全国奶酪产业龙头企业，清美形成一、二、三全产业链融合发展模式。全市有33家食品工业企业获得国家颁发的食品工业企业诚信管理体系评价证书，企业社会信誉度得到了提升，起到示范带动作用。5家婴幼儿配方乳粉企业纳入国家食品工业企业质量安全追溯平台，通过进一步提高追溯平台在消费者中的认知度，增强消费者对上海婴配乳粉品质提升的获得感。举办食品安全日特别活动——上海食品工业企业诚信管理体系建设和质量安全追溯体系建设交流会，进一步提高诚信管理体系赋能企业打造品牌、树立形象、获得市场竞争优势。继续配合推进餐厨废弃油脂资源化利用工作，修订完善《上海市盐业管理规定》。

（二）增强纺织产研发展动能。全年纺织产业实现产值446亿元，同比减少4.8%。上海纺织研发能力与技术处于国家领先水平：科研资源高度集聚，拥有东华大学、上海工程技术大学服装学院、上海纺织科学研究院等代表中国纺织行业最高水平的高等院校和研究机构。科技创新成效显著，率先实现粘胶基碳纤维和高强聚乙烯纤维的工业化生产，产品在神舟载人工程等重大项目中应用，获国家科技进步二等奖和上海市科技进步一等奖等。高新技术应用广泛，电子、信息、自动化、新材料等高新技术改造与纺织产业深度融合并创新发展。大力挖掘时尚创意发展新引擎。搭建创新平台载体，指导举办上海时装周、全球时尚产业指数·时装周活力指数发布、爱丁堡艺术节·上海季等时尚类展示推广活动；打造创意设计软实力，POP时尚创意综合服务平台、尚街LOFT获工信部纺织服装创意设计试点园区（平台）称号。

（三）助力打造化妆品示范区。印发并实施《上海市化妆品产业高质量发展行动计划（2021—2023年）》，明确上海化妆品产业发展的指导思想、主要目标、重点领域，提出打响名品牌、数字优智造、融合新生态等六大行动和保障措施共20项任务，力争为化妆品产业高质量发展提供清晰技术路线。精准供给侧适配新消费需求侧，以奉贤、静安两区为“双蕊”，同时在其他各区配套布局检验检测、智能制造、包装材料、跨境电商等，推进特色精品园建设，形成全城玉兰花开的产业活力生态，着力打造国内领先、国际一流的化妆品产业发展生态，推进上海化妆品产业跨越式发展。结合奉贤新城“一城一名园”建设，打造东方美谷时尚美妆产业金名片，提高东方美谷国际化妆品大会能级，形成化妆品全产业链标杆示范。加快国内外品牌项目导入，推动东方美谷成为融合东西时尚文化的国际美妆品牌集聚地。

（四）把握智能家居发展机遇。上海智能家居需求优势充分显现，国内大型企业积极布局高端智能家居产品线，本地企业积极升级转型，带动产业快速升级发展。大金空调、海尔集团等企业布局高端智能家电产品线，积极推动高品质智能洗衣机、智能空调研发，发展柔性定制产线。文信集团、三问家具等企业积极推动设计在线化、生产智能化，促进全球高端定制产品供需对接，增强供应链敏捷度。荣泰健康、荣威塑胶等企业在按摩椅、家用泳池等细分品类领域积极探索智能化设计、精细化质量管理，保持智能家居细分品类龙头地位。

（五）推动工艺美术产业发展。工艺美术行业实现工业产值385.25亿元，同比增长24.5%。涌现出一批工艺美术名人、名企，上海市新增中国工艺美术大师7名，市级工艺美术大师58名；积极打造世界手工艺产业博览园、艺尊轩等一批知名工艺美术品牌企业或基地，老凤祥主营收入超过600亿元。建设完善“上海工艺美术‘三创’服务平台”、世界手工艺国际教育联盟网络平台、老凤祥金镶玉饰品创新发展中心等一批具有影响力的工艺美术创新平台；建立73所“非遗进校园”优秀传习基地和18家优秀传统文化研习校外实习基地。

**五、拓宽渠道赋能产业培育**

（一）打造创意设计产业硬内核。创意设计产业实现总产出16211.86亿元，同比增长14.18%。培育活跃设计生态，推动浦东新区成功申报服务型制造工业设计特色示范城市，新增1家国家级研究院，5家国家级工业设计中心和46家市级工业设计中心、34家市级设计引领示范企业和4家培育企业。举办上海“设计100+”等活动，涵盖消费品设计、装备设计和电子产品设计等，以设计引领和赋能，促进企业和消费者的良性互动，提升消费者对产品品质的认可度，元祖、十六盏等企业产品获得极佳的社会反响。

（二）建设上海制造品牌强梯队。打造包括经典品牌、新锐品牌、优势品牌在内的“上海牌”三层梯队，不断提升“品牌上海”影响力，持续建设世界级制造品牌汇聚地。新设“上海制造”品牌专项资金，聚焦消费品产业、兼顾装备类和基础类产业，推动首批项目正式立项。深入推进品牌培育，新认定39家市级示范企业，举办第七届中国品牌经济（上海）论坛。聚焦引领性、迭代性、原创性，首次推出上海品牌100+（时尚消费品）榜单。

（三）探索数智化转型新融合。数字化转型正推动时尚消费品企业由企业产品导向转型为数字化下的消费者需求导向。上海时尚消费品领军企业正在信息化基础上，顺应数字化转型趋势，大力推进消费品产业个性化定制和柔性生产融合，拓展新型线上线下营销渠道，推动时尚消费品产业实现设计数字化、生产智能化、供应链协同化升级，全方位赋能强链。食品、化妆品、服装等领域基于流程制造下良好的信息化基础，加紧开展发展路径探索。如光明乳业利用物联网和人工智能等技术，建设“天然养”牧场、“智慧造”工厂、“及时送”物流和“随心订”购物平台，实现从源头到终端的全产业链设备互联、数据互通、智能协同；家化构建制造执行系统（MES），集成大数据、运筹优化、专家系统等技术，实现人力、设备、物料等制造资源的动态配置，帮助企业显著提升设备利用率，提高产品质量，实现生产过程可追溯和上料防错，提高生产效率；三枪集团建设服装全产业链精准协同体系，引领产业链相关生产企业打通柔性生产体系，满足消费者个性化需求；嘉麟杰通过加装MES控制模块，探索打造智慧车间，实现设备运维自动化，同时通过同步ERP系统，实现生产计划和设备利用最优化，提高了生产管理效率。

**六、围绕消费领域创新活动载体**

（一）启动上海制造时尚消费佳品海外推广计划。在巴黎埃菲尔铁塔、比利时布鲁塞尔通过实景搭建“海派会客厅”，举办上海时尚消费佳品展，展现三枪、上海牌手表、百雀羚、回力、老凤祥、佰草集、双妹、晨光、马克华菲、喜时等品牌的国潮魅力，在意大利米兰筹建东方美谷首个海外中心。

（二）举办上海制造佳品汇。推动时尚消费品产业蓬勃发展。通过汇聚焦美妆护肤、时尚服饰、珠宝首饰、绿色食品、时尚家居、智能家电、文创产品、适老和婴童用品、新能源汽车等十大领域，发动上海家化、三枪集团、老凤祥、光明乳业等近100个品牌参与，推出富有设计感、时尚感的潮流新品近1000种。拉动销售成效显著，80家重点参与企业5月合计实现销售337亿元，同比增长11.5%；6月合计实现销售352亿元，同比增长11.3%。发布第二届上海时尚100+，设置时尚新卡点、时尚新主播、时尚新人物、时尚新文创、时尚新科技、时尚新艺术6个大类，为时尚消费品产业发展集聚资源市、区、校、企合作共建上海时尚之都。

（三）积极创新升级信息消费。贯彻落实国家信息消费示范城市建设要求，开展信息消费数据统计，完成信息消费示范城市复评估。推进信息消费应用示范，引导信息产品和服务提供商聚焦新模式、新技术、新产品提升品质，组织全市15家领军企业申报工信部信息消费示范项目，共有趣头条、优刻得等6家入选。举办上海信息消费节，在活动期间组织活动超过100场。发布信息消费“上海宣言”，承诺保障信息消费者权益，消弭数字鸿沟，打击侵权假冒，加强用工保障，以行业自律护航平台经济健康发展。活动期间，拉动消费增量近350亿元，触达全市近1000万名消费者。建设信息消费体验中心。推动建设一批市级新型信息消费体验中心，争创国家级信息消费体验中心，推广数字货币、XR+、AI+、5G+等新型数字体验。工信部发布了首批5家全国信息消费体验中心，上海盒马X会员店、商米之家成功入选。

（由 文）

# 文化创意产业发展情况

2021年，上海文创领域认真贯彻中共十九届五中全会、中央经济工作会议、中共上海市委十一届九次、十次会议和全市文创推进工作会议精神，积极谋划“十四五”发展布局，在市委、市政府和市文创领导小组的领导下，在各成员单位和各区的共同努力下，完善政策保障、构筑产业高地、提升载体能级、促进融合发展，推动文创产业保持健康快速发展，对全市经济社会发展贡献度进一步提高，战略性支柱产业地位进一步显现。

## 一、构筑产业发展高地

2021年，上海文化创意产业总体发展平稳，顶层设计不断完善，文创与相关产业融合发展深入推进，东方明珠新媒体、上影集团成功入选2021年全国文化企业30强。上海集聚各方力量，始终把鼓励优秀内容生产、提升创意设计能力作为推动文创产业的着力点，促进产业创新发展，与经济社会深度融合。

影视产业要素加快集聚，全球影视创制中心建设取得新进展。电影方面，推动上海科技影都申报国家级电影产业示范基地，出台《关于推进五个新城、乡镇影院建设和农村电影放映工作的意见》，释放乡镇影院建设新动能产量位列全国前列。演艺方面，在市场环境不断受到疫情影响的情况下，上海演艺市场主体凝心聚力顽强拼搏，以演艺大世界建设为牵引，以《永不消逝的电波》《朱鹮》等为代表的优秀演出作品探索驻场演出新模式。

创意设计产业持续发力。印发《上海市化妆品产业高质量发展行动计划（2021—2023年）》，编制《上海时尚消费品产业高质量发展三年行动计划（2022—2024）》《关于创建世界一流“设计之都”的若干意见》。举办上海制造佳品汇，创新启动上海制造时尚消费佳品海外推广计划，在巴黎埃菲尔铁塔、比利时布鲁塞尔实景搭建“海派会客厅”，启动东方美谷意大利米兰中心。新认定39家市级示范企业。聚焦引领性、迭代性、原创性，首次推出上海品牌100+（时尚消费品）榜单。

动漫游戏产业规模稳步增长。与中国音数协游戏产业研究院共同发起中国游戏创新大赛，上海玄霆娱乐信息科技有限公司获第五届中国出版政府奖先进出版单位奖，其网络文学作品《大国重工》获网络出版物奖（是唯一获奖网络文学作品），米哈游的游戏《原神》获第21届全球游戏开发者大会最佳移动游戏奖等国际大奖。张江在线、长阳秀带等在线新经济生态园建设深入推进，布局建设虹桥在线新经济生态园，全年在线新经济企业营收增速约40%。

## 二、完善政策措施保障

2021年，市委办公厅、市政府办公厅先后印发《上海市社会主义国际文化大都市建设“十四五”规划》《上海市先进制造业发展“十四五”规划》等重要规划，明确提出要推动文化创意产业创新发展，提升城市文化核心竞争力；推动制造向服务延伸发展，提升时尚消费品等重点产业对全市经济发展的支撑作用。发布新一轮全力打响“上海服务”“上海制造”“上海购物”“上海文化”品牌三年行动计划（2021—2023年），持续提升上海优质服务供给规模和能级水平，打造具有国际影响力的制造品牌汇聚地，加快建设国际消费中心城市，增强上海文化标识度和影响力。

## 三、加强产业载体建设

发挥国家级基地示范引领作用，发挥国家对外文化贸易基地（上海）功能，提升基地作为“6天+365天”完成进博会“6+365”暨“一带一路”展示交易平台展示空间建设，搭建北虹桥创新中心，促进外向型文化企业的贸易方式数字化和贸易对象数字化，扩大数字游戏、数字版权、视频音频等领域出口规模。以德必集团为代表的头部园区成功上市，成为推动文创产业发展、孵化创新企业的重要载体。

## 四、搭建合作交流平台

上海市文化创意产业促进会构建文创企业服务体系，打造文创投资合作商洽会、“创见未来”文化资本闭门会（私董会）、“学者说”、文创园区“走亲访友”、秘书长面对面系列活动等品牌活动，成立市文促会园区专业委员会，在文创载体建设、文创企业培育等领域加强合作。

（刘晶明）

# 全面推进城市数字化转型总体情况

2020年11月，中共十一届上海市委十次全会首次提出要全面推进城市数字化转型，全力打造具有世界影响力的国际数字之都，这是市委、市政府全面把握当前形势和未来趋势所作出的重大战略部署。2021年，在市领导部署、推动下，全市上下密集发力、加速成势，在经济、生活、治理三大领域都取得扎扎实实的实践成果。

## 一、以高规格协同推进构建转型生态

成立领导小组，高位统筹推进。上海市成立最高规格的城市数字化转型工作领导小组，由市委书记、市长担任双组长，并设立办公室，负责统筹协调和推进全市数字化转型工作。同时，各部门、各区成立主要领导牵头的工作领导小组。市数字化办通过组织召开三大领域转型现场推进会，开展全市大调研、设立数字化转型专项资金等，营造浓厚转型氛围，推动形成转型共识。

一是构建政策体系，强化发展引领。上海已搭建"2+3+4"的四梁八柱；二是关于全面推进上海城市数字化转型的意见，以及数字化转型"十四五"规划；三是经济、生活、治理3个领域数字化转型三年行动方案；四是促进城市数字化转型政策举措、上海市数据条例、上海数据交易所和数字化转型标准体系）。同时，各级、各领域数字化转型方案迅速到位，形成全市一盘棋协同有序推进的工作格局。

制度能力并重，全面保障安全。上海在推进城市数字化转型的同时，始终牢牢守住安全底线。一方面，制度体系日益健全，建立关键信息基础设施网络安全重大事项报告制度，制定公共数据安全分级指南等安全系列标准，开展数据跨境流动安全评估试点，《上海市数据条例》强化数据安全保护；另一方面，保障能力显著提升，依托上海市网络安全态势感知预警平台，形成全方位全天候态势感知能力。

提升供给水平，夯实基础设施。实施"双千兆宽带城市加速度计划"，实现连接、计算、融合能力"三提升"，优化算力设施布局（阿里飞天云、腾讯长三角人工智能超算中心、商汤临港超算中心），统筹推进人工智能计算公共服务平台建设（计划首期算力规模为100P）。累计建设5.4万个5G室外基站、14万个室内小站，实现中心城区和郊区重点区域连续覆盖，宽带用户下载速率总体达66.35Mbit/s（全国第一），新建一批智能终端（智慧零售终端362台、智能取餐柜305个、智能快件箱2819组）。

加快区域示范，推动全域转型。围绕一区一特，打造特色转型示范区，遴选出首批7个市级示范区（市北数智生态园、普陀海纳小镇、杨浦大创智数字创新实践区、张江数字生态园、临港数字孪生城、嘉定未来·智慧出行示范区、松江G60数字经济创新产业示范区）。围绕五个新城先行先试，研究编写新城数字化转型建设导引。围绕重大项目，打造标杆项目试点区，以具体项目为牵引，深度发掘一批值得全市推广复制的应用场景（如"黄浦智慧中药云"将成为市便捷就医2.0七场景之一等）。落地海纳工程院、同济数字城市城市研究院，提升区域数字创新能级。

加强开放合作，扩大发展格局。上海在长三角一体化中的龙头带动作用凸显，长三角政务服务"一网通办"持续深化。同时，国际合作和对外开放格局不断完善，开放层级不断提高，在中国国际进口博览会、世界人工智能大会、世界顶尖科学家论坛等世界顶级国际交流合作平台上，在与新加坡、日本大阪、台北等城市的友好交流中，城市数字化转型成为热议话题。

## 二、以经济数字化转型推动高质量发展

上海把握城市数字化转型重要窗口期，积极布局数字经济新赛道，围绕"五个中心"建设，坚持"双轮驱动"，一手抓激活数字产业化引擎动力，促进数字技术由"单点突破"向"集智赋能"转变；一手抓激发产业数字化创新活力，推动一、二、三产业从"线性迭代"向"跨界融合"转变。同时，努力提升转型生态承载力，布局新供给、服务新需求。

持续释放数字产业化动能。硬核新技术方面，加强关键数字技术突破，加快软件和智能产品升级，打造人工智能、区块链、工业软件、量子通信等领域近100个重点项目，人工智能产业规模超3000亿元，比上年增长超17%；软件与信息服务业产业规模约1.2万亿元，比上年增长14%。在线新经济方面，推动品牌建设、载体建设、业态融合，张江在线、长阳秀带、虹桥等在线新经济生态园加快建设，打造形成30家新生代互联网领军企业，以及7家千亿级电商平台（上海有色金属交易中心、拼多多、欧冶云商、携程、有色网、钢银电商、饿了么）。

持续推动产业数字化向纵深演进。制造新模式提质增效，实施"工赋上海"行动，对标综合性、特色型、专业化，分类分层建成宝信、电气星云智汇、致景等26个工业互联网平台，带动20万中小企业上平台，培育发展上汽延锋、海立集团等60家智能工厂，为保障制造业增加值占GDP比例处于合理区间提供有力支持。商务新业态创优增值，深化数字商圈、口岸服务，打造"五五购物节"等线上线下联动平

台，全年实现电子商务交易额3.2万亿元。金融新科技提效增值，深化数字人民币试点，落地进博会、“两街四圈”等多个数字人民币场景，白名单客户数、钱包数、钱包交易量等领先全国，大数据普惠金融2.0参与金融机构增至33家，上线机构服务企业数约20万户次，普惠金融贷款超1100亿元。航运新枢纽连接增效，推进机场大脑工程，促进航运全球协同；洋山港智能重卡示范投入14辆智能重卡，并完成4万TEU转运任务。农业新体验智慧精准，加快建设农业“一图”“一库”“一网”，农业用地数据采集和上图累计绘制100多万个地块。

**三、以生活数字化转型创造高品质生活**

上海践行“人民城市”理念，聚焦市民最关心、最直接、最受用的需求，2021年重点打造11项标杆应用场景，分别建立工作专班推进建设。坚持以人为本的导向，强化应用牵引、数据赋能和关键支撑，构建起由政府、市民、企业共同参与的推进工作格局，形成人人共享的数字生活新图景。推进过程中，始终强调5个“体现”：

一是体现流程再造，如“便捷就医少等待”，以诊疗知识库为核心，支撑就诊流程再造，重点打造精准预约、智能预问诊、电子病历卡等七大场景，实现全市412家医疗机构全覆盖，门诊平均排队时间压缩到29分钟以内。

二是体现深度转型，如“智能出行即服务”，上海停车APP100%覆盖全市道路停车场，通过打通航运、铁路、公交等数据，打造数据共享、实时互动的MaaS平台。“数字赋能示范校”，聚焦教育数字基座、学科知识图谱、数据驱动教与学、虚拟仿真实训、高等学校智能综合评价、大规模智慧学习等场景，推动教育体系深度转型。

三是体现跨部门协同，如“为老服务一键通”，融通全市为老服务资源，打造一键就医、订车、政策通等高频服务集成，开展“一码一屏一机”改造，满足长者“医疗照护、健康生活、出行文娱”等需求；实施“数字伙伴计划”，招募1200余名“信息助力员”，建设首批153个数字助老“微站点”，推动全市66个政府网站、47个政府移动端应用和23家企业应用适老化改造，弥合“数字鸿沟”。

四是体现市场化参与，如“数字酒店智管家”，充分发挥企业创新作用，通过数字酒店建设帮助企业每年节省人力成本2500万元；“智慧早餐惠民心”，充分调动企业主体积极性，累计已在全市布局网订柜（店）取网点1145个，建成智能取餐柜900个。

五是体现市民参与，营造老百姓共建、共创、共享的数字化转型环境。坚持以市民评价作为生活数字化转型成效的第一考量，依托社会组织打造市民代表组成的“数字体验官”（超过600人）队伍，形成发现问题和监测监督的“啄木鸟”作用。同时，关注老年人、残障人士等弱势群体的数字化感受，组织100万人次长者数字化技能提升培训，提升城市温度。

**四、以治理数字化转型实现高效能治理**

上海聚焦“高效办成一件事”和“高效处置一件事”，运用数字科技解决城市治理难题，以“一网通办”“一网统管”建设推动城市治理模式变革、治理体系重构。

在深化政务服务“一网通办”改革方面，经过数年努力，“一网通办”平台个人实名用户数突破5700万，实际网办比例超70%。一是推进业务流程再造，共推出27个“高效办成一件事”场景（2020年15个、2021年12个；办件量破200万件），全面实施“两个免于提交”（原则上，本市政府核发的材料免于提交，能提供电子证照的免于提交实体证照）。二是提供主动精准服务，实现服务、资金、补贴、税收等政策“免申即享”。三是提升数据治理能力，打通国家、市、区之间数据通道，归集公共数据202亿条，完成数据调用102亿次、下发492亿条；通过“随申码”识别疫情风险人员，并拓展至医疗、交通、文旅等场景，累计使用超46亿次。

在提升城市运行“一网统管”效能方面，按照“三级平台、五级应用”逻辑架构，构建起市、区、街镇三级城运中心体系。一是宏观层面管全城，上线城市运行数字体征系统，汇集67个部门的210个系统1150个应用，每天采集超3400万条实时动态数据，接入城市神经元达1.79亿条，将各项体征细分为55类1000多项指标，形成全域覆盖的城市运行泛感知神经元体系。二是中观层面强感知，进一步强化区级层面问题感知和态势分析能力，依托区级数据共享交换体系，突出应用场景导向，科学运用阈值管理、颜色管理、闭环管理等多种方式。三是微观层面重实用，推动城市最小管理单元数字治理试点，创新实践优化闭环管理机制，探索政府与市场主体有机联动的城市数字治理新道路，着力打通城市治理的“最后一公里”。

**五、以数据要素创新驱动全市深度转型**

上海数据资源要素市场创新发展在全国保持领先，为城市数字化转型向纵深推进提供持续动力。

一是《上海市数据条例》发布实施，成为《数据安全法》与《个人信息保护法》正式施行后的首个数据领域的省级人大综合性地方立法。聚焦数据权益保障、数据流通利用、数据安全管理三大环节，为破除数据流通和开发利用的制度障碍，保障规范安全发展提供制度保障。

二是上海数据交易所正式揭牌。启动全数字化交易系统，配套首发数据交易配套制度、数据产品登记凭证和首发数据产品说明书，聚焦确权难、定价难、互信难、入场难、监管难等关键共性难题，形成系列创新安排，打造引领全国数据要素市场发展的“上海模式”。同时，成立首届数据交易专家委员会，涵盖法律合规、金融交易、数据产业、数据安全、公共管理、综合经济等领域。

三是国际数据港加快建设。推进发布全国首个智能网联汽车数据跨境流动操作指引和正面清单。推动IDC、CDN等5项增值电信业务试点对外资100%开放并获工信部批复同意。完成国际互联网专用通道建设，启动国家新型互联网交换中心等重点项目建设，启动信息飞鱼特色园区建设，引进SAP等50余个龙头企业重点项目，意向投资总额达200亿元。

四是“数商”新业态加速构建。召开全球数商大会并完成全球首批100家数商企业签约，涵盖数据发现者、价值赋能者、联结者和服务提供者等各类经济主体，涉及数据交易、合规咨询、质量评估、资产评估、交付等多领域，推动数据市场活跃发展。浦东新区出台支持全球数商创新发展的8项举措，积极构建“交易所＋基地＋企业集聚”的数字产业生态圈模式。

五是大数据创新生态持续优化。深化国家大数据综合试验区建设，打造11个行业领域的大数据联合创新实验室。公共数据开放连续5年在排名全国第一，累计开放近6000项公共数据集，11个公共数据开放应用试点项目成效显著，启动第二批9个试点项目建设。举办SODA开放数据创新应用大赛等系列赛事，联合国内七大赛事共同组建“开放数据赛事联盟”。相继建成大数据应用创新中心、大数据产业基金、上海大数据联盟等功能性机构和行业组织。复旦大学、交通大学、同济大学等10余所高校开设大数据学院、大数据专业和人才基地。

（李逸健）

# 临港新片区产业发展情况

根据国务院2019年8月6日印发的《中国（上海）自由贸易试验区临港新片区总体方案》和市政府印发的新片区管理办法，新片区将建设具有国际市场竞争力的开放型产业体系，大力发展集成电路、人工智能、生物医药、航空航天、新能源车、高端智能装备和绿色再制造等前沿产业。临港新片区创新型产业规划和前沿产业发展“十四五”规划明确，到2025年，新片区386范围，以关键核心技术突破为引领的八大前沿产业规模将达到6000亿元左右，其中工业总产值5000亿元，年均增速须保持在25%左右，力争打造智能新能源汽车、高端装备、集成电路等三大1000亿元级产业集群，生物医药、人工智能、航空航天三大500亿元级产业集群，氢能、绿色再制造两大百亿级产业集群。

## 一、主要经济指标完成情况

2021年，新片区完成签约落地项目155个，涉及签约投资额2110亿元；完成高科产业投资370亿元，比上年增长35.5%；完成全口径工业总产值和生产性服务业营收3429.4亿元，其中全口径工业产值2673.8亿元，同比增长70.3%，规模以上工业产值2642.2亿元，同比增长72%；生产性服务业755.6亿元，同比增长36.4%。其中，智能新能源汽车产值1794.4亿元，占比67.1%；从重点企业看，规模以上工业企业286家，主要分布在新能源汽车和高端装备产业领域。

## 二、产业结构主要特点

### （一）支柱产业集聚效应强、产出贡献作用突出

新片区产业结构呈现智能新能源汽车一马当先、一支独秀的特点，新能源汽车（2021年工业产值占比67%）和高端装备是新片区产业产出贡献的主体，两者合计占比80%；高端装备产业厚积薄发，随着以“空天陆海能”五大动力装备为引领进行产业重塑，和集成电路产业1000亿元级产业投资带动1000亿元产值产出，“十四五”期间，支柱产业将呈现多轮驱动、更加均衡的可持续发展。

### （二）产业链龙头企业带动性强、新增长点未来可期

新能源汽车领域的特斯拉、上汽、康明斯、华勤电子，高端装备领域的三一重机、上海电气，民用航空领域的中国商飞、航发商发，集成电路领域积塔、格科、闻泰等都具有较强龙头带动作用。特斯拉供应商向上海集聚、扎根临港的态势已初步形成，已完成90%零部件国产化，涵盖动力电池、智能座舱、车身内外饰、玻璃、座椅、BMS、新材料、芯片等布局，未来将至少带来1000亿元的产值规模。同时，集成电路研发设计、芯片贸易，抢占数字经济、绿色低碳新赛道，大力发展生产性服务业等都会形成产业新亮点和新增长点。

### （三）产业梯度结构转换正处于升级换挡关键期

临港产业体系先后经历高端装备和战略性新兴产业6+1产业体系、2+3+4产业体系、到7+5+4和4+2+2产业体系，尤其新片区成立以来，明确大力发展集成电路、生物医药、民用航空等前沿产业，开放型产业体系逐渐明晰并稳定下来，在此过程中，以高端装备制造业为基础，新能源汽车产业迅速崛起，并成为第一大支柱产业，集成电路和生物医药从无到有也已开始释放产出，民用航空、人工智能、氢能和绿色再制造加快培育，产业结构和高度化显著升级。

### 三、两大支柱产业发展特点

（一）智能新能源汽车——未来车引领地

产业能级，支柱产业作用突出。临港新片区集聚特斯拉、上汽、延锋、赛亚森、深园、新泉、华光铸昱、图森未来等130多家企业，2021年，规模以上企业产值1794亿元，连续两年实现“翻一番”。整车产量突破75万辆，占全市的1/4，其中，新能源汽车产值规模突破1400亿元，占全市的4/5；新能源汽车产量突破50万辆，占全市的4/5，占全国的1/6。

重点企业，龙头效应显著。特斯拉实现产值1319亿元，整车产量48万辆；上汽临港工厂实现产值330亿元，整车产量29万辆；均胜汽车实现产值30亿元、赛亚森汽车实现产值30亿元、赛科利汽车实现产值16亿元，初步形成整车、发动机、电池、车身、内外饰、底盘、汽车电子、芯片等八大门类，涵盖研发、制造、贸易、检测等全产业链。

发展特点，“四化”转型成果显著。“四化转型”（电动化、网联化、智能化、国际化）已经成为临港智能新能源汽车产业发展的主要方向。如在电动化方面，实现Model Y、飞凡汽车、智己L7等纯电整车产品问世；打造以宁德时代80Gwh动力电池、杉杉科技和锦源晟为代表电池材料产业链，谋划宁德时代CTC一体式底盘“革命性”项目，有望实现国内首个续航1000公里的底盘产品问世。在智能化方面，一方面，谋划延锋智能座舱项目、华勤汽车和蓝思科技等汽车电子产业链；另一方面，依托临港集成电路产业优势，形成中芯国际（车规级新片区全产业链生产）、积塔半导体（IGBT）、闻泰、地平线（自动驾驶芯片）、赛卓（传感器芯片）、臻驱（SIC、功率模块）、芯旺微（MCU）、西瓜（MCU）等车规级芯片设计、制造产业链。

（二）高端装备制造——“动力之城”

新片区高端装备产业是产出贡献的重要支柱，也是继智能新能源汽车产业后，新片区有望实现打造第二个1000亿元产业集群的重点产业，集聚三一重机、上海电气、瑞庭时代（宁德）、中国重燃（在建）、苏尔寿等龙头代表的200多家企业，参照市经信委调整分类后，2021年工业产值718亿元（含民用航空、汽车动力及电池）。

发展特点，产业基础较为扎实，形成涵盖工程机械、新能源装备、海洋工程和船舶、通用设备等为代表一批高端装备产业集群，产业规模持续增长；代表性领域较为突出，尤其是以上海电气代表的风电核电装备、三一重机代表的工程机械、航发商发为代表的航空动力、中船为代表的船舶动力、和氢晨等为代表的氢能及燃料电池新能源动力构成的核心动力装备产业等具有较强显示度和竞争力；创新成果持续涌现，诞生一批国产的世界一流，如世界最大的船用双燃料低速机WinGD X92DF，全球最大缸径980毫米的低速大功率柴油机，应用于三代核电全球首堆“华龙一号”核岛主设备堆内构件等。

### 四、三大引领产业发展

（一）集成电路——全产业链布局

明确提出全产业链布局，打造上海集成电路产业“双核驱动”的新引擎，成为国内集成电路产业投资额最大、产业链条最完善的集聚地，打造具有全球影响力的“东方芯港”，形成世界级、综合性的集成电路产业自主创新引领区。到2025年，力争产业规模突破1000亿元。近两年，已形成设计、材料、装备、制造、封测全产业链和离岸贸易综合产业体系，集聚积塔、闻泰、格科微、天岳、恒玄等企业。2021年，产业规模首次达到100亿元，已进入较快产出释放期。

（二）人工智能——数字赋能实践区

引进企业涵盖数据中心、通信设备、AI芯片、大数据、AI+、信息安全、智能终端等领域，集聚商汤科技、有孚网络、地平线、寒武纪等100多家企业，基础层企业包括观安信息、哪吒港航、地平线、计易数据等，技术层包括科大讯飞、上海云从、同温层智能科科技等、应用层包括新松机器人、商汤临港、宝能信息、智联智能等。

（三）生物医药——精准医疗引领区

实现上海生物医药产业“扎根计划”，打造全市生物医药新增长极，建设成为精准医疗先行示范区。近两年，已形成影像诊断、抗体药物、免疫治疗、小分子药、合同外包、器械耗材、疫苗、医疗服务产业链体系，集聚臻格、君实、药明康德、碧博等90多家企业。新片区生物医药产业三年来从无到有，已经进入产出释放期。

（赵广君）

# 工业吸收外资情况

2021年是“十四五”开局之年，面对国内外环境深刻变化所带来的一系列机遇和挑战，上海按照党中央、国务院决策部署，立足新发展阶段，贯彻新发展理念，构建新发展格局，全面落实外商投资法和上海市外商投资条例，围绕开放、促进和保护，全力以赴做好稳外资各项工作，在保持引资总量增长的基础上着力优结构、提质量、强服务，实现

"十四五"时期利用外资开门红。

一、上海利用外资总体情况

（一）引资规模稳步增长，再创历史新高

2021年，上海新设外资企业数、合同外资、实际使用外资均实现两位数增长。共新设外资企业6708家，比上年增长16.6%；合同外资603.91亿美元，同比增长16.9%；实际使用外资225.51亿美元，同比增长11.5%。合同外资和实际使用外资创历史新高。截至2021年底，上海累计吸引合同外资突破6000亿美元，达到6334.6亿美元；实际使用外资突破3000亿美元，达到3022.72亿美元。

（二）引资结构不断优化，重点行业、重点国别、重点区域带动作用持续增强

商务服务业、高技术服务业引领增长。商务服务业实际使用外资76.04亿美元，同比增长38%，占比超过1/3，成为引资最多和增长最快的领域；以信息服务、研发和技术服务为主的高技术服务业实际使用外资65.69亿美元，同比增长11%，占比约三成。

RCEP成员国对沪投资增长较快。RCEP成员国合计对沪实际投资36.02亿美元，同比增长19.5%，占比16%，其中新加坡、日本、韩国等主要投资来源地实现增长。截至2021年底，在上海投资的国家和地区增至190个。

浦东新区引资能力继续提升。浦东新区实际使用外资107.03亿美元，同比增长14.2%，占全市外资的比重进一步提升至近48%，引资龙头地位进一步巩固。

（三）引资质量不断提高，总部、大项目支撑作用更加明显

总部企业增势良好。新增跨国公司地区总部60家、外资研发中心25家。至2021年底，累计设立跨国公司地区总部831家、外资研发中心506家，上海继续保持中国内地跨国公司地区总部最多的城市。

大项目占比较高。外商实际投资5000万美元以上项目97个，合计实际使用外资157.71亿美元，占比约70%，以投资管理、总部研发、信息产业、商贸等领域居多。

开放领域项目落地。全国首家外商独资公募基金——贝莱德基金管理有限公司开业；全国首批中外合资的理财公司——贝莱德建信理财有限责任公司、施罗德交银理财有限公司获批设立或筹建；引进了日本十大娱乐公司LDH设立的演出经纪公司——爱梦悦（上海）文化艺术有限公司。

二、工业吸收外资情况

上海外商投资企业为上海工业发展作出重要贡献。外商控股企业共完成工业总产值12133.09亿元，同比增长2.9%，港澳台商控股企业产值5486.12亿元，同比增长34%，两者合计占全市规模以上工业总产值的44.6%；外商和港澳台商投资企业实现工业利润总额1398.9亿元，同比下降9.6%，占全市规模以上工业企业利润总额的45.8%。

全年外商工业投资占全市制造业投资的22%，投资规模同比下降35.9%，主要涉及汽车、精细化工、电子信息、高端装备等领域。

（涂志凡）

# 工业品进出口情况

2021年，在全国货物进出口快速增长，贸易结构持续优化的形势下，上海市进出口总值创历史新高，达4.06万亿元人民币，比上年增长16.5%，其中，出口1.57万亿元，增长14.6%；进口2.49万亿元，增长17.7%。

一、2021年上海市进出口总体情况

（一）一般贸易方式进出口比重提升

据海关统计数据显示，一般贸易在全市进出口占比为57.4%，比重同比提高3.7个百分点，显著高于加工贸易占比，贸易方式继续优化。

2021年上海进出口（按贸易方式）总值

（单位：万亿元）

| 分类 | 进出口 | | 出口 | | 进口 | |
|---|---|---|---|---|---|---|
| | 总值 | 同比 | 总值 | 同比 | 总值 | 同比 |
| 一般贸易 | 2.33 | 24.1% | 0.79 | 23.7% | 1.54 | 24.3% |
| 加工贸易 | 0.72 | 2.9% | 0.48 | 2.6% | 0.24 | 3.4% |

（二）工业出口快速增长

全市完成工业出口交货值8223亿元，同比增长8.4%。其中，因苹果新品发布，10月—12月工业出口增速明显加快。

二、主要行业工业出口情况

工业出口中，规模较大的行业主要是电子、机械、轻工、汽车、石化、船舶行业等6个行业出口占全市工业出口的94%。

（一）电子行业

电子行业工业出口交货值4002亿元，同比下降5.9%，电子出口占全市工业出口的48.7%。电子行业以出口为主，出口外向度达74.4%。

（二）机械行业

机械行业工业出口交货值1354亿元，同比增长20.1%，

机械出口占全市工业出口的16.5%。机械行业出口外向度为17.2%，低于全市4.2个百分点。细分行业中，物料搬运设备151亿元，同比增长6.8%；输配电设备出口130亿元，同比增长14%。

（三）轻工行业

轻工行业工业出口交货值809亿元，同比增长2.4%，轻工出口占全市工业出口的9.8%。轻工行业出口外向度为13.8%，低于全市7.6个百分点。细分行业中，家用电器145亿元，同比增长4%；塑料制品业出口132亿元，同比增长8.9%。

（四）汽车行业

汽车行业工业出口交货值816亿元，同比增长1.1倍，汽车出口占全市工业出口的9.9%。汽车行业以内销为主，出口外向度为11%。汽车出口中，约2/3为汽车整车出口。

（五）石化行业

石化行业工业出口交货值423亿元，同比增长27.9%，石化出口占全市工业出口的5.2%。石化行业外销比例较低，出口外向度为9%。细分行业中，合成材料制造出口181亿元，同比增长58.6%。

（六）船舶行业

船舶行业工业出口交货值345亿元，同比增长10.4%，船舶出口占全市工业出口的4.2%。船舶行业是全市出口外向度第二高的行业，2021年达57%。

（吴 畅）

# 工业投资情况

2021年，中共上海市委、市政府高度重视工业投资工作，坚决把工业稳投资作为经济工作的重中之重，建立工业稳投资机制，克服国内外复杂环境因素的影响，全市工业投资保持平稳增长，招商引资统筹不断强化，重大产业项目加快建设，技术改造深入推进，企业投资环境持续优化，圆满完成年初制定的各项任务目标。

**一、工业投资量增质优，助力产业加速升级**

2021年，全市工业投资比上年增长8.2%，投资规模创历史新高。其中，制造业投资同比增长7.8%。制造业投资中，生物医药、高端装备等战略性新兴产业投资增长较快。

（一）六大重点产业投资稳步增长。六大重大产业投资同比增长8.8%，呈现“4升2降”的特点。生物医药制造业投资同比增长75.1%；成套设备制造业投资同比增长38.7%；精品钢材制造业投资同比增长37.5%；石油化工制造业投资同比增长98.3%；汽车制造业投资同比下降10%；电子信息产品制造业投资同比下降8.7%。

（二）新动能产业投资增长较快。七大战略性新兴产业投资同比增长14.3%，其中，生物医药投资同比大增75.1%，主要是医疗设备、生物药品和创新药制造领域投入和项目数大幅攀升。

**二、大项目带动效应凸显，新开工项目数快速增长**

全年制造业投资占工业投资总额的84.5%，同比持平。主要集中华力12英寸先进生产线、中芯12英寸芯片SN1、英威达己二腈等项目。50亿元以上在建工业项目有25个（占工业投资41.5%），同比增长67.3%，这些重大项目的持续快速投入，带动工业投资高速增长，牵引作用显现。全年，新开工项目同比增长29.3%，新开工项目中大项目投资占主导地位，其中亿元以上项目有213个，完成投资535亿元。从行业上看，新开工项目主要集中于半导体芯片和汽车整车及零部件行业。

**三、完善重大项目全生命周期统筹协调机制，推进早开工早投产**

完善重大项目协调推进机制，进一步深化部门间协同，形成项目全生命周期推进体系，推动项目早开工、早投产。

（一）加快重大项目开工建设。1月4日，市经信委举办全市重大项目集中开工仪式，推进集成电路研发制造中心、中微半导体等64个重大项目开工并入统，总投资达2734亿元。全年新开工10亿元以上重大产业项目达60个以上，推进联影二期、普实医疗等项目顺利开工。

（二）优化重大产业项目审批。市经信委会同市审改办、市住建委，从规划、土地、施工证许可、竣工验收、装配式建筑等方面提出一系列简化审批措施。

（三）完善重大产业项目兜底服务。明确项目服务专员，将新昇半导体、格科半导体等一批项目纳入市重大工程推进体系，重点跟踪、持续服务。推动中芯临港项目实现从签约到开工的100天“芯”速度。

**四、加大招商引资力度，加快产业前瞻布局**

以全市招商引资工作统筹为契机，积极推进招商引资工作顶层设计、完善招商引资网络，一批重大招商引资项目签约落地。

（一）完善招商统筹机制。召开市投资促进工作领导小组会议，编制首谈报备、市级主谈、信息共享、跨区布局等工作指引，实施“千项万亿”招商行动，市区联手招商推介。

（二）加快引进一批重大项目。4月7日，召开全球投资促进大会，总投资 4898 亿元的 216 个重大产业项目签约。推进药明康德化学药、小冰研发总部等高能级项目落地。

（三）提高招商工作水平能级。利用上海车展、人工智能大会等，推进 26 个重大产业项目在人工智能大会期间签约。打造“进博招商”品牌，进博会前后，围绕“家门口办会、家门口招商”，共举办 65 场投资推介活动，签约 190 个重大产业项目，总投资超 930 亿元。

**五、加快推进技术改造，支持新旧动能转换**

对量大面广的存量产业加快改造升级，充分发挥技术改造对工业投资的拉动作用、对产业经济平稳增长的支撑作用、对产业高质量发展的保障作用。

（一）发挥技改投资对工业稳投资的重要作用。上海市工业技术改造投资占工业投资比重超过 2/3，对制造业投资的增长起到重要作用。

（二）持续放大财政资金引导作用。保持技改专项资金投入力度，通过“点上示范带动面上提升”，集中支持、精准支持一批重大技改项目，加大产业逆周期调节力度。全年安排的技改专项资金带动社会投资超过 100 亿元。

（三）全力助推产业经济高质量发展。在 2018—2020 年上海“技改焕新计划”基础上，正式启动编制上海新一轮技改三年行动计划。通过打造“技改焕新计划”升级版，持续强化高端产业引领功能，加快培育新时期经济发展新动能。

（郑东林）

# 附件：2021 年重大工业投资项目表

| 单位名称 | 项目名称 |
|---|---|
| 上海华力集成电路制造有限公司 | 12 英寸先进生产线建设 |
| 特斯拉（上海）有限公司 | 特斯拉超级工厂项目（一期）第一阶段 |
| 格科半导体（上海）有限公司 | 12 英吋 CIS 集成电路特色研发与产业化项目 |
| 英威达尼龙化工（中国）有限公司 | 英威达尼龙 6.6 三期己二腈项目 |
| 上海海湾新能风力发电有限公司 | 奉贤海上风电项目 |
| 上海发那科机器人有限公司 | 发那科工厂三期 |
| 上海和辉光电股份有限公司 | 第 6 代 AMOLED 显示项目 |
| 上海城投水务（集团）有限公司 | 竹园污水处理厂四期工程 |
| 上海积塔半导体有限公司 | 特色工艺生产线建设项目 |
| 上海上药生物医药有限公司 | 上药生物医药产业基地建设项目 |
| 华能国际电力股份有限公司上海石洞口第一电厂 | 2×65 万千瓦等容量煤电替代项目 |
| 中芯国际集成电路制造（上海）有限公司 | 8 英寸生产线扩产 |
| 中国石化上海石油化工股份有限公司 | 2.4 万吨年原丝 1.2 万吨年 48K 大丝束碳纤维项目 |
| 上海电力股份有限公司 | 闵行发电厂燃气－蒸汽联合循环发电机组示范工程 |
| 上海新微半导体有限公司 | 上海临港化合物半导体 4 吋及 6 吋量产线项目 |
| 上海新昇半导体科技有限公司 | 集成电路制造用 300 毫米硅片技术研发与产业化二期项目 |
| 上海超硅半导体有限公司 | AST 上海项目 |
| 中国航发商用航空发动机有限责任公司 | 中航商用航空发动机有限责任公司临港基地 |

# 建设高质量特色产业园区情况

高质量产业园区是推动经济高质量发展、打造世界级产业集群的主战场。2020 年以来，为加大产业投资，建设高品质产业园区，推动高质量产业发展，强化高端产业引领功能，提升城市能级和核心竞争力，上海以特色产业园区为抓手，精准招商、跨前服务、协同联动，加快打造经济新动力的承载地、产业高质量发展的示范区。

**一、聚焦特色产业园区“大平台”，构筑战略空间新优势**

“园区经济”是上海科技创新和产业发展的一大特色，2019 年以来，在中国（上海）自由贸易试验区临港新片区和长三角绿色生态一体化示范区等重点区域的牵引推动下，在临港、漕河泾、张江、金桥、外高桥、紫竹、虹桥商务区、闵行开发区、国际汽车城、上海化工区等知名品牌园区示范引领下，上海瞄准科技前沿和产业高端，面向全球、面向未来，以高品质园区建设推动高质量产业发展，着力打造优势更优、强项更强、特色更特的园区经济。

（一）着力打造高端产业引领的前沿阵地，功能定位“高举高打”

聚焦发展创新型产业，落实三大产业“上海方案”，联动推进一批特色产业创新区及“园中园”建设，加快打造集成电路、生物医药、人工智能等世界级产业集群。

集成电路领域。园区立足集成电路产业链加强招商引资，加快培育龙头企业，进一步夯实全产业链布局，完善产业生态。积极搭建集成电路产业交流平台，举办特色产业重大活动，不断营造优质产业生态圈。以张江、临港、嘉定和G60为主的4个特色园区构成“一体两翼”布局，覆盖芯片设计、制造、装备和材料等环节。2021年，集成电路和电子信息园区的工业总产值和营业总收入分别达到5037亿元和4974.67亿元。

生物医药领域。园区不断加强前沿科技探索，激发原始创新动能，通过设立药物研发中心等方式实现科研成果产业化，培植本土生物医药企业做大做强的关键突破点，大力催生原创成果、突破卡脖子技术、培育龙头领军企业，不断推进生物医药产业高质量发展。以张江及临港、奉贤、金山、宝山为主的5个特色园区构成“一核多点”布局，聚焦药品研发、生产、流通和服务等核心环节。2021年，生物医药园区的工业总产值为649.19亿元，带动所在区生物医药产值占全市比重达到92%，营业总收入为1276.53亿元。

人工智能领域。张江人工智能岛率先应用全国最具代表性的人工智能企业核心技术和产品，并以整个园区为载体，为技术与技术、产品与产品间的交流提供平台。西岸智谷打造技术落地的“全球试验场”，形成集政、产、学、研、用为一体的雨林型创新生态体系。稳步推动重大项目建设，加快推进优质企业签约入驻，持续发挥世界人工智能大会平台效应与磁吸作用，提升西岸智谷人工智能产业集群能级。张江、徐汇、闵行错位发展，在数字底座、智能产品和应用场景开放方面提供先行样本，张江人工智能岛、西岸AITower“一楼难求”，成为头部企业、创新机构扎堆首选地。2021年，人工智能园区的工业总产值和营业总收入分别达到37.11亿元和211.18亿元。

（二）着力打造要素集约利用的承载空间，经济动能“加速成长”

特色产业园区发布以来，热点不断、项目不停。截至2021年，40个特色产业园区总规模近170平方公里，规划产业用地近100平方公里，可供产业空间超过36平方公里，成为各类要素集聚和“双创”人才施展才华的大舞台。

从创新浓度看，集成电路设计、制造、封测、设备材料四大环节均达到国内领先水平，产学研联系紧密；生物医药龙头企业和功能平台集聚度高，产业投融资体系活跃，创新药全国领先；人工智能产业在平台型研发机构（百度、阿里、腾讯、华为、微软、谷歌）、行业品牌（世界人工智能大会）、专业技术人才（占全国1/3）等领域竞争优势明显。

从投资强度看，2021年，40个特色产业园新签约项目1800余个，总投资超过1200亿元，其中单个投资超过2000万元的重点项目接近500个，格科微、紫光展锐、信达生物、威高医疗、地平线、云从、长城汽车、发那科三期、峰飞航空、大丝束碳纤维等重点项目落户；园区集聚高新技术和专精特新企业近1000家，上市企业超过150家。

从经济密度看，“以亩产论英雄、以效益论英雄、以能耗论英雄、以环境论英雄”发展理念深植园区，向转型要空间、向创新要效益。2021年，40个特色产业园区共完成工业总产值7954.72亿元，实现营业总收入18426.58亿元，单位土地营业收入249.22亿元／平方公里，单位土地产值141.07亿元／平方公里。特色产业园区已建成集成电路和电子信息、智能制造、在线新经济3个千亿级产业，生物医药、新材料、航空航天3个百亿级产业，成为全市产业发展的新地标和新增长点。

（三）着力打造全产业链布局的重要节点，精耕细作“串珠成链”

瞄准产业链价值链关键环节，40个园区率先探索、带头突破，形成“以大企业带动、中小企业融合共生”的创新体系布局。如临港新片区大飞机产业园依托中国商飞，打造航空“制造＋服务”双引擎，2020年10月23日“一谷一园”开园当天，就有中国建材复合材料、质量认证平台、航空供应链等22个项目入驻。北斗西虹桥基地以关键导航产品为核，推动智能无人系统和空间信息服务形成产业链合作生态；吸引全市70%、100多家北斗导航与定位应用企业，实现“上下楼就是上下游”。金桥5G产业生态园云集通讯、制造、科技等领域5.5万名5G人才，提供智能造、大视讯、未来车等应用场景资源，加快促进5G产业发展。汽车新能港、嘉定氢能港、临港南桥智行生态谷聚焦新能源电池、电机、电控“三电”环节，打造关键核心技术优势，为汽车产业未来发展蓄力增能。

（四）着力打造制度改革突破的实践基地，市区协同“先行先试”

瞄准特色产业定向发力，促进资源共享、企业共育、产业共建。各区出台园区培育特定政策，浦东、嘉定、金山、松江、青浦等探索区级特色园区培育体系。华东无人机基地引入20多家研发制造和平台服务企业，建立飞行服务、展示交易、检验检测等7个中心，2020年被中国民航局授予全国首批民用无人驾驶航空试验基地，获批300米以下合法空域海陆试飞场。集成电路设计园创新基金投资模式，在国家集成电路产业大基金带动下，联合国内知名创投机构，带动社会资本投资集成电路企业，截至2021年，园区入驻企业上千家。西岸智慧谷依托徐汇西岸科技文创走廊，塑造“AI+5G+云”城市级应用场景，打造万物互联的智慧城区。碳谷绿湾产业园与上海化工区实现仓储运输、检验检测、上下游原料配套和公用工程共享，促进资源高效利用。临港新片区生命蓝湾对接张江生物医药研发项目产业化需求，构建协同发展机制，“下饺子式”地承接透景诊断、恒翼生物、劲方医药等优质项目在新片区产业化落地。

**二、聚焦强化“四大效应”，提升特色产业园区能级水平**

对照园区特色定位要求，激活园区发展内生动力，放大园区辐射带动效应，打造投资新热土、发展新生态、共融新机制。

（一）强化园区集聚效应

产业集聚度是衡量园区发展质量的重要指标，特色产业园区聚焦集成电路、生物医药、人工智能、新材料、航空航天、智能制造、在线新经济等关键领域，加强源头创新，强化产业引领，着力建设产业发展新高地和产城融合新地标。充分发挥产业地图对产业投资的引导作用，以高质量招商引资促进项目落地，根据各区、各园区的主导产业、特色产业发展情况，从整体出发，按照企业所属细分产业与所在价值链环节，鼓励企业按照产业链环节与资源价值区段相匹配原则跨区域布局，大力发展特色硬核产业，建设一批龙头企业主导、标志性重大产业项目支撑、辐射带动作用强的新兴产业集群，推动向产业价值链高端提升。

（二）强化园区赋能效应

持续优化园区培育服务机制，打造特色园区优秀品牌运营团队与服务团队，加大特色产业公共服务供给，提高特色园区治理现代化水平，加快特色产业园区起势赋能。如东方美谷聚焦传播美的平台、分享美的生态，主动承接品牌国货制造，加快建设“研发设计、智能制造、检测检验、展示体验、平台交易”功能为一体的全产业链平台，为企业提供品牌塑造、政策扶持、产业链合作、数据信息共享等一系列服务，助力区内品牌成长为全球性知名品牌。2019 年 12 月，中以（上海）创新园区正式开园，园区着力打造研究中心、布局孵化器、设立创新合作投资基金等，快速打造出一整套有利于人工智能与机器人、医疗健康与生命科学、互联网和信息技术等领域产业落地发展的服务体系。园区产业聚焦人工智能、生命健康、互联网信息等三大领域，共引入 209 家企业和机构入驻。

（三）强化园区溢出效应

着眼全产业链精细布局、协同创新和集群集聚，推动品牌园区跨区联建、生态共融，提升园区品牌和产业整体竞争力。特别是在生物医药领域，整体把握生物医药“研发 + 临床 + 制造 + 应用”全产业链，发挥张江创新药产业基地的创新资源优势，深化“张江研发 + 上海制造”机制，优化完善“1+5+X”生物医药产业园区布局（即“以张江生物医药创新引领核心区为轴心，以临港新片区精准医疗先行示范区、东方美谷生命健康融合发展区、金海岸现代制药绿色承载区、北上海生物医药高端制造集聚区和南虹桥智慧医疗创新试验区为依托，发挥市级特色园区品牌效应，共同构建“1+5+X”生物医药产业空间布局”）形成“张江研发 + 浦东转化、张江研发 + 外区转化、张江外溢 + 回流上海、张江试水 + 本市扩张”四种创新成果落地模式，加速产业要素专业化集聚，推动本市生物医药产业高质量发展。同时，将特色产业园区融入五个新城“一城一名园”整体布局，以特色产业发展支撑名园品牌化，以名园溢出效应支撑产城融合，畅通微循环、促进大循环、助力双循环，实现以产促城、以城兴产；融入“南北转型”功能布局调整升级，以点上突破带动区域融通发展。

（四）强化园区融合效应

聚焦服务升级，加速构建园区协同创新生态。特别是在服务城市数字化转型和数字经济发展方面，加强前瞻布局和整体推进。“张江人工智能岛”以整个园区为载体，打造国内首个“5G+AI”全场景商用示范园区，集聚 IBM、微软、英飞凌等跨国巨头，中国联通、平头哥、中健大数据等国内龙头，云从、黑瞳、远景、水镜等一大批行业“独角兽”，围绕语音识别、计算机视觉、深度学习等人工智能新技术，在岛上与应用场景进行深度融合，在联合试验和交互体验中实现新技术的交流和创新。“张江在线”依托科技创新策源优势，加快布局人工智能、5G、互联网等领域硬科技攻关，打造在线医疗、在线金融、在线文娱新生态。“长阳秀带”发挥知识创意与互联网文化跨界融合的优势，激发新生代互联网企业活力，发展工业互联网、远程办公、在线教育、新型移动出行等重点领域。

**三、聚焦要素资源保障，加快特色产业园区建设**

特色产业园区不断强化资源要素精准配置，保障与特色产业园区发展密切相关的土地、金融、人才、等要素在特色产业园区内集聚。加大存量资源盘活力度，推进“腾笼换鸟”；加强产融对接，助力园区发展；优化人才保障，吸引人才集聚等等。

（一）加快推进“腾笼换鸟”

特色产业园区多措并举，加大存量资源盘活力度，加快推进“腾笼换鸟”。2021 年，盘活 1100 余亩存量工业用地，存量物业 1000 万余平方米。奉贤化工新材料园区通过搭平台引项目促进中央企业与上海国企强强联合，全年腾出低效工业用地 400 亩；市北数智生态园实现从粗放式向集约式发展模式转变，容积率从 1.0 提高至 2.3；长阳秀带开展工业遗存保护和利用专题研究，提出营造全新的“三区联动、三城融合”的科创社区模式；上海马桥人工智能创新试验区完成 4.9 平方公里全部规划的落地，释放 154 公顷建设用地，合计建筑面积约 250 万平方米，为试验区高质量发展提供空间。

（二）持续加强产融对接

金融是产业发展的重要资源，特色产业园区都非常重视产融对接工作，助力产业发展。长阳秀带构建全生命周期的科技金融生态体系，500亿元规模的中国文化产业投资基金落地园区，推动优质在线新经济企业赴科创板等多层次资本市场挂牌上市。2021年，海洋创新园成立自有股权投资基金，以“海洋＋智能制造”产业为主要投资方向，总规模30亿元。碳谷绿湾产业园、上海新型显示产业园为区内企业争取1000余万元科技创新政策补贴，上海马桥人工智能创新试验区协助达闼、方酋等企业获批贷款1360万元。华东无人机基地、生命蓝湾、湾区生物医药港加强产金融合秉承“基地＋基金”模式，设立专项产业投资基金，为产业引入、撬动创新提供强杠杆。

（三）不断做优人才保障

特色产业园区发挥各自优势，不断优化人才保障，吸引人才集聚。市北数智生态园围绕“招才引智”工作，按照“15分钟社区生活圈”建设要求，推出近5000套精装交付的市北高新租赁住房，以高颜值、高科技、有温度、有品味的精品园区，推动具有市北特色的人才保障模式进入全新发展阶段。“长阳秀带”设置海外人才服务专窗，建立海外人才全生命周期服务体系，提升来沪创业、就业、生活的海外人才归属感。汽车新能港全力支持园区优秀人才申报相关市区级人才住房、租房补贴、瑞金广慈医疗服务卡等各类增值服务，共计支持37位人才申报预算配套393.94万元。上海集成电路设计产业园搭建“895人才汇”平台，打通高校人才进企业“最后一公里”，2021年，“895人才汇”瑞芯微、格科微、青芯科技等60余家集成电路企业现场揽才，提供400多个岗位需求。浦江创芯之城为企业引智搭建完善的“软硬件”环境，打造“生产、生活、生态”三位一体微型城市，园区依托专业服务团队，为园区企业提供精准化科技人才服务，为公司发展打下坚实的人才基础。北上海生物医药产业园成立生物医药顾问委员会，委员由10余名医药领域知名院士、权威专家出任。湾区生物医药港配合中侨学院申报新设生物医药专业，填补金山目前没有生物医药人才培养基地的空白，将为园区贡献更多高质量的生物医药专业人才。

面向构建城市发展新空间格局，上海以“四个论英雄”为导向，瞄准推进产业基础高级化、产业链现代化，瞄准科技前沿和产业高端、瞄准关键领域核心环节，进一步发挥品牌园区高地优势，实施特色产业园区“高峰引领”计划，全力打造优势更优、强项更强、特色更特的园区经济，助力提升上海城市能级和核心竞争力。

（刘亚斐）

# 产业园区和结构调整工作情况

2021年，上海坚持高质量发展主旋律、坚持稳中求进工作总基调，产业园区和结构调整工作与社会经济发展两手抓，圆满完成各项任务。各项工作取得积极成效。

**一、探索构建园区发展新体系，持续加强产业载体建设**

（一）编制产业园区转型升级“十四五”规划

12月29日，《上海市产业园区转型升级“十四五”规划》正式发布，规划明确“十四五”重点任务，优化园区发展服务体系，提升产业园区品质和能级。顺利召开上海市产业园区和结构调整工作领导小组工作会议，总结“十三五”期间和2020年产业园区和结构调整工作进展，明确2021年年度工作任务。

（二）推进“五个新城”一城一名园建设

推进“五个新城”分别打响国际汽车智慧城、长三角数字干线、G60科创走廊、东方美谷、数联智造品牌。起草完善推进“一城一名园”工作的实施方案（征求意见稿），梳理产业新空间，夯实工作基础。开展《五个新城“一城一名园”建设路径研究》课题研究，做好五个新城2021年度考核工作，包括各新城推进“一城一名园”方案制订和建设、推进重大产业项目建设等。

（三）加快特色产业园区和精品微园的培育

4月7日，上海全球投资促进大会对上海40个特色产业园区进行整体推介。瞄准科技前沿和产业高端，以高品质园区建设推动高质量产业发展，着力打造优势更优、强项更强、特色更特的园区经济。2021年，全市特色产业园区实现营业收入1.84万亿元，工业总产值7954亿元。特色产业园区发挥开发区改革试验田和开放排头兵的作用，有效支撑上海落实国家产业战略、强化高端产业引领功能，形成新的集聚效应和增长动力。

（四）参与国家级先进制造业集群和示范基地的竞争

统筹国家级先进制造业集群培育工作。市区联手加强主力园区联动布局，推动集群促进机构行业链接，组织参与工信部先进制造业产业集群决赛视频答辩，集成电路、张江生物医药2家胜出，跻身“国家队”。开展2021年集群竞赛（初赛）推荐工作，推荐上海市新能源汽车创新发展集群参加竞赛，持续培育先进制造业集群。推进国家新型工业化产业示范基地培育建设。组织19家国家示范基地报送2020年发展情况总结材料，并向工信部推荐7家五星级示范基地的典型经验。根据工信部2020年国家新型工业化产业示范基地评价结果，上海有7家五星级示范基地，占全国的20.5%。

**二、激发园区运营建设新模式，不断推动园区转型升级**

（一）推动重点产业发展区域城市更新

结合城市更新立法工作，探索产业导向型城市更新路径，启动产业类城市更新行动计划研究工作，梳理产业用地更新经典优秀案例，年底在全市首批优秀成果展览上展示宣传，推动产业园区转型升级，以资源供给侧改革创新支撑实体经济的持续发展。

（二）成立园区高质量发展基金支持园区运营主体

会同市属国企发起设立上海产业转型升级投资基金——园区高质量发展基金，旨在发挥社会资本和金融市场的放大效应，引导各类社会资本投向产业园区二次开发转型升级，主要方向是产业定位明确、园区主体招商和运营能力较强的园区。已向市市场监管局致函支持基金和管理公司核名注册事宜。

（三）做好"5+X"重点区域整体转型升级

优化"5+X"重点区域市、区工作推进机制，"一地一策"推动搬迁调整、规划编制、开发建设等工作。吴淞地区，加强重点片区功能定位、规划研究和招商运营；南大地区，加快首发项目建设，启动西南片区建设；桃浦地区，推进产业入驻和产城配套设施建设；高桥地区，先行启动高桥港以南已收储区域的规划编制研究；吴泾地区，进一步深化产业规划，推动滨江启动区建设方案编制、收储机制研究等。X区域做好功能定位和产业结构调整等工作。推进星火开发区重点区域转型升级方案编制，已经市政府专题审议通过，并在修改后实施。

（四）推动简政放权不断优化营商环境

加强园区统筹管理基本制度建设，强化全市产业园区用地调查、统计评价、开发管理范围梳理等工作统筹力度。建立园区发展部门协商沟通机制，主动对接规划土地、生态环保、住房保障、交通管理等部门，协同研究解决交通、居住等难点问题。配合市生态环境局共同起草《关于加强产业园区生态环境管理工作的通知》，进一步强化产业园区环境管理，促进产业园区绿色低碳发展，目前正在报批流程中。协同市规划资源局完成《本市落实土地征收成片开发标准的若干意见（试行）》，在落实国家要求的基础上，尽可能简化土地征收成片开发的相关流程，提高产业用地的征收速度。会同市房管局、市规划资源局起草《产业园区工业项目配套建设租赁住房规划建设管理细则》，为产业园区提供多样化的保障性租赁住房建设方式，稳定产业工人队伍，保障产业人才安居。

**三、多角度保障产业空间资源，积极落实资源高效率利用**

（一）跟进落实规划衔接相关工作

积极参与长三角一体化发展规划三年行动计划、长三角一体化绿色发展示范区产业结构调整目录指引等研究编制工作，做好产业发展与空间布局、综合配套的工作衔接。做好市级保障服务工作，推动落实20多个园区（片区）的空间规划优化调整工作。支持推进信息飞鱼、临港书院产业社区、临港松江科技城扩区、马桥人工智能试验区等园区规划修编，保障产业用地规模、提高园区综合配套水平。

（二）服务保障重大产业项目入沪落地

协调统筹解决重大产业项目的土地指标需求。召开市"三委两局"市统筹指标项目评审认定会议。协调解决中船集团、正大天晴等重大项目的在沪落地工作。完成龙旗科技总部、绿亮研发总部、临舫物流科技等项目的控规调整工作，满足企业对产业空间的需求。

（三）跟踪产业项目建设和投达产情况

开展"促履约，提绩效"产业用地监管专项行动，对签订全生命周期合同的产业用地进行开竣工、投达产专项监管，督促各区完成相关目标。继续推进支持产业发展规划土地工作推进机制，结合典型案例提供政策支持路径。完善产业项目全过程管理机制。

（四）深化产业区块外优质项目认定工作机制

立足当前、谋划长远，积极争取规划产业区块外保留优质项目的过渡政策，保障产业空间、稳定企业预期。根据《规划产业区块外优质项目认定工作指引》，按照正面和负面清单标准，支持战略预留区、新195、新198等规划产业区块外优质项目实施"零增地"技术改造，增加有效投资。

**四、叠加评价机制和倒逼政策，坚定推动低效用地盘活**

（一）实施资源利用效率评价

聚焦四个"论英雄"，进一步优化资源利用效率评价工作机制，形成年度资源利用效率评价成果，深化"评、配、管、引"工作举措（资源利用效率评价、差别化资源配置、产业全生命周期管理、高质量发展指引），加强产业结构调整和资源盘活再利用工作的衔接联动，促进资源高效率配置，推动产业高质量发展。

（二）结合国家要求提升产调工作效能

以同步推动重点区域调整和转型发展为导向，确定600项全市重点区域专项调整年度实施计划，确保超额完成任务。对"十三五"期间产调结余项目进行验收，共验收5个重点单项，6个重点区域项目。持续推进危险化学品生产企业调整工作，将不符合产业发展规划的工业区外危险化学品生产企业纳入调整计划。同时，按照国家"坚决遏制钢铁煤炭违规新增产能，打击'地条钢'"的要求，开展梳理排查工作，严防死灰复燃。确认无存量"地条钢"生产企业，无退出产能复产情况。围绕"双碳"工作要求，开展"两高一剩"企业梳理和排摸工作。以安全、环保、低效等关键因素，形成建议调整名单。

（三）响应发展需求持续推出差别化政策

按照负面清单管理思路，会同专家和专业部门适时修编《上海产业结构调整负面清单》，探索建立产业结构调整专家认定库，进一步提高调整企业筛选标准。落实国家关于运用价格手段促进重点行业供给侧结构性改革的通知精神，会同相关部门制定发布《上海市促进产业结构调整差别电价实施办法》和《对〈建立健全上海市城镇非居民用水超定额累进加价制度的实施方案〉涉及“两高一剩”等行业企业执行更高加价标准的通知》文件，加大差别电价、差别水价执行力度。修订完善市产业结构调整专项补助办法，针对调整后二次开发需求，提出增加“清拆补贴”的支持标准。2022年初在实际工作中落实。

（刘亚斐）

# 电力运行情况

2021年，上海市电力运行总体特点是供需平衡情况正常。

**一、2021年电力供需情况**

（一）统调发电情况

全市累计统调发电量1006.7亿千瓦时，比上年增长16.6%；累计发电设备平均利用小时为3860小时，同比增长503小时。

（二）全社会用电情况

全市合计用电量1749.6亿千瓦时，同比增长11%。

（三）电力电量平衡情况

全市累计全社会用电量1749.6亿千瓦时，同比增长11%；本地机组累计发电量1006.7亿千瓦时，同比增长16.6%；市外净输入累计电量742.9亿千瓦时，同比增长4.3%。

**2021年上海市电量供需平衡情况表**

（单位：亿千瓦时，%）

| 全社会用电量 | 本市机组发电量 | 市外净输入电量 |
|---|---|---|
| 1749.6 | 1006.7 | 742.9 |
| 同比增长 | 同比增长 | 同比增长 |
| 11.0 | 16.6 | 4.3 |

**二、2021年分行业用电情况**

第一产业用电5.5亿千瓦时，同比增长13.8%，占全社会总用电量的0.3%，比重同比持平。第二产业用电869.7亿千瓦时，同比增长10.9%，占全社会总用电量的49.7%，比重同比下降0.1%。第三产业用电596.5亿千瓦时，同比增长12.6%，占全社会总用电量的34.1%，比重同比增长0.5%。城乡居民生活用电278亿千瓦时，同比增长8.1%，占全社会总用电量的15.89%，比重同比下降0.4%。

全年工业用电量851.5亿千瓦时，同比增长10.7%。其中：采矿业用电量增加0.016亿千瓦时，制造业用电量增加64.48亿千瓦时，电力、热力、燃气及水生产和供应业用电量增加17.54亿千瓦时。

高耗电密集的重工业细分行业中，汽车制造业用电量35.99亿千瓦时，同比增长30%；计算机、通信和其他电子设备制造业用电量80.79亿千瓦时，同比增长41.2%；黑色金属冶炼和压延加工业用电量141.92亿千瓦时，同比下降3.1%；石油、煤炭及其他燃料加工业用电33.92亿千瓦时，同比下降0.6%。同时，非金属矿物制品业用电量11.53亿千瓦时，同比增长16.7%；金属制品业用电量37.09亿千瓦时，同比增长7.6%；化学原料和化学制品制造业用电量80.45亿千瓦时，同比增长2.6%；通用设备制造业用电量24.45亿千瓦时，同比增长22.2%；橡胶与塑料制品业用电量33.41亿千瓦时，同比增长9.2%。

**2021年上海市分行业用电量及占比情况表**

（单位：亿千瓦时，%）

| 全社会用电合计 | 第一产业用电量及占比 | | 第二产业用电量及占比 | | 第三产业用电量及占比 | | 居民用电量及占比 | |
|---|---|---|---|---|---|---|---|---|
| 1749.6 | 5.5 | 0.3 | 869.7 | 49.7 | 596.5 | 34.1 | 278 | 15.9 |

（吴　畅）

# 开发区经济运行情况

2021 年，上海市开发区经济面对新冠疫情和复杂多变的国内外环境的双重考验，全年工业生产实现稳增长的目标，经济运行呈现以下主要特点：一是工业生产前高后低，持续回落，全年实现正增长，增幅略低于全市水平。上海开发区规模以上工业企业完成工业总产值 31965.68 亿元，比上年增长 9.79%，可比增幅进一步扩大，占全市规模以上工业总产值的 80.93%；单位土地产值达 83.66 亿元／平方公里；全年开发区第三产业完成营业收入 89689.87 亿元，同比增长 23.21%。二是工业企业利润同比增长。开发区规模以上工业企业利润总额为 2571.35 亿元，占全市规模以上工业企业利润的 84.24%，同比增长 10.65%。三是开发区引进外资实现正增长，落户内资增幅进一步扩大。开发区吸引合同外资金额 268.26 亿美元，同比增长 67.42%；开发区落户内资企业注册资金为 7252.10 亿元，同比增长高达 87.19%。四是开发区全社会固定资产投资和工业投资稳步增长。开发区完成固定资产投资金额为 2936.60 亿元，同比增长 18.34%，占全市 30.74%；开发区累计完成工业固定资产投资 1338.10 亿元，同比增长 6.26%，占全市工业投资的 78.95%。五是开发区上缴税金同比实现正增长。开发区上缴税金 5902.55 亿元，同比增长 20.05%。

## 一、2021 年开发区工业生产可比增幅实现正增长

开发区的 4 个区域除市级开发区均实现可比增长，其中产业基地可比增长最多为 28.15%。全年开发区规模以上工业企业完成工业总产值 31965.68 亿元，可比增长 9.79%，占全市规模以上工业总产值的 80.93%，其中产业基地可比增长 20.29%，城镇工业地块可比减少 0.26%。

**2021 年上海市开发区规模以上工业企业工业总产值完成情况**

（单位：亿元、%）

| 序号 | 类别 | 2021 年工业总产值 | 可比增幅 | 12 月工业总产值 | 可比增幅 | 比上月增减 |
|---|---|---|---|---|---|---|
| 1 | 全市工业企业 | 39498.54 | 10.30 | 4021.09 | 4.39 | 9.04 |
| 2 | 开发区 | 31965.68 | 9.79 | 3300.85 | 6.37 | 7.80 |
| 3 | 占比 | 80.93 | | 82.09 | | |
| 4 | 市级以上开发区 | 21515.90 | 8.68 | 2142.90 | −0.85 | 6.19 |
| | 其中：国家级开发区 | 12060.26 | 8.74 | 1191.08 | 0.60 | 6.45 |
| | 市级开发区 | 9455.64 | 8.60 | 951.82 | −2.63 | 5.86 |
| 5 | 产业基地 | 6849.35 | 20.29 | 718.76 | 28.15 | 14.20 |
| 6 | 城镇工业地块 | 3600.43 | −0.26 | 439.19 | 16.15 | 5.92 |

注：本表数据来源于统计局。

开发区各区域所占比重相比上年有所提高，其中市级以上开发区所占比重为 67%，产业基地所占比重为 22%，城镇工业地块所占比重最低为 11%。

开发区工业生产增长逐渐放缓且略低于全市水平，可比增幅比全市低 0.51 个百分点。

从重点行业分析，五大重点行业共完成规模以上产值 20141.53 亿元，占开发区规模以上产值的 63.01%，可比增长 9.23%。其中汽车制造业产值达到 7136.33 亿元，可比增长 21.40%。计算机、通信和其他电子设备制造业是五大行业中唯一可比减少的行业，可比下降 1.52%。

**2021 年上海市开发区重点行业工业总产值完成情况**

（单位：亿元、%）

| 行业 | 2021 年 | 可比增幅 | 12 月 | 可比增幅 | 比上月增减 |
|---|---|---|---|---|---|
| 汽车制造业 | 7136.33 | 21.40 | 793.27 | 27.39 | 4.89 |
| 计算机、通信和其他电子设备制造业 | 4986.59 | −1.52 | 569.04 | 9.00 | 2.50 |
| 化学原料和化学制品制造业 | 3350.31 | 8.54 | 290.28 | −4.19 | −2.97 |
| 通用设备制造业 | 2660.64 | 10.19 | 261.24 | 0.68 | 3.83 |
| 电气机械和器材制造业 | 2007.66 | 10.67 | 204.06 | 1.37 | 4.35 |
| 小计 | 20141.53 | 9.23 | 2117.88 | 11.82 | 2.92 |
| 占比 | 63.01 | | 64.16 | | |

注：本表数据来源于统计局。

从行业增长分析，开发区有 26 个行业实现可比增长，其中石油和天然气开采业可比增长 27.37%，排名第一；其次是专用设备制造业可比增长 21.58%；9 个行业出现负增长，其中皮革、毛皮、羽毛及其制品和制鞋业降幅高达 23.50%，排在第一位；共有 3 个行业降幅超 10%。

从园区总量分析，临港产业区以 2673.75 亿元产值排名第一，上海金桥经济技术开发区以 2559.26 亿元排名第二，国际汽车城（合计）和上海松江经济技术开发区（合计）排名第三、第四。

从单位土地产业水平分析，根据 2021 年规模以上工业企业产值预测本市开发区工业用地全口径平均产出率为 83.66 亿元／平方公里（按已供应工业用地计算）。其中国家级开发区为 135.19 亿元／平方公里，市级开发区为 60.08 亿元／平方公里，产业基地为 75.69 亿元／平方公里，城镇工业地块为 54.58 亿元／平方公里。根据 2021 年 35 个行业规模以上工业企业产值计算行业规模以上工业单位产值（按占地面积计算），计算机、通信和其他电子设备制造业单位

土地产值为524.25亿元／平方公里，排名第一。烟草制品业为360.80亿元／平方公里，仪器仪表制造业为271.49亿元／平方公里，分别排名第二、三。医药制造业、汽车制造业和食品制造业等11个行业，单位土地产出超过150亿元／平方公里。

## 二、2021年开发区工业企业营业收入、利润总额同比增长

（一）开发区规模以上工业企业营业收入突破3.6万亿元

开发区规模以上工业企业实现营业收入36005.92亿元，同比增长12.80%。开发区4个区域同比均实现增长，其中产业基地增幅最大，达到24.77%；市级以上开发区保持两位数增幅为全市开发区保持稳定增长奠定基础。

**2021年上海市开发区规模以上工业企业营业收入情况**

（单位：亿元、%）

| 序号 | 类别 | 2021年 | 增幅 | 12月 | 增幅 | 比上月增减 |
|---|---|---|---|---|---|---|
| 1 | 全市工业企业 | 44820.66 | 13.31 | 4948.57 | 13.24 | 17.88 |
| 2 | 开发区 | 36005.92 | 12.80 | 3982.59 | 14.41 | 17.10 |
| 3 | 占比 | 80.33 | | 80.48 | | |
| 4 | 市级以上开发区 | 24411.23 | 11.01 | 2638.34 | 7.78 | 16.19 |
| | 其中：国家级开发区 | 13749.17 | 9.77 | 1477.51 | 9.98 | 17.37 |
| | 市级开发区 | 10662.06 | 12.65 | 1160.83 | 5.10 | 14.73 |
| 5 | 产业基地 | 7561.11 | 24.77 | 829.74 | 29.62 | 22.72 |
| 6 | 城镇工业地块 | 4033.59 | 4.21 | 514.52 | 30.99 | 13.29 |

注：本表数据来源于统计局。

1月，开发区规模以上工业企业营业收入增幅到达最高峰，随后呈现逐月回落势态，仍然保持着正增长。全年开发区规模以上工业企业营业收入实现正增长，增幅略低于全市。

全年开发区总体产销率为99.34%，比上年下降0.01个百分点，共有10个行业产销率在100%或以上，其中烟草制品业、仪器仪表制造业和计算机、通信和其他电子设备制造业排名前三。在重点行业中，通用设备制造业、电气机械和器材制造业、汽车制造业等重点行业均低于100%。医药制造业、烟草制品业、木材加工和木、竹、藤、棕、草制品业等17个行业产销率好于上年，而铁路、船舶、航空航天和其他运输设备制造业、纺织服装、服饰业等16行业产销率低于上年，销售形势不理想。

31个行业的营业收入实现同比增长，其中石油和天然气开采业增长35.01%，增幅最大；其次是黑色金属冶炼和压延加工业和化学纤维制造业；仅4个行业同比下降，其中皮革、毛皮、羽毛及其制品和制鞋业下降26.58%，降幅最大。重点行业中，除计算机、通信和其他电子设备制造业外均实现同比增长，化学原料和化学制品制造业的营业收入同比增长最高，达到24.35%；计算机、通信和其他电子设备制造业的营业收入同比下降3.02%。

根据工业总产值、产销率与营业收入推算，2021年，开发区35个行业的企业实现的部分营业收入是在外厂生产的，估算全年在外厂生产的规模达4251.06亿元，占比超过11.81%，其中汽车制造业有1132.80亿元是在外厂生产，排在首位，其次是黑色金属冶炼和压延加工业有683.29亿元在外生产；外厂生产占比最高的行业是燃气生产和供应业，为37.25%；黑色金属冶炼和压延加工业、纺织服装、服饰业、造纸和纸制品业等行业超过20%在外省市生产。

（二）2021年开发区规模以上工业企业利润同比增长

开发区规模以上工业企业利润总额为2571.35亿元，占全市规模以上工业企业利润的84.24%，同比增长10.65%，增幅高出全市4.37个百分点。4个区域中，国家级开发区和市级开发区实现同比增长，国家级开发区利润总额为1087.24亿元，是开发区工业利润最重要区域，同比增长24.01%。

**2021年上海市开发区规上工业企业利润情况**

（单位：亿元、%）

| 序号 | 类别 | 利润总额 | 同比增幅 | 12月 | 同比增幅 | 比上月增减 |
|---|---|---|---|---|---|---|
| 1 | 全市工业企业 | 3052.33 | 6.28 | 178.92 | −21.47 | −47.71 |
| 2 | 开发区 | 2571.35 | 10.65 | 149.49 | −21.62 | −44.68 |
| 3 | 占比 | 84.24 | | 83.55 | | |
| 4 | 市级以上开发区 | 1948.41 | 18.71 | 139.58 | 2.59 | −29.60 |
| | 其中：国家级开发区 | 1087.24 | 24.01 | 65.02 | 59.48 | −46.19 |
| | 市级开发区 | 861.17 | 12.63 | 74.56 | −21.76 | −3.72 |
| 5 | 产业基地 | 390.32 | −7.87 | −29.74 | −226.03 | −165.52 |
| 6 | 城镇工业地块 | 232.62 | −10.11 | 39.65 | 27.56 | 49.10 |

注：本表数据来源于统计局。

2021年，开发区规模以上工业企业利润同比增幅在年初到达顶峰后逐渐回落，仍然保持着正向增长，并且保持高于全市利润增幅。

从重点园区分析，张江高科技园区实现利润288.59亿元，排名第一，其次是上海化学工业经济技术开发区、上海金桥经济技术开发区和上海嘉定工业园区。同时，飞机总装基地、长兴海洋工程及船舶制造基地、泗泾镇工业区等3个园区出现亏损。开发区工业企业利润同比保持增长的园区58个，临海工业区、金山石化基地、虹桥经济技术开发区为增幅前三的园区。上海富盛经济开发区、闵行装备基地、上海新杨工业园区等36个园区呈现负增长。

从行业分析，35个行业中，32个行业实现盈利，开发区工业企业利润主要来源于汽车制造业、化学原料和化学制品制造业和通用设备制造业，排名前三的行业贡献开发区规模以上工业企业利润总额的48.41%，其中汽车制造业2021年实现利润592.05亿元，贡献23.02%。21个行业利润比上年增长，石油、煤炭及其他燃料加工业同比增长352.48%，增幅最大，其次是燃气生产和供应业同比增长108.32%。

从利润增减额分析，开发区工业企业利润比上年增加247.56亿元。国际汽车城、浦东康桥工业园区、闵行装备基地和亭林工业区是减少最多的4个园区。电力、热力生产和供应业、纺织业以及金属制品、机械和设备修理业3个行业，利润共减少33.45亿元，而化学原料和化学制品制造业和石油、煤炭及其他燃料加工业以及金属制品业是利润增加最多的行业。

（三）2021年开发区工业企业销售利润率保持较高水平

开发区规模以上工业企业销售利润率为7.14%。上海奉贤经济开发区生物科技园区、上海紫竹高新技术产业开发区和上海临港松江科技城销售利润率超20%，排名前三位。

**2021年上海市开发区规模以上工业企业销售利润率情况**

（单位：%）

| 月份 | 全市规模以上工业 | 开发区 | 市级以上开发区 | 其中 | | 产业基地 | 城镇工业地块 |
|---|---|---|---|---|---|---|---|
| | | | | 国家级 | 市级开发区 | | |
| 2021年 | 6.81 | 7.14 | 7.98 | 7.91 | 8.08 | 5.16 | 5.77 |
| 12月 | 3.62 | 3.75 | 5.29 | 4.40 | 6.42 | −3.58 | 7.71 |

注：本表数据来源于统计局。

35个行业中，销售利润率超过开发区平均水平的行业有19个，废弃资源综合利用业、医药制造业、石油和天然气开采业等12个行业销售利润率超过10%。

**三、2021年开发区引进外资大幅增长，落户内资增幅进一步扩大**

开发区引进外资项目2459个，同比增长3.76%。开发区吸引合同外资金额268.26亿美元，同比增长67.42%，4个区域中除产业基地以外，仅市级开发区出现同比下降，降幅为5.55%。

**2021年上海市开发区合同外资完成情况**

（单位：亿美元、%）

| 序号 | 类别 | 合同外资 | | | 引进外资项目数 | | |
|---|---|---|---|---|---|---|---|
| | | 2021年 | 同比增长 | 12月 | 2021年 | 同比增长 | 12月 |
| 1 | 开发区 | 268.26 | 67.42 | 14.83 | 2459 | 3.76 | 221 |
| 2 | 市级以上开发区 | 249.67 | 62.12 | 13.02 | 2178 | 6.04 | 191 |
| | 国家级开发区 | 211.87 | 85.88 | 10.45 | 1410 | 13.80 | 120 |
| | 市级开发区 | 37.79 | −5.55 | 2.57 | 768 | −5.77 | 71 |
| 3 | 产业基地 | 11.48 | − | 1.32 | 0 | 0 | 0 |
| 4 | 城镇工业地块 | 7.12 | 14.14 | 0.49 | 281 | −11.08 | 30 |

注：本表数据来源于市统计局和开发区统计。

开发区引进内资项目70765个，同比增长97.67%，开发区落户内资企业注册资金为7252.10亿元，同比增长87.19%，4个区域中除国家级开发区2021年落户内资企业注册资金同比下降外，其余均实现同比较大增长，其中产业基地落户内资企业注册资本和落户内资企业数同比分别增长357.13%和213.31%，增幅最大。

**2021年上海市开发区落户内资完成情况**

（单位：亿元、%）

| 序号 | 类别 | 落户内资企业注册资本金 | | | 落户内资企业数 | | |
|---|---|---|---|---|---|---|---|
| | | 2021年 | 同比增长 | 12月 | 2021年 | 同比增长 | 12月 |
| 1 | 开发区 | 7252.10 | 87.19 | 2365.60 | 70765 | 97.67 | 14993 |
| 2 | 市级以上开发区 | 3748.45 | 24.98 | 620.71 | 42972 | 66.53 | 3389 |
| | 国家级开发区 | 1772.72 | −10.98 | 228.82 | 9273 | 14.58 | 667 |
| | 市级开发区 | 1975.74 | 96.06 | 391.89 | 33699 | 90.26 | 2722 |
| 3 | 产业基地 | 3322.07 | 357.13 | 1724.55 | 25792 | 213.31 | 11381 |
| 4 | 城镇工业地块 | 181.58 | 22.35 | 20.34 | 2001 | 13.50 | 223 |

**四、2021年开发区全社会固定资产投资和工业投资稳步增长**

开发区完成固定资产投资金额为2936.60亿元，同比增长18.34%，占全市比重为30.74%；4个区域中除国家级开发区外，其他3个区域均呈增长，其中产业基地同比增长100.73%，增幅最大。

开发区累计完成工业固定资产投资1338.10亿元，占全市工业投资的78.95%，同比增长6.26%，4个区域中除国家级开发区外，其他3个区域均呈同比增长，其中产业基地同比增长41.36%，增幅最大。

**2021年上海市开发区全社会固定资产投资完成情况表**

（单位：亿元、%）

| 序号 | 类别 | 2021年 | 同比增长 | 12月 | 同比增长 |
|---|---|---|---|---|---|
| 1 | 全市 | 9553.31 | 8.10 | 1341.46 | 4.57 |
| 2 | 开发区 | 2936.60 | 18.34 | 394.40 | 52.32 |
| 3 | 占比 | 30.74 | | 29.40 | |
| 4 | 市级以上开发区 | 1814.17 | −2.60 | 237.97 | 27.55 |
| | 其中：国家级开发区 | 992.85 | −19.07 | 103.70 | 11.94 |
| | 市级开发区 | 821.32 | 29.18 | 134.27 | 47.92 |
| 5 | 产业基地 | 968.70 | 100.73 | 128.51 | 226.16 |
| 6 | 城镇工业地块 | 153.73 | 12.68 | 27.92 | 86.26 |

注：本表数据来源于市统计局和开发区统计。

**2021年上海市开发区工业固定资产投资完成情况**

（单位：亿元、%）

| 序号 | 类别 | 2021年 | 同比增长 | 12月 | 同比增长 |
|---|---|---|---|---|---|
| 1 | 全市 | 1694.85 | 8.20 | 212.31 | 11.08 |
| 2 | 开发区 | 1338.10 | 6.26 | 147.44 | 116.25 |
| 3 | 占比 | 78.95 | | 69.45 | |
| 4 | 市级以上开发区 | 807.22 | −5.53 | 81.98 | 226.82 |
| | 其中：国家级开发区 | 389.88 | −29.38 | 27.65 | 508.17 |
| | 市级开发区 | 417.34 | 38.01 | 54.33 | 164.53 |
| 5 | 产业基地 | 401.19 | 41.36 | 43.02 | 27.87 |
| 6 | 城镇工业地块 | 129.69 | 7.16 | 22.44 | 137.40 |

注：本表数据来源于市统计局和开发区统计。

五、2021 年开发区上缴税金同比实现正增长

开发区上缴税金 5902.55 亿元，同比增长 20.05%，4 个区域均同比增长，其中产业基地同比增幅最大为 38.73%。

2021 年上海市开发区上缴税金情况

（单位：亿元、%）

| 序号 | 类别 | 2021 年 | 同比增长 | 12 月 | 同比增长 |
|---|---|---|---|---|---|
| 1 | 全市开发区 | 5902.55 | 20.05 | 360.97 | 24.35 |
| 2 | 市级以上开发区 | 4785.09 | 17.05 | 289.06 | 48.57 |
|  | 其中：国家级开发区 | 3562.14 | 17.00 | 210.49 | 69.13 |
|  | 市级开发区 | 1222.96 | 17.21 | 78.57 | 12.08 |
| 3 | 产业基地 | 801.16 | 38.73 | 48.99 | −10.55 |
| 4 | 城镇工业地块 | 316.30 | 25.83 | 22.92 | −39.05 |

（刘亚斐）

# 国资国企改革发展情况

2021 年是中国共产党成立 100 周年，是“十四五”规划开局之年，也是国资国企改革攻坚之年。上海国资国企坚持以习近平新时代中国特色社会主义思想为指导，深入贯彻落实中共中央和中共上海市委、市政府决策部署，主动作为、攻坚克难，以党史学习教育为契机，以落实国企改革三年行动方案为重点，全面推进改革发展和党的建设各项工作，全面完成列入市委、市政府年度重点工作的 15 项节点任务，实现国有经济持续稳定健康增长。上海地方国有企业实现营业收入 3.997 万亿元，比上年增长 6.2%；利润总额 3526.57 亿元，同比增长 4.7%；至 2021 年底，资产总额 26.27 万亿元，同比增长 6.9%，其中，国有权益 3.456 万亿元，同比增长 11.1%。

## 一、坚持党的领导，加强党的建设

贯彻落实全国国有企业党的建设工作会议精神，围绕庆祝建党百年、党史学习教育等活动，切实加强党的全面领导，着力推动国资国企改革发展与党的建设同频共振。

（一）深入开展党史学习教育

各级党组织组织开展习近平总书记“七一”重要讲话和党的十九届六中全会精神等学习活动共计 8290 余场次，开展理论宣讲 7100 余场次，覆盖受众 31 万余人次。组织 9 场次“红色文化进国企”系列活动，吸引 20 余万人次参观；选取 32 个有故事、可阅读的红色地标，发布 5 条“上海国企开放日”红色路线、12 条“行走党课”线路。

（二）围绕中国共产党成立 100 周年开展各项活动

开展“奋斗百年路、奋进新征程”百位老同志口述历史活动，组织系统团员青年与离退休干部结对共学，出版《峥嵘岁月》《风雨兼程》《践行初心》《再创辉煌》系列丛书，传承党的红色基因和优良传统。举办“国资国企心向党，百年征程再出发”市国资委系统庆祝中国共产党成立 100 周年活动，展现国资国企崭新面貌。

（三）为群众办实事

围绕“我为群众办实事”主题，系统各级党组织形成重点民生发展项目 1.94 万余个，开展各类活动 3.46 万余次，推动解决 1.54 万余个群众“急难愁盼”问题和困难。夯实党建组织队伍建设。

## 二、服务国家战略，优化国资布局

充分发挥国有企业主力军作用，以服务服从融入国家战略、构筑新时代上海发展新优势为目标，整体谋划、率先推进新一轮国有资本战略布局调整，推动国有资本和国有企业做强做优做大。

（一）强化顶层设计

市委、市政府出台《关于新时代推进本市国有经济布局优化和结构调整的实施意见》，将“十四五”至 2035 年上海国资布局整体部署纳入市委全局工作，明确目标方向和任务举措。完成市国资国企发展“十四五”规划编制工作，形成“1+N”规划体系，即 1 个市国资国企发展规划和创新发展、信息化等若干个专项规划。

（二）服务国家战略

积极参与自贸区建设，信息飞鱼、顶科论坛永久会址开工，滴水湖金融湾、大飞机“一谷一园”持续推进，特保区围网工程二期验收完成。助力长三角一体化发展，会同江苏省、浙江省国资监管部门共同发起成立长三角一体化示范区新发展建设有限公司，两省一市采用货币等额出资方式，在公司治理层面按照同股同权、共同治理原则，对董事长、监事会主席、财务总监 3 个岗位实行三地按任期轮值，总经理由三地会同示范区执委会市场化选聘；做实长三角一体化跨省域共投共建机制。与央企三峡集团合作组建长三角一体化示范区水乡客厅开发建设有限公司，创新“示范区理事会—执委会—开发公司”公司治理体系，打造长三角国资国企一体化发展新示范。举办第三届长三角国资国企联席会议，推动长三角国资国企深化合作。持续推动长三角产权交易共同市场建设，与安徽省国资委签订《沪皖产权交易市场一体化合作备忘录》，推动实现信息数据和服务平台互联互通。举办第四届中国国际进口博览会上海交易团国资分团集中签约

仪式，国资分团意向采购金额再创新高，达到30.8亿美元，现场集中签约金额39.5亿元。持续发挥主渠道、主枢纽、主平台和主力军作用，推动市属国企全方位落实好第四届进博会服务保障各项任务，在服务国家战略中不断放大溢出带动效应。

（三）落实重大任务

新增投资7000多亿元，加大对三大先导产业、五个新城、长三角等领域、区域布局。打造国资集成电路领域创新图谱，优化市属国企集成电路投资布局，推进集成电路产业基金落地。推动联和投资公司出资华虹集团集成电路项目建设，上药集团成立上海生物医药创新转化基金，上海仪电成立上海国资人工智能产业功能平台。印发《关于推进市属国企积极投入五个新城建设的实施方案》《关于推动市属国企在五个新城设立总部型机构的工作方案》，推动市属国企积极投入五个新城建设，临港集团总部迁入南汇新城，25家市属企业与五个新城所在区政府（管委会）签定总部落户、项目落户以及金融服务合作协议。市国资委与青浦区政府开展高质量发展战略合作，助力青浦新城建设和国资国企改革发展。上海国投公司参与出资国家海工装备创新平台，推动项目顺利落户上海。推动落实中航商发增资、半导体装备材料基金扩募、华虹集团集成电路项目出资、中芯临港项目出资、长港集团组建等市委、市政府交办的重大任务。积极推动落实本市碳达峰、碳中和相关工作要求，研究市国资委系统企业“双碳”工作和能耗管控的指导意见，推动系统企业做好节能降碳工作。

**三、着力攻坚破局，全面深化改革**

深入推进综改试验、国企改革三年行动，持续推进八大专项行动，持之以恒将国有企业改革引向深入。

（一）深化落实改革方案

围绕国企改革三年行动和综改试验，形成2021年6个方面28项任务，按照全年完成三年任务70%的节点目标推进改革。推动企业集团制订2021—2022年改革行动计划和任务清单，明确改革重点，持续跟踪督促重点任务落实。制定《上海国资国企贯彻落实〈上海市推进浦东新区高水平改革开放打造社会主义现代化建设引领区行动方案〉若干政策措施》，形成党建引领、深化改革、创新驱动、科学监管、加强协同等6个方面20条政策举措。

（二）深化混合所有制改革

加快上市发展，制发关于推动提高国有控股上市公司质量的实施意见，完成上海农商银行IPO，实现金融服务类企业上市全覆盖。电气风电、和辉光电实现科创板上市。推动机场集团核心资产上市、锦江资本私有化、老凤祥B股转H股等一批项目，截至11月底，本市国有控股上市公司通过证券市场实现融资719.67亿元。实施上海建科集团市场化改革，完成股权划转、资产剥离、激励机制、上市公司规范化建设等工作。

（三）加快专业化重组整合

完成衡山集团与东湖集团、上海股交中心与上海联交所专业化重组整合。通过无偿划转、协议转让、企业增资等方式优化配置近1000亿元股权。发挥市区联动优势进一步深化科创投集团市场化改革。研究组建上海现代农业投资发展等企业集团。研究优化两类公司投决会运作机制，实施股权划转工作，形成上海国投公司及其所持企业资本管理事项安排方案。稳妥推进市国资委系统出租车企业重组整合，按照“成熟一家，推进一家”的原则，持续优化行业资源配置。

（四）健全激励约束分配机制

开展“三能机制改革”专项行动，出台相关指导意见和评价办法，全面推行任期制契约化管理，职业经理人制度改革实现“能推尽推”。进一步深化职业经理人薪酬制度改革，已在19家企业聘用职业经理人98人。制发《2021年市国资委监管企业工资管理工作操作细则》，进一步完善工资决定机制改革。完成上海建工、上港集团等7家企业集团职业经理人市场化选聘工作。支持上港集团、申能股份、兰生股份、东方创业等上市公司实施股权激励，覆盖核心骨干845人。推动上咨集团信咨公司、上汽集团房车生活家、智己汽车、帆一尚行、中海庭数据等非上市公司按照张江办法实施股权激励。授权企业集团审批子企业员工持股，推动上港集团旗下哪吒公司、电气集团下属上海微电子、机场集团下属机场国旅等企业开展员工持股试点。

（五）有序推进专项改革

持续推进“双百企业”“科改示范企业”改革，集成电路研发中心在全国“科改示范企业”专项评估中获评“标杆级”，和辉光电改革经验入选国务院国有企业改革领导小组办公室“科改示范企业”改革典型案例。制发《关于进一步完善上海城镇集体资产监管深化集体企业改革发展的指导意见》，完成上海联社所属专业联社整合重组。推进事企分开，完成上海交大、华东师大等高校企业股权划转，加快推进华东理工、上外等部属高校脱钩改革工作。

**四、强化创新引领，推动转型发展**

发挥国有企业创新主体作用，不断完善创新体系、激发创新活力、提升创新能力。

（一）全面推动创新发展

持续加大创新投入，2020年监管企业科技经费支出达到613.44亿元，同比增长6.45%，占全市企业研发总支出的58%。聚焦数字经济，举办创新发展大会，完成第二批17家企业创新使命责任书签署，明确2021—2023年签约企业创新主要目标、任务及重大项目。加大国资收益支持力度，重点支持车规级IGBT、新材料、高端仪器等项目的关键核心技术攻关。聚焦突破卡脖子技术，梳理国资国企九大领域50个产业链风险点，推动企业加紧攻关EDA工具、存储工艺芯片、燃料电池、CT探测器等16项风险点。积极探索创新综合服务试点，在考核、激励、分配、评估、收益、容错等方面加大对三大先导产业发展、关键技术攻关、数字化转型等方面的支持力度。联影医疗获2020年度国家科学技术奖一等奖，上海电气、隧道工程、光明乳业、德福伦等获二等奖。

（二）稳步推进数字化转型

开展数字化转型专项行动，出台数字化转型实施意见，在全国率先提出数字国资、数字国企发展框架。联合市经信委、市科委举办数字化转型创新大赛，探索实践更加开放、更加公平的国有、民营企业合作方式，20家集团80余家企业面向全社会开放100多个场景，1014家企业超过1500个场景解决方案参赛，实现“经济＋治理＋生活”的业务场景全领域覆盖，意向合作金额超1亿元。谋划上海国资数字经济发展新版图，启动上海国资国企数字化转型创新基地建设，与临港集团奉贤园区“数字江海”联合打造区域集中、场景集聚、数据互联的国资新型数字产业发展的“展示馆”“样板区”和“实验田”。上汽集团、中国太保、上海建工等3家企业被国务院国资委作为2020年国有企业数字化转型典型案例向全国推广。

（三）持续深化品牌建设

贯彻落实市委新一轮打响四大品牌要求，发布《市国资委系统企业品牌建设白皮书》，制定《关于进一步支持市属国企打响品牌的若干措施》。实施上海国资品牌推广计划，推广优秀品牌案例，光明食品集团“大白兔的品牌年轻化创新之路”和中国太保“把握新趋势，构筑新未来”入选国务院国资委发布的2020年度100个国有企业品牌建设典型案例。盘活老字号品牌，研究推进“回力”等品牌焕新，探索组建专业品牌平台，建立引逼奖惩机制，提升品牌建设支持力度，提升老字号品牌显示度和影响力。举办长三角区域老字号巡展，推进上海老字号品牌“走出去”。

**五、完善国资监管，加强风险管控**

落实以“管资本”为主的职能转变要求，突出质量效益、守牢风险底线、切实提高监管的系统性、针对性、有效性。

（一）完善监管提升能级

全面升级上海国资监管“一盘棋”框架体系，在直接监管、委托监管、指导监管的基础上，新设受托监管，日常监管参照直接监管企业，重大事项由上海市国资委会同委托方国资监管部门、业务主管部门共同研究确定，开创了跨省域国资监管新模式，为全国国资统一监管提供上海经验。深化分类监管，探索建立覆盖企业功能定位和出资比例的分类监管体系。修订投资监督管理办法，新增投资事项事前报告制度，建立尽职调查机构黑名单、评估复核机制。制定境外国有资产管理“1+4”制度，进一步完善对境外国有资产的产权、投资、财务以及审计监督和管理，推动境外经营投资活动过程监管全覆盖。完善视同于利润和单列政策，新增创新投入、数字化转型、品牌建设、重大战略投资等事项。修订完善董事会和监事会建设指导意见、监事会主席和外派监事履职目录，研究细化服务外派监事履职保障目，引入第三方参与监事会主席和外派监事年度考评。制发《上海市产权交易场所管理实施办法（暂行）》，推动产权规范有序流转，促进产权交易市场健康发展。

（二）强化评估管理

建立重大投资项目专家评审工作机制，率先在联和投资公司开展创新领域估值试点。完成15项资产评估项目备案，评估增值率113.83%。推动“鼓励国企调解”条款纳入市人大《上海市促进多元化解矛盾纠纷条例》，首次在地方法规层面鼓励国有企业通过和解、调解等方式化解纠纷。制定《市国资委监管企业主要负责人履行法治建设第一责任人职责规定》《上海市国资委重大行政决策程序实施办法》《市国资委监管提示函、责任约谈、通报工作规则》，形成《国资监管机构权责清单》(2021版)。健全容错追责体系，研究制定技术创新和历史遗留问题领域尽职免责清单。

（三）提升管理优化服务

开展企业管理层级压缩、管理提升质量强企专项行动，海通证券、电气风电、赛可出行等3家企业入选国务院国资委全国200户管理提升标杆企业，上海电气人力资源PES激励计划入选全国100个管理提升标杆项目，上汽集团数字化转型管理提升的成果和经验得到国务院国资委认可并进行推广。推动国有企业信息公开，制发《市国资委监管企业信息主动公开示范目录》。制发市属国有企业不动产确权补证工作的若干规定和工作导则，搭建工作平台和协调机制，推动企业完成97幅土地补证工作，协调推动百联、地产等企业集团完成45幅划拨、空转土地权利人变更工作。完成上海国资智库平台系统建设并正式运行，启动市国资国企在线监管服务平台建设，形成国资监管数据指标库，统一国资监管数据标准。完善更新市属国企投资基金信息系统，加强系统内私募股权投资基金管理。上线运行“价值评估指数系统”，为企业备案审核、投资决策、绩效考核、价值趋势分析提供专业支撑。稳步推进市国资系统企业服务大厅建设运营，形成服务大厅管理办法，综合受理各类事项526单，电话咨询421单，按期办结率为100%，窗口好评率100%。

（四）全力防控处置风险

开展房屋出租和转让、私募股权投资基金、控股不控权等专项治理，实施应收类款项排查与融资性贸易再排查以及低效无效资产清理处置、财务会计信息质量整治、民企挂靠国资问题综合整治等专项行动，开展监管企业房屋租赁纠纷法治体检，完成防疫支持资金使用情况、存续企业管理、并购威尔逊项目、基金管理、内控测评等专项审计检查以及对4个监管企业6个国资监管领域14项制度落实情况的综合检查等，探索对境外项目实施在线审计。市国资委与市审计局共同制发《市国资委监管企业审计整改工作管理办法》，推动监管企业完成205个审计发现问题的整改。推动总审计师制度试点，制发中介机构管理办法和规范意见，形成内部审计监督、第三方监督与出资人监督合力。违规责任追究“1+2”系统试运行，系统报告实现与国务院国资委对接。成立市国资委稳增长促发展领导小组和防范化解重大风险工作协调小组，协调解决企业稳增长诉求200余项。提升动态监测穿透性，从监管企业二级重点子企业延伸到重点境外子企业。探索研究全面风险预警体系，完善风险评估机制，强化风险清单销号管理，稳妥处置上海电气通讯等一批风险事件。落实金融风险报告常态化机制，搭建风险防范数字化平台。

**六、履行社会责任，共建人民城市**

以强烈的使命担当、强大的奋进精神，筑牢城市根脉，共建人民城市。

（一）推动重大项目建设

市国资委会同市交通委，推动上汽集团、久事集团和申通地铁集团等牵头组建MaaS系统建设主体随申行公司。稳步推进重大工程动迁工作，涉及旧改征收任务的16家监管企业的93证全部完成签约，涉及总房屋面积6.3万平方米。持续推进旧区改造、城市更新工作，推动上海地产集团牵头成立800亿规模的上海城市更新基金。推动临港集团军民融合展示服务中心和研发创新产业转化平台、市属国企参与长兴岛军民融合示范区建设。发布《上海市国资委监管企业2020年度社会责任报告》，上汽集团、中国太保、上海地产集团等在国务院国资委首届地方国资国企社会责任论坛上作为地方国企代表交流发言。

（二）结对帮扶稳定就业

持续开展“百企帮百村”活动，推动临港集团、申迪集团等6家企业集团与云南昭通、怒江州开展新的村企结对帮扶，12家监管企业分别与9个涉农区政府开展产业合作。中国太平洋财产保险股份有限公司、上海建工七建集团获评全国脱贫攻坚先进集体，上海蔬菜集团顾正斌获评先进个人。做好2021年应届大学生就业工作，上海地方国有企业在全国范围内招录1.99万名应届高校毕业生，在本市范围内招录1.29万人，相关指标均高于上年。

（三）营造良好舆论氛围

联合市政府新闻办召开上海推进实施国企改革三年行动新闻通气会，专题介绍国企改革三年行动计划实施情况。与上海广播电视台等主流媒体，合作策划开展“上海国企直播间”主题宣传活动，走进上海农商银行、东方国际等9家系统企业，在实景地标场所开展全媒体对话访谈。在新华社、《人民日报》《解放日报》、上海电视台等中央及本市主流媒体刊登、发布新闻宣传报道3220余篇。上海国资”微信企业号平台发布推文共计2393条，推文总阅读量近80万余人次，“上海国资发布”官方微博发布推文共计2400篇，阅读量超过1252万次。系统593家单位获评第20届上海市文明单位。

（鲍晨骏）

# 促进中小企业发展情况

2021年，上海市深入贯彻习近平总书记考察上海和在浦东开发开放30周年庆祝大会上的重要讲话精神，落实国务院促进中小企业发展工作领导小组第七次、第八次会议精神，以及国务院办公厅《关于进一步加大对中小企业纾困帮扶力度的通知》和《提升中小企业竞争力若干措施》《为“专精特新”中小企业办实事清单》等文件精神，按照中共上海市委、市政府的工作部署，不断优化发展环境，持续提升服务精准性和有效性，助推中小企业实现高质量发展。

**一、加强中小企业发展工作协调机制建设**

强化企业服务统筹，12月14日，召开上海市服务企业联席会议第六次全体会议。市委常委、常务副市长吴清，副市长张为出席会议并讲话，市政府副秘书长陈鸣波主持会议。会议总结2021年全市服务企业工作情况，并就贯彻落实国务院促进中小企业发展工作领导小组会议精神和国家促进中小企业发展“1+2”政策文件作出部署。构建市区两级促进中小企业发展工作协调机制，在市级工作机制的统筹下，全市16个区已全部建立区级工作机制，全市召开中小企业领导小组办公室会议合计152次。

**二、优化中小企业发展环境**

加强顶层设计，贯彻落实党中央、国务院以及工业信息化部关于促进中小企业健康发展的决策部署，落实国家有关文件精神，编制发布《上海市“十四五”促进中小企业发展规划》，推动全市各区遵照执行。首次开展16个区中小企业发展环境评估，引导各区不断优化市场、法治、创新、融资、政策等五大方面环境，实现以评促优，以评促改。“资金一件事”上线运营，重点聚焦15项专项资金，67个具体支持方向，加快推动“市级支持资金申请‘一件事’”信息化系统建设，初步建设市级支持专项资金政策智能匹配导引系统。提供实时线上人工帮办服务，5月26日，“开办企业”线上帮办服务开通，同时加载“智能客服”功能，实现7×24小时线上帮办，已服务企业1.5万家。完善“1515”快速协调解决企业诉求机制，建立全市企业诉求处理联络员队伍，推动提高诉求处理效率和质量，诉求办结率90%。

### 三、完善服务体系建设

完善中小企业服务专员机制，至年底，全市中小企业服务专员6257名，覆盖企业9.3万余家。完善服务专员工作平台，优化企业赋能、融通发展、政策推送等板块建设，发布政策969条。评选年度、季度优秀专员80人次，举办市中小企业服务专员技能比武大赛，提升专员服务水平。深化企业服务云功能，云上打造“惠企政策一窗通”平台，定期发布《上海市企业政策动态》，累计发布惠企政策8837项，推送政策信息1500万余次，完成服务订单99.4万份，服务产品1.8万个，店铺数772家，处理诉求超8万项。做强各类服务机构，建设国家中小企业公共服务示范平台28家、国家小型微型企业创业创新示范基地12家、市级中小企业服务机构330家。推动服务机构聚焦“专精特新”企业开展各类服务，在普惠性服务基础上，开展专业化、定制化、点对点服务，服务国家专精特新“小巨人”企业810家次、市级专精特新企业5592家次。做好“政策最后一公里”服务，聚焦市级专项资金、区级政策、融资政策等，通过企业服务云、企业服务专员系统，制作发布政策宣传短视频40期。

### 四、强化中小企业运行监测

完善运行监测平台，印发《关于做好2021年中小微企业运行监测工作的通知》《关于做好中小企业生产经营问卷调查的通知》《关于进一步做好专精特新“小巨人”企业运行监测工作的通知》等文件，依法开展问卷调查工作。提高信息报送质量，建立市区两级中小企业运行监测队伍，联合市统计局、市税务局、市人社局、上海银保监局、上海海关等部门成立中小企业运行监测专班，召开季度运行分析会，沟通和共享企业登记注册、融资、就业等信息，提高统计监测和分析水平。加强分析研究，按月完成中小企业运行情况分析报告，结合“六稳”“六保”工作，及时了解用电、用工、原材料成本等对中小企业经营的影响，加强对专精特新“小巨人”企业、“专精特新”企业等重点企业的监测力度，预测企业发展形势，为中小企业扶持政策的制定与调整提供决策参考。

### 五、着力创新金融服务

加强金融服务赋能，3家国家中小企业发展子基金落户上海，总规模57.3亿元；12家商业银行推出“专精特新”和专精特新“小巨人”企业“引航贷”等专属金融产品；“千家百亿信用融资计划”和“科创企业上市贷”余额1142亿元，惠及4726户。首批5条供应链融资授信112亿元，132家链上企业融资41亿元。提升“浦江之光”行动能级，围绕“3+6”新型产业体系，改制上市培育库累计吸纳552家科创企业入库，全年新增上市公司50家；科创板上市59家，居全国第二位。加大融资担保支持力度，落实国家小微企业融资担保降费奖补政策近2亿元，市担保基金深度支持拓展“园区批次贷”等业务，担保贷款规模超过500亿元。

### 六、引导中小企业“专精特新”发展

深入推进“专精特新”中小企业培育工程，优化“全年申报、批次发布”工作机制，现有市级“专精特新”企业3005家，专精特新“小巨人”企业262家，制造业单项冠军企业23家。其中“专精特新”企业占全国7%，专精特新“小巨人”企业占全国5%。“专精特新”企业户均年营业收入超过2.9亿元，其中“小巨人”企业超过10亿元。财政资金支持“专精特新”企业，国家“专精特新”中小企业高质量发展第一批奖补资金共计11961万元；市中小企业发展专项资金设立“专精特新”企业贷款贴息项目，累计安排5300万元，对3821家次“专精特新”企业信用贷款给予贴息。鼓励各区制定“专精特新”企业扶持办法。促进合作交流，帮助企业利用好国内国际两个市场，组织近50家优质企业参加第17届中国国际中小企业博览会、第4届中国国际进口博览会等大型展会。加强人才服务，将专精特新“小巨人”企业纳入市人才引进重点机构目录，符合条件的人才可快速直接落户；开展2轮、42期次“专精特新”领军人才培训，滚动开展财务总监、首席质量官、董事会秘书等培训，累计培训“专精特新”企业家2000多人次、各类专业人才6000多人次。

### 七、加大创业创新服务能级

促进创新赋能，组织举办大中小企业融通及企业创新交流活动、产学研对接活动以及知识产权创新赋能活动，开展“世界500强创新需求发布”等活动，服务“专精特新”企业对接创新成果转化240项，对接高等院校、科研院所合作项目167项，新申请专利1255项。助力企业提升质量品牌，举办线上质量工具培训活动，组织企业质量管理人员参访学习质量奖获奖企业管理经验，开展品牌微视频展示活动，为“专精特新”企业定制工业设计赋能产品127项。支持企业建设研发机构，推动“专精特新”企业建立院士专家工作站，全市564家院士（专家）工作站，其中260家建在“专精特新”企业，占比46.1%。

### 八、助推大中小企业融通发展

重点打造国家第三批大中小融通型特色载体，推动金桥

开发区建设7个大中小融通载体、13个专业公共技术服务平台，行业龙头企业催生中小企业67家，在设计研发、生产制造、物资采购、市场营销、品牌嫁接等方面，行业龙头企业与中小企业达成的交易、服务、投资额合计达6.7亿元。支持“专精特新”企业进入大企业产业链、供应链和创新链，对接航天八院、宝武、宝马中国、上海电气、阿斯利康、丹纳赫、艾利丹尼森、赢创中国等大企业30多家，发布创新需求300余项。大企业赋能中小企业数字化转型，举办“走进华为”企业数字化转型加速营，开展企业数字化人才政策解读讲座，服务“专精特新”企业上云940家次，数字化改造586家次。

### 九、保护中小企业合法权益

加大中小企业款项清欠力度，上海市收到国务院“互联网＋督查”、清欠线索台账系统转办等清欠线索共69条，投诉时反映的拖欠金额合计6319万元，其中无分歧欠款1000万元，拖欠主体均为国有企业，不涉及机关、事业单位。经协调，已清理账款拖欠金额合计3379万元，无分歧欠款清偿率100%。实施中小企业轻微违法免罚清单，适用免罚清单不予处罚案件4150余个，4000余家市场主体受益。推动企业信用修复，公共信用修复“一件事”在“一网通办”、随申办同步上线，实现修复全流程线上办理。助力企业提升法律维权能力，举办法律风险防范培训班和“助企聚才”劳动法精品培训讲座，帮助企业提升劳动用工操作实务、企业合规制度建设、企业重大案件管理实务、知识产权法律实务等方面能力。

（傅　今）

# 工业节能和综合利用工作情况

2021年，上海市以习近平新时代中国特色社会主义思想为指导，全面贯彻中共中央、中共上海市委、市政府要求，落实碳达峰碳中和工作要求，紧扣先进制造业发展目标，持续推进产业绿色高质量发展。

### 一、开好局起好步，为双碳工作奠定坚实基础

（一）编制上海市碳达峰工作方案

为深入挖掘节能潜力，明确工业和通信业碳达峰工作路径，市经信委配合市发改委做好碳达峰碳中和相关文件编制工作，通过召开交流会，调研钢铁、石化、集成电路、汽车等行业，分析整理工业现状及在建拟建重点项目的有关情况，在广泛调研、听取各方意见的基础上，组织专家编制《上海市工业和通信业节能降碳“百一”行动计划（暂定）》《上海市工业领域碳达峰实施方案》和《上海市新型基础设施领域碳达峰实施方案》。

（二）积极开展试点工作

市经信委与宝武集团、宝山区共同研究成立碳中和产业园的方案。推进石洞口二厂二氧化碳捕集利用示范项目。围绕石洞口电厂烟气脱碳工作，探索捕捉二氧化碳制碳纳米管、森林植物和农作物碳汇等消纳二氧化碳新业态的研究，推进石洞口电厂烟气碳中和示范工程实施。组织搭建上海产业碳达峰碳中和创新服务平台，组织筹建上海产业碳达峰碳中和服务联盟，编制《企业碳达峰报告技术规范（指南）》，为企业双碳工作提供技术支撑和平台服务，有序推进本市规上企业碳达峰报告编制全覆盖。

（三）加快标准制定和产品技术储备

聚焦工业生产过程产品碳排放，建立碳排放目标管理、碳排放计算、碳排放评估、碳足迹等标准体系，重点推进钢铁、化工、石化等行业碳排放相关标准研制。聚焦碳排放、碳中和基础及重点领域，组织对高校、科研机构、企业进行成果调研，结合上海市节能产品评审，梳理一批低碳新技术、新工艺、新设备和新材料等，建立碳减排、碳中和产品技术数据库。遴选上海主要工业产品（工序）的国内外能效标杆值，梳理大类行业、中类行业的能效平均水平，汇总主要产品（工序）能耗限额值和准入值，编制新版《上海产业能效指南》。

（四）打造高质量双碳人才队伍

针对碳达峰碳中和工作亟需大批节能减碳专业人才的需求，在对各用能重点企业和相关院校广泛调研的基础上，委托上海市节能环保服务业协会，招募专业授课老师，组建“碳培训宣讲团”，开发“双碳”培训教材，形成培训课程。组织“碳排放管理员”试点培训。第一批已完成嘉定、金山、崇明等区及电气集团、新金桥环保集团等重点企业共计405人次的培训。

### 二、强基础筑根基，提升产业绿色发展能级

（一）紧抓能耗双控

完成16个区、24个工业集团、4个通信业公司2020年和“十三五”节能目标考核。组织开展能源审计审核工作。对全市石化、化工、煤电等8个“两高”行业进行了排摸检查，共涉及重点用能单位131家。“十三五”以来共实施节能技术改造项目200项、投资13.8亿元、节能58万吨标准煤。现场重点抽查50家企业，有37家企业（占比74%）接入市级能耗在线系统，64个固定资产投资项目全部取得节

能审查意见和环评审批意见。共检查139项重点产品单耗指标，114项指标有限额标准可参考，其中56项指标（占49.1%）达到标准先进值。推进绿色数据中心建设，编写完成《上海市超低能耗互联网数据中心节能技术指南》，制定本市基站准入评价指标及淘汰技术指标，搭建数据中心在线能源审计平台，数据库涵盖111家数据中心，机架总数15.97万个，并组织开展18家数据中心现场调研和能效测评，挖掘节能潜力1200吨标煤。

（二）深化绿色制造体系建设

制订并发布《上海市绿色制造体系建设实施方案（2021—2025)》，组织2021年度绿色制造体系申报评审工作，评审出42家绿色工厂、1个绿色园区、17项绿色产品。开展绿色集成项目验收，完成5家绿色集成项目及2家绿色制造解决方案供应商项目验收，国家补贴资金3770万元。组织开展2021年第三批工业产品绿色设计示范企业评审推荐工作，其中1家入选工信部绿色设计示范企业。加强对绿色制造示范企业跟踪管理，完成第三批绿色制造示范复核工作及前五批国家级示范单位平台声明。在闵行、嘉定、金山、青浦、华谊开展5场绿色制造专题培训，编制发放《绿色制造相关政策及绿色工厂案例》。推动各区出台绿色制造支持政策，金山、宝山、嘉定、奉贤、上海化工区已出台支持政策，松江、浦东已完成政策起草。

（三）加快数字化转型建设

成立“一业一策”能源数字化转型工作推进组，聚焦“3+6”产业布局，加速能源领域数字化转型，选取具有代表性的40余家企业，开展上海市能源产业数字化转型发展现状调研，形成推进方案。开展在线能源审计和节能诊断。开发工业和通信业在线能源审计信息化软件，搭建节能诊断服务平台，优化设备能效对标平台，实现重点用能单位线上审计标准化，线下诊断专业化的服务体系，逐步建成全市能效大数据。推动企业能源管理中心建设。实现与产业绿色发展综合平台能效对标等子平台数据互通，形成重点行业试点示范；实现清洁生产和能源与资源供需的预测、分析、管控，推动工业企业绿色化转型和产业绿色发展。探索区块链等数字技术在传统节能工作中的应用。开展区块链在节能减排项目核查中的应用场景研究，搭建“节能减排核查链”推进申请工业节能及合同能源管理专项补贴的项目上链，优化审核流程，力争将上链企业获取财政补贴资金的时间缩短50%以上。

**三、抓源头盯末端，持续打好污染防治攻坚战**

（一）通过清洁生产抓好源头管理

推进重点企业清洁生产审核，督促企业加快实施清洁生产项目，前三季度累计推进完成评估110家，验收102家。积极推进重点行业、重点园区清洁生产全覆盖工作，梳理朱家角工业园区清洁生产推行现状。发布《上海市清洁生产审核报告编制技术导则》，并组织培训。组织2021年审核企业名单申报工作，开展政策宣传和动员，共263家企业列入自愿性审核名单。完成清洁生产信息化平台建设，实现信息汇集、统计、报送、查询，网上申报、资金审核、项目跟踪等功能。开展专题培训，落实线上培训的各项基础准备工作。加强行业管理、开展第三方机构评级管理、完善相关制度规范。

（二）深入推进资源综合利用抓好闭环

为布局城市固废托底保障的设施，解决固废的跨省转移问题，市经信委联合相关部门积极推进宝山再生资源利用中心项目，协调项目方与市区职能部门沟通，推进参照市重大工程推进。开展重点领域、重点企业调研，完成再制造、大宗工业固废、废塑料等行业专题调研报告。组织对近50家综合利用企业开展现场调研与评估，覆盖面近50%，检查发现相关企业在技术工艺、产品质量、环境保护总体水平都有不同程度的提高，企业的规范自律等总体情况好于往年。广泛开展调研，形成再制造产业发展调研报告，推进临港再制造园区和本市再制造产业发展。筹备成立长三角动力电池产业化利用联盟，搭建长三角固废产业联盟框架结构。开展长三角地区技术产品合作交流工作会，促成上海与长三角等地区7家企业18个项目在投资、技术、产品输出、市场开发等方面成功对接。组织相关企业申报《国家工业资源综合利用先进适用工艺技术设备目录》，组织推荐再生利用行业（钢铁、塑料、新能源动力电池等）的行业规范、行业准入企业申报，组织推荐本市再制造企业申报相关产品认定和申报。

（三）破解工业领域污染防治重点难点问题

印发2021年塑料生产企业日常监督管理的通知，开展政策宣传和培训，组织各区加强对辖区内相关塑料生产企业日常监督管理，促进废塑料综合利用企业和替代产品生产企业健康发展，组织编制塑料制品绿色设计导则。配合市大人常委会开展贯彻落实固废法执法检查的迎检工作，组织新《固废法》的学习和宣贯，组织对近千人开展问卷调查工作，结合职责分工，总结工业领域落实“减量化”和“资源化”的工作经验，提出合理化的意见建议。根据化工污染治理工作要求，组织开展本市化工企业和化工园区排摸工作。

**四、挖潜力创特色，推进节能环保产业发展**

（一）推进合同能源管理项目落地

开展合同能源管理奖励项目及税收优惠项目申报、材料初审工作，共受理40个合同能源管理奖励项目，其中已审核项目25个，投资额2685万元，节能量6799吨标准煤。完成16个环境保护、节能（合同能源管理）、节水项目所得税优惠的申报、评估、核查工作，共减免税收103万元。推进合同能源管理新模式，研究推广能源费用托管型的示范应用和支持办法，包括光伏发电合同能源管理支持办法等。总结合同能源管理典型案例，加大烟气余热利用新技术应用。与金融机构探索开发适合节能服务产业、适合合同能源管理模式的保险产品。

（二）提升节能环保服务能力

产业绿贷工作常态化，上线“上海市企业服务云”平台，实现查询融资政策、申报通知、企业白名单等功能。发布第二批白名单企业258家。各金融机构对累计103个“产业绿贷项目”放贷金额243亿元。搭建平台，开展企业间对接活动，在青浦、嘉定、金山等区和宝武、上汽等工业集团开展节能环保对接活动，参加服务企业34家，工业企业222家。开展节能诊断活动，对16家重点用能单位提供“一对一”的节能诊断服务，出具诊断报告或建议。开展空压机、中央空调、智慧节能等节能专项推进、技术研讨活动等，参加服务企业35家，工业企业26家。搭建产业绿色发展综合平台，推进节能环保领域数据整合和信息化管理，打造工业和通信业节能减排政策扶持、对标管理、能源审计、技术产品推广、产业投资促进等一门式综合服务平台，促进产业绿色发展和节能环保产业的融合发展，已完成11个子平台的搭建。开展节能环保服务机构能级评价工作。根据团体标准开展32家节能环保服务机构能力评级工作，其中评出五星级企业17家、四星级企业8家、三星级企业7家。开展第八批上海节能服务企业信用评价工作，共评出A级以上信用企业25家，其中AAA级24家，AA级1家。

（三）开展上市公司调研、招商工作

为抓住碳达峰、碳中和重要国家战略所带来的产业发展机遇，积极引进国内节能环保领域的龙头企业和领军企业，推动节能环保产业和碳中和园区的发展，组织相关单位，以国内节能环保上市公司为重点，积极开展调研及招商工作，研究此类企业在碳达峰、碳中和工作中的痛点、堵点及发展诉求，探索优化节能环保产业营商环境的途径，做好店小二。对北京、上海及浙江共12家企业开展现场走访和调研工作。研究此类企业在碳达峰、碳中和工作中的痛点、堵点及发展诉求，探索优化本市节能环保产业营商环境的途径，吸引企业进入上海市场。

（四）创新开展节能宣传周系列活动

为传播节能理念、节能意识、促进全民节能，掀起全社会宣传热潮，助力实现碳达峰碳中和，上海市于8月23日—29日以“节能降碳，绿色发展”为主题，市经信委牵头组织开展2021年上海市节能宣传周系列活动，组织各类活动共约400项。“节能宣传践行者”评选活动参与人数35.1万人次，点赞数5085万人次，直播播放量为151万次，知识竞赛参与人数为20.8万人，“绿色出行公交优先”活动，参与市民超过150万人，产生的绿色能量可种下近3万棵梭梭树。据不完全统计，宣传周期间约有177家媒体进行宣传报道，各渠道活动总曝光量超过6.8亿人次，取得较大影响力和美誉度。

（钱春华）

# 对口支援与合作交流情况

2021年，上海市深入学习习近平总书记重要讲话精神，全面领会把握中央关于巩固脱贫攻坚成果同乡村振兴有效衔接的新部署、新要求，全面落实中共上海市委、市政府指示精神，贯彻市对口支援与合作交流工作领导小组全体会议要求，立足产业和信息化主管部门的实际，扎实推进，积极落实东西部协作和对口支援工作任务。

5月，市经信工作党委书记沈军带队赴新疆调研，推进产业援疆、沪喀合作相关工作，并与上海援疆前方指挥部共同搭建平台，引导在沪央企、民企主动帮扶，向当地捐赠4辆负压救护车，及电脑、复印机等办公设备。10月，市经信委主任吴金城陪同龚正市长赴云南考察，并与云南省工信厅签署战略合作框架协议，进一步加大沪滇产业合作力度。4月，市经信委副主任戎之勤赴西藏出席第四次全国工信系统援藏工作座谈会，与日喀则市经信局签署新一轮对口支援协议；11月带队赴云南开展沪滇产业协作调研，有力地推动了上海与对口帮扶地区的产业交流合作。

## 一、深化拓展沪滇产业协作新内涵新空间

根据中央统一部署，2021年，上海与云南东西部协作结对关系调整为云南全省，高质量开展沪滇产业协作成为我委重点工作之一。10月21日，在沪滇两地政府主要领导见证下，市经信委与云南省工信厅签署《上海市云南省工业（经济）和信息化战略合作框架协议》。

为推进落实框架协议，11月5日，市经信委副主任戎之勤与云南省工信厅寇杰厅长一行座谈交流，并于11月21日—24日赴云南昆明调研，考察部分沪滇产业协作典型企业和项目，进一步拓展两地产业协作的新内涵新空间。

（一）聚焦双向赋能，明确合作领域

云南具有独特的本土优势和丰富的优质资源，充分发挥两地所长，优势互补，在城市数字化转型、新能源汽车、智能制造、物联网、生物医药、先进材料、绿色低碳等产业领

域深化合作，协同发展。加强产业链供应链配套，加快产业链创新链协同对接，助力将云南当地特色产业打造为支柱产业，以产业振兴巩固脱贫成果，助力乡村振兴，推动沪滇产业协作扩面提质升级。

（二）聚焦头部企业，打造产业协作示范项目

沪滇推进“沪企入滇”工程成效显著，如云南白药集团在上海南虹桥注册云南白药上海国际中心，为聚集全球资源、服务中国市场提供重要支撑。淼汇科技作为首批入滇合作示范企业，被列为“沪滇合作示范项目”，以创新科技助力脱贫攻坚。上海鹏欣集团充分利用云南本土自然资源，通过大数据平台赋能肉牛产业，助力云南乡村振兴。闻泰科技加大在云南省投资布局，建立闻泰昆明智能制造产业园，努力打造全球领先的智能无人工厂。临港集团将复制临港遵义科技城的成功经验，与昆明经开区合作共建临港昆明科技城。同时，上海充分发挥中国国际工业博览会、世界人工智能大会等重大展会平台溢出效应，搭建更多平台，鼓励云南企业向全球展示创新技术和创新成果。

**二、多策并举对口支援工作取得实效**

（一）两地携手开创产业援疆新局面

一是加快上海—新疆呼叫产业生产性服务业功能区建设。打造全国最大的援疆呼叫产业基地，推出“学国语、包就业”的政策，通过呼叫席位的方式，解决当地年轻人就业需求。为喀什地区解决超1000人就业，其中98%为少数民族员工，月平均收入超3000元。已形成“1+3 + N”的整体布局，即1个喀什总部（就业150人）；3个功能区园区，包括泽普、莎车的数字呼叫产业园（泽普就业超500人、莎车就业近100人）和计划建设的巴楚智慧物流集配集运中心（一级物流节点）；引入N个生产性服务业产业，包括智慧呼叫、互联网平台、直播培训、现代物流等，落实国家精准帮扶、产业帮扶的任务，夯实智力援疆、智慧助疆基础，实现沪疆区域协同发展。

二是推进以农副产品深加工为核心的产业援疆。在前期上海闽龙达落户喀什的基础上，积极对接上海裕田、上海塞翁福，推动上海三大南北干货农副产品加工企业布局喀什地区。成功引进上海裕田农业科技有限公司（禾煜）赴巴楚开展2000亩藜麦规模化种植试验，打造中国藜麦之乡。裕田项目规划总投资额1亿元，已建成厂房2栋，面积1.4万平方米，引入国内先进藜麦水洗生产线1条，实现当年建设，当年投产。同时，助力喀什农副产品加工业现代化转型，引导闽龙达（小蜂农业）等企业，从单纯的农副产品干果加工，向休闲食品转型。协调对接上海清美集团，按照正常商务流程，拿出两个门店试点推广新疆馕产品，根据市场反馈引导当地及时调整产品生产及包装标准，为喀什农副产品深加工产业发展奠定扎实基础。

三是开展智力援疆做好顶层规划。发挥上海经信委智库作用，协助喀什地区工信局开展喀什地区经济和社会信息化“十四五”规划编制工作、以及以互联网大数据中心和数据流通为重点内容的课题研究。为喀什地区信息基础设施进一步完善、信息化产业规模逐步提升、信息化应用取得明显进展做好顶层规划。

（二）因地制宜开展援藏援青工作

支持西藏日喀则、青海果洛等地结合自身资源优势，培育发展特色产业，推动资源优势转化为经济优势，不断增强自我发展能力。

援藏方面，围绕天然饮用水、绿色生态、特色手工业等领域，鼓励双方企业开展产业交流；根据工信部统一部署，与日喀则市经信局沟通协商，签署新一轮对口支援协议。此外，市经信委联合西藏驻沪办举办藏品入沪品鉴会，推广西藏特色产品；推动上海烘焙企业乐斯福与两家西藏企业西藏净土、藏日科技达成合作，并于2021年进口博览会上成功签约。援青方面，借助青洽会的合作平台，结合上海在农业、畜牧业、旅游业、食品加工等方面的技术优势、资金优势，助力当地特色产业发展。

**三、创新开展产业协作课题研究**

为服务落实国家战略，在市合作交流办支持下，市经信委开展“上海市推进东西部协作和对口支援地区产业协作夯实双循环发展战略枢纽地位”课题研究。课题由复旦大学泛海国际金融学院智库中心主任李清娟博士牵头，相关区合作交流办、部分东西部协作及对口支援重点企业、上海社科院等专家学者共同参与，梳理上海市东西部协作和对口支援地区产业协作布局现状、主要诉求，总结经验成果，分析问题短板，聚焦以上海为引领的产业链协同，研究完善促进双向赋能的产业协作新机制、新路径，探索引导各方资源参与对口支援推进产业协同发展，形成课题报告、专项行动方案和一批产业协作示范项目，加强内循环影响力、服务双循环发展格局。

**四、发动社会力量参与东西部帮扶工作**

市经信委指导市中小企业技术人才引进服务中心扎实开展与对口地区以劳务协作为主要形式的就业服务工作，促进当地劳动力转移输出及就地就近就业，巩固脱贫攻坚成果。至2021年底，累计在云南、青海果洛等对口地区协助设立就业服务站35家。

全年共组织联络上海及长三角等地区200余家企业，通过现场招聘会或网络招聘会的形式，在云南文山、临沧、红河、昭通等地组织参与30余场招聘活动，发布就业岗位信息2万余条。在助力上海企业解决“招工难用工难”问题的同时，帮助当地脱贫劳动力400余人来沪就业。

## 五、积极开展系统内部消费扶贫

为精准推进消费扶贫行动，市经信委积极开展系统内部消费扶贫工作，为巩固脱贫攻坚成果增添新动能。会同云南驻沪办、西藏驻沪办举办第六届“内部共享计划”产品展示会，将对口帮扶地区的优质产品纳入市经信系统工会共享计划，鼓励系统单位工会采购相关产品。2021年度累计采购新疆、云南等对口帮扶地区产品1200余万元，为巩固脱贫攻坚成果增添新动能。

## 六、有序推进长江经济带绿色发展

### （一）强化问题导向，深入推进化工污染治理

结合国家要求提升产调工作效能。以同步推动重点区域调整和转型发展为导向，确定600项全市重点区域专项调整年度实施计划，已进入收尾阶段，确保超额完成任务。对“十三五”期间产调结余项目进行验收，共验收5个重点单项，6个重点区域项目。持续推进危险化学品生产企业调整工作，将不符合产业发展规划的工业区外危险化学品生产企业纳入调整计划。同时，按照国家“坚决遏制钢铁煤炭违规新增产能，打击‘地条钢’”的要求，开展梳理排查工作，严防死灰复燃。确认上海无存量“地条钢”生产企业，无退出产能复产情况。围绕“双碳”工作要求，开展“两高一剩”企业梳理和排摸工作。以安全、环保、低效等关键因素，形成建议调整名单。

破解工业领域污染防治重点难点问题。组织各区加强对辖区内相关塑料生产企业日常监督管理，促进废塑料综合利用企业和替代产品生产企业健康发展，组织编制塑料制品绿色设计导则。配合市大人常委会开展贯彻落实固废法执法检查的迎检工作，组织新《固废法》的学习和宣贯，组织对近千人开展问卷调查工作，结合职责分工，总结工业领域落实“减量化”和“资源化”的工作经验，提出合理化的意见建议。根据化工污染治理工作要求，组织开展化工企业和化工园区排摸工作。

加快先进材料产业集群建设。发布先进材料发展三年行动计划，编制先进材料发展“十四五”规划，加快建立“4+5+2+X”先进材料产业体系，构建创新能力突出、产业能级显著、示范应用加快、产业生态完善的发展格局。推动上海国际化工新材料创新中心建设，6月正式投运，朗盛、英威达、罗姆化学、凯米锐环境科技、综合智慧能源中心等5家化工新材料领先企业和重点配套服务企业正式入驻。

### （二）持续强韧产业链，加大高质量产业创新供给

加快落实三大产业“上海方案”。建立部市协调推进机制，市委、市人大、市政府主要领导对口指导联系“三大产业”，市经信委承担“三大产业”领导小组办公室职能，市发改、经信、科技、财政等部门形成合力推进落实。对标国际一流水平，集聚资源、创新驱动，实施核心技术攻关工程，加快国产替代，保障产业链供应链安全，如集成电路领域先进工艺五年提升三代、设计核心产品从无到有，国产X86架构CPU主频突破3GHz，从国际“跟跑”“并跑”向“领跑”迈进；坚持全链化布局，以“东方芯港”“张江人工智能岛”“生命蓝湾”等特色产业园区建设为抓手，围绕产业链细分环节强化协同配套和补链强链加快培育精品微园，加强产业链关键核心环节企业布局，坚持全产业链招商布局，集聚一批引领性强、带动性大、成长性高的重大项目。统筹国家级先进制造业集群培育工作，市区联手加强主力园区联动布局，集成电路、张江生物医药2家跻身“国家队”。

联合开展产业链补链固链强链行动。落实长三角三省一市主要负责同志专题视频会议精神，三省一市经信部门联合开展产业链补链固链强链行动。一是长三角主要领导座谈会期间，一市三省经信部门签署《联合开展产业链补链固链强链行动合作协议》，推动成立长三角集成电路、生物医药、人工智能、新能源汽车产业链联盟，探索新发展格局的长三角路径。二是开展重点产业链研究。围绕优势产业，三省一市经信部门在机器人、新型电力装备、节能与新能源汽车、新型显示产业领域，分别牵头一条产业链研究工作，协同落实补链固链强链工作。市经信委聚焦集成电路、生物医药、人工智能三大产业关键环节和核心技术，研究区域创新协同、联合攻关、供需对接机制路径。三是开展重点产业链对接活动。集成电路领域，集成电路产业联盟牵头召开长三角汽车电子产业上下游对接交流会，长三角58家芯片公司、66家汽车零部件和整车企业参会对接供需交流。机器人领域组织长三角机器人整机企业与零部件产业链对接工作会，支持整机与零部件企业打造结对合作试点示范，提升核心装备国产化率。民用航空领域，配合工信部召开长三角民机产业链供应链建设视频座谈会，以中国商飞、中国航发商发任务需求为牵引，加快推动从“高效柔性供应链”转向“安全韧性供应链”和“产业链布局集群化”。

加快提升产业基础能力。战略性新兴制造业总产值达1.5万亿元，占规模以上工业总产值比重达40%。成立产业基础再造工作专班领导小组和战略专家咨询委，中国工程院院士专家成果展示与转化中心首批创新成果加快产业化落地。大力实施产业基础再造工程，编制集成电路核心装备、光刻胶、新能源汽车等14个重点领域白皮书，开展产业链安全评估，实施战略性重点领域联合创新计划，加快“卡脖子”攻关突破。新认定超导、船舶动力两家市级制造业创新中心、106家市级企业技术中心。高端医疗装备无机闪烁晶体材料、自动驾驶激光雷达等实现国产化，大型五轴联动数控装备技术性能达到国际先进水平，集成电路制造用高端抛光液、航空玻璃原片、低损耗光纤涂料等实现量产应用突破。

（三）强基础筑根基，提升产业绿色发展能级

推进绿色制造体系建设。制订并发布新一轮《上海市绿色制造体系建设实施方案（2021—2025)》，组织2021年度绿色制造体系申报评审工作，新增42家绿色工厂、1个绿色园区、17项绿色产品。组织开展绿色集成项目验收，完成4家绿色集成项目及2家绿色制造解决方案供应商项目验收。组织开展2021年第三批工业产品绿色设计示范企业评审推荐工作，其中1家入选工信部绿色设计示范企业。加强对绿色制造示范企业跟踪管理，完成第三批绿色制造示范复核工作。开展绿色制造专题培训，编制发放《绿色制造相关政策及绿色工厂案例》。

全面推进清洁生产。推进重点企业清洁生产审核，督促企业加快实施清洁生产项目，完成重点企业清洁生产评估125家，验收121家。积极推进重点行业、重点园区清洁生产全覆盖工作，梳理朱家角工业园区清洁生产推行现状。发布《上海市清洁生产审核报告编制技术导则》，并组织培训。完成清洁生产信息化平台建设。加强行业管理、开展第三方机构评级管理、完善相关制度规范。

**七、积极推进沪苏大丰产业联动聚集区建设**

（一）发展规划徐徐落地

集聚区始终坚持长三角一体化发展的示范引领作用，积极把集聚区打造成为上海先进制造业域外产能基地、新兴产业创新成果产业化生产基地和长三角区域产业合作示范区。经过多年发展，已确立新能源、新基建、新农业为代表的三大主导产业，划定智能制造区、高新农业区、现代产业物业配套区、市政功能配套区“四大”功能区。集聚区已列入《长江三角洲区域一体化发展规划纲要》，并成功入选首批国家级绿色产业示范基地，一座“北上海·生态智造城”正在拔地而起。

（二）基础配套日臻完善

集聚区启动区4平方公里内“四纵六横”路网已实现互联互通；110千伏扬帆变电站投产运营，天然气供应中心稳定供气，新设热源点规划到位；日处理能力4万吨的污水处理厂已投入运行。

产业配套方面，建成智造园（标准厂房）一期4.2万平方米已竣工，出租率达100%；二期8.6万平方米开工在建。集行政服务、产业服务、商业商务及职教培训等功能于一体的产业服务中心和邻里中心即将投入使用，有效提升了集聚区的配套实力和招商引力。

（三）产业项目有序推进

一是新能源龙头加速领跑，正泰光伏新能源一期继2020年当年签约、当年开工，实现2021年当年投产、当年达产，开票销售38亿元。促成二期提前实施，总投资20亿元，2021年7月签约、拿地，计划近期启动建设，2022年完工。

二是新基建产业难中求进，联合盐城市、大丰区国有平台共建5G通讯装备制造基地，经过不懈努力，项目有望落地。

三是半导体补链项目落地，引进99.998%以上高纯度石英砂半导体原料项目，总投资12亿元，已实现试生产，可为集成电路等多个领域打破国外垄断。

（四）服务体系不断深化

立足国家战略大局，因地制宜构建服务体系。面向国际市场，制订绿色产业示范基地建设方案，初步形成“碳中和”园区建设框架方案，为今后对接国际碳交易市场前瞻布局。服务区域需求，制订长三角技术技能人才培训中心建设方案，计划2022年初挂牌开课，先期为集聚区产业发展定向培养技能人才。打造特色园区，加快探索数字货币应用场景，借力入驻专业机构互联网＋消费福利系统，建设闭环的应用生态。

**八、积极推进对口合作大连工作**

认真贯彻落实党中央、国务院以及市委、市政府要求，按照《2021年沪连对口合作重点工作计划》安排，积极推进对口合作大连工作。

（一）加强优势产业合作

在智能制造、船舶和海洋工程制造、石化、高端装备零部件等领域促进两地协同发展，加强两地产业链协同供应链配套。鼓励两地围绕LNG产业链，共同开展技术攻关，建立核心技术体系，共享供应链；鼓励上海智能制造系统集成商发挥技术优势，为大连企业提供解决方案，提升大连制造业智能化水平，推动两地制造业数字化转型发展。会同大连市工信局以及大连光洋科技集团、科德数控股份有限公司等单位，走访国家智能传感器创新中心，就沪连两地推广传感器的智能制造企业应用，开展两地产业合作课题进行座谈。

（二）搭建互动交流平台

借助于重大活动平台，加强两地产业和信息化合作交往，鼓励两地企业共享发展成果，共同实现高质量发展。其中，上海服装纺织协会率领上海东隆羽绒制品有限公司、上海盈艺纺织科技发展有限公司等企业赴大连参加中国大连服装纺织品博览会；大连市服装纺织行业协会及大连隆生、华衣、坚山、信和、露易美等8家服装企业赴上海参加2021秋季CHIC展和上海时装周的各项活动，促进了两地服装纺织行业的进一步合作。大连市高新区、金普新区、大连人工智能行业协会组团赴上海参加2021世界人工智能大会，了解人工智能技术、产业和应用全球化发展的趋势，并开展人工智能产业链招商活动。

（殷文琪）

# 中小企业运行发展情况

2021年，上海市认真贯彻落实中共上海市委、市政府决策部署，科学统筹疫情防控和经济社会发展，有效应对疫情等多重考验，积极做好"六稳"工作，全面落实"六保"任务。全市中小企业经济总体保持平稳增长态势，发展质量逐步提升，主要指标完成情况良好，经济高质量发展取得新成效，"十四五"实现良好开局。

## 一、工业企业生产持续恢复，利润水平稳步提升

2021年，全市规模以上中小工业企业（以下简称"中小工业企业"）总体生产经营稳定，累计完成总产值20719.28亿元，比上年增长11.4%，高于全市规模以上工业增速1.1个百分点，两年平均增长11.5%。其中，有色行业增速超过30%；冶金、电子行业增速超过20%。1月—12月，中小工业企业实现利润总额1570.25亿元，同比增长3.9%，低于全市规模以上工业企业2.7个百分点。其中，冶金行业同比增长5.9倍、石化行业同比增长34.3%，有色行业同比增长23.8%。

**2021年中小工业企业分行业产值及增速情况**

| 行业 | 累计产值（亿元） | 累计同比（%） | 当月同比（%） | 上月同比（%） |
|---|---|---|---|---|
| 医药 | 849.86 | 7.7 | 35.7% | 16.5 |
| 电子 | 1580.43 | 21.4 | 39.5% | 18.1 |
| 轻工 | 3727.60 | −8.6 | −5.1% | −2.6 |
| 烟草 | 9.81 | 9.6 | 20.2% | 9.6 |
| 电力 | 381.99 | 18.2 | 27.2% | 12.8 |
| 纺织 | 427.40 | −0.8 | 8.1% | 4.0 |
| 石化 | 2725.36 | 19.0 | 27.9% | 13.1 |
| 建材 | 613.57 | 19.4 | 62.5% | 27.5 |
| 冶金 | 437.34 | 27.3 | 47.3% | 21.4 |
| 有色 | 500.27 | 33.3 | 76.5% | 32.9 |
| 机械工业 | 5533.35 | 13.4 | 20.5% | 9.8 |
| 汽车 | 2133.27 | 6.0 | 13.2% | 6.4 |
| 船舶 | 63.40 | 4.0 | 22.2% | 10.5 |
| 全市 | 18983.65 | 9.0 | 18.6% | 8.9 |

**2021年中小工业企业分行业利润及增速情况**

| 行业 | 营业收入（亿元） | 同比（%） | 利润（亿元） | 同比（%） |
|---|---|---|---|---|
| 医药 | 844.35 | 7.6 | 173.16 | 14.4 |
| 电子 | 1691.26 | 23.4 | −22.14 | −140.0 |
| 轻工 | 5542.45 | 14.9 | 448.03 | 13.0 |
| 烟草 | 10.32 | 14.5 | 0.09 | −82.4 |
| 电力 | 447.88 | 26.3 | −10.84 | −124.6 |
| 纺织 | 507.88 | 1.2 | 21.62 | −36.4 |
| 石化 | 3126.93 | 23.8 | 295.44 | 34.3 |
| 建材 | 688.56 | 20.2 | 31.80 | −6.8 |
| 冶金 | 476.89 | 26.9 | 16.91 | 591.7 |
| 有色 | 579.75 | 25.2 | 15.01 | 23.8 |
| 机械工业 | 6111.99 | 14.7 | 492.97 | 11.7 |
| 汽车 | 2366.13 | 8.1 | 106.70 | −9.3 |
| 船舶 | 66.42 | −17.8 | 1.50 | −18.4 |
| 全市 | 43627.81 | 13.3 | 3008.97 | 6.6 |

## 二、对外贸易发展迅速，外需拉动作用凸显

2021年，上海中小工业企业实现出口交货值2955.80亿元，同比增长16.1%，高于全市规模以上工业企业7.7个百分点。12月，中小工业企业实现出口交货值295.44亿元，同比增长18.1%。除船舶、纺织行业外，9个主要行业实现同比增长，石化、冶金、有色行业同比增长超过30%；建材、汽车、医药行业同比增长超过20%。

**2021年规模以上中小工业企业分行业出口情况**

| 行业 | 累计出口交货值（亿元） | 累计同比（%） | 当月出口交货值（亿元） | 当月同比（%） |
|---|---|---|---|---|
| 医药 | 95.49 | 22.8 | 10.25 | 31.5 |
| 电子 | 565.00 | 16.7 | 56.59 | 22.5 |
| 轻工 | 643.19 | 7.1 | 61.03 | 6.7 |
| 纺织 | 97.16 | −6.0 | 9.99 | 14.9 |
| 石化 | 261.68 | 35.4 | 24.32 | 34.6 |
| 建材 | 9.56 | 26.9 | 0.76 | 持平 |
| 冶金 | 13.88 | 76.2 | 1.76 | 128.9 |
| 有色 | 90.18 | 30.1 | 9.65 | 41.3 |
| 机械工业 | 919.77 | 18.5 | 100.32 | 24.1 |
| 汽车 | 222.48 | 25.6 | 16.75 | −16.9 |
| 船舶 | 8.03 | −66.3 | 0.63 | 5.2 |
| 全市 | 2658.73 | 16.1 | 255.46 | 17.8 |

## 三、服务业经营稳健，整体态势较为活跃

2021年，全市规模以上中小服务业企业实现总产出25018.48亿元，同比增长26.7%，低于全市服务业0.4个百分点；实现利润2082.15亿元，同比增长14.1%。其中，租赁和商务服务业实现总产出6302.63亿元，占规模以上中小服务业总产出的25.3%，同比增长12.7%；信息传输、软件和信息技术服务业企业实现总产出4909.24亿元，同比增长15.8%；实现利润317.67亿元，同比增长16.4%。

**2021年中小企业服务业产出及增速情况**

| 行业 | 总产出（亿元） | 同比增速（%） | 上月增速（10月）（%） |
|---|---|---|---|
| 信息传输、软件和信息技术服务业 | 4909.24 | 15.8 | 18.7 |

（续表）

| 行业 | 总产出（亿元） | 同比增速（%） | 上月增速（10月）（%） |
|---|---|---|---|
| # 电信、广播电视和卫星传输服务 | 353.73 | 2.0 | 8.5 |
| # 互联网和相关服务 | 2790.40 | 26.8 | 27.3 |
| # 软件和信息技术服务业 | 1765.12 | 4.3 | 9.7 |
| 租赁和商务服务业 | 6320.63 | 12.7 | 20.5 |
| # 租赁业 | 209.96 | 7.9 | 22.9 |
| # 商务服务业 | 6110.67 | 12.9 | 20.4 |
| 科学研究和技术服务业 | 1672.76 | 9.1 | 14.2 |
| 水利、环境和公共设施管理业 | 303.46 | 8.4 | 7.9 |
| 居民服务、修理和其他服务业 | 219.54 | 11.7 | 19.1 |
| 教育 | 154.87 | 12.2 | 17.2 |
| 卫生和社会工作 | 188.81 | 21.8 | 25.0 |
| 文化、体育和娱乐业 | 411.42 | 3.7 | 11.6 |
| 全市 | 25018.48 | 26.7 | 31.2 |

**2021年中小服务业企业利润及增速情况**

| 行业 | 营业收入（亿元） | 同比增速（%） | 利润（亿元） | 同比增速（%） |
|---|---|---|---|---|
| 信息传输、软件和信息技术服务业 | 4829.08 | 15.81 | 317.67 | 16.4 |
| # 电信、广播电视和卫星传输服务 | 348.64 | 1.9 | −14.19 | −381.0 |
| # 互联网和相关服务 | 2756.90 | 26.9 | 127.60 | 44.2 |

（续表）

| 行业 | 营业收入（亿元） | 同比增速（%） | 利润（亿元） | 同比增速（%） |
|---|---|---|---|---|
| # 软件和信息技术服务业 | 1723.54 | 4.2 | 204.27 | 13.8 |
| 租赁和商务服务业 | 6183.93 | 12.73 | 965.10 | 5.1 |
| # 租赁业 | 203.91 | 7.8 | 10.06 | −21.2 |
| # 商务服务业 | 5980.02 | 12.9 | 955.05 | 5.5 |
| 科学研究和技术服务业 | 1634.85 | 9.2 | 103.18 | −14.1 |
| 水利、环境和公共设施管理业 | 297.52 | 8.7 | 24.11 | −8.4 |
| 居民服务、修理和其他服务业 | 216.58 | 12.0 | 35.44 | 40.4 |
| 教育 | 153.30 | 12.0 | 1.4 | 3.0 |
| 卫生和社会工作 | 188.42 | 22.1 | −2.51 | −66.0 |
| 文化、体育和娱乐业 | 405.12 | 3.4 | 34.05 | −30.6 |
| 全市中小企业 | 24659.87 | 27.0 | 2082.15 | 15.4 |

**四、“专精特新”企业稳步向好，新年开局势头强劲**

市中小企业生产经营调查问卷显示，12月，94.2%的“专精特新”企业发展平稳，其中59.6%的“专精特新”企业生产经营持续向好；专精特新“小巨人”企业预期积极，80.7%的专精特新“小巨人”企业经营向好；企业持续加大研发投入，提高创新能力，64.8%的“专精特新”企业和94.0%的专精特新“小巨人”研发经费支出超过500万元。节后复工复产方面，93.6%的专精特新企业将于2月15日之前复产，新年开局发展势头良好。

（傅 今）

# 长三角区域产业和信息化合作情况

长三角是中国重要的先进制造业基地，也是全国产业转型升级和创新发展的“主引擎”“主阵地”。2021年，江苏、浙江、安徽和上海三省一市产业部门聚焦《长江三角洲区域一体化发展规划纲要》《长三角地区一体化发展三年行动计划（2018—2020年）》任务部署，推动长三角产业协作，努力打造协同创新、布局优化、资源优配、融入全球的世界级产业集群。充分发挥上海产业基础雄厚、创新资源丰富作用，依托苏浙皖优势产业和腹地资源，推动长三角产业集群发展，区域产业竞争力不断增强，产业链协作水平全国领先。

**一、跨区域产业合作项目加快布局**

三省一市龙头企业加快区域布局，重点产业领域一批重大产业项目落地见效，延伸产业链、创新链资源配置。集成电路领域，中芯、华虹、格科微等在绍兴、宁波、无锡、嘉善等地开展重大项目建设，阿里集团平头哥在沪设立集成电路研发公司，无锡海力士、上海华虹12英寸制造线项目、合肥通富微电子先进封装测试产业基地（一期）项目竣工投产，总体呈现分工明确、资金密集、合作研发的良好态势。生物医药领域，上海联影常州产业化基地项目、微创医疗苏州公司、药明康德常州CMO平台等重大项目投产，信达生物（苏州）上海总部暨全球研发中心落户新虹桥国际医学中心，上海医药集团旗下正大青春宝智慧药厂（浙江湖州）正式启用。人工智能领域，产业布局相互渗透，阿里城市大脑项目在沪广泛应用，科大讯飞业务总部和运营商大数据总部落户上海，深兰科技智能机器人项目和亚太科创中心落户常州，依图科技在杭州成立医疗技术公司。民用航空领域，围绕中国商飞、中航商发，镇江、常州以C919配套为契机发展航空制造配套产业，南通参与ARJ21飞机交付试飞、飞机维修等服务支持，浙江西子航空承接大飞机零部件制造，嘉兴落户客户服务训练基地、赛飞航空线缆等项目。汽车领域，蔚来汽车将整车制造、创新中心、电池、电机、电控“三电”生产布局合肥、上海、南京等地，特斯拉国产Model3零部件本地化率逐步提高，供应商将主要来自长三角地区，如江苏LG电池、浙江旭升股份、均胜电子等。

## 二、新技术新业态发展取得新成果

积极推动互联网新技术与产业融合，共同培育新技术新业态新模式，经济发展新动能加速积聚。智能网联汽车领域，率先引领长三角测试牌照互认及封闭测试区互通，共同签署《长三角地区智能网联汽车一体化发展战略合作协议》《国家级长三角区域车联网先导区建设合作协议》，加快长三角道路测试工作的互认互通，建设长三角区域车联网先导区，形成《长三角区域智能网联汽车自动驾驶功能测试与评价规程》，积极争取上升成为国家标准。智能制造领域，联动实施长三角智能制造"百千万"工程，联合开展智能制造标准研究，打造长三角智能制造系统集成商平台超市，鼓励长三角工厂、装备商、软件商、集成商等产业链上下游企业加强合作，联合发布《长三角区域机器人产业链地图》等。工业互联网领域，共同建设长三角工业互联网一体化发展示范区，标识解析国家顶级节点（上海）枢纽辐射效应日趋显著，上海华峰、江苏徐工、浙江迈迪、安徽长江数据等58个二级节点上线、标识注册量超100亿件，建设长三角工业互联网一体化态势感知平台，提供安全能力测评等服务，开展安全测评机构审核认证。长三角G60工业互联网创新应用体验和推广中心正式建成启用，打造成为立足上海、辐射长三角区域工业互联网政策和技术发布地、供需资源对接地、人才培养聚集地、重点产业应用示范地和标准测试验证地。

## 三、产业合作创新加快推进

充分发挥长三角创新资源和重大产业化平台作用，连接"产学研资用"，打造产业创新共同体。创新平台方面，成立国家集成电路创新中心（暨长三角集成电路设计与制造协同创新中心）、国家智能传感器创新中心（首期发起方1/3为苏浙皖企业），聚焦关键技术及器件结构、工艺连通等协同研发突破；国家智能传感器创新中心与无锡国家集成电路特色工艺及封装测试创新中心、杭州新型存储研发开发平台、合肥高性能计算国家级创新平台共建"感存算一体化"超级中试中心；上海先进激光制造业创新中心与南京先进激光技术研究院、杭州光学精密机械研究所等建立科技成果转化基地，在长三角形成"激光与光电子"的高科技企业集群。创新生态方面，设立长三角协同优势产业基金、G60科创走廊人工智能产业基金、长三角工业互联网产业基金等跨区域产业基金，以"硬科技"为主线，着力培育以人工智能、物联网、生物技术为核心驱动力的战略性新兴产业，促进产融对接。创新攻关方面，围绕高端数控机床及新一代核电等战略领域，共同承担国家重大专项，联合推进关键设备国产化、自主化。如核电领域，聚焦卡脖子难题在核电深孔钻、核级LED灯具、核级变频柜、核岛堆内构件全生命周期"一条龙"服务等核电设备自主化方面开展联合技术攻关。

## 四、跨行政区域共建共享提质加速

长三角G60科创走廊迈入3.0升级版。《长三角G60科创走廊建设方案》印发实施，九城市产业链、创新链、价值链一体化布局不断深化。建立科创走廊联席会议制度，实现九地市集中办公实体化运作。建立G60科创走廊"1+7+N"产业联盟体系，集聚九城市头部企业1280家，推动先进制造业产业集群高质量发展。推进长三角生态绿色一体化示范区建设，编制发布《示范区产业发展指导目录（2020年版）》和《示范区先行启动区产业项目准入标准（试行）》，"一个目录管方向、一个标准管准入"，在全国首次实现了跨省级行政区域执行统一的产业发展指导目录和产业项目准入标准，推动区域从项目协同走向一体化制度创新。省际产业合作园区共建共享不断深化。沪苏大丰产业联动集聚区快步进入基建和产业同步发展期，基础设施陆续启用，正泰光伏新能源项目等一批项目落户，打造"北上海"临港生态智造城；建设张江长三角科技城，吸引长三角新松总部基地等一批项目签约落地；上海临港集团与慈溪市签订全面战略合作协议，合作建设新能源汽车供应链产业园等。长三角开发区协同发展联盟成立，发布《长三角开发区营商环境建设指南》，推动长三角共建省际产业合作示范园建设，打造长三角开发区协同发展试点基地，搭建长三角地区开发区交流合作的平台，支持和引导长三角开发区合作。

## 五、联合开展产业链补链固链强链行动

5月26日，2021年长三角地区合作与发展联席会议举行。三省一市经信部门签署《联合开展产业链补链固链强链行动合作协议》，推动成立长三角集成电路、生物医药、人工智能、新能源汽车产业链联盟，探索新发展格局的长三角路径。上海市经济信息化委聚焦集成电路、生物医药、人工智能三大产业关键环节和核心技术，研究区域创新协同、联合攻关、供需对接机制路径，共同推进产业一体化高质量发展。围绕优势产业，三省一市经信（工信）部门在机器人、新型电力装备、节能与新能源汽车、新型显示产业领域，分别牵头一条产业链研究工作，协同落实补链固链强链工作。4月14日，组织长三角机器人整机与零部件企业技术对接，三省一市28家机器人产业链重点重点企业参会，与会举行机器人零部件与整机企业深化合作签约仪式。

（*赵广君*）

# 市区协同招商工作情况

2021年，按照中共上海市委、市政府工作部署和产业稳增长、稳投资工作要求，上海市坚持疫情防控和招商引资“两手抓、两手硬、两不误”，全力以赴抓招商促发展、抓项目增后劲，围绕年初确定“千项万亿”招商总体目标，主动有为，比学赶超，圆满完成年初制订的各项目标，全市招商工作统筹更强、招商氛围更浓、项目推进更快、投资活力更足，为全市经济平稳增长提供有力支撑。

2021年，全市1亿元以上招商项目签约1720项，总投资13203亿元，其中10亿元以上项目240项，总投资8335亿元。全市新设市场主体52.01万户，比上年增长11.6%，其中新设企业46.52万户，增长13.1%，日均新设企业2174户。新增外商直接投资企业数6708家，同比增长16.6%；实到外资金额225.51亿美元，同比增长11.5%。新增跨国公司地区总部56家，外资研发中心23家。新增跨国公司地区总部60家、累计达到831家，新增外资研发中心25家、累计达到506家，是内地吸引跨国公司地区总部和外资研发中心数量最多的城市。

## 一、在招商统筹上下功夫

市级招商统筹力度不断加大，市区两级招商联动更加紧密，委办携手招商推进更加有力，全市招商机制更加优化。

（一）市级统筹抓严抓紧

加强工作统筹。召开2021年上海市投资促进工作领导小组会议，公布2020年全市招商考核结果，明确2021年招商工作任务。组织召开全市招商引资工作座谈会。加强项目统筹。完善《重大产业项目招商引资工作指引》，加大项目跨区布局统筹协调力度，推动宁德时代等项目在跨区布局研发机构和制造环节。加强政策统筹。发布《关于优化完善本市企业跨区迁移工作指引》，细化“三委两局”协调工作流程，建立高频迁移企业警示名单制度。加强信息统筹。强化全市招商大数据平台功能，平台入库招商项目1599个，总投资6456亿元；在建项目2829个，总投资超1万亿元，充实全市招商库、项目库信息网络和联络员队伍。

（二）招商任务压细压实

突出目标导向。将全年“千项万亿”目标细化分解，转化为招引产业类项目750个、注册类项目2100个，根据各区2020年招商项目基数情况确定指标，确保压实招商目标任务。突出绩效导向。制订发布2021年招商引资考核工作方案，由注重单一考核规模数量，转变为重点考核项目转化率，建立“规模增速＋特色产业＋项目转化”三级考核工作体系。突出结果导向。建立招商信息跟踪监测工作机制，逐月对各区前期洽谈、招商签约、项目开工、投资完成等进展情况进行跟踪，逐月反馈各区招商任务落实进度及工作不足，督促各区严格落实招商任务。至11月，各区、重点产业园区全部提前完成招商总量和投资转化任务指标。

（三）部门协同更加有力

市商务委举办两场共计205个外资项目集中签约，总投资265.5亿美元；市科委加快建设海内外高层次人才创新创业基地，留学人员创业园等创新创业平台；市市场监管局创新开展联动应用，大力推广电子营业执照；市人社局综合运用居住证积分、居转户、直接落户等梯度化引才政策，为重点招商和用人主体提供用人制度保障；市地方金融局积极吸引外资金融机构集聚，高盛、施罗德理财公司先后获批筹建；市农委引入44个优质社会主体投资农业产业发展；市住建委上线“上海市工程建设项目审批管理系统”2.0版，实现“项目全覆盖、业务全流程、数据全归集”。市工商联发起成立“长三角民营企业总部服务中心”，引领民营经济高质量发展。市合作交流办积极服务东方航空等在沪企业与国内重点地区跨区域双向投资合作。市司法局建立“百所联百会”机制，搭建律师服务民营企业新平台。

## 二、在项目招引上争主动

精准分析产业发展趋势，把握行业发展风口，抢抓机遇，主动出击，策划招引一批影响力大、带动性强的项目。

（一）项目谋划体现高起点

以国家战略为引领，聚焦3+6新型产业体系，瞄准产业高能级、技术高水平，前瞻布局引领性强、成长性好、社会效益显著的重大产业项目，打造代表未来发展方向的优势产业集群。集成电路，推动中芯国际临港项目正式落地开工，完成小米芯片签约；生物医药，推动正大天晴项目落户黄浦，协调斯微生物mRNA疫苗大规模生产基地落户奉贤；人工智能，推动微软小冰与市经信委、浦东、徐汇签订战略协议。此外，市区两级还共同推动了中船集团总部、海工平台、百度电动车、美团、哔哩哔哩等一批重大产业项目正式落户。

（二）招商推介保持高热度

紧盯年度招商目标，全市各区和重点产业园区比招商、比落地、比推进，招商氛围更加浓厚。2021年，全市举办各类产业招商活动超1500场次，其中签约活动超350次。市级举办高规格项目签约和开工活动，不断扩大全市招商影响力。4月7日，召开全球投资促进大会，总投资4898亿元的216个重大产业项目签约。成立市投促中心北京、深圳服务点，举办临港主题推介活动。浦东新区举办“打造社会主义现代化建设引领区推介会”，“‘金色中环发展带’全球推介会”等活动，全面加快引领区招商推进。闵行区举办9期“投资闵行月月签”活动，签约项目总计337个，投资额1090亿元。宝山区举办全区招商“金牌特战员”技能大比武，通过“以赛促练、以练促学、以学促干”，激发比学赶超工作干劲。

（三）产业招商力争高精准

围绕产业链、创新链融合布局，加强产业链核心端招商，研究重点企业，拟定招商引资方案，推进产业上中下游一体化发展。加快中芯临港基地、药明康德化学药、小冰研发总部等高能级项目落地，提升对关键产业链供应链的掌控力；围绕央企总部招商，抓住北京疏解非首都核心功能有利时机，积极承接央企集团总部和重大战略项目，争取海工平台、中国电气装备集团项目落沪。12月24日，中船集团总部正式在沪揭牌。聚焦在线新经济等新业态，推进哔哩哔哩生态园、中国移动长三角一体化5G生态谷等项目，支持快手、美团点评、盒马鲜生等在沪开拓业务，大力培育发展新动能。

**三、在项目推进上求突破**

按照“统筹＋兜底”思路，破解难题，打通堵点，对落地项目抓开工抓建设，将签约项目的投资协议转化为实实在在的在地投资。

（一）项目抢进度

1月4日，举办全市重大项目集中开工仪式，总投资2734亿元的64个重大项目集中开工。市经信委会同市住建委发布三个批次“两个一批”项目名单，明确年内确保开工项目192个，确保竣工项目123个，机制设立以来累计发布3批。对重点项目倒排节点，挂图作战。推进中芯国际临港项目9月2日签约、12月10日开工建设，从签约到开工仅用100天。推进联影二期、普实医疗等一批10亿元以上项目年内开工。金山区持续深化“拿地即开工”机制，开展四次“季季开工”活动，共计50个重点产业项目集中开工，项目数量、投资总额、推进速度创历史最好水平。

（二）工作破难点

市级牵头，逐个破解重大产业项目瓶颈问题。针对华为青浦研发中心受通用机场影响建筑超高问题，市经信委会同市规划资源局、市交通委、民航华东管理局等单位多次协调，将机场限高由原先24米，调整为限高50米，经专家论证后20%的建筑可突破至80米。针对中芯临港等企业危险化学品仓储问题，通过“先开工、后调规”方式，破解工业用地M2上不能建设危险化学品仓库问题。针对集成电路、生物医药企业厂房结构特殊要求，联合市住建委，采取“一事一议”方式适当降低装配式建筑比例。针对和辉光电项目二路供电建设问题，市经信委会同市电力公司、金山区加快完成沿线6个塔基涉及的厂民宅动拆迁，争取年底建成接电。

（三）保障聚要素

深入推进资源要素统筹支持，强化对市级重大产业项目土地、环境容量、能耗指标的统筹协调。用地方面，协调益海嘉里项目地块上企业不动产转移登记、变更登记等；环保方面，做好上海石化清洁化改造项目方案论证有关前期工作能耗方面，推动科思创MDI扩建、宝山资源再生利用项目等项目“双高”论证。电力方面，保障电力新政过渡期华为、彤程电子、网易等重点招商项目的临电和正式用电需求。金融方面，搭建重大产业项目产融对接平台，组织商业银行、投资基金、保险公司举行产融对接活动，50家项目单位中27家达成融资协议，合计贷款75亿元。

**四、在招商方式上谋创新**

充分利用重大活动平台、特色产业园区等招商新载体，通过数字化等新途径，抓特色、筑优势，招商渠道日益多元，招商方式持续创新。

（一）注重“多元化”发力

发挥首批全球招商合作伙伴、专业招商机构、招商能人的桥梁纽带作用，牵线搭桥、推介上海。安联集团迈克尔·迪克曼担任主持第33届上海市市长国际企业家咨询会（IBLAC）主席，在“云端”畅谈上海营商环境改善；高瓴集团张磊被增补为上海市人工智能专家委员成员，推动新兴产业前瞻布局；红杉资本沈南鹏在2021年世界人工智能大会上为产业发展环境建言献策；普华永道搭建在沪英资企业沟通交流平台，罗浩智先生受邀成为下届IBLAC主席；中国上市公司协会会长宋志平在陆家嘴对话中为上海营商环境作宣传推介；戴德梁行在进博会期间编制发布《2021上海生物医药产业生态报告》；中国欧洲经济技术合作协会在沪成立中欧经济技术促进中心，打造中欧开放门户重要展示窗口。宝山区策划组织欧美同学会第二届中美经贸论坛嘉宾商务考察，通过论坛招商对接近30家意向企业。长宁区发挥市场化专业机构招商优势，拓展招商“朋友圈”，累计备案中介331家、签约220个、引进落地项目260个、累计产税2242.84万元。

（二）借力“数字化”转型

借助于大数据手段，分析全市重点产业链缺链补链环节，加快数字化招商平台建设，赋能精准招商，形成“重点产业链图谱、目标企业画像、目标企业招商图谱”。完成集成电路产业招商链梳理，同步梳理25个重点行业产业链。嘉定区利用数字化平台，形成“一链一图谱一清单”的产业链精准招商模式，提高新能源和智能网联汽车等特色产业在全区产业发展占比；松江区依托存量资源数据库动态管理和精准匹配，实现土地及项目快速配对，显著提升闲置空间招商效率。杨浦区打造线上派单、接单、处置、反馈“闭环式”服务体系，对“主动走访”、“被动发现”和“智能发现”等形成的企业需求实施全过程管理；徐汇、黄浦推广智慧应用系统、“智能帮办”等服务，覆盖企业和招商高频事项和应用场景。

（三）突出“特色化”招引

体现区域品牌特色，开展多样化招商活动。奉贤区启动“东方美谷奉贤新城”招商季系列活动，累计举办66场推介会奉贤，“东方美谷奉贤新城”品牌影响力持续提升。青浦区开展“青浦新城城市推介大会”，43个项目集中签约，意向总投资超1000亿元。静安区会同专业机构发布《南京西路国际竞争力指数》，扩大静安楼宇影响力。虹口区持续打响“企航北外滩”活动品牌。安排9条精品活动路线，展现虹口高品质的营商环境和高质量生活环境。化工区发挥“电子化学品专区”集聚效应，聚焦突破28纳米制程成熟工艺所需电子化学品，落地项目8个，签署意向项目14个。崇明区举办崇明世界级生态岛电商直播园挂牌仪式暨“崇明好物”首场直播会，加快5G产业、直播电商文创产业创新发展。

**五、在服务能力上求提升**

以企业需求和项目需要为出发点和落脚点，持续优化各项涉企服务，提高专业水平，提升协同能力，企业满意度和获得感不断改善，全市招商软实力稳步提升。

（一）专班制推进项目

在特斯拉项目经验基础上，建立部门联手、市区联合、分工协作的工作机制。对特大项目，市级建立搭建由市领导挂帅，发改、规资、环保、住建、重大办等部门组成的重大产业项目工作专班，将华为青浦研发中心、中芯临港等项目纳入专班，“一对一”加快推进。对重大产业项目，利用现有的市重大工程协调推进机制，由市经信委、市发改委、市重大办等部门共同协调推进，明确服务专员。市级层面负责解决难点问题和统筹要素保障，涉及国家事权的事项主动对接国家部委；区级层面负责协调跟踪项目进展，及时回应企业诉求。

（二）贴身式服务企业

针对企业实际困难和项目推进问题，从审批、人才、政策等多维度出，提供“保姆式”贴身服务。每月召开重点单位联络员专题会议，与重点项目一对一座谈，协调解决项目建设存在的问题。做好企业人才保障，用好重大产业项目特殊人才指标、重点机构、非上海生源应届大学生重点单位等人才政策，打通重大产业项目企业领军人才购房通道，首批6位企业家获批在沪免积分直接摇号购房资格。普陀区组建“营商环境特邀体验官”队伍，根据企业需求有的放矢提供精准服务，全力打造“人靠谱（普）、事办妥（陀）”一流营商环境。

（三）全方位提升能力

推动招商工作深度化、系列化，为全市招商提能级、迈高端提供有力支撑。实施“投资上海”系列能力提升计划，围绕商务谈判、特斯拉式服务、新基建招商等方面，组织全市投资促进服务队伍系列培训活动，共计718人次。开展招商工作深度研究，编制《关于近期造车新势力重点项目招商情况的报告》《“北上广深苏”制造业投资成本比较分析的报告》等深度研究报告。发布重大产业项目招商引资月报12期，编制《全球投资动态》12期，及时掌握全市重点招商项目进展及全球重要企业最新动态。

（赵广君）

# 工业品牌建设情况

2021年，上海市深入贯彻落实中共十九大及历次全会精神和习近平总书记考察上海重要讲话精神，牢固树立新发展理念，把握新发展阶段制造业高质量发展导向和消费升级机遇，发挥上海消费品产业底蕴深厚、消费市场发达、资源配置高效的优势，以促进产业提质扩容、激发供给需求活力、塑造城市时尚形象为发展主线，深化落实“增品种、提品质、创品牌”战略，认真开展品牌建设工作，聚焦“五型经济”，着力打造“上海制造”精品，全力打响“上海制造”品牌，加快上海品牌之都建设。

**一、紧扣“十四五”目标，打造“上海牌”矩阵**

围绕消费品改善供给、智能产品迭代升级、高端装备自主突破、新材料首批次应用等领域，推进“名品”上市应用，加快培育制造业“隐形冠军”企业，打造包括经典品牌、新锐品牌、优势品牌在内的“上海牌”三层梯队，不断提升“品牌上海”影响力，持续建设世界级制造品牌汇聚地。

（一）经典品牌跨界创新振兴

赋予经典品牌新内涵。推动一大批经典品牌开展双IP、双品牌融合，推出跨区域和跨界的创新产品，取得良好的社会反响。如光明集团与花博会IP联名出品多款创新产品，凤凰与贵州赤水竹编合作推出红色经典款自行车，梅林午餐肉跨界与“建筑可阅读——杨浦百年工业地标”推出一系列经典款，上海百年铁皮玩具工业品牌 SaintJohn 设计融入时尚和年轻化的产品。数十家经典品牌还设计多件具有红色历史意义的展品，如老凤祥的“吉祥 100”上海传统花丝珐琅彩灯、红双喜特别定制的乒乓球拍和乒乓球、龙凤旗袍包含中国传统纹样的百年党徽工艺盘扣、上海致敬征程系列腕表等。

（二）新锐品牌加快培育

在智能、健康、时尚、创意等领域筛选出一批潜力新锐品牌。如美妆与科技结合，Bilibili 平台的虚拟主播直播美妆科技，东方美谷通过数智孵化赋能品牌共同成长，推出“美谷美购新零售品牌”美妆。魔都网红“朵云书院”发展咖啡文化、跨界文化和沙龙社交等多种复合型业态，影创科技的 MR 智能眼镜即墨（JIMO）运用 5G+MR 技术。

（三）优势品牌高端化提升

鼓励企业多角度制定实施品牌提升战略，优质品牌向高端化逐步迈进，增强品牌公信度、知名度、美誉度。如上汽集团依托“数字＋出行”的概念，上汽零束 SOA 平台开发者大会在上海揭幕，助力上汽集团向高科技企业转型。上海电气集团以“数字＋治理”为主题，展现“绿色环保＋智能互联＋智慧运维”的成果。

**二、以高质量发展为目标，深化“三品”专项行动**

贯彻落实《国务院办公厅关于开展消费品工业“三品”专项行动营造良好市场环境的若干意见》，坚定“上海制造”追求卓越的发展取向，做好“十四五”谋篇布局，明确产业发展路径，发挥设计赋能、时尚策源、品牌引领作用，全力推动时尚消费品产业提质增效，努力构建全产业链空间布局，打造融合联动发展态势。

（一）加强顶层设计

印发《上海市化妆品产业高质量发展行动计划（2021—2023 年）》，着力打造国内领先、国际一流的化妆品产业发展生态，推进上海化妆品产业跨越式发展。特别是结合奉贤新城“一城一名园”建设，打造东方美谷时尚美妆产业金名片。组建工作专班，健全联络机制，重点服务招商引资、企业服务、产业生态等重大问题，集聚资源打造高地；积极筹备东方美谷国际化妆品大会，全力帮助东方美谷提升品牌价值；在意大利米兰筹建“东方美谷”首个海外中心。加快编制上海时尚消费品产业高质量发展三年行动计划（2022—2024）；开展时尚消费品产业数字化转型、提升供给能级等课题研究，紧紧围绕人民群众美好生活需求，重点发展时尚美品、科技妆品、精致食品、运动优品、智能用品、都市尚品、城市潮品、工艺创品等领域，让消费者“一身时尚、时尚一生”。

（二）强化设计赋能

成功举办第二届“上海设计 100+”征集工作，共征集设计产品、设计事件和设计案例 1541 件，吸引 920 个设计师／团队，覆盖 30+ 行业领域，更有京津冀、长三角、珠三角企业主动申报，充分体现设计在赋能产业、点亮生活、服务城市、洞见未来等领域的引领作用。精挑细选一批代表上海设计高水平的优秀作品参展，深化巩固和推介上海设计力量，初评 287 项入围，实现公众 1535 万点击量。推动浦东新区成功申报服务型制造工业设计特色示范城市，中国工业设计（上海）研究院确立为国家级研究院（数字设计方向），上汽、联影、微创、奔腾、特赞获评新一批国家级工业设计中心。完成 2021 年度市级工业设计中心（设计企业）和设计引领示范企业创建工作，认定 46 家工业设计中心、34 家市级设计引领示范企业和 4 家设计引领示范培育企业。

（三）注重时尚策源

大力挖掘时尚创意发展新引擎，首次采取线上发布的方式，开展“上海设计 100+”工作，在大时尚领域内认定 100 家（位）具备时尚属性、且有行业引领作用的单位或个人，从“时尚酒店、时尚空间、时尚街市、时尚家居、时尚科技、时尚服饰、时尚活动、时尚美妆、时尚饮食、时尚人物、时尚医美、时尚国潮”12 个维度广泛征集，共有 267 家单位或个人报名，品类涉及服装服饰、美丽健康、空间卡点、热力国潮和智能科技等多个时尚产业领域，组成“大时尚”生态圈。最终 2021“时尚 100+”榜单产生 7 个时尚酒店，22 个时尚空间，5 个时尚街市，10 个时尚活动，16 位时尚人物，16 个时尚服饰，8 个时尚饮食，4 个时尚科技，5 个时尚家居，9 个时尚美妆；除此之外，热点奖项产生 4 个时尚医美，11 个时尚国潮，共 117 个获奖单位和个人。

（四）聚焦品牌引领

围绕“与时俱进”成功举办第二届“上海制造佳品汇”，汇聚焦美妆护肤、时尚服饰、珠宝首饰、绿色食品等十大领域，发动上海家化、三枪集团、光明乳业等近 100 个品牌参与，推出富有设计感、时尚感的潮流新品近 1000 种，发布首届“上海品牌 100+”（时尚消费品）。活动获得各类媒体报道近 100 篇，新闻触达量超 1200 万次。以消费端拉动生产端，促进上海制造产品扩大销售。

创新启动上海制造时尚消费佳品海外推广计划，助力美妆护肤、时尚服饰、珠宝首饰、绿色食品、时尚家居、文创产品等领域的上海时尚消费品企业和品牌抱团出海，为“上海制造”走向国际化提供广阔舞台。在巴黎埃菲尔铁塔、比利时布鲁塞尔通过实景搭建“海派会客厅”，展示沪上国潮新品，提升海外消费者对“上海制造”和海派文化的感知与喜爱；在意大利米兰筹建东方美谷首个海外中心，提高上海化妆品产业的国际知名度。

### 三、集聚资源要素，大力发展品牌经济

面向全球、面向未来，贯彻落实《国务院办公厅关于发挥品牌引领作用推动供需结构升级的意见》《本市贯彻〈国务院办公厅关于发挥品牌引领作用推动供需结构升级的意见〉的实施办法》和《全力打响“上海制造”品牌加快迈向全球卓越制造基地三年行动计划（2021—2023年）》，充分衔接上一轮“上海制造”品牌三年行动计划，凝聚各方合力，擦亮“上海制造”名片，赋予“上海制造”品牌新的内涵，促进“上海制造”技术更先进、制造更智能、质量更优良、产品更高端、品牌更响亮，全力推进本市品牌经济发展，不断提升上海城市品牌的知名度和美誉度。

（一）加强品牌园区建设

以上海“中心辐射、两翼齐飞、新城发力、南北转型”的空间新格局为基础，以打造特色品牌园区为关键抓手，提升特色园区发展能级，推动园区向特色化、专业化发展，加强园区配套设施建设和公共服务保障，加快引进重大产业项目，促进产业集群集聚发展，打造产业生态圈。推动上海化工区、长兴岛船舶和海洋装备、宝山精品钢材、祝桥民用航空、国际汽车城等产业基地向高端化、智能化提升，提升产业链现代化水平。持续推进桃浦、南大、吴淞、吴泾、高桥五大重点区域转型升级，加快布局高端高新产业。推进文创园区特色化、智能化迭代升级，促进时尚消费品产业与文创园区融通发展。

（二）打造重要展示平台

积极开展各类重大会展活动，借助工博会等平台，依托“55购物节”、“信息消费节”、上海制造佳品汇等大型活动，进一步加强品牌推广。举办第七届中国品牌经济（上海）论坛，围绕“中国制造迈向中国创造、品牌经济赋能制造强国”等主题，来自国内外的企业家、学者等300人与会，线上收看直播的人数达30万人。论坛发布“中国品牌价值榜”“中国品牌创新价值榜”及“上海制造品牌价值榜”。

（三）加强品牌培育体系贯标

以国家《品牌培育管理体系实施指南》系列标准为基础，涵盖四大品牌各行业不同规模、不同性质的企业，深入引导企业学习贯彻标准要求，加强上海市品牌引领示范企业培育，鼓励企业加强品牌建设、增强品牌意识，帮助企业学习如何做品牌、创名牌。推进200余家企业参加品牌培育试点工作，举行上海市品牌培育示范企业授牌仪式，为39家新认定的市级示范企业授牌，为全市持续推进品牌引领示范培育工作建设奠定坚实基础。

（四）提升创新创意供给水平

加强文创产业载体功能管理水平提升，开展市级文创园区、文创楼宇和文创空间新一轮评审工作，为品牌企业做好园区服务工作，跨界赋能推动品牌经济工作，支持品牌企业发展，“一轴、一带、两河、多圈”产业布局进一步优化，文创园区功能建设和内涵提升不断深化。

（郑一飞）

# 企业社会责任报告发布情况

2021年12月23日，由上海市经济团体联合会、上海市工业经济联合会主办，上海各行业协会、商会、同业公会协办，上海市质量协会等作为技术支持的“2021上海市企业社会责任报告发布暨十周年经验总结会”举行。共有508家单位报名参与，435家企业、部分事业单位和社会组织在会上发布年度社会责任报告。东方网全程直播大会实况，各行业协会、商会、同业公会以视频连线方式参加大会，近9万观众收听收看会议直播。

2021年是上海市经济团体联合会、上海市工业经济联合会连续第10年举办上海市企业社会责任报告发布会，参与发布社会责任报告的单位数量达到历史新高，上海也成为企业自主在国内统一发布平台发布社会责任报告数量最多的城市。

10年来，在市经信委、市国资委、市发改委、市商务委、市文明办、市总工会、市民政局、市人社局、市生态环境局、市市场监管局、市应急管理局等部门的关心指导下，在市质协等行业协会、社会组织和企业的大力支持、共同努力下，这项工作的参与主体不断壮大。

上海市经济团体联合会、上海市工业经济联合会发挥枢纽型联合组织优势，坚持每年组织社会责任报告交流发布活动，并积极引入评价机制，发挥典型示范作用。广大社会责任报告发布单位追求卓越、争创一流、尽责奉献、科学发展，为践行经济社会高质量发展作出表率。

在这一平台上，企业社会责任报告发布呈现出以下特点：一是自主发布、持之以恒、形成机制。二是理念融合、内容丰富、质量提升。三是规范管理、倡导分享、引领示范。四是凝聚共识、坚持公益、善作善成。

10年来，企业社会责任报告发布越来越成为上海企业的责任、担当和自我需求。主要表现在“八个关注”和“六个变化”上。

“八个关注”：一是关注“双创”成果。二是关注科学发展。三是关注企业社会贡献度和信用等级。四是关注绿色发展意识的增强程度。五是关注安全生产投入和安全事故控制。六是关注和谐劳动关系。七是关注客户满意度和投诉率指标。八是关注参与慈善公益事业。

“六个变化”：一是报告的数量逐年增加。二是发布单位构成更加多元。三是连续发布单位数量逐年增加。四是报告信息量更广更深。五是报告参考标准从一开始的突出形象为主，转化为按国际接轨的标准编制。六是报告的内容更加丰富，形式更加多样。

上述“八个关注”和“六个变化”凸显上海广大企业追求卓越、争创一流、尽责奉献、科学发展的精神；体现履行社会责任的认识不断提高，发布报告的面不断拓展，履行社会责任的绩效日益显著。

本届大会上，第十届市政协主席、市经团联、工经联专家委员会主任蒋以任和市政协经济委员会主任徐建民，市经信委、市国资委、市发改委、市总工会以及市质协等有关单位领导出席会议并为部分典型企业授牌。市经信委总工程师张宏韬在会上讲话。他充分肯定10年来上海市企业社会责任报告发布对提升企业高质量发展的重要性，要求不断提升社会责任报告发布的影响力，真正为企业高质量发展作出努力。市经团联、工经联执行副会长、秘书长裴崎主持发布会，执行副会长史文军对年度报告发布工作进行总结。

大会授予上海复星医药（集团）股份有限公司等25家企业为“上海市企业社会责任报告发布杰出企业”称号，交通银行股份有限公司等75家企业为“上海市企业社会责任报告发布优秀企业”称号；授予上海宝信软件股份有限公司等25家企业为“创新发展企业”案例奖，上海石油天然气有限公司等25家企业为“绿色发展企业”案例，春秋航空股份有限公司等25家企业为“和谐发展企业”案例，光明食品（集团）有限公司等25家企业为“特别贡献企业”；参与此项活动推广的上海医药商业行业协会等10家行业协会、商会、同业公会为“优秀组织者”。

会上，上海国际港务（集团）股份有限公司、中国太平洋保险（集团）股份有限公司、上海医药集团股份有限公司、上海汽轮机厂有限公司、立邦投资有限公司分别作社会责任报告现场发布。申能集团上海外高桥第三发电有限责任公司、上海识装信息科技有限公司作经验交流。上海复星医药（集团）股份有限公司、高柏（中国）企业管理咨询有限公司、花旗银行（中国）有限公司、上海强生出租汽车有限公司、上海聚通装饰集团有限公司、上海计算机软件中心有限公司、上海威派格智慧水务有限公司、澜起科技股份有限公司、惠生工程技术服务有限公司分别作书面交流。

2021年，报名发布社会责任报告的企业涵盖央企、地方国企、民企、外企以及上市公司。涉及人工智能、生物医药、汽车、装备等制造业企业，还包括金融、大数据、互联网等服务业企业。其中，常州四药制药有限公司等来自长三角一体化城市经济圈的企业也连续多年发布报告。

**附：“上海市企业社会责任报告”杰出企业典型选树名单**
**（排名不分先后）**

上海国际港务（集团）股份有限公司
上海汽车集团股份有限公司
上海复星医药（集团）股份有限公司
上海海立（集团）股份有限公司
上海核工程研究设计院有限公司
上海电力设计院有限公司
海通证券股份有限公司
中国船舶及海洋工程设计研究院
东亚银行（中国）有限公司
上海电气集团股份有限公司
中国太平洋保险（集团）股份有限公司
上海中建东孚投资发展有限公司
上海华虹宏力半导体制造有限公司
上海家化联合股份有限公司
上海银行股份有限公司
上海锅炉厂有限公司
中国东方航空股份有限公司
上海强生出租汽车有限公司
微创医疗科学有限公司
北京赛西认证有限责任公司
高柏（中国）企业管理咨询有限公司
北京中建协认证中心有限公司
方圆标志认证集团上海有限公司
上海计算机软件技术开发中心
上海市化工环境保护监测站

（曹　恺　沈桑杰）

# 人工智能产业发展情况

2021年，上海市认真贯彻落实习近平总书记在浦东开发开放30周年庆祝大会上提出的要加快打造人工智能等世界级产业集群的要求，在中共上海市委、市政府的领导下，加快建设具有全球影响力的人工智能“上海高地”，推动赋能城市数字化转型。上海人工智能已形成从算法、芯片、产品到行业应用的强韧产业链，在数字化转型中深度赋能，在资本、人才、行业方面组织构建融通生态。

## 一、2021年上海人工智能产业发展总体情况

2021年，上海人工智能产业保持较快增长态势，完成规模以上产值超3000亿元，比上年增长17%以上。全市企业智能产品和解决方案加速规模化业务落地，如商汤科技已于港交所成功上市；深兰、闪马、西井、傅利叶等深耕细分领域，拓展海外业务。人工智能行业脱虚向实趋势明显，价值红利正加速显现。

## 二、重点推进的工作

### （一）全产业链能级不断提升

各部门凝聚合力，市区两级加强联动，聚焦产业链核心环节精准招商，基本形成各类优势企业在沪协同发展的产业格局。一是着力引进落地重大项目。地平线全球总部、小冰公司、晶众地图总部、出门问问、集度汽车等一批细分领域领军企业落沪。百度超级链、开源中国总部、星药科技等26个重大产业项目在世界人工智能大会上签约。全市共签约155个人工智能项目，总投资达1107亿元，汇聚产业发展新动能。二是依托重大项目带动产业链协同发展。推进亚洲最大AI算力中心商汤“新一代人工智能计算与赋能平台”建设，2022年初将投入试运营；向上游成立人工智能算力产业生态联盟，带动国产智能芯片和自主框架适配；向下游推进算法开发，打造面向城市数字化转型的智能应用，加快构建上下游协同的自主产业生态。此外，达闼、天数智芯、壁仞等重大项目抓紧组织实施。

### （二）创新集群成果更加丰硕

人工智能技术突破呈厚积薄发之势。一是芯片领域，围绕智能芯片“卡脖子”问题，上海已集聚全国最多的智能芯片创新企业，年内已有8块芯片流片点亮成功。天数智芯7纳米GPGPU芯片已量产，燧原发布国内最大AI计算单芯片“邃思2.0”和AI推理加速卡“云燧i20”，依图7纳米推理芯片实现商用化量产，平头哥倚天710 CPU发布、玄铁920处理器成功开源，地平线、黑芝麻的车规级智能芯片有望打破L4级自动驾驶领域特斯拉FSD和英伟达Orin的垄断。二是算法领域，在基础算法方面，上海人工智能实验室联合商汤等单位发布新一代通用视觉技术体系“书生”，共筑OpenXLab开源平台体系。在应用算法方面，天壤自研精度接近AlphaFold2的TRFold平台实现单张GPU16秒精准预测蛋白质链，冰洲石研发全球首个由AI发现并获批进入临床试验的乳腺癌药物AC0682，联影智能获得CT骨折医疗AI三类证，进入临床应用。

### （三）政策创新打造先行标杆

一是编制国内首个地方人工智能五年规划。围绕建设更具国际影响力的人工智能“上海高地”的总体目标，形成“4大目标+6大任务+13个专项行动+5项保障措施”的顶层设计。二是建设国内首个地方人工智能标准体系。成立上海市人工智能标准化技术委员会，并由龚正市长揭牌；发布《人工智能标准化体系建设的指导意见》；在全国率先立项《公共场所人脸识别分级分类应用规范》等重点领域地方标准。三是实施国内首个算法创新行动计划。围绕基础突破、应用创新、生态培育、人才集聚、社区开放五方面，打造从理论算法研发到行业转化应用的开源开放创新生态。此外，完成人工智能地方立法的论证预研，已通过市人大立项联合论证会。

### （四）产业生态环境日益完善

一是重大应用场景连线成面。在2021年世界人工智能大会上，发布浦东数字治理、临港数字孪生城等5个重大应用场景，发布便捷就医、为老服务等11项数字生活标杆场景和100个应用场景体验手册及地图，让AI走近生活、贴近民生。二是国际合作取得关键突破。推进国际三大顶级学术会议之一的“国际人工智能联合会议（IJCAI）”与上海深度合作，成功申办2024年IJCAI大会，为全球顶级学术资源汇聚上海创造新机遇。三是战略咨询专家委建言献策。召开上海市人工智能战略咨询专家委年度咨询会议，增补8位专家，汇集业内名家大师发表真知灼见，累计贡献50条意见建议。

### （五）大会品牌持续扩大影响

以“智联世界众智成城”为主题成功举办2021世界人工智能大会，会期在线观看达3.83亿人次，线下参会观展13.9万人次，树立行业新标杆。大会引领科技风向标，13项前沿尖端技术产品首发，华为、阿里等头部企业竞相推出重磅成果，全球首个机器人科学家等五个项目获得卓越人工智能引领者奖（SAIL奖），26个行业白皮书等重要报告发

布。搭建应用展示台，展览面积较上年翻番，达4.2万平方米，其中“AI@上海”主题展汇聚本市人工智能最新创新成果。发布五大综合性场景、11项数字生活标杆场景、100个应用体验地图。打造产业加速器，160余个项目路演，其中海外项目63个，BPAA算法大赛、AIWIN大赛、云帆奖等吸引海内外700余支队伍，贡献一批优秀算法和解决方案。共筑治理议事厅，亨利·基辛格等国外重磅嘉宾纵论人类历史、未来与AI发展。4届大会共吸引2000余位国内外重要嘉宾演讲，600余家重点企业参与合作，120余个重点项目集中签约。大会已同上海人工智能产业发展形成循环联动，溢出效应显著，成为引进产业项目“会客厅”、展示产业成果“大舞台”、优化创新生态“百花园”。

（朱雨桐）

# 附件：上海新一代人工智能算法创新行动计划（2021—2023年）

## 一、背景

算法是人工智能的核心。算法的迭代创新引领了人工智能技术演进，也将是未来人工智能突破发展的关键所在。为了贯彻习近平总书记“推动我国新一代人工智能健康发展”的指示精神，落实人工智能“上海方案”，加快建设上海人工智能创新发展高地和世界级产业集群，发挥上海算力和数据资源的基础优势，打造从理论算法研发到行业转化应用的活跃创新生态，为城市数字化转型提供坚实的技术基础，特制定本计划。

## 二、行动目标

到2023年，上海人工智能算法水平总体保持国内领先、部分领域达到国际一流，初步成为前沿成果丰硕、应用生态活跃、创新人才集聚的国际人工智能算法高地，为驱动上海人工智能高质量发展、赋能城市全面数字化转型提供有力支撑。

一是形成以上海人工智能实验室等创新机构为核心的创新平台集群，在基础理论、核心算法、通用模型、软件框架等领域创造10个左右引领性成果。

二是形成以人工智能算法产品为标志的应用生态体系，在城市数字化转型重点领域打造具有示范推广效应的100个算法产品和100个算法应用典范案例。

三是形成以人工智能算法交易集市为载体的知识产权流通市场，有效促进算法供需双方匹配对接，建成算法标准体系和评测体系。

四是形成以首席算法师为中坚的多层次人才队伍，引进和培育50位左右国际算法领军学者和杰出青年科学家，在行业企业培育和选树100位左右首席算法师。

五是形成以白玉兰开源开放平台等为代表的算法开放社区，培育10万人规模的算法应用开发者群体。

## 三、主要任务

### （一）算法基础突破行动

构建算法创新平台体系。重点建设上海人工智能实验室，力争建成国际一流的人工智能算法基础研究和技术研发平台。积极联动全球人工智能顶级高校、国家级创新平台、创新龙头企业，推动上海高校、科研院所和企业加大投入，协同推进上海人工智能重大创新平台建设，形成人工智能战略科技力量集群。

支持基础算法理论研究。面向人工智能数学基础、类脑智能、认知智能、群体智能、小样本学习、元学习、强化学习、安全可信人工智能、生成对抗网络、量子机器学习、分布式系统等前沿领域，鼓励相关科研机构加大投入攻关，力争形成一批引领性理论成果，在国际顶级学术期刊、会议上发表具有重要国际影响的论文。引进和组织具有世界影响力的高水平学术会议和期刊，设置算法领域论文奖项，评选发布一批世界顶级算法成果。

推动核心算法技术突破。面向自然语言处理、计算机视觉、语音识别、知识图谱、决策智能等通用技术领域，支持相关科研机构和企业加快研发，突破核心算法。围绕超大规模语义模型、通用视觉模型、人工智能交互框架、小样本认知智能引擎等重点方向，构建若干具有标志意义的大规模算法模型，相关测试性能达到国际领先水平。推动相关企业、科研机构研制或改进面向深度学习、分布式系统等技术的基础开源软件框架，在框架基础上开发相关应用模型和周边工具，实施一批开源项目。

### （二）算法应用创新行动

增强行业应用算法供给。面向经济、生活、治理等三大数字化转型领域，推进自动驾驶、AI+工业、AI+医疗、AI+金融、AI+政务等关键算法突破升级，形成一批具有示范推广效应的算法产品。鼓励行业企业围绕算法开发部署流程，研制推广标准化算法组件、预训练模型，促进模块化算法应用。支持行业企业建设人工智能创新中心，开发企业级应用算法，鼓励与相关科研机构联合建设算法应用实验室，以多种形式深化产学研合作。支持传统行业企业构建面向业务的知识图谱，形成支撑算法应用的共性知识基础。

建立算法应用转化体系。支持建设面向重点应用领域的公共算法服务平台，推动行业共性算法的研发和供给。支持建设算法应用信息平台、算法复现平台，链接国际最新算法成果，推动算法快速部署和重复使用，加快人工智能应用项目验证推广。鼓励各类企业开放应用场景，促进算法与企业业务对接，打造一批算法转化示范项目。

加大算法应用推广力度。面向全球应用算法团队与人才开展算法应用典范大赛，围绕政务、工业、医疗、金融、商贸等重点应用领域，定期评选和推广具有标志意义的算法实践案例。构建算法服务全球供应商名单，吸引全球创新算法在沪应用落地。

（三）算法生态培育行动

建设算法交易集市。打造若干算法知识产权运营平台，开展人工智能算法运营和交易试点，促进供需双方快速精准匹配和对接，鼓励发展“算法应用商店”等新模式，逐步完善算法知识产权交易规则。

搭建算法标准和测评体系。面向机器学习、自然语言处理、计算机视觉、可信人工智能、强化学习、迁移学习、智能机器人、自动驾驶等人工智能技术及应用方向，研制相关技术和应用标准，建设算法基准测试平台，形成人工智能算法标准和测评体系。

强化算法资源支撑。构建面向各类人工智能主流技术的通用算法库，面向工业、医疗、自动驾驶、机器人等领域的应用算法库，面向类脑计算等领域的前沿算法库等。建设多种运营模式的公共算法池，推动算法池扩容与共享，支撑各类公共管理系统、政务智能平台与商业智能平台运行。

（四）算法人才集聚行动

打造首席算法师核心队伍。面向广大行业企业，培养和选树一批精通人工智能算法和企业业务、牵头推动算法应用实践、加快企业数字化转型的首席算法师，支持行业企业围绕首席算法师构建枢纽型核心算法赋能团队。建立全市首席算法师联盟，形成推动行业数字化转型的中坚力量。

加大算法人才引进支持力度。面向国内外顶尖学者、青年科学家、核心算法工程师，进一步加大人才团队引进奖励和创新项目的支持力度。依托各类算法创新科研机构，探索完善人才学术、产业双向流动制度，为高端人才提供宽松多元的发展空间。探索建立多层次算法人才评价认证体系，设置基础理论研究、核心算法攻关、应用算法创新等人才奖项，不断提升人才品牌知名度。

加快算法人才培养体系建设。进一步推动本市高校试点设立人工智能交叉学科，促进数学、统计学、计算机等学科融合发展，扩大人工智能领域招生规模，深入开展产教融合。支持建设人工智能培训机构、继续教育实训基地和高技能人才培养基地，举办各类算法培训和工作坊活动，壮大算法应用人才队伍。支持建设各类开放式在线算法学习资源、课程和社区，不断扩大行业覆盖面和影响力。

（五）算法社区开放行动

建设算法开源开放品牌社区。重点打造上海白玉兰开源开放平台等社区生态，与国内外知名开源社区互联打通，形成国际人工智能开发生态网络关键节点。汇集行业企业、高校和智库等各方资源，推动人工智能领域开源软件的国际规则互认，制订推广开源领域相关标准和协议。鼓励相关企业、机构围绕已有国产软件框架培育开发者群体，打造自主开发生态。

举办各类算法合作交流活动。进一步提升世界人工智能大会等重大活动的平台功能，发挥WAIC开发者生态、全球高校人工智能学术联盟、AI青年科学家联盟等的积极性，举办多种形式的算法技术交流、黑客松、嘉年华等活动，持续吸引创新开发者，培育开放的极客文化。

**四、保障措施**

（一）组织保障

发挥市人工智能产业工作领导小组作用，统筹协调各成员单位按照职能分工，推进实施新一代人工智能算法创新行动计划。建立市区联动推进机制，支持各区因地制宜，出台算法创新配套支持政策。

（二）政策保障

进一步加大政策创新力度，在国家和本市相关政策框架下，对于高端算法人才在专项奖励、住房保障等方面予以重点支持。完善制度设计，在算法分级分类和安全应用方面加强研究，适时出台相应政策规范。

（三）资金保障

加大市级财政对人工智能算法创新支持力度，发挥全市各类产业发展、科技创新相关专项资金的引导作用，联动社会资本，对算法创新平台建设、技术研发攻关、应用转化落地、人才引进培养等予以支持。

（四）数据保障

依托本市公共数据开放平台，进一步扩大公共数据开放，制定落实各项配套机制。加快建设面向工业、医疗、交通、金融、环境等重点领域的公共数据集，支持数据标注、数据整理、数据清洗等各类数据服务模式发展壮大。

（五）场景保障

进一步加大本市应用场景开放力度，持续开展应用场景“揭榜挂帅”，建立全球创新算法与应用场景的对接共建机制，加快算法实践落地。

# 机器人产业发展情况

2021年，上海机器人产业迎来爆发式增长，工业机器人本体产值比上年增长30%以上，产量达到7万台，占全国总产量的1/4，继续保持机器人“第一城”地位，国际机器人“四大家族”、本土机器人“四小龙”加大投资布局。服务机器人本体产值同比增长50%以上，涌现微创（医疗）、钛米（消毒）、高仙（环卫）、点甜（农业）、爱餐（餐饮）、擎朗（公共服务）、弗莱威（家庭服务）、傅里叶（康复）等一批新兴本土代表企业，在各种场景领域实现首台落地应用，服务机器人将在不久变为“飞入寻常百姓家”的智能终端伙伴。

**一、工业机器人**

机器人产业已成为“上海制造”的一张新名片。

（一）国际巨头方面

上海发那科三期工厂在上海建设，总投资达15.8亿元，成为继集团除日本本土外全球最大的机器人基地，全年销售同比增长40%以上，继续领先全球和中国机器人市场。5月，市政府为ABB授牌中国研发中心。10月，ABB宣布其上海机器人新工厂预计2022年第三季度投入运营，新工厂不仅服务中国市场，同时服务新加坡等周边的国家。

（二）本土龙头方面

上海新时达、中科新松、沃迪、节卡、快仓等企业已具备核心技术自主开发和多场景应用能力，由于技术积累、专利和人才的缘故，国产机器人本体企业与国际“四大家族”竞争时，在资质、品牌和资本方面均处于弱势竞争地位，国产工业机器人多集中于中低端应用领域。应用于汽车制造、焊接等高端行业领域的六轴或以上高端工业机器人市场，过去主要被日本和欧美企业占据，近年来国内企业市场份额在逐步爬坡中。

上海新时达机器人有限公司作为一家系统集成和本体制造均具备核心竞争力的企业，在3C、白电、汽车零部件、食品饮料、金属加工、军民融合等行业提供解决方案，掌握焊接、切割、分拣、装配、上下料、打磨抛光、搬运码垛等多种工艺，同时还掌握机器人专用控制器、伺服驱动器、系统软件等核心技术。

中科新松有限公司多可®智能机器人聚焦于智能机器人系列化产品的自主研发和生产，构建基于协作机器人、智能移动机器人、智能应用控制器、操作系统和云平台技术的产品服务体系，产品通过CE和SEMI认证，广泛应用于汽车、能源，半导体，3C，食品药品，教育科研等多个行业，出口东南亚、北美、欧洲等数十个国家与地区，品牌影响力享誉全球。多可协作机器人经上海市高新技术成果转化项目认定为A级，同时助力三星堆遗址考古文物修复工作。

以灵活、安全、柔性化特点受到市场欢迎的协作机器人发展迅猛，节卡开发的协作机器人产品销售至亚洲、欧洲、美洲等60个国家，销售额比上年增长200%。非夕机器人开发全球首款自适应机器人，能够实现仿人的精细手眼配合操作，解决更多复杂操作工艺的自动化难题，获得国内外业界多项大奖。

**二、服务机器人**

2021年，服务机器人比上年增长40%。思岚科技营业收入突破1亿元，为数个万台移动机器人的订单提供核心零件的定制，同比增长50%。擎朗机器人销往东南亚、欧洲、美洲、澳洲60多个国家和地区，超过2.5万台；高仙产品销往43个国家和地区。爱餐销售在多个地级市推动智慧餐厨工程开拓市场，销售比上年翻番增长。

餐饮领域，上海爱餐机器人亮相2021年中国国际服务贸易交易会（北京）。在首钢园区会场体育服务专题展区，爱餐的智能炒菜机嵌入车体中，配有污水净化装置，炒菜过程无明火、无油烟，实现随炒随吃的便利体验。擎朗提供的送餐机器人可以在酒店实现无接触配送、多点送餐、多机协作，在餐饮服务方面实现业务深度融合。

医疗领域，上海电气集团、傅里叶智能、上海微创等知名企业开发的康复机器人、手术机器人等品牌发展迅猛。上海电气集团旗下的智能康复医疗公司两款康复机器人产品在华山医院等多家医院完成临床研究。上海微创推出腔镜、关节置换、血管介入等系列手术机器人产品。观谷科技、钛米、高仙、穿山甲等研制的机器人分别围绕各种环境下的医护、清洁、消毒、转运、测温等诸多场景需求提供服务。清洁领域，上海高仙自主研制的服务机器人，结合其自主定位导航技术，广泛用于商用清洁、安防巡检、楼宇配送。商业领域，达闼配送机器人具备导航避障和环境监测功能，实现自主避障、自主规划路径，自主完成运送餐食、物品、酒水、药品等任务，还可自主搭乘电梯，实现多楼层送餐／物。

思岚科技（SLAMTEC）成立于2013年，通过技术研发和产品迭代，不断为机器人市场提供高效可靠的解决方案，已成为服务机器人自主定位导航解决方案的领航者。拥有360°扫描测距激光雷达、模块化自主定位导航系统及通用型服务机器人平台ZEUS等三条核心产品线。业务辐射亚洲、欧洲、北美等全球20多个国家和地区，服务企业用户超过2000家、个人用户累计超过10万。

高仙机器人成立于2013年，是全球最早从事低速无人系统定位导航和应用探索的机器人公司之一。高仙深耕商用清洁，用创新科技引领清洁行业向智能化、无人化发展。在自主研发的移动机器人全场景全栈技术的支持下，高仙的清洁机器人可自主建图定位、感知周围环境和规划路径，全程无人工干预完成清洁任务。在建图定位上，高仙机器人定位精度高，室内误差仅为2厘米，室外误差仅为3厘米，实测建图面积达100公里级别，并支持动态地图自动更新。在环境感知上，高仙机器人融合激光、摄像头、超声波、GPS、红外、UWB、RFID等30多种传感器，具备多维度感知周围环境的能力，最低能检测3cm的低矮障碍物，支持行人与车辆检测，支持一米栏、施工区域、扶梯区域等复杂作业场景识别。清洁作业中，高仙机器人可实现主动巡检清洁，自主识别垃圾并规划最优路径，完成相应清洁。高仙机器人已应用于写字楼、酒店、购物中心、商超、交通枢纽、工业物流、医院等多个场景的地面清洁，远销至30多个国家和地区，运行里程超过1.5亿公里。

达闼智能作为全球云端机器人运营商，携旗下多款5G云端机器人亮相2021年第八届上交会，打造沉浸式智慧酒店、智慧教育、智慧零售、智慧社区等多种场景体验。参与亮相的5G云端智能机器人包括：5G云端服务机器人、5G云端高扩展性室内移动机器人、5G云端多功能航母平台安保安保递送机器人、5G云端虚拟智能机器人，和5G云端售货机器人。展会中，承担导览角色的则是5G虚拟云端机器人。除了导览对话以外，与会人员还可通过机器人获取资讯、业务推荐、产品介绍等内容。5G虚拟云端机器人作为虚拟接待员，其形象可定制，可实现多种终端形态展示。具备闲聊互动、广告展示、附近餐厅指引等功能，7×24小时不间断提供智能服务，极大节省人力成本，提升工作效率，帮助企业、园区、公共服务场所实现更好更完善的人性化服务。

上海钛米机器人基于手术室、ICU、病房、门诊、急诊、检验、后勤等医院七大场景，以特定用途的机器人及自动化产品构建一体化的“医院数字底座”，打造全生命周期人工智能系统——“医院数字孪生体”，实现医院的全过程高效管理。“医院数字孪生体”覆盖全院80%以上病区和业务科室，可以通过人工智能技术发掘数据的关联，对医院做系统性理解、即时分析、模拟仿真和预测，为医院量身定做可“感知、学习与应变”的“AI大脑”。数字孪生技术将各种数据实时呈现给医护人员，一方面，大大节省医生和患者的精力和时间，优化就诊服务流程，辅助医生诊断，协调不同区域的医疗资源；另一方面，帮助医护人员及时判断可能会发生的紧急情况并提前做出应对措施，为患者提供更高效优质的护理服务。最终实现医院的调度一体化、数据透明化和管理智慧化的智能运营。国内机器人产业的发展。

上海电器科学研究所作为国家机器人检测与评定中心总部承建单位，搭建国家级机器人产业标准化工作，打造提升产品质量的重要平台。针对建筑机器人在建筑工业化、数字化、智能化转型升级，牵头机器人企业、建筑施工单位、高校科研院所等方制定建筑机器人CR认证实施规则和认证技术规范，填补建筑机器人的认证空白。

机器人企业的快速增长赢得社会各界尤其是资本的高度关注。节卡机器人、达闼机器人、高仙、宾通、擎朗智能、景吾、氦豚机器人等分别获得从数千元到10亿元级的B轮以上的资本追逐。

（杨 凯）

# 政策法规建设情况

2021年，按照中共上海市委、市政府决策部署，上海市经信委政策法规工作，全力服务上海产业和信息化高质量发展，依法履行法定职责，严格规范公正文明执法，积极转变政府职能，进一步推进法治政府和服务型政府建设。

## 一、持续推进“放管服”改革

（一）政府服务事项优化

根据权责清单内容，动态调整政务服务事项目录清单，并逐项修订事项的办事指南，不断提高办事指南的准确度、易读性。进一步优化审批手续，不断压缩行政许可办理的承诺期限，经几轮缩减，承诺期限整体已达到比法定期限缩减近70%的目标；提升即办程度，充分借助信息化技术手段，即办由原有的3项增至6项；落实国务院减证便民要求，及时清理国家已明确取消的证明材料以及含有“其他材料”等兜底性条款。

（二）促进业务流程革命性再造

推动“能办”向“好办”转变。对市经信委7类高频事项进行梳理分类，将无线电频率使用许可（新办）作为首个实现“好办”的事项。将无线电业务由原先的32类梳理合并为17类，根据每类业务制作不同的申请表单样表，以达到精准化、穿透式引导服务。同时通过智能申报，将原先31项表单填写内容缩减为10项，提升用户填报的便利性、准确性。推动政务服务事项切实落实“两个免于提交”，对市经信委12类行政许可事项中政府部门核发的38份材料，通过电子证照和数据核验免于提交34份，并实现证照关联。

（三）落实“证照分离”改革

按照国务院深化证照分离改革有关要求，对市经信委纳入涉企经营许可的7个事项，通过取消审批和优化审批服务两种方式落实行政审批制度改革要求。如对“第二、三类监控化学品和第四类监控化学品中含磷、硫、氟的特定有机化学品生产特别许可（初审）”取消初审环节，调整为由省级部门直接审批；对食盐定点批发企业审批、食盐定点生产企业审批、民用爆炸物品生产许可、民用爆炸物品安全生产许可、民用爆炸物品销售许可、第二类监控化学品经营许可等6项审批事项通过减环节、减材料，减时限等方式进一步优化审批服务。

**二、完善法治政府建设**

（一）法规规章起草和宣贯

围绕产业和信息化重点工作，做好相关立法工作。做好《上海浦东新区促进张江生物医药产业创新高地建设规定》《上海市数据条例》《上海市盐业管理规定》《上海市智能网联汽车测试与应用管理办法》等地方性法规、政府规章的起草和宣贯工作。

（二）规范性文件制定和清理

加强规范性文件管理，修订完善委内《关于行政规范性文件管理工作的通知》，规范相关政策文件清理评估和制定发布流程，形成内部工作机制。及时评估清理，定期滚动提示相关处室，开展规范性文件评估、提出清理意见，在办公厅规范性文件管理系统及时上传相关文件评估材料；根据评估清理情况，定期在官网公开有效规范性文件目录。加强部门沟通，积极参加业务培训、不断提升法律审核能力，推进规范性文件质量的提升。

（三）行政执法、诉讼及复议

健全制度依据。对监控化学品、民用爆炸物品、煤炭、无线电等4个领域的行政处罚裁量基准进行修订，分档设置处罚标准，细化“从轻”“从重”情节。研究出台《经济信息化领域信用修复认定标准》，对依法履行义务、及时消除影响的失信信息予以修复。加强执法监督检查。在无线电台（站）领域，落实“双随机，一公开”工作要求，对监管中发现的问题及时向责任单位通报检查结果并责令整改。在监控化学品领域，对监控化学品企业组织执法检查人员和禁化武专家共同开展专项督查工作，对企业存在的问题要求限时整改，提高企业的履约意识，夯实禁化武履约工作基础，提高企业禁化武履约工作能力。

（四）法治宣传教育常抓不懈

牢固树立依法行政理念，落实“谁执法谁普法”责任，网上公开执法制度依据、救济渠道等信息，结合日常执法检查以及高考、花博会等重大活动保障任务，积极开展普法宣传，提升行业企业、社会公众知法守法意识。开展保护电力设施和维护用电秩序“进社区、进企业、进工地”系列宣传活动，向公众普及安全文明用电知识。通过网络直播、短视频等方式加强典型违法行为的解读，鼓励社会大众参与到监管工作中来。为加强基层法治基础，积极开展宪法、党内法规的宣传，制订发布经济和信息化“八五”普法规划，组织策划企业法务技能大赛。

（董慧鑫）

# 2022·上海工业年鉴

SHANGHAI
INDUSTRIAL
YEARBOOK

# 区工业

## 浦东新区工业

**【概况】**

2021年，浦东新区按照“起步冲刺，全程发力”的要求，扎实推进工业稳增长工作，首次实现工业规模万亿平台千亿增长，圆满完成各项目标任务。

**【2021年发展情况】**

一、工业经济保持强势增长

新区工业面对高增长基数压力，充分发挥稳增长工作机制，在产业项目推进和缺芯、缺电、缺箱等各类事项中取得市、区两级各部门的大力支持。同时，通过不遗余力挖掘增量，保持工业高位运行。最后5个月单月产值持续站稳千亿级规模，全年完成规模以上工业总产值12442.53亿元，比上年增长14.8%，高于全市4.5个百分点。区属工业总产值12月再创新高，实现825亿元。全年完成6999.23亿元，同比增长19.8%。

二、重点产业引领功能增强

（一）汽车制造强势带动增长。特斯拉超级工厂交付48.413万辆，增长235%，智己汽车L7首批体验版产品下线。临港新片区全域开放测试道路。浦东金桥智能网联汽车开放测试道路正式获批，成为国内首条中心城区自动驾驶开放测试道路。克服缺芯、新势力造车冲击等因素影响，2021年实现产值3667.22亿元，同比增长51.1%。

（二）电子信息制造降幅收窄。受龙头企业昌硕科技产值浮动影响，电子信息制造业上半年出现两位数降幅，从9月起逐步回升。全年完成产值2358.78亿，同比下降3.4%，较上半年收窄20个百分点。中芯南方、华力二期等重大项目有序推进。盛美半导体、华虹宏力等企业项目获得上海科技进步一等奖。

（三）成套设备保持两位数增长。服务保障邮轮首制船建造，推动外高桥邮轮产业内装制造平台项目实现全船贯通和整船起浮。推动邮轮内装舱室项目、邮轮产业链打造、邮轮产业园谋划。离散自动化产业创新联盟在浦东成立。按照《上海市建设100+智能工厂专项行动方案（2020—2022）》，浦东21家企业获评上海市智能工厂，其中1家企业获评上海市标杆性智能工厂，在全市占比超1/3。全年完成产值1427.13亿，同比增长10.3%。

（四）生物医药制造增长减缓。共有5个I类新药获批上市，占全国20%。特别是复星凯特的阿基仑赛注射液、药明巨诺的瑞基奥仑赛注射液获批，是国内细胞治疗领域的标志性事件。细胞治疗领域集聚上下游企业80余家，诞生国内首个细胞治疗一类新药产品。国家已批准的近50个细胞治疗临床批件，浦东占1/3。国家药监局药品和医疗器械审评核查长三角分中心落地张江。全年完成产值631.08亿元，同比增长1.8%。

（五）航空航天制造业实现较快增长。ARJ21新支线客机累计交付近70架，累计28家客户815架订单。C919大型客机将于2022年首架交付，东航已正式签署首批C919购机合同。CR929远程宽体客机首架飞机已开工制造。全年实现产值111.24亿元，同比增长12.8%。

三、区域发展布局持续优化

（一）特色产业园区功能显现。围绕全区各区域产业特征及发展方向，统筹优化特色产业园区的布局，共建有11家市级特色产业园区（临港新片区4家）、1家民营经济总部集聚区，占全市30%，占地面积达50平方公里。研究制定特色产业园区建设实施意见，支撑特色产业园区建设。

（二）产业战略招商主动出击。充分利用进博会、世界人工智能大会、市级特色产业园区发布会等载体平台，宣传推介浦东产业发展环境优势，吸引优质项目落地，特别是进博会期间联动片区管理局现场走访企业100余家，多家企业透露初步投资金额及合作意向，张江集团与美国恩艾仪器（NI）、达索系统、第一太平戴维斯达成战略合作顺利签约。

（三）土地资源利用提质增效。聚焦四个“论英雄”，开展工业企业资源利用效率评价，对存量空间、增量土地、特色产业、企业效率等进行全方位立体分析，促进资源高效率配置。推动华为星光实验室项目、美迪西普晖医疗科技（上海）有限公司药物发现和医学研究及申报平台实验室等11个项目完成零增地改扩建，为优质项目按需提高容积率，提升经济密度。

（四）绿色制造加快推进。完成 11 个项目的节能技术改造，总投资 4755.27 万元，申报节能量合计 9751.25 吨标煤。推进绿色制造体系建设，建立了绿色制造体系建设企业培育库，5 家企业推荐至国家工信部参与国家级评审。

**【2022 年发展趋势】**

2022 年，在地工业总产值和区属工业总产值争取实现增长。

一、推动重点硬核产业发展

（一）汽车制造业。深入开展浦东新区未来车与交通领域新型基础设施融合发展研究。推动传统车企、新势力、科技公司高质量发展，发挥整车企业大终端、大平台的引领作用。推进智己汽车成为高端豪华纯电动品牌。

（二）电子信息制造业。加快扩大产能规模，推进中芯南方国际先进生产线产能扩充，加快中芯临港、华力二期新生产线等项目建设。

（三）成套设备制造业。保障邮轮首制船建造，为 2023 年顺利交船做好准备。

（四）生物医药制造业。推进张江创新药产业基地、张江医疗器械产业基地、张江基因和细胞产业园建设，推进一批高能级项目开工建设。充分发挥 MAH 制度红利，强化总部建设，力争突破 1000 亿元规模。

（五）航空航天制造业。全力保障 ARJ21 提升产能、C919 首架交付、CR929 和长江系列航空发动机加快研制，促进民用航空产业长三角一体化发展。

二、扎实推进产业稳增长

（一）强化产业运行机制。与市、区相关部门保持协同争取支持，与相关委办局、发开区、镇保持联动增强合力，提升产业运行能级。在统计局支持下，积极争取增量，挖掘潜能，做好科学统计。以勤允、小度制造业总部落地为模式，在领域和区域上持续拓展。

（二）落实稳增长目标任务。紧盯全年稳增长各项目标管理进度，以月保季、以季保年，结合新形势新情况，强化重点区域和重点产业目标管理。

三、持续推动项目投资

（一）做好重点招商项目落地。在集成电路、人工智能、生物医药、装备制造等重点领域，储备超过 40 个重点招商项目，及时掌握解决项目需求，推进项目签约落地。成立产业招商统筹推进工作专班，努力构建产业招商项目、空间、政策模块，全力做好产业招商项目的服务推进和问题解决，确保加快签约落地、开竣工、投达产。

（二）抓好通过准入项目推进。定期由分管区长召开工作例会，及时解决项目推进中遇到的问题，推进重点产业项目早开工早投产。

（葛　青）

# 徐汇区工业

**【概况】**

2021 年，徐汇区工业面对复杂严峻的国内外环境，牢牢把握高质量发展要求，集中精力保增长。工业经济克服诸多影响，实现持续稳定恢复，“十四五”开局表现良好，展现出较强的增长韧性和发展动力，“压舱石”作用进一步凸显。全年实现规模以上工业总产值 767.81 亿元，比上年增长 14.4%。规模以上工业产销率 100.60%，与上年基本持平。实现规模以上工业利润 58.03 亿元，同比减少 3.9%。完成工业税收 33.11 亿元，同比增长 21.5%。

**【2021 年发展情况】**

一、重点企业逆势向好，贡献突出

以老凤祥为代表的金饰品制造业在疫情影响下调整经营策略，黄金首饰工艺进步 + 家庭资产配置多元化 + 新营销助力促进黄金需求持续提升，产值比上年增长 20.3%；复宏汉霖和科华生物继续拓展国内市场，推进技术创新和产品研发，带动生物医药制造业产值增长 72.0%。电气风电集团紧紧把握“海上风电抢装潮”，引领电气机械制造业产值增长 44.3%。

二、漕河泾开发区聚焦创新，持续升级

在电子信息、生物医药等领域一批优势企业带动下，漕河泾开发区工业企业完成产值 243.23 亿元，占全区工业总产值的 31.6%。开发区以科创赋能产业“生态链”构建，围绕“3+3”理念持续优化产业布局，重点提升集成电路、生物医药、人工智能三大核心产业能级，加快元宇宙、数字经济、绿色低碳三大新赛道产业布局。高质量产业集聚度进一步提升，科创中心重要承载区建设进一步加强。已聚集思特威科技（芯片设计）；鹰角网络、莉莉丝、阿里互娱（数字娱乐）；宁德时代、蔚来汽车（智能网联汽车）；百度在线（原创算法）、虾皮科技（在线电商）、太美医疗科技（医药临床研究数字化），以及国家电投风电产业创新中心、三菱化学、英国史密斯医学仪器等一大批龙头项目。2021 年，在全国 217 家国家级经济开发区的综合评价中，漕河泾开发区位列综合发展水平第15位，比上年提升1位，继续保持全国前20名和上海市第一名。

三、企业自主创新意识增强，能力提升

上海米哈游天命科技有限公司和上海师范大学湖州南太湖创新设计中心分别被确定为2021年度市级设计引领示范企业与市级设计创新中心。上海复深蓝软件股份有限公司等3家企业通过市级企业技术中心认定。上海市政交通设计研究院有限公司等16家企业通过区级企业技术中心认定。

**【2022年发展趋势】**

2022年，徐汇区工业将继续贯彻国家和上海市关于发展先进制造业的工作部署和要求，积极推动先进制造业与现代服务业融合发展，全面落实智能制造行动计划。预计全年实现规模以上工业总产值600亿元。

一、先进制造业能级持续提升

（一）发挥专项资金的推动作用。开展重点企业走访，挖掘企业优质项目。支持企业积极申报市产业技术创新、高端智能装备首台套、工业强基项目，做好项目的指导、协调和服务工作。鼓励企业加快产业链、供应链、创新链协同发展，主动适应以国内大循环为主体、国内国际双循环相互促进的新发展格局。

（二）鼓励企业加大技术改造力度。继续组织企业申报市重点技术改造项目，推动企业以技术改造提升自身的造血功能，实施产品升级换代、工艺流程再造、先进技术引进。支持制造企业走时尚化、品牌化升级之路，鼓励老字号品牌复兴，打响徐汇“时尚智造”名片。

（三）持续推进技术创新机制建设。鼓励企业增强技术创新能力，建立企业技术中心、工业设计中心等。积极对接市级产业扶持政策，着力促进企业技术进步，不断推动企业做强做优；充分发挥区域科技研发资源集中、大所大院集聚的特点，加快推进技术创新平台集聚，持续推进区域创新体系建设。

二、企业服务机制精准发力

（一）积极开展走访调研。充分发挥“两翼一体”基层属地综合管理和服务优势，建设“精准营商”智慧应用系统，形成全方位营商服务合力。加强与规模以上重点工业企业的沟通联系，特别是受外部环境影响较大的企业，及时了解企业面临的新情况、新问题，将企业诉求与政府职能相对应，有针对性地排忧解难，助力企业发展。

（二）加大政策宣传力度。积极推动“十四五”产业政策、节能减排政策等调整优化，提升产业政策与四大重点产业和“五型”经济的精准匹配度，加大市、区两级政策的宣传与解读力度，不断增强服务企业的能力，精准施策，把促进企业平稳健康发展和推动企业节能减排工作落到实处，为“十四五”区域经济发展开好局、起好步奠定坚实基础。

（三）切实抓好安全生产工作。继续发挥第三方专业机构的力量，协助区域内工业企业开展安全评估、检查和培训等咨询服务，进一步贯彻和落实市、区安全生产工作相关要求，强化区域内工业企业的风险管控和隐患排查，提高安全生产工作的针对性及有效性，守牢安全底线。

（四）持续打造“随行、随心”企业服务品牌。线上完善新版“企业服务随心选”平台，充实服务内容，提升服务内涵，加大对平台、微信公众号的宣传推广；线下推进企业服务专家志愿者工作，为促进中小企业发展和创业创新起到积极作用。

三、工业节能工作不断完善

（一）持续完善节能工作机制。继续推进工业领域节能目标责任签约制度，严格落实重点企业的节能目标责任考核。加强与市、区相关部门沟通协调，进一步提高重点企业能耗统计数据上报的质量水平。

（二）继续加强重点用能单位管理。鼓励重点用能单位积极开展节能技术改造项目申报，推动企业挖掘节能潜力，提高能效利用率。组织重点用能单位开展节能业务培训，提高企业的节能意识和技术水平。

（三）继续推动各类专项节能工作。继续开展清洁生产审核、节能改造技术推介、合同能源管理进千家用能单位、节能宣传等工作。

（苏　哲）

# 长宁区工业

**【概况】**

2021年，长宁区属地规模以上企业完成工业总产值128.9亿元，比上年增长27.5%。完成年度目标的130.2%。两家重点企业东航技术和东航食品得益于航空产业的复苏，均出现明显增长。两家航空服务业企业完成工业总产值占全区规模以上工业企业工业总产值的65%。

**【2021年发展情况】**

一、重点产业推进情况

（一）推动航空服务业集聚发展。一是扎实推进重点航空企业系服务工作。区商务委会同区投促办、区临空办、程家桥街道以及其他相关职能部门，按照“全覆盖、分级走访”的原则，分头落实、全力做好企业的各项服务工作，共同推进航空系各相关企业落户长宁。积极协调区各职能部门和航空企业密切沟通，稳步推进双方诉求解决工作。做好境外经营性飞机租赁补贴的兑付工作，减轻企业经营负担。二是开展航空产业政策宣传，辅导企业申报航空产业专项资金项目。会同华阳街道、新华街道等共同举办政策宣讲会，参会人员累计超300人。并于7月20日开展2021年航空服务业政策申报。经申报材料审核、部门会商，2021年，长宁区航空服务业发展专项资金共扶持9家航空企业，涉及6个条款。三是积极争取市级部门支持，开展自贸区飞机保税维修政策复制推广试点。试点工作对于帮助长宁区吸引更多海内外知名航空企业总部及关联企业、国产大飞机航空公司和相关企业、航空联盟及机构入驻，推动与航材航空要素相关的功能性机构和平台落地意义重大。在充分调研基础上，区商务委向市级主管部门提出依托东航集团公共型保税库，开展飞机保税维修政策复制推广试点；市级层面协调海关探索保税功能创新突破；扩大保税监管创新试点范围等试点建议。

（二）做好生命健康产业高质量发展。一是加大宣传引导，营造生命健康产业发展氛围。积极指导美领美励召开“数字长宁·美励领航——2021大虹桥智慧医疗高峰论坛”。成立“长宁区生命健康产业专家智库”，并发布《长宁区支持大健康产业发展的实施办法》。联合主办2021年长宁区大健康产业创新峰会。以“数字赋能健康长宁”为主题，成立“长宁区大健康产业发展联盟”。二是推动政策实施，强化政策引导效能。7月，启动2021年生命健康产业政策申报。经申报材料审核、专家评审、部门会商，2021年度长宁区支持生命健康产业发展专项资金共扶持2家企业，涉及促进“智慧医疗”发展和公共服务平台建设两个条款。三是着重推进生命健康（生物医药）特色园区建设，分为东、中、西三个片区。东片区依托国药及上药集团的行业资源及渠道优势，将打造生物医药、产业基金集聚区；中片区依托数字化科技手段，将打造生命健康配套服务集聚区；西片区依托虹桥临空经济示范区龙头企业（联影智慧医疗等）集聚效应，将打造生物医药、智慧医疗、产业基金集聚区。

二、重点规模以上工业企业运行情况

（一）东方航空技术有限公司生产运营情况。航空产业呈现一定的复苏态势，东航技术主营业务为东航集团做航空维修配套服务。得益于航班数量的增加，相应的配套维修业务也出现了明显的增长。

（二）东航食品生产运营情况。东航航班数量的增加，东航食品的航食配套业务出现相应增长。此外，东航食品宣传推广航食外卖业务获得一定成效，成为新的营收增长点。

三、中小企业发展情况

（一）精准排摸，挖掘民营总部潜力。根据市商务委2021年民营总部的申报通知，区商务委对申报单位的纸质材料进行初步审核，并将纸质材料报送至市商务委。长宁区共有上海东福网络科技有限公司等6家企业获得认定市级民营企业总部。

（二）精准施策，开展中小企业扶持政策。开展2021年长宁区支持中小企业创新发展专项政策的申报工作。经过申报材料审核、专家评审、部门会商，长宁区支持中小企业创新发展专项资金两批次共扶持30家企业，涉及7个条款。

（三）有的放矢，加大上市培育和挖潜力度。区商务委坚持部门联手、区街道（镇）联动、多方参与、滚动培育、批次推进的原则建立长宁区拟上市企业培育库。广泛深入挖掘成长性良好的中小企业资源，实现改制上市后备资源的充足和动态监测。长宁区共有德必、怪兽充电、卓然、兰卫检验等4家企业在境内外成功上市。

（四）多措并举，助力企业加快复苏。区商务委作为区协调劳动关系三方机制之一，落实政府购买服务，推进劳动关系稳定和谐工作。同时监督指导长宁区企联会开展各项活动，设立劳动争议调解室区企联会工作站，每周的二、四集中开展劳动关系调处工作，全年调解处置率达100%。审时度势，持续开展企业发展、营商服务和劳动关系等政策咨询及培训。为企业服务、为企业家服务、为区域经济发展服务。为切实减轻民营企业负担，长宁区高度重视、扎实开展中小企业款项清欠工作。区商务委牵头，会同区政府办公室等部门，按照《上海市2021年度政务诚信评价工作方案》要求，对照《保障中小企业款项支付条例》开展自查。区国资委要求国资系统各企业开展全面自查清偿工作，并将该项工作纳入年终考核。截至2021年底，区级部门及国资系统各级企业无清欠民企账款。同时，国资系统企业未发生清欠农民工工资现象。

**【2022年发展趋势】**

一、推进企业服务专员制度，助力重点企业高质量发展

根据《关于全面建设上海市长宁区虹桥智谷国家大众创业万众创新示范基地的实施意见》的工作要求，推进企业服务专员制度在双创重点企业和高成长性创新企业覆盖。区商务委将与各街镇、临空园区联动，对相关重点企业进行全面排摸和信息归集，并匹配一批业务能力强、工作热情高的企业服务专员。通过专员点对点精准服务，充分发挥虹桥智谷特色优势和禀赋资源，助力虹桥智谷高质量发展。

二、聚焦资本市场，助推企业上市

拟结合科创板科创属性进一步细化明确、创业板实行注册制改革等政策宣传解读，加大对上市进程及重点意向企业的走访力度，加强联系沟通，提供及时精准服务，尽力协助企业扫清上市过程的障碍，助力企业尽快迈向资本市场。

三、聚焦政策实施，促进企业快速发展

全力做好中小企业扶持政策实施工作，对于获得市级“专精特新”、优秀服务机构、市级企业技术中心等认定的企业及时进行扶持资金兑付。同时通过广泛发动，组织各方专家评审，培养一批区级“专精特新”企业、区级技术中心，作为市级评选的后备力量，形成长宁区各阶段企业的梯度式培育模式。让中小企业切实感受到扶持政策提供的强大助力，增强企业发展信心。

（王韵华）

# 普陀区工业

【概况】

2021年，普陀区规模以上工业企业完成产值属地口径99.80亿元，比上年下降7.39%；完成产值在地口径155.50亿元，同比下降1.11%。

【2021年发展情况】

2021年，普陀区工业主要有如下几个特点：

一是稳增长措施“稳”的效果明显：因上年3月造币厂事故造成的生产调整，一开始普陀区工业运行存在较大缺口。但经过各方努力配合，工业稳增长的效果比较明显。

二是大企业间的“龙头”转换正在逐渐深入：相较于过去造币、印钞“双龙头”格局，中邮科技、金叶包装、施耐德工业控制等正在逐步形成龙头效应。

三是行业转换趋势显现：科技类制造的比例不断上升，虽然还没达到绝对占比，但带动作用明显。

为应对疫情和整体工业形势的不确定性，普陀区采取如下措施：

一是通过政策服务，助企纾困。通过市、区政策叠加共振，对房租减免、融资担保、贷款贴息等领域进一步扩围升级发力，加强“普会贷·信易贷”平台服务功能等一批有普陀特色的助企方案，全力助推企业稳定生产。

二是加强联系重点企业，力争产能再释放。进一步梳理占比靠前、增速靠前以及产能下降明显的企业清单，加强走访联系，保障资金、用工、用电等要素供应。对上拉作用明显的企业，进一步推动增长，扩大生产，以大带小；对下拉影响大的企业，走访排摸原因，帮扶企业缩小降幅。

三是加快投资落地，促进订单回流。督促已有订单尽早达产，加快工业新增固投产能落地。按市经信委安排，为做实工业增量，保证企业新增固投有产能落地。

四是抢抓新增量，聚焦新赛道。引导和督促企业抓好不同时期和不同地区的差异化销售，采取更加针对性的措施，加快推出受市场欢迎的产品；加快海外市场发展，拓展新兴市场，寻找新动能；加强对新技术、新业态、新模式的前瞻研判，聚焦普陀区四大重点产业：智能软件、研发服务、科技金融、生命健康，形成区内产业链合力，为下一步的发展储备新能量。

【2022年发展趋势】

2022年，普陀区将牢牢把握“四个放在”的站位基点，主动靠前、借势发力，着力推动“三大转型”，即经济领域由规模扩张向科创驱动转型、社会领域由公共服务从保障基本向优质均衡转型、城区治理由简单粗放向精准智能转型，推进高质量发展、创造高品质生活、实施高水平治理，不断提升城区能级和核心竞争力，为上海建设具有国际影响力的社会主义现代化国际大都市做出普陀贡献。工业要立足“面向国际、面向长三角”两个扇面，紧扣“科技创新、开放合作、高质转型”三个关键，注重发挥科技创新的引领性作用、内外开放的全局性作用和城区转型的支撑性作用。

一、更加重视绿色化和高效化

坚持工业的绿色发展，源头防控。把绿色发展放在关乎全区经济社会发展全局的突出战略位置，严守生态环境底线，充分发挥生态环境保护在转方式、调结构、增动力中的积极作用，促进产业结构和空间结构调整优化，推动经济绿色低碳循环发展，加快形成绿色生产生活方式，协同推进经济高质量发展和生态环境高水平保护。

二、突出发展重点

在衔接继承“十三五”规划目标任务的基础上，从国际国内、技术创新、产业革命、区域发展等多维度应对区内工业所面临的发展机遇和挑战。主动对接全市“1+5+X”生物医药产业空间布局，尽快融入上海生物医药发展大环境，抢抓生命健康产业发展机遇，将生命健康产业纳入“十四五”规划重点培育产业之一，形成智能软件、研发服务、科技金融、生命健康“四轮驱动”发展新格局。

三、强化部门之间的协同，倾听和解决企业需求，做好工业生产做好摸底工作

各部门分工协作，抓好产值稳增长情况，同时积极准备应对可能存在的电荒及全国限电所带来的产业链问题；对疫情反复造成的产业链波动要有所考量。

（高　远）

# 虹口区工业

【概况】

2021年，虹口区扎实推进“六稳”“六保”，产业经济持续稳定恢复。

全年虹口区在统区属规模以上工业企业13家，实际12家（上海爱思旅行用品有限公司已于2020年9月关闭虹口生产，2021年统计关系保留一年）。其中在地生产企业5家，至2021年9月底减少为4家，前卫（上海）表业有限公司于9月16日停止生产。全年依靠上海雷允上中药饮片厂有限公司和上海尼赛拉传感器有限公司的增长带动，区属规模以上企业完成工业产值13.94亿元，比上年增长13.5%，超出全市增速平均水平。全口径方面，全年工业总产值58.09亿元，同比增长10.2%，产品销售率97.33%；出口交货值4.22亿元，同比增长5.9%。

【2021年发展情况】

一、做好企业运行监测工作

加强对企业的走访调研和日常联系，及时掌握企业生产信息和市场动向。充分利用好上海市产业经济运行平台，搭建好市、区、街道、企业沟通平台，畅通渠道，促进本区存量规模以上企业稳定发展。

二、做好企业运营服务保障

帮助企业协调人员疫苗接种、用工保障、税务发票升级、更换进出口许可证等各类企业运行中遇到的问题，及时为企业纾困解难，做好生产保障。

三、做好安全生产、环保、疫情防控相关指导工作

建立区规模以上工业企业季度工作会议制度，及时学习传达各类法规制度。在日常管理过程中，指导企业按照要求建立相应责任制度，完善管理台账，督促企业切实增强责任意识，落实企业主体责任。在重大节日、重点时段、不定期的对企业做好各类安全生产、疫情防控提示，督促企业做好常态化管理，为稳定生产打下良好基础。

【2022年发展趋势】

一、深化服务，落实产业经济稳增长工作

结合“促发展、保安全”大走访大排查工作，加大规模以上企业走访力度，加强企业服务。利用市产业经济调度平台和服务专员机制，定期收集和解决重点企业诉求，稳定产业经济基本盘。要更“近”一步了解企业，服务企业，全方位做好对区内存量企业的全生命周期服务，以“组合拳”式的服务举措，增强与企业的粘性，坚定企业扎根虹口、长远发展的信心。用好用足市区各项政策，扩大政策的覆盖面与受惠面。将特色品牌——“虹学堂”系列公益课程与上海市企业服务云平台融合，引入更多社会优质资源服务虹口中小企业，为企业提供政策对接、企业管理、市场品牌和财税融资等方面的咨询、指导和服务，丰富对中小企业服务的内容和方式。同时，区商务委发挥好行业管理部门的牵头作用，联合市场监管局、应急局、生态环境局、人社局等与规模以上工业生产密切联系的职能部门，不断优化营商环境，促进企业稳定发展。

二、强化管理，筑牢生产安全底线

应对疫情散发风险，持续密切关注国内散发疫情情况，指导企业不断做好人员管理、场所消毒、物资储备等应急管理预案。始终保持高度警醒，督促企业提高思想认识，落实主体责任，从严有序、精准精细地做好各项疫情防控工作。应对安全生产风险，充分吸取事故教训，举一反三，认真排摸和消除安全生产风险，深化企业主体责任意识，落实组织保障机制，强化应急值班值守。建立市、区、街道（园区）三级协调保障平台，加强与相关部门和属地街道等的协同联动和信息沟通，保障安全生产各项措施有序有效落实。通过不断构筑安全高压线，守住安全基本盘。

三、聚焦招商，引入经济新增量

扎实做好招商引资，紧紧抓住重点项目的“最后一公里”跟踪服务工作，确保项目落地，加大产业联动力度，吸引行业领军企业、知名外资企业以及总部型企业落户。丰富招商活动，坚持“走出去、引进来”，制订招商活动计划，开展总部招商研究。提高分中心综合服务能力，完善升级投资服务数据库，充分运用数字化技术，创新招商工作方式，提高综合服务企业能力，使招商引资工作更加功能化、智慧化。扩大“上海北外滩、浦江金三角”影响力，通过不断招大引强，为虹口产业经济引入新增量，迸发新动能。

（施　洋）

# 杨浦区工业

**【概况】**

2021年，杨浦区工业企业生产运行表现亮眼，完成规模以上工业总产值（含烟草）745.1亿元，比上年增长1.2%；规模以上工业总产值（不含烟草）277.79亿元，同比增长2.4%。区属规模以上工业总产值92.52亿元，同比增长21.3%，增幅位列全市第二；实现工业利润9.5亿元，同比增长72.2%，增幅名列全市第一。

杨浦区全口径规模以上工业总产值首次居中心城区第二，增幅列中心城区第五，低于全市水平8.2个百分点。主要受烟草集团下拉影响，一方面，烟草集团浦东工厂产值自1月起划离杨浦区，导致杨浦区工业总产值大幅下降；另一方面，作为在地规模以上工业企业中权重最大的企业（权重为62.7%），烟草集团产值增速仅为0.5%，远低于其他权重前五的企业（权重第二至第五的企业产值增速分别为上海柴油16.1%、上汽大通62.8%、城建物资26.4%、复旦微电子52.9%），拉低杨浦区整体在地工业生产增速。

属地工业产值较快增长，利润增速中心城区领先。杨浦区区属工业实现总产值92.52亿元，在上海家化产值被划走、布鲁克电缆退出规模以上统计范畴等不利因素影响下，产值同比增长21.3%；在中心城区中，杨浦区属地工业规模居第四，增速居第三。1月—11月实现利润9.56亿元，同比增长72.2%，增幅中心城区最大。

战略性新兴产业占比有所回落，高端装备、新能源发展势头良好。战略性新兴产业完成工业总产值180.04亿元，同比减少1.8%，增速低于全市水平16.4个百分点；占规模以上工业总产值（不含烟草）的64.8%，比重低于2020年水平（78.0%）。战略性新兴产业整体效益不佳。

**【2021年发展情况】**

一、全面启动智能制造建设，项目推进扎实有力

（一）企业技术中心培育体系建设成效明显。完成2021年度（第一批）杨浦区区级企业技术中心认定评审工作，中交疏浚技术装备国家工程研究中心有限公司、上海万物新生环保科技集团有限公司、上海纺织集团检测标准有限公司等7家企业经专家评审通过。完成2021年度区级企业技术中心评价工作。对列入评价范围的13家区级企业中心的运行情况予以评价。评为优秀企业1家、良好企业8家、依申请延期评价的企业2家、撤销企业2家。发布《杨浦区企业技术中心综合能力提升与发展评估报告（2018—2020）》，对杨浦区企业技术中心建设对企业的发展提升和相关产业的培育情况进行调研和评估。上海毕得医药科技股份有限公司获评2018—2020最具成长潜力企业，上海勘察设计研究院（集团）有限公司获评2018—2020最具创新活力企业，上海复洁环保科技股份有限公司获评2018—2020最具发展竞争力企业，行业领域涉及环保科技、智能制造、电子、电商及物联网、建筑设计行业等。

（二）工业领域产业投资保持增长。按照项目进度分，全年开工项目3个，总投资133.6亿元；在建项目7个，总投资9.23亿元；竣工项目4个，总投资13.87亿元。按照项目投资规模分，总投资50亿～100亿元1个，总投资10亿～50亿元1个，总投资1亿～10亿元5个；总投资0.2亿元～1亿元3个。

（三）市重大投资项目进展顺利。中交集团上海总部基地总投资81亿元，实际完成投资3亿元。1月，分别取得《建设工程规划许可证》和《建筑工程施工许可证》。3月，完成桩基工程施工，土方已进场施工。中国节能上海总部项目总投资86亿元，2024年12月竣工；美团上海科技中心总投资130亿元，至2021年底完成投资70亿元，2021年12月开工，2025年12月竣工；哔哩哔哩总部基地项目总投资175亿元，2024年12月竣工；字节跳动项目总投资40亿元，2025年12月竣工；大创智百旌中心项目总投资17亿元，已经完成桩基工程。

（四）智能制造能级不断提升。九大功能性平台和技术改造项目，其中工研院1个，上柴1个，上海工具厂1个，无线电设备研究所1个，大众车身配件1个，上汽大通2个，华域车身2个。已完成3个。

二、工业节能减排和商业节能减碳齐头并进

（一）持续开展产业结构调整。制订新一轮产业结构调整三年行动计划（2021—2023），总目标5个。产业结构调整重点领域涉及纺织印染、化工印刷、混凝土、食品加工。完成产业结构调整项目2个，降低能耗合计617.4吨标准煤。其中上海电站辅机厂有限公司产业调整能耗526吨标准煤，上海宝莱包装有限公司调整能耗91.4吨标准煤。

（二）加大企业节能技术改造力度。完成节能技改（合同能源管理）项目3个，总节能量963.83吨标准煤，总投资1603.8万元。上海派恒节能环保科技有限公司的“宝地广场公共区域照明节能改造”项目，总投资25.8万元，经第三方审核确认节能量89吨标准煤，节能奖励7.12万元。上海复旦国际学术交流中心有限公司的“中央空调冷凝水回收

和蒸汽冷凝水回收项目”总投资28万元。上海延华智能科技（集团）股份有限公司的“上海市杨浦区中心医院合同能源管理节能改造项目”总投资1550万元。经专家组核定上海复旦国际学术交流中心有限公司的“中央空调冷凝水回收和蒸汽冷凝水回收项目”节能量25.73吨标准煤，节能量奖励2.54万元。“上海市杨浦区中心医院合同能源管理节能改造项目”节能量849.10吨标准煤，节能奖励67.928万元。

（三）大力发展节能环保产业。经过培育规模以上工业中节能环保产业有3家，占属地工业的8.6%；产值或营收1亿元以上被认定为区级企业技术中心的节能环保企业有12家，占21.8%，其中6家被认定为市级“专精特新”企业，3家企业申报上海市科技“小巨人”，先后申报取得市中小专项、服务业引导资金、品牌专项、上海市高端智能装备首台突破和示范应用等各类市级专项资金。

（四）持续落实锅炉提标改造专项政策。根据《上海市经济信息化委关于申请核拨2021年中小锅炉提标改造专项资金的函》，经市经信委和相关部门审核和公示程序，确定45家单位、105台锅炉通过审核。涉及项目总投资1878.17万元，核定市级资金632.21万元。按照《上海市人民政府办公厅印发关于加快推进本市中小锅炉提标改造工作实施意见的通知》文的要求，市区按1 ∶ 1比例分摊，区级分摊资金为632.21万元，市区两级补贴资金合计1264.42万元。

（五）积极开展节能宣传培训。继续开展节能宣传周活动，举办节能政策培训和对接互动2次，240余人参加；更新形式，扩大参与面，举办节能知识竞赛，重点企业和园区共有1500余人参加。

**【2022年发展趋势】**

2022年，杨浦区经济运行仍面临不少困难和挑战，但也有着不少发展机遇。计划全年完成工业总产值640亿元，出口交货值64.15亿元，销售收入1378.96亿元，利润总额137.70亿元。

一、瞄准前沿，抢先布局元宇宙新赛道

在已拥有千寻位置、李数科技相关企业的基础上，探索为其创造更多的应用示范和更清晰的落地场景。采用“母基金＋直投”方式联合其他社会资本，支持元宇宙初创项目和重大项目，支撑产业生态建设。

二、优势发力，扶持壮大高成长性企业

进一步放大龙头企业的中枢带动效应，鼓励互联网龙头企业牵头搭建与中小型数字企业交流合作平台，通过股权融资等方式培育壮大处于成长期、具有较大发展潜力的中小型数字经济企业。

三、供需对接，加快工业企业数字改造

政府牵头搭建数字化转型中枢平台，举办数字技术企业与传统工业企业的“联谊”活动，推动数字化转型供需双方精准对接，建设协同创新平台、加速器等形式开展数字化改造。

四、创新统计方法，加强新兴领域监测

探索新业态新模式的统计口径和统计方法，构建重点企业统计监测信息平台，加强定量分析应用及可视化展示，为后续精准制定产业政策、招商政策奠定基础。

（刘　伟）

# 黄浦区工业

**【概况】**

2021年，黄浦区现有规模以上工业企业14家，其中在地企业3家，属地企业11家。受同期低基数，全年工业经济总体各项指标均实现两位数以上的增幅。完成工业总产值41.88亿元，比上年增长27.4%，其中属地企业完成工业总产值32.47亿元，同比增长36.4%，增幅位列全市各区首位。从行业分布来看，食品与中药生产加工企业数量较多，共有江崎格力高、老大昌、哈尔滨食品厂和童涵春堂等4家企业；从企业规模上看，珠宝首饰制造企业生产规模较大，老凤祥珠宝首饰是全区唯一1家年产值超过10亿元的企业，达16.84亿元。年产值超亿元的企业还有上海江崎格力高食品有限公司8.4亿元，上海建筑材料集团水泥有限公司4.69亿元，上海临港海上风力发电有限公司4.21亿元，上海海迅机电工程有限公司2.01亿元，中船重工（上海）节能技术发展有限公司1.84亿元。

**【2021年发展情况】**

一、龙头企业综合贡献显著

作为黄浦区规模最大的工业企业，老凤祥珠宝首饰有限公司生产运行对于全区工业运行趋势起到至关重要的作用。受益于金价高位运行，黄金饰品保值和投资需求旺盛等因素导致该公司产销两旺，全年实现工业生产总值16.84亿元，占全区属地工业产值的51.9%，同比增长65.3%，拉动全区属地工业产值增长27.5个百分点，产值规模较上年增加6.65亿元，占全区属地工业企业新增产值的80.6%。

二、行业景气加快企业发展

中船重工（上海）节能技术发展有限公司（CMES–

Tech）是中船集团是第七〇二研究所下属公司，主要从事于船舶节能减排配套装置，受益于船舶航运市场复苏以及节能环保产业投资力度加大，企业产值持续提升，连续两年保持两位数以上的增幅。

三、一次性因素推高企业利润

全区工业企业实现利润总额16.73亿元，同比增长1.3倍，其中属地工业企业实现利润总额13.92亿元，同比增长2.3倍。红双喜股份有限公司因获得一笔近9亿元的动迁收入计入营业外收入，大幅推升企业利润进而推动全区企业利润总额显著增长。

四、小型企业整体表现不佳

年产值低于2000万元的小型企业运行情况整体弱于大型企业。宇宝工贸有限公司和上海申花电器企业发展有限公司两家企业全年增幅均低于全区整体增幅，其中宇宝工贸产值同比下降49.8%。

**【2022年发展趋势】**

2022年，受新冠肺炎疫情影响，预计黄浦区工业生产总体将出现一定程度的下降。预测全年完成工业总产值29亿元左右，其中属地企业完成工业产值22亿元左右。与2021年相比，全区产值规模第二大的工业生产企业格力高食品工业产值将于第三季度转移至闵行区纳统，将会对全区工业产值带来较大影响，宇宝工贸也已停产，预计上述因素将影响年内全区工业产值3亿元左右；新增1家属地工业企业上海风领新能源有限公司，预计全年产值在1亿元以上，将为全区工业带来新的动能。

黄浦区将结合区域特点，采取针对性措施，确保工业生产恢复正常运行。做到紧盯目标不放松，继续加强与企业的联系沟通，在督促做好疫情防控的同时了解复工复产情况，关注产能动态，召开季度经济运行座谈会，帮助解决企业运行实际困难，力争多挽回受疫情影响的损失。全力协助企业应对挑战，加快落实各项助企纾困政策，积极协助企业抓住复工复产后的市场机遇，寻找新增量，努力实现年初制定的目标任务。

（陈修文）

# 静安区工业

**【概况】**

2021年，静安区工业完成工业总产值（在地）55.65亿元，比上年增长1.6%；完成出口交货值4.08亿元，同比增长27.4%；主营业务收入50.13亿元，同比增长5.8%；实现利润3.39亿元，同比下降0.3%。

由于2020年新冠肺炎疫情影响统计基数较低，总体而言，区属工业产值较上年预计呈增长态势。近两年以来，由于环保趋紧，静安区持续优化产业结构，深入淘汰高污染、高能耗、高风险落后产能，促进工业污染防治和绿色转型发展。在前期工作的基础上，古林印刷、雷迪埃电子、埃尔顿医疗等3家预计办理迁移，瓦格纳尔、帕泰电子年底转服务业等，工业产值逐年缩减。静安区规模以上区属工业从29家减少至18家。作为中心城区，受制于地价成本、转型调整等因素，静安工业呈现相对较薄弱的劣势。未来主要增长点还是在园区优化转型上。

**【2021年发展情况】**

一、工业稳增长

2021年，18家区属规模以上企业共完成工业产值32亿元，基本与2020年持平。围绕稳增长工作，通过上门、电话走访区内铁路通信、通号通信、威旭、慧东电气、阿莱德实业等静安区内产值相对较高的重点工业企业了解产值情况。铁路通信：受铁路市场行业大环境走下坡路及路局改革企业等因素影响，订单有一定影响。同时，企业作为上市央企三级公司，国资改革深化，企业想法设法提质增效，增加一部分兄弟公司卡斯柯信号代加工业务。全年完成产值近6亿元，同比小幅增长。通号通信：全年企业实现工业生产总值约2亿元，同比两位数增长。订单主要来自于各铁路局铁轨和城轨的订单，三四季度为生产旺季。解放军4724工厂：企业隔壁机场跑道施工对业务有较大影响。全年基本与2020年持平。威旭半导体：跨国公司旗下的子公司，产品是4英寸、6英寸芯片的生产任务，是芯片全流程业务的其中后道工序，按总公司生产任务组织生产。企业订单饱满，生产任务已经排到2022年底，新订单交货周期为80个星期。公司将继续招聘员工，购买生产设备，扩大产能。全年超过2.5亿元，同比两位数增长。阿莱德实业：企业是奉贤企业，总部在市北，工业报表统计在静安，在江苏昆山和浙江平湖有生产基地。主营业务是5G设备、导热片等，全年产值近2亿元，同比两位数增长。

二、提高产业园区服务质量

聚焦重点园区、重点资源、重点项目，加强与园区招商团队沟通，从源头把控，确保新建项目高起点、高属地率。积极开展产业园区星级评定、市级文创园区申报，引导园区完善公共服务，形成稳定的服务机构、服务网点和服务制度，高质量建设园区服务网络。

三、坚持培精育新

积极培育、引导扶持聚焦主业、创新能力强、市场占有率高、专注于细分市场的优质中小企业走上专精特新发展道路，成功举办静安区“专精特新”企业成长营系列活动，全区共有市级“专精特新”企业74家，专精特新小巨人企业3家。

**【2022年发展趋势】**

一、推动重点产业提质增效

紧密关注生命健康、高端装备、先进材料等产业发展趋势，寻找新的经济增长点。

二、促进产业跨界协同发展

促进扩区域发展，抓住长三角一体化、国际国内双循环发展的经济发展契机，加强静安与长三角地区企业的联合互动，布局研发销售在上海，生产制造在周边的融合发展格局。推进跨领域协同，加强设计研发企业与生产制造企业的联合互动，全面提升产品的核心竞争力。

三、拓展企业服务方式

深化区投资服务联席会议、区民营经济发展联席会议等议事协调机制，丰富企业服务内涵，延长服务工作手臂，提供针对性高、专业性强、方式新颖灵活的企业服务。进一步发挥区属国资企业、第三方社会组织、专业服务机构等资源优势，建立专业服务机构志愿服务进驻楼宇、园区，形成高效的企业服务网络。结合“稳增长”工作和区域经济运行分析，掌握重点企业经营动态，协助企业解决经营问题。继续做好“专精特新”成长营活动，服务“专精特新”小巨人企业。

（黄鹏程）

# 宝山区工业

**【概况】**

2021年，宝山区工业经济运行情况多次创历史新高，总体呈现总量规模不断扩大，产业结构不断优化，工业投资持续加大态势。总量规模不断扩大。全区完成工业总产值2789.2亿元，比上年增长27.5%，增速为全市第二，郊区第一，两年平均增速11%。规模以上工总产值完成2577.16亿元，同比增长25.2%，两年平均增速10.1%。属地工业总产值总量首次突破1000亿元，完成1017.42亿元，同比增长23.3%，可比增长17.3%，同比和可比增速均为郊区第一，两年平均增速10.1%。产业结构不断优化。规模以上战略性新兴产业完成工业总产值678.13亿元，可比增长14.7%，可比增速高于规模以上工业总产值增速6.8个百分点，占规模以上工业总产值的26.3%，为历年最高。在宝钢战略性新兴系数大幅下降的情况下，占比仍比4月提高3.0个百分点。可比增幅位居全市第6、比年初提高6个位次，位居郊区第二、比年初末位提高6个位次。战略性新兴十大行业呈现“九升一降”态势。从产值看，新材料和高端装备实现产值分别为432.28亿元和124.48亿元，占全市比重为13.3%和4.8%。“2+4”工业园区单位土地主营收入150.2亿元/平方公里，同比增长38.9%。盘活低效产业用地面积2010亩。新增市在线新经济50强企业6家，市级企业技术中心4家，区级企业技术中心107家。工业投资持续加大，成为投资增长主力，完成127.97亿元，占全区投资总额的19.5%，同比增长29.2%，高于全区投资增速27.4个百分点。其中，区制造业投资完成45.7亿元，同比增长63.2%。

**【2021年发展情况】**

一、推进工业稳增长

围绕年度目标任务，成立稳增长工作专班，抓目标管理，细化分解工业稳增长目标到各镇（园区）；抓重点企业，跟踪了解173家产值亿元以上企业订单和生产情况，协调影响企业生产的制约因素；抓统计业务指导，协调琥崧智能等新企业纳入工业统计，指导富乐华半导体、韦航装备等18家战略性新兴企业新增入库，协调中冶宝钢技术等在地企业总部做大产值规模。

二、推进重大产业项目建设

围绕生物医药、机器人及高端装备、先进材料等主导产业，推动重大产业项目按计划、按节点开工竣工投产。已开工项目7个，分别是上药康希诺疫苗项目、镠荣惠永制药、联东U谷宝山机器人创新港、福然德、索灵、天瑞金、大陆汽配；已竣工投产项目5个，分别是光驰科技、克来机电、赛赫智能、上药康希诺项目、宝钺物流。发那科、快仓等在建项目加快建设。

三、推进国企地块转型

梳理形成国资国企存量用地基础库，围绕本年度40个重点推进转型地块，逐一对接，推动转型，取得阶段性成果。其中华谊集团5个地块，已启动长江西路地块提升方案设计工作，依托现状进行局部拆除、重建改造，适当提升容积率，计划年内动工改造。上硫区域、中远－TDI区域、中远－合成氨等地块视周边土地整理情况适时启动地块研究。申能集团5个地块均已停产待转型，吴淞煤气厂控规为备用地，集团希望加快规划调整，明确开发体量，实现申能产业落地。东方集团2个地块，上海吾灵创意文化艺术发展有限公司地块已转型为半岛1919文化创意产业园，二期转型项目正在推进中；上海智力产业园按照区域功能和定位以及自身转型意愿形成转型方案。仪电集团中节能地块，7月完成产业定位研究，并启动概念方案设计工作，拟基本指标确定后推进城市设计。

四、推进产业政策落地见效

制定《宝山加快建设科创中心主阵地促进产业高质量发展政策》《宝山加快建设科创中心主阵地促进产业高质量发展政策管理办法》和配套实施细则。5月18日，政策申报系统在宝山区一网通办平台"宝你惠政策直通车"上线。共有涉及区经委、区科委、区商务委、区发改委、区文旅局等8个部门的条款完成申报，扶持资金约4.2亿元。其中，已拨付金额超3.7亿元，扶持企业和个人1739余家。

五、推进产业集聚发展

制定《宝山区区级特色产业园区认定管理办法》，遴选一批区级特色园区，加快打造区域主导产业集群。生物医药：举办2021中国生物医药创新大会，组建北上海生物医药产业联盟，形成疫苗产业园、医疗器械产业园建设方案。机器人和智能制造：推进发那科三期年内结构封顶，快仓完成桩基工程。先进材料：推动超导产业功能型平台建设，35KV公里级超导电缆示范工程通电运行，创建上海超导制造业创新中心。新一代信息技术、在线新经济：制订《宝山区经济数字化转型三年行动计划（2021—2023年）》，举办2021中国产业互联网高峰论坛、2021零碳上海高峰论坛。

**【2022年发展趋势】**

2022年，宝山区将继续高举"科创中心主阵地"建设的旗帜，继续深入挖掘企业潜力，进一步缩短工业投入产出周期，花更大力气服务企业，引入优质企业，保持持续增长的势头。

一、保持产业规模

聚焦重点行业和企业，夯实稳增长工作机制，坚持以周保月、以月保季、以季保年。重点跟踪产值增量减量幅度较大的企业，持续抓好工业产值等指标落实，抓住"增减存变"4个量，明晰增量、关注减量、稳住存量、盯紧变量，确保实现全年产值"保六争八"目标。重点关注宝武系企业、一重工程、发那科、华域电动及华域麦格纳、太平货柜、中集宝伟等工业大企业，微盟、宝康电子、万位数字、云砺、化工宝等软件与信息服务业和生产性服务业企业，加强企业生产经营情况跟踪协调；指导上药康希诺、特冶钛金、琥崧智能等新增入库工业企业科学入统。

二、加快产业投资

推动蓝鹊、飞镖加速器等项目落地，汉氏干细胞、德迩智能、清控科创、慧云数字港等项目开工，发那科三期、国盛宝山药谷、宝济药业等在建项目竣工投产。加快华能一电厂、宝钢日铁等重点在建项目投资进度。持续推动申能、华谊、东方国际、仪电等国资国企地块转型，支持企业实施存量改造，提升土地产出效益。

三、打造特色产业园

推动产业在空间就近集中布局，吸引上下游产业链企业落地，提高特色产业的集聚度。推动上海机器人产业园、北上海生物医药产业园、超能新材料科创园三大市级特色园区提标升级，上海市创新疫苗产业园挂牌成立，打造医疗器械产业园、碳中和产业园等特色园区。积极筹备申报市级特色微园，加快建设一批区级特色园区，形成梯度发展体系。

四、提升企业科创能级

制订并实施新兴产业领军企业培育计划，结合企业"大走访"工作，开展领军企业大调研，积极组织申报上海市"专精特新"企业、市级企业技术中心，一企一策精准培育。全年申报国家"专精特新"小巨人企业20家、市"专精特新"企业300家，提高企业科技创新浓度，为经济高质量发展做出贡献。

五、推动经济数字化转型

大力实施经济数字化转型三年行动方案和在线新经济三年行动计划，加快建设华域皮尔博格泵、马拉松·革新、广川科技等一批智能工厂。推进中国产业互联网创新实践区建设，加快建设雷昶科技、上海化工宝、国家电缆检测平台等一批工业互联网平台。围绕宝武集团、上药康希诺等大企业，革新产业供应体系，构建产业链数字生态圈。

六、持续优化营商环境

加强产业政策供给，搭建产业交流合作平台，加快招引优质企业。统筹实施产业扶持政策，推动"科创30条"新政落实落细，制定并发布新一轮的宝山区生物医药产业专项政策，提高扶持资金使用效益。承办重大产业活动，举办2022中国生物医药产业创新大会、2022中国产业互联网高峰论坛，组织企业和园区参加2022中国工博会、2022世界人工智能大会、2022中国碳博会等重大活动，持续扩大宝山产业影响力。

（王　洁）

# 闵行区工业

【概况】

2021年，闵行区面对“十四五”开局起步和经济转型升级的艰巨任务，坚决贯彻落实中共闵行区委、区政府决策部署，坚持稳中求进工作总基调，全面贯彻新发展理念，积极创造和培育新增长点，持续提升闵行产业链供应链现代化水平，提高经济质量效益和核心竞争力，推动闵行区经济高质量发展。

【2021年发展情况】

一、聚焦“稳增长”，筑牢经济发展压舱石

（一）全力确保完成年度经济指标。面对复杂多变的内外部环境，根据形势发展，及时对工业总产值、工业固投等指标重新调整、分解，确保经济发展韧性不断加强。全年完成工业总产值3910.02亿元，比上年增长9.8%，其中，规模以上工业总产值3631.64亿元，增长9.6%。完成工业固定资产投资125.75亿元，同比增长6.9%。

（二）全力激活稳增长工作机制。固化企业走访机制，建立全区产业经济稳增长工作机制，下发19期工作提示，先后印发稳增长26条工作指引及工作十问，持续提升队伍工作水平。全区领导干部共走访企业7060家次，收集问题1910个，解决问题1766个，问题解决率92.4%。优化政策激励机制，在全市首创出台鼓励企业跨越式发展政策，鼓励企业纳统、提质。强化科学统计机制，联合区统计局就统计时间节点、新签约项目和新落地企业纳统、规模以下样本企业、工业投资项目入统等核心问题，指导企业科学统计，并做好跟踪协调工作，确保应统尽统、及时入统。

二、聚焦“高质量”，培育产业发展新引擎

（一）规划政策引领发展方向。出台“十四五”专项规划。在前期工作基础上完成先进制造业、节能降耗、JMRH产业“十四五”规划。加强各产业领域政策供给。相继出台区级企业技术中心认定及助推“专精特新”中小企业高质量发展政策，并启动政策申报、认定等相关工作，为产业转型升级、企业竞相发展营造良好环境。

（二）重点领域厚植发展优势。高端装备领域，推动上海电气－西门子能源智慧能源赋能中心落户，促进能源产业转型升级；召开飞机航空电子国际论坛，推动航空产业链体系建设；加速推进中航工业机载、齐耀重工等项目建设；积极创建国家GF科技工业JMRH创新示范基地，认定86家区级JMRH企业。新一代信息技术领域，研究拟订集成电路专项政策，提升芯片设计、制造封测、装备材料产业链能级；支持壁仞科技国内首款GPU－BR100正式交付、天数智芯首款云端7纳米GPGPU产品量产；组织383家企业参与两化融合贯标自评估工作，其中35家企业已获得认定。人工智能领域，认定20家闵行区智能工厂和15家数字化车间，其中剑桥科技、东富龙等5家企业认定为首批上海市智能工厂，数量全市第二。

（三）数字化转型全面赋能。研究拟订经济数字化转型工作方案（2021—2023年）和任务清单，其中产业数字化领域：中船711研究所和上海飞机客户服务有限公司入围工信部示范项目名单，数量全市第二。出台区智能制造与工业互联网促数字化转型行动计划及政策意见，推进智能制造深入发展；推动宇航系统工程等4家企业入选国家2020年制造业与互联网融合发展试点示范名单，数量全市第一。

三、聚焦“大项目”，激活提质增效源动力

（一）加快重大项目建设。推动73个优质重大产业项目，总投资1055.8亿元，项目数量和总投资较上年分别增长32.7%和24.4%。积极做好重大产业项目沟通机制、区领导协调机制、项目专员跟踪对接机制，协调推进项目进程，解决困难瓶颈。出台《闵行区社会投资产业类项目“拿地即开工”操作细则》。以产业项目“月月开工”活动等方式推动福洛德双态逻辑变速器总部基地等22个项目开工，其中程家桥干细胞、新闵锻造项目实现“拿地即能开工”仅用1.5天。

（二）提升土地利用绩效。建立地价与绩效联动机制，共有云南白药、得力总部等24个项目享受地价打折政策。鼓励零增地技术改造，牵头对耀华钢化玻璃、先锋实业等15家企业进行存量工业用地提高容积率项目评审，涉及新增固定资产投资约35.6亿元。鼓励企业实施技术改造，用好市、区技改补贴政策，撬动社会投资25亿元。支持预留区优质项目建设，支持区内战略预留区的芬美意香料等5个优质项目认定评审，涉及新增固定资产投资约4亿元。持续推进“腾笼换鸟”，积极推动存量资源转型，累计实现存量新增用地建筑面积135万平方米，67家企业完成产业结构调整。

（三）落实项目全生命周期管理。推动区经济信息管理平台建设，对企业和园区分类施策，支持和鼓励各类要素资源向优势产业集聚，逐步淘汰劣势产业；开展平台数据梳理，梳理地块数2844块，关联规模以上企业639家、规模以下企业11638家。开展工业用地土地利用评估，帮助项目提升税收、产出及工业用地亩均经济容量。完成正帆科技等

19个项目的绩效评估认定。开展“促履约，提绩效”专项行动，推动纳入全生命周期管理的新出让产业用地投产履约率、达产履约率分别达93.8%和64.7%。开展工业企业综合绩效评估，完成2017—2019年813家规模以上工业企业绩效评价工作。

【2022年发展趋势】

2022年，闵行区将坚持稳字当头、稳中求进的工作总基调，以“增强产业发展综合实力”为主题，以“固根基发展生产力、锻长板塑造竞争力、优环境提升吸引力”为主线，持续推动经济高质量发展和国际一流营商环境打造，以优异成绩迎接党的二十大胜利召开。

一、全力稳住基本盘，夯实产业发展根基

推动顶层设计引领。对照“十四五”先进制造业规划目标，完善规划实施和考核评估机制，确保有力有序实施目标任务。积极落实新一轮鼓励企业跨越式发展、“专精特新”等政策，针对性开展政策梳理和储备，形成市、区、镇的互补体系。强化经济运行分析，持续做好工业、园区及重点产业领域的运行分析，形成科学的经济运行调度机制。推进鼓励企业跨越式发展的政策申报和扶持，加快企业纳统、提质。抓好重大项目落地。实行工程类项目备案“容缺制”，提前做好备案指导，复制更多“拿地即开工”项目；用好区长圆桌会、双月例会等协调机制，遴选推动75个重大产业项目建设，加速宁德时代、龙旗科技等项目开工，完成工业投资122亿元。

二、全力塑造新优势，提升产业发展能级

培育经济数字化转型新动能。打造“5G+工业互联网”先导应用；推动重点领域、龙头企业开展智能工厂建设，培育认定10家智能工厂；引导企业上云上平台，持续鼓励实施两化融合自评估及贯标。围绕工博会、进博会等全国性重大活动，举办区域论坛和专题活动。激发企业主体新活力。修订上市挂牌政策，增加北交所板块，推动6家企业年内上市；推动上市企业储备数量不少于200家；培育国家、市、区级“专精特新”中小企业150家，引导优质企业登录北交所。

三、全力打造新环境，增强产业发展后劲

做大、做强产业载体。打造特色品牌园区，建立“区级培育型特色产业园区—区级特色产业园区—市级特色产业园区”的梯队推进和体系培育机制，实施“园区更新再造”工程，鼓励并引导各园区错位发展、特色发展。制定新一轮产业结构调整政策，提高土地集约利用水平。做优、做深企业服务。进一步做好常态化走访工作，依托企业走访系统，健全诉求采集处置线上工作机制，建立统一受理流转处置线上机制，强化协同诉求处置机制。进一步优化政企沟通渠道，建立每周企业信息周报制度，广泛掌握企业动态；建立重点企业诉求上报机制，每季度筹办“企业说”政企沟通会；推进企业服务平台二期建设，推动企业服务数字化转型。进一步做实“企业之家”服务工作站，建立线上线下融合式的企业之家营运模式，将“一网通办”部分功能、企业注册等事务逐步下沉，夯实站点服务功能。进一步加强企业服务专员能力，开展闵企星金牌“店小二”培训班，形成定期培训机制，提高基层服务企业能级。

（张　健）

# 嘉定区工业

【概况】

2021年，嘉定区主动应对风险挑战，认真贯彻落实国家和上海市战略部署，坚持稳中求进工作总基调，统筹发展和安全，围绕高质量发展主线，夯实培育发展新动能，保障工业经济总体平稳运行，实现“十四五”良好开局。规模以上工业取得双增长、工业结构优化调整，新兴产业增长快速有力、产业发展质效明显提升，工业固定资产投资稳中有进、技改带动效应持续增强，“小巨人”培育计划深入实施、产业技术进步彰显成效，碳达峰碳中和战略加强贯彻、产业绿色低碳发展全面推进。

【2021年发展情况】

一、突出稳增长关键作用，促进工业平稳运行

统筹疫情防控和经济发展，坚持把工业稳增长放在更加突出位置，加强应对汽车缺芯、海运运力紧张等多种风险挑战，紧紧围绕核心特强产业和关键新兴领域培育，持续有力强化工作落实，积极努力夯实和维护产业链供应链运行稳定，全年规模以上在地工业和区属工业产值双双取得正增长，圆满完成年度稳增长目标任务。其中，在地工业实现产值5465.7亿元，比上年增长1.3%，产值规模继续位居市郊八区首位，总量优势较好保持；区属工业实现产值3037.3亿元，同比增长9.5%，产值规模首次达3000亿元以上，创历史最好水平；区属企业完成利润242.7亿元，同比增长17.3%，经营效益明显提升；产值百强企业合计实现产值2462.1亿元，同比增长8.2%，增幅比上年显著扩大。

二、顺应产业变革发展，巩固产业核心优势

积极推进世界级汽车产业中心核心承载区建设，谋划打

造“三港两园”新发展格局，制订发布《嘉定区加快推动氢能与燃料电池汽车产业发展的行动方案（2021—2025）》，持续巩固提升汽车产业重镇优势地位，良性推动行业内部结构优化调整。各企业紧抓产业变革机遇，加快发展步伐，上汽大众MEB工厂全面进入规模化量产，安波福中央电气等大力拥抱数字化转型，大陆泰密克等加强新产品布局、努力拓展合作新空间，较好带动全行业有效对冲汽车缺芯带来的严重影响。全年，汽车特强产业实现产值3593.5亿元，同比下降2.8%，其中零部件实现产值2024.3亿元，增长6.4%，占全区工业的37.1%，同比提高1.9个百分点；整车实现产量124.0万台，产值1569.1亿元，同比下降12.6%。

三、增强政策制度供给，助推新动能发展成势

制定出台《嘉定区关于持续推动汽车“新四化”产业发展的若干政策》《嘉定区关于支持智能传感器及物联网产业发展的若干政策》《嘉定区促进高性能医疗设备及精准医疗产业发展的若干政策》，编制完成“3+1”产业发展行动方案等，为新动能发展成势提供良好环境。全年战略性新兴产业实现产值1312.4亿元，同比增长10.3%，占全区工业的24.0%，同比提高1.1个百分点，其中新能源汽车在上汽大众ID.系列多个车型上市推动下增长快速，实现产值239.8亿元，同比增长86.4%；3个千亿级产业合计实现总产出1678.7亿元，同比增长28.9%，其中汽车“新四化”增长57.7%、高性能医疗设备及精准医疗增长13.7%；在线新经济实现总产出3393.9亿元，同比增长23.5%，其中工业互联网增长44.0%。

四、强化稳投资工作推进，积蓄发展源动力

推进稳投资工作，制定“四个一批”产业项目推进计划，推动禾赛科技、联影医疗二期等29个项目获批拿地，高博航空、临港嘉定科技城等23个项目实现开工，堀场仪器等12个项目按期建设。全区240个工业固定资产投资项目合计完成投资113.8亿元，同比增长1.7%，投资总量规模稳步扩增。其中，非汽车类项目投资明显加快，共完成投资55.6亿元，投资占比从上年的20.8%提升至48.7%。加强重视技术改造带动效应，制定出台《嘉定区技术改造专项扶持办法》，全力推动存量工业提质增效，年内共有技术改造类投资项目192个，占工业投资项目总数的80%，完成投资78.4亿元，占投资总额的68.9%。

五、加强优质企业培育，多维度支撑产业发展

深入实施“小巨人”推进计划，推进建设中国工程院院士专家成果展示与转化中心，年内新增国家级企业技术中心1家、新增市级企业技术中心5家、新增区级企业技术中心27家，累计拥有区级及以上企业技术中心303家，其中国家级8家和市级95家；新增国家级“专精特新”企业20家、新增市级“专精特新”企业104家，累计拥有“专精特新”企业484家，其中国家级32家。有效推动资本市场运作，中洲合金、超捷紧固2家企业实现科创板上市、盛剑环境1家企业实现主板上市，上市企业总量达到25家。加强引导银行信贷投放支持，依托大数据产融合作服务平台，助力64家企业成功获得贷款5.55亿元，其中70%为信用类贷款。持续完善特色园区建设，围绕丰富产业功能载体供应、提升园区承载力和供给质量，制定出台《关于加快特色产业园区建设的实施意见》，19家特色产业园区共完成营业收入4533.4亿元，税收106.7亿元，集聚上下游产业链特色企业4429家。

六、推进产业绿色发展，助力碳达峰碳中和

坚决贯彻绿色发展理念，全力推动产业绿色低碳发展。规模以上工业共消耗能源188.45万吨标煤，万元产值能耗0.035吨标煤／万元；推进淘汰劣势企业项目124个，节约标煤4184.18吨。组织开展节能环保培训对接活动4场次，覆盖全区重点用能企业参与对接；推动上汽变速器完成绿色照明节能技改项目，投资额347.72万元，节能量445吨标煤；推进北特科技、太太乐食品、凯泉泵业、上汽变速器通过能源管理体系认证；组织开展2021年度自愿型清洁生产审核申报，其中9家企业完成评估验收；鼓励曼胡默尔、瑞尔实业、百烁金属等开展节能项目37个，投资额339.75万元，年节电227.525万千瓦时，折合655.265吨标煤，减少二氧化碳排放1634.168吨，减少VOCs排放10.142吨，减少危险废物产生20.534吨。

**【2022年发展趋势】**

2022年，嘉定区计划规模以上工业总产值增长8%以上，区属工业产值增长5%以上，战略性新兴产业产值1480亿元，3个千亿级产业总产出1950亿元，工业投资130亿元。

一、强化稳投资稳增长工作力度，确保年度目标完成

（一）强化目标管理。科学研判工业经济运行情况，围绕年度目标任务，分解落实“责任田”，细化考核工作方案，抢抓时间进度，突出以月保季、以季保年工作方针，积极有效实施目标进度对标对表管理。

（二）强化调度协调。加强跟踪了解产业链供应链运行面临的突出问题，依托市、区、镇三级稳增长工作推进机制，创新工作举措，发挥政策协同效应，围绕“人、物、链、流”，加强运行要素支撑保障。

（三）强化清单推进。依据“二八”规律，梳理明确贡献前80%的重点企业、重点项目，通过抓重点把关键，全力支持重点企业做大做强、支持重点项目加快建设，为稳投资稳增长起到事半功倍效能；同时，加强全领域覆盖梳理，深挖投资潜能和产值增长空间，加强应统尽统，做实增量。

二、加强新动能培育，壮大新兴产业能级

（一）优化产业空间布局。高标准推进新城新一轮产城

融合发展，持续放大“国际汽车智慧城”品牌影响力，完善特色产业园区发展体系。加快临港嘉定科技城建设发展，提升北虹桥商务区产业能级；推进落实“三港两园”目标规划，助力世界级汽车产业中心核心承载区建设；实施真新“南四块”重点区域转型，提升产业空间承载力。

（二）加快新旧动能转换。发挥汽车“新四化”领跑优势，支持上汽大众加快提升MEB工厂产能，推动蔚来、巴拉德等新项目加快落地；增强智能传感器及物联网产业创新力，依托国家智能传感器创新中心等平台功能，加快引导产业集聚，推动上海集成电路装备材料产业创新中心项目尽快竣工投产；聚焦高性能医疗设备及精准医疗产业能级提升，加快推进联影医疗二期、艾普强粒子设备企业总部等项目建设，支持中生复诺健疫苗研发及产业化基地建成启用。

（三）加强数字化赋能。以数字场景搭建和智能工厂建设为重要抓手，加快推动产业转型发展，加快步入数字化应用新时代。鼓励企业开展两化融合自评估及贯标认定申报，积极引进和培育工业互联网专业服务商，深入对接传统企业转型需求，大力支持企业开展智能化改造、数字化升级和绿色化转型，全方位促进数字技术和实体经济深度融合。

三、夯实基础工作推进，培育核心竞争力

（一）完善企业技术中心体系建设。依托国家、市和区级三级企业技术中心示范作用，组织开展好2022年度市、区两级企业技术中心认定和复评工作，并鼓励更多优质企业加强创新基础能力建设、加大技术研发投入，充分发挥企业技术中心在提升产业创新研发能力、引领高端产业发展上的积极作用。

（二）加强“专精特新”企业梯度培育。依托新一轮“小巨人”计划推进实施，加强做好创新型中小企业、“专精特新”中小企业、“专精特新”小巨人企业梯度培育，大力引导中小企业走专业化、精细化、特色化、新颖化发展之路，有力推动核心技术攻关和产业化应用，保障产业链供应链稳定。

四、加强优质环境营造，提升发展信心指数

（一）提升助企服务质量。扩大企业服务员专员队伍，推进开展助企服务系统化培训，增强服务专员个人业务能力、规范明确助企服务工作流程，优化完善“一网优服”企业服务信息化平台建设，健全政企沟通平台机制，当好“金牌店二小”。

（二）加强产业链对接合作。推动落实产业链供应链供需对接计划、搭建供需对接平台，努力提升区域产业自循环能力；实施长三角产业链、供应链互保机制，共同保链强链，推动更大范围内的上下游企业紧密合作、促进产业互联互通。

（三）扩大释放政策红利。建设启用产业政策扶持信息管理系统，建立归口受理机制，加强政策申报和兑付，提升企业政策扶持感受度；加强产业用地及时供应，对标“地平事了”工作要求，加快用地出让，力争实现“拿地即开工”，帮助企业抢抓市场机遇，降低风险成本。

（许朝军）

# 金山区工业

**【概况】**

2021年，金山区加快融入国家重大战略和上海发展大局，全面推动“三个转型”金山新发展、加快打造“两区一堡”战略新高地、全力塑造“三个湾区”城市新形象，坚持稳中求进总基调，工业生产持续稳定恢复，企业生产经营状况不断改善，经济运行呈现稳中加固、稳中有进、稳中向好态势。全年在地规模以上工业完成产值2468.6亿元，比上年增长17.9%；完成属地工业产值1632.1亿元，同比增长15.9%。完成工业性投资产值104.5亿元，同比增长5.4%。

**【2021年发展情况】**

一、坚持规划引领，推动产业转型升级

聚焦打响“上海制造”品牌，制订《深化建设打响“上海制造”品牌的重要承载区三年行动计划（2021—2023年）》，实施优质名品打造、领军企业培育、产业集群创建、品牌园区塑造、数字赋能发展、产业技术创新、产业低碳发展、服务提速增效等专项行动。聚焦加快金山产业转型，制订《金山区制造业高质量发展“十四五”规划》，谋划构建产业集群主导、特色产业支撑、数字制造赋能、生产性服务业协同的现代产业体系，指导引领金山先进制造业和生产性服务业深度融合。新材料、智能装备、生命健康、信息技术4个集群产值1271.6亿元，同比增长17.1%，占同期属地产值的77.9%。战略性新兴产业产值767.3亿元，同比增长12.6%。

二、依托资源禀赋，加强特色园区培育

加强梯度引导培育。坚持资源集约、产业集群、空间集聚，加强精准指导，积极培育市级、区级特色产业园，增强错位发展优势。新增新型显示产业园、上海电子化学品专区（化工区）等2个市级特色产业园。区级培育湾区数字工控产业园、长三角老品牌振兴基地、湾区汽车部件产业园等3个特色产业园。加强特色产业监测分析。研究特色产业运行监测机制，开展企业全生命周期跟踪监测，全面掌握特色产业发展动态。属地市级特色产业园完成产值430.5亿元，同比增长26.8%，发展增速明显。区级特色产业园完成产值573.6亿元，同比增长10.1%。

三、深化评价指导，协同推进园区转型

充分发挥产业指导目录三张清单作用，树立“四个论英雄”导向，支持优质企业做大做强、存量企业转型升级、特色产业培育壮大，引导各镇（工业区）功能错位、特色发展。全面开展企业综合绩效评价。依托经济信息管理平台，对3415家工业企业全面开展综合绩效评价，占工业企业总量90.1%。评估结果显示，A、B两类企业以33.9%的资源贡献81.6%的税收和79.2%的工业产值。参评企业亩均税收、亩均产值同比分别增长约21.5%、8.8%，资源利用效率明显提升。加快产业结构调整。发布新一轮产业结构调整三年行动计划，积极推动产业结构调整由园区外向园区内调整转变、由淘汰落后产能向淘汰低效产能转变、由拔点式向成片区调整转变，关停项目完成73项，完成率达104%。加快技术改造升级。鼓励企业加大技术改造力度，推动企业以技术改造提升自身的造血功能，实施产品升级换代、工艺流程再造、引进先进技术。10个项目获得区级技改专项支持。同时，做好市级技术改造项目申报推荐工作。

四、注重政策先导，深入推进企业转型

全面落实《关于深化建设打响“上海制造”品牌的重要承载区促进实体经济高质量发展的若干政策意见》，推进规模、创新、四绿、上市等企业梯队建设，增强企业持续发展后劲。企业创新能级持续提升。积极引导企业向“专精特新”方向发展，新增“专精特新”小巨人12家，预计新增“专精特新”企业85家，新认定市级企业技术中心5家。发展绿动力更加凸显。截至年底，已创建市级绿色园区3个，绿色工厂35个，绿色产品24个，绿色供应链3个，创建数在全市名列前茅。企业内生力逐步显现。上市培育持续推进，新增7家上市企业。

五、加强服务赋能，加快推进服务转型

强化金山企业服务云平台功能，打造云上服务闭环畅通新生态。打造政策超市。建立政策标签库和企业信息库，汇集国家级、市级、区级惠企政策，通过拆解政策标签、对企业精准画像，推进惠企政策与目标企业智能匹配、定向推送。打造产品超市。聚焦企业上下游产业链，整合政府采购资源，集聚区域有效、实时的市场供求信息，探索实施工业品集市模式，形成信息交换云市场，降低企业经营成本，全面提升双循环效果。打造服务超市，推进第三方服务、金企服务线上办，将线性推进提升为智能流转，引入培育优质第三方服务机构，建立企业诉求反映通道，推动企业服务由“大水漫灌”向“精准滴灌”转变。

**【2022年发展趋势】**

2022年，面对外部环境更趋复杂严峻，国内经济恢复仍然不稳固、不均衡，预测全区属地规模以上工业产值增长8%左右。

一、坚持规划引领，把握产业发展重点

紧紧围绕《金山区制造业高质量发展“十四五”规划》，加快金山产业转型，调整提升传统绿色化工产业，持续建设新材料、智能装备、生命健康、信息技术等重点产业集群，加快培育碳纤维复合材料、无人机、生物医药、新型显示等特色产业，培育发展数字服务、科技服务、集成服务、总部经济等生产性服务业，持续构建“1+4+X+Y”的现代产业体系。

二、坚持精准施策，全力推动稳增长

紧盯重点区域、重点产业、重点企业增长，实施清单化监测跟踪，推动产业经济稳增长。抓好头部企业增长，加强政策聚焦、资源聚焦、服务聚焦，重点关注产值前200家企业，促进企业加速达纲扩产。抓好新增长点培育，推动新建项目尽快纳统入库，更新完善百家规模以上企业培育库，提升“小升规”企业转化率。抓好异动企业增长。确保稳住经济基本盘。

三、坚持效益优化，加快园区转型升级

开展企业绩效评估，继续对全域工业企业全面实施综合绩效评估，全面反映企业发展综合效益，推进分层分类管理，形成高进低退的效益导向。加快产业结构调整，实施新一轮产业结构调整三年行动计划，实现节地水平和产出效益的突破，促进产业转型升级。

四、坚持精准服务，持续优化营商环境

优化完善服务云平台，拓展政策超市、产品超市、服务超市功能，加强与一网通办的大数据资源融汇，加大云平台宣传力度，引导更多企业上云用云。深化服务体系建设，持续完善区领导点上示范、街镇（工业区）领导块上包干、中小企业服务专员面上兜底的工作制度，分层推进企业走访走深走实，精准解决企业诉求。

（季帅贤）

# 松江区工业

【概况】

2021年，松江区抢抓长三角G60科创走廊上升为国家规划和“五个新城”建设重大战略机遇，在中共松江区委、区政府领导下，紧扣一体化和高质量两个关键词，坚持真抓实干、担当作为、克难奋进，实现松江产业经济转型跨越，实现高质量发展。

2021年，全区完成工业产值4868.3亿元，比上年增长7.5%，其中，规模以上工业产值4441.5亿元，增长7.2%，总量位居全市第二。新旧动能加速转换，战略性新兴产业产值占规模以上工业产值比重63.6%，共完成产值2826.8亿元，同比增长4.3%。六大战略性新兴产业产值同比增长3.8%，占全区规模以上工业产值比重为21.8%。产业投资高位运行，完成工业固定资产投资额208.3亿元，同比增长4.1%，总量郊区第一。全区在库计划总投资超亿元工业项目143个，投资额占工固投资总额的76%。市场投资主体活跃，全区新增民营企业36465户，同比增长17.9%，实现税收289.9亿元，同比增长35.3%，占全区税收的56.8%，对全区税收贡献进一步提高。

【2021年发展情况】

一、先进制造业和生产性服务业能级稳步提升

（一）高标准做好规划研究。编制完成先进制造业、生产性服务业及文化创意产业等“十四五”专项规划编制。配合做好新城产业规划。制定出台生物医药专项政策及实施细则，发力打造生物医药产业创新高地。

（二）强化产业链精准招商。区级接洽新项目226个，投资客商443批次，56个项目的67家公司成功落户，总注册资本132.86亿元，拟总投资135.33亿元。雷神、同源康等重大产业项目落地。全区确认供地项目51个，计划供地面积2009亩，计划总投资227亿元。捷诺等3个项目获市统筹建设用地指标支持99亩。

（三）推进产业项目建设提速。全面排摸新拿地项目推进进度，明确推进计划、开工时间。做好项目日常跟踪，顺丰、宏力达等81个项目开工，超硅、中饮巴比等112个项目竣工投产。推动传统制造业改造提升，支持纳博特斯克等32个产业区块外优质项目改扩建，开展两批次区技改专项资金申报，生工生物、龙工等59个项目获专项支持，合计计划固定资产投资近90亿元。

（四）激发企业内生动力。全年培育市级企业技术中心9家，区级40家。慧镕、艾深斯等2个项目纳入区级卡脖子项目库。构建“专精特新”中小企业梯度培育体系，24家企业被认定为国家级“专精特新”小巨人，全区拥有国家级“专精特新”小巨人40家（数量全市第二，其中18家被工信部确定为重点支持的小巨人企业）、市级373家、区级540家。

（五）发展壮大生产性服务业。开展国家级服务型示范城市申报工作。柯马工程、云汉芯城2家企业被认定为国家级服务型制造示范企业。奔腾电工被认定为国家工业设计中心，7家企业被认定为市级工业设计中心，4家企业被认定为市级设计引领示范企业。全区拥有国家级服务型制造示范企业（平台）2家、市级服务型制造示范企业8家。

二、土地资源利用效率切实提高

（一）纵深推进产业结构调整。全年完成产业结构调整项目90项，调整涉及土地面积1030.32亩，新桥镇新效支路、洞泾镇海欣、永丰街道都市产业园区块3个市级重点区块全部通过市级验收。启动全区产业规划用地范围内低效工业用地处置工作，锁定118幅待盘活地块，合计面积6172.04亩，计划利用5年时间进行盘活处置。支持土地收储，认定11个收储再开发项目，涉及收储工业用地356.11亩，为高质量项目提供空间储备。

（二）强化园区载体筑巢引凤。围绕长三角G60科创走廊“6+X”产业，初步形成首批15家特色产业园区分布格局，编制完成松江区特色产业园区地图。G60生物医药产业基地（生物医药）、临港松江科技城（智能制造）被认定为市级特色产园区，我区市级特色产业园区增至3个。开展星级园区、特色产业园区（培育型）等申报工作，21个园区获评培育型优秀园区。全区已形成10家星级园区、21家培育型园区、13个园区平台蓬勃发展的良好局面。

三、“投资松江”品牌度和吸引力显著提升

（一）做好安商稳商工作。完善企业服务体系，发挥好规模以上企业联络员、中小企业服务专员制度优势。开展“点单式”产业政策宣讲，推出“小二码”线上政策宣传，扩大政策知晓覆盖面，提升政策申报便利性。中三投资成功入选国家小型微型企业创业创新示范基地，全区现有国家级双创基地2家。

（二）搭建服务对接平台。举办中国品牌经济论坛等“投资松江”系列活动16场，参会企业4000余家。作为全市首家创新性举办“专精特新”中小企业要素对接活动，成立汇聚30家专业机构的中小企业发展服务联盟，着力增强对投资者的服务能力。

（三）扩大“投资松江”知名度。以长三角G60科创走廊为主题，更新编印《政策汇编》，改版升级“投资松江”系列多国语言版宣传画册、宣传折页、投资地图、商务礼品等，累计发放各类宣传品近3万份。

**【2022年发展趋势】**

2022年，松江区力争完成规模以上工业产值4730亿元。完成工业固定资产投资额245亿元。重点产业项目开工数70个、投产数80个。新增注册企业4万户，民营经济税收总量350亿元。重点做好以下几方面工作：

一、聚焦制度创新，推动产业能级持续提升

坚持规划引领发展，立足现实基础，瞄准前瞻布局，谋划好产业发展蓝图，构建与高质量发展相适应的产业政策体系，确立产业创新的聚焦点、着力点和增长点。深入研究分析6+X产业新形势。着力丰富提升原有六大重点产业发展内涵，同时强化“新赛道”布局，进一步明晰卫星互联网、信创产业、科学仪器、虚拟与现实交互作用平台、时尚消费品等一批面向未来、有优势的重点领域为“X”产业发展方向。充分发挥产业政策“指挥棒”作用。抓实G60产业政策、生物医药专项、二次开发政策等的修订，积极应对市级政策调整后，新一轮相应政策的落地。重点关注“6+X”产业，以“卡脖子”工程和颠覆性技术项目为抓手，努力发现和培育更多“0～1”科技创新的苗子企业，力争实现更多“0～1”的突破。深入推进“企业技术中心”“卡脖子”“专精特新”“隐形冠军”等企业培育，抓好增量，选优存量，清单式分级分行业精准发力，力争实现全区国家级单项冠军企业5家，“专精特新”小巨人企业50家，上海市“专精特新”企业500家。强化“硬核科技”导向，推进传统制造业智能化，力争培育5家上海市智能制造标杆工厂，试点开展区级智能工厂认定。推动生产性服务业提质增效。持续推进国家级服务型示范城市创建工作。研究出台区级服务型制造高质量发展实施意见，开展第一批区级服务型制造示范遴选，挖掘培育一批服务型制造示范企业（项目），形成国家、市、区级服务型制造示范企业（平台、项目）三级梯队体系。加大民营总部支持力度，力争全年新增市级民营总部10家。

二、抓牢重大产业项目，高效盘活产业发展空间

坚持稳投资+促产出并重，力争2022年工业固定资产投资完成245亿元，重点产业项目开工数70个、投产数80个。加强产业项目的全生命周期管理。持续做好新供地项目的协调、跟踪，全力推进产业项目开工建设。全面开展在建产业项目全生命周期绩效评估，进一步完善投达产认定机制，按时发放投达产提示单，建立约谈制度，督促企业加快项目投达产。加大技改、改扩建推进力度，进一步发挥技改周期短、见效快的优势，修订技术改造实施细则，在考量项目投入的同时，更注重项目的质量和效益，更聚焦制造业企业智能化、高端化、集聚化、服务化、精准化、绿色化改造，实现老树发新芽。加强产业区块外优质项目改扩建推进，对上年度立项的项目，建立双周跟踪项目进度，督促项目快建设、快产出。加快区级二次开发政策修订，鼓励多种模式推动存量盘活，促进存量土地精细化管理，形成一地块一方案。紧盯118幅“十四五”期间须重点盘活的地块，努力完成存量盘活土地1500亩，推进佘北工业区、小昆山、车墩等区块整体转型提升，并力争列入市级重点调整区域，全力协调推动陕煤等重点项目早日盘活。优化布局提升园区能级水平，持续推进G60生物医药产业基地等3个市级特色园区建设，全力推进泗泾G60信创产业基地申报市级特色产业园区。加快形成市级特色园区、区级星级园区、培育型园区梯度培育体系。对新建园区提早介入，做好产业引导与功能定位，对竣工园区摸清底数，把控好招商源头，做好资源的对接与匹配。

三、持续强链固链，招商引资瞄准量的增长和质的提升

聚焦长三角G60科创走廊建设，努力实现招商引资数量和质量双提升，计划全年接洽项目300个，完成重点注册项目数不少于80个，举办投促活动不少于20场，为松江新城高质量发展作贡献。紧抓“三张王牌”建设新机遇，加快培育壮大发展新动能、着力强化“新赛道”布局，聚焦产业链关键环节、前沿技术、头部企业，在梳理发展现状和上下游产业链的基础上，精准确定招商名单，吸引企业落户松江，推动产业集群高质量发展。深化招投联动，加强与天使投资、风险投资、产业基金的协作，推动投资标的在松落地成长。加强与各类专业机构对接，探索资源互通。有效利用高校及科研院所资源，加大科技创新成果产业化招商力度，挖掘包括各大院校在沪校友会、中科院、上科院等资源，深化产学研合作。通过招才引智引进高端人才，以科研技术创新助力产业蝶变。搭建“店小二”服务平台。分区域、分层次、多频率举办政策宣贯，持续开展“点单式”产业政策宣讲，与各类商会、龙头企业、产业联盟合作举办投资促进系列活动。加强招商引资队伍建设，打造一支招商精兵，举办6～8场业务培训会，持续提升投资松江吸引力、服务力。完善优化企业服务机制，牵头相关职能部门成立“服务和解决企业问题”专班，及时协调解决企业发展中出现的的困难和问题，切实做到安商、稳企。

（王晴雯）

# 奉贤区工业

**【概况】**

2021年，奉贤区工业经济总量和质量持续攀升，工业生产保持增长，规模以上产值增速郊区第一，外贸出口增长强劲，经济运行稳中向好。全年实现工业增加值824.3亿元，比上年增长13.7%，占全区增加值总量的62%。完成工业固定资产投资132.7亿元，同比增长19.5%；完成工业总产值2899.1亿元，同比增长22.7%。全区规模以上工业企业1090家，完成规模以上工业总产值2362.8亿元，同比增长18.5%；完成规模以上工业企业利润总额212亿元，同比增长7.2%。产值前100名工业企业实现规模以上产值1361.8亿元，同比增长21.6%，占全区规模以上工业总产值的57.6%。“东方美谷”工业企业完成规模以上工业总产值490.6亿元，同比增长13.6%，占全区规模以上工业企业产值的20.8%。

**【2021年发展情况】**

一、工业经济发展稳中有进

奉贤规模以上工业总产值2362.8亿元。其中，四团镇规模产值增速位列全区各街镇（开发区）之首，全年完成规模企业产值143.8亿元，同比增长60.7%。实现工业产值超亿元企业448家，完成工业产值2052.9亿元，占全区规模企业产值的86.9%，其中10亿元以上企业39家，同比增加6家，完成产值975.8亿元，占全区规模企业产值的41.3%。按工业企业注册类型分，私营经济完成规模以上产值955.2亿元，占全区规模企业产值的40.4%，比重最大。规模以上企业完成销售产值2358.9亿元，产销率99.8%；完成营业收入2278亿元，同比下降10.8%；实现利润总额212亿元，同比下降7%。年内，工业亏损企业172家，同比下降48家；亏损面15.8%，同比下降4.8个百分点；亏损额20.5亿元，同比下降5.1%。规模以上工业企业实现产销两旺。

二、美丽健康等特色产业领先增长

全区美丽健康产业规模以上企业数量从173家增加到201家，累计产值490.6亿元，同比增长13.6%，占全区规模以上产值的20.8%。汽车制造业规模壮大，累计产值284.5亿元，同比增长23.6%，拉动全区规模以上产值增长2.7个百分点。赛亚森、赛科利、均胜、元禾、银轮因特斯拉订单产值大增。218家战略性新兴产业企业完成产值818.4亿元，同比增长15.6%，增速高于全市1个百分点，产值占全区规模以上产值的34.6%，同比提升1.3个百分点。其中生物医药产业完成产值229.2亿元，同比增长18.5%，增速高于全市6.4个百分点。

三、产业结构持续调整优化

持续推进产业结构调整，做好土地的消化利用。通过政府回购土地进行二次招商开发建设，牵头“三委三局一办”（发改委、经委、科委、规资局、生态局、应急局、投促办）召开闲置厂房产业项目入驻对接会。至年末，消化利用产业用地201.67公顷，完成年度计划的100.8%，涉及产业项目163个。其中，通过区产业项目推进联席会议审议项目136个，涉及产业用地78.17公顷。

四、大力推进高标准工业厂房建设

启动100万平方米高标准厂房建设。至12月31日，累计33个高标准厂房项目开工建设，涉及建筑面积115万平方米，完成年度目标115%。累计腾出土地3141亩，消化利用土地3025亩，完成工业用地全生命周期管理第二轮项目达产评估认定。

五、加快培育区级特色产业园区

制定并完善《关于打造特色园区加快园区高质量发展的指导意见》，做好政策服务保障工作。编制《高标准产业空间推介手册》等特色产业园区招商引资相关宣传推介材料。集中授牌金汇镇国际健康食品产业园、青村镇文教创意产业园、东方美谷爱宠经济产业园、东方美谷中医药产业园等4个区级特色园区。启动5个相关特色产业高标准物业开工建设，建筑面积20.2万平方米。推动国有企业与区内园区合作模式，共同开发产业项目，提升园区基础设施，加快存量用地转型升级。3个市级国有企业与区内产业园区（国盛集团—青港园区、漕河泾—生物科技园区、临港集团—四团工业园）实现战略合作。

六、企业竞争力不断提升

新增市级企业技术中心3家、区级企业技术中心24家，区级“工业强基”专项立项33个、区级引进创新专项立项39个、区级创新产品立项26个，区级“四新”经济示范企业29家。至年末，全区有企业技术中心203家，其中国家级4家、市级36家、区级163家。上海和黄药业有限公司获国家技术创新示范企业称号。开展第三轮“三个一百”企业认定，入选企业291家，其中：领军型56家、成长型70家、科创型165家，企业库数量比上年新增32家，增幅12.4%。扶持科技创新，落实第二批研发费用补贴2103.24万元。其中，126家领军型、成长型企业获研发补贴金额占比超80%。

**【2022年发展趋势】**

2022年，奉贤区经济形势受到疫情冲击，上半年规模以上工业产值下滑将比较明显，下半年工业生产有所恢复，对经济运行和稳链固链起到重要作用。全年规模以上工业产值2645亿元；工业固定资产投资150亿元；外资到位资金3.3亿美元；产业结构调整腾地面积2500亩。

一、聚力稳增长稳投资，夯实经济发展根基

强化目标管理和要素保障，应对不确定的外部环境，聚焦重点行业、重点企业、重点领域，密切关注“增减存变”等因素，做大增量贡献，减少减量影响，增强存量支撑，科学统计应统尽统。持续开展中小企业“升规纳规”培育行动，全年新增规模以上纳规企业100家以上，规模以上服务业企业50家以上。扩大精准有效投资，推动药明生物、中生单抗、泰坦科技、延峰彼欧、伯杰医疗等一批1亿元以上投资重点项目加快投资。加快实施“智能化、高端化、集群化、服务化、精品化、绿色化”六化改造，充分挖掘企业技术改造潜力。市区联动实施“总部增能行动”，吸引一批产业链掌控力强、资源配置能力强、上下游协同能力强的外资企业总部，推动奉贤新城成为美丽健康产业创新策源地、国际企业布局首选地和全球时尚前沿新高地。鼓励增资扩股，掌握合同外资存量和实到外资存量，确保外资企业资金及时到位。

二、聚力优质赛道布局，提高产业品牌竞争力

加快推进生物医药领跑，谋划《奉贤区生命健康产业高质量发展三年行动计划（2022—2024年）》，编制《创新服务机制推动我区医疗器械产业高质量发展实施方案》，修订《奉贤区促进生命健康产业高质量发展若干政策》。重点推进兆维生物核苷酸生态圈、“沪尚杏林”中医药产业示范基地，以及复旦复容创新中心、奥园科技园、保集健康科创园等特色载体建设，探索MAH+CDMO协同发展模式，支持亿元以上重大项目、供应链关键项目等建设。利用东方美谷品牌影响力，高规格举办生物医药产业宣传活动，构建良好产业生态。加快占据“数字经济”新赛道，加快编制《奉贤区经济领域数字化转型三年行动计划》和出台《奉贤区扶持数字经济发展若干政策》。聚焦数字赋能，加快推动在线新经济123工程、两化融合工程、产业经济数字化管理平台等数字化转型场景和项目建设，推动晨光、伽蓝、和黄、凯宝、兰宝、三一等企业打造智能制造企业标杆，力争带动一批智能示范工厂建设。

三、聚力高品质产业载体，打造高质量发展前沿阵地

加大低效用地二次开发，持续推进产业结构调整。引导社会资本投资定制化高品质产业载体，全年计划启动建造高标准工业厂房150万平方米，为美丽健康、智能网联新能源汽车、新材料、先进装备、5G产业、人工智能等产业项目持续落地提供充裕资源保障。实施“特色产业园区提升计划”，加大市区两级特色园区培育力度，聚焦美丽健康、生物医药、人工智能等关键领域核心环节。持续推进特色园区规划修编，科学布局特色产业定位；持续提升特色园区基础设施水平，增强园区服务功能。加快产业统筹管理平台建设，加快数据导入速度，建立特色产业园区企业名录，形成特色园区的数字管理常态化机制，探索特色企业的多维度评价体系。

（韩兆寅）

# 青浦区工业

**【概况】**

2021年，青浦区积极贯彻中共青浦区委、区政府的总体部署和要求，以“抢拼实善”的新时代青浦奋斗精神扎实做好“六稳”工作、全面落实“六保”任务。全年完成规模以上产值1771.5亿元，比上年增长9.4%，再创历史新高；完成工业固投66.6亿元，同比增长1%。

**【2021年发展情况】**

一、聚焦产业集群，做大创新产业集聚

（一）助推氢能产业快速发展。完成氢能产业扶持申报、审核、拨付工作；开展“零碳青浦”相关研究；跟踪了解氢能项目落地发展进展；会同相关部门对接加氢站建设进度；加强与市经信委、市发改委的对接联系，及时掌握市级层面氢能产业发展动态和工作要求，积极争取市里支持，推荐青氢科技申报2021年度上海市燃料电池汽车示范应用项目。

（二）推动生物医药产业发展。制定形成《青浦区促进生物医药产业高质量发展行动方案（2021—2023年）》《关于推动青浦区生物医药产业高质量发展的若干政策》，锁定的55家规模以上生物医药制造业企业预期实现产值141亿元；召开“数”联长三角，“智”造大健康——青浦区生物医药产业发展大会，大力宣传生物医药产业发展行动方案和专项政策。

（三）大力推动数字化转型。开展经济数字化转型调研，了解企业数字化转型情况，听取企业诉求建议，形成调研报告。围绕打造“长三角数字干线”，草拟制订《青浦区经济数字化转型行动方案（2021—2023年）》。梳理智能工厂储备企业名单，召开智能工厂工作部署会，研究制定区级标准和扶

持政策，以智能工厂建设为抓手加快推动制造业数字化转型。

二、聚焦资源优化，深化落实区域发展

（一）推进区级产业园区建设。草拟制订《青浦新城"一城一名园"工作方案》，修订出台《青浦区特色产业园区（平台）创建认定及发展扶持管理办法》，制订形成《青浦区特色产业园区建设三年行动方案（2021—2023年）》。全年新增区级特色产业园区1家、累计33家。

（二）推进市级园区申报。成功推荐青浦工业园区生命科学园入选市级重点打造市级特色产业园区。推荐上海法诗图投资集团有限公司和迪丰集团有限公司申报上海市生产性服务业功能区。

（三）推进产业结构调整。明确2021—2023年产业结构调整三年任务目标和重点项目，先行锁定145家计划重点调整企业。全年共完成调整企业项目339个，涉及土地面积1984亩。聚焦重点区域，白鹤镇中小河道周边工业企业重点区域调整专项170家企业，调整工作已基本完成正在对接项目验收工作；徐泾镇西虹桥徐泾科创园重点区域调整专项54家企业已完成调整40家；练塘镇蒸淀社区重点区域调整专项50家企业已完成调整31家。

三、聚焦提质增效，引导产业创新发展

（一）推动技术改造项目申报。全年组织开展三批次区技术改造项目申报工作，共申报项目39个。完成对2020年第三批、2021年前两批区技术改造项目验收工作，核定投资额并下达扶持资金，开展第三批项目验收。配合做好市级技改项目验收工作，发动企业申报市技改、工业强基、高端装备首台突破等市级项目，落实配套扶持资金。

（二）推进企业技术中心建设。开展2021年度青浦区企业技术中心申报和评审工作，认定18家企业为该年度区级企业技术中心。对2019年认定及评价通过的区级企业技术中心开展考核评价，30家企业技术中心评价结果合格。指导11家企业申报2021年度市级企业技术中心认定，组织已认定的各级企业技术中心加入上海企业技术中心创新联盟。

（三）是落实各项节能降耗工作。分解下达工业领域能耗"双控"目标，督促重点能耗企业落实节能工作。积极开展宣传培训，召开2021年青浦区工业节能领域培训会、朱家角工业园区清洁生产审核专场培训会，开展节能宣传周活动。组织开展2021年度区工业节能降耗专项扶持资金申报，发动企业申报市工业节能和合同能源管理专项资金项目，落实各项扶持资金。推动工业企业实施清洁生产审核、绿色制造体系建设。

**【2022年发展趋势】**

2022年，青浦区坚持稳中求进工作总基调，统筹疫情防控和经济社会发展，踔厉奋发、笃行不怠，开启全面现代化建设新征程，打造现代化枢纽门户和新时代幸福青浦，以优异成绩迎接党的二十大和中共上海市第十二次党代会胜利召开。

主要目标：规模以上工业总产值达到1913亿元；实现工业固定资产投资55亿元；产业结构调整项目150项；调整面积1200亩；腾出可利用工业用地面积1200亩；"四个一批"项目出让21个，开工24个，竣工10个，投产9个。

一、进一步加强招商引资

抢抓虹桥国际开放枢纽、长三角一体化示范区历史机遇。围绕新技术、新业态和新模式，深入研究符合新经济发展规律的招商策略和精准招商引资方案，制订本区招大引强指导目录，为属地招商引资提供参考；围绕重点领域、重点环节开展多形式招商合作，提高招商的针对性和实效性，并且按区域、分产业，开展精准招商宣传推介活动，吸引更多优质项目集聚。

二、进一步加快项目推进

紧盯节点以项目抓增量。对重大项目逐一盯紧盯牢，认真分析强化措施，严格落实项目管理工作机制，聚焦"项目引进、土地出让、开工竣工、投产达产"等4个阶段，每月对接、全程跟踪，以问题为导向直面问题精准突破，协助和指导企业加快办理开工、竣工等手续，保障项目顺利推进。盘活存量向存量要空间。迅速承接市级政策红利，在工业用地提高容积率补地价、产业区块外优质项目认定等方面，研究"青浦模式"；加强与属地、企业对接，积极开展现场走访，鼓励和引导存量企业增资扩产，促进土地资源高效配置、集约利用，有效激发存量土地活力，做大经济总量。

三、进一步优化资源配置

推动产业园区实施"二次开发"，优化完善"退二优二"政策措施，重点推进青浦工业园区六大特色产业园区规划优化、招商引资和产业项目建设，支持和推进特色产业园区招商引税和品牌建设；结合市级产调政策，修订完善区级产调政策，继续推进徐泾工业园区和练塘蒸淀社区重点区域调整，进一步推进青浦工业园区中央商务区重点区域调整，重点加强产调后资源的盘活利用与能级提升。

四、进一步推动数字化转型

以市、区经济数字化转型行动方案为指导，加快促进数字产业化、产业数字化，统筹推进农业、制造、商贸、金融等各领域数字化转型。全力推进企业智能化改造和智能工厂建设，出台实施细则、明确扶持标准，建立智能化改造诊断服务意向企业库、智能化改造服务商名录库，组织对接并开展诊断服务，鼓励以诊断报告为基础开展整体解决方案设计并落地实施智能化改造项目，开展区级智能工厂评审，推荐企业申报市级智能工厂，对符合要求的诊断报告、被评为智能工厂的企业给予资金扶持。

（潘艺明）

# 崇明区工业

**【概况】**

2021年，崇明工业根据中共崇明区委、区政府的部署要求，在各乡镇、园区和企业的大力支持下，围绕世界级生态岛建设目标任务，积极应对国内外疫情影响和严峻的外部经济形势，新动能继续发展壮大，质量效益继续改善，较好地完成各项目标任务。

全区实现工业总产值（在地口径）507.5亿元，比上年增长2.6%。其中规模以上企业实现产值481.5亿元，同比增长2.3%。实现销售产值506.6亿元，同比增长2.9%。产销率为99.8%。实现出口交货值58.6亿元，同比下降32.6%。

**【2021年发展情况】**

一、海洋装备产业稳中有升

海洋装备产业实现产值352亿元，同比微降0.4%，占全区的69.3%。其中，中船长兴2条生产线实现产值279.7亿元，同比增长3.9%；华润大东实现产值15.3亿元，同比下降31.6%；中远海运实现产值15.6亿元，同比下降35.8%；振华配套企业实现产值12亿元，同比增长14.5%。

二、乡镇园区工业保持平稳

全区18个乡镇实现工业总产值451.3亿元，同比增长1.9%，增幅低于全区水平0.7个百分点。18个乡镇中有12个单位同比保持正增长。增幅前三位的分别是陈家镇(32.8%)、绿华镇（28.8%）和新村乡（26.8%)。降幅前三位的分别是建设镇（–27.7%）、横沙乡（–17.2%）和向化镇(–12.9%)。三大园区中，工业园区实现产值18.6亿元，同比下降6.2%；长兴产业基地实现产值25.1亿元，同比增长10.7%；富盛开发区实现产值10.0亿元，同比增长41.7%。重点地区长兴实现产值348.2亿元，同比增长2.7%，占全区的68.6%。

三、实体产业发展统筹力度加大

全年准入产业园区新项目10个。建立实体项目信息库，每月更新项目进度，促进项目早落地、早开工、早投产。编制产业空间地图集，按照规划、已储备、已出让、闲置低效地块对产业园区土地进行分类上图。起草《关于崇明区产业园区发展情况的报告》《关于推动崇明区实体经济绿色高质量发展的工作方案》，优化完善产业扶持政策，着力为实体企业高质量发展提供支撑。

四、中小企业服务全力以赴

指导企业获市、区两级扶持资金5618.9万元。1家企业入围国家级“专精特新”小巨人，累计培育市级“专精特新”中小企业60家。2家企业获市级工业设计中心。认定市、区两级企业技术中心11家和优质项目3个。657家企业获评2020年度崇明区红榜企业。建立全区150名中小企业服务专员机制。“崇明企业服务”公众微信平台发布信息228条。崇明企业服务官方旗舰店上架服务产品18个，服务企业686家（次)。举办中小企业企业培训9次。

五、工业节能降耗降碳继续深化

编制碳达峰碳中和工业领域工作方案。召开重点用能单位节能低碳宣介会。推进工业企业节能技改项目11个。完成28家重点用能单位能源统计、管理岗位备案。组织53家企业开展2019和2020年名单企业清洁生产审核，获区级清洁生产扶持资金590万元。指导崇明工业园区成功创建市三星级绿色园区。完成节能宣传周系列活动。崇明工业园区和富盛开发区通过园区循环化改造市级验收。5家重点用能企业通过能源管理体系认证。

六、工商投资和产业结构调整进一步加强

全区完成工商领域备案立项24个，总投资13.4亿元。完成工业投资23.3亿元，同比增长24.7%，其中，制造业投资12.9亿元，增长23.3%。办理工业企业住所登记证明70份。9个落后产能项目设备处置基本完成，核拨区级产调扶持资金41.93万元。完成810家工业企业资源利用效率评价指导。指导长兴产业基地成功创建市级特色园区。建立重点船舶企业疫情防控检查专班及驻厂专班工作机制，实时掌握重点船舶企业疫情防控，实施船企闭环管理，防控措施严格落实。

**【2022年发展趋势】**

2022年，崇明区主要目标：工业总产值预计508亿元左右，同比略增。其中海洋装备产业产值同比持平。工业及总部类投资25亿元左右。实施产业结构调整项目3～5个。规模以上工业企业万元产值能耗同比略降。

一、深化产业统筹，加大实体产业企业的招商力度

全方位促进实体企业落户。对标其他区对工业、商业的扶持政策，进一步研究出台加强实体产业招商推进实体经济高质量发展的扶持政策、奖励考核办法等措施，从政策层面出实招、闯新路、破难题。探索招引与本岛产业发展定位明确的都市现代绿色农业、高品质旅游业、特色体育产业、大健康产业等相衔接的轻制造以及环境治理、保护和新能源发展的智能制造，实现产业互促，产业成链，产业强基。举办实体经济项目投资推介、项目集中签约、集中开工等活动，

为引进优质实体产业项目搭建平台。对照区制造业发展“十四五”规划，推动海洋装备、绿色农产品深加工、汽车零部件、日用不锈钢锅具等重点产业做大做强。根据《关于推动崇明区实体经济绿色高质量发展的工作方案》，统筹推进区实体产业发展，完善实体招商统筹机制，加强实体招商人员队伍建设，制作实体招商政策宣传包。

二、提升工业能级，促进实体企业转型发展

加强经济运行监测。加强对宏观趋势、产业运行以及市、区二级工业生产预测分析，加强对“专精特新”、小微企业以及对影响区工业增长的重点行业和龙头企业跟踪监测，及时发现趋势性、苗头性问题，提高预测预警的及时性。分解落实工业生产预期目标。加强加油站管理，完成2021年度成品油经营企业年检初审。推动工业区转型升级。深化研究产业向园区集中的政策，鼓励优质企业新增产能和符合产业导向的195、198区域产业向园区集中。协同园区加快产业园区一园一策制订，实施产业地块集中对外推介，推进园区标准厂房招引优质项目，做强园区实体产业。开展工业企业资源利用效率评价，完成评分和定级。开展新一轮产业正负面清单修订。用好本区产业地图，加强对本区产业定位、主导产业、产业空间布局和资源信息的宣传。推进产业结构调整。完成产业结构调整工作任务，有序推进淘汰落后产能，促进产业结构不断优化升级。配合区生态环境局开展崇明区第八轮环保三年行动计划工作。整合崇明米酒生产资源，扶持1家年产量在1万吨级以上的龙头企业，制定统一的行业和质量标准，做大崇明米酒产业。深化工业节能降耗。分解落实规模以上工业节能降耗相关指标。加强重点用能单位监管。做好2021年度企业清洁生产审核评估验收和固定资产投资项目节能评估审查。推进重点用能企业开展能源管理体系建设工作。开展节能宣传周系列活动。推进产业园区和重点企业光伏发电项目。跟踪预警乡镇园区能耗指标完成情况。研究拟订光伏发电扶持政策。推进产业园区和重点企业光伏发电项目。

三、主动服务企业，全力为企业发展创造条件

引导中小企业申报国家、市级各类专项扶持资金项目，主动对接，大力培育“专精特新”中小企业。开展新一轮《崇明区企业技术中心认定办法》修订，组织区内市、区级企业技术中心申报、认定工作。走访调研中小企业，加强调查研究，听取企业诉求，为企业发展解决实际问题。开展新一年红榜评审工作。继续做好崇明企业服务官方旗舰店、崇明子平台及微信公众号推广、建设和运营。落实服务专员工作常态化，借助于各类微信公众号、微信群、互动平台等载体，加大各级扶持政策的宣传力度。举办中小企业培训6期。搭建企业交流和产品销售平台，成立崇明不锈钢锅具联盟，扩大市场占有率，打响“世界锅具崇明制造”的品牌。利用岛内智慧岛以及C77产业园的电商平台和网红资源，讲好“崇明制造”的品牌故事，进一步拓展产品销售渠道。

（叶思诗）

# 中国（上海）自由贸易试验区临港新片区工业

**【概况】**

2021年，中国（上海）自由贸易试验区临港新片区临港新片区以“高端化、集群化、基地化”为方向持续提升产业能级，诞生首个1000亿元级产业集聚——智能新能源汽车。全年完成签约落地项目155个，涉及投资额2110亿元；完成产业投资370亿元，比上年增长35.5%；完成全口径工业总产值和生产性服务业营收3429.4亿元，其中全口径工业产值2673.8亿元，同比增长70.3%；生产性服务业755.6亿元，同比增长36.4%。

**【2021年发展情况】**

一、善谋划，健全产业规划体系

为了进一步落实中长期创新型产业规划和前沿产业发展“十四五”规划，对各重点产业领域启动专项规划和三年行动方案编制，发布集成电路、生物医药、民用航空、蓝色经济、数字经济、氢燃料电池等专项规划，高端装备、绿色再制造、工赋创新、智造焕新等三年行动方案，围绕八大前沿产业初步形成“2+9+16”产业规划体系，即2项综合性产业规划、9项专项规划、16项产业三年行动方案（或工作方案）、年度工作计划构成的四级产业规划和实施体系。

二、强招商，推动产业高质量发展

根据“4+2+2”产业体系，结合新片区产业发展情况绘制了集成电路、生物医药、人工智能（数字经济）、民用航空、智能新能源汽车、高端装备制造、氢能产业、绿色再制造等八大前沿产业招商作战图，把握产业未来发展重点，不断加快强链固链补链延链招商步伐，实现挂图作战，精准招商。全年完成签约落地项目155个，涉及投资额2110亿元，项目重点集中在集成电路、生物医药、数字经济、新能源汽车和高端智能装备领域，其中集成电路、生物医药、智能新能源汽车等领域已形成产业链集聚态势。

三、促投资，加快项目落地投产

新片区成立以来供地类产业项目合计 140 个，已完成土地出让项目 101 个，出让率 72.14%；已开工项目 68 个，占已出让项目的 67.33%。全年产业投资完成 370 亿元，同比增长 35.5%，从各产业类型看投资已形成向重点发展的前沿产业聚焦的态势，集成电路、智能新能源汽车等八大前沿产业共完成投资 278.9 亿元，占全年完成总数的 75.3%。全年累计实现全口径工业总产值和生产性服务业营收 3429.4 亿元，其中全口径工业产值 2673.8 亿元，同比增长 70.3%；生产性服务业 755.6 亿元，同比增长 36.4%。智能新能源汽车产业已突破千亿大关，稳增长任务顺利完成。

四、打品牌，建设“数联智造”名园

年内，“信息飞鱼”“海洋高新”成功纳入上海市第二批特色产业园名单，上海 40 个特色园区中临港占据五席。为推进五大新城之南汇新城“一城一名园”建设，提升产业能级，临港新片区以“数联智造”名园建设为抓手，着力推动特色园区出品牌、出形象、出亮度。其中，“东方芯港”集成电路特色园区代表成果有积塔半导体实现 8 英寸 1.6 万片月产量，寒武纪首颗 7nmAI 训练芯片量产，盛美、概论电子在科创板上市，商汤科技在港股上市，沐曦集成电路获 A 轮 10 亿元融资等企业发展里程碑，进一步凸显集成电路产业高质量发展成效显著。“生命蓝湾”生物医药特色园区已初步构建起以精准医疗先行示范为引领，包含创新药、高端医疗器械、国际医疗服务、研发创新公共服务平台等在内的产业生态。心玮医疗成功在港交所挂牌上市。“大飞机园”民用航空特色园区“一谷一园”首发项目、大飞机园专业厂房二期、航材分拨中心、中复神鹰项目以及周边道路等基础设施加快建设中。“海洋创新园”已建和在建物业载体达 40 万平方米，入驻实体企业达 220 多家，其中上海雄程海洋成功入选第三批国家“专精特新”小巨人企业，海默新宸与俄罗斯客户签订两台水下多相流量计产品销售合同，成功实现国产化替代，并走向海外。“信息飞鱼”全球数字经济创新岛数据中心项目开工建设，并争取首批入驻企业签约。“中日（上海）地方发展合作示范区”聚焦新能源产业，以氢燃料电池为切入点，已集聚上海氢晨、治臻、唐峰、美锦等重点企业。

五、促创新，提升科技创新策源功能

全力打造国际科技创新策源地，加快形成世界顶尖的科创“新体系”。世界顶尖科学家论坛“溢出效应”凸显，“1+4”的顶尖科学家事业集群建设加速推进，国际创新协同区全面启动，世界顶尖科学大奖创设，顶尖科学家实验室、基金会等全面入驻新片区。全球唯一国际性台风专业研究机构“亚太台风研究中心”落户揭牌，引领建立亚太区域防台减灾科技联合攻关体系。“新型互联网交换中心”项目获得国家批复并正式揭牌，临港与深圳前海等成为第一梯队试点区域，肩负互联网构架完善、网络强国建设的新使命。

**【2022 年发展趋势】**

2022 年，产业发展聚焦“前沿性、引领性、国际性”，进一步做实特殊经济功能，以项目为抓手、以创新协同为支撑、以特色园区为载体，塑造产业品牌，打造优势产业集群，形成产业特色，继续壮大总体经济规模、加快提升产业能级，不断增强产业高质量和可持续发展的源泉动力。服务保障前沿产业重大项目加快建设；继续引链补链固链强链，在消费电子终端、高端装备、人工智能、汽车电子、氢能等方面加大布局；以标准规范促进产业发展，加快突破关键技术，形成产业新增长点。

2022 年，临港新片区经济发展目标：统筹疫情防控和经济稳增长，力争完成规模以上工业总产值 3320 亿元，同比增长 24%；完成生产性服务业 1000 亿元，同比增长 32%。高端装备加快迈向千亿级，集成电路、生物医药、人工智能规模实现倍增翻番。

（申心泉）

# 中国石化上海高桥石油化工有限公司

高桥石化成立于 1981 年 11 月，是我国经济体制改革、国有企业联合重组的第一个重大成果，是中国石化燃料－润滑油－化工型骨干企业。2016 年，在上海自贸区注册成立中国石化上海高桥石油化工有限公司，成为自贸区最大的实体企业。公司先后与德国巴斯夫、美国雪佛龙、日本三井等企业合作，建立了 15 家合资企业。

高桥石化现占地面积 3.12 平方公里（其中：浦东高桥地区 2.82 平方公里、上海化学工业区 0.3 平方公里），资产总额 357.61 亿元；原油一次加工能力 1300 万吨/年，化工产品生产能力 50 万吨/年，电厂装机容量 17.5 万千瓦；共有 50 套生产装置，主要产品包括汽油、航空煤油、柴油、润滑油基础油、白油、石蜡、苯酚、丙酮、丁苯橡胶、ABS 等。

2021 年，高桥石化坚持以习近平新时代中国特色社会主义思想为指引，全面贯彻落实党的十九大、十九届历次全会精神，坚决贯彻落实集团公司党委决策部署，公司各方面工作取得新突破、展现新气象，打造“安全工厂”“绿色工厂”生存发展首要根基有效夯实，实现“两个转变”产业链延伸价值赋能取得丰硕成果、推动“三点发力”转型升级提质加速、抓实党建工作“三大任务”成效显著，高质量完成年度装置大检修任务，员工队伍精神面貌焕然一新，企业经营业绩创历史最好水平，圆满完成了上海市和集团公司下达的目标任务。

高桥石化先后获得上海市“高新技术企业”“文明单位”“安全环保优胜单位”、中国石化集团公司安全生产先进单位和绿色企业等荣誉，100 余项科技成果获国家、中石化或上海市科技奖。公司获得浦东新区 2020 年度经济突出贡献企业第一名。2016—2021 年，公司累计实现销售收入 2693.1 亿元、利税 781.93 亿元、利润总额 145.26 亿元，上缴税费 657.44 亿元，为地方经济社会发展作出了重要贡献。

SAIC
飞凡 | R7
ROEWE
名爵

IM
智己汽车
MAXUS
ŠKODA
BUICK
雪佛兰
CHEVROLET
Cadillac
BAOJUN

# 中国石化
# SINOPEC

中国石化上海地区首座供氢中心建成

中国石化上海石油化工股份有限公司（以下简称上海石化）是中国石油化工股份有限公司的控股子公司，位于上海市金山区，是中国最大的炼油化工一体化企业之一，也是国内重要的成品油、中间石化产品、合成树脂和合成纤维生产基地。上海石化的前身是创建于 1972 年的上海石油化工总厂。1993 年，经过国有企业股份制规范化改制，上海石化成为中国第一家股票同时在上海、香港和纽约三地上市的国际上市公司。

“碳达峰、碳中和背景下的氢能产业发展”高端论坛

2022 年北京冬奥会火种安全抵达北京

# 中国石化上海石油化工股份有限公司

## SINOPEC SHANGHAI PETROCHENICAL COMPANY LIMITED

上海石化首个智能化控制室烯烃部中控室投用

2021 年，上海石化推进体系运行，抓实系统优化、改革管理、科技创新、党政融合，较好地完成了生产经营目标任务。全年加工原油 1376.44 万吨，生产成品油 796.88 万吨，乙烯 71.28 万吨，塑料树脂及共聚物 96.62 万吨，合纤原料 20.23 万吨，合纤聚合物 34.34 万吨，合成纤维 9.76 万吨。实现工业总产值 797.01 亿元，营业收入 892.80 亿元，利润总额 26.48 亿元。

上海石化首座光伏电站成功并网发电

1500 吨 / 年 PAN 基碳纤维项目打通全流程

上海石化一贯坚持规范化运作，致力于以良好的经营业绩回报股东；一直以为顾客提供优质的石化产品和良好服务为己任，多次获社会各界的嘉奖，近年来先后获全国文明单位、全国思想政治工作优秀企业、全国“重合同、守信用”单位、全国用户满意企业、中华环境友好企业、全国模范劳动关系和谐企业、智能制造试点示范企业等一系列荣誉称号。

SCIP
上海化学工业区
SHANGHAI CHEMICAL INDUSTRY PARK

赢创多用户基地

上海联合异氰酸酯

化工区管理中心

中法水务公司水厂

上海漕泾电厂

朗盛亚太应用开发中心

科思创一体化基地盐酸氧化装置

赛科乙烯装置

上海国际化工新材料创新中心综合楼

我的·中华细支
中華
本公司提示
吸烟有害健康
请勿在禁烟场所吸烟
尽早戒烟有益健康
戒烟可减少对健康的危害
烟香纸
上海烟草集团有限责任公司出品

我的
20mm
舒适满足

100th
活色生香
为我绽放
THE GREAT PEONY
1919

飞马
DREAM A BIG DREAM
ASPIRE FOR FAR
志存千里
追梦四方
CHASE DREAMS
AROUND THE WORLD
飞马
本公司提示
吸烟有害健康
请勿在禁烟场所吸烟
牡丹（飞马）
SHANGHAI TOBACCO GROUP CO., LTD.

中華
本公司提示
吸烟有害健康
请勿在禁烟场所吸烟

75mm
短支中华
我的中华
短支风范
中華
本公司提示
吸烟有害健康
请勿在禁烟场所吸烟

幽蓝花开 一鉴中情
THE GREAT PEONY
100th
1919
吸 烟 有 害 健 康

捏爆宇宙
开启冰耀纪
蓝莓薄荷爆珠
BLUEBERRY BALL MENTHOL
中南海冰耀中支
中南海

恒大牌
一個時代的記憶
恒大牌
本公司提示
吸烟有害健康
请勿在禁烟场所吸烟
记忆1949中支
保｜润｜恒｜香

# 上海张江(集团)有限公司

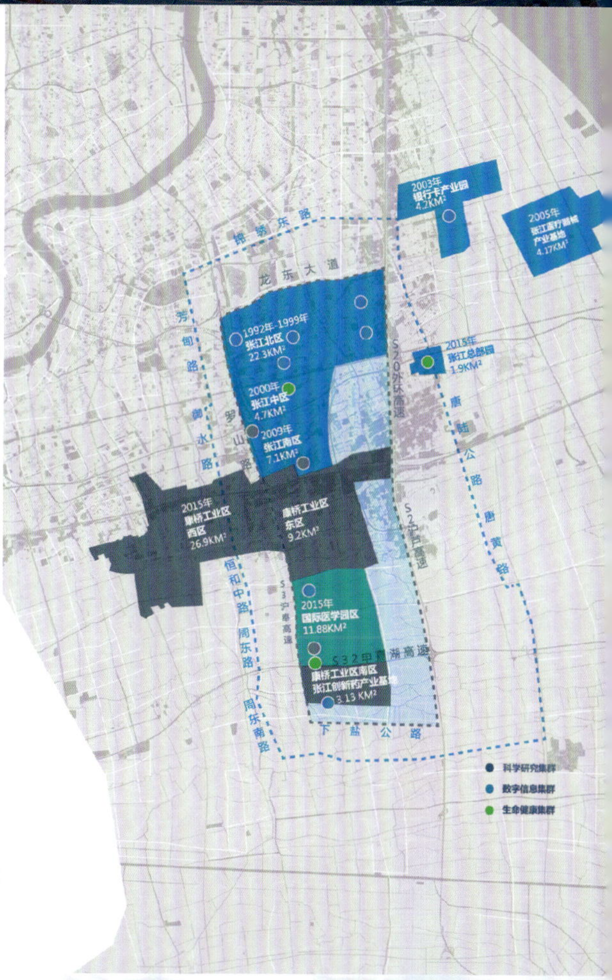


## 张江科学城简介

张江科学城位于上海浦东新区中部，规划面积 220 平方公里，集聚国家实验室、高校科研机构、全球顶尖创新企业和人才资源，目前汇聚 24000 多家企业，现有研发机构 313 家，跨国公司地区总部 65 家，超 30 家高校和科研院所，现有从业人员逾 42 万。未来，将发展成为“科研要素更集聚、创新创业更活跃、生活服务更完善、交通出行更便捷、生态环境更优美、文化氛围更浓厚”的世界一流科学城。

## 张江集团简介

上海张江（集团）有限公司（前身上海市高科技园区开发公司）成立于 1992 年 7 月 28 日，作为张江科学城开发主力军、新兴产业推动者、科创生态营造者，统筹承担开发建设、项目引进、产业培育、功能服务、创新创业氛围营造等重要功能。

# 上海金桥（集团）有限公司

1990 年 9 月，国务院批准在浦东设立金桥出口加工区，金桥出口加工区开发公司（“金桥集团”前身）同步成立。

金桥集团作为产业集聚的号召者，30 年来，抓住家电进家庭、汽车进家庭、通信设备进家庭、智能手机进家庭的历史潮流和国家战略，经历了四轮产业转型。如今进入“5G 时代”，金桥集团在园区向城区的转型中，重点聚焦 5G+“未来车”“智能造”“大视讯”三大产业集群，围绕全产业链开展战略招商、精准招商，形成了一批适应金桥优势和城市形态的特色产业集群。

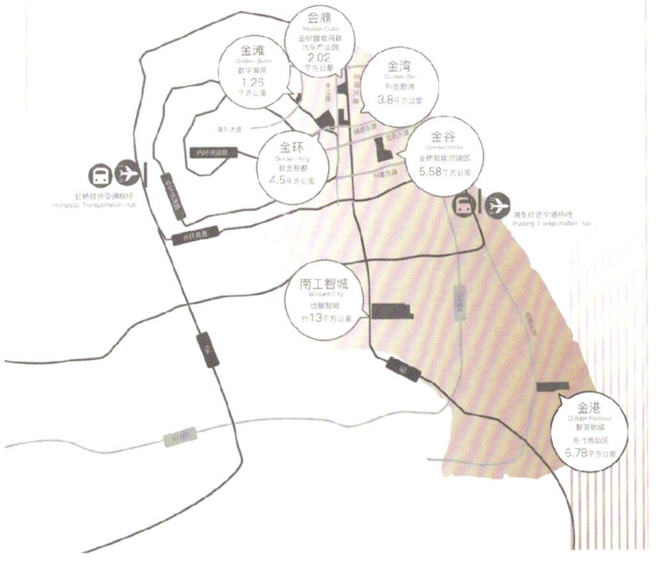


作为深耕浦东的区域开发主力军，金桥集团坚决贯彻“人民城市人民建，人民城市为人民”的重要理念，积极落实浦东“五大倍增行动”和“金色中环发展带”建设战略，在负责开发建设的 127 平方公里开发区域内，精心谋划、全面发力，重点围绕“金色中环发展带”的“六朵金花”，即：上海金鼎、上海金环、上海金滩、上海金湾（北区 B 单元）、上海金谷（南区综保区）、上海金港，产业定位、规划设计、载体建设全力提速，打造宜居、宜业、宜乐、宜游的新金桥。

2022 年 6 月，金桥集团开发的金谷区域被认定为“上海市智能终端制造基地特色产业园”，成为上海发力新赛道的重要载体。

# 上海嘉定工业区开发（集团）有限公司

上海智能传感器产业园

中广国际广告创意产业基地

京东亚洲一号

沃尔沃汽车亚太区总部

上海嘉定工业区

联影医疗

三友医疗

上海嘉定工业区开发（集团）有限公司（以下简称工业区集团）成立于1992年8月，是嘉定区国资委旗下的国有独资企业，负责市级工业园区——上海嘉定工业区范围内综合开发，主要从事产业招商服务、园区综合开发建设运营、资产运营管理和战略性新兴产业投资孵化等业务。

工业区集团立足嘉定建设上海科创中心重要承载区核心区的功能定位，围绕嘉定新城发展战略定位，坚持发展第一要务，持续加快转型发展和创新发展步伐，产业能级和集聚效应不断提升。园区吸引了来自全球40多个国家和地区的2700家实体型企业落户，其中包括50余家世界500强企业和一批国际、国内著名企业，形成了以“先进制造业为支撑、现代服务业为重点、战略性新兴产业为引领”新型产业发展体系，集聚了新能源汽车和汽车智能化、集成电路和物联网、高端医疗设备和精准医疗、智能制造和机器人“四大新兴产业”和总部经济、文化创意、电子商务、在线新经济“四大特色产业”为主体的特色鲜明、优势突出的八大支柱产业。

目前，园区规上工业总产值已突破1200亿元，商品销售总额突破3600亿元，各项主要经济指标持续快速增长，位列全市各大工业区前列，获评有上海市品牌园区、国家新型工业化产业示范基地、国家电子商务示范基地等称号。沪硅产业、联影医疗、三友医疗、盛剑环境、中洲特材、美农生物等一批高新技术与新兴产业领军企业先后成功上市。

当前，工业区集团聚焦高质量发展，深入推进创新驱动发展战略，致力引进和培育一批引领性、标杆性、高成长性的科技型企业，加速壮大以战略性新兴产业为主体的高科技产业集群。重点围绕智能传感器、生物医药、在线新经济领域，集中力量做实做优标杆性特色园区，构建特色鲜明、业态高端、功能集成、富有竞争力的产业生态圈和创新生态链，全力打造转型发展的新引擎、新高地。

Being Global Ideal
ideal
上海嘉定工业区

地址：上海市嘉定区汇源路200号　　网站：http://gongyequ.jiading.cn/　　电话：021-39966500

# 上海青浦工业园区发展(集团)有限公司

上海青浦工业园区，1995 年 11 月经上海市人民政府批准设立，属九大市级工业开发区之一，规划面积 56.2 平方公里。目前，拥有青浦综合保税区、张江高新青浦园 2 个国家级开发区。目前，已经发展成为产值超千亿、税收超百亿的大型战略性新兴产业园区。历年来，获批(获评)国家生态工业示范园区、国家循环化工业示范试点园区、国家新型工业化产业示范基地(新材料)获五星级评价、上海市特色产业园区(生物医药)等。

园区周边交通便利、配套完善、产业集聚，有沪渝高速、沪常高速等 6 条高速公路穿越和邻近园区；沪苏嘉城际线、嘉青松金线、上海地铁 17 号线在园区内形成青浦新城三线换乘、互联互通的综合交通枢纽；崧泽高架贯穿园区中心，驱车前往虹桥机场、虹桥火车站 15 分钟就能到达；逐步构建"对内大循环、对外大联通"的立体交通网络。

经过 26 年的开发建设，园区产业能级不断提升：现有海内外优质企业 3400 余家(年纳税亿元以上的企业 20 家)，包括 19 家世界 500 强企业，121 家行业龙头企业，37 家上市及关联企业，目前有近 20 家企业已进入上市辅导期。支柱产业不断壮大："高端装备产业群"代表企业有杜尔涂装、斯伦贝谢、邦飞利、天田等；"新材料产业群"代表企业有亚士创能、希悦尔、赫格纳斯、英威达等；"电子信息产业群"代表企业有汉得信息、紫光宏茂、华测、腾讯等；这三个已发展成为百亿级的产业集群。另外，"汽车零部件产业群"代表企业有索菲玛、库博、博格、日立海立等，"生物医药产业群"代表企业有绿谷生命园、上药杏林、辰光医疗、西氏药业等，"印刷传媒产业群"代表企业有海德堡、当纳利、中华商务、中华印务等，"时尚消费品产业群"代表企业有福维克、尤妮佳、上海家化、妮维雅等，人工智能产业群"代表企业有发那科、启迪、爱仕达等。

"十四五"时期，园区将立足更大区域谋划自身定位，紧紧围绕"融合"寻求发展目标，以"五大新城"建设为契机，以创建国家级经济技术开发区为引领，聚焦"3+6"主导产业和特色产业集聚发展，积极发展民用航空、生物医药、氢能产业、人工智能、高端信息电子等六大特色产业园；围绕发展数字经济、健康经济、低碳经济，积极推动产业转型升级，率先打造生命科学、双碳蓝湾两大产业社区。努力成为长三角发展强劲活跃增长极，长三角高质量发展样板区，率先基本实现现代化引领区，区域一体化发展示范区，新时代改革开放新高地。

# 上海浦东路桥(集团)有限公司

SHANGHAI PUDONG ROAD & BRIDGE (GROUP) CO., LTD.

上海浦东路桥(集团)有限公司成立于 2015 年，注册资本 6.01 亿元，承载了原浦东建设(A 股代码：600284)工程施工、技术研发、材料销售等板块的工作。公司是一家以城市基础设施建设为主业的创新型企业，业务范围涉及工程建设、路面施工、环境工程、研发咨询、新材料生产和预制构件生产等领域。

公司秉承“筑世纪路，架百年桥”质量理念，先后承接了上海外环线、中环线、内环线、世博配套、度假区配套、济阳路、崧泽高架、龙东大道、杨高中路、S3 公路、沿江通道、G60 科创云廊等一大批重量级市重大工程建设任务，多次荣获中国市政金杯示范工程、国家优质工程、中国钢结构金奖、上海市市政工程金奖、白玉兰奖、上海市重点工程实事立功竞赛金杯公司等荣誉称号。

公司累计开展 81 项科研课题的研究，荣获科技进步奖 24 项，授权专利 73 项，编制国家级工法 5 项、上海市级工法 6 项，制订国家标准 3 项、行业标准 7 项，近年来连续获批上海市高新技术企业、上海市创新型企业、上海市企业技术中心和上海道路功能性铺装工程技术研究中心。

“十四五”，公司将继续深耕浦东，辐射长三角，以浦东打造社会主义现代化建设引领区为契机，抓住机遇、直面挑战，再创浦东路桥新的辉煌。

# 上海杨行工业园区

杨行工业园区1999年4月经宝山区人民政府批准成立，位于宝山区中部，东至蕰川路、南至富锦路、北与月浦镇相临、西与罗店镇交界。园区地理位置优越，紧毗郊环线，南接地铁一号线富锦路站，距内环线10公里，西南距虹桥国际机场28公里。园区内形成四横五纵道路网格；雨、污水全部分流排放；用电有3.5万伏变电站及10千伏开关站各一座；市政自来水、10千伏供电、通讯、天然气等配套设施一应俱全，园区道路、绿化完整。

园区批准规划面积为3.21平方公里，园区现以科技装备制造业、新材料研发和生物工程研发为产业定位，实施"技术创新、应用引领"双轮驱动，加快转型发展，导入和集聚一批集成电路、新材料、新一代网络、新型显示、汽车电子、物联网、车联网、智能硬件等新兴产业，逐步形成以智能制造为主导的上下游产业链闭环的特色园区。

为全面塑造魅力园区、和谐园区、创建园区新形象，杨行工业园区坚持以"热心、诚心、恒心、细心、耐心"的标准服务企业。

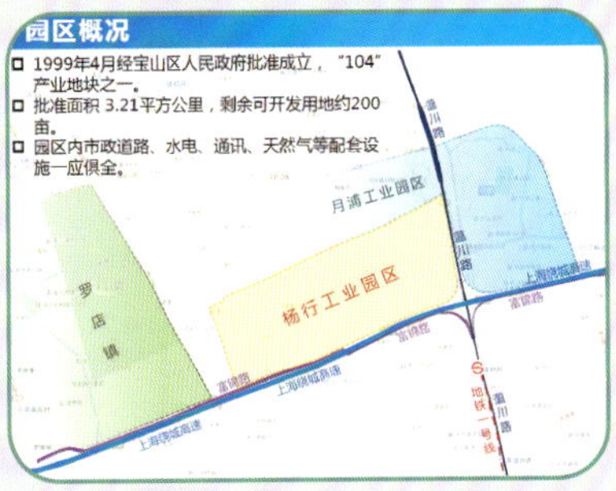


## 园区优质企业

# 上海嘉朗实业有限公司

上海嘉朗实业有限公司地处上海市嘉定区澄浏公路798号，是一家专业的汽车零部件制造企业，主要生产铝合金铸件和发动机底盘类、发动机类、悬置类、橡胶类产品。

我们目前拥有的客户：上海大众、上汽、一汽大众、丰田、菲亚特、克莱斯勒、东风本田、东风日产、东风标致、东风乘用车、武汉神龙、东南汽车、安维斯、宁海建新、TRW、BOSH、德尔福等知名企业。

在产品开发方面，公司拥有在铝合金铸造成型/橡胶产品开发方面具有丰富经验的专业人才，研发部配有各类2D/3D等先进设计软件，可以根据客户提供的零件数据和要求独立设计客户满意的产品。

在生产方面，位于南通市的生产基地——上海嘉朗实业南通智能科技有限公司，拥有压铸、浇铸、CNC加工、锻造、热处理、硫化机等多种生产加工设备，具有强大的批量生产能力。

在质量保证方面，公司已经通过了IATF16949质量体系认证，并且严格按照TS16949和ISO9001质量保证体系运行。

公司的经营目标：产品一流化，成本有效化，市场国际化，使公司成为一个社会型的企业。

公司的经营理念：诚实、敬业、严谨、负责。

我们的用人原则：以人为本，德才兼备，共同发展，成为学习型的企业。

# 智创 TOP 产城综合体

智创 TOP 产城综合体（以下简称智创 TOP）是由普陀区和临港集团区企合作、联手打造，由上海市工业区开发总公司（有限）全周期开发运营的多功能商办中心和地标建筑群。这里是桃浦作为全市重点转型区域“脱胎换骨”式更新升级的先行与核心展示界面，也是国家级科创项目中以（上海）创新园的主要载体。（上图为智创 TOP 鸟瞰效果图）

智创 TOP 四个地块项目环抱中心城区最大绿地—桃浦中央公园，总建筑面积超 113 万平方米。项目坚持“浦江两岸开发标准”，坚持智慧园区的先行先试，打造集高端办公、商业、人才公寓、科创服务、文娱休闲于一体的“7×24”全天候商务与生活衔接的活力产城。首发项目 2016 年开工，自 2019 年起，优质载体陆续面世亮相，截至 2021 年，四个地块项目已全部开工，其中首发地块基本建成（右图为首发项目实图）。园区“AI Park”智慧园区集成管理平台是临港集团园区数字化转型先行试点项目，已拥有自主知识产权，智慧化场景应用搭载绿色建筑技术，使园区获得了一批国际、国家和市级重要荣誉以及科技重点项目扶持。

智创 TOP 以优质建筑、优质服务带动优质产业。园区以“精（科技金融）彩（先进材料）人（人工智能）生（生命健康）”新兴产业为主导，坚持总部经济“一部三中心”的发展端面，先后引入乐凯新材料、东方雨虹华东总部、德爱威（中国）等先进材料龙头企业，承接了上海电力高压、李园实业等总部型办公业态。嫁接临港集团优质科创资源，智创 TOP 在中以（上海）创新园设立“创营•TOP”国际孵化器，打造创新培育孵化和产学研合作平台，赋能普陀区科创“金字招牌”。（左下为“创营•TOP”国际孵化器载体）

如今的中以（上海）创新园，被国家最高领导人列为中以两国合作的标志项目。站在迎接党的二十大胜利召开、桃浦转型十周年、中以（上海）创新园开园三周年的重要契机节点上，智创 TOP 不断铸强园区核心竞争力，以匠心打造区域转型的新典范、产业发展的新高地、产城融合的新亮点，助力桃浦早日建成中心城区转型升级示范区、上海科创中心重要承载区！

# 上海临港弘博新能源发展有限公司

翡翠园分布式光伏项目

上海临港弘博新能源发展有限公司成立于 2015 年，作为上海临港集团旗下专业的能源投资运营平台，紧紧围绕国家“30 · 60”双碳战略目标，聚焦能源系统整合，以实现“园区碳中和”为己任，主要从事新能源投资和综合能源服务业务，以园区绿色能源供应商和园区综合能源服务商定位为出发点，助力园区走能源可持续发展之路。

公司自成立以来，投资建设的分布式光伏电站累计装机容量达 87 兆瓦，累计提供绿色电力超 2.1 亿度，累计实现二氧化碳减排 16 万吨。使用合同能源管理模式，在不增加客户投资的情况下，累计为企业节省电费超 1100 万元。综合能源服务总面积达 80 万方。

发展历程及荣誉

2015 年，公司成立；成立当年，完成上海市第一个分布式光伏全额上网项目并网工作。

2016 年，金砖银行中国首个主权贷款项目签约成功。

2017 年，向国家能源局申报的首批“互联网 +”智慧能源示范项目正式获批。

2018 年，荣获国家工信部电力需求侧改革示范园区授牌；荣获“高新技术企业”称号；投资的全球最大柔性组件 BIPV 项目—G60 科创云廊光伏项目开工建设。

2019 年，临港新片区管委会挂牌成立综合能源工作站，公司成为首批入站企业。

2020 年，荣获上海 30 年“节能重点领域十大事件“入围奖、上海市 2020 年“节能宣传践行者”称号。

2021 年，成为上海市电力行业协会、上海市太阳能协会会员单位。

2022 年，完成临港新片区 2021 年度科技小巨人工程专项立项。

业务架构

以清洁能源为核心的能源生产方面，涵盖分布式光伏、分散式风电、分布式储能、冷热电三联供、能源中心。

“能源管家”园区能源服务方面，包括能源站投资及运行、综合能源站运营、园区能源服务、能源系统数字化服务、技术咨询、碳资产管理及交易、能源系统设备服务等。

最终向园区及客户提供能源一揽子系统解决方案。

联系电话：021-20976637

地址：上海市浦东新区秋山路 1775 弄 18 号楼

公司大楼

拉斐尔云廊 BIPV 项目

# 和通汽车投资有限公司

和通汽车投资有限公司是中国领先的全国性汽车经销商集团之一，成立于 2010 年 7 月，注册资本为 12,804.5 万美元，总部设在中国上海，深耕于中国汽车市场，率先紧扣大陆市场 14 亿人口的中枢核心，再以放射状网络紧密连结至各个主要城市。

目前经销汽车品牌包括：和凌雷克萨斯、和裕一汽丰田、和展广汽丰田，全国性 4S 店共有 24 家，覆盖经济发达地区及城市，包括上海、天津、北京、重庆、唐山、枣庄、临沂、晋中、泰州与南昌等。

集团不断深化汽车服务产业链，开展高端商务车专营，致力发展一站式的经营模式，包含高端商务车专营、精品二手车专营、售后产品与服务、汽车用品、维修保养服务、汽车美容服务、汽车金融、汽车保险、共享出行、汽车类培训业务等汽车相关业务。

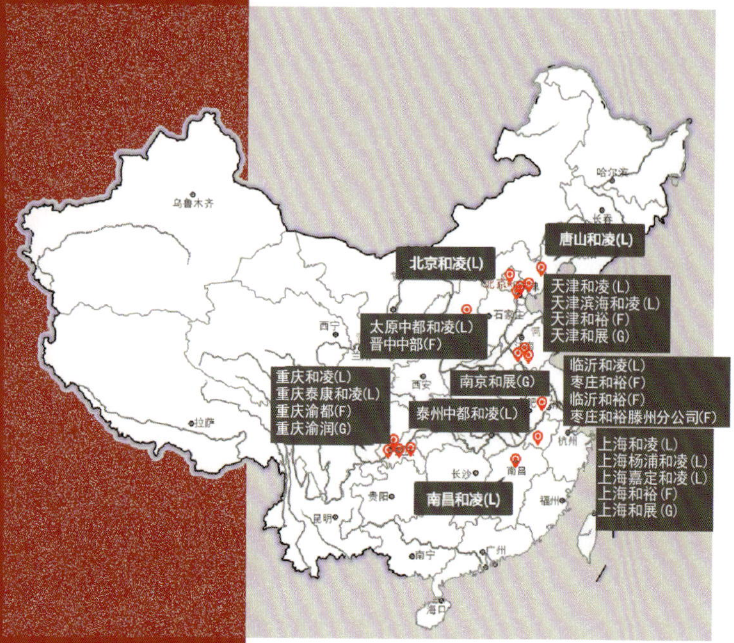


# 和通文化

诚信纪律

顾客满意

超越

# 上海区门店名称及联系方式

| 门店 | 电话 | 地址 |
|---|---|---|
| 1、上海和凌（雷克萨斯） | 电话：22259999 | 地址：普陀区祁连山南路456号 |
| 2、上海杨浦和凌（雷克萨斯） | 电话：65779888 | 地址：杨浦区市光路401号 |
| 3、上海嘉定和凌（雷克萨斯） | 电话：67090688 | 地址：嘉定区永盛路2018号 |
| 4、上海和裕（一汽丰田） | 电话：64202769 | 地址：闵行区沪青平公路999号 |
| 5、上海和展（广汽丰田） | 电话：34305128 | 地址：闵行区莲花南路2058号 |
| 6、上海和乾（丰田叉车） | 电话：57686660 | 地址：松江区新桥镇曹农路515号 |
| 7、天津和亿上海闵行分公司（高端商务车） | 电话：64202769 | 地址：闵行区沪青平公路999号5幢 |
| 8、天津和亿上海嘉定分公司（二手车） | 电话：67090688 | 地址：嘉定区永盛路2018号2幢 |

# 上海淞泓智能汽车科技有限公司

上海淞泓智能汽车科技有限公司成立于 2017 年 6 月，是上海市智能网联汽车制造业创新中心，是国家智能网联汽车（上海）试点示范区具体运营和管理单位，受上海市智能网联汽车道路测试推进工作小组（市经信委、市交通委、市公安局联合成立）委托，作为第三方机构承担上海市智能网联汽车道路测试牌照申请、测试和管理工作。自公司成立以来，服务国内外多家企业，主要业务涵盖技术测试认证、前瞻技术研究、大数据分析与人工智能服务等。

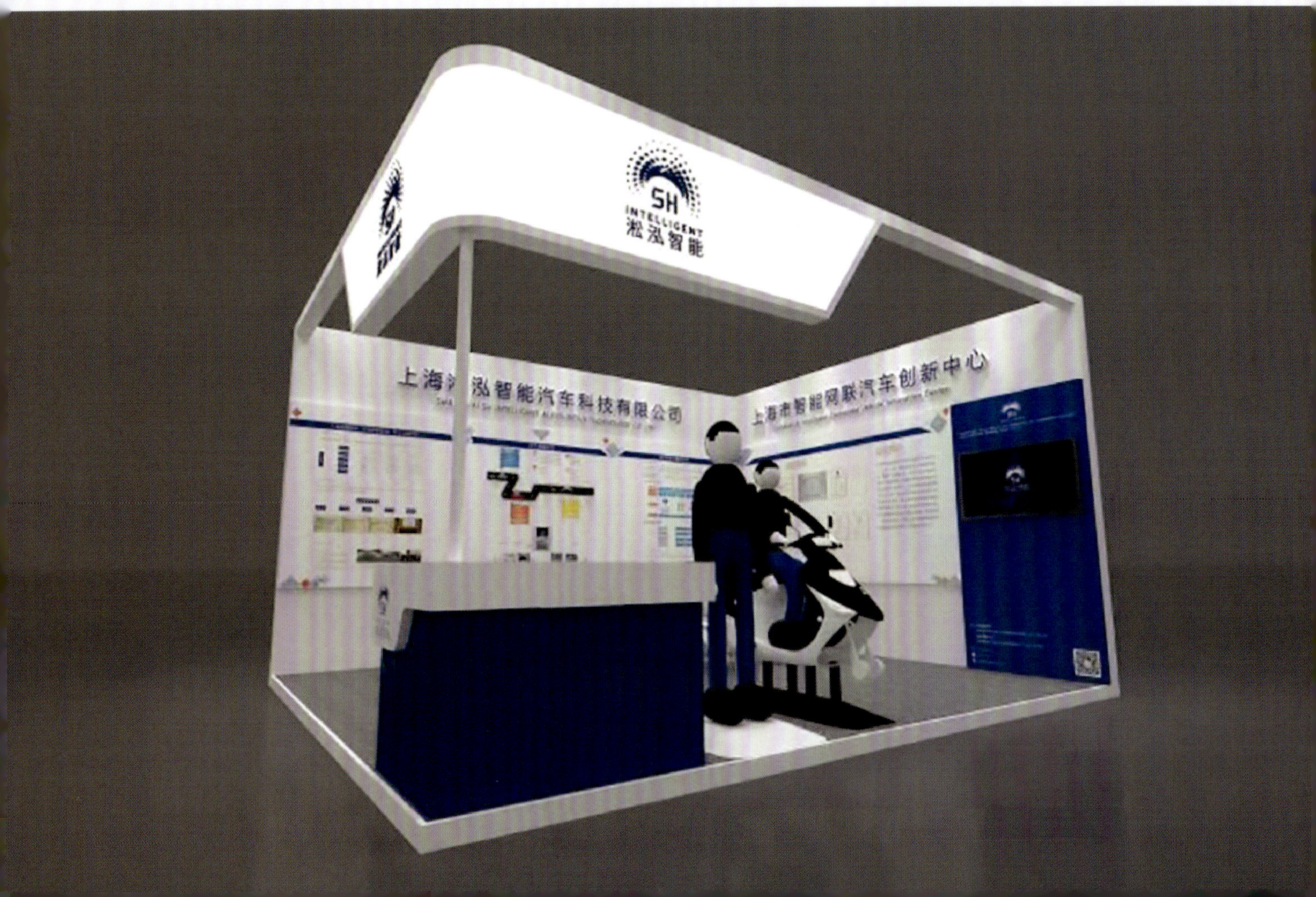

# 上海华培动力科技(集团)股份有限公司

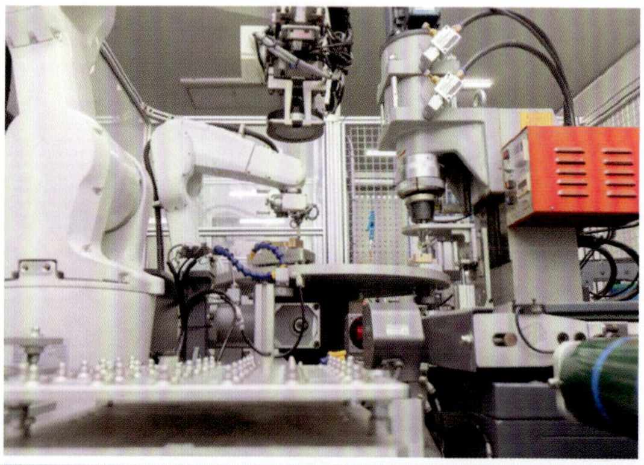

上海华培动力科技(集团)股份有限公司(股票代码：603121)于 2006 年在上海青浦成立，总部位于上海青浦出口加工区，是一家专注于汽车零部件行业的先进制造企业，主要从事汽车零部件的研发、生产及销售。依托于在材料研发和材料成型领域多年的技术积累，公司逐步发展成为细分市场领域金属合金材料铸造成型的龙头。目前公司产品主要围绕在汽车领域，包含以下三大类：1)发动机进气系统中涡轮增压器放气阀组件、涡轮壳及中间壳等零部件；2)排气系统中的端锥、弯管、法兰等零部件；3)商用车后处理系统中的排气节流阀阀体等产品。

在涡轮增压器关键零部件领域，公司与博格华纳、霍尼韦尔(盖瑞特)、博世马勒(博马科技)等全球知名涡轮增压器整机制造商形成了长期稳健的合作关系，在竞争中占据了先发优势；近年来不断调整产品结构，连续拓展了包括排气系统端锥、弯管、法兰等和商用车后处理系统排气节流阀阀体等产品在内的新产品线，拓展了全球排放系统最大供应商佛吉亚、全球商用车制动系统供应商克诺尔集团等优质客户；2020 年公司明确了“积极拥抱汽车智能化、电动化”的战略发展方向，收购无锡盛迈克传感技术有限公司，战略布局汽车压力传感器、温度传感器等产品线，未来围绕盛迈克的核心技术积累，重点布局商用车尾气后处理系统、氢燃料电池系统、流量控制系统等战略项目，并将逐步延伸至制造过程中的自动化生产、标定、检测技术的软硬件技术开发，力争为客户提供一揽子解决方案。

# 宝陆 BAOLU

# 上海宝山大陆汽车配件有限公司

成立于1989年11月27日，注册资本9000万元人民币

主营业务

专业生产轿车隔热罩系统零件、大型车身A类零件、中小型冲压件、焊接件、轿车千斤顶和随车工具以及内外饰注塑零件

公司现状

现拥有6个独立子公司，分别位于上海、江苏扬州、浙江宁波、福建宁德、河南开封和湖南长沙

公司具备年产5000万套冲压件、800万套千斤顶、500万套注塑件生产能力

公司主要客户有上汽大众、上汽汽车、上汽通用、一汽大众、福建奔驰等整车厂和扬州亚普、华域汽车等大型零部件企业。

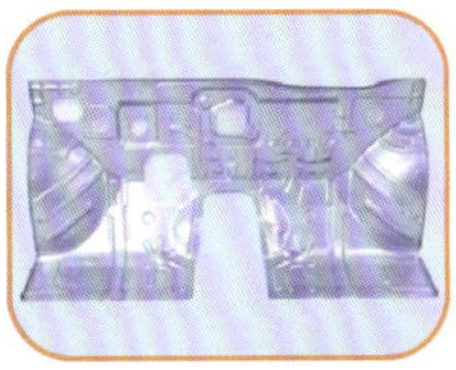

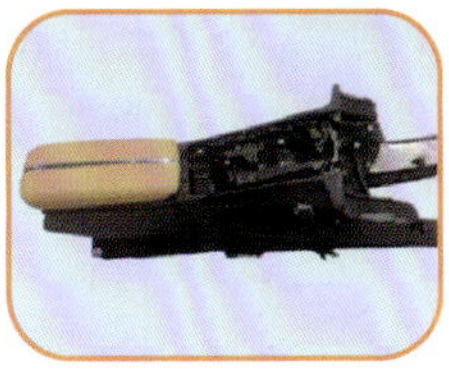

## 冲压类零件：

核心技术：三十年深耕冲压技术、沉淀冲压工艺

竞争优势：大吨位、自动化设备

产品类型：A类零件、隔热板、轮罩、高强度钢

## 千斤顶及随车工具：

核心技术：国外专利技术授权

产品类型：X型千斤顶、Y型千斤顶、EPP工具箱

## 注塑类零件：

核心技术：模具开发验证能力

产品类型：内外饰零件、大中型注塑件

上汽通用汽车 SAIC-GM

CHEVROLET

Audi

MG

CHERY

理想智造

ENOVATE 天际汽车

国内首条高架轨道交通——上海地铁 3 号线

# 中铁上海设计院集团有限公司

中国铁建

中铁上海设计院集团有限公司（以下简称上海院）是全国勘察设计收入 50 强的国有大型综合甲级设计企业，是世界 500 强中国铁建下属的核心子企业，持有工程设计综合资质甲级、对外承包工程资格证书等 9 项资格证书。自 2009 年以来先后获得了上海市高新技术企业、科技小巨人企业，上海市创新型企业、上海市专利试点企业，通过了上海市企业技术中心认定，2020 年入选国务院百户“科改示范行动”科技型企业。公司现有各类用工3000余人，拥有全国工程勘察设计大师 1 人、享受国务院政府特殊津贴专家 3 人、省部级专家 20 余人，在岗职工中中高级职称 1600 余人、各类注册人员 600 余人次。

集团大楼

中铁上海院以“一业为本、两个市场、六大板块、五大领域、高质量发展”为总体发展思路，坚持以勘察设计为本，开拓国内、国外两个市场，形成了勘察设计、工程总承包、投融资、全过程咨询、智能制造、运营维管六大板块，拓展铁路、轨道交通、建筑、市政、新兴产业五大领域，实现高质量发展。

本世纪中国在海外修建的最长铁路——安哥拉本格拉铁路

上海院注重科创平台和研发团队建设，以科改示范行动为抓手，以企业技术中心为平台，为员工构建完善的研发机构运营机制。目前，上海院已建立“8+1”研发中心（研究基地）科创平台，分别为城市地下空间技术研发中心、市域铁路研发中心、智慧勘测研发中心、城市运维与智能交通研发中心、综合发展规划与生态保护研发中心、装配式与智慧建造研发中心、特长深埋隧道工程研发中心和区域铁路、市域（郊）和区域城际铁路一体化运控系统工程研究中心以及轨道交通联合研究基地。各中心驻足国内领先、国际先进，坚持自主创新、集成创新与引进消化吸收再创新相结合，在重大技术领域和新兴产业方面发挥研发引领和技术支撑作用，形成上海院专业特色和优质品牌，为“品质铁建”建设提供强大的发展助力。

成都地铁 10 号线双流机场站

# ABOUT US
# 公司简介

上海北横通道1标北虹立交

上海市城市建设设计研究总院(集团)有限公司成立于 1963 年，是从事基础设施建设的勘察、设计、总承包为主的综合性设计咨询研究单位，具有国家工程设计综合甲级、国家工程勘察综合甲级、工程咨询甲级综合资信，为工程建设提供全行业、全过程服务。

上海城建设计集团致力于聚焦技术革新，建有劳模工作室、博士后工作站、上海市企业技术中心、上海城市雨洪管理工程技术研究中心、上海工业化装配化市政工程技术研究中心、上海有轨电车工程技术研究中心、上海建筑信息化工程技术研究中心，内设 9 个创新中心，是高新技术企业。在科学探索和技术创新中作出贡献，荣获国家、部和市级各类奖项近千项，拥有各类专利近千项。主编和参编各类标准、规范、通用图，推动行业发展。

上海竹园污水处理厂

上海城建设计集团专注于服务城市功能升级。旗下包括 11 个设计院、1 个总承包部，22 家区域分公司，6 家全资子公司，1 家控股子公司，1 家区域办事处；凭借强有力的资源整合能力和总承包管理能力，为业主提供高品质的集成服务。将宜居理念融入设计作品，将设计作品遍布全国和世界各地。

上海松江有轨电车示范工程T1线

上海城建设计集团汇聚了一大批优秀的设计师，在 2700 多名员工中，硕、博士比例达 36%，拥有全国工程勘察设计大师、国务院政府特殊津贴、劳动模范、上海市领军人才、重大工程建设杰出人物、全国青年岗位能手等业界精英。

上海城建设计集团关注提升自我发展，获得全国五一劳动奖状、上海市文明单位、金杯公司、红旗党组织、质量管理奖、职工最满意企业、专利试点企业、创新型企业等多项荣誉称号，铸就了城建设计品牌。

地址：上海浦东新区东方路3447号 Add:3447Dongfang Rd.Shanghai China
邮编：200125 P.C.200125
电话：021-20507000 Tel:86-21-20507000
传真：021-63760994 Fax:86-21-63760994
网址：www.sucdri.com Website:www.sucdri.com

# 上海申龙客车有限公司

上海申龙客车有限公司位于国际大都市上海，占地 20 万平方米，年产能超过 1 万辆。公司专门致力于客车整车研发、制造和销售，产品涵盖新能源客车、公路客运、旅游、公交、团体、厢式物流车等各个细分市场，是上海唯一、国内为数不多的综合性客车制造企业。

公司自 2005 年 9 月成立以来，不断创新，坚持自主设计制造满足客户需求。严格执行 TS16949 标准、获得国家 3C 认证，已形成了 6 米至 13.7 米，中高档产品档次的 20 多类 200 多个客车品种的完整产品链。经过几年的发展，开发出拥有柴油、天然气、纯电动、混合动力、氢燃料等动力燃料的全系列客车产品。

公司成立之时，就决定同时开拓国内和国际市场。在国内大中型客车销售排名中，申龙连续数年进入十强，成为中国客车行业的佼佼者。凭借出众的环保性能、舒适性和安全性，申龙客车成功进军海外市场，先后进入泰国、新加坡、俄罗斯、美国等 10 多个国家和地区，通过俄罗斯 GOST、北美 DOT、欧盟 ECE 等各项海外认证，在中国海外客车出口量和出口额排名始终位列前五。

积数年之沉淀，申龙客车已被业内公认为外观时尚、服务优良、性价比高的知名客车品牌。在历届国际客车展及活动中，多次获得年度 巴士制造商大奖、最佳新能源客车大奖等近 60 项荣誉。在由中国汽车报举办的中国客车业 60 周年评选活动中，申龙客车更是被评定为“优秀客车品牌”和“十大新能源客车品牌”。

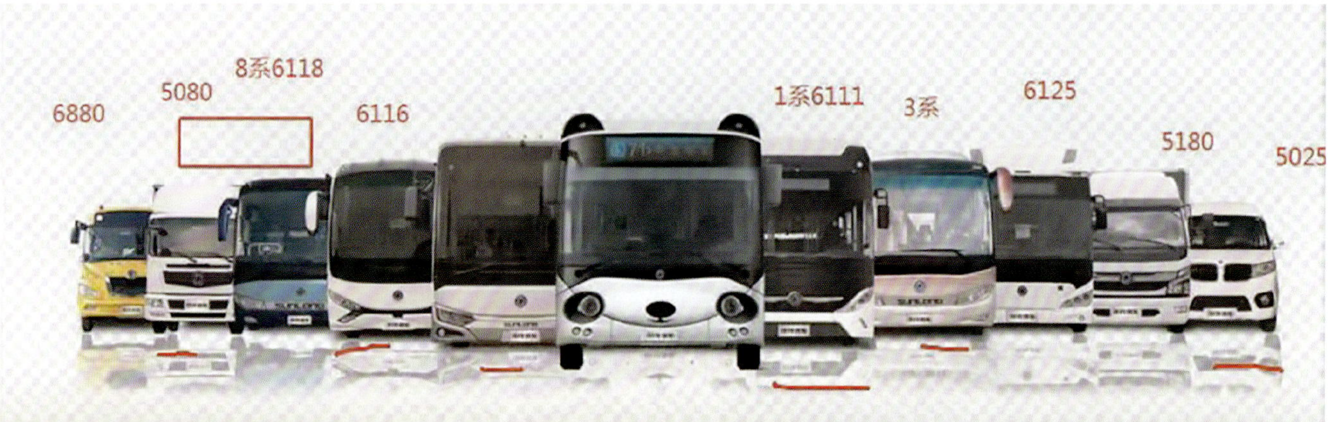

# 上海裴椒汽车部件制造有限公司
Shanghai Peijiao Autoparts Manufacturing Co., Ltd

We Drive for Excellence

## ◆公司简介

上海裴椒汽车部件制造有限公司成立于2009年底，是国内一家专业制造汽车制动软管接头的高新技术企业。公司位于上海市松江区，公司总面积11551㎡，其中生产区域面积8000㎡，员工人数100余人，其中技术&管理人员30余人。

公司主要生产经营汽车配件制造与加工及表面处理等，产品制造的主要工艺以冷镦、机加工、铆接和表面处理为主。整体冷镦制造工艺、独创铆接制造工艺及表面处理工艺在国内居于领先水平，主要产品替代进口，在国内外享有较高的声誉。目前公司为大众、福特、通用、吉利沃尔沃、上海汽车等知名企业的配套产品供应商，并且建立了长期稳定和良好发展的合作关系。

上海裴椒秉承“创新、务实、持续、有效”的经营理念，致力于新产品开发及研发设备的投入以及安全、环保事业的发展，为实现汽车关键零部件技术自主化、提高节能、环保和安全技术水平提供有力保障。

## ◆发展历程

- 01 2009年底公司成立
- 02 2010年工厂建成
- 03 2011年质量体系认可产品研发
- 04 2012年产品批量生产
- 05 2013年获得实用新型专利
- 06 2014年关键设备投资电镀线改造
- 07 2015年工厂搬迁
- 08 2017年工厂扩建
- 09 2018年技术研发中心建立获得发明专利
- 10 2019年取得高新技术企业证书及衬芯自主研发批产
- 11 2020年产品自动检测线推进

## ◆主营产品

内丝系列产品　外丝系列产品　硬管系列产品　异型系列产品　异型系列产品　衬芯系列产品

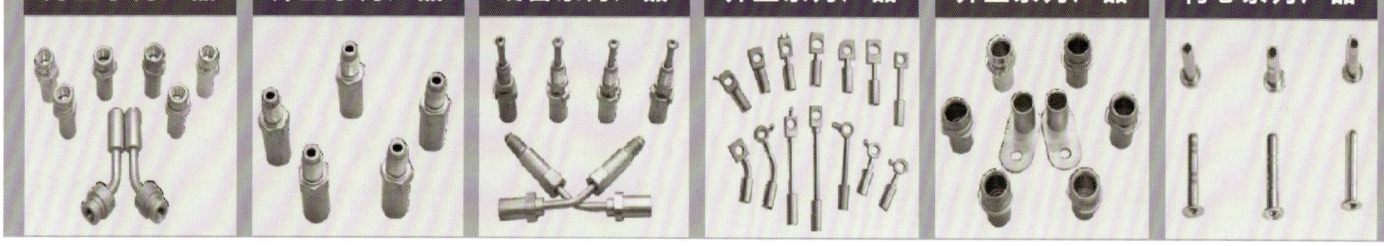

## ◆终端客户

BYD　VOLVO　Ford　Audi　LINCOLN　mazda　LYNK&CO　上汽大通 MAXUS　红旗　KIA 东风悦达·起亚　理想

地址：上海市松江区民强路550号10幢1-2层　　邮　编：201612

邮箱：chloe.zheng@sh-pjqp.com　　联系电话：021-69792362（总机）

# 沪东中华造船（集团）有限公司
# HUDONG-ZHONGHUA SHIPBUILDING (GROUP) CO.,LTD.

沪东中华造船(集团)有限公司(以下简称沪东中华)是中国船舶集团有限公司全资子公司，目前注册地址为上海市浦东新区浦东大道2851号，注册资本人民币341,725.1070万元。主责主业是军用舰船和民用船舶的总装建造；民用船舶主要涉及大型/超大型集装箱船、大型LNG船及产业链相关产品等；沪东中华是国家重点保军单位，国家高新技术企业，是船舶行业唯一获得“中国工业大奖”的企业。2021年，沪东中华实现营业收入2,193,533万元，利润总额59,487万元，净利润52,787万元，拥有员工23000余人。

沪东中华素有护卫舰和登陆舰摇篮的美誉。公司建造一系列现代化军事装备成为人民海军现役装备的重要组成，为人民海军由近海防御走向远海防卫，实施战略转型，实现新时代强军目标提供重要装备保障；沪东中华是中国最大的军用舰船出口基地，在“一带一路”合作倡议引领下，积极开拓国际军贸合作，向巴基斯坦、阿尔及利亚、泰国等国出口了一系列先进军事装备，为国家军事外交作出重要贡献，成为推动中国军工产业走出去的开路先锋。

沪东中华是我国船舶种类最全、高端产品最多、建造实力最强的民船制造企业，是中国唯一成功建造世界最先进大型LNG船的企业，是全球唯一一家建造No96和MarkⅢ两种LNG薄膜型液货围护系统的企业。公司矢志服务国家战略，成功摘取世界造船“皇冠上的明珠”，成为中国唯一的大型LNG运输船建造企业，实现了国家重大能源运输装备的自主可靠生产。已经交付和在建的大型LNG船超过60艘，为中国能源结构转变和气候环境改善带来源源不断的清洁高效能源；沪东中华在全球集装箱船建造领域声誉卓著，已经交付和在建的8000箱位以上超大型集装箱船超过70艘，建造的23000箱集装箱船是当今世界上载箱量最大，技术性能最先进，全球首个应用LNG为主要动力燃料的“超级工程”；公司建造的国际最先进17.4万立方米大型浮式液化天然气储存及再气化船(LNG—FSRU)，代表了当今中国船舶工业在大型LNG-FSRU领域的最高建造水平，彰显了沪东中华在国际LNG产业链装备领域雄厚的技术储备和先进的装备研制能力，标志着中国船舶集团在高端海洋装备研发设计建造领域处于全球领先地位，为全球航运绿色发展战略贡献了中国力量；建造交付的18600方加注船由沪东中华完全自主研发设计，拥有完全自主知识产权，技术指标全球最先进，是目前世界上能够提供全流程服务的舱容量最大、加注速率最快的LNG加注船；成功建造了全球首创，集世界众多先进技术于一身的环保节能38000吨、49000吨双相不锈钢化学品船；成功建造了世界最大，最先进的G4型45000吨集装箱滚装船；成功建造交付的3000吨级海洋渔业综合科学调查船是农业部迄今投资最多、吨位最大、设施最先进的科学调查船，是我国海洋科学研究的重要科学平台，填补了我国在远洋海域缺乏渔业科考能力的空白，有助于更好维护我国海洋渔业权益。公司建造交付的每一型产品都体现了沪东中华精益求精，创新超越的企业品格。

18600立方米LNG加注船

第四代XDF双燃料推进17.4万立方米LNG船

8万立方米LNG船

17.4万立方米LNG-FSRU

24000TEU超大型集装箱船

## Shanghai ASD Automotive Products Co., Ltd.

Established in 2006, located in Shanghai Qingpu Industrial Park, at the intersection of Shanghai Changzhou Expressway and Shanghai Ring Expressway, adjacent to Metro Line 17 Qingpu New City Station . Covering an area of 133 thousands square meters.Registered capital 15 million US dollars, First phase investment is 29.8 million US dollars; Second phase 40 million US dollars (under construction), Third phase is ready to be launched.

Experience in the research and development of key aluminum components for automotive production. It has more than 100 independent intellectual property rights .Obtained the "National Key High-tech Enterprise" and IATF16949 system certification. The company's main products are aluminium alloy cylinder block, cylinder head, robot body casting, new energy automotive motor shell and other automotive lightweight products. The main production processes are metal mould gravity casting and low pressure casting. At present, it has a capacity of 1 million pieces, and the second phase of construction can reach 2.5 million pieces.

# Company Profile
# 公司简介

## 上海爱仕达汽车零部件有限公司

创建于2006年，位于上海青浦工业园区，地处沪常高速、上海绕城高速交汇处，毗邻地铁17号线青浦新城站。占地200亩，注册资金为1500万美金，一期投资2980万美元；二期工程投资4000万美元正在建造中，三期工程蓄势待发。

公司拥有生产汽车关键铝部件研发的核心技术经验，拥有自主知识产权百余项，获得了"国家级重点高新技术企业"和IATF16949体系认证。公司主要产品有铝合金缸体、缸盖、机器人本体铸件、新能源汽车电机壳等汽车轻量化产品。主要生产工艺为金属型重力铸造和低压铸造等。目前产能100万件，二期建成可达250万件。

CSSC 江南造船

VLEC

雪龙

**联系方式**

Contact us

电话 phone:+86-21-66995389

传真Fax:+86-21-66994658

地址Address:中国上海长兴岛长兴江南大道988号

No.988, Changxing Jiangnan Avenue, Changxing Island, Shanghai, China

# 中国船舶集团有限公司第七〇八研究所

中国船舶集团有限公司第七〇八研究所（以下简称第七〇八研究所）始建于1950年11月，是中国船舶行业内成立最早，成果多、技术力量雄厚、专业门类齐全、试验设施先进的船舶及海洋工程设计研究开发机构，被誉为中国舰船设计的“摇篮”。现有职工1600余人，其中全国最美科技工作者1名，船舶设计大师7名，上海领军人才7名，并有一批中青年领军人才和学科带头人。

第七〇八研究所隶属于中国船舶集团有限公司（CSSC），是中国船舶船舶与海洋工程研发中心，是船舶设计技术国家工程研究中心的依托单位，是国际拖曳水池会议（ITTC）、国际船舶结构会议（ISSC）的成员单位，中国造船工程学会船舶设计委员会主任委员单位，全国海洋船舶标准化技术委员会主任委员单位，是流体力学和船舶与海洋结构物设计制造的硕士、博士研究生培养单位。

第七〇八研究所长期致力于研究开发经济、安全、环保的各类优质船舶、海洋工程和高端船用装备，把所掌握的设计技术和丰富的经验贡献给社会，以最好的服务满足客户的不同需求。

建所七十余年来，自主开发出多型具有世界先进水平的军用舰船、民用船舶、海洋工程和高端船用装备，许多科研成果和船舶产品达到国内领先、国际一流的先进水平，填补了我国造船业众多空白，创造了近百项中国第一。完成各类舰船、船舶及海洋工程研究开发和设计项目共1300余项，荣获各类科技成果奖励近500项，其中国家级奖励50余项（国家科技进步奖特等奖4项、国家科技进步奖一等奖10项）、省（部）级奖励300余项。

第七〇八研究所被中共中央、国务院、中央军委授予高技术武器装备发展建设工程重大贡献奖。先后被国防科技工业局（委）评为军工能力建设先进单位、技术创新先进单位、国防科技创新团队、国防科技工业安全保密工作先进集体等荣誉。此外，还先后荣获中央文明委全国文明单位；国资委中央企业思想政治工作先进单位、中央企业先进基层党组织；上海市文明单位、治安安全示范单位、五好基层党组织等荣誉称号。

# 中国船舶电站设备有限公司

中国船舶电站设备有限公司由中国船舶电站设备公司（创建于 1980 年）和上海沪东造船电器有限公司（创建于 1958 年）于 2011 年合并重组，是中国船舶集团有限公司旗下大型骨干企业沪东中华造船（集团）有限公司的全资子公司，也是中船集团下属机电制造领域的配套公司。公司注册资金 2600 万元，现有职工 265 人，其中公司所属研发设计所技术研发人员 70 余人，工程师及高级工程师达 50 余人。电站公司是国内第一批获得生产全系列船用配电箱"全国工业产品生产许可证"的公司，同时拥有装备承制单位注册证书、中国新时代认证中心武器装备质量体系证书、三级保密资格证书、军工系统安全生产标准化二级单位认证和高新技术企业资质，产品拥有 CCS、LR、BV、ABS、DNV-GL 等船级社的认证证书和 3C 认证证书。

# MicroPowers 齐耀动力

上海齐耀动力技术有限公司是世界第一造船企业中国船舶集团公司和中船集团公司第七一一研究所联合控股的国家高技术装备研发制造企业，主要从事分布式能源装备研发、制造和咨询设计、系统集成、运维服务等系统整体解决方案。2015年资产注入上市公司中国动力（600482）。

公司在分布式能源领域拥有十五年的行业积淀，编制多份行业标准，为多地政府提供政策咨询和发展规划。承建了上海中心大厦燃气三联供等数十个分布式能源项目，是国内燃气分布式能源装备和系统解决方案的领导者，为行业的发展做出了重要贡献。

齐耀动力对燃气分布式能源系统具有深入的研究。公司通过了中国船级社质量管理体系认证和职业健康安全体系认证，具备新能源发电乙级设计资质，拥有专业的项目咨询、设计、施工、运维团队。欢迎合作垂询！

## 业务范围

- 项目方案、可研、评估
- 分布式能源项目设计、系统集成、工程总包
- 燃气发电机组供货和融资租凭
- 售后维护、运维服务

## MTU品牌燃气发电机组

**齐耀动力是MTU品牌燃气发电机组国内授权系统集成商，提供机组供货和全寿命周期售后服务，MTU燃气发电机组特点和优势如下：**

- 高可靠性，4000系列机组（776kWe-2400 kWe）大修时间可达63000h。
- 具备并网和孤网两种运行模式，能实现就地和远程控制并能与其他供电装置平稳切换，实现自动和手动启动与增减负荷。
- 稀薄燃烧技术，具有高效、经济、环保等优点。
- 电子管理系统（ADEC），能实现远程监控。
- 爆燃监测，避免爆燃对机组的破坏。
- 模块化设计，气，油，水，电等对外接口简单，易于安装，外围匹配及维护。
- 先进的燃气空气混合器具备宽泛的燃气适应能力。
- 主控柜提供完全开放的标准协议及通讯接口，即可以将各并机控制柜内的数据上传给上级管理系统。
- 高安全性。MTU的气体调节管路（含燃气供应安全阀）的零部件都经过90/356/EWG气体零部件标准认可（欧洲燃气系统技术规范）。
- 优异的高温不降功率性能，MTU机组可在环境温度43°C以内不降功率。
- 服务便捷高效，MTU在苏州设有服务团队及零备件中心，可为客户提供及时高效的售后服务。

## 项目案例

项目名称：上海中心大厦三联供项目
装机容量：2×1165kW燃气内燃发电机组/2×1047kW热水型溴化锂机组
能源利用率：81.4%
年节约标煤：约1890吨
年CO2减排：约4855吨

项目名称：上海虹桥商务核心区域能源中心设计
装机容量：8×1400kW
年供电量：49420MWh
年节约标煤：约8559吨
年CO2减排：约11277吨

项目名称：河北君乐宝四牧沼气热电联产
装机容量：2×1165kW
年供电量：18640MWH
年节约标煤：5108吨
年CO2减排：12650吨

上海齐耀动力技术有限公司　地址：上海市牛顿路400号，邮编201203
400 Newton Road, Shanghai 201203,P.R.China
电话：021-61693611；13585881217沈小姐　传真：021-50803841
Email：shenjie@micropowers.com　Web: http//www.micropowers.com

型钢加工区

甲板片装焊区

# 中船第九设计研究院工程有限公司

中船第九设计研究院工程有限公司是由原中船第九设计研究院改制而成，隶属于中国船舶工业集团公司。公司是一家多专业、综合技术强的大型工程公司，是从事工程咨询、工程设计、工程项目总承包的骨干单位，能承担多类大型项目的工程总承包业务。在中国创建世界第一造船大国中，承担着践行环渤海湾地区、长三角地区、珠三角地区的船舶工业规划设计“国家队”的角色。

公司已取得了国家有关部委批准的船舶、军工、机械、水运、建筑、市政、环保、城市规划等领域的工程设计综合甲级以及工程咨询、工程监理等多项甲级资质、房屋建筑工程施工总承包一级资质，具备了对外工程总承包、境外设计顾问及施工图审查的资质。本公司是全国工程设计百强单位、全国优秀企业形象单位、上海市文明单位、上海市优秀工业企业形象单位、上海市高新技术企业单位。

公司现有从业人员 1000 多人，正式职工 750 多人，其中各类专业技术人员 700 多人（其中研究员 50 人、高级工程师 210 人、工程师 270 人；注册建筑师、注册结构师、注册造价师、注册监理工程师等各类注册工程师 380 余人）。公司先后有 30 多名专家享受国家特殊贡献和特殊津贴，相继有 4 位工程技术人员获中国工程设计大师称号，1 位获中国工程监理大师称号。

公司将继承发扬中船第九设计研究院“经营是前提，质量是生命，技术是基础，人才是关键”治院方针，不断丰富创新、拓展、诚信、敬业的企业精神内涵，不断提高设计咨询能力，拓展工程管理、工程总承包能力。公司将奋发努力，竭尽全力，为广大客户提供全方位服务，为国防工业和社会主义现代化建设作出新的贡献。

智能型无人系统母船

小水线面双体船

多功能舷梯

集装箱实验室

舷侧登乘平台

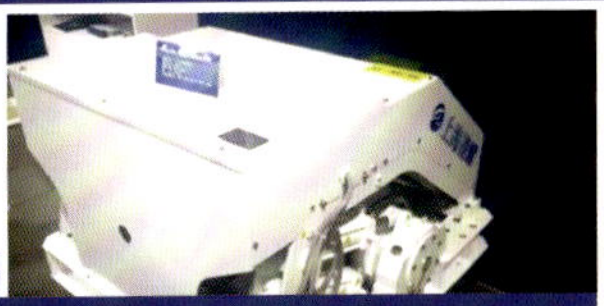
陀螺减摇装置

# 上海凌耀船舶工程有限公司

上海凌耀船舶工程有限公司是由中国船舶集团有限公司第七〇一研究所全资公司武汉凌耀科技有限责任公司单独投资成立的企业法人类有限责任公司，成立于 2012 年 9 月。主要致力于船舶与海洋工程装备的设计开发、综合保障(含修理技术保障)服务；船舶机电系统设计开发及成套服务；船舶机电设备及辅助装置、球鼻首导流罩、化工事故安全监测救援平台设计、生产和服务。

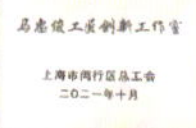

公司取得中国船级社质量管理体系认证，是上海市高新技术企业、市重点用人单位。公司研发人员具有深厚的研发能力和丰富的实践经验，参与国家、上海市、高校和科研院所等多个重点项目开发，担任项目总师、技术负责人等。公司设计了国内吨位最大的小水线面双体船、最先进的渔业资源调查船；参与开发设计国内最先进的智能型无人系统母船、地调船和海警执法船等公务船；承接多套船舶推进系统，开辟了军贸船桨轴系统市场；开发陀螺减摇装置、船载实验室系统、新型登乘系统等新产品；荣获中船集团科技进步二等奖、三等奖、中国(上海)国际发明创新博览会银奖、荣获闵行区优秀创新团队等。

地址：上海市华宁路 2931 号　　邮编：201108
电话：021-24162811　021-24162831　　传真：021-64971701
邮箱：ly_marine@vip.163.com　　网址：www.sh701ly.com

# 上海万物新生环保科技集团有限公司

上海万物新生环保科技集团有限公司(简称万物新生)原上海悦易网络信息技术(简称爱回收)已于 2021 年 5 月品牌升级并正式更名。万物新生座落于淞沪路 433 号 6 号楼 12 楼。是中国最大的二手 3C 电子产品交易平台，也是首家"互联网 + 环保"类型的新零售企业。上海市电子商务示范企业，上海市高新技术企业，上海市民营总部，杨浦区双创小巨人企业，杨浦区"专精特新"企业，杨浦区企业技术中心、杨浦区百强企业。2021 年，有在编职工 437 人，其中本科及以上学历占 72%，研究生及以上学历占 12%。年内，爱回收年电子产品处理量超 2610 万件，同比增长 46.6%。爱回收线下门店及上门业务覆盖全国超过 190 个一、二线城市，门店数超过 1200 家，以及 1500 多个自助服务站，98% 以上爱回收成熟门店实现盈利。全国 7 大区域级运营中心(上海、常州、深圳、天津、武汉、成都、香港)和 92 个城市级运营中心。平均每台手机的周转时间≤3 天。直接及单间带动就业超过 1 万人，处理城市垃圾超 6 万吨，减少碳排放 15 万吨，节省石油 35.1 万桶。万物新生集团秉承"让闲置不用，都物尽其用"的使命，致力于打造 ESG(即"环境、社会和治理")样本企业，将社会责任融入到商业实践中，包括通过研发隐私清除技术保障用户信息安全，通过延长电子产品的生命周期减少电子消费领域的碳排放和环境污染。同时，万物新生集团也通过打造供应链能力提升了二手 3C 行业的规范化和规模化水平，促进了行业可持续发展，截至 2021 年 3 季度末，集团服务商家数超过 20 万家。获评上海软件和信息技术服务业高成长百家、锌财经年度社会责任企业、界面新闻 ESG 先锋 60、艾媒咨询全球新经济卓越成就奖、中国卓越 IR 年度评选"最佳资本市场沟通奖"、36Kr 新经济之王 2021 年度资本市场潜力创新公司、36Kr 新经济之王 年度硬核企业、上海报业集团 | 界面新闻主办的在线新经济(上海)50 强、《财富》"2021 年中国最具社会影响力的 20 家创业公司"。

【成为中概股 ESG 第一股】6 月 18 日，万物新生集团成功在纽约证券交易所正式挂牌上市，股票代码 RERE，成为中概股 ESG(环境、社会和企业管理)第一股。在万物新生上市仪式现场，万物新生董事长兼首席执行官与创业合伙人，同杨浦区区委书记，杨浦区区长，股东代表，员工代表，共同敲响上市钟声。

【获"2021 中国最具影响力 20 家创业公司"】3 月 9 日，财富 FORTUNE 发布了"2021 中国最具影响力 20 家创业公司"榜单，涵盖健康、教育、人工智能，循环经济，以及电子商务等类别。其中万物新生有幸成为循环经济行业唯一上榜企业。

# 上海航天空间技术有限公司

上海航天空间技术有限公司依托上海航天完整的上、中、下游产业链，注册在中国(上海)自由贸易试验区临港新片区的一家商业航天公司。公司是商业卫星和卫星应用的总体，负责建立与现有体制差异化的发展和运营模式，是探索混合所有制条件下航天科研模式转型的实践者、技术创新应用的试验田。

公司主要承担商业卫星领域发展规划论证、市场开发、总体方案设计、研制抓总与组织实施、地面运控系统抓总研制、应用拓展与商业模式建立以及地面应用系统研制等任务。公司致力于建立卫星、无人机、地面终端和应用互联互通的遥感信息服务完整产业链，以卫星应用大众化为目标，加快孵化空间信息产业，推动商业航天生态圈的高质量发展。

**愿景Vision**
卫星让生活更美好

**目标Target**
卫星应用大众化

**价值Value**
打造产业利益共同体

**理念Idea**
创新笃行

## 低成本　高质量　强履约
## 打造国内一流小卫星系统公司

### 南粤科学星

卫星装载 GNSS-R 海陆环境探测载荷，用于海表风速、土壤湿度等要素探测，卫星计划 2022 年 4 月底发射。

### 闵行少年星

卫星装载高光谱成像相机，开展中尺度二氧化碳、甲烷数据采集，实现对指定区域定量监测，卫星计划 2022 年 7 月发射。

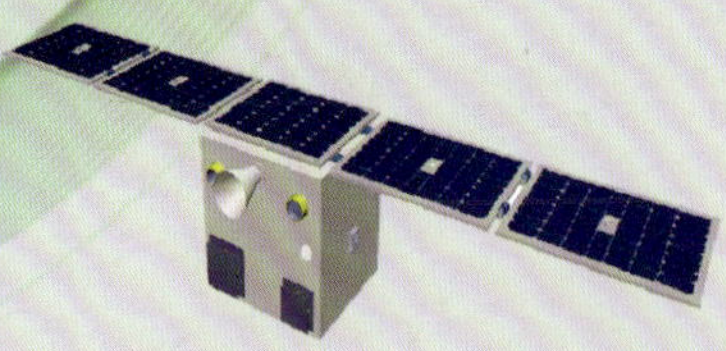

农业

生态环境

林草

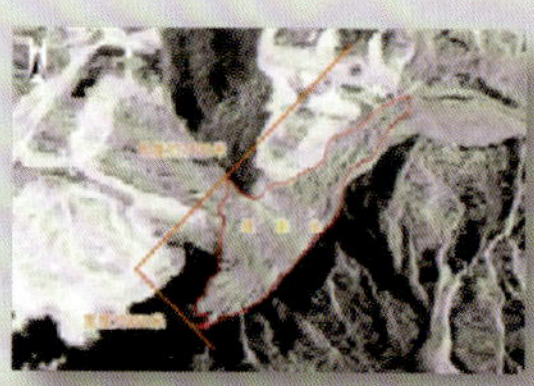

水利

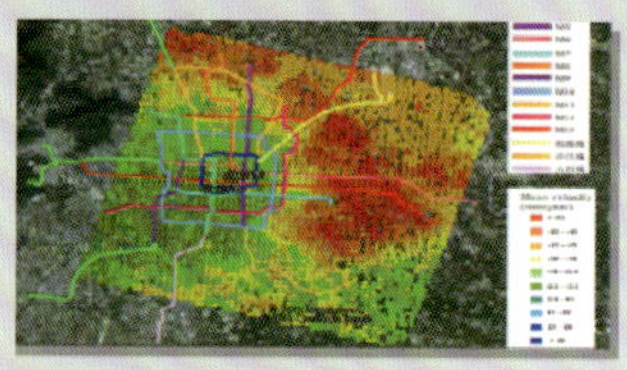

城市管理

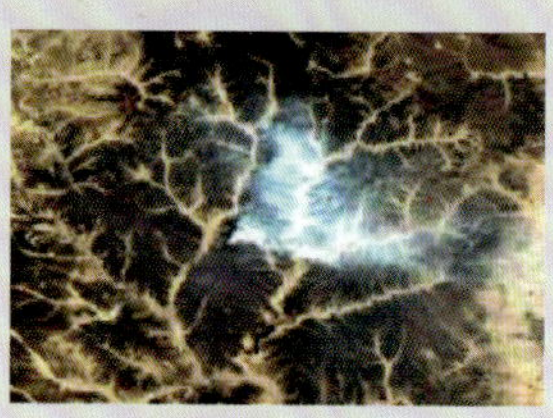

应急管理

气象

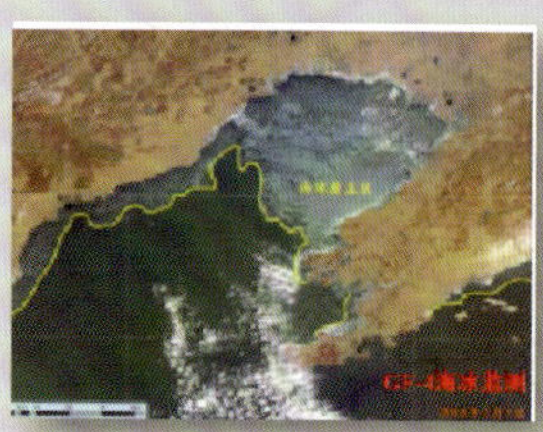

海洋

# 上海航空电器有限公司

上电为 C919 飞机提供的 CPA&DCS 系统

上海航空电器有限公司(航空工业上电/国营第一一八厂，以下简称上电)是1954年成立的军工企业，航空工业成员单位，中航航空电子系统股份有限公司(股票代码：600372)全资子公司，是承担国家航空电器、电子产品研制、生产的专业化重点企业。上电现有闵行、金山两个厂区，总占地面积近12万平方米，拥有4家控股子公司，员工1700余人。

上电致力于航空照明、人机交互、人机工效技术的深度开发，涵盖航空照明、座舱操控、告警系统、智能配电、智能语音五大系列及相应的核心器件或组件，为国产高端装备提供航空机载设备、模拟仿真、虚拟现实等系统解决方案。

目前，上电拥有航空防务、民用航空、先进制造业等业务板块：

在航空防务领域，作为国内军工行业照明领域唯一一家系统级飞机照明系统专业配套供应商，上电照明解决方案已在几乎所有军民机型号上获得应用。掌握大功率LED照明技术、航空夜视兼容照明、照明视觉仿真技术、分布式智能调光、信号采集及总线通信等关键技术，并在国内率先开展以激光光源为代表的第四代光源技术研究及产品研发，形成自主知识产权体系。

上电以航空照明成熟技术和专业研究为基础，向大防务领域拓展。向飞行训练模拟器提供座舱模拟仿真和视景仿真分系统解决方案，确立该两大核心分系统主流供应商地位；为船舶、兵器、机场领域提供高端照明系统解决方案。2020年，上电成功中标机场应急助航装备项目，跃升成为装备研制的总体单位。

在民用航空领域，作为国产大型客机C919唯一的国内一级机载系统供应商，上电同时承担了ARJ21-700、“新舟”700、“鲲龙”AG600等型号的机载设备研制工作，构建了符合国际标准的民机机载系统研制体系和适航管理体系，实践出了一条民用机载能力国产自主保障的创新之路。目前，公司民机能力成熟度模型已初达3.0级，“民用飞机机载系统正向研制体系创新研究”荣膺中国企业改革发展优秀成果一等奖。

在先进制造业领域，清洗装备、精密零组件业务客户遍及全球，主要集中于世界500强企业。“十三五”期间，基于优势航空照明技术，上电发展战略性新兴产业——激光显示业务，打造出拥有中国军工品质和自主知识产权的激光投影机领导品牌，为客户创造价值。

上电坚持聚焦科技创新战略，对核心专业领域持续进行研发投入，以客户需求和前沿技术驱动创新，引领行业发展。公司每年将销售收入的10%以上投入研发，超过60%的员工从事技术创新、研究与开发工作，“十三五”期间申请专利627件，包括发明专利381件，并获得了多项国防、集团科技成果奖，拥有国家认可实验室以及配电系统、照明系统等专业级实验室，先后获得国家高新技术企业、国家认定企业技术中心、上海市民机产业重点扶持单位等称号。通过了GJB9001C质量管理体系、CNAS实验室认可、军工系统安全生产标准化二级单位、职业健康安全管理体系、环境管理体系等认证。

# 上海卫星装备研究所

**上海卫星装备研究所**隶属于中国航天科技集团有限公司第八研究院，是华东地区最大的航天器总装总测及试验（AIT）基地，建有5.3万平方米国内一流的AIT厂房，拥有国内最先进的大型试验和测试设备，下设一个全资子公司和一个控股公司。

**全资子公司上海裕达实业有限公司**致力于发展航天技术应用产业，获工信部“专精特新”小巨人企业称号，打造的真空装备、质谱仪、分子泵等核心产品赢得广阔市场，目前建有多条产品生产线，正努力成为真空应用装备研制行业领先者。

**控股公司利正公司**致力于商业卫星产业发展，主要从事商业卫星基础产品研制、总装测试与试验、地面设备研制等。建有国内一流的卫星AIT 总装总测厂房，拥有CNAS、 DILAC 认证的第三方检测实验室，具备力、热、磁、EMC、温湿度等检测能力，满足各类商业卫星一站式配套研制。

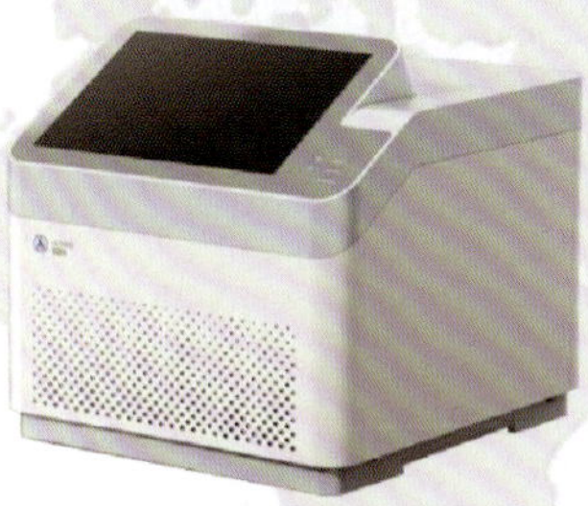

质谱仪

分子泵

热控薄膜

真空应用装备

商业卫星研制

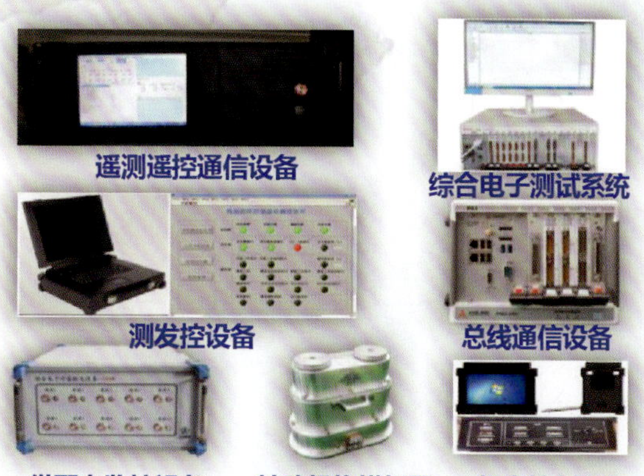

遥测遥控通信设备　综合电子测试系统

测发控设备　总线通信设备

供配电监控设备　转动机构模拟器　机电控制设备

地面设备

电话：021-54759800-6601

地址：上海市闵行区华宁路251号　邮编：200240　传真：021-64620812

# 上海东方航空设备制造有限公司

上海东方航空设备制造有限公司前身为民航上海飞机修理厂，成立于 1960 年，同年 11 月更名为民航一〇二厂，隶属于国家民航局，由民航上海管理局代管。1996 年更名为上海东方航空设备制造公司，隶属于东航集团下属的全资子公司。2021 年，公司积极响应国资委全面深化改革工作要求，成为中国东航"一企一策"混改试点，并纳入国家发改委混改试点。

设备公司聚焦航空地面设备自主研发，不断扩增产品服务阵列，打造航空地面设备产品集群优势。公司产品涵盖了航空地面特种设备、候机楼行李传输设备、物流货站系统主流产品。围绕航空地面设备的设计、制造、运行、维修、租赁，形成产业闭环以及独特的产业链优势。

为不断满足市场要求，设备公司持续对行输设备进行智能升级，自主研发候机楼旅客行李自动分拣处理系统，开发优化物流、产品快递业立体仓库设施设备，并以此承接了浦东国际机场西区货站、东航物流浦东 3 号货库、北京大兴国际机场东航基地货运区等项目的维保工作。

设备公司行输制造业务，辐射全国 170 家机场，并为多家世界著名物流公司开发制作快递流水线。维修服务业务紧贴市场需求，开设 400 维修电话，承接十七大类 120 多种车型的大修、保养和改装工作，以及特殊天气、专机等重要保障任务，为客户提供全年无休全天候服务，全品类可维修、全时段可服务、全情形可保障。设备公司面向社会提供设备租赁服务，为客户提供"全方位的解决方案"，不断扩大产业规模，形成可复制可推广的经营模式。通过建设专业的设备信息管控平台，积极拓展第三方市场业务，提供分时、共享、售后回租，让客户切实享受到远超一般航空设备生命周期的高附加值舒心服务。

依托三大产业基础，设备公司为航司、机场客户提供航空地面设备产品选型采购、航空地面设备产品生产交付、航空地面设备服务、航空地面设备信息管控系统建设及系统解决方案。

设备公司为科创赋能，搭建科创平台，不断完善科技创新体系建设，着力提升科创人才队伍建设，特聘中国工程院院士、C919 大型客机总设计师吴光辉为首席科学家，以一个平台和三个科研实体为核心统筹推进东航实业科创项目落地。在国家双碳战略下，全面启动特种车辆油改电，布局"氢能源"技术，不断提升创新能力与研发水平，打造一流科技领军企业。

上海东方航空设备制造有限公司作为"中国唯一造车的航空公司"，源自半个多世纪的深厚积淀，奉行融合、智造、创新、超越、团结、共享的企业理念，不断为打造民航地面特种设备全系列供应商而努力进取。公司未来将入驻临港新片区大飞机航空产业园，逐步发展成为国内领先、国际知名，法人治理结构完善、市场化程度较高、创新民航保障新商业模式改革的世界一流航空设备全产业链集成企业。

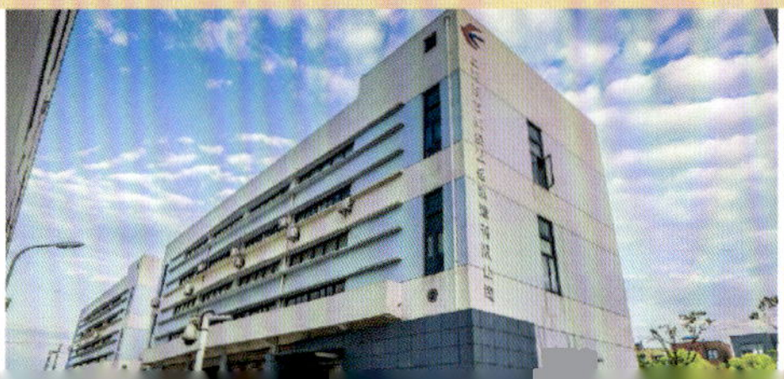

# 上海民航华东空管工程技术有限公司

上海民航华东空管工程技术有限公司，成立于1988年3月17日，是由中国民用航空华东地区空中交通管理局注资的全资子公司，注册资本金人民币壹仟万元。公司持有住建部颁发的机场空管工程及航站楼弱电系统工程专业承包一级施工资质，主要从事民用机场通信、导航、雷达、气象等空中交通管制设备的选型、安装、调试及维修等工程；计算机领域内软硬件技术开发、转让、服务；货物与技术的进出口业务。

近年来公司共取得了10项发明专利、3项外观设计专利、16项软件著作权专利；2018年公司完成全国飞行计划集中处理系统建设，获得中国智能交通协会科学技术奖三等奖；2019年公司完成基于无人机航空无线电多元空间信号侦测技术及应用项目，获得中国智能交通协会科学技术奖二等奖；2021年公司的UAV电磁眼、MRO新视野项目，分别获得民航局空管局创新大赛的银奖和铜奖。

目前公司拥有一、二级注册建造师、造价师24名，各类管理及技术人员197名，是中国民航华东地区唯一从事航空设备安装工程的专业施工企业，2021年的营业额为2.3亿元。下设综合办公室、人力资源部、财务部、市场部、综合业务室、安全管理室六个机关职能科室，工程部、研发部、技术服务部、虹桥设备室、浦东设备室、校飞协调室、飞行程序设计院七个业务科室。

公司主要业务由四个方面构成：

1、空管工程施工调试业务：承接新建、扩建、改建机场和航路空管设施设备的安装调试，承接通信、导航、雷达、气象台站设施设备的安装调试。近年来参与建设了青岛胶东新机场搬迁工程、虹桥机场绕滑改造项目等重要民航工程。

2、项目研发与系统集成：针对机场及空管工作的需求，开发建设各类信息应用系统，公司的主要产品塔台集成系统、民航协同决策系统、飞行计划集中处理系统已经成为华东地区乃至全国空管和民航单位的主用系统。

3、空管设备检修技术支持服务：根据不同类型的空管设备定制更具针对性的巡检、定检、大修和抢修等业务，建设对故障设备、板卡及附件提供测试、评定、维修所需的人员队伍和技术手段，在部分优势专业与民航局空管局或其他机构合作，尝试开展测试认证、代理等业务，利用各类测试平台和技术资源，建立科研合作实验室，开展专业咨询和人员培训等业务，培养空管专业人才。

4、空管产品加工及代购：按客户需求制造和加工标准及非标零部件，填补空管体系中薄弱环节，将具有自主知识产权的技术产品化，在填补国内空白的基础上，积极参与国际竞争，从而加强空管行业的技术实力与整体技术水平，代理国内外软硬件的先进技术，应用于空管行业，在减少研发成本的同时，减小与国外先进技术水平的差距。

美国-Los Angeles

墨西哥-Ramos Arizpe

法国-Saint Sulpice

上海

宁波

# 上海沥高科技股份有限公司

公司成立于1999年，从事真空复合材料已23年，专业生产真空袋辅材及高性能复合材料模具。公司的主营产品为风电用复合材料成型的脱模布、风电叶片生产用分隔薄膜、航空航天用双面粘合胶带、航空航天用耐高温高压透气毡、航空航天用带背胶的脱模布、航空航天用耐高温高压真空袋薄膜等，广泛运用于风电制造、航空航天领域，并涵盖轨道交通、医疗器械、电子设备、汽车、游艇等行业。主导产品填补国内高温真空辅助材料关键基础材料空白，首创超高温氟化薄膜流延成膜技术，可替代美国埃尔泰克复合材料国际有限公司同类产品。高温薄膜获中国复合材料学会3A级工程类科技成果奖，应用于国产大飞机C919项目和国产大运20。公司拥有注册商标27项，申请109项国家专利，其中授权发明专利6项。公司成功申报上海市高新技术成果转化项目5项，并参与制订行业标准4项。公司认定为高新技术企业、上海市“专精特新”企业、上海市和谐劳动关系达标企业等荣誉称号，产品被评为上海市优秀发明技术创新成果金奖、上海市浦东新区职工科技创新成果奖等。

# 上海欧姆龙控制电器有限公司

上海欧姆龙控制电器有限公司创建于1993年，由欧姆龙（中国）有限公司全额投资，主要从事继电器、电器控制装置及机械、电器零部件的开发、制造、销售和服务，主要产品包括车载继电器、车载开关、产机开关。

我们所拥有的加工设备以国外引进为主，是从零部件加工到组装一体化的高度自动化生产线，部品加工技术、自动化生产技术在电子部件生产行业处于国际领先水平。作为欧姆龙倾力打造的全球电子元器件生产基地之一，我们以高度自动化的生产线制造出高品质的电子元件，面向中国以及全球市场实施供应。

“用我们的工作，提高我们的生活，创造更美好的社会”是欧姆龙集团的宗旨。我们以提供质量高、供给稳定、成本有竞争力的电子元件为手段，为促进中国社会的发展而不懈努力。

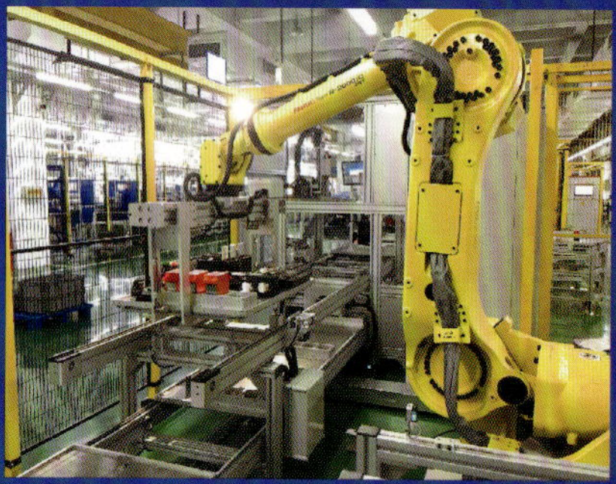

# 长城电器集团上海有限公司

长城电器集团上海有限公司是一家以工业电器为主导的大型企业，公司创建于 2007 年 4 月，注册资金 10567 万元，注册商标为“CMC”，占地面积约为 4.5 万 $m^2$，建筑面积约为 4.6 万 $m^2$，位于上海市金山工业区月工路 777 号。园区拥有变压器生产车间、高低压成套开关柜生产车间、元器件生产车间、综合办公楼、标准员工食堂等相关生产生活配套设施，年产值可达数 10 亿元。

公司主要生产智能高低压成套设备、柱上变压器台成套设备、35KV 及以下节能型电力变压器、光伏变电站及箱式变电站等多个系列产品，且部分产品已通过一级能效认证。公司秉承精工制造精神，以安全、可靠的产品服务电力事业，以最高的效率，最优的价格服务市场。

公司在管理体系上通过了 ISO9001 质量管理体系、ISO14001 环境管理体系、ISO45001 职业健康安全管理体系、CQC 相关标准认证，公司产品均取得国家强制性试验报告。

本着不断创新的企业发展原则，公司不断加大科技创新投入，先后取得 100 多项实用新型专利，获得国家高新技术企业、安全生产标准化二级企业、上海市重合同守信用单位、AAA 信用等级单位、四星级活力工会等荣誉称号。

公司先后入围国家电网、南方电网、内蒙古电力集团、陕西省地方电力(集团)有限公司，公司产品覆盖各个领域，与国家电网、南方电网、大唐集团、中国能源、首钢京唐、宝武集团等大型国有单位建立了长期深入的合作关系。

面对新的挑战，公司采用多元化、全球化服务的市场战略，不断开疆拓土，积极融入国内外大市场，锐意进取，以“科技服务人类”的崇高理念为指引，全力将长城电器集团上海有限公司打造成为管理科学、形象卓越的国际知名企业。

ENN新奥

E135微型燃气轮机发电机组

发电效率：15%~25%
排气流量：1.19-1.16kg/s
排气温度：624°C~303°C
蒸汽产量：0.85t/h
供能面积：10200~23000m²

E150R微型燃气轮机发电机组

发电效率：17%~27.5%
排气流量：1.19-1.16kg/s
排气温度：629°C~303°C
蒸汽产量：0.85t/h
供能面积：10300~23300m²

# 基于燃气轮机的泛能解决方案

## 助力行业降本增效 节能减排

新奥动力基于燃气轮机的泛能解决方案，以需求侧为牵引，因地制宜，按照高品高用、低品低用的梯级利用原则，实现系统能量的统筹利用，提高能源使用效率，降本、增效、减排。已在工业、商业、石油天然气开采、中低热值燃料利用等多个领域开展商业化应用，能源综合利用效率可达90%以上，助力企业实现降本增效的同时满足国家节能环保要求。

新奥动力以国际一流的燃机研发能力、智能制造能力和工程服务能力，为客户提供稳定可靠、技术经济性优良的微、小型燃机产品及能源服务，推动各行业向绿色低碳智能化转型，助力我国实现“双碳”目标。

# 上海良信电器股份有限公司

## 关于良信

Nader 良信成立于 1999 年，定位于“智能化高端低压电气系统解决方案专家”，专注终端电器、配电电器、控制电器、智能家居等领域的研发、生产、销售和服务，产品及解决方案广泛应用于从发电端、输配电到用电端各场景，公司业务覆盖信息通讯、新能源、建筑地产、电网、发电、工控、工业建筑等 9 大行业，30 多个细分行业。

良信作为深圳证券交易所上市企业，股票代码 SZ. 002706，2021 年营收达 40. 27 亿元，同比增长 33. 5%，实现连续跨越式增长。公司始终坚持“成就客户”的核心价值观，以客户需求驱动产品研发，2021 年研发投入占销售收入达 8. 14%。研发中心被认定为“国家企业技术中心”，并设立“企业博士后科研工作站”，实验室通过国家 CNAS 及美国 UL 双重认可。

目前，我们的办事区域覆盖全国 140 多个重点城市，在亚洲、欧洲、北美设有 4 个海外办事机构，通过超代表式的服务体系，实现端到端快速对接，为全球范围内的客户提供专业而高效的服务。

上海宝世威公司

# 上海宝世威石油钢管制造有限公司

上海宝世威石油钢管制造有限公司成立于 2003 年，注册资本 15800 万元，是中国石油旗下规模最大、实力最强的钢管制造集团——宝鸡石油钢管有限责任公司全资子公司。坐落于上海宝山，与宝武集团上海宝钢相距 2.5 公里，8 公里直达上海港港口，10 公里可至上海杨行火车站，便利的水陆交通，发达的物流配套，为公司原料供应、产品运输、出口发运提供了独特优势，现已成为一家集钢管制造、防腐、贸易、工程服务为一体的专业化服务型钢管制造企业。公司主要产品为螺旋焊缝埋弧焊管，还销售直缝埋弧焊钢管和弯管、油套管、连续油管等其他类型产品，钢管产品广泛用于石油、天然气、饮用水等液体、气体和固体粉末输送，同时开发生产光伏清扫机器人，主要用于光伏电站的自动清扫。

自成立以来，公司共生产钢管总量超过 200 万吨，敷设管道 8000 多公里，先后参与了国家西气东输、中哈管线、中亚管线、中俄原油漠大线、中缅管线、印度东气西输，以及华东地区七省一市等油气管线建设六十余条，并为印度、美国、加拿大、澳大利亚、秘鲁等二十多个国家的油气管线、码头港口和输水管线建设项目提供优质钢管和技术服务。

公司拥有两条双面螺旋缝埋弧焊管生产线、一条外防腐生产线和一条内防腐生产线。其中，螺旋缝埋弧焊管生产线年生产能力 20 万吨，可生产 B 级、X42-X100 等各种规格钢管；外防腐生产线可对 Φ159 ~ Φ2540mm 钢管进行单层环氧、双层环氧以及 3PE、3PP 类型防腐；内防腐生产线可对 Φ406 ~ Φ2540mm 钢管进行内防腐，年防腐能力 150 万平方米。

公司成立国家石油天然气工程技术研究中心上海宝世威钢管工艺研究所，创建上海市宝山区“企业技术中心”，实现新工艺、新产品、智能制造、服务型制造方面科技创新。通过生产视频监控、ERP、MES、PDM、FMIS 等信息管理系统，实现生产自动化、智能化、信息化、数字化。公司深入推进“精品钢管战略”，先后取得国家质检总局颁发的特种设备制造许可证、CNAS 证书、美国石油学会 API 5L 产品认证证书、API Q1 质量体系认证、欧洲承压设备 PED 认证证书以及挪威船级社颁发的 ISO9001 质量管理体系证书，为企业发展提供了坚实的质量支撑。

公司先后获得西气东输二线工程建设先进集体、西气东输管道工程优秀供货商、苏丹管道项目优秀制管企业、中亚天然气项目优秀钢管生产商、全国模范职工之家、全国安康杯竞赛优秀组织单位、全国职工教育培训示范点、上海市文明单位、上海市党建示范窗口、示范性上海市职工学堂等多个荣誉称号。

螺旋埋弧焊管生产线

油气管

饮用水管

连续油管

# 上海春日机械工业有限公司

上海春日机械工业有限公司(上海春日)是台湾机械工业股份有限公司(台湾春日)在中国大陆设立的股份公司,是专业设计制造用于紧固件和其它异形金属零件成形用冷镦机、螺纹搓丝机等设备和模具的制造商。

"台湾春日"以其母公司和世界著名的紧固件制造商——"春雨集团"50余年制造紧固件的经验和技术依托,经过近40年的不懈努力,自主研发并制造出10个大类80余个型号的冷镦、螺纹搓丝等设备,具有设计先进、结构实用、制造精密、性能稳定、易操作维护和优异的性能价格比等特点,被广泛用于民用、工业、汽车、建筑、铁路、航空、电子制造等行业用各类紧固件和异形件的加工制造。至2018年底,"春日机械"已向世界各地的数百家用户交付了16,000台各种型号规格的冷镦和搓丝等设备。

"上海春日"秉承"台湾春日"的经营理念,以向中国和世界各地用户提供最具竞争力的紧固件制造设备为使命,在中国大陆的上海市拥有60,000余平方米的自建厂房和数十台大型先进的数控机械加工设备和检测设备,自1999年6月投产以来已向国内外的500余家用户交付了约5,000台各类冷镦和搓丝设备,为中国和世界其他地区高速发展的包括电子电器、建筑和汽车零件等产业在内的制造业提供了强有力的设备和技术支持。

"上海春日"坚持"顾客满意、敬业合作、创意革新"的经营理念,依托台湾,扎根大陆,面向世界,与用户齐努力、同发展,为国内外紧固件制造业的发展和进步不断做出积极的贡献!

## 产品展示

CH系列一摸二冲打头机

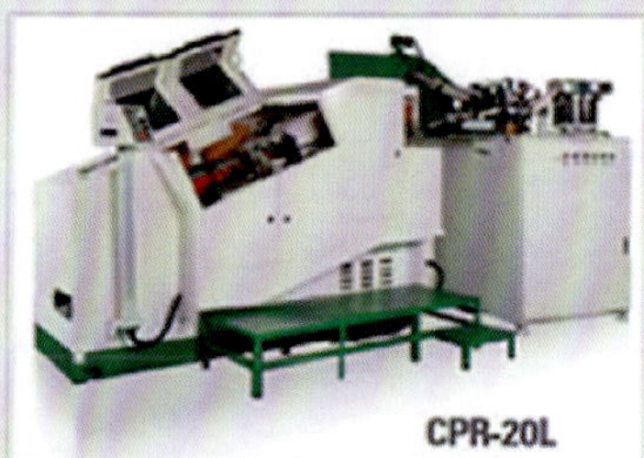


CPR系列平板式螺纹搓丝机

CDH系列二摸二冲打头机

CBF/CBP系列多工位螺栓冷镦成形机

CPF系列多工位零件冷镦成形机

CNF/CNP系列多工位螺母冷镦机

冷镦成形模具

冷镦切边模

螺纹搓丝模具

# 上海诺倬力机电科技有限公司

上海诺倬力机电科技有限公司是一家主要从事高端五轴数控机床及其关键功能部件研发、生产、销售与服务的国家高新技术企业。公司总部位于临港，在临港新片区和闵行马桥镇均设有生产基地。公司下设上海诺迈航空设备制造有限公司和中科航迈数控软件（深圳）有限公司两家子公司分别从事机床自动化和数控系统及工业软件的开发。

公司服务国家战略，以振兴民族工业为己任，主要研发方向为：高端五轴数控机床及其功能部件的开发，数控系统开发与应用、机床数字孪生系统的开发以及机床自动化等。公司拥有博士和硕士 21 位，高级工程师 12 人，高级技师与技师 30 余人组成的专业五轴数控机床开发队伍。公司产品以五轴机床关键功能部件为核心，先后开发了五轴头等关键功能部件，定梁龙门五轴加工中心，桥式五轴加工中心、箱中箱式龙门五轴加工中心以及摇篮五轴加工中心等多种系列产品，形成相关专利近 200 项，突破了一系列的“卡脖子”难题，产品主要服务航空、航天、船舶、新能源汽车等高端制造产业。企业通过了高新技术企业认证、ISO9001 质量体系认证、知识产权管理体系认证、武器装备质量管理体系认证，是国家级高新技术企业、上海市“专精特新”企业、上海市智能制造产业协会副会长单位、上海市人工智能技术协会副会长单位、上海市专利工作试点单位和“最具创新企业”，获得了业内的广泛认可。

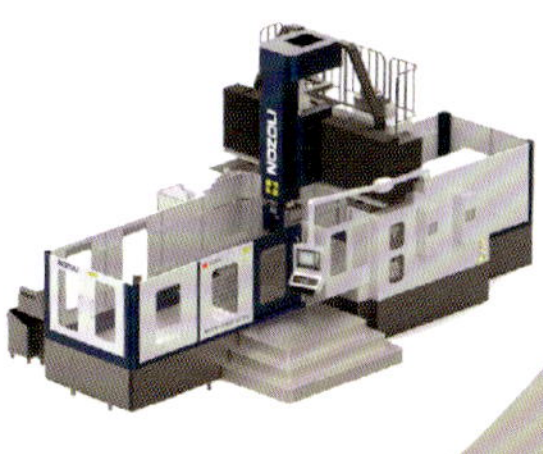

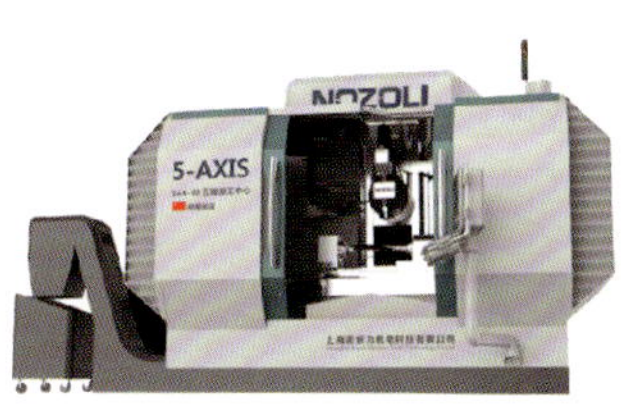

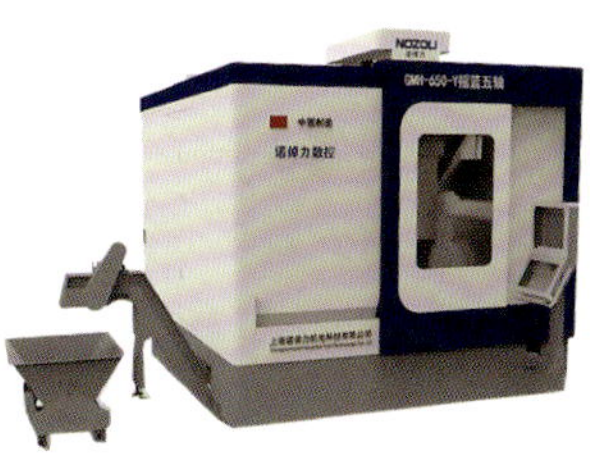

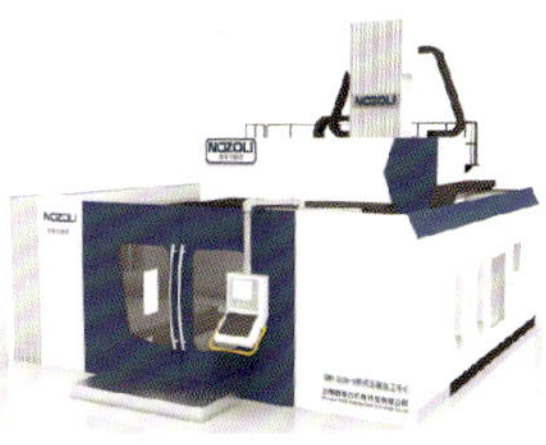

1992 年 10 月，原机械工业电子部响应中央号召，在上海市"部市共建，开发浦东"的大背景下，以各省、市机械厅、局为基础，组织全国一批大型机械工业企业，联合工商、交通等金融机构共同出资，组建了中国浦发机械工业股份有限公司(简称中国浦发)。

1992年成立之初，中国浦发主要负责上海市浦东新区自由贸易试验区金桥出口加工区浦发金桥工业城的开发工作。原中央政治局委员、国务院副总理、全国人大副委员长邹家华为"浦发金桥工业城"亲笔题名。

自诞生之日起，"浦发金桥工业城"就肩负起振兴中国机械工业的使命，致力于引入工业产值高、技术含量高的装备制造企业，先后引进了拜耳(中国)总部和聚合物(亚太)研发总部、联合汽车电子、欧姆龙(上海)、松下等离子，海斯特叉车等一批具有现代化生产和管理水平的工业制造企业。园区总投资达 14 亿元，年产值达 150 亿元。

1997 年中央部委体制改革以后，中国浦发隶属于中国机械工业集团有限公司，是国机集团在上海的重要二级企业成员。历经近三十年的探索创新，中国浦发始终以"发挥浦东优势、参与国际竞争"为发展理念，坚持市场导向、创新驱动、人才为本、绿色发展，通过技术合作、研发创新、产业再造，着力提升高端装备自主制造能力。2021 年，申请专利 70 项，获得国家级奖 1 项，省部级奖励 6 项，习近平总书记 9 月份视察下属上海浦景化工技术股份有限公司参与的聚乙醇酸项目，下属甘肃蓝科石化高新装备股份有限公司年 400 万吨煤液化成套技术荣获国家科学技术进步一等奖，下属中国空分工程有限公司完成全国首个卤水提锂及 CO2 制碳酸锂一体化项目，下属中机联合投资发展有限公司 BIM 先锋队牵头实施全国首例水利工程类项目慈溪市中心城区防洪排涝工程（二期）。中国浦发已成长为以高端装备研发制造和工程服务为主体，特种设备检验检测、项目运维管理、工程设计咨询、工业园区开发、国内外贸易等多种业务共同发展的装备研发制造集团企业。

中国浦发起源于第一次浦东大开发，在新的历史条件下，将立足新的战略机遇期和浦东新一轮开放开发的优势，夯实主业基础，稳健经营，走向更高质量、更有效率、更加公平、更可持续、更为安全的发展。

## 上海煤科主要产品图片

采煤机

顶管机、盾构机、TBM

掘进机

大型观览车

带式输送机

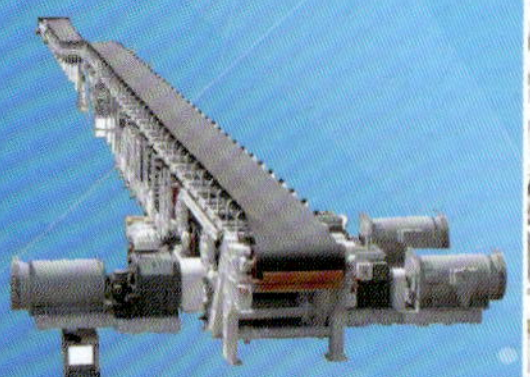

# 中煤科工集团上海研究院有限公司

## 基本情况

中煤科工集团上海研究院有限公司（以下简称上海煤科）是由原煤炭工业部上海煤矿设计研究院分出建立的大型行业技术开发和专业研究单位，当时名称为"上海煤矿机械设计院"；后历经数次更名，1989 年 1 月起更名为煤炭科学研究总院上海分院，院行政原隶属煤炭科学研究总院；2008 年随煤炭科学研究总院整体进入新组建的中国煤炭科工集团有限公司，2009 年调整为中国煤炭科工集团有限公司二级子企业，行政隶属中国煤炭科工集团有限公司，上海市列为中央在沪单位。2014 年 4 月正式改制为"中煤科工集团上海有限公司"，按照公司制模式运行。

成立至今，上海煤科作为国家科研事业预算单位管理；1986 年至 1999 年，上海煤科作为"开发型研究机构"，实施事业费减拨，逐步建成了面向市场、开放经营的技术先导型经济实体，实行事业单位企业化管理；1999 年 7 月 1 日起，根据国家对科技体制改革的要求，上海煤科随煤科总院一起转制为科技型企业，全面实施企业化管理。经过五十多年的发展，上海煤科已成为我国煤炭行业主要机电综合型技术研究开发和产品生产制造相结合的科技型企业。

上海煤科是上海市高新技术企业，公司拥有知识产权及著作权共 30 余项。上海煤科一直是我国煤炭行业运输机、电气技术、液压技术的专业技术归口单位，是国家带式输送机技术归口单位及标准秘书处挂靠单位，是原国家采煤机械专业技术归口单位，现国家煤矿专用设备 标准化委员会采煤机分会主持单位。

## 主要业务

上海煤科设有采煤机械、运输机械. 电气技术、液压技术等专业研究生产单位；一个国家级检测中心；一个游艺机工程有限公司。上海煤科拥有长期从事采、掘、运、电、液等方面的技术优势和实力，是我国采煤机械发展的先驱和先锋。在采煤机、掘进机行业已经成为目前国内拥有自主知识产权，提供产品品种最齐全、产品功率覆盖面最大、开采高度和适应倾角范围最广、主要技术参数最先进、系统保护最完善，集科技与装备一体化的采掘技术装备服务商。上海煤科测试中心是获 CNAL 认可的国家实验室，也是我国煤矿机械、电气和非金属材料的主要科研测试基地之一，测试中心拥有六大专业试验室和 1000 余台（套）各种先进的试验设备，可以承担多种复杂的试验和检测任务。上海煤科还是中国煤炭学会煤矿机电一体化专业委员会、中国电工技术学会煤矿电工专业委员会、煤矿专用设备标准化技术委员会的秘书处挂靠单位，煤炭工业采掘机械化信息中心站也设在上海煤科。

上海煤科可向国内外用户提供以下主要设备及相关技术：长运距大运量可伸缩带式输送机和水平弯曲、垂直提升胶带输送系统、以及与之配套的调速型液力偶合器和行星减速器系列；煤矿及相关领域设备配套电控、电机和电器设备；各种液压元件、液压成套技术、机电液一体化技术等。上海煤科非煤产业的发展也相当迅速，产品包括：用于市政建设的非开挖式泥水平衡顶管掘进机系列、盾构机、三环滑车、过山车、探空飞梭、高空观光塔、观览车等大型游乐设备；以及用于输变电系统的高压环氧树脂绝缘件及成套设备等其它产品。

高速磁悬浮

崇明花博园场馆

成都天府国际机场

## 上海市安装工程集团有限公司

上海市安装工程集团有限公司创立于1958年（原上海市工业设备安装公司），2000年8月改制更名为上海市安装工程有限公司，2013年5月改制更名为现名称。

安装集团至今完成了海内外数千个安装项目，涉及石油、化工、冶炼、电子、仪表、机电、医药、建材以及高级宾馆、办公楼宇、大型公用设施和市政交通工程等，具备工业工程EPC总承包、高级民用工程机电总承包、智能化系统工程总承包能力。

60余年来，安装集团承建的工程荣获鲁班奖、国优奖、中国安装之星、全国市政金杯示范工程、詹天佑奖和上海市白玉兰奖等1000余项。安装集团两次获得全国“五一”劳动奖状；先后获得全国先进企业、全国思想政治工作优秀企业、全国先进施工企业、全国建设系统企业文化建设先进单位、上海市文明单位、上海市重大工程建设金杯奖等殊荣。

安装集团紧紧围绕上海建工集团“全国化、全产业链、全生命周期”发展战略，着力提升总承包、总集成和技术创新能力，始终秉承“和谐为本、追求卓越、回报社会、惠及员工”的企业宗旨，努力建设成为国内领先的机电安装综合服务商。

世博会中国馆

上海迪士尼乐园

上海中心

**上海市安装工程集团有限公司**

地　　址：上海市塘沽路390号
邮政编码：200080
总机电话：0086-21-63248173
传真号码：0086-21-63248173
网　　址：https://siec.scg.com.cn/

上海国家会展中心

24 Y Since1998 | 80+ 专利 | 5000+ 项目案例 | 18+ 行业解决方案

## 工业包装解决方案 领跑者

INDUSTRIAL AUTOMATIC PACKING SOLUTION PIONEER

上海景林包装机械有限公司成立于1998年。二十年来，公司一路筚路蓝缕、负重前行。2002年，在线式全自动托盘缠绕包装机问世， 并以此为发端， 先后研制出全自动钢带卧式包装机组、全自动钢带立式包装机组、全自动深筒缠绕包装机组等，以及轴承专用包装机、直管成型包装机组、小钢丝专用包装机、铝型材专用包装机组、编织套袋包装机组、铜带焊接机组、全自动线材压缩去铁架缠绕包装机组等，形成了包括钢铁行业、铝加工行业、铜加工行业、塑胶管业、线材棒材行业、轴承行业等在内的十多类行业解决方案和9大系列约200余款单机，种类齐全，技术先进，深受用户信赖和好评。

以创新为动力，以客户需求为导向，景林包装始终坚定不移得脚踏实地、砥砺前行。完成了从单机到成套装备、从产品到服务、从国内到国际的跨越式发展。

## 上海景林包装机械有限公司

**总部：** 上海市松江区九亭镇沪松公路1177号 GRACE WAY C-801
**电话：** 021-51873688
**工厂：** 江苏省常州市钟楼开发区合欢南路7号
**电话：** 021-51873688-836
**网址：** www.jlpack.com
**市场部联系人：** 许经理　　**联系方式：** 13816269027

IAF CNAS CE

# 上海斯可络压缩机有限公司

办公大楼

综合大楼

一期主厂房

二、三期厂房

上海斯可络压缩机有限公司是一家拥有自主知识产权的高新技术企业，成立于2000年，专注于各类空气压缩设备的研发、制造、销售、服务。产品以磁悬浮离心式空压机、空气悬浮鼓风机、永磁变频、无油、微油、低压、新能源车载等系列空压机和螺杆真空泵为主。公司秉持“节能、环保、智能”的产品定位，致力于为客户提供节能高效率空气系统解决方案和快捷稳定的技术服务。2018年1月1日，斯可络和日本无油涡旋压缩技术厂家岩田合资后，极大的提升了斯可络在无油涡旋空气压缩机领域的研发制造能力。上海斯可络拥有20年研发技术积累，先后获得57项国家专利，其中发明专利6项、实用新型专利45件，公司参与制定2项国家标准、4项行业标准、4项团体标准。产品通过欧盟CE、美国UL、德国GOST、德国TUV、欧盟RoHS等认证。斯可络商标已在全球50多个国家注册、产品远销海外80余个国家，在全球有500余个技术服务网点，为超过3万家企业提供空气压缩产品，压缩气体解决方案和售后技术服务。公司先后获得高新技术企业、上海市高新技术成果转化项目、上海市品牌引领示范企业、上海名牌、上海市著名商标、上海市科学技术奖、工信部“能效之星”产品等。

# 2022 · 上海工业年鉴

SHANGHAI
INDUSTRIAL
YEARBOOK

# 中国宝武钢铁集团有限公司

【概况】

中国宝武钢铁集团有限公司（简称中国宝武）的前身是始建于1978年12月的上海宝山钢铁总厂，后经历宝山钢铁（集团）公司、上海宝钢集团公司、宝钢集团有限公司等不同发展阶段，于2016年12月与武汉钢铁（集团）公司实施联合重组后揭牌成立。2019年9月，中国宝武对马钢（集团）控股有限公司（简称马钢集团）实施联合重组；2020年10月，对中国中钢集团有限公司实施托管；12月，正式成为重庆钢铁股份有限公司（简称重庆钢铁）实际控制人，完成对太原钢铁（集团）有限公司（简称太钢集团）的联合重组，对重庆钢铁（集团）有限责任公司实施托管。2021年2月，对昆明钢铁控股有限公司（简称昆钢公司）实施托管。中国宝武注册资本527.91亿元，资产规模1.11万亿元，产能规模逾1.20亿吨。是国有资本投资公司试点企业，被国务院国资委纳入中央企业创建世界一流示范企业；2021年钢产量1.1994亿吨，是全球最大钢铁企业，在世界500强企业排名第72位；总部设在中国（上海）自由贸易试验区世博大道1859号。2021年底，中国宝武在册员工222595人，在岗员工185459人（不含托管的中钢集团、昆钢公司和重钢集团）。

中国宝武致力于通过技术引领、效益引领、规模引领，打造以绿色精品智慧的钢铁制造业为基础，新材料产业、智慧服务业、资源环境业、产业园区业、产业金融业等相关产业协同发展的格局。其中，钢铁制造业拥有宝山钢铁股份有限公司（简称宝钢股份）、宝武集团中南钢铁有限公司（简称中南钢铁）、马钢集团、太钢集团、宝钢集团新疆八一钢铁有限公司（简称八一钢铁）等企业，为汽车、机械、家电、能源、船舶、海洋工程、核电建设、交通等下游行业提供精品钢材。

【2021年经济工作情况】

2021年，中国宝武面对复杂严峻的宏观环境、急剧变化的行业形势，以及繁重艰巨的新冠肺炎疫情防控和改革、创新、转型任务，奋发有为推进高质量发展，实现“十四五”良好开局，全年完成工业总产值（现行价格）8055.13亿元，工业销售产值8030.07亿元，资产总值11170.84亿元，营业收入9722.58亿元，实现利润总额602.24亿元，营业收入、利润总额均创历史新高，上缴税费443.52亿元，净资产收益率8.70%；铁产量10382万吨，钢产量11994万吨，商品坯材产量11817.13万吨，商品坯材销量11839.01万吨，出口钢材565.08万吨，经营效益指标均较上年实现大幅增长。全年，中国宝武研发投入率达3.20%，专利申请4395件，其中发明专利3168件。吨钢综合能耗570千克标准煤，同比下降3千克标准煤；二氧化硫、氮氧化物和化学需氧量排放总量分别为23079吨、53840吨、1994吨，分别同比下降20%、23%和8%。对外捐赠3.97亿元。在2020年度中央企业负责人经营业绩考核中获评A级，在中央企业排名第七位，考核得分创中国宝武成立以来新高。名列美国《财富》世界500强榜单第72位，跻身世界百强，全球钢铁企业排名第一。在2021年美国《财富》发布的“最受赞赏的中国公司”全明星榜上位列第五。国际三大评级机构标准普尔、穆迪、惠誉继续给予全球综合性钢铁企业最高信用评级。

一、国企改革

2021年，中国宝武制订国企改革三年行动实施方案和任务清单，成立5个改革指导组。全面完成改革规定动作，同时结合实际创造性开展改革自选动作，在子公司董事会应建尽建、落实子公司董事会职权、开展子公司经理层任期制和契约化管理、落实外部董事占多数、建立健全信息公开等方面有突破性进展。落实国务院国资委委托管理要求，研究制订中钢集团“债务重组＋业务整合＋管理变革”一揽子优化方案。稳妥推进混合所有制改革，举办混合所有制改革项目专场推介会，优先引入有协同效应的产业投资人和战略投资者。推进一级子公司实施混合所有制改革或分类业务混合所有制改革，宝武特种冶金有限公司根据钛金行业特点和发展现状，引入非公资本实施混合所有制改革，成立宝武特冶钛金科技有限公司；宝武碳业科技股份有限公司聚焦做大做强碳基新材料业务，引入5家战略投资者实施混合所有制改革；宝钢金属有限公司对轻量化业务实施混合所有制改革，通过增资扩股引入战略投资者；对4家钢铁上市公司实施股权激励，实施西藏矿业资产经营有限公司首期限制性股票激励计划、上海宝钢包装股份有限公司第二期股票期权激励计划。推进实施剥离企业办社会职能剩余任务，厂办大集体改革全面转向集体法人实体处置退出，累计完成集体产权法人处置499户，完成率92.50%。持续推进子公司压减和“参股瘦身”工作，完成全资控股法人压减103户，参股企业退出37户，通过关停并转，清理退出一大批不符合主业规划、持续亏损、业务风险大的境内外全资控股子公司和长期不分红的参股公司。

二、科技研发

2021年，中国宝武坚持创新驱动发展战略，发布科技创新专项规划，加大高水平研发投入，研发投入率达3.20%。专利申请4395件，其中发明专利3168件，均创历史新高。一批技术创新成果分获国家、行业大奖，其中牵头项目“特高压高能效输变电装备用超低损耗取向硅钢开发与应用”项目获2020年国家科学技术进步奖二等奖，与产业链相关单位合作的5个项目，获国家科学技术进步奖一等奖1项、二等奖4项。瞄准关键核心技术，开展“卡脖子”技术和使命类产品攻关，支撑航空航天、核电能源等国家重大工程、重点项目建设。一批使命类产品用于国家重大工程，为载人航天火箭发动机提供GH4169高温合金和1J116精密合金等材料，为神舟12号载人飞船推进舱发动机提供核心材料高温钛合金，保障载人航天任务顺利完成。为全球首座20万千瓦高温气冷堆核电站示范工程提供625合金材料。一批“卡脖子”技术实现突破，高纯净度三联冶炼某合金棒材制备工艺通过中国航空发动机技术评审，初步实现进口替代，为实现中国航空发动机关键材料自主可控提供保障。完成超大型固体火箭发动机壳体研制，解决多项关键技术难题，填补国内空白，达到国际前沿技术水平。提前全面完成国务院国资委专项攻坚18个里程碑节点任务。

三、绿色制造

2021年，中国宝武耐热刻痕取向硅钢等15项产品实现全球首发。钢钛结合生产钛合金板材、汽车用铝合金内板、耐热耐燃压铸镁合金、高性能中间相碳纤维等新材料取得技术突破。绿色产品应用技术取得系列成果：围绕高强度产品，重点推进渐进成形、差强差厚热冲压等先进汽车用钢成形技术，可实现轻量化51%。低纳米析出控制高塑性超高扩孔钢，单体零件轻量化率最高达40%以上。围绕高耐蚀产品，重点推进建筑用低成本不锈钢应用拓展，在公共建筑及工业厂房批量应用，助力绿色建筑快速发展。耐微生物腐蚀管线管通过专家组鉴定，使用寿命较常规产品提升8倍以上。围绕高效能产品，成功研发新型耐热钢材料G115，完成验证性工业化大生产并通过相关评审，成为全球唯一可用于630℃超超临界机组的成熟材料。为白鹤滩水电站核心发电机组和配套输电变压器提供近3万吨关键用材。

四、智慧制造

2021年，中国宝武深化智慧制造、智慧治理、智慧服务，“三跨融合”（跨产业互通融合、跨空间互通融合、跨人机界面互通融合）初见成效。在基本完成智慧制造1.0的基础上，加快数字化改造，推动钢铁行业数智化转型。开展宝武大数据中心建设，统一工业互联网体系架构，推进“三跨融合”。在跨产业互通融合方面，持续推进钢铁成品交易、物流、原料、工业品、设备等平台与钢铁单元平台对接互通，围绕平台功能建设、平台应用推广覆盖、接口应接尽接和数据服务能力建设等成效明显。在跨空间互通融合方面，围绕“一总部多基地”建设，开展一体化平台化运营和跨基地同工序专业化整合，打造网络化、矩阵式的管理模式，宝钢股份、中南钢铁、山西太钢不锈钢股份有限公司、宝武集团环境资源科技有限公司等试点单位相关工作有序推进。在跨人机界面互通融合方面，以宝钢股份为试点，围绕基层组织变革和打通界面增效，按“人机、人人、机机”等界面分层分类推进重点项目，达到预期目标。其中，打通铁钢界面成果——全球首创无人智慧铁水运输系统进入在线全流程调试阶段，有效降低碳排放。启动工业大脑战略计划，针对钢铁制造、服务、治理过程中的难题，明确14个重点攻关项目，通过“揭榜挂帅”落实相关行动方案，打造人工智能与钢铁深度融合的典型示范。7月8日，全球首套智慧高炉运行平台——宝钢股份炼铁控制中心运行智能管控系统投运。通过该平台，宝钢股份可对位于上海宝山、湖北武汉、广东湛江、江苏南京4个生产基地的10座高炉进行实时远程管控与技术支撑，实现专家远程指导。

五、专业化整合

2021年，中国宝武在总部成立专业化整合办公室，统筹推进专业化整合。推进重钢集团、昆钢公司、太钢集团多元业务专业化整合，成立22个整合项目组，编制整合百日计划，累计实施1227项整合任务和105个协同效益项目，产生协同效益12.68亿元。太钢集团专业化整合宝钢德盛不锈钢有限公司、宁波宝新不锈钢有限公司，中南钢铁协同支撑昆钢公司。实施研发业务专业化整合，成立中央研究院太钢技术中心和不锈钢研发中心。

六、项目建设

1月9日，湛江钢铁三号高炉系统项目转炉、连铸工程热负荷试车。1月21日，炼焦工程3B焦炉点火烘炉。1月22日，重庆钢铁3台360平方米烧结机升级改造项目完工。2月2日，三号高炉完成升级改造、复产点火，全面完成高炉系统升级改造，开始“三大一小”4座高炉同时满负荷生产。3月9日，2700毫米中板生产线升级改造项目完成，轧出第一块钢板；6月30日，完成轧钢工序升级改造，设计产能140万吨/年，主要生产直径8毫米～22毫米螺纹钢棒材。2月9日，太钢集团高端冷轧取向硅钢三号轧机热负荷试车。6月25日，年产能60万吨的宝钢股份梅钢公司厚规格酸洗产线全面建成投产，至此，宝钢股份拥有5条连续酸洗产品生产线，年产能400万吨，位列全球首位。6月26日，宝钢德盛精品不锈钢绿色产业基地项目不锈钢冶炼系统热负荷试车，第一块300系不锈钢板坯下线。8月12日，世界首创热轧卷—板连续热处理线——宝钢股份武钢有限高强连续热处理线开工建设。8月16日，昆钢公司红河钢铁有限公司高速线材绿色低碳直接轧制技术改造项目投产。8月19日，马钢集团新特钢工程项目奠基，项目包括新建2座150

吨转炉及配套精炼设施、3台连铸机、1条合金钢线材和大盘卷复合生产线、1条合金钢中规格棒材生产线。12月18日，全球钢铁冶金绿色低碳试验及应用项目——八一钢铁富氢碳循环高炉三期项目开工建设。12月23日，全球首个全氢零碳绿色示范工厂——湛江钢铁全氢零碳绿色示范工厂百万吨级氢基竖炉工程奠基。

七、“双碳”行动

2021年，中国宝武系统谋划、科学制订实施“双碳”（碳达峰与碳中和）行动方案，引领行业践行绿色低碳战略，在全国冶金行业率先提出实现“双碳”时间表：2023年力争实现碳达峰，2025年形成减碳30%的技术能力，2035年力争减碳30%，2050年力争实现碳中和。牵头成立全球低碳冶金创新联盟，设立低碳冶金技术创新基金，合作开展基础性、前沿性低碳冶金技术研发。发布碳中和冶金技术路线图，描绘绿色制造、绿色产品、绿色产业全景图，提出极致能效、富氢碳循环高炉、氢基竖炉、近终形制造、冶金资源循环利用、碳回收及利用六大碳中和冶金技术。中国宝武绿色低碳冶金实验平台——八一钢铁富氢碳循环高炉实现重大技术突破，6月11日，达到第一阶段35%富氧目标，7月30日，实现第二阶段50%高富氧冶炼目标。发挥产融结合优势，发起设立总规模500亿元的宝武碳中和股权投资基金。

八、生态环境保护

2021年，中国宝武吨钢综合能耗570千克标准煤，同比下降3千克标准煤；二氧化硫、氮氧化物和化学需氧量排放总量分别为23079吨、53840吨、1994吨，分别同比下降20%、23%和8%。年内，中国宝武加快推进废气超低排放，创建钢铁行业A类企业，各生产基地以“2023年前全部完成超低排放改造”为目标，明确改造提速计划，有11家钢铁基地完成A类企业预评估，宝钢湛江钢铁有限公司成为继山西太钢不锈钢股份有限公司后集团内第二家超低排放A类企业。结合“长江大保护”行动计划，推进废水零排放，沿江六大主要钢铁基地基本完成雨污分流整治，集团公司钢铁基地吨钢废水排放量同比下降17.80%。推进“固体废物不出厂”，8个长流程钢铁基地全部实现固体废物100%不出厂。能源环保主要绩效指标持续改善，2/3的钢铁基地实现70%以上工序能耗同比持平或下降。上海梅山钢铁股份有限公司和宝武集团鄂城钢铁有限公司分别被当地政府主管部门批准为“国家AAA级旅游景区”。

**【2022年发展趋势】**

2022年，中国宝武经营管理指导思想是：以习近平新时代中国特色社会主义思想为指导，全面贯彻中共十九大、十九届历次全会精神，贯彻落实习近平总书记关于国企改革重要论述精神以及关于中国宝武的重要讲话、重要批示精神，完整、准确、全面贯彻新发展理念，坚持稳中求进工作总基调，努力实现“两增一控三提高”，坚持“全面对标找差，创建世界一流”管理主题，全面完成国企改革三年行动任务，坚持高科技赋能，加快数字化改造升级和绿色低碳转型发展，坚定不移做强做优做大国有资本，突出抓好稳增长，防范化解重大风险，推动中国宝武高质量发展取得新成效，以优异成绩迎接党的二十大胜利召开。2022年总体经营目标是：利润总额和净利润增速高于国民经济增速；控制好资产负债率；营业收入利润率、全员劳动生产率、研发经费投入率进一步提高。粗钢产量1.2581亿吨，所有子公司利润目标同比增长6.50%以上，各一级子公司对标大盘净资产收益率（ROE）分位值稳中有进。

（张文良）

# 上海汽车集团股份有限公司

**【概况】**

上海汽车集团股份有限公司（简称上汽集团）是国内产销规模最大的汽车集团。2021年，上汽集团销售整车546.4万辆，连续16年保持国内第一，自主品牌、新能源汽车、海外出口销量均保持快速增长。2021年8月，上汽集团以上一年度1075.552亿美元的合并销售收入，名列《财富》杂志世界500强第60位，已经连续8年进入百强名单，在此次上榜的全球汽车企业中名列第8。上汽集团于2011年完成整体上市（股票代码600104），总股本116.83亿股。

公司业务主要涵盖整车、零部件、移动出行和服务、金融、国际经营等领域，并通过创新科技构建技术底座、提供业务赋能，已形成以整车业务为龙头、各板块融合发展的“5+1”业务板块格局。随着近年来世界汽车工业的深刻变革，以电动智能网联为主要特征的发展新动能正在加速形成，新一轮产业竞争的新赛道正在加快构建。面对重构中的行业竞争格局，上汽集团在继续焕新现有业务发展动能的同时，着力培育壮大发展新动能。一方面，全力推进电动智能网联汽车技术的产业化发展，不断推出科技含量高的新品，积极探索应用场景广的示范项目，并同步抓好电池、电驱、电控，感知、决策、执行等核心产业链建设；另一方面，加快提高数据决定体验与软件定义汽车的技术能力，有序布局软件开发、大数据、人工智能、云计算、网络安全等新兴技术领域，着力提升汽车产品、出行服务、运营体系等的数字化水平，持续创新完善以用户为中心的商业模式，推动公司全面向技术升级化、业务全球化、品牌高档化、体验极致化的移动出行服务与产品的高科技企业转型。

**【2021 年经济工作情况】**

一、坚持稳中求进总基调，不断增强经营韧性，提高发展质量

（一）积极应对“缺芯”等供应链风险。面对全球性的芯片供应短缺挑战，公司加强风险预警和快速响应，协调合资外方全球找货，并直联芯片企业抢抓货源，加快拓展本土供应链资源，推进国产化替代。同时，公司快速有效应对疫情散发、郑州暴雨、限电限产等各种突发事件，统筹协调供应链资源，动态调整排产方案，克服重重困难确保生产经营平稳有序。

（二）狠抓零售优化产销结构。公司整车企业深挖渠道潜力，优先确保高端车型和高毛利产品供应，持续优化库存和销售结构，终端价格和盈利情况得到显著改善；同时，深化营销体系变革，通过开设城市展厅、快闪店，推进数字营销、直播带货、跨界合作等措施，打造更多新零售的生态触点，并积极探索“用户共创”新模式，拓展用户参与产品定义的新途径。

（三）抢抓新能源车增量机遇。公司新能源车销量占比从 2020 年的 5.7% 提升至 2021 年的 13.4%，其中自主品牌销量中的新能源车占比已达 22.7%；上汽通用五菱 GSEV 小微型电动车年销量突破 45 万辆，在细分市场排名全球第一，乘用车分公司新能源车全球年销量突破 16 万辆，上汽大众 ID. 系列电动车月销量持续攀升，上汽通用推出“奥特能”平台首款产品凯迪拉克 Lyriq，自主品牌及合资企业持续提升新能源产品力和销量规模，确保公司继续领跑国内新能源车市场。

（四）深耕拓展海外市场，积极应对海外疫情、运力紧张、汇率波动等各种风险挑战，产品服务已拓展至全球 80 余个国家和地区，并形成欧洲、澳新、美洲、中东、东盟、南亚 6 个“五万辆级”区域市场，其中 MG 品牌海外年销量达到 36 万辆，继续保持“中国单一品牌海外销量冠军”，并已在全球 17 个国家跻身单一品牌销量前十。

二、坚持创新竞速新赛道，不断壮大新动能，共筑产业新生态

（一）重大标志性项目取得新进展，智己汽车、飞凡汽车、L4 级 Robotaxi、L4 级洋山港智能重卡四大战略项目推进顺利。智己汽车首款产品 L7 首批体验版产品正式下线，公司新一代三电系统以及智能车电子架构、面向服务的 SOA 软件平台等“云 – 管 – 端”全栈方案实现应用落地。飞凡汽车加快推进首款纯电动 B 级 SUV 产品 R7 项目开发，并通过软硬结合、高低选配、数据驱动，探索实现产品的自定义、自学习、自成长。Robotaxi 项目首批 60 台自动驾驶出租车先后在上海、苏州两地启动示范应用，为公司 L4 级自动驾驶技术在乘用车场景下尽快量产落地提供助力。智能重卡项目完成洋山港 4 万标箱年度运输任务及“一拖四”编队行驶，AIV（集装箱智能转运车）项目实现批量示范运营，成立了上海友道智途科技有限公司，加快港口、厂区和干线物流等商用车场景 L4 级自动驾驶技术商业化落地。

（二）电动智能网联核心能力持续提升。电动化方面，公司加快推进可快充、可快换、可升级的平台化电池以及新一代电轴、800V 电驱动和电池包系统等项目开发；捷氢科技发布新一代燃料电池电堆 M4 和 P4 系统产品，关键性能参数已跻身全球前列，建成全球首条万台级“卷对卷”膜电极生产线，核心零部件国产化水平持续提升，并联合上汽红岩在鄂尔多斯启动全球首个“万辆级”氢能重卡产业链项目；公司与清陶等国内外伙伴开展合作，加快固态电池产品研发和上车应用；公司还通过合作推进“车电分离”项目，加快在换电、储能及锂电池回收等领域的布局。智能网联方面，公司把握“数据决定体验、软件定义汽车”的发展趋势，着力建设软件、大数据、人工智能、云计算、网络及数据安全五大中心，零束科技发布银河全栈 1.0 解决方案，联创电子“6i”智能驾驶核心部件（智能转向系统、智能制动系统、智能驾驶决策控制系统、智能车载网联终端系统、智能轮胎安全系统、智能控制系统）推进规模化应用，中海庭高精电子地图成为首个获得国家自然资源部批准的商用产品。此外，公司深化与地平线、Momenta 等战略伙伴的合作，并加快推进实施车规级芯片国产化策略，共有 75 款芯片完成国产化开发进入整车量产应用。

（三）数字化转型扎实推进。在数字化制造方面，公司持续推进标杆工厂建设，乘用车分公司入选国家第五批“智能制造标杆企业”；技术中心运用数字孪生技术搭建数字化研发平台，被评为国务院国资委“国有企业数字化转型 100 个典型案例”，并入选第五批国家级工业设计中心。在数字化服务方面，享道出行网约车业务已全面覆盖长三角“一核五圈”六大都市群，平台合规率在 90% 以上；申程出行“一键叫车智慧屏”已覆盖上海 40 余个社区、医院等公共场所。在数字化生态方面，公司举办全球首个汽车 SOA 开发者大会，携手百度、阿里、腾讯、华为、OPPO 等数十家生态伙伴，开展智能网联、网络及数据安全、5G 赋能、汽车芯片等领域合作，共创智能汽车数字生态，共赢未来发展。

三、坚持改革引领新发展，不断完善机制建设，履行社会责任

（一）推进企业改革方面，实施干部任期制和契约化管理，优化职级序列，增强职级动态调整弹性，拓宽干部发展

通道；同时，加强对干部队伍的考核和优胜劣汰，加大对年轻干部的培养和选拔，着力优化干部队伍结构。

（二）推进创新企业的市场化改革方面，零束科技由分公司改制为子公司，飞凡汽车实现独立运营，捷氢科技启动分拆上市，联创电子完成分立，中海庭、享道出行等开展市场化融资。

（三）探索激励约束机制创新方面，制订实施企业净利润增量激励方案和新创企业激励方案，并对帆一尚行等创新型企业实施股权激励方案。上汽集团广泛开展“我为群众办实事”实践活动，各企业党组织制订实事项目6000余项，解决“急难愁盼”问题3000余个；组织评选出20个优秀案例，推广好经验、好做法。继续开展“点亮心愿”活动，形成项目清单800余项，投入资金约1.3亿元。2021年累计帮扶困难员工约1.6万人，帮扶慰问金额约3550万元。同时，公司深化与韩红慈善基金会的公益合作；支援河南省防汛救灾并捐赠现金及车辆总价值折合人民币约3300万元。

此外，上汽无人驾驶新能源概念车“鲲”惊艳亮相迪拜世博会，上汽大通MAXUS成为迪拜世博会中国馆官方指定用车；在“中国杰出雇主2022”评选中，上汽共有9家所属企业上榜。

**【2022年发展趋势】**

2022年，上汽集团将以习近平新时代中国特色社会主义思想为指导，全面贯彻落实中央和中共上海市委、市政府历次重要会议精神及各项决策部署，在集团党委和董事会领导下，坚持“稳中求进、关键在进”的工作总基调，围绕高质量发展，紧抓市场增长的确定性机遇，积极应对各种不确定性风险和不稳定性挑战，继续优化产销存结构，把握好市场恢复的节奏，增强经济运行的韧性；围绕标志性项目，不断夯实电动智能网联技术底座，全力做强创新引擎；围绕产业链联动，推进创新链、金融链、生态链的循环联动和开放融合发展。

上汽集团的整车企业紧抓市场增长的确定性机遇，积极应对各种不确定性风险，抢抓节奏、调好结构，深入推进营销变革，确保经营质量稳步提升；零部件板块紧跟新技术趋势，加快优化业务布局，挖掘零部件增量机会形成新增长点，全面推进智能制造。移动出行和服务板块强化用户思维和精益思维，增强机遇意识和保障意识，增量提质做强出行服务平台。国际经营板块抢抓海外机遇，深耕重点区域市场，扩大销量领先优势，提升海外基地经营质量和体系能力。金融板块在保持基盘业务稳健发展的基础上，进一步加大投资力度，持续提升盈利贡献，赋能创新发展。创新科技板块深化市场导向，做强电动智能网联技术底座，着力打造“科创小巨人”，推动高质量发展。

上汽集团将不断提升基础管理效能，全面完成全年各项目标任务，以优异成绩迎接党的二十大和上海市第十二次党代会的胜利召开，在新的百年征程中谱写奋斗华章。尽管各种风险挑战依然严峻，但只要循着用户的价值去创造价值，循着市场的逻辑去创新科技，敢于变革、勇毅笃行，加快脚步向着“用户型高科技公司”转型升级，就一定能在不确定的挑战中抓住确定性的机遇，在“十四五”新一轮发展中取得新的更大的胜利！

（厉 倩）

# 中国石化上海石油化工股份有限公司

**【概况】**

中国石化上海石油化工股份有限公司（简称上海石化）位于上海市金山区，占地面积9.40平方千米，是中国最大的炼油化工一体化综合性石油化工企业之一，也是中国首家股票在上海、香港、纽约三地同时挂牌上市的国际上市公司。前身为创建于1972年的上海石油化工总厂，1993年6月改制为上海石油化工股份有限公司，2000年10月更名为现名。截至2021年底，上海石化下设炼油部、烯烃部、芳烃部、化工部、腈纶部、碳纤维事业部、合成树脂部、热电部、公用事业部（海堤管理所）、先进材料创新研究院（科技部）、储运部、环保水务部、碳纤维产业发展中心以及物资采购中心、销售中心、IT服务中心、质量管理中心、统计中心、行政事务中心、上海培训中心（上海会议中心）等单位，并由资本运营部管理对外投资企业。总资产470.39亿元，在岗员工总数7902人。具有原油综合加工能力1600万吨／年和乙烯70万吨／年、合成树脂100万吨／年、合纤原料109万吨／年、合纤聚合物59万吨／年、合成纤维26万吨／年的生产能力。主要生产石油制品、中间化工原料、合成树脂及塑料制品、合纤原料及合成纤维四大类产品。

**【2021年经济工作情况】**

2021年，上海石化贯彻落实中国石化和上海市工作部署，紧扣“五个聚焦”（聚焦绿色洁净、聚焦提质增效、聚焦深化改革、聚焦创新驱动、聚焦务实创新）工作主线，推进体系运行，抓实系统优化、改革管理、科技创新、党政融合，较好完成生产经营目标任务。全年加工原油1376.44万吨（含来料加工40.47万吨），生产成品油796.88万吨，乙烯71.28万吨，丙烯49.80万吨，对二甲苯49.63万吨，塑料树脂及共聚物（不包括聚酯和聚乙烯醇）96.62万吨，合纤原料20.23万吨，合纤聚合物34.34万吨，合成纤维9.76万吨，发电22.99亿千瓦时。实现工业总产值（现价）797.01亿元，营业收入892.80亿元，利润总额26.48亿元。

一、HSE体系稳步实施

发布公司HSE管理体系，以专业分委会推进专业管理，推动体系运行。狠抓过程安全管理，推进限值管理、工艺报警管理、变更管理，加强预防性维修，设备完整性管理体系建设通过终期验收，完成58套装置及配套公用工程系统的大修改造，装置运行平稳率97.84%；非计划停车1次，下降50%。推进安全生产专项整治三年行动计划，4项公司级安全风险实现降级，开展隐患排查和治理，16项集团公司级安全隐患治理项目均完成。推进绿色低碳发展，启动并完成9项金山地区第三轮环境综合整治行动。加大节能降碳力度，万元产值能耗降低7.12个百分点，碳排放强度降低9.08个百分点。常态化抓好疫情防控，推进新冠病毒疫苗接种，无确诊和疑似感染人员。

二、系统优化持续深入

优化原油采购和调配，原油采购品种数达25种。调整航煤、柴油、液化气等产品生产，优化低硫重质船燃调和方案，做好油气保供。柴汽比1.00，降低0.22；高牌号汽油比例43.17%，增长8.19个百分点。拓展新产品销售途径，92号车用汽油首次实现出口，累计出口量3.91万吨。采用“互联网+销售”模式，推进化工产品网上销售，累计增效241.54万元。强化资金费用管控，财务费用比上年减少5780万元，创历史新低。

三、改革管理成效显著

深化改革三年行动工作任务和行动项完成率分别为91%和95%，深化对标世界一流管理提升行动完成率97%。全面推进“三标”建设，启动5S管理工作，夯实“三基”工作基础。调整优化管理体制，组建碳纤维产业发展中心，整合2个中层管理机构，调整部分管理职能，优化组织管理体制和运行机制，提升组织运行效率。探索职业经理人制度，制定经理层成员经营业绩考核和薪酬管理办法，完成公司经理层成员任期制和契约化签约工作。开展干部胜任力模型建设，完善干部公开招聘机制，成功招聘3名中层副职管理干部。探索科研人员薪酬分配新机制，推进薪酬市场对标，制订项目长负责制激励实施方案，试点实施“基本薪酬+课题津贴+结题考核和项目提成”的研发人员薪酬结构。

四、创新发展增添活力

发布公司“十四五”发展规划，明确“炼油向化工转、化工向材料转、材料向高端转、园区向生态转”的发展思路。1500吨/年PAN基碳纤维项目全面建成投产，氢燃料电池供氢中心一阶段完成试装车。48K大丝束碳纤维项目、百吨级高性能碳纤维装置项目开工建设，25万吨/年热塑性弹性体项目、聚酯升级项目按计划推进，全面技术改造和提质升级项目完成可研上报。完成北京2022年冬奥会火炬研制并实施量产，碳纤维复合材料获航空航天质量管理体系认证，并首次成功应用于高速地铁，示范性光伏电站成功并网发电。组建成立碳纤维公司，与华东理工大学成立氢能联合实验室，与东华大学共建联合创新实验室，与巴陵石化合资注册成立上海金山巴陵新材料有限公司。与陶氏化学、中汽创智等企业、科研院所，共签订战略合作协议21项。

五、党政融合有力有效

坚持党的领导与提升公司治理效能相结合，以高质量党建推动企业高质量发展。上海石化展示馆成功入选首批央企爱国主义教育基地、中国石化十大红色教育基地。企地党建结对共建“五联”机制有效运转，持续开展“公众开放日”活动，营造良好发展氛围。利用“七位一体”媒体集群，弘扬主旋律、传播正能量，在各大媒体发表稿件1569篇。加强各层次人才的选拔和培养，完善高层次人才考核、引进机制，博士后工作站引进2人，选聘专家10人、首席技师1人，11人取得特级技师职业技能等级。持续开展业务竞赛，获国家级个人1金2银2铜、团体2银，获“第十五届国家技能人才培育突出贡献单位”称号。以“优良日”活动为载体，提升班组自主管理能力组。进一步关心关爱职工，满足职工“医食住行”需求，员工心态指数创历年最好水平。

**【2022年发展趋势】**

2022年，上海石化将认真落实中国石化党组和中共上海市委、市政府的工作要求，坚持稳中求进工作总基调，立足新发展阶段，完整准确全面贯彻新发展理念，服务构建新发展格局，坚守“旗帜、栋梁”总定位，锚定“再立新功、再创佳绩”总目标，坚持“向先进水平挑战、向最高标准看齐”的工作理念，做好“五个全力”，以优异成绩为建厂50周年献礼，迎接党的二十大胜利召开。

一、落实体系夯基础，全力打赢安全环保翻身仗

开展“HSE体系落实年”活动，牢固树立体系思维，强化体系执行力，加强关键环节过程管控，实施操作限值管理、报警管理，提升装置平稳运行水平。持续推进隐患排查治理，全面完成安全生产专项整治三年行动，提升公司本质安全水平。严格落实清污分流、雨污分流，加强全流程水质监管力度，确保外排水质优质达标，加快实施水质提升治理方案，提升水体防控水平。抓好罐区VOCs治理，加强换热器泄漏管理，提升环保管控水平。强化“三基”工作，抓实操作人员“五懂五会五能”、基层车间“三大员”建设，岗位练兵、副班学习等工作。坚持“管控+赋能”，持续开展“优良日”活动，提升班组的自主管理水平。

二、提升优化强管理，全力保持效益持续增长

加大机会油种、高性价比油种采购比例，降低原油采购成本。优化调整产品结构，增产汽油、化工轻油，根据市场需求稳产航煤、压减柴油。科学制订检修计划，确保检修顺利高效完成。推进节能降耗，深入实施能效提升计划，强化加热炉运行管理，提高加热炉平均热效率，实施芳烃低温热利用工程、5号炼油循环水场能力提升节能项目建设。成立炼油、化工、节能专业技术团队，为公司节能降碳提供技术支持和管理支撑。继续推进公司内部模拟市场化运作机制，提高公司运营效率及节能降耗水平。全方位加强费用管控，深化预算管理和“业财”双向融合，细化成本费用分析，抓实源头管控，全面压减非生产性支出。

三、扭住重点抓改革，全力完成国企改革三年行动收官

6月底前完成国企改革三年行动和对标世界一流管理提升行动目标任务。持续推进组织机构调整，构建“小机关、中平台、大业务”管控模式，以炼油、化工、材料和公用工程等为大业务板块，以质量检验、环保水务、物资采购、电气仪表等专业化服务的中平台发展模式，建立精简高效、流程化运行的职能管理部门，做强生产装置运行主体，打造核心竞争力，推动组织变革从传统职能管理驱动向业务和价值驱动转变，提升公司用工效率和运营效率。加大对投资企业的过程管控、指导和监管，提升投资收益率。全面深入开展5S管理，打造一批标杆示范区，改善现场面貌和工作环境，提升全员素养，确保安全稳定生产。

四、科技创新强动力，全力打好转型发展攻坚战

加快碳纤维核心技术攻关，完成大丝束碳纤维项目（一阶段）、高性能碳纤维项目的中交、投产工作。建立完善“揭榜挂帅”“大兵团”作战等研发机制，激发科研人员积极性。调整产业结构、优化产业布局，加快推进全面技术改造和提质升级项目的落实落地，力争弹性体项目4月份开工建设。践行“双碳”目标，严格控制煤炭消费总量，重点推进南随塘河及腈纶部屋顶光伏、环江路仓库屋顶光伏、大丝束屋顶光伏项目，积极参与金山海上风电项目的联合开发。开展CCUS技术的探索应用，持续提升碳资产专业化管理水平，做好碳配额、碳交易等工作。

五、坚持务实创新融合，全力推进党建融入中心

始终将学习习近平新时代中国特色社会主义思想、习近平总书记视察胜利油田重要指示精神以及习近平总书记最新重要讲话、重要指示批示精神，作为党委会、中心组学习、党支部“三会一课”的“第一议题”。加快完善中国特色现代企业制度，健全“三重一大”决策制度体系。发挥党员先锋模范作用，把党员责任区、示范岗打造成为示范标杆。充分发挥区域化党建平台和基层服务型党组织建设优势，扩大企地党建共建范围，把“我为群众办实事”实践活动成效引向深入、落到实处，为公司“十四五”发展创造有利条件。以“六个专项教育”项目、一批献礼项目和“八个纪念活动”为抓手，深化厂情厂史教育，弘扬“金山精神”，开展好建厂50周年系列活动，激励全体干部职工接续奋斗创造新辉煌。

（朱嬿萍）

# 中国石化上海高桥石油化工有限公司

**【概况】**

中国石化上海高桥石油化工有限公司（简称高桥石化）始建于1981年11月，是中国第一个跨行业、跨部门的特大型经济联合体，隶属于中国石油化工集团公司，成立以来历经多次体制变更，现经营主体于2016年2月在中国（上海）自由贸易区注册。高桥石化占地面积412公顷，共有56套生产装置，可生产200余种产品，主要产品有汽油、航空煤油、柴油、润滑油基础油、石蜡、合成橡胶、有机化工原料、合成塑料以及精细化工产品等，公司拥有年原油加工能力1250万吨，年化工产品生产能力50万吨，自备电厂装机容量17.5万千瓦。公司加强对外经济合作与交流，先后与世界著名大公司如德国巴斯夫公司、美国雪佛龙公司、日本三井石化株式会社等分别成立合资企业。

**【2021年经济工作情况】**

2021年，高桥石化全年累计原油加工量904.76万吨，化工产品总量48.95万吨，发电量5.26亿千瓦时，供热量649.87万吉焦，全年实现利润37.53亿元，实现营业收入465.06亿元。首次荣膺浦东新区经济特别贡献奖第一名，蝉联“上海市文明单位”称号，获评中国石化年度安全生产先进单位、节能环保先进单位和中国石化绿色企业复审A档。

一、打造“安全工厂、绿色工厂”成为新常态

高桥石化牢牢把握城市型工厂特殊定位，明确“摒弃短期思想，科学统筹发展和安全，着眼长远发展，工作标准、要求、力度丝毫不降”主基调，以严于国家、行业和地方的标准抓好HSE工作，2021年投资10.75亿元实施装置大检修，持续打造“安全工厂、绿色工厂”。推进HSE管理体系及配套制度建设。正式发布HSE管理体系手册，形成安全

环保纲领性文件。设立9个专业安全分委员会，落实专业管理，推动体系运行。严格HSE管理体系审核，抓好分类溯源，推动PDCA循环管理，促进体系要素、安全管理要求与专业管理制度深度融合。注重发挥领导安全引领力。严格落实“一把手抓安全”第一责任，建立健全安全生产承包责任点机制。以“平安护航建党百年”为主线，组织开展“百日安全无事故”“五查五严保安全”专项行动，抓实抓好新冠肺炎疫情防控及公共安全风险防控，筑牢新时期安全环保稳定防线。细化落实HSE教育培训。改进安全学习活动，提升员工HSE履职能力。调整班组安全学习方式，抓好班组副班学习，开展HAZOP分析和JSA风险识别。落实岗位基本功训练，按照“五懂五会五能”要求，抓实岗位技能培训和持证上岗。开展专业技术人员能力提升专项行动，抓实专业技术人员岗位培训。开展综合应急演练，抓好岗位专项应急培训，提高整体应急实战能力。纵深推进风险识别和隐患排查治理。推进安全生产专项整治三年行动，落实危险化学品和重大危险源管控。应用PHAMS平台完成22套装置风险评价，完善风险清单和隐患清单，落实重大危险源包保责任制，公司安全风险总值降低15.2%。持续加强承包商管理和直接作业环节管控。严把承包商准入关、教育培训关，开展第二方审计，提升承包商自主管理水平。严格执行“7+1”直接作业管理制度，落实JSA风险分析，实施高风险作业“双交底”“双监护”，抓好直接作业环节全过程风险管控。大力推进绿色企业建设，实现全年“零污染”“零投诉”目标。统筹推进臭氧污染防治专项行动，全面开展挥发性有机物隐患排查整治。按期完成催化有色烟羽治理、码头油气回收等53项环保攻坚项目，提前3年达到油品运输大气污染物排放国家标准。

二、生产经营创效取得新业绩

高桥石化推进产业链延伸和产品价值赋能，激活“五位一体”增效引擎，推动由生产导向型向市场导向型企业转变，从单一产品竞争向产业链竞争、供应链竞争转变，生产经营质量效率明显提高。抓产业链延伸，优化生产经营管理机制，落实125项经营优化措施，挖潜增效12.61亿元。开展营销体系建设，推动生产和产品迭代，扩大差异化优势，炼制III–4类高端基础油、小包装石蜡、沥青产品、ABS等特色产品的市场竞争力持续增强。推动产销衔接赋能，13类自销产品全部实现“石化e贸”平台线上销售，增创效益1.96亿元。抓运行管控，落实生产操作管控，抓好现场巡检，严格内外操数据比对。落实工艺技术管控，抓好报警、连锁等管理，推行“手指口述”操作法。落实设备完整性管理，开展系统检测和预防性检修，实施电力系统专题攻关，投用催化风机自发电、外线路增加同步快切等措施。抓优化经营，抓好“油产化、油转化、油转特”，石脑油、工业白油、沥青、低硫船燃产量均创历史新高，合计增效3.71亿元。油转化、油产化、油转特率分别提高1.21、0.56和3.18个百分点，化工轻油、特种产品收率分别提高0.99和3.18个百分点；推动化工业务提负荷优结构，优化丁苯橡胶、ABS检修方案，增效875万元；提升ABS专用料量比例，增加效益4760万元。抓低成本战略，优化采购方案和原油结构，全年原油采购价格较中国石化均价低1.39美元／桶，节约采购成本1.19亿元。优化码头资源，抓好计量、物流运输关键环节管控，降低成本1.07亿元。打通“绿色供应链”，采购资金节约率达15.72%。开展浮渣回炼，严控火炬排放，炼油加工损失创最好水平；推进ABS原料国产化替代攻关，降低原料成本3855万元。开展碳资产置换交易，增效35.62万元。抓实全员成本目标管理，全年6项费用压减21%，节约成本152万元。抓好资金运作，节约财务费用1.31亿元。抓好股权投资管理，实现投资收益28.59亿元。抓管理赋能，成立电气仪表中心，提升专业资源配置效率。组建销售团队，形成市场快速反应机制。调整“两办”、安环部、财务部机构设置，推动机构优化、效率提升。统筹制度“立改废”，完成制度修订126项，整合精简38项。优化组织绩效评价考核，落实总经理奖励等专项激励措施。落实“三基”管理，推进“三标”建设，补齐基层管理短板。狠抓风控内控及合规体系建设，落实物资采购、招标管理等关键环节监督审查，实施自销产品、工程结算、计量管理等8个综合审计项目，有效防范重大经营风险。

三、转型升级发展打开新局面

抓好组织领导，成立新能源发展领导小组、化工新材料产业基地项目领导小组，在“双碳”目标框架下，立足浦东社会主义现代化建设引领区的定位，对标上海化工产业发展规划，滚动完善公司“十四五”发展规划，科学谋划公司战略定位、主攻方向和业务结构，抓好顶层设计，优化投资决策。落实科技赋能，发挥“中石化润滑油石蜡生产基地”优势，研发高端润滑油和相变蜡系列产品、生产环保型橡胶填充油等技术攻关取得重要进展。把握上海“国家燃料电池汽车示范城市”定位，以全国首套高纯氢气生产示范装置投产为契机，开展氢能制运储销全产业链技术研究，氢能产业化进程不断加快。炼制国内首船全生命周期碳中和石油并获认证，成为中国石化首个完成全国碳市场履约企业。把握发展机遇。结合上海化工区“十四五”发展规划，坚持“高端＋基础”发展理念，开展高端新材料项目技术路线和方案研究。编制新材料产业基地总体规划方案、ABS项目可研方案。推进合资合作，提升双酚A、三元乙丙橡胶产业能级。推动两化融合。建成水务管理、质量管理、环保信息系统，启动电子作业票、危化品运输、预约提货系统等项目建设。开发BPM流程23项，优化现有流程228项，新一代协同办公系统（OA）顺利投用，在中国石化系统内首个通过“两化融合”管理体系升级评定。

四、干部员工队伍焕发新动能

坚持党对国有企业的领导不动摇，以党的政治建设为统领，把制度优势转化为治理效能。推动党史学习教育贯穿全年，“我为群众办实事”重点任务圆满完成。坚持“一岗双责”，狠抓党风廉政建设，完善大监督体系，聚焦形式主义、官僚主义突出问题，持续正风肃纪，政治生态稳中向好。传承石油石化优良传统。热烈庆祝建党百年，深入学习贯彻党的十九大和十九届历次全会精神，全面落实习近平总书记视察胜利油田重要指示精神。举办公司成立40周年主题活动，重建企业文化展示馆，发布《高桥石化社会责任报告》。坚持党建政治优势转化。创新人才队伍培养机制，优化培训机制，丰富培训资源。创新人才队伍选用机制，打通“三支队伍”建设最后一公里。创新人才队伍评价机制，借助于“外脑”开展干部人才盘点。创新人才队伍激励机制，推动市场化引进、标准化评价、梯次化培养、精准化激励、数字化管理。

**【2022年发展趋势】**

2022年，总体工作要求：以习近平新时代中国特色社会主义思想为指导，坚决贯彻落实集团公司党组决策部署，坚持稳中求进工作总基调，立足新发展阶段，完整准确全面贯彻新发展理念，服务构建新发展格局，以落实公司“1233”总体发展战略为主攻方向，高质量抓好安全环保、提质增效、转型发展、改革管理、党的建设等各方面工作，坚定不移打造城市型标杆炼化企业，在“二次创业”新征程上再立新功、再创佳绩，以优异成绩迎接党的二十大胜利召开。HSE工作目标：集团公司一般C级及以上生产安全事故为零，一般及以上环境事件为零。公司和作业部级事故同比下降25%。建设“无异味”工厂，外排废水达标率100%，外排废气达标率100%，危险废物合规处置率100%，不发生异味扰民事件。生产经营目标：全年原油加工量1060万吨、化工产品产量48.7万吨。全年实现利润27亿元，炼油吨油完全加工费低于312.8元、化工吨产品完全费低于2999元。全面完成中国石化下达的技术经济指标等各项考核工作。

一、坚定不移打造安全绿色领先标杆炼化企业

落实领导示范引领作用，严格实施个人HSE行动计划。推动管理体系高效运行，狠抓全员HSE责任制落实。充分发挥HSE专业分委员会作用，落实PDCA闭环管理。固化深化安全生产专项整治三年行动成果，抓好风险分级管控，确保公司安全风险总值下降10%。持续完善危险化学品风险监测预警系统，提升生产异常预警能力。严控变更管理，严格落实变更审批，确保风险识别到位、防控措施到位、培训交底到位。严抓承包商管理和施工作业管理，严格承包商安全记分、违约考核和清退制度，提升作业全流程管控水平。抓实HSE基础教育培训，建设“练、评、学”一体化智能练兵平台。开展异味溯源，抓好物流环节异味管控，推进污染源自动在线监测。

二、坚定不移抓平稳运行

加强工艺技术管理，集中修订工艺技术规程和岗位操作法，推动工艺指标控制体系建设，严格“三大纪律”执行。严格生产运行管理，坚持生产异常“抓小防早”，落实重要操作“手指口述”和“双复核”机制，建立指标对标体系，加大节能降碳攻关力度。抓好设备完整性管理，推进重点机组运行攻关，建立关键特护机组和机泵常态化高效监督预警机制，建立防腐蚀工作常态化高效监督预警机制，加大LDAR、涡流扫查等技术应用力度，提升电仪规范化管理水平，加强设备采购质量控制。

三、坚定不移推动“两个转变”

完善营销体系建设，打造具有竞争力的营销团队，加强收入分配机制统筹，深化“产销研用”一体化建设，建立团队型、项目负责制等新型组织形式，精准实施营销策略。落实经营优化措施，加强全流程优化测算，持续推进“油转化、油产化、油转特”。完善市场快速响应机制，动态优化调整负荷，做好ABS新产品研发，推动原料国产化替代。坚持低成本战略，优化采购方案和节奏，抓实精细化管理，提升资产质量和资本运营效率。

四、坚定不移深化改革强化管理

完善深化改革三年行动和对标提升措施，健全跟踪督促和评价考核机制，优化机构设置，完善运行机制。抓好体系制度建设，做好制度合并和报表精简，梳理优化业务流程。完善绩效考核管理体系，推动组织绩效与个人绩效关联协同，发挥好总经理奖励等专项奖励的促进作用。推进内控风控合规一体化建设，完善内控风控合规管理制度，形成公司总风险清单。抓实依法合规管理，健全完善法律风险源头防控机制。抓实业务外包监管，规范计划申报，推进业务整合工作和效率提升。

五、坚定不移推动“三点发力”

坚持技术引领，推进现有装置提质升级改造，加大新产品力度，推进燃料电池车用氢气改造、分布式光伏发电等项目进程。坚持发展引领，编制节能降碳方案，加大新工艺新方法应用力度，优化用能结构。主动融入地方产业发展，推动化工新材料产业基地建设。加强标准合规管控，推动项目工程管理提升。坚持依法合规，加强投资项目全过程管控。

六、坚定不移抓好党的建设

坚持全面从严治党，严格遵守议事规则和决策程序，严守政治纪律和政治规矩，实现加强党的领导和完善公司治理有机统一，把制度优势更好转化为治理效能。大力推进员工

素质能力提升，加强基础知识学习和基本功训练，构建技术管理标准化体系，搭建创新攻关组活动平台，优化激励评价机制，形成具有高桥特色的人才培养新路径。坚持新时期群众路线，高质量推进“我为群众办实事”。

（魏之臣）

# 上海电气（集团）总公司

**【概况】**

上海电气（集团）总公司（简称上海电气）是中国最大的综合性装备制造企业集团之一。产业门类众多，涵盖三大客户群和40多个业务单元，为国民经济各行各业提供各种重大技术装备和解决方案。能源客户群包括：煤电、燃机、核电、风电、光伏、储能、电力电缆、开关柜、低压元器件、电力电子、变压器、化工、油气、新能源汽车零部件、氢能等。城市客户群包括：烟气处理、固废、水处理、海水淡化、医学影像、医疗机器人、三菱电梯、海立空调压缩机、轨道交通信号、轨道交通维保、轨道交通综合监控等。工业客户群包括：工业紧固件、汽车紧固件、电机、航空装备产线、叶片、仪器仪表、锂电池设备产线、机床、3D打印、工业汽轮机、液压、轴承、工具等。

截至2021年底，集团从业人员7.5万人，总资产近4000亿元。集团属于“高端制造”品牌，知名品牌总数70多个，入选世界制造500强、中国企业500强。

**【2021年经济工作情况】**

2021年，上海电气坚持稳字当头、稳中求进，克服个别风险事件、疫情反复、原材料涨价、人工成本上升、缺芯、房地产周期走低、海外工程建设受阻等内外部因素叠加影响，主业保持住平稳有序的发展态势。

一、经济发展平稳有序

集团全年保持平稳经营态势，实现营业收入超过1600亿元，完成工业总产值突破1000亿元，为全市稳增长做出积极贡献。旗下14家产业集团，全年实现盈利的有10家，其中6家的营业收入和归母净利润同比实现双增长。截至2021年底，集团在手订单超过2800亿元，订单结构趋于优化，装备和服务比重上升，为集团后续的稳健发展打下良好基础。

二、产业转型加快步伐

集团加快绿色化、数字化、服务化、国际化的转型发展。绿色化方面，积极抢占“双碳”新赛道，全年实现新能源和输配电的营收超过700亿元，约占到整个集团的44%。数字化方面，积极推进数字化转型，发布上海电气“星云智汇”3.0版工业互联网平台，在线设备超过15万台，管理设备资产超过1500亿元。服务化方面，依靠装备制造优势，推行服务型制造模式，加速服务产业化步伐，旗下三菱电梯的服务业约占到公司营收的30%。国际化方面，服务好“一带一路”倡议，建设世界上最大的光热光伏复合发电迪拜项目，各期项目陆续成功投入商运。

三、创新能力持续增强

优化科技创新机制，围绕“科技创新催生新动能、抢占新赛道”，着力推动“一盘棋、一张桌、一张网”，即协同集团科技资产和能力的“一盘棋”、组织科技与业务共研同商的“一张桌”、建立科技人才资源系统掌握核心人才的“一张网”。加大科技创新投入，全年共实施1000余项科技攻关项目，科技投入65亿元，主要覆盖包括风电装备、储能装备、氢能装备、自动化装备及系统、工业软件等诸多领域。科技成果不断涌现，有9项科技成果获上海市科学技术奖，其中，3项获技术发明奖、6项获科技进步奖。

四、风险管理能力稳步提升

加强建章立制，制定《资金熔断管理》制度，建立预警机制，有效扼制住有息负债上升势头；制定《垫资工程项目管理》和《关于为获取业务订单而进行的项目类投资额度管理暂行办法》，从源头上控制资金流出风险。排查处置风险，开展资金、投资、工程等重点领域的全面风险排查，制订风险化解行动方案，稳妥化解已暴露风险，全力防范或有风险，确保重大风险不蔓延、次生风险不发生、负面影响不扩大。

五、人才队伍建设有效推进

集团出台《上海电气集团推进契约化管理操作指引》，推行经营班子任期制契约化管理模式，完善能上能下机制。加大开放引才的力度，围绕“双碳”新赛道，配套“揭榜挂帅”机制，年内共引进中高端人才42人，内部人才流动312人。推进卓越工程师人才项目、工匠队伍建设方案，树立“三支队伍”人才品牌。

**【2022年发展趋势】**

2022年，上海电气集团积极贯彻和落实好中央经济工作会议、市委经济工作会议以及全国能源工作会议的精神要求，围绕国家重大战略方向，落实好新发展理念和高质量发展要求，坚持稳字当头、稳中求进，加快推动产业“高端化、绿色化、数字化、服务化”的转型升级和“专业化、市场化、国际化”的发展布局，以高质量发展的实际行动迎接党的二十大胜利召开。

一、持续抓好产业发展

强化新的“十四五”战略对产业发展的牵引作用。

（一）优存量。通过6个路径推动存量产业提质增效，即数字化转型、技术升级迭代、服务产业化、培育系统解决方案、退出一批亏损企业和竞争力低下企业、非核心制造向市外布局。

（二）扩增量。重点布局“4+2+X”新赛道：“4”指风光储氢；“2”指智能制造、智慧医疗；“X”指海上漂浮式风机和15MW风机、海上直流输电、四代核电、工业燃气轮机等硬核科技产业。

二、持续抓好改革创新

工作主线是“向改革要效率、向管理要效益、向创新要动力”。

（一）自上而下推进组织改革。总部定位于战略决策中心、战略资源配置中心，产业集团定位于运营中心、运营资源配置中心，企业定位于利润中心或成本中心，提高对市场的反应速度。

（二）市场化推进机制创新。加大开放引才，加大人才激励力度，探索实施股权激励、超额利润分享、虚拟股权激励、延期支付奖罚等清单化激励和管理方式。

三、持续抓好科技赋能

（一）优化科技投入结构。坚持市场驱动，进一步提高科技投入集中度、科技投入产出效率和科研成果转化率。

（二）优化科技创新体系。加强内外部的协同创新、联合创新，扩大科技来源，壮大自身的科技竞争力。

（三）加快推进数字化转型。聚焦数字化需求和业务痛点，挖掘一批示范性强的数字化应用场景、实施一批带动效应强的示范项目、沉淀一批数字化产品和工具、培育一批数字化专业团队。

四、持续抓好经济运行

（一）全力推进“三降一升”。即降低有息负债、降低应收存货、降低成本费用和提升主业盈利水平。

（二）盘活上市公司平台。通过内部盘活、资产注入等方式激发上市公司融资功能，推动主业清晰、市场认可度高、竞争力强的企业分拆上市，拓展直接融资渠道。

（三）实行疫情常态化科学化管理。将疫情管理纳入企业基本管理范畴，建立起有效应对疫情的战略供应链体系，加速从劳动密集型向技术密集型转型、从传统制造向智能制造转型。

五、持续抓好风险管控

（一）继续“精准拆弹”已暴露的重大风险，尽可能降低负面影响，防止“次生灾害”。

（二）继续“举一反三”补齐风控短板，包括建立项目投建分离、投管结合等风险防控隔离机制，加强订单合同的源头风险管理和全生命周期管理，健全审计无禁区的一体化监督体系等。

六、持续抓好党的建设

（一）加强和改善党组织对企业经济工作的领导。避免党建工作“单循环”、党建和生产经营“两张皮”。

（二）发挥基层党组织的战斗堡垒作用。切实解决好700多个党组织党建的“穿透力”问题。

（三）强化干部担当作为。履职尽责，赶学比超，进一步弘扬以“爱国、创新、坚守、负责”为核心的企业家精神。

（四）深化全面从严治党。坚持从严主基调，深化细化“四责协同”机制，深入贯彻中央八项规定精神。

（高树东）

# 上海华谊（集团）公司

**【概况】**

上海华谊（集团）公司（简称华谊集团）前身为1957年4月成立的上海市化学工业局，1995年12月改制为上海化工控股（集团）公司，1996年11月重组改制为上海华谊（集团）公司，2016年5月核心资产上市，资产注入原双钱集团股份有限公司，双钱集团股份有限公司更名上海华谊集团股份有限公司（股票代码：600623.SH）。

华谊集团主要有能源化工、绿色轮胎、先进材料、精细化工和化工服务五大核心业务，基本形成“制造＋服务”双核驱动的业务发展模式，覆盖“基础化学品、精细化学品和先进材料、面向终端客户产品”的上下游产业链一体化发展体系。先后在市外16个省市自治区布局40余家工厂，“一个华谊、全国业务、海外发展”格局基本形成，市外业务比重已超过60%。先后与中国石化、宝武集团、中远海运、中集集团、上港集团、上海建工、巴斯夫等企业建立战略合作关系。拥有行业内先进的研发软硬件创新条件，构筑“工业催化、化工新材料、精细化工、过程开发、分析检测”等5个技术研究平台，为新产品、新工艺、新技术开发与成果产业化工作提供了良好的条件。

2021年，集团克服新冠肺炎疫情影响，持续变革创新，全面落实“安全生产、数字赋能、卓越运营、创新发展、深化改革”五大任务，主要装置稳定运行，降本增效成效显著，重大项目稳步推进。主要经济指标再创历史新高，迈上发展新台阶，实现“十四五”开门红。

**【2021年经济工作情况】**

2021年，华谊集团资产总计959.8亿元，所有者权益合计425.7亿元，营业收入577.7亿元，利润总额70.2亿元，净利润54.1亿元。

一、经营效益再创新高

集团统筹抓好疫情防控和经营发展，全面开启建设具有国际竞争力和影响力的世界一流企业新征程，将党建与中心工作深度融合，充分发挥基层党组织战斗堡垒作用和党员先锋模范作用，实现制造收入、利润总额、经营性现金流三项指标均创历史新高。“十四五”发展取得开门红，高质量发展再上新台阶。

二、机制赋能成效明显

深化国企改革三年行动，切实落实市国资委“八大专项行动”。开展股权多元化实践，完成中化学华谊装备科技有限公司战略重组。“一司一策”推进激励机制全覆盖，制定《集团三级次企业管理层配置管理实施办法》。优化合规管理体系，完成集团制度汇编（HMS）2.0。制订《集团数字化转型三年行动计划》《集团网络安全规划》，夯实集团数字化工作基础。持续加强品牌管理，华谊品牌视觉系统（CIS）落地实施。

三、产业布局有序推进

6月，华谊钦州化工新材料一体化基地建设一期项目投产，实现当年投产、当年达产、当年盈利；二期项目在保证安全和质量的基础上按计划推进；三期项目正式落地，与钦州市政府签署华谊钦州化工新材料一体化基地先进材料项目投资协议。三爱富（邵武）氟化学产业基地项目开工建设。上海化工区聚氯乙烯提升改造项目和20万吨氯乙烯项目建成。胜德汽车零部件及特种材料项目签约落地。

四、创新驱动步伐加快

深入贯彻落实市委市政府决策部署，以化工院为主体整合技术研究院，打造集团中央研究院，提升化工新材料领域关键核心技术能力。12月，集团召开第八届科技大会，表彰40余名科技人才、20余项科技成果，发布《集团科技条线干部人才职级序列及履职保障管理办法》等一系列科技创新政策，为技术创新提供保障。聘任首批3名集团高级技术专家，6个联合实验室揭牌。与上海科学院、华东理工大学等签订战略合作框架协议，共建华理集成电路材料系。与北部湾大学联合申报并获批广西绿色化工新材料与安全控制技术重点实验室，以及获批自治区化工新材料与安全技术工程研究中心。9项科研成果成功投产，塑研公司等4家企业产品应用于我国首次自主研发火星探测任务。

五、不断优化管理体系，提高风险防控能力

深入推进集团三年综合改革工作计划，落实市国资委“八大专项行动”。成立集团防范化解经济领域重大风险领导小组和工作小组，积极推进规范化建设，提高风险防控能力。强化制度建设，修订完成2021年集团制度汇编（V2.0），并研究不同公司制度单册，实现制度全覆盖。烯烃业务部转为广西三期项目部、环保业务部划转投资公司、材料电池业务部正极材料项目组划转新材料公司等管理转变，体现新业务部“蕴能”功能。

六、注重机制创新，激发干事创业活力

集团A股限制性股票中长期激励政策落地。“一司一策”持续推动机制创新和激励兑现，21家重点三级企业实现以风险抵押、超目标利润提成、模拟股权为主的激励机制全覆盖。建立健全激励机制库，确定十大激励机制工具组合包。对下属17家二级子公司和直管单位开展“789”年轻干部人才盘点，描绘人才地图，构建继任梯队。

七、推进数字华谊建设，推动绿色低碳发展

实施数字华谊三年行动计划，搭建集团级数字技术赋能平台，建立数字化考核激励机制，推动数据战略和数据治理体系落地落实。持续推进新材料灯塔工厂、氯碱智能工厂等标杆项目，集团下属新材料公司获评2021年国家级“智能制造标杆企业”。启动“双碳”战略研究项目，探讨优化节能减排措施，推动集团绿色低碳发展。下属氯碱公司被列入工信部国家级“绿色工厂”名单，华谊涂料公司被评为2021年度石油和化工行业“绿色工厂”；下属氯碱、新材料、双钱等公司6项产品入围国家级“绿色产品”。

**【2022年发展趋势】**

2022年，华谊集团将坚持“1350目标”不动摇，围绕夯实基础，数字赋能，创新引领，管理升级，构建高质量发展新格局，部署全年工作，对标一流，管理转型，为建设具有国际竞争力和影响力的世界一流企业不懈努力。

一、夯实基础，保障安全生产

全面落实HSE责任，持续强化企业安全主体责任，实施好安全生产专项整治三年行动计划，不断提高本质安全，提升安全环保意识，加强专业能力培训，践行绿色发展理念。

二、数字赋能，助力卓越运营

持续推进数字华谊项目，支持各二级公司成为行业数字化领先企业，总结形成最佳实践并复制推广，提高现有信息化系统使用效率。推进精益生产，坚持“降三降五”目标不动摇，持续开展卓越运营。

三、创新引领，推进跨越发展

坚持创新引领，整合集团内外部技术力量和资源，聚焦重点提高研发强度，加快产业化。“十四五”期间坚持实现每年投资上新台阶，实现集团跨越发展，力争实现1350目标。

四、管理转型，提升竞争能力

落实上海国资国企改革会议精神，做好巡视“回头看”和经济责任审计的整改落实，持续对标世界一流，深化管理转型，强化专业赋能、审计监控、法治建设、合规管理、品牌建设等管理升级，提升集团综合管理水平和核心竞争力。

（圣　蕾）

# 东方国际（集团）有限公司

**【概况】**

东方国际（集团）有限公司（以下简称集团）由具有150多年历史的上海纺织集团和具有70多年外贸历史的原东方国际集团联合重组而成，是一家拥有先进制造业与现代服务业，以时尚产业、健康产业和供应链服务为核心主业，以科技实业、产业地产、金融投资为支撑的大型综合性企业集团，是中国最大的纺织服装集团和最大的纺织品服装出口企业。名列中国企业500强第240位，中国服务业企业500强第94位，中国对外贸易500强第31位，中国100大跨国公司第94位，中国纺织服装企业竞争力百强企业第3位。集团拥有总资产646.3亿元、员工7.2万人（海外员工占70%），所属企业381家，上市公司4家（东方创业、申达股份、龙头股份、香港联泰控股）。集团在海外拥有96家业务机构，拥有全球第二的汽车内饰、全球第二的时尚箱包、全球第四的毛衫制造能力。2021年实现营业收入957亿元，进出口总额75.4亿美元（出口52.2亿美元、进口23.2亿美元）。

**【2021年经济工作情况】**

集团以习近平新时代中国特色社会主义思想为指导，全面贯彻落实中共十九大和十九届历次全会、中央经济工作会议以及中共上海市委十一届十二次全会、市委经济工作会议精神，积极应对各种风险挑战，统筹疫情防控和经济发展工作，切实转思想、转作风、强管理、促转型，深化改革取得新突破，高质量发展迈出新步伐，工作亮点精彩纷呈，主要经济指标质的增长超过量的增长，实现“十四五”良好开局。

一、推进新一轮深化改革，夯实高质量发展根基

（一）擘画发展蓝图，推进总部改革。完成集团“十四五”发展规划方案、2021—2023三年行动计划方案及市国资八大专项行动方案，为推进集团实现“全球布局，跨国经营”战略转型、成为时尚与贸易领域头部企业绘就发展蓝图。年初制订的十大战役项目（共15个项目），11个项目完成进度，占73.3%；3个项目完成80%进度，占20%；1个项目完成60%进度，占6.7%。事业部实体化改革工作第一阶段工作基本完成，各项工作保持不断不乱、平稳有序。优化集团进博会推进办组织架构，形成由海外企业管理部、东方商业、展销公司组成的工作新格局。完成集团科研“三位一体”建设方案。

（二）完善法人治理结构，健全优化管理制度。落实集团“三会一层”法人治理结构建设，举办领导干部依法治企培训班，下发《关于推进法人治理结构专项工作的实施意见》，制定《派出董事、监事管理办法（试行）》，优化调整、配齐配强董监事队伍，新任外派监事19人。建立健全集团管理制度2.0版体系，按照分类分级形成“ABC”制度体系共计125项制度，其中：公司章程1项、A类制度15项、B类制度56项、C类制度53项。

（三）推进深化改革，股权激励、混改、职业经理人试点等实现有效突破。继续推进集团第二阶段核心业务上市工作，完成康健公司注入东方创业的工商变更，完成原料公司业务转移，形成华申公司业务调整方案并推进业务及人员转移。完成东方创业核心团队股权激励工作，获得市国资委审批同意。设立新海航业“东方金发”项目公司，建立外资参与、经营团队跟投的混合所有制架构。东方外贸试点项目团队风险抵押金参股投资珠海致格四方公司项目。完成新海航业、纺研院、花卉公司、星海地产等4家职业经理人选聘试点。星海物业与东方资产实现平稳联合重组。裕丰科技整体关停。

（四）提升运行质量，夯实精细管理。集团主业利润扭亏为盈，新海航业、东方物流等企业三分开主要业务利润创历史新高，大部分投资企业扭亏控亏完成年度目标。外贸代理业务放账额度持续压缩，年末放账占用额下降至2亿元以内。作为市国资管理层级压缩试点单位，制订行动方案并完成10家的压缩目标。完成清理壳体企业及低效参股企业10户，超额完成计划。优化客户背景调查，确定黑名单标准并建立申诉机制，全年出具21份客商背景调查简报。落实风险信息月度报告制度，针对重大风险要求投资企业制订预案措施，全年出具风险提示函25份。建立集团审计、评估、房地产拍卖、房地产估价和零星工程建设等五类合格供应商库。全年集团领导班子履职待遇、业务支出（公务用车、培训、业务招待支出、国内差旅支出、因公临时出国（境）支出、通讯支出）预算229万元，实际使用125.1万元，实际使用率54.6%。

（五）扎实推进信息化建设，赋能企业数字化转型。集

团外贸ERP系统覆盖43家法人公司，系统账号数达3917个，客商数累计超13.5万个，覆盖出口供货、自营进口等17种业务类型。协同管理平台完成集团总部、28家二级企业及70余家三级企业的全面上线应用。主数据管理系统共完成2.9万次客商背景调查，比上年增长3.6%。龙头股份三枪大丰工厂智能工厂、销售数据中台、完成建设和运行，智慧门店增加至20家。申达股份沈阳工厂智能化试点项目推广至18条生产线。集团"基于大数据应用的国际贸易供应链服务管理平台"获得第二十八届全国企业管理现代化创新成果二等奖。

二、全力服务进博，推动贸易转型升级

（一）服务进博形象提升。第四届进博会完成总签约面积6602平方米、招展国别地区41个、展商115家，采购落地4.4亿美元，落地比例达97.6%，场内意向采购总金额5.1亿美元，位列国资分团第三名，并成为分团内仅有的一家连续三届均入围成交签约榜前三甲企业，各项指标均超上年。以"全球精品、东方直采"为主题打造突出国别特色和专业化采购、辨识度高的综合展位令人耳目一新。虹桥品汇二期A栋投入试运营，集合50个国别、170个品牌、1500种商品并陈列了历届进博会的数百件"网红"产品；虹桥品汇已拓展17家分中心，绍兴分中心、苏州港正式开业，全年分中心采购额732万元。

（二）自营出口稳健增长。集团自营出口业务克服疫情影响、运费暴涨、订箱困难、人民币汇率持续升值、原材料价格上涨等多重困难，全年实现自营出口额19.3亿美元，占出口额的32.3%，比上年增长14.6%。跨境电商出口实现销售额7209万元，同比增长249.3%。纺织品公司全年自营出口同比增长22.3%，东方创业（不含东松）自营出口同比增长16.2%，主要是海外需求逐渐回暖，同时由于疫情反复，国际市场原先下给境外工厂的订单相继回流国内。香港公司下属联泰控股实现扭亏为盈。

（三）进口业务有新亮点。全年集团自营进口2.4亿美元，占进口额的10.2%，同比增长22%，比2019年翻番。主要增长：东方商业加大环保设备、生鲜水果及咖啡的进口，进口额1730万美元，增长243.1%。新疆公司SOA自营纱线进口收入利润双增长，售价高于同类产品300～500元/吨。进口商品走进园区等实现销售2000余万元，其中"五五"购物节带来销售额1000万元，同比增长15%。

（四）集团贸易总部建设实质性启动。确定虹桥贸易总部选址及装修工程方案，完成8家法人体（工商）注册或注册变更，其中：东方商业5家、东方外贸2家、新联纺1家。

（五）供应链业务创历史新高。全年完成营业收入90.6亿元，同比增长104.5%，完成预算目标的232.4%；实现利润总额1.8亿元，同比增长127.3%，完成预算目标的258.5%。国际物流承运的中欧班列－上海号成功双向开行，4个月开行12列出口班列和1列进口班列，营收超4000万元，社会反响十分热烈并取得较好经济效益。东方物流扩大海运、空运业务规模，拓宽加深与联合利华、中国图书等大客户合作，完成第四届进博会主场运输服务，海运、空运、进口分拨业务量上海排名前三。新海航业扩大船队规模，开发培育的OP、代管船、散杂货代理及空运航线代理业务抓住市场机遇，实现较好经济效益。

三、培育时尚生态圈，夯实先进制造基础

（一）三枪品牌出海实现新突破。龙头股份三枪品牌瞄准以亚马逊为首的跨境电商渠道求新突破，出口电商业务实现728%的销售增长；在非洲及东南亚电商市场完成LAZADA及JUMIA平台的注册及第一批上新工作，实现销售额零的突破。在埃塞和越南开设实体体验店。新拓展抖音直播等新兴渠道和社交电商平台，销售额同比增长40%。

（二）时尚生态圈初具形态。上海时装周全年两季共发布210场秀，Dior、Versace等顶尖大牌主动加入时装周日程。MODE展、ONTIMESHOW、时堂、Tube、DFO等八大展会及SHOWROOM合计展出面积达6万平方米，超过200余个国际大牌、时尚轻奢、设计师品牌参与，实现营收超4000万元。与中央广播电视总台上海总站合作打造"2021中国时尚盛典""让世界看见中国美"成为时尚界的热门话题。创造性举办元宇宙时尚大秀，开拓数字时尚新领域，时尚公司较好完成全年经济指标。花卉公司花博会企业冠名园"东方花园"建成对外开放，"G20花岛宿集"民宿10月1日正式对外营业，玫瑰深加工样板工坊落地营运。

（三）汽车内饰全球联动有实效。申达股份汽车内饰实现在信息、技术、采购和研发上的全球一体化协同，奔驰206、宝马G68、沃尔沃V536、本田CR-V等项目取得成效。全年在中国采购的模具、设备、零部件及原材料等累计1594.3万欧元。申达安亭全球科创中心项目（申达科技）建设基本完成并投入使用。上海傲锐天津项目正式量产、武汉项目建设完成、成都工厂完成设备安装调试，地毯总厂仪征二期项目和宝马（沈抚）项目厂房主体建设完成，Auria美国Troy和英国HamsHall工厂关停整合完成。

（四）科工贸协同促成果转化。确定2021年度集团科技创新计划3项科技创新重点项目（总投资1848万元），年产值约1.15亿元。积极探索创建上海市产业用纺织制造业创新中心。埃塞毛衫基地一期建成并投产，已完成第一批订单15万件。纺研院EPC工程总承包服务埃塞毛衫基地一期、制造局路医学产业园区等多个项目。高性能纺织复合材料进入长征某型运载火箭配套和某新型战机弹射座椅配套，获中国嫦娥工程和中国新一代载人工程感谢信，舱外航天服外层防护及隔热抗射线材料成功配套中国神舟十二号载人飞船。

申达股份、龙头股份三枪集团、纺织设计院等3家企业被评为2020年度市级工业设计中心。德福伦《有机无机原位杂化构筑高感性多功能纤维的关键技术》获得国家技术发明二等奖，与龙头股份三枪集团在调温纤维上开展深入合作。

四、加快重点项目落地，布局大健康产业领域

（一）健康医疗项目建设有新突破。东方投资扎实推进集团首个生命科学产业园区建设。上海香杏中医院工程已收尾并完成质监及消防验收，正申请医疗执业许可；东济费森血透中心项目获得医疗机构准入许可，成为上海市第一家独立血透中心，启动工程招投标；上海嘉进医院公司2020年8月获施工许可证，工程落地实施推进中。

（二）加速布局康复养老领域。集团与九如城签署战略合作协议，探讨合作竞标公建民营养老项目。新联纺、东方投资积极推进曹家渡康复医院项目。东方翌睿基金全年新增投资8750万元，整体IRR（内部收益率）27.5%，稳步提升健康产业投资基金盈利能力。

五、积极盘活存量资产，拓展产业物产增量

（一）夯实产业物产发展根基。编制存量资产"十四五"规划，推动物业经营和物业管理集中化管理，探索建设项目集中管理。全年产业物产市场化项目完成销售收入22.1亿元、销售面积5.5万平方米；拓展4个市场化物业管理项目、面积20万平方米。全口径租赁收入达14.1亿元，满租率94%，租费单价较上年末递增1%。

（二）加快产业物产市场化拓展。阜阳毛衫园区项目整合资源，积极推进。深耕南通市场，研究土拍市场及供地政策，着力提升项目拓展效率。与华为公司合作开发建设的青浦"智慧园区"项目，被列入市国资委"五大新城"建设签约名录。做好绍兴镜湖、绍兴海尚、绍兴袍江、阜阳星海、南通星尚等项目建设和收尾。

（三）推动存量资产盘活。曹家渡项目EPC一体化实施试点；规划并推动唐镇租赁住宅等一批保障性租赁住宅、健康养老、科创以及贸易等产业总部基地项目落地。江场西路200号租赁住宅、王港华纶保障房、徐泾别墅等项目按照5+X计划推进建设和销售工作。半岛1919、智力产业园、余姚路288号、增美园区、五维空间、国际设计交流中心、三十六棉、松江园区等城市更新项目已开展前期策划工作。

六、深化金融平台建设，提升资金管控能级

（一）资金管控取得良好成效。财务公司全年吸收本外币存款93.8亿元，集团口径资金归集率约75%左右。完成东方国际债券首次注册、首次发行3年期中票和180天超短融各5亿元。做好利率管理，降低集团资金成本。即期结售汇业务顺利落地，外汇结售汇规模达10亿美元，节约结汇成本。

（二）产融协同助力主业发展。财务公司助力国际物流中欧班列优化资金结算，为花卉公司落地履约保函业务，为虹桥品汇二期持续银团融资，为德福伦解决专利质押业务难点。分别为申达外贸、康健公司境外放款，解决其境外子公司流动资金周转问题。推进内部供应链融资服务，与银行合作实现银票贴现业务。

（三）大力推进棉交中心平台建设。依托东联仓储优势，棉交中心乙二醇自营+仓储业务增长迅速，全年实现贸易量20.5万吨，同比增长49.9%；深化与郑商所场外综合业务平台的业务合作与系统对接，农发行保值贷、仓单交易和浦商银等项目推进取得实效，成交棉花期货仓单156批、6752吨。全年新增40家线上交易商户，累计线上交易商户达到429家，线上交易量588.3万吨，交易额320亿元，再创历史新高，继续位居全国同类型交易平台第二位。原料公司正式承担上海市级储备棉承储业务。

**【2022年发展趋势】**

2022年，集团将以习近平新时代中国特色社会主义思想为指导，全面贯彻落实中共十九大、十九届历次全会、中央经济工作会议和中共上海市委十一届十二次全会、市委经济工作会议精神，坚持稳字当头、稳中求进，全面贯彻新发展理念，加快构建新发展格局，坚持创新转型、提质升级，加大深化改革力度，着力提升核心竞争力，解决发展中的瓶颈问题，夯实高质量可持续发展基础，以优异成绩迎接党的二十大胜利召开。

一、以深化改革为抓手，强化管控提升效率。提高主业盈利水平，推动经济稳健增长。积极推进深化改革，激发企业活力动力。优化公司管控模式，强化风险防控体系。加强信息化建设，优化流程提升效能。

二、以稳外贸为前提，继续推进业务转型。服务进博加快贸易总部建设。聚焦核心主业提高出口自营水平。积极参与虹桥国际开放枢纽建设。物贸联动提升供应链能级。

三、以先进科技制造为依托，拓展时尚发展新赛道。围绕核心打造科研创新体系。实现汽车内饰全球高效协同。加强品牌渠道拓展能力建设。着力打造时尚生态新赛道。

四、以生命科学园区为切入点，探索大健康产业发展路径。上海首个生命科学园区开业营运。着力构建健康长寿医疗服务体系。

五、以存量物产盘活高效为核心，加快市场化拓展步伐。顶层设计盘活存量资产。继续加快市场化拓展步伐。围绕核心主业布局优质资产。

六、以财务公司为载体，提升集团资金管控能级。发挥金融平台效能。加快棉交中心平台建设步伐。

（詹理敏）

# 上海医药集团股份有限公司

**【概况】**

2021 年，上海医药集团股份有限公司（简称上海医药）在党中央的坚强领导下，在上海市委、市政府的统一部署下，在上实集团的大力支持和帮助下，在公司董事会的正确领导下，努力克服各种不利因素，抢抓机遇，奋力求新，全力实现年度经营目标，各项业务取得了较好发展。公司再次入选《财富》世界 500 强，位列第 437 位，比上年提升 36 位；并再次入围全球医药工业 50 强，排名提升至第 42 位。2021 年，上海医药有从业人员 47056 人；全年实现营业收入 2158.24 亿元，同比增长 12.46%，其中医药工业实现收入 250.98 亿元，同比增长 5.71%，医药商业实现收入 1907.26 亿元，同比增长 13.42%；实现归属于上市公司股东的净利润 50.93 亿元，同比增长 13.28%。

**【2021 年经济工作情况】**

一、优化公司股权结构、提高治理水平、完善经营机制、增强市场竞争力

2021 年启动百亿级定增项目，并拟引进云南白药为战略投资者。通过引入新的战略投资者，进一步优化上海医药的股权结构，推动体制机制改革的进一步深化，为公司长远发展带来新动能。同时，公司亦将基于自身丰富的中药资源（主要包括 7 家核心中药子公司、9 个广受认可的核心品牌、3 项国家保密配方及 860 种中药产品），与云南白药在中药大健康领域充分挖掘双方在资源、品牌建设及渠道等方面的优势，开展业务协同，共同打造中药及大健康业务平台。

二、上海医药与康希诺开展合作

举集团之力用半年时间建成一座按照 GMP 要求设计的年产能 2 亿剂、从原液到制剂一体化的新冠疫苗工厂，开创上药基建项目“速度之最”。该项目以上海上药康希诺生物制药有限公司（上药康希诺，分别由上海医药持股 48.958%、上海生物医药产业股权投资基金持股 1.245%、康希诺持股 49.797%）为承载主体，为构筑应对重大传染病的疫苗大规模生产基地奠定基础。截至年底，上药康希诺已获得上海首张新冠疫苗生产许可证，并获发制剂生产批件，成为上海首家获批生产新冠疫苗的企业。2022 年 1 月 27 日，上药康希诺生产的新冠疫苗在位于宝山的“超级疫苗工厂”正式宣告量产上市，并于当日开打第一针。该疫苗名为“克威莎”，是迄今为止国内获准使用的 7 款新冠疫苗中唯一单针新冠疫苗，因 1 剂有效、14 天快速形成保护的特点，能够更快实现大规模接种，对于行动不便和工作繁忙的居民而言更为便捷。克威莎也是国内首批获准用于序贯加强免疫接种的新冠疫苗之一。

三、推进设立上海生物医药前沿产业设计中心

上海医药联合上实集团、上海交通大学医学院、复旦大学、中科院分子细胞卓越创新中心、上海张江（集团）有限公司共 6 家单位，就上海生物医药前沿产业创新中心的设立进行了破题，加快构建龙头企业牵头、高校院所支撑、各创新主体相互协同的创新联合体。创新中心集聚上海市名校、名企、名院尖端科研力量，采取市场化运作方式，通过多种形式引进高端人才，紧扣新药从先导化合物发现到候选药物分子的获得、再到临床研究（Ⅱ期临床以前）的研发流程，自建系统化、高效率、高级别、可及性强的药物通用型发现技术平台及孵化转化平台，成为高校院所和中小医药企业原创成果孵化转化的坚实桥梁。中心拟通过 5 ～ 10 年的积累，成为全球领先的针对肿瘤与免疫的新型药物及治疗方法创新转化 + 产业化高地，做真正的 first-in-class 新药，服务于全球临床患者，助推中国生物医药的原始创新。该中心设立方案已基本确定，正在积极推进中。

四、开展罕见病平台实体化运作

2021 年度，罕见病研发投入超 1 亿元。以上药睿尔为平台，一方面集中现有的罕见病品种资源；另一方面与该领域的国内外研发机构及研发型公司密切对接，积极引入前沿创新品种，共有在研项目 16 项，涉及全球创新药、首仿药以及多个临床急需的短缺药物，涵盖肿瘤、运动神经元、内分泌、心血管、代谢等多个罕见病门类，包括一类新药 1 项，二类新药 2 项及多个临床急需的三类、四类项目。已有 1 项进入Ⅱ期临床，1 项进入Ⅲ期临床研究阶段，多个产品进入待申报生产阶段。

五、进一步完善研发、孵化、中试、产业化等方面的创新平台

张江路 92 号项目地处生物医药产业集聚的上海张江高科技园区腹地，一期建设资金达 20.88 亿元，主要聚焦治疗性抗体、细胞治疗、微生态、基因治疗等领域，目标为打造集“新的研发中心、创新孵化平台、中试及产业化平台”三大功能为一体的国内领先的生物医药产业基地。项目设计获得“美国 AIA 建筑设计大奖”和“A+Awards 建筑设计大奖”，得到国际业界的高度认可。

上药云健康持续打造以“益药”系列为核心的全国新特药销售与服务的首选品牌，通过领先的专业药事服务体系，

建立起中国第一的一体化全国专业药房网络以及差异化优势的2B数字化平台+2C互联网平台，为新特药提供全面销售与服务网络。1月18日，上药云健康完成10.33亿元B轮融资，开启深度混改下的全面升级与发展的快车道，全年营业收入实现超50%的大幅增长。上药云健康全面收购、深度融合康德乐大药房、百济大药房的专业药房网络和领先的互联网药事服务体系，并以“益药”品牌统一上药体系内全国院边药房，夯实“互联网+”医药商业科技平台。旗下“益药·药房”，作为创新药进入中国的首选渠道，2021年实现近50单创新药新品首发和全国首单落地，占上市新特药首单的约80%；同时全程参与了革命性疗法CAR-T在中国上市的商业化落地的全流程模式设计，引领全新行业标准。

镁信健康作为“互联网+医+药+险”生态模式的创立者，致力于通过创新医疗支付模式，打通患者、药企以及商保公司，推动金融工具与医疗领域的深度融合。3月，镁信健康宣布完成10亿元B轮系列融资，成功跻身医疗科技独角兽行列。8月，镁信健康又完成超20亿元C轮融资，距上轮融资时隔仅5个月。全年，镁信健康实现新增服务保单数超1亿单。城市惠民保险作为健康险市场热点，全年新增惠民保险产品46款，新增服务保单数近6000万。报告期内，镁信健康与国内仅有的两大CAR-T疗法的药企在支付端建立战略合作，让患者用药不但买得到，更能买得起。由于在保险业创新和转型中的突出贡献，镁信健康被《中国银行保险报》评为2021年度中国保险业服务创新典型案例。

研发投入再创新高，公司研发总投入25.03亿元，同比增长26.94%。研发费用投入19.87亿元，同比增长19.96%，占工业销售收入9.97%。3款1类新药上市，临床申请获得受理及进入临床研究阶段的新药管线已有47项，其中创新药39项，改良型新药8项。在创新药管线中，已有6项处于关键性研究或临床III期阶段2021年共计22个品种（29个品规）通过仿制药一致性评价，过评产品累计增加到40个品种（56个品规），位居行业前列。

实现首个自主研发创新药的海外权益，首例license-out顺利落地，新药管线加速扩张，已有安柯瑞（重组人5型腺病毒）、凯力康（尤瑞克林）、培菲康（双歧杆菌三联活菌）3款1类新药上市，成功签约贵州生诺X842新型抑酸项目、韩国KoBioLabs益生菌项目（KBL697与KBL693）、Phagelux抗菌ClyO项目等多个license-in产品，与台湾顺天医药合作的急性脑卒中新药I037也进展如期。

为进一步推动改良型新药和高端制剂的布局、加快技术研发进程，公司与国内多家知名高校、研发机构、企业建立了深入合作关系，并积极推进吸入制剂、缓控释制剂、口溶膜制剂、复杂注射剂、原料药等多个技术创新平台建设，推动新型制剂技术、原料合成技术的探索和应用研究。报告期内，技术创新中心已开发2类新药项目共计16个，比上年增加12项，管线已覆盖呼吸、心血管、精神神经、镇痛、抗感染、消化代谢等多个领域。公司旗下全资子公司上药技创分别与杭州艾瑞莎、江阴贝瑞森、臻赫医药等企业签订引进协议，引进AP2500、UP-611、GenMA-001等改良型新药项目，进一步丰富公司新品管线。公司与特色缓控释新药研发公司越洋医药达成深度战略合作，签订1.5亿元的C轮增资协议，布局缓控释技术领域，进一步补充改良型新药产品管线，并将携手推动精神神经领域的新型制剂开发。越洋医药获得固体口服缓控释改良型新药临床默示许可15项，处于行业领先地位。上海医药孵化的惠永公司完成数亿元人民币的A+轮融资。该轮融资由国鑫投资领投，原股东上海生物医药产业股权投资基金跟投。惠永公司拥有包括口服缓控释、靶向制剂、难溶性药物制剂、新型注射液、工艺转化和质量研究等在内的多个高端制剂关键技术研究平台。同期，公司与九洲药业共同出资组建的浙江上药九洲生物制药有限公司正式揭牌，致力于打造全国一流的高端创新制剂平台，并已启动抗感染、降糖、PPI等药物的研发。

2021年，仿制药方面共计22个品种（29个品规）通过了仿制药一致性评价，过评产品累计增加到40个品种（56个品规），位居行业前列。其中，注射剂一致性评价工作实现零突破，共4个品种（注射用头孢曲松钠、注射用兰索拉唑、盐酸利多卡因注射液和盐酸多巴胺注射液）获批通过。

公司以“自主研发+对外合作”的模式持续拓展具有临床价值的创新药产品群，以市场化体制机制为基础，与多家知名高校、科研院所、医疗机构达成战略合作。交大医学院及交大附属医院：上海医药与上海交通大学医学院刘俊岭教授团队、上海二医投资管理有限公司以及上海生物医药产业股权投资基金共同组建的混合所有制企业——上海循曜生物科技有限公司于2021年8月正式宣布成立并举行开业典礼。四川大学华西医院：第一批合作研发项目均已启动并正常推进中，第二轮合作研发项目已有5个在前期评估或合作洽谈中。沈阳药科大学：签约1个早期创新药项目。中国科学院分子细胞科学卓越创新中心：签约4个早期创新药项目。儿童医学中心：已拟定新版全面合作协议，双方拟在罕见病、儿童制剂、公司管线适应症拓展等方面进行合作。

六、保持现有商业业务稳定发展，努力拓展网络覆盖，挖掘和构建新的商业模式和核心能力

巩固全国进口药和创新药服务龙头地位，进口药品方面，公司全年成功引入18个进口总代品种，继续保持了进口创新药商业总代的半壁江山。公司着力打造创新药服务平台，为全球医药企业创新产品提供涵盖上市前合作、进出口服务、全国分销、创新增值四大领域的全供应链一站式管理服务。

进口疫苗代理方面，实现销售收入43亿元。公司拥有领先的疫苗供应链服务平台，具有覆盖全国的冷链物流能力。过去两年内，公司以新冠疫苗合作引入为突破，进一步将产业链从进口分销延伸至生产与研发，加快疫苗领域产业布局。公司国际业务事业部积极开展集团工业产品海外注册工作，2021年已启动10个A类产品的海外注册项目。考虑到工业产品海外出口业务规模尚小且分散，公司还拟于泰国新设海外销售公司，推动公司的药品、医械、保健品等产品出口至泰国以及其他东南亚市场，进一步提高集团工业产品的国际市场竞争力。

七、以"数字化上药建设"赋能业务，以大数据为手段进一步提升公司的体系能力，打造高效组织、建立核心支撑平台

以"可视、可管、可调"为主导原则，内部形成公司经营分析驾驶舱，为管理层及时准确掌握企业经营发展状况、有效做出决策提供有力的数据基础，外部打造公司宣传企业价值的窗口，实现信息的及时有效披露。通过数据指挥中心一期项目的实施，公司的数据化管理和服务能力得到了很大提高。后续公司还将重点拓展人力资源平台的对接与应用，并推进大数据信息化在产品规划、营销、制造、研发等方面的应用，进一步提升运营效益。

**【2022年发展趋势】**

2022年，上海医药坚持以科技创新为驱动，加快创新转型和数字化建设，着力实施机制改革优化，大力推进融产结合，定增引战获证监会批准，研发平台和创新产品管线不断丰富，在科技创新这条赛道上跑出"上药速度"。公司利用进口服务和供应链网络方面的优势，加快推进各项服务及创新业务，完善产业链布局，继续保持高质量发展。

（钱蔚婕）

# 上海仪电（集团）有限公司

**【概况】**

上海仪电（集团）有限公司（简称上海仪电）是上海市国有资产监督管理委员会所属国有全资的竞争类产业集团，以"引领信息产业发展，助力城市数字化转型"为使命，聚焦发展以物联网、云计算、大数据、人工智能为特征的新一代信息技术产业，致力于成为智慧城市整体解决方案提供商和运营商。新一代信息技术产业、不动产和证券等资产管理为核心业务，人工智能为培育业务。公司注册资本35亿元。下属控股企业226家（含3家上市公司）。从业人员近1.5万人。

**【2021年经济工作情况】**

2021年，实现合并营业收入196亿元，比上年增长5.6%；主营业务收入192.3亿元，同比增长4.4%；利润总额7.5亿元，同比下降25.3%；主业利润1.5亿元；归属于母公司净利润1亿元，同比下降57%。净资产收益率0.7%，同比下降1.1个百分点。

一、打造发展引擎，推动"十四五"规划落地、落实

完成"十四五"规划编制，明确以数字化转型为发展主线，面向新一代信息技术，强化"双底座、双中台"核心能力提升以及成为上海城市数字化转型建设主力军的战略目标和主要举措。编制科技创新、信息化、人力资源、品牌等子规划和有关专项规划纲要，加强规划举措与年度经营计划、重点工作的衔接，推动规划落地、落实。

二、聚焦主责主业，发展成效进一步体现

（一）深化"一网通办""一网统管"项目建设。成为上海"一网统管"轻应用开发及赋能中心首批合作伙伴；中标市大数据中心数据运营服务（2021年）和资源平台建设二期等项目。推进市国资委在线监管服务平台建设。推进上海化工区"一网统管"项目，完成化工区决策平台（一期）建设。参与10个区的"两张网"建设。成为浦东新区"政务链应用联合创新实验室"首批成员，中标徐汇区委组织部智慧组工等项目；承建松江区电子政务云项目。

（二）积极投入本市数字化转型建设。主动参与上海公共数据授权运营、数据产业集团组建论证和市MaaS平台公司组建。面向47个委办局开展数字化对接或落地工作；完成市纪委数字监察（一期）项目和全市80%以上市级派驻机构（62家）纪检监察内网联网建设；完成市体育局信息化建设"十四五"规划、上港集团数字化转型"十四五"规划编制项目。积极参与上海国资国企数字化转型创新大赛，发布"有数了"数字化赋能服务平台。联合同济大学编制并发布《五大新城数字化转型规划导引》，中标奉贤新城数字新底座基础设施规划研究项目。完成徐汇区社区楼宇智能安防项目建设；编制并发布《长宁区全面推进城市数字化转型行动方案（2021—2023年）》；与普陀区、金山区、青浦区签订数字化转型战略合作协议；在松江区试点开展为老服务"一键通"项目。

（三）加快培育布局人工智能产业。完成市国资委《人工智能产业发展专题研究报告》编制；"上海国资人工智能产业功能平台"正式揭牌。推进AI应用场景落地，与国泰君

安达成项目合作；在商务不动产、智能工厂、智慧计量检测平台等领域打造内部AI应用场景。承办“上海市专业技术人才知识更新工程项目”。

（四）完成一批具有代表性的智慧城市应用项目。以“云·数·智·联－AIoT”解决方案亮相进博会。圆满完成第四届进博会八大类、28个子项服务保障任务。完成“智慧党建”等项目，为建党百年献礼。为崇明、青浦、松江、奉贤600多个村居建设村务管理平台，累计服务近8万户居民。完成第十届花博会园区配套智能化项目建设、运维保障和市场监管服务。

（五）加大市场拓展力度。与松江区政府等13家单位签署战略合作协议；中标长江禁捕智能管控系统建设等重大项目49个，合计标的金额较前两年年均增长10%以上。服务长三角一体化发展，加强与苏州、无锡、昆山、海安等地政府和重点客户的项目合作。完成吴江经济技术开发区40家企业、苏州44家企业、常熟28家企业的智能制造诊断服务；与苏州市政府签署战略合作协议，推进苏州数字化转型和1家设计院、1家研究院、4家技术公司的落地工作。

（六）稳步推进支撑主业发展。商务不动产板块完成“上海张江国家自主创新示范区专项发展资金重大项目”终期验收，完成“工赋上海”创新场景专家验收。强化智慧产业园区功能定位，招募入孵创新企业19家（人工智能企业占37%）。推动园区智慧化建设和产业数字化升级，“华鑫智慧园区运营管理体系”获评新华社“最受媒体关注的城市更新项目”。华鑫物业获评上海市物业服务综合能力五星级企业。金融板块行业排名创历史新高，金融科技产品助推全市场成交额同比大幅增长。成功发行主承销的首单公司债；首只QDII产品正式成立；累计发行7个ABS项目。华鑫证券入围证监会首批券商白名单。

三、聚焦能力提升，发展根基进一步夯实

（一）加快提升云服务、大数据运营服务能力。取得全国IDC运营服务业务许可证；松江大数据中心（一期）建成投运，荣膺“长三角绿色低碳示范数据中心”大奖。自主打造的“仪电云”操作系统获可信云首批“虚拟化云平台”分级评测先进级认证；完成市水务局相关应用上云。

（二）加强科研创新和人才队伍建设。核心主业科技投入率约4.8%、申请知识产权317件（其中发明专利113件）。推进质谱仪产品研发规划研讨与产业对接。编制《上海仪电2022—2024年科技创新三年行动规划》。自仪院、电动所等4家企业获批国家级“专精特新”小巨人企业。加强干部人才队伍建设，推动“双通道”职业发展，拓宽挂职锻炼渠道，系统内外青年干部交流挂职25人。

（三）持续主导或参与国内外标准编制。系统企业全年主导或参与制定国际、国家和行业标准36项。在智慧城市领域完成《用例收集和分析：智慧城市水务系统》等2项国际标准、《智慧城市感知终端应用指南》等2项国家标准、《公共数据中台建设规范》等5项地方标准、《政务区块链技术规范》等2项团体标准编制。集团获“2021年度上海市公共数据标准化工作先进委员单位”。

四、坚持深化改革，发展活力进一步加强

（一）努力激发发展新动能。完成2家企业改制；与信息产业领域具备竞争优势的公司成立1家混改企业。以云赛智联“双百行动”为切入点，建立健全市场化选人用人机制，11家企业试点职业经理人制度；纳入范围的189家企业全部完成任期制契约化管理；推进“三能机制”改革，设置“可量化、可核算、可审计”的考核指标；按“一企一策”方针，对处于培育阶段的重点企业制定针对性考核办法。

（二）努力推进化解历史遗留问题。飞乐音响完成摘星摘帽，退市风险得以解除。有序推进北京申安业务重整。推进融资性贸易、控股不控权、财务会计信息虚假等专项检查整治；完成4家“僵尸企业”清理、4处不动产确权补证；持续推进不良资产核销等工作。

五、强化基础管理，企业运行进一步健康有序

（一）构建规范有效的治理机制。持续推动党的领导融入公司治理各环节，并向三级以下企业延伸；推进二级子企业党委书记、总经理“一肩挑”。修订集团《委派董事表决事项管理规定》；规范子公司董事会建设，二级子企业董事会职权基本落实。推进各级企业“信息公开”工作，公开率达85.7%。

（二）推进自身数字化转型，完善运营管理。推动实施《工业互联网创新发展促企业数字化转型三年行动方案》，12家企业开展数字化转型试点。仪电显示材料公司入选国家工信部2021年度智能制造优秀场景名单。完成集团《数字化转型三年行动方案（2021—2023）》编制；启动集团数据治理工作及大数据平台建设；完成“有数了”数字化转型赋能平台上线试运行和验收；建设集团主数据管理平台，初步完成“组织主数据”实施。持续推进运营效率提升、企业减亏扭亏和不动产提质增效专项工作。

（三）加强审计整改、合规体系建设与风险防控。成立审计整改领导小组和工作小组，强化责任落实，聚焦重点推进各项整改任务。完成“公司治理”合规专项并发布《公司治理合规义务清单》，推进合规体系建设向重点子公司延伸。编印新版《内控制度汇编》。动态排查重大风险，进一步明确重大风险排查、化解工作机制和要求。

**【2022年发展趋势】**

2022年，上海仪电将以习近平新时代中国特色社会主义思想为指导，全面贯彻中共十九大、十九届历次全会精神以及习近平总书记考察上海重要讲话精神，坚持“稳字当头、

稳中求进”工作总基调，坚持高质量发展要求，紧紧围绕推进仪电“十四五”规划落地、落实，一心一意谋发展、加大力度促改革、依法合规提质量，统筹抓好疫情防控和经营发展，努力稳经营、稳增长，持续在创新、发展、改革、管理等方面下功夫、抓落实、出实效，尽最大努力降低疫情对经营发展的影响，以实际行动迎接党的二十大胜利召开。全年工作突出三方面重点：

一、以聚力发展为根本，努力拓展增长新空间

努力做好稳经营、稳增长工作；着力打造“双底座、双中台”核心能力；聚焦主责主业，抢抓发展机遇；加快培育人工智能产业；着力加强科研创新；持续加强“协同作战”能力。

二、以深化改革为动力，不断增强发展后劲

完善公司治理机制；调整优化资源结构；加强人才队伍建设；推进机制改革创新。

三、以规范增效为导向，努力提升管理水平

防范化解重大风险；提升内部数据治理能力；系统优化管理职能。

（陈　栋）

# 申能（集团）有限公司

**【概况】**

申能（集团）有限公司（简称申能集团）创建于1987年，1996年成立集团公司，是上海市国资委出资监管的国有独资有限责任公司。创立35年来，申能秉持“锐意开拓、稳健运作”的经营理念，立足能源主业，稳步拓展投资领域，逐步发展成为一家涉足电力、燃气、金融、线缆、氢能、环保等领域的综合性能源企业集团。截至2021年底，公司系统全资和控股管理企业逾200家，员工1.8万余人，其中直属企业包括申能股份（600642.SH）、上海燃气、东方证券（600958.SH、03958.HK）、上海电缆研究所等。公司连续20年位列中国企业500强。2021年，申能集团总资产2155亿元，归属母公司所有者权益1035亿元，营业收入559亿元，净利润61.5亿元。

**【2021年经济工作情况】**

一、申情永向党，赋能再出发

申能集团党委始终坚持用习近平新时代中国特色社会主义思想为指引，全面提高国有企业党的建设质量，以高质量党建引领企业高质量发展。扎实开展党史学习教育。广泛开展“申情永向党、赋能再出发”建党百年系列活动，召开集团系统表彰大会，组织开展第二届“申能工匠”选树培养活动，命名表彰7名申能工匠，1人获评2021年“上海工匠”，2人获评“上海市技术能手”；组建由50名系统优秀团员青年参加的“党的诞生地”青年志愿服务团队。“红色的力量”沉浸式学习教育模式被市国资委党委授予“红色文化进国企”示范单位。掀起学习六中全会精神的热潮。实施“我为群众办实事”实践活动，集团党委与市总工会联合开展“申情为民、竭诚赋能”实践活动，在全市形成示范效应。打造适应发展需要的干部人才队伍。选优配强集团党委管理干部，全年共调整充实集团总部中层和直属单位领导班子32人次，大力培育引进青年人才，积极参加市国资委“国资骐骥”人才计划。推动全面从严治党和党风廉政建设。高质量完成对3家直属党组织的巡察任务，积极推进“四责协同”机制建设，制订主体责任清单，持续深化纪检监察体制改革，制定出台集团党委与纪委会商工作制度。积极构建大宣传工作格局，明确未来三年集团宣传思想文化工作路线图。编制“大宣传”工作相关制度，分类分层压实意识形态要求。形成集团融媒体中心建设方案和实施路径。实现报、刊、号、网、馆的一体化经营。启动集团企业文化、品牌一体化建设项目，厚植品牌强企基因。2021年共计投入2800余万元开展精准扶贫、公益捐赠等，积极履行社会责任。

二、奉献清洁电力，引领行业发展

截至年末，公司累计建成控股装机1392.4万千瓦，全年控股发电量达到484.8亿千瓦时。大力发展新能源产业。年内新增控股装机容量129.6万千瓦，累计达到345万千瓦，新能源项目占总装机24.8%，比“十三五”末提高7.7个百分点。积极布局新兴电力业务。2018年在青浦热电成功试点光伏＋微电网＋储能项目；2020年在外三发电成功应用华东地区首个“火储”联合运行案例，2021年首个用户侧储能项目投产，为储能的多场景应用做好了充分技术储备。节能减排行业领先。作为国内首家供电煤耗突破300克／千瓦时大关的发电企业集团，公司2021年控股电厂标准供电煤耗282.7克／千瓦时，较全国平均低20克／千瓦时以上。公司近年脱硫、脱硝综合效率分别在95%、90%左右，污染物排放浓度远优于国家及地方标准，外三发电、“135”项目先后在国际电力大会上被授予“全球清洁煤领导者奖”。

三、优化产供储销体系建设，加快天然气全产业链拓展

公司构建生产采购、管网配输、销售供应为一体的完整的天然气产业链，全年天然气经营规模达到98.8亿立方米，

占上海市场份额95%以上，拥有燃气用户逾700万户。构建多气源保障体系。构建形成上海城市“6+1”（西气一线、二线，洋山LNG，川气，东海气，西气崇明及五号沟应急储备）天然气多气源保障体系。上海LNG站线扩建项目合资公司正式成立。产供储销体系不断完善。LNG储备能力54.7万吨（折合7.3亿标方），气化外输能力达到214万方每小时，储气调峰能力全国领先。优化市主干管网布局，崇明过江管工程提前完成隧道全线贯通，城市地下管线近2.6万公里。加快融入长三角能源一体化发展。创新天然气转输交易合作新机制，通过练塘首站反输浙江，完成沪浙联络线工程建设，沪苏联络线上海段获得核准批复，打造长三角能源互济互保典范。打造综合性油气能源贸易平台，近三年累计LNG非管输贸易量106万吨。“智慧燃气”建设有序推进。截至年底，主干管网监控率达到100%，次干管网监控率大于80%，终端智能计量覆盖率达到85%。

四、坚持金融服务实体，深入推进产融并举

产融并举、多元创新，公司始终坚持金融服务实体经济，不断推动产业资本和金融资本有机融合。证券优势业务保持行业领先。东方证券市值排名上升，净利润增长率高于上市券商均值，资管收入保持行业排名第一，汇添富基金管理规模突破1.2万亿元。积极开展绿色融资。东方证券承销国开行首单应对气候变化专题“债券通”绿色金融债券，申能融资租赁发行全市场首批、上海地区首单碳中和债。加大投放绿色信贷。至年末，集团能源金融事业部绿色信贷累计投放超500亿元，绿色信贷在投放余额中占比约2/3。助力碳市场建设。公司是上海环交所的发起人股东。成立专业碳资产管理公司，碳资产交易量居上海市场第一，成为全国碳交易市场首批10家成交企业之一。

五、打造战略新兴业务绿色新赛道，加快企业创新转型

公司坚持“创新是引领发展的第一动力”，全力打造战略新兴产业绿色新赛道。打造“产学研用”创新联合体。全球首条35千伏公里级超导电缆示范工程全线贯通，完成国行标制定修订10项，上海电缆所行业地位不断提升。前瞻布局氢能产业。申能围绕上中下游开展多点布局，形成“三纵三横”的氢能发展战略，既围绕制氢电解槽、储运装备、燃料电池三大产品制造的“三纵”战略，和市内、市外、多领域应用场景的“三横”战略，着力打通氢能制储输用全产业链。积极拓展环境治理业务。立足电厂脱硫脱硝第三方治理，开拓冶金、焦化等非电领域。收购众合科技旗下水处理业务，积极拓展工业污水、无废城市、水生态等业务。

**【2022年发展趋势】**

2022年，申能集团将继续深入贯彻落实中共十九大和十九届历次全会精神，全面落实中央、中共上海市委和市国资委工作要求，正确认识和把握当前面临局势和发展趋势，坚持稳中求进工作总基调，服务城市建设发展大局，全力做好稳增长和安全保供工作，扎实推进高质量发展，持续推动改革创新纵深发展，不断提升管理和协同效能，锚定“十四五”发展目标坚实迈进。

经营工作要点：建立更加统筹协调的安全保供体系，加快打造绿色低碳先锋电力版图，努力提升油气产业持续发展能力，稳步提升金融产业发展能级，加速构建战略新兴产业新增长极，加快推动科技创新与数字化转型，持续深化改革和体制机制创新；全面提升集团化管理能效。

（吴子涵）

# 上海航天局

**【概况】**

上海航天局，又称上海航天技术研究院，是中国航天科技集团有限公司三大总体院之一，创建于1961年8月。经过60年的发展，已成为中国航天系统唯一的弹箭星船器多领域并举、军民协同发展的国防科技工业骨干企业。

上海航天局主要承担防空导弹、运载火箭、应用卫星、空间科学探索与应用等领域产品研制生产任务。此外，通过坚持军民协同发展，形成以航天技术应用产业和航天服务业为主的民用产业发展格局。上海航天局拥有主要从事军工产品研制生产的12家单位和主要发展航天技术应用及服务业的8家企业，其中包括我国第一家以航天命名的上市公司——上海航天汽车机电股份有限公司（股票代码：600151），并形成了汽车热系统全球化发展布局。

2021年末，上海航天局有从业人员20241人。

上海航天向坚持科学发展和创新发展，坚持强军首责，坚持融入上海，以“发展航天事业、建设航天强国”和“上海建设具有全球影响力的科技创新中心”为己任，勇担航天强国新使命，勇攀型号任务新高峰，勇拓产业发展新局面，深入推动全面深化改革，加快推动军民协同发展，为国防现代化建设和地方经济发展做出积极的贡献。

**【2021年经济工作情况】**

2021年，上海航天局在大力压缩低效业务的情况下，全面实现年度经营发展目标，实现营业收入475.1亿元，比上年增长1.03%；实现利润47.1亿元，同比增长15.8%；实现

经济增加值 44.2 亿元，同比增长 14.9%；全员劳动生产率 66.1 万元／人年。经济发展质量进一步夯实。

一、圆满完成宇航发射任务

上海航天局圆满完成以发射天和一号核心舱为代表的 25 次发射任务，发射次数再创新高。全年平均半个月完成一次发射，其中 4 月、7 月、11 月各完成 4 次发射，最密集时实现 4 天 3 发，上海航天局圆满完成运载火箭高密度发射任务。

1 月 29 日，长征四号丙遥三十一运载火箭成功将遥感三十一号 02 组卫星送入预定轨道，卫星主要用于科学试验研究、海洋和陆地资源普查等任务。本次发射是上海航天局抓总研制的长征系列运载火箭第 127 次发射，也是长征系列运载火箭第 359 次发射。

2 月 24 日，长征四号丙遥三十二运载火箭成功将遥感三十一号 03 组卫星送入预定轨道，卫星主要用于科学实验研究。本次发射是上海航天局抓总研制的长征系列运载火箭第 128 次发射，也是长征系列运载火箭第 361 次发射。

3 月 13 日，长征四号丙遥四十二运载火箭成功将遥感三十一号 04 组卫星送入预定轨道，卫星主要用于科学实验研究。本次发射是上海航天局抓总研制的长征系列运载火箭第 129 次发射，也是长征系列运载火箭第 363 次发射。

3 月 31 日，长征四号丙遥三十六运载火箭成功将高分十二号 02 星送入预定轨道，星箭均由上海航天局抓总研制。卫星主要用于国土普查、城市规划、土地确权、路网设计、农作物估产和防灾减灾等领域。本次发射是上海航天局抓总研制的长征系列运载火箭第 130 次发射，也是长征系列运载火箭第 364 次发射。

4 月 9 日，长征四号乙遥四十九运载火箭成功将试验六号 03 星送入预定轨道，卫星主要用于开展空间环境探测及相关技术试验。本次发射是上海航天局抓总研制的长征系列运载火箭第 131 次发射，也是长征系列运载火箭第 365 次发射。

4 月 27 日，长征六号遥五运载火箭成功将齐鲁一号、齐鲁四号等 9 颗卫星送入预定轨道，卫星用于开展空间科学试验、天基物联网业务运行、粤港澳大湾区智慧城市建设等。本发火箭由上海航天局与上海人民广播电台携手合作，又名为“长三角之声”号，长征六号运载火箭成为国内首枚由媒体冠名的运载火箭。本发火箭首次商业“拼车”发射，成为国内运载火箭商业发射的“先行者”。本次发射是上海航天局抓总研制的长征系列运载火箭第 132 次发射，也是长征系列运载火箭第 366 次发射。

4 月 29 日，长征五号乙遥二运载火箭成功将天和一号核心舱（以下简称天和核心舱）送入预定轨道，天和核心舱是我国目前在研最重的航天器，是空间站组合体的中枢系统。其中火箭的 4 个助推器、天和核心舱电源分系统、对接与转位机构分系统、资源舱结构与总装、测控通信子系统由上海航天局抓总研制。

4 月 30 日，长征四号丙遥三十四运载火箭成功将遥感三十四号卫星送入预定轨道，星箭均由上海航天局抓总研制。卫星主要用于国土普查、城市规划、土地确权、路网设计、农作物估产和防灾减灾等领域，可为“一带一路”等国家计划实施提供信息保障。本次发射是上海航天局抓总研制的长征系列运载火箭第 133 次发射，也是长征系列运载火箭第 368 次发射。

5 月 19 日，长征四号乙遥四十八运载火箭成功将海洋二号 D 星送入预定轨道，卫星将为海洋防灾减灾、气象、交通和科学应用等提供重要支撑。本次发射是上海航天局抓总研制的长征系列运载火箭第 134 次发射，也是长征系列运载火箭第 370 次发射。

6 月 11 日，长征二号丁遥五十四运载火箭成功将北京三号卫星送入预定轨道，火箭同时还搭载发射了 3 颗卫星。本次发射是上海航天局抓总研制的长征系列运载火箭第 135 次发射，也是长征系列运载火箭第 373 次发射。

7 月 3 日，长征二号丁遥七十四号运载火箭成功将吉林一号宽幅 01B 星等 5 颗卫星送入预定轨道。其中吉林一号宽幅 01B 星将与在轨的卫星组网，为林业、农业、草原、海洋、资源、环境等行业用户提供遥感数据和产品服务。本次发射是上海航天局抓总研制的长征系列运载火箭第 136 次发射，也是长征系列运载火箭第 376 次发射。

7 月 5 日，长征四号丙遥四十三运载火箭成功将风云三号 E 星送入预定轨道，星箭均由上海航天局抓总研制。本次发射是上海航天局抓总研制的长征系列运载火箭第 137 次发射，也是长征系列运载火箭第 377 次发射。

7 月 9 日，长征六号遥六运载火箭成功将“钟子号”卫星星座 02 组共 5 颗卫星送入预定轨道。本次发射是上海航天局抓总研制的长征系列运载火箭第 138 次发射，也是长征系列运载火箭第 379 次发射。

7 月 29 日，长征二号丁遥六十二号运载火箭成功将天绘一号 04 星送入预定轨道。本次发射是上海航天局抓总研制的长征系列运载火箭第 139 次发射，也是长征系列运载火箭第 381 次发射。

8 月 4 日，长征六号遥七运载火箭成功将贝塔 A、B 星送入预定轨道，卫星由上海微小卫星工程中心抓总研制。本次发射是上海航天局抓总研制的长征系列运载火箭第 140 次发射，也是长征系列运载火箭第 382 次发射。

8 月 19 日，长征四号乙遥五十运载火箭成功将天绘二号 02 组卫星送入预定轨道，星箭均由上海航天局抓总研制，卫星主要用于开展科学试验研究、国土资源普查、地图测绘等。本次发射是上海航天局抓总研制的长征系列运载火箭第141次发射，也是长征系列运载火箭第384次发射。

9月7日，长征四号丙遥四十运载火箭成功将高光谱观测卫星送入预定轨道，星箭均由上海航天局抓总研制，卫星将服务于我国环境综合监测和“生态红线”监管，为我国“碳达峰与碳中和”战略提供技术支撑。本次发射是上海航天局抓总研制的长征系列运载火箭第142次发射，也是长征系列运载火箭第387次发射。

10月14日，长征二号丁遥五十三运载火箭成功将太阳探测科学技术试验卫星等11颗卫星送入预定轨道。太阳探测科学技术试验卫星由上海航天局抓总研制，将实现国际首次全日面Hα波段光谱成像观测，标志着我国正式进入“探日时代”。本次发射是上海航天局抓总研制的长征系列运载火箭第143次发射，也是长征系列运载火箭第391次发射。

11月5日，长征六号遥八运载火箭成功将广目地球科学卫星送入预定轨道。本次发射的广目地球科学卫星是全球首颗专门服务联合国2030年可持续发展议程的科学卫星，由上海微小卫星工程中心研制。本次发射是上海航天局抓总研制的长征系列运载火箭第144次发射，也是长征系列运载火箭第395次发射。

11月6日，长征二号丁遥六十三运载火箭成功将遥感三十五号卫星A、B、C星送入预定轨道。长征二号丁火箭首次采用一箭三星串联方案。遥感三十五号卫星C星由上海航天局抓总研制，主要用于科学试验、国土资源普查、农产品估产以及防灾减灾等领域。本次发射是上海航天局抓总研制的长征系列运载火箭第145次发射，也是长征系列运载火箭第396次发射。

11月20日，长征四号乙遥五十二运载火箭成功将高分十一号03星送入预定轨道。卫星主要用于国土普查、城市规划、土地确权、路网设计、农作物估产和防灾减灾等领域。本次发射是上海航天局抓总研制的长征系列运载火箭第146次发射，也是长征系列运载火箭第397次发射。

11月23日，长征四号丙遥三十七运载火箭成功将高分三号02星送入预定轨道。卫星用于满足海洋、应急、国土、地质、环保、水利、农业、气象等行业用户的海陆观测重访需求。本次发射是上海航天局抓总研制的长征系列运载火箭第147次发射，也是长征系列运载火箭第398次发射。

12月10日，长征四号乙遥四十七运载火箭成功将实践六号05组卫星送入预定轨道。上海航天局参与实践六号05组卫星抓总研制，卫星用于开展空间环境探测及新技术试验验证。本次发射是上海航天局抓总研制的长征系列运载火箭第148次发射，也是长征系列运载火箭第400次发射。

12月26日，长征四号丙遥三十九运载火箭成功将资源一号02E星送入预定轨道，并以搭载方式发射一零一中学科普小卫星，本次发射是上海航天局抓总研制的长征系列运载火箭第149次发射，也是长征系列运载火箭第403次发射。

12月29日，长征二号丁遥四十一运载火箭成功将天绘四号A、B星送入预定轨道。本次发射是上海航天局抓总研制的长征系列运载火箭第150次发射，也是长征系列运载火箭第404次发射。

二、空间站关键技术验证圆满收官

4月29日，中国成功将空间站天和核心舱送入预定轨道，标志着中国空间站在轨建造序幕正式开启。天和核心舱是空间站在轨建造的首发飞行器，具备交会对接、转位与停泊、乘组长期驻留、航天员出舱、保障空间科学实验的能力，是空间站组合体管理和控制中枢。5月29日，成功将天舟二号货运飞船送入预定轨道，并与空间站天和核心舱顺利完成自主快速交会对接，按计划开展推进剂在轨补加等工作。6月17日，成功将载有3名航天员的神舟十二号载人飞船送入预定轨道，是空间站阶段首次载人飞行任务。航天员于9月17日搭乘飞船返回舱返回东风着陆场；9月20日，成功将天舟三号货运飞船送入预定轨道，天舟三号货运飞船与空间站天和核心舱、天舟二号组合体顺利完成自主快速交会对接。10月16日，成功将载有3名航天员的神舟十三号载人飞船送入预定轨道，空间站关键技术验证阶段收官之战发射任务取得圆满成功。神舟十三号载人飞船与空间站天和核心舱、天舟二号、天舟三号组合体顺利完成自主快速径向交会对接。航天员将驻留180天后返回地面，任务结束后全系统完成评估，转入空间站建造阶段。

三、嫦娥五号轨道器拓展任务圆满成功

嫦娥五号在2020年采样返回任务获得圆满成功的基础上，2021年按照飞行与控制中心的控制要求继续执行科学探索任务。3月成功飞临日地L1点。12月20日，成功度过月食影响时段。全年共进行9次拓展任务支持，获得丰富的在轨数据，为后续探月工程型号设计获得了宝贵的财富。

四、天问一号探测器成功着陆火星

天问一号探测器包括环绕器和着陆巡视器两部分，于2020年7月23日在海南文昌发射。2021年2月10日，探测器实施近火捕获制动，环绕器3000N轨控发动机点火工作约15分钟，探测器顺利进入近火点高度约400千米，周期约10个地球日，倾角约10°的大椭圆环火轨道，成为我国第一颗人造火星卫星，实现“绕、着、巡”第一步“绕”的目标，环绕火星获得成功。火星捕获是火星探测任务中技术风险最高、最为关键的环节之一，本次实施制动捕获的环绕器由上海航天局抓总研制。2月15日，天问一号探测器通过数次轨道调整，于2月24日成功实施第三次近火制动，进入近火点280千米、远火点5.9万千米、周期2个火星日的火星停泊轨道。环绕器7台载荷全部开机，对火星开展全球遥感探测。同时，载荷中的中分辨率相机、高分辨率相机、光谱仪等对预选着陆区地形地貌、沙尘天气等进行详查，为择机着陆火星做好准备。5 月 15 日，天问一号探测器机动至火星进入轨道，着陆巡视器与环绕器分离，环绕器升轨，返回停泊轨道，为着陆巡视器提供中继通信。着陆巡视器进入火星大气，经过约 9 分钟减速、悬停避障和缓冲，成功着陆火星，我国首次实现地外行星着陆，成为第二个成功着陆火星的国家。

五、国际首次实现空间太阳 Hα 波段光谱成像探测

10 月 14 日，中国首颗太阳探测科学技术试验卫星——太阳 Hα 光谱探测与双超平台科学技术试验卫星成功发射。太阳探测科学技术试验卫星由上海航天局抓总研制，卫星主要科学载荷为太阳空间望远镜，国际首次实现空间太阳 Hα 波段的光谱成像探测，并首次在轨应用磁浮技术，实现卫星超高指向精度、超高稳定度。Hα 是研究太阳活动在光球和色球响应时最好的谱线之一，通过对该谱线的数据分析，可获得太阳爆发时的大气温度、速度等物理量的变化，研究太阳爆发的动力学过程和物理机制。太阳探测科学技术试验卫星的成功发射对我国空间科学探测及卫星技术发展具有重要意义，标志着我国正式进入“探日时代”。

六、航天成果亮相珠海航展

9 月 28 日，上海航天局携 43 件展品亮相第十三届中国国际航空航天博览会（以下简称珠海航展），本次航展适逢中国共产党成立 100 周年，也是“十四五”开局之年，作为国防科技工业的骨干力量，上海航天局全方位、多角度、立体化展示在弹箭星船器等领域的新成就。既有“天问一号”火星环绕器、数字月球与仿真演示系统、柔性太阳电池翼等国家重大工程成果，也有中国首枚固液结合长征六号甲新一代运载火箭、“探究大气奥秘，解码风云变幻”的风云系列气象卫星，还有堪称“太空油罐车”的补加服务飞行器等新概念产品以及首次亮相的 LY-70 新型近程防空导弹武器系统、LM-1 激光战车等装备。此外，上海航天局还展出包括交通大场景广域雷达、车用燃料电池系统、高性能耐热铸造镁合金材料成形及应用等在内的航天技术应用产业多项拳头产品和关键技术。自 1996 年以来，上海航天局与中国航展同成长，25 年来从最初的单一型号研制到多领域并举发展，全面展示上海航天快速成长的发展成果。

七、深入推进军民协同发展

上海航天创新创业中心孵化模式初见成效，汽车雷达出货达 2 万套。完成向新用户交付搅拌摩擦焊装备、核能特种装备等大型设备，新增 10 余项轻合金材料业务。部分公司增速达到航天优秀值或良好值，成为产业链关键一环、隐形冠军。强化重大合作与市场维护，建立重点客户拜访机制，牵引一批新产品走向市场、新任务落户上海航天局。商业航天发展势头持续向好，完成 6 次商业发射及搭载任务，以及 7 颗商业卫星研制发射，全年商业航天任务到款突破 5 亿元，军民协同发展势头良好。

八、创新驱动能力持续提升

上海航天局对标“两个世界一流”（支撑世界一流军队建设、建成世界一流航天企业集团）标准，支撑航天强国建设，深入谋划“十四五”发展，完成“1+14+18”规划体系的论证、审定，构建高质量发展的目标指标体系。成立上海航天局战略研究与体系仿真中心和气象环境卫星总体部，引领体系融合创新和重点领域拓展。设立上海航天局商业航天推进办公室，强化重大项目的论证孵化。上海航天局首个国家自然科学基金集成项目“空间智能机构灵巧操作与精准控制”竞标胜出。2 个基础加强项目获军科委立项批复。上海航天局首次获得国防发明一等奖和“国防创新团队”称号。中国航天科技集团有限公司交通感知雷达研发中心、上海市知识产权运营促进中心落户上海航天局。

九、落实人才兴企战略

上海航天局围绕航天强国建设目标，立足上海人才高地，落实人才兴企战略，持续加大年轻干部选拔力度。各单位、各部门基本配置“80 后”领导。进一步推动领导干部交流，厂所级干部交流任职数量超过调整总量的 50%。干部队伍的年龄结构、知识结构明显优化，综合能力不断提升。持续推动高层次人才及后备专家培养，新增国际宇航科学院通讯院士 2 人、省部级及以上专家 38 人。引进重点高校硕博士 587 名、社会成熟人才 157 名。持续优化队伍结构，科技人员占比提升 2 个百分点，达到 62%。技能人才队伍建设成效显著，新增全国技术能手 2 名，1 人荣获第九届全国数控大赛一等奖。持续推动薪酬激励机制优化完善，149 厂试点实施工资总额备案制改革；完成复材公司等 2 家单位岗位分红权激励方案审查，800 所等 3 家单位岗位分红权激励全面兑现。

**【2022 年发展趋势】**

2022 年，上海航天局将树立更加强烈的使命感、责任感、紧迫感，锚定目标、深化转型、埋头苦干、勇毅前行，为圆满完成全年各项任务，实现高质量发展而努力奋斗，为推动航天强国建设和地方经济发展做出新的更大贡献。

一、主要经济目标

全年实现营业收入 510 亿元、净利润 48.5 亿元、全员劳动生产率 70.5 万元／人年。

二、重点工作措施

强化科研生产管理，确保责任令任务圆满成功；建设精益质量管理体系，提升型号风险管控能力；深化科研生产管理模式转型，提升高质量保证成功能力；深化产业发展模式转型，构建军民协同发展格局；加大技术创新力度，实现创

新驱动发展；建设高水平人才队伍，凝聚事业发展核心力量；持续夯实能力基础，支撑战略目标实现；加大国际市场开拓力度，提升国际化发展水平；持续推动全面深化改革，不断强化企业经营管理；持续提升党建工作水平，营造和谐稳定发展局面。

（付晓海）

# 中国商用飞机有限责任公司

【概况】

中国商用飞机有限责任公司（简称中国商飞公司）是实施国家大型飞机重大专项中大型客机项目的主体，也是统筹干线飞机和支线飞机发展、实现中国民用飞机产业化的主要载体，主要从事民用飞机及相关产品的科研、生产、试验试飞，从事民用飞机销售及服务、租赁和运营等相关业务。

中国商飞公司于2008年5月11日成立，总部设在上海。中国商飞公司由国务院国有资产监督管理委员会、上海国盛（集团）有限公司、中国航空工业集团有限公司、中国铝业集团有限公司、中国宝武钢铁集团有限公司和中国中化股份有限公司共同出资组建。2018年底，新增股东单位中国建材集团有限公司、中国电子科技集团有限公司、中国国新控股有限责任公司。

中国商飞公司的企业使命是：让中国的大飞机翱翔蓝天，企业愿景是：为客户提供更加安全、经济、舒适、环保的商用飞机，大飞机创业精神是：航空强国、“四个长期”、永不放弃。截至2021年底，中国商飞公司所属单位有上海飞机设计研究院、上海飞机制造有限公司、上海飞机客户服务有限公司、北京民用飞机技术研究中心、中国商飞民用飞机试飞中心、上海航空工业（集团）有限公司、中国商飞营销中心、上海《大飞机》杂志社有限公司、中国商飞美国有限公司、中国商飞四川公司、商飞资本有限公司、商飞集团财务有限责任公司、商飞大学（商飞党校）。与俄罗斯联合航空制造集团公司（UAC）合资成立中俄国际商用飞机有限责任公司，作为CR929宽体客机研制主体。设立美国办事处、欧洲办事处，参股中国航空发动机集团有限公司、成都航空有限公司、浦银金融租赁股份有限公司等。截至2021年底，中国商飞公司从业人员16699人。

【2021年经济工作情况】

一、型号研制取得重要进展

ARJ21飞机加快设计优化，加快系列化发展，“三好一降一能”取得实效，加装惰化系统等一批重大设计优化获得局方批准。基本型通过印尼适航当局型号认可证（VTC）审查。公务机获得适航批准，货机进入结构改装，应急救援指挥机完成详细设计评审，医疗机完成改装，灭火机完成公司立项和初步设计评审。

C919大型客机六架机全面进入审定试飞，完成取证前81%试飞工作。各系统获得全面验证，地面试验基本完成，影响C919项目取证前技术问题已经见底，取证技术路径与局方基本达成一致，首架交付飞机实现总装下线，交付准备工作基本到位，为2022年顺利取证和按时交付创造了条件，奠定了基础。

CR929项目扎实推进中俄合作及型号研制。启动机身及尾翼结构联合定义（JDP），联合供应商发布研制计划，实现机头上壁板和前起后端框首件开工等。深化飞机技术方案，完成以发动机、航电、飞控等六大系统为中心的建模联试。通过G3转阶段评审，配合中咨公司完成第一阶段立项评估。上海九二九飞机设计有限公司（ECB）注册成立。

二、市场营销取得重大突破

ARJ21飞机新增5架订单，累计20家客户、670架订单；货机新增2家客户、70架订单，累计2家客户、70架订单。C919飞机新增1家客户、70架订单，累计28家客户、876架订单。积极开拓澜湄五国、巴基斯坦、非洲等潜力市场。

三、批产交付提质提速

ARJ21全年下线42架，生产节拍从15天／架缩短至7天／架。开启上海、南昌两地完工交付模式，实现上海空域两机同飞、试飞员与客户支援飞行员双资质管理。

四、航线运行平稳顺畅

保障8家客户66架飞机安全运行7.5万小时、累计12.7万小时，载客250万人次、累计420万人次，新增航线118条、累计239条，新增通航机场35个、累计105个。

【2022年发展趋势】

一、推进型号研制发展，推进ARJ21飞机设计优化和系列化发展、C919飞机试飞取证和CR929飞机研制。

二、守牢质量安全底线，持续完善体系，严格安全管理，强化质量管理。

三、不断扩大产业规模，全力开拓市场，持续批量生产，做好运营支持，带动产业发展。

四、强化战略科技力量，规划科技发展，开展预先研究，加固技术基础，深化合作机制。

五、推进全面深化改革，加强战略管理，推进管理变革，做好信息化建设，加快数字化转型。

六、不断提升自身能力，推进八大过程建设，推进责任体系建设，推进标准规范建设。

七、做好基础管理工作，推进党建业务融合，提升行政办公效率，加强财务管理，加强人力管理，全面依法治企，做好审计监督，建设廉洁商飞、打造“绿色商飞”。

（黄　健）

# 上海烟草集团有限责任公司

**【概况】**

上海烟草集团有限责任公司是一家以卷烟工业为主的多元化、集约化、现代化的大型国有企业。2021年，公司实现税利1161.69亿元，比上年增长2.71%；实现利润270.86亿元，同比增长4.16%。公司被上海市企业联合会、企业家协会、上海市经济团体联合会评为2021年度“上海企业100强”第18位。公司拥有一流水准的卷烟工业企业以及烟草储运、印刷、机械、材料等配套工业企业，并涉足商业、物流产业以及宾馆酒店、金融保险等行业。2003年和2004年，公司先后与北京卷烟厂和天津卷烟厂实现战略性联合重组。公司出品的主要卷烟品牌有熊猫、中华、红双喜、中南海、牡丹、凤凰、大前门、江山、恒大等。多年来，以“中华”卷烟为代表的集团名优品牌以其高知名度和高品质赢得全国卷烟消费市场的推崇，并始终保持畅销不衰。

**【2021年经济工作情况】**

公司坚持高质量党建引领，聚焦品牌发展新目标，着力增强创新、营销和人才三大发展驱动力，深化生产制造、现代商业、成本管控、专卖监管四项重点工作，持续提升“双基”工作水平，经济运行质量和效益稳步提升，全面完成年度各项目标任务，实现“十四五”良好开局。

一、坚持高质量党建引领，党的建设和企业文化建设同步推进

（一）党史学习教育扎实推进。按照学史明理、学史增信、学史崇德、学史力行的要求，开展“党旗在基层一线高高飘扬”等系列活动，组织各级党组织和广大党员用好红色资源、讲好党史党课、举办讲座竞赛，推动党史学习教育走深走实、入脑入心。把学习贯彻习近平总书记“七一”重要讲话和中共十九届六中全会精神作为党史学习教育的重中之重，开展主题党日和特色学习活动1969次，达到学党史、悟思想、办实事、开新局的目的。深入开展“我为群众办实事”实践活动，聚焦“我是党员做先锋”“我为群众解难题”等7个方面，确立并实施“提高工作餐质量”等17项党组实事项目和317项部门实事项目，切实提升广大职工的获得感、幸福感。

（二）巡视整改任务全面完成。以永远在路上的恒心韧劲一体推进国家局党组巡视整改和“两项整改”回头看工作，制订方案清单，建立“每周滚动、双周研究”整改工作机制和台账、报告、销号、公开等4项制度，逐项落实整改措施，切实加强督办检查，巩固深化整改成效。截至年底，“两项整改”和国家局党组巡视整改各项工作已全部完成。基层党建质量持续提升。坚持管党治党与业务工作同谋划、同部署、同实施，修订完善《上海烟草行业党建工作考核评价办法（试行）》等制度，进一步完善“四责协同＋党员责任区”工作机制，在疫情防控、卷烟销售、管理创新等工作中充分展现组织有活力、党员起作用、群众得实惠的显著成效。牢固树立“党的一切工作到支部”的鲜明导向，持续开展党支部“达标创优”活动和“双特”评选，形成一批有特色、见实效、可推广的基层党建经验成果。

（三）全面从严氛围更加浓厚。认真贯彻落实《关于加强对“一把手”和领导班子监督的意见》，推动各级“一把手”和领导班子廉洁自律、履职尽责。建立健全巡察工作规则、机制，组织对16家单位、部门开展政治巡察，推动政治监督常态化具体化。严格落实中央八项规定及其实施细则精神，深入开展政绩观和廉政警示教育，修订廉政风险防控手册，加大监督执纪问责力度，以全面从严治党新成效为集团高质量发展提供坚实保障。企业文化软实力不断增强。把文化软实力建设目标要求纳入上海烟草党的建设工作要点，有效推进文化体系建设、管理制度建设、行为规范建设和企业形象建设。编纂完成《上海市志·工业分志·烟草业卷（1978—2010）》并正式出版。充分发挥“一网一报一刊一号”宣传主阵地作用，大力弘扬劳模精神、工匠精神、创新精神，激励青年岗位成才、岗位建功，全面树立和展现上海烟草良好形象。

二、加快新旧动能转换，经济运行和品牌状态稳中向好

（一）战略导向作用进一步体现。与行业“十四五”规划和“1+6+2”高质量发展政策体系充分对接，找准发展定位，加强系统思维、顶层设计、战略谋划，构建形成“1+1+7+5”总体框架，编制发布上海烟草“十四五”发展

规划和品牌市场规划，形成7个专项规划和5个产业链配套规划，为集团“十四五”发展指明方向，明确目标任务。新旧动能转换进一步加快，集团创新产品贡献度持续提高，占商业销量、销售额比重分别达14.3%和19.4%，同比分别上升3.5和5.4个百分点，新旧迭代效应进一步凸显。其中，“中华”新五包全年实现商业销量27.94万箱，同比增长61.2%，占“中华”品牌总销量比重达19%，同比上升6.5个百分点。“中华”（金中支）（双中支）继续保持同价位同品类引领地位。品牌市场状态进一步提升，“中华”品牌抓住创牌70周年契机，持续完善全国市场布局，在销量增长的同时实现全面顺价，全年完成内销商业销量146.96万箱，同比增长5.8%，进一步提升高端市场影响力、竞争力；“牡丹”品牌不断优化梯次布局，实现销量、结构快速增长；“中南海”品牌持续巩固混合型特色优势，不断提升产品结构；“恒大”品牌聚焦市场区域特色，始终保持良好状态。加热卷烟实现当年出口200件目标。

（二）运行调控水平进一步提高。合理安排产销进度，强化市场监测分析，全面提升经济运行稳定性、协调性、可持续性，保持经济运行在合理区间。全年集团实现内销卷烟工业销量285.99万箱，同比增长1.07%；商业销量289.46万箱，同比增长2.83%。集团实现工业单箱销售收入4.56万元，同比增长1.2%；商业单箱销售收入6.93万元，同比增长2.8%。经济运行稳中向好、稳中有进的势头进一步巩固。

三、加大创新转型力度，集团高质量发展动能持续激发

（一）创新驱动力不断增强。明确“1+5+1”创新体系各研究室的研究方向和目标，增强产业链企业特色功能定位，加快科技成果转化速率，全年共完成23项创新工作任务，取得受理专利115件、发明专利58件，科研水平、科创实力明显提升。稳步推进中华、熊猫等高价位产品开发设计工作。持续推进“四新”技术自主创新攻关，形成数字化调香技术等技术成果，单体香原料加可替代香原料比例达90.3%，关键核心技术自主掌控能力全面提升。开展烟叶原料“全等级、多渠道”研究，新增年均4万担以上的“中华”品牌可用模块化片烟，原料结构性瓶颈问题得到阶段性化解。软硬“中华”国产化薄片替代工作有序开展。新型烟草产品技术研究加快推进，形成4款加热器具和4个口味产品配方储备。

（二）营销驱动力不断增强。以市场需求为导向，持续优化营销观念和方式，形成“每周跟进度、双周报难点、每月看排位”工作机制，将精准营销的触角延伸至更细节层面。开展“多层次、跨地域”的市场联动走访，在货源保障上做到需求沟通、产品准备、市场跟进“三个早”，在市场销售上做到状态跟踪、市场调控、机会把握“三个紧”，抓好工商网配“最后一公里”，进一步拓展销售渠道，抓住市场机会。采取“线上＋线下”多种形式的营销活动组合，持续开展系列营销传播活动，建立消费者数据库，深度开展产品研究和品牌诊断，有力促进更高水平的供需动态平衡。

（三）人才驱动力不断增强。持续完善干部人事制度体系，全面完成人事档案审核和全要素专项检查，实现从工效挂钩到工资总额预算的平稳衔接。不断优化干部队伍结构，加大对优秀年轻干部的培养选拔力度，全年选拔交流厂处级干部62人，其中选任“80后”6人。贯通“两高”人才职业发展通道，20人取得行业高级专业技术资格；2名选手在全国烟草行业青年烟叶评级技能竞赛中脱颖而出，被授予“行业青年技术能手”称号。

四、增强精益管理能力，服务和响应市场能级进一步提升

（一）生产保障能力持续提升。紧跟品牌动态、市场变化，不断优化京津沪三地卷烟工厂及产业链企业产能布局和装备配置，实施沪皖卷烟生产力梯度结构性转移试点。科学合理做好合作回购、备货移库、物流运输、材料供应等生产经营工作。持续提升生产组织柔性化、质量检测全数化水平，确保产品质量稳定受控，高效满足市场需求。成本管控力度持续加大。推动预算管控平台再升级，实现集团化业务自触发预算监控效能。研发成本预测信息化平台，加强业财数据源头联动。运用卷烟物料清单式生产成本定额平台、烟叶减值预测信息化平台，推动成本管控向全产业链延伸。发布《新品卷烟成本控制标准管理规定》，提升新品成本跟踪、预警水平。全年完成降本增效金额1.81亿元；集团利息收入达历史最高水平。

（二）上海商业改革持续深化。以全国统一卷烟营销管理平台先行试点为契机，进一步增强货源投放精准性、新品培育有效性和市场分析科学性，加强卷烟营销、商业物流等领域协同，深化终端分类建设，创新品牌培育手段，不断提升渠道掌控能力，有效满足市场需求。2021年，上海市场实现卷烟商业销量81.01万箱，社会库存周期14.78天，零售户综合毛利率12.72%；全市吸烟点街道乡镇覆盖率达到99%。专卖管理效能持续增强。修订《零售点合理布局规定》，进一步完善退出机制，年末全市持证户较新规施行前净减少2581户。持续深化“放管服”改革，全面落实“好差评”机制，“一网通办”全程网办率和满意度均好于平均水平。开展电子烟市场专项整治，切实消除不规范经营隐患。着力构建新型市场监管体系，开展全链条全环节精准打击，全市共查获各类违法卷烟97.82万条；破获部督案件6起；查获5万元以上假烟案件120起。

五、提升“双基”工作水平，防范化解风险能力不断增强

（一）基础管理更加精益规范。严格依法依规管理，落

实落细行业相关政策，强化法律政策供给和服务保障，不断增强法律风险防控能力。健全制度管理机制流程，编制规范管理制度清单，加强制度标准识别转化，进一步提升上海烟草法治化、制度化管理水平。健全规范管理体系，增强“大规范”理念，完善规范管理评价考核体系，构建多部门协同监督运行机制和情况通报制度，切实提高招标采购等重点领域风险防控水平。强化烟叶原料保障。加强烟叶资源调控，优化采购区域和加工点布局，持续提升原料库存的均衡性。全年完成“中华”原料采购107.57万担，为“中华”品牌发展提供了重要保障。

（二）基层建设水平持续提升。持续增强基层单位主体意识，全面推进精益管理与产业链供应链深度融合，扎实构建高质量对标贯标工作闭环，集团化管理效能、管理能级不断提升。不断增强卷烟制造工厂集约化、柔性化、智能化生产运行水平，确保制造过程稳态高效。进一步明确产业链配套企业功能定位，在烟标设计和供应保障、特种滤棒研发、“原味薄片”提质应用、香精香料核心技术风险防控等方面取得了新的突破。持续推进精益物流建设，不断提高响应速度和工作效率，峰值发运能力大幅提升。

**【2022年发展趋势】**

2022年，公司方针目标简称“13421”，即“1”：坚持高质量党建引领；“3”：推进技术研发、精准营销、数字化建设3个重点领域的创新转型；“4”：加强原料保障、生产运行、产业链、现代商业四大体系建设；“2”：提高队伍素质和管理效能；“1”：培育品牌发展新动能，高质量完成各项经济效益指标。

一、坚持党的全面领导，把党的领导体现到集团工作的方方面面

持续强化思想理论武装；巩固拓展党史学习教育成果；切实加强基层组织建设；保持全面从严氛围；不断提升文化软实力。

二、推进重点领域创新转型，不断增强上海烟草核心竞争力

加快推进技术研发创新转型；加快推进精准营销创新转型；加快推进数字化建设创新转型。

三、加强四大体系建设，着力提升全产业链发展整体水平

加强原料保障体系建设；加强生产运行体系建设；加强产业链体系建设；加强现代商业体系建设。

四、提高队伍素质和管理效能，为集团高质量发展提供有力支撑

提高队伍素质，不断激发干事创业活力；提高管理效能，持续激发担当作为动力。

五、培育品牌发展新动能，高质量完成各项经济效益指标

推动高端品牌提质升级；打造中端品牌特色亮点；加强品牌培育体系建设；保持经济运行在合理区间。

（胡瀚凌）

# 中船上海船舶工业有限公司

**【概况】**

中船上海船舶工业有限公司是中国船舶集团有限公司在上海的派驻机构，主要任务是受中国船舶集团有限公司委托，对集团公司在上海及苏、皖地区的企事业单位进行管理、协调、监督、服务，不断加强与地方和其他方面的沟通协调，并协助集团公司开展业务归口管理工作。

2021年，中国船舶集团有限公司总部迁驻上海，中船上海船舶工业有限公司将不再承担派驻机构职能。

中国船舶集团有限公司上海地区成员单位一直以来就是集团公司船舶海洋工程装备制造的主力军，拥有较完整的船舶、海工、船用柴油机设计、制造体系。船舶产品涵盖散货船、油轮、集装箱三大船型各系列，并覆盖各类液货船、气体船、科考船、工程船、特种船、豪华邮轮等船型，以及自升、半潜式钻井平台、FPSO等海洋工程产品。开发生产多种新型绿色节能环保型散货船、超大型万箱级集装箱船、LNG船、VLGC、高端双相不锈钢化学品船等主力船型，并建成交付新型深远海综合科学考察实习船、极地科学考察破冰船、海监船等特种船。继突破世界造船皇冠上的三颗明珠之一的LNG船后，另一颗明珠豪华邮轮设计建造也已取得快速进展。在产业升级上加快海洋工程装备生产设施技术改造，半潜式钻井平台、自升式钻井平台、FPSO、新型钻井船、物探船等海工产品建造相继取得突破。在海洋动力业务方面，船用柴油机产品初步建立起品牌体系，中国船舶上海地区中速机、低速机产量国内市场占有率处于主导地位。

**【2021年经济工作情况】**

2021年，全球贸易强劲复苏，贸易额同比有较大幅度增长，全球新船订单迎来一波快速反弹。上海船舶制造行业以品牌、市场口碑、技术为引领，突出科技创新能力，经营业绩取得突破，主要经济指标稳步增长。全年完成船舶64艘，比上年增长3%；造船产量583万载重吨，同比下降16%；工

业总产值588亿元，同比增长7%；销售产值588亿元，同比增长7%；出口交货值313亿元，同比增长7%；柴油机功率253万千瓦，同比下降6%；造船主业合同金额780亿元，同比增长112%；签约新船订单1050万载重吨，同比增长178%。

一、经营接单实现翻番增长

全年批量承接高端船舶：8艘2.4万标准箱（TEU）超大型集装箱船、9艘1.5万标准箱（TEU）超大型集装箱船、8艘9.3万立方米双燃料超大型气体运输船（VLGC）、4艘17.4万立方米液化天然气（LNG）船，7000标准箱（TEU）集装箱船承接26艘。新船订单中集装箱船、气体运输船等高端船舶占90%，多种船型全球占有率第一，第二艘大型邮轮订单正式生效，8年来新船订单首次突破1000万载重吨。中国船舶集团有限公司旗下江南造船集团实现8万方MARK Ⅲ薄膜型液化天然气船首单突破；液化石油气船手持订单排名全球前列。中国船舶集团有限公司旗下沪东中华造船（集团）聚焦三大主建船型，把握船市复苏机遇，全年承接新船订单27艘/281.6万载重吨，订单合同总金额305.5亿元，同比增长168.3%。中国船舶集团有限公司旗下上海外高桥造船有限公司交付新船283.8万载重吨，造船总量继续保持世界前列；承接新船41艘/475.1万载重吨，计划完成率204%。

二、高端产品带动结构调整

高端船、首制新品船不断涌现。江南造船集团成功交付世界首艘LNG双燃料+电池混合动力+EMS能源管控系统的汽车运输船首制船，入选“年度世界名船”榜单；交付中国最大海洋综合科考实习船“中山大学号”。沪东中华造船（集团）17.4万立方米浮式液化天然气储存及再气化装置（LNG-FSRU）首制船交付、全球最先进23000TEU双燃料动力集装箱船项目完美收官。上海外高桥造船有限公司国产首制大型邮轮设计、建造顺利，船舶制造业产品向高端化调整成效显著。新船订单中集装箱船、气体运输船等高端船舶占90%，契合上海市先进制造业发展“十四五”规划及上海市战略新兴产业和先导产业发展“十四五”规划所确立的重点发展要求。

三、紧跟低碳减排绿色转型

顺应全球绿色低碳转型趋势，加速产品绿色化转型。中国船舶集团有限公司旗下上海三大船厂全年交付船舶产品中绿色动力船舶安载重吨计占19%，全年新接订单中符合最新国际海事规则要求的绿色船型占比达到27%，1.5万TEU双燃料集装箱船、9.3万立方米双燃料VLGC船、19万吨双燃料散货船等实现批量承接。并积极对未来新型替代燃料动力进行研究，氨动力船舶等研发取得进展。

**【2022年发展趋势】**

2022年，公司将全面贯彻落实中共十九大和十九届历次全会以及中央经济工作会议、十九届中央纪委六次全会精神，弘扬伟大建党精神，持续深入贯彻落实习近平总书记重要讲话和重要指示批示精神，按照国务院国资委和上海市部署要求，坚持稳中求进工作总基调，完整、准确、全面贯彻新发展理念，服务构建新发展格局，稳增长、强管理、健体系、防风险，坚决履行强军首责，加快科技自立自强，提升主业实业竞争力，深化重组整合融合，决战决胜改革三年行动，充分发挥党建引领保障作用，加快建设世界一流船舶集团，以优异成绩迎接党的二十大胜利召开。

中国船舶集团有限公司旗下上海地区成员单位将强力提升船海产业全球竞争力，着力推进应用产业和船海服务业平稳提质发展，强化科技自立自强，深化推进关键核心技术攻关，加快产品制造技术升级发展，深化改革攻坚，深化精细化管理，慎终如始抓好常态化疫情防控，严格执行各项疫情防控政策和措施，增强完成全年目标任务信心，努力为保增长、稳增长做贡献。

（张水灿）

# 上海化学工业经济技术开发区

**【概况】**

上海化学工业经济技术开发区是国家级经济技术开发区，位于杭州湾北岸，规划面积29.4平方公里，是以石油化工产品为主的专业开发区，建成以乙烯为龙头的循环经济产业链、以化工新材料为主导的特色产业集群，成为全国集聚知名跨国化工企业最多、主导产业能级高端、安全环保管理严格、循环经济水平领先的化工园区，被列为全国重点建设的七大石化产业基地之一，被评为国家新型工业化产业示范基地、国家生态工业示范园区、全国循环经济先进单位、全国低碳工业园区试点单位，连续数年位列中国化工园区20（30）强。2021年，化工区（包括金山、奉贤分区）共完成工业总产值1538.58亿元，销售收入1709.95亿元；引进项目投资77.78亿元，完成固定资产投资70.27亿元；园区企业实现利润267.75亿元，上缴税金123.06亿元；万元产值能耗0.679吨标准煤。截至年底，化工区累计批准项目总投资319.49亿美元，累计完成固定资产投资1580.46亿元。

**【2021年经济工作情况】**

一、抓好发展“硬任务”，经济运行稳中提质

（一）主要指标创历史新高。园区工业总产值、利润、税收、固定资产投资、批注项目总投资等主要经济指标增速均保持大幅增长，经济发展整体呈现稳中有进、进中有质，支撑全市实体经济发展的态势愈加稳固。

（二）项目推进成效显著。全年投资备案（审批）项目116个，其中1亿元以上10个。英威达聚合物三期扩建项目、科思创聚氨酯分散体及聚酯多元醇扩产项目、巴斯夫聚氨酯的MDI精制扩建项目、高桥石化ABS装置升级改造等重点项目落地。全年共29个项目开工建设，31个项目竣工投产；完成46个产业类项目、5个科创类项目的准入评估。

（三）科创平台发力提速。上海国际化工新材料创新中心正式启用，朗盛、英威达、罗姆、凯米锐以及综合智慧能源中心等4家企业正式入驻。与奉贤区、华东理工大学、上海大学、上海市社会科学院等对接，研究产教资源深度融合，编制产教融合示范区建设方案。成功举办2021“SCIP+”绿色化学化工创新创业大赛，赛事合作机构、设立赛区范围和参赛团队数量再创历史新高。

（四）专区建设开局良好。经过一年建设，电子化学品专区已投产项目13个、新开工项目4个、已落地待开工项目8个，已签署意向项目14个。已落地项目涉及产品82种，品种配套率达47%（生产研发类占比20%，存储贸易类占比80%）。举行市重大项目集中开工仪式化工区分会场暨昭和电子高纯度电子气体扩建项目开工仪式；举行上海电子化学品专区工作推进会、2021光刻胶产业大会等，成立“电子化学品创新联合体”。修订园区产业绿色发展专项扶持政策，增加电子化学品专区扶持政策。

（五）发展规划发布实施。落实《上海市国民经济和社会发展第十四个五年规划和二〇三五年远景目标纲要》要求，编制完成1个总体规划、10个重点规划、7个专项规划、4个支撑规划。化工区发展纳入上海市先进制造业、战略性新兴产业、循环经济、集成电路等市级“十四五”专项规划。

二、打好综合监管“组合拳”，安全生产平稳可控

（一）疫情防控筑牢屏障。坚持“两防三保”工作机制，发挥10个指导服务小组作用，对区内企业疫情防控工作实行全覆盖检查、督导和服务。严格落实疫情常态化防控措施，设立园区疫苗接种点，全区累计接种新冠肺炎疫苗15804剂次。压实区内企事业单位疫情防控的主体责任，组织园区陆路卡口防疫健康核查累计110多万人次，强化园区口岸联防联控全流程闭环式管理。严格执行“三区两通道”、7个100%等检疫要求，形成了响应速度快、集中移交全、无缝转运严、闭环追溯实的高效防疫工作机制。

（二）监管责任有效衔接。探索联合监管落实专项督导，研究制定重大危险源企业联合监管工作措施，实施安监、消防联合会商研判、联合检查督导、信息共享、应急联防联动和联合培训宣传，推动29家重大危险源企业全面落实安全生产主题责任。成立安监、消防联动工作办公室，制订实施《化工区关于开展重大危险源企业专项检查督导工作的方案》，完成两轮园区29家重大危险源企业专项检查督导及金山、浦东37家企业的交叉检查工作。

（三）风险防范措施得力。开展重点场所防低温寒潮安全检查，督促企业完成MMA管线安全置换。实施危化品安全整治三年行动，提前完成23项年度任务。落实化工园区安全风险排查复核，制订实施“一园一策”整体提升工作方案。规范检查维修作业人员的安全准入机制，全年共培训教育承包商员工2万余人次。

（四）隐患整治闭环管理。配合应急部重大危险源企业专项督导核查，督促企业及时整改完成19项问题。深刻吸取相关事故教训，督促两轮交叉检查的1025项隐患问题落实整改，整改率达98%。加强日常安全巡查监督，发现整改隐患3814项。配合市应急局对园区企业开展执法检查和专项检查，发现整改80个隐患或违规行为。完善重大危险源监测预警系统，研究制订预警系统巡查工作措施和报警信息闭环处置流程。

（五）应急救援持续加强。统筹应急预案体系和演练制度一体化，常态化开展桌面应急联动演练、区域应急联动拉练和专业应急队伍拉练，组织实施8次月度演练、2次季度演练和2次年度演练。联合市应急局、减灾办分别举办“2021硝化工艺（硝基苯装置）突发事件应急处置综合演练”“2021年国际减灾日暨第一次自然灾害综合风险普查宣传主题活动”。完成园区总体应急预案修订，开展气象灾害专项应急预案的增订编制和突发环境事件等4个专项应急预案的修订。

三、绘好减污降碳“工笔画”，环境治理显著增强

（一）环境治理不断深化。按照《土壤污染防治法》要求，加强园区土壤环境管理，强化建设用地污染风险管控，编制土壤地下水调查方案，完成公共区域土壤地下水环境监测。落实“水十条”要求，强化雨水排放管理，细化化工园区雨水管标准制订方案，牵头编制《化工园区雨水管控技术规范》。规范按证排污行为，开展2020年发证和持证单位实际运营情况与许可证内容相符性检查，推动企业严格落实排污许可要求。深化辐射安全监管，通过视频连接，对具备条件的执法正面清单企业和γ射线移动探伤作业进行9次非现场执法，提升探伤作业规范化、标准化。

（二）污染防治持续攻坚。提前完成第三轮金山地区环境综合整治年度任务。开展2021年园区挥发性有机物排查

和研究，摸清园区装卸过程挥发性有机物管控现状；开展设施设备防腐作业对园区环境空气质量影响研究，初步模拟涂刷企业对园区环境挥发性有机物浓度的影响。完善园区污染指纹库，实现园区污染源源谱的全覆盖。2021年，区域环境空气中挥发性有机物浓度为60.4微克／立方米；PM2.5同比下降3.3%；二氧化硫同比下降16.7%；硫化氢同比下降3.7%。

（三）绿色低碳深入探索。签署《中国石油和化学工业碳达峰与碳中和宣言》，研究园区绿色低碳发展的路径与举措，编制园区“零碳”规划、《氢能产业发展研究报告》。完成2020年度及“十三五”工业系统节能目标责任评价考核，获评“十三五”中国石油和化工典范榜绿色发展典范。

（四）环保宣传形式多样。采用线上线下相结合的形式开展六·五环境日“人与自然和谐共生”主题活动，线上对区内的污水、危废等环保设施进行云端开放。精准有效做好疫情防控下环保政务服务，完成应急预案备案19件、辐射备案40件。协调推进重点项目环评审批，完成建设项目环评预审23件。开展“执法帮扶”“送法入企”系列活动，召开4次企业接待日活动，举办一般固体废物处理处置、移动探伤登记备案等普法培训3场。

四、下好数字赋能“先手棋”，区域治理精准高效

（一）数字化转型加速推进。召开园区数字化转型大会，部署“十四五”数字化转型工作任务，发布“1+3+3+3”数字化转型支撑体系。开展2021年度智慧园区建设项目申报，引导企业加大智能化改造投入，推进智能工厂创建；开展5G+应用场景和模式创新，挖掘提炼一批可复制、可推广的典型开放应用场景。华谊新材料公司获2021年国家级“智能制造标杆企业”，巴斯夫化工CCP装置巡检机器人成为巴斯夫全球第一个使用机器人巡检的项目。

（二）信通设施全面补强。推进园区信息基础设施建设，建成通信管道54.925沟公里、4G基站12处、5G基站22处、智慧电杆218座，5G/4G网络覆盖实现无盲区，园区公共区域优质信号覆盖率超过95%，室外最高网络下载速度超过500Mbps。“一标六实”三维警用地理信息系统等一批新基建项目建成投用。园区大数据云储平台完成二期扩容，整体CPU资源利用率超过90%。园区大数据决策平台一期项目完成验收，二期项目获批。

（三）精细管理效能提升。加快推进“一网统管”平台建设，初步完成一级、二级用户交互界面设计开发，达到1.0版任务目标。制订精细化管理（2021—2023）三年行动计划，优化网格化管理平台，做到“巡查发现—快速处置—监督评价”的闭环管理。引导区内企业员工通过微信公众号报送案件信息，形成共建、共治、共享的园区公共区域治理新格局，全年接报事项528件，结案458项，结案率达86.7%。建立由园区主要领导担任总河长的河长制，明确工作分工和流程，完成河长制树牌工作。

（四）联动发展携手并进。编制完成《长三角石化产业一体化发展规划研究报告》，制定《2021年金山区、上海化工区、上海石化联动发展工作要点》，与奉贤区形成《上海化工区与奉贤区联动发展合作备忘录》，加强与华东理工大学合作，编制《上海化学工业区产教融合示范区建设方案研究》。加强区域政策联动，8家企业通过奉贤区“三个一百”领军型企业认定、2家企业通过成长型企业认定。

五、弹好改革创新“交响曲”，营商环境持续优化

（一）审批服务提质提速。梳理“放管服”行政权力事项46项、服务事项43项，形成行政权力、公共服务事项清单。完善审批审查中心方案，调整工程建设项目审批审查中心并挂牌。简化规划、土地、建设审批流程，项目土地储备和供应周期从14个月缩短至10个月，规划许可、施工许可等统一缩短至5个甚至1个工作日内。全年办结土地、规划、建设、绿化和民防等审批和备案、服务事项共371件。

（二）政策覆盖不断扩大。梳理国家、市级、金山区、奉贤区和化工区等扶持政策，编印《主要产业扶持政策汇编》中英文版，为区内企业提供完整的政策指引。园区全年安排8100万元专项资金，支持企业绿色发展、科技创新、智慧园区等项目，带动企业及社会投资7.9亿元。

（三）公共服务有效供给。调整绿色共享通勤班车线路，优化管理中心职工餐厅服务，持续增强职工群众获得感。推荐园区1名外籍高管获上海市“白玉兰纪念奖”。指导企业协会组织“公众开放日”活动17批（次），接待周边社区居民、高校师生近1000人次；进一步强化爱心助医活动，助医金额220万元惠及周边居民。

（四）区容区貌美化提升。推进园区市政设施功能改造、形象提升等项目以及智慧工地系统建设。制定《上海化工区公共设施维护项目管理办法（试行）》，规范项目管理。推进智慧工地系统建设，强化工地扬尘、大型机械、渣土运输、建筑垃圾监管。加强生活垃圾分类管理，完善升级公共管廊、道路保洁、绿化养护、公共设施维护、储备土地和未开发转让土地管护等工作管理标准和规范。

（五）公用工程优惠让利。发布《关于进一步加强上海化学工业区公用工程产品和服务价格规范工作的通知》，加强园区基础性公共产品和服务价格机制管理。提升公用工程和公共服务企业能级，按计划落实各公用工程企业优惠让利工作。继续实行2020年生活用水和生活污水优惠让利措施，对部分用户新项目取消生活水和工业水连接费约60万元，向用户传导园区污水厂所享受的免收容量电费的行业优惠政策。继续维持每年36元／平方米的常规让利，完成电力市场年度和月度双边交易，每月为化工区内代理用户节省电费

12 万元左右。继续为固定费到期用户降低相关成本，全年让利累计 4545 万元。

【2022 年发展趋势】

2022 年，上海化工区坚持以习近平新时代中国特色社会主义思想为指导，全面贯彻落实中共十九大和十九届历次全会精神，按照习近平总书记考察上海重要讲话精神和对上海工作重要指示要求，认真落实十一届市委十二次全会精神，弘扬伟大建党精神，牢牢把握稳中求进工作总基调，完整、准确、全面贯彻新发展理念，服务构建新发展格局，坚持“五个放在”，以实施国家战略任务为牵引，以“项目推进年”为抓手，掌握“促发展、保安全”主动权，抢占新赛道、发掘新动能、增强竞争力，统筹推进园区十大重点工作，保持经济平稳健康运行，支撑上海实体经济发展，以实际行动迎接党的二十大和市第十二次党代会胜利召开。

全年预期批准项目投资 130 亿元，销售收入 1430 亿元，固定资产投资 70 亿元，缴纳各类税收将同比略增。

一、统筹抓好招商引资与项目建设，高强度促进经济发展提质增效

精准推进项目落地；创新招商引资方式；加速科创中心建设；完善专区配套体系。

二、统筹抓好安全生产与生态保护，高效率化解运行管理重大风险

严密疫情防控链；强化危化品安全风险集中治理；优化安全生产治理；拓展污染治理广度；提升环境监管效能。

三、统筹抓好“数字化”转型与“精细化”管理，高标准推进现代治理体系构建

丰富智能应用场景；深化“两网”平台建设；构筑共建共治格局。

四、统筹抓好“硬实力”打造与“软实力”提升，高水平提升世界级名园竞争力

提升营商环境品质；增加公用资源供给；强化审批服务效能；提升公共服务质量。

（龙　妍）

# 国网上海市电力公司

【概况】

国网上海市电力公司隶属于国家电网公司，是从事上海地区电力输、配、售的特大型企业，统一调度上海电网，参与制订实施上海电力、电网发展规划和农村电气化等工作，并对全市的安全用电、节约用电进行监督和指导。国网上海市电力公司管辖的上海电网位于长江三角洲的东南前缘，北靠长江，东临东海，与江苏、浙江两省接壤。供电营业区覆盖整个上海市行政区。截至 2021 年底，国网上海市电力公司管辖各类电网企业、发电企业、施工、科研、能源服务、培训中心等单位 28 家，共有职工 13160 人。服务客户 1136.22 万户。

【2021 年经济工作情况】

2021 年，全市发电装机容量 2785.79 万千瓦，最高用电负荷 3352.67 万千瓦，年售电量 1507.53 亿千瓦时。35 千伏及以上变电站 1025 座，输电线路 2.74 万公里。公司上下坚决贯彻中共上海市委、市政府和国家电网公司党组各项决策部署，紧扣“一体四翼”发展布局，坚持立潮头、勇争先，圆满完成各项目标任务，交出一份无愧于党的诞生地的优异答卷，实现“十四五”良好开局，得到国网公司和市委、市政府的充分肯定。公司党委获全国先进基层党组织称号。公司连续 7 年保持企业负责人业绩考核 A 级，连续 21 年保持市政风行风和 12345 市民热线绩效考核第一。

一、牢牢守住城市电力防线

统筹加强电力资源落实、电网调度运行和需求侧管理，平稳应对年初冬季极寒和 9 月以后严峻供需矛盾，成功抵御夏季高温负荷创新高和双台风考验，会同政府部门建立“树线矛盾、大棚隐患与施工外破”治理联合工作机制。实施三年专项整治集中攻坚，结合“五查五严”、安全生产巡查“回头看”等，排查治理特高压 GOE 套管、地下变电站防汛、线路“三跨”等问题隐患 8473 项。升级全景智慧保电系统 4.0，有力保障建党百年、第四届进博会、第十届花博会等重大活动，圆满完成援豫抢险、援陕“十四运”保电任务。建成网络安全监控大厅，部署一体化网络安全监测平台。组建网络安全柔性团队，5 人入选国网红队，位列国网实战攻防演练攻击队第一名。

二、全面实现战略对接融入

配合国网公司与上海市政府签署“十四五”战略合作协议。紧密衔接国网战略落地。成立专项领导小组和工作机制，编制“一体四翼”发展布局在沪落地行动方案，明确“两个率先”目标、“两军”发展策略和落地重大工程，制订 5 个方面、44 项任务的任务清单。积极助力“双碳”目标落实。制定贯彻落实国网“碳达峰、碳中和”行动方案的落地体系和任务清单，以及贯彻落实新型电力系统行动方案任务清单。建成“双碳”综合治理监控平台，率先发布上线浦东

智慧能源“双碳”云平台。实体化运作临港能源服务中心，在新片区超前启动施工用电电源点建设，创新临电“即插即用”模式。推动电力接入工程行政许可在线审批并联办理等系列举措，实现“拿地即开工”。建立长三角一体化三地应急协调联动机制，完成“水乡客厅”新型电力系统示范建设方案，建成青浦智慧能源云平台。

三、加速推进电网升级跨越

紧密对接城市新发展格局，全面修编“十四五”电网和公司规划，完成坚强局部电网规划、“五个新城”电网规划和国网首批能源互联网综合示范建设方案。83项35千伏及以上项目获得核准。外电入沪工程纳入国家电力发展“十四五”规划研究。500千伏黄渡主变增容、220千伏妙香输变电工程建成投运，崇明输变电工程完成跨越铁塔组立。奉贤海上风电送出等6项220千伏工程、上实输变电等39项110千伏工程按期投运。获评国网优质工程金银奖2项、“五好”示范工地6项。配网提升取得进展。完成“钻石型”配电网43组。新一轮电力架空线入地竣工118公里、开工287公里。完成147个老旧配电站改造、1194个重过载台区治理、251条架空线路全绝缘化改造。

四、奋力创出一流经营业绩

电网主业挖潜增效，同期线损“四分”综合监测达标率从年初92.75%提升至97.09%，实现台区线损综合监测达标率95%的年度目标。全面实现购售同期，全口径抄表周期压缩至5天，实现购售电数据同步、业务流程优化完善和“四分”线损指标归真。业扩申请、完成接电容量分别同比增长30.93%和40.39%。全社会电动汽车充电量同比增长61.44%，完成11.05万户居民充电桩接电，同比增长101.64%。推行供电＋能效服务模式并获辛保安董事长批示肯定。配合完成任期经济责任审计、重大政策落实跟踪审计任务，创新开展全数字化综合审计项目，完成11项经济责任审计项目。

五、引领打造营商环境标杆

以用户需求实现为目标，倒逼内部流程优化，打造卓越服务新高地。率先推动国办函129号文政策落地。配合建立“政府主导、定额拨付、全市统筹、定期监管”的电力接入工程投入机制，配合出台实施意见和配套办法，同步优化内部工作机制。推动代理购电平稳起步。全面落实电价改革政策，统筹开展流程优化、制度修订、系统升级、服务衔接，顺利完成代理购电公告发布、主体注册、电量预测、挂牌交易。实现“获得电力”再次提升，国内排名升至第2。实施“FREE+”改革举措，推行契约制项目管控，实现客户电子证照共享调用、零证办电。试行“先接入、后改造”，实现设计、施工勘察与工询环节并行推进。助力民心工程加快落地。开辟绿色通道，优化服务流程，完成早餐工程、旧房改造、老旧小区加装电梯、保障性租赁住房等电力配套2191项。

六、积极抢占发展变革先机

电力改革纵深推进，率先完成交易中心股权优化，规范运行成效显著。入选第二批现货试点省份，配合编制完成上海电力市场相关规则。全年市场化交易电量突破400亿千瓦时，建立“年度＋月度＋月内”连续开市模式，完成全国绿电交易首单。国企改革加快进程。三年行动任务完成率达到95%，超过国资委考核要求和国网整体进度。完成公司党委工作规则修订，实现子企业董事会应建尽建。全面推行经理层成员任期制和契约化管理，实施华东电试院项目收益分红。内部变革成效显现，制定实施“放管服”第四批清单35项，完成前四批改革成效“回头看”。在国网对标世界一流管理提升活动中实现标杆类型全覆盖，入选质量和数量名列前茅。

七、率先取得多项重大突破

创新动能充分激发，牵头发布国内首个电力储能技术IEC国际标准，获国网科技进步一等奖等高等级科技奖项40项。世界首条35千伏公里级超导电缆示范工程建成投运。智能配网PMU示范项目通过课题评价及绩效自评价。立项省部级以上重大项目26项。上线科技创新智慧平台二期与环保管理平台。建成挂牌上海市电力人工智能工程中心，4个国网实验室通过评估。数字化转型全面提速。建成企业级数据中台和数据门户，投运首个多站融合通信网络机房。开展电力看经济等大数据应用，建成上海市能源大数据中心，成功摘得上海数据交易首单。1项成果入选市质量管理数字化转型十佳案例，管理创新卓有成效。1项成果荣获全国质量标杆，获国家、国网和上海市管理创新奖19项。1项成果获国际质量管理小组大会卓越奖。1项成果获国资委全国企业诚信建设十佳案例。新增“上海品牌”认证2个。

八、广泛凝聚团结奋进合力

深入推进“旗帜领航、提质登高”计划，党建工作两次获得国网公司辛保安董事长批示肯定。及时传达学习习近平总书记重要讲话精神，落实“第一议题”31次，开展党委中心组学习13次，完善贯彻落实台账19类201条。党史学习教育、我为群众办实事特色做法入选中央、国资委、市委简报，获得市委和国网指导组充分肯定。深化伟大建党精神电力实践，组织建党百年·百年电力系列活动。建成民族之光爱国主义教育基地并入选央企首批基地。1家单位获全国五一劳动奖状，3家单位获上海市五一劳动奖状，4人获上海市“五一”劳动奖章。2人当选国网公司首届首席专家。分别有3人、1人和3人获上海工匠、国网工匠和国网劳模称号。1个集体获评央企青年文明号，4个集体获评上海市工人先锋号，6个集体获评国网先进集体和工人先锋号。各有

1人、1集体获上海市青年“五四”奖章。1家单位获评全国普法工作先进单位，1人获国网十佳供电服务之星。获评长三角劳模工匠创新工作室1个、上海市劳模和职工创新工作室4个。

**【2022年发展趋势】**

2022年，公司将以习近平新时代中国特色社会主义思想为指导，全面贯彻中共十九大、十九届历次全会和中央经济工作会议精神，落实党中央、国务院、上海市和国网公司决策部署要求，坚持“稳中求进”工作总基调，完整、准确、全面贯彻新发展理念，以迎接和贯彻党的二十大为主线，坚持党的领导和党的建设为引领，坚持电力保供为基础，坚持能源转型为方向，坚持高质量发展为主题，锚定战略目标不动摇，聚焦“一体四翼”不松劲，夯基础、补短板、扬优势、再登高，加快建设具有中国特色国际领先的能源互联网企业，为上海社会主义国际化大都市建设做出积极贡献。

全力做好电力保供工作；牢牢守住电网安全底线；加快推进电网高质量发展；持续优化电力营商环境；全面优化企业经营管理；落实“改革实效年”各项部署；深入实施新型电力系统科技攻关计划；加强党的领导和党的建设。

（任堂正）

# 上海漕河泾新兴技术开发区

**【概况】**

上海漕河泾新兴技术开发区（简称漕河泾开发区）是1991年3月经国务院批准设立的首批国家级高新技术产业开发区，也是国家级出口加工区、中国服务外包示范基地。2012年，漕河泾开发区被环保部、科技部、商务部联合命名为“国家生态工业示范园区”。通过9年的持续建设，园区在产业转型升级、资源集约利用、环境管理模式等方面取得显著成效，尤其是园区在支撑建设上海科创中心承载区、创新“一区多园”规划建设和生态文化品牌输出、老工业基地转升级、园区智慧管理平台建设等方面具有鲜明特色。

**【2021年经济工作情况】**

2021年是“十四五”规划开局起步之年，也是漕河泾开发区“再创业、再出发”攻坚蓄势之年。面对疫情持续影响和国际国内环境不利因素叠加，漕河泾开发区积极响应国家导向，继续内强管理，外塑品牌，增强优势、补足短板，保持良好发展势头。

一、园区经济稳中向好

全年实现营业收入5886亿元（含浦江），比上年增长8.53%；三产收入4899亿元，同比增长12.2%；利润总额493亿元，同比增长5.64%；税收总额175亿元，同比增长10.49%；从业人员数30.4万人。

园区综合发展水平不断提升，在2021年商务部公布的国家级经开区综合发展水平考核评价中，漕河泾开发区位列全国第15位，比上年第16位提升1位，始终保持全国前20名和上海市第1名。漕河泾开发区积极克服管辖范围小、公司制体制经营、无独立政府财政收支等不利因素，在年度考核评价中创造近1000亿元的GDP，单位面积经济贡献处于全国领先地位。此外，在2021年上海市开发区综合评价中，漕河泾开发区继续名列综合发展指数中型园区第一名。在4项分项指数中，营商环境指数排名第一，产业发展指数和创新发展指数排名第二；在9项专业评价指数中，产业发展指数和管理服务水平指数排名第一，创新成果指数和资源利用指数排名第二，科创投入指数排名第三；在25项单项评价指标中，“世界500强企业地区总部数和入区投资企业数及上市公司、挂牌公司数加权合计数”“园区创新创业服务机构加权合计数”“园区内公共服务平台数”和“认定的国家级或市级功能性园区加权合计数”4项指标排名第一。

二、产业集聚逆势上扬

漕河泾开发区抓牢“长三角一体化”发展、做优做强“五型经济”和城市数字化转型的历史新机遇，招商引资瞄准高端、支柱产业，新引进一批具有行业影响力的头部企业和发展势头迅猛的创新型企业，提升园区产业能级，凸显总部经济效应。全年新引进企业196家，其中漕河泾本部园区新引进企业86家，包括思特威科技（芯片设计）；鹰角网络、莉莉丝、阿里互娱（数字娱乐）；宁德时代、蔚来汽车（智能网联汽车）；百度在线（原创算法）、虾皮科技（在线电商）、太美医疗科技（医药临床研究数字化）等数字经济领域代表性项目，以及雅诗兰黛全球研发中心、国家电投风电产业创新中心、三菱化学、英国史密斯医学仪器等龙头项目。新业坊园区（源创、尚影、虹信、城工）新引进企业110家，代表性项目有妃鱼网络、华建集团，中创寰宇、使冠新能源汽车、通信计量站、国家无线电监测中心、自动化仪表、梧桐生物、鑫国动力等。年内开发区5家企业上市或挂牌。

三、工程建设全面推进

拿地、新建项目均按计划推进。全年拿地375亩，新开工74万平方米，包括长三角国际协同创新中心项目（临云）14.8万平方米、北杨项目D地块5.4万平方米、E\F1地块

28.9万平方米，颛桥9.5万平方米，南大A1组团15.7万平方米；续建项目68.5万平方米，包括漕河泾科技绿洲六期26.9万平方米和北杨项目A/B地块28.8万平方米，南大首发项目12.8万平方米；竣工项目面积43.5万平方米，包括城工科技绿洲25.5万平方米，漕河泾本部园区科技绿洲五期18万平方米。

园区更新方面，紧抓上海城市更新立法颁布契机，开展漕河泾城市更新深化研究。全年总计梳理漕河泾本部园区开发类体量约21.2万平方米，包括河南队14.5万平方米、左村项目3.4万平方米，凤凰园板块3.3万平方米，正在推进项目设计及拿地投资，力争2022年开工。另有3个环境提升类项目（中环科创公园、上澳塘、道路改造）和1个跟踪推进类项目（漕宝路440地块）。

四、科创服务南北联动

双创服务方面，南片区落实北杨人工智能创新中心纳入大张江范围。北片区5个科创载体2.95万方投入运营，包括新业坊LAB源创、上海退役军人创新创业基地、虹口创营、漕河泾科创公园、漕河泾科创会堂；引入城工环上大科技园1号基地；城工科技绿洲孵化器、技物所光电子产业创新转化中心等正筹建中。年内开发区43个项目获得风投金额近39.4亿元，新增“专精特新”企业85家、“小巨人”企业7家；19家企业获得上海市服务业发展引导资金立项；84家企业获得科技型中小企业技术创新资金立项，立项金额近2000万元。协同金融办和上交所举行漕河泾上市服务基地专场活动，推广临港园区科创贷服务。全年约有150余家企业获得张江国家自主创新示范区专项发展资金，立项金额达1.1亿元。

知识产权服务方面，持续推进知识产权运营服务体系项目建设：组建人工智能产业知识产权联盟，建设商标品牌创新创业基地、人工智能高价值专利培育中心、知识产权金融服务平台。联动融资平台和上市服务基地，开展商标质押融资、企业专利海外维权投保等创新型业务，完成知识产权质押融资15.8亿元，商标品牌保险31单，并创多项纪录。开发区企业申请专利6125件，累计申请专利61766件，每万人拥有发明专利数447件，比肩国外科技创新发达地区。

【2022年发展趋势】

一、对标全市产业布局，体现新优势，抢占新赛道

围绕上海三大核心产业（集成电路、生物医药、人工智能），以及上海三大新赛道（元宇宙、数字经济、绿色低碳），结合漕河泾园区实际，加快引进一批世界500强、行业龙头、隐形冠军企业的“一部三中心”项目在开发区落户。加快布局新赛道。加快元宇宙等新赛道产业布局，重点跟踪元宇宙底层技术（人工智能、大数据、通信和芯片设计），以及应用场景（游戏、社交）领域的龙头企业。

二、对标全市空间布局，打造新标杆，树立新典范

推进漕河泾本部园区科技绿洲六期27万平方米、漕河泾科创公园一、二期、上澳塘景观一期、南大首发项目13万平方米年内竣工；推进凤凰园二期3.3万平方米、河南队16万平方米、左村3.4万平方米、上澳塘体育中心、上澳塘二期年内开工；此外还要推进北杨、颛桥、南大等新拓展园区相关项目按期开工。推进河南队、左村项目共计99亩拿地，南大B2组团、B3组团、B1组团共计99亩拿地。坚持绿色化建设理念。

三、对标科创中心重要承载区建设，集聚新要素，构筑新支撑

强化科创与人才服务功能；坚持国际化发展方向；推动科创要素集聚。计划新增（含自营、引进、合作运营）科创载体不少于2个，面积不少于5000平方米。完成技物所光电子产业转化创新中心、交大数字医疗创新中心、德银－临港科技金融实验室、腾讯云游戏创新中心等项目合作落地。建立精品企业库数量不少于100家；对接项目数不低于280个，落地企业不少于15家，企业注册量不低于50家。

（张骏逸）

# 上海市工业综合开发区

【概况】

上海市工业综合开发区是上海市的九个市级开发区之一，是一个集工业园区、科技孵化、综合保税区于一体的综合性园区。现已形成美丽健康、新能源新技术、汽车配件、电子信息、装备制造、物流等六大支柱性产业。2021年获“奉贤首家百亿园区”称号。

开发区位于奉贤新城规划板块中的中西部，具有良好的区位优势与交通网络，距上海市市中心仅20公里，距上海虹桥机场29公里，距上海浦东机场、上海洋山深水港均在50公里以内。区域面积24.35平方公里，包含奉浦园区、庄行园区两大园区，奉浦园区内含1.88平方公里的奉贤综合保税区。

【2021年经济工作情况】

2021年，上海市工业综合开发区完成财政总收入100.07

亿元，比上年增长28.23%；完成地方财政收入29.57亿元，同比增长31.01%；完成工业产值489.16亿元，同比增长14.4%；完成固定资产投资23.59亿元，其中工业投资17.11亿元。综保区进出口额超100亿元。

一、招商引资

立足产业基础、产业优势，坚持高端产业定位，以高质量发展为标准，以"五型经济"培育发展为新功能，持续提升产业能级。加大实体项目跟踪力度。在"挖存量、促增量"上做文章，加快推动产业集聚中心建设，织密优质平台的招商网，全方位集成资源、汇聚政策，形成合力。着力拓宽招商渠道，创新招商模式，举办北京、成都、广州、重庆等招商推介会34场，其中"伙伴计划"23场，不断提升开发区影响力。

二、项目促三早（开）

以"四个一批"为抓手，坚定不移实施项目带动战略，按照"开工项目抓进度、续建项目抓投产、签约项目抓跟踪、储备项目抓前期"指向，强化工作协调，全力帮助企业解决项目规划、土地、环评、施工等过程中遇到的困难和问题。全年在跟产业项目52个，其中新增用地项目24个，改扩建项目26个，房产项目2个，总投资240.67亿元，预计税收36.65亿元。

三、产业结构调整

立足"集聚、高效、绿色"的工作目标，加快推进产业结构调整，为优质项目落地腾出足够空间，以此实现存量与增量同步提高，引领产业升级转型和经济增长动能转化。同时继续强化企业分类管理，推进低效用地转型，年内验收通过关停转型企业7家，共计土地301.6亩，厂房10.9万平方米，超额完成全年指标数。

四、自身经营

围绕打造国内一流的产业投资运营商的战略目标，不断提升开发区的整体运营能力和水平。强化自身多元投资业务。2021年，实现归母净利润1.04亿元。以基金等平台扩充投资。通过基金模式，与金融机构以及其他社会资本开展积极合作，有效形成资本供给效应，未来将直接投资于区域重要战略性新兴产业项目、重大科技研发项目等。

五、综合保税区

充分发挥综保区的平台优势，延展产业及服务内涵。全年实现产值74亿元，同比增长72%；实现进出口总额115.87亿元，同比增长98.4%。构建保税多元化产业结构。做优国际服务贸易集成平台。综保区跨境电商完成总单量77.86万单，货值实现2.05亿元，同比增长21.45%。"美谷美购·跨境购"影响力逐步提升，全年实现线上线下销售额超亿元，全渠道销售额超120亿元。

六、产城融合

坚持建设产业、城市、文化、绿色融合发展的城市空间，以"满天星"工程实施为契机，加大推进硬环境建设。不断完善城市功能，优化空间布局。促进"三生"（生产、生活、生态）融合发展，加快园区向城区转变。

七、园区综合服务

深化企业服务。继续深化"三化、三性"服务理念，以高要求、高质量的标准，深入推动企业服务工作，关注企业发展情况，助推企业创新，关心企业困难问题，将服务企业落到实处，真正体现无微不至、无怨无悔、无私奉献的"妈妈式"服务内涵。

**【2022年发展趋势】**

2022年，上海市工业综合开发区将锚定目标，优化产业结构，由分散向集聚转变，打造上海南部"五型新锐"；优化营商环境，由粗犷向品质转变，成为辐射长三角的企业"创业伙伴"；优化产城融合发展，由园区向城区转变，争创数字化转型的园区"治理先锋"；优化经营水平，由单一向多元转变，打造上海国有企业"改革样板"。

（赵业业）

# 上海市机械设备成套（集团）有限公司

**【概况】**

上海市机械设备成套（集团）有限公司是一家以招标监理咨询、国内外贸易、设备集成及工程承包、投资运维为主营业务的多元化国有服务型企业。成套集团不仅受到外部环境深刻变化带来的严峻冲击，也面临着国内加速经济"双循环"新发展格局所带来的新机遇。2021年，在董事会的领导下，全体干部职工团结一心，立足"十四五"战略规划，以"高质量发展"为目标，围绕"防风险、提质量、稳增长、调结构、强管理"工作重点，从自身发展实际出发，聚焦主业，守正创新，在集约管理上积极改革应对变局，在业务经营上积聚力量开新局。

**【2021年经济工作情况】**

一、经营指标全面完成，增长趋势总体平稳

各项指标完成，部分指标超额完成。实现经营规模756.11亿元，营业收入54.94亿元。

二、经营工作稳中有进，业务开拓走广走深

在外部面临日趋严峻激烈的市场竞争，内部面临行业及上级单位日益严格合规检查的双重压力下，集团主营业务板块铆足干劲，在深耕自身优势领域的同时，加大市场开拓力度，经营业绩总体趋稳，业务承接不乏新亮点。

（一）招标监理咨询板块：巩固优势拓新绩，传统创新两手抓

招标代理业务：始终聚焦“专业”，行业深耕与市场开拓并驾齐驱，在做深做宽优势领域的基础上，积极应对行业转型，努力推进业务的多元化和综合化发展，在市场准入门槛降低、竞争日趋同质化的大环境下，交出较为亮眼的成绩单。

工程监理业务：监理公司克服新冠疫情等不利因素，中标业务总量较上年同期呈“稳步提升、多点开花”的格局，全年中标项目31个（轨道交通10个）。其中，城市轨道交通业务板块成绩突出，依然是拉动公司营运业务的主引擎。

咨询服务业务：继2019年国家发展改革委、住房城乡建设部《关于推进全过程工程咨询服务发展的指导意见》出台后，集团形成“集团军”发展共识，由机电招标公司牵头，积极推进全过程咨询服务业务。2021年4月，机电招标公司与建工设计院、建浩工程公司组成联合体，中标海军特色医学中心项目全过程咨询服务商公开招标项目，实现全过程工程咨询业务的零突破。

（二）贸易板块：紧跟政策强业绩，集约管理促转型

贸易板块作为集团支柱板块之一，是集团主要营收来源和重要利润来源。

重大装备引进业务：关注重点领域，服从国家战略。重大装备引进业务辐射城市轨交、航空航天、集成电路等国家重点关注及上海市重点工程项目领域。

生产型企业供应链业务：紧跟“双碳”政策，服务头部企业。生产型供应链业务中，光伏行业为利润主要来源。受益于国家“双碳”经济政策以及进出口公司一以贯之的聚焦行业头部企业战略，光伏国内供应链业务迎来大繁荣。

设备租赁业务：经营另辟蹊径，助推业务发展。该项业务以汽车租赁服务为主，辅以办公设备、净化设备租赁服务。2021年设备租赁公司寻找发展新思路，10月中标松江区佘山镇政府车辆租赁项目。

产品代理业务：服务新老客户，代理稳步增长。加快转型调整，实现降本减亏。

（三）设备集成及工程承包板块：聚焦优势夯基础，创新突破见成效

工程板块一直以来聚焦城市更新、电力电站、水利水务、生态环境等领域，充分发挥自身在设备集成（设备工程设计集成、设备采购及其伴随服务、设备工程调试开通、运维服务等）、机电工程施工总包、机电安装专业承包方面的特色，于全国轨道交通机电设备工程领域、车辆段工艺设备领域、水处理工程领域取得了较好成绩。2021年获得机电工程施工总承包一级资质，突破了多年来制约工程投标业务发展的资质瓶颈，有利于开拓新的业务增长点。

（四）投资运维业务板块：投资运维两手抓，业务孵化逐落地

集团投资运维业务初步进入光伏电站、城市水务、轨道交通、水利工程、污泥处置、汽车维修等6个领域，业务初具规模，特色优势明显。

光伏电站业务：集团打通光伏电站开发、投资、建设及运维一体化产业链，投资建设运维的3座光伏电站项目总计发电量突破4013万千瓦时，节约12843吨标准燃煤，减排32774吨二氧化碳、338吨二氧化硫和2662吨烟尘，带来社会、经济和环境三重效益。

水利工程业务：净化公司连续4年为市堤防处市管泵闸机电设备应急抢险和维保提供优质服务，另外，与嘉定北区厂提供维保服务，延伸公司现有产业链。

城市水务业务：由集团直接投资运营管理的BOT建设项目江阴亚同环保污水处理厂处理水量213万吨，日均处理水量同比上升19%。

轨道交通业务：监理公司发挥轨交建设监理、综合联调咨询等方面的市场及技术优势，在运营保障、后勤保障、基地维护改造、物业配套开发等领域新承接一批具有典型专业特性的地铁维护保障项目，为实现集团发展轨道交通全生命周期业务夯实基础。

三、高质量发展行稳致远，全国化步伐走向纵深

集团业务经营始终围绕“高质量”，市场开拓辐射全国。

（一）内联外合优势互补，打通产业联动经脉

10月，集团分批组织召开五次专题会，以如何保持成套集团高质量发展为主题，开展大讨论，并达成共识，即发展“成套集团军”战略，形成优势互补、资源共享的良性循环。

（二）集约改革持续深化，短板弱项加快补齐

集团进一步激发业务活力，加快推进集团管理模式创新，成立由集团党政领导和各职能部门组成的管理模式创新领导小组和工作小组。聘请交大管理学院，根据集团实际情况量身定制集团组织机构设计与集约化改革方案。在集团党政统一领导下，分步实施集团集约化管理改革。

（三）风控内控双向管控，健全体系保驾护航

针对贸易代理业务可能出现的重大风险漏洞，集团重新制定《贸易业务管理制度》和《生产性供应链贸易业务管理规定》，上半年由集团综合管理部牵头，启动集团内控体系升级工作，已完成所有70余项制度的第一轮修订工作，并根据内控要求开展第二轮（共二轮）修订工作。

（四）聚焦中心紧抓落实，科创赋能助力发展

集团注重科研成果向生产力的转化，全年获得8项实用新型专利授权，4项实用新型申请受理通知，1项发明进入实质审查阶段；完成建工集团重点科研项目课题申报1项，成套集团科技创新项目课题申报10项；获得软件著作权1项；发表论文3篇。

（五）两外市场持之以恒，辐射全国服务大局

开拓“两外市场”是集团持之以恒的战略布局，集团全国化市场开拓成效显著，分布城市达33个，业务规模占比超过40%，集团各单位跟踪投标、实现中标、参与建设的项目几乎已覆盖全国各个省市自治区，同时，对海外市场信息密切关注，坚持海外相关项目的试水投标。

四、整体建设不断提升，有序管理反哺效益

（一）安全生产事故为零，年度目标全面完成

年度生产安全责任事故为零，未发生较大及以上生产安全事故和无出租场所安全责任事故，未发生急性中毒、职业病等安全生产事故。

（二）资质提升逐一落地，业务增长突破瓶颈

完成机电工程施工总承包资质升级，突破了多年来制约工程招标资质瓶颈，机电招标取得工程造价甲级资质，为公司承接工程招标业务创造了有利条件。

（三）人力资源服务大局，提供专业人才保障

从集团战略和大局出发，为集团发展提供专业服务和人才保障。组织干部三年任期考察，对各基层公司领导班子和55名中层干部进行考察；完成2021年度责任状编写工作。编写《中层干部教育培训积分制管理试行办法》，修订集团《员工培训管理办法》；做好事业单位改制工作，对员工关心的补偿金、补计职业年金等问题给予政策指导和解读，落实改制资金渠道；顺利通过浦东新区社会责任达标企业与和谐劳动关系达标企业的复评。

（四）信息建设持续推进，强化网络安全意识

持续推进信息化三期后续暨现场管理系统的建设，完成对“泛微”“鲁班”“筑业”“企管家”等软件公司进行方案评估，协调各家软件公司对接并成功达成衔接和接口方案。根据上级单位统一安排部署，集团还进一步明确网络安全管理组织体系，不断强化网络安全建设。

（五）多项工作获得认可，荣誉奖项激发士气

2021年，机电招标公司中航商用航空发动机公司产业基地建设项目团队在上海市重点工程实事立功竞赛中评为上海市先进团队；监理公司获上海市重大办颁发的2020年度先进集体奖，其承建的武汉市轨道交通7号线（风、水、电、装修）监理项目获2020—2021年度国家优质工程奖、轨交15号线工程装饰安装监理4标项目部获上海市2020年度优秀团队、上海轨道交通18号线触网2标获上海市住房和城乡建设管理委员会颁发的上海市文明工地；进出口公司蝉联九届上海市文明单位。

五、社会责任认真落实，防疫救灾尽显担当

（一）防疫工作压实压紧，全力推进疫苗接种

不折不扣落实新冠病毒疫苗接种工作要求部署，按照应接尽接、梯次推进、突出重点、保障安全工作要求，进一步细化员工接种方案，压实各方责任、强化跟踪督导、加强宣传引导、及时反馈数据，确保疫苗接种工作组织落实到位。

（二）特大暴雨紧急驰援，救灾当前义不容辞

7·20特大暴雨灾害造成郑州地铁线网多座车站被淹受损，在得到郑州地铁公司的明确需求后，监理公司郑州项目部全体人员迅速组织抢险救援队奔赴事发现场，牵头开展运营恢复线路的灾后重建工作。其间，先后完成郑州轨交1号线、2号线一期、4号线、5号线和14号线一期系统联调工作，为郑州轨交恢复正常运营打下扎实基础。郑州地铁集团特发来《感谢信》，高度赞扬了监理公司全体参战人员在本次抢险工作中所展现的特别能吃苦、特别能战斗、特别能攻坚、特别能奉献的优良作风、职业素养和大爱情怀。

**【2022年发展趋势】**

2022年，集团要以习近平新时代中国特色社会主义思想为指导，全面贯彻落实中共十九大和十九届二中、三中、四中、五中、六中全会及中央经济工作会议精神，看清路、沉住气、挺起胸、迈开步，坚持市场引领、稳中求进、创新驱动、高质量发展的总基调，聚焦经营增长、管理提效、产业联动、科技赋能。做到进一步提升企业经济质量，优化企业组织架构；提高依法合规意识，细化基础管理水平；完善贸易风控管理，提升数字赋能水平；深耕优势行业市场，走差异化竞争道路；提高干部整体素质，锤炼健全选贤任能机制。集团将统一思想，聚焦重点，形成合力，保持各项工作健康、平稳、有序推进，以实际行动迎接党的二十大胜利召开。

主要任务和重点工作：确保主营业务板块经营指标稳步实现；确保集团组织结构调整及优化有序推进、平稳落地；确保集团管理精细化水平跟上企业发展步伐；确保集团人才队伍建设跟上企业发展速度。

一、聚焦传统挖掘潜力，开拓创新谱写新篇

招标监理咨询板块：业务提质增效，牵头产业联动。贸易板块：加速业务转型，探寻发展机遇。工程板块：把握资质提升，培育核心科技。投资运维板块：投资促进联动，力争做大做强。

二、合理调整组织架构，提升管理服务发展

优化组织架构调整；建立信息共享机制；有效跟进诉讼执行；巩固加强内控管理；制度执行掷地有声；安全生产严抓不放；加快骨干队伍建设；提升信息化办公水平。

三、切实做好职工关怀，企业氛围和谐有序

落实关心职工措施；畅通民主建言渠道；顺利推进改制扫尾；注重企业文化建设。

（李雯菁）

# 国核自仪系统工程有限公司

**【概况】**

国核自仪系统工程有限公司（简称国核自仪）坐落于上海紫竹国家高新技术园区，是上海市高新技术企业和文明单位，注册资金2亿元，占地37亩，建筑面积4.3万平方米，是国家电力投资集团有限公司（以下简称国家电投）所属二级企业。承担了AP1000仪控技术引进消化吸收和再创新、实现三代核电站数字化仪控系统和设备的国产化、自主化和自主可控国家任务，具备同时开工六台套百万千瓦级核电数字化仪控系统集成制造的能力。承担大型先进核电站（06专项）、核心自主化芯片和基础软件（01专项）、重型燃机（“两机”专项）等3个国家科技重大专项科研任务。全面参与全球首批AP1000、CAP1000、“国和一号”“国和二号”等核电工程项目实施。国核自仪已经发展成为仪控领域专业化供应商，为客户提供仪控系统工程设计、设备研制、集成制造、安装调试和运维服务等全寿期、一站式解决方案。

国核自仪研发成功具有完全自主知识产权的“和睿”系列数字化仪控系统产品，包括核电站反应堆保护系统平台（NuPAC）、控制系统平台（NuCON）、多样化驱动系统平台（NuBAC）、堆内测量和堆外核测系统（NuNIS）、棒控和棒位系统（NuRIC）、辐射监测系统（NuRAD）、特殊监测系统和地震监测系统（NuTEC）以及全范围模拟机（NuSIM）。其中，基于FPGA技术的反应堆保护系统平台（NuPAC）同时获得中国国家核安全局和美国核管会（NRC）认证，成为全球首个通过中美两国政府核安全监管机构行政许可的核级产品。国核自仪拥有从事仪控相关领域业务的必要资质，包括国家核安全局颁发的民用核安全设备设计许可证、民用核安全设备制造许可证、美国核管会（NRC）认证、核安全级软件独立验证和确认体系认证，信息系统安全集成和风险评估服务资质等。

**【2021年经济工作情况】**

2021年，国核自仪围绕国家电投集团“2035一流战略”、平台公司“一流研发＋一流AE”建设目标和公司“一三五”发展战略，在工程和科研任务同步开展、新业务新市场竞争激烈的环境下，各项工作按计划进行，保持高质量稳定发展，公司全年超额完成资产经营目标。

有序推进国家科技重大专项课题任务，攻坚核电和燃机控制领域难题。公司承接的“国和一号”全厂数字化仪控系统和设备集成项目稳步推进。“采用国产芯片的信息安全加强型数字化仪控系统研制”及“堆外核测仪表设备工程样机研制”课题入选国资委“1025”攻关项目，实现关键元器件的自主可控。堆内测量系统的国产化工作受到中办、国办和中央财经委员会办公室的关注。在国资委2021年发布的《中央企业科技创新成果推荐目录（2020年版）》178项中，国核自仪独占2项。“基于国产软硬件的核能仪控方案及设备研制”课题顺利通过工信部组织的综合绩效评价，推动国家重大专项间的产业协同，为解决关键元器件“卡脖子”难题做出了积极贡献。“燃气轮机控制系统容错方法研究”课题及其条件保障项目按期有序推进。

公司经营上下一盘棋，集团内外核电核能市场取得突破，非核新跑道业务全面落子，各项孵化业务落地开花。公司NuPAC产品成功中标中核项目，实现集团外大型民用核电项目应用的突破。保持核电核能市场业务持续增长的同时，非核业务合同额大幅增长，首次实现综合智慧能源订单落地，逐步实现从“以核为核”向“以仪控为核”转变。

**【2022年发展趋势】**

2022年，为确保公司生产经营工作积极有序开展，以年度计划落实战略规划，围绕国和一号项目、市场开拓和产业协同发展、科研创新和产品研发、业务能力提升等四大方面，瞄准核工程、核服务、工业控制、信息安全、数字仿真、综合智慧能源等经营方向，持续打好存量、增量、未来三副牌。持续推进“国和一号”示范工程设备交货和现场服务。有序推进海阳二期、三门二期项目供货。按期通过国家能源局组织的“补短板”项目综合绩效评价，确保圆满完成国资委“1025”专项各项节点目标。持续进行市场拓展，优化资源配置，激发全员干事创业热情，推动经济效益稳定增长。

（鲍璐璐）

# 上海振华重工（集团）股份有限公司

【概况】

上海振华重工(集团)股份有限公司(ZPMC)是重型装备制造行业的知名企业，为国有控股A、B股上市公司，控股公司为世界500强之一的中国交通建设集团有限公司。公司成立于1992年，于2009年正式更名为振华重工。公司总部设在上海，并在上海及江苏等地设有8个生产基地，占地总面积约1万亩，总岸线10公里，其中深水岸线5公里，承重码头3.7公里，是世界上最大的港口重型装备制造商之一。公司拥有20余艘6万吨～10万吨级整机运输船，可将大型产品整机运往全世界。振华重工产品已进入全球105个国家和地区，覆盖约300座港口，岸桥产品全球市场占有率达70%以上，连续25年全球第一。

振华重工秉承着“世界上只要有集装箱港口的地方，就要有上海振华生产的起重机作业”的企业使命，坚持“以钢为纲”“聚焦主业，专注专业”和“有限相关多元化”的业务发展思路，优化整合五大业务群，持续推动公司建成具有全球竞争力的科技型、管理型、质量型世界一流装备制造企业。

【2021年经济工作情况】

2021年，面对疫情带来的外在市场挑战和公司内部运营压力，振华重工以“科技型、管理型、质量型”世界一流企业目标为指引，确立“稳、调、升”工作方针，采取有效措施、狠抓生产经营，稳住基本盘，保持稳健发展，实现“十四五”发展的良好开局。

一、市场业务布局加快优化

(一)港机业务保持发展优势。公司主要签订厦门港、宁波港、北部湾、美国长滩港、中港尼日利亚、马士基等海内外港机订单。其中，签订钦州港大榄坪南作业区9号、10号泊位工程智能装卸系统总承包项目合同；签订斯里兰卡东港ECT码头设备供货合同。港机业务海外订单占67.16%，比上年大幅上升。公司市场版图不断扩大，产品进入全球第105个国家。新型环保螺旋式卸船机、无人驾驶跨运车、正面吊等产品获得市场认可，公司港机产品全品类优势得到进一步巩固。

(二)海工、船运业务着力发展。全年基本完成海工经营任务，签订上海电气两条风电运维母船、三峡集团起重机及升降系统、江苏龙圣4000吨全回转起重船等重大项目订单。公司自有船运业务全年共执行90个航次，同比增加16个航次。世界上起重能力最大的1.2万吨自航全回转起重船“振华30轮”在风电安装领域发挥良好作用，单船年度收入超4亿元。

(三)桥梁业务保持快速发展。公司桥梁业务取得丰硕成果。承接的世界最大跨径山区悬索桥金沙江大桥主桥通车，世界最长的连岛高速舟山主通道主线贯通，中克两国最大的合作项目克罗地亚佩列沙茨大桥顺利合龙等。公司还承接一批具有重要影响力的大型桥梁项目，进一步树起“中交钢构”的旗帜。

(四)海上风电业务异军突起。公司紧抓风电市场“抢装潮”，大力开拓海上施工装备业务。顺利完成了世界最大、亚洲首座海上换流站——三峡如东海上换流站的制造运输安装工作。累计完成19座海上升压站的吊装任务，助力国家海上风电建设的同时获得较高收益。签订一大批高附加值的海上升压站项目，如浙能嵊泗、国电投滨海、三峡如东、国电投揭阳等项目。

(五)停车业务培育特色优势。上海港商品汽车自动化立体仓库项目签约并开工，标志着公司立体停车解决方案首次在国内汽车物流仓储领域的成功应用。深圳南山科技园立体钢结构公交车库试点项目作为国内首批公交大巴立体车库落地项目完成竣工验收。公司自进军上海高端医院停车市场以来，逐步发挥优势，引领医院停车设施建设智能化发展。

(六)新兴领域业务有序发展。投资业务方面，在建工程项目风险管理质效显著，各项目稳步推进。民生业务方面，加梯业务新签订单破百，全年营收突破1亿元大关，创新推广加梯全生命周期“浦东模式”，成为浦东标杆企业。新能源业务方面，项目数量持续增加，获“2020年中国分布式光伏年度之星”和“2020中国分布式光伏工商业卓越投资商”奖项。

二、生产运营成效持续提升

公司统筹协调生产资源，强化项目履约管理，多措并举，缓解基地产能瓶颈，保障生产有序实施。分包商管理与本工队伍建设有序开展，进一步压缩分包商队伍数量，完善分包商队伍实名制管理。不断提高公开招标率，进一步缩短采购周期，加强末端库存与仓储管理，提高库存周转率。

三、科技创新取得丰硕成绩

(一)重大研发取得可喜成果。公司获中交集团科技进步奖5项，其中，公司参与的《超大型自航绞吸挖泥船“天鲲号”研制》获特等奖。获上海市科技进步奖3项，其中，公司参与的《洋山四期超大型自动化集装箱码头关键技术研究与应用》获特等奖。

（二）知识产权成果持续增长。公司申请专利295件，其中国际专利1件，发明专利145件，实用新型专利147件，外观设计专利2件。申请专利授权190件，其中国际专利授权4件，发明授权25件，实用新型授权158件，外观设计授权3件。《桁架式岸桥主梁以及桁架岸桥》获得第22届中国专利优秀奖。公司首次牵头负责ISO国际标准制定和修订，主持或参与外部标准发布11项。

（三）加快推进关键技术攻关。公司编制的《下一代集装箱码头智能TOS平台架构设计方案》和《下一代集装箱码头智能TOS平台开发实施方案》通过上海科委组织的专家评审并获得高度认可，标志着TOS系统研发取得实质性进展。加快推进《港口室外无轨导航重载AGV系统及应用》等12项省部级科研项目，其中《自动化码头起重机箱体智能制造车间建设项目》等6个项目通过国家科技部验收。公司主导的"中交集团自动化码头技术研发中心"获批。

**【2022年发展趋势】**

2022年，是振华重工持续深化改革、再上新台阶的关键时期。振华重工将持续加强创新、深化改革、提升管理、狠抓党建，全面开启具有全球竞争力的科技型、管理型、质量型世界一流装备制造企业发展新征程，以优异成绩迎接党的二十大胜利召开。

一、全力以赴做大做优做强市场

加大港机、海工、船运等核心主业市场优势；加快扩大"大重特"型钢结构、海上风电、智慧停车等成长型业务；加强后市场服务业务开拓；适度发展金融与投资业务；稳妥有序做好装配式建筑、民生工程、新能源等新业务储备。

二、切实抓好生产运营管理提升

统筹生产布局，强化项目管理；加强分包管理，优化用工模式；推行能招尽招，优化供应体系；推进质量管理，接轨国际标准；做好财务管控，加强预算考核。

三、积极稳妥深化各项改革工作

确保综合改革工作如期收官，确保改革工作质量；进一步抓好总部"四能"改革，完善制度体系建设与制度管理机制，做好总部制度的"废、改、立、释"；推进改革工作向基层延伸，推动各生产基地适应性变革。

四、大力提升科技创新与数字化工作

加快形成核心技术体系，积极开展争当自动化码头现代产业链链长的行动；提高核心技术创新能力，加大深水大容量风电安装船、深远海风电运维船等专业领域优势装备研发；加大产品设计优化力度；推进数字化智能化建设。

五、全面加强风险防控体系建设

强化现场生产安全管控，严明奖惩措施；继续推进环保合规整治，确保双碳战略工作稳步开展；切实加强法律维权工作；提升全面风险管控能力。

六、持续巩固加强党的建设工作

持续加强政治建设，严格落实"第一议题"制度；强化思想舆论引导，做好公司成30周年各项工作；强化人才队伍建设；深化党建业务融合；推进党风廉政建设。

（张怡然）

# 上海航空发动机制造有限公司

**【概况】**

上海航空发动机制造有限公司成立于1978年，是中国航空工业集团公司在沪企业，于2004年12月注册成立股份有限公司；2018年4月改制为有限责任公司，2019年3月增资扩股后注册资本17486.174万元。公司注册地上海市宝山区富联路1058号，下设上海宝山、烟台、沈阳、武汉、滁州、张家口六地七厂。公司主要业务是汽车零部件成型和连接，产品主要涉及车身结构件、开闭件、总装电泳件，包含纵梁、车底 & 顶盖横梁、轮罩、天窗、门窗框、后端板、水箱框架上横梁、A、B、C、D柱；滑移门支架；仪表板梁等，产品涉及整车车身及总装的大部分区域。公司主要客户为上汽通用汽车有限公司、上汽乘用车集团股份有限公司乘用车公司、上汽大众汽车有限公司、华晨宝马汽车有限公司、华人运通控股有限公司。

**【2021年经济工作情况】**

2021年，公司认真贯彻集团公司和中航汽车的各项重大决策部署，克服困难、统筹协调，较好完成年初下达的主要经营指标和任务，实现公司"十四五"规划目标的良好开局。

一、聚焦经济运行，坚持新发展理念

以中航汽车战略为引领，制订"十四五"发展规划，并发布技术发展和人力资源子规划。坚持新发展理念，坚持经营制度创新、狠抓"四制"落地降低采购成本，提高运营质量。推进原材料配送制、标准件寄售制，降低存货。12月底存货金额1.54亿元，两金规模4.47亿元，两金占比29.97%。实施公司内部招标制度，至12月底累计实施内部招投标145项，工装项目平均提升利润率约8%以上，运输费平均降本5%，标准件累计降本约3%。公司推进军民融合发展，沈阳上航发已进入沈飞、营口航盛供应商目录，在“三同原则”下承接订单200万元。

二、深化改革，落实国企改革三年行动重点任务

年内公司3户受销量和疫情影响亏损法人单位全面实现扭亏目标。加紧清理不具备竞争优势的业务，退出张家口基地吉利项目，通过与主机厂的协商谈判，收回工装投资，有效防范和化解风险；持续推进存量资产转让，完成烟台基地土地厂房转让。全面贯彻全层级任期制和契约化工作；全面完成退休人员社会化管理工作。

三、聚焦市场开拓与技术创新，坚持高质量发展

全年，公司累计承接新订单20.5亿元，比上年增长10.81%；其中，新能源订单总额6.15亿元，同比增长408.3%。公司承接的带设计功能奇瑞滑移门支架项目已在交样阶段；公司参与出口欧洲奔驰的二级件、安徽大众、华人运通、蒂森避震支架项目等的报价。公司本部及沈阳上发两家公司开展高新技术企业认证通过审核，待相关部门最后审批发证。公司用于研发的总投入5962万元，占总营业收入的4.0%；拥有实用新型专利专利34项、发明专利2项，8项实用新型专利正在等待授通中。全面推进信息化建设进程，在信息化建设方面引入SAP企业管理系统。

四、坚持市场化选人用人机制，加强人才队伍建设

聚焦人员结构优化，协商解除92人、招录57人，通过置换、扩容、压减等多种方法继续提升人员队伍素质。各基地间用工成本对标，严控用工费用，提升劳动生产率，至12月底，劳动生产率29.62万元／人。分类做好人才管理，注重实绩配合上级做好公司经理层考核，及时调整中层管理人员，市场化选聘市场副总监1人、调整交流6名中层管理人员、免职5名中层管理人员。

五、聚焦基础管理，强弱项、补短板

扎实推进各基地BIQS体系建设、三方外审等工作。通过上汽通用BIQS复审、上汽大众二方A级复审、上汽乘用车和上汽通用的试验室认证，同时获得试验室比对合格证书。修订《供应商管理手册》《公司审批权限管理规定》《边角废料管理办法》实行《生产经营委员会章程》。日常经营决策成功实现三个转变：从“单兵作战”到“协同作战”的转变；从“议价”到“招标”的转变；从“一个诸葛亮”到“三个臭皮匠”的转变，大大降低采购成本。根据集团公司《合规管理体系评估与合规检查工作指引》《关于开展集团公司合规管理体系建设检查验收工作的通知》要求，开展合规自查评估工作，通过建立合规管理组织架构、健全完善合规管理制度体系，推动合规管理融入业务。

六、狠抓预算落地，加强资金成本管控

加强资金成本管控，修订资金审批权限；多渠道降低融资成本，资产负债率降到72.96%，为3年来新低；带息负债规模3.83亿元，同比下降42.66%。狠抓CBA测算。在新项目承接和新项目投资过程中，做好数据分析和管理，提升市场业务承接的精准度，提高投资效率，全年对超过30个项目进行CBA测算。同时对新产品项目建立投资管控表，做好事前算赢、事中控赢。

七、狠抓内部经济循环，做好精益改进及降本增效

狠抓公司内部经济循环，将高价值业务从“外包”转为“内做”，增强内部经济循环，提升公司核心竞争力：烟台基地自主集成10台机器人，滁州基地机器人自主维保近100台。积极开展精益改进及降本增效，年效益效果完成1000万元以上。武汉和滁州基地通过优化平面布置后，新增闲置厂房出租超5000平方米。

八、提高风险防控能力，规避潜在运营风险

牢固树立底线思维、增强风险意识，筑牢风险防范“三道防线”；年初结合公司运营业务特点，识别评估公司各类风险，制定应对措施和预警指标；年中再次开展风险研判，动态调整前五大风险。公司各级聚焦重点、靶向发力，积极化解存量风险，有效防范增量风险，协同防控风险，坚决守住不发生重大风险的底线。公司在堵漏洞、化风险中，持续夯实高质量发展的底板。在补短板、强弱项中继续深挖高质量发展的潜力。对存货管理、原材料采购、在建工程转固等重要业务领域进行“体检”、实施7项内部审计项目，统筹审计资源聘请审计机构实施存货和物流专项审计，有效促进公司基础管理和治理能力的提升。

九、筑牢疫情防控线，促进公司稳定和谐

公司疫情应急防控工作领导小组认真落实中央和地方政府及上级公司关于疫情防控工作的要求，做好疫情防控工作，保障经营生产的稳定。

公司工会在党委和上级工会的领导下，围绕企业中心工作，着力发挥党联系职工的桥梁和纽带作用，开展以“安全生产月”和“十个一”活动为重点的“安康杯”竞赛活动，公司连续11次获“全国安康杯竞赛优胜单位（上海区）”称号；工会积极开展围绕年度经营重点工作的劳动竞赛及合理化建议征集，工会选送的上海市职工合理化建议优秀成果——《自动线机床垫板循环利用》获“2020年度上海市职工合理化建议创新奖”荣誉称号。为加强沟通增进与客户之间的友谊，公司工会联合上汽通用举办第一届“车企杯”篮球友谊赛，凝聚内外合力、促进合作共赢。

公司在顾客中的美誉度进一步提升，上海本部获上汽通用“2020年度最佳供应商”、上汽乘用车“2020年杰出质量供应商”；滁州基地获上汽乘用车“2021年优秀供应商”；沈阳基地获上汽通用北盛“供应链知识传承贡献奖”；武汉基地获上汽通用武汉分公司“优秀供应商”。

十、坚持党的全面领导

公司党委扎实开展党史学习教育，夯实基层党组织建设，党建和生产经营双融双促，持续增强党组织的凝聚力、战斗力、创造力。制定《2021 年度党委工作要点》《2021 年党风廉政建设工作要点》，组织谋划全面从严治党各项工作，及时传达学习上级重要会议精神和指示要求，做到与业务工作同部署、同落实、同检查、同考核。同时，压实全面从严治党的主体责任，制订《公司党委落实全面从严治党主体责任清单》《落实全面从严治党“四责协同”机制责任清单》，《2021 年党委理论学习中心组学习计划》，开展中心组学习 12 次。全面落实《关于新形势下党内政治生活的若干准则》，建立和完善《党委会前置研究讨论事项清单》《公司决策结构清单》等规范性文件。坚持目标导向、问题导向，着力强化政治功能。

**【2022 年发展趋势】**

2022 年，公司将深入推进高质量发展，主要经营指标营业收入 13 亿元，净利润 2600 万元；净利润预算目标，同比 2021 年预算提高 37.9%。

一、坚持“六个聚焦”，即聚焦经济运行；聚焦技术创新；聚焦优化供应链、增强供应链韧性；聚焦市场拓展；聚焦人力资源结构优化；聚焦基础管理。

二、落实“三个狠抓”，即狠抓业务预算落地；狠抓“CBA”运用；狠抓精细化管理。

（黄安全）

# 沪东中华造船（集团）有限公司

**【概况】**

沪东中华造船（集团）有限公司是中国船舶集团有限公司旗下核心造船企业，公司围绕全球视野下海运装备需求，依托两大总装造船基地和强大的自主研发和先进制造能力，形成完善的品控体系和服务网络，致力向全球客户提供一流的产品与优质服务。

公司是中国综合实力最强的民用船舶制造企业之一，秉承“为客户创造最大价值”的理念，矢志服务国家战略，成功摘取世界造船“皇冠上的明珠”，成为中国唯一的大型 LNG 运输船建造企业，已经交付和在建的大型 LNG 船超过 60 艘，实现了国家重大能源运输装备的自主可靠生产。8000 箱位以上超大型集装箱船建造业绩超过 70 艘，交付的 2.3 万箱集装箱船是当今世界上载箱量最大，技术性能最先进，全球首个应用 LNG 为主要动力燃料的超级工程。公司拥有国家级企业技术中心，国家能源 LNG 海上储运装备重点实验室，在国内船厂中唯一设有 LNG 技术研究所，建立企业博士后科研工作站和船体、轮机、信息化博士工作室。先后承担了国家一系列装备研制、技术创新、能力建设等重大科研项目，拥有 70 多项国家级奖励和 700 多项发明专利。

立足新时代，公司深入贯彻习近平新时代强军思想和坚持海陆统筹，建设海洋强国的重大战略部署，坚持科技创新引领市场需求；坚持高端制造支撑发展战略；坚持中国创造实现产业报国，努力建设卓越的全球化海洋科技装备产业集团。

**【2021 年经济工作情况】**

一、牢记初心使命，党建引领高质量发展

强化党建引领，贯彻第一议题制度，学深悟透习近平新时代中国特色社会主义思想，深入贯彻习近平总书记重要讲话和指示批示精神；深刻领悟“两个确立”深邃内涵，进一步树牢“四个意识”，坚定“四个自信”，做到“两个维护”，自觉把思想和行动统一到党中央决策部署上，发挥党委把方向、管大局、促落实作用，以党的新发展理念引领公司强管理、防风险、抢订单、保交船，全面深化改革，扎实推进制度建设专项巡视整改落实，完成制度修制订 205 项，修订“三重一大”决策制度，研究制订《高质量发展战略纲要》《“十四五”发展规划》等一系列关系公司长远发展的重大决策，为高质量发展谋篇布局、把关定向。

二、保持砥砺奋进，推进生产提速增效

围绕重点项目，狠抓效率提升，全球最先进 23000TEU 双燃料动力集装箱船项目完美收官，全球最大 24000TEU 船顺利出坞；大型 LNG 船码头周期缩短至 10 个月，国内首型大型 LNG-FSRU 成功问世，二号船提前 5 个月交付，荣获集团重大贡献团队奖；1.3 万吨重吊船关键周期相比集团考核指标缩短 31 天；应用产业持续推进 LNG 装备由海向陆拓展，华港燃气河间 LNG 调峰储备库工程实现“首罐首膜”安装。全年公司完成大节点 74 项，造船完工 17 艘 /155.23 万载重吨，提前一个月完成全年生产任务。

三、聚焦提高双效，经济运行稳中向好

围绕目标成本，狠抓预算控制，深化成本工程，全年压降成本 2.51 亿元；完工船成本控制、仓储资金占用等关键指标好于年度目标；每修正消耗工时 23.57H/CGT，全员年人均修正吨 63.94CGT/ 人，提质增效成效明显。全年完成工业总产值 193.5 亿元，实现营业收入 219 亿元，比上年增长 22.4%，创历史新高，经济效益完成集团考核指标。公司有息负债规模相比期初下降8%，两金占用净额远低于营业收入增幅，财务运行指标稳定。投资企业实现营业收入25.69亿元，实现净利润8142万元，实现同比双增10%目标。

四、把握发展机遇，经营承接创出新高

面对全球疫情反复，船市行情变幻，原材料价格迅猛上涨，汇率大幅波动的市场形势，公司保持战略定力，聚焦三大主建船型，把握船市复苏机遇，全年承接新船订单27艘/281.6万载重吨，订单合同总金额305.5亿元，同比增长168.3%；投资企业实现经营承接26.09亿元，同比增长11.02%，有力保障"十四五"规划落地。

五、强化科技赋能，持续增强发展后劲

坚持创新驱动发展，推动《海上LNG装备产业链提升工程》等列入国家科研重大专项，自主研发国内唯一舰船全三维设计软件HDSPD6.0发布，并荣获集团科技创新突出贡献奖；B型舱研制取得重要突破；研发优化并向市场推出9型创引船型，33项科研项目累计获国拨科研支持2.56亿元，创历史新高；19项技术成果获中国造船工程学会、中国船舶集团等科技进步奖。自主研发并向市场推出全球第五代搭载Super+围护系统技术双燃料低速机LNG船和全球最大的小球鼻艏24000TEU集装箱船，获得全球船东青睐，并先后成功接单。

六、聚焦问题短板，推进全面深化改革

深入贯彻国企党建工作会议精神，按照国企改革三年行动方案，细化分解目标，推进子企业董事会应建尽建，4家企业转设执行董事；推进"两非"剥离，加快推进东华度假村、三造公司等企业关停并转；稳妥推进经理层成员任期制和契约化管理；持续推进"三项制度改革"，深化业务整合，压减投资管理部和新产业经营部，设立工艺技术研究所，建立业务相关部门合署办公运行模式；建立干部转聘机制，畅通干部能上能下通道，2021年退出干部岗位68人；着眼高质量发展和二期人才储备，突出政治标准，坚持高素质专业化，加快干部年轻化、新提任年轻干部54名。

七、建设长兴二期，持续夯实发展根基

围绕公司"十四五"规划，完成浦西厂区资产处置，推进长兴二期工程、舾装件中心等工程项目正式开工建设，筹划本部整体搬迁；开展信息化与智能制造咨询项目，完成《数字化船厂顶层规划方案》编制；与金桥集团组建以老厂区产业升级为目标的新合资公司；以能力提升为重点，实现长兴造船Y1船坞接长完工投产，形成一艘半超大型箱船同步建造能力，完成绝缘箱流水线搬迁及车间新建，达成年产30万只以上绝缘箱产能目标，2021年完成固定资产投入13.8亿元，为年度概算的94.2%。

八、有效防控风险，确保运行平稳有序

编制安全生产责任清单，开展安全生产专项整治和环境保护专项治理三年行动，推进一流安全文化建设和一流现场环境创建，深化3个"一小时"特殊时段安全管控和一线班组安全生产管理，达飞15000TEU集装箱船项目获"八百万工时无伤害纪念奖"；中石油LNG项目350万工时无事故无损失，年度安全事故季频率下降到0.16‰，连续两年实现"安全〇〇一"目标。质量工作狠抓"穿透式"质量管理，畅通供应链层级沟通渠道，推进质量问题整改闭环。全年焊接X光拍片一次合格率、对外交验一次合格率等关键质量指标均优于年度考核目标，无一般以上质量事故。

九、牢记党的宗旨，坚持勤政为民务实

深刻领会习近平总书记"民之所忧，我必念之，民之所盼，我必行之"重要讲话深刻内涵，完成组织骨干员工优惠价购买"双限房"、完善员工加班餐就餐管理等我为群众办实事181项，首批59名员工认选住房；2021年员工年度业绩考核兑现奖励平均增幅31.52%，骨干3年累计收入增长53.3%。以区域党建合作机制为牵引，公司在长兴造船区域建成1000个标准停车位和非机动车专用停车场，有效缓解停车难和乱停车问题，实现为职工群众办实事和实现美丽乡村、美丽厂区建设的双推进。

**【2022年发展趋势】**

2022年，主要工作目标：全年分段加工制造物量40多万吨，创历史新高；完成大节点58项，实现造船完工20艘/163.31万吨。完成工业总产值195亿元，实现营业收入200亿元，确保营业利润正增长，利润总额为正。力争实现经营承接247亿元目标，确保单船毛利率不低于3.5%；力争实现应用和服务产业经营承接5.2亿元目标。投资企业力争实现营业收入同比增长10%以上，净利润增长10%目标；单船采购成本与经营目标成本的偏差控制在1.5%以内；专用费成本控制在目标内；用工人数本派压减5%，劳务工压减2.9%，全员劳动生产率提高5%；争取国拨科研经费获批不低于3亿元。

坚决克服军品军贸交付任务重、四艘新舰开工生产准备压力大等困难，按时保质完成各项军工任务；加大对生产及劳动力的统筹调配，全力以赴突破物量瓶颈，着力解决先行高后行低、长兴高本部低的生产负荷不均衡问题；争取LNG、集装箱船不断提速，积极推进快速松钩和双坞联动，策划LNG船"两试并一试"，利用批量船优势，实现逐船效率和效益双提升，力争实现24000TEU首制船和8万方LNG二号船均要力争实现4个月最短码头周期；中国首座陆上LNG薄膜罐围护系统安装工程确保上半年交付；提高设备材料对应率，设备舾装件计划对应率不低于95%，钢板配套计划对应率100%，其他材料类物资计划对应率不低于98%；持续推进3项船型优化和7项新船型研发，力争实现专利申请数535项；确保安全"〇〇一"目标，重大及以上质量问题发生率为零。

重点工作：拓展主建船舶市场，形成批量规模效应。全面推进科技创新，持续提升竞争能力。打通先行物量瓶颈，保障生产平稳运行。加大成本管控力度，提高经济运行质量。推进全面深化改革，激发企业内生活力。全面加快搬迁建设，提升后续发展能力。发挥党建引领作用，加强人才队伍建设。

（顾　坚）

# 上海外高桥造船有限公司

**【概况】**

2021 年，上海外高桥造船有限公司（简称外高桥造船）紧紧围绕“夯实大型邮轮主体地位、提升民船海工盈利能力”的经营方针和“协同、创新”的管理主题，扎实推进生产经营各项工作，超额完成中船集团下达各项任务指标，实现“十四五”顺利开局。公司全年实现营业收入 125.8 亿元，计划完成率 157%；实现工业总产值 94.1 亿元，计划完成率 102%；完成中船集团下达利润总额指标；交付新船 17+（3）艘 /283.8 万载重吨，造船总量继续保持世界前列；承接新船 41 艘 /475.1 万载重吨 /248.2 亿元，计划完成率 204%。

**【2021 年经济工作情况】**

一、经营承接和主营业务方面

（一）经营承接成果丰硕。2021 年，在邮轮、民船、海工经营接单全线开花，共承接新船 41 艘 /475.1 万载重吨 /248.2 亿元，产品结构转型实现重大突破。民船方面，公司在油轮、散货船和集装箱船三大主流船型均有所斩获，共承接了 6 艘 19 万吨双燃料散货船、4 艘纽卡斯尔型散货船、3 艘 11.4 万吨成品油轮，同时抓住市场机遇，在中型箱船领域实现突破，累计承接 26 艘 7000 箱集装箱船，市场占有率全球第一。海工方面，公司顺利承接荷兰 SBM 公司 Fast4WardFPSO4 号船，继续保持 FPSO 产品的连续批量建造。邮轮方面，4 月 30 日大型邮轮 2 号船合同正式签约生效，国产大型邮轮项目迈入新的发展时期。

（二）邮轮工程扎实推进。在中船集团的统筹领导及相关方的合作支持下，外高桥造船扎实推进国产首制大型邮轮设计、建造、项目管理、供应链核心能力体系建设等工作，顺利实现了发电机吊装、生产模型平衡 / 结构发图、分段结构完工、总段总组完工、结构搭载完工等多项里程碑节点。10 月 18 日，首制船实现全船贯通，标志着首制船船体结构已经完成，在大型邮轮建造领域取得巨大突破，中国大型邮轮建造项目进入“下半场”。12 月 17 日，首制船顺利实现全船起浮，邮轮建造全面进入内装和系统完工调试“深水区”，向实现 2023 年 9 月完工交付的总目标又迈出了关键一步。同时邮轮二号船合同正式签订以来，项目生产准备工作全面启动，项目策划书和里程碑计划编制、产品设计、物资采购等工作有序开展。

（三）海洋工程连续交付。FAST4WARDFPSO 系列船有序推进。项目 3 号船于 1 月 30 日入坞，并于 7 月 10 日顺利出坞，项目船坞周期较 1 号船、2 号船大幅压缩。项目 4 号船前期生产准备工作有序推进，9 月 1 日正式开工，并于 12 月 28 日顺利下坞，巩固公司在国内高端海工装备领域的龙头企业地位。去库存实现新突破。在中船集团的大力支持下及各相关方的共同努力下，公司抓住市场窗口期，扎实推进库存海工平台交付，年内实现 3 座自升式平台签字交船。

（四）民船保持高效建造。大力推进民船项目制管理，提升 EPC 全流程管控力度，同时通过对标日韩先进船厂，坚持推进“三通一排”“四机一炉”、全面取消机舱打磨及双燃料船一次试航等专项工程，生产节拍不断优化，各产品总段、出坞、试航完整性不断攀升，建造效率保持国内领先，1 号坞实现出坞 8 批次。全年交付 8 艘 12 万吨纽卡斯尔型散货船、2 艘 18 万吨好望角型散货船、4 艘 11.4 万吨成品油轮、3 艘 11.4 万吨原油轮。

二、管理提升和成本工程方面

围绕“协同、创新”的管理主题，切实提升公司管理水平，筑牢高质量发展根基。战略规划方面，完成高质量发展战略修订，进一步明确高质量发展的时间表、路线图，并在此基础上，完成公司“十四五”规划及“十四五”分（子）规划编制，对“十四五”期间发展目标、发展策略及重点任务进行了细化。体系保障方面，坚持“质量第一、效益优先”，持续完善企业管理体系，进一步完善公司组织机构，持续完善公司制度体系；深化安保消一体化、质量一体化管理，支撑公司邮轮、海工、民船 3 种产品同步建造。体制机制改革方面，持续完善公司激励约束机制，推进组织考核体系改革，切实发挥部门（子公司）主动性；创新人才激励机制，重新梳理公司员工薪酬体系，收入分配向骨干人员倾斜，同时完善后备干部培养机制，建立后备干部人才库，强化博士后科研工作站、研修生工作站建设，打造高层次人才培养基地。资产管理优化方面，通过严控投资计划、加强投资过程管控与后评价、推进资产信息化管理等方式进一步提升资产全流程管控水平，切实压减低效无效投资。

进一步完善目标成本管理机制，深化成本过程刚性管控，打通成本费用预算刚性管控审批流程，在建产品物资采购实施超目标成本分级审批。继续扎实推进成本工程，编制了年度成本工程实施方案，围绕采购成本治理、生产成本压缩、非刚性成本压降等关键领域切实压降成本，并进一步完善成本工程激励政策和奖惩评估机制，通过及时兑现奖惩，形成良好的降本氛围，全年实现降本 2.44 亿元，全面完成年度成本压降目标。

三、科技创新方面

外高桥造船将科技创新作为引领高质量发展的第一动力，坚持持续攻关增强技术竞争力。研发设计方面，主建船型各项指标全面提升，全面满足 EEDI 第三阶段要求；基本形成双燃料供气系统（FGSS）集成自主设计能力；自主研制的 21 万吨氨燃料动力散货船获 ABS 原则性认可；公司攻破多项技术难关，初步形成客滚船开发能力；自主完成 8 万方 LNG 船（A-BOX）方案设计。同时，以邮轮工程为载体，着力推进设计一体化，促进设计质量和效率大幅度提升。数字化转型方面，企业级“5G+ 工业互联网”平台不断升级，SWS-TIME 系统的集成式信息中枢功能不断强化，各类管理系统在 TIME 上逐渐实现集成和数据对接，管理效率大幅提高。同时智慧厂区建设不断深化，“一脸通行”“一网通办”有序推进，基于私有化地图的厂区辅助管理持续加强。科研成果管理方面，自主研发的科研管理系统推动公司科研管理向标准化、精细化、高效化转变。同时知识工程（一期）正式上线试运行，将多年隐性的知识储备转化为知识财富，企业软实力进一步增强。

**【2022 年发展趋势】**

2022 年，是外高桥造船推动“邮轮引领、一体两翼”高质量发展战略落地的关键一年，公司将坚决落实集团公司有关要求，贯彻 2022 年度夯实大型邮轮主体地位，提升民船海工盈利能力经营方针和细化体系、创新管控管理主题，围绕管资源、管准备、管工法、管成本，完善控制手段、革新管理方法、增强控制能力，坚决打好大型邮轮攻坚战、双燃料船歼灭战、箱船揭幕战三大战役。

（严　超）

# 江南造船（集团）有限责任公司

**【概况】**

江南造船（集团）有限责任公司（简称江南造船）隶属于中国船舶集团有限公司，前身是 1865 年创办的江南机器制造总局。公司是国家首批 40 家企业技术中心之一，拥有 2 个国家级创新中心，设有院士科研工作站和博士后科研工作站。2008 年，公司整体搬迁长兴造船基地，造船规模和能力实现了历史性跨越。

公司持续开发、设计、建造多型国防高新产品、液化气船、集装箱船、散货船、汽车滚装船、化学品船、火车渡轮、成品油船、自卸船等高技术船型，公司掌握 20 多型具有独立自主知识产权的高附加值船型的核心建造技术。2016 年，公司成立江南研究院，开启了高质量发展的新征程。

2021 年，公司不断在产品结构方面持续优化、管理水平持续提升、核心能力持续增强，发展质量持续跃升，带领广大干部员工锚定目标、精准发力、稳中求进、开拓创新，不折不扣完成了各项任务指标，为高质量发展目标落实落地打下了坚实基础。

**【2021 年经济工作情况】**

2021 年，公司坚持客户至上、坚持员工为本、坚持艰苦奋斗、坚持创新发展、坚持自我革命，实现营业收入 255.8 亿元，交船 12+1 型 31+1 艘，工业产值 245.7 亿元，利润总额 5 亿元，全面完成全年生产经营任务。

一、践行保军首责，巩固第一军工

始终认真践行习总书记“军工核心突出”重要指示精神，坚持交付“战斗力”标准原则，以创新驱动各项军工任务优质快速完成。其中，战略产品按期实现结构贯通，献礼党的百年华诞，为后续里程碑节点打下坚实基础；大型水面高新产品大幅缩减试验试航周期，持续实现年交付 5 艘的高速节拍化生产节奏；水下产品打破常规，有效压缩码头和试航周期并按期交付，关键指标取得重大突破。

二、坚守创新发展，强化核心能力

坚持创新发展理念，持续开展前瞻性、原理性、基础性研究。在单一数字模型、数字战场、新材料应用、船舶艉流场分析、空气润滑节能技术等方面均取得有效突破。蒸汽动力实验室一期运行、低温实验室 FGSS 样机建成、舱室环境实验室完成自主能力建设，进一步提升企业核心能力；围绕市场趋势，积极开展“B 型舱”、结构减重、局部振动研究、机舱布局优化、围护系统控制等关键技术攻关，不断推陈出新，以技术领先赢得船东信任；吊马工作站稳定运行、小组立生产线连续生产、型材焊接面底漆处理单元投入使用，水下智能生产线突破新型焊接技术，公司智能制造水平持续提升，核心竞争力不断增强。

三、坚持客户至上，深植品牌价值

坚持“以客户为中心”的经营理念，在军民品市场上持续发力、多点开花。军品经营聚焦“高质量、高效益、低成本、可持续”的发展目标，主动适应装备订购模式变革，依托第一军工品牌与自身高质量发展成效，凸显技术创新能力与管理变革水平，在装备竞争性采购中抢占优势地位。民品经营紧密结合航运市场变化与公司总体生产安排进行综合研判，合理把握接单节奏，保持超大型液化气船与集装箱船两大主流船型的高质量订单的承接稳中有进：成功签订批量17.5万立方米LNG运输船建造合同，成为国内首家承接MARK Ⅲ薄膜型大型LNG运输船的船厂，开创中国船厂在该船型领域与国际油气巨头直接合作的先河；与上汽集团强强联手，跨界合作，顺利承接全球最大双燃料汽车运输船，实现公司高附加值产品线战略布局的又一重要目标。

四、革新生产流程，多线齐头并进

围绕生产做设计，积极推动工艺与技术革新，通过多项关键技术应用，成功突破先行制造瓶颈。小组立做小、中组立做大、大组立做快，以字组节拍化生产、精细化管理为抓手，积极推进定置化管理、集约化生产，人均与场地效率显著提升。2021年完成分段物量再次刷新历史新高；后行生产方面，积极推进“船、箱、盖、绑扎一体化”“船、机、桨、轴、舵一体化”“船、墩、箱、轴、OTS一体化”等关键技术攻关，长荣24000TEU系列首制船成功实施双岛浮态对接合拢，打造大型箱船“844”生产节律。3600车PCTC以无尘、无锈、无灰的“白领机舱”状态首次实现浮船坞下水，打通重型平台生产线；试航交船方面，某高新产品创造了同型号总出航时间最少等4项记录，集约化试验试航成效凸显，保障产品按期优质交付；超大型液化气船再度交付8艘，首次实现“双试合一”，再次提升液化气船品牌地位。

五、促进管理提升，推动企业发展

以发展和效益为导向，严格按照国企改革三年行动方案要求，抓重点、补短板、强弱项，围绕人才建设、成本工程、组织构架、基础管理等方面工作，聚焦痛点、精准施策，持续推动管理提升。

（一）用人管理。坚持党管干部原则，营造“正职敢于进攻，副职精于管理”的干事创业氛围；围绕构筑企业人才高地目标，持续推进高层次专业技术人才队伍建设，通过体系策划和制度建设，完善技术人才职业发展通道；推进劳务用工模式转换，围绕管理模式切换和分配模式调整，达到任务完成、效率提升、模式转换的目的。

（二）成本工程。以“控风险、推改革、抓成本、接好单、快交船”为导向，聚焦“采购、外包外协、人工成本”等重点成本领域，不断把“成本工程”推向纵深。持续推进设计源头降成本，如通过VLGC低温钢国产化、总体设计优化等措施，有效控制采购成本；通过推进主要生产部门融合、定岗定编，强化生产准备、节拍化生产等方式促进效率提升，在人均营收增加的情况下有效控制人工成本。

（三）业务流程。按照“围绕生产做设计、围绕市场做研发”的理念推动研发设计业务变革：按系统专业划分对相关二级机构职责进行调整，让技术回归业务本质；通过新增机构实现设计与区域化制造紧耦合；推进生产业务变革，围绕“总组总舾总涂”要求，以涂装为抓手，按照“节拍化生产、区域化管理、专业化调试”理念，实现人员固化管理，场地设备定置化管理，生产节拍化管理；推动管理模式变革，构建以工程技术为背景、条块结合的经营队伍，服务高新产品未来长远发展需求。

（四）基础管理。抓好本质安全，常态化开展安全风险分级管控，落实作业区风险识别；开展生产流程安全专项策划，抓实“集装箱船防高坠”等安全专项；定制化推进先行部门班组安全“双项制”，守好岗位安全红线底线。持续深化VOCs综合治理2.0，完成生产区域VOCs治理设施整改，履行央企担当；强化质量管理，大力推进质量问题“减存量、遏增量”专项工程，确保按期闭环；狠抓型船建造过程意见阶段清零，意见闭环率大幅提升。强化保密管理，持续抓好“定密、人员、网络”三大基础管理与涉密载体全生命周期管理，构建电子化保密管理体系，实现保密业务流程全数字化，全年未发生重大失泄密事件。

六、聚焦员工需求，激励创新成果

牢记为职工办实事，年内，公司制定12项重点民生项目，并进一步细化“工作清单”115小项，结合实际为基层员工办实事543件，截至年底，12项重点民生项目已全部完成，解决或缓解不少困扰员工生活后勤和生产保障的问题，让员工充分共享公司发展带来的红利。此外，公司通过打造奋斗者杯、科创奖等平台，为技术骨干提供更多展示机会，让员工在关键岗位和重大项目攻关中经风雨、见世面、壮筋骨、长才干。2021年度公司举办的奋斗者杯、科创奖累计获奖1145人，其中35岁以下青年员工476人，占比41.5%，激发公司全体骨干员工的主动性、积极性与创造性，有效保障各项生产经营任务的顺利完成。

**【2022年发展趋势】**

2022年，公司将继续在转型发展道路上砥砺深耕，围绕营业收入272.6亿元，经营承接258.6亿元，交船10+1型21+1艘，工业总产值263亿元，利润总额5亿元的总体目标，推动各项高质量发展关键指标再上新台阶，努力深化打造科技型、数字化制造企业，为“十四五”战略规划目标的落实落地筑牢发展根基，稳步推动公司高质量发展不断向前迈进。

（陆　骋）

# 中船动力（集团）有限公司

【概况】

中船动力（集团）有限公司（简称中船动力集团）于2020年11月27日在上海市浦东新区注册成立。中船动力集团隶属于中国船舶集团有限公司，由中国船舶工业集团有限公司、中国船舶工业股份有限公司以各自持有的动力业务资产出资组建。公司整合沪、苏、皖地区及海外各动力企业相关业务、资源的基础上，对研发创新、全球服务、低速机、中／高速机、关重零部件、电气及应用等动力相关业务实施一体化运营管理，拥有完整的船用动力研发、制造和服务体系，是国内综合实力强、产品型谱丰富、市场占有率高的船用动力企业。

作为中国船舶集团有限公司下属二级管理单位，公司控股或参与投资的企业共20家，员工近5000人，其中技术人才比例28%。拥有有效专利1626件，其中发明专利318件。拥有国家级中／低速机企业技术中心、国家级博士后科研工作站。公司研发体系主要由中船动力研究院、两个国家级企业技术中心和一个海外设计公司组成。公司拥有国家高新技术企业、国家知识产权优势企业、质量信誉AAA等级企业、军工单位安全生产标准化一级达标企业等下属子公司。公司主营适用于远洋近海船舶、内江内河运输船舶的全系列低、中、高速发动机；核电、电站等特种用途动力系统集成装备、供气系统、减排装置、综合电力系统；高端制造（铸件和加工）、设备维修、码头营运等相关业务。同时，建有集铸、锻、焊、机加工及精密制造为一体的船用动力关重零部件专业配套基地；拥有全球售后服务网络，专注于打造动力产品全球服务能力，发挥研发、制造、服务整体合力，为客户提供解决方案和增值服务。

【2021年经济工作情况】

一、经济指标

2021年，公司完成营业收入66亿元，工业总产值63.3亿元，柴油机完工577台／343万千瓦，工业增加值13.2亿元，出口产值551万元。经营承接81.4亿元，比上年增长15.72%，其中低速机承接额增长14.07%，中、高速机承接额增长3.3%，低速机全球市场占有率26%，全球排名第二。至年底，手持订单金额86.8亿元，其中低速机订单金额同比增长25.39%，中高速机订单金额同比增长17.2%

二、主营业务

公司紧扣航运市场脉搏，围绕做强做优主业，快速整合沪东重机、中船三井、中船镇柴及中船安柴等管理二级公司市场营销业务，创新机制、统筹推进船海经营工作，提前完成年度新接订单目标任务，成绩突出，公司全年船海整机业务承接完成率124.59%。

三、技术创新

完成CX40和CX52两型工程样机FAT试验，并实现自主研制世界最小缸径LNG低压双燃料低速机CX40装船应用，满足IMOTierIII排放标准的全球首台CX52机载SCR船用低速机正式对全球发布。自主研制的拥有完全自主知识产权的EX340EF-UB船用电控低速柴油机顺利通过中国船级社型式认可试验并交付，实现自主品牌船用低速柴油机在自主研制道路上的又一重大突破。320毫米缸径中速柴油机取得了CCS型式认可，首套商品机完成对外交验，自主中速机的产业化应用有新的突破。完成iCER在X92DF机型上的试验和产品发布，DF2.0技术得到全面验证。完成FGSS供气系统首制产品研制并顺利交付；船用氨燃料供气系统获得AIP认可证书，填补国内该领域空白。开展低速机、中高速机的设计、生产和制造技术的迭代优化，推动设计、生产系统一体化融合，助力新产品和关重件的研制开发。完成WiCE电控系统、X82/X92排气阀杆、低压双壁管、流量控制阀、GVU阀组单元等9个关重件国产化，在低速机关键核心部件国产化上取得较大进步。

四、管理提升

研究制订“十四五”规划，同步建设高质量发展评价指标体系；《中船动力集团全面深化改革三年行动方案》和《对标世界一流管理提升行动方案》并深入推进；完善公司管理体系的顶层设计并落实落细，在资源整合、船海业务市场营销等方面取得了成果和实效；“成本工程”深入实施，成本费用率（不含研发费用）同比降低3.28个百分点。

【2022年发展趋势】

2022年，受疫情影响巨大，在严峻形势下，科学细致做好常态化疫情防控，围绕贯彻落实公司“指标不调、任务不减、劲头不松”总体要求，锚定全年目标任务，挂图作战，抓进度、保交付。公司计划实现营业收入71.30亿元；实现经营承接80.00亿元（不含税）；实现工业总产值64.86亿元；净利润5720万元；科研经费投入强度力争8.1%。

年度重点工作：继续以习近平新时代中国特色社会主义思想为指导，全面贯彻落实中共十九大和十九届历次全会精神以及中央经济工作会议、十九届中央纪委六次全会精神，弘扬伟大建党精神，持续深入贯彻落实习近平总书记重要指示批示精神，按照中国船舶集团党组部署和关于组建中船动力集团的发展定位要求，在公司党委的领导下，坚持稳中求进工作总基调，以高质量发展战略纲要为引领，加大力度落实“十四五”规划，稳增长、强管理、健体系、防风险，坚决履行强军首责，推进深化整合融合、统筹疫情防控和科研经营生产，加快科技自立自强，提升主业实业竞争力，决战决胜改革三年行动，充分发挥党建引领保障作用，加快建设世界一流动力企业，以优异成绩迎接党的二十大顺利召开。坚持党对国有企业的领导，牢固国有企业的根与魂。履行强军首责，以一流动力装备支撑一流海军建设。

狠抓经营管理水平，提升制造业盈利能力。抢抓“碳达峰、碳中和”等重大战略机遇，大力推动产业结构优化升级。聚焦生产制造系统，加快推动数字化转型。迎接国际国内市场风云变幻的竞争挑战，大力发展备件、服务业务，加快企业品牌建设。强化管理提升，深入推进管理体系管理能力现代化，实现企业高质量发展。

（刘　奇）

# 2022·上海工业年鉴

SHANGHAI
INDUSTRIAL
YEARBOOK

# 上海工商类上市公司行业分类

| 序号 | 代码 | 公司简称 | 行业 |
|---|---|---|---|
| 1 | 000863.SZ | 三湘印象 | 房地产业—房地产业 |
| 2 | 001266.SZ | 宏英智能 | 制造业—仪器仪表制造业 |
| 3 | 002022.SZ | *ST 科华 | 制造业—医药制造业 |
| 4 | 002028.SZ | 思源电气 | 制造业—电气机械和器材制造业 |
| 5 | 002058.SZ | 威尔泰 | 制造业—仪器仪表制造业 |
| 6 | 002116.SZ | 中国海诚 | 建筑业—土木工程建筑业 |
| 7 | 002158.SZ | 汉钟精机 | 制造业—通用设备制造业 |
| 8 | 002162.SZ | 悦心健康 | 制造业—非金属矿物制品业 |
| 9 | 002178.SZ | 延华智能 | 科学研究和技术服务业—专业技术服务业 |
| 10 | 002184.SZ | 海得控制 | 制造业—电气机械和器材制造业 |
| 11 | 002195.SZ | 二三四五 | 信息传输、软件和信息技术服务业—软件和信息技术服务业 |
| 12 | 002211.SZ | ST 宏达 | 制造业—化学原料和化学制品制造业 |
| 13 | 002252.SZ | 上海莱士 | 制造业—医药制造业 |
| 14 | 002269.SZ | 美邦服饰 | 制造业—纺织服装、服饰业 |
| 15 | 002278.SZ | 神开股份 | 制造业—专用设备制造业 |
| 16 | 002324.SZ | 普利特 | 制造业—橡胶和塑料制品业 |
| 17 | 002328.SZ | 新朋股份 | 制造业—汽车制造业 |
| 18 | 002346.SZ | 柘中股份 | 制造业—电气机械和器材制造业 |
| 19 | 002401.SZ | 中远海科 | 信息传输、软件和信息技术服务业—软件和信息技术服务业 |
| 20 | 002451.SZ | 摩恩电气 | 制造业—电气机械和器材制造业 |
| 21 | 002454.SZ | 松芝股份 | 制造业—汽车制造业 |
| 22 | 002486.SZ | 嘉麟杰 | 制造业—纺织服装、服饰业 |
| 23 | 002506.SZ | 协鑫集成 | 制造业—计算机、通信和其他电子设备制造业 |
| 24 | 002527.SZ | 新时达 | 制造业—电气机械和器材制造业 |
| 25 | 002561.SZ | 徐家汇 | 批发和零售业—零售业 |
| 26 | 002565.SZ | 顺灏股份 | 制造业—造纸和纸制品业 |
| 27 | 002568.SZ | 百润股份 | 制造业—酒、饮料和精制茶制造业 |
| 28 | 002605.SZ | 姚记科技 | 信息传输、软件和信息技术服务业—互联网和相关服务 |
| 29 | 002636.SZ | 金安国纪 | 制造业—计算机、通信和其他电子设备制造业 |
| 30 | 002669.SZ | 康达新材 | 制造业—化学原料和化学制品制造业 |
| 31 | 002706.SZ | 良信股份 | 制造业—电气机械和器材制造业 |
| 32 | 002825.SZ | 纳尔股份 | 制造业—橡胶和塑料制品业 |
| 33 | 002858.SZ | 力盛体育 | 文化、体育和娱乐业—体育 |
| 34 | 300008.SZ | 天海防务 | 建筑业—土木工程建筑业 |
| 35 | 300017.SZ | 网宿科技 | 信息传输、软件和信息技术服务业—软件和信息技术服务业 |
| 36 | 300039.SZ | 上海凯宝 | 制造业—医药制造业 |
| 37 | 300059.SZ | 东方财富 | 金融业—资本市场服务 |
| 38 | 300061.SZ | 旗天科技 | 租赁和商务服务业—商务服务业 |
| 39 | 300067.SZ | 安诺其 | 制造业—化学原料和化学制品制造业 |
| 40 | 300074.SZ | 华平股份 | 信息传输、软件和信息技术服务业—软件和信息技术服务业 |
| 41 | 300126.SZ | 锐奇股份 | 制造业—通用设备制造业 |
| 42 | 300129.SZ | 泰胜风能 | 制造业—电气机械和器材制造业 |
| 43 | 300153.SZ | 科泰电源 | 制造业—电气机械和器材制造业 |
| 44 | 300168.SZ | 万达信息 | 信息传输、软件和信息技术服务业—软件和信息技术服务业 |
| 45 | 300170.SZ | 汉得信息 | 信息传输、软件和信息技术服务业—软件和信息技术服务业 |
| 46 | 300171.SZ | 东富龙 | 制造业—专用设备制造业 |
| 47 | 300180.SZ | 华峰超纤 | 制造业—橡胶和塑料制品业 |
| 48 | 300222.SZ | 科大智能 | 制造业—电气机械和器材制造业 |

（续表）

| 序号 | 代码 | 公司简称 | 行业 |
|---|---|---|---|
| 49 | 300225.SZ | 金力泰 | 制造业—化学原料和化学制品制造业 |
| 50 | 300226.SZ | 上海钢联 | 信息传输、软件和信息技术服务业—互联网和相关服务 |
| 51 | 300230.SZ | 永利股份 | 制造业—橡胶和塑料制品业 |
| 52 | 300236.SZ | 上海新阳 | 制造业—化学原料和化学制品制造业 |
| 53 | 300245.SZ | 天玑科技 | 信息传输、软件和信息技术服务业—软件和信息技术服务业 |
| 54 | 300253.SZ | 卫宁健康 | 信息传输、软件和信息技术服务业—软件和信息技术服务业 |
| 55 | 300257.SZ | 开山股份 | 制造业—通用设备制造业 |
| 56 | 300262.SZ | 巴安水务 | 水利、环境和公共设施管理业—生态保护和环境治理业 |
| 57 | 300272.SZ | 开能健康 | 制造业—电气机械和器材制造业 |
| 58 | 300286.SZ | 安科瑞 | 制造业—仪器仪表制造业 |
| 59 | 300326.SZ | 凯利泰 | 制造业—专用设备制造业 |
| 60 | 300327.SZ | 中颖电子 | 制造业—计算机、通信和其他电子设备制造业 |
| 61 | 300330.SZ | 华虹计通 | 信息传输、软件和信息技术服务业—软件和信息技术服务业 |
| 62 | 300336.SZ | *ST 新文 | 租赁和商务服务业—商务服务业 |
| 63 | 300378.SZ | 鼎捷软件 | 信息传输、软件和信息技术服务业—软件和信息技术服务业 |
| 64 | 300380.SZ | 安硕信息 | 信息传输、软件和信息技术服务业—软件和信息技术服务业 |
| 65 | 300398.SZ | 飞凯材料 | 制造业—化学原料和化学制品制造业 |
| 66 | 300442.SZ | 普丽盛 | 制造业—专用设备制造业 |
| 67 | 300462.SZ | 华铭智能 | 制造业—专用设备制造业 |
| 68 | 300469.SZ | 信息发展 | 信息传输、软件和信息技术服务业—软件和信息技术服务业 |
| 69 | 300483.SZ | 首华燃气 | 采矿业—石油和天然气开采业 |
| 70 | 300493.SZ | 润欣科技 | 信息传输、软件和信息技术服务业—软件和信息技术服务业 |
| 71 | 300501.SZ | 海顺新材 | 制造业—医药制造业 |
| 72 | 300508.SZ | 维宏股份 | 信息传输、软件和信息技术服务业—软件和信息技术服务业 |
| 73 | 300511.SZ | 雪榕生物 | 农、林、牧、渔业—农业 |
| 74 | 300551.SZ | 古鳌科技 | 制造业—专用设备制造业 |
| 75 | 300578.SZ | 会畅通讯 | 信息传输、软件和信息技术服务业—软件和信息技术服务业 |
| 76 | 300590.SZ | 移为通信 | 制造业—计算机、通信和其他电子设备制造业 |
| 77 | 300609.SZ | 汇纳科技 | 信息传输、软件和信息技术服务业—软件和信息技术服务业 |
| 78 | 300613.SZ | 富瀚微 | 信息传输、软件和信息技术服务业—软件和信息技术服务业 |
| 79 | 300627.SZ | 华测导航 | 制造业—计算机、通信和其他电子设备制造业 |
| 80 | 300642.SZ | 透景生命 | 制造业—医药制造业 |
| 81 | 300762.SZ | 上海瀚讯 | 制造业—计算机、通信和其他电子设备制造业 |
| 82 | 300802.SZ | 矩子科技 | 制造业—计算机、通信和其他电子设备制造业 |
| 83 | 300892.SZ | 品渥食品 | 批发和零售业—零售业 |
| 84 | 300899.SZ | 上海凯鑫 | 水利、环境和公共设施管理业—生态保护和环境治理业 |
| 85 | 300915.SZ | 海融科技 | 制造业—食品制造业 |
| 86 | 300947.SZ | 德必集团 | 租赁和商务服务业—商务服务业 |
| 87 | 300963.SZ | 中洲特材 | 制造业—有色金属冶炼和压延加工业 |
| 88 | 300983.SZ | 尤安设计 | 科学研究和技术服务业—专业技术服务业 |
| 89 | 300999.SZ | 金龙鱼 | 制造业—农副食品加工业 |
| 90 | 301000.SZ | 肇民科技 | 制造业—橡胶和塑料制品业 |
| 91 | 301001.SZ | 凯淳股份 | 信息传输、软件和信息技术服务业—互联网和相关服务 |
| 92 | 301005.SZ | 超捷股份 | 制造业—汽车制造业 |
| 93 | 301024.SZ | 霍普股份 | 科学研究和技术服务业—专业技术服务业 |
| 94 | 301025.SZ | 读客文化 | 文化、体育和娱乐业—新闻和出版业 |
| 95 | 301037.SZ | 保立佳 | 制造业—化学原料和化学制品制造业 |
| 96 | 301046.SZ | 能辉科技 | 科学研究和技术服务业—专业技术服务业 |

(续表)

| 序号 | 代码 | 公司简称 | 行业 |
|---|---|---|---|
| 97 | 301060.SZ | 兰卫医学 | 卫生和社会工作—卫生 |
| 98 | 301062.SZ | 上海艾录 | 制造业—造纸和纸制品业 |
| 99 | 301070.SZ | 开勒股份 | 制造业—通用设备制造业 |
| 100 | 301099.SZ | 雅创电子 | 批发和零售业—批发业 |
| 101 | 301151.SZ | 冠龙节能 | 制造业—通用设备制造业 |
| 102 | 301156.SZ | 美农生物 | 制造业—食品制造业 |
| 103 | 301166.SZ | 优宁维 | 批发和零售业—批发业 |
| 104 | 301228.SZ | 实朴检测 | 科学研究和技术服务业—专业技术服务业 |
| 105 | 301257.SZ | 普蕊斯 | 科学研究和技术服务业—研究和试验发展 |
| 106 | 301289.SZ | 国缆检测 | 科学研究和技术服务业—专业技术服务业 |
| 107 | 600000.SH | 浦发银行 | 金融业—货币金融服务 |
| 108 | 600009.SH | 上海机场 | 交通运输、仓储和邮政业—航空运输业 |
| 109 | 600018.SH | 上港集团 | 交通运输、仓储和邮政业—水上运输业 |
| 110 | 600019.SH | 宝钢股份 | 制造业—黑色金属冶炼和压延加工业 |
| 111 | 600021.SH | 上海电力 | 电力、热力、燃气及水生产和供应业—电力、热力生产和供应业 |
| 112 | 600026.SH | 中远海能 | 交通运输、仓储和邮政业—水上运输业 |
| 113 | 600061.SH | 国投资本 | 金融业—资本市场服务 |
| 114 | 600072.SH | 中船科技 | 建筑业—土木工程建筑业 |
| 115 | 600073.SH | 上海梅林 | 制造业—食品制造业 |
| 116 | 600081.SH | 东风科技 | 制造业—汽车制造业 |
| 117 | 600088.SH | 中视传媒 | 文化、体育和娱乐业—广播、电视、电影和影视录音制作业 |
| 118 | 600094.SH | 大名城 | 房地产业—房地产业 |
| 119 | 600097.SH | 开创国际 | 农、林、牧、渔业—渔业 |
| 120 | 600104.SH | 上汽集团 | 制造业—汽车制造业 |
| 121 | 600115.SH | 中国东航 | 交通运输、仓储和邮政业—航空运输业 |
| 122 | 600119.SH | 长江投资 | 交通运输、仓储和邮政业—道路运输业 |
| 123 | 600150.SH | 中国船舶 | 制造业—铁路、船舶、航空航天和其他运输设备制造业 |
| 124 | 600151.SH | 航天机电 | 制造业—计算机、通信和其他电子设备制造业 |
| 125 | 600170.SH | 上海建工 | 建筑业—土木工程建筑业 |
| 126 | 600171.SH | 上海贝岭 | 制造业—计算机、通信和其他电子设备制造业 |
| 127 | 600193.SH | 创兴资源 | 建筑业—建筑装饰和其他建筑业 |
| 128 | 600196.SH | 复星医药 | 制造业—医药制造业 |
| 129 | 600210.SH | 紫江企业 | 制造业—橡胶和塑料制品业 |
| 130 | 600272.SH | 开开实业 | 批发和零售业—零售业 |
| 131 | 600278.SH | 东方创业 | 批发和零售业—批发业 |
| 132 | 600284.SH | 浦东建设 | 建筑业—土木工程建筑业 |
| 133 | 600315.SH | 上海家化 | 制造业—化学原料和化学制品制造业 |
| 134 | 600320.SH | 振华重工 | 制造业—专用设备制造业 |
| 135 | 600420.SH | 国药现代 | 制造业—医药制造业 |
| 136 | 600490.SH | 鹏欣资源 | 制造业—有色金属冶炼和压延加工业 |
| 137 | 600500.SH | 中化国际 | 制造业—化学原料和化学制品制造业 |
| 138 | 600503.SH | 华丽家族 | 房地产业—房地产业 |
| 139 | 600508.SH | 上海能源 | 采矿业—煤炭开采和洗选业 |
| 140 | 600517.SH | 国网英大 | 金融业—其他金融业 |
| 141 | 600530.SH | 交大昂立 | 制造业—医药制造业 |
| 142 | 600532.SH | *ST 未来 | 批发和零售业—批发业 |
| 143 | 600597.SH | 光明乳业 | 制造业—食品制造业 |
| 144 | 600601.SH | *ST 方科 | 制造业—计算机、通信和其他电子设备制造业 |

（续表）

| 序号 | 代码 | 公司简称 | 行业 |
|---|---|---|---|
| 145 | 600602.SH | 云赛智联 | 信息传输、软件和信息技术服务业—软件和信息技术服务业 |
| 146 | 600604.SH | 市北高新 | 房地产业—房地产业 |
| 147 | 600605.SH | 汇通能源 | 批发和零售业—批发业 |
| 148 | 600606.SH | 绿地控股 | 建筑业—土木工程建筑业 |
| 149 | 600608.SH | ST 沪科 | 批发和零售业—批发业 |
| 150 | 600611.SH | 大众交通 | 交通运输、仓储和邮政业—道路运输业 |
| 151 | 600612.SH | 老凤祥 | 制造业—其他制造业 |
| 152 | 600613.SH | 神奇制药 | 制造业—医药制造业 |
| 153 | 600615.SH | *ST 丰华 | 制造业—金属制品业 |
| 154 | 600616.SH | 金枫酒业 | 制造业—酒、饮料和精制茶制造业 |
| 155 | 600618.SH | 氯碱化工 | 制造业—化学原料和化学制品制造业 |
| 156 | 600619.SH | 海立股份 | 制造业—通用设备制造业 |
| 157 | 600620.SH | 天宸股份 | 综合—综合 |
| 158 | 600621.SH | 华鑫股份 | 金融业—资本市场服务 |
| 159 | 600622.SH | 光大嘉宝 | 房地产业—房地产业 |
| 160 | 600623.SH | 华谊集团 | 制造业—化学原料和化学制品制造业 |
| 161 | 600624.SH | 复旦复华 | 制造业—医药制造业 |
| 162 | 600626.SH | 申达股份 | 制造业—纺织业 |
| 163 | 600628.SH | 新世界 | 批发和零售业—零售业 |
| 164 | 600629.SH | 华建集团 | 科学研究和技术服务业—专业技术服务业 |
| 165 | 600630.SH | 龙头股份 | 制造业—纺织业 |
| 166 | 600635.SH | 大众公用 | 电力、热力、燃气及水生产和供应业—燃气生产和供应业 |
| 167 | 600636.SH | 国新文化 | 信息传输、软件和信息技术服务业—软件和信息技术服务业 |
| 168 | 600637.SH | 东方明珠 | 信息传输、软件和信息技术服务业—电信、广播电视和卫星传输服务 |
| 169 | 600638.SH | 新黄浦 | 房地产业—房地产业 |
| 170 | 600639.SH | 浦东金桥 | 房地产业—房地产业 |
| 171 | 600640.SH | 新国脉 | 信息传输、软件和信息技术服务业—互联网和相关服务 |
| 172 | 600641.SH | 万业企业 | 房地产业—房地产业 |
| 173 | 600642.SH | 申能股份 | 电力、热力、燃气及水生产和供应业—电力、热力生产和供应业 |
| 174 | 600643.SH | 爱建集团 | 金融业—其他金融业 |
| 175 | 600647.SH | 同达创业 | 批发和零售业—批发业 |
| 176 | 600648.SH | 外高桥 | 批发和零售业—批发业 |
| 177 | 600649.SH | 城投控股 | 房地产业—房地产业 |
| 178 | 600650.SH | 锦江在线 | 交通运输、仓储和邮政业—道路运输业 |
| 179 | 600651.SH | 飞乐音响 | 制造业—电气机械和器材制造业 |
| 180 | 600655.SH | 豫园股份 | 批发和零售业—零售业 |
| 181 | 600661.SH | 昂立教育 | 教育—教育 |
| 182 | 600662.SH | 外服控股 | 交通运输、仓储和邮政业—道路运输业 |
| 183 | 600663.SH | 陆家嘴 | 房地产业—房地产业 |
| 184 | 600675.SH | 中华企业 | 房地产业—房地产业 |
| 185 | 600676.SH | 交运股份 | 交通运输、仓储和邮政业—道路运输业 |
| 186 | 600679.SH | 上海凤凰 | 制造业—铁路、船舶、航空航天和其他运输设备制造业 |
| 187 | 600688.SH | 上海石化 | 制造业—石油加工、炼焦和核燃料加工业 |
| 188 | 600689.SH | 上海三毛 | 制造业—纺织业 |
| 189 | 600692.SH | 亚通股份 | 房地产业—房地产业 |
| 190 | 600696.SH | 岩石股份 | 制造业—酒、饮料和精制茶制造业 |
| 191 | 600708.SH | 光明地产 | 房地产业—房地产业 |
| 192 | 600732.SH | 爱旭股份 | 制造业—电气机械和器材制造业 |

（续表）

| 序号 | 代码 | 公司简称 | 行业 |
|---|---|---|---|
| 193 | 600741.SH | 华域汽车 | 制造业—汽车制造业 |
| 194 | 600748.SH | 上实发展 | 房地产业—房地产业 |
| 195 | 600754.SH | 锦江酒店 | 住宿和餐饮业—住宿业 |
| 196 | 600816.SH | ST 安信 | 金融业—其他金融业 |
| 197 | 600818.SH | 中路股份 | 制造业—铁路、船舶、航空航天和其他运输设备制造业 |
| 198 | 600819.SH | 耀皮玻璃 | 制造业—非金属矿物制品业 |
| 199 | 600820.SH | 隧道股份 | 建筑业—土木工程建筑业 |
| 200 | 600822.SH | 上海物贸 | 批发和零售业—批发业 |
| 201 | 600823.SH | 世茂股份 | 房地产业—房地产业 |
| 202 | 600824.SH | 益民集团 | 批发和零售业—零售业 |
| 203 | 600825.SH | 新华传媒 | 文化、体育和娱乐业—新闻和出版业 |
| 204 | 600826.SH | 兰生股份 | 租赁和商务服务业—商务服务业 |
| 205 | 600827.SH | 百联股份 | 批发和零售业—零售业 |
| 206 | 600833.SH | 第一医药 | 批发和零售业—零售业 |
| 207 | 600834.SH | 申通地铁 | 交通运输、仓储和邮政业—道路运输业 |
| 208 | 600835.SH | 上海机电 | 制造业—通用设备制造业 |
| 209 | 600836.SH | 上海易连 | 制造业—印刷和记录媒介复制业 |
| 210 | 600837.SH | 海通证券 | 金融业—资本市场服务 |
| 211 | 600838.SH | 上海九百 | 批发和零售业—零售业 |
| 212 | 600841.SH | 动力新科 | 制造业—通用设备制造业 |
| 213 | 600843.SH | 上工申贝 | 制造业—专用设备制造业 |
| 214 | 600845.SH | 宝信软件 | 信息传输、软件和信息技术服务业—软件和信息技术服务业 |
| 215 | 600846.SH | 同济科技 | 建筑业—土木工程建筑业 |
| 216 | 600848.SH | 上海临港 | 房地产业—房地产业 |
| 217 | 600850.SH | 电科数字 | 信息传输、软件和信息技术服务业—软件和信息技术服务业 |
| 218 | 600851.SH | 海欣股份 | 制造业—医药制造业 |
| 219 | 600882.SH | 妙可蓝多 | 制造业—食品制造业 |
| 220 | 600895.SH | 张江高科 | 房地产业—房地产业 |
| 221 | 600958.SH | 东方证券 | 金融业—资本市场服务 |
| 222 | 601021.SH | 春秋航空 | 交通运输、仓储和邮政业—航空运输业 |
| 223 | 601156.SH | 东航物流 | 交通运输、仓储和邮政业—航空运输业 |
| 224 | 601200.SH | 上海环境 | 水利、环境和公共设施管理业—生态保护和环境治理业 |
| 225 | 601211.SH | 国泰君安 | 金融业—资本市场服务 |
| 226 | 601229.SH | 上海银行 | 金融业—货币金融服务 |
| 227 | 601231.SH | 环旭电子 | 制造业—计算机、通信和其他电子设备制造业 |
| 228 | 601328.SH | 交通银行 | 金融业—货币金融服务 |
| 229 | 601519.SH | 大智慧 | 金融业—其他金融业 |
| 230 | 601595.SH | 上海电影 | 文化、体育和娱乐业—广播、电视、电影和影视录音制作业 |
| 231 | 601601.SH | 中国太保 | 金融业—保险业 |
| 232 | 601607.SH | 上海医药 | 批发和零售业—零售业 |
| 233 | 601611.SH | 中国核建 | 建筑业—土木工程建筑业 |
| 234 | 601616.SH | 广电电气 | 制造业—电气机械和器材制造业 |
| 235 | 601696.SH | 中银证券 | 金融业—资本市场服务 |
| 236 | 601702.SH | 华峰铝业 | 制造业—有色金属冶炼和压延加工业 |
| 237 | 601727.SH | 上海电气 | 制造业—通用设备制造业 |
| 238 | 601788.SH | 光大证券 | 金融业—资本市场服务 |
| 239 | 601825.SH | 沪农商行 | 金融业—货币金融服务 |
| 240 | 601828.SH | 美凯龙 | 租赁和商务服务业—商务服务业 |

(续表)

| 序号 | 代码 | 公司简称 | 行业 |
| --- | --- | --- | --- |
| 241 | 601866.SH | 中远海发 | 交通运输、仓储和邮政业—水上运输业 |
| 242 | 601872.SH | 招商轮船 | 交通运输、仓储和邮政业—水上运输业 |
| 243 | 601968.SH | 宝钢包装 | 制造业—金属制品业 |
| 244 | 603003.SH | 龙宇燃油 | 批发和零售业—批发业 |
| 245 | 603006.SH | 联明股份 | 制造业—汽车制造业 |
| 246 | 603009.SH | 北特科技 | 制造业—汽车制造业 |
| 247 | 603012.SH | 创力集团 | 制造业—专用设备制造业 |
| 248 | 603020.SH | 爱普股份 | 制造业—食品制造业 |
| 249 | 603022.SH | 新通联 | 制造业—造纸和纸制品业 |
| 250 | 603030.SH | 全筑股份 | 建筑业—建筑装饰和其他建筑业 |
| 251 | 603037.SH | 凯众股份 | 制造业—汽车制造业 |
| 252 | 603039.SH | ST 泛微 | 信息传输、软件和信息技术服务业—软件和信息技术服务业 |
| 253 | 603056.SH | 德邦股份 | 交通运输、仓储和邮政业—邮政业 |
| 254 | 603068.SH | 博通集成 | 制造业—计算机、通信和其他电子设备制造业 |
| 255 | 603083.SH | 剑桥科技 | 制造业—计算机、通信和其他电子设备制造业 |
| 256 | 603108.SH | 润达医疗 | 批发和零售业—批发业 |
| 257 | 603121.SH | 华培动力 | 制造业—汽车制造业 |
| 258 | 603122.SH | 合富中国 | 批发和零售业—批发业 |
| 259 | 603128.SH | 华贸物流 | 交通运输、仓储和邮政业—装卸搬运和运输代理业 |
| 260 | 603131.SH | 上海沪工 | 制造业—通用设备制造业 |
| 261 | 603159.SH | 上海亚虹 | 制造业—专用设备制造业 |
| 262 | 603189.SH | 网达软件 | 信息传输、软件和信息技术服务业—软件和信息技术服务业 |
| 263 | 603192.SH | 汇得科技 | 制造业—化学原料和化学制品制造业 |
| 264 | 603196.SH | 日播时尚 | 制造业—纺织服装、服饰业 |
| 265 | 603197.SH | 保隆科技 | 制造业—汽车制造业 |
| 266 | 603200.SH | 上海洗霸 | 水利、环境和公共设施管理业—生态保护和环境治理业 |
| 267 | 603214.SH | 爱婴室 | 批发和零售业—零售业 |
| 268 | 603226.SH | 菲林格尔 | 制造业—木材加工和木、竹、藤、棕、草制品业 |
| 269 | 603232.SH | 格尔软件 | 信息传输、软件和信息技术服务业—软件和信息技术服务业 |
| 270 | 603236.SH | 移远通信 | 制造业—计算机、通信和其他电子设备制造业 |
| 271 | 603256.SH | 宏和科技 | 制造业—非金属矿物制品业 |
| 272 | 603324.SH | 盛剑环境 | 制造业—专用设备制造业 |
| 273 | 603329.SH | 上海雅仕 | 交通运输、仓储和邮政业—装卸搬运和运输代理业 |
| 274 | 603330.SH | 上海天洋 | 制造业—化学原料和化学制品制造业 |
| 275 | 603365.SH | 水星家纺 | 制造业—纺织业 |
| 276 | 603378.SH | 亚士创能 | 制造业—化学原料和化学制品制造业 |
| 277 | 603466.SH | 风语筑 | 文化、体育和娱乐业—文化艺术业 |
| 278 | 603496.SH | 恒为科技 | 制造业—计算机、通信和其他电子设备制造业 |
| 279 | 603499.SH | 翔港科技 | 制造业—印刷和记录媒介复制业 |
| 280 | 603501.SH | 韦尔股份 | 制造业—计算机、通信和其他电子设备制造业 |
| 281 | 603515.SH | 欧普照明 | 制造业—电气机械和器材制造业 |
| 282 | 603565.SH | 中谷物流 | 交通运输、仓储和邮政业—水上运输业 |
| 283 | 603579.SH | 荣泰健康 | 制造业—电气机械和器材制造业 |
| 284 | 603580.SH | 艾艾精工 | 制造业—橡胶和塑料制品业 |
| 285 | 603587.SH | 地素时尚 | 制造业—纺织服装、服饰业 |
| 286 | 603619.SH | 中曼石油 | 采矿业—开采辅助活动 |
| 287 | 603633.SH | 徕木股份 | 制造业—计算机、通信和其他电子设备制造业 |
| 288 | 603648.SH | 畅联股份 | 租赁和商务服务业—商务服务业 |

（续表）

| 序号 | 代码 | 公司简称 | 行业 |
|---|---|---|---|
| 289 | 603650.SH | 彤程新材 | 制造业—化学原料和化学制品制造业 |
| 290 | 603659.SH | 璞泰来 | 制造业—电气机械和器材制造业 |
| 291 | 603681.SH | 永冠新材 | 制造业—化学原料和化学制品制造业 |
| 292 | 603682.SH | 锦和商管 | 租赁和商务服务业—商务服务业 |
| 293 | 603683.SH | 晶华新材 | 制造业—化学原料和化学制品制造业 |
| 294 | 603690.SH | 至纯科技 | 制造业—专用设备制造业 |
| 295 | 603713.SH | 密尔克卫 | 交通运输、仓储和邮政业—装卸搬运和运输代理业 |
| 296 | 603718.SH | 海利生物 | 制造业—医药制造业 |
| 297 | 603728.SH | 鸣志电器 | 制造业—电气机械和器材制造业 |
| 298 | 603729.SH | 龙韵股份 | 租赁和商务服务业—商务服务业 |
| 299 | 603730.SH | 岱美股份 | 制造业—汽车制造业 |
| 300 | 603777.SH | 来伊份 | 批发和零售业—零售业 |
| 301 | 603786.SH | 科博达 | 制造业—汽车制造业 |
| 302 | 603790.SH | 雅运股份 | 制造业—化学原料和化学制品制造业 |
| 303 | 603855.SH | 华荣股份 | 制造业—专用设备制造业 |
| 304 | 603868.SH | 飞科电器 | 制造业—电气机械和器材制造业 |
| 305 | 603881.SH | 数据港 | 信息传输、软件和信息技术服务业—互联网和相关服务 |
| 306 | 603885.SH | 吉祥航空 | 交通运输、仓储和邮政业—航空运输业 |
| 307 | 603886.SH | 元祖股份 | 制造业—食品制造业 |
| 308 | 603887.SH | 城地香江 | 信息传输、软件和信息技术服务业—软件和信息技术服务业 |
| 309 | 603895.SH | 天永智能 | 制造业—专用设备制造业 |
| 310 | 603899.SH | 晨光股份 | 制造业—文教、工美、体育和娱乐用品制造业 |
| 311 | 603918.SH | 金桥信息 | 信息传输、软件和信息技术服务业—软件和信息技术服务业 |
| 312 | 603956.SH | 威派格 | 制造业—专用设备制造业 |
| 313 | 603960.SH | 克来机电 | 制造业—专用设备制造业 |
| 314 | 603987.SH | 康德莱 | 制造业—专用设备制造业 |
| 315 | 605050.SH | 福然德 | 交通运输、仓储和邮政业—装卸搬运和运输代理业 |
| 316 | 605081.SH | 太和水 | 水利、环境和公共设施管理业—生态保护和环境治理业 |
| 317 | 605098.SH | 行动教育 | 教育—教育 |
| 318 | 605128.SH | 上海沿浦 | 制造业—汽车制造业 |
| 319 | 605136.SH | 丽人丽妆 | 批发和零售业—零售业 |
| 320 | 605151.SH | 西上海 | 制造业—汽车制造业 |
| 321 | 605186.SH | 健麾信息 | 制造业—专用设备制造业 |
| 322 | 605208.SH | 永茂泰 | 制造业—有色金属冶炼和压延加工业 |
| 323 | 605222.SH | 起帆电缆 | 制造业—电气机械和器材制造业 |
| 324 | 605289.SH | 罗曼股份 | 建筑业—建筑装饰和其他建筑业 |
| 325 | 605338.SH | 巴比食品 | 制造业—食品制造业 |
| 326 | 605339.SH | 南侨食品 | 制造业—食品制造业 |
| 327 | 605398.SH | 新炬网络 | 信息传输、软件和信息技术服务业—软件和信息技术服务业 |
| 328 | 605598.SH | 上海港湾 | 建筑业—土木工程建筑业 |
| 329 | 688008.SH | 澜起科技 | 制造业—计算机、通信和其他电子设备制造业 |
| 330 | 688012.SH | 中微公司 | 制造业—专用设备制造业 |
| 331 | 688016.SH | 心脉医疗 | 制造业—专用设备制造业 |
| 332 | 688018.SH | 乐鑫科技 | 信息传输、软件和信息技术服务业—软件和信息技术服务业 |
| 333 | 688019.SH | 安集科技 | 制造业—计算机、通信和其他电子设备制造业 |
| 334 | 688062.SH | 迈威生物-U | 制造业—医药制造业 |
| 335 | 688063.SH | 派能科技 | 制造业—电气机械和器材制造业 |
| 336 | 688065.SH | 凯赛生物 | 制造业—化学纤维制造业 |

（续表）

| 序号 | 代码 | 公司简称 | 行业 |
|---|---|---|---|
| 337 | 603650.SH | 彤程新材 | 制造业—化学原料和化学制品制造业 |
| 338 | 603659.SH | 璞泰来 | 制造业—电气机械和器材制造业 |
| 339 | 603681.SH | 永冠新材 | 制造业—化学原料和化学制品制造业 |
| 340 | 603682.SH | 锦和商管 | 租赁和商务服务业—商务服务业 |
| 341 | 603683.SH | 晶华新材 | 制造业—化学原料和化学制品制造业 |
| 342 | 603690.SH | 至纯科技 | 制造业—专用设备制造业 |
| 343 | 603713.SH | 密尔克卫 | 交通运输、仓储和邮政业—装卸搬运和运输代理业 |
| 344 | 603718.SH | 海利生物 | 制造业—医药制造业 |
| 345 | 603728.SH | 鸣志电器 | 制造业—电气机械和器材制造业 |
| 346 | 603729.SH | 龙韵股份 | 租赁和商务服务业—商务服务业 |
| 347 | 603730.SH | 岱美股份 | 制造业—汽车制造业 |
| 348 | 603777.SH | 来伊份 | 批发和零售业—零售业 |
| 349 | 603786.SH | 科博达 | 制造业—汽车制造业 |
| 350 | 603790.SH | 雅运股份 | 制造业—化学原料和化学制品制造业 |
| 351 | 603855.SH | 华荣股份 | 制造业—专用设备制造业 |
| 352 | 603868.SH | 飞科电器 | 制造业—电气机械和器材制造业 |
| 353 | 603881.SH | 数据港 | 信息传输、软件和信息技术服务业—互联网和相关服务 |
| 354 | 603885.SH | 吉祥航空 | 交通运输、仓储和邮政业—航空运输业 |
| 355 | 603886.SH | 元祖股份 | 制造业—食品制造业 |
| 356 | 603887.SH | 城地香江 | 信息传输、软件和信息技术服务业—软件和信息技术服务业 |
| 357 | 603895.SH | 天永智能 | 制造业—专用设备制造业 |
| 358 | 603899.SH | 晨光股份 | 制造业—文教、工美、体育和娱乐用品制造业 |
| 359 | 603918.SH | 金桥信息 | 信息传输、软件和信息技术服务业—软件和信息技术服务业 |
| 360 | 603956.SH | 威派格 | 制造业—专用设备制造业 |
| 361 | 603960.SH | 克来机电 | 制造业—专用设备制造业 |
| 362 | 603987.SH | 康德莱 | 制造业—专用设备制造业 |
| 363 | 605050.SH | 福然德 | 交通运输、仓储和邮政业—装卸搬运和运输代理业 |
| 364 | 605081.SH | 太和水 | 水利、环境和公共设施管理业—生态保护和环境治理业 |
| 365 | 605098.SH | 行动教育 | 教育—教育 |
| 366 | 605128.SH | 上海沿浦 | 制造业—汽车制造业 |
| 367 | 605136.SH | 丽人丽妆 | 批发和零售业—零售业 |
| 368 | 605151.SH | 西上海 | 制造业—汽车制造业 |
| 369 | 605186.SH | 健麾信息 | 制造业—专用设备制造业 |
| 370 | 605208.SH | 永茂泰 | 制造业—有色金属冶炼和压延加工业 |
| 371 | 605222.SH | 起帆电缆 | 制造业—电气机械和器材制造业 |
| 372 | 605289.SH | 罗曼股份 | 建筑业—建筑装饰和其他建筑业 |
| 373 | 605338.SH | 巴比食品 | 制造业—食品制造业 |
| 374 | 605339.SH | 南侨食品 | 制造业—食品制造业 |
| 375 | 605398.SH | 新炬网络 | 信息传输、软件和信息技术服务业—软件和信息技术服务业 |
| 376 | 605598.SH | 上海港湾 | 建筑业—土木工程建筑业 |
| 377 | 688008.SH | 澜起科技 | 制造业—计算机、通信和其他电子设备制造业 |
| 378 | 688012.SH | 中微公司 | 制造业—专用设备制造业 |
| 379 | 688016.SH | 心脉医疗 | 制造业—专用设备制造业 |
| 380 | 688018.SH | 乐鑫科技 | 信息传输、软件和信息技术服务业—软件和信息技术服务业 |
| 381 | 688019.SH | 安集科技 | 制造业—计算机、通信和其他电子设备制造业 |
| 382 | 688062.SH | 迈威生物 -U | 制造业—医药制造业 |
| 383 | 688063.SH | 派能科技 | 制造业—电气机械和器材制造业 |
| 384 | 688065.SH | 凯赛生物 | 制造业—化学纤维制造业 |

(续表)

| 序号 | 代码 | 公司简称 | 行业 |
|---|---|---|---|
| 385 | 688608.SH | 恒玄科技 | 制造业—计算机、通信和其他电子设备制造业 |
| 386 | 688660.SH | 电气风电 | 制造业—通用设备制造业 |
| 387 | 688680.SH | 海优新材 | 制造业—橡胶和塑料制品业 |
| 388 | 688682.SH | 霍莱沃 | 信息传输、软件和信息技术服务业—软件和信息技术服务业 |
| 389 | 688718.SH | 唯赛勃 | 制造业—专用设备制造业 |
| 390 | 688728.SH | 格科微 | 制造业—计算机、通信和其他电子设备制造业 |
| 391 | 688766.SH | 普冉股份 | 制造业—计算机、通信和其他电子设备制造业 |
| 392 | 688798.SH | 艾为电子 | 制造业—计算机、通信和其他电子设备制造业 |
| 393 | 688981.SH | 中芯国际 | 制造业—计算机、通信和其他电子设备制造业 |
| 394 | 830799.BJ | 艾融软件 | 信息传输、软件和信息技术服务业—软件和信息技术服务业 |
| 395 | 831305.BJ | 海希通讯 | 制造业—仪器仪表制造业 |
| 396 | 831961.BJ | 创远信科 | 制造业—仪器仪表制造业 |
| 397 | 833346.BJ | 威贸电子 | 制造业—计算机、通信和其他电子设备制造业 |

# 上海工商类上市公司 2021 年度经营情况之一

（单位：万元）

| 序号 | 代码 | 公司简称 | 资产总计 | 股东权益 | 主营业务收入 | 利润总额 | 净利润 |
|---|---|---|---|---|---|---|---|
| 1 | 000863.SZ | 三湘印象 | 708852.07 | 423022.39 | 300628.28 | 13674.61 | 2753.65 |
| 2 | 001266.SZ | 宏英智能 | 55208.50 | 39847.06 | 50248.24 | 14745.63 | 13025.72 |
| 3 | 002022.SZ | *ST 科华 | 527657.95 | 403829.40 | 426801.18 | 138406.55 | 114503.93 |
| 4 | 002028.SZ | 思源电气 | 1391441.16 | 859817.76 | 869533.51 | 140368.56 | 127231.77 |
| 5 | 002058.SZ | 威尔泰 | 35888.62 | 21897.63 | 24486.97 | 2561.60 | 2377.90 |
| 6 | 002116.SZ | 中国海诚 | 487264.12 | 150182.54 | 526504.97 | 19009.99 | 16078.74 |
| 7 | 002158.SZ | 汉钟精机 | 469218.50 | 263017.23 | 298116.35 | 56031.37 | 48783.42 |
| 8 | 002162.SZ | 悦心健康 | 271278.47 | 129155.78 | 126083.20 | 4778.75 | 4776.97 |
| 9 | 002178.SZ | 延华智能 | 177030.93 | 73611.10 | 81712.98 | 835.41 | 894.05 |
| 10 | 002184.SZ | 海得控制 | 257598.28 | 142207.29 | 249095.22 | 20507.34 | 17003.62 |
| 11 | 002195.SZ | 二三四五 | 997357.78 | 928589.34 | 93240.93 | 47361.90 | 39749.37 |
| 12 | 002211.SZ | ST 宏达 | 51730.52 | 5302.72 | 56573.30 | −71231.27 | −71657.19 |
| 13 | 002252.SZ | 上海莱士 | 2723658.20 | 2590416.67 | 428772.68 | 153903.61 | 128894.76 |
| 14 | 002269.SZ | 美邦服饰 | 510321.76 | 71166.16 | 263867.87 | −46953.84 | −46846.58 |
| 15 | 002278.SZ | 神开股份 | 177125.60 | 117857.32 | 77542.88 | 5794.49 | 5048.73 |
| 16 | 002324.SZ | 普利特 | 461728.91 | 261746.56 | 487077.50 | 3492.98 | 2100.42 |
| 17 | 002328.SZ | 新朋股份 | 545167.51 | 338594.04 | 472163.20 | 56668.59 | 44697.68 |
| 18 | 002346.SZ | 柘中股份 | 498256.92 | 337340.44 | 68896.22 | 49097.93 | 41995.17 |
| 19 | 002401.SZ | 中远海科 | 349458.43 | 127809.44 | 170685.15 | 17914.33 | 15675.75 |
| 20 | 002451.SZ | 摩恩电气 | 141018.19 | 83605.86 | 114229.58 | 1430.58 | 1536.87 |
| 21 | 002454.SZ | 松芝股份 | 692821.56 | 410366.68 | 412369.42 | 15699.52 | 14004.48 |
| 22 | 002486.SZ | 嘉麟杰 | 122649.19 | 97021.10 | 115524.41 | 2328.94 | 2048.30 |
| 23 | 002506.SZ | 协鑫集成 | 929999.68 | 235225.13 | 470146.05 | −192105.40 | −195130.52 |
| 24 | 002527.SZ | 新时达 | 645730.30 | 364880.72 | 426421.26 | 22014.13 | 16918.59 |
| 25 | 002561.SZ | 徐家汇 | 287671.72 | 231187.26 | 61913.65 | 15320.90 | 11406.43 |
| 26 | 002565.SZ | 顺灏股份 | 287205.68 | 210785.10 | 155023.34 | −1370.06 | −2579.70 |
| 27 | 002568.SZ | 百润股份 | 564031.67 | 379122.83 | 259435.75 | 84246.80 | 66447.50 |
| 28 | 002605.SZ | 姚记科技 | 397923.05 | 245387.06 | 380724.87 | 62929.88 | 56730.39 |
| 29 | 002636.SZ | 金安国纪 | 686520.62 | 366463.32 | 589117.28 | 78858.51 | 70100.82 |
| 30 | 002669.SZ | 康达新材 | 372837.86 | 229124.52 | 227161.30 | 1769.45 | 2144.02 |
| 31 | 002706.SZ | 良信股份 | 441879.55 | 220615.29 | 402715.45 | 44718.39 | 41852.98 |
| 32 | 002825.SZ | 纳尔股份 | 174455.28 | 114518.48 | 175870.05 | 9259.21 | 8805.18 |
| 33 | 002858.SZ | 力盛体育 | 113577.67 | 81559.23 | 28088.60 | 2131.25 | 1662.94 |
| 34 | 300008.SZ | 天海防务 | 245076.21 | 167339.75 | 142174.64 | 2040.07 | 2645.62 |
| 35 | 300017.SZ | 网宿科技 | 1057349.05 | 883895.05 | 457501.47 | 13773.86 | 16368.68 |
| 36 | 300039.SZ | 上海凯宝 | 335581.68 | 304491.18 | 110057.84 | 16965.10 | 14011.13 |
| 37 | 300059.SZ | 东方财富 | 18502025.40 | 4404023.66 | 540480.50 | 1005397.07 | 855292.77 |
| 38 | 300061.SZ | 旗天科技 | 173162.68 | 115987.42 | 105437.39 | −35658.80 | −37498.64 |
| 39 | 300067.SZ | 安诺其 | 270676.78 | 230456.26 | 105200.06 | 11144.42 | 10604.64 |
| 40 | 300074.SZ | 华平股份 | 179597.38 | 120503.50 | 44862.83 | 953.81 | 1270.42 |
| 41 | 300126.SZ | 锐奇股份 | 142346.48 | 110782.83 | 62592.85 | 1062.05 | 1022.63 |
| 42 | 300129.SZ | 泰胜风能 | 580616.84 | 277790.17 | 385269.18 | 28761.31 | 25353.18 |
| 43 | 300153.SZ | 科泰电源 | 139321.54 | 76954.93 | 95294.95 | 1063.52 | 999.02 |
| 44 | 300168.SZ | 万达信息 | 714476.75 | 153858.55 | 351311.40 | 5830.65 | 4335.63 |
| 45 | 300170.SZ | 汉得信息 | 517041.75 | 340923.98 | 281066.15 | 20503.61 | 18995.47 |
| 46 | 300171.SZ | 东富龙 | 974005.28 | 447835.67 | 419242.11 | 101956.24 | 88616.89 |
| 47 | 300180.SZ | 华峰超纤 | 837068.81 | 514519.70 | 414222.69 | 6650.50 | 6214.05 |
| 48 | 300222.SZ | 科大智能 | 647038.52 | 221381.32 | 288904.67 | −7125.83 | −8498.92 |

（续表）

| 序号 | 代码 | 公司简称 | 资产总计 | 股东权益 | 主营业务收入 | 利润总额 | 净利润 |
|---|---|---|---|---|---|---|---|
| 49 | 300225.SZ | 金力泰 | 130089.84 | 92642.17 | 85795.94 | −13749.72 | −11891.63 |
| 50 | 300226.SZ | 上海钢联 | 1419430.07 | 370828.42 | 6577462.22 | 45284.78 | 35254.32 |
| 51 | 300230.SZ | 永利股份 | 342266.08 | 244136.03 | 321320.68 | 25724.75 | 21751.07 |
| 52 | 300236.SZ | 上海新阳 | 664419.36 | 498731.55 | 101635.85 | 11364.37 | 10333.10 |
| 53 | 300245.SZ | 天玑科技 | 177214.15 | 152557.65 | 54210.28 | 4003.26 | 3700.56 |
| 54 | 300253.SZ | 卫宁健康 | 749629.67 | 517340.51 | 275020.21 | 37316.81 | 35373.43 |
| 55 | 300257.SZ | 开山股份 | 1160820.06 | 492535.67 | 348473.73 | 35727.74 | 30890.03 |
| 56 | 300262.SZ | 巴安水务 | 388565.39 | 50418.10 | 13623.16 | −138948.58 | −138905.34 |
| 57 | 300272.SZ | 开能健康 | 213285.89 | 125222.60 | 151148.74 | 14549.32 | 11710.25 |
| 58 | 300286.SZ | 安科瑞 | 141528.58 | 97935.58 | 101698.28 | 18998.47 | 17006.52 |
| 59 | 300326.SZ | 凯利泰 | 350947.57 | 277837.63 | 126857.95 | 21631.28 | 17499.37 |
| 60 | 300327.SZ | 中颖电子 | 170530.33 | 132895.30 | 149390.77 | 39670.27 | 37065.57 |
| 61 | 300330.SZ | 华虹计通 | 64287.86 | 38817.71 | 37169.77 | 895.78 | 1016.60 |
| 62 | 300336.SZ | *ST 新文 | 71401.07 | −42295.89 | 14244.15 | −52717.89 | −64969.07 |
| 63 | 300378.SZ | 鼎捷软件 | 263820.76 | 167733.83 | 178813.93 | 15887.25 | 11228.35 |
| 64 | 300380.SZ | 安硕信息 | 82618.90 | 49835.77 | 75518.00 | 994.76 | 1076.70 |
| 65 | 300398.SZ | 飞凯材料 | 586110.47 | 324751.18 | 262710.44 | 47441.45 | 40096.42 |
| 66 | 300442.SZ | 普丽盛 | 130167.34 | 47379.95 | 69164.52 | −1526.51 | −1291.44 |
| 67 | 300462.SZ | 华铭智能 | 226594.25 | 150355.73 | 59362.45 | −21129.99 | −18982.25 |
| 68 | 300469.SZ | 信息发展 | 97789.13 | 21776.11 | 42188.70 | −6125.90 | −7471.41 |
| 69 | 300483.SZ | 首华燃气 | 822071.90 | 446756.60 | 182355.63 | 19278.89 | 13856.65 |
| 70 | 300493.SZ | 润欣科技 | 127658.56 | 80053.22 | 185760.63 | 7172.08 | 5769.32 |
| 71 | 300501.SZ | 海顺新材 | 226405.03 | 158550.12 | 85685.78 | 11743.37 | 10902.93 |
| 72 | 300508.SZ | 维宏股份 | 83687.21 | 61696.83 | 41348.75 | 6416.39 | 5870.43 |
| 73 | 300511.SZ | 雪榕生物 | 434012.89 | 165454.69 | 206282.88 | −35296.23 | −34846.76 |
| 74 | 300551.SZ | 古鳌科技 | 104939.95 | 64394.65 | 17349.85 | 2466.24 | 1475.30 |
| 75 | 300578.SZ | 会畅通讯 | 192871.72 | 165015.08 | 67829.49 | −19980.35 | −23668.80 |
| 76 | 300590.SZ | 移为通信 | 196654.60 | 154612.27 | 92073.96 | 16733.00 | 15555.23 |
| 77 | 300609.SZ | 汇纳科技 | 134628.82 | 114212.35 | 38848.85 | 4385.09 | 4411.48 |
| 78 | 300613.SZ | 富瀚微 | 291033.06 | 209389.71 | 171700.30 | 40727.32 | 38213.25 |
| 79 | 300627.SZ | 华测导航 | 339636.57 | 223625.49 | 190317.82 | 29163.28 | 28968.30 |
| 80 | 300642.SZ | 透景生命 | 149884.22 | 139625.57 | 65458.86 | 17817.94 | 16105.79 |
| 81 | 300762.SZ | 上海瀚讯 | 325404.98 | 261367.11 | 72924.70 | 25047.16 | 23503.91 |
| 82 | 300802.SZ | 矩子科技 | 128548.98 | 105821.50 | 58802.98 | 11150.76 | 9858.58 |
| 83 | 300892.SZ | 品渥食品 | 156047.88 | 115293.70 | 165071.21 | 13103.68 | 9546.97 |
| 84 | 300899.SZ | 上海凯鑫 | 70926.20 | 65144.44 | 22792.60 | 5514.52 | 4804.59 |
| 85 | 300915.SZ | 海融科技 | 159920.32 | 139643.39 | 74693.44 | 12984.73 | 11243.65 |
| 86 | 300947.SZ | 德必集团 | 504250.84 | 126907.26 | 95489.33 | 14621.12 | 10969.08 |
| 87 | 300963.SZ | 中洲特材 | 112095.76 | 86365.97 | 68487.16 | 5014.10 | 4610.88 |
| 88 | 300983.SZ | 尤安设计 | 358420.06 | 318261.16 | 95537.37 | 35402.81 | 30338.27 |
| 89 | 300999.SZ | 金龙鱼 | 20724993.70 | 9110842.80 | 22622516.20 | 617726.40 | 448870.50 |
| 90 | 301000.SZ | 肇民科技 | 126341.46 | 110372.47 | 58439.03 | 13282.40 | 11641.50 |
| 91 | 301001.SZ | 凯淳股份 | 106828.44 | 83311.56 | 83063.43 | 6391.54 | 4840.21 |
| 92 | 301005.SZ | 超捷股份 | 88030.67 | 77396.98 | 39397.08 | 8626.13 | 7586.42 |
| 93 | 301024.SZ | 霍普股份 | 93409.16 | 83096.60 | 34123.15 | 5283.57 | 4688.17 |
| 94 | 301025.SZ | 读客文化 | 77758.43 | 62401.74 | 51920.17 | 8908.39 | 6725.45 |
| 95 | 301037.SZ | 保立佳 | 246760.23 | 82607.63 | 297483.87 | 5692.82 | 5045.14 |
| 96 | 301046.SZ | 能辉科技 | 130817.10 | 78696.19 | 59268.68 | 12033.07 | 10368.59 |

（续表）

| 序号 | 代码 | 公司简称 | 资产总计 | 股东权益 | 主营业务收入 | 利润总额 | 净利润 |
|---|---|---|---|---|---|---|---|
| 97 | 301060.SZ | 兰卫医学 | 210548.54 | 163981.39 | 177833.28 | 31803.08 | 26161.68 |
| 98 | 301062.SZ | 上海艾录 | 166655.78 | 102354.47 | 112014.95 | 16461.89 | 14256.17 |
| 99 | 301070.SZ | 开勒股份 | 91368.82 | 79086.52 | 34316.51 | 6367.93 | 5503.20 |
| 100 | 301099.SZ | 雅创电子 | 118914.26 | 83869.92 | 141784.74 | 12033.08 | 9289.09 |
| 101 | 301151.SZ | 冠龙节能 | 137376.94 | 77355.41 | 104684.85 | 23731.37 | 19231.44 |
| 102 | 301156.SZ | 美农生物 | 52969.20 | 32414.84 | 54625.47 | 7952.62 | 7055.77 |
| 103 | 301166.SZ | 优宁维 | 231305.34 | 208825.51 | 110966.79 | 13765.45 | 10872.82 |
| 104 | 301228.SZ | 实朴检测 | 67544.13 | 44435.88 | 42486.62 | 5593.92 | 5093.37 |
| 105 | 301257.SZ | 普蕊斯 | 40424.88 | 22884.31 | 50296.67 | 6687.64 | 5776.90 |
| 106 | 301289.SZ | 国缆检测 | 61277.21 | 39427.01 | 21854.68 | 8409.28 | 7321.38 |
| 107 | 600000.SH | 浦发银行 | 813675700.00 | 67821800.00 | 19098200.00 | 5907100.00 | 5376600.00 |
| 108 | 600009.SH | 上海机场 | 5142608.86 | 2770593.55 | 372779.73 | −228015.87 | −162230.65 |
| 109 | 600018.SH | 上港集团 | 17078747.85 | 10780562.92 | 3428869.73 | 1796138.40 | 1548072.00 |
| 110 | 600019.SH | 宝钢股份 | 38039756.14 | 21072057.35 | 36434929.81 | 3070825.64 | 2645502.07 |
| 111 | 600021.SH | 上海电力 | 15670875.04 | 3780741.34 | 3063131.83 | −109758.13 | −168136.21 |
| 112 | 600026.SH | 中远海能 | 5938893.78 | 2992228.25 | 1269866.77 | −451733.02 | −465713.05 |
| 113 | 600061.SH | 国投资本 | 24643177.12 | 5454321.97 | 119113.46 | 671651.71 | 530818.74 |
| 114 | 600072.SH | 中船科技 | 785364.25 | 428473.49 | 240947.19 | 9635.94 | 8058.04 |
| 115 | 600073.SH | 上海梅林 | 1497708.49 | 670309.43 | 2361734.63 | 13261.57 | −10211.25 |
| 116 | 600081.SH | 东风科技 | 955181.23 | 404635.97 | 786118.05 | 48349.43 | 43517.19 |
| 117 | 600088.SH | 中视传媒 | 164454.33 | 111268.36 | 118805.60 | 1258.19 | 624.01 |
| 118 | 600094.SH | 大名城 | 3995103.26 | 1312355.43 | 766122.46 | −30149.56 | −32900.41 |
| 119 | 600097.SH | 开创国际 | 294366.47 | 201594.01 | 198031.70 | 24046.74 | 19801.60 |
| 120 | 600104.SH | 上汽集团 | 91692269.56 | 32877073.06 | 75991463.56 | 4155765.94 | 3394175.89 |
| 121 | 600115.SH | 中国东航 | 28654800.00 | 5491000.00 | 6712700.00 | −1751300.00 | −1328400.00 |
| 122 | 600119.SH | 长江投资 | 81101.45 | 37068.84 | 110075.10 | −13966.47 | −14117.00 |
| 123 | 600150.SH | 中国船舶 | 16040224.50 | 5310417.36 | 5974042.63 | 32826.06 | 23187.24 |
| 124 | 600151.SH | 航天机电 | 1070446.73 | 585316.11 | 629298.16 | 5844.64 | 5257.95 |
| 125 | 600170.SH | 上海建工 | 35376589.18 | 5156705.55 | 28105546.80 | 528322.22 | 404809.47 |
| 126 | 600171.SH | 上海贝岭 | 466026.31 | 398127.34 | 202433.46 | 76666.71 | 73755.09 |
| 127 | 600193.SH | 创兴资源 | 127808.91 | 35140.24 | 69038.07 | 3712.09 | 2300.52 |
| 128 | 600196.SH | 复星医药 | 9329379.10 | 4837556.45 | 3900508.66 | 605383.84 | 498743.81 |
| 129 | 600210.SH | 紫江企业 | 1215956.12 | 594448.59 | 952859.30 | 76083.70 | 60266.89 |
| 130 | 600272.SH | 开开实业 | 106297.13 | 54654.36 | 66983.04 | 2462.76 | 1637.74 |
| 131 | 600278.SH | 东方创业 | 1843432.15 | 724289.35 | 4354944.21 | 57981.38 | 46108.33 |
| 132 | 600284.SH | 浦东建设 | 2154585.87 | 690168.51 | 1139478.61 | 55832.68 | 53799.85 |
| 133 | 600315.SH | 上海家化 | 1214551.17 | 696327.74 | 764612.30 | 76434.16 | 64925.19 |
| 134 | 600320.SH | 振华重工 | 7833208.12 | 1765005.30 | 2597797.70 | 60534.11 | 52834.56 |
| 135 | 600420.SH | 国药现代 | 1906996.14 | 1036985.85 | 1394494.83 | 91820.88 | 82114.59 |
| 136 | 600490.SH | 鹏欣资源 | 862343.00 | 627315.83 | 858727.71 | 8785.48 | 7292.91 |
| 137 | 600500.SH | 中化国际 | 5797320.18 | 1992942.18 | 8064777.85 | 963025.69 | 656968.08 |
| 138 | 600503.SH | 华丽家族 | 504975.58 | 368649.82 | 52483.08 | 11831.98 | 8795.68 |
| 139 | 600508.SH | 上海能源 | 1770407.92 | 1052673.60 | 1015588.65 | 53265.38 | 40934.54 |
| 140 | 600517.SH | 国网英大 | 4490885.65 | 2138317.71 | 571264.39 | 202997.77 | 155639.76 |
| 141 | 600530.SH | 交大昂立 | 135234.52 | 91356.91 | 36257.67 | 4269.63 | 4048.40 |
| 142 | 600532.SH | *ST 未来 | 279937.44 | 176406.02 | 69744.51 | −17324.01 | −17174.02 |
| 143 | 600597.SH | 光明乳业 | 2345040.10 | 1035190.22 | 2920599.25 | 69990.35 | 56689.36 |
| 144 | 600601.SH | *ST 方科 | 815225.72 | −68933.45 | 543161.36 | −122657.32 | −121384.25 |

（续表）

| 序号 | 代码 | 公司简称 | 资产总计 | 股东权益 | 主营业务收入 | 利润总额 | 净利润 |
|---|---|---|---|---|---|---|---|
| 145 | 600602.SH | 云赛智联 | 693192.31 | 468238.99 | 499297.66 | 31194.49 | 29222.06 |
| 146 | 600604.SH | 市北高新 | 2115850.24 | 844804.09 | 111410.74 | 20847.53 | 12961.23 |
| 147 | 600605.SH | 汇通能源 | 206413.34 | 113265.71 | 11287.38 | 7564.36 | 5696.14 |
| 148 | 600606.SH | 绿地控股 | 146909790.87 | 16388289.24 | 54428636.20 | 1793300.09 | 944280.85 |
| 149 | 600608.SH | ST 沪科 | 21730.85 | 7061.32 | 32248.94 | 382.60 | 286.04 |
| 150 | 600611.SH | 大众交通 | 1928964.10 | 1019902.42 | 215130.96 | 47156.94 | 37780.55 |
| 151 | 600612.SH | 老凤祥 | 2227485.75 | 1085864.51 | 5869077.34 | 324161.64 | 244724.45 |
| 152 | 600613.SH | 神奇制药 | 314897.01 | 239251.66 | 230303.27 | 9959.74 | 6796.24 |
| 153 | 600615.SH | *ST 丰华 | 72110.64 | 63551.86 | 15847.14 | 441.81 | −6.48 |
| 154 | 600616.SH | 金枫酒业 | 227095.61 | 191220.62 | 64937.94 | −1874.06 | −1706.33 |
| 155 | 600618.SH | 氯碱化工 | 930048.84 | 710372.40 | 666418.95 | 200709.49 | 175576.69 |
| 156 | 600619.SH | 海立股份 | 2109541.46 | 764493.44 | 1576878.95 | 23948.82 | 29051.36 |
| 157 | 600620.SH | 天宸股份 | 273122.99 | 233460.94 | 4181.76 | 14205.01 | 12002.65 |
| 158 | 600621.SH | 华鑫股份 | 3424226.71 | 735988.59 | 13032.66 | 65572.54 | 49798.98 |
| 159 | 600622.SH | 光大嘉宝 | 3537589.31 | 950994.80 | 409456.16 | 46550.10 | 22345.22 |
| 160 | 600623.SH | 华谊集团 | 5262392.84 | 2483010.93 | 3969183.74 | 444960.33 | 353072.01 |
| 161 | 600624.SH | 复旦复华 | 191622.73 | 99937.48 | 104133.57 | −6663.47 | −10118.95 |
| 162 | 600626.SH | 申达股份 | 967234.96 | 359576.15 | 1055041.12 | 5300.99 | −6895.45 |
| 163 | 600628.SH | 新世界 | 611100.67 | 435857.94 | 116554.73 | 11354.25 | 7002.92 |
| 164 | 600629.SH | 华建集团 | 1342581.05 | 360535.71 | 905478.30 | 45980.34 | 39101.20 |
| 165 | 600630.SH | 龙头股份 | 236903.11 | 124036.27 | 294949.93 | −29549.05 | −30321.48 |
| 166 | 600635.SH | 大众公用 | 2407494.83 | 1001619.76 | 541759.40 | 49392.02 | 39217.53 |
| 167 | 600636.SH | 国新文化 | 275532.46 | 256908.90 | 44444.93 | −42799.48 | −42785.26 |
| 168 | 600637.SH | 东方明珠 | 4368081.79 | 3543221.17 | 906917.62 | 230444.21 | 194409.76 |
| 169 | 600638.SH | 新黄浦 | 2144116.96 | 452332.02 | 358608.11 | 18462.91 | 14528.94 |
| 170 | 600639.SH | 浦东金桥 | 3326783.93 | 1251289.25 | 461715.16 | 213379.37 | 157519.30 |
| 171 | 600640.SH | 新国脉 | 598917.76 | 463720.98 | 461093.25 | −34538.42 | −35444.82 |
| 172 | 600641.SH | 万业企业 | 916681.96 | 763086.24 | 87990.73 | 49701.01 | 37694.86 |
| 173 | 600642.SH | 申能股份 | 8963655.52 | 3853391.16 | 2531277.39 | 250924.15 | 177607.62 |
| 174 | 600643.SH | 爱建集团 | 2704956.74 | 1238715.08 | 191286.24 | 154032.42 | 115237.96 |
| 175 | 600647.SH | 同达创业 | 52968.70 | 33275.74 | 9725.29 | 586.13 | 579.73 |
| 176 | 600648.SH | 外高桥 | 4310882.09 | 1196821.67 | 874350.18 | 133682.68 | 95041.73 |
| 177 | 600649.SH | 城投控股 | 6890165.00 | 2226352.31 | 919300.44 | 144436.02 | 89733.85 |
| 178 | 600650.SH | 锦江在线 | 517909.20 | 397241.45 | 271465.87 | 18000.27 | 14691.56 |
| 179 | 600651.SH | 飞乐音响 | 769605.45 | 230503.50 | 457148.27 | −40246.92 | −45131.31 |
| 180 | 600655.SH | 豫园股份 | 13147558.43 | 4175671.52 | 5106310.90 | 496286.37 | 392665.96 |
| 181 | 600661.SH | 昂立教育 | 148412.48 | 21433.33 | 158745.69 | −13574.18 | −18891.36 |
| 182 | 600662.SH | 外服控股 | 1365141.13 | 396877.03 | 1145392.46 | 77476.54 | 58671.45 |
| 183 | 600663.SH | 陆家嘴 | 12089588.70 | 3842257.67 | 1387204.28 | 677962.63 | 501567.86 |
| 184 | 600675.SH | 中华企业 | 5418462.06 | 1701905.28 | 959689.86 | 205298.97 | 118191.85 |
| 185 | 600676.SH | 交运股份 | 824881.52 | 558044.39 | 750988.20 | 4473.56 | −2359.26 |
| 186 | 600679.SH | 上海凤凰 | 348444.06 | 248631.31 | 205790.63 | 12784.04 | 10049.64 |
| 187 | 600688.SH | 上海石化 | 4703862.20 | 3039543.10 | 8928041.50 | 264816.10 | 200368.10 |
| 188 | 600689.SH | 上海三毛 | 77016.75 | 43823.44 | 87504.98 | 1372.84 | 1180.58 |
| 189 | 600692.SH | 亚通股份 | 263136.85 | 98024.98 | 150605.80 | 5523.82 | 4521.45 |
| 190 | 600696.SH | 岩石股份 | 110666.06 | 61372.04 | 60330.84 | 8802.91 | 7065.03 |
| 191 | 600708.SH | 光明地产 | 7521670.96 | 1377120.64 | 2587973.45 | 109008.80 | 46557.27 |
| 192 | 600732.SH | 爱旭股份 | 1790024.28 | 558200.65 | 1547050.27 | −24475.99 | −11580.36 |

（续表）

| 序号 | 代码 | 公司简称 | 资产总计 | 股东权益 | 主营业务收入 | 利润总额 | 净利润 |
|---|---|---|---|---|---|---|---|
| 193 | 600741.SH | 华域汽车 | 15384676.36 | 5367453.23 | 13994413.96 | 896370.21 | 799148.76 |
| 194 | 600748.SH | 上实发展 | 3957449.33 | 1112304.91 | 1026913.08 | 154493.56 | 57691.30 |
| 195 | 600754.SH | 锦江酒店 | 4826313.07 | 1733658.52 | 1133913.44 | 60476.16 | 29934.74 |
| 196 | 600816.SH | ST 安信 | 1696132.45 | 95659.58 | 13327.08 | −109230.74 | −112984.84 |
| 197 | 600818.SH | 中路股份 | 93029.61 | 68646.31 | 72211.81 | 3864.87 | 2408.40 |
| 198 | 600819.SH | 耀皮玻璃 | 718328.29 | 445606.80 | 464907.73 | 14844.65 | 13519.90 |
| 199 | 600820.SH | 隧道股份 | 12975718.10 | 2936714.78 | 6222614.00 | 297632.05 | 242679.19 |
| 200 | 600822.SH | 上海物贸 | 200960.54 | 98924.42 | 656684.62 | 18327.33 | 14692.59 |
| 201 | 600823.SH | 世茂股份 | 14298345.70 | 4898521.98 | 1939161.64 | 305462.59 | 213549.47 |
| 202 | 600824.SH | 益民集团 | 356661.51 | 269989.89 | 99908.86 | 15268.03 | 9029.98 |
| 203 | 600825.SH | 新华传媒 | 415328.24 | 260974.36 | 128430.26 | 3411.59 | 3308.10 |
| 204 | 600826.SH | 兰生股份 | 522237.29 | 379230.69 | 92493.32 | 14108.21 | 12861.30 |
| 205 | 600827.SH | 百联股份 | 5784524.65 | 2047151.64 | 3465014.94 | 117963.29 | 63278.73 |
| 206 | 600833.SH | 第一医药 | 133446.30 | 77792.36 | 139828.50 | 6524.19 | 4941.91 |
| 207 | 600834.SH | 申通地铁 | 294544.08 | 159979.37 | 34849.93 | 10488.66 | 7890.80 |
| 208 | 600835.SH | 上海机电 | 3721162.44 | 1463578.23 | 2471673.86 | 128512.92 | 117259.81 |
| 209 | 600836.SH | 上海易连 | 217036.96 | 126139.08 | 83308.84 | 24178.64 | 20804.85 |
| 210 | 600837.SH | 海通证券 | 74492514.94 | 17775478.61 | 4320546.74 | 1854379.88 | 1374786.24 |
| 211 | 600838.SH | 上海九百 | 168895.24 | 151813.27 | 9863.72 | 10245.07 | 10245.07 |
| 212 | 600841.SH | 动力新科 | 2424775.37 | 976929.15 | 2440151.37 | 81964.56 | 80037.56 |
| 213 | 600843.SH | 上工申贝 | 543662.79 | 333215.50 | 312452.15 | 9436.36 | 8306.02 |
| 214 | 600845.SH | 宝信软件 | 1786016.92 | 960357.92 | 1175936.15 | 201341.67 | 190876.72 |
| 215 | 600846.SH | 同济科技 | 930157.67 | 343254.36 | 613235.41 | 77745.22 | 64941.00 |
| 216 | 600848.SH | 上海临港 | 4926474.99 | 1997805.50 | 627192.13 | 246490.49 | 186026.82 |
| 217 | 600850.SH | 电科数字 | 962016.51 | 312912.79 | 896177.69 | 37835.85 | 34546.91 |
| 218 | 600851.SH | 海欣股份 | 532561.95 | 428277.91 | 151125.53 | 10371.76 | 9368.47 |
| 219 | 600882.SH | 妙可蓝多 | 669679.24 | 490615.93 | 447830.56 | 23253.68 | 19376.91 |
| 220 | 600895.SH | 张江高科 | 3725134.38 | 1450762.20 | 209706.18 | 87255.64 | 64831.05 |
| 221 | 600958.SH | 东方证券 | 32659962.20 | 6414310.56 | 2437039.50 | 630683.38 | 537313.92 |
| 222 | 601021.SH | 春秋航空 | 3832029.57 | 1374709.19 | 1085810.74 | 1602.68 | 3728.66 |
| 223 | 601156.SH | 东航物流 | 1803662.07 | 1184623.36 | 2222692.08 | 565176.79 | 421260.58 |
| 224 | 601200.SH | 上海环境 | 2927709.57 | 1186615.92 | 710190.23 | 96434.57 | 83433.80 |
| 225 | 601211.SH | 国泰君安 | 79127281.45 | 15063659.19 | 4281713.87 | 1911228.10 | 1530254.20 |
| 226 | 601229.SH | 上海银行 | 265319867.90 | 20576844.50 | 5622990.40 | 2355459.80 | 2208036.80 |
| 227 | 601231.SH | 环旭电子 | 3585673.35 | 1308236.51 | 5529965.48 | 213885.89 | 185669.30 |
| 228 | 601328.SH | 交通银行 | 1166575700.00 | 97723600.00 | 26939000.00 | 9395900.00 | 8893900.00 |
| 229 | 601519.SH | 大智慧 | 232817.08 | 157640.65 | 81866.16 | 2614.72 | 1604.95 |
| 230 | 601595.SH | 上海电影 | 346067.76 | 204302.99 | 73108.35 | 1667.84 | 1411.52 |
| 231 | 601601.SH | 中国太保 | 194616400.00 | 23240500.00 | 44064300.00 | 3079600.00 | 2761800.00 |
| 232 | 601607.SH | 上海医药 | 16343550.92 | 5906621.01 | 21582425.90 | 814381.49 | 627456.94 |
| 233 | 601611.SH | 中国核建 | 17174305.46 | 2992212.43 | 8371993.35 | 267078.94 | 219830.24 |
| 234 | 601616.SH | 广电电气 | 303681.50 | 252733.87 | 100469.64 | 12878.44 | 11216.18 |
| 235 | 601696.SH | 中银证券 | 6267228.71 | 1570899.01 | 333351.87 | 117865.26 | 96313.45 |
| 236 | 601702.SH | 华峰铝业 | 582477.79 | 314086.01 | 644863.40 | 55091.50 | 50012.97 |
| 237 | 601727.SH | 上海电气 | 30080219.00 | 9814435.30 | 13068145.00 | −1028963.90 | −1024013.10 |
| 238 | 601788.SH | 光大证券 | 23910760.14 | 5859526.21 | 1670657.51 | 466820.59 | 356320.60 |
| 239 | 601825.SH | 沪农商行 | 115837626.10 | 9733143.70 | 2416431.90 | 1217821.00 | 1004691.90 |
| 240 | 601828.SH | 美凯龙 | 13518754.20 | 5753121.81 | 1551279.22 | 280197.56 | 218900.00 |

（续表）

| 序号 | 代码 | 公司简称 | 资产总计 | 股东权益 | 主营业务收入 | 利润总额 | 净利润 |
|---|---|---|---|---|---|---|---|
| 241 | 601866.SH | 中远海发 | 13261632.05 | 3268889.89 | 3711837.10 | 791622.52 | 609068.20 |
| 242 | 601872.SH | 招商轮船 | 6013553.56 | 2688335.27 | 2441223.03 | 434288.79 | 365857.00 |
| 243 | 601968.SH | 宝钢包装 | 823239.94 | 375512.50 | 696828.31 | 31595.06 | 28992.39 |
| 244 | 603003.SH | 龙宇燃油 | 425388.22 | 360015.22 | 797575.74 | −12728.48 | −14777.98 |
| 245 | 603006.SH | 联明股份 | 227061.40 | 166448.75 | 121961.81 | 18265.59 | 14284.93 |
| 246 | 603009.SH | 北特科技 | 316499.96 | 161089.32 | 173786.30 | 5994.89 | 5800.34 |
| 247 | 603012.SH | 创力集团 | 605928.99 | 311129.63 | 261433.03 | 42475.38 | 35421.87 |
| 248 | 603020.SH | 爱普股份 | 386474.87 | 335388.22 | 334455.68 | 29311.05 | 23299.40 |
| 249 | 603022.SH | 新通联 | 130224.59 | 68788.24 | 72852.15 | 2633.02 | 2058.90 |
| 250 | 603030.SH | 全筑股份 | 928448.33 | 145055.31 | 404178.53 | −126853.43 | −128537.48 |
| 251 | 603037.SH | 凯众股份 | 103445.46 | 89266.09 | 54840.09 | 9502.76 | 8542.55 |
| 252 | 603039.SH | ST 泛微 | 337671.32 | 187955.17 | 200286.32 | 33496.97 | 30869.87 |
| 253 | 603056.SH | 德邦股份 | 1567118.77 | 619587.75 | 3135906.81 | 17122.34 | 14235.27 |
| 254 | 603068.SH | 博通集成 | 233260.62 | 202644.08 | 109499.27 | 5194.35 | 5846.36 |
| 255 | 603083.SH | 剑桥科技 | 384773.41 | 174254.53 | 291953.90 | 6577.50 | 6725.98 |
| 256 | 603108.SH | 润达医疗 | 1201654.41 | 439203.98 | 886010.80 | 78045.58 | 59820.07 |
| 257 | 603121.SH | 华培动力 | 157873.05 | 115487.30 | 92129.50 | 8410.41 | 6803.69 |
| 258 | 603122.SH | 合富中国 | 112054.78 | 79576.67 | 119106.02 | 10951.55 | 8016.45 |
| 259 | 603128.SH | 华贸物流 | 1052347.82 | 540916.60 | 2466765.74 | 118969.11 | 93311.93 |
| 260 | 603131.SH | 上海沪工 | 242157.96 | 140496.54 | 131144.70 | 16270.36 | 14561.16 |
| 261 | 603159.SH | 上海亚虹 | 64296.22 | 46343.01 | 67844.12 | 4129.74 | 3761.50 |
| 262 | 603189.SH | 网达软件 | 187435.64 | 169324.12 | 36224.79 | 6976.28 | 6555.78 |
| 263 | 603192.SH | 汇得科技 | 256469.46 | 136711.56 | 319141.76 | 12276.79 | 11775.79 |
| 264 | 603196.SH | 日播时尚 | 120260.29 | 85467.81 | 102471.50 | 10432.73 | 8129.28 |
| 265 | 603197.SH | 保隆科技 | 514948.44 | 245111.55 | 389758.56 | 37827.02 | 29160.97 |
| 266 | 603200.SH | 上海洗霸 | 123159.72 | 87031.19 | 55993.77 | 4031.85 | 3907.90 |
| 267 | 603214.SH | 爱婴室 | 283731.42 | 105920.16 | 265234.88 | 11113.63 | 7975.96 |
| 268 | 603226.SH | 菲林格尔 | 139897.37 | 107834.04 | 78145.86 | 3303.16 | 1944.19 |
| 269 | 603232.SH | 格尔软件 | 190371.31 | 139592.22 | 61107.17 | 9101.17 | 7981.14 |
| 270 | 603236.SH | 移远通信 | 814002.12 | 320930.06 | 1126192.17 | 36165.50 | 35833.74 |
| 271 | 603256.SH | 宏和科技 | 246966.69 | 153314.84 | 80815.95 | 14041.96 | 12425.88 |
| 272 | 603324.SH | 盛剑环境 | 224531.87 | 138414.93 | 123302.97 | 17364.20 | 15235.10 |
| 273 | 603329.SH | 上海雅仕 | 206224.22 | 117431.99 | 259302.24 | 16082.25 | 13369.17 |
| 274 | 603330.SH | 上海天洋 | 177536.42 | 113646.92 | 106774.09 | 14042.23 | 10558.94 |
| 275 | 603365.SH | 水星家纺 | 347435.27 | 263696.89 | 379931.07 | 47592.60 | 38587.49 |
| 276 | 603378.SH | 亚士创能 | 718211.72 | 162005.09 | 471513.07 | −70105.24 | −54399.32 |
| 277 | 603466.SH | 风语筑 | 440373.65 | 229450.44 | 293990.63 | 50686.05 | 43883.59 |
| 278 | 603496.SH | 恒为科技 | 161468.85 | 117382.62 | 67820.57 | 5374.79 | 4954.18 |
| 279 | 603499.SH | 翔港科技 | 113698.90 | 61002.74 | 64771.31 | −2044.48 | −1483.33 |
| 280 | 603501.SH | 韦尔股份 | 3207992.76 | 1630437.47 | 2410350.96 | 500207.68 | 454588.13 |
| 281 | 603515.SH | 欧普照明 | 907691.00 | 582990.12 | 884662.67 | 105098.21 | 91025.19 |
| 282 | 603565.SH | 中谷物流 | 1732153.02 | 973447.73 | 1229118.19 | 321609.17 | 240636.71 |
| 283 | 603579.SH | 荣泰健康 | 327793.29 | 178014.65 | 261257.04 | 26096.42 | 22803.36 |
| 284 | 603580.SH | 艾艾精工 | 54977.50 | 48007.60 | 25248.33 | 3725.13 | 3346.74 |
| 285 | 603587.SH | 地素时尚 | 469154.16 | 375814.15 | 289759.99 | 91036.71 | 68948.38 |
| 286 | 603619.SH | 中曼石油 | 587405.68 | 197041.01 | 175380.89 | 11814.97 | 6565.94 |
| 287 | 603633.SH | 徕木股份 | 189180.96 | 110566.39 | 68554.42 | 4979.65 | 4772.49 |
| 288 | 603648.SH | 畅联股份 | 231638.05 | 182120.44 | 159295.46 | 18464.18 | 14880.12 |

（续表）

| 序号 | 代码 | 公司简称 | 资产总计 | 股东权益 | 主营业务收入 | 利润总额 | 净利润 |
|---|---|---|---|---|---|---|---|
| 289 | 603650.SH | 彤程新材 | 598178.72 | 284339.93 | 230835.97 | 33478.05 | 30969.76 |
| 290 | 603659.SH | 璞泰来 | 2145026.26 | 1066927.31 | 899589.41 | 202927.04 | 178287.54 |
| 291 | 603681.SH | 永冠新材 | 470552.85 | 223632.39 | 384004.81 | 25133.92 | 22551.70 |
| 292 | 603682.SH | 锦和商管 | 535724.43 | 125062.70 | 90875.95 | 15666.41 | 11878.85 |
| 293 | 603683.SH | 晶华新材 | 176071.06 | 98811.67 | 139471.70 | 3732.55 | 3253.03 |
| 294 | 603690.SH | 至纯科技 | 793301.75 | 429045.07 | 208409.77 | 37466.66 | 28424.85 |
| 295 | 603713.SH | 密尔克卫 | 727252.52 | 321959.91 | 864471.90 | 52785.18 | 43596.55 |
| 296 | 603718.SH | 海利生物 | 184409.30 | 98719.24 | 34728.92 | 5713.93 | 4566.63 |
| 297 | 603728.SH | 鸣志电器 | 325765.59 | 244514.67 | 271422.22 | 30483.84 | 28151.80 |
| 298 | 603729.SH | 龙韵股份 | 97619.34 | 72401.22 | 73982.59 | −6502.18 | −6222.86 |
| 299 | 603730.SH | 岱美股份 | 525020.14 | 398397.48 | 420871.18 | 45587.64 | 41606.55 |
| 300 | 603777.SH | 来伊份 | 338441.92 | 169564.50 | 417236.77 | 5186.51 | 3100.10 |
| 301 | 603786.SH | 科博达 | 485560.88 | 421143.39 | 280650.87 | 46320.59 | 42757.68 |
| 302 | 603790.SH | 雅运股份 | 168055.35 | 124218.94 | 92957.63 | 7368.10 | 6574.99 |
| 303 | 603855.SH | 华荣股份 | 413276.50 | 179241.28 | 302730.32 | 43627.27 | 39016.58 |
| 304 | 603868.SH | 飞科电器 | 416737.46 | 304111.18 | 400525.72 | 83507.53 | 63832.36 |
| 305 | 603881.SH | 数据港 | 824931.29 | 298340.11 | 120584.06 | 13340.07 | 9939.38 |
| 306 | 603885.SH | 吉祥航空 | 4385857.77 | 1009974.15 | 1176710.79 | −66022.15 | −49818.09 |
| 307 | 603886.SH | 元祖股份 | 307453.51 | 159728.92 | 258431.57 | 42904.03 | 33984.13 |
| 308 | 603887.SH | 城地香江 | 771135.32 | 341370.51 | 290717.36 | −63237.57 | −60525.36 |
| 309 | 603895.SH | 天永智能 | 145674.00 | 59656.25 | 50376.09 | −44.54 | 383.36 |
| 310 | 603899.SH | 晨光股份 | 1142438.79 | 652329.12 | 1760740.33 | 186140.31 | 153359.57 |
| 311 | 603918.SH | 金桥信息 | 171816.96 | 112833.85 | 112223.57 | 10458.28 | 8761.68 |
| 312 | 603956.SH | 威派格 | 238761.17 | 133391.62 | 126404.58 | 21665.71 | 19636.05 |
| 313 | 603960.SH | 克来机电 | 122575.28 | 101952.38 | 56091.77 | 5374.53 | 5167.28 |
| 314 | 603987.SH | 康德莱 | 495792.67 | 338996.35 | 309702.48 | 48373.75 | 41921.20 |
| 315 | 605050.SH | 福然德 | 649381.34 | 324556.96 | 995306.22 | 45495.86 | 34011.66 |
| 316 | 605081.SH | 太和水 | 212979.62 | 183894.29 | 46028.52 | 10069.01 | 9094.09 |
| 317 | 605098.SH | 行动教育 | 200746.80 | 108206.40 | 55521.12 | 20213.09 | 17297.23 |
| 318 | 605128.SH | 上海沿浦 | 142112.78 | 103268.22 | 82650.74 | 7695.76 | 7048.02 |
| 319 | 605136.SH | 丽人丽妆 | 343356.17 | 268977.61 | 415485.38 | 54063.88 | 40981.51 |
| 320 | 605151.SH | 西上海 | 193678.01 | 128109.05 | 107038.88 | 13208.95 | 11158.31 |
| 321 | 605186.SH | 健麾信息 | 112956.63 | 97553.84 | 48975.54 | 14381.33 | 12716.26 |
| 322 | 605208.SH | 永茂泰 | 291797.72 | 200771.19 | 328967.37 | 29143.04 | 22732.44 |
| 323 | 605222.SH | 起帆电缆 | 925091.79 | 372628.13 | 1887754.17 | 91181.28 | 68329.47 |
| 324 | 605289.SH | 罗曼股份 | 206602.14 | 130718.06 | 73573.57 | 13399.11 | 11765.85 |
| 325 | 605338.SH | 巴比食品 | 253217.32 | 191416.61 | 137544.62 | 41809.77 | 31322.02 |
| 326 | 605339.SH | 南侨食品 | 412047.95 | 320113.38 | 287299.24 | 45938.90 | 36904.42 |
| 327 | 605398.SH | 新炬网络 | 125549.95 | 97640.14 | 59143.67 | 7776.10 | 6934.54 |
| 328 | 605598.SH | 上海港湾 | 166728.07 | 140460.80 | 73451.85 | 8650.28 | 6133.92 |
| 329 | 688008.SH | 澜起科技 | 895856.22 | 839069.94 | 256201.75 | 91500.74 | 82913.75 |
| 330 | 688012.SH | 中微公司 | 1673298.90 | 1394020.02 | 310813.47 | 113281.51 | 101126.98 |
| 331 | 688016.SH | 心脉医疗 | 175357.24 | 152209.96 | 68463.07 | 36166.02 | 31351.19 |
| 332 | 688018.SH | 乐鑫科技 | 212905.61 | 182301.79 | 138637.15 | 20833.01 | 19842.77 |
| 333 | 688019.SH | 安集科技 | 167222.84 | 120116.09 | 68666.06 | 13206.77 | 12508.41 |
| 334 | 688062.SH | 迈威生物 –U | 159527.29 | 100862.06 | 1622.62 | −77269.97 | −77269.97 |
| 335 | 688063.SH | 派能科技 | 426625.76 | 296998.11 | 206251.50 | 35610.62 | 31618.01 |
| 336 | 688065.SH | 凯赛生物 | 1619832.50 | 1468755.71 | 219745.67 | 73994.63 | 64668.45 |

（续表）

| 序号 | 代码 | 公司简称 | 资产总计 | 股东权益 | 主营业务收入 | 利润总额 | 净利润 |
|---|---|---|---|---|---|---|---|
| 337 | 688071.SH | 华依科技 | 96957.91 | 46645.57 | 32070.02 | 6160.15 | 5908.07 |
| 338 | 688082.SH | 盛美上海 | 633741.34 | 481496.11 | 162086.91 | 26874.38 | 26624.82 |
| 339 | 688085.SH | 三友医疗 | 199717.00 | 173627.25 | 59335.93 | 21733.39 | 19515.19 |
| 340 | 688091.SH | 上海谊众－U | 120056.19 | 117553.98 | 407.75 | −928.15 | −399.71 |
| 341 | 688098.SH | 申联生物 | 159846.43 | 147298.75 | 35842.92 | 12598.01 | 10445.91 |
| 342 | 688099.SH | 晶晨股份 | 505645.12 | 390751.69 | 477707.49 | 84653.96 | 82790.67 |
| 343 | 688107.SH | 安路科技－U | 172957.37 | 150886.92 | 67852.02 | −3084.91 | −3084.91 |
| 344 | 688110.SH | 东芯股份 | 417842.80 | 396530.54 | 113428.13 | 30131.99 | 28409.13 |
| 345 | 688118.SH | 普元信息 | 107948.29 | 92526.19 | 43642.93 | 4130.57 | 3912.63 |
| 346 | 688121.SH | 卓然股份 | 672670.15 | 199310.56 | 390088.66 | 33830.09 | 28271.75 |
| 347 | 688123.SH | 聚辰股份 | 163909.64 | 151980.38 | 54405.39 | 11329.94 | 10368.60 |
| 348 | 688126.SH | 沪硅产业－U | 1625671.27 | 1049424.43 | 246683.22 | 15741.74 | 14548.35 |
| 349 | 688129.SH | 东来技术 | 99817.95 | 86379.61 | 49369.84 | 10868.78 | 9392.62 |
| 350 | 688131.SH | 皓元医药 | 238455.16 | 183644.07 | 96922.56 | 20951.90 | 19057.17 |
| 351 | 688133.SH | 泰坦科技 | 259336.72 | 161606.57 | 216423.84 | 16971.64 | 14228.87 |
| 352 | 688155.SH | 先惠技术 | 209905.13 | 120696.62 | 110198.12 | 8026.76 | 7089.90 |
| 353 | 688158.SH | 优刻得－W | 469819.92 | 271182.32 | 290124.73 | −63846.27 | −63757.61 |
| 354 | 688160.SH | 步科股份 | 77965.57 | 66315.56 | 53732.64 | 8251.96 | 7478.07 |
| 355 | 688163.SH | 赛伦生物 | 40289.11 | 36962.91 | 20869.36 | 8787.74 | 7648.28 |
| 356 | 688179.SH | 阿拉丁 | 93210.40 | 85831.79 | 28766.13 | 10170.97 | 8936.08 |
| 357 | 688180.SH | 君实生物－U | 1103491.11 | 831637.43 | 402484.09 | −59500.05 | −73053.39 |
| 358 | 688188.SH | 柏楚电子 | 314859.76 | 299914.84 | 91343.97 | 61352.13 | 54892.69 |
| 359 | 688193.SH | 仁度生物 | 37860.80 | 28774.74 | 29230.62 | 7244.15 | 6461.89 |
| 360 | 688202.SH | 美迪西 | 179357.17 | 132750.94 | 116726.16 | 32290.58 | 28464.76 |
| 361 | 688206.SH | 概伦电子 | 234181.56 | 211219.70 | 19386.86 | 2923.94 | 2784.08 |
| 362 | 688212.SH | 澳华内镜 | 134923.53 | 125887.88 | 34705.36 | 5770.89 | 5977.27 |
| 363 | 688213.SH | 思特威－W | 438987.26 | 262835.68 | 268932.79 | 46564.44 | 39833.32 |
| 364 | 688217.SH | 睿昂基因 | 94753.20 | 89666.57 | 29095.16 | 4244.65 | 4008.00 |
| 365 | 688220.SH | 翱捷科技－U | 242202.23 | 113134.49 | 213689.49 | −59523.05 | −58939.46 |
| 366 | 688230.SH | 芯导科技 | 214822.60 | 208765.47 | 47564.95 | 12497.04 | 11452.63 |
| 367 | 688238.SH | 和元生物 | 126343.79 | 91766.66 | 25494.91 | 6078.46 | 5425.73 |
| 368 | 688265.SH | 南模生物 | 196405.72 | 178366.04 | 27526.90 | 6907.02 | 6086.09 |
| 369 | 688301.SH | 奕瑞科技 | 353710.35 | 307655.78 | 118735.29 | 55993.03 | 48457.41 |
| 370 | 688317.SH | 之江生物 | 425467.97 | 382740.90 | 201882.97 | 89637.07 | 75852.49 |
| 371 | 688330.SH | 宏力达 | 391549.77 | 333803.88 | 113206.08 | 47635.11 | 41288.74 |
| 372 | 688335.SH | 复洁环保 | 140611.20 | 112486.10 | 31302.80 | 6999.82 | 6455.41 |
| 373 | 688336.SH | 三生国健 | 488883.21 | 453910.07 | 92880.69 | −5338.75 | −169.61 |
| 374 | 688366.SH | 昊海生科 | 695035.54 | 606028.50 | 176699.43 | 38265.03 | 34728.40 |
| 375 | 688368.SH | 晶丰明源 | 276643.57 | 190695.63 | 230234.82 | 76010.53 | 71083.73 |
| 376 | 688385.SH | 复旦微电 | 416501.42 | 336690.25 | 257726.23 | 57344.95 | 55932.47 |
| 377 | 688505.SH | 复旦张江 | 278117.23 | 218959.00 | 114031.31 | 21592.09 | 21238.07 |
| 378 | 688519.SH | 南亚新材 | 506219.04 | 289384.94 | 420711.96 | 45510.91 | 39932.66 |
| 379 | 688521.SH | 芯原股份－U | 385827.25 | 272111.85 | 213931.48 | 2417.65 | 1329.24 |
| 380 | 688538.SH | 和辉光电－U | 3313960.11 | 1739833.41 | 402054.66 | −94515.82 | −94515.82 |
| 381 | 688578.SH | 艾力斯－U | 313025.95 | 297326.49 | 53009.42 | 1827.46 | 1827.46 |
| 382 | 688585.SH | 上纬新材 | 194964.87 | 105283.25 | 207258.97 | 1014.27 | 1257.71 |
| 383 | 688590.SH | 新致软件 | 199246.51 | 128413.01 | 128248.04 | 16741.79 | 14495.96 |
| 384 | 688596.SH | 正帆科技 | 350765.84 | 186712.91 | 183676.44 | 18334.14 | 16813.16 |

（续表）

| 序号 | 代码 | 公司简称 | 资产总计 | 股东权益 | 主营业务收入 | 利润总额 | 净利润 |
|---|---|---|---|---|---|---|---|
| 385 | 688608.SH | 恒玄科技 | 635776.40 | 590333.27 | 176533.82 | 40984.34 | 40771.65 |
| 386 | 688660.SH | 电气风电 | 3069259.88 | 762411.14 | 2397218.27 | 52785.76 | 50701.59 |
| 387 | 688680.SH | 海优新材 | 367323.17 | 230638.43 | 310528.41 | 27621.37 | 25217.84 |
| 388 | 688682.SH | 霍莱沃 | 84477.74 | 62164.52 | 32953.83 | 7546.72 | 6662.78 |
| 389 | 688718.SH | 唯赛勃 | 78051.85 | 68432.63 | 37918.60 | 5770.51 | 5047.90 |
| 390 | 688728.SH | 格科微 | 1330364.57 | 754970.41 | 700056.13 | 142419.34 | 125844.71 |
| 391 | 688766.SH | 普冉股份 | 202471.81 | 193192.02 | 110292.40 | 28269.10 | 29115.06 |
| 392 | 688798.SH | 艾为电子 | 445247.13 | 372789.31 | 232700.14 | 29545.26 | 28834.91 |
| 393 | 688981.SH | 中芯国际 | 22993280.60 | 16197483.10 | 3563063.40 | 1159390.70 | 1120250.50 |
| 394 | 830799.BJ | 艾融软件 | 68391.31 | 34259.22 | 42144.89 | 5363.93 | 5067.53 |
| 395 | 831305.BJ | 海希通讯 | 81248.20 | 78567.41 | 28583.00 | 10833.96 | 9705.69 |
| 396 | 831961.BJ | 创远信科 | 97421.92 | 70837.73 | 42142.31 | 4406.15 | 5105.07 |
| 397 | 833346.BJ | 威贸电子 | 30903.06 | 21480.16 | 22215.76 | 3791.17 | 3369.43 |

# 上海工商类上市公司2021年度经营情况之二

（单位：元、%）

| 序号 | 代码 | 公司简称 | 每股收益 | 每股净资产 | 净资产收益率 | 每股经营现金净流量 |
|---|---|---|---|---|---|---|
| 1 | 000863.SZ | 三湘印象 | 0.10 | 3.72 | 2.40 | 0.14 |
| 2 | 001266.SZ | 宏英智能 | 2.36 | 7.23 | 39.08 | 1.48 |
| 3 | 002022.SZ | *ST科华 | 1.40 | 7.02 | 20.91 | 1.51 |
| 4 | 002028.SZ | 思源电气 | 1.57 | 10.93 | 16.09 | 0.50 |
| 5 | 002058.SZ | 威尔泰 | 0.10 | 1.26 | 8.22 | 0.00 |
| 6 | 002116.SZ | 中国海诚 | 0.39 | 3.60 | 11.08 | 1.03 |
| 7 | 002158.SZ | 汉钟精机 | 0.91 | 4.89 | 19.85 | 1.19 |
| 8 | 002162.SZ | 悦心健康 | 0.05 | 1.38 | 3.99 | 0.17 |
| 9 | 002178.SZ | 延华智能 | 0.01 | 0.80 | 1.58 | 0.06 |
| 10 | 002184.SZ | 海得控制 | 0.38 | 3.37 | 11.89 | 0.44 |
| 11 | 002195.SZ | 二三四五 | 0.07 | 1.62 | 4.32 | 0.03 |
| 12 | 002211.SZ | ST宏达 | −1.66 | 0.12 | −174.22 | −0.07 |
| 13 | 002252.SZ | 上海莱士 | 0.19 | 3.84 | 5.07 | 0.19 |
| 14 | 002269.SZ | 美邦服饰 | −0.19 | 0.28 | −49.52 | 0.11 |
| 15 | 002278.SZ | 神开股份 | 0.12 | 3.05 | 3.82 | 0.15 |
| 16 | 002324.SZ | 普利特 | 0.02 | 2.57 | 0.90 | −0.13 |
| 17 | 002328.SZ | 新朋股份 | 0.52 | 3.77 | 14.48 | 0.25 |
| 18 | 002346.SZ | 柘中股份 | 1.02 | 5.44 | 19.96 | 0.22 |
| 19 | 002401.SZ | 中远海科 | 0.43 | 3.43 | 12.95 | 0.49 |
| 20 | 002451.SZ | 摩恩电气 | 0.03 | 1.70 | 1.77 | −0.93 |
| 21 | 002454.SZ | 松芝股份 | 0.18 | 5.87 | 3.07 | 0.90 |
| 22 | 002486.SZ | 嘉麟杰 | 0.02 | 1.16 | 2.09 | −0.14 |
| 23 | 002506.SZ | 协鑫集成 | −0.34 | 0.39 | −60.91 | 0.07 |
| 24 | 002527.SZ | 新时达 | 0.24 | 4.65 | 5.20 | 0.25 |
| 25 | 002561.SZ | 徐家汇 | 0.25 | 5.46 | 4.60 | 0.39 |
| 26 | 002565.SZ | 顺灏股份 | −0.03 | 1.81 | −1.46 | 0.25 |
| 27 | 002568.SZ | 百润股份 | 0.89 | 4.82 | 19.01 | 1.16 |
| 28 | 002605.SZ | 姚记科技 | 1.43 | 6.05 | 25.45 | 1.34 |
| 29 | 002636.SZ | 金安国纪 | 0.95 | 4.80 | 21.77 | 1.02 |
| 30 | 002669.SZ | 康达新材 | 0.09 | 8.96 | 0.96 | 0.82 |
| 31 | 002706.SZ | 良信股份 | 0.42 | 2.16 | 19.72 | 0.37 |
| 32 | 002825.SZ | 纳尔股份 | 0.36 | 6.15 | 6.69 | 0.74 |
| 33 | 002858.SZ | 力盛体育 | 0.02 | 4.57 | 0.59 | 0.46 |
| 34 | 300008.SZ | 天海防务 | 0.02 | 0.97 | 1.56 | −0.11 |
| 35 | 300017.SZ | 网宿科技 | 0.07 | 3.61 | 1.88 | 0.34 |
| 36 | 300039.SZ | 上海凯宝 | 0.13 | 2.91 | 4.98 | 0.12 |
| 37 | 300059.SZ | 东方财富 | 0.83 | 4.06 | 22.16 | 0.87 |
| 38 | 300061.SZ | 旗天科技 | −0.55 | 1.79 | −26.72 | 0.00 |
| 39 | 300067.SZ | 安诺其 | 0.10 | 2.17 | 5.16 | 0.16 |
| 40 | 300074.SZ | 华平股份 | 0.02 | 2.15 | 0.79 | 0.07 |
| 41 | 300126.SZ | 锐奇股份 | 0.03 | 3.65 | 0.96 | −0.03 |
| 42 | 300129.SZ | 泰胜风能 | 0.36 | 3.84 | 9.67 | −0.02 |
| 43 | 300153.SZ | 科泰电源 | 0.03 | 2.37 | 1.11 | 0.55 |
| 44 | 300168.SZ | 万达信息 | 0.06 | 1.31 | 4.59 | 0.05 |
| 45 | 300170.SZ | 汉得信息 | 0.22 | 3.67 | 5.86 | 0.22 |
| 46 | 300171.SZ | 东富龙 | 1.32 | 6.88 | 20.89 | 2.18 |
| 47 | 300180.SZ | 华峰超纤 | 0.04 | 2.92 | 1.23 | 0.26 |
| 48 | 300222.SZ | 科大智能 | −0.13 | 2.68 | −5.47 | −0.03 |

（续表）

| 序号 | 代码 | 公司简称 | 每股收益 | 每股净资产 | 净资产收益率 | 每股经营现金净流量 |
|---|---|---|---|---|---|---|
| 49 | 300225.SZ | 金力泰 | −0.23 | 1.86 | −11.52 | −0.43 |
| 50 | 300226.SZ | 上海钢联 | 0.93 | 8.14 | 12.22 | 3.80 |
| 51 | 300230.SZ | 永利股份 | 0.25 | 2.87 | 8.87 | 0.36 |
| 52 | 300236.SZ | 上海新阳 | 0.34 | 15.86 | 2.15 | 0.61 |
| 53 | 300245.SZ | 天玑科技 | 0.13 | 4.84 | 2.67 | 0.19 |
| 54 | 300253.SZ | 卫宁健康 | 0.18 | 2.33 | 7.86 | 0.17 |
| 55 | 300257.SZ | 开山股份 | 0.31 | 4.95 | 6.28 | 0.44 |
| 56 | 300262.SZ | 巴安水务 | −1.95 | 0.83 | −111.72 | 0.17 |
| 57 | 300272.SZ | 开能健康 | 0.18 | 2.08 | 8.83 | 0.32 |
| 58 | 300286.SZ | 安科瑞 | 0.84 | 4.56 | 18.94 | 0.52 |
| 59 | 300326.SZ | 凯利泰 | 0.22 | 3.80 | 6.02 | 0.53 |
| 60 | 300327.SZ | 中颖电子 | 1.20 | 4.22 | 31.24 | 0.01 |
| 61 | 300330.SZ | 华虹计通 | 0.06 | 2.27 | 2.64 | 0.29 |
| 62 | 300336.SZ | *ST 新文 | −0.81 | −0.49 | 2126.29 | 0.23 |
| 63 | 300378.SZ | 鼎捷软件 | 0.42 | 6.26 | 7.04 | 1.19 |
| 64 | 300380.SZ | 安硕信息 | 0.08 | 3.40 | 2.45 | −0.69 |
| 65 | 300398.SZ | 飞凯材料 | 0.75 | 5.74 | 12.84 | 0.49 |
| 66 | 300442.SZ | 普丽盛 | −0.12 | 4.79 | −2.36 | 0.52 |
| 67 | 300462.SZ | 华铭智能 | −1.01 | 7.81 | −11.83 | 0.88 |
| 68 | 300469.SZ | 信息发展 | −0.39 | 0.75 | −41.50 | 0.19 |
| 69 | 300483.SZ | 首华燃气 | 0.24 | 10.41 | 2.26 | 3.12 |
| 70 | 300493.SZ | 润欣科技 | 0.12 | 1.63 | 7.55 | −0.22 |
| 71 | 300501.SZ | 海顺新材 | 0.64 | 7.79 | 9.04 | 0.72 |
| 72 | 300508.SZ | 维宏股份 | 0.65 | 6.77 | 10.06 | 0.33 |
| 73 | 300511.SZ | 雪榕生物 | −0.72 | 3.62 | −16.67 | 0.56 |
| 74 | 300551.SZ | 古鳌科技 | 0.05 | 2.09 | 2.45 | −0.09 |
| 75 | 300578.SZ | 会畅通讯 | −1.31 | 8.17 | −16.10 | 0.43 |
| 76 | 300590.SZ | 移为通信 | 0.53 | 5.08 | 11.86 | −0.07 |
| 77 | 300609.SZ | 汇纳科技 | 0.29 | 9.08 | 3.19 | 0.46 |
| 78 | 300613.SZ | 富瀚微 | 3.03 | 14.50 | 22.95 | −0.15 |
| 79 | 300627.SZ | 华测导航 | 0.82 | 5.78 | 17.98 | 0.72 |
| 80 | 300642.SZ | 透景生命 | 0.99 | 8.50 | 12.11 | 0.50 |
| 81 | 300762.SZ | 上海瀚讯 | 0.62 | 6.67 | 11.78 | 0.57 |
| 82 | 300802.SZ | 矩子科技 | 0.62 | 6.51 | 9.67 | 0.16 |
| 83 | 300892.SZ | 品渥食品 | 0.95 | 11.53 | 8.58 | 1.71 |
| 84 | 300899.SZ | 上海凯鑫 | 0.75 | 10.21 | 7.57 | 0.72 |
| 85 | 300915.SZ | 海融科技 | 1.25 | 15.52 | 8.27 | 0.63 |
| 86 | 300947.SZ | 德必集团 | 1.33 | 15.55 | 9.52 | 7.52 |
| 87 | 300963.SZ | 中洲特材 | 0.42 | 7.20 | 6.64 | −0.70 |
| 88 | 300983.SZ | 尤安设计 | 4.15 | 39.75 | 15.63 | 1.27 |
| 89 | 300999.SZ | 金龙鱼 | 0.76 | 15.99 | 4.85 | 0.13 |
| 90 | 301000.SZ | 肇民科技 | 2.43 | 20.69 | 16.94 | 1.96 |
| 91 | 301001.SZ | 凯淳股份 | 0.68 | 10.41 | 8.26 | −0.15 |
| 92 | 301005.SZ | 超捷股份 | 1.52 | 13.55 | 14.54 | 1.27 |
| 93 | 301024.SZ | 霍普股份 | 1.30 | 19.60 | 8.14 | −1.46 |
| 94 | 301025.SZ | 读客文化 | 0.18 | 1.56 | 11.84 | 0.10 |
| 95 | 301037.SZ | 保立佳 | 0.66 | 9.17 | 7.66 | −1.92 |
| 96 | 301046.SZ | 能辉科技 | 0.83 | 5.27 | 16.93 | 0.15 |

（续表）

| 序号 | 代码 | 公司简称 | 每股收益 | 每股净资产 | 净资产收益率 | 每股经营现金净流量 |
|---|---|---|---|---|---|---|
| 97 | 301060.SZ | 兰卫医学 | 0.58 | 3.91 | 14.63 | 0.56 |
| 98 | 301062.SZ | 上海艾录 | 0.40 | 2.54 | 16.22 | 0.05 |
| 99 | 301070.SZ | 开勒股份 | 1.03 | 12.19 | 9.49 | 0.85 |
| 100 | 301099.SZ | 雅创电子 | 1.50 | 10.51 | 15.32 | −4.00 |
| 101 | 301151.SZ | 冠龙节能 | 1.53 | 6.16 | 28.39 | 1.73 |
| 102 | 301156.SZ | 美农生物 | 1.18 | 5.40 | 24.42 | 1.50 |
| 103 | 301166.SZ | 优宁维 | 1.66 | 24.10 | 8.72 | 0.68 |
| 104 | 301228.SZ | 实朴检测 | 0.56 | 4.72 | 12.60 | 0.96 |
| 105 | 301257.SZ | 普蕊斯 | 1.28 | 5.09 | 29.34 | 0.92 |
| 106 | 301289.SZ | 国缆检测 | 1.63 | 8.76 | 20.60 | 2.64 |
| 107 | 600000.SH | 浦发银行 | 1.62 | 18.99 | 8.10 | −8.76 |
| 108 | 600009.SH | 上海机场 | −0.89 | 14.27 | −6.03 | 0.16 |
| 109 | 600018.SH | 上港集团 | 0.63 | 4.29 | 15.68 | 0.58 |
| 110 | 600019.SH | 宝钢股份 | 1.07 | 8.57 | 12.59 | 2.69 |
| 111 | 600021.SH | 上海电力 | −0.77 | 5.51 | −10.17 | 0.59 |
| 112 | 600026.SH | 中远海能 | −1.04 | 6.00 | −15.74 | 0.71 |
| 113 | 600061.SH | 国投资本 | 0.73 | 7.19 | 10.09 | 0.41 |
| 114 | 600072.SH | 中船科技 | 0.11 | 5.37 | 2.03 | 0.45 |
| 115 | 600073.SH | 上海梅林 | 0.32 | 4.69 | 6.94 | 0.59 |
| 116 | 600081.SH | 东风科技 | 0.66 | 6.67 | 10.55 | 0.92 |
| 117 | 600088.SH | 中视传媒 | −0.01 | 2.68 | −0.19 | −0.20 |
| 118 | 600094.SH | 大名城 | −0.17 | 5.09 | −3.21 | 2.64 |
| 119 | 600097.SH | 开创国际 | 0.79 | 8.20 | 9.91 | 0.93 |
| 120 | 600104.SH | 上汽集团 | 2.12 | 23.43 | 9.19 | 1.85 |
| 121 | 600115.SH | 中国东航 | −0.73 | 2.72 | −23.18 | 0.30 |
| 122 | 600119.SH | 长江投资 | −0.37 | 0.58 | −48.34 | 0.26 |
| 123 | 600150.SH | 中国船舶 | 0.05 | 10.29 | 0.47 | 0.45 |
| 124 | 600151.SH | 航天机电 | 0.04 | 3.77 | 1.10 | 0.33 |
| 125 | 600170.SH | 上海建工 | 0.36 | 3.42 | 9.71 | 1.16 |
| 126 | 600171.SH | 上海贝岭 | 1.04 | 5.52 | 20.18 | 0.54 |
| 127 | 600193.SH | 创兴资源 | 0.05 | 0.74 | 6.55 | −0.02 |
| 128 | 600196.SH | 复星医药 | 1.85 | 15.29 | 12.43 | 1.54 |
| 129 | 600210.SH | 紫江企业 | 0.37 | 3.66 | 10.19 | 0.68 |
| 130 | 600272.SH | 开开实业 | 0.09 | 2.20 | 4.13 | 0.11 |
| 131 | 600278.SH | 东方创业 | 0.44 | 7.96 | 5.50 | 0.15 |
| 132 | 600284.SH | 浦东建设 | 0.55 | 7.02 | 8.08 | 0.93 |
| 133 | 600315.SH | 上海家化 | 0.97 | 10.25 | 9.65 | 1.46 |
| 134 | 600320.SH | 振华重工 | 0.08 | 2.75 | 2.98 | 0.40 |
| 135 | 600420.SH | 国药现代 | 0.55 | 8.11 | 6.80 | 1.64 |
| 136 | 600490.SH | 鹏欣资源 | 0.03 | 2.85 | 1.16 | 0.49 |
| 137 | 600500.SH | 中化国际 | 0.80 | 4.18 | 17.26 | 0.50 |
| 138 | 600503.SH | 华丽家族 | 0.06 | 2.32 | 2.57 | −0.17 |
| 139 | 600508.SH | 上海能源 | 0.52 | 14.51 | 3.59 | 1.66 |
| 140 | 600517.SH | 国网英大 | 0.21 | 3.21 | 6.87 | 0.13 |
| 141 | 600530.SH | 交大昂立 | 0.05 | 1.12 | 4.35 | 0.13 |
| 142 | 600532.SH | *ST 未来 | −0.31 | 3.43 | −8.81 | 0.98 |
| 143 | 600597.SH | 光明乳业 | 0.48 | 5.70 | 8.38 | 1.49 |
| 144 | 600601.SH | *ST 方科 | −0.55 | −0.32 | −7777.13 | −0.01 |

（续表）

| 序号 | 代码 | 公司简称 | 每股收益 | 每股净资产 | 净资产收益率 | 每股经营现金净流量 |
|---|---|---|---|---|---|---|
| 145 | 600602.SH | 云赛智联 | 0.19 | 3.26 | 5.87 | 0.11 |
| 146 | 600604.SH | 市北高新 | 0.06 | 3.49 | 1.77 | −0.24 |
| 147 | 600605.SH | 汇通能源 | 0.29 | 5.44 | 6.36 | −2.22 |
| 148 | 600606.SH | 绿地控股 | 0.48 | 7.04 | 7.07 | 4.87 |
| 149 | 600608.SH | ST 沪科 | 0.00 | 0.20 | 2.47 | 0.02 |
| 150 | 600611.SH | 大众交通 | 0.14 | 4.08 | 3.47 | 0.60 |
| 151 | 600612.SH | 老凤祥 | 3.59 | 17.57 | 21.87 | 3.80 |
| 152 | 600613.SH | 神奇制药 | 0.13 | 4.39 | 3.01 | 0.35 |
| 153 | 600615.SH | *ST 丰华 | −0.01 | 3.36 | −0.28 | −0.30 |
| 154 | 600616.SH | 金枫酒业 | −0.02 | 2.88 | −0.66 | 0.10 |
| 155 | 600618.SH | 氯碱化工 | 1.53 | 5.94 | 29.51 | 1.19 |
| 156 | 600619.SH | 海立股份 | 0.34 | 5.74 | 6.02 | 0.38 |
| 157 | 600620.SH | 天宸股份 | 0.18 | 3.20 | 5.38 | −0.31 |
| 158 | 600621.SH | 华鑫股份 | 0.47 | 6.82 | 6.99 | −0.68 |
| 159 | 600622.SH | 光大嘉宝 | 0.24 | 4.74 | 5.30 | 2.60 |
| 160 | 600623.SH | 华谊集团 | 1.39 | 10.07 | 14.82 | 2.75 |
| 161 | 600624.SH | 复旦复华 | −0.15 | 1.34 | −10.77 | 0.07 |
| 162 | 600626.SH | 申达股份 | 0.04 | 2.96 | 1.24 | 0.11 |
| 163 | 600628.SH | 新世界 | 0.11 | 6.73 | 1.60 | 0.40 |
| 164 | 600629.SH | 华建集团 | 0.52 | 5.13 | 10.50 | 1.23 |
| 165 | 600630.SH | 龙头股份 | −0.72 | 2.87 | −22.19 | 0.18 |
| 166 | 600635.SH | 大众公用 | 0.10 | 2.95 | 3.50 | 0.23 |
| 167 | 600636.SH | 国新文化 | −0.96 | 5.75 | −15.24 | 0.19 |
| 168 | 600637.SH | 东方明珠 | 0.55 | 8.80 | 6.24 | 0.62 |
| 169 | 600638.SH | 新黄浦 | 0.16 | 6.48 | 2.53 | 2.40 |
| 170 | 600639.SH | 浦东金桥 | 1.45 | 10.99 | 14.05 | 0.96 |
| 171 | 600640.SH | 新国脉 | −0.45 | 5.21 | −8.26 | 0.09 |
| 172 | 600641.SH | 万业企业 | 0.41 | 7.95 | 5.27 | 0.37 |
| 173 | 600642.SH | 申能股份 | 0.33 | 6.28 | 5.32 | 0.65 |
| 174 | 600643.SH | 爱建集团 | 0.71 | 7.63 | 9.56 | 0.92 |
| 175 | 600647.SH | 同达创业 | 0.04 | 2.19 | 1.94 | 0.51 |
| 176 | 600648.SH | 外高桥 | 0.83 | 10.30 | 8.28 | 3.11 |
| 177 | 600649.SH | 城投控股 | 0.36 | 8.05 | 4.52 | −5.01 |
| 178 | 600650.SH | 锦江在线 | 0.24 | 6.45 | 3.67 | 0.19 |
| 179 | 600651.SH | 飞乐音响 | −0.18 | 0.87 | −18.60 | 0.01 |
| 180 | 600655.SH | 豫园股份 | 1.00 | 8.81 | 11.48 | −1.77 |
| 181 | 600661.SH | 昂立教育 | −0.77 | 0.60 | −55.48 | −1.66 |
| 182 | 600662.SH | 外服控股 | 0.31 | 1.68 | 15.12 | 0.94 |
| 183 | 600663.SH | 陆家嘴 | 1.07 | 5.60 | 20.13 | 0.92 |
| 184 | 600675.SH | 中华企业 | 0.13 | 2.55 | 5.15 | 0.47 |
| 185 | 600676.SH | 交运股份 | 0.01 | 5.34 | 0.21 | 0.45 |
| 186 | 600679.SH | 上海凤凰 | 0.21 | 4.79 | 4.76 | 0.13 |
| 187 | 600688.SH | 上海石化 | 0.19 | 2.80 | 6.73 | 0.38 |
| 188 | 600689.SH | 上海三毛 | 0.06 | 2.18 | 2.73 | −0.10 |
| 189 | 600692.SH | 亚通股份 | 0.13 | 2.63 | 5.05 | −0.47 |
| 190 | 600696.SH | 岩石股份 | 0.19 | 1.44 | 15.63 | 0.74 |
| 191 | 600708.SH | 光明地产 | −0.04 | 4.86 | 0.53 | 2.75 |
| 192 | 600732.SH | 爱旭股份 | −0.06 | 2.50 | −2.41 | 0.23 |

（续表）

| 序号 | 代码 | 公司简称 | 每股收益 | 每股净资产 | 净资产收益率 | 每股经营现金净流量 |
|---|---|---|---|---|---|---|
| 193 | 600741.SH | 华域汽车 | 2.05 | 15.71 | 12.67 | 2.81 |
| 194 | 600748.SH | 上实发展 | 0.27 | 5.43 | 5.06 | −1.93 |
| 195 | 600754.SH | 锦江酒店 | 0.10 | 15.52 | 0.69 | 1.93 |
| 196 | 600816.SH | ST 安信 | −0.21 | 0.05 | −197.68 | 0.03 |
| 197 | 600818.SH | 中路股份 | 0.12 | 2.12 | 5.59 | −0.11 |
| 198 | 600819.SH | 耀皮玻璃 | 0.11 | 3.74 | 3.08 | 0.62 |
| 199 | 600820.SH | 隧道股份 | 0.76 | 7.92 | 9.96 | 1.00 |
| 200 | 600822.SH | 上海物贸 | 0.30 | 1.87 | 17.20 | −0.06 |
| 201 | 600823.SH | 世茂股份 | 0.26 | 6.88 | 3.70 | −4.30 |
| 202 | 600824.SH | 益民集团 | 0.09 | 2.53 | 3.49 | 0.20 |
| 203 | 600825.SH | 新华传媒 | 0.03 | 2.50 | 1.33 | 0.50 |
| 204 | 600826.SH | 兰生股份 | 0.22 | 6.93 | 3.23 | 0.25 |
| 205 | 600827.SH | 百联股份 | 0.42 | 10.03 | 4.16 | 2.09 |
| 206 | 600833.SH | 第一医药 | 0.22 | 3.46 | 6.53 | 0.16 |
| 207 | 600834.SH | 申通地铁 | 0.15 | 3.32 | 4.64 | 1.30 |
| 208 | 600835.SH | 上海机电 | 0.79 | 12.04 | 6.69 | 0.70 |
| 209 | 600836.SH | 上海易连 | 0.31 | 1.81 | 18.59 | 0.28 |
| 210 | 600837.SH | 海通证券 | 0.98 | 12.49 | 8.10 | 5.43 |
| 211 | 600838.SH | 上海九百 | 0.26 | 3.79 | 7.09 | 0.02 |
| 212 | 600841.SH | 动力新科 | 0.56 | 5.99 | 10.08 | −1.33 |
| 213 | 600843.SH | 上工申贝 | 0.10 | 4.36 | 2.26 | 0.11 |
| 214 | 600845.SH | 宝信软件 | 1.22 | 5.93 | 22.32 | 1.27 |
| 215 | 600846.SH | 同济科技 | 0.92 | 5.42 | 17.98 | 1.04 |
| 216 | 600848.SH | 上海临港 | 0.61 | 6.09 | 10.27 | 0.04 |
| 217 | 600850.SH | 电科数字 | 0.76 | 6.89 | 11.42 | 2.31 |
| 218 | 600851.SH | 海欣股份 | 0.11 | 3.42 | 3.18 | 0.18 |
| 219 | 600882.SH | 妙可蓝多 | 0.33 | 8.74 | 5.15 | 0.85 |
| 220 | 600895.SH | 张江高科 | 0.48 | 7.03 | 6.83 | −0.28 |
| 221 | 600958.SH | 东方证券 | 0.73 | 8.45 | 8.64 | −1.51 |
| 222 | 601021.SH | 春秋航空 | 0.04 | 15.00 | 0.28 | 1.84 |
| 223 | 601156.SH | 东航物流 | 2.40 | 6.92 | 44.76 | 3.70 |
| 224 | 601200.SH | 上海环境 | 0.61 | 8.77 | 7.19 | 0.51 |
| 225 | 601211.SH | 国泰君安 | 1.65 | 15.27 | 10.56 | 1.16 |
| 226 | 601229.SH | 上海银行 | 1.48 | 13.01 | 11.14 | −0.78 |
| 227 | 601231.SH | 环旭电子 | 0.85 | 5.73 | 14.79 | −0.50 |
| 228 | 601328.SH | 交通银行 | 1.10 | 10.64 | 9.57 | −0.47 |
| 229 | 601519.SH | 大智慧 | 0.01 | 0.78 | 1.04 | 0.07 |
| 230 | 601595.SH | 上海电影 | 0.05 | 4.31 | 1.11 | 0.59 |
| 231 | 601601.SH | 中国太保 | 2.79 | 23.57 | 12.14 | 11.27 |
| 232 | 601607.SH | 上海医药 | 1.79 | 17.37 | 10.76 | 1.78 |
| 233 | 601611.SH | 中国核建 | 0.49 | 4.84 | 8.18 | 0.91 |
| 234 | 601616.SH | 广电电气 | 0.09 | 2.55 | 2.97 | 0.17 |
| 235 | 601696.SH | 中银证券 | 0.35 | 5.65 | 6.26 | 2.59 |
| 236 | 601702.SH | 华峰铝业 | 0.50 | 3.15 | 17.23 | 0.38 |
| 237 | 601727.SH | 上海电气 | −0.64 | 3.70 | −16.04 | −0.67 |
| 238 | 601788.SH | 光大证券 | 0.72 | 11.47 | 6.32 | −1.05 |
| 239 | 601825.SH | 沪农商行 | 1.08 | 9.72 | 11.34 | −0.12 |
| 240 | 601828.SH | 美凯龙 | 0.51 | 12.40 | 4.03 | 1.24 |

（续表）

| 序号 | 代码 | 公司简称 | 每股收益 | 每股净资产 | 净资产收益率 | 每股经营现金净流量 |
|---|---|---|---|---|---|---|
| 241 | 601866.SH | 中远海发 | 0.50 | 2.04 | 21.35 | 1.07 |
| 242 | 601872.SH | 招商轮船 | 0.48 | 3.26 | 13.89 | 0.80 |
| 243 | 601968.SH | 宝钢包装 | 0.26 | 3.16 | 9.11 | 0.86 |
| 244 | 603003.SH | 龙宇燃油 | −0.38 | 8.84 | −4.06 | 0.10 |
| 245 | 603006.SH | 联明股份 | 0.54 | 5.45 | 10.73 | 0.73 |
| 246 | 603009.SH | 北特科技 | 0.18 | 4.66 | 4.29 | 0.21 |
| 247 | 603012.SH | 创力集团 | 0.48 | 4.51 | 10.65 | 0.46 |
| 248 | 603020.SH | 爱普股份 | 0.57 | 8.07 | 7.10 | 0.36 |
| 249 | 603022.SH | 新通联 | 0.10 | 3.44 | 3.03 | 0.17 |
| 250 | 603030.SH | 全筑股份 | −2.34 | 1.85 | −75.22 | −0.43 |
| 251 | 603037.SH | 凯众股份 | 0.80 | 8.49 | 9.58 | 1.14 |
| 252 | 603039.SH | ST 泛微 | 1.20 | 7.21 | 19.14 | 1.43 |
| 253 | 603056.SH | 德邦股份 | 0.13 | 6.03 | 2.64 | 2.34 |
| 254 | 603068.SH | 博通集成 | 0.39 | 13.40 | 2.91 | 1.10 |
| 255 | 603083.SH | 剑桥科技 | 0.27 | 6.91 | 3.95 | −0.25 |
| 256 | 603108.SH | 润达医疗 | 0.66 | 5.78 | 11.41 | 0.64 |
| 257 | 603121.SH | 华培动力 | 0.26 | 4.36 | 6.00 | 0.36 |
| 258 | 603122.SH | 合富中国 | 0.27 | 2.67 | 10.61 | 0.02 |
| 259 | 603128.SH | 华贸物流 | 0.65 | 3.92 | 17.22 | 0.20 |
| 260 | 603131.SH | 上海沪工 | 0.45 | 4.33 | 10.61 | 0.02 |
| 261 | 603159.SH | 上海亚虹 | 0.27 | 3.31 | 8.34 | 0.44 |
| 262 | 603189.SH | 网达软件 | 0.28 | 6.28 | 5.08 | −0.13 |
| 263 | 603192.SH | 汇得科技 | 1.10 | 12.82 | 8.86 | 2.41 |
| 264 | 603196.SH | 日播时尚 | 0.34 | 3.56 | 9.67 | 0.41 |
| 265 | 603197.SH | 保隆科技 | 1.40 | 10.58 | 16.03 | 0.63 |
| 266 | 603200.SH | 上海洗霸 | 0.33 | 6.66 | 5.01 | 0.18 |
| 267 | 603214.SH | 爱婴室 | 0.52 | 7.21 | 7.20 | −1.23 |
| 268 | 603226.SH | 菲林格尔 | 0.07 | 3.66 | 2.03 | 0.43 |
| 269 | 603232.SH | 格尔软件 | 0.34 | 6.02 | 5.85 | −0.05 |
| 270 | 603236.SH | 移远通信 | 2.49 | 22.07 | 14.10 | −3.36 |
| 271 | 603256.SH | 宏和科技 | 0.14 | 1.75 | 8.25 | 0.13 |
| 272 | 603324.SH | 盛剑环境 | 1.31 | 11.06 | 14.60 | 0.28 |
| 273 | 603329.SH | 上海雅仕 | 0.90 | 6.49 | 16.18 | 0.70 |
| 274 | 603330.SH | 上海天洋 | 0.47 | 4.52 | 12.75 | −0.15 |
| 275 | 603365.SH | 水星家纺 | 1.46 | 9.89 | 15.45 | 1.74 |
| 276 | 603378.SH | 亚士创能 | −1.84 | 5.42 | −29.67 | −3.43 |
| 277 | 603466.SH | 风语筑 | 1.20 | 5.44 | 20.57 | 0.78 |
| 278 | 603496.SH | 恒为科技 | 0.26 | 5.15 | 5.37 | −0.29 |
| 279 | 603499.SH | 翔港科技 | −0.09 | 2.77 | −3.10 | 0.21 |
| 280 | 603501.SH | 韦尔股份 | 5.16 | 18.23 | 32.63 | 2.50 |
| 281 | 603515.SH | 欧普照明 | 1.20 | 7.67 | 16.45 | 0.91 |
| 282 | 603565.SH | 中谷物流 | 2.70 | 10.12 | 32.33 | 3.31 |
| 283 | 603579.SH | 荣泰健康 | 1.75 | 12.38 | 13.76 | 2.41 |
| 284 | 603580.SH | 艾艾精工 | 0.26 | 3.53 | 7.57 | 0.21 |
| 285 | 603587.SH | 地素时尚 | 1.44 | 7.81 | 19.16 | 1.82 |
| 286 | 603619.SH | 中曼石油 | 0.17 | 4.93 | 3.41 | 1.29 |
| 287 | 603633.SH | 徕木股份 | 0.18 | 4.20 | 4.37 | 0.44 |
| 288 | 603648.SH | 畅联股份 | 0.39 | 4.91 | 8.20 | 0.69 |

（续表）

| 序号 | 代码 | 公司简称 | 每股收益 | 每股净资产 | 净资产收益率 | 每股经营现金净流量 |
|---|---|---|---|---|---|---|
| 289 | 603650.SH | 彤程新材 | 0.55 | 4.57 | 12.49 | 0.58 |
| 290 | 603659.SH | 璞泰来 | 2.53 | 15.10 | 18.03 | 2.48 |
| 291 | 603681.SH | 永冠新材 | 1.31 | 11.62 | 11.94 | 0.06 |
| 292 | 603682.SH | 锦和商管 | 0.26 | 2.39 | 9.28 | 0.89 |
| 293 | 603683.SH | 晶华新材 | 0.18 | 5.26 | 3.35 | 0.69 |
| 294 | 603690.SH | 至纯科技 | 0.89 | 12.77 | 7.82 | −0.60 |
| 295 | 603713.SH | 密尔克卫 | 2.66 | 19.17 | 17.75 | 1.23 |
| 296 | 603718.SH | 海利生物 | 0.08 | 1.56 | 5.22 | 0.07 |
| 297 | 603728.SH | 鸣志电器 | 0.67 | 5.81 | 12.10 | 0.53 |
| 298 | 603729.SH | 龙韵股份 | −0.68 | 7.73 | −8.36 | 0.21 |
| 299 | 603730.SH | 岱美股份 | 0.57 | 5.50 | 10.56 | 0.10 |
| 300 | 603777.SH | 来伊份 | 0.09 | 5.03 | 1.84 | 1.71 |
| 301 | 603786.SH | 科博达 | 0.97 | 10.20 | 9.85 | 1.05 |
| 302 | 603790.SH | 雅运股份 | 0.36 | 6.05 | 5.99 | 0.20 |
| 303 | 603855.SH | 华荣股份 | 1.13 | 5.20 | 22.57 | 1.51 |
| 304 | 603868.SH | 飞科电器 | 1.47 | 6.98 | 21.82 | 1.70 |
| 305 | 603881.SH | 数据港 | 0.34 | 9.09 | 3.78 | 2.17 |
| 306 | 603885.SH | 吉祥航空 | −0.25 | 5.11 | −4.76 | 0.79 |
| 307 | 603886.SH | 元祖股份 | 1.42 | 6.65 | 21.97 | 2.72 |
| 308 | 603887.SH | 城地香江 | −1.47 | 6.85 | −16.21 | −0.64 |
| 309 | 603895.SH | 天永智能 | 0.07 | 5.55 | 1.21 | −1.67 |
| 310 | 603899.SH | 晨光股份 | 1.65 | 6.68 | 26.66 | 1.68 |
| 311 | 603918.SH | 金桥信息 | 0.25 | 3.07 | 9.59 | 0.33 |
| 312 | 603956.SH | 威派格 | 0.47 | 2.91 | 14.79 | −0.11 |
| 313 | 603960.SH | 克来机电 | 0.19 | 3.71 | 5.18 | −0.31 |
| 314 | 603987.SH | 康德莱 | 0.66 | 4.70 | 15.18 | 0.93 |
| 315 | 605050.SH | 福然德 | 0.78 | 7.23 | 11.19 | 0.04 |
| 316 | 605081.SH | 太和水 | 1.22 | 23.53 | 6.48 | −1.64 |
| 317 | 605098.SH | 行动教育 | 2.21 | 12.78 | 22.41 | 4.47 |
| 318 | 605128.SH | 上海沿浦 | 0.88 | 12.85 | 6.93 | 1.25 |
| 319 | 605136.SH | 丽人丽妆 | 1.03 | 6.69 | 16.33 | −0.33 |
| 320 | 605151.SH | 西上海 | 0.77 | 9.03 | 8.78 | 1.00 |
| 321 | 605186.SH | 健麾信息 | 0.86 | 6.63 | 13.72 | 0.40 |
| 322 | 605208.SH | 永茂泰 | 1.29 | 10.68 | 13.99 | −0.85 |
| 323 | 605222.SH | 起帆电缆 | 1.71 | 8.39 | 21.17 | 0.21 |
| 324 | 605289.SH | 罗曼股份 | 1.48 | 15.06 | 11.94 | −0.74 |
| 325 | 605338.SH | 巴比食品 | 1.27 | 7.70 | 17.72 | 0.64 |
| 326 | 605339.SH | 南侨食品 | 0.92 | 7.48 | 14.33 | 0.50 |
| 327 | 605398.SH | 新炬网络 | 1.19 | 16.41 | 9.95 | 1.33 |
| 328 | 605598.SH | 上海港湾 | 0.44 | 8.13 | 5.45 | 0.45 |
| 329 | 688008.SH | 澜起科技 | 0.73 | 7.42 | 10.07 | 0.60 |
| 330 | 688012.SH | 中微公司 | 1.76 | 22.62 | 11.05 | 1.65 |
| 331 | 688016.SH | 心脉医疗 | 4.39 | 20.76 | 23.15 | 4.17 |
| 332 | 688018.SH | 乐鑫科技 | 2.48 | 22.74 | 11.46 | 0.39 |
| 333 | 688019.SH | 安集科技 | 2.35 | 22.57 | 11.12 | 1.15 |
| 334 | 688062.SH | 迈威生物−U | −2.57 | 3.37 | −62.03 | −1.41 |
| 335 | 688063.SH | 派能科技 | 2.04 | 19.18 | 11.09 | −2.13 |
| 336 | 688065.SH | 凯赛生物 | 1.46 | 25.60 | 5.78 | 1.43 |

（续表）

| 序号 | 代码 | 公司简称 | 每股收益 | 每股净资产 | 净资产收益率 | 每股经营现金净流量 |
|---|---|---|---|---|---|---|
| 337 | 688071.SH | 华依科技 | 0.93 | 6.37 | 17.16 | −0.72 |
| 338 | 688082.SH | 盛美上海 | 0.68 | 11.11 | 9.08 | −0.44 |
| 339 | 688085.SH | 三友医疗 | 0.91 | 8.21 | 11.57 | 0.71 |
| 340 | 688091.SH | 上海谊众 −U | −0.05 | 11.11 | −0.56 | −0.46 |
| 341 | 688098.SH | 申联生物 | 0.27 | 3.60 | 7.67 | 0.22 |
| 342 | 688099.SH | 晶晨股份 | 1.97 | 9.42 | 23.89 | 1.40 |
| 343 | 688107.SH | 安路科技 −U | −0.09 | 3.77 | −3.37 | −0.41 |
| 344 | 688110.SH | 东芯股份 | 0.77 | 8.64 | 12.12 | 0.27 |
| 345 | 688118.SH | 普元信息 | 0.42 | 9.70 | 4.11 | 0.70 |
| 346 | 688121.SH | 卓然股份 | 1.91 | 9.13 | 24.92 | −0.35 |
| 347 | 688123.SH | 聚辰股份 | 0.90 | 12.62 | 7.25 | 0.46 |
| 348 | 688126.SH | 沪硅产业 −U | 0.06 | 4.20 | 1.47 | 0.12 |
| 349 | 688129.SH | 东来技术 | 0.78 | 7.20 | 11.36 | 0.56 |
| 350 | 688131.SH | 皓元医药 | 2.94 | 24.51 | 16.25 | 0.78 |
| 351 | 688133.SH | 泰坦科技 | 1.89 | 20.67 | 9.55 | −3.18 |
| 352 | 688155.SH | 先惠技术 | 0.93 | 15.66 | 6.17 | 0.46 |
| 353 | 688158.SH | 优刻得 −W | −1.50 | 6.38 | −21.26 | 0.29 |
| 354 | 688160.SH | 步科股份 | 0.89 | 7.77 | 11.85 | −0.25 |
| 355 | 688163.SH | 赛伦生物 | 0.94 | 4.55 | 23.03 | 1.14 |
| 356 | 688179.SH | 阿拉丁 | 0.89 | 8.50 | 10.67 | 0.15 |
| 357 | 688180.SH | 君实生物 −U | −0.81 | 8.72 | −10.47 | −0.66 |
| 358 | 688188.SH | 柏楚电子 | 5.49 | 29.79 | 20.07 | 4.97 |
| 359 | 688193.SH | 仁度生物 | 2.15 | 9.59 | 25.70 | 1.81 |
| 360 | 688202.SH | 美迪西 | 4.55 | 21.38 | 23.03 | 7.30 |
| 361 | 688206.SH | 概伦电子 | 0.07 | 4.87 | 1.86 | 0.13 |
| 362 | 688212.SH | 澳华内镜 | 0.55 | 9.36 | 6.40 | 0.50 |
| 363 | 688213.SH | 思特威 −W | 1.11 | 7.30 | 16.43 | −3.51 |
| 364 | 688217.SH | 睿昂基因 | 0.95 | 15.99 | 6.17 | 1.40 |
| 365 | 688220.SH | 翱捷科技 −U | −1.57 | 3.01 | −41.52 | −1.70 |
| 366 | 688230.SH | 芯导科技 | 2.48 | 34.79 | 10.27 | 1.53 |
| 367 | 688238.SH | 和元生物 | 0.14 | 2.33 | 6.14 | 0.28 |
| 368 | 688265.SH | 南模生物 | 1.04 | 22.88 | 5.97 | 1.43 |
| 369 | 688301.SH | 奕瑞科技 | 6.67 | 42.07 | 17.03 | 3.42 |
| 370 | 688317.SH | 之江生物 | 3.98 | 19.66 | 28.68 | 3.30 |
| 371 | 688330.SH | 宏力达 | 4.13 | 33.38 | 12.98 | 0.42 |
| 372 | 688335.SH | 复洁环保 | 0.89 | 15.51 | 5.86 | 0.83 |
| 373 | 688336.SH | 三生国健 | 0.03 | 7.37 | 0.40 | −0.40 |
| 374 | 688366.SH | 昊海生科 | 2.00 | 32.50 | 6.29 | 1.95 |
| 375 | 688368.SH | 晶丰明源 | 10.95 | 30.74 | 42.79 | 8.14 |
| 376 | 688385.SH | 复旦微电 | 0.69 | 3.86 | 20.29 | 0.74 |
| 377 | 688505.SH | 复旦张江 | 0.21 | 2.10 | 10.15 | 0.26 |
| 378 | 688519.SH | 南亚新材 | 1.70 | 12.35 | 14.56 | 0.21 |
| 379 | 688521.SH | 芯原股份 −U | 0.03 | 5.49 | 0.50 | 0.31 |
| 380 | 688538.SH | 和辉光电 −U | −0.08 | 1.26 | −6.81 | 0.01 |
| 381 | 688578.SH | 艾力斯 −U | 0.04 | 6.61 | 0.62 | 0.07 |
| 382 | 688585.SH | 上纬新材 | 0.03 | 2.61 | 1.19 | −0.15 |
| 383 | 688590.SH | 新致软件 | 0.78 | 6.35 | 12.81 | −0.06 |
| 384 | 688596.SH | 正帆科技 | 0.66 | 7.27 | 9.44 | −0.08 |

（续表）

| 序号 | 代码 | 公司简称 | 每股收益 | 每股净资产 | 净资产收益率 | 每股经营现金净流量 |
|---|---|---|---|---|---|---|
| 385 | 688608.SH | 恒玄科技 | 3.40 | 49.19 | 7.15 | −0.36 |
| 386 | 688660.SH | 电气风电 | 0.46 | 5.72 | 8.49 | 0.25 |
| 387 | 688680.SH | 海优新材 | 3.07 | 27.45 | 16.49 | −16.69 |
| 388 | 688682.SH | 霍莱沃 | 1.80 | 16.30 | 15.28 | 0.48 |
| 389 | 688718.SH | 唯赛勃 | 0.34 | 3.94 | 9.05 | 0.23 |
| 390 | 688728.SH | 格科微 | 0.54 | 3.02 | 24.51 | 0.18 |
| 391 | 688766.SH | 普冉股份 | 9.64 | 53.33 | 25.07 | 5.02 |
| 392 | 688798.SH | 艾为电子 | 2.09 | 22.46 | 14.04 | 1.73 |
| 393 | 688981.SH | 中芯国际 | 1.36 | 13.82 | 10.30 | 2.64 |
| 394 | 830799.BJ | 艾融软件 | 0.36 | 2.41 | 14.27 | 0.09 |
| 395 | 831305.BJ | 海希通讯 | 1.63 | 10.75 | 16.89 | 1.56 |
| 396 | 831961.BJ | 创远信科 | 0.47 | 6.45 | 7.53 | 0.82 |
| 397 | 833346.BJ | 威贸电子 | 0.60 | 3.61 | 18.08 | 0.61 |

# 上海工商类上市公司2021年度资产总额排序

（单位：万元）

| 序号 | 代码 | 公司简称 | 资产总额 | | 序号 | 代码 | 公司简称 | 资产总额 | |
|---|---|---|---|---|---|---|---|---|---|
| | | | 2021年 | 2020年 | | | | 2021年 | 2020年 |
| 1 | 601328.SH | 交通银行 | 1166575700.00 | 1069761600.00 | 48 | 600517.SH | 国网英大 | 4490885.65 | 3967996.92 |
| 2 | 600000.SH | 浦发银行 | 813675700.00 | 795021800.00 | 49 | 603885.SH | 吉祥航空 | 4385857.77 | 3230847.37 |
| 3 | 601229.SH | 上海银行 | 265319867.90 | 246214402.10 | 50 | 600637.SH | 东方明珠 | 4368081.79 | 4405887.24 |
| 4 | 601601.SH | 中国太保 | 194616400.00 | 177100400.00 | 51 | 600648.SH | 外高桥 | 4310882.09 | 3929617.06 |
| 5 | 600606.SH | 绿地控股 | 146909790.87 | 139733628.64 | 52 | 600094.SH | 大名城 | 3995103.26 | 3783295.81 |
| 6 | 601825.SH | 沪农商行 | 115837626.10 | 105697668.40 | 53 | 600748.SH | 上实发展 | 3957449.33 | 4108205.08 |
| 7 | 600104.SH | 上汽集团 | 91692269.56 | 91941475.58 | 54 | 601021.SH | 春秋航空 | 3832029.57 | 3243008.10 |
| 8 | 601211.SH | 国泰君安 | 79127281.45 | 70289917.22 | 55 | 600895.SH | 张江高科 | 3725134.38 | 3281973.06 |
| 9 | 600837.SH | 海通证券 | 74492514.94 | 69407335.07 | 56 | 600835.SH | 上海机电 | 3721162.44 | 3617179.10 |
| 10 | 600019.SH | 宝钢股份 | 38039756.14 | 35622505.19 | 57 | 601231.SH | 环旭电子 | 3585673.35 | 3093849.59 |
| 11 | 600170.SH | 上海建工 | 35376589.18 | 32135673.36 | 58 | 600622.SH | 光大嘉宝 | 3537589.31 | 3387703.12 |
| 12 | 600958.SH | 东方证券 | 32659962.20 | 29111744.16 | 59 | 600621.SH | 华鑫股份 | 3424226.71 | 2726693.32 |
| 13 | 601727.SH | 上海电气 | 30080219.00 | 31540273.40 | 60 | 600639.SH | 浦东金桥 | 3326783.93 | 3003012.11 |
| 14 | 600115.SH | 中国东航 | 28654800.00 | 28240800.00 | 61 | 688538.SH | 和辉光电－U | 3313960.11 | 2477067.01 |
| 15 | 600061.SH | 国投资本 | 24643177.12 | 21874297.64 | 62 | 603501.SH | 韦尔股份 | 3207992.76 | 2264799.23 |
| 16 | 601788.SH | 光大证券 | 23910760.14 | 22873638.43 | 63 | 688660.SH | 电气风电 | 3069259.88 | 3176634.44 |
| 17 | 688981.SH | 中芯国际 | 22993280.60 | 20460165.40 | 64 | 601200.SH | 上海环境 | 2927709.57 | 2705745.08 |
| 18 | 300999.SZ | 金龙鱼 | 20724993.70 | 17917732.20 | 65 | 002252.SZ | 上海莱士 | 2723658.20 | 2549379.86 |
| 19 | 300059.SZ | 东方财富 | 18502025.40 | 11032873.58 | 66 | 600643.SH | 爱建集团 | 2704956.74 | 2707402.83 |
| 20 | 601611.SH | 中国核建 | 17174305.46 | 14576926.23 | 67 | 600841.SH | 动力新科 | 2424775.37 | 918051.10 |
| 21 | 600018.SH | 上港集团 | 17078747.85 | 15592475.00 | 68 | 600635.SH | 大众公用 | 2407494.83 | 2362208.03 |
| 22 | 601607.SH | 上海医药 | 16343550.92 | 14918565.55 | 69 | 600597.SH | 光明乳业 | 2345040.10 | 2030991.03 |
| 23 | 600150.SH | 中国船舶 | 16040224.50 | 15250952.85 | 70 | 600612.SH | 老凤祥 | 2227485.75 | 1956327.43 |
| 24 | 600021.SH | 上海电力 | 15670875.04 | 12894683.68 | 71 | 600284.SH | 浦东建设 | 2154585.87 | 1668345.18 |
| 25 | 600741.SH | 华域汽车 | 15384676.36 | 15043595.96 | 72 | 603659.SH | 璞泰来 | 2145026.26 | 1448627.54 |
| 26 | 600823.SH | 世茂股份 | 14298345.70 | 14930475.40 | 73 | 600638.SH | 新黄浦 | 2144116.96 | 2009291.35 |
| 27 | 601828.SH | 美凯龙 | 13518754.20 | 13154791.86 | 74 | 600604.SH | 市北高新 | 2115850.24 | 1910914.26 |
| 28 | 601866.SH | 中远海发 | 13261632.05 | 14603879.49 | 75 | 600619.SH | 海立股份 | 2109541.46 | 1494790.36 |
| 29 | 600655.SH | 豫园股份 | 13147558.43 | 11224718.96 | 76 | 600611.SH | 大众交通 | 1928964.10 | 1723120.62 |
| 30 | 600820.SH | 隧道股份 | 12975718.10 | 10938608.28 | 77 | 600420.SH | 国药现代 | 1906996.14 | 1825045.48 |
| 31 | 600663.SH | 陆家嘴 | 12089588.70 | 10135435.43 | 78 | 600278.SH | 东方创业 | 1843432.15 | 1708255.81 |
| 32 | 600196.SH | 复星医药 | 9329379.10 | 8368600.97 | 79 | 601156.SH | 东航物流 | 1803662.07 | 909621.23 |
| 33 | 600642.SH | 申能股份 | 8963655.52 | 7629843.56 | 80 | 600732.SH | 爱旭股份 | 1790024.28 | 1270195.70 |
| 34 | 600320.SH | 振华重工 | 7833208.12 | 7932064.45 | 81 | 600845.SH | 宝信软件 | 1786016.92 | 1407044.86 |
| 35 | 600708.SH | 光明地产 | 7521670.96 | 8822025.16 | 82 | 600508.SH | 上海能源 | 1770407.92 | 1674012.37 |
| 36 | 600649.SH | 城投控股 | 6890165.00 | 6152414.31 | 83 | 603565.SH | 中谷物流 | 1732153.02 | 1156089.39 |
| 37 | 601696.SH | 中银证券 | 6267228.71 | 5395976.15 | 84 | 600816.SH | ST安信 | 1696132.45 | 1993211.81 |
| 38 | 601872.SH | 招商轮船 | 6013553.56 | 5863466.91 | 85 | 688012.SH | 中微公司 | 1673298.90 | 580087.69 |
| 39 | 600026.SH | 中远海能 | 5938893.78 | 6595985.65 | 86 | 688126.SH | 沪硅产业－U | 1625671.27 | 1449850.73 |
| 40 | 600500.SH | 中化国际 | 5797320.18 | 5593690.23 | 87 | 688065.SH | 凯赛生物 | 1619832.50 | 1213515.13 |
| 41 | 600827.SH | 百联股份 | 5784524.65 | 5414544.33 | 88 | 603056.SH | 德邦股份 | 1567118.77 | 1019126.21 |
| 42 | 600675.SH | 中华企业 | 5418462.06 | 4934421.78 | 89 | 600073.SH | 上海梅林 | 1497708.49 | 1478048.10 |
| 43 | 600623.SH | 华谊集团 | 5262392.84 | 4559277.21 | 90 | 300226.SZ | 上海钢联 | 1419430.07 | 1304082.25 |
| 44 | 600009.SH | 上海机场 | 5142608.86 | 3320218.10 | 91 | 002028.SZ | 思源电气 | 1391441.16 | 1107521.53 |
| 45 | 600848.SH | 上海临港 | 4926474.99 | 4181020.37 | 92 | 600662.SH | 外服控股 | 1365141.13 | 685550.44 |
| 46 | 600754.SH | 锦江酒店 | 4826313.07 | 3863656.21 | 93 | 600629.SH | 华建集团 | 1342581.05 | 1161747.62 |
| 47 | 600688.SH | 上海石化 | 4703862.20 | 4474917.30 | 94 | 688728.SH | 格科微 | 1330364.57 | 571619.48 |

（续表）

| 序号 | 代码 | 公司简称 | 资产总额 | | 序号 | 代码 | 公司简称 | 资产总额 | |
|---|---|---|---|---|---|---|---|---|---|
| | | | 2021年 | 2020年 | | | | 2021年 | 2020年 |
| 95 | 600210.SH | 紫江企业 | 1215956.12 | 1106660.10 | 142 | 605050.SH | 福然德 | 649381.34 | 544717.70 |
| 96 | 600315.SH | 上海家化 | 1214551.17 | 1129532.06 | 143 | 300222.SZ | 科大智能 | 647038.52 | 557569.74 |
| 97 | 603108.SH | 润达医疗 | 1201654.41 | 1017654.73 | 144 | 002527.SZ | 新时达 | 645730.30 | 606421.79 |
| 98 | 300257.SZ | 开山股份 | 1160820.06 | 1096184.47 | 145 | 688608.SH | 恒玄科技 | 635776.40 | 576432.25 |
| 99 | 603899.SH | 晨光股份 | 1142438.79 | 970990.84 | 146 | 688082.SH | 盛美上海 | 633741.34 | 184352.37 |
| 100 | 688180.SH | 君实生物－U | 1103491.11 | 799740.95 | 147 | 600628.SH | 新世界 | 611100.67 | 609071.49 |
| 101 | 600151.SH | 航天机电 | 1070446.73 | 1064248.15 | 148 | 603012.SH | 创力集团 | 605928.99 | 579820.88 |
| 102 | 300017.SZ | 网宿科技 | 1057349.05 | 1016074.54 | 149 | 600640.SH | 新国脉 | 598917.76 | 661486.65 |
| 103 | 603128.SH | 华贸物流 | 1052347.82 | 750273.45 | 150 | 603650.SH | 彤程新材 | 598178.72 | 458372.00 |
| 104 | 002195.SZ | 二三四五 | 997357.78 | 990815.87 | 151 | 603619.SH | 中曼石油 | 587405.68 | 504497.15 |
| 105 | 300171.SZ | 东富龙 | 974005.28 | 657981.93 | 152 | 300398.SZ | 飞凯材料 | 586110.47 | 553943.19 |
| 106 | 600626.SH | 申达股份 | 967234.96 | 940826.83 | 153 | 601702.SH | 华峰铝业 | 582477.79 | 499975.54 |
| 107 | 600850.SH | 电科数字 | 962016.51 | 835689.52 | 154 | 300129.SZ | 泰胜风能 | 580616.84 | 485327.94 |
| 108 | 600081.SH | 东风科技 | 955181.23 | 730784.54 | 155 | 002568.SZ | 百润股份 | 564031.67 | 388686.58 |
| 109 | 600846.SH | 同济科技 | 930157.67 | 1131813.40 | 156 | 002328.SZ | 新朋股份 | 545167.51 | 473708.31 |
| 110 | 600618.SH | 氯碱化工 | 930048.84 | 621495.77 | 157 | 600843.SH | 上工申贝 | 543662.79 | 467672.37 |
| 111 | 002506.SZ | 协鑫集成 | 929999.68 | 1379982.41 | 158 | 603682.SH | 锦和商管 | 535724.43 | 187133.56 |
| 112 | 603030.SH | 全筑股份 | 928448.33 | 1050858.98 | 159 | 600851.SH | 海欣股份 | 532561.95 | 562506.61 |
| 113 | 605222.SH | 起帆电缆 | 925091.79 | 578114.99 | 160 | 002022.SZ | *ST 科华 | 527657.95 | 597715.35 |
| 114 | 600641.SH | 万业企业 | 916681.96 | 771475.89 | 161 | 603730.SH | 岱美股份 | 525020.14 | 548549.34 |
| 115 | 603515.SH | 欧普照明 | 907691.00 | 856046.21 | 162 | 600826.SH | 兰生股份 | 522237.29 | 456108.53 |
| 116 | 688008.SH | 澜起科技 | 895856.22 | 841944.19 | 163 | 600650.SH | 锦江在线 | 517909.20 | 515899.11 |
| 117 | 600490.SH | 鹏欣资源 | 862343.00 | 839886.19 | 164 | 300170.SZ | 汉得信息 | 517041.75 | 521757.73 |
| 118 | 300180.SZ | 华峰超纤 | 837068.81 | 805502.77 | 165 | 603197.SH | 保隆科技 | 514948.44 | 391333.48 |
| 119 | 603881.SH | 数据港 | 824931.29 | 767342.23 | 166 | 002269.SZ | 美邦服饰 | 510321.76 | 529852.52 |
| 120 | 600676.SH | 交运股份 | 824881.52 | 835733.66 | 167 | 688519.SH | 南亚新材 | 506219.04 | 362284.15 |
| 121 | 601968.SH | 宝钢包装 | 823239.94 | 645775.55 | 168 | 688099.SH | 晶晨股份 | 505645.12 | 368568.50 |
| 122 | 300483.SZ | 首华燃气 | 822071.90 | 712984.59 | 169 | 600503.SH | 华丽家族 | 504975.58 | 566439.21 |
| 123 | 600601.SH | *ST 方科 | 815225.72 | 898641.06 | 170 | 300947.SZ | 德必集团 | 504250.84 | 144690.28 |
| 124 | 603236.SH | 移远通信 | 814002.12 | 460124.61 | 171 | 002346.SZ | 柘中股份 | 498256.92 | 270153.99 |
| 125 | 603690.SH | 至纯科技 | 793301.75 | 595666.28 | 172 | 603987.SH | 康德莱 | 495792.67 | 425777.12 |
| 126 | 600072.SH | 中船科技 | 785364.25 | 905205.40 | 173 | 688336.SH | 三生国健 | 488883.21 | 495386.57 |
| 127 | 603887.SH | 城地香江 | 771135.32 | 858555.26 | 174 | 002116.SZ | 中国海诚 | 487264.12 | 452065.15 |
| 128 | 600651.SH | 飞乐音响 | 769605.45 | 910845.52 | 175 | 603786.SH | 科博达 | 485560.88 | 471008.38 |
| 129 | 300253.SZ | 卫宁健康 | 749629.67 | 605714.79 | 176 | 603681.SH | 永冠新材 | 470552.85 | 339511.26 |
| 130 | 603713.SH | 密尔克卫 | 727252.52 | 367824.07 | 177 | 688158.SH | 优刻得－W | 469819.92 | 430466.41 |
| 131 | 600819.SH | 耀皮玻璃 | 718328.29 | 697599.77 | 178 | 002158.SZ | 汉钟精机 | 469218.50 | 396377.45 |
| 132 | 603378.SH | 亚士创能 | 718211.72 | 519461.67 | 179 | 603587.SH | 地素时尚 | 469154.16 | 409877.94 |
| 133 | 300168.SZ | 万达信息 | 714476.75 | 697831.01 | 180 | 600171.SH | 上海贝岭 | 466026.31 | 387953.15 |
| 134 | 000863.SZ | 三湘印象 | 708852.07 | 966168.28 | 181 | 002324.SZ | 普利特 | 461728.91 | 440948.94 |
| 135 | 688366.SH | 昊海生科 | 695035.54 | 629870.54 | 182 | 688798.SH | 艾为电子 | 445247.13 | 105322.77 |
| 136 | 600602.SH | 云赛智联 | 693192.31 | 624824.78 | 183 | 002706.SZ | 良信股份 | 441879.55 | 326094.59 |
| 137 | 002454.SZ | 松芝股份 | 692821.56 | 654845.40 | 184 | 603466.SH | 风语筑 | 440373.65 | 432883.47 |
| 138 | 002636.SZ | 金安国纪 | 686520.62 | 532607.51 | 185 | 688213.SH | 思特威－W | 438987.26 | 278661.70 |
| 139 | 688121.SH | 卓然股份 | 672670.15 | 637767.71 | 186 | 300511.SZ | 雪榕生物 | 434012.89 | 456461.25 |
| 140 | 600882.SH | 妙可蓝多 | 669679.24 | 309217.55 | 187 | 688063.SH | 派能科技 | 426625.76 | 321376.41 |
| 141 | 300236.SZ | 上海新阳 | 664419.36 | 609034.58 | 188 | 688317.SH | 之江生物 | 425467.97 | 187957.17 |

（续表）

| 序号 | 代码 | 公司简称 | 资产总额 | | 序号 | 代码 | 公司简称 | 资产总额 | |
|---|---|---|---|---|---|---|---|---|---|
| | | | 2021 年 | 2020 年 | | | | 2021 年 | 2020 年 |
| 189 | 603003.SH | 龙宇燃油 | 425388.22 | 425200.21 | 236 | 688505.SH | 复旦张江 | 278117.23 | 250070.10 |
| 190 | 688110.SH | 东芯股份 | 417842.80 | 75877.49 | 237 | 688368.SH | 晶丰明源 | 276643.57 | 162759.06 |
| 191 | 603868.SH | 飞科电器 | 416737.46 | 388924.17 | 238 | 600636.SH | 国新文化 | 275532.46 | 326227.91 |
| 192 | 688385.SH | 复旦微电 | 416501.42 | 267860.30 | 239 | 600620.SH | 天宸股份 | 273122.99 | 293710.53 |
| 193 | 600825.SH | 新华传媒 | 415328.24 | 369930.25 | 240 | 002162.SZ | 悦心健康 | 271278.47 | 250155.84 |
| 194 | 603855.SH | 华荣股份 | 413276.50 | 338551.67 | 241 | 300067.SZ | 安诺其 | 270676.78 | 233035.52 |
| 195 | 605339.SH | 南侨食品 | 412047.95 | 289271.22 | 242 | 300378.SZ | 鼎捷软件 | 263820.76 | 232902.56 |
| 196 | 002605.SZ | 姚记科技 | 397923.05 | 388635.86 | 243 | 600692.SH | 亚通股份 | 263136.85 | 281805.88 |
| 197 | 688330.SH | 宏力达 | 391549.77 | 339646.81 | 244 | 688133.SH | 泰坦科技 | 259336.72 | 185044.04 |
| 198 | 300262.SZ | 巴安水务 | 388565.39 | 523534.21 | 245 | 002184.SZ | 海得控制 | 257598.28 | 234732.06 |
| 199 | 603020.SH | 爱普股份 | 386474.87 | 279085.18 | 246 | 603192.SH | 汇得科技 | 256469.46 | 201358.75 |
| 200 | 688521.SH | 芯原股份 –U | 385827.25 | 319523.09 | 247 | 605338.SH | 巴比食品 | 253217.32 | 199114.29 |
| 201 | 603083.SH | 剑桥科技 | 384773.41 | 354130.22 | 248 | 603256.SH | 宏和科技 | 246966.69 | 222150.65 |
| 202 | 002669.SZ | 康达新材 | 372837.86 | 332655.86 | 249 | 301037.SZ | 保立佳 | 246760.23 | 178322.82 |
| 203 | 688680.SH | 海优新材 | 367323.17 | 152764.42 | 250 | 300008.SZ | 天海防务 | 245076.21 | 203899.64 |
| 204 | 300983.SZ | 尤安设计 | 358420.06 | 107135.03 | 251 | 688220.SH | 翱捷科技 –U | 242202.23 | 232428.79 |
| 205 | 600824.SH | 益民集团 | 356661.51 | 340831.54 | 252 | 603131.SH | 上海沪工 | 242157.96 | 232970.86 |
| 206 | 688301.SH | 奕瑞科技 | 353710.35 | 289536.57 | 253 | 603956.SH | 威派格 | 238761.17 | 222432.32 |
| 207 | 300326.SZ | 凯利泰 | 350947.57 | 368080.11 | 254 | 688131.SH | 皓元医药 | 238455.16 | 85684.34 |
| 208 | 688596.SH | 正帆科技 | 350765.84 | 282601.49 | 255 | 600630.SH | 龙头股份 | 236903.11 | 262649.41 |
| 209 | 002401.SZ | 中远海科 | 349458.43 | 352540.83 | 256 | 688206.SH | 概伦电子 | 234181.56 | 108414.05 |
| 210 | 600679.SH | 上海凤凰 | 348444.06 | 268743.43 | 257 | 603068.SH | 博通集成 | 233260.62 | 217800.81 |
| 211 | 603365.SH | 水星家纺 | 347435.27 | 300517.47 | 258 | 601519.SH | 大智慧 | 232817.08 | 197552.14 |
| 212 | 601595.SH | 上海电影 | 346067.76 | 283843.14 | 259 | 603648.SH | 畅联股份 | 231638.05 | 196198.88 |
| 213 | 605136.SH | 丽人丽妆 | 343356.17 | 311511.42 | 260 | 301166.SZ | 优宁维 | 231305.34 | 59085.44 |
| 214 | 300230.SZ | 永利股份 | 342266.08 | 403343.50 | 261 | 600616.SH | 金枫酒业 | 227095.61 | 226842.02 |
| 215 | 300627.SZ | 华测导航 | 339636.57 | 192403.63 | 262 | 603006.SH | 联明股份 | 227061.40 | 201396.64 |
| 216 | 603777.SH | 来伊份 | 338441.92 | 270763.62 | 263 | 300462.SZ | 华铭智能 | 226594.25 | 262575.51 |
| 217 | 603039.SH | ST 泛微 | 337671.32 | 271273.75 | 264 | 300501.SZ | 海顺新材 | 226405.03 | 140548.67 |
| 218 | 300039.SZ | 上海凯宝 | 335581.68 | 287728.42 | 265 | 603324.SH | 盛剑环境 | 224531.87 | 133400.67 |
| 219 | 603579.SH | 荣泰健康 | 327793.29 | 295027.35 | 266 | 600836.SH | 上海易连 | 217036.96 | 199846.14 |
| 220 | 603728.SH | 鸣志电器 | 325765.59 | 275835.61 | 267 | 688230.SH | 芯导科技 | 214822.60 | 21453.44 |
| 221 | 300762.SZ | 上海瀚讯 | 325404.98 | 188763.05 | 268 | 300272.SZ | 开能健康 | 213285.89 | 181840.58 |
| 222 | 603009.SH | 北特科技 | 316499.96 | 327946.98 | 269 | 605081.SH | 太和水 | 212979.62 | 126982.00 |
| 223 | 600613.SH | 神奇制药 | 314897.01 | 309797.14 | 270 | 688018.SH | 乐鑫科技 | 212905.61 | 182963.12 |
| 224 | 688188.SH | 柏楚电子 | 314859.76 | 261143.46 | 271 | 301060.SZ | 兰卫医学 | 210548.54 | 147151.36 |
| 225 | 688578.SH | 艾力斯 –U | 313025.95 | 298705.89 | 272 | 688155.SH | 先惠技术 | 209905.13 | 138829.37 |
| 226 | 603886.SH | 元祖股份 | 307453.51 | 255110.67 | 273 | 605289.SH | 罗曼股份 | 206602.14 | 123792.13 |
| 227 | 601616.SH | 广电电气 | 303681.50 | 328271.51 | 274 | 600605.SH | 汇通能源 | 206413.34 | 85881.57 |
| 228 | 600834.SH | 申通地铁 | 294544.08 | 284517.56 | 275 | 603329.SH | 上海雅仕 | 206224.22 | 134734.97 |
| 229 | 600097.SH | 开创国际 | 294366.47 | 281541.04 | 276 | 688766.SH | 普冉股份 | 202471.81 | 47322.88 |
| 230 | 605208.SH | 永茂泰 | 291797.72 | 224497.85 | 277 | 600822.SH | 上海物贸 | 200960.54 | 219220.54 |
| 231 | 300613.SZ | 富瀚微 | 291033.06 | 145466.71 | 278 | 605098.SH | 行动教育 | 200746.80 | 117497.36 |
| 232 | 002561.SZ | 徐家汇 | 287671.72 | 264022.44 | 279 | 688085.SH | 三友医疗 | 199717.00 | 167067.39 |
| 233 | 002565.SZ | 顺灏股份 | 287205.68 | 302116.96 | 280 | 688590.SH | 新致软件 | 199246.51 | 202665.54 |
| 234 | 603214.SH | 爱婴室 | 283731.42 | 171079.75 | 281 | 300590.SZ | 移为通信 | 196654.60 | 126372.49 |
| 235 | 600532.SH | *ST 未来 | 279937.44 | 257308.24 | 282 | 688265.SH | 南模生物 | 196405.72 | 35701.97 |

（续表）

| 序号 | 代码 | 公司简称 | 资产总额 | | 序号 | 代码 | 公司简称 | 资产总额 | |
|---|---|---|---|---|---|---|---|---|---|
| | | | 2021年 | 2020年 | | | | 2021年 | 2020年 |
| 283 | 688585.SH | 上纬新材 | 194964.87 | 198794.22 | 330 | 300609.SZ | 汇纳科技 | 134628.82 | 123777.57 |
| 284 | 605151.SH | 西上海 | 193678.01 | 167492.23 | 331 | 600833.SH | 第一医药 | 133446.30 | 139625.58 |
| 285 | 300578.SZ | 会畅通讯 | 192871.72 | 173926.82 | 332 | 301046.SZ | 能辉科技 | 130817.10 | 74619.30 |
| 286 | 600624.SH | 复旦复华 | 191622.73 | 209120.70 | 333 | 603022.SH | 新通联 | 130224.59 | 90610.06 |
| 287 | 603232.SH | 格尔软件 | 190371.31 | 162423.87 | 334 | 300442.SZ | 普丽盛 | 130167.34 | 135104.09 |
| 288 | 603633.SH | 徕木股份 | 189180.96 | 179904.58 | 335 | 300225.SZ | 金力泰 | 130089.84 | 142932.14 |
| 289 | 603189.SH | 网达软件 | 187435.64 | 108684.09 | 336 | 300802.SZ | 矩子科技 | 128548.98 | 116499.36 |
| 290 | 603718.SH | 海利生物 | 184409.30 | 178674.60 | 337 | 600193.SH | 创兴资源 | 127808.91 | 130155.96 |
| 291 | 300074.SZ | 华平股份 | 179597.38 | 173868.05 | 338 | 300493.SZ | 润欣科技 | 127658.56 | 108936.33 |
| 292 | 688202.SH | 美迪西 | 179357.17 | 136432.31 | 339 | 688238.SH | 和元生物 | 126343.79 | 94823.63 |
| 293 | 603330.SH | 上海天洋 | 177536.42 | 141288.91 | 340 | 301000.SZ | 肇民科技 | 126341.46 | 44467.18 |
| 294 | 300245.SZ | 天玑科技 | 177214.15 | 167736.51 | 341 | 605398.SH | 新炬网络 | 125549.95 | 66292.14 |
| 295 | 002278.SZ | 神开股份 | 177125.60 | 172129.42 | 342 | 603200.SH | 上海洗霸 | 123159.72 | 116624.86 |
| 296 | 002178.SZ | 延华智能 | 177030.93 | 172540.82 | 343 | 002486.SZ | 嘉麟杰 | 122649.19 | 125269.60 |
| 297 | 603683.SH | 晶华新材 | 176071.06 | 165088.79 | 344 | 603960.SH | 克来机电 | 122575.28 | 122487.62 |
| 298 | 688016.SH | 心脉医疗 | 175357.24 | 137606.60 | 345 | 603196.SH | 日播时尚 | 120260.29 | 109226.22 |
| 299 | 002825.SZ | 纳尔股份 | 174455.28 | 122128.19 | 346 | 688091.SH | 上海谊众-U | 120056.19 | 25881.00 |
| 300 | 300061.SZ | 旗天科技 | 173162.68 | 240585.63 | 347 | 301099.SZ | 雅创电子 | 118914.26 | 71282.49 |
| 301 | 688107.SH | 安路科技-U | 172957.37 | 44282.51 | 348 | 603499.SH | 翔港科技 | 113698.90 | 93277.42 |
| 302 | 603918.SH | 金桥信息 | 171816.96 | 137991.85 | 349 | 002858.SZ | 力盛体育 | 113577.67 | 59345.18 |
| 303 | 300327.SZ | 中颖电子 | 170530.33 | 131982.89 | 350 | 605186.SH | 健麾信息 | 112956.63 | 99740.41 |
| 304 | 600838.SH | 上海九百 | 168895.24 | 149564.93 | 351 | 300963.SZ | 中洲特材 | 112095.76 | 73641.67 |
| 305 | 603790.SH | 雅运股份 | 168055.35 | 141226.38 | 352 | 603122.SH | 合富中国 | 112054.78 | 109944.95 |
| 306 | 688019.SH | 安集科技 | 167222.84 | 128734.63 | 353 | 600696.SH | 岩石股份 | 110666.06 | 40300.86 |
| 307 | 605598.SH | 上海港湾 | 166728.07 | 117611.15 | 354 | 688118.SH | 普元信息 | 107948.29 | 108949.14 |
| 308 | 301062.SZ | 上海艾录 | 166655.78 | 130605.69 | 355 | 301001.SZ | 凯淳股份 | 106828.44 | 48700.84 |
| 309 | 600088.SH | 中视传媒 | 164454.33 | 157267.85 | 356 | 600272.SH | 开开实业 | 106297.13 | 104346.91 |
| 310 | 688123.SH | 聚辰股份 | 163909.64 | 155646.99 | 357 | 300551.SZ | 古鳌科技 | 104939.95 | 83779.71 |
| 311 | 603496.SH | 恒为科技 | 161468.85 | 116852.81 | 358 | 603037.SH | 凯众股份 | 103445.46 | 96324.69 |
| 312 | 300915.SZ | 海融科技 | 159920.32 | 148923.36 | 359 | 688129.SH | 东来技术 | 99817.95 | 88621.26 |
| 313 | 688098.SH | 申联生物 | 159846.43 | 151446.94 | 360 | 300469.SZ | 信息发展 | 97789.13 | 103338.09 |
| 314 | 688062.SH | 迈威生物-U | 159527.29 | 163889.71 | 361 | 603729.SH | 龙韵股份 | 97619.34 | 104852.23 |
| 315 | 603121.SH | 华培动力 | 157873.05 | 160581.39 | 362 | 831961.BJ | 创远信科 | 97421.92 | 91299.28 |
| 316 | 300892.SZ | 品渥食品 | 156047.88 | 136857.18 | 363 | 688071.SH | 华依科技 | 96957.91 | 58742.85 |
| 317 | 300642.SZ | 透景生命 | 149884.22 | 137177.43 | 364 | 688217.SH | 睿昂基因 | 94753.20 | 71171.27 |
| 318 | 600661.SH | 昂立教育 | 148412.48 | 249889.12 | 365 | 301024.SZ | 霍普股份 | 93409.16 | 39762.58 |
| 319 | 603895.SH | 天永智能 | 145674.00 | 124749.77 | 366 | 688179.SH | 阿拉丁 | 93210.40 | 86354.76 |
| 320 | 300126.SZ | 锐奇股份 | 142346.48 | 126815.62 | 367 | 600818.SH | 中路股份 | 93029.61 | 95438.63 |
| 321 | 605128.SH | 上海沿浦 | 142112.78 | 136628.57 | 368 | 301070.SZ | 开勒股份 | 91368.82 | 41312.11 |
| 322 | 300286.SZ | 安科瑞 | 141528.58 | 115305.52 | 369 | 301005.SZ | 超捷股份 | 88030.67 | 39465.34 |
| 323 | 002451.SZ | 摩恩电气 | 141018.19 | 122744.35 | 370 | 688682.SH | 霍莱沃 | 84477.74 | 33993.75 |
| 324 | 688335.SH | 复洁环保 | 140611.20 | 123341.09 | 371 | 300508.SZ | 维宏股份 | 83687.21 | 64265.10 |
| 325 | 603226.SH | 菲林格尔 | 139897.37 | 130032.41 | 372 | 300380.SZ | 安硕信息 | 82618.90 | 86492.56 |
| 326 | 300153.SZ | 科泰电源 | 139321.54 | 124189.22 | 373 | 831305.BJ | 海希通讯 | 81248.20 | 39934.29 |
| 327 | 301151.SZ | 冠龙节能 | 137376.94 | 118127.49 | 374 | 600119.SH | 长江投资 | 81101.45 | 99685.14 |
| 328 | 600530.SH | 交大昂立 | 135234.52 | 129396.11 | 375 | 688718.SH | 唯赛勃 | 78051.85 | 56468.20 |
| 329 | 688212.SH | 澳华内镜 | 134923.53 | 62104.16 | 376 | 688160.SH | 步科股份 | 77965.57 | 78288.25 |

（续表）

| 序号 | 代码 | 公司简称 | 资产总额 | | 序号 | 代码 | 公司简称 | 资产总额 | |
|---|---|---|---|---|---|---|---|---|---|
| | | | 2021 年 | 2020 年 | | | | 2021 年 | 2020 年 |
| 377 | 301025.SZ | 读客文化 | 77758.43 | 63690.04 | 388 | 603580.SH | 艾艾精工 | 54977.50 | 49525.68 |
| 378 | 600689.SH | 上海三毛 | 77016.75 | 68656.61 | 389 | 301156.SZ | 美农生物 | 52969.20 | 34668.76 |
| 379 | 600615.SH | *ST 丰华 | 72110.64 | 67669.83 | 390 | 600647.SH | 同达创业 | 52968.70 | 50452.13 |
| 380 | 300336.SZ | *ST 新文 | 71401.07 | 142564.43 | 391 | 002211.SZ | ST 宏达 | 51730.52 | 114631.31 |
| 381 | 300899.SZ | 上海凯鑫 | 70926.20 | 68977.56 | 392 | 301257.SZ | 普蕊斯 | 40424.88 | 28735.92 |
| 382 | 830799.BJ | 艾融软件 | 68391.31 | 43347.40 | 393 | 688163.SH | 赛伦生物 | 40289.11 | 31214.82 |
| 383 | 301228.SZ | 实朴检测 | 67544.13 | 59796.46 | 394 | 688193.SH | 仁度生物 | 37860.80 | 31078.63 |
| 384 | 603159.SH | 上海亚虹 | 64296.22 | 60076.69 | 395 | 002058.SZ | 威尔泰 | 35888.62 | 21802.38 |
| 385 | 300330.SZ | 华虹计通 | 64287.86 | 64565.29 | 396 | 833346.BJ | 威贸电子 | 30903.06 | 27462.58 |
| 386 | 301289.SZ | 国缆检测 | 61277.21 | 44757.39 | 397 | 600608.SH | ST 沪科 | 21730.85 | 20864.55 |
| 387 | 001266.SZ | 宏英智能 | 55208.50 | 40183.73 | | | | | |

# 上海工商类上市公司 2021 年度总股本排序

（单位：万股）

| 序号 | 代码 | 公司简称 | 总股本 | | 序号 | 代码 | 公司简称 | 总股本 | |
|---|---|---|---|---|---|---|---|---|---|
| | | | 2021 年 | 2020 年 | | | | 2021 年 | 2020 年 |
| 1 | 601328.SH | 交通银行 | 7426272.66 | 7426272.66 | 48 | 600196.SH | 复星医药 | 256289.85 | 256289.85 |
| 2 | 600000.SH | 浦发银行 | 2935216.80 | 2935214.09 | 49 | 600649.SH | 城投控股 | 252957.56 | 252957.56 |
| 3 | 600018.SH | 上港集团 | 2327867.98 | 2317367.47 | 50 | 600848.SH | 上海临港 | 252248.70 | 210206.82 |
| 4 | 600019.SH | 宝钢股份 | 2226841.16 | 2226944.77 | 51 | 002269.SZ | 美邦服饰 | 251250.00 | 251250.00 |
| 5 | 600115.SH | 中国东航 | 1887444.01 | 1637950.92 | 52 | 600651.SH | 飞乐音响 | 250702.80 | 250702.80 |
| 6 | 601727.SH | 上海电气 | 1570597.11 | 1518135.29 | 53 | 688728.SH | 格科微 | 249888.72 | — |
| 7 | 601229.SH | 上海银行 | 1420663.71 | 1420652.87 | 54 | 688126.SH | 沪硅产业 –U | 248026.00 | 248026.00 |
| 8 | 688538.SH | 和辉光电 –U | 1380943.76 | — | 55 | 600094.SH | 大名城 | 247532.51 | 247532.51 |
| 9 | 601866.SH | 中远海发 | 1358647.73 | 1160812.50 | 56 | 300017.SZ | 网宿科技 | 244702.98 | 245301.22 |
| 10 | 600837.SH | 海通证券 | 1306420.00 | 1306420.00 | 57 | 600611.SH | 大众交通 | 236412.29 | 236412.29 |
| 11 | 600606.SH | 绿地控股 | 1277656.21 | 1216815.44 | 58 | 600662.SH | 外服控股 | 226327.95 | 105336.22 |
| 12 | 600104.SH | 上汽集团 | 1168346.14 | 1168346.14 | 59 | 600708.SH | 光明地产 | 222863.67 | 222863.67 |
| 13 | 600688.SH | 上海石化 | 1082381.35 | 1082381.35 | 60 | 600490.SH | 鹏欣资源 | 221288.71 | 221288.71 |
| 14 | 300059.SZ | 东方财富 | 1036632.79 | 861313.65 | 61 | 601231.SH | 环旭电子 | 221017.28 | 220934.34 |
| 15 | 601825.SH | 沪农商行 | 964444.44 | — | 62 | 600601.SH | *ST 方科 | 219489.12 | 219489.12 |
| 16 | 601601.SH | 中国太保 | 962034.15 | 962034.15 | 63 | 300253.SZ | 卫宁健康 | 214642.45 | 213882.11 |
| 17 | 601211.SH | 国泰君安 | 890844.95 | 890844.82 | 64 | 600623.SH | 华谊集团 | 213038.14 | 210529.68 |
| 18 | 600170.SH | 上海建工 | 890439.77 | 890439.77 | 65 | 600732.SH | 爱旭股份 | 203632.92 | 203632.92 |
| 19 | 601872.SH | 招商轮船 | 810784.18 | 674012.01 | 66 | 601519.SH | 大智慧 | 202822.40 | 198770.00 |
| 20 | 688981.SH | 中芯国际 | 790385.66 | 770350.75 | 67 | 603885.SH | 吉祥航空 | 196614.42 | 196614.42 |
| 21 | 600958.SH | 东方证券 | 699365.58 | 699365.58 | 68 | 600009.SH | 上海机场 | 192695.84 | 192695.84 |
| 22 | 002252.SZ | 上海莱士 | 674078.79 | 674078.79 | 69 | 600604.SH | 市北高新 | 187330.48 | 187330.48 |
| 23 | 600061.SH | 国投资本 | 642530.13 | 422712.97 | 70 | 600748.SH | 上实发展 | 184456.29 | 184456.29 |
| 24 | 600675.SH | 中华企业 | 609613.53 | 609613.53 | 71 | 600827.SH | 百联股份 | 178416.81 | 178416.81 |
| 25 | 002506.SZ | 协鑫集成 | 585031.64 | 508227.15 | 72 | 300180.SZ | 华峰超纤 | 176106.02 | 176106.02 |
| 26 | 002195.SZ | 二三四五 | 572484.77 | 572484.77 | 73 | 300008.SZ | 天海防务 | 172802.91 | 172802.91 |
| 27 | 600517.SH | 国网英大 | 571843.57 | 571843.57 | 74 | 600841.SH | 动力新科 | 163153.57 | 86668.98 |
| 28 | 600816.SH | ST 安信 | 546913.79 | 546913.79 | 75 | 600643.SH | 爱建集团 | 162192.25 | 162192.25 |
| 29 | 300999.SZ | 金龙鱼 | 542159.15 | 542159.15 | 76 | 600503.SH | 华丽家族 | 160229.00 | 160229.00 |
| 30 | 600320.SH | 振华重工 | 526835.35 | 526835.35 | 77 | 601156.SH | 东航物流 | 158755.56 | — |
| 31 | 600642.SH | 申能股份 | 491203.83 | 491203.83 | 78 | 600895.SH | 张江高科 | 154868.96 | 154868.96 |
| 32 | 600026.SH | 中远海能 | 476269.19 | 476269.19 | 79 | 600845.SH | 宝信软件 | 152014.20 | 115543.88 |
| 33 | 601788.SH | 光大证券 | 461078.76 | 461078.76 | 80 | 600210.SH | 紫江企业 | 151673.62 | 151673.62 |
| 34 | 600150.SH | 中国船舶 | 447242.88 | 447242.88 | 81 | 600622.SH | 光大嘉宝 | 149968.54 | 149968.54 |
| 35 | 601828.SH | 美凯龙 | 435473.27 | 390500.00 | 82 | 600151.SH | 航天机电 | 143425.23 | 143425.23 |
| 36 | 600663.SH | 陆家嘴 | 403419.74 | 403419.74 | 83 | 600597.SH | 光明乳业 | 137864.09 | 122448.75 |
| 37 | 600655.SH | 豫园股份 | 389038.30 | 388349.85 | 84 | 600602.SH | 云赛智联 | 136767.35 | 136767.35 |
| 38 | 600823.SH | 世茂股份 | 375116.83 | 375116.83 | 85 | 688660.SH | 电气风电 | 133333.34 | — |
| 39 | 600637.SH | 东方明珠 | 341450.02 | 341450.02 | 86 | 603128.SH | 华贸物流 | 130946.30 | 130946.30 |
| 40 | 600741.SH | 华域汽车 | 315272.40 | 315272.40 | 87 | 000863.SZ | 三湘印象 | 122520.82 | 122520.82 |
| 41 | 600820.SH | 隧道股份 | 314409.61 | 314409.61 | 88 | 600851.SH | 海欣股份 | 120705.67 | 120705.67 |
| 42 | 600635.SH | 大众公用 | 295243.47 | 295243.47 | 89 | 300168.SZ | 万达信息 | 118758.48 | 118758.48 |
| 43 | 601607.SH | 上海医药 | 284208.93 | 284208.93 | 90 | 600618.SH | 氯碱化工 | 115640.00 | 115640.00 |
| 44 | 601696.SH | 中银证券 | 277800.00 | 277800.00 | 91 | 600648.SH | 外高桥 | 113534.91 | 113534.91 |
| 45 | 600500.SH | 中化国际 | 276516.65 | 276058.65 | 92 | 601968.SH | 宝钢包装 | 113280.74 | 83333.33 |
| 46 | 601611.SH | 中国核建 | 264859.57 | 265046.49 | 93 | 688008.SH | 澜起科技 | 113130.68 | 112981.39 |
| 47 | 600021.SH | 上海电力 | 261716.42 | 261716.42 | 94 | 600639.SH | 浦东金桥 | 112241.29 | 112241.29 |

（续表）

| 序号 | 代码 | 公司简称 | 总股本 | | 序号 | 代码 | 公司简称 | 总股本 | |
|---|---|---|---|---|---|---|---|---|---|
| | | | 2021 年 | 2020 年 | | | | 2021 年 | 2020 年 |
| 95 | 601200.SH | 上海环境 | 112185.85 | 112185.85 | 142 | 600508.SH | 上海能源 | 72271.80 | 72271.80 |
| 96 | 600626.SH | 申达股份 | 110797.87 | 85229.13 | 143 | 300326.SZ | 凯利泰 | 72014.63 | 72297.63 |
| 97 | 600619.SH | 海立股份 | 108507.24 | 88330.03 | 144 | 300129.SZ | 泰胜风能 | 71915.33 | 71915.33 |
| 98 | 600754.SH | 锦江酒店 | 107004.41 | 95793.64 | 145 | 600843.SH | 上工申贝 | 71316.65 | 54858.96 |
| 99 | 600621.SH | 华鑫股份 | 106089.93 | 106089.93 | 146 | 600171.SH | 上海贝岭 | 71281.53 | 70412.16 |
| 100 | 002565.SZ | 顺灏股份 | 105998.89 | 106015.69 | 147 | 002178.SZ | 延华智能 | 71215.30 | 71215.30 |
| 101 | 600824.SH | 益民集团 | 105402.71 | 105402.71 | 148 | 603659.SH | 璞泰来 | 69438.35 | 49602.84 |
| 102 | 300067.SZ | 安诺其 | 105285.62 | 93194.93 | 149 | 600620.SH | 天宸股份 | 68667.71 | 68667.71 |
| 103 | 300039.SZ | 上海凯宝 | 104600.00 | 104600.00 | 150 | 600624.SH | 复旦复华 | 68471.20 | 68471.20 |
| 104 | 600825.SH | 新华传媒 | 104488.79 | 104488.79 | 151 | 600315.SH | 上海家化 | 67963.45 | 67796.95 |
| 105 | 688505.SH | 复旦张江 | 104300.00 | 104300.00 | 152 | 600638.SH | 新黄浦 | 67339.68 | 67339.68 |
| 106 | 600676.SH | 交运股份 | 102849.29 | 102849.29 | 153 | 600836.SH | 上海易连 | 67105.31 | 66275.31 |
| 107 | 600420.SH | 国药现代 | 102696.46 | 102695.94 | 154 | 300262.SZ | 巴安水务 | 66976.70 | 66976.70 |
| 108 | 603056.SH | 德邦股份 | 102695.75 | 96000.00 | 155 | 600616.SH | 金枫酒业 | 66900.50 | 66900.50 |
| 109 | 600835.SH | 上海机电 | 102273.93 | 102273.93 | 156 | 300061.SZ | 旗天科技 | 66094.42 | 66987.02 |
| 110 | 002706.SZ | 良信股份 | 101912.37 | 78473.69 | 157 | 002527.SZ | 新时达 | 65976.19 | 62020.91 |
| 111 | 002324.SZ | 普利特 | 101406.23 | 84505.19 | 158 | 600628.SH | 新世界 | 64687.54 | 64687.54 |
| 112 | 601702.SH | 华峰铝业 | 99853.06 | 99853.06 | 159 | 603718.SH | 海利生物 | 64400.00 | 64400.00 |
| 113 | 300257.SZ | 开山股份 | 99363.50 | 99363.50 | 160 | 603012.SH | 创力集团 | 63656.00 | 63656.00 |
| 114 | 600284.SH | 浦东建设 | 97025.60 | 97025.60 | 161 | 600629.SH | 华建集团 | 63420.96 | 53390.18 |
| 115 | 603565.SH | 中谷物流 | 95875.78 | 66666.67 | 162 | 002454.SZ | 松芝股份 | 62858.16 | 62858.16 |
| 116 | 600641.SH | 万业企业 | 95793.04 | 95793.04 | 163 | 300171.SZ | 东富龙 | 62833.70 | 62833.70 |
| 117 | 600073.SH | 上海梅林 | 93772.95 | 93772.95 | 164 | 600846.SH | 同济科技 | 62476.15 | 62476.15 |
| 118 | 601616.SH | 广电电气 | 93557.50 | 93557.50 | 165 | 688012.SH | 中微公司 | 61624.45 | 53486.22 |
| 119 | 600819.SH | 耀皮玻璃 | 93491.61 | 93491.61 | 166 | 688336.SH | 三生国健 | 61621.14 | 61621.14 |
| 120 | 603899.SH | 晨光股份 | 92774.56 | 92742.76 | 167 | 603650.SH | 彤程新材 | 59715.25 | 58598.75 |
| 121 | 002162.SZ | 悦心健康 | 92650.00 | 85377.50 | 168 | 603030.SH | 全筑股份 | 58005.34 | 53812.80 |
| 122 | 601021.SH | 春秋航空 | 91646.27 | 91646.27 | 169 | 603108.SH | 润达医疗 | 57953.84 | 57953.63 |
| 123 | 688180.SH | 君实生物－U | 91075.67 | 87249.60 | 170 | 300272.SZ | 开能健康 | 57717.19 | 57687.15 |
| 124 | 300170.SZ | 汉得信息 | 88405.61 | 88401.69 | 171 | 600650.SH | 锦江在线 | 55161.01 | 55161.01 |
| 125 | 603256.SH | 宏和科技 | 87780.00 | 87780.00 | 172 | 600826.SH | 兰生股份 | 53592.09 | 53592.09 |
| 126 | 603501.SH | 韦尔股份 | 87572.46 | 86759.94 | 173 | 002158.SZ | 汉钟精机 | 53488.18 | 53488.18 |
| 127 | 600278.SH | 东方创业 | 86845.94 | 86845.94 | 174 | 600613.SH | 神奇制药 | 53407.16 | 53407.16 |
| 128 | 002486.SZ | 嘉麟杰 | 83200.00 | 83200.00 | 175 | 300074.SZ | 华平股份 | 53389.29 | 53389.29 |
| 129 | 300230.SZ | 永利股份 | 81620.60 | 81620.60 | 176 | 600612.SH | 老凤祥 | 52311.78 | 52311.78 |
| 130 | 688385.SH | 复旦微电 | 81450.20 | － | 177 | 600882.SH | 妙可蓝多 | 51621.01 | 40930.90 |
| 131 | 300336.SZ | *ST 新文 | 80623.02 | 80623.02 | 178 | 300398.SZ | 飞凯材料 | 51616.70 | 51585.80 |
| 132 | 600640.SH | 新国脉 | 79569.59 | 79569.59 | 179 | 600532.SH | *ST 未来 | 51606.57 | 51606.57 |
| 133 | 300222.SZ | 科大智能 | 78024.22 | 72376.21 | 180 | 600679.SH | 上海凤凰 | 51529.43 | 46574.02 |
| 134 | 600530.SH | 交大昂立 | 78000.00 | 78000.00 | 181 | 002022.SZ | *ST 科华 | 51428.44 | 51435.72 |
| 135 | 002328.SZ | 新朋股份 | 77177.00 | 77002.00 | 182 | 600822.SH | 上海物贸 | 49597.29 | 49597.29 |
| 136 | 002028.SZ | 思源电气 | 76604.18 | 76302.33 | 183 | 688521.SH | 芯原股份－U | 49516.88 | 48551.86 |
| 137 | 603515.SH | 欧普照明 | 75421.07 | 75469.57 | 184 | 300225.SZ | 金力泰 | 48920.53 | 48920.53 |
| 138 | 002568.SZ | 百润股份 | 74978.51 | 53585.24 | 185 | 300493.SZ | 润欣科技 | 48656.90 | 47706.90 |
| 139 | 600072.SH | 中船科技 | 73624.99 | 73624.99 | 186 | 603587.SH | 地素时尚 | 48120.00 | 48120.00 |
| 140 | 002636.SZ | 金安国纪 | 72800.00 | 72800.00 | 187 | 600834.SH | 申通地铁 | 47738.19 | 47738.19 |
| 141 | 603730.SH | 岱美股份 | 72441.55 | 57953.24 | 188 | 603682.SH | 锦和商管 | 47250.00 | 47250.00 |

（续表）

| 序号 | 代码 | 公司简称 | 总股本 | | 序号 | 代码 | 公司简称 | 总股本 | |
|---|---|---|---|---|---|---|---|---|---|
| | | | 2021年 | 2020年 | | | | 2021年 | 2020年 |
| 189 | 600081.SH | 东风科技 | 47041.89 | 31356.00 | 236 | 603918.SH | 金桥信息 | 36674.61 | 23504.43 |
| 190 | 603887.SH | 城地香江 | 45071.77 | 37558.03 | 237 | 600119.SH | 长江投资 | 36527.04 | 30740.00 |
| 191 | 688578.SH | 艾力斯-U | 45000.00 | 45000.00 | 238 | 002278.SZ | 神开股份 | 36390.96 | 36390.96 |
| 192 | 601595.SH | 上海电影 | 44820.00 | 44820.00 | 239 | 603009.SH | 北特科技 | 35873.01 | 35900.22 |
| 193 | 600636.SH | 国新文化 | 44693.69 | 44693.69 | 240 | 002184.SZ | 海得控制 | 35190.84 | 23939.34 |
| 194 | 688110.SH | 东芯股份 | 44224.98 | – | 241 | 600692.SH | 亚通股份 | 35176.41 | 35176.41 |
| 195 | 300511.SZ | 雪榕生物 | 44192.29 | 44202.99 | 242 | 603855.SH | 华荣股份 | 33759.80 | 33766.00 |
| 196 | 002346.SZ | 柘中股份 | 44157.54 | 44157.54 | 243 | 603777.SH | 来伊份 | 33679.70 | 33713.21 |
| 197 | 603987.SH | 康德莱 | 44156.90 | 44160.90 | 244 | 600696.SH | 岩石股份 | 33446.94 | 33446.94 |
| 198 | 002451.SZ | 摩恩电气 | 43920.00 | 43920.00 | 245 | 603881.SH | 数据港 | 32892.72 | 23494.80 |
| 199 | 603868.SH | 飞科电器 | 43560.00 | 43560.00 | 246 | 600608.SH | ST沪科 | 32886.14 | 32886.14 |
| 200 | 605050.SH | 福然德 | 43500.00 | 43500.00 | 247 | 600818.SH | 中路股份 | 32144.79 | 32144.79 |
| 201 | 688206.SH | 概伦电子 | 43380.44 | – | 248 | 300153.SZ | 科泰电源 | 32000.00 | 32000.00 |
| 202 | 688082.SH | 盛美上海 | 43355.71 | – | 249 | 603690.SH | 至纯科技 | 31850.05 | 30780.46 |
| 203 | 002211.SZ | ST宏达 | 43247.58 | 43247.58 | 250 | 603131.SH | 上海沪工 | 31798.24 | 31797.43 |
| 204 | 605339.SH | 南侨食品 | 42765.44 | – | 251 | 300245.SZ | 天玑科技 | 31345.75 | 31345.75 |
| 205 | 600850.SH | 电科数字 | 42685.22 | 42685.22 | 252 | 300236.SZ | 上海新阳 | 31338.14 | 29064.89 |
| 206 | 603956.SH | 威派格 | 42596.08 | 42596.01 | 253 | 300327.SZ | 中颖电子 | 31094.48 | 27944.04 |
| 207 | 600193.SH | 创兴资源 | 42537.30 | 42537.30 | 254 | 300590.SZ | 移为通信 | 30452.70 | 24221.70 |
| 208 | 600630.SH | 龙头股份 | 42486.16 | 42486.16 | 255 | 300551.SZ | 古鳌科技 | 30404.70 | 20275.20 |
| 209 | 688158.SH | 优刻得-W | 42280.52 | 42253.22 | 256 | 300126.SZ | 锐奇股份 | 30395.76 | 30395.76 |
| 210 | 603466.SH | 风语筑 | 42196.60 | 29155.04 | 257 | 688062.SH | 迈威生物-U | 29970.00 | – |
| 211 | 603728.SH | 鸣志电器 | 42016.50 | 41600.00 | 258 | 603378.SH | 亚士创能 | 29895.13 | 20617.33 |
| 212 | 605222.SH | 起帆电缆 | 41821.32 | 40058.00 | 259 | 603122.SH | 合富中国 | 29853.94 | – |
| 213 | 002116.SZ | 中国海诚 | 41762.89 | 41762.89 | 260 | 600661.SH | 昂立教育 | 28654.88 | 28654.88 |
| 214 | 688065.SH | 凯赛生物 | 41668.20 | 41668.20 | 261 | 603226.SH | 菲林格尔 | 27345.52 | 21035.02 |
| 215 | 002561.SZ | 徐家汇 | 41576.30 | 41576.30 | 262 | 603189.SH | 网达软件 | 26954.83 | 22080.00 |
| 216 | 688099.SH | 晶晨股份 | 41112.00 | 41112.00 | 263 | 300483.SZ | 首华燃气 | 26853.17 | 14918.43 |
| 217 | 688098.SH | 申联生物 | 41064.40 | 40970.00 | 264 | 603365.SH | 水星家纺 | 26667.00 | 26667.00 |
| 218 | 002605.SZ | 姚记科技 | 40448.97 | 40202.48 | 265 | 300378.SZ | 鼎捷软件 | 26644.14 | 26625.44 |
| 219 | 688585.SH | 上纬新材 | 40320.00 | 40320.00 | 266 | 603121.SH | 华培动力 | 26475.30 | 25920.00 |
| 220 | 603003.SH | 龙宇燃油 | 40244.35 | 41653.24 | 267 | 603633.SH | 徕木股份 | 26350.12 | 26350.12 |
| 221 | 605136.SH | 丽人丽妆 | 40203.00 | 40001.00 | 268 | 603960.SH | 克来机电 | 26094.45 | 26094.45 |
| 222 | 600838.SH | 上海九百 | 40088.20 | 40088.20 | 269 | 603039.SH | ST泛微 | 26060.31 | 21385.91 |
| 223 | 301060.SZ | 兰卫医学 | 40051.70 | 35245.50 | 270 | 688596.SH | 正帆科技 | 25650.00 | 25650.00 |
| 224 | 301062.SZ | 上海艾录 | 40039.18 | 35189.18 | 271 | 603006.SH | 联明股份 | 25425.43 | 19107.82 |
| 225 | 603786.SH | 科博达 | 40010.00 | 40010.00 | 272 | 002669.SZ | 康达新材 | 25249.29 | 25249.29 |
| 226 | 688107.SH | 安路科技-U | 40010.00 | – | 273 | 603083.SH | 剑桥科技 | 25222.06 | 25222.06 |
| 227 | 301025.SZ | 读客文化 | 40001.00 | – | 274 | 605338.SH | 巴比食品 | 24800.00 | 24800.00 |
| 228 | 603619.SH | 中曼石油 | 40000.01 | 40000.01 | 275 | 600272.SH | 开开实业 | 24300.00 | 24300.00 |
| 229 | 600088.SH | 中视传媒 | 39770.64 | 39770.64 | 276 | 600097.SH | 开创国际 | 24093.66 | 24093.66 |
| 230 | 300762.SZ | 上海瀚讯 | 39195.00 | 21419.95 | 277 | 603886.SH | 元祖股份 | 24000.00 | 24000.00 |
| 231 | 603020.SH | 爱普股份 | 38323.78 | 32000.00 | 278 | 603196.SH | 日播时尚 | 24000.00 | 24000.00 |
| 232 | 300627.SZ | 华测导航 | 37871.32 | 34143.20 | 279 | 603330.SH | 上海天洋 | 23773.28 | 15288.00 |
| 233 | 688220.SH | 翱捷科技-U | 37647.08 | – | 280 | 688519.SH | 南亚新材 | 23440.00 | 23440.00 |
| 234 | 002401.SZ | 中远海科 | 37209.89 | 31014.23 | 281 | 603232.SH | 格尔软件 | 23172.20 | 19310.17 |
| 235 | 603648.SH | 畅联股份 | 36866.67 | 36866.67 | 282 | 603496.SH | 恒为科技 | 22795.45 | 20098.52 |

（续表）

| 序号 | 代码 | 公司简称 | 总股本 | | 序号 | 代码 | 公司简称 | 总股本 | |
|---|---|---|---|---|---|---|---|---|---|
| | | | 2021 年 | 2020 年 | | | | 2021 年 | 2020 年 |
| 283 | 600833.SH | 第一医药 | 22308.63 | 22308.63 | 330 | 603200.SH | 上海洗霸 | 12529.65 | 10076.76 |
| 284 | 300286.SZ | 安科瑞 | 21480.01 | 21493.96 | 331 | 603324.SH | 盛剑环境 | 12511.65 | – |
| 285 | 603197.SH | 保隆科技 | 20780.59 | 16513.30 | 332 | 300609.SZ | 汇纳科技 | 12191.24 | 12192.24 |
| 286 | 600605.SH | 汇通能源 | 20628.24 | 14734.46 | 333 | 688123.SH | 聚辰股份 | 12084.19 | 12084.19 |
| 287 | 688085.SH | 三友医疗 | 20533.35 | 20533.35 | 334 | 300613.SZ | 富瀚微 | 12022.97 | 8000.06 |
| 288 | 300469.SZ | 信息发展 | 20513.54 | 20513.54 | 335 | 688608.SH | 恒玄科技 | 12000.00 | 12000.00 |
| 289 | 688121.SH | 卓然股份 | 20266.67 | – | 336 | 688129.SH | 东来技术 | 12000.00 | 12000.00 |
| 290 | 603499.SH | 翔港科技 | 20118.00 | 20215.07 | 337 | 300963.SZ | 中洲特材 | 12000.00 | – |
| 291 | 600689.SH | 上海三毛 | 20099.13 | 20099.13 | 338 | 831961.BJ | 创远信科 | 10991.54 | 8455.03 |
| 292 | 603022.SH | 新通联 | 20000.00 | 20000.00 | 339 | 603895.SH | 天永智能 | 10808.00 | 10808.00 |
| 293 | 300578.SZ | 会畅通讯 | 19984.14 | 17412.00 | 340 | 603192.SH | 汇得科技 | 10666.67 | 10666.67 |
| 294 | 688317.SH | 之江生物 | 19470.44 | 14602.83 | 341 | 688091.SH | 上海谊众 –U | 10580.00 | – |
| 295 | 300501.SZ | 海顺新材 | 19371.15 | 15652.98 | 342 | 603037.SH | 凯众股份 | 10490.14 | 10490.14 |
| 296 | 603790.SH | 雅运股份 | 19136.00 | 19136.00 | 343 | 688179.SH | 阿拉丁 | 10093.34 | 10093.34 |
| 297 | 603681.SH | 永冠新材 | 19112.99 | 16659.16 | 344 | 688188.SH | 柏楚电子 | 10033.53 | 10000.00 |
| 298 | 300226.SZ | 上海钢联 | 19093.06 | 19093.06 | 345 | 300892.SZ | 品渥食品 | 10000.00 | 10000.00 |
| 299 | 300462.SZ | 华铭智能 | 18826.50 | 18826.50 | 346 | 300442.SZ | 普丽盛 | 10000.00 | 10000.00 |
| 300 | 600615.SH | *ST 丰华 | 18802.05 | 18802.05 | 347 | 688330.SH | 宏力达 | 10000.00 | 10000.00 |
| 301 | 605208.SH | 永茂泰 | 18800.00 | – | 348 | 688118.SH | 普元信息 | 9540.00 | 9540.00 |
| 302 | 603683.SH | 晶华新材 | 18312.90 | 12667.00 | 349 | 603729.SH | 龙韵股份 | 9333.80 | 9333.80 |
| 303 | 688590.SH | 新致软件 | 18202.23 | 18202.23 | 350 | 300508.SZ | 维宏股份 | 9091.20 | 9091.20 |
| 304 | 688366.SH | 昊海生科 | 17582.21 | 17720.66 | 351 | 301037.SZ | 保立佳 | 9010.00 | – |
| 305 | 688718.SH | 唯赛勃 | 17375.44 | – | 352 | 300915.SZ | 海融科技 | 9000.00 | 6000.00 |
| 306 | 605598.SH | 上海港湾 | 17274.35 | – | 353 | 688238.SH | 和元生物 | 8868.00 | 8868.00 |
| 307 | 002825.SZ | 纳尔股份 | 17139.84 | 14694.10 | 354 | 605289.SH | 罗曼股份 | 8667.00 | 6500.00 |
| 308 | 300330.SZ | 华虹计通 | 17115.79 | 17115.79 | 355 | 301166.SZ | 优宁维 | 8666.67 | 6000.00 |
| 309 | 688798.SH | 艾为电子 | 16600.00 | 12420.00 | 356 | 605098.SH | 行动教育 | 8434.19 | 6325.19 |
| 310 | 603713.SH | 密尔克卫 | 16448.44 | 15473.70 | 357 | 688680.SH | 海优新材 | 8402.00 | 6301.00 |
| 311 | 300642.SZ | 透景生命 | 16390.41 | 9072.94 | 358 | 688160.SH | 步科股份 | 8400.00 | 8400.00 |
| 312 | 300802.SZ | 矩子科技 | 16245.25 | 16245.25 | 359 | 688163.SH | 赛伦生物 | 8116.00 | 8116.00 |
| 313 | 002858.SZ | 力盛体育 | 15992.58 | 12632.00 | 360 | 300947.SZ | 德必集团 | 8084.40 | – |
| 314 | 603329.SH | 上海雅仕 | 15875.62 | 13200.00 | 361 | 688018.SH | 乐鑫科技 | 8015.90 | 8003.05 |
| 315 | 688063.SH | 派能科技 | 15484.45 | 15484.45 | 362 | 301099.SZ | 雅创电子 | 8000.00 | – |
| 316 | 603068.SH | 博通集成 | 15128.00 | 13871.35 | 363 | 301001.SZ | 凯淳股份 | 8000.00 | 6000.00 |
| 317 | 301046.SZ | 能辉科技 | 14948.00 | – | 364 | 605128.SH | 上海沿浦 | 8000.00 | 8000.00 |
| 318 | 603236.SH | 移远通信 | 14537.08 | 10701.60 | 365 | 300983.SZ | 尤安设计 | 8000.00 | 6000.00 |
| 319 | 002058.SZ | 威尔泰 | 14344.83 | 14344.83 | 366 | 605081.SH | 太和水 | 7810.14 | – |
| 320 | 603214.SH | 爱婴室 | 14151.82 | 14280.84 | 367 | 688265.SH | 南模生物 | 7796.35 | 5262.54 |
| 321 | 300380.SZ | 安硕信息 | 14100.98 | 14100.98 | 368 | 688133.SH | 泰坦科技 | 7624.90 | 7624.90 |
| 322 | 830799.BJ | 艾融软件 | 14076.93 | 7449.55 | 369 | 688155.SH | 先惠技术 | 7598.80 | 7563.00 |
| 323 | 603579.SH | 荣泰健康 | 14000.34 | 14000.00 | 370 | 688131.SH | 皓元医药 | 7434.20 | 4597.60 |
| 324 | 603159.SH | 上海亚虹 | 14000.00 | 14000.00 | 371 | 688071.SH | 华依科技 | 7284.48 | – |
| 325 | 600647.SH | 同达创业 | 13914.36 | 13914.36 | 372 | 688301.SH | 奕瑞科技 | 7254.78 | 7254.78 |
| 326 | 605186.SH | 健麾信息 | 13600.00 | 13600.00 | 373 | 688335.SH | 复洁环保 | 7252.15 | 7252.15 |
| 327 | 605151.SH | 西上海 | 13334.00 | 13334.00 | 374 | 688016.SH | 心脉医疗 | 7197.81 | 7197.81 |
| 328 | 688212.SH | 澳华内镜 | 13334.00 | – | 375 | 831305.BJ | 海希通讯 | 7013.00 | 5380.00 |
| 329 | 603580.SH | 艾艾精工 | 13067.32 | 13067.32 | 376 | 301070.SZ | 开勒股份 | 6455.52 | 2000.00 |

(续表)

| 序号 | 代码 | 公司简称 | 总股本 | | 序号 | 代码 | 公司简称 | 总股本 | |
|---|---|---|---|---|---|---|---|---|---|
| | | | 2021年 | 2020年 | | | | 2021年 | 2020年 |
| 377 | 300899.SZ | 上海凯鑫 | 6378.35 | 6378.35 | 388 | 301257.SZ | 普蕊斯 | 4500.00 | 4500.00 |
| 378 | 688202.SH | 美迪西 | 6207.95 | 6200.00 | 389 | 301024.SZ | 霍普股份 | 4239.00 | 3000.00 |
| 379 | 688368.SH | 晶丰明源 | 6203.01 | 6160.00 | 390 | 688682.SH | 霍莱沃 | 3700.00 | – |
| 380 | 301156.SZ | 美农生物 | 6000.00 | 6000.00 | 391 | 688766.SH | 普冉股份 | 3622.87 | – |
| 381 | 688230.SH | 芯导科技 | 6000.00 | – | 392 | 001266.SZ | 宏英智能 | – | – |
| 382 | 605398.SH | 新炬网络 | 5949.82 | – | 393 | 301151.SZ | 冠龙节能 | – | – |
| 383 | 833346.BJ | 威贸电子 | 5733.10 | 5733.10 | 394 | 688213.SH | 思特威－W | – | – |
| 384 | 301005.SZ | 超捷股份 | 5712.69 | – | 395 | 301228.SZ | 实朴检测 | – | – |
| 385 | 688217.SH | 睿昂基因 | 5557.71 | – | 396 | 688193.SH | 仁度生物 | – | – |
| 386 | 301000.SZ | 肇民科技 | 5333.35 | – | 397 | 301289.SZ | 国缆检测 | – | – |
| 387 | 688019.SH | 安集科技 | 5322.06 | 5310.84 | | | | | |

# 上海工商类上市公司 2021 年度净资产排序

（单位：万元）

| 序号 | 代码 | 公司简称 | 净资产 | | 序号 | 代码 | 公司简称 | 净资产 | |
|---|---|---|---|---|---|---|---|---|---|
| | | | 2021 年 | 2020 年 | | | | 2021 年 | 2020 年 |
| 1 | 601328.SH | 交通银行 | 97723600.00 | 87862800.00 | 48 | 600754.SH | 锦江酒店 | 1733658.52 | 1370602.09 |
| 2 | 600000.SH | 浦发银行 | 67821800.00 | 64581700.00 | 49 | 600675.SH | 中华企业 | 1701905.28 | 1746410.20 |
| 3 | 600104.SH | 上汽集团 | 32877073.06 | 31004131.19 | 50 | 603501.SH | 韦尔股份 | 1630437.47 | 1152505.05 |
| 4 | 601601.SH | 中国太保 | 23240500.00 | 22083500.00 | 51 | 601696.SH | 中银证券 | 1570899.01 | 1500632.89 |
| 5 | 600019.SH | 宝钢股份 | 21072057.35 | 19974266.23 | 52 | 688065.SH | 凯赛生物 | 1468755.71 | 1148441.27 |
| 6 | 601229.SH | 上海银行 | 20576844.50 | 19093901.90 | 53 | 600835.SH | 上海机电 | 1463578.23 | 1438691.94 |
| 7 | 600837.SH | 海通证券 | 17775478.61 | 16812631.18 | 54 | 600895.SH | 张江高科 | 1450762.20 | 1451163.55 |
| 8 | 600606.SH | 绿地控股 | 16388289.24 | 15527387.74 | 55 | 688012.SH | 中微公司 | 1394020.02 | 436930.70 |
| 9 | 688981.SH | 中芯国际 | 16197483.10 | 14163595.30 | 56 | 600708.SH | 光明地产 | 1377120.64 | 1462016.23 |
| 10 | 601211.SH | 国泰君安 | 15063659.19 | 14623781.72 | 57 | 601021.SH | 春秋航空 | 1374709.19 | 1418087.60 |
| 11 | 600018.SH | 上港集团 | 10780562.92 | 9597959.97 | 58 | 600094.SH | 大名城 | 1312355.43 | 1411993.93 |
| 12 | 601727.SH | 上海电气 | 9814435.30 | 10684934.20 | 59 | 601231.SH | 环旭电子 | 1308236.51 | 1204884.17 |
| 13 | 601825.SH | 沪农商行 | 9733143.70 | 8047189.60 | 60 | 600639.SH | 浦东金桥 | 1251289.25 | 1098150.56 |
| 14 | 300999.SZ | 金龙鱼 | 9110842.80 | 8749346.70 | 61 | 600643.SH | 爱建集团 | 1238715.08 | 1172300.60 |
| 15 | 600958.SH | 东方证券 | 6414310.56 | 6023114.40 | 62 | 600648.SH | 外高桥 | 1196821.67 | 1123581.66 |
| 16 | 601607.SH | 上海医药 | 5906621.01 | 5474072.98 | 63 | 601200.SH | 上海环境 | 1186615.92 | 1110527.17 |
| 17 | 601788.SH | 光大证券 | 5859526.21 | 5319510.08 | 64 | 601156.SH | 东航物流 | 1184623.36 | 569482.71 |
| 18 | 601828.SH | 美凯龙 | 5753121.81 | 5109784.28 | 65 | 600748.SH | 上实发展 | 1112304.91 | 1206711.67 |
| 19 | 600115.SH | 中国东航 | 5491000.00 | 5691200.00 | 66 | 600612.SH | 老凤祥 | 1085864.51 | 941443.41 |
| 20 | 600061.SH | 国投资本 | 5454321.97 | 5030306.97 | 67 | 603659.SH | 璞泰来 | 1066927.31 | 891529.90 |
| 21 | 600741.SH | 华域汽车 | 5367453.23 | 5818813.97 | 68 | 600508.SH | 上海能源 | 1052673.60 | 1030120.57 |
| 22 | 600150.SH | 中国船舶 | 5310417.36 | 5282585.40 | 69 | 688126.SH | 沪硅产业 –U | 1049424.43 | 953996.71 |
| 23 | 600170.SH | 上海建工 | 5156705.55 | 4389849.29 | 70 | 600420.SH | 国药现代 | 1036985.85 | 981936.59 |
| 24 | 600823.SH | 世茂股份 | 4898521.98 | 4991204.39 | 71 | 600597.SH | 光明乳业 | 1035190.22 | 891526.41 |
| 25 | 600196.SH | 复星医药 | 4837556.45 | 4598428.18 | 72 | 600611.SH | 大众交通 | 1019902.42 | 980174.81 |
| 26 | 300059.SZ | 东方财富 | 4404023.66 | 3315646.72 | 73 | 603885.SH | 吉祥航空 | 1009974.15 | 1088438.14 |
| 27 | 600655.SH | 豫园股份 | 4175671.52 | 4006576.09 | 74 | 600635.SH | 大众公用 | 1001619.76 | 987606.54 |
| 28 | 600642.SH | 申能股份 | 3853391.16 | 3893510.43 | 75 | 600841.SH | 动力新科 | 976929.15 | 400515.90 |
| 29 | 600663.SH | 陆家嘴 | 3842257.67 | 3377758.65 | 76 | 603565.SH | 中谷物流 | 973447.73 | 520226.42 |
| 30 | 600021.SH | 上海电力 | 3780741.34 | 3467711.22 | 77 | 600845.SH | 宝信软件 | 960357.92 | 751253.52 |
| 31 | 600637.SH | 东方明珠 | 3543221.17 | 3490976.32 | 78 | 600622.SH | 光大嘉宝 | 950994.80 | 994468.71 |
| 32 | 601866.SH | 中远海发 | 3268889.89 | 2437000.71 | 79 | 002195.SZ | 二三四五 | 928589.34 | 914512.64 |
| 33 | 600688.SH | 上海石化 | 3039543.10 | 2935501.80 | 80 | 300017.SZ | 网宿科技 | 883895.05 | 869446.18 |
| 34 | 600026.SH | 中远海能 | 2992228.25 | 3560234.54 | 81 | 002028.SZ | 思源电气 | 859817.76 | 671087.85 |
| 35 | 601611.SH | 中国核建 | 2992212.43 | 2580616.92 | 82 | 600604.SH | 市北高新 | 844804.09 | 837822.82 |
| 36 | 600820.SH | 隧道股份 | 2936714.78 | 2521397.72 | 83 | 688008.SH | 澜起科技 | 839069.94 | 807025.07 |
| 37 | 600009.SH | 上海机场 | 2770593.55 | 2955889.65 | 84 | 688180.SH | 君实生物 –U | 831637.43 | 582780.51 |
| 38 | 601872.SH | 招商轮船 | 2688335.27 | 2600413.65 | 85 | 600619.SH | 海立股份 | 764493.44 | 546602.79 |
| 39 | 002252.SZ | 上海莱士 | 2590416.67 | 2513006.36 | 86 | 600641.SH | 万业企业 | 763086.24 | 667126.52 |
| 40 | 600623.SH | 华谊集团 | 2483010.93 | 2111517.92 | 87 | 688660.SH | 电气风电 | 762411.14 | 432459.12 |
| 41 | 600649.SH | 城投控股 | 2226352.31 | 2134939.57 | 88 | 688728.SH | 格科微 | 754970.41 | 271900.98 |
| 42 | 600517.SH | 国网英大 | 2138317.71 | 2004358.71 | 89 | 600621.SH | 华鑫股份 | 735988.59 | 702420.44 |
| 43 | 600827.SH | 百联股份 | 2047151.64 | 2146517.00 | 90 | 600278.SH | 东方创业 | 724289.35 | 723164.84 |
| 44 | 600848.SH | 上海临港 | 1997805.50 | 1766980.52 | 91 | 600618.SH | 氯碱化工 | 710372.40 | 527563.84 |
| 45 | 600500.SH | 中化国际 | 1992942.18 | 2800029.23 | 92 | 600315.SH | 上海家化 | 696327.74 | 649922.41 |
| 46 | 600320.SH | 振华重工 | 1765005.30 | 1707523.82 | 93 | 600284.SH | 浦东建设 | 690168.51 | 664375.59 |
| 47 | 688538.SH | 和辉光电 –U | 1739833.41 | 1034135.65 | 94 | 600073.SH | 上海梅林 | 670309.43 | 721772.84 |

（续表）

| 序号 | 代码 | 公司简称 | 净资产 | | 序号 | 代码 | 公司简称 | 净资产 | |
|---|---|---|---|---|---|---|---|---|---|
| | | | 2021年 | 2020年 | | | | 2021年 | 2020年 |
| 95 | 603899.SH | 晨光股份 | 652329.12 | 544098.69 | 142 | 300226.SZ | 上海钢联 | 370828.42 | 338123.28 |
| 96 | 600490.SH | 鹏欣资源 | 627315.83 | 650448.77 | 143 | 600503.SH | 华丽家族 | 368649.82 | 377817.38 |
| 97 | 603056.SH | 德邦股份 | 619587.75 | 462381.89 | 144 | 002636.SZ | 金安国纪 | 366463.32 | 291585.29 |
| 98 | 688366.SH | 昊海生科 | 606028.50 | 573424.24 | 145 | 002527.SZ | 新时达 | 364880.72 | 327687.64 |
| 99 | 600210.SH | 紫江企业 | 594448.59 | 562620.74 | 146 | 600629.SH | 华建集团 | 360535.71 | 330024.89 |
| 100 | 688608.SH | 恒玄科技 | 590333.27 | 549578.63 | 147 | 603003.SH | 龙宇燃油 | 360015.22 | 381939.21 |
| 101 | 600151.SH | 航天机电 | 585316.11 | 594599.12 | 148 | 600626.SH | 申达股份 | 359576.15 | 287728.80 |
| 102 | 603515.SH | 欧普照明 | 582990.12 | 525211.16 | 149 | 600846.SH | 同济科技 | 343254.36 | 332701.19 |
| 103 | 600732.SH | 爱旭股份 | 558200.65 | 583383.39 | 150 | 603887.SH | 城地香江 | 341370.51 | 405611.81 |
| 104 | 600676.SH | 交运股份 | 558044.39 | 593242.13 | 151 | 300170.SZ | 汉得信息 | 340923.98 | 330383.59 |
| 105 | 603128.SH | 华贸物流 | 540916.60 | 469061.29 | 152 | 603987.SH | 康德莱 | 338996.35 | 296687.89 |
| 106 | 300253.SZ | 卫宁健康 | 517340.51 | 471423.98 | 153 | 002328.SZ | 新朋股份 | 338594.04 | 307907.42 |
| 107 | 300180.SZ | 华峰超纤 | 514519.70 | 508417.36 | 154 | 002346.SZ | 柘中股份 | 337340.44 | 208429.37 |
| 108 | 300236.SZ | 上海新阳 | 498731.55 | 474510.74 | 155 | 688385.SH | 复旦微电 | 336690.25 | 211205.13 |
| 109 | 300257.SZ | 开山股份 | 492535.67 | 473940.39 | 156 | 603020.SH | 爱普股份 | 335388.22 | 242572.65 |
| 110 | 600882.SH | 妙可蓝多 | 490615.93 | 183258.08 | 157 | 688330.SH | 宏力达 | 333803.88 | 302515.14 |
| 111 | 688082.SH | 盛美上海 | 481496.11 | 104867.33 | 158 | 600843.SH | 上工申贝 | 333215.50 | 265404.38 |
| 112 | 600602.SH | 云赛智联 | 468238.99 | 451512.76 | 159 | 300398.SZ | 飞凯材料 | 324751.18 | 291921.67 |
| 113 | 600640.SH | 新国脉 | 463720.98 | 499186.84 | 160 | 605050.SH | 福然德 | 324556.96 | 299023.52 |
| 114 | 688336.SH | 三生国健 | 453910.07 | 452042.88 | 161 | 603713.SH | 密尔克卫 | 321959.91 | 177956.16 |
| 115 | 600638.SH | 新黄浦 | 452332.02 | 450760.35 | 162 | 603236.SH | 移远通信 | 320930.06 | 186867.63 |
| 116 | 300171.SZ | 东富龙 | 447835.67 | 369393.50 | 163 | 605339.SH | 南侨食品 | 320113.38 | 194610.10 |
| 117 | 300483.SZ | 首华燃气 | 446756.60 | 430513.90 | 164 | 300983.SZ | 尤安设计 | 318261.16 | 71156.61 |
| 118 | 600819.SH | 耀皮玻璃 | 445606.80 | 437509.42 | 165 | 601702.SH | 华峰铝业 | 314086.01 | 266418.43 |
| 119 | 603108.SH | 润达医疗 | 439203.98 | 408023.59 | 166 | 600850.SH | 电科数字 | 312912.79 | 289950.40 |
| 120 | 600628.SH | 新世界 | 435857.94 | 434442.43 | 167 | 603012.SH | 创力集团 | 311129.63 | 322278.63 |
| 121 | 603690.SH | 至纯科技 | 429045.07 | 316072.04 | 168 | 688301.SH | 奕瑞科技 | 307655.78 | 263379.94 |
| 122 | 600072.SH | 中船科技 | 428473.49 | 425217.46 | 169 | 300039.SZ | 上海凯宝 | 304491.18 | 257832.44 |
| 123 | 600851.SH | 海欣股份 | 428277.91 | 437949.90 | 170 | 603868.SH | 飞科电器 | 304111.18 | 283294.59 |
| 124 | 000863.SZ | 三湘印象 | 423022.39 | 467506.26 | 171 | 688188.SH | 柏楚电子 | 299914.84 | 249453.46 |
| 125 | 603786.SH | 科博达 | 421143.39 | 395443.94 | 172 | 603881.SH | 数据港 | 298340.11 | 289410.42 |
| 126 | 002454.SZ | 松芝股份 | 410366.68 | 407754.44 | 173 | 688578.SH | 艾力斯 -U | 297326.49 | 287804.86 |
| 127 | 600081.SH | 东风科技 | 404635.97 | 215528.93 | 174 | 688063.SH | 派能科技 | 296998.11 | 273352.33 |
| 128 | 002022.SZ | *ST 科华 | 403829.40 | 389903.64 | 175 | 688519.SH | 南亚新材 | 289384.94 | 259286.29 |
| 129 | 603730.SH | 岱美股份 | 398397.48 | 389844.98 | 176 | 603650.SH | 彤程新材 | 284339.93 | 261277.18 |
| 130 | 600171.SH | 上海贝岭 | 398127.34 | 332796.79 | 177 | 300326.SZ | 凯利泰 | 277837.63 | 268731.90 |
| 131 | 600650.SH | 锦江在线 | 397241.45 | 393790.00 | 178 | 300129.SZ | 泰胜风能 | 277790.17 | 261391.93 |
| 132 | 600662.SH | 外服控股 | 396877.03 | 355363.31 | 179 | 688521.SH | 芯原股份 -U | 272111.85 | 262644.76 |
| 133 | 688110.SH | 东芯股份 | 396530.54 | 63733.72 | 180 | 688158.SH | 优刻得 -W | 271182.32 | 326347.29 |
| 134 | 688099.SH | 晶晨股份 | 390751.69 | 292327.61 | 181 | 600824.SH | 益民集团 | 269989.89 | 266329.11 |
| 135 | 688317.SH | 之江生物 | 382740.90 | 146259.86 | 182 | 605136.SH | 丽人丽妆 | 268977.61 | 233445.41 |
| 136 | 600826.SH | 兰生股份 | 379230.69 | 377240.59 | 183 | 603365.SH | 水星家纺 | 263696.89 | 235717.40 |
| 137 | 002568.SZ | 百润股份 | 379122.83 | 321835.19 | 184 | 002158.SZ | 汉钟精机 | 263017.23 | 230691.94 |
| 138 | 603587.SH | 地素时尚 | 375814.15 | 344063.58 | 185 | 688213.SH | 思特威 -W | 262835.68 | 222122.87 |
| 139 | 601968.SH | 宝钢包装 | 375512.50 | 363314.77 | 186 | 002324.SZ | 普利特 | 261746.56 | 273735.89 |
| 140 | 688798.SH | 艾为电子 | 372789.31 | 38055.21 | 187 | 300762.SZ | 上海瀚讯 | 261367.11 | 137676.32 |
| 141 | 605222.SH | 起帆电缆 | 372628.13 | 277051.50 | 188 | 600825.SH | 新华传媒 | 260974.36 | 240656.25 |

（续表）

| 序号 | 代码 | 公司简称 | 净资产 | | 序号 | 代码 | 公司简称 | 净资产 | |
|---|---|---|---|---|---|---|---|---|---|
| | | | 2021 年 | 2020 年 | | | | 2021 年 | 2020 年 |
| 189 | 600636.SH | 国新文化 | 256908.90 | 304594.13 | 236 | 688085.SH | 三友医疗 | 173627.25 | 153442.60 |
| 190 | 601616.SH | 广电电气 | 252733.87 | 275030.53 | 237 | 603777.SH | 来伊份 | 169564.50 | 166522.64 |
| 191 | 600679.SH | 上海凤凰 | 248631.31 | 193216.05 | 238 | 603189.SH | 网达软件 | 169324.12 | 88905.14 |
| 192 | 002605.SZ | 姚记科技 | 245387.06 | 211406.52 | 239 | 300378.SZ | 鼎捷软件 | 167733.83 | 153160.13 |
| 193 | 603197.SH | 保隆科技 | 245111.55 | 137247.95 | 240 | 300008.SZ | 天海防务 | 167339.75 | 164848.20 |
| 194 | 603728.SH | 鸣志电器 | 244514.67 | 218208.46 | 241 | 603006.SH | 联明股份 | 166448.75 | 144641.26 |
| 195 | 300230.SZ | 永利股份 | 244136.03 | 230283.01 | 242 | 300511.SZ | 雪榕生物 | 165454.69 | 202281.48 |
| 196 | 600613.SH | 神奇制药 | 239251.66 | 232769.25 | 243 | 300578.SZ | 会畅通讯 | 165015.08 | 131460.81 |
| 197 | 002506.SZ | 协鑫集成 | 235225.13 | 431569.37 | 244 | 301060.SZ | 兰卫医学 | 163981.39 | 124738.23 |
| 198 | 600620.SH | 天宸股份 | 233460.94 | 246720.69 | 245 | 603378.SH | 亚士创能 | 162005.09 | 204733.19 |
| 199 | 002561.SZ | 徐家汇 | 231187.26 | 225388.21 | 246 | 688133.SH | 泰坦科技 | 161606.57 | 145433.03 |
| 200 | 688680.SH | 海优新材 | 230638.43 | 75273.31 | 247 | 603009.SH | 北特科技 | 161089.32 | 155638.98 |
| 201 | 600651.SH | 飞乐音响 | 230503.50 | 284364.94 | 248 | 600834.SH | 申通地铁 | 159979.37 | 154980.96 |
| 202 | 300067.SZ | 安诺其 | 230456.26 | 175405.44 | 249 | 603886.SH | 元祖股份 | 159728.92 | 149829.87 |
| 203 | 603466.SH | 风语筑 | 229450.44 | 197254.82 | 250 | 300501.SZ | 海顺新材 | 158550.12 | 87640.46 |
| 204 | 002669.SZ | 康达新材 | 229124.52 | 234989.36 | 251 | 601519.SH | 大智慧 | 157640.65 | 151685.38 |
| 205 | 603681.SH | 永冠新材 | 223632.39 | 155687.05 | 252 | 300590.SZ | 移为通信 | 154612.27 | 107704.13 |
| 206 | 300627.SZ | 华测导航 | 223625.49 | 109121.94 | 253 | 300168.SZ | 万达信息 | 153858.55 | 148618.67 |
| 207 | 300222.SZ | 科大智能 | 221381.32 | 167396.74 | 254 | 603256.SH | 宏和科技 | 153314.84 | 147929.84 |
| 208 | 002706.SZ | 良信股份 | 220615.29 | 203805.16 | 255 | 300245.SZ | 天玑科技 | 152557.65 | 149541.37 |
| 209 | 688505.SH | 复旦张江 | 218959.00 | 200848.98 | 256 | 688016.SH | 心脉医疗 | 152209.96 | 123397.22 |
| 210 | 688206.SH | 概伦电子 | 211219.70 | 97099.95 | 257 | 688123.SH | 聚辰股份 | 151980.38 | 146095.50 |
| 211 | 002565.SZ | 顺灏股份 | 210785.10 | 213863.89 | 258 | 600838.SH | 上海九百 | 151813.27 | 137297.86 |
| 212 | 300613.SZ | 富瀚微 | 209389.71 | 133517.80 | 259 | 688107.SH | 安路科技 –U | 150886.92 | 32359.02 |
| 213 | 301166.SZ | 优宁维 | 208825.51 | 40479.05 | 260 | 300462.SZ | 华铭智能 | 150355.73 | 171114.30 |
| 214 | 688230.SH | 芯导科技 | 208765.47 | 14263.97 | 261 | 002116.SZ | 中国海诚 | 150182.54 | 140177.50 |
| 215 | 601595.SH | 上海电影 | 204302.99 | 202367.31 | 262 | 688098.SH | 申联生物 | 147298.75 | 139626.59 |
| 216 | 603068.SH | 博通集成 | 202644.08 | 198839.14 | 263 | 603030.SH | 全筑股份 | 145055.31 | 266724.37 |
| 217 | 600097.SH | 开创国际 | 201594.01 | 191466.25 | 264 | 002184.SZ | 海得控制 | 142207.29 | 126229.55 |
| 218 | 605208.SH | 永茂泰 | 200771.19 | 124319.03 | 265 | 603131.SH | 上海沪工 | 140496.54 | 132759.42 |
| 219 | 688121.SH | 卓然股份 | 199310.56 | 85394.87 | 266 | 605598.SH | 上海港湾 | 140460.80 | 84580.69 |
| 220 | 603619.SH | 中曼石油 | 197041.01 | 190374.79 | 267 | 300915.SZ | 海融科技 | 139643.39 | 132122.26 |
| 221 | 688766.SH | 普冉股份 | 193192.02 | 39120.69 | 268 | 300642.SZ | 透景生命 | 139625.57 | 126658.20 |
| 222 | 605338.SH | 巴比食品 | 191416.61 | 163474.59 | 269 | 603232.SH | 格尔软件 | 139592.22 | 132992.22 |
| 223 | 600616.SH | 金枫酒业 | 191220.62 | 194945.42 | 270 | 603324.SH | 盛剑环境 | 138414.93 | 70296.67 |
| 224 | 688368.SH | 晶丰明源 | 190695.63 | 127652.27 | 271 | 603192.SH | 汇得科技 | 136711.56 | 129123.89 |
| 225 | 603039.SH | ST 泛微 | 187955.17 | 134682.26 | 272 | 603956.SH | 威派格 | 133391.62 | 132048.71 |
| 226 | 688596.SH | 正帆科技 | 186712.91 | 170479.03 | 273 | 300327.SZ | 中颖电子 | 132895.30 | 107513.08 |
| 227 | 605081.SH | 太和水 | 183894.29 | 96891.26 | 274 | 688202.SH | 美迪西 | 132750.94 | 113565.38 |
| 228 | 688131.SH | 皓元医药 | 183644.07 | 52780.97 | 275 | 605289.SH | 罗曼股份 | 130718.06 | 66185.31 |
| 229 | 688018.SH | 乐鑫科技 | 182301.79 | 164113.04 | 276 | 002162.SZ | 悦心健康 | 129155.78 | 104639.60 |
| 230 | 603648.SH | 畅联股份 | 182120.44 | 174834.94 | 277 | 688590.SH | 新致软件 | 128413.01 | 118310.64 |
| 231 | 603855.SH | 华荣股份 | 179241.28 | 165122.53 | 278 | 605151.SH | 西上海 | 128109.05 | 119370.91 |
| 232 | 688265.SH | 南模生物 | 178366.04 | 25493.24 | 279 | 002401.SZ | 中远海科 | 127809.44 | 114243.74 |
| 233 | 603579.SH | 荣泰健康 | 178014.65 | 165028.49 | 280 | 300947.SZ | 德必集团 | 126907.26 | 95272.52 |
| 234 | 600532.SH | *ST 未来 | 176406.02 | 187761.13 | 281 | 600836.SH | 上海易连 | 126139.08 | 106450.38 |
| 235 | 603083.SH | 剑桥科技 | 174254.53 | 166529.91 | 282 | 688212.SH | 澳华内镜 | 125887.88 | 54479.62 |

（续表）

| 序号 | 代码 | 公司简称 | 净资产 | | 序号 | 代码 | 公司简称 | 净资产 | |
|---|---|---|---|---|---|---|---|---|---|
| | | | 2021 年 | 2020 年 | | | | 2021 年 | 2020 年 |
| 283 | 300272.SZ | 开能健康 | 125222.60 | 121650.45 | 330 | 600530.SH | 交大昂立 | 91356.91 | 87262.89 |
| 284 | 603682.SH | 锦和商管 | 125062.70 | 154567.47 | 331 | 688217.SH | 睿昂基因 | 89666.57 | 66178.87 |
| 285 | 603790.SH | 雅运股份 | 124218.94 | 121546.23 | 332 | 603037.SH | 凯众股份 | 89266.09 | 86954.76 |
| 286 | 600630.SH | 龙头股份 | 124036.27 | 154789.38 | 333 | 603200.SH | 上海洗霸 | 87031.19 | 83566.05 |
| 287 | 688155.SH | 先惠技术 | 120696.62 | 109113.42 | 334 | 688129.SH | 东来技术 | 86379.61 | 79052.73 |
| 288 | 300074.SZ | 华平股份 | 120503.50 | 116557.53 | 335 | 300963.SZ | 中洲特材 | 86365.97 | 52522.68 |
| 289 | 688019.SH | 安集科技 | 120116.09 | 104810.48 | 336 | 688179.SH | 阿拉丁 | 85831.79 | 81670.07 |
| 290 | 002278.SZ | 神开股份 | 117857.32 | 120996.00 | 337 | 603196.SH | 日播时尚 | 85467.81 | 82630.86 |
| 291 | 688091.SH | 上海谊众 -U | 117553.98 | 24350.63 | 338 | 301099.SZ | 雅创电子 | 83869.92 | 36225.04 |
| 292 | 603329.SH | 上海雅仕 | 117431.99 | 78959.54 | 339 | 002451.SZ | 摩恩电气 | 83605.86 | 70696.29 |
| 293 | 603496.SH | 恒为科技 | 117382.62 | 81170.81 | 340 | 301001.SZ | 凯淳股份 | 83311.56 | 33913.11 |
| 294 | 300061.SZ | 旗天科技 | 115987.42 | 156816.64 | 341 | 301024.SZ | 霍普股份 | 83096.60 | 32140.67 |
| 295 | 603121.SH | 华培动力 | 115487.30 | 111889.37 | 342 | 301037.SZ | 保立佳 | 82607.63 | 49185.37 |
| 296 | 300892.SZ | 品渥食品 | 115293.70 | 107138.78 | 343 | 002858.SZ | 力盛体育 | 81559.23 | 43120.75 |
| 297 | 002825.SZ | 纳尔股份 | 114518.48 | 85832.66 | 344 | 300493.SZ | 润欣科技 | 80053.22 | 75344.15 |
| 298 | 300609.SZ | 汇纳科技 | 114212.35 | 112444.88 | 345 | 603122.SH | 合富中国 | 79576.67 | 71702.42 |
| 299 | 603330.SH | 上海天洋 | 113646.92 | 71518.42 | 346 | 301070.SZ | 开勒股份 | 79086.52 | 34948.37 |
| 300 | 600605.SH | 汇通能源 | 113265.71 | 77453.44 | 347 | 301046.SZ | 能辉科技 | 78696.19 | 44167.95 |
| 301 | 688220.SH | 翱捷科技 -U | 113134.49 | 170746.88 | 348 | 831305.BJ | 海希通讯 | 78567.41 | 35760.93 |
| 302 | 603918.SH | 金桥信息 | 112833.85 | 72295.96 | 349 | 600833.SH | 第一医药 | 77792.36 | 74931.67 |
| 303 | 688335.SH | 复洁环保 | 112486.10 | 107802.20 | 350 | 301005.SZ | 超捷股份 | 77396.98 | 26935.95 |
| 304 | 600088.SH | 中视传媒 | 111268.36 | 113676.52 | 351 | 301151.SZ | 冠龙节能 | 77355.41 | 58109.49 |
| 305 | 300126.SZ | 锐奇股份 | 110782.83 | 102065.51 | 352 | 300153.SZ | 科泰电源 | 76954.93 | 76397.27 |
| 306 | 603633.SH | 徕木股份 | 110566.39 | 108058.60 | 353 | 002178.SZ | 延华智能 | 73611.10 | 73187.93 |
| 307 | 301000.SZ | 肇民科技 | 110372.47 | 26907.37 | 354 | 603729.SH | 龙韵股份 | 72401.22 | 78780.81 |
| 308 | 605098.SH | 行动教育 | 108206.40 | 45035.17 | 355 | 002269.SZ | 美邦服饰 | 71166.16 | 118025.76 |
| 309 | 603226.SH | 菲林格尔 | 107834.04 | 103256.10 | 356 | 831961.BJ | 创远信科 | 70837.73 | 66260.68 |
| 310 | 603214.SH | 爱婴室 | 105920.16 | 105053.74 | 357 | 603022.SH | 新通联 | 68788.24 | 67288.12 |
| 311 | 300802.SZ | 矩子科技 | 105821.50 | 102940.60 | 358 | 600818.SH | 中路股份 | 68646.31 | 65012.91 |
| 312 | 688585.SH | 上纬新材 | 105283.25 | 106454.14 | 359 | 688718.SH | 唯赛勃 | 68432.63 | 43142.49 |
| 313 | 605128.SH | 上海沿浦 | 103268.22 | 100725.21 | 360 | 688160.SH | 步科股份 | 66315.56 | 62102.62 |
| 314 | 301062.SZ | 上海艾录 | 102354.47 | 77236.02 | 361 | 300899.SZ | 上海凯鑫 | 65144.44 | 61917.83 |
| 315 | 603960.SH | 克来机电 | 101952.38 | 100673.17 | 362 | 300551.SZ | 古鳌科技 | 64394.65 | 63226.61 |
| 316 | 688062.SH | 迈威生物 -U | 100862.06 | 147044.78 | 363 | 600615.SH | *ST 丰华 | 63551.86 | 63409.81 |
| 317 | 600624.SH | 复旦复华 | 99937.48 | 111998.89 | 364 | 301025.SZ | 读客文化 | 62401.74 | 51194.90 |
| 318 | 600822.SH | 上海物贸 | 98924.42 | 84297.78 | 365 | 688682.SH | 霍莱沃 | 62164.52 | 19437.75 |
| 319 | 603683.SH | 晶华新材 | 98811.67 | 96199.61 | 366 | 300508.SZ | 维宏股份 | 61696.83 | 55935.50 |
| 320 | 603718.SH | 海利生物 | 98719.24 | 96220.30 | 367 | 600696.SH | 岩石股份 | 61372.04 | 32897.68 |
| 321 | 600692.SH | 亚通股份 | 98024.98 | 94763.11 | 368 | 603499.SH | 翔港科技 | 61002.74 | 62142.60 |
| 322 | 300286.SZ | 安科瑞 | 97935.58 | 81617.31 | 369 | 603895.SH | 天永智能 | 59656.25 | 59489.05 |
| 323 | 605398.SH | 新炬网络 | 97640.14 | 41564.23 | 370 | 600272.SH | 开开实业 | 54654.36 | 52080.26 |
| 324 | 605186.SH | 健麾信息 | 97553.84 | 87761.58 | 371 | 300262.SZ | 巴安水务 | 50418.10 | 177500.31 |
| 325 | 002486.SZ | 嘉麟杰 | 97021.10 | 94684.90 | 372 | 300380.SZ | 安硕信息 | 49835.77 | 51316.80 |
| 326 | 600816.SH | ST 安信 | 95659.58 | 160058.65 | 373 | 603580.SH | 艾艾精工 | 48007.60 | 44666.00 |
| 327 | 300225.SZ | 金力泰 | 92642.17 | 103069.31 | 374 | 300442.SZ | 普丽盛 | 47379.95 | 48547.37 |
| 328 | 688118.SH | 普元信息 | 92526.19 | 97802.12 | 375 | 688071.SH | 华依科技 | 46645.57 | 21347.80 |
| 329 | 688238.SH | 和元生物 | 91766.66 | 84944.97 | 376 | 603159.SH | 上海亚虹 | 46343.01 | 43931.51 |

（续表）

| 序号 | 代码 | 公司简称 | 净资产 | | 序号 | 代码 | 公司简称 | 净资产 | |
|---|---|---|---|---|---|---|---|---|---|
| | | | 2021 年 | 2020 年 | | | | 2021 年 | 2020 年 |
| 377 | 301228.SZ | 实朴检测 | 44435.88 | 39290.27 | 388 | 688193.SH | 仁度生物 | 28774.74 | 21503.25 |
| 378 | 600689.SH | 上海三毛 | 43823.44 | 42642.86 | 389 | 301257.SZ | 普蕊斯 | 22884.31 | 16495.67 |
| 379 | 001266.SZ | 宏英智能 | 39847.06 | 26815.69 | 390 | 002058.SZ | 威尔泰 | 21897.63 | 18055.01 |
| 380 | 301289.SZ | 国缆检测 | 39427.01 | 31655.49 | 391 | 300469.SZ | 信息发展 | 21776.11 | 29437.59 |
| 381 | 300330.SZ | 华虹计通 | 38817.71 | 38062.20 | 392 | 833346.BJ | 威贸电子 | 21480.16 | 18110.74 |
| 382 | 600119.SH | 长江投资 | 37068.84 | 51852.76 | 393 | 600661.SH | 昂立教育 | 21433.33 | 65310.65 |
| 383 | 688163.SH | 赛伦生物 | 36962.91 | 29460.64 | 394 | 600608.SH | ST 沪科 | 7061.32 | 6775.28 |
| 384 | 600193.SH | 创兴资源 | 35140.24 | 32698.59 | 395 | 002211.SZ | ST 宏达 | 5302.72 | 76959.92 |
| 385 | 830799.BJ | 艾融软件 | 34259.22 | 36804.36 | 396 | 300336.SZ | *ST 新文 | −42295.89 | 30441.21 |
| 386 | 600647.SH | 同达创业 | 33275.74 | 32696.01 | 397 | 600601.SH | *ST 方科 | −68933.45 | 74636.21 |
| 387 | 301156.SZ | 美农生物 | 32414.84 | 25365.48 | | | | | |

# 上海工商类上市公司 2021 年度主营业务收入排序

（单位：万元）

| 序号 | 代码 | 公司简称 | 主营业务收入 | | 序号 | 代码 | 公司简称 | 主营业务收入 | |
|---|---|---|---|---|---|---|---|---|---|
| | | | 2021 年 | 2020 年 | | | | 2021 年 | 2020 年 |
| 1 | 600104.SH | 上汽集团 | 75991463.56 | 72304258.92 | 48 | 600823.SH | 世茂股份 | 1939161.64 | 2170534.22 |
| 2 | 600606.SH | 绿地控股 | 54428636.20 | 45575312.33 | 49 | 605222.SH | 起帆电缆 | 1887754.17 | 973586.77 |
| 3 | 601601.SH | 中国太保 | 44064300.00 | 42218200.00 | 50 | 603899.SH | 晨光股份 | 1760740.33 | 1313774.57 |
| 4 | 600019.SH | 宝钢股份 | 36434929.81 | 28367441.25 | 51 | 601788.SH | 光大证券 | 1670657.51 | 1586634.34 |
| 5 | 600170.SH | 上海建工 | 28105546.80 | 23132723.20 | 52 | 600619.SH | 海立股份 | 1576878.95 | 1107252.35 |
| 6 | 601328.SH | 交通银行 | 26939000.00 | 24620000.00 | 53 | 601828.SH | 美凯龙 | 1551279.22 | 1423646.01 |
| 7 | 300999.SZ | 金龙鱼 | 22622516.20 | 19492155.50 | 54 | 600732.SH | 爱旭股份 | 1547050.27 | 966374.38 |
| 8 | 601607.SH | 上海医药 | 21582425.90 | 19190915.62 | 55 | 600420.SH | 国药现代 | 1394494.83 | 1255628.16 |
| 9 | 600000.SH | 浦发银行 | 19098200.00 | 19638400.00 | 56 | 600663.SH | 陆家嘴 | 1387204.28 | 1447472.72 |
| 10 | 600741.SH | 华域汽车 | 13994413.96 | 13357763.97 | 57 | 600026.SH | 中远海能 | 1269866.77 | 1638475.77 |
| 11 | 601727.SH | 上海电气 | 13068145.00 | 13654032.00 | 58 | 603565.SH | 中谷物流 | 1229118.19 | 1041918.42 |
| 12 | 600688.SH | 上海石化 | 8928041.50 | 7470518.30 | 59 | 603885.SH | 吉祥航空 | 1176710.79 | 1010155.21 |
| 13 | 601611.SH | 中国核建 | 8371993.35 | 7280046.30 | 60 | 600845.SH | 宝信软件 | 1175936.15 | 951776.30 |
| 14 | 600500.SH | 中化国际 | 8064777.85 | 5416193.76 | 61 | 600662.SH | 外服控股 | 1145392.46 | 270106.12 |
| 15 | 600115.SH | 中国东航 | 6712700.00 | 5863900.00 | 62 | 600284.SH | 浦东建设 | 1139478.61 | 837648.58 |
| 16 | 300226.SZ | 上海钢联 | 6577462.22 | 5852122.78 | 63 | 600754.SH | 锦江酒店 | 1133913.44 | 989755.63 |
| 17 | 600820.SH | 隧道股份 | 6222614.00 | 5400624.69 | 64 | 603236.SH | 移远通信 | 1126192.17 | 610577.94 |
| 18 | 600150.SH | 中国船舶 | 5974042.63 | 5524354.13 | 65 | 601021.SH | 春秋航空 | 1085810.74 | 937291.81 |
| 19 | 600612.SH | 老凤祥 | 5869077.34 | 5172150.42 | 66 | 600626.SH | 申达股份 | 1055041.12 | 1082397.19 |
| 20 | 601229.SH | 上海银行 | 5622990.40 | 5074612.30 | 67 | 600748.SH | 上实发展 | 1026913.08 | 745430.47 |
| 21 | 601231.SH | 环旭电子 | 5529965.48 | 4769622.82 | 68 | 600508.SH | 上海能源 | 1015588.65 | 765412.13 |
| 22 | 600655.SH | 豫园股份 | 5106310.90 | 4405075.96 | 69 | 605050.SH | 福然德 | 995306.22 | 668881.45 |
| 23 | 600278.SH | 东方创业 | 4354944.21 | 3940941.65 | 70 | 600675.SH | 中华企业 | 959689.86 | 1155208.93 |
| 24 | 600837.SH | 海通证券 | 4320546.74 | 3821982.83 | 71 | 600210.SH | 紫江企业 | 952859.30 | 841763.92 |
| 25 | 601211.SH | 国泰君安 | 4281713.87 | 3520028.24 | 72 | 600649.SH | 城投控股 | 919300.44 | 656492.58 |
| 26 | 600623.SH | 华谊集团 | 3969183.74 | 2812676.46 | 73 | 600637.SH | 东方明珠 | 906917.62 | 1003335.20 |
| 27 | 600196.SH | 复星医药 | 3900508.66 | 3030698.13 | 74 | 600629.SH | 华建集团 | 905478.30 | 861373.35 |
| 28 | 601866.SH | 中远海发 | 3711837.10 | 1894131.21 | 75 | 603659.SH | 璞泰来 | 899589.41 | 528067.41 |
| 29 | 688981.SH | 中芯国际 | 3563063.40 | 2747070.90 | 76 | 600850.SH | 电科数字 | 896177.69 | 812961.66 |
| 30 | 600827.SH | 百联股份 | 3465014.94 | 3520940.62 | 77 | 603108.SH | 润达医疗 | 886010.80 | 706915.63 |
| 31 | 600018.SH | 上港集团 | 3428869.73 | 2611946.08 | 78 | 603515.SH | 欧普照明 | 884662.67 | 796973.27 |
| 32 | 603056.SH | 德邦股份 | 3135906.81 | 2750344.65 | 79 | 600648.SH | 外高桥 | 874350.18 | 1015071.22 |
| 33 | 600021.SH | 上海电力 | 3063131.83 | 2420283.78 | 80 | 002028.SZ | 思源电气 | 869533.51 | 737251.99 |
| 34 | 600597.SH | 光明乳业 | 2920599.25 | 2522271.60 | 81 | 603713.SH | 密尔克卫 | 864471.90 | 342695.22 |
| 35 | 600320.SH | 振华重工 | 2597797.70 | 2265514.17 | 82 | 600490.SH | 鹏欣资源 | 858727.71 | 871433.22 |
| 36 | 600708.SH | 光明地产 | 2587973.45 | 1498475.08 | 83 | 603003.SH | 龙宇燃油 | 797575.74 | 894346.90 |
| 37 | 600642.SH | 申能股份 | 2531277.39 | 1970885.87 | 84 | 600081.SH | 东风科技 | 786118.05 | 688917.01 |
| 38 | 600835.SH | 上海机电 | 2471673.86 | 2339410.58 | 85 | 600094.SH | 大名城 | 766122.46 | 1483694.28 |
| 39 | 603128.SH | 华贸物流 | 2466765.74 | 1409454.35 | 86 | 600315.SH | 上海家化 | 764612.30 | 703238.56 |
| 40 | 601872.SH | 招商轮船 | 2441223.03 | 1807293.26 | 87 | 600676.SH | 交运股份 | 750988.20 | 777032.09 |
| 41 | 600841.SH | 动力新科 | 2440151.37 | 613147.15 | 88 | 601200.SH | 上海环境 | 710190.23 | 451175.44 |
| 42 | 600958.SH | 东方证券 | 2437039.50 | 2313394.68 | 89 | 688728.SH | 格科微 | 700056.13 | 645593.22 |
| 43 | 601825.SH | 沪农商行 | 2416431.90 | 2203955.60 | 90 | 601968.SH | 宝钢包装 | 696828.31 | 578550.69 |
| 44 | 603501.SH | 韦尔股份 | 2410350.96 | 1982396.54 | 91 | 600618.SH | 氯碱化工 | 666418.95 | 488866.25 |
| 45 | 688660.SH | 电气风电 | 2397218.27 | 2068541.46 | 92 | 600822.SH | 上海物贸 | 656684.62 | 785573.09 |
| 46 | 600073.SH | 上海梅林 | 2361734.63 | 2386671.66 | 93 | 601702.SH | 华峰铝业 | 644863.40 | 406688.99 |
| 47 | 601156.SH | 东航物流 | 2222692.08 | 1511069.92 | 94 | 600151.SH | 航天机电 | 629298.16 | 609330.23 |

（续表）

| 序号 | 代码 | 公司简称 | 主营业务收入 | | 序号 | 代码 | 公司简称 | 主营业务收入 | |
|---|---|---|---|---|---|---|---|---|---|
| | | | 2021 年 | 2020 年 | | | | 2021 年 | 2020 年 |
| 95 | 600848.SH | 上海临港 | 627192.13 | 392955.63 | 142 | 601696.SH | 中银证券 | 333351.87 | 324417.23 |
| 96 | 600846.SH | 同济科技 | 613235.41 | 630263.13 | 143 | 605208.SH | 永茂泰 | 328967.37 | 269621.81 |
| 97 | 002636.SZ | 金安国纪 | 589117.28 | 360680.40 | 144 | 300230.SZ | 永利股份 | 321320.68 | 320888.10 |
| 98 | 600517.SH | 国网英大 | 571264.39 | 504425.14 | 145 | 603192.SH | 汇得科技 | 319141.76 | 149771.78 |
| 99 | 600601.SH | *ST 方科 | 543161.36 | 597254.64 | 146 | 600843.SH | 上工申贝 | 312452.15 | 306461.26 |
| 100 | 600635.SH | 大众公用 | 541759.40 | 478323.68 | 147 | 688012.SH | 中微公司 | 310813.47 | 227329.19 |
| 101 | 300059.SZ | 东方财富 | 540480.50 | 325228.83 | 148 | 688680.SH | 海优新材 | 310528.41 | 148109.24 |
| 102 | 002116.SZ | 中国海诚 | 526504.97 | 509662.73 | 149 | 603987.SH | 康德莱 | 309702.48 | 264538.20 |
| 103 | 600602.SH | 云赛智联 | 499297.66 | 458921.87 | 150 | 603855.SH | 华荣股份 | 302730.32 | 228271.22 |
| 104 | 002324.SZ | 普利特 | 487077.50 | 444754.21 | 151 | 000863.SZ | 三湘印象 | 300628.28 | 488941.58 |
| 105 | 688099.SH | 晶晨股份 | 477707.49 | 273825.33 | 152 | 002158.SZ | 汉钟精机 | 298116.35 | 227220.81 |
| 106 | 002328.SZ | 新朋股份 | 472163.20 | 425059.66 | 153 | 301037.SZ | 保立佳 | 297483.87 | 202215.28 |
| 107 | 603378.SH | 亚士创能 | 471513.07 | 350669.36 | 154 | 600630.SH | 龙头股份 | 294949.93 | 325404.28 |
| 108 | 002506.SZ | 协鑫集成 | 470146.05 | 595676.61 | 155 | 603466.SH | 风语筑 | 293990.63 | 225630.19 |
| 109 | 600819.SH | 耀皮玻璃 | 464907.73 | 408469.28 | 156 | 603083.SH | 剑桥科技 | 291953.90 | 270883.56 |
| 110 | 600639.SH | 浦东金桥 | 461715.16 | 359322.49 | 157 | 603887.SH | 城地香江 | 290717.36 | 393340.31 |
| 111 | 600640.SH | 新国脉 | 461093.25 | 444922.60 | 158 | 688158.SH | 优刻得 –W | 290124.73 | 245513.43 |
| 112 | 300017.SZ | 网宿科技 | 457501.47 | 568664.10 | 159 | 603587.SH | 地素时尚 | 289759.99 | 256417.06 |
| 113 | 600651.SH | 飞乐音响 | 457148.27 | 443348.21 | 160 | 300222.SZ | 科大智能 | 288904.67 | 273845.29 |
| 114 | 600882.SH | 妙可蓝多 | 447830.56 | 284680.72 | 161 | 605339.SH | 南侨食品 | 287299.24 | 232240.09 |
| 115 | 002252.SZ | 上海莱士 | 428772.68 | 276168.20 | 162 | 300170.SZ | 汉得信息 | 281066.15 | 249308.50 |
| 116 | 002022.SZ | *ST 科华 | 426801.18 | 415542.88 | 163 | 603786.SH | 科博达 | 280650.87 | 291372.77 |
| 117 | 002527.SZ | 新时达 | 426421.26 | 395706.35 | 164 | 300253.SZ | 卫宁健康 | 275020.21 | 226657.98 |
| 118 | 603730.SH | 岱美股份 | 420871.18 | 395011.00 | 165 | 600650.SH | 锦江在线 | 271465.87 | 266198.22 |
| 119 | 688519.SH | 南亚新材 | 420711.96 | 212068.14 | 166 | 603728.SH | 鸣志电器 | 271422.22 | 221283.55 |
| 120 | 300171.SZ | 东富龙 | 419242.11 | 270768.82 | 167 | 688213.SH | 思特威 –W | 268932.79 | 152718.15 |
| 121 | 603777.SH | 来伊份 | 417236.77 | 402623.09 | 168 | 603214.SH | 爱婴室 | 265234.88 | 225644.31 |
| 122 | 605136.SH | 丽人丽妆 | 415485.38 | 459979.63 | 169 | 002269.SZ | 美邦服饰 | 263867.87 | 381903.85 |
| 123 | 300180.SZ | 华峰超纤 | 414222.69 | 321910.46 | 170 | 300398.SZ | 飞凯材料 | 262710.44 | 186401.05 |
| 124 | 002454.SZ | 松芝股份 | 412369.42 | 338383.48 | 171 | 603012.SH | 创力集团 | 261433.03 | 228724.40 |
| 125 | 600622.SH | 光大嘉宝 | 409456.16 | 393736.19 | 172 | 603579.SH | 荣泰健康 | 261257.04 | 202051.64 |
| 126 | 603030.SH | 全筑股份 | 404178.53 | 542416.50 | 173 | 002568.SZ | 百润股份 | 259435.75 | 192664.32 |
| 127 | 002706.SZ | 良信股份 | 402715.45 | 301656.32 | 174 | 603329.SH | 上海雅仕 | 259302.24 | 173389.75 |
| 128 | 688180.SH | 君实生物 –U | 402484.09 | 159489.66 | 175 | 603886.SH | 元祖股份 | 258431.57 | 230326.84 |
| 129 | 688538.SH | 和辉光电 –U | 402054.66 | 250205.44 | 176 | 688385.SH | 复旦微电 | 257726.23 | 169089.68 |
| 130 | 603868.SH | 飞科电器 | 400525.72 | 356788.10 | 177 | 688008.SH | 澜起科技 | 256201.75 | 182366.56 |
| 131 | 688121.SH | 卓然股份 | 390088.66 | 272750.68 | 178 | 002184.SZ | 海得控制 | 249095.22 | 226553.46 |
| 132 | 603197.SH | 保隆科技 | 389758.56 | 333108.51 | 179 | 688126.SH | 沪硅产业 –U | 246683.22 | 181127.78 |
| 133 | 300129.SZ | 泰胜风能 | 385269.18 | 360396.85 | 180 | 600072.SH | 中船科技 | 240947.19 | 187493.77 |
| 134 | 603681.SH | 永冠新材 | 384004.81 | 241407.82 | 181 | 688798.SH | 艾为电子 | 232700.14 | 143766.37 |
| 135 | 002605.SZ | 姚记科技 | 380724.87 | 256189.58 | 182 | 603650.SH | 彤程新材 | 230835.97 | 204588.71 |
| 136 | 603365.SH | 水星家纺 | 379931.07 | 303478.07 | 183 | 600613.SH | 神奇制药 | 230303.27 | 181900.67 |
| 137 | 600009.SH | 上海机场 | 372779.73 | 430346.51 | 184 | 688368.SH | 晶丰明源 | 230234.82 | 110294.23 |
| 138 | 600638.SH | 新黄浦 | 358608.11 | 119412.98 | 185 | 002669.SZ | 康达新材 | 227161.30 | 193213.55 |
| 139 | 300168.SZ | 万达信息 | 351311.40 | 300827.11 | 186 | 688065.SH | 凯赛生物 | 219745.67 | 149719.14 |
| 140 | 300257.SZ | 开山股份 | 348473.73 | 302215.01 | 187 | 688133.SH | 泰坦科技 | 216423.84 | 138448.47 |
| 141 | 603020.SH | 爱普股份 | 334455.68 | 266825.51 | 188 | 600611.SH | 大众交通 | 215130.96 | 247201.31 |

（续表）

| 序号 | 代码 | 公司简称 | 主营业务收入 | | 序号 | 代码 | 公司简称 | 主营业务收入 | |
|---|---|---|---|---|---|---|---|---|---|
| | | | 2021年 | 2020年 | | | | 2021年 | 2020年 |
| 189 | 688521.SH | 芯原股份-U | 213931.48 | 150612.93 | 236 | 603324.SH | 盛剑环境 | 123302.97 | 93774.21 |
| 190 | 688220.SH | 翱捷科技-U | 213689.49 | 108095.81 | 237 | 603006.SH | 联明股份 | 121961.81 | 91078.21 |
| 191 | 600895.SH | 张江高科 | 209706.18 | 77919.82 | 238 | 603881.SH | 数据港 | 120584.06 | 90973.59 |
| 192 | 603690.SH | 至纯科技 | 208409.77 | 139705.61 | 239 | 600061.SH | 国投资本 | 119113.46 | 95966.31 |
| 193 | 688585.SH | 上纬新材 | 207258.97 | 194596.19 | 240 | 603122.SH | 合富中国 | 119106.02 | 108902.35 |
| 194 | 300511.SZ | 雪榕生物 | 206282.88 | 220218.59 | 241 | 600088.SH | 中视传媒 | 118805.60 | 77834.10 |
| 195 | 688063.SH | 派能科技 | 206251.50 | 112007.01 | 242 | 688301.SH | 奕瑞科技 | 118735.29 | 78408.07 |
| 196 | 600679.SH | 上海凤凰 | 205790.63 | 137572.03 | 243 | 688202.SH | 美迪西 | 116726.16 | 66595.59 |
| 197 | 600171.SH | 上海贝岭 | 202433.46 | 133220.57 | 244 | 600628.SH | 新世界 | 116554.73 | 104622.53 |
| 198 | 688317.SH | 之江生物 | 201882.97 | 205214.19 | 245 | 002486.SZ | 嘉麟杰 | 115524.41 | 117129.33 |
| 199 | 603039.SH | ST泛微 | 200286.32 | 148239.52 | 246 | 002451.SZ | 摩恩电气 | 114229.58 | 45427.20 |
| 200 | 600097.SH | 开创国际 | 198031.70 | 196895.22 | 247 | 688505.SH | 复旦张江 | 114031.31 | 83380.27 |
| 201 | 600643.SH | 爱建集团 | 191286.24 | 177816.40 | 248 | 688110.SH | 东芯股份 | 113428.13 | 78430.79 |
| 202 | 300627.SZ | 华测导航 | 190317.82 | 140952.59 | 249 | 688330.SH | 宏力达 | 113206.08 | 90851.99 |
| 203 | 300493.SZ | 润欣科技 | 185760.63 | 138673.77 | 250 | 603918.SH | 金桥信息 | 112223.57 | 100425.13 |
| 204 | 688596.SH | 正帆科技 | 183676.44 | 110898.55 | 251 | 301062.SZ | 上海艾录 | 112014.95 | 77491.21 |
| 205 | 300483.SZ | 首华燃气 | 182355.63 | 152553.53 | 252 | 600604.SH | 市北高新 | 111410.74 | 120234.56 |
| 206 | 300378.SZ | 鼎捷软件 | 178813.93 | 149608.53 | 253 | 301166.SZ | 优宁维 | 110966.79 | 84908.07 |
| 207 | 301060.SZ | 兰卫医学 | 177833.28 | 123819.01 | 254 | 688766.SH | 普冉股份 | 110292.40 | 71733.20 |
| 208 | 688366.SH | 昊海生科 | 176699.43 | 133242.70 | 255 | 688155.SH | 先惠技术 | 110198.12 | 50235.24 |
| 209 | 688608.SH | 恒玄科技 | 176533.82 | 106117.11 | 256 | 600119.SH | 长江投资 | 110075.10 | 49946.52 |
| 210 | 002825.SZ | 纳尔股份 | 175870.05 | 125371.61 | 257 | 300039.SZ | 上海凯宝 | 110057.84 | 90800.89 |
| 211 | 603619.SH | 中曼石油 | 175380.89 | 158466.39 | 258 | 603068.SH | 博通集成 | 109499.27 | 80869.97 |
| 212 | 603009.SH | 北特科技 | 173786.30 | 147047.91 | 259 | 605151.SH | 西上海 | 107038.88 | 116979.78 |
| 213 | 300613.SZ | 富瀚微 | 171700.30 | 61024.79 | 260 | 603330.SH | 上海天洋 | 106774.09 | 69905.63 |
| 214 | 002401.SZ | 中远海科 | 170685.15 | 152053.74 | 261 | 300061.SZ | 旗天科技 | 105437.39 | 146520.50 |
| 215 | 300892.SZ | 品渥食品 | 165071.21 | 150282.06 | 262 | 300067.SZ | 安诺其 | 105200.06 | 99504.36 |
| 216 | 688082.SH | 盛美上海 | 162086.91 | 100747.18 | 263 | 301151.SZ | 冠龙节能 | 104684.85 | 101536.41 |
| 217 | 603648.SH | 畅联股份 | 159295.46 | 151683.05 | 264 | 600624.SH | 复旦复华 | 104133.57 | 94032.75 |
| 218 | 600661.SH | 昂立教育 | 158745.69 | 180892.71 | 265 | 603196.SH | 日播时尚 | 102471.50 | 82254.15 |
| 219 | 002565.SZ | 顺灏股份 | 155023.34 | 159867.44 | 266 | 300286.SZ | 安科瑞 | 101698.28 | 71874.79 |
| 220 | 300272.SZ | 开能健康 | 151148.74 | 118112.16 | 267 | 300236.SZ | 上海新阳 | 101635.85 | 69388.58 |
| 221 | 600851.SH | 海欣股份 | 151125.53 | 93272.80 | 268 | 601616.SH | 广电电气 | 100469.64 | 103830.44 |
| 222 | 600692.SH | 亚通股份 | 150605.80 | 100250.91 | 269 | 600824.SH | 益民集团 | 99908.86 | 101105.17 |
| 223 | 300327.SZ | 中颖电子 | 149390.77 | 101225.60 | 270 | 688131.SH | 皓元医药 | 96922.56 | 63510.07 |
| 224 | 300008.SZ | 天海防务 | 142174.64 | 52355.27 | 271 | 300983.SZ | 尤安设计 | 95537.37 | 92556.05 |
| 225 | 301099.SZ | 雅创电子 | 141784.74 | 109773.40 | 272 | 300947.SZ | 德必集团 | 95489.33 | 83336.57 |
| 226 | 600833.SH | 第一医药 | 139828.50 | 158690.37 | 273 | 300153.SZ | 科泰电源 | 95294.95 | 70213.08 |
| 227 | 603683.SH | 晶华新材 | 139471.70 | 103874.07 | 274 | 002195.SZ | 二三四五 | 93240.93 | 122579.28 |
| 228 | 688018.SH | 乐鑫科技 | 138637.15 | 83128.65 | 275 | 603790.SH | 雅运股份 | 92957.63 | 80384.70 |
| 229 | 605338.SH | 巴比食品 | 137544.62 | 97509.03 | 276 | 688336.SH | 三生国健 | 92880.69 | 65500.58 |
| 230 | 603131.SH | 上海沪工 | 131144.70 | 108584.21 | 277 | 600826.SH | 兰生股份 | 92493.32 | 298215.30 |
| 231 | 600825.SH | 新华传媒 | 128430.26 | 129284.02 | 278 | 603121.SH | 华培动力 | 92129.50 | 63844.30 |
| 232 | 688590.SH | 新致软件 | 128248.04 | 107428.05 | 279 | 300590.SZ | 移为通信 | 92073.96 | 47267.72 |
| 233 | 300326.SZ | 凯利泰 | 126857.95 | 106157.44 | 280 | 688188.SH | 柏楚电子 | 91343.97 | 57082.93 |
| 234 | 603956.SH | 威派格 | 126404.58 | 100223.46 | 281 | 603682.SH | 锦和商管 | 90875.95 | 73926.26 |
| 235 | 002162.SZ | 悦心健康 | 126083.20 | 119470.31 | 282 | 600641.SH | 万业企业 | 87990.73 | 93149.01 |

（续表）

| 序号 | 代码 | 公司简称 | 主营业务收入 | | 序号 | 代码 | 公司简称 | 主营业务收入 | |
|---|---|---|---|---|---|---|---|---|---|
| | | | 2021 年 | 2020 年 | | | | 2021 年 | 2020 年 |
| 283 | 600689.SH | 上海三毛 | 87504.98 | 94541.75 | 330 | 603960.SH | 克来机电 | 56091.77 | 76614.28 |
| 284 | 300225.SZ | 金力泰 | 85795.94 | 88495.96 | 331 | 603200.SH | 上海洗霸 | 55993.77 | 53009.48 |
| 285 | 300501.SZ | 海顺新材 | 85685.78 | 71378.50 | 332 | 605098.SH | 行动教育 | 55521.12 | 37867.74 |
| 286 | 600836.SH | 上海易连 | 83308.84 | 219329.30 | 333 | 603037.SH | 凯众股份 | 54840.09 | 49439.79 |
| 287 | 301001.SZ | 凯淳股份 | 83063.43 | 88660.15 | 334 | 301156.SZ | 美农生物 | 54625.47 | 42056.07 |
| 288 | 605128.SH | 上海沿浦 | 82650.74 | 79182.03 | 335 | 688123.SH | 聚辰股份 | 54405.39 | 49385.21 |
| 289 | 601519.SH | 大智慧 | 81866.16 | 70776.24 | 336 | 300245.SZ | 天玑科技 | 54210.28 | 49216.72 |
| 290 | 002178.SZ | 延华智能 | 81712.98 | 65985.27 | 337 | 688160.SH | 步科股份 | 53732.64 | 43408.97 |
| 291 | 603256.SH | 宏和科技 | 80815.95 | 62057.43 | 338 | 688578.SH | 艾力斯 -U | 53009.42 | 56.09 |
| 292 | 603226.SH | 菲林格尔 | 78145.86 | 60160.09 | 339 | 600503.SH | 华丽家族 | 52483.08 | 107957.12 |
| 293 | 002278.SZ | 神开股份 | 77542.88 | 72616.06 | 340 | 301025.SZ | 读客文化 | 51920.17 | 40802.50 |
| 294 | 300380.SZ | 安硕信息 | 75518.00 | 66094.88 | 341 | 603895.SH | 天永智能 | 50376.09 | 50689.28 |
| 295 | 300915.SZ | 海融科技 | 74693.44 | 57165.35 | 342 | 301257.SZ | 普蕊斯 | 50296.67 | 33529.06 |
| 296 | 603729.SH | 龙韵股份 | 73982.59 | 62143.18 | 343 | 001266.SZ | 宏英智能 | 50248.24 | 40002.85 |
| 297 | 605289.SH | 罗曼股份 | 73573.57 | 60065.32 | 344 | 688129.SH | 东来技术 | 49369.84 | 40798.91 |
| 298 | 605598.SH | 上海港湾 | 73451.85 | 79206.28 | 345 | 605186.SH | 健麾信息 | 48975.54 | 28680.70 |
| 299 | 601595.SH | 上海电影 | 73108.35 | 30929.92 | 346 | 688230.SH | 芯导科技 | 47564.95 | 36835.41 |
| 300 | 300762.SZ | 上海瀚讯 | 72924.70 | 64086.41 | 347 | 605081.SH | 太和水 | 46028.52 | 55992.98 |
| 301 | 603022.SH | 新通联 | 72852.15 | 68146.26 | 348 | 300074.SZ | 华平股份 | 44862.83 | 44533.04 |
| 302 | 600818.SH | 中路股份 | 72211.81 | 73439.74 | 349 | 600636.SH | 国新文化 | 44444.93 | 69939.30 |
| 303 | 600532.SH | *ST 未来 | 69744.51 | 428344.37 | 350 | 688118.SH | 普元信息 | 43642.93 | 36071.82 |
| 304 | 300442.SZ | 普丽盛 | 69164.52 | 45949.40 | 351 | 301228.SZ | 实朴检测 | 42486.62 | 35989.99 |
| 305 | 600193.SH | 创兴资源 | 69038.07 | 109596.53 | 352 | 300469.SZ | 信息发展 | 42188.70 | 57199.85 |
| 306 | 002346.SZ | 柘中股份 | 68896.22 | 60442.22 | 353 | 830799.BJ | 艾融软件 | 42144.89 | 27520.81 |
| 307 | 688019.SH | 安集科技 | 68666.06 | 42237.99 | 354 | 831961.BJ | 创远信科 | 42142.31 | 30450.10 |
| 308 | 603633.SH | 徕木股份 | 68554.42 | 52945.03 | 355 | 300508.SZ | 维宏股份 | 41348.75 | 20924.18 |
| 309 | 300963.SZ | 中洲特材 | 68487.16 | 60027.84 | 356 | 301005.SZ | 超捷股份 | 39397.08 | 34465.49 |
| 310 | 688016.SH | 心脉医疗 | 68463.07 | 47025.23 | 357 | 300609.SZ | 汇纳科技 | 38848.85 | 21875.11 |
| 311 | 688107.SH | 安路科技 -U | 67852.02 | 28102.89 | 358 | 688718.SH | 唯赛勃 | 37918.60 | 31359.51 |
| 312 | 603159.SH | 上海亚虹 | 67844.12 | 59195.08 | 359 | 300330.SZ | 华虹计通 | 37169.77 | 32435.03 |
| 313 | 300578.SZ | 会畅通讯 | 67829.49 | 78800.85 | 360 | 600530.SH | 交大昂立 | 36257.67 | 33269.55 |
| 314 | 603496.SH | 恒为科技 | 67820.57 | 53312.45 | 361 | 603189.SH | 网达软件 | 36224.79 | 32800.40 |
| 315 | 600272.SH | 开开实业 | 66983.04 | 76182.16 | 362 | 688098.SH | 申联生物 | 35842.92 | 33773.24 |
| 316 | 300642.SZ | 透景生命 | 65458.86 | 48958.09 | 363 | 600834.SH | 申通地铁 | 34849.93 | 30136.52 |
| 317 | 600616.SH | 金枫酒业 | 64937.94 | 60788.80 | 364 | 603718.SH | 海利生物 | 34728.92 | 25912.85 |
| 318 | 603499.SH | 翔港科技 | 64771.31 | 48393.76 | 365 | 688212.SH | 澳华内镜 | 34705.36 | 26327.90 |
| 319 | 300126.SZ | 锐奇股份 | 62592.85 | 42918.61 | 366 | 301070.SZ | 开勒股份 | 34316.51 | 28095.11 |
| 320 | 002561.SZ | 徐家汇 | 61913.65 | 58897.16 | 367 | 301024.SZ | 霍普股份 | 34123.15 | 31817.58 |
| 321 | 603232.SH | 格尔软件 | 61107.17 | 44480.78 | 368 | 688682.SH | 霍莱沃 | 32953.83 | 22919.87 |
| 322 | 600696.SH | 岩石股份 | 60330.84 | 7971.77 | 369 | 600608.SH | ST 沪科 | 32248.94 | 89060.82 |
| 323 | 300462.SZ | 华铭智能 | 59362.45 | 124977.36 | 370 | 688071.SH | 华依科技 | 32070.02 | 30190.32 |
| 324 | 688085.SH | 三友医疗 | 59335.93 | 39043.25 | 371 | 688335.SH | 复洁环保 | 31302.80 | 37576.14 |
| 325 | 301046.SZ | 能辉科技 | 59268.68 | 41951.37 | 372 | 688193.SH | 仁度生物 | 29230.62 | 24990.34 |
| 326 | 605398.SH | 新炬网络 | 59143.67 | 56097.70 | 373 | 688217.SH | 睿昂基因 | 29095.16 | 28492.60 |
| 327 | 300802.SZ | 矩子科技 | 58802.98 | 48225.59 | 374 | 688179.SH | 阿拉丁 | 28766.13 | 23422.02 |
| 328 | 301000.SZ | 肇民科技 | 58439.03 | 49505.70 | 375 | 831305.BJ | 海希通讯 | 28583.00 | 29028.45 |
| 329 | 002211.SZ | ST 宏达 | 56573.30 | 92108.85 | 376 | 002858.SZ | 力盛体育 | 28088.60 | 20009.76 |

（续表）

| 序号 | 代码 | 公司简称 | 主营业务收入 | | 序号 | 代码 | 公司简称 | 主营业务收入 | |
|---|---|---|---|---|---|---|---|---|---|
| | | | 2021年 | 2020年 | | | | 2021年 | 2020年 |
| 377 | 688265.SH | 南模生物 | 27526.90 | 19619.04 | 388 | 300336.SZ | *ST新文 | 14244.15 | 33885.64 |
| 378 | 688238.SH | 和元生物 | 25494.91 | 14276.91 | 389 | 300262.SZ | 巴安水务 | 13623.16 | 42904.57 |
| 379 | 603580.SH | 艾艾精工 | 25248.33 | 19415.97 | 390 | 600816.SH | ST安信 | 13327.08 | −126392.16 |
| 380 | 002058.SZ | 威尔泰 | 24486.97 | 8232.33 | 391 | 600621.SH | 华鑫股份 | 13032.66 | 15374.02 |
| 381 | 300899.SZ | 上海凯鑫 | 22792.60 | 18927.68 | 392 | 600605.SH | 汇通能源 | 11287.38 | 9258.57 |
| 382 | 833346.BJ | 威贸电子 | 22215.76 | 17231.67 | 393 | 600838.SH | 上海九百 | 9863.72 | 9334.58 |
| 383 | 301289.SZ | 国缆检测 | 21854.68 | 17812.76 | 394 | 600647.SH | 同达创业 | 9725.29 | 1099.95 |
| 384 | 688163.SH | 赛伦生物 | 20869.36 | 18556.28 | 395 | 600620.SH | 天宸股份 | 4181.76 | 3688.59 |
| 385 | 688206.SH | 概伦电子 | 19386.86 | 13748.32 | 396 | 688062.SH | 迈威生物-U | 1622.62 | 530.22 |
| 386 | 300551.SZ | 古鳌科技 | 17349.85 | 29207.28 | 397 | 688091.SH | 上海谊众-U | 407.75 | − |
| 387 | 600615.SH | *ST丰华 | 15847.14 | 5993.61 | | | | | |

# 上海工商类上市公司 2021 年度利润总额排序

（单位：万元）

| 序号 | 代码 | 公司简称 | 利润总额 2021 年 | 利润总额 2020 年 | 序号 | 代码 | 公司简称 | 利润总额 2021 年 | 利润总额 2020 年 |
|---|---|---|---|---|---|---|---|---|---|
| 1 | 601328.SH | 交通银行 | 9395900.00 | 8642500.00 | 48 | 600748.SH | 上实发展 | 154493.56 | 31149.53 |
| 2 | 600000.SH | 浦发银行 | 5907100.00 | 6668200.00 | 49 | 600643.SH | 爱建集团 | 154032.42 | 188212.11 |
| 3 | 600104.SH | 上汽集团 | 4155765.94 | 3589162.47 | 50 | 002252.SZ | 上海莱士 | 153903.61 | 147723.46 |
| 4 | 601601.SH | 中国太保 | 3079600.00 | 2923800.00 | 51 | 600649.SH | 城投控股 | 144436.02 | 109353.94 |
| 5 | 600019.SH | 宝钢股份 | 3070825.64 | 1602165.46 | 52 | 688728.SH | 格科微 | 142419.34 | 87184.25 |
| 6 | 601229.SH | 上海银行 | 2355459.80 | 2240992.90 | 53 | 002028.SZ | 思源电气 | 140368.56 | 111492.18 |
| 7 | 601211.SH | 国泰君安 | 1911228.10 | 1487194.42 | 54 | 002022.SZ | *ST 科华 | 138406.55 | 135604.08 |
| 8 | 600837.SH | 海通证券 | 1854379.88 | 1575730.96 | 55 | 600648.SH | 外高桥 | 133682.68 | 105578.04 |
| 9 | 600018.SH | 上港集团 | 1796138.40 | 1057426.28 | 56 | 600835.SH | 上海机电 | 128512.92 | 197148.94 |
| 10 | 600606.SH | 绿地控股 | 1793300.09 | 3068978.61 | 57 | 603128.SH | 华贸物流 | 118969.11 | 71931.48 |
| 11 | 601825.SH | 沪农商行 | 1217821.00 | 990046.20 | 58 | 600827.SH | 百联股份 | 117963.29 | 142686.50 |
| 12 | 688981.SH | 中芯国际 | 1159390.70 | 449106.80 | 59 | 601696.SH | 中银证券 | 117865.26 | 111715.82 |
| 13 | 300059.SZ | 东方财富 | 1005397.07 | 551545.42 | 60 | 688012.SH | 中微公司 | 113281.51 | 51269.68 |
| 14 | 600500.SH | 中化国际 | 963025.69 | 217484.01 | 61 | 600708.SH | 光明地产 | 109008.80 | 68922.25 |
| 15 | 600741.SH | 华域汽车 | 896370.21 | 793989.96 | 62 | 603515.SH | 欧普照明 | 105098.21 | 94017.96 |
| 16 | 601607.SH | 上海医药 | 814381.49 | 717548.26 | 63 | 300171.SZ | 东富龙 | 101956.24 | 54956.45 |
| 17 | 601866.SH | 中远海发 | 791622.52 | 244929.00 | 64 | 601200.SH | 上海环境 | 96434.57 | 86296.17 |
| 18 | 600663.SH | 陆家嘴 | 677962.63 | 668249.77 | 65 | 600420.SH | 国药现代 | 91820.88 | 104112.68 |
| 19 | 600061.SH | 国投资本 | 671651.71 | 610281.06 | 66 | 688008.SH | 澜起科技 | 91500.74 | 120464.35 |
| 20 | 600958.SH | 东方证券 | 630683.38 | 278636.38 | 67 | 605222.SH | 起帆电缆 | 91181.28 | 55278.90 |
| 21 | 300999.SZ | 金龙鱼 | 617726.40 | 894581.20 | 68 | 603587.SH | 地素时尚 | 91036.71 | 85069.48 |
| 22 | 600196.SH | 复星医药 | 605383.84 | 467784.44 | 69 | 688317.SH | 之江生物 | 89637.07 | 110920.02 |
| 23 | 601156.SH | 东航物流 | 565176.79 | 363874.32 | 70 | 600895.SH | 张江高科 | 87255.64 | 236815.81 |
| 24 | 600170.SH | 上海建工 | 528322.22 | 441373.03 | 71 | 688099.SH | 晶晨股份 | 84653.96 | 11879.26 |
| 25 | 603501.SH | 韦尔股份 | 500207.68 | 299113.25 | 72 | 002568.SZ | 百润股份 | 84246.80 | 67480.31 |
| 26 | 600655.SH | 豫园股份 | 496286.37 | 527394.13 | 73 | 603868.SH | 飞科电器 | 83507.53 | 86102.04 |
| 27 | 601788.SH | 光大证券 | 466820.59 | 399881.06 | 74 | 600841.SH | 动力新科 | 81964.56 | 18450.66 |
| 28 | 600623.SH | 华谊集团 | 444960.33 | 55628.34 | 75 | 002636.SZ | 金安国纪 | 78858.51 | 23908.29 |
| 29 | 601872.SH | 招商轮船 | 434288.79 | 295143.79 | 76 | 603108.SH | 润达医疗 | 78045.58 | 63583.58 |
| 30 | 600612.SH | 老凤祥 | 324161.64 | 279441.87 | 77 | 600846.SH | 同济科技 | 77745.22 | 110907.31 |
| 31 | 603565.SH | 中谷物流 | 321609.17 | 136744.98 | 78 | 600662.SH | 外服控股 | 77476.54 | 9607.22 |
| 32 | 600823.SH | 世茂股份 | 305462.59 | 450454.93 | 79 | 600171.SH | 上海贝岭 | 76666.71 | 61861.19 |
| 33 | 600820.SH | 隧道股份 | 297632.05 | 279159.57 | 80 | 600315.SH | 上海家化 | 76434.16 | 53397.85 |
| 34 | 601828.SH | 美凯龙 | 280197.56 | 281414.85 | 81 | 600210.SH | 紫江企业 | 76083.70 | 69407.80 |
| 35 | 601611.SH | 中国核建 | 267078.94 | 217133.26 | 82 | 688368.SH | 晶丰明源 | 76010.53 | 7052.61 |
| 36 | 600688.SH | 上海石化 | 264816.10 | 57381.60 | 83 | 688065.SH | 凯赛生物 | 73994.63 | 52078.78 |
| 37 | 600642.SH | 申能股份 | 250924.15 | 348799.67 | 84 | 600597.SH | 光明乳业 | 69990.35 | 115691.18 |
| 38 | 600848.SH | 上海临港 | 246490.49 | 219851.33 | 85 | 600621.SH | 华鑫股份 | 65572.54 | 94147.24 |
| 39 | 600637.SH | 东方明珠 | 230444.21 | 197948.79 | 86 | 002605.SZ | 姚记科技 | 62929.88 | 130727.23 |
| 40 | 601231.SH | 环旭电子 | 213885.89 | 197356.31 | 87 | 688188.SH | 柏楚电子 | 61352.13 | 40872.01 |
| 41 | 600639.SH | 浦东金桥 | 213379.37 | 147466.12 | 88 | 600320.SH | 振华重工 | 60534.11 | 50220.64 |
| 42 | 600675.SH | 中华企业 | 205298.97 | 260320.73 | 89 | 600754.SH | 锦江酒店 | 60476.16 | 30359.39 |
| 43 | 600517.SH | 国网英大 | 202997.77 | 201443.08 | 90 | 600278.SH | 东方创业 | 57981.38 | 44083.73 |
| 44 | 603659.SH | 璞泰来 | 202927.04 | 81548.51 | 91 | 688385.SH | 复旦微电 | 57344.95 | 17004.60 |
| 45 | 600845.SH | 宝信软件 | 201341.67 | 148188.41 | 92 | 002328.SZ | 新朋股份 | 56668.59 | 25457.21 |
| 46 | 600618.SH | 氯碱化工 | 200709.49 | 66528.59 | 93 | 002158.SZ | 汉钟精机 | 56031.37 | 42789.11 |
| 47 | 603899.SH | 晨光股份 | 186140.31 | 151714.88 | 94 | 688301.SH | 奕瑞科技 | 55993.03 | 25429.68 |

（续表）

| 序号 | 代码 | 公司简称 | 利润总额 | | 序号 | 代码 | 公司简称 | 利润总额 | |
|---|---|---|---|---|---|---|---|---|---|
| | | | 2021 年 | 2020 年 | | | | 2021 年 | 2020 年 |
| 95 | 600284.SH | 浦东建设 | 55832.68 | 52297.40 | 142 | 600150.SH | 中国船舶 | 32826.06 | 31072.24 |
| 96 | 601702.SH | 华峰铝业 | 55091.50 | 27260.59 | 143 | 688202.SH | 美迪西 | 32290.58 | 15008.24 |
| 97 | 605136.SH | 丽人丽妆 | 54063.88 | 44271.18 | 144 | 301060.SZ | 兰卫医学 | 31803.08 | 16230.84 |
| 98 | 600508.SH | 上海能源 | 53265.38 | 80742.02 | 145 | 601968.SH | 宝钢包装 | 31595.06 | 25673.36 |
| 99 | 688660.SH | 电气风电 | 52785.76 | 46073.01 | 146 | 600602.SH | 云赛智联 | 31194.49 | 31700.23 |
| 100 | 603713.SH | 密尔克卫 | 52785.18 | 34943.85 | 147 | 603728.SH | 鸣志电器 | 30483.84 | 23392.87 |
| 101 | 603466.SH | 风语筑 | 50686.05 | 39090.50 | 148 | 688110.SH | 东芯股份 | 30131.99 | 1610.08 |
| 102 | 600641.SH | 万业企业 | 49701.01 | 41653.77 | 149 | 688798.SH | 艾为电子 | 29545.26 | 9903.81 |
| 103 | 600635.SH | 大众公用 | 49392.02 | 77844.66 | 150 | 603020.SH | 爱普股份 | 29311.05 | 23932.65 |
| 104 | 002346.SZ | 柘中股份 | 49097.93 | 16691.52 | 151 | 300627.SZ | 华测导航 | 29163.28 | 21901.70 |
| 105 | 603987.SH | 康德莱 | 48373.75 | 39016.89 | 152 | 605208.SH | 永茂泰 | 29143.04 | 22217.15 |
| 106 | 600081.SH | 东风科技 | 48349.43 | 26018.81 | 153 | 300129.SZ | 泰胜风能 | 28761.31 | 42930.77 |
| 107 | 688330.SH | 宏力达 | 47635.11 | 36916.08 | 154 | 688766.SH | 普冉股份 | 28269.10 | 9396.34 |
| 108 | 603365.SH | 水星家纺 | 47592.60 | 32939.20 | 155 | 688680.SH | 海优新材 | 27621.37 | 25392.24 |
| 109 | 300398.SZ | 飞凯材料 | 47441.45 | 27490.68 | 156 | 688082.SH | 盛美上海 | 26874.38 | 22302.41 |
| 110 | 002195.SZ | 二三四五 | 47361.90 | −86132.34 | 157 | 603579.SH | 荣泰健康 | 26096.42 | 19817.16 |
| 111 | 600611.SH | 大众交通 | 47156.94 | 79774.55 | 158 | 300230.SZ | 永利股份 | 25724.75 | −47292.09 |
| 112 | 688213.SH | 思特威−W | 46564.44 | 14226.25 | 159 | 603681.SH | 永冠新材 | 25133.92 | 19559.66 |
| 113 | 600622.SH | 光大嘉宝 | 46550.10 | 64841.10 | 160 | 300762.SZ | 上海瀚讯 | 25047.16 | 17195.94 |
| 114 | 603786.SH | 科博达 | 46320.59 | 65293.26 | 161 | 600836.SH | 上海易连 | 24178.64 | 29758.72 |
| 115 | 600629.SH | 华建集团 | 45980.34 | 32987.39 | 162 | 600097.SH | 开创国际 | 24046.74 | 14806.94 |
| 116 | 605339.SH | 南侨食品 | 45938.90 | 40778.78 | 163 | 600619.SH | 海立股份 | 23948.82 | 20480.32 |
| 117 | 603730.SH | 岱美股份 | 45587.64 | 46566.55 | 164 | 301151.SZ | 冠龙节能 | 23731.37 | 15953.55 |
| 118 | 688519.SH | 南亚新材 | 45510.91 | 15301.44 | 165 | 600882.SH | 妙可蓝多 | 23253.68 | 9527.96 |
| 119 | 605050.SH | 福然德 | 45495.86 | 41615.16 | 166 | 002527.SZ | 新时达 | 22014.13 | 14959.64 |
| 120 | 300226.SZ | 上海钢联 | 45284.78 | 47731.42 | 167 | 688085.SH | 三友医疗 | 21733.39 | 13694.62 |
| 121 | 002706.SZ | 良信股份 | 44718.39 | 43715.49 | 168 | 603956.SH | 威派格 | 21665.71 | 18902.06 |
| 122 | 603855.SH | 华荣股份 | 43627.27 | 30666.41 | 169 | 300326.SZ | 凯利泰 | 21631.28 | −8726.68 |
| 123 | 603886.SH | 元祖股份 | 42904.03 | 37420.34 | 170 | 688505.SH | 复旦张江 | 21592.09 | 17670.11 |
| 124 | 603012.SH | 创力集团 | 42475.38 | 52245.58 | 171 | 688131.SH | 皓元医药 | 20951.90 | 14861.38 |
| 125 | 605338.SH | 巴比食品 | 41809.77 | 23330.74 | 172 | 600604.SH | 市北高新 | 20847.53 | 23799.08 |
| 126 | 688608.SH | 恒玄科技 | 40984.34 | 19990.20 | 173 | 688018.SH | 乐鑫科技 | 20833.01 | 11045.92 |
| 127 | 300613.SZ | 富瀚微 | 40727.32 | 9106.38 | 174 | 002184.SZ | 海得控制 | 20507.34 | 19225.55 |
| 128 | 300327.SZ | 中颖电子 | 39670.27 | 21762.15 | 175 | 300170.SZ | 汉得信息 | 20503.61 | 6034.18 |
| 129 | 688366.SH | 昊海生科 | 38265.03 | 25702.48 | 176 | 605098.SH | 行动教育 | 20213.09 | 12940.23 |
| 130 | 600850.SH | 电科数字 | 37835.85 | 36948.26 | 177 | 300483.SZ | 首华燃气 | 19278.89 | 35306.90 |
| 131 | 603197.SH | 保隆科技 | 37827.02 | 19658.40 | 178 | 002116.SZ | 中国海诚 | 19009.99 | 9486.02 |
| 132 | 603690.SH | 至纯科技 | 37466.66 | 29818.06 | 179 | 300286.SZ | 安科瑞 | 18998.47 | 12988.91 |
| 133 | 300253.SZ | 卫宁健康 | 37316.81 | 54615.78 | 180 | 603648.SH | 畅联股份 | 18464.18 | 13970.84 |
| 134 | 688016.SH | 心脉医疗 | 36166.02 | 24955.32 | 181 | 600638.SH | 新黄浦 | 18462.91 | 38371.33 |
| 135 | 603236.SH | 移远通信 | 36165.50 | 17856.70 | 182 | 688596.SH | 正帆科技 | 18334.14 | 14286.37 |
| 136 | 300257.SZ | 开山股份 | 35727.74 | 30051.19 | 183 | 600822.SH | 上海物贸 | 18327.33 | 14053.59 |
| 137 | 688063.SH | 派能科技 | 35610.62 | 31194.34 | 184 | 603006.SH | 联明股份 | 18265.59 | 12060.93 |
| 138 | 300983.SZ | 尤安设计 | 35402.81 | 34088.39 | 185 | 600650.SH | 锦江在线 | 18000.27 | 36359.46 |
| 139 | 688121.SH | 卓然股份 | 33830.09 | 28584.18 | 186 | 002401.SZ | 中远海科 | 17914.33 | 21627.49 |
| 140 | 603039.SH | ST 泛微 | 33496.97 | 24965.65 | 187 | 300642.SZ | 透景生命 | 17817.94 | 13037.70 |
| 141 | 603650.SH | 彤程新材 | 33478.05 | 46707.71 | 188 | 603324.SH | 盛剑环境 | 17364.20 | 14317.58 |

（续表）

| 序号 | 代码 | 公司简称 | 利润总额 | | 序号 | 代码 | 公司简称 | 利润总额 | |
|---|---|---|---|---|---|---|---|---|---|
| | | | 2021 年 | 2020 年 | | | | 2021 年 | 2020 年 |
| 189 | 603056.SH | 德邦股份 | 17122.34 | 73617.65 | 236 | 300802.SZ | 矩子科技 | 11150.76 | 10832.17 |
| 190 | 688133.SH | 泰坦科技 | 16971.64 | 11741.89 | 237 | 300067.SZ | 安诺其 | 11144.42 | 14245.15 |
| 191 | 300039.SZ | 上海凯宝 | 16965.10 | 13160.43 | 238 | 603214.SH | 爱婴室 | 11113.63 | 17120.87 |
| 192 | 688590.SH | 新致软件 | 16741.79 | 9040.81 | 239 | 603122.SH | 合富中国 | 10951.55 | 9856.64 |
| 193 | 300590.SZ | 移为通信 | 16733.00 | 9993.34 | 240 | 688129.SH | 东来技术 | 10868.78 | 9054.54 |
| 194 | 301062.SZ | 上海艾录 | 16461.89 | 12386.05 | 241 | 831305.BJ | 海希通讯 | 10833.96 | 10772.08 |
| 195 | 603131.SH | 上海沪工 | 16270.36 | 13834.13 | 242 | 600834.SH | 申通地铁 | 10488.66 | 10505.90 |
| 196 | 603329.SH | 上海雅仕 | 16082.25 | 7986.50 | 243 | 603918.SH | 金桥信息 | 10458.28 | 9915.49 |
| 197 | 300378.SZ | 鼎捷软件 | 15887.25 | 16626.20 | 244 | 603196.SH | 日播时尚 | 10432.73 | −8762.71 |
| 198 | 688126.SH | 沪硅产业 −U | 15741.74 | 11410.64 | 245 | 600851.SH | 海欣股份 | 10371.76 | 10536.90 |
| 199 | 002454.SZ | 松芝股份 | 15699.52 | 29901.41 | 246 | 600838.SH | 上海九百 | 10245.07 | 5338.34 |
| 200 | 603682.SH | 锦和商管 | 15666.41 | 20836.03 | 247 | 688179.SH | 阿拉丁 | 10170.97 | 8636.81 |
| 201 | 002561.SZ | 徐家汇 | 15320.90 | 12927.71 | 248 | 605081.SH | 太和水 | 10069.01 | 18812.24 |
| 202 | 600824.SH | 益民集团 | 15268.03 | 26147.78 | 249 | 600613.SH | 神奇制药 | 9959.74 | −34027.84 |
| 203 | 600819.SH | 耀皮玻璃 | 14844.65 | 18567.29 | 250 | 600072.SH | 中船科技 | 9635.94 | 16584.17 |
| 204 | 001266.SZ | 宏英智能 | 14745.63 | 13246.52 | 251 | 603037.SH | 凯众股份 | 9502.76 | 8900.15 |
| 205 | 300947.SZ | 德必集团 | 14621.12 | 14568.22 | 252 | 600843.SH | 上工申贝 | 9436.36 | 13352.31 |
| 206 | 300272.SZ | 开能健康 | 14549.32 | 6630.42 | 253 | 002825.SZ | 纳尔股份 | 9259.21 | 12621.97 |
| 207 | 605186.SH | 健麾信息 | 14381.33 | 12341.47 | 254 | 603232.SH | 格尔软件 | 9101.17 | 6398.94 |
| 208 | 600620.SH | 天宸股份 | 14205.01 | 10572.43 | 255 | 301025.SZ | 读客文化 | 8908.39 | 6854.54 |
| 209 | 600826.SH | 兰生股份 | 14108.21 | 18666.26 | 256 | 600696.SH | 岩石股份 | 8802.91 | 1137.25 |
| 210 | 603330.SH | 上海天洋 | 14042.23 | 6788.27 | 257 | 688163.SH | 赛伦生物 | 8787.74 | 7475.08 |
| 211 | 603256.SH | 宏和科技 | 14041.96 | 13344.98 | 258 | 600490.SH | 鹏欣资源 | 8785.48 | 37001.69 |
| 212 | 300017.SZ | 网宿科技 | 13773.86 | 21833.43 | 259 | 605598.SH | 上海港湾 | 8650.28 | 14014.13 |
| 213 | 301166.SZ | 优宁维 | 13765.45 | 9573.72 | 260 | 301005.SZ | 超捷股份 | 8626.13 | 9371.72 |
| 214 | 000863.SZ | 三湘印象 | 13674.61 | 29318.06 | 261 | 603121.SH | 华培动力 | 8410.41 | 7157.74 |
| 215 | 605289.SH | 罗曼股份 | 13399.11 | 12526.52 | 262 | 301289.SZ | 国缆检测 | 8409.28 | 6336.49 |
| 216 | 603881.SH | 数据港 | 13340.07 | 16355.28 | 263 | 688160.SH | 步科股份 | 8251.96 | 8194.03 |
| 217 | 301000.SZ | 肇民科技 | 13282.40 | 12139.42 | 264 | 688155.SH | 先惠技术 | 8026.76 | 6608.52 |
| 218 | 600073.SH | 上海梅林 | 13261.57 | 100872.06 | 265 | 301156.SZ | 美农生物 | 7952.62 | 7618.65 |
| 219 | 605151.SH | 西上海 | 13208.95 | 14645.17 | 266 | 605398.SH | 新炬网络 | 7776.10 | 11972.65 |
| 220 | 688019.SH | 安集科技 | 13206.77 | 17212.99 | 267 | 605128.SH | 上海沿浦 | 7695.76 | 10071.71 |
| 221 | 300892.SZ | 品渥食品 | 13103.68 | 18018.60 | 268 | 600605.SH | 汇通能源 | 7564.36 | 6629.50 |
| 222 | 300915.SZ | 海融科技 | 12984.73 | 10102.43 | 269 | 688682.SH | 霍莱沃 | 7546.72 | 4907.54 |
| 223 | 601616.SH | 广电电气 | 12878.44 | 11801.72 | 270 | 603790.SH | 雅运股份 | 7368.10 | 5529.88 |
| 224 | 600679.SH | 上海凤凰 | 12784.04 | 13962.88 | 271 | 688193.SH | 仁度生物 | 7244.15 | 7024.36 |
| 225 | 688098.SH | 申联生物 | 12598.01 | 14999.28 | 272 | 300493.SZ | 润欣科技 | 7172.08 | 5220.06 |
| 226 | 688230.SH | 芯导科技 | 12497.04 | 8050.71 | 273 | 688335.SH | 复洁环保 | 6999.82 | 7512.55 |
| 227 | 603192.SH | 汇得科技 | 12276.79 | 13930.39 | 274 | 603189.SH | 网达软件 | 6976.28 | 8048.93 |
| 228 | 301099.SZ | 雅创电子 | 12033.08 | 7745.50 | 275 | 688265.SH | 南模生物 | 6907.02 | 4887.56 |
| 229 | 301046.SZ | 能辉科技 | 12033.07 | 10395.71 | 276 | 301257.SZ | 普蕊斯 | 6687.64 | 4150.97 |
| 230 | 600503.SH | 华丽家族 | 11831.98 | 19232.51 | 277 | 300180.SZ | 华峰超纤 | 6650.50 | −45212.92 |
| 231 | 603619.SH | 中曼石油 | 11814.97 | −44745.22 | 278 | 603083.SH | 剑桥科技 | 6577.50 | −26783.38 |
| 232 | 300501.SZ | 海顺新材 | 11743.37 | 11874.45 | 279 | 600833.SH | 第一医药 | 6524.19 | 9065.51 |
| 233 | 300236.SZ | 上海新阳 | 11364.37 | 32961.19 | 280 | 300508.SZ | 维宏股份 | 6416.39 | 3470.96 |
| 234 | 600628.SH | 新世界 | 11354.25 | 9040.91 | 281 | 301001.SZ | 凯淳股份 | 6391.54 | 11153.74 |
| 235 | 688123.SH | 聚辰股份 | 11329.94 | 17754.26 | 282 | 301070.SZ | 开勒股份 | 6367.93 | 7455.06 |

（续表）

| 序号 | 代码 | 公司简称 | 利润总额 | | 序号 | 代码 | 公司简称 | 利润总额 | |
|---|---|---|---|---|---|---|---|---|---|
| | | | 2021年 | 2020年 | | | | 2021年 | 2020年 |
| 283 | 688071.SH | 华依科技 | 6160.15 | 4932.69 | 330 | 002486.SZ | 嘉麟杰 | 2328.94 | 3111.06 |
| 284 | 688238.SH | 和元生物 | 6078.46 | 8937.76 | 331 | 002858.SZ | 力盛体育 | 2131.25 | −4191.89 |
| 285 | 603009.SH | 北特科技 | 5994.89 | 1652.47 | 332 | 300008.SZ | 天海防务 | 2040.07 | 1757.29 |
| 286 | 600151.SH | 航天机电 | 5844.64 | 8558.96 | 333 | 688578.SH | 艾力斯－U | 1827.46 | −31051.52 |
| 287 | 300168.SZ | 万达信息 | 5830.65 | −127490.97 | 334 | 002669.SZ | 康达新材 | 1769.45 | 25234.99 |
| 288 | 002278.SZ | 神开股份 | 5794.49 | 4585.99 | 335 | 601595.SH | 上海电影 | 1667.84 | −50264.61 |
| 289 | 688212.SH | 澳华内镜 | 5770.89 | 2444.29 | 336 | 601021.SH | 春秋航空 | 1602.68 | −60455.13 |
| 290 | 688718.SH | 唯赛勃 | 5770.51 | 5294.53 | 337 | 002451.SZ | 摩恩电气 | 1430.58 | 1047.46 |
| 291 | 603718.SH | 海利生物 | 5713.93 | −2334.17 | 338 | 600689.SH | 上海三毛 | 1372.84 | −3123.76 |
| 292 | 301037.SZ | 保立佳 | 5692.82 | 11016.92 | 339 | 600088.SH | 中视传媒 | 1258.19 | −14769.47 |
| 293 | 301228.SZ | 实朴检测 | 5593.92 | 5845.37 | 340 | 300153.SZ | 科泰电源 | 1063.52 | −20542.90 |
| 294 | 600692.SH | 亚通股份 | 5523.82 | 9291.96 | 341 | 300126.SZ | 锐奇股份 | 1062.05 | 1064.06 |
| 295 | 300899.SZ | 上海凯鑫 | 5514.52 | 5012.19 | 342 | 688585.SH | 上纬新材 | 1014.27 | 15191.77 |
| 296 | 603496.SH | 恒为科技 | 5374.79 | 3579.48 | 343 | 300380.SZ | 安硕信息 | 994.76 | 6974.92 |
| 297 | 603960.SH | 克来机电 | 5374.53 | 16317.03 | 344 | 300074.SZ | 华平股份 | 953.81 | 2065.50 |
| 298 | 830799.BJ | 艾融软件 | 5363.93 | 5199.48 | 345 | 300330.SZ | 华虹计通 | 895.78 | 506.97 |
| 299 | 600626.SH | 申达股份 | 5300.99 | −86749.59 | 346 | 002178.SZ | 延华智能 | 835.41 | −31555.89 |
| 300 | 301024.SZ | 霍普股份 | 5283.57 | 8333.19 | 347 | 600647.SH | 同达创业 | 586.13 | 1224.41 |
| 301 | 603068.SH | 博通集成 | 5194.35 | 2951.57 | 348 | 600615.SH | *ST丰华 | 441.81 | 193.23 |
| 302 | 603777.SH | 来伊份 | 5186.51 | −5556.90 | 349 | 600608.SH | ST沪科 | 382.60 | 230.67 |
| 303 | 300963.SZ | 中洲特材 | 5014.10 | 6817.83 | 350 | 603895.SH | 天永智能 | −44.54 | 852.77 |
| 304 | 603633.SH | 徕木股份 | 4979.65 | 4785.52 | 351 | 688091.SH | 上海谊众－U | −928.15 | −2184.69 |
| 305 | 002162.SZ | 悦心健康 | 4778.75 | 6699.65 | 352 | 002565.SZ | 顺灏股份 | −1370.06 | 2379.53 |
| 306 | 600676.SH | 交运股份 | 4473.56 | −21422.15 | 353 | 300442.SZ | 普丽盛 | −1526.51 | −23645.71 |
| 307 | 831961.BJ | 创远信科 | 4406.15 | 5041.54 | 354 | 600616.SH | 金枫酒业 | −1874.06 | 1907.90 |
| 308 | 300609.SZ | 汇纳科技 | 4385.09 | −1171.46 | 355 | 603499.SH | 翔港科技 | −2044.48 | 1224.39 |
| 309 | 600530.SH | 交大昂立 | 4269.63 | 10206.05 | 356 | 688107.SH | 安路科技－U | −3084.91 | −618.71 |
| 310 | 688217.SH | 睿昂基因 | 4244.65 | 4008.86 | 357 | 688336.SH | 三生国健 | −5338.75 | −28240.57 |
| 311 | 688118.SH | 普元信息 | 4130.57 | 3115.67 | 358 | 300469.SZ | 信息发展 | −6125.90 | −6665.14 |
| 312 | 603159.SH | 上海亚虹 | 4129.74 | 4740.08 | 359 | 603729.SH | 龙韵股份 | −6502.18 | −3025.24 |
| 313 | 603200.SH | 上海洗霸 | 4031.85 | 3756.79 | 360 | 600624.SH | 复旦复华 | −6663.47 | −4026.46 |
| 314 | 300245.SZ | 天玑科技 | 4003.26 | 4173.34 | 361 | 300222.SZ | 科大智能 | −7125.83 | −23566.88 |
| 315 | 600818.SH | 中路股份 | 3864.87 | 11641.43 | 362 | 603003.SH | 龙宇燃油 | −12728.48 | −10752.76 |
| 316 | 833346.BJ | 威贸电子 | 3791.17 | 3237.14 | 363 | 600661.SH | 昂立教育 | −13574.18 | −27922.21 |
| 317 | 603683.SH | 晶华新材 | 3732.55 | 18767.73 | 364 | 300225.SZ | 金力泰 | −13749.72 | 10451.07 |
| 318 | 603580.SH | 艾艾精工 | 3725.13 | 3492.83 | 365 | 600119.SH | 长江投资 | −13966.47 | −11121.50 |
| 319 | 600193.SH | 创兴资源 | 3712.09 | 10161.19 | 366 | 600532.SH | *ST未来 | −17324.01 | 2246.76 |
| 320 | 002324.SZ | 普利特 | 3492.98 | 46480.65 | 367 | 300578.SZ | 会畅通讯 | −19980.35 | 15001.11 |
| 321 | 600825.SH | 新华传媒 | 3411.59 | −28434.87 | 368 | 300462.SZ | 华铭智能 | −21129.99 | 13495.57 |
| 322 | 603226.SH | 菲林格尔 | 3303.16 | 7153.39 | 369 | 600732.SH | 爱旭股份 | −24475.99 | 91127.64 |
| 323 | 688206.SH | 概伦电子 | 2923.94 | 2620.81 | 370 | 600630.SH | 龙头股份 | −29549.05 | −28227.69 |
| 324 | 603022.SH | 新通联 | 2633.02 | 4311.27 | 371 | 600094.SH | 大名城 | −30149.56 | 75280.88 |
| 325 | 601519.SH | 大智慧 | 2614.72 | 8604.73 | 372 | 600640.SH | 新国脉 | −34538.42 | −1117.83 |
| 326 | 002058.SZ | 威尔泰 | 2561.60 | 27.34 | 373 | 300511.SZ | 雪榕生物 | −35296.23 | 22181.45 |
| 327 | 300551.SZ | 古鳌科技 | 2466.24 | 2644.00 | 374 | 300061.SZ | 旗天科技 | −35658.80 | −76464.00 |
| 328 | 600272.SH | 开开实业 | 2462.76 | 2282.50 | 375 | 600651.SH | 飞乐音响 | −40246.92 | 38834.19 |
| 329 | 688521.SH | 芯原股份－U | 2417.65 | −822.91 | 376 | 600636.SH | 国新文化 | −42799.48 | 17184.54 |

（续表）

| 序号 | 代码 | 公司简称 | 利润总额 | | 序号 | 代码 | 公司简称 | 利润总额 | |
|---|---|---|---|---|---|---|---|---|---|
| | | | 2021 年 | 2020 年 | | | | 2021 年 | 2020 年 |
| 377 | 002269.SZ | 美邦服饰 | −46953.84 | −82139.66 | 388 | 600816.SH | ST 安信 | −109230.74 | −823121.49 |
| 378 | 300336.SZ | *ST 新文 | −52717.89 | −166403.91 | 389 | 600021.SH | 上海电力 | −109758.13 | 250255.46 |
| 379 | 688180.SH | 君实生物 −U | −59500.05 | −167242.93 | 390 | 600601.SH | *ST 方科 | −122657.32 | −85803.69 |
| 380 | 688220.SH | 翱捷科技 −U | −59523.05 | −233163.33 | 391 | 603030.SH | 全筑股份 | −126853.43 | 20791.98 |
| 381 | 603887.SH | 城地香江 | −63237.57 | 46157.07 | 392 | 300262.SZ | 巴安水务 | −138948.58 | −54999.05 |
| 382 | 688158.SH | 优刻得 −W | −63846.27 | −33856.45 | 393 | 002506.SZ | 协鑫集成 | −192105.40 | −254548.06 |
| 383 | 603885.SH | 吉祥航空 | −66022.15 | −64601.63 | 394 | 600009.SH | 上海机场 | −228015.87 | −151562.52 |
| 384 | 603378.SH | 亚士创能 | −70105.24 | 34615.52 | 395 | 600026.SH | 中远海能 | −451733.02 | 289513.86 |
| 385 | 002211.SZ | ST 宏达 | −71231.27 | 6847.12 | 396 | 601727.SH | 上海电气 | −1028963.90 | 634643.90 |
| 386 | 688062.SH | 迈威生物 −U | −77269.97 | −64362.42 | 397 | 600115.SH | 中国东航 | −1751300.00 | −1648100.00 |
| 387 | 688538.SH | 和辉光电 −U | −94515.82 | −103611.54 | | | | | |

# 上海工商类上市公司 2021 年度每股收益排序

（单位：元）

| 序号 | 代码 | 公司简称 | 每股收益 | | 序号 | 代码 | 公司简称 | 每股收益 | |
|---|---|---|---|---|---|---|---|---|---|
| | | | 2021 年 | 2020 年 | | | | 2021 年 | 2020 年 |
| 1 | 688368.SH | 晶丰明源 | 10.95 | 1.12 | 48 | 301289.SZ | 国缆检测 | 1.63 | 1.24 |
| 2 | 688766.SH | 普冉股份 | 9.64 | 3.20 | 49 | 600000.SH | 浦发银行 | 1.62 | 1.88 |
| 3 | 688301.SH | 奕瑞科技 | 6.67 | 3.77 | 50 | 002028.SZ | 思源电气 | 1.57 | 1.23 |
| 4 | 688188.SH | 柏楚电子 | 5.49 | 3.71 | 51 | 600618.SH | 氯碱化工 | 1.53 | 0.52 |
| 5 | 603501.SH | 韦尔股份 | 5.16 | 3.21 | 52 | 301151.SZ | 冠龙节能 | 1.53 | 0.89 |
| 6 | 688202.SH | 美迪西 | 4.55 | 2.09 | 53 | 301005.SZ | 超捷股份 | 1.52 | 1.90 |
| 7 | 688016.SH | 心脉医疗 | 4.39 | 2.98 | 54 | 301099.SZ | 雅创电子 | 1.50 | 0.99 |
| 8 | 300983.SZ | 尤安设计 | 4.15 | 4.87 | 55 | 601229.SH | 上海银行 | 1.48 | 1.40 |
| 9 | 688330.SH | 宏力达 | 4.13 | 3.92 | 56 | 605289.SH | 罗曼股份 | 1.48 | 1.66 |
| 10 | 688317.SH | 之江生物 | 3.98 | 6.38 | 57 | 603868.SH | 飞科电器 | 1.47 | 1.47 |
| 11 | 600612.SH | 老凤祥 | 3.59 | 3.03 | 58 | 603365.SH | 水星家纺 | 1.46 | 1.04 |
| 12 | 688608.SH | 恒玄科技 | 3.40 | 2.20 | 59 | 688065.SH | 凯赛生物 | 1.46 | 1.18 |
| 13 | 688680.SH | 海优新材 | 3.07 | 3.54 | 60 | 600639.SH | 浦东金桥 | 1.45 | 0.99 |
| 14 | 300613.SZ | 富瀚微 | 3.03 | 1.10 | 61 | 603587.SH | 地素时尚 | 1.44 | 1.31 |
| 15 | 688131.SH | 皓元医药 | 2.94 | 2.30 | 62 | 002605.SZ | 姚记科技 | 1.43 | 2.75 |
| 16 | 601601.SH | 中国太保 | 2.79 | 2.63 | 63 | 603886.SH | 元祖股份 | 1.42 | 1.25 |
| 17 | 603565.SH | 中谷物流 | 2.70 | 1.65 | 64 | 002022.SZ | *ST 科华 | 1.40 | 1.33 |
| 18 | 603713.SH | 密尔克卫 | 2.66 | 1.86 | 65 | 603197.SH | 保隆科技 | 1.40 | 1.12 |
| 19 | 603659.SH | 璞泰来 | 2.53 | 1.52 | 66 | 600623.SH | 华谊集团 | 1.39 | 0.20 |
| 20 | 603236.SH | 移远通信 | 2.49 | 1.77 | 67 | 688981.SH | 中芯国际 | 1.36 | 0.67 |
| 21 | 688230.SH | 芯导科技 | 2.48 | 1.65 | 68 | 300947.SZ | 德必集团 | 1.33 | 2.43 |
| 22 | 688018.SH | 乐鑫科技 | 2.48 | 1.30 | 69 | 300171.SZ | 东富龙 | 1.32 | 0.74 |
| 23 | 301000.SZ | 肇民科技 | 2.43 | 2.61 | 70 | 603324.SH | 盛剑环境 | 1.31 | 1.31 |
| 24 | 601156.SH | 东航物流 | 2.40 | 1.66 | 71 | 603681.SH | 永冠新材 | 1.31 | 1.05 |
| 25 | 001266.SZ | 宏英智能 | 2.36 | 2.40 | 72 | 301024.SZ | 霍普股份 | 1.30 | 2.29 |
| 26 | 688019.SH | 安集科技 | 2.35 | 2.90 | 73 | 605208.SH | 永茂泰 | 1.29 | 1.23 |
| 27 | 605098.SH | 行动教育 | 2.21 | 1.69 | 74 | 301257.SZ | 普蕊斯 | 1.28 | 0.79 |
| 28 | 688193.SH | 仁度生物 | 2.15 | 2.05 | 75 | 605338.SH | 巴比食品 | 1.27 | 0.87 |
| 29 | 600104.SH | 上汽集团 | 2.12 | 1.75 | 76 | 300915.SZ | 海融科技 | 1.25 | 1.88 |
| 30 | 688798.SH | 艾为电子 | 2.09 | 0.82 | 77 | 605081.SH | 太和水 | 1.22 | 2.76 |
| 31 | 600741.SH | 华域汽车 | 2.05 | 1.71 | 78 | 600845.SH | 宝信软件 | 1.22 | 1.15 |
| 32 | 688063.SH | 派能科技 | 2.04 | 2.36 | 79 | 300327.SZ | 中颖电子 | 1.20 | 0.75 |
| 33 | 688366.SH | 昊海生科 | 2.00 | 1.30 | 80 | 603466.SH | 风语筑 | 1.20 | 1.19 |
| 34 | 688099.SH | 晶晨股份 | 1.97 | 0.28 | 81 | 603515.SH | 欧普照明 | 1.20 | 1.06 |
| 35 | 688121.SH | 卓然股份 | 1.91 | 1.63 | 82 | 603039.SH | ST 泛微 | 1.20 | 1.11 |
| 36 | 688133.SH | 泰坦科技 | 1.89 | 1.70 | 83 | 605398.SH | 新炬网络 | 1.19 | 2.43 |
| 37 | 600196.SH | 复星医药 | 1.85 | 1.43 | 84 | 301156.SZ | 美农生物 | 1.18 | 1.11 |
| 38 | 688682.SH | 霍莱沃 | 1.80 | 1.62 | 85 | 603855.SH | 华荣股份 | 1.13 | 0.78 |
| 39 | 601607.SH | 上海医药 | 1.79 | 1.58 | 86 | 688213.SH | 思特威 -W | 1.11 | 1.06 |
| 40 | 688012.SH | 中微公司 | 1.76 | 0.92 | 87 | 603192.SH | 汇得科技 | 1.10 | 1.16 |
| 41 | 603579.SH | 荣泰健康 | 1.75 | 1.42 | 88 | 601328.SH | 交通银行 | 1.10 | 0.99 |
| 42 | 605222.SH | 起帆电缆 | 1.71 | 1.10 | 89 | 601825.SH | 沪农商行 | 1.08 | 0.94 |
| 43 | 688519.SH | 南亚新材 | 1.70 | 0.69 | 90 | 600019.SH | 宝钢股份 | 1.07 | 0.57 |
| 44 | 301166.SZ | 优宁维 | 1.66 | 1.18 | 91 | 600663.SH | 陆家嘴 | 1.07 | 0.99 |
| 45 | 601211.SH | 国泰君安 | 1.65 | 1.20 | 92 | 688265.SH | 南模生物 | 1.04 | 0.78 |
| 46 | 603899.SH | 晨光股份 | 1.65 | 1.36 | 93 | 600171.SH | 上海贝岭 | 1.04 | 0.75 |
| 47 | 831305.BJ | 海希通讯 | 1.63 | 1.71 | 94 | 301070.SZ | 开勒股份 | 1.03 | 1.31 |

（续表）

| 序号 | 代码 | 公司简称 | 每股收益 | | 序号 | 代码 | 公司简称 | 每股收益 | |
|---|---|---|---|---|---|---|---|---|---|
| | | | 2021 年 | 2020 年 | | | | 2021 年 | 2020 年 |
| 95 | 605136.SH | 丽人丽妆 | 1.03 | 0.92 | 142 | 600061.SH | 国投资本 | 0.73 | 0.97 |
| 96 | 002346.SZ | 柘中股份 | 1.02 | 0.35 | 143 | 688008.SH | 澜起科技 | 0.73 | 0.98 |
| 97 | 600655.SH | 豫园股份 | 1.00 | 0.93 | 144 | 600958.SH | 东方证券 | 0.73 | 0.38 |
| 98 | 300642.SZ | 透景生命 | 0.99 | 1.33 | 145 | 601788.SH | 光大证券 | 0.72 | 0.50 |
| 99 | 600837.SH | 海通证券 | 0.98 | 0.90 | 146 | 600643.SH | 爱建集团 | 0.71 | 0.83 |
| 100 | 603786.SH | 科博达 | 0.97 | 1.29 | 147 | 688385.SH | 复旦微电 | 0.69 | 0.19 |
| 101 | 600315.SH | 上海家化 | 0.97 | 0.64 | 148 | 301001.SZ | 凯淳股份 | 0.68 | 1.41 |
| 102 | 300892.SZ | 品渥食品 | 0.95 | 1.67 | 149 | 688082.SH | 盛美上海 | 0.68 | 0.50 |
| 103 | 688217.SH | 睿昂基因 | 0.95 | 0.93 | 150 | 603728.SH | 鸣志电器 | 0.67 | 0.48 |
| 104 | 002636.SZ | 金安国纪 | 0.95 | 0.25 | 151 | 603108.SH | 润达医疗 | 0.66 | 0.57 |
| 105 | 688163.SH | 赛伦生物 | 0.94 | 0.78 | 152 | 603987.SH | 康德莱 | 0.66 | 0.46 |
| 106 | 300226.SZ | 上海钢联 | 0.93 | 1.13 | 153 | 688596.SH | 正帆科技 | 0.66 | 0.58 |
| 107 | 688071.SH | 华依科技 | 0.93 | 0.77 | 154 | 600081.SH | 东风科技 | 0.66 | 0.31 |
| 108 | 688155.SH | 先惠技术 | 0.93 | 0.96 | 155 | 301037.SZ | 保立佳 | 0.66 | 1.33 |
| 109 | 605339.SH | 南侨食品 | 0.92 | 0.90 | 156 | 300508.SZ | 维宏股份 | 0.65 | 0.32 |
| 110 | 600846.SH | 同济科技 | 0.92 | 0.95 | 157 | 603128.SH | 华贸物流 | 0.65 | 0.41 |
| 111 | 688085.SH | 三友医疗 | 0.91 | 0.63 | 158 | 300501.SZ | 海顺新材 | 0.64 | 0.67 |
| 112 | 002158.SZ | 汉钟精机 | 0.91 | 0.68 | 159 | 600018.SH | 上港集团 | 0.63 | 0.36 |
| 113 | 603329.SH | 上海雅仕 | 0.90 | 0.49 | 160 | 300762.SZ | 上海瀚讯 | 0.62 | 0.78 |
| 114 | 688123.SH | 聚辰股份 | 0.90 | 1.35 | 161 | 300802.SZ | 矩子科技 | 0.62 | 0.55 |
| 115 | 603690.SH | 至纯科技 | 0.89 | 1.01 | 162 | 601200.SH | 上海环境 | 0.61 | 0.64 |
| 116 | 688335.SH | 复洁环保 | 0.89 | 1.11 | 163 | 600848.SH | 上海临港 | 0.61 | 0.67 |
| 117 | 002568.SZ | 百润股份 | 0.89 | 1.03 | 164 | 833346.BJ | 威贸电子 | 0.60 | 0.51 |
| 118 | 688160.SH | 步科股份 | 0.89 | 1.02 | 165 | 301060.SZ | 兰卫医学 | 0.58 | 0.31 |
| 119 | 688179.SH | 阿拉丁 | 0.89 | 0.93 | 166 | 603020.SH | 爱普股份 | 0.57 | 0.53 |
| 120 | 605128.SH | 上海沿浦 | 0.88 | 1.25 | 167 | 603730.SH | 岱美股份 | 0.57 | 0.68 |
| 121 | 605186.SH | 健麾信息 | 0.86 | 0.94 | 168 | 600841.SH | 动力新科 | 0.56 | 0.24 |
| 122 | 601231.SH | 环旭电子 | 0.85 | 0.80 | 169 | 301228.SZ | 实朴检测 | 0.56 | 0.53 |
| 123 | 300286.SZ | 安科瑞 | 0.84 | 0.60 | 170 | 600420.SH | 国药现代 | 0.55 | 0.63 |
| 124 | 301046.SZ | 能辉科技 | 0.83 | 0.80 | 171 | 600284.SH | 浦东建设 | 0.55 | 0.46 |
| 125 | 300059.SZ | 东方财富 | 0.83 | 0.58 | 172 | 600637.SH | 东方明珠 | 0.55 | 0.47 |
| 126 | 600648.SH | 外高桥 | 0.83 | 0.64 | 173 | 603650.SH | 彤程新材 | 0.55 | 0.70 |
| 127 | 300627.SZ | 华测导航 | 0.82 | 0.58 | 174 | 688212.SH | 澳华内镜 | 0.55 | 0.19 |
| 128 | 600500.SH | 中化国际 | 0.80 | 0.11 | 175 | 688728.SH | 格科微 | 0.54 | 0.37 |
| 129 | 603037.SH | 凯众股份 | 0.80 | 0.78 | 176 | 603006.SH | 联明股份 | 0.54 | 0.43 |
| 130 | 600835.SH | 上海机电 | 0.79 | 1.10 | 177 | 300590.SZ | 移为通信 | 0.53 | 0.38 |
| 131 | 600097.SH | 开创国际 | 0.79 | 0.59 | 178 | 600629.SH | 华建集团 | 0.52 | 0.33 |
| 132 | 688129.SH | 东来技术 | 0.78 | 0.82 | 179 | 002328.SZ | 新朋股份 | 0.52 | 0.19 |
| 133 | 605050.SH | 福然德 | 0.78 | 0.81 | 180 | 600508.SH | 上海能源 | 0.52 | 0.92 |
| 134 | 688590.SH | 新致软件 | 0.78 | 0.58 | 181 | 603214.SH | 爱婴室 | 0.52 | 0.83 |
| 135 | 688110.SH | 东芯股份 | 0.77 | 0.06 | 182 | 601828.SH | 美凯龙 | 0.51 | 0.44 |
| 136 | 605151.SH | 西上海 | 0.77 | 1.06 | 183 | 601702.SH | 华峰铝业 | 0.50 | 0.31 |
| 137 | 600820.SH | 隧道股份 | 0.76 | 0.72 | 184 | 601866.SH | 中远海发 | 0.50 | 0.16 |
| 138 | 300999.SZ | 金龙鱼 | 0.76 | 1.21 | 185 | 601611.SH | 中国核建 | 0.49 | 0.43 |
| 139 | 600850.SH | 电科数字 | 0.76 | 0.74 | 186 | 600606.SH | 绿地控股 | 0.48 | 1.23 |
| 140 | 300899.SZ | 上海凯鑫 | 0.75 | 0.85 | 187 | 600895.SH | 张江高科 | 0.48 | 1.18 |
| 141 | 300398.SZ | 飞凯材料 | 0.75 | 0.45 | 188 | 600597.SH | 光明乳业 | 0.48 | 0.50 |

(续表)

| 序号 | 代码 | 公司简称 | 每股收益 | | 序号 | 代码 | 公司简称 | 每股收益 | |
|---|---|---|---|---|---|---|---|---|---|
| | | | 2021年 | 2020年 | | | | 2021年 | 2020年 |
| 189 | 601872.SH | 招商轮船 | 0.48 | 0.41 | 236 | 600748.SH | 上实发展 | 0.27 | 0.03 |
| 190 | 603012.SH | 创力集团 | 0.48 | 0.57 | 237 | 688098.SH | 申联生物 | 0.27 | 0.32 |
| 191 | 831961.BJ | 创远信科 | 0.47 | 0.63 | 238 | 603122.SH | 合富中国 | 0.27 | 0.24 |
| 192 | 600621.SH | 华鑫股份 | 0.47 | 0.67 | 239 | 603159.SH | 上海亚虹 | 0.27 | 0.29 |
| 193 | 603956.SH | 威派格 | 0.47 | 0.40 | 240 | 603083.SH | 剑桥科技 | 0.27 | −1.12 |
| 194 | 603330.SH | 上海天洋 | 0.47 | 0.34 | 241 | 603580.SH | 艾艾精工 | 0.26 | 0.23 |
| 195 | 688660.SH | 电气风电 | 0.46 | 0.52 | 242 | 600823.SH | 世茂股份 | 0.26 | 0.41 |
| 196 | 603131.SH | 上海沪工 | 0.45 | 0.38 | 243 | 601968.SH | 宝钢包装 | 0.26 | 0.19 |
| 197 | 600278.SH | 东方创业 | 0.44 | 0.35 | 244 | 603121.SH | 华培动力 | 0.26 | 0.23 |
| 198 | 605598.SH | 上海港湾 | 0.44 | 0.84 | 245 | 603682.SH | 锦和商管 | 0.26 | 0.35 |
| 199 | 002401.SZ | 中远海科 | 0.43 | 0.63 | 246 | 603496.SH | 恒为科技 | 0.26 | 0.18 |
| 200 | 002706.SZ | 良信股份 | 0.42 | 0.49 | 247 | 600838.SH | 上海九百 | 0.26 | 0.13 |
| 201 | 300378.SZ | 鼎捷软件 | 0.42 | 0.46 | 248 | 603918.SH | 金桥信息 | 0.25 | 0.38 |
| 202 | 600827.SH | 百联股份 | 0.42 | 0.45 | 249 | 002561.SZ | 徐家汇 | 0.25 | 0.18 |
| 203 | 300963.SZ | 中洲特材 | 0.42 | 0.68 | 250 | 300230.SZ | 永利股份 | 0.25 | −0.67 |
| 204 | 688118.SH | 普元信息 | 0.42 | 0.33 | 251 | 300483.SZ | 首华燃气 | 0.24 | 0.85 |
| 205 | 600641.SH | 万业企业 | 0.41 | 0.35 | 252 | 002527.SZ | 新时达 | 0.24 | 0.14 |
| 206 | 301062.SZ | 上海艾录 | 0.40 | 0.32 | 253 | 600622.SH | 光大嘉宝 | 0.24 | 0.28 |
| 207 | 603648.SH | 畅联股份 | 0.39 | 0.30 | 254 | 600650.SH | 锦江在线 | 0.24 | 0.44 |
| 208 | 603068.SH | 博通集成 | 0.39 | 0.24 | 255 | 300326.SZ | 凯利泰 | 0.22 | −0.18 |
| 209 | 002116.SZ | 中国海诚 | 0.39 | 0.15 | 256 | 600826.SH | 兰生股份 | 0.22 | 0.26 |
| 210 | 002184.SZ | 海得控制 | 0.38 | 0.53 | 257 | 600833.SH | 第一医药 | 0.22 | 0.31 |
| 211 | 600210.SH | 紫江企业 | 0.37 | 0.37 | 258 | 300170.SZ | 汉得信息 | 0.22 | 0.07 |
| 212 | 002825.SZ | 纳尔股份 | 0.36 | 0.65 | 259 | 600517.SH | 国网英大 | 0.21 | 0.21 |
| 213 | 600649.SH | 城投控股 | 0.36 | 0.30 | 260 | 600679.SH | 上海凤凰 | 0.21 | 0.15 |
| 214 | 830799.BJ | 艾融软件 | 0.36 | 0.70 | 261 | 688505.SH | 复旦张江 | 0.21 | 0.17 |
| 215 | 603790.SH | 雅运股份 | 0.36 | 0.29 | 262 | 603960.SH | 克来机电 | 0.19 | 0.51 |
| 216 | 600170.SH | 上海建工 | 0.36 | 0.34 | 263 | 600696.SH | 岩石股份 | 0.19 | 0.02 |
| 217 | 300129.SZ | 泰胜风能 | 0.36 | 0.49 | 264 | 002252.SZ | 上海莱士 | 0.19 | 0.21 |
| 218 | 601696.SH | 中银证券 | 0.35 | 0.32 | 265 | 600602.SH | 云赛智联 | 0.19 | 0.18 |
| 219 | 603196.SH | 日播时尚 | 0.34 | −0.20 | 266 | 600688.SH | 上海石化 | 0.19 | 0.06 |
| 220 | 688718.SH | 唯赛勃 | 0.34 | 0.36 | 267 | 603633.SH | 徕木股份 | 0.18 | 0.19 |
| 221 | 603881.SH | 数据港 | 0.34 | 0.63 | 268 | 603009.SH | 北特科技 | 0.18 | 0.08 |
| 222 | 600619.SH | 海立股份 | 0.34 | 0.19 | 269 | 603683.SH | 晶华新材 | 0.18 | 1.23 |
| 223 | 603232.SH | 格尔软件 | 0.34 | 0.32 | 270 | 300272.SZ | 开能健康 | 0.18 | 0.05 |
| 224 | 300236.SZ | 上海新阳 | 0.34 | 0.94 | 271 | 301025.SZ | 读客文化 | 0.18 | 0.14 |
| 225 | 600642.SH | 申能股份 | 0.33 | 0.49 | 272 | 002454.SZ | 松芝股份 | 0.18 | 0.39 |
| 226 | 600882.SH | 妙可蓝多 | 0.33 | 0.15 | 273 | 600620.SH | 天宸股份 | 0.18 | 0.15 |
| 227 | 603200.SH | 上海洗霸 | 0.33 | 0.35 | 274 | 300253.SZ | 卫宁健康 | 0.18 | 0.23 |
| 228 | 600073.SH | 上海梅林 | 0.32 | 0.43 | 275 | 603619.SH | 中曼石油 | 0.17 | −1.22 |
| 229 | 600836.SH | 上海易连 | 0.31 | 0.35 | 276 | 600638.SH | 新黄浦 | 0.16 | 0.40 |
| 230 | 600662.SH | 外服控股 | 0.31 | 0.06 | 277 | 600834.SH | 申通地铁 | 0.15 | 0.15 |
| 231 | 300257.SZ | 开山股份 | 0.31 | 0.30 | 278 | 603256.SH | 宏和科技 | 0.14 | 0.13 |
| 232 | 600822.SH | 上海物贸 | 0.30 | 0.23 | 279 | 688238.SH | 和元生物 | 0.14 | 0.32 |
| 233 | 600605.SH | 汇通能源 | 0.29 | 0.34 | 280 | 600611.SH | 大众交通 | 0.14 | 0.23 |
| 234 | 300609.SZ | 汇纳科技 | 0.29 | −0.07 | 281 | 300039.SZ | 上海凯宝 | 0.13 | 0.10 |
| 235 | 603189.SH | 网达软件 | 0.28 | 0.32 | 282 | 603056.SH | 德邦股份 | 0.13 | 0.59 |

(续表)

| 序号 | 代码 | 公司简称 | 每股收益 | | 序号 | 代码 | 公司简称 | 每股收益 | |
|---|---|---|---|---|---|---|---|---|---|
| | | | 2021 年 | 2020 年 | | | | 2021 年 | 2020 年 |
| 283 | 300245.SZ | 天玑科技 | 0.13 | 0.12 | 330 | 601021.SH | 春秋航空 | 0.04 | −0.64 |
| 284 | 600675.SH | 中华企业 | 0.13 | 0.23 | 331 | 600626.SH | 申达股份 | 0.04 | −0.95 |
| 285 | 600613.SH | 神奇制药 | 0.13 | −0.64 | 332 | 600490.SH | 鹏欣资源 | 0.03 | 0.21 |
| 286 | 600692.SH | 亚通股份 | 0.13 | 0.17 | 333 | 600825.SH | 新华传媒 | 0.03 | −0.28 |
| 287 | 002278.SZ | 神开股份 | 0.12 | 0.08 | 334 | 300126.SZ | 锐奇股份 | 0.03 | 0.04 |
| 288 | 300493.SZ | 润欣科技 | 0.12 | 0.09 | 335 | 688336.SH | 三生国健 | 0.03 | −0.37 |
| 289 | 600818.SH | 中路股份 | 0.12 | 0.30 | 336 | 002451.SZ | 摩恩电气 | 0.03 | 0.02 |
| 290 | 600819.SH | 耀皮玻璃 | 0.11 | 0.19 | 337 | 688521.SH | 芯原股份 −U | 0.03 | −0.06 |
| 291 | 600628.SH | 新世界 | 0.11 | 0.11 | 338 | 688585.SH | 上纬新材 | 0.03 | 0.32 |
| 292 | 600851.SH | 海欣股份 | 0.11 | 0.10 | 339 | 300153.SZ | 科泰电源 | 0.03 | −0.53 |
| 293 | 600072.SH | 中船科技 | 0.11 | 0.20 | 340 | 002486.SZ | 嘉麟杰 | 0.02 | 0.02 |
| 294 | 600843.SH | 上工申贝 | 0.10 | 0.16 | 341 | 002858.SZ | 力盛体育 | 0.02 | −0.41 |
| 295 | 600635.SH | 大众公用 | 0.10 | 0.17 | 342 | 002324.SZ | 普利特 | 0.02 | 0.47 |
| 296 | 300067.SZ | 安诺其 | 0.10 | 0.12 | 343 | 300074.SZ | 华平股份 | 0.02 | 0.04 |
| 297 | 603022.SH | 新通联 | 0.10 | 0.18 | 344 | 300008.SZ | 天海防务 | 0.02 | 0.03 |
| 298 | 002058.SZ | 威尔泰 | 0.10 | −0.01 | 345 | 600676.SH | 交运股份 | 0.01 | −0.20 |
| 299 | 000863.SZ | 三湘印象 | 0.10 | 0.23 | 346 | 002178.SZ | 延华智能 | 0.01 | −0.38 |
| 300 | 600754.SH | 锦江酒店 | 0.10 | 0.12 | 347 | 601519.SH | 大智慧 | 0.01 | 0.04 |
| 301 | 603777.SH | 来伊份 | 0.09 | −0.19 | 348 | 600608.SH | ST 沪科 | 0.00 | 0.01 |
| 302 | 600272.SH | 开开实业 | 0.09 | 0.06 | 349 | 600088.SH | 中视传媒 | −0.01 | −0.27 |
| 303 | 600824.SH | 益民集团 | 0.09 | 0.17 | 350 | 600615.SH | *ST 丰华 | −0.01 | 0.01 |
| 304 | 002669.SZ | 康达新材 | 0.09 | 0.85 | 351 | 600616.SH | 金枫酒业 | −0.02 | 0.02 |
| 305 | 601616.SH | 广电电气 | 0.09 | 0.08 | 352 | 002565.SZ | 顺灏股份 | −0.03 | 0.01 |
| 306 | 300380.SZ | 安硕信息 | 0.08 | 0.45 | 353 | 600708.SH | 光明地产 | −0.04 | −0.03 |
| 307 | 603718.SH | 海利生物 | 0.08 | 0.01 | 354 | 688091.SH | 上海谊众 −U | −0.05 | −0.28 |
| 308 | 600320.SH | 振华重工 | 0.08 | 0.08 | 355 | 600732.SH | 爱旭股份 | −0.06 | 0.42 |
| 309 | 603895.SH | 天永智能 | 0.07 | 0.11 | 356 | 688538.SH | 和辉光电 −U | −0.08 | −0.10 |
| 310 | 603226.SH | 菲林格尔 | 0.07 | 0.29 | 357 | 688107.SH | 安路科技 −U | −0.09 | −0.02 |
| 311 | 300017.SZ | 网宿科技 | 0.07 | 0.09 | 358 | 603499.SH | 翔港科技 | −0.09 | 0.04 |
| 312 | 688206.SH | 概伦电子 | 0.07 | 0.17 | 359 | 300442.SZ | 普丽盛 | −0.12 | −2.27 |
| 313 | 002195.SZ | 二三四五 | 0.07 | −0.16 | 360 | 300222.SZ | 科大智能 | −0.13 | −0.39 |
| 314 | 600503.SH | 华丽家族 | 0.06 | 0.09 | 361 | 600624.SH | 复旦复华 | −0.15 | −0.09 |
| 315 | 300330.SZ | 华虹计通 | 0.06 | 0.04 | 362 | 600094.SH | 大名城 | −0.17 | 0.18 |
| 316 | 600604.SH | 市北高新 | 0.06 | 0.09 | 363 | 600651.SH | 飞乐音响 | −0.18 | 0.19 |
| 317 | 600689.SH | 上海三毛 | 0.06 | −0.18 | 364 | 002269.SZ | 美邦服饰 | −0.19 | −0.34 |
| 318 | 300168.SZ | 万达信息 | 0.06 | −1.10 | 365 | 600816.SH | ST 安信 | −0.21 | −1.23 |
| 319 | 688126.SH | 沪硅产业 −U | 0.06 | 0.04 | 366 | 300225.SZ | 金力泰 | −0.23 | 0.19 |
| 320 | 002162.SZ | 悦心健康 | 0.05 | 0.07 | 367 | 603885.SH | 吉祥航空 | −0.25 | −0.24 |
| 321 | 300551.SZ | 古鳌科技 | 0.05 | 0.12 | 368 | 600532.SH | *ST 未来 | −0.31 | 0.03 |
| 322 | 601595.SH | 上海电影 | 0.05 | −0.96 | 369 | 002506.SZ | 协鑫集成 | −0.34 | −0.52 |
| 323 | 600150.SH | 中国船舶 | 0.05 | 0.07 | 370 | 600119.SH | 长江投资 | −0.37 | −0.32 |
| 324 | 600193.SH | 创兴资源 | 0.05 | 0.14 | 371 | 603003.SH | 龙宇燃油 | −0.38 | −0.17 |
| 325 | 600530.SH | 交大昂立 | 0.05 | 0.12 | 372 | 300469.SZ | 信息发展 | −0.39 | −0.31 |
| 326 | 600647.SH | 同达创业 | 0.04 | 0.08 | 373 | 600640.SH | 新国脉 | −0.45 | 0.01 |
| 327 | 600151.SH | 航天机电 | 0.04 | 0.12 | 374 | 300061.SZ | 旗天科技 | −0.55 | −1.11 |
| 328 | 300180.SZ | 华峰超纤 | 0.04 | −0.28 | 375 | 600601.SH | *ST 方科 | −0.55 | −0.42 |
| 329 | 688578.SH | 艾力斯 −U | 0.04 | −0.84 | 376 | 601727.SH | 上海电气 | −0.64 | 0.25 |

（续表）

| 序号 | 代码 | 公司简称 | 每股收益 | | 序号 | 代码 | 公司简称 | 每股收益 | |
|---|---|---|---|---|---|---|---|---|---|
| | | | 2021年 | 2020年 | | | | 2021年 | 2020年 |
| 377 | 603729.SH | 龙韵股份 | −0.68 | −0.23 | 388 | 600026.SH | 中远海能 | −1.04 | 0.52 |
| 378 | 600630.SH | 龙头股份 | −0.72 | −0.69 | 389 | 300578.SZ | 会畅通讯 | −1.31 | 0.72 |
| 379 | 300511.SZ | 雪榕生物 | −0.72 | 0.57 | 390 | 603887.SH | 城地香江 | −1.47 | 1.05 |
| 380 | 600115.SH | 中国东航 | −0.73 | −0.72 | 391 | 688158.SH | 优刻得−W | −1.50 | −0.82 |
| 381 | 600661.SH | 昂立教育 | −0.77 | −0.91 | 392 | 688220.SH | 翱捷科技−U | −1.57 | −6.96 |
| 382 | 600021.SH | 上海电力 | −0.77 | 0.29 | 393 | 002211.SZ | ST宏达 | −1.66 | 0.12 |
| 383 | 688180.SH | 君实生物−U | −0.81 | −2.03 | 394 | 603378.SH | 亚士创能 | −1.84 | 1.62 |
| 384 | 300336.SZ | *ST新文 | −0.81 | −2.07 | 395 | 300262.SZ | 巴安水务 | −1.95 | −0.70 |
| 385 | 600009.SH | 上海机场 | −0.89 | −0.66 | 396 | 603030.SH | 全筑股份 | −2.34 | 0.25 |
| 386 | 600636.SH | 国新文化 | −0.96 | 0.35 | 397 | 688062.SH | 迈威生物−U | −2.57 | −2.26 |
| 387 | 300462.SZ | 华铭智能 | −1.01 | 0.68 | | | | | |

# 上海工商类上市公司 2021 年度净利润排序

（单位：万元）

| 序号 | 代码 | 公司简称 | 净利润 2021 年 | 净利润 2020 年 | 序号 | 代码 | 公司简称 | 净利润 2021 年 | 净利润 2020 年 |
|---|---|---|---|---|---|---|---|---|---|
| 1 | 601328.SH | 交通银行 | 8893900.00 | 79570000000.00 | 48 | 002028.SZ | 思源电气 | 127231.77 | 993835101.87 |
| 2 | 600000.SH | 浦发银行 | 5376600.00 | 58993000000.00 | 49 | 688728.SH | 格科微 | 125844.71 | 773230154.00 |
| 3 | 600104.SH | 上汽集团 | 3394175.89 | 29188050869.17 | 50 | 600675.SH | 中华企业 | 118191.85 | 1983806342.86 |
| 4 | 601601.SH | 中国太保 | 2761800.00 | 25352000000.00 | 51 | 600835.SH | 上海机电 | 117259.81 | 1785741637.63 |
| 5 | 600019.SH | 宝钢股份 | 2645502.07 | 13985383322.76 | 52 | 600643.SH | 爱建集团 | 115237.96 | 1351983577.88 |
| 6 | 601229.SH | 上海银行 | 2208036.80 | 20914871000.00 | 53 | 002022.SZ | *ST 科华 | 114503.93 | 1142202571.03 |
| 7 | 600018.SH | 上港集团 | 1548072.00 | 9183403328.66 | 54 | 688012.SH | 中微公司 | 101126.98 | 492306518.50 |
| 8 | 601211.SH | 国泰君安 | 1530254.20 | 11737069905.00 | 55 | 601696.SH | 中银证券 | 96313.45 | 884918690.45 |
| 9 | 600837.SH | 海通证券 | 1374786.24 | 12037229305.93 | 56 | 600648.SH | 外高桥 | 95041.73 | 769441720.56 |
| 10 | 688981.SH | 中芯国际 | 1120250.50 | 4021326000.00 | 57 | 603128.SH | 华贸物流 | 93311.93 | 576187039.05 |
| 11 | 601825.SH | 沪农商行 | 1004691.90 | 8418573000.00 | 58 | 603515.SH | 欧普照明 | 91025.19 | 799846017.20 |
| 12 | 600606.SH | 绿地控股 | 944280.85 | 21135659525.97 | 59 | 600649.SH | 城投控股 | 89733.85 | 769379397.57 |
| 13 | 300059.SZ | 东方财富 | 855292.77 | 4778104850.74 | 60 | 300171.SZ | 东富龙 | 88616.89 | 481387556.16 |
| 14 | 600741.SH | 华域汽车 | 799148.76 | 6978084049.14 | 61 | 601200.SH | 上海环境 | 83433.80 | 746018754.55 |
| 15 | 600500.SH | 中化国际 | 656968.08 | 1741335844.73 | 62 | 688008.SH | 澜起科技 | 82913.75 | 1103683466.93 |
| 16 | 601607.SH | 上海医药 | 627456.94 | 5605264037.24 | 63 | 688099.SH | 晶晨股份 | 82790.67 | 114302284.41 |
| 17 | 601866.SH | 中远海发 | 609068.20 | 2130516797.52 | 64 | 600420.SH | 国药现代 | 82114.59 | 900046866.22 |
| 18 | 600958.SH | 东方证券 | 537313.92 | 2721763792.52 | 65 | 600841.SH | 动力新科 | 80037.56 | 227627107.50 |
| 19 | 600061.SH | 国投资本 | 530818.74 | 4706347517.22 | 66 | 688317.SH | 之江生物 | 75852.49 | 932009443.50 |
| 20 | 600663.SH | 陆家嘴 | 501567.86 | 5013426078.36 | 67 | 600171.SH | 上海贝岭 | 73755.09 | 541764807.47 |
| 21 | 600196.SH | 复星医药 | 498743.81 | 3939979772.17 | 68 | 688368.SH | 晶丰明源 | 71083.73 | 69750211.51 |
| 22 | 603501.SH | 韦尔股份 | 454588.13 | 2683121717.76 | 69 | 002636.SZ | 金安国纪 | 70100.82 | 183608810.95 |
| 23 | 300999.SZ | 金龙鱼 | 448870.50 | 6564815000.00 | 70 | 603587.SH | 地素时尚 | 68948.38 | 629857514.34 |
| 24 | 601156.SH | 东航物流 | 421260.58 | 2723506239.03 | 71 | 605222.SH | 起帆电缆 | 68329.47 | 410341896.32 |
| 25 | 600170.SH | 上海建工 | 404809.47 | 3222309605.94 | 72 | 002568.SZ | 百润股份 | 66447.50 | 535487760.41 |
| 26 | 600655.SH | 豫园股份 | 392665.96 | 4023253336.78 | 73 | 600846.SH | 同济科技 | 64941.00 | 871047850.89 |
| 27 | 601872.SH | 招商轮船 | 365857.00 | 2811914012.09 | 74 | 600315.SH | 上海家化 | 64925.19 | 430201656.84 |
| 28 | 601788.SH | 光大证券 | 356320.60 | 2466392430.64 | 75 | 600895.SH | 张江高科 | 64831.05 | 1732652858.38 |
| 29 | 600623.SH | 华谊集团 | 353072.01 | 407143805.61 | 76 | 688065.SH | 凯赛生物 | 64668.45 | 457340988.40 |
| 30 | 600612.SH | 老凤祥 | 244724.45 | 2072331290.33 | 77 | 603868.SH | 飞科电器 | 63832.36 | 636916936.70 |
| 31 | 600820.SH | 隧道股份 | 242679.19 | 2306775403.67 | 78 | 600827.SH | 百联股份 | 63278.73 | 795469200.64 |
| 32 | 603565.SH | 中谷物流 | 240636.71 | 1023512776.91 | 79 | 600210.SH | 紫江企业 | 60266.89 | 594636610.77 |
| 33 | 601611.SH | 中国核建 | 219830.24 | 1752272314.58 | 80 | 603108.SH | 润达医疗 | 59820.07 | 503830450.06 |
| 34 | 601828.SH | 美凯龙 | 218900.00 | 2064077402.97 | 81 | 600662.SH | 外服控股 | 58671.45 | 56355004.26 |
| 35 | 600823.SH | 世茂股份 | 213549.47 | 3248858247.03 | 82 | 600748.SH | 上实发展 | 57691.30 | −160624143.72 |
| 36 | 600688.SH | 上海石化 | 200368.10 | 639436000.00 | 83 | 002605.SZ | 姚记科技 | 56730.39 | 1134081248.86 |
| 37 | 600637.SH | 东方明珠 | 194409.76 | 1561119320.99 | 84 | 600597.SH | 光明乳业 | 56689.36 | 785141962.00 |
| 38 | 600845.SH | 宝信软件 | 190876.72 | 1360078975.63 | 85 | 688385.SH | 复旦微电 | 55932.47 | 160282030.02 |
| 39 | 600848.SH | 上海临港 | 186026.82 | 1630803386.57 | 86 | 688188.SH | 柏楚电子 | 54892.69 | 369611314.60 |
| 40 | 601231.SH | 环旭电子 | 185669.30 | 1733565231.97 | 87 | 600284.SH | 浦东建设 | 53799.85 | 455631434.82 |
| 41 | 603659.SH | 璞泰来 | 178287.54 | 726937911.79 | 88 | 600320.SH | 振华重工 | 52834.56 | 416135431.00 |
| 42 | 600642.SH | 申能股份 | 177607.62 | 3039981868.56 | 89 | 688660.SH | 电气风电 | 50701.59 | 416685067.21 |
| 43 | 600618.SH | 氯碱化工 | 175576.69 | 601357937.66 | 90 | 601702.SH | 华峰铝业 | 50012.97 | 249461484.97 |
| 44 | 600639.SH | 浦东金桥 | 157519.30 | 1100643251.72 | 91 | 600621.SH | 华鑫股份 | 49798.98 | 692602884.75 |
| 45 | 600517.SH | 国网英大 | 155639.76 | 1503486491.11 | 92 | 002158.SZ | 汉钟精机 | 48783.42 | 364590173.53 |
| 46 | 603899.SH | 晨光股份 | 153359.57 | 1238373726.00 | 93 | 688301.SH | 奕瑞科技 | 48457.41 | 223093985.30 |
| 47 | 002252.SZ | 上海莱士 | 128894.76 | 1318590356.80 | 94 | 600708.SH | 光明地产 | 46557.27 | 132890744.55 |

（续表）

| 序号 | 代码 | 公司简称 | 净利润 | | 序号 | 代码 | 公司简称 | 净利润 | |
|---|---|---|---|---|---|---|---|---|---|
| | | | 2021年 | 2020年 | | | | 2021年 | 2020年 |
| 95 | 600278.SH | 东方创业 | 46108.33 | 334544678.42 | 142 | 601968.SH | 宝钢包装 | 28992.39 | 209872432.03 |
| 96 | 002328.SZ | 新朋股份 | 44697.68 | 199376947.71 | 143 | 300627.SZ | 华测导航 | 28968.30 | 198239532.72 |
| 97 | 603466.SH | 风语筑 | 43883.59 | 342510875.26 | 144 | 688798.SH | 艾为电子 | 28834.91 | 101689549.02 |
| 98 | 603713.SH | 密尔克卫 | 43596.55 | 289788566.67 | 145 | 688202.SH | 美迪西 | 28464.76 | 134189488.26 |
| 99 | 600081.SH | 东风科技 | 43517.19 | 230738396.36 | 146 | 603690.SH | 至纯科技 | 28424.85 | 260750265.52 |
| 100 | 603786.SH | 科博达 | 42757.68 | 573970077.89 | 147 | 688110.SH | 东芯股份 | 28409.13 | 14076631.56 |
| 101 | 002346.SZ | 柘中股份 | 41995.17 | 155648950.82 | 148 | 688121.SH | 卓然股份 | 28271.75 | 244136347.04 |
| 102 | 603987.SH | 康德莱 | 41921.20 | 326333233.00 | 149 | 603728.SH | 鸣志电器 | 28151.80 | 201826930.91 |
| 103 | 002706.SZ | 良信股份 | 41852.98 | 375467233.97 | 150 | 688082.SH | 盛美上海 | 26624.82 | 196769941.64 |
| 104 | 603730.SH | 岱美股份 | 41606.55 | 393141523.30 | 151 | 301060.SZ | 兰卫医学 | 26161.68 | 134480813.52 |
| 105 | 688330.SH | 宏力达 | 41288.74 | 318198575.16 | 152 | 300129.SZ | 泰胜风能 | 25353.18 | 355979855.47 |
| 106 | 605136.SH | 丽人丽妆 | 40981.51 | 337800713.18 | 153 | 688680.SH | 海优新材 | 25217.84 | 223232234.39 |
| 107 | 600508.SH | 上海能源 | 40934.54 | 600566211.38 | 154 | 300762.SZ | 上海瀚讯 | 23503.91 | 167092712.11 |
| 108 | 688608.SH | 恒玄科技 | 40771.65 | 198390522.04 | 155 | 603020.SH | 爱普股份 | 23299.40 | 192710291.63 |
| 109 | 300398.SZ | 飞凯材料 | 40096.42 | 239182783.06 | 156 | 600150.SH | 中国船舶 | 23187.24 | 255855389.65 |
| 110 | 688519.SH | 南亚新材 | 39932.66 | 135756150.40 | 157 | 603579.SH | 荣泰健康 | 22803.36 | 180966460.44 |
| 111 | 688213.SH | 思特威－W | 39833.32 | 120989387.16 | 158 | 605208.SH | 永茂泰 | 22732.44 | 173221974.38 |
| 112 | 002195.SZ | 二三四五 | 39749.37 | −913003276.01 | 159 | 603681.SH | 永冠新材 | 22551.70 | 175501135.23 |
| 113 | 600635.SH | 大众公用 | 39217.53 | 594342272.45 | 160 | 600622.SH | 光大嘉宝 | 22345.22 | 378746869.42 |
| 114 | 600629.SH | 华建集团 | 39101.20 | 237552364.16 | 161 | 300230.SZ | 永利股份 | 21751.07 | −526673199.75 |
| 115 | 603855.SH | 华荣股份 | 39016.58 | 271923628.40 | 162 | 688505.SH | 复旦张江 | 21238.07 | 164259284.00 |
| 116 | 603365.SH | 水星家纺 | 38587.49 | 274539756.19 | 163 | 600836.SH | 上海易连 | 20804.85 | 265302282.45 |
| 117 | 300613.SZ | 富瀚微 | 38213.25 | 89798024.53 | 164 | 688018.SH | 乐鑫科技 | 19842.77 | 104051960.77 |
| 118 | 600611.SH | 大众交通 | 37780.55 | 570354557.71 | 165 | 600097.SH | 开创国际 | 19801.60 | 146126880.46 |
| 119 | 600641.SH | 万业企业 | 37694.86 | 295025895.88 | 166 | 603956.SH | 威派格 | 19636.05 | 170594410.69 |
| 120 | 300327.SZ | 中颖电子 | 37065.57 | 200107024.15 | 167 | 688085.SH | 三友医疗 | 19515.19 | 118558789.47 |
| 121 | 605339.SH | 南侨食品 | 36904.42 | 325601704.21 | 168 | 600882.SH | 妙可蓝多 | 19376.91 | 73984474.13 |
| 122 | 603236.SH | 移远通信 | 35833.74 | 189015964.80 | 169 | 301151.SZ | 冠龙节能 | 19231.44 | 111091216.79 |
| 123 | 603012.SH | 创力集团 | 35421.87 | 433910538.22 | 170 | 688131.SH | 皓元医药 | 19057.17 | 128433253.88 |
| 124 | 300253.SZ | 卫宁健康 | 35373.43 | 505525395.34 | 171 | 300170.SZ | 汉得信息 | 18995.47 | 61447381.02 |
| 125 | 300226.SZ | 上海钢联 | 35254.32 | 366310383.10 | 172 | 300326.SZ | 凯利泰 | 17499.37 | −124951301.13 |
| 126 | 688366.SH | 昊海生科 | 34728.40 | 226338474.13 | 173 | 605098.SH | 行动教育 | 17297.23 | 108454066.42 |
| 127 | 600850.SH | 电科数字 | 34546.91 | 335197128.47 | 174 | 300286.SZ | 安科瑞 | 17006.52 | 121439043.47 |
| 128 | 605050.SH | 福然德 | 34011.66 | 313010659.02 | 175 | 002184.SZ | 海得控制 | 17003.62 | 158521001.36 |
| 129 | 603886.SH | 元祖股份 | 33984.13 | 300020627.23 | 176 | 002527.SZ | 新时达 | 16918.59 | 92851081.81 |
| 130 | 688063.SH | 派能科技 | 31618.01 | 274485010.11 | 177 | 688596.SH | 正帆科技 | 16813.16 | 124258067.95 |
| 131 | 688016.SH | 心脉医疗 | 31351.19 | 214612907.37 | 178 | 300017.SZ | 网宿科技 | 16368.68 | 219504516.80 |
| 132 | 605338.SH | 巴比食品 | 31322.02 | 175132917.11 | 179 | 300642.SZ | 透景生命 | 16105.79 | 120552785.87 |
| 133 | 603650.SH | 彤程新材 | 30969.76 | 426597045.60 | 180 | 002116.SZ | 中国海诚 | 16078.74 | 63849636.02 |
| 134 | 300257.SZ | 开山股份 | 30890.03 | 263263714.90 | 181 | 002401.SZ | 中远海科 | 15675.75 | 192827616.34 |
| 135 | 603039.SH | ST泛微 | 30869.87 | 229407415.72 | 182 | 300590.SZ | 移为通信 | 15555.23 | 90468325.47 |
| 136 | 300983.SZ | 尤安设计 | 30338.27 | 293193070.17 | 183 | 603324.SH | 盛剑环境 | 15235.10 | 121609489.82 |
| 137 | 600754.SH | 锦江酒店 | 29934.74 | 239897718.31 | 184 | 603648.SH | 畅联股份 | 14880.12 | 112253599.03 |
| 138 | 600602.SH | 云赛智联 | 29222.06 | 288720952.82 | 185 | 600822.SH | 上海物贸 | 14692.59 | 123406162.30 |
| 139 | 603197.SH | 保隆科技 | 29160.97 | 132150665.41 | 186 | 600650.SH | 锦江在线 | 14691.56 | 266081526.87 |
| 140 | 688766.SH | 普冉股份 | 29115.06 | 86039458.44 | 187 | 603131.SH | 上海沪工 | 14561.16 | 121140793.97 |
| 141 | 600619.SH | 海立股份 | 29051.36 | 206884603.32 | 188 | 688126.SH | 沪硅产业－U | 14548.35 | 90002440.62 |

（续表）

| 序号 | 代码 | 公司简称 | 净利润 | | 序号 | 代码 | 公司简称 | 净利润 | |
|---|---|---|---|---|---|---|---|---|---|
| | | | 2021 年 | 2020 年 | | | | 2021 年 | 2020 年 |
| 189 | 600638.SH | 新黄浦 | 14528.94 | 315092473.07 | 236 | 605081.SH | 太和水 | 9094.09 | 161597989.13 |
| 190 | 688590.SH | 新致软件 | 14495.96 | 85127143.38 | 237 | 600824.SH | 益民集团 | 9029.98 | 176969754.46 |
| 191 | 603006.SH | 联明股份 | 14284.93 | 89677387.75 | 238 | 688179.SH | 阿拉丁 | 8936.08 | 74432146.09 |
| 192 | 301062.SZ | 上海艾录 | 14256.17 | 105615243.39 | 239 | 002825.SZ | 纳尔股份 | 8805.18 | 112003928.77 |
| 193 | 603056.SH | 德邦股份 | 14235.27 | 565137241.72 | 240 | 600503.SH | 华丽家族 | 8795.68 | 124925415.26 |
| 194 | 688133.SH | 泰坦科技 | 14228.87 | 101904225.04 | 241 | 603918.SH | 金桥信息 | 8761.68 | 88541987.98 |
| 195 | 300039.SZ | 上海凯宝 | 14011.13 | 106122746.60 | 242 | 603037.SH | 凯众股份 | 8542.55 | 81544196.64 |
| 196 | 002454.SZ | 松芝股份 | 14004.48 | 261125228.03 | 243 | 600843.SH | 上工申贝 | 8306.02 | 109305641.91 |
| 197 | 300483.SZ | 首华燃气 | 13856.65 | 288115084.66 | 244 | 603196.SH | 日播时尚 | 8129.28 | −80168433.70 |
| 198 | 600819.SH | 耀皮玻璃 | 13519.90 | 165572815.31 | 245 | 600072.SH | 中船科技 | 8058.04 | 139673695.78 |
| 199 | 603329.SH | 上海雅仕 | 13369.17 | 62187025.97 | 246 | 603122.SH | 合富中国 | 8016.45 | 72553855.68 |
| 200 | 001266.SZ | 宏英智能 | 13025.72 | 115008335.38 | 247 | 603232.SH | 格尔软件 | 7981.14 | 56920057.26 |
| 201 | 600604.SH | 市北高新 | 12961.23 | 181912628.20 | 248 | 603214.SH | 爱婴室 | 7975.96 | 127829888.00 |
| 202 | 600826.SH | 兰生股份 | 12861.30 | 144615785.56 | 249 | 600834.SH | 申通地铁 | 7890.80 | 79380264.64 |
| 203 | 605186.SH | 健麾信息 | 12716.26 | 106788728.00 | 250 | 688163.SH | 赛伦生物 | 7648.28 | 63173802.30 |
| 204 | 688019.SH | 安集科技 | 12508.41 | 153989118.92 | 251 | 301005.SZ | 超捷股份 | 7586.42 | 81274614.69 |
| 205 | 603256.SH | 宏和科技 | 12425.88 | 117078791.90 | 252 | 688160.SH | 步科股份 | 7478.07 | 72911253.62 |
| 206 | 600620.SH | 天宸股份 | 12002.65 | 102615817.21 | 253 | 301289.SZ | 国缆检测 | 7321.38 | 55677373.66 |
| 207 | 603682.SH | 锦和商管 | 11878.85 | 156312636.19 | 254 | 600490.SH | 鹏欣资源 | 7292.91 | 410880677.24 |
| 208 | 603192.SH | 汇得科技 | 11775.79 | 124220223.59 | 255 | 688155.SH | 先惠技术 | 7089.90 | 61044938.31 |
| 209 | 605289.SH | 罗曼股份 | 11765.85 | 108434921.15 | 256 | 600696.SH | 岩石股份 | 7065.03 | 7848435.31 |
| 210 | 300272.SZ | 开能健康 | 11710.25 | 50528634.07 | 257 | 301156.SZ | 美农生物 | 7055.77 | 66714040.83 |
| 211 | 301000.SZ | 肇民科技 | 11641.50 | 104832187.98 | 258 | 605128.SH | 上海沿浦 | 7048.02 | 81235233.05 |
| 212 | 688230.SH | 芯导科技 | 11452.63 | 74163820.94 | 259 | 600628.SH | 新世界 | 7002.92 | 71202143.66 |
| 213 | 002561.SZ | 徐家汇 | 11406.43 | 85781601.92 | 260 | 605398.SH | 新炬网络 | 6934.54 | 108539941.82 |
| 214 | 300915.SZ | 海融科技 | 11243.65 | 86828351.88 | 261 | 603121.SH | 华培动力 | 6803.69 | 58949684.50 |
| 215 | 300378.SZ | 鼎捷软件 | 11228.35 | 120546065.68 | 262 | 600613.SH | 神奇制药 | 6796.24 | −353473020.31 |
| 216 | 601616.SH | 广电电气 | 11216.18 | 103562147.17 | 263 | 603083.SH | 剑桥科技 | 6725.98 | −266308525.52 |
| 217 | 605151.SH | 西上海 | 11158.31 | 118042083.92 | 264 | 301025.SZ | 读客文化 | 6725.45 | 51551319.78 |
| 218 | 300947.SZ | 德必集团 | 10969.08 | 106041147.10 | 265 | 688682.SH | 霍莱沃 | 6662.78 | 44827274.71 |
| 219 | 300501.SZ | 海顺新材 | 10902.93 | 105427411.19 | 266 | 603790.SH | 雅运股份 | 6574.99 | 50523579.38 |
| 220 | 301166.SZ | 优宁维 | 10872.82 | 76487842.98 | 267 | 603619.SH | 中曼石油 | 6565.94 | −487164476.20 |
| 221 | 300067.SZ | 安诺其 | 10604.64 | 117112447.22 | 268 | 603189.SH | 网达软件 | 6555.78 | 71675931.00 |
| 222 | 603330.SH | 上海天洋 | 10558.94 | 54556233.12 | 269 | 688193.SH | 仁度生物 | 6461.89 | 61376519.62 |
| 223 | 688098.SH | 申联生物 | 10445.91 | 129367298.08 | 270 | 688335.SH | 复洁环保 | 6455.41 | 66733198.96 |
| 224 | 688123.SH | 聚辰股份 | 10368.60 | 162823428.37 | 271 | 300180.SZ | 华峰超纤 | 6214.05 | −484306446.33 |
| 225 | 301046.SZ | 能辉科技 | 10368.59 | 90193507.79 | 272 | 605598.SH | 上海港湾 | 6133.92 | 108398776.69 |
| 226 | 300236.SZ | 上海新阳 | 10333.10 | 276765891.24 | 273 | 688265.SH | 南模生物 | 6086.09 | 44555912.17 |
| 227 | 600838.SH | 上海九百 | 10245.07 | 53383407.63 | 274 | 688212.SH | 澳华内镜 | 5977.27 | 20695763.77 |
| 228 | 600679.SH | 上海凤凰 | 10049.64 | 107399846.46 | 275 | 688071.SH | 华依科技 | 5908.07 | 44850680.23 |
| 229 | 603881.SH | 数据港 | 9939.38 | 134195763.20 | 276 | 300508.SZ | 维宏股份 | 5870.43 | 29082393.09 |
| 230 | 300802.SZ | 矩子科技 | 9858.58 | 92293932.39 | 277 | 603068.SH | 博通集成 | 5846.36 | 33222381.39 |
| 231 | 831305.BJ | 海希通讯 | 9705.69 | 92249178.03 | 278 | 603009.SH | 北特科技 | 5800.34 | 22748527.24 |
| 232 | 300892.SZ | 品渥食品 | 9546.97 | 135843125.29 | 279 | 301257.SZ | 普蕊斯 | 5776.90 | 35316535.61 |
| 233 | 688129.SH | 东来技术 | 9392.62 | 78353311.24 | 280 | 300493.SZ | 润欣科技 | 5769.32 | 45201690.26 |
| 234 | 600851.SH | 海欣股份 | 9368.47 | 98114498.80 | 281 | 600605.SH | 汇通能源 | 5696.14 | 49587009.94 |
| 235 | 301099.SZ | 雅创电子 | 9289.09 | 59066471.50 | 282 | 301070.SZ | 开勒股份 | 5503.20 | 63449969.53 |

(续表)

| 序号 | 代码 | 公司简称 | 净利润 | | 序号 | 代码 | 公司简称 | 净利润 | |
|---|---|---|---|---|---|---|---|---|---|
| | | | 2021 年 | 2020 年 | | | | 2021 年 | 2020 年 |
| 283 | 688238.SH | 和元生物 | 5425.73 | 91284951.96 | 330 | 601519.SH | 大智慧 | 1604.95 | 72480093.13 |
| 284 | 600151.SH | 航天机电 | 5257.95 | 124967758.22 | 331 | 002451.SZ | 摩恩电气 | 1536.87 | 7486139.19 |
| 285 | 603960.SH | 克来机电 | 5167.28 | 142341796.06 | 332 | 300551.SZ | 古鳌科技 | 1475.30 | 24214473.33 |
| 286 | 831961.BJ | 创远信科 | 5105.07 | 48173461.82 | 333 | 601595.SH | 上海电影 | 1411.52 | −472511963.50 |
| 287 | 301228.SZ | 实朴检测 | 5093.37 | 50920258.39 | 334 | 688521.SH | 芯原股份 −U | 1329.24 | −25566358.18 |
| 288 | 830799.BJ | 艾融软件 | 5067.53 | 48286061.51 | 335 | 300074.SZ | 华平股份 | 1270.42 | 25269224.39 |
| 289 | 002278.SZ | 神开股份 | 5048.73 | 35427655.38 | 336 | 688585.SH | 上纬新材 | 1257.71 | 118950935.96 |
| 290 | 688718.SH | 唯赛勃 | 5047.90 | 46758480.63 | 337 | 600689.SH | 上海三毛 | 1180.58 | −34846547.21 |
| 291 | 301037.SZ | 保立佳 | 5045.14 | 89799844.18 | 338 | 300380.SZ | 安硕信息 | 1076.70 | 65922166.98 |
| 292 | 603496.SH | 恒为科技 | 4954.18 | 30966908.40 | 339 | 300126.SZ | 锐奇股份 | 1022.63 | 11516856.99 |
| 293 | 600833.SH | 第一医药 | 4941.91 | 68540922.04 | 340 | 300330.SZ | 华虹计通 | 1016.60 | 5882316.53 |
| 294 | 301001.SZ | 凯淳股份 | 4840.21 | 84610537.32 | 341 | 300153.SZ | 科泰电源 | 999.02 | −192171270.93 |
| 295 | 300899.SZ | 上海凯鑫 | 4804.59 | 43933179.56 | 342 | 002178.SZ | 延华智能 | 894.05 | −287629865.21 |
| 296 | 002162.SZ | 悦心健康 | 4776.97 | 57110517.50 | 343 | 600088.SH | 中视传媒 | 624.01 | −114159695.38 |
| 297 | 603633.SH | 徕木股份 | 4772.49 | 42883094.47 | 344 | 600647.SH | 同达创业 | 579.73 | 11869142.38 |
| 298 | 301024.SZ | 霍普股份 | 4688.17 | 72918368.92 | 345 | 603895.SH | 天永智能 | 383.36 | 12203983.15 |
| 299 | 300963.SZ | 中洲特材 | 4610.88 | 61085680.25 | 346 | 600608.SH | ST 沪科 | 286.04 | 2306709.97 |
| 300 | 603718.SH | 海利生物 | 4566.63 | −32152437.54 | 347 | 600615.SH | *ST 丰华 | −6.48 | 1464345.93 |
| 301 | 600692.SH | 亚通股份 | 4521.45 | 65369134.07 | 348 | 688336.SH | 三生国健 | −169.61 | −235812558.20 |
| 302 | 300609.SZ | 汇纳科技 | 4411.48 | −9475686.55 | 349 | 688091.SH | 上海谊众 −U | −399.71 | −21846899.02 |
| 303 | 300168.SZ | 万达信息 | 4335.63 | −1285783427.12 | 350 | 300442.SZ | 普丽盛 | −1291.44 | −239015432.42 |
| 304 | 600530.SH | 交大昂立 | 4048.40 | 94991390.14 | 351 | 603499.SH | 翔港科技 | −1483.33 | 12586806.99 |
| 305 | 688217.SH | 睿昂基因 | 4008.00 | 38817741.75 | 352 | 600616.SH | 金枫酒业 | −1706.33 | 17371468.42 |
| 306 | 688118.SH | 普元信息 | 3912.63 | 31365211.08 | 353 | 600676.SH | 交运股份 | −2359.26 | −258466010.07 |
| 307 | 603200.SH | 上海洗霸 | 3907.90 | 32388355.95 | 354 | 002565.SZ | 顺灏股份 | −2579.70 | 14748381.46 |
| 308 | 603159.SH | 上海亚虹 | 3761.50 | 40235369.62 | 355 | 688107.SH | 安路科技 −U | −3084.91 | −6187113.75 |
| 309 | 601021.SH | 春秋航空 | 3728.66 | −591179147.00 | 356 | 603729.SH | 龙韵股份 | −6222.86 | −22027856.48 |
| 310 | 300245.SZ | 天玑科技 | 3700.56 | 36796360.50 | 357 | 600626.SH | 申达股份 | −6895.45 | −974576897.71 |
| 311 | 833346.BJ | 威贸电子 | 3369.43 | 28084453.95 | 358 | 300469.SZ | 信息发展 | −7471.41 | −61934782.04 |
| 312 | 603580.SH | 艾艾精工 | 3346.74 | 30418097.11 | 359 | 300222.SZ | 科大智能 | −8498.92 | −253265340.37 |
| 313 | 600825.SH | 新华传媒 | 3308.10 | −291399261.97 | 360 | 600624.SH | 复旦复华 | −10118.95 | −54790159.19 |
| 314 | 603683.SH | 晶华新材 | 3253.03 | 152782297.44 | 361 | 600073.SH | 上海梅林 | −10211.25 | 751724629.62 |
| 315 | 603777.SH | 来伊份 | 3100.10 | −65195382.69 | 362 | 600732.SH | 爱旭股份 | −11580.36 | 806217463.86 |
| 316 | 688206.SH | 概伦电子 | 2784.08 | 27891737.97 | 363 | 300225.SZ | 金力泰 | −11891.63 | 90232627.86 |
| 317 | 000863.SZ | 三湘印象 | 2753.65 | 208586336.78 | 364 | 600119.SH | 长江投资 | −14117.00 | −105394321.45 |
| 318 | 300008.SZ | 天海防务 | 2645.62 | 26264195.47 | 365 | 603003.SH | 龙宇燃油 | −14777.98 | −112385190.34 |
| 319 | 600818.SH | 中路股份 | 2408.40 | 83390896.98 | 366 | 600532.SH | *ST 未来 | −17174.02 | 15899084.19 |
| 320 | 002058.SZ | 威尔泰 | 2377.90 | −657735.66 | 367 | 600661.SH | 昂立教育 | −18891.36 | −284773408.25 |
| 321 | 600193.SH | 创兴资源 | 2300.52 | 60938008.70 | 368 | 300462.SZ | 华铭智能 | −18982.25 | 126864962.94 |
| 322 | 002669.SZ | 康达新材 | 2144.02 | 214565012.20 | 369 | 300578.SZ | 会畅通讯 | −23668.80 | 126005039.75 |
| 323 | 002324.SZ | 普利特 | 2100.42 | 398105583.89 | 370 | 600630.SH | 龙头股份 | −30321.48 | −291457396.78 |
| 324 | 603022.SH | 新通联 | 2058.90 | 35970422.62 | 371 | 600094.SH | 大名城 | −32900.41 | 522951482.33 |
| 325 | 002486.SZ | 嘉麟杰 | 2048.30 | 18347397.25 | 372 | 300511.SZ | 雪榕生物 | −34846.76 | 225051944.16 |
| 326 | 603226.SH | 菲林格尔 | 1944.19 | 60787205.18 | 373 | 600640.SH | 新国脉 | −35444.82 | 14542981.20 |
| 327 | 688578.SH | 艾力斯 −U | 1827.46 | −310515172.14 | 374 | 300061.SZ | 旗天科技 | −37498.64 | −767901568.70 |
| 328 | 002858.SZ | 力盛体育 | 1662.94 | −38913581.11 | 375 | 600636.SH | 国新文化 | −42785.26 | 157867983.10 |
| 329 | 600272.SH | 开开实业 | 1637.74 | 12905865.59 | 376 | 600651.SH | 飞乐音响 | −45131.31 | 432960675.16 |

（续表）

| 序号 | 代码 | 公司简称 | 净利润 | | 序号 | 代码 | 公司简称 | 净利润 | |
|---|---|---|---|---|---|---|---|---|---|
| | | | 2021 年 | 2020 年 | | | | 2021 年 | 2020 年 |
| 377 | 002269.SZ | 美邦服饰 | −46846.58 | −859366961.36 | 388 | 600816.SH | ST 安信 | −112984.84 | −6738516475.48 |
| 378 | 603885.SH | 吉祥航空 | −49818.09 | −485483923.64 | 389 | 600601.SH | *ST 方科 | −121384.25 | −919912202.43 |
| 379 | 603378.SH | 亚士创能 | −54399.32 | 315602625.92 | 390 | 603030.SH | 全筑股份 | −128537.48 | 178560318.71 |
| 380 | 688220.SH | 翱捷科技 −U | −58939.46 | −2326529776.67 | 391 | 300262.SZ | 巴安水务 | −138905.34 | −483925776.20 |
| 381 | 603887.SH | 城地香江 | −60525.36 | 392539002.99 | 392 | 600009.SH | 上海机场 | −162230.65 | −1168584582.18 |
| 382 | 688158.SH | 优刻得 −W | −63757.61 | −342703703.97 | 393 | 600021.SH | 上海电力 | −168136.21 | 1911308227.68 |
| 383 | 300336.SZ | *ST 新文 | −64969.07 | −1701255090.83 | 394 | 002506.SZ | 协鑫集成 | −195130.52 | −2626638709.00 |
| 384 | 002211.SZ | ST 宏达 | −71657.19 | 50358398.75 | 395 | 600026.SH | 中远海能 | −465713.05 | 2622548565.14 |
| 385 | 688180.SH | 君实生物 −U | −73053.39 | −1668607319.76 | 396 | 601727.SH | 上海电气 | −1024013.10 | 5266003000.00 |
| 386 | 688062.SH | 迈威生物 −U | −77269.97 | −643624152.71 | 397 | 600115.SH | 中国东航 | −1328400.00 | −12554000000.00 |
| 387 | 688538.SH | 和辉光电 −U | −94515.82 | −1036115429.73 | | | | | |

# 上海工商类上市公司2021年度每股净资产排序

（单位：元）

| 序号 | 代码 | 公司简称 | 每股净资产 | | 序号 | 代码 | 公司简称 | 每股净资产 | |
|---|---|---|---|---|---|---|---|---|---|
| | | | 2021年 | 2020年 | | | | 2021年 | 2020年 |
| 1 | 688766.SH | 普冉股份 | 53.33 | 14.40 | 48 | 603659.SH | 璞泰来 | 15.10 | 17.97 |
| 2 | 688608.SH | 恒玄科技 | 49.19 | 45.80 | 49 | 605289.SH | 罗曼股份 | 15.06 | 10.15 |
| 3 | 688301.SH | 奕瑞科技 | 42.07 | 36.30 | 50 | 601021.SH | 春秋航空 | 15.00 | 15.47 |
| 4 | 300983.SZ | 尤安设计 | 39.75 | 11.81 | 51 | 600508.SH | 上海能源 | 14.51 | 14.25 |
| 5 | 688230.SH | 芯导科技 | 34.79 | 3.17 | 52 | 300613.SZ | 富瀚微 | 14.50 | 16.69 |
| 6 | 688330.SH | 宏力达 | 33.38 | 30.25 | 53 | 600009.SH | 上海机场 | 14.27 | 15.16 |
| 7 | 688366.SH | 昊海生科 | 32.50 | 30.99 | 54 | 688981.SH | 中芯国际 | 13.82 | 12.30 |
| 8 | 688368.SH | 晶丰明源 | 30.74 | 20.44 | 55 | 301005.SZ | 超捷股份 | 13.55 | 6.29 |
| 9 | 688188.SH | 柏楚电子 | 29.79 | 24.93 | 56 | 603068.SH | 博通集成 | 13.40 | 13.22 |
| 10 | 688680.SH | 海优新材 | 27.45 | 11.95 | 57 | 601229.SH | 上海银行 | 13.01 | 12.00 |
| 11 | 688065.SH | 凯赛生物 | 25.60 | 24.92 | 58 | 605128.SH | 上海沿浦 | 12.85 | 12.59 |
| 12 | 688131.SH | 皓元医药 | 24.51 | 9.47 | 59 | 603192.SH | 汇得科技 | 12.82 | 12.11 |
| 13 | 301166.SZ | 优宁维 | 24.10 | 6.23 | 60 | 605098.SH | 行动教育 | 12.78 | 7.06 |
| 14 | 601601.SH | 中国太保 | 23.57 | 22.37 | 61 | 603690.SH | 至纯科技 | 12.77 | 9.97 |
| 15 | 605081.SH | 太和水 | 23.53 | 16.54 | 62 | 688123.SH | 聚辰股份 | 12.62 | 12.09 |
| 16 | 600104.SH | 上汽集团 | 23.43 | 22.26 | 63 | 600837.SH | 海通证券 | 12.49 | 11.75 |
| 17 | 688265.SH | 南模生物 | 22.88 | 4.36 | 64 | 601828.SH | 美凯龙 | 12.40 | 12.18 |
| 18 | 688018.SH | 乐鑫科技 | 22.74 | 20.51 | 65 | 603579.SH | 荣泰健康 | 12.38 | 11.55 |
| 19 | 688012.SH | 中微公司 | 22.62 | 8.17 | 66 | 688519.SH | 南亚新材 | 12.35 | 11.06 |
| 20 | 688019.SH | 安集科技 | 22.57 | 19.74 | 67 | 301070.SZ | 开勒股份 | 12.19 | 7.16 |
| 21 | 688798.SH | 艾为电子 | 22.46 | 3.06 | 68 | 600835.SH | 上海机电 | 12.04 | 11.66 |
| 22 | 603236.SH | 移远通信 | 22.07 | 17.46 | 69 | 603681.SH | 永冠新材 | 11.62 | 9.08 |
| 23 | 688202.SH | 美迪西 | 21.38 | 18.12 | 70 | 300892.SZ | 品渥食品 | 11.53 | 10.71 |
| 24 | 688016.SH | 心脉医疗 | 20.76 | 17.14 | 71 | 601788.SH | 光大证券 | 11.47 | 10.94 |
| 25 | 301000.SZ | 肇民科技 | 20.69 | 6.72 | 72 | 688091.SH | 上海谊众 -U | 11.11 | 3.07 |
| 26 | 688133.SH | 泰坦科技 | 20.67 | 18.86 | 73 | 688082.SH | 盛美上海 | 11.11 | 2.69 |
| 27 | 688317.SH | 之江生物 | 19.66 | 10.02 | 74 | 603324.SH | 盛剑环境 | 11.06 | 7.56 |
| 28 | 301024.SZ | 霍普股份 | 19.60 | 10.11 | 75 | 600639.SH | 浦东金桥 | 10.99 | 9.59 |
| 29 | 688063.SH | 派能科技 | 19.18 | 17.65 | 76 | 002028.SZ | 思源电气 | 10.93 | 8.55 |
| 30 | 603713.SH | 密尔克卫 | 19.17 | 11.06 | 77 | 831305.BJ | 海希通讯 | 10.75 | 6.16 |
| 31 | 600000.SH | 浦发银行 | 18.99 | 17.90 | 78 | 605208.SH | 永茂泰 | 10.68 | 8.82 |
| 32 | 603501.SH | 韦尔股份 | 18.23 | 12.95 | 79 | 601328.SH | 交通银行 | 10.64 | 9.87 |
| 33 | 600612.SH | 老凤祥 | 17.57 | 15.23 | 80 | 603197.SH | 保隆科技 | 10.58 | 6.97 |
| 34 | 601607.SH | 上海医药 | 17.37 | 15.96 | 81 | 301099.SZ | 雅创电子 | 10.51 | 6.08 |
| 35 | 605398.SH | 新炬网络 | 16.41 | 9.31 | 82 | 301001.SZ | 凯淳股份 | 10.41 | 5.65 |
| 36 | 688682.SH | 霍莱沃 | 16.30 | 7.00 | 83 | 300483.SZ | 首华燃气 | 10.41 | 18.40 |
| 37 | 688217.SH | 睿昂基因 | 15.99 | 15.52 | 84 | 600648.SH | 外高桥 | 10.30 | 9.65 |
| 38 | 300999.SZ | 金龙鱼 | 15.99 | 15.41 | 85 | 600150.SH | 中国船舶 | 10.29 | 10.24 |
| 39 | 300236.SZ | 上海新阳 | 15.86 | 16.27 | 86 | 600315.SH | 上海家化 | 10.25 | 9.59 |
| 40 | 600741.SH | 华域汽车 | 15.71 | 16.66 | 87 | 300899.SZ | 上海凯鑫 | 10.21 | 9.71 |
| 41 | 688155.SH | 先惠技术 | 15.66 | 14.28 | 88 | 603786.SH | 科博达 | 10.20 | 9.53 |
| 42 | 300947.SZ | 德必集团 | 15.55 | 23.09 | 89 | 603565.SH | 中谷物流 | 10.12 | 7.76 |
| 43 | 600754.SH | 锦江酒店 | 15.52 | 13.27 | 90 | 600623.SH | 华谊集团 | 10.07 | 8.83 |
| 44 | 300915.SZ | 海融科技 | 15.52 | 22.02 | 91 | 600827.SH | 百联股份 | 10.03 | 10.25 |
| 45 | 688335.SH | 复洁环保 | 15.51 | 14.86 | 92 | 603365.SH | 水星家纺 | 9.89 | 8.84 |
| 46 | 600196.SH | 复星医药 | 15.29 | 14.44 | 93 | 601825.SH | 沪农商行 | 9.72 | 8.90 |
| 47 | 601211.SH | 国泰君安 | 15.27 | 14.18 | 94 | 688118.SH | 普元信息 | 9.70 | 10.25 |

（续表）

| 序号 | 代码 | 公司简称 | 每股净资产 | | 序号 | 代码 | 公司简称 | 每股净资产 | |
|---|---|---|---|---|---|---|---|---|---|
| | | | 2021 年 | 2020 年 | | | | 2021 年 | 2020 年 |
| 95 | 688193.SH | 仁度生物 | 9.59 | 7.17 | 142 | 001266.SZ | 宏英智能 | 7.23 | 4.87 |
| 96 | 688099.SH | 晶晨股份 | 9.42 | 7.10 | 143 | 605050.SH | 福然德 | 7.23 | 6.67 |
| 97 | 688212.SH | 澳华内镜 | 9.36 | 5.34 | 144 | 603039.SH | ST 泛微 | 7.21 | 6.05 |
| 98 | 301037.SZ | 保立佳 | 9.17 | 7.28 | 145 | 603214.SH | 爱婴室 | 7.21 | 7.14 |
| 99 | 688121.SH | 卓然股份 | 9.13 | 4.47 | 146 | 688129.SH | 东来技术 | 7.20 | 6.59 |
| 100 | 603881.SH | 数据港 | 9.09 | 12.31 | 147 | 300963.SZ | 中洲特材 | 7.20 | 5.84 |
| 101 | 300609.SZ | 汇纳科技 | 9.08 | 9.19 | 148 | 600061.SH | 国投资本 | 7.19 | 10.03 |
| 102 | 605151.SH | 西上海 | 9.03 | 8.54 | 149 | 600606.SH | 绿地控股 | 7.04 | 6.97 |
| 103 | 002669.SZ | 康达新材 | 8.96 | 9.24 | 150 | 600895.SH | 张江高科 | 7.03 | 6.98 |
| 104 | 603003.SH | 龙宇燃油 | 8.84 | 9.08 | 151 | 002022.SZ | *ST 科华 | 7.02 | 5.83 |
| 105 | 600655.SH | 豫园股份 | 8.81 | 8.50 | 152 | 600284.SH | 浦东建设 | 7.02 | 6.63 |
| 106 | 600637.SH | 东方明珠 | 8.80 | 8.66 | 153 | 603868.SH | 飞科电器 | 6.98 | 6.50 |
| 107 | 601200.SH | 上海环境 | 8.77 | 8.25 | 154 | 600826.SH | 兰生股份 | 6.93 | 6.92 |
| 108 | 301289.SZ | 国缆检测 | 8.76 | 7.03 | 155 | 601156.SH | 东航物流 | 6.92 | 3.66 |
| 109 | 600882.SH | 妙可蓝多 | 8.74 | 3.63 | 156 | 603083.SH | 剑桥科技 | 6.91 | 6.60 |
| 110 | 688180.SH | 君实生物 -U | 8.72 | 6.68 | 157 | 600850.SH | 电科数字 | 6.89 | 6.38 |
| 111 | 688110.SH | 东芯股份 | 8.64 | 1.51 | 158 | 600823.SH | 世茂股份 | 6.88 | 6.95 |
| 112 | 600019.SH | 宝钢股份 | 8.57 | 8.28 | 159 | 300171.SZ | 东富龙 | 6.88 | 5.73 |
| 113 | 300642.SZ | 透景生命 | 8.50 | 13.97 | 160 | 603887.SH | 城地香江 | 6.85 | 9.94 |
| 114 | 688179.SH | 阿拉丁 | 8.50 | 8.09 | 161 | 600621.SH | 华鑫股份 | 6.82 | 6.51 |
| 115 | 603037.SH | 凯众股份 | 8.49 | 8.28 | 162 | 300508.SZ | 维宏股份 | 6.77 | 6.15 |
| 116 | 600958.SH | 东方证券 | 8.45 | 7.89 | 163 | 600628.SH | 新世界 | 6.73 | 6.71 |
| 117 | 605222.SH | 起帆电缆 | 8.39 | 6.92 | 164 | 605136.SH | 丽人丽妆 | 6.69 | 5.85 |
| 118 | 688085.SH | 三友医疗 | 8.21 | 7.47 | 165 | 603899.SH | 晨光股份 | 6.68 | 5.60 |
| 119 | 600097.SH | 开创国际 | 8.20 | 7.80 | 166 | 600081.SH | 东风科技 | 6.67 | 4.55 |
| 120 | 300578.SZ | 会畅通讯 | 8.17 | 7.42 | 167 | 300762.SZ | 上海瀚讯 | 6.67 | 6.43 |
| 121 | 300226.SZ | 上海钢联 | 8.14 | 7.12 | 168 | 603200.SH | 上海洗霸 | 6.66 | 7.98 |
| 122 | 605598.SH | 上海港湾 | 8.13 | 6.53 | 169 | 603886.SH | 元祖股份 | 6.65 | 6.24 |
| 123 | 600420.SH | 国药现代 | 8.11 | 7.66 | 170 | 605186.SH | 健麾信息 | 6.63 | 5.98 |
| 124 | 603020.SH | 爱普股份 | 8.07 | 6.95 | 171 | 688578.SH | 艾力斯 -U | 6.61 | 6.40 |
| 125 | 600649.SH | 城投控股 | 8.05 | 7.89 | 172 | 300802.SZ | 矩子科技 | 6.51 | 6.32 |
| 126 | 600278.SH | 东方创业 | 7.96 | 8.00 | 173 | 603329.SH | 上海雅仕 | 6.49 | 5.03 |
| 127 | 600641.SH | 万业企业 | 7.95 | 6.96 | 174 | 600638.SH | 新黄浦 | 6.48 | 6.40 |
| 128 | 600820.SH | 隧道股份 | 7.92 | 7.37 | 175 | 600650.SH | 锦江在线 | 6.45 | 6.43 |
| 129 | 300462.SZ | 华铭智能 | 7.81 | 8.94 | 176 | 831961.BJ | 创远信科 | 6.45 | 7.84 |
| 130 | 603587.SH | 地素时尚 | 7.81 | 7.15 | 177 | 688158.SH | 优刻得 -W | 6.38 | 7.71 |
| 131 | 300501.SZ | 海顺新材 | 7.79 | 5.14 | 178 | 688071.SH | 华依科技 | 6.37 | 3.88 |
| 132 | 688160.SH | 步科股份 | 7.77 | 7.24 | 179 | 688590.SH | 新致软件 | 6.35 | 5.76 |
| 133 | 603729.SH | 龙韵股份 | 7.73 | 8.42 | 180 | 603189.SH | 网达软件 | 6.28 | 4.03 |
| 134 | 605338.SH | 巴比食品 | 7.70 | 6.59 | 181 | 600642.SH | 申能股份 | 6.28 | 6.28 |
| 135 | 603515.SH | 欧普照明 | 7.67 | 6.96 | 182 | 300378.SZ | 鼎捷软件 | 6.26 | 5.71 |
| 136 | 600643.SH | 爱建集团 | 7.63 | 7.22 | 183 | 301151.SZ | 冠龙节能 | 6.16 | 4.62 |
| 137 | 605339.SH | 南侨食品 | 7.48 | 5.40 | 184 | 002825.SZ | 纳尔股份 | 6.15 | 5.36 |
| 138 | 688008.SH | 澜起科技 | 7.42 | 7.14 | 185 | 600848.SH | 上海临港 | 6.09 | 6.91 |
| 139 | 688336.SH | 三生国健 | 7.37 | 7.31 | 186 | 002605.SZ | 姚记科技 | 6.05 | 5.12 |
| 140 | 688213.SH | 思特威 -W | 7.30 | 6.17 | 187 | 603790.SH | 雅运股份 | 6.05 | 5.90 |
| 141 | 688596.SH | 正帆科技 | 7.27 | 6.65 | 188 | 603056.SH | 德邦股份 | 6.03 | 4.82 |

（续表）

| 序号 | 代码 | 公司简称 | 每股净资产 | | 序号 | 代码 | 公司简称 | 每股净资产 | |
|---|---|---|---|---|---|---|---|---|---|
| | | | 2021年 | 2020年 | | | | 2021年 | 2020年 |
| 189 | 603232.SH | 格尔软件 | 6.02 | 6.88 | 236 | 002158.SZ | 汉钟精机 | 4.89 | 4.28 |
| 190 | 600026.SH | 中远海能 | 6.00 | 7.27 | 237 | 688206.SH | 概伦电子 | 4.87 | 2.48 |
| 191 | 600841.SH | 动力新科 | 5.99 | 4.59 | 238 | 600708.SH | 光明地产 | 4.86 | 4.93 |
| 192 | 600618.SH | 氯碱化工 | 5.94 | 4.45 | 239 | 601611.SH | 中国核建 | 4.84 | 4.34 |
| 193 | 600845.SH | 宝信软件 | 5.93 | 6.30 | 240 | 300245.SZ | 天玑科技 | 4.84 | 4.73 |
| 194 | 002454.SZ | 松芝股份 | 5.87 | 5.79 | 241 | 002568.SZ | 百润股份 | 4.82 | 6.00 |
| 195 | 603728.SH | 鸣志电器 | 5.81 | 5.24 | 242 | 002636.SZ | 金安国纪 | 4.80 | 3.91 |
| 196 | 603108.SH | 润达医疗 | 5.78 | 5.34 | 243 | 300442.SZ | 普丽盛 | 4.79 | 5.09 |
| 197 | 300627.SZ | 华测导航 | 5.78 | 3.18 | 244 | 600679.SH | 上海凤凰 | 4.79 | 4.08 |
| 198 | 600636.SH | 国新文化 | 5.75 | 6.82 | 245 | 600622.SH | 光大嘉宝 | 4.74 | 4.46 |
| 199 | 300398.SZ | 飞凯材料 | 5.74 | 5.12 | 246 | 301228.SZ | 实朴检测 | 4.72 | 4.18 |
| 200 | 600619.SH | 海立股份 | 5.74 | 5.11 | 247 | 603987.SH | 康德莱 | 4.70 | 3.99 |
| 201 | 601231.SH | 环旭电子 | 5.73 | 5.45 | 248 | 600073.SH | 上海梅林 | 4.69 | 4.62 |
| 202 | 688660.SH | 电气风电 | 5.72 | 5.41 | 249 | 603009.SH | 北特科技 | 4.66 | 4.50 |
| 203 | 600597.SH | 光明乳业 | 5.70 | 5.13 | 250 | 002527.SZ | 新时达 | 4.65 | 4.10 |
| 204 | 601696.SH | 中银证券 | 5.65 | 5.40 | 251 | 002858.SZ | 力盛体育 | 4.57 | 2.81 |
| 205 | 600663.SH | 陆家嘴 | 5.60 | 5.02 | 252 | 603650.SH | 彤程新材 | 4.57 | 4.18 |
| 206 | 603895.SH | 天永智能 | 5.55 | 5.50 | 253 | 300286.SZ | 安科瑞 | 4.56 | 3.80 |
| 207 | 600171.SH | 上海贝岭 | 5.52 | 4.68 | 254 | 688163.SH | 赛伦生物 | 4.55 | 3.63 |
| 208 | 600021.SH | 上海电力 | 5.51 | 6.27 | 255 | 603330.SH | 上海天洋 | 4.52 | 4.28 |
| 209 | 603730.SH | 岱美股份 | 5.50 | 6.72 | 256 | 603012.SH | 创力集团 | 4.51 | 4.58 |
| 210 | 688521.SH | 芯原股份－U | 5.49 | 5.40 | 257 | 600613.SH | 神奇制药 | 4.39 | 4.26 |
| 211 | 002561.SZ | 徐家汇 | 5.46 | 5.33 | 258 | 603121.SH | 华培动力 | 4.36 | 4.32 |
| 212 | 603006.SH | 联明股份 | 5.45 | 6.12 | 259 | 600843.SH | 上工申贝 | 4.36 | 4.28 |
| 213 | 002346.SZ | 柘中股份 | 5.44 | 4.72 | 260 | 603131.SH | 上海沪工 | 4.33 | 4.10 |
| 214 | 603466.SH | 风语筑 | 5.44 | 6.77 | 261 | 601595.SH | 上海电影 | 4.31 | 4.51 |
| 215 | 600605.SH | 汇通能源 | 5.44 | 5.26 | 262 | 600018.SH | 上港集团 | 4.29 | 3.78 |
| 216 | 600748.SH | 上实发展 | 5.43 | 5.43 | 263 | 300327.SZ | 中颖电子 | 4.22 | 3.79 |
| 217 | 600846.SH | 同济科技 | 5.42 | 4.86 | 264 | 688126.SH | 沪硅产业－U | 4.20 | 3.81 |
| 218 | 603378.SH | 亚士创能 | 5.42 | 9.93 | 265 | 603633.SH | 徕木股份 | 4.20 | 4.10 |
| 219 | 301156.SZ | 美农生物 | 5.40 | 4.23 | 266 | 600500.SH | 中化国际 | 4.18 | 4.22 |
| 220 | 600072.SH | 中船科技 | 5.37 | 5.33 | 267 | 600611.SH | 大众交通 | 4.08 | 3.93 |
| 221 | 600676.SH | 交运股份 | 5.34 | 5.44 | 268 | 300059.SZ | 东方财富 | 4.06 | 3.85 |
| 222 | 301046.SZ | 能辉科技 | 5.27 | 3.94 | 269 | 688718.SH | 唯赛勃 | 3.94 | 3.31 |
| 223 | 603683.SH | 晶华新材 | 5.26 | 7.11 | 270 | 603128.SH | 华贸物流 | 3.92 | 3.50 |
| 224 | 600640.SH | 新国脉 | 5.21 | 5.66 | 271 | 301060.SZ | 兰卫医学 | 3.91 | 3.47 |
| 225 | 603855.SH | 华荣股份 | 5.20 | 4.80 | 272 | 688385.SH | 复旦微电 | 3.86 | 2.78 |
| 226 | 603496.SH | 恒为科技 | 5.15 | 4.06 | 273 | 002252.SZ | 上海莱士 | 3.84 | 3.73 |
| 227 | 600629.SH | 华建集团 | 5.13 | 5.59 | 274 | 300129.SZ | 泰胜风能 | 3.84 | 3.60 |
| 228 | 603885.SH | 吉祥航空 | 5.11 | 5.52 | 275 | 300326.SZ | 凯利泰 | 3.80 | 3.66 |
| 229 | 600094.SH | 大名城 | 5.09 | 5.30 | 276 | 600838.SH | 上海九百 | 3.79 | 3.42 |
| 230 | 301257.SZ | 普蕊斯 | 5.09 | 3.67 | 277 | 002328.SZ | 新朋股份 | 3.77 | 3.38 |
| 231 | 300590.SZ | 移为通信 | 5.08 | 4.45 | 278 | 688107.SH | 安路科技－U | 3.77 | 0.92 |
| 232 | 603777.SH | 来伊份 | 5.03 | 4.94 | 279 | 600151.SH | 航天机电 | 3.77 | 3.81 |
| 233 | 300257.SZ | 开山股份 | 4.95 | 4.78 | 280 | 600819.SH | 耀皮玻璃 | 3.74 | 3.68 |
| 234 | 603619.SH | 中曼石油 | 4.93 | 4.76 | 281 | 000863.SZ | 三湘印象 | 3.72 | 4.01 |
| 235 | 603648.SH | 畅联股份 | 4.91 | 4.72 | 282 | 603960.SH | 克来机电 | 3.71 | 3.67 |

（续表）

| 序号 | 代码 | 公司简称 | 每股净资产 | |
|---|---|---|---|---|
| | | | 2021 年 | 2020 年 |
| 283 | 601727.SH | 上海电气 | 3.70 | 4.37 |
| 284 | 300170.SZ | 汉得信息 | 3.67 | 3.55 |
| 285 | 603226.SH | 菲林格尔 | 3.66 | 4.75 |
| 286 | 600210.SH | 紫江企业 | 3.66 | 3.50 |
| 287 | 300126.SZ | 锐奇股份 | 3.65 | 3.36 |
| 288 | 300511.SZ | 雪榕生物 | 3.62 | 4.44 |
| 289 | 300017.SZ | 网宿科技 | 3.61 | 3.54 |
| 290 | 833346.BJ | 威贸电子 | 3.61 | 3.01 |
| 291 | 688098.SH | 申联生物 | 3.60 | 3.41 |
| 292 | 002116.SZ | 中国海诚 | 3.60 | 3.36 |
| 293 | 603196.SH | 日播时尚 | 3.56 | 3.44 |
| 294 | 603580.SH | 艾艾精工 | 3.53 | 3.36 |
| 295 | 600604.SH | 市北高新 | 3.49 | 3.45 |
| 296 | 600833.SH | 第一医药 | 3.46 | 3.33 |
| 297 | 603022.SH | 新通联 | 3.44 | 3.36 |
| 298 | 002401.SZ | 中远海科 | 3.43 | 3.68 |
| 299 | 600532.SH | *ST 未来 | 3.43 | 3.64 |
| 300 | 600170.SH | 上海建工 | 3.42 | 3.14 |
| 301 | 600851.SH | 海欣股份 | 3.42 | 3.47 |
| 302 | 300380.SZ | 安硕信息 | 3.40 | 3.39 |
| 303 | 688062.SH | 迈威生物 -U | 3.37 | 4.91 |
| 304 | 002184.SZ | 海得控制 | 3.37 | 4.49 |
| 305 | 600615.SH | *ST 丰华 | 3.36 | 3.37 |
| 306 | 600834.SH | 申通地铁 | 3.32 | 3.21 |
| 307 | 603159.SH | 上海亚虹 | 3.31 | 3.14 |
| 308 | 601872.SH | 招商轮船 | 3.26 | 3.79 |
| 309 | 600602.SH | 云赛智联 | 3.26 | 3.14 |
| 310 | 600517.SH | 国网英大 | 3.21 | 3.02 |
| 311 | 600620.SH | 天宸股份 | 3.20 | 3.46 |
| 312 | 601968.SH | 宝钢包装 | 3.16 | 2.83 |
| 313 | 601702.SH | 华峰铝业 | 3.15 | 2.67 |
| 314 | 603918.SH | 金桥信息 | 3.07 | 3.08 |
| 315 | 002278.SZ | 神开股份 | 3.05 | 3.13 |
| 316 | 688728.SH | 格科微 | 3.02 | 1.21 |
| 317 | 688220.SH | 翱捷科技 -U | 3.01 | 4.54 |
| 318 | 600626.SH | 申达股份 | 2.96 | 2.85 |
| 319 | 600635.SH | 大众公用 | 2.95 | 2.93 |
| 320 | 300180.SZ | 华峰超纤 | 2.92 | 2.88 |
| 321 | 300039.SZ | 上海凯宝 | 2.91 | 2.46 |
| 322 | 603956.SH | 威派格 | 2.91 | 2.88 |
| 323 | 600616.SH | 金枫酒业 | 2.88 | 2.92 |
| 324 | 300230.SZ | 永利股份 | 2.87 | 2.67 |
| 325 | 600630.SH | 龙头股份 | 2.87 | 3.59 |
| 326 | 600490.SH | 鹏欣资源 | 2.85 | 2.95 |
| 327 | 600688.SH | 上海石化 | 2.80 | 2.70 |
| 328 | 603499.SH | 翔港科技 | 2.77 | 2.83 |
| 329 | 600320.SH | 振华重工 | 2.75 | 2.67 |
| 330 | 600115.SH | 中国东航 | 2.72 | 3.30 |
| 331 | 600088.SH | 中视传媒 | 2.68 | 2.76 |
| 332 | 300222.SZ | 科大智能 | 2.68 | 2.16 |
| 333 | 603122.SH | 合富中国 | 2.67 | 2.40 |
| 334 | 600692.SH | 亚通股份 | 2.63 | 2.50 |
| 335 | 688585.SH | 上纬新材 | 2.61 | 2.64 |
| 336 | 002324.SZ | 普利特 | 2.57 | 3.19 |
| 337 | 600675.SH | 中华企业 | 2.55 | 2.58 |
| 338 | 601616.SH | 广电电气 | 2.55 | 2.82 |
| 339 | 301062.SZ | 上海艾录 | 2.54 | 2.17 |
| 340 | 600824.SH | 益民集团 | 2.53 | 2.49 |
| 341 | 600825.SH | 新华传媒 | 2.50 | 2.30 |
| 342 | 600732.SH | 爱旭股份 | 2.50 | 2.62 |
| 343 | 830799.BJ | 艾融软件 | 2.41 | 4.92 |
| 344 | 603682.SH | 锦和商管 | 2.39 | 3.27 |
| 345 | 300153.SZ | 科泰电源 | 2.37 | 2.36 |
| 346 | 688238.SH | 和元生物 | 2.33 | 2.16 |
| 347 | 300253.SZ | 卫宁健康 | 2.33 | 2.12 |
| 348 | 600503.SH | 华丽家族 | 2.32 | 2.37 |
| 349 | 300330.SZ | 华虹计通 | 2.27 | 2.22 |
| 350 | 600272.SH | 开开实业 | 2.20 | 2.12 |
| 351 | 600647.SH | 同达创业 | 2.19 | 2.15 |
| 352 | 600689.SH | 上海三毛 | 2.18 | 2.12 |
| 353 | 300067.SZ | 安诺其 | 2.17 | 1.87 |
| 354 | 002706.SZ | 良信股份 | 2.16 | 2.60 |
| 355 | 300074.SZ | 华平股份 | 2.15 | 2.16 |
| 356 | 600818.SH | 中路股份 | 2.12 | 2.01 |
| 357 | 688505.SH | 复旦张江 | 2.10 | 1.93 |
| 358 | 300551.SZ | 古鳌科技 | 2.09 | 3.07 |
| 359 | 300272.SZ | 开能健康 | 2.08 | 2.03 |
| 360 | 601866.SH | 中远海发 | 2.04 | 1.58 |
| 361 | 600822.SH | 上海物贸 | 1.87 | 1.59 |
| 362 | 300225.SZ | 金力泰 | 1.86 | 2.06 |
| 363 | 603030.SH | 全筑股份 | 1.85 | 4.19 |
| 364 | 002565.SZ | 顺灏股份 | 1.81 | 1.84 |
| 365 | 600836.SH | 上海易连 | 1.81 | 1.53 |
| 366 | 300061.SZ | 旗天科技 | 1.79 | 2.32 |
| 367 | 603256.SH | 宏和科技 | 1.75 | 1.69 |
| 368 | 002451.SZ | 摩恩电气 | 1.70 | 1.60 |
| 369 | 600662.SH | 外服控股 | 1.68 | 3.07 |
| 370 | 300493.SZ | 润欣科技 | 1.63 | 1.57 |
| 371 | 002195.SZ | 二三四五 | 1.62 | 1.60 |
| 372 | 603718.SH | 海利生物 | 1.56 | 1.64 |
| 373 | 301025.SZ | 读客文化 | 1.56 | 1.42 |
| 374 | 600696.SH | 岩石股份 | 1.44 | 0.93 |
| 375 | 002162.SZ | 悦心健康 | 1.38 | 1.21 |
| 376 | 600624.SH | 复旦复华 | 1.34 | 1.52 |

（续表）

| 序号 | 代码 | 公司简称 | 每股净资产 | | 序号 | 代码 | 公司简称 | 每股净资产 | |
|---|---|---|---|---|---|---|---|---|---|
| | | | 2021 年 | 2020 年 | | | | 2021 年 | 2020 年 |
| 377 | 300168.SZ | 万达信息 | 1.31 | 1.23 | 388 | 600193.SH | 创兴资源 | 0.74 | 0.69 |
| 378 | 002058.SZ | 威尔泰 | 1.26 | 1.22 | 389 | 600661.SH | 昂立教育 | 0.60 | 1.96 |
| 379 | 688538.SH | 和辉光电 -U | 1.26 | 0.96 | 390 | 600119.SH | 长江投资 | 0.58 | 0.95 |
| 380 | 002486.SZ | 嘉麟杰 | 1.16 | 1.13 | 391 | 002506.SZ | 协鑫集成 | 0.39 | 0.73 |
| 381 | 600530.SH | 交大昂立 | 1.12 | 1.07 | 392 | 002269.SZ | 美邦服饰 | 0.28 | 0.47 |
| 382 | 300008.SZ | 天海防务 | 0.97 | 0.95 | 393 | 600608.SH | ST 沪科 | 0.20 | 0.19 |
| 383 | 600651.SH | 飞乐音响 | 0.87 | 1.08 | 394 | 002211.SZ | ST 宏达 | 0.12 | 1.78 |
| 384 | 300262.SZ | 巴安水务 | 0.83 | 2.66 | 395 | 600816.SH | ST 安信 | 0.05 | 0.16 |
| 385 | 002178.SZ | 延华智能 | 0.80 | 0.79 | 396 | 600601.SH | *ST 方科 | −0.32 | 0.33 |
| 386 | 601519.SH | 大智慧 | 0.78 | 0.76 | 397 | 300336.SZ | *ST 新文 | −0.49 | 0.41 |
| 387 | 300469.SZ | 信息发展 | 0.75 | 1.15 | | | | | |

# 上海工商类上市公司 2021 年度净资产收益率排序

（单位：%）

| 序号 | 代码 | 公司简称 | 净资产收益率 | | 序号 | 代码 | 公司简称 | 净资产收益率 | |
|---|---|---|---|---|---|---|---|---|---|
| | | | 2021 年 | 2020 年 | | | | 2021 年 | 2020 年 |
| 1 | 300336.SZ | *ST 新文 | 2126.29 | −141.84 | 48 | 300286.SZ | 安科瑞 | 18.94 | 15.43 |
| 2 | 601156.SH | 东航物流 | 44.76 | 55.08 | 49 | 600836.SH | 上海易连 | 18.59 | 26.30 |
| 3 | 688368.SH | 晶丰明源 | 42.79 | 5.76 | 50 | 833346.BJ | 威贸电子 | 18.08 | 17.36 |
| 4 | 001266.SZ | 宏英智能 | 39.08 | 59.70 | 51 | 603659.SH | 璞泰来 | 18.03 | 10.84 |
| 5 | 603501.SH | 韦尔股份 | 32.63 | 28.24 | 52 | 600846.SH | 同济科技 | 17.98 | 20.45 |
| 6 | 603565.SH | 中谷物流 | 32.33 | 25.07 | 53 | 300627.SZ | 华测导航 | 17.98 | 18.97 |
| 7 | 300327.SZ | 中颖电子 | 31.24 | 20.67 | 54 | 603713.SH | 密尔克卫 | 17.75 | 18.34 |
| 8 | 600618.SH | 氯碱化工 | 29.51 | 12.39 | 55 | 605338.SH | 巴比食品 | 17.72 | 14.94 |
| 9 | 301257.SZ | 普蕊斯 | 29.34 | 24.34 | 56 | 600500.SH | 中化国际 | 17.26 | 2.35 |
| 10 | 688317.SH | 之江生物 | 28.68 | 91.62 | 57 | 601702.SH | 华峰铝业 | 17.23 | 11.94 |
| 11 | 301151.SZ | 冠龙节能 | 28.39 | 24.19 | 58 | 603128.SH | 华贸物流 | 17.22 | 12.19 |
| 12 | 603899.SH | 晨光股份 | 26.66 | 26.73 | 59 | 600822.SH | 上海物贸 | 17.20 | 15.69 |
| 13 | 688193.SH | 仁度生物 | 25.70 | 33.57 | 60 | 688071.SH | 华依科技 | 17.16 | 21.92 |
| 14 | 002605.SZ | 姚记科技 | 25.45 | 61.55 | 61 | 688301.SH | 奕瑞科技 | 17.03 | 14.53 |
| 15 | 688766.SH | 普冉股份 | 25.07 | 28.51 | 62 | 301000.SZ | 肇民科技 | 16.94 | 44.55 |
| 16 | 688121.SH | 卓然股份 | 24.92 | 45.01 | 63 | 301046.SZ | 能辉科技 | 16.93 | 22.45 |
| 17 | 688728.SH | 格科微 | 24.51 | 51.80 | 64 | 831305.BJ | 海希通讯 | 16.89 | 31.75 |
| 18 | 301156.SZ | 美农生物 | 24.42 | 28.36 | 65 | 688680.SH | 海优新材 | 16.49 | 34.46 |
| 19 | 688099.SH | 晶晨股份 | 23.89 | 4.02 | 66 | 603515.SH | 欧普照明 | 16.45 | 15.59 |
| 20 | 688016.SH | 心脉医疗 | 23.15 | 18.66 | 67 | 688213.SH | 思特威 −W | 16.43 | 10.94 |
| 21 | 688202.SH | 美迪西 | 23.03 | 12.23 | 68 | 605136.SH | 丽人丽妆 | 16.33 | 17.31 |
| 22 | 688163.SH | 赛伦生物 | 23.03 | 20.01 | 69 | 688131.SH | 皓元医药 | 16.25 | 27.69 |
| 23 | 300613.SZ | 富瀚微 | 22.95 | 7.09 | 70 | 301062.SZ | 上海艾录 | 16.22 | 15.66 |
| 24 | 603855.SH | 华荣股份 | 22.57 | 16.69 | 71 | 603329.SH | 上海雅仕 | 16.18 | 10.17 |
| 25 | 605098.SH | 行动教育 | 22.41 | 25.92 | 72 | 002028.SZ | 思源电气 | 16.09 | 16.14 |
| 26 | 600845.SH | 宝信软件 | 22.32 | 18.13 | 73 | 603197.SH | 保隆科技 | 16.03 | 16.76 |
| 27 | 300059.SZ | 东方财富 | 22.16 | 17.58 | 74 | 600018.SH | 上港集团 | 15.68 | 9.80 |
| 28 | 603886.SH | 元祖股份 | 21.97 | 20.07 | 75 | 300983.SZ | 尤安设计 | 15.63 | 49.32 |
| 29 | 600612.SH | 老凤祥 | 21.87 | 21.17 | 76 | 600696.SH | 岩石股份 | 15.63 | 2.84 |
| 30 | 603868.SH | 飞科电器 | 21.82 | 23.38 | 77 | 603365.SH | 水星家纺 | 15.45 | 11.83 |
| 31 | 002636.SZ | 金安国纪 | 21.77 | 6.54 | 78 | 301099.SZ | 雅创电子 | 15.32 | 17.68 |
| 32 | 601866.SH | 中远海发 | 21.35 | 8.77 | 79 | 688682.SH | 霍莱沃 | 15.28 | 24.12 |
| 33 | 605222.SH | 起帆电缆 | 21.17 | 18.96 | 80 | 603987.SH | 康德莱 | 15.18 | 12.05 |
| 34 | 002022.SZ | *ST 科华 | 20.91 | 24.57 | 81 | 600662.SH | 外服控股 | 15.12 | 1.81 |
| 35 | 300171.SZ | 东富龙 | 20.89 | 13.72 | 82 | 600623.SH | 华谊集团 | 14.82 | 2.29 |
| 36 | 301289.SZ | 国缆检测 | 20.60 | 19.29 | 83 | 603956.SH | 威派格 | 14.79 | 14.00 |
| 37 | 603466.SH | 风语筑 | 20.57 | 18.81 | 84 | 601231.SH | 环旭电子 | 14.79 | 15.58 |
| 38 | 688385.SH | 复旦微电 | 20.29 | 7.15 | 85 | 301060.SZ | 兰卫医学 | 14.63 | 9.19 |
| 39 | 600171.SH | 上海贝岭 | 20.18 | 16.67 | 86 | 603324.SH | 盛剑环境 | 14.60 | 18.94 |
| 40 | 600663.SH | 陆家嘴 | 20.13 | 20.90 | 87 | 688519.SH | 南亚新材 | 14.56 | 8.32 |
| 41 | 688188.SH | 柏楚电子 | 20.07 | 15.97 | 88 | 301005.SZ | 超捷股份 | 14.54 | 33.01 |
| 42 | 002346.SZ | 柘中股份 | 19.96 | 7.57 | 89 | 002328.SZ | 新朋股份 | 14.48 | 5.60 |
| 43 | 002158.SZ | 汉钟精机 | 19.85 | 16.76 | 90 | 605339.SH | 南侨食品 | 14.33 | 17.30 |
| 44 | 002706.SZ | 良信股份 | 19.72 | 19.53 | 91 | 830799.BJ | 艾融软件 | 14.27 | 18.14 |
| 45 | 603587.SH | 地素时尚 | 19.16 | 18.67 | 92 | 603236.SH | 移远通信 | 14.10 | 10.55 |
| 46 | 603039.SH | ST 泛微 | 19.14 | 20.43 | 93 | 600639.SH | 浦东金桥 | 14.05 | 10.71 |
| 47 | 002568.SZ | 百润股份 | 19.01 | 20.53 | 94 | 688798.SH | 艾为电子 | 14.04 | 28.93 |

（续表）

| 序号 | 代码 | 公司简称 | 净资产收益率 | | 序号 | 代码 | 公司简称 | 净资产收益率 | |
|---|---|---|---|---|---|---|---|---|---|
| | | | 2021年 | 2020年 | | | | 2021年 | 2020年 |
| 95 | 605208.SH | 永茂泰 | 13.99 | 15.00 | 142 | 600081.SH | 东风科技 | 10.55 | 6.99 |
| 96 | 601872.SH | 招商轮船 | 13.89 | 10.92 | 143 | 600629.SH | 华建集团 | 10.50 | 5.89 |
| 97 | 603579.SH | 荣泰健康 | 13.76 | 11.74 | 144 | 688981.SH | 中芯国际 | 10.30 | 6.07 |
| 98 | 605186.SH | 健麾信息 | 13.72 | 17.39 | 145 | 688230.SH | 芯导科技 | 10.27 | 64.74 |
| 99 | 688330.SH | 宏力达 | 12.98 | 17.36 | 146 | 600848.SH | 上海临港 | 10.27 | 10.05 |
| 100 | 002401.SZ | 中远海科 | 12.95 | 18.39 | 147 | 600210.SH | 紫江企业 | 10.19 | 11.05 |
| 101 | 300398.SZ | 飞凯材料 | 12.84 | 8.74 | 148 | 688505.SH | 复旦张江 | 10.15 | 11.19 |
| 102 | 688590.SH | 新致软件 | 12.81 | 10.17 | 149 | 600061.SH | 国投资本 | 10.09 | 9.80 |
| 103 | 603330.SH | 上海天洋 | 12.75 | 8.20 | 150 | 600841.SH | 动力新科 | 10.08 | 5.23 |
| 104 | 600741.SH | 华域汽车 | 12.67 | 10.60 | 151 | 688008.SH | 澜起科技 | 10.07 | 14.33 |
| 105 | 301228.SZ | 实朴检测 | 12.60 | 13.62 | 152 | 300508.SZ | 维宏股份 | 10.06 | 5.31 |
| 106 | 600019.SH | 宝钢股份 | 12.59 | 7.00 | 153 | 600820.SH | 隧道股份 | 9.96 | 10.05 |
| 107 | 603650.SH | 彤程新材 | 12.49 | 17.48 | 154 | 605398.SH | 新炬网络 | 9.95 | 29.23 |
| 108 | 600196.SH | 复星医药 | 12.43 | 10.63 | 155 | 600097.SH | 开创国际 | 9.91 | 7.72 |
| 109 | 300226.SZ | 上海钢联 | 12.22 | 17.33 | 156 | 603786.SH | 科博达 | 9.85 | 14.59 |
| 110 | 601601.SH | 中国太保 | 12.14 | 12.49 | 157 | 600170.SH | 上海建工 | 9.71 | 9.61 |
| 111 | 688110.SH | 东芯股份 | 12.12 | 4.32 | 158 | 300129.SZ | 泰胜风能 | 9.67 | 14.22 |
| 112 | 300642.SZ | 透景生命 | 12.11 | 9.90 | 159 | 603196.SH | 日播时尚 | 9.67 | −5.44 |
| 113 | 603728.SH | 鸣志电器 | 12.10 | 9.59 | 160 | 300802.SZ | 矩子科技 | 9.67 | 9.05 |
| 114 | 603681.SH | 永冠新材 | 11.94 | 12.01 | 161 | 600315.SH | 上海家化 | 9.65 | 6.73 |
| 115 | 605289.SH | 罗曼股份 | 11.94 | 17.80 | 162 | 603918.SH | 金桥信息 | 9.59 | 12.99 |
| 116 | 002184.SZ | 海得控制 | 11.89 | 12.43 | 163 | 603037.SH | 凯众股份 | 9.58 | 9.65 |
| 117 | 300590.SZ | 移为通信 | 11.86 | 8.69 | 164 | 601328.SH | 交通银行 | 9.57 | 9.43 |
| 118 | 688160.SH | 步科股份 | 11.85 | 16.05 | 165 | 600643.SH | 爱建集团 | 9.56 | 12.02 |
| 119 | 301025.SZ | 读客文化 | 11.84 | 10.63 | 166 | 688133.SH | 泰坦科技 | 9.55 | 10.27 |
| 120 | 300762.SZ | 上海瀚讯 | 11.78 | 12.89 | 167 | 300947.SZ | 德必集团 | 9.52 | 10.99 |
| 121 | 688085.SH | 三友医疗 | 11.57 | 12.02 | 168 | 301070.SZ | 开勒股份 | 9.49 | 20.11 |
| 122 | 600655.SH | 豫园股份 | 11.48 | 11.21 | 169 | 688596.SH | 正帆科技 | 9.44 | 10.47 |
| 123 | 688018.SH | 乐鑫科技 | 11.46 | 6.40 | 170 | 603682.SH | 锦和商管 | 9.28 | 12.86 |
| 124 | 600850.SH | 电科数字 | 11.42 | 12.02 | 171 | 600104.SH | 上汽集团 | 9.19 | 8.02 |
| 125 | 603108.SH | 润达医疗 | 11.41 | 11.07 | 172 | 601968.SH | 宝钢包装 | 9.11 | 6.80 |
| 126 | 688129.SH | 东来技术 | 11.36 | 14.34 | 173 | 688082.SH | 盛美上海 | 9.08 | 20.95 |
| 127 | 601825.SH | 沪农商行 | 11.34 | 11.00 | 174 | 688718.SH | 唯赛勃 | 9.05 | 10.87 |
| 128 | 605050.SH | 福然德 | 11.19 | 12.99 | 175 | 300501.SZ | 海顺新材 | 9.04 | 13.73 |
| 129 | 601229.SH | 上海银行 | 11.14 | 11.38 | 176 | 300230.SZ | 永利股份 | 8.87 | −20.31 |
| 130 | 688019.SH | 安集科技 | 11.12 | 15.91 | 177 | 603192.SH | 汇得科技 | 8.86 | 9.94 |
| 131 | 688063.SH | 派能科技 | 11.09 | 17.27 | 178 | 300272.SZ | 开能健康 | 8.83 | 2.23 |
| 132 | 002116.SZ | 中国海诚 | 11.08 | 4.57 | 179 | 605151.SH | 西上海 | 8.78 | 12.72 |
| 133 | 688012.SH | 中微公司 | 11.05 | 12.12 | 180 | 301166.SZ | 优宁维 | 8.72 | 20.84 |
| 134 | 601607.SH | 上海医药 | 10.76 | 10.33 | 181 | 600958.SH | 东方证券 | 8.64 | 4.77 |
| 135 | 603006.SH | 联明股份 | 10.73 | 7.27 | 182 | 300892.SZ | 品渥食品 | 8.58 | 19.27 |
| 136 | 688179.SH | 阿拉丁 | 10.67 | 12.80 | 183 | 688660.SH | 电气风电 | 8.49 | 10.14 |
| 137 | 603012.SH | 创力集团 | 10.65 | 13.24 | 184 | 600597.SH | 光明乳业 | 8.38 | 10.13 |
| 138 | 603131.SH | 上海沪工 | 10.61 | 9.55 | 185 | 603159.SH | 上海亚虹 | 8.34 | 9.24 |
| 139 | 603122.SH | 合富中国 | 10.61 | 9.63 | 186 | 600648.SH | 外高桥 | 8.28 | 6.71 |
| 140 | 603730.SH | 岱美股份 | 10.56 | 10.30 | 187 | 300915.SZ | 海融科技 | 8.27 | 10.92 |
| 141 | 601211.SH | 国泰君安 | 10.56 | 8.09 | 188 | 301001.SZ | 凯淳股份 | 8.26 | 28.47 |

（续表）

| 序号 | 代码 | 公司简称 | 净资产收益率 | | 序号 | 代码 | 公司简称 | 净资产收益率 | |
|---|---|---|---|---|---|---|---|---|---|
| | | | 2021 年 | 2020 年 | | | | 2021 年 | 2020 年 |
| 189 | 603256.SH | 宏和科技 | 8.25 | 8.06 | 236 | 300326.SZ | 凯利泰 | 6.02 | −4.69 |
| 190 | 002058.SZ | 威尔泰 | 8.22 | −0.37 | 237 | 600619.SH | 海立股份 | 6.02 | 3.60 |
| 191 | 603648.SH | 畅联股份 | 8.20 | 6.48 | 238 | 603121.SH | 华培动力 | 6.00 | 5.29 |
| 192 | 601611.SH | 中国核建 | 8.18 | 8.33 | 239 | 603790.SH | 雅运股份 | 5.99 | 4.89 |
| 193 | 301024.SZ | 霍普股份 | 8.14 | 25.59 | 240 | 688265.SH | 南模生物 | 5.97 | 22.83 |
| 194 | 600000.SH | 浦发银行 | 8.10 | 9.79 | 241 | 600602.SH | 云赛智联 | 5.87 | 5.91 |
| 195 | 600837.SH | 海通证券 | 8.10 | 7.78 | 242 | 688335.SH | 复洁环保 | 5.86 | 10.07 |
| 196 | 600284.SH | 浦东建设 | 8.08 | 7.08 | 243 | 300170.SZ | 汉得信息 | 5.86 | 2.06 |
| 197 | 300253.SZ | 卫宁健康 | 7.86 | 11.90 | 244 | 603232.SH | 格尔软件 | 5.85 | 5.73 |
| 198 | 603690.SH | 至纯科技 | 7.82 | 11.27 | 245 | 688065.SH | 凯赛生物 | 5.78 | 6.09 |
| 199 | 688098.SH | 申联生物 | 7.67 | 9.67 | 246 | 600818.SH | 中路股份 | 5.59 | 15.84 |
| 200 | 301037.SZ | 保立佳 | 7.66 | 20.09 | 247 | 600278.SH | 东方创业 | 5.50 | 4.80 |
| 201 | 603580.SH | 艾艾精工 | 7.57 | 7.13 | 248 | 605598.SH | 上海港湾 | 5.45 | 13.27 |
| 202 | 300899.SZ | 上海凯鑫 | 7.57 | 10.43 | 249 | 600620.SH | 天宸股份 | 5.38 | 4.30 |
| 203 | 300493.SZ | 润欣科技 | 7.55 | 6.03 | 250 | 603496.SH | 恒为科技 | 5.37 | 4.50 |
| 204 | 831961.BJ | 创远信科 | 7.53 | 9.41 | 251 | 600642.SH | 申能股份 | 5.32 | 7.92 |
| 205 | 688123.SH | 聚辰股份 | 7.25 | 11.68 | 252 | 600622.SH | 光大嘉宝 | 5.30 | 6.32 |
| 206 | 603214.SH | 爱婴室 | 7.20 | 11.47 | 253 | 600641.SH | 万业企业 | 5.27 | 4.87 |
| 207 | 601200.SH | 上海环境 | 7.19 | 7.78 | 254 | 603718.SH | 海利生物 | 5.22 | 0.84 |
| 208 | 688608.SH | 恒玄科技 | 7.15 | 6.59 | 255 | 002527.SZ | 新时达 | 5.20 | 3.23 |
| 209 | 603020.SH | 爱普股份 | 7.10 | 7.87 | 256 | 603960.SH | 克来机电 | 5.18 | 16.53 |
| 210 | 600838.SH | 上海九百 | 7.09 | 3.95 | 257 | 300067.SZ | 安诺其 | 5.16 | 6.71 |
| 211 | 600606.SH | 绿地控股 | 7.07 | 18.33 | 258 | 600675.SH | 中华企业 | 5.15 | 8.92 |
| 212 | 300378.SZ | 鼎捷软件 | 7.04 | 8.31 | 259 | 600882.SH | 妙可蓝多 | 5.15 | 4.31 |
| 213 | 600621.SH | 华鑫股份 | 6.99 | 10.80 | 260 | 603189.SH | 网达软件 | 5.08 | 8.41 |
| 214 | 600073.SH | 上海梅林 | 6.94 | 9.69 | 261 | 002252.SZ | 上海莱士 | 5.07 | 7.23 |
| 215 | 605128.SH | 上海沿浦 | 6.93 | 10.69 | 262 | 600748.SH | 上实发展 | 5.06 | 1.06 |
| 216 | 600517.SH | 国网英大 | 6.87 | 11.37 | 263 | 600692.SH | 亚通股份 | 5.05 | 6.90 |
| 217 | 600895.SH | 张江高科 | 6.83 | 18.12 | 264 | 603200.SH | 上海洗霸 | 5.01 | 4.42 |
| 218 | 600420.SH | 国药现代 | 6.80 | 8.26 | 265 | 300039.SZ | 上海凯宝 | 4.98 | 4.12 |
| 219 | 600688.SH | 上海石化 | 6.73 | 2.13 | 266 | 300999.SZ | 金龙鱼 | 4.85 | 8.09 |
| 220 | 002825.SZ | 纳尔股份 | 6.69 | 12.73 | 267 | 600679.SH | 上海凤凰 | 4.76 | 3.71 |
| 221 | 600835.SH | 上海机电 | 6.69 | 9.70 | 268 | 600834.SH | 申通地铁 | 4.64 | 4.90 |
| 222 | 300963.SZ | 中洲特材 | 6.64 | 12.16 | 269 | 002561.SZ | 徐家汇 | 4.60 | 3.34 |
| 223 | 600193.SH | 创兴资源 | 6.55 | 22.11 | 270 | 300168.SZ | 万达信息 | 4.59 | −59.30 |
| 224 | 600833.SH | 第一医药 | 6.53 | 9.34 | 271 | 600649.SH | 城投控股 | 4.52 | 3.92 |
| 225 | 605081.SH | 太和水 | 6.48 | 18.09 | 272 | 603633.SH | 徕木股份 | 4.37 | 4.66 |
| 226 | 688212.SH | 澳华内镜 | 6.40 | 3.54 | 273 | 600530.SH | 交大昂立 | 4.35 | 11.68 |
| 227 | 600605.SH | 汇通能源 | 6.36 | 6.69 | 274 | 002195.SZ | 二三四五 | 4.32 | −9.47 |
| 228 | 601788.SH | 光大证券 | 6.32 | 4.67 | 275 | 603009.SH | 北特科技 | 4.29 | 1.97 |
| 229 | 688366.SH | 昊海生科 | 6.29 | 4.20 | 276 | 600827.SH | 百联股份 | 4.16 | 4.36 |
| 230 | 300257.SZ | 开山股份 | 6.28 | 6.14 | 277 | 600272.SH | 开开实业 | 4.13 | 2.65 |
| 231 | 601696.SH | 中银证券 | 6.26 | 6.37 | 278 | 688118.SH | 普元信息 | 4.11 | 3.23 |
| 232 | 600637.SH | 东方明珠 | 6.24 | 5.52 | 279 | 601828.SH | 美凯龙 | 4.03 | 3.71 |
| 233 | 688155.SH | 先惠技术 | 6.17 | 8.19 | 280 | 002162.SZ | 悦心健康 | 3.99 | 5.68 |
| 234 | 688217.SH | 睿昂基因 | 6.17 | 6.17 | 281 | 603083.SH | 剑桥科技 | 3.95 | −18.70 |
| 235 | 688238.SH | 和元生物 | 6.14 | 20.22 | 282 | 002278.SZ | 神开股份 | 3.82 | 2.50 |

（续表）

| 序号 | 代码 | 公司简称 | 净资产收益率 | | 序号 | 代码 | 公司简称 | 净资产收益率 | |
|---|---|---|---|---|---|---|---|---|---|
| | | | 2021年 | 2020年 | | | | 2021年 | 2020年 |
| 283 | 603881.SH | 数据港 | 3.78 | 6.84 | 330 | 300180.SZ | 华峰超纤 | 1.23 | −9.37 |
| 284 | 600823.SH | 世茂股份 | 3.70 | 6.02 | 331 | 603895.SH | 天永智能 | 1.21 | 2.07 |
| 285 | 600650.SH | 锦江在线 | 3.67 | 6.85 | 332 | 688585.SH | 上纬新材 | 1.19 | 12.35 |
| 286 | 600508.SH | 上海能源 | 3.59 | 6.63 | 333 | 600490.SH | 鹏欣资源 | 1.16 | 7.14 |
| 287 | 600635.SH | 大众公用 | 3.50 | 6.17 | 334 | 300153.SZ | 科泰电源 | 1.11 | −20.07 |
| 288 | 600824.SH | 益民集团 | 3.49 | 6.88 | 335 | 601595.SH | 上海电影 | 1.11 | −19.14 |
| 289 | 600611.SH | 大众交通 | 3.47 | 5.72 | 336 | 600151.SH | 航天机电 | 1.10 | 3.19 |
| 290 | 603619.SH | 中曼石油 | 3.41 | −22.77 | 337 | 601519.SH | 大智慧 | 1.04 | 4.86 |
| 291 | 603683.SH | 晶华新材 | 3.35 | 18.10 | 338 | 300126.SZ | 锐奇股份 | 0.96 | 1.15 |
| 292 | 600826.SH | 兰生股份 | 3.23 | 3.83 | 339 | 002669.SZ | 康达新材 | 0.96 | 9.62 |
| 293 | 300609.SZ | 汇纳科技 | 3.19 | −0.95 | 340 | 002324.SZ | 普利特 | 0.90 | 15.55 |
| 294 | 600851.SH | 海欣股份 | 3.18 | 2.97 | 341 | 300074.SZ | 华平股份 | 0.79 | 1.92 |
| 295 | 600819.SH | 耀皮玻璃 | 3.08 | 5.33 | 342 | 600754.SH | 锦江酒店 | 0.69 | 0.85 |
| 296 | 002454.SZ | 松芝股份 | 3.07 | 6.99 | 343 | 688578.SH | 艾力斯−U | 0.62 | −15.29 |
| 297 | 603022.SH | 新通联 | 3.03 | 5.48 | 344 | 002858.SZ | 力盛体育 | 0.59 | −12.84 |
| 298 | 600613.SH | 神奇制药 | 3.01 | −13.94 | 345 | 600708.SH | 光明地产 | 0.53 | 0.76 |
| 299 | 600320.SH | 振华重工 | 2.98 | 2.80 | 346 | 688521.SH | 芯原股份−U | 0.50 | −1.43 |
| 300 | 601616.SH | 广电电气 | 2.97 | 2.89 | 347 | 600150.SH | 中国船舶 | 0.47 | 1.00 |
| 301 | 603068.SH | 博通集成 | 2.91 | 2.04 | 348 | 688336.SH | 三生国健 | 0.40 | −5.90 |
| 302 | 600689.SH | 上海三毛 | 2.73 | −7.94 | 349 | 601021.SH | 春秋航空 | 0.28 | −4.03 |
| 303 | 300245.SZ | 天玑科技 | 2.67 | 2.68 | 350 | 600676.SH | 交运股份 | 0.21 | −3.58 |
| 304 | 300330.SZ | 华虹计通 | 2.64 | 1.56 | 351 | 600088.SH | 中视传媒 | −0.19 | −9.17 |
| 305 | 603056.SH | 德邦股份 | 2.64 | 13.00 | 352 | 600615.SH | *ST丰华 | −0.28 | 0.23 |
| 306 | 600503.SH | 华丽家族 | 2.57 | 3.87 | 353 | 688091.SH | 上海谊众−U | −0.56 | −8.59 |
| 307 | 600638.SH | 新黄浦 | 2.53 | 6.41 | 354 | 600616.SH | 金枫酒业 | −0.66 | 0.63 |
| 308 | 600608.SH | ST沪科 | 2.47 | 3.70 | 355 | 002565.SZ | 顺灏股份 | −1.46 | 0.40 |
| 309 | 300551.SZ | 古鳌科技 | 2.45 | 3.96 | 356 | 300442.SZ | 普丽盛 | −2.36 | −36.41 |
| 310 | 300380.SZ | 安硕信息 | 2.45 | 13.22 | 357 | 600732.SH | 爱旭股份 | −2.41 | 21.71 |
| 311 | 000863.SZ | 三湘印象 | 2.40 | 5.57 | 358 | 603499.SH | 翔港科技 | −3.10 | 1.40 |
| 312 | 300483.SZ | 首华燃气 | 2.26 | 4.47 | 359 | 600094.SH | 大名城 | −3.21 | 3.44 |
| 313 | 600843.SH | 上工申贝 | 2.26 | 3.63 | 360 | 688107.SH | 安路科技−U | −3.37 | −1.96 |
| 314 | 300236.SZ | 上海新阳 | 2.15 | 8.80 | 361 | 603003.SH | 龙宇燃油 | −4.06 | −1.76 |
| 315 | 002486.SZ | 嘉麟杰 | 2.09 | 1.79 | 362 | 603885.SH | 吉祥航空 | −4.76 | −3.99 |
| 316 | 603226.SH | 菲林格尔 | 2.03 | 6.34 | 363 | 300222.SZ | 科大智能 | −5.47 | −16.12 |
| 317 | 600072.SH | 中船科技 | 2.03 | 3.68 | 364 | 600009.SH | 上海机场 | −6.03 | −4.14 |
| 318 | 600647.SH | 同达创业 | 1.94 | 3.98 | 365 | 688538.SH | 和辉光电−U | −6.81 | −9.71 |
| 319 | 300017.SZ | 网宿科技 | 1.88 | 2.54 | 366 | 600640.SH | 新国脉 | −8.26 | 0.23 |
| 320 | 688206.SH | 概伦电子 | 1.86 | 5.52 | 367 | 603729.SH | 龙韵股份 | −8.36 | −2.72 |
| 321 | 603777.SH | 来伊份 | 1.84 | −3.80 | 368 | 600532.SH | *ST未来 | −8.81 | 0.85 |
| 322 | 002451.SZ | 摩恩电气 | 1.77 | 1.06 | 369 | 600021.SH | 上海电力 | −10.17 | 4.60 |
| 323 | 600604.SH | 市北高新 | 1.77 | 2.76 | 370 | 688180.SH | 君实生物−U | −10.47 | −37.90 |
| 324 | 600628.SH | 新世界 | 1.60 | 1.63 | 371 | 600624.SH | 复旦复华 | −10.77 | −5.50 |
| 325 | 002178.SZ | 延华智能 | 1.58 | −38.03 | 372 | 300225.SZ | 金力泰 | −11.52 | 9.51 |
| 326 | 300008.SZ | 天海防务 | 1.56 | 2.49 | 373 | 300462.SZ | 华铭智能 | −11.83 | 7.70 |
| 327 | 688126.SH | 沪硅产业−U | 1.47 | 1.20 | 374 | 600636.SH | 国新文化 | −15.24 | 5.12 |
| 328 | 600825.SH | 新华传媒 | 1.33 | −11.47 | 375 | 600026.SH | 中远海能 | −15.74 | 7.56 |
| 329 | 600626.SH | 申达股份 | 1.24 | −28.01 | 376 | 601727.SH | 上海电气 | −16.04 | 5.79 |

（续表）

| 序号 | 代码 | 公司简称 | 净资产收益率 | | 序号 | 代码 | 公司简称 | 净资产收益率 | |
|---|---|---|---|---|---|---|---|---|---|
| | | | 2021 年 | 2020 年 | | | | 2021 年 | 2020 年 |
| 377 | 300578.SZ | 会畅通讯 | −16.10 | 10.04 | 388 | 600119.SH | 长江投资 | −48.34 | −35.27 |
| 378 | 603887.SH | 城地香江 | −16.21 | 10.66 | 389 | 002269.SZ | 美邦服饰 | −49.52 | −53.38 |
| 379 | 300511.SZ | 雪榕生物 | −16.67 | 13.10 | 390 | 600661.SH | 昂立教育 | −55.48 | −33.66 |
| 380 | 600651.SH | 飞乐音响 | −18.60 | 81.02 | 391 | 002506.SZ | 协鑫集成 | −60.91 | −61.07 |
| 381 | 688158.SH | 优刻得 −W | −21.26 | −13.70 | 392 | 688062.SH | 迈威生物 −U | −62.03 | −57.70 |
| 382 | 600630.SH | 龙头股份 | −22.19 | −17.57 | 393 | 603030.SH | 全筑股份 | −75.22 | 5.99 |
| 383 | 600115.SH | 中国东航 | −23.18 | −19.60 | 394 | 300262.SZ | 巴安水务 | −111.72 | −23.11 |
| 384 | 300061.SZ | 旗天科技 | −26.72 | −39.30 | 395 | 002211.SZ | ST 宏达 | −174.22 | 6.76 |
| 385 | 603378.SH | 亚士创能 | −29.67 | 18.49 | 396 | 600816.SH | ST 安信 | −197.68 | −158.10 |
| 386 | 300469.SZ | 信息发展 | −41.50 | −23.61 | 397 | 600601.SH | *ST 方科 | −7777.13 | −70.19 |
| 387 | 688220.SH | 翱捷科技 −U | −41.52 | −192.81 | | | | | |

# 上海工商类上市公司 2021 年度每股现金流量排序

（单位：元）

| 序号 | 代码 | 公司简称 | 每股经营现金净流 | | 序号 | 代码 | 公司简称 | 每股经营现金净流 | |
|---|---|---|---|---|---|---|---|---|---|
| | | | 2021 年 | 2020 年 | | | | 2021 年 | 2020 年 |
| 1 | 601601.SH | 中国太保 | 11.27 | 11.55 | 48 | 301151.SZ | 冠龙节能 | 1.73 | 1.02 |
| 2 | 688368.SH | 晶丰明源 | 8.14 | −0.08 | 49 | 688798.SH | 艾为电子 | 1.73 | 1.61 |
| 3 | 300947.SZ | 德必集团 | 7.52 | 4.82 | 50 | 300892.SZ | 品渥食品 | 1.71 | 1.37 |
| 4 | 688202.SH | 美迪西 | 7.30 | 3.35 | 51 | 603777.SH | 来伊份 | 1.71 | 0.28 |
| 5 | 600837.SH | 海通证券 | 5.43 | 0.94 | 52 | 603868.SH | 飞科电器 | 1.70 | 2.25 |
| 6 | 688766.SH | 普冉股份 | 5.02 | −1.81 | 53 | 603899.SH | 晨光股份 | 1.68 | 1.37 |
| 7 | 688188.SH | 柏楚电子 | 4.97 | 3.62 | 54 | 600508.SH | 上海能源 | 1.66 | 0.86 |
| 8 | 600606.SH | 绿地控股 | 4.87 | 3.68 | 55 | 688012.SH | 中微公司 | 1.65 | 1.58 |
| 9 | 605098.SH | 行动教育 | 4.47 | 2.99 | 56 | 600420.SH | 国药现代 | 1.64 | 1.52 |
| 10 | 688016.SH | 心脉医疗 | 4.17 | 3.02 | 57 | 831305.BJ | 海希通讯 | 1.56 | 0.20 |
| 11 | 600612.SH | 老凤祥 | 3.80 | 4.49 | 58 | 600196.SH | 复星医药 | 1.54 | 1.01 |
| 12 | 300226.SZ | 上海钢联 | 3.80 | −6.26 | 59 | 688230.SH | 芯导科技 | 1.53 | 1.28 |
| 13 | 601156.SH | 东航物流 | 3.70 | 2.26 | 60 | 002022.SZ | *ST 科华 | 1.51 | 2.66 |
| 14 | 688301.SH | 奕瑞科技 | 3.42 | 3.62 | 61 | 603855.SH | 华荣股份 | 1.51 | 1.02 |
| 15 | 603565.SH | 中谷物流 | 3.31 | 3.03 | 62 | 301156.SZ | 美农生物 | 1.50 | 0.85 |
| 16 | 688317.SH | 之江生物 | 3.30 | 7.82 | 63 | 600597.SH | 光明乳业 | 1.49 | 1.76 |
| 17 | 300483.SZ | 首华燃气 | 3.12 | 4.21 | 64 | 001266.SZ | 宏英智能 | 1.48 | 1.14 |
| 18 | 600648.SH | 外高桥 | 3.11 | 3.69 | 65 | 600315.SH | 上海家化 | 1.46 | 0.95 |
| 19 | 600741.SH | 华域汽车 | 2.81 | 2.97 | 66 | 688265.SH | 南模生物 | 1.43 | 1.01 |
| 20 | 600623.SH | 华谊集团 | 2.75 | 0.53 | 67 | 603039.SH | ST 泛微 | 1.43 | 1.43 |
| 21 | 600708.SH | 光明地产 | 2.75 | 1.87 | 68 | 688065.SH | 凯赛生物 | 1.43 | 1.24 |
| 22 | 603886.SH | 元祖股份 | 2.72 | 2.01 | 69 | 688217.SH | 睿昂基因 | 1.40 | 1.68 |
| 23 | 600019.SH | 宝钢股份 | 2.69 | 1.26 | 70 | 688099.SH | 晶晨股份 | 1.40 | 2.25 |
| 24 | 301289.SZ | 国缆检测 | 2.64 | 1.53 | 71 | 002605.SZ | 姚记科技 | 1.34 | 1.31 |
| 25 | 600094.SH | 大名城 | 2.64 | −0.98 | 72 | 605398.SH | 新炬网络 | 1.33 | 2.05 |
| 26 | 688981.SH | 中芯国际 | 2.64 | 1.67 | 73 | 600834.SH | 申通地铁 | 1.30 | −0.24 |
| 27 | 600622.SH | 光大嘉宝 | 2.60 | 0.92 | 74 | 603619.SH | 中曼石油 | 1.29 | 0.54 |
| 28 | 601696.SH | 中银证券 | 2.59 | 1.07 | 75 | 300983.SZ | 尤安设计 | 1.27 | 2.63 |
| 29 | 603501.SH | 韦尔股份 | 2.50 | 3.86 | 76 | 600845.SH | 宝信软件 | 1.27 | 1.27 |
| 30 | 603659.SH | 璞泰来 | 2.48 | 1.40 | 77 | 301005.SZ | 超捷股份 | 1.27 | 1.66 |
| 31 | 603579.SH | 荣泰健康 | 2.41 | 1.97 | 78 | 605128.SH | 上海沿浦 | 1.25 | 1.51 |
| 32 | 603192.SH | 汇得科技 | 2.41 | 1.52 | 79 | 601828.SH | 美凯龙 | 1.24 | 1.07 |
| 33 | 600638.SH | 新黄浦 | 2.40 | 2.01 | 80 | 600629.SH | 华建集团 | 1.23 | 2.28 |
| 34 | 603056.SH | 德邦股份 | 2.34 | 1.85 | 81 | 603713.SH | 密尔克卫 | 1.23 | 2.19 |
| 35 | 600850.SH | 电科数字 | 2.31 | 1.53 | 82 | 600618.SH | 氯碱化工 | 1.19 | 0.35 |
| 36 | 300171.SZ | 东富龙 | 2.18 | 1.78 | 83 | 300378.SZ | 鼎捷软件 | 1.19 | 0.85 |
| 37 | 603881.SH | 数据港 | 2.17 | 0.71 | 84 | 002158.SZ | 汉钟精机 | 1.19 | 0.68 |
| 38 | 600827.SH | 百联股份 | 2.09 | 2.49 | 85 | 600170.SH | 上海建工 | 1.16 | 0.04 |
| 39 | 301000.SZ | 肇民科技 | 1.96 | 1.37 | 86 | 601211.SH | 国泰君安 | 1.16 | 2.50 |
| 40 | 688366.SH | 昊海生科 | 1.95 | 1.48 | 87 | 002568.SZ | 百润股份 | 1.16 | 1.35 |
| 41 | 600754.SH | 锦江酒店 | 1.93 | 0.16 | 88 | 688019.SH | 安集科技 | 1.15 | 2.13 |
| 42 | 600104.SH | 上汽集团 | 1.85 | 3.21 | 89 | 688163.SH | 赛伦生物 | 1.14 | 1.21 |
| 43 | 601021.SH | 春秋航空 | 1.84 | 0.90 | 90 | 603037.SH | 凯众股份 | 1.14 | 1.76 |
| 44 | 603587.SH | 地素时尚 | 1.82 | 1.50 | 91 | 603068.SH | 博通集成 | 1.10 | 0.42 |
| 45 | 688193.SH | 仁度生物 | 1.81 | 3.09 | 92 | 601866.SH | 中远海发 | 1.07 | 0.85 |
| 46 | 601607.SH | 上海医药 | 1.78 | 2.41 | 93 | 603786.SH | 科博达 | 1.05 | 1.30 |
| 47 | 603365.SH | 水星家纺 | 1.74 | 1.42 | 94 | 600846.SH | 同济科技 | 1.04 | 2.55 |

（续表）

| 序号 | 代码 | 公司简称 | 每股经营现金净流 | | 序号 | 代码 | 公司简称 | 每股经营现金净流 | |
|---|---|---|---|---|---|---|---|---|---|
| | | | 2021 年 | 2020 年 | | | | 2021 年 | 2020 年 |
| 95 | 002116.SZ | 中国海诚 | 1.03 | 1.11 | 142 | 600642.SH | 申能股份 | 0.65 | 0.99 |
| 96 | 002636.SZ | 金安国纪 | 1.02 | 0.59 | 143 | 605338.SH | 巴比食品 | 0.64 | 1.01 |
| 97 | 605151.SH | 西上海 | 1.00 | 1.50 | 144 | 603108.SH | 润达医疗 | 0.64 | 0.56 |
| 98 | 600820.SH | 隧道股份 | 1.00 | 1.01 | 145 | 300915.SZ | 海融科技 | 0.63 | 1.32 |
| 99 | 600532.SH | *ST 未来 | 0.98 | 1.29 | 146 | 603197.SH | 保隆科技 | 0.63 | 1.39 |
| 100 | 600639.SH | 浦东金桥 | 0.96 | 2.91 | 147 | 600819.SH | 耀皮玻璃 | 0.62 | 0.65 |
| 101 | 301228.SZ | 实朴检测 | 0.96 | 0.43 | 148 | 600637.SH | 东方明珠 | 0.62 | 1.06 |
| 102 | 600662.SH | 外服控股 | 0.94 | 0.42 | 149 | 833346.BJ | 威贸电子 | 0.61 | 0.37 |
| 103 | 600097.SH | 开创国际 | 0.93 | 1.35 | 150 | 300236.SZ | 上海新阳 | 0.61 | 0.62 |
| 104 | 600284.SH | 浦东建设 | 0.93 | −0.76 | 151 | 600611.SH | 大众交通 | 0.60 | −0.30 |
| 105 | 603987.SH | 康德莱 | 0.93 | 0.91 | 152 | 688008.SH | 澜起科技 | 0.60 | 0.89 |
| 106 | 600081.SH | 东风科技 | 0.92 | 1.04 | 153 | 600021.SH | 上海电力 | 0.59 | 2.78 |
| 107 | 600643.SH | 爱建集团 | 0.92 | 1.29 | 154 | 600073.SH | 上海梅林 | 0.59 | 2.36 |
| 108 | 600663.SH | 陆家嘴 | 0.92 | −0.17 | 155 | 601595.SH | 上海电影 | 0.59 | −0.88 |
| 109 | 301257.SZ | 普蕊斯 | 0.92 | 0.50 | 156 | 600018.SH | 上港集团 | 0.58 | 0.48 |
| 110 | 603515.SH | 欧普照明 | 0.91 | 1.37 | 157 | 603650.SH | 彤程新材 | 0.58 | 0.35 |
| 111 | 601611.SH | 中国核建 | 0.91 | 0.82 | 158 | 300762.SZ | 上海瀚讯 | 0.57 | 0.35 |
| 112 | 002454.SZ | 松芝股份 | 0.90 | 0.77 | 159 | 688129.SH | 东来技术 | 0.56 | 0.78 |
| 113 | 603682.SH | 锦和商管 | 0.89 | 0.44 | 160 | 300511.SZ | 雪榕生物 | 0.56 | 1.26 |
| 114 | 300462.SZ | 华铭智能 | 0.88 | −0.52 | 161 | 301060.SZ | 兰卫医学 | 0.56 | 0.48 |
| 115 | 300059.SZ | 东方财富 | 0.87 | 0.53 | 162 | 300153.SZ | 科泰电源 | 0.55 | −0.10 |
| 116 | 601968.SH | 宝钢包装 | 0.86 | 0.85 | 163 | 600171.SH | 上海贝岭 | 0.54 | 0.11 |
| 117 | 301070.SZ | 开勒股份 | 0.85 | 1.21 | 164 | 603728.SH | 鸣志电器 | 0.53 | 0.79 |
| 118 | 600882.SH | 妙可蓝多 | 0.85 | 0.65 | 165 | 300326.SZ | 凯利泰 | 0.53 | 0.39 |
| 119 | 688335.SH | 复洁环保 | 0.83 | −0.90 | 166 | 300286.SZ | 安科瑞 | 0.52 | −0.21 |
| 120 | 002669.SZ | 康达新材 | 0.82 | −0.49 | 167 | 300442.SZ | 普丽盛 | 0.52 | −0.17 |
| 121 | 831961.BJ | 创远信科 | 0.82 | 0.02 | 168 | 601200.SH | 上海环境 | 0.51 | 0.93 |
| 122 | 601872.SH | 招商轮船 | 0.80 | 1.12 | 169 | 600647.SH | 同达创业 | 0.51 | −0.14 |
| 123 | 603885.SH | 吉祥航空 | 0.79 | 0.31 | 170 | 300642.SZ | 透景生命 | 0.50 | 1.07 |
| 124 | 688131.SH | 皓元医药 | 0.78 | 2.10 | 171 | 600825.SH | 新华传媒 | 0.50 | 0.35 |
| 125 | 603466.SH | 风语筑 | 0.78 | 0.75 | 172 | 002028.SZ | 思源电气 | 0.50 | 1.07 |
| 126 | 600696.SH | 岩石股份 | 0.74 | 0.17 | 173 | 605339.SH | 南侨食品 | 0.50 | 1.40 |
| 127 | 002825.SZ | 纳尔股份 | 0.74 | 0.85 | 174 | 600500.SH | 中化国际 | 0.50 | 0.93 |
| 128 | 688385.SH | 复旦微电 | 0.74 | 0.32 | 175 | 688212.SH | 澳华内镜 | 0.50 | 0.72 |
| 129 | 603006.SH | 联明股份 | 0.73 | 1.28 | 176 | 300398.SZ | 飞凯材料 | 0.49 | 0.33 |
| 130 | 300501.SZ | 海顺新材 | 0.72 | 0.50 | 177 | 600490.SH | 鹏欣资源 | 0.49 | 0.41 |
| 131 | 300899.SZ | 上海凯鑫 | 0.72 | 0.01 | 178 | 002401.SZ | 中远海科 | 0.49 | 0.78 |
| 132 | 300627.SZ | 华测导航 | 0.72 | 0.68 | 179 | 688682.SH | 霍莱沃 | 0.48 | 1.10 |
| 133 | 600026.SH | 中远海能 | 0.71 | 1.48 | 180 | 600675.SH | 中华企业 | 0.47 | 0.43 |
| 134 | 688085.SH | 三友医疗 | 0.71 | 0.38 | 181 | 688123.SH | 聚辰股份 | 0.46 | 0.77 |
| 135 | 600835.SH | 上海机电 | 0.70 | 1.07 | 182 | 002858.SZ | 力盛体育 | 0.46 | 0.57 |
| 136 | 603329.SH | 上海雅仕 | 0.70 | 0.67 | 183 | 688155.SH | 先惠技术 | 0.46 | 0.57 |
| 137 | 688118.SH | 普元信息 | 0.70 | 0.19 | 184 | 300609.SZ | 汇纳科技 | 0.46 | 0.09 |
| 138 | 603683.SH | 晶华新材 | 0.69 | 0.60 | 185 | 603012.SH | 创力集团 | 0.46 | 0.48 |
| 139 | 603648.SH | 畅联股份 | 0.69 | 0.66 | 186 | 600150.SH | 中国船舶 | 0.45 | 0.22 |
| 140 | 301166.SZ | 优宁维 | 0.68 | 1.42 | 187 | 605598.SH | 上海港湾 | 0.45 | 0.79 |
| 141 | 600210.SH | 紫江企业 | 0.68 | 0.70 | 188 | 600676.SH | 交运股份 | 0.45 | 0.51 |

（续表）

| 序号 | 代码 | 公司简称 | 每股经营现金净流 | | 序号 | 代码 | 公司简称 | 每股经营现金净流 | |
|---|---|---|---|---|---|---|---|---|---|
| | | | 2021年 | 2020年 | | | | 2021年 | 2020年 |
| 189 | 600072.SH | 中船科技 | 0.45 | 0.89 | 236 | 600635.SH | 大众公用 | 0.23 | 0.08 |
| 190 | 002184.SZ | 海得控制 | 0.44 | 1.06 | 237 | 600732.SH | 爱旭股份 | 0.23 | 0.13 |
| 191 | 300257.SZ | 开山股份 | 0.44 | 0.26 | 238 | 688098.SH | 申联生物 | 0.22 | 0.27 |
| 192 | 603633.SH | 徕木股份 | 0.44 | 0.43 | 239 | 300170.SZ | 汉得信息 | 0.22 | 0.51 |
| 193 | 603159.SH | 上海亚虹 | 0.44 | 0.59 | 240 | 002346.SZ | 柘中股份 | 0.22 | 0.02 |
| 194 | 300578.SZ | 会畅通讯 | 0.43 | 1.47 | 241 | 603729.SH | 龙韵股份 | 0.21 | −0.31 |
| 195 | 603226.SH | 菲林格尔 | 0.43 | 0.29 | 242 | 603580.SH | 艾艾精工 | 0.21 | 0.15 |
| 196 | 688330.SH | 宏力达 | 0.42 | 0.71 | 243 | 603009.SH | 北特科技 | 0.21 | 0.20 |
| 197 | 600061.SH | 国投资本 | 0.41 | −0.94 | 244 | 603499.SH | 翔港科技 | 0.21 | 0.06 |
| 198 | 603196.SH | 日播时尚 | 0.41 | 0.33 | 245 | 605222.SH | 起帆电缆 | 0.21 | −3.78 |
| 199 | 600320.SH | 振华重工 | 0.40 | 0.16 | 246 | 688519.SH | 南亚新材 | 0.21 | −0.13 |
| 200 | 600628.SH | 新世界 | 0.40 | 0.45 | 247 | 600824.SH | 益民集团 | 0.20 | 0.29 |
| 201 | 605186.SH | 健麾信息 | 0.40 | 0.53 | 248 | 603790.SH | 雅运股份 | 0.20 | 0.48 |
| 202 | 688018.SH | 乐鑫科技 | 0.39 | 0.45 | 249 | 603128.SH | 华贸物流 | 0.20 | 0.58 |
| 203 | 002561.SZ | 徐家汇 | 0.39 | 0.27 | 250 | 300245.SZ | 天玑科技 | 0.19 | 0.04 |
| 204 | 600619.SH | 海立股份 | 0.38 | 0.39 | 251 | 600650.SH | 锦江在线 | 0.19 | 0.54 |
| 205 | 601702.SH | 华峰铝业 | 0.38 | −0.03 | 252 | 002252.SZ | 上海莱士 | 0.19 | 0.17 |
| 206 | 600688.SH | 上海石化 | 0.38 | 0.16 | 253 | 600636.SH | 国新文化 | 0.19 | 0.46 |
| 207 | 002706.SZ | 良信股份 | 0.37 | 0.81 | 254 | 300469.SZ | 信息发展 | 0.19 | 0.12 |
| 208 | 600641.SH | 万业企业 | 0.37 | 0.52 | 255 | 600851.SH | 海欣股份 | 0.18 | 0.10 |
| 209 | 300230.SZ | 永利股份 | 0.36 | 0.62 | 256 | 603200.SH | 上海洗霸 | 0.18 | −0.12 |
| 210 | 603121.SH | 华培动力 | 0.36 | 0.43 | 257 | 600630.SH | 龙头股份 | 0.18 | 0.45 |
| 211 | 603020.SH | 爱普股份 | 0.36 | 0.69 | 258 | 688728.SH | 格科微 | 0.18 | −0.14 |
| 212 | 600613.SH | 神奇制药 | 0.35 | 0.19 | 259 | 601616.SH | 广电电气 | 0.17 | 0.18 |
| 213 | 300017.SZ | 网宿科技 | 0.34 | 0.33 | 260 | 300253.SZ | 卫宁健康 | 0.17 | 0.18 |
| 214 | 300508.SZ | 维宏股份 | 0.33 | 0.39 | 261 | 603022.SH | 新通联 | 0.17 | 0.22 |
| 215 | 600151.SH | 航天机电 | 0.33 | 0.12 | 262 | 002162.SZ | 悦心健康 | 0.17 | 0.18 |
| 216 | 603918.SH | 金桥信息 | 0.33 | 0.50 | 263 | 300262.SZ | 巴安水务 | 0.17 | 0.28 |
| 217 | 300272.SZ | 开能健康 | 0.32 | 0.24 | 264 | 600833.SH | 第一医药 | 0.16 | 0.38 |
| 218 | 688521.SH | 芯原股份−U | 0.31 | −0.26 | 265 | 600009.SH | 上海机场 | 0.16 | −0.63 |
| 219 | 600115.SH | 中国东航 | 0.30 | 0.07 | 266 | 300802.SZ | 矩子科技 | 0.16 | 0.18 |
| 220 | 300330.SZ | 华虹计通 | 0.29 | −0.34 | 267 | 300067.SZ | 安诺其 | 0.16 | 0.08 |
| 221 | 688158.SH | 优刻得−W | 0.29 | 0.91 | 268 | 002278.SZ | 神开股份 | 0.15 | 0.26 |
| 222 | 600836.SH | 上海易连 | 0.28 | 0.35 | 269 | 688179.SH | 阿拉丁 | 0.15 | 0.81 |
| 223 | 688238.SH | 和元生物 | 0.28 | 0.16 | 270 | 600278.SH | 东方创业 | 0.15 | 0.07 |
| 224 | 603324.SH | 盛剑环境 | 0.28 | 0.97 | 271 | 301046.SZ | 能辉科技 | 0.15 | 0.60 |
| 225 | 688110.SH | 东芯股份 | 0.27 | 0.69 | 272 | 000863.SZ | 三湘印象 | 0.14 | 2.31 |
| 226 | 300180.SZ | 华峰超纤 | 0.26 | 0.36 | 273 | 300999.SZ | 金龙鱼 | 0.13 | 0.22 |
| 227 | 600119.SH | 长江投资 | 0.26 | 0.07 | 274 | 600530.SH | 交大昂立 | 0.13 | 0.09 |
| 228 | 688505.SH | 复旦张江 | 0.26 | 0.11 | 275 | 600517.SH | 国网英大 | 0.13 | −0.03 |
| 229 | 002565.SZ | 顺灏股份 | 0.25 | 0.13 | 276 | 688206.SH | 概伦电子 | 0.13 | 0.21 |
| 230 | 002527.SZ | 新时达 | 0.25 | 0.44 | 277 | 603256.SH | 宏和科技 | 0.13 | 0.17 |
| 231 | 688660.SH | 电气风电 | 0.25 | 1.85 | 278 | 600679.SH | 上海凤凰 | 0.13 | 0.26 |
| 232 | 600826.SH | 兰生股份 | 0.25 | −0.14 | 279 | 688126.SH | 沪硅产业−U | 0.12 | 0.15 |
| 233 | 002328.SZ | 新朋股份 | 0.25 | 0.29 | 280 | 300039.SZ | 上海凯宝 | 0.12 | 0.24 |
| 234 | 688718.SH | 唯赛勃 | 0.23 | 0.70 | 281 | 600602.SH | 云赛智联 | 0.11 | 0.34 |
| 235 | 300336.SZ | *ST新文 | 0.23 | 0.11 | 282 | 600626.SH | 申达股份 | 0.11 | 0.20 |

（续表）

| 序号 | 代码 | 公司简称 | 每股经营现金净流 | | 序号 | 代码 | 公司简称 | 每股经营现金净流 | |
|---|---|---|---|---|---|---|---|---|---|
| | | | 2021 年 | 2020 年 | | | | 2021 年 | 2020 年 |
| 283 | 002269.SZ | 美邦服饰 | 0.11 | 0.10 | 330 | 300008.SZ | 天海防务 | −0.11 | −0.07 |
| 284 | 600272.SH | 开开实业 | 0.11 | 0.34 | 331 | 601825.SH | 沪农商行 | −0.12 | −1.59 |
| 285 | 600843.SH | 上工申贝 | 0.11 | 0.58 | 332 | 603189.SH | 网达软件 | −0.13 | 0.35 |
| 286 | 301025.SZ | 读客文化 | 0.10 | 0.17 | 333 | 002324.SZ | 普利特 | −0.13 | 0.49 |
| 287 | 603730.SH | 岱美股份 | 0.10 | 1.32 | 334 | 002486.SZ | 嘉麟杰 | −0.14 | 0.31 |
| 288 | 600616.SH | 金枫酒业 | 0.10 | −0.04 | 335 | 301001.SZ | 凯淳股份 | −0.15 | 1.25 |
| 289 | 603003.SH | 龙宇燃油 | 0.10 | 0.81 | 336 | 688585.SH | 上纬新材 | −0.15 | −0.15 |
| 290 | 600640.SH | 新国脉 | 0.09 | −0.10 | 337 | 300613.SZ | 富瀚微 | −0.15 | 2.39 |
| 291 | 830799.BJ | 艾融软件 | 0.09 | 0.60 | 338 | 603330.SH | 上海天洋 | −0.15 | 0.32 |
| 292 | 601519.SH | 大智慧 | 0.07 | −0.01 | 339 | 600503.SH | 华丽家族 | −0.17 | 0.15 |
| 293 | 300074.SZ | 华平股份 | 0.07 | 0.18 | 340 | 600088.SH | 中视传媒 | −0.20 | 0.20 |
| 294 | 603718.SH | 海利生物 | 0.07 | 0.26 | 341 | 300493.SZ | 润欣科技 | −0.22 | 0.18 |
| 295 | 002506.SZ | 协鑫集成 | 0.07 | 0.15 | 342 | 600604.SH | 市北高新 | −0.24 | −0.82 |
| 296 | 600624.SH | 复旦复华 | 0.07 | 0.09 | 343 | 603083.SH | 剑桥科技 | −0.25 | −0.81 |
| 297 | 688578.SH | 艾力斯 −U | 0.07 | −0.44 | 344 | 688160.SH | 步科股份 | −0.25 | 0.61 |
| 298 | 603681.SH | 永冠新材 | 0.06 | 1.29 | 345 | 600895.SH | 张江高科 | −0.28 | 0.11 |
| 299 | 002178.SZ | 延华智能 | 0.06 | 0.04 | 346 | 603496.SH | 恒为科技 | −0.29 | −0.40 |
| 300 | 301062.SZ | 上海艾录 | 0.05 | 0.31 | 347 | 600615.SH | *ST 丰华 | −0.30 | −0.08 |
| 301 | 300168.SZ | 万达信息 | 0.05 | 0.22 | 348 | 603960.SH | 克来机电 | −0.31 | 0.64 |
| 302 | 600848.SH | 上海临港 | 0.04 | −0.41 | 349 | 600620.SH | 天宸股份 | −0.31 | −0.06 |
| 303 | 605050.SH | 福然德 | 0.04 | 0.23 | 350 | 605136.SH | 丽人丽妆 | −0.33 | 0.44 |
| 304 | 002195.SZ | 二三四五 | 0.03 | 0.14 | 351 | 688121.SH | 卓然股份 | −0.35 | 0.93 |
| 305 | 600816.SH | ST 安信 | 0.03 | 0.09 | 352 | 688608.SH | 恒玄科技 | −0.36 | 2.33 |
| 306 | 603122.SH | 合富中国 | 0.02 | 0.25 | 353 | 688336.SH | 三生国健 | −0.40 | −0.07 |
| 307 | 600608.SH | ST 沪科 | 0.02 | −0.03 | 354 | 688107.SH | 安路科技 −U | −0.41 | 0.17 |
| 308 | 603131.SH | 上海沪工 | 0.02 | 0.52 | 355 | 603030.SH | 全筑股份 | −0.43 | 0.55 |
| 309 | 600838.SH | 上海九百 | 0.02 | 0.00 | 356 | 300225.SZ | 金力泰 | −0.43 | 0.31 |
| 310 | 600651.SH | 飞乐音响 | 0.01 | 0.01 | 357 | 688082.SH | 盛美上海 | −0.44 | −0.23 |
| 311 | 300327.SZ | 中颖电子 | 0.01 | 0.77 | 358 | 688091.SH | 上海谊众 −U | −0.46 | −0.25 |
| 312 | 688538.SH | 和辉光电 −U | 0.01 | −0.02 | 359 | 601328.SH | 交通银行 | −0.47 | 2.01 |
| 313 | 002058.SZ | 威尔泰 | 0.00 | 0.12 | 360 | 600692.SH | 亚通股份 | −0.47 | 2.02 |
| 314 | 300061.SZ | 旗天科技 | 0.00 | −0.02 | 361 | 601231.SH | 环旭电子 | −0.50 | 0.65 |
| 315 | 600601.SH | *ST 方科 | −0.01 | 0.30 | 362 | 603690.SH | 至纯科技 | −0.60 | −0.91 |
| 316 | 300129.SZ | 泰胜风能 | −0.02 | −0.10 | 363 | 603887.SH | 城地香江 | −0.64 | 0.85 |
| 317 | 600193.SH | 创兴资源 | −0.02 | −0.11 | 364 | 688180.SH | 君实生物 −U | −0.66 | −1.67 |
| 318 | 300222.SZ | 科大智能 | −0.03 | −0.08 | 365 | 601727.SH | 上海电气 | −0.67 | 0.31 |
| 319 | 300126.SZ | 锐奇股份 | −0.03 | 0.02 | 366 | 600621.SH | 华鑫股份 | −0.68 | 0.49 |
| 320 | 603232.SH | 格尔软件 | −0.05 | 0.76 | 367 | 300380.SZ | 安硕信息 | −0.69 | 0.53 |
| 321 | 688590.SH | 新致软件 | −0.06 | 0.16 | 368 | 300963.SZ | 中洲特材 | −0.70 | 0.56 |
| 322 | 600822.SH | 上海物贸 | −0.06 | 0.41 | 369 | 688071.SH | 华依科技 | −0.72 | 1.15 |
| 323 | 002211.SZ | ST 宏达 | −0.07 | −0.78 | 370 | 605289.SH | 罗曼股份 | −0.74 | 0.61 |
| 324 | 300590.SZ | 移为通信 | −0.07 | 0.21 | 371 | 601229.SH | 上海银行 | −0.78 | 0.88 |
| 325 | 688596.SH | 正帆科技 | −0.08 | −0.22 | 372 | 605208.SH | 永茂泰 | −0.85 | 0.18 |
| 326 | 300551.SZ | 古鳌科技 | −0.09 | 0.32 | 373 | 002451.SZ | 摩恩电气 | −0.93 | −0.07 |
| 327 | 600689.SH | 上海三毛 | −0.10 | 0.19 | 374 | 601788.SH | 光大证券 | −1.05 | 5.58 |
| 328 | 603956.SH | 威派格 | −0.11 | 0.48 | 375 | 603214.SH | 爱婴室 | −1.23 | 1.40 |
| 329 | 600818.SH | 中路股份 | −0.11 | 0.03 | 376 | 600841.SH | 动力新科 | −1.33 | 0.18 |

（续表）

| 序号 | 代码 | 公司简称 | 每股经营现金净流 | | 序号 | 代码 | 公司简称 | 每股经营现金净流 | |
|---|---|---|---|---|---|---|---|---|---|
| | | | 2021年 | 2020年 | | | | 2021年 | 2020年 |
| 377 | 688062.SH | 迈威生物-U | −1.41 | −1.72 | 388 | 600605.SH | 汇通能源 | −2.22 | −4.34 |
| 378 | 301024.SZ | 霍普股份 | −1.46 | −0.65 | 389 | 688133.SH | 泰坦科技 | −3.18 | −1.81 |
| 379 | 600958.SH | 东方证券 | −1.51 | 4.03 | 390 | 603236.SH | 移远通信 | −3.36 | −3.72 |
| 380 | 605081.SH | 太和水 | −1.64 | 0.38 | 391 | 603378.SH | 亚士创能 | −3.43 | 1.23 |
| 381 | 600661.SH | 昂立教育 | −1.66 | −0.26 | 392 | 688213.SH | 思特威-W | −3.51 | 0.06 |
| 382 | 603895.SH | 天永智能 | −1.67 | 0.90 | 393 | 301099.SZ | 雅创电子 | −4.00 | −6.38 |
| 383 | 688220.SH | 翱捷科技-U | −1.70 | −1.48 | 394 | 600823.SH | 世茂股份 | −4.30 | 1.29 |
| 384 | 600655.SH | 豫园股份 | −1.77 | −0.25 | 395 | 600649.SH | 城投控股 | −5.01 | 0.42 |
| 385 | 301037.SZ | 保立佳 | −1.92 | 1.29 | 396 | 600000.SH | 浦发银行 | −8.76 | 4.31 |
| 386 | 600748.SH | 上实发展 | −1.93 | 0.44 | 397 | 688680.SH | 海优新材 | −16.69 | −2.63 |
| 387 | 688063.SH | 派能科技 | −2.13 | 1.81 | | | | | |

2022·上海工业年鉴

SHANGHAI INDUSTRIAL YEARBOOK

# 上海市工业经济联合会
# 上海市经济团体联合会

上海市工业经济联合会成立于1991年3月。2008年9月经市有关部门批准增挂上海市经济团体联合会牌子。是上海经济类行业协会、专业性行业协会、中央在沪企业、大中型企业（集团）、工业经济研究单位、全国知名的民营企业以及经济界知名人士自愿联合组成的非营利性的社会团体法人。现有会员单位400余家。

2021年主要工作：

**一、聚焦“十四五”规划，助推上海产业高质量发展**

（一）做好“十三·五”上海产业发展评估。完成《上海市制造业转型升级“十三五”规划》终期评估报告。

（二）办好“智造＋合作”沙龙，助推实体经济发展。创办“智造与合作”沙龙、行业协会会长沙龙等平台，开展专题活动10余场，引导行业协会深入助推长三角区域合作、产业链上下游合作和产学研用一体化。举办3次会长沙龙，开拓工作新思路。

（三）组织好制造业单项冠军推荐工作。继续配合中国工经联征集制造业单项冠军案例，启动第六批制造业单项冠军申报工作。在46家企业申报的基础上，选出15家企业推荐工信部申报第六批制造业单项冠军。通过复核，微创等8家企业入选第三批制造业单项冠军。

（四）围绕“双碳”、“数字化转型”，助推产业高质量发展。举办、协办、参与2021科技创新助力碳达峰碳中和论坛、2021世界人工智能大会商业AI高峰论坛、SNEC第十五届国际太阳能光伏与智慧能源（上海）大会暨展会、SNEC第四届（2021）国际氢能与燃料电池（大连）技术大会、成都国际工业博览会长江经济带工业数字化转型高峰论坛、海上论坛等活动。

（五）推动产学用一体化，促进科技成果转化。组织企业参与上海科促会产学研优秀项目奖申报，推荐重大成果25项。

（六）合作交流工作有序推进。通过线上、线下交流相结合的方式，继续保持与中国台湾地区三三会交流，参与举办慕尼黑亚洲智慧物流展等活动。与来访的韩国、匈牙利等国客人进行友好交流。

**二、不断创新工作方法，1+5个专委会高效运作，行业协会联合组织枢纽型功能进一步彰显**

（一）专家委员会充分发挥专家智库作用，深入调查研究，为产业发展积极建言献策。联合会领导班子和专家委员会领导深入行业协会、产业园区和企业，围绕疫情防控常态化下的企业生产供应、“十四五”规划编制与修订、3+6新型产业体系、五个新城建设等重点定期组织调研活动，先后完成《创新制造业总部经济发展、增强新格局发展新优势》课题报告，以及《抓住“六点发力”，推进上海制造业高质量发展》《上汽上柴在2020提速67%》等调研专报，多份专报得到市领导、市经信委领导的肯定或批示。

（二）5个专业委员会各司其职，高效运转，更好发挥联合会“枢纽、平台、助推”的功能。品牌建设专委会首创上海制造业品牌价值榜，在“第七届中国品牌经济（上海）论坛”上进行“上海制造业品牌top50”的发布。积极推荐企业申报品牌培育示范，开展培育辅导。文化创意专委会开展文创活动，举办《辛丑年》邮票首发活动，向部分劳动模范和秘书长代表赠送邮票，彰显劳模精神和工业精神。合作交流专委会参与主办“上海之帆”系列国际经贸合作线上线下交流活动，助力“国内国际双循环”建设。投融资服务专委会打造“产融荟”，通过路演形式，构建金融机构与科创企业的沟通合作平台，助力金融服务实体经济。实现产融落地项目：第一届2项，一是电子信息，融资1.4亿元；二是专用设备制造，融资1亿元；第三届1项，医疗器械，融资1.1亿元，共计约3.5亿元。法治服务专委会与基层立法联系点工作紧密结合，配合市人大开展立法相关工作，并通过讲座、杂志、热线等形式给予会员单位法律服务。

（三）四项工作筹备紧锣密鼓，培育新亮点，孕育新动能。一是整合各方资源，协助上海工业博物馆的筹建工作，通过史料查询、亲历者座谈、企业走访、行业馆调研等方式，做好工业编年史、重点展品、重点“人、事、物”等3个维度调研、查询、收集、整理等准备工作。二是为挖掘企业品牌价值内涵，弘扬企业家的拼搏奋斗精神，传承好品牌精神，联合东方网共同打造“走进上海品牌”栏目，做好品牌传播，为打响上海“四大品牌”助力。三是启动筹备百家行业协会走进五个新城活动，促进产业对接。四是发挥长三角三省一市工经联组织合作机制，积极筹备工博会“长三角高端产业及金融服务展”，开辟金融服务实体经济新渠道。

**三、成功举办庆祝建党百年系列活动，增强联合会影响力**

（一）编撰出版《百年上海工业故事》丛书。会同20余家行业协会历时半年多编撰完成《百年上海工业故事》。生动诠释上海工业的奋斗之美、拼搏之美、开拓之美、奉献之美、时代之美；讴歌上海工人阶级坚定信念、胸怀全局、自强不息、开拓创新的光荣传统和伟大品格。6月11日，举行丛书首发启动仪式。下半年丛书正式出版发行，受到广大读者欢迎。

（二）举办“百年上海工业影像作品展”。6月11日，“百年上海工业影像作品展”开幕。从全市2257件投稿作品、6539张照片中选出的170件作品。以影像的形式聚焦上海工业100年来的历史进程和精彩瞬间，展现在党的领导下，上海百年工业取得的伟大成就。

（三）召开“百年上海工业亲历者座谈会”。邀请上海工业各个历史时期的英模人物、先进典型及老领导、老专家、企业家代表共聚一堂，回眸上海工人阶级在党的领导下100年来在创业、创造、创新历程中所取得的辉煌成就。激发新一代建设者继承上海工业传统，为加快打造未来新兴产业集群，促进上海工业“十四五”高质量发展的决心和信心。

（四）举办“百年上海工业百个知名品牌”推选活动。通过发动各行业协会推荐，会员企业自荐相结合方式，推选670个产品产量和销售量具有较大市场占有率，有较高品牌价值，有较好社会美誉度的上海工业品牌参与候选。经过专家组两轮甄选，推选出100个“百年上海工业知名品牌”。在此基础上，开展由市民投票评选的“百年上海工业·我最喜爱的十个品牌”活动，共收到线上、线下投票总数过917万张，线上访问人数超过1200万人次。

**四、传统业务常做常新，新的亮点加快培育**

（一）创新举措，推进企业社会责任建设。2021年是上海企业社会责任发布第十个年头，紧扣“双碳”主题，通过加强顶层设计、创新工作方法、规范工作流程，提升企业社会责任建设工作成效。发布单位达508家，创历史新高，发布会当日，在线收看人数超9万。

（二）深化节能减排JJ小组活动。全年申报单位114家，组织JJ小组活动376项，参与活动2306人次，项目数量与参与人数均为历年最多。5月，联合会还与瑞典大使馆、荷兰驻沪领事馆等共同举办“迈向碳中和：企业的机遇与挑战”研讨会，收到良好反响。

（三）评选2021年上海市企业管理创新成果。受理申报成果194项。通过严格、专业评审，共有179项成果被审定为“2021年上海市企业管理现代化创新成果”。这些成果体现上海企业强化创新主体地位，促进企业提质增效，助推3+6新型产业体系建设和产业数字化转型，做强做优“五型经济”，助力提升城市软实力的突出建树，提供了可学习和借鉴的成功经验，具有创新意义和推广价值。

（四）学院工作稳步推进。进修学院通过人社局、经信委联合组织的高技能基地5年工作专项验收，全年完成3500人次各类人才培训。

**五、提升服务能力，推进行业协会规范化建设**

（一）加强建章立制，完善内部管理。秘书处修订《合同管理制定》《秘书处员工作息与请假制度》《财务报销审批的暂行规定》等内部规章制度。充实调整秘书处队伍，搭建多样性人才结构体系。

（二）发挥示范引领作用，评选表彰先进行业协会和先进工作者。建立评选标准的量化体系，对行业协会的机构、队伍、能力建设及制度、管理、运作情况等进行有效评估。评选出上海医药行业协会等66家行业协会为2019—2020年度“先进集体”称号；授予马学能等41位同志为2019—2020年度协会“先进工作者”称号。召开先进表彰大会，通过评比表彰，弘扬先进、示范引领，推进行业协会规范化建设，引导行业协会健康有序发展。

（三）举行第五届上海市工商业领军人物表彰交流会。为大力弘扬企业家精神，激发市场主体活力，助力政府部门营造尊重企业家价值、发挥企业家作用的氛围，2月，市工经联会同市商联会、市企联对评选出的61名第五届上海市工商业领军人物举行隆重的表彰和交流，推动企业界掀起比学赶超活动。

（四）建立市工经联、市经团联信息采集样本群。发挥新建样本群作用，全年采集308份样本问卷，逐步实现产业、行业动态信息采集的规范化、标准化，提高信息采集质量，增强数据挖掘能力。

（五）举办3场媒体通报会，为行业协会提供发布信息的新渠道。打造市工经联新闻宣传平台，运用市工经联官网、微信公众号、《上海工经联》刊物，传递行业之声，回应社会关切，聚焦政府关心、社会关注的重点领域，宣传行业协会和会员企业的工作亮点和创新成果。

（六）推进行业协会标准化建设。作为“上海标准”评价委员会组成单位，积极推进标准化建设，提倡行业协会编制团体标准并在业内推广，以标准化为工作抓手推进协会规范化建设，促进行业高质量发展。至年底，已有52家协会近400项团体标准进行公开发布。

（七）进修学院和和高技能人才培训基地建设进一步取得成效。采取各种灵活的教学方式，拓展新的培训项目，全年完成培训人次4000人，实现为行业协会服务的目标。

**六、加强和改进协会党建，提升行业协会活力和核心竞争力**

（一）加强思想建设，推动工经联党委系统党史学习教育扎实开展。3月以来，按照上级统一部署及党委领导的要求，系统各级党组织通过形式多样的学习方式，开展党史学习教育。在“我为群众办实事”主题实践活动中，及时推广室内装饰、建筑材料、电力、中药、医药、物联网、物流等行业协会，对好的做法和典型事例，取得良好效果。

（二）加强组织建设，着力推进党支部标准化规范化建设。一是开展党内“两优一先”评选工作。35个党组织、65个个人在“七一”表彰大会获得先进党支部和优秀共产党员、优秀党务工作者荣誉称号。做好“光荣在党50年”纪念章颁发工作，系统内19名老党员获此殊荣。走访慰问42名获得党内荣誉表彰党员、生活困难党员和老党员、老干部。二是落实组织覆盖和工作覆盖。指导推动15家（次）协会党支部完成换届，8家协会新成立党支部，为14个社会组织配备党建联络员。做好30余个行业协会换届选举协会负责人审核把关的前期工作。配合市经信工作党委2次承办发展对象培训班，做好新党员发展工作，年内有4名入党积极分子发展为党员。三是加大统战工作力度。对103家行业协会秘书处人员政治面貌情况开展摸底统计，做好市经信委系统知联会会员增补工作。四是不断夯实党建工作基础。落实“三会一课”、民主生活会、组织生活会、党员民主评议等制度，推进党支部标准化规范化建设。

（三）加强作风建设，推动全面从严治党向基层延伸。市工经联党委与各行业协会党支部书记签订《2021年度党风廉政建设责任书》，推动全面从严治党向基层延伸，层层传导压力、全程压实责任。加强纪检工作，在实践中形成党建工作“三项责任制”清单制度。

（杨　磊）

# 上海市创业投资行业协会

上海市创业投资行业协会成立于2000年11月，是由从事创业投资、投资管理、投资咨询公司，有律师、会计师事务所等中介服务机构，有银行、证券公司等金融机构，还有创业企业及孵化机构等自愿具有社会团体法人资格的社会组织。协会遵循“服务第一”的宗旨，致力于创投资本与创新技术的有机结合，致力于政府与创投行业的沟通和交流。根据行业特点和会员需求开展各项服务活动。现有团体会员250余家。

2021年主要工作：

**一、开展会员活动，服务好会员**

（一）与中国机械工业企业管理协会、上海湖南金融协会共同举办“大国重器·科创之星训练营”半导体开营活动。东方汇富、晨晖创投、德丰杰龙脉基金、达晨财智、张江科投、真金创投、创合汇资本等会员单位以及半导体企业代表共80多人出席活动。上海证券交易所代表邀发表主题演讲。与会者围绕军民融合发展、高科技创业企业发展过程中可借鉴的诸多经验进行深入交流。

（二）举办法律实务解析专题讲座。邀请协会会员单位上海市协力律师事务所高级合伙人王梦静律师为协会会员作“对赌协议分析及法律实务”的专题讲座，20余家会员单位代表参加。组织小村资本、思佰益仪电股权投资、鸣里创投等会员单位代表参加在河南省郑州市举办的“2021全国大众创业万众创新活动周”活动，出席“汇智创投新发展，聚力创业高水平”为主题“第九届中国创业投资行业峰会”，会后在郑州和开封实地考察调研科技创新项目。

（三）与双创投资中心合作，举办首期以“虹桥基金小镇沙龙”冠名的沙龙活动。邀请北京证券交易所华东区域负责人作“深化新三板改革、设立北京证券交易所政策解读”主题分享。协会会员单位代表和小镇入驻单位代表等120多人参加活动。

（四）举办创投企业税收优惠政策务实解读会。邀请市税务局企业所得税处行家和资深税务专家就相关政策进行务实解读，来自协会会员单位及相关备案创投机构代表等130多人参加培训，与会者普遍感觉收获颇丰。

**二、参与创客大赛，参与举办创业者训练营活动**

（一）积极参与市经信委、市中小企业发展服务中心等单位联合组织2021年“创客中国”“诸神之战”上海赛区及“最具投资潜力50佳”评选活动”。中小企业创业创新大赛连续举办5届，累计吸引参赛项目2300个，15家企业晋级工信部“创客中国”全国榜单，入选企业融资金额超过54亿元。16家企业亮相诸神之战全球决赛舞台，250家上海最具投资潜力创业企业脱颖而出，有效地激发中小企业创业创新活力。

参与举办创业者训练营活动。“浦创108训练营”是市中小企业发展服务中心与协会、华讯科技创业中心共同主办的初创企业负责人培训活动，诞生于2018年。训练营特邀资深讲师团队，专题分享智慧经验，搭建创业者与资金、资本、资源的交流平台。从多维度对学员予以指导，受到学员的一致好评。

（二）与浙江诸暨市委人才工作领导小组签署“海内外引才工作站”合作协议。组织有关会员单位参加2021年诸暨市海内外高层次人才创业创新大赛；与澎湃新闻联合主办以“迈向碳中和”为主题的第三届科创领袖论坛，研发机构、科创企业以及专家学者等齐聚一堂，共同探讨碳中和的愿景、低碳革命的进程和科创企业的责任与机会。与上海市公共信用信息中心开展合作，就市信用平台建设、信易贷项目合作等与上海市经济信息中心（上海市公共信用信息服务中心）主要负责人进行座谈交流，就进一步推进双方广泛合作及共建“信易投”子平台达成一致。

（三）接待上海地市商会秘书长联盟一行。全国有100余个地市在沪设立商会，以服务会员企业、服务家乡政府、服务上海经济为宗旨。协会与来访的部分地市商会秘书长就信息沟通、资源共享共同为上海经济社会发展服务发挥联盟的桥梁纽带作用，进行深入交流；协助市级机关行业协会党委举办2021年市级机关行业协会商会负责人工作例会。近70家市级行业协会150名负责人出席会议。会议总结2020年工作，部署2021年的任务。

（四）做好创投机构备案年检工作，于8月底已完成。通过年检的创投企业及创投管理企业共计326家，其中创业投资有限公司51家、创业投资合伙企业138家、创业投资管理企业137家。同时，受托组织市区两级创投引导基金专家评审会5场。共评审41个申请机构（市创投引导基金1场11个、市天使引导基金2场21个、青浦区创投引导基金1场7个、静安区产业引导基金1场2个）。此外，出版协会刊物《上海创业投资》3期；协助配合市发改委做好政府出资产业投资基金信用登记平台的填报工作。

（五）认真组织开展纪念建党100周年活动。按照上级党委的统一部署和要求，协会党支部积极开展学四史活动，教导和引导党员进一步了解中国共产党创立以来的重大事件、重要会议、重要文件、重要人物，了解中国近代以来的斗争史、党创立以来的发展史，新中国成立以来以及改革开放以来的发展史，努力做到不忘历史，不忘初心，知史爱党、知史爱国。7月1日，协会党支部组织全体同志集体收听收看庆祝建党100周年大会实况转播，认真聆听习近平总书记的重要讲话。

（李忠湖）

# 上海漕河泾新兴技术开发区企业协会

上海漕河泾新兴技术开发区企业协会成立于1998年9月，是经上海市社会团体管理局批准设立的市级社会团体。协会是由上海市漕河泾新兴技术开发区发展总公司等单位发起，漕河泾开发区内各企事业单位自愿参加并组织。协会下设集成电路、通信、金融、软件、现代服务业、人力资源、汽车研发与配套、法律、生物医药等9个专业委员会。

2021年主要工作：

**一、资源融合，协同区内外资源对接**

协会作为开发区的“企业之家”，一直致力于搭建开发区与企业之间、政府与企业之间以及企业与企业之间多方交流沟通的平台。

（一）整合开发区内自有资源。协会整合开发区总公司和创业中心、人才公司、企服公司等开发区系统内子分公司服务资源，通过会员邮件、微信公众号和微信群的方式，发挥开发区品牌优势，面向会员单位统一发布铺开。如联合创业中心及时转发政府扶持资金项目申报信息；联合物业公司发布卫生防疫宣传；联合企业服务公司转发开发区内商业服务信息；转发人才公司的公益性政策解读会，并转发推送开展的各类企业内训和职称素养类培训项目等等。

（二）利用多块牌子附带优势。协会利用一套班子同时兼任开发区侨联、园区科协、工商联和欧美同学会分会等五块牌子，一岗多能统筹发展的优势，充分吸取各个条线的资源，丰富协会服务的广度和内容丰富度。如本年度再次通过市侨联帮助区内企业富吉医疗高管成功申报白玉兰奖；帮助企业高层联络申报区政协委员；组织会员企业参加各个条线的培训和讲座等。

（三）挖掘会员单位和其他社会机构资源。协会开展讲座沙龙、培训拓展、参观交流等形式多样的活动20余次，有效推进园区企业间的互动交流与资源分享。如联合嘉会医院和禾新医院等区内医疗资源开展健康宣传活动，促进美利肯公司专场安全生产宣讲活动的开展。协会努力打造会员单位间的资源对接通道，帮助多家会员单位寻求会务场地和医疗服务，向会员单位宣传海关和社区卫生服务中心最新公共服务信息等。

（四）跨区域实现异地联动。协会在积极确保园区企业平安发展的同时，还努力为企业谋求更大更广阔的发展空间。协会紧跟开发区和临港集团战略发展布局，帮助需求企业积极实现与北杨、宝山南大、颛桥、赵巷等集团沪上合作园区以及海宁、遵义、重庆、大同等分区及友好园区的对接。

**二、多元赋能，助力企业和开发区发展**

协会始终坚持以企业需求为服务导向，工作中以促进企业稳步发展、科技创新和改善园区营商环境为主要目标，切实关注并解决企业及企业员工诉求，为企业发展赋能，从而助力开发区整体发展。

（一）专题活动赋能企业发展需求。协会以企业实际需求为导向，举办丰富多彩的专题活动。新安法颁布后联合举办的新安全主题沙龙，联合多家资深服务机构举办的企业人力资源讲座活动，联合梅特勒、贝岭、美丽肯等会员企业举办职业女性论坛等。协会还积极协助企业进行各种荣誉申报，努力提高企业的显示度，如申报上海市白玉兰奖和临港集团创新之星等。

（二）解难题确保企业无障碍运作。协会始终致力于协助企业解决发展中遇到的各种难题，依托政府和开发区，协助解决政务咨询、办公变迁、工商年检、海关稽查、安全环保、高新申报、非公党建等问题。走访企业时了解多家企业的退扩租及搬迁需求，及时反馈招商中心或联系相关园区，促进二次招商的达成；协助多家单位联系对接医疗服务资源尤其是急救培训和单位体检需求；协助园区生产型企业咨询反馈环评问题；协助园区企业对接虹梅街道党建服务等行政服务资源。

（三）多彩活动赋能员工个人发展。协会不仅关注企业的整体发展，也积极服务于企业员工的个人发展需求和身心健康。引进知名高校高端项目资源进行专场宣讲和国内外形势宣讲；送健康到企业和白领身边；推送开发区内商业机构如印象城的最新服务信息等，各项工作均得到落实并深受好评。

（四）做好政府和开发区发展智囊。协会在日常工作开展中不仅做好面向企业端的输送传达工作，同时还充分发挥企业资源聚集优势，做好政府的智囊团和对接工作。在开发区和政府需要的时候，做好政企沟通的桥梁纽带。邀请企业参加市、区两级政府机构和行业协会等组织的调研；协助接待上海市及全国多地政府和开发区代表团参观；积极邀请企业参加开发区展示厅升级改造等。

**三、基础夯实，协会发展稳中有新**

协会注重内部治理的严谨性，同时不忘创新活动模式，确保了协会的有序和可持续性运转。

（一）做好园区企业的联络与会员发展工作。协会积极走访企业，全年吸收新会员20家。除了在日常工作中注重与园区企业的不断接触与发展，还不定期举办多场小规模会员企业交流活动。通过丰富多彩的活动，在更轻松的氛围下密切协会与会员单位之间，以及会员单位与会员单位之间的关系。

（二）实现对会员单位的科学有序管理。协会通过“双创分会”，针对科技型中小企业开展全生命周期特色服务；保持与贝岭科技园、聚科生物园、普天科技园、仪电产业园等园中园的联动与合作，形成协会在本部园区的全面覆盖。

（三）做好与会员单位的日常信息沟通工作。协会持续加强信息化沟通和推广工作，除了日常对已有会员单位的邮件群发，还不断通过协会微信公众号、网站和微信群推送各类政策法规、协会及园区活动预告、园区动态等各类信息，做到活动信息全覆盖。

（四）做好协会自身领导机构的建设。协会与会员单位保持联络，并及时做好协会领导机构的调整和变更。尤其是下半年，有限时间内稳步开展了理事长单位代表人的调整征询与社团变更。

**四、党建引领，园区企业共同奋进**

秘书处工作人员充分发挥自身所在支部的岗位优势，积极助推开发区内的疫情防控和日常安全管理工作。在持续的党员教育和实践活动中，不断锤炼党性提升思想境界，不忘开发区艰辛发展历史，牢记协会人的初心和使命，为开发区和园区企业发展贡献自己的全部力量。年内，协会还协助开发区总公司筹建开发区互联网企业党建联盟。在党建的引领下，实现企业间的共同进步和高质量发展。

（郑百慧）

# 上海市开发区协会

上海市工业开发区协会成立于2002年9月，2004年3月更名为上海市开发区协会。协会是由全市开发区以及从事开发区规划设计、土地厂房开发、信息沟通、环境建设、招商引资、对外交流、投资融资和中介服务会员单位组成的专业性社会团体。

2021年主要工作：

**一、聚焦自身建设，坚持党建统领、发挥党支部战斗堡垒作用**

（一）发挥党建引领作用，构筑疫情防控坚固防线

协会发挥党建引领作用，教育全体党员职工提高政治站位，认真贯彻落实上海市关于疫情防控的一系列决策部署，特别是李强书记在统筹推进新冠肺炎疫情防控和经济社会发展工作部署会议上的重要讲话，全面落实疫情防控职责，建立健全防控管理制度，强化防控措施，确保协会防控工作全覆盖、无死角。协会严格落实各项防控措施和严格返沪人员管理，实现“零感染”目标，保证各项工作有序运转。

（二）凝心聚力政治建设，强化高质量发展根基

1．强化理论武装，提高政治站位。协会党支部注重理

论学习，始终坚持正确的政治方向，将教育党员、管理党员、监督党员作为重要职责，一方面，协会党支部将习近平总书记系列重要讲话精神作为重点学习内容，制订学习计划，开展集中学习、集中研讨，特别是党支部书记以“纪念中国共产党百年华诞，重温红色历史，迎接‘十四五’规划新征程”为主题，为全体党员讲党课，增强党性观念，提高思路觉悟，激发党员职工干事创业的精气神；另一方面，协会党支部深入开展专题学习，分别组织学习《中共中央国务院关于支持浦东新区高水平改革开放，打造社会主义现代化建设引领区的意见》文件精神和“初心讲堂”第三讲《走进首部党章诞生地》，进一步提升了党性修养。

2．加强思想引领，扎实开展党史学习教育等系列活动。协会党支部根据上海机关党委学习党史教育的主要精神，组织党员干部集中培训、党小组分组讨论学习、党员自学和参观上海发源地等多种形式的党史学习活动，召开专题民主生活会和组织生活会。在热烈庆祝中国共产党成立100周年之际，党支部组织“扬帆启航再出发”活动，把“我为群众办实事”进一步落到实处，积极践行党的群众路线。协会党支部组织“走进北上海生物医药产业园”的主题活动，与园区商定双方党员互动、共同参与园区发展，为园区做好服务。

**二、聚焦年度目标任务，全力推进高质量发展**

（一）突出重点抓落实

1．开展庆祝中国共产党成立100周年系列活动。组织开展“纪念建党100周年主题征文及摄影作品”征集活动，共收到500余篇投稿，经专家评审共评选出170篇获奖作品，并进行作品表彰活动。对党的百年华诞进行突出宣传，《上海开发区》杂志制作“建党百年”专栏，以此鼓舞新时代的开发区精神，向党的生日献礼。

2．构建1+3专业服务赋能体系。4月，协会四届四次会员大会通过《上海市开发区构建专业服务赋能体系，推动园区高质量绿色发展倡议》，将服务作为协会下一步发展的核心工作和内容，通过打造“1+3”专业服务赋能体系，实现以服务提升上海园区发展总体质量的战略。经过前期征集，“1+3专业服务赋能体系”中的优秀服务商已经形成，至年底共征集到17家集成服务商和47家专业服务商。为宣传推广入选的优秀服务商，在各园区和服务商的积极配合下，收集整理集成服务商和专业服务商的服务特色和案例信息，编辑完成《上海市产业园区“1+3”专业服务赋能体系优秀服务实践案例》。年内还建成上海产业园区服务中心和线上展示平台，为专业服务的开展提供了重要的展示载体。

3．全面推进园区知识产权体系建设。编制形成《上海产业园区知识产权能力评价办法》，联合同济大学知识产权学院，经过六轮修改和听取园区意见，共同编写形成了以引导为出发点、以能力提升为目的产业园区知识产权评价指标体系——《上海产业园区知识产权能力评价办法》。建立产业园区知识产权维权援助中心工作站，中国（上海）知识产权维权援助中心工作站于11月正式获批，工作站将开展专利申请、商标注册受理和知识产权事务咨询服务工作，以及知识产权侵权举报投诉受理、纠纷调解和咨询解答等知识产权维权援助工作。

（二）整合优化传统业务

1．投资促进方面。在巩固常规业务的基础上，着力提升活动规格、扩大活动规模、增强活动影响力，提升品牌活动的含金量；深入了解开发区个性化需求，提供具有针对性的高效服务。组织招商交流活动，6月，组织开发区分别对浙江省龙港市、湖州市吴兴区和江西省南昌市、宜春市等地进行了投资调研和产业共建合作学习考察活动，为促进沪浙、沪赣两地优势互补、产业对接、园区共建等工作打下了基础。积极提供招商服务，与北上海生物医药园区等开展合作，就园区网络共建、产业投资促进、产业生态发展等合作事项达成共识，共同为宝山生物医药等特色园区建设进行探索和实践；还积极开展智慧招商建设工作，帮助和推进园区建立大数据招商平台；定期召开协会招商专委会主任及专家座谈会，发掘园区招商领导和专家的智囊团作用为园区精准招商服务，在园区专业培训、外出考察、资源共享等方面发挥更大的平台作用；与上海市的生物医药协会、集成电路行业协会等行业组织，高力集团、联东集团等地区总部建立联系、开展合作，加强产业地产商与本市园区的对接合作，助力本市优秀园区的品牌输出。

2．会员培训方面。协会举办6次培训班，开展2家开发区个性化培训服务业务。3月25日—26日，举办上海产业园区金融服务专题培训班；4月29日，举办上海市“十四五”规划和2035年远景目标纲要解读培训会；6月24日—25日，举办上海产业园区生物医药产业创新能力提升培训班；7月12日—15日，受温州鹿城区组织部和投促中心的委托，组织开展温州鹿城区创新管理和精准招商干部培训班；9月15日—16日，举办上海产业园区集成电路产业服务软实力提升培训班；11月17日，举办产业园区高质量发展暨科技创新系列培训班；围绕开发区高质量发展需求，分别为临港大飞机产业园、地产虹桥集团开展个性化培训，开设科创体系创建、科技金融建设、营商环境和企业服务等方面的课程，为提高园区干部综合能力和园区高质量发展助力。协会还根据全市园区汽车产业布局，组织排列前20的园区和企业参加第十九届上海国际汽车工业展览会；配合市经信委，协会于4月—6月期间组织相关园区和园区内企业参加2021年工业品互联网交易节；8月11日，举办“专精特新”、高新技术企业政策宣讲会，对“专精特新”政策进行专题解读。

3．研究咨询方面。协会一方面注重在提升研究咨询能力、集聚整合智力资源上下功夫；另一方面通过研究咨询更好地解决开发区实际问题与需求。组织力量参与编写《上海市产业园区转型升级“十四五”规划》。完成《连云港徐圩新区“十四五”发展规划纲要》《诸暨经开区创建国家级经开区咨询服务》《张江科学城产业用地绩效评估》《金桥经济技术开发区土地集约节约利用评价》及《绍兴市上虞区现代医药产业链精准招商》等市内外课题，得到相关开发区高度称赞和认可。

4．宣传信息方面。宣传信息工作强化内容运营，创新服务模式，提供更具针对性的个性化宣传服务，取得良好成效。精心打造《上海开发区》杂志，全年发行6期，发行量1500册，年内设置《建党百年》《2020年全国劳模和上海劳模》《两优一先》《环保管家》《科技金融服务》和《张江国家自主创新示范区十周年》等专栏，进一步提高杂志内容质量，增加杂志的信息量，力求为各开发区提供更为实际、更可操作的有益经验，做到每篇文章必有亮点。推进互联网媒体建设工作。网站方面，作为协会各部门工作汇总平台和协会综合宣传平台，网站设置不同栏目及时宣传协会动态、传递新规新政，聚焦开发区建设成果，研究开发区热点、难点问题。协会的统计研究成果、杂志、简报等电子版定期上传，供相关单位参考和下载。微信公众号方面，上海产业园区微信公众号关注人数平稳上升，关注人数超过5600人，比上年增加1300人，定期发布相关原创及专题文章，反响热烈，增加微信公众号可读性和影响力。

5．内部建设方面。完成2020年度协会年检和《上海开发区》杂志年检工作；召开四届四次理事会、会员大会和四届五次理事会议。增加会员发展力度，全年新发展会员9家，召开新会员单位座谈会，听取会员对协会的服务需求，为会员单位的发展提升赋能。全面梳理联络人员变更情况，对联络员变化的单位重新启动填报工作。推进办公信息化建设，开设包括用印、请假等的电子化功能，提高办公效率。按照市民政局关于本市行业协会商会涉企收费行为的要求，重点对会费收取、分支机构收费、举办论坛会议、评比表彰等工作进行自查，并签署上海市行业协会商会规范收费行为自律承诺书。

**三、聚焦科学管理，促进分支机构健康发展**

协会加强对分支机构的指导和支持，优化其结构功能。进一步优化分支机构结构功能，加大对分支机构工作的支持力度，切实推动分支机构在扩大服务范围、提高服务质量、拓展服务功能、激发服务活力等方面发挥积极作用。实现协会与分支机构的融合发展，各分支机构之间、分支机构与协会各部门之间实现合作联动，积极帮助分支机构搭建发展平台，共同发展。

8月，上海市开发区协会特色园区专业委员会成立，至此，协会已成立5个分支机构。受疫情影响，各分支机构的活动未能全部有效开展，在此情况下，协会重点加强了对会员单位的调研走访和沟通，力所能及地积极推进相关工作。为做好研究咨询工作，协会编撰完成《产业园区知识产权保护案例精选》，全面收集和研究全国和本市知识产权示范、试点园区的动态情况，会同相关单位对全国及本市产业园区、4个重点区域的知识产权服务形成102个典型案例；研究编写《上海开发区智慧园区建设浅析》，系统分析和研究园区全息感知、全景数据、全局智慧的数字化智慧园区建设的应用场景和重点领域，全面收集国家和上海及政府相关部门印发的推进智慧城市和智慧园区建设相关政策。科创园区专委会参加“首届第三方环保服务（环保管家）论坛”，并在论坛上作主旨演讲，举办“产业园区科技金融服务”专题座谈会，召开“推进产业园区智慧园区建设”座谈会等10余场大型会议；特色园区专委会组织园区参加国家人社部特种机器人高级研修班培训线上学习等；青年工作专委会联合上海外服公司组织名园名企进校园活动，收集全市园区中20余家优质企业的招聘需求，帮助企业解决相应的招聘问题。

（严　佳）

# 上海市股份合作制企业协会

上海市股份合作制企业协会成立于2008年1月18日，是由12家市股份合作制企业的企业家牵头、以市股份合作制企业为主体和相关的中小微企业自愿组成的专业性、跨行业、非营利性的社会团体法人，主要为上海市股份合作制企业性质的企业做好服务。现有会员单位157家。

2021年主要工作：

**一、深化改革，规范运作**

为了做好企业服务工作，协会始终坚持不断加强自身管理、提高和完善协会各项制度的建设，工作中认真按照市政府发的文件和法律法规的规定严格执行。合理合法合规、尽力稳妥地推进市股份合作制企业的深化改革改制工作，在解决历史遗留的难题时，首先为股份合作制企业的职工股东得到应有的改革红利，享受国家改革开放带来的福利。同时，也为化解社会矛盾维护社会稳定作出应有努力。协会相继建立与制定《市股份合作制企业协会财务章程》《市股份合作制企业协会财务管理》《市股份合作制企业协会资金使用制度》《市股份合作制企业协会印章管理制度》《市股份合作制企业协会发言人制度》《市股份合作制企业协会人力资源管理制度》《市股份合作制企业协会资产管理制度》《市股份合作制企业协会咨询服务收费》《分配办法和市股份合作制企业协会印章管理制度》等9项制度，这些制度的制定，为协会规范运作、做好协会各项企业服务和自身建设夯实基础。

**二、做好换届，加强交流**

2021年协会适逢换届、办公场地置换。为了搞好换届选举工作，采取疫情相对稳定的时段、寻找安全靠谱的地点，线上线下结合开展工作，从江苏海安的专题务虚会到协会每个相关群，将要表决的内容会前至少上上下下几次听取意见和修改。由于细致工作，广泛听取意见，正式会议时会员单位出席率较高，一次选举成功。

考虑到上海市股份合作制企业协会的大多数会员单位都没有主管上级单位，协会注重交流与学习相结合，认真做好每月一刊的《上海股份合作》会刊的发送工作，已出刊整171期，该会刊着重讲好股份合作制企业故事和案例，受到广大会员单位的欢迎。该会刊无偿提供给上海市股份合作制企业及相关的中小微企业，每月发送数量都在310份～330份，由于会员单位领导们的喜爱，协会一如既往地做好会刊编发工作。

**三、做好服务咨询，组织学习培训**

年内，尽管疫情肆孽杂事繁多，协会克服各种困难，全力以赴为上海针织漂染二厂、上海千斤顶厂、上海长江企业发展合作公司、上海中艺美术合作公司、上海新镇江酒家总公司、上海申一百货公司、上海开源制罐厂、上海市虹口区蚌阳南货店、上海虹口区商业服务总公司、上海新康达商业贸易合作公司等20余家企业，做了深化改革改制的咨询、沟通和服务工作；接待来访来咨询的每月几十起，还妥善化解多起疑难突出矛盾。

协会认真完成市政府各部门布置的工作、讲座和研讨活动、积极参加市工经联党委和联合支部的各项学习和交流活动；参加市民政局社团处组织的网上网下的学习和培训等工作；全年组织3次全体会员单位的学习交流研讨活动，组织无数次的大小专题沟通、咨询，受到协会广大会员单位领导及企业职工股东的好评。

（朱桂芬）

# 上海生产性服务业促进会

上海生产性服务业促进会成立于2013年，现有会员单位500家，涉及上海生产性服务业十大重点领域和45家生产性服务业功能区内的4万多家企业，旗下设有临港及五大新城工作站，以及检验检测数字化转型专委会、两业融合专委会、生产性服务业功能区专委会会等12个专委会（分支机构）。促进会秉承“资源对接、平台搭建、园区发展、数字转型、智库建设”五位一体为工作抓手，努力实现“八个率先”，形成“十大服务优势”。连续6年蝉联市经信委颁发的中小企业优秀服务机构称号；获第一批国家级“专精特新”小巨人企业示范服务平台（机构）等荣誉称号。

2021年主要工作：

**一、共画“十四五”新蓝图，致力产业高质量发展**

（一）抓好顶层设计，推动高质量发展。助力“十四五”发展构思。配合市经信委等政府部门，积极参与本市生产性服务业及两业融合发展顶层设计，承担《上海生产性服务业发展“十四五”规划》《上海市推动先进制造业和现代服务业深度融合发展的实施意见》等课题。一是开展产业政策宣贯。第一时间宣讲生产性服务业“一规划一意见”以及国家、上海各类息息相关的各项新政策，重点推送“专精特新”政策辅导，线上线下相结合、广泛宣传与点对点辅导相结合，先后举办服务型制造示范遴选、现代服务业发展引导资金、文创产业基金、生产性服务业功能区复审等线上线下培训会，并及时开展上门服务，分类指导，将政策效应落到实处，为广大企业尤其中小企业营造良好发展生态。二是加强长三角联动。拓展服务半径，通过多种途径，交流互动生产性服务业及相关产业发展新动态，对接资源，走出去请进来，助推长三角一体化发展。

（二）抓好赋能升级，推动数字化转型进程。协会召开园区数字化赋能创新融合研讨会；会同上海市电子商务行业协会举办第二届中国（上海）工业品在线交易节；举办工业品在线交易节爱企谷527专场暨企业数字化转型高峰论坛，以“数字转型服务生态”为主题，当场入驻网易在上海设立的第一家联合创新中心——上海奉贤网易联合创新中心，落地近10家数字化企业及项目，促成近5000万元数字化服务及工业品采购签约，推出近50个企业数字化服务产品及应用场景。成立检验检测数字化转型专委会。举办“云数赋智共建共赢”——检验检测认证数字化转型发展论坛，与中国出入境检验检疫协会达成战略合作。

（三）抓好两业融合，推动服务型制造发展。举办服务型制造高研班，邀请高校学者、行业专家围绕“十四五”“双循环”新发展格局、服务型制造、数字化转型等专题授课，邀请政府相关处室负责人详解政策实施细则；指导符合要求的企业积极申报；组织考察服务型制造示范企业，学习先进经验，获得学员们一致好评。协助市经信委开展工信部及上海市服务型制造示范遴选，其中在工信部第三批服务型制造示范遴选中，上海推送上报14项，11项入选，浦东新区获评示范城市，实现较高入选率，各直辖市中排名第一；在本市第三批服务型制造示范遴选工作中，经过专家评审等程序选出服务型制造示范企业11家、示范项目5个、示范平台15个，服务型制造示范企业均为集成电路、生物医药等本市“3+6”产业体系所属企业，分布于浦东、松江、奉贤等10个区。配合市经信委推进重大项目建设，做好项目储备、培育，已推荐“两业融合”项目40多个。

**二、开展各类合作交流，发挥桥梁纽带作用**

（一）建党百年，征文评奖。为庆祝中国共产党成立100周年，协会开展“庆建党百年，创行业先锋”征文巡礼活动，入围征文编印成书。6月30日，在虹桥自贸城举行上海生产性服务业党支部联合共建暨庆祝建党百年活动。活动通过征文颁奖、党支部共建签约、党建心得分享、专题党课、文艺汇演等方式，增强凝聚力，弘扬正能量。此外，促进会秘书处党支部还与市经信委生产性服务业处党支部联合开展了建党100周年《奋斗之歌》主题党日等活动。

（二）聆听诉求，精准服务。组织企业参加各类调研座谈，实地考察走访企业园区近100家。组织企业参加国办秘书局企业减负及税制改革座谈会，向国务院办公厅、市政府办公厅递交企业发展相关材料；与市委统战部商讨功能区统战工作；与市政协及各大银行共同商议解决企业融资难等问题；与中央广电总台共议上海服务型制造发展情况；举行“双总”领域头部企业、服务型制造示范企业、市级标杆功能区等各类重点企业座谈会，交流行业发展经验；加强政会银企四方合作，致力解决中小企业融资难题；向政府部门推荐产业领军人才、产业青年英才等上海产业菁英，推荐会员企业进入改制上市培育库等。

（三）搭建平台，对接资源。举办上海生产性服务业临港新片区活动，成立临港新片区及五大新城工作站，与港城集团达成战略合作，携手上海生产性服务业头部企业投入临港新片区建设。组织企业参加西信龙云平台发布会、5·6物流日、道具设计创新专委会首次沙龙、产业计量云（长三角）大会、“小橘灯－2021张江云立方爱尚·生活主题沙龙”等活动。

（四）对外合作，协同发展。承接《城阳区先进制造业与现代服务业深度融合“十四五”规划》，该规划成为全国第一部两业融合“十四五”规划；赴云南推进扶贫项目和工业品交易活动对接；组织企业参加泰兴、常熟等地招商引资活动，与江苏淮安、绍兴上虞、嘉兴南湖等地开展各类合作交流。

**三、加强宣传工作，做好规范服务管理**

（一）建设阵地，宣传先进。举办2021宣传工作迎新发展研讨会、“十四五”宣传工作会议，强化内刊、简报、公众号、网站等宣传阵地，全年编写发行刊物6期、简报12期，增发专刊3期，发布公众号文章240多篇，还编撰《2020年上海生产性服务业发展年度报告》（白皮书）、《闵行区生产性服务业案例精选》等。

（二）承接委托，做好服务。为推动生产性服务业功能区规范化建设、科学化管理，夯实载体基础，根据相关文件精神开展两年一次的生产性服务业功能区复审工作。遵循两业融合、数字化转型等工作要求，着眼发展水平、产业集聚、开发进展、运营管理、产业生态等五大维度、修订形成总计26项的千分制评估体系；并根据专家意见等形成“一园一策”的个性化诊断报告，助力园区后续发展。同时，做好生产性服务业定期统计。撰写季度、年度统计分析报告，为政府部门决策提供参考。

（三）履行责任，奉献社会。与监事长单位虹桥空港储运公司携手，在杨浦区控江路街道举行三方党建结对暨社区捐赠仪式，助力街道抗疫防疫工作；配合市工经联／市经团联，动员本行业企业主动发布社会责任报告。

（郑修铭）

# 上海市企业法律顾问协会

上海市企业法律顾问协会成立于2004年。现有理事单位会员162家，其中，央企占15%、地方国企占44%、民企占27%、外企占10%、其他占4%。个人会员约600名。

2021年主要工作：

2021年是中国共产党成立100周年，在习近平新时代中国特色社会主义法治思想引领下，上海市企业法律顾问协会各项工作均有效积极推进，主要是会员服务增添新内容；法宣工作增加新举措；对接政府承接新项目；合作交流有新进展；党建方面取得新成效；进一步提升协会服务水平，进一步推进协会可持续发展。

**一、牢记宗旨，做好会员服务**

协会牢记服务宗旨，聚焦主业，培训传统项目上突出重点并增加新形式新内容。全年协会共组织36场高质量的专题讲座和研讨会，开展8场企业法律师事务所专题研讨活动。

精益求精，做好月度特色培训服务。协会每月开展2～3场法律培训已坚持数年，突出在重点、广度、深度上下功夫，受到各有关单位的好评，收到很好的效果。同时量身定制，做好企业内训服务。年内，协会承接9家单位内部培训工作，内训成效显著。

尽心尽责，做好法律咨询调解。协会为会员企业提供专业的法律咨询、调解、救济等服务，发挥多元化法律争议解决机制作用。“联合调解中心”共受理劳动争议等案子48件，成功调解43件，纠纷化解率达到90%。协会还提供专项咨询指导，追回或避免损失人民币近1亿元。

多渠道宣传，做好协会窗口服务。全年协会出版6期《企业法律顾问》会刊和《业务学习资料》电子版双月刊，还加大在网站、微信公众号和会员QQ群运营管理方面的投入，确保同步更新协会有关资讯。

**二、多措并举，开展法宣工作**

年内，根据上海市法宣办开展普法工作总要求，学习好、宣传好、实施好《民法典》。

承办第五届上海市企业法务技能大赛工作。作为“上海社会主义法治文化建设品牌活动”，协会继续承办第五届上海市企业法务技能大赛。大赛以“扬社会主义法治精神，展企业法治文化风采”为主题，通过“微视频”这一新媒体表达形式，展示上海企业法治建设新成效，展现企业法务人员新风貌。有力地推进上海“八五”普法和依法治企工作再上新台阶。

配合开展“八五”普法相关工作。协会配合市经信委开展“八五”普法工作，协助起草“上海经信系统2020年法宣工作总结和2021年法宣工作安排”及市经信委系统“八五”普法规划。配合市国资委政策法规处开展“八五”普法工作，联合开展法律培训；增进国企与其他所有制企业的法治工作交流互通；组建法治调解服务机构设想，为企业发展提供坚实的法律保障。

协会配合市经团联（市工经联）成立“法治服务专业委员会”。专委会依托协会法律平台专业力量，集市经团联各类法律资源，为市经团联全体会员单位提供专业的法律服务。

**三、对接政府，做好相关项目落地工作**

协助市经信委组建上海产业和信息化研究交流平台。长期接受市经信委委托的“12345”市民服务热线知识库的管理维护工作，为服务热线有序运行提供保障。撰写《上海市促进中小企业发展条例实施情况调研报告》，得到市有关部门肯定。受上海市中小企业发展服务中心委托，协会承办第九期《上海市中小企业法律风险防范培训班》。10月，按照市政府确定的重点工作任务要求，经市人社局批准，协会为专业技术人才知识更新项目，承办信息安全与数据合规高级研修班。

配合开展市司法公信力评估调研报告。协会受市委依法治市办委托，在会员企业中开展“2021年度本市司法公信力第三方评估”问卷调查工作，得到会员企业的大力支持。承接市经信委生产性服务处委托的关于“专业服务领域推进工作方案”和“职业培训领域推进工作方案”课题。召开“上海市营商环境”企业意见征询会。配合市发改委召集20多家理事单位，先后2次召开“上海市营商环境”企业意见征询会。为优化本市营商环境决策提供依据。

“律师库”推荐工作。协会在广泛听取企业意见的基础上，经专家评估，最终形成在不同业务领域内的律师事务所（团队）及律师名录，为政府有关部门和协会更好地服务于广大会员企业提供有力支撑。

**四、资源共享，做好合作交流工作**

作为法律专业服务型组织，工作思路需不断创新，服务合作渠道需不断拓宽。

主办“首届长三角企业法治峰会”及会长联席会议。5月22日，由上海、浙江、江苏、安徽企业法律顾问协会联合主办的“首届长三角企业法治峰会”在上海陆家嘴中国金融信息中心成功举办。来自沪浙苏皖近500位企业法务负责人、法律专家和律师齐聚一堂，共同探讨进一步深化长三角企业法治建设，提升长三角企业的竞争力和创新力。

扩大合作共赢机制。协会与华东政法大学、蓝海中小企业法律中心、蓝旗（上海）法律咨询有限公司合作成立“律政人才培训基地”，并招生开班；协会还与上海南京商会、上海仲裁委员会、上海物流协会、上海法治报等单位达成合作共识，创造更多的交流机会。

发挥“特邀专委会”作用。协会工作有序开展，离不开各“专委会”的支持。为此，协会“特邀专家委员会”中各专业领域的专家先后参与协会有关课题的调研与评审工作，以及有关法律专项工作的咨询，并提供专业意见和建议；协会“特邀专业委员会”中许多知名律所律师每月配合协会为会员开设辅导讲座，并为协会会员企业提供60多家（次）的专题法律咨询调解和救济工作，各专委会的支持帮助，提高了协会服务会员企业的质量，增强了协会凝聚力，扩大了协会影响力。

**五、党建引领，抓好支部建设**

一是切实加强党员干部思想政治建设。通过上党课等各种组织活动，要求党员“不忘初心，牢记使命”。重点学习习近平在党史学习教育动员大会上的重要讲话精神；与上海市企业家法学家联谊会党支部共同举办党史学习会，联谊会会长柴俊勇主讲题为“百年党史中的智慧和力量”党课；组织全体党员及部分秘书处工作人员研读习近平总书记“七一”讲话全文。通过系列党课学习，使协会党员更好的了解了党的光辉历程。大家表示，历史是最好的教课书，要坚定理想信念，牢记党的宗旨，在岗爱岗，精益求精，精雕细刻每一项工作，真正成为行家里手。

二是开展形式多样的党日活动。协会与金融信息协会、稀土协会、电子制造协会联合举办“百年征程向党献礼”作品征集活动。与市经信委政策研究和法规处党支部、市国资委政策法规处党支部联合举办“七一”党建联建活动，赴上海纺织博物馆参观学习。7月1日上午，庆祝中国共产党成立100周年大会在北京天安门广场举行。协会党支部组织全体党员和工作人员共同收看大会实况，认真聆听习近平总书记发表的重要讲话精神。

协会党支部还组织大家观看建党百年献礼片《1921》，为帮助全体党员更好地了解党史，党支部为大家购置《论中国共产党历史》《中国共产党简史》《习近平法治思想学习纲要》供大家自学。同时，积极参加上级党委组织的相关活动。协会党支部被市工经联党委授予“先进基层党组织”称号。

（姜　潮）

# 上海市质量协会

上海市质量协会（简称“市质协”）于1981年6月13日经上海市人民政府批准成立，原为事业性质单位，现为上海市各行业致力于质量管理与质量创新的企事业单位会员组成的专业性非营利社团法人组织，是具有国内外影响力的5A级社团组织。现有会员单位759家。

2021年主要工作：

市质协围绕高质量发展、高品质生活和新发展格局，按照年初提出的“传承创新、转型发展、提升能力”的工作总思路和“开放、共建、共享”的理念，举办6项（类）重点活动，开展15个重点项目，五大举措并举推进规范化治理，形成28类973项成果，100%覆盖“3+6”重点产业，20万余人次参与线上线下、国内国际交流研讨，赢得11项政府、行业的荣誉与企业的褒奖。

**一、积极参与承办中国质量（杭州）大会**

9月，主题为“质量数字绿色融合”的第四届中国质量大会在浙江省杭州市举行。国家主席习近平向大会致贺信，国务委员王勇在开幕式上宣读习近平主席的贺信、向第四届中国质量奖获奖组织和个人代表颁奖并致辞。继连续参与承办前三届中国质量大会基础上，市质协继续作为第四届中国质量大会承办单位之一，积极参与大会筹备工作，邀请国际质量与专业组织的负责人发表演讲致辞。并与杭州市市场监督管理局紧密合作，共同承办大会分论坛四“产品质量提升与制造业高质量发展”。

**二、举办第四届进博会国际质量创新论坛**

市质协持续跟踪国际质量前沿，举办主题为“质量、韧性与可持续”的第四届进博会上海交易团配套活动——国际质量创新论坛。6位国际质量与专业组织负责人和6位中外企业家通过线上线下方式，发表主题演讲，论坛开通“上海热线”在线中英文直播通道，超过7万人次国内外观众在线参与论坛，其中收看英文直播观众超过9000人。

**三、承接和参与国家级、市级重点项目与专项工作**

受国家市场监督管理总局的委托，市质协参与质量强国建设纲要支撑性专题“推动中国质量管理4.0”专项研究；完成“企业质量素质提升”工作项目，开展先进质量文化和管理创新推广工作；完成2020年全国公共服务监测项目；与同济大学合作，承接国家社会科学基金重大项目子课题四“新技术变革下开展质量提升与质量强国建设路径”。受上海市市场监督管理局委托，承办主题为“数字化赋能市场监管、精细化创新服务民生”的第一届上海市市场监督管理系统大数据应用分析大赛，加快推进上海市场监管系统治理数字化转型，提高市场监管队伍的工作水平。

同时，按照市市监管局的要求，开展在线“中小企业质量提升公益培训”，参加人数达到4200人。举办主题为“赋能区域产业、提升企业价值”和“绿色低碳发展”二期质量大讲堂，采用线上线下方式举行，参加人数达到38900人。参与制订“首席质量官”培训大纲，探索构建多层次质量人才评价机制，成功举办多期“企业首席质量官”任职培训。

**四、聚焦产业经济发展重点、助力企业质量创新**

在上海市科委奖励中心等主管部门的指导下，市质协优化完善《上海市质协质量技术奖管理办法》《上海市质量管理奖管理办法》及评审细则，培育辅导形成56项上海市质量协会质量技术奖优秀成果、61项上海市质量管理奖。还培育、推荐会员单位荣获全国质量技术奖、全国质量标杆6项优秀成果，推荐2家会员单位申报上海市企业质量管理领域数字化转型的典型案例，3家企业申报5个2021年上海市重点产品质量攻关成果课题，12家会员单位的12项品牌创新成果参加工信部组织的“2021中国企业品牌创新成果发布”活动。

**五、开展质量提升行动与品牌建设、标准化推广**

市质协深入开展新一轮群众性质量提升行动，举办5期线下线上相结合的训练营公益辅导培育活动，重点产业覆盖率84%，中小企业占参与活动企业近80%。申报群众性质量提升行动成果近1000项，形成优秀成果396个，荣获国优成果37项。与此同时，开展主题为“中国品牌世界共享；聚力双循环引领新消费”的品牌博览会、品牌专业论坛、品牌专题等活动，并邀请5位来自政府、企业的资深质量品牌专家和知名企业家作嘉宾访谈，制作播出《质量·品牌》对话专栏。在“质量月”期间，先后举办10项质量月活动，线上线下参与人数约5.3万人次。还牵头、参与完成《CPTPP与RCEP背景下标准合作机制及技术性贸易措施政策研究》和《市级技术标准创新基地的政策研究》两项市级标准化课题。编制完成《花卉博览会园区的保洁服务与管理要求》团体标准，助力花博会圆满成功。围绕产业链转型升级重点，形成绿色低碳能源装备技术标准创新专项调研报告，组织本市能源装备产业链及上下游重点企业，在火力发电高效清洁利用领域启动创新基地首个团体标准研制项目。

**六、牵头参与行业、区域联动共建，推进质量宣传和国际交流**

市质协加强与市经团联（市工经联）等枢纽型社团和中国质量协会、长三角相关省市质量协会、相关行业协会等组织的对接与协作，发挥优势互补，推进行业质量提升、服务质量评价、质量宣传与品牌培育等工作。全年，先后在“上海质量网”官方网站发布视频报道296篇，“上海质量”公众号发布视频报道166篇，12期《上海质量》杂志出版新闻报道近400篇、专业文章及述评，在主流新闻媒体与平台发布报道100余篇。同时，市质协发挥协会国际化的优势，开展线上举行的国际质量交流专题会，参加国际主要质量组织举办的线上活动，收集、分享相关国际质量发展的最新信息。并走出去，在国际质量专业活动中演讲，讲好高质量发展故事，传递上海质量声音。

**七、开展“党史”学习教育等活动，加强党的领导和政治引领**

市质协党总支组织集中收看庆祝中国共产党成立100周年大会现场直播，举办“百年征程波澜壮阔，百年初心历久弥坚”党史主题展，开展“踏寻党的足迹”主题党日系列活动，开展“迎建党百年，与时代同行”百字感言征集活动，举行庆祝建党百年暨“光荣在党50年”纪念章颁发仪式等活动。引导协会广大党员坚定理想信念和宗旨意识，引导协会全体员工提升推动高质量发展的责任感和使命感。还组织开展民主评议工作，剖析检视问题，开展批评与自我批评等，表彰2020年度先进党支部和优秀共产党员，发展新党员。

**八、持续推进协会的规范治理，优化完善秘书处机构设置与职能**

按照社团规范治理和疫情防控的要求，依据章程履行民主班会程序，举行线下和线上的会员代表大会、（常务）理事会和监事会会议，通过举行会长班子会议，听取协会各阶段的工作汇报，指导、推进年度重点工作。按照社团组织规范治理的要求，完成2020年度社团组织备案登记的年度审核。市质协召开第七届理事会专家委员会大会，邀请专家们为上海市质协的年度重点工作、服务国家战略、服务上海市发展大局等方面，出谋划策。另外，市质协还组织开展员工的业务培训，优化秘书处机构设置等。

经市市场监管局推荐，市质协被评为2021年上海市品牌社会组织，中国质量协会授予上海市质协2021年度全国质协系统先进单位称号。

（奚勤峰）

# 上海服装行业协会

上海服装行业协会成立于1986年3月，是上海市服装行业企事业单位自愿组成的跨部门、跨所有制的非营利性的行业社会团体法人。现有会员单位260家。协会以服务为宗旨，在政府与企业，企业与企业、企业与国际之间发挥桥梁和纽带作用，尽全力为上海乃至中国的服装行业的发展和繁荣而努力。

2021年主要工作：

**一、多措并举整合资源，切实服务会员**

（一）深入会员企业了解企业心声和需求。协会先后到晨风集团、劲霸集团、新联纺、上服集团等调研服务，走访龙头股份、圣和圣、恒源祥、东方创业、纺织装饰、北极绒、皮皮狗等听取意见和建议，交流行业建设和协会工作情况等。

（二）与外省市纺织服装行业有效联动，共促发展。与苏浙皖纺织服装协会签署长三角服装产业联盟合作协议书，以有效促进长三角纺织服装行业的高效创新发展。与大连市服装纺织协会签署连沪服装产业合作协议书，更好协调连沪两地的服装产业发展优势，为东北振兴与长江经济带发展做出有益贡献。

（三）引入外部资源，为会员企业提供专业化服务。与中禥网络签署战略合作协议，建立数字化管理体系（平台），联接纺织服装上下游产业链资源，更好服务会员。3月，通过小程序对会员企业新春开工情况调研和汇总，并向市经信委等政府部门反映。5月，为会员企业开展数字化营销培训。与宁波银行、中国邮政储蓄银行等开展合作，为中小微企业更好提供金融服务。与中申律所签署战略合作协议，为有需求的行业企业提供专业化法律服务。

（四）组团参观展览会，与展商面对面深度交流，交换观展心得，开阔眼界，拓展思维。3月，组织会员近50人参观“中国国际服装服饰博览会”。7月，再次组团近40人参观“全球授权展·上海站”。

（五）组织会员参加专业活动，助力产业链对接。8月—9月发动恒源祥、嘉麟杰和纺织装饰等企业参与2021第二届中国国际羊毛节。10月，组织企业赴江苏盛泽和浙江宁波参加中国服装供应链大会和宁波时尚周活动，帮助企业拓展市场，了解行业发展趋势，加强上下游产业链对接。

（六）组织时尚沙龙活动。4月初、10月的秋冬和春夏上海时装周期间，协会分别联合深圳市龙华区、大浪小镇和英国高士线业，策划组织两场主题时尚沙龙，每场均有近60人参与，两次活动的媒体报道逾50家，国家级新闻单位和海外媒体均给予充分的肯定和评价。

（七）组织秘课堂活动。年内，协会主办5期秘课堂公益课，每期参与人数均超30人，内容涉及流行趋势、消费报告、新零售等行业热点，深受业界人士的欢迎。

**二、坚持以服务为中心，着力提升服务能级**

（一）开展产业研究，为行业发展建言献策。一是关注国家经济形势和服装产业发展现状与趋势，在收集整理汇总上海服装行业经济数据的基础上，为政府相关职能部门提供季度、半年度和年度行业经济运行简报或分析报告，参加市经信委都市产业处每季度召开的经济运行分析会，为政府部门决策提供参考依据。二是参加市经信委都市产业处《时尚消费品产业高质量发展三年行动计划》编撰座谈会，梳理行业内龙头企业信息情况，对上海纺织服装行业未来发展重点、发展路径等提出建议。三是收集梳理上海服装行业协会网络信息商场的服装销售情况，每月编写《上海服装行业协会网络商场销售情况分析》、发布月度服装销售品牌排行榜，为纺织服装零售企业零售产业布局提供参考，为市政府相关职能部门提供纺织服装商品销售情况分析。

（二）积极联系政府相关部门，为企业发展服务。一是协会积极争取政府对企业相关政策的支持，为会员企业乃至行业企业的发展提供申请支持援助和企业展示的机会。转发市商务委《2021年上海市国家外经贸发展专项资金（公平贸易）项目申报通知》，联合相关协会邀请商务委领导进行专题政策解读，给予受国际外贸形势不利影响的企业能够获得政府资金支持提供机会。转发上海工业互联网协会联合人民网上海频道一起主办“工赋风云榜”等活动通知，给会员企业和企业家提供展示自我的机会。二是积极支持会员企业参与政府项目申请和名优评审。先后为理事单位宝鸟服饰、丝绸集团、龙头（集团）、安莉芳（上海）等的项目申请和名优评审提供帮助。按照中国服装协会“百强企业”报送的相关细则要求，积极动员和推荐产品销售收入、销售利润率等指标成绩突出、符合要求的企业参评。经评审，嘉麟杰、东隆、安莉芳（上海）、地素、沙驰、劲霸等6家会员企业榜上有名。

**三、充分利用协会资源开展人才培育，助力行业可持续发展**

（一）继续做好上海市工艺美术系列服装设计专业中（高）级职称任职资格申报和评审组织工作，经过前期宣传发动、指导申报、专业培训、现场测评和最终评审，中级119人和高级5人顺利通过本年度任职资格评审，有利于促进行业从业技术人员的发展提升。

（二）协会下属服装行业职业技术学校完成2020年度市民非企业年度检查、区民办培训机构财务抽查、区民办培训机构网检及整改，完成2021—2023年办学许可证和民办非企业单位登记证书的换证，通过市职业技能培训机构办学质量和诚信等级的评估（2018—2020年），参加市、区组织的校长和教务长继续教育学习，确保教学资质以继续致力于纺织服装行业从业人员的专业技能培训。

（三）组织开展职业技能竞赛活动，以赛代练，提升服装从业人员素质能力。6月，协会参与承办的2021年上海市纺织行业服装制版师技能大赛中，协会推荐的选手，取得一二三等奖的优异成绩。10月底，喜逢2021年全国纺织行业“富怡杯”服装制版师职业技能竞赛全国决赛，协会和上海纺织工会带领10位优秀选手代表上海参赛并取得不俗成绩，协会被授予竞赛“优秀组织单位”。

**四、参与开展标准普及宣贯，促进企业质量提升**

（一）参与组织国家标准宣贯。4月23日，与市质检院纤检所共同举办GB/T14272-2021《羽绒服装》等新标准宣贯会，有60余家企业近110名企业代表参加，帮助企业人员全面准确地了解新标准，为企业生产提供有效参考。

（二）参与地方标准发布和宣贯。参与市技监局编制的《服装高级定制技术规范》和《纺织产品绿色供应链管理与评价导则》二项地方标准今年颁布，其中定制标准填补国内在定制领域空白，绿色供应链标准为全国首颁。10月13日《服装高级定制技术规范》宣贯会，近40位行业代表与会，专家分享标准内容。10月22日《纺织品绿色供应链管理与评价导则》宣贯会，市市场监管局、市经信委和相关处室领导、市能源标委会、相关行业协会负责人，以及国内40余家企业的100余名代表参加，为促进行业绿色转型、推动行业绿色低碳循环发展再添新动能。

**五、加强协会基础管理，夯实协会服务职能**

（一）利用微信公众号、视频号等新媒体，及时为会员企业提供国内外行业信息、流行趋势、先进制造技术、先进管理理念及向会员提供咨询服务等，为企业发展决策提供支持。视频号聚焦行业价值人事物，发布原创内容近60条，总浏览量近50万人次。梳理和更新会员资料信息，调研关、停、并、转等会员企业，做好纸质和电子存档。

（二）完善内部管理，规范日常运作。遵照章程，按时召开理事会，讨论协会工作思路和行业发展趋向。实行秘书处工作例会，定期交流工作情况，推动工作进展，做好会议记录。根据国家和市级民政局等下发的相关规定，完善内部管理制度。组织协会人员参加市人社局2021年上海市职称改革高研班培训，参加市民政局关于社会团体年度检查工作网上培训、社会团体规范建设网上培训等，促进协会管理规范和健康发展。

（三）加强党建工作。开展党支部学习活动，组织党员群众观看学习中共十九届六中全会、建党100周年纪念大会等，强化党的领导作用，增强服务意识。

（杨红穗）

# 上海市节能协会

上海市节能协会（简称协会）成立于1985年3月21日，由本市生产和转换能源、使用能源、生产节能产品和节能减排服务等企业单位，能源管理、科研、设计、教育、信息等事业单位自愿组成的节能专业性、非营利性的5A级社会团体法人组织。协会积极开展节能减排技术和技改项目咨询；进行节能减排、低碳环保、能源（电力、燃气、石油等）、能源互联网等课题研究；制定能源、节能减排、分布式供能、绿色制造等相关标准；提供能源相关项目第三方评审，编制节能专项规划等；承担能源方面前瞻、宏观、智库性质研究；出版《上海节能》杂志（含广告）。协会的行业主管部门是上海市经济和信息化委员会，目前拥有会员单位256家。

2021年主要工作：

**一、转变观念、主动作为，节能宣传工作取得新进展**

（一）节能宣传周系列活动精彩纷呈，助力全社会营造绿色美好生活氛围。宣传周期间，各委办、区、集团公司和社会机构等组织各类活动共约400项。“节能宣传践行者”评选活动参与者35.1万人次，点赞数5085万次，直播播放量为151万次，知识竞赛参与为20.8万人次，“绿色出行公交优先”活动，参与市民超过150万人次，产生的绿色能量可种下近3万棵梭梭树。据不完全统计，宣传周期间约有177家媒体进行了宣传报道（仅统计由主办方供稿发布的新闻数，不含各区、企业自行开展的宣传数量），各渠道活动总曝光量超过6.8亿人次，取得较大影响力和美誉度。

（二）“上海节能宣传”微信公众号运营工作取得新进展，关注群体实现全国覆盖。新版公众号通过搭建宣传矩阵、服务功能接入，达到流量引入、服务功能拓展、多媒体形式宣传效果，逐渐形成节能环保领域有深度、有广度、有速度的融媒体宣传生态圈，为全社会提供直观、便捷的综合信息服务。已有16家市级委办、15家行业机构、6家产业代表企业接入矩阵；节能宣传周、节能宣传践行者、节能商场、家电维修、垃圾分类等板块已经开通。至年底，公众号共发布推文630篇，总阅读量达到223万余次，推文转发数263400余次，订阅用户数从2位数增长到6位数，年龄涵盖16～70岁，关注群体实现全国覆盖。

（三）《上海节能》杂志品质稳中有进，为推动本市节能降碳工作发挥了应有作用。一是节能战略与政策栏目稿件质量明显提高，主动向宏观战略与政策方面颇有研究的专家学者约稿，先后刊登有关论文13篇，开拓读者的视野及思路，提升了杂志的战略政策研究空间。二是《上海节能》复合影响因子明显提高，2020年《上海节能》的复合影响因子达到0.314（最新数据），比2019年、2018年、2017年分别提高46个基点，81个基点和107个基点（0.001为1个基点）。三是《上海节能》影响力指数CI值稳步提高。《中国学术期刊影响因子年报数据（2020版）》中显示《上海节能》自然学科与社会学科合计的影响力指数CI值为117.1（最新数据），连续两年在文理两科的分区中进入Q3。

**二、稳步推进协会标准化工作，社会团体标准建设取得阶段性成果**

（一）协会负责修编的《燃气直燃性溴化锂吸收式冷（热）水机组安全和能效技术要求》《燃煤凝汽式汽轮发电机组单位产品能源消耗限额》两项地方性标准正式发布。

（二）受市市场监督管理局委托，完成《板式换热器能效等级及评价方法》等4项地标转团标工作。（2020年12月立项；2021年3月团体标准公告发布；2021年5月起执行）

（三）新建团体标准进展情况。《生命周期评价准则－乳制品》等3项团体标准5月立项，8月公告发布和实施；《镁基氢化物固态储氢系统技术要求》5月立项，11月公告发布和实施，填补国内空白；《能源管理数字化平台等级划分要求及评定方法》6月立项，11月公告发布和实施，为全市能源数字化转型奠定基础。

**三、坚持专业化发展道路，推动天然气分布式能源项目新一轮发展**

（一）协会在市分布式供能推进办指导下，围绕科技创新、技术创新、安全保障、节能减排、设备本土化、集成化、设备效率、绿色金融等方面，积极建言第五轮扶持政策。

（二）2020年7月23日，《上海市天然气分布式供能系统发展专项扶持办法》正式印发后，协会进一步明确工作重心：建立天然气分布式供能项目预审核机制；积极参与电力市场辅助服务和泛在电力物联网建设；努力推动微小燃气轮机研发及产业化。

（三）全市机场、医院等多种业态中累计有62个分布式供能项目，建成数量及规模均居国内领先水平。目前，分布式供能项目迎来新一轮发展，在虹桥商务区、临港新片区、市北高新区、北外滩等区域有序规划、推进。

**四、立足上海，放眼长三角，推动氢能产业健康有序发展**

（一）协会联合上海燃料电池汽车商业化促进中心、上海石化、申能能创、新奥燃气、浦江气体等单位，通过构建技术交流平台，整合产业资源等形式，为促进氢能源产业快速发展提供了方法和途径。并响应长三角区域一体化发展国家战略，积极参与G60走廊加氢站建设规划，继上海嘉定区已建的安智和西上海两座加油加氢合建站投运以来，全市首座新建油氢合建站——申能集团平霄路油氢合建站2021年底建成投运。

（三）3月5日，成立上海市氢能产业发展专业委员会。专委会正围绕上海燃料电池汽车产业发展实现“百站、千亿、万辆”总体目标，以“用得好、用得起、用得久、可持续”为核心，为燃料电池汽车示范应用上海城市群建设和上海燃料电池汽车到2025年基本建立“一环”“四创”“六带”产业创新生态目标而努力，为氢能在其他领域发展应用作出应有贡献。

**五、顺势而为，成立上海市储能产业发展专业委员会**

8月23日，成立上海市储能产业发展专业委员会。专委会深入贯彻《国家发展改革委、国家能源局关于加快推动新型储能发展的指导意见》精神，充分发挥自身的平台和资源优势，整合储能产业发展资源，加强储能新技术研究储备和相关标准建设，培育上海储能产业发展良好市场环境和合作机制，推动储能项目示范应用，促进商业化、产业化和规模化发展。

**六、开放包容，进一步加强对外合作和交流**

（一）与国家节能中心、中国节能协会、中国城市燃气协会，以及境外有关机构等开展学习交流，分享节能减排工作的经验和案例，实现优势互补。

（二）进一步深化与复旦大学、上海交通大学、上海大学、上海电力大学、上海理工大学、市节能中心、市能效中心、市节能减排中心、格力电器、航天能源等单位的交流合作，共同提升行业竞争力和社会影响力。

（三）与上海电子商会、上海建筑学会、上海建设学会、上海家电协会等单位开展共建活动，促进本市相关行业合理用能、科学用能和节约用能，不断提高行业能效管理水平。

（四）积极助力推进绿色园区建设。在市经信委节能处指导下，经协会和市工经联共同努力，格力集团表示有意向来沪发展，并就在沪合作开展零碳园区建设以及设立研发中心等事宜进行深入研讨和论证。

协会机制创新和管理创新初见成效，5A级社会组织创建活动形成长效机制，“三为”服务能力取得新进展，分布式供能、能源微网、氢能、储能、团标建设等领域工作获得政府相关部门认可，在业内的品牌影响力不断提高，为全面推动上海绿色高质量发展做出了应有的积极贡献。

（钟　磊）

# 上海市包装技术协会

上海市包装技术协会成立于1978年10月28日，为行业企事业单位与科技工作者自愿组成的非营利性的社会团体法人。协会下设10个专业委员会。

2021年主要工作：

**一、以创新驱动探索包装行业发展新路径**

（一）协会召开十届二次会员代表大会暨理事会，会上向上海包装行业第六届“星级企业”授牌，表彰在2020年为疫情防控做出贡献的先进包装企业。举办年度总结考评会，评选上海市包装行业十大新闻和上海市包装技术协会十大活动。召开常务理事扩大会议，讨论上海包装工业发展“十四五”规划，审议“上海市包装行业2020年度‘科技创新企业’评选名单”等议案。

（二）完成上海市经信委“企业诉求调研”项目，在各专委会的支持下，开展各类调研与座谈活动，编写“诉求调研总结报告”等汇总资料，形成对上海包装行业基本现状、发展痛点、创新堵点、产业链难点，以及对政府的主要相关建议。组织召开上海包装行业3次企业诉求座谈会，向政府有关部门提出企业诉求。

（三）协会在开展2020年度“科技创新企业”的申报评选工作中共有18家企业获“上海市包装行业2020年度‘科技创新企业’”称号。协会联合上海出版印刷高等专科学校，组织编写《“十四五”上海包装工业发展规划》。经过反复讨论，数次易稿，现已正式定稿。

**二、重绿色、制标准、抓创意，加快转型发展步伐**

（一）在市经信委、上海能效中心的支持下，协会参与制订《上海市关于推进包装行业绿色包装的工作方案》(2021—2025)。协会拟定的工作方案，得到市经信委充分肯定。为推动上海包装业团体标准化工作的开展，提高团体标准制修订质量，协会确定23项团标课题正式立项并推送到国家团标信息平台网站予以公示。已有13项团标正式在全国团标管理平台予以正式发布。召开上海市包装技术协会团标宣贯会议。

（二）协会支持筹建的上海数智绿色包装研究所，经业务主管单位上海市科学技术协会同意，报上海市社会组织管理局核准为民办非企业单位，研究所将积极配合协会各项工作，争创一流研究所，为社会作出应有贡献。

（三）APDNARA 2021亚洲包装设计大会暨APD Awards亚洲包装设计奖颁奖典礼于11月18日成功举办，来自日本包装设计协会、韩国包装设计协会、中国上海市包装技术协会、中国台湾包装设计协会、泰国包装设计协会的代表、设计大师、优秀设计师们相聚线上分享成功经验。

**三、抓项目、练内功、做好全方位的服务工作**

（一）协会申报的“‘小包装大健康’——大众食品包装安全系列科普活动”被市科委正式列入上海市2021年度“科技创新行动计划”科普领域项目。11月20日，协会科普团成员在南翔智地开展“小包装，大健康”社区科普宣传活动，该活动通过现场普及食品包装知识，促使广大消费者关注食品包装领域，提升安全消费、健康生活的意识。

（二）为规范协会健康有序发展，提高协会影响力和凝聚力，协会继续申报市科协星级协会评估，与上海出版印刷高等专科学校年初签订全面“产学研”战略合作协议，在行业规划编制、专业人才培养、技术输出等方面展开紧密合作、推动行业可持续发展。

（三）搭建服务平台，开展包装展会交流活动。协会积极配合中国包装联合会开展工作，联合中包联主办“绿色包装发展”论坛，协会协助中包联召开上海包装行业企业座谈会，讨论中国包装工业发展规划（2021—2025）。与杜塞尔多夫（上海）展览公司马总经理就SWOP展会（世界包装博览会）开展全面战略合作进行洽谈。

5月13日，由中国美容博览会主办，协会及《上海包装》杂志支持承办的“2021持续创新包装论坛”顺利举办。与会嘉宾围绕包装行业可持续发展的新技术、新材料、优化改进方法、绿色包装评价方法等热点问题进行深层次的探讨。

6月下旬，在上海举办的“ProPack”食品包装机械展会上，协会与展览主办方共同主办“数字赋能包装未来”高端论坛，包装企业与食品企业、行业专家交流演讲包装数字化转型、包装自动化与智能制造，围绕包装热点、解析发展痛点、现场观众爆满、交流互动热烈。此外，协会还组织会员企业考察上海澳莉嘉食品有限公司，了解食品企业文化，经营理念，生产工艺，包装需求，与食品企业面对面进行交流洽谈。

**四、各专委会开展丰富多样的活动，全心全意为会员和行业服务**

（一）包装机械委员会在企业搬迁改造、政府项目申报、行业荣誉申请、科技政策咨询、品牌培育建设、知识产权创建、产学研项目对接、市场监督纠纷处置、校企人才引进、技术职称晋升等方面，做了大量具体的服务。让会员企业及时了解、争取政府和行业支持包装机械企业发展的各项政策和福利，助力企业转型升级，还召开“融合创新数字转型”为主题的专题会议，围绕“数字化”展开热烈的讨论，组织会员企业赴上海海洋大学，进行毕业生需求对接交流。组织开展“印刷包装数字化车间技术规范”和“水平式全自动制袋充填封口一体机”团标制定工作。

（二）纸制品包装委员会3月29日—31日与励展博览集团联合召开“2021中国绿色包装产品认证推介会，暨首届长三角纸板、纸箱企业发展论坛”，长三角地区300余家纸板、纸箱企业，400余位嘉宾，近50家设备企业出席会议，共同了解最新绿色包装政策。组织两次绿色包装认证宣传大会。协办销售与包装特训班。

（三）包装印刷委员会召开主任工作会议暨技术交流会。组织会员单位参与弗格2021第四届环保油墨暨绿色印刷创新发展论坛。召开“IGPA利循涂层包装材料研发工作交流会”和“可持续循环包装材料”技术论坛。制定“纸基持续循环包装材料（食品级）”团体标准。

（四）塑料包装委员会已发布团体标准9项，5项正在编写中。组团参展深圳国际橡塑展、开展食品企业考察交流活动、组团参加塑料软包彩印技术交流会等论坛。还有木制品包装委员会开展《木质包装逆向物流》团标工作、绿色包装委员会组织开展《上海市绿色包装产品认证实施规则》两项团体标准制定工作。物流包装委员会认真做好物流产业链服务工作等。

（舒仁厚）

# 上海市咨询业行业协会

上海市咨询业行业协会的前身为上海市科技咨询学会，成立于1987年3月，1994年更名为上海市咨询协会，2004年4月更名为上海市咨询业行业协会。协会是是由多种所有制从事咨询业的企事业单位自愿组成，是非营利性的行业性社会团体法人。协会现有团体会员中，有国有或国有控股企事业单位、民营企业、外商独资、合资企业、大专院校、社团组织等。按照主要业务范围分类，属于工程咨询、经济与管理咨询、科技咨询等。现有会员单位100多家。其中国有企业占比20%，股份制企业占比4%，中外合资企业占比1%，外商独资企业占比1%，其他占19%

2021年主要工作：

**一、不断加强协会自身建设**

传承红船精神组织嘉兴南湖党建活动，为迎接中国共产党成立100周年，推进党史教育向纵深发展，5月28日，协会党工组一行22人到嘉兴南湖瞻仰中国革命的世纪红船，在嘉兴南湖革命纪念馆主题广场上举行了重温入党誓言。

开展第十四届上海市信誉咨询企业和第十二届上海青年咨询精英及提名奖评审工作。经专家评审通过上海市信誉咨询企业42家。青年咨询精英6名，青年咨询精英提名奖9名。

编撰《上海市咨询业行业协会资料与文件选编》(2002—2021年)。进一步加强协会档案管理工作，把协会近20年的工作文件，汇总整理，精心编辑，保持这一系列资料的完整性和延续性。

编撰完成《2020年上海咨询业行业发展报告》。自2014年始至今已经连续编撰7次，入编由上海经济发展中心与上海现代服务业联合会联合编撰的《上海现代服务业发展报告》中。

**二、走访会员单位，增进协会与会员单位的合作交流**

协会先后走访会员单位9家，其中6家是近两年新入会单位和3家老会员单位。上海嘉博咨询，同济大学嘉兴环境研究院，上海孙桥溢佳农业科技股份有限公司，上海康恒环境股份有限公司，上海惠联办公设备有限公司，迈迪品牌咨询有限公司等。

加强与老会员单位的互动走访调研。共同分享科技创新工作的成果，探讨企业发展前景及企业转型中遇到的困惑，倾听企业的需求，为会员单位之间寻求合作机会。7月，协会组织金桥建设监理等4家会员单位到上海东滩投资管理股份有限公司，召开“土壤修复合作方式研讨”交流会。协会走访上海大华工程造价咨询有限公司，洽谈职业技能培训工作及合作意向。

**三、组织编写教材，开展讲座论坛等工作**

启动科技咨询师培训教材编写工作。召开《科技咨询师培训教材》编写工作筹备会议，共同商议教材编写的宗旨、提纲、内容及参编专家的人选及分工，工作有序进行。

8月，协会通过上海现代服务业联合会培训基地，向市人社局提出职业培训机构普通教师、特聘教师上岗资格的认定申报，批准了30人可从事科技咨询师相关专业的培训工作。

举办各类讲座、咨询论坛。组织开展关于上海市“十四五”规划的解读工作，邀请上海市发改委规划处吴新华处长作报告。组织会员单位参加“纳税筹划与税务风险评估”报告会。邀请会员单位震业管理咨询公司原董事长王震寰教授开设讲座。邀请北京市京师（上海）律师事务所国际总部产业互联网法律事务部主任李萍做个人网络信息安全专题讲座。联合兄弟协会学会举办各类论坛。举办第52个世界地球日上海科普高端论坛；助力参加智慧建设助力智慧城市发展的第三届智慧建设论坛；与普陀区建设工程学会联合举办城市智慧监控应用研讨会；联合上海易居房地产研究院、上海社科院市值管理中心类协会跨界组织城市更新与上市公司高质量发展论坛等，丰富协会各会员单位活动内容。

完成协会会刊的编辑印发工作，及时传递行业信息和科技政策。全年编印《上海咨询信息》杂志共12期。为会员单位及相关部门提供有价值的信息及论文、政策解读，提供咨询案例宣传服务等。

（郭德利）

# 上海市环境保护工业行业协会

上海市环境保护工业行业协会成立于1992年11月，是上海市从事环境保护装备（产品）制造、设计、研究的企业、科研院校；环境检测监测仪器制造及检测机构、环境工程咨询、设计及工程承包等企事业单位自愿组成的跨行业部门、跨所有制的非营利性社会团体。现有会员单位193家，基本覆盖全市主要环保装备（产品）设计制造、环境治理技术领域的骨干企业，以及部分环保装备（产品）运维企业。

2021年主要工作：

**一、社团规范化建设评估情况**

根据市社团局关于开展行业协会规范化建设评估工作的文件精神，协会紧密结合自身实际，于年初第六届理事会第六次会议中讨论并通过成立"上海环境保护工业行业协会规范化建设自我评估工作小组（以下简称自评工作）"。成立由会长、秘书长任组长，副秘书长任副组长的"自评工作"领导小组，以加强领导，确保自评工作顺利开展。

协会秘书处多次召开专题会议，认真学习上海市社团局评估工作的相关文件，对规范化建设评估工作进行针对性研究，明确评估工作的参与条件、评估程序和评估要求。并制订详细的工作计划及时间节点。在对照评估标准开展自评的同时，主动向其他优秀的社会组织学习管理经验和评估经验，针对薄弱环节及时进行整改。在协会各部门的通力合作下，对社团登记材料、日常工作资料进行梳理、整理和归类，进一步完善各项规章制度，并按照评估指标的各项分类要求装订成册。通过自评工作，不断规范内部管理，提升服务能力，为上海市环保行业的发展贡献更大的力量。

**二、为会员企业服务**

为会员企业服务是协会的生命线，是协会工作的重心，主要有信息服务，市场开拓服务，标准服务及技术创新和质量提升服务。在加强疫情防控的情况下，着力推行线上服务为主、线下为辅的工作形式。

（一）举办技术论坛促进行业发展，4月21日，协会组织参加第二十二届中国环博会暨油／烟／气净化排放源头治理技术论坛，以展示长三角区域油烟净化器行业"优秀企业、品牌产品、先进工艺"，特别是前沿技术等方面的创新和突出成果。中国环博会作为亚洲第一环保展，以新技术、新业态、新模式下的高端装备和服务展示平台，进行技术交流、产业对接、政企对话和互动。为行业企业提供高质量的交流平台，以促进油烟净化器、油烟在线监测设备等的行业技术水平进一步提升。之后，协会空气净化设备专委会举办"第七届民用空气净化器行业技术论坛"，以"挖掘行业新需求"为主题，聚焦、行业新需求，挖掘行业新技术。同时进一步对行业产品质量提升深入交流。

（二）组织会员单位参与中国环博会。协会组团参展的企业30余家，涉及"水处理、固废、大气、噪声、监测、新材料"等多个环保领域。全面展示水与污水处理、泵管阀配件、固体废弃物处理、资源回收利用、大气污染治理、室内空气污染治理、场地修复、环境监测、环境服务业等环境污染治理领域的前沿技术与最新解决方案。会员单位共展出优秀品牌20余个，展出近100款环保净化产品。受到专业人士的关注。

（三）开展与国内外交流合作拓展对外服务功能。协会与韩国空气净化协会共同组织开展不同实验室间的空气净化器颗粒物洁净空气量和净化能效试验比对，以促进两国空气净化器行业共同发展。本次对比试验由国内知名检测机构以及韩国4家检测机构共同参与。

（四）提升产品质量开展行业标准化工作。连续3年入选上海市产品质量安全风险信息监测站，加强产品质量安全风险信息监测站的运行管理，确保监测站长期稳定运行。年内协会组织起草并发布4项团体标准：《民用室内甲醛浓度检测装置》《乘用车空气净化器》《化学工业高盐废水资源化利用技术》《石油化学工业难降解有机废水深度处理与回用技术》。协会完成工业企业低VOCs排放生产工艺筛评及应用标准化试点工作。

**三、为政府服务**

（一）积极组织质量认定工作。协会受市经信委委托，持续开展"上海市环保产品"申报和评审工作，评出的一批高质量、高科技、高精尖的环保治理装备，为行业、第三方机构和政府在环境治理及绿色发展中提供参考。

（二）积极开展行业统计工作。根据上海市市场监督管理局关于《2020年度上海市环境检验检测行业资源调查统计分析报告》的安排部署和要求，依据《上海市统计条例》、《上海市检验检测条例》和《检验检测机构资质认定管理办法》，协会联合市计量院、市认证协会等机构，开展上海市环境检验检测行业资源调查统计分析报告工作，更好地反映行业现状、凸显行业特性、促进行业发展、树立行业典型，为监管部门提供参考和建议。

（周树鹃）

# 上海市室内环境净化行业协会

上海市室内环境净化行业协会筹备于2002年5月，成立于2006年8月22日，属市级行业协会，登记管理单位是上海市民政局（市社会组织管理局），业务指导单位是上海市经济和信息化委员会，是从事洁净室、洁净生产环境和公共场所空气净化的研发、生产、销售、检测、咨询、洁净工程、污染治理、消毒服务及其他相关的产业链企业自愿组成的非营利性社会团体法人。净化协会有院士专家服务中心、高技能人才培养基地、上海市产品质量安全风险信息监测站等常设机构，有专职工作人员18名，平均年龄35岁。协会被评为5A级社会组织，并获得全国巾帼文明岗集体称号和上海市先进社会组织等多项荣誉。现有会员企业501家。

2021年主要工作：

**一、行业战略发展新起点，洁净纳入“十四五”规划**

（一）首次将洁净技术服务业被纳入政府规划。协会坚持十五年编制行业发展规划。在“十四五”规划编制期间，协会多次组织汇报会、调研会得到政府肯定，7月，洁净产业被市发改委、市经信委分别纳入《上海市服务业发展“十四五”规划》和《上海市生产性服务业发展“十四五”规划》。

（二）开展工业洁净产业发展调研。10月—12月，为实现“十四五”规划目标，协会承担了市有关部门洁净产业深度调研，第一次梳理出行业产业链，提交《上海市节能环保（洁净产业）发展研究报告》，为实现“十四五”规划目标提供政策决策依据。10月20日—21日，协会承担市委党校第16期处级干部进修班产业调研活动，实地走访调研上海开纯洁净室技术有限公司、上海钛米机器人股份有限公司、上海至纯洁净系统科技股份有限公司、上海飞域实验室设备有限公司。调研为政府掌握上海市工业洁净产业实际现状、存在的问题提供依据。

（三）谋划洁净产业三年行动计划。年底，按照市经信委生产性服务业工作部署，为实现“十四五”规划中的洁净产业目标，协会再次受有关部门委托，负责编制上海市洁净产业三年行动计划（2022—2024年）编制工作。

**二、规范行业，积极促进行业规范发展**

（一）大力推进质量提升。在市市场局指导下，撰写《2020年上海室内环境净化行业质量白皮书》、编制行业质量强国建设纲要实施方案和2021年上海市质量发展工作要点，组织推荐4家会员企业参加上海市企业质量管理领域数字化转型典型案例评选，组织推荐5家会员企业参加市重点产品质量攻关成果申报。

协会设立“室内环境质量月”，发起行业质量月活动倡议。9月质量月期间，协会副会长单位上海市东富龙科技股份有限公司、飞域实验室设备有限公司、上海凡斯环保技术有限公司等积极参与行业质量月活动。与中国台湾、香港地区同业协会共同开展质量提升活动，还开展“质量月——打击网络虚假宣传”专项活动。

协会组织编制发布《生活垃圾集中收运场所环境净化用次氯酸水》《负压救护车》和《空气除菌膜的除菌率试验方法》3项团体标准，立项制定《空气净化剂安全技术要求》。同时，协会带领会员积极参与TC/319国家标准、国际标准化工作，获得3项奖项：《负离子空气净化液》等团体标准试点建设工作获上海市标准化试点示范优秀案例；团体标准《空气净化用电解水》获民标委全国工商联团体标准“领先者”评选全国第二名；团体标准《过氧化氢雾化消毒机》获2021年度上海市团体标准优秀典型案例。扎实开展产品质量风险监测工作。全年共提交报送12个产品的质量安全风险信息。新增15家企业产品质量风险监测点，进一步推动产品质量风险监测点向行业企业延伸。

（二）扎实推进信用建设。协会积极推进承担的市发改委2020年信用建设专项试点项目，建设完成基于行业信用的信用指标体系和动态管理与查询的“室内环境行业信用查查查”专门网站和小程序。

（三）发挥监督职能，促进消毒行业健康发展。协会秘书长王芳作为上海市政协委员，积极履行建言献策和监督的职能。在2021年上海“两会”期间，王芳秘书长根据全市消毒市场存在的乱象，向大会提交《关于规范消毒市场监管，保障疫情防控的建议》的提案。市卫健委、市市场局和市民政局采纳王芳委员的提案建议，完善消毒市场管理工作。

**三、发展产业，大力促进产业向好发展**

（一）积极开展行业人才培养。上海市室内环境净化行业学校——上海市室内环境净化高技能人才培养基地继续以企业需求为中心，围绕行业教材开发、师资队伍建设、技能人才培养，不断提升行业人才建设水平。大力举办长三角职业技能比武大赛。与上海理工大学深入开展校企合作，开展大学生创新创业实训活动。积极对接名校专家开展行业技术培训，为4家会员企业和7名中职教师对口开展中职教师进企业实践项目，选拔培养25名行业讲师，并已走上行业人才基地讲坛授课。为30多位行业技术人员开展职称评定举办专题讲座和辅导，成功培养200名学徒制技能人才和558

名行业新技能人才。

（二）积极推进科技引领产业发展。5月8日，上海国际室内环境净化技术交易服务平台揭牌。8月6日，“室内环境净化联合创新中心”正式成立。开展科技金融服务，积极做好行业企业融资需求调查与对接；指导协助企业申报科技专项，为企业送去政府的专项补贴，受到企业的好评。积极开展科普活动，7月2日，在西门子支持下举办第二场“微生物与我们的关系”科普沙龙，通过科普主题讲座的活动形式，探讨环境控制技术的最新应用、最新技术、最新理念。

（三）深入开展行业专项调研。协会相继开展政府办公大楼空气质量调研和我国室内环境空气污染状况调研。在上海、北京、长春、济南、郑州等代表性城市开展1000户入户空气质量检测，对室内环境空气污染物浓度数据进行测试分析，形成《中国室内环境空气污染白皮书》。

**四、服务企业，扎实推进各项工作**

（一）积极举办行业展会论坛。3月29日—4月1日，协会主办第19届上海国际室内空气净化展览会。3月31日，协会举办的第8届“中国好空气，中国好未来”主题论坛暨第12届上海国际室内环境净化技术论坛获得成功。10月12日—15日，协会组织会员参加国家医药交流中心、国药励展举办的2021China-Pharm展（武汉），并举办包括企业参展、同期论坛等“行业秋季活动周”各项活动。

（二）开展近50场行业企业交流对接和政策宣贯活动。协会积极为行业企业搭建平台，开展交流对话合作和政策解读宣贯活动。协会组织“科技金融”2021年政策在线宣贯会、数字化生物药厂的合规与实践线上技术交流会、生物安全实验室解决方案及环境控制技术交流会、公共建筑管道净化方案交流会、产品质量安全风险信息监测座谈会、空气加湿器产品质量调研分析会、空气净化剂安全技术要求研讨会和行业年终对话交流会等近50场活动。

（三）走访接待调研企业300多家。通过走访和接待来访，调研了解企业现状，为会员企业策划发展方向、政策咨询和专项申报服务。

（四）聚焦服务会员企业打造宣传阵地。调整协会微信公众号栏目设置，增加企业调研发布频次，全年共发布企业风采（含企业专访）信息66篇。以微信公众号点击数为考核着力点，注重提升新闻内容深度、原创度和吸引力，发布原创内容82篇。复刊协会内刊《室内环境净化》（2021年发布2期），编写《行业抗疫纪念册》，真实反映了行业发展进程。

**五、建设队伍，强化秘书处能力建设**

（一）通过党建引领提高思想建设。在纪念中国共产党建党100周年之际，协会党支部积极带领全体员工学党史，悟原理，组织党课和集体学习6次。同时，精心策划党建活动，6月，组织主题为“庆建党百年，展组织风采”的《唱支山歌给党听》红歌视频传唱活动，并参加在南京举行的长三角室内环境净化行业协会党支部庆建党百年党史学习主题教育活动。7月1日，协会党支部组织秘书处全体人员开展了“庆建党百年，悟初心使命”“七一”党建活动，访渔阳里的共青团旧址和树德里的中共一大纪念馆，观看《1921》，感百年大党征程，砥前行初心使命。并积极通过协会宣传阵地共同唱响主旋律，让党的精神在协会落地生根。

（二）优化内部管理提升组织建设。一是建设完成会员服务平台。改版协会网站，并将网站后台建设成为集会员信息收集、数据统计、会员管理、秘书处OA管理为一体的会员服务平台，并集成协会行业信用查询平台。网站和管理平台已经顺利完成改版上线。二是优化组织架构。成立科技创新部，强化秘书处服务行业科技企业能力。优化新闻宣传中心职能，剥离新闻宣传中心的行政事务，为服务会员企业增强宣传力量。

（三）以绩效改进为抓手提质队伍建设。3月，协会与蓝莘环境检测技术（上海）有限公司、上海奥宣净化科技有限公司组团参加有“增效快手”之称的曹卫华老师的战略解码工作坊培训，解决如何突破发展瓶颈，改进绩效管理。厘清了协会愿景、使命、价值观和战略方向，整理会员需求及对应的协会服务标准、流程和人效的提升点。

12月底，协会邀请曹卫华老师为协会全体员工举行绩效增长闭门集中培训课，通过共识＋共创，协会秘书处全体成员共同梳理协会发展战略、会员需求，深挖产品张力，完善流程效能，组织人效得到全面提升。

（李笑宇）

# 上海市机电设备招标投标协会

上海市机电设备招标投标协会成立于2004年8月。是由从事机电设备招标代理业务的机构和与招标投标活动相关的机电设备制造企业及供应商、咨询单位、设计研究机构、高等院校等自愿组成的非营利性社团法人组织，现有会员单位60家。

2021年主要工作：

**一、积极开展机电设备国内招标评标专家网络培训平台建设工作**

为贯彻《上海市公共资源交易管理办法》《上海市公共资源交易综合专家库管理规则（试行）》文件精神，落实市经信委有关机电设备国内招标评标专家线上培训网络化的工作要求，更好地发挥协会专业及人才优势，为政府和行业发展服务。经协会积极争取并得到行业主管部门同意，4月—11月开展机电设备国内招标评标专家网络培训平台建设工作：一是协会领导高度重视，5月召开会长会议，专题研究讨论专家网络培训平台建设，确定实施方案、部署相关工作。二是开展教研活动，拟定培训课程和平台建设功能，以“网课”方式解读招投标相关政策法规，为培训专家正确了解和掌握政策法规、提升依法评标能力提供帮助。三是协会与系统（平台）研发单位携手，共同开发培训系统，11月按时完成平台建设，并通过行业主管部门验收，为协会今后开展本市机电设备国内招标评标专家管理等工作，打下良好基础。

**二、加强与市公共资源交易中心合作，合力开展平台对接及相关工作**

为贯彻落实《上海市政府关于同意上海市公共资源交易平台升级改造工作方案的批复》的精神，相关部门于2020年12月成立上海市公共资源交易中心（下称市交易中心），协会作为工作组成员及交易服务机构，积极参与这项工作。

加强与市交易中心合作，于5月签订《上海市公共资源交易中心及上海市公共资源交易机电设备国内招标分中心—上海市机电设备招标投标协会合作备忘录》。协会主要工作3项：一是提供招投标相关政策及专业咨询、优化交易平台建设，参与平台测试，提供优化建议；二是会同市经信委信息部门进行机电设备国内招投标行政监督平台与交易平台顺利对接；三是每月定期汇总并向市交易中心信息部门提供本市机电设备国内招投标交易数据，年度汇总提供年度数据分析报告。

为更有利于协会开展公共资源交易相关工作，协会设立“上海市公共资源交易中心机电设备国内招标分中心服务工作站”。按行业主管部门工作要求，有序推进机电设备国内招投标交易电子化，优化市场环境发挥积极作用，协会切实做好服务工作。

**三、助力推动本市机电设备国内招投标交易有序进入电子化交易平台**

为贯彻落实《上海市公共资源交易管理办法》等文件精神，推动机电设备国内招投标交易电子化，市经信委、市发改委和市交通委于10月22日联合发文《关于有序推进本市机电设备国内招投标交易电子化有关事项的通知》，为做好贯彻宣传工作，协会结合会员单位企业内训，宣传解读该通知精神，推动依法必须招标的机电设备国内招标项目进入机电设备国内招投标交易平台交易。部分会员单位先行先试，一些项目招标公告已通过上海市公共资源交易平台发布，为机电设备国内招投标交易电子化迈出第一步。

在该项工作中，协会充分发挥政府与企业之间的桥梁纽带作用。一是采用走访、会议座谈和信函等方式，听取了解招标人和招标代理机构诉求，力求较全面的掌握情况，为行业主管部门提供参考；二是积极参加行业主管部门会议讨论；三是协助行业主管部门向相关企业和招标代理机构广泛征求意见，其中对专家抽取、平台交易范围、开评标场地管理等方面提出积极建议。

**四、坚持做好服务会员、评先推荐、信息传递及协会自身建设等工作**

协会坚持开展市重点工程实事立功竞赛评先推荐工作，按照上海市立功竞赛领导小组办公室工作要求，主要做了3项工作，即年初申报相关会员单位参与本市重点工程项目建设情况；要求申报单位积极开展立功竞赛活动；按评选先进奖项分配及推荐要求，开展推荐工作。

协会秘书处坚持每月编辑《机电设备招投标通讯》，累计出刊213期，及时维护更新协会网上信息，尤其招投标实务案例及相关经济信息。同时，因新冠疫情，按本届理事会第五次会议要求，及时办理本届理事会延期一年换届报备及换证工作，并积极走访相关单位努力发展新会员，年内相继发展上海中招招标有限公司等7家单位为协会新会员，壮大了会员队伍。

协会秘书处积极参加市民政局网课学习及市工经联举办的各项活动，较好完成交办工作。协会工作受到市民政局充分肯定，主要工作已载入《上海市志社会团体分志》。

（董红生）

# 上海市设备管理协会

上海市设备管理协会成立于1986年5月，是具有独立法人资格的社团法人组织。下辖仪电、轻工、宝钢、船舶、电气、维修等6个行业工作委员会，现有会员单位1082家。

2021年主要工作：

**一、推进智能运维管理，助力企业转型升级**

为推进智能运维服务产业发展，促进长三角地区设备智能运维技术的应用与推广，在上海市设备管理协会的牵头下，由沪苏浙皖设备管理协会共同发起主办、三省一市经信部门和长三角区域合作办公室共同指导的“2021长三角设备智能运维经验交流大会”，于6月16日在上海虹桥万科中心召开，来自长三角地区近80家单位150余人出席。三省一市经信部门和长三角区域合作办公室的领导出席会议，上海市经信委、市工经联领导讲话。北京市、天津市、陕西省、山东省、辽宁省、河南省和沧州市、无锡市的设备管理协会领导应邀出席，中国设备管理协会特向大会发来贺信。来自上海、江苏、浙江、安徽及北京的智能运维服务企业代表作经验交流，分享在设备运维数字化转型、运维平台建设以及物联网、大数据、人工智能等技术在设备智能运维应用上的探索与实践。

**二、做好上海市设备维修安装行业年度发展报告的编写和发布工作**

《上海市设备维修安装行业年度发展报告》自2015年首次发布以来逐年不断完善，行业涵盖面持续扩展，对规范本市设备维修市场秩序和整个行业的健康发展具有积极的指导意义，深受业内外企业的好评和政府有关部门的肯定，市经信委主要领导专门作出批示，要求协会继续做好《上海市设备维修安装行业年度发展报告》的编纂和发布工作。

实践证明，《上海市设备维修安装行业年度发展报告》在全国设备维修与管理系统具有较大的影响力，得到全国设备维修和管理系统同行的高度关注，长三角地区乃至全国其他省市的设备管理协会希望本报告逐步扩大地域范围，展示更多地区设备维修安装行业发展概况。本年度的报告在以往的基础上，首次将信息采集范围延伸至北京市和浙江省，从而使行业区域涵盖面扩展到上海市以外，为今后区域范围的进一步延伸打下了良好的基础。

**三、举办物联网技术应用培训班，助力企业专业技术人才的培养**

为进一步促进上海物联网技术的普及和应用，助力企业专业技术人才的培养，在市经信委和市人社局的指导下，协会于4月21日—23日在上海电气培训基地举办为期3天的“物联网技术在轨道交通智能检测领域应用”培训班，市经信委生产性服务业处负责人出席结业典礼并讲话，近30家企业的中、高级专业技术和管理人员近70人参加培训。

通过培训学习，学员们了解了物联网应用涉及的多个前沿技术和具体的应用场景，对提高专业技术人员的物联网技能，加速物联网产业链各环节的融合和人才队伍建设，大力推动物联网产业发展，推进各行业的数字化转型和技术创新，起到促进作用。

**四、发挥协会职能，做好服务于政府和企业的工作**

受市经信委委托，协会开展编制《上海市智能运维服务领域推进工作方案》，分析国内外智能运维的发展概况、上海智能运维及数字化转型工作开展的现状、存在的问题，对进一步推进上海智能运维服务提出对策和建议。

协会积极为会员企业申请上海市首席技师资助项目。推进高技能人才队伍建设，努力在行业内营造创先争优的氛围，发挥首席技师在企业技术攻关、技能传承中的带动作用。同时，为实施人才引领产业高质量发展战略，按照市经信委的工作安排，开展“上海产业菁英”高层次人才的选拔工作，在会员企业中分别推荐产业领军人才和产业青年英才，为非公企业的人才队伍建设开辟新的渠道。

协会持续开展调研活动，倾听企业对协会服务的意见和建议，实地走访电气、船舶、冶金、地铁、维修、汽车、商飞、医药等行业，为协会更有效地开展服务于企业的各项工作奠定基础。运用网站和微信公众号，编制信息简报，通报协会活动、会展论坛、行业和企业发展等信息，让会员企业及时掌握行业发展和协会动态，通过加强信息平台建设，不断提升服务能力。

**五、加强地区合作，推进长三角设备维修与管理一体化发展**

为更好地服务国家长三角一体化高质量发展战略，3月，在杭州召开第三届“长三角地区设备管理协会联席会议”，就长三角地区设备智能维护的推进、设备维修服务资源的共享、区域内设备维修行业年度发展报告的编制等议题进行深入探讨，积极探索区域内设备维修要素在更大范围的畅通流动。

6月，由上海市设备管理协会发起、会同苏浙皖三省设备管理协会组建“长三角设备智能运维服务联盟”，致力于搭建一个产学研用的开放平台，通过成员之间的交流研讨和技术推广，提升设备智能运维在各行业的应用水平，为智能制造和企业数字化转型助力，并提供有力保障。市经信委将此项工作列为“2021年上海生产性服务业十件大事”之一。

**六、履行社会责任，践行责任担当**

为控制和降低疫情传播风险，全面落实关于进一步强化冬春季疫情防控工作的要求，协会在春节前向全体会员单位和全市设备管理工作者发出《关于做好春节期间疫情防控工作的倡议书》，引导鼓励员工就地过节，严控聚集性活动，尽量减少外出，同时安排好节日期间的设备维护检修工作，保障重点防疫防控物资生产供应。

7月，河南省遭遇极端强降雨，防汛形势极其严峻。为支持和助力河南夺取防汛抢险和灾后重建工作，由上海市设备管理协会发起、全国14个省市设备管理协会联署发出《关于支持河南抗洪救灾的倡议书》，号召各会员单位弘扬乐善好施的精神，积极组织设备抢修力量，全力支持受灾企业复工复产，结合实际精准帮扶，守望相助共克时艰，全力支持河南企业的复工复产和灾后重建工作。

与此同时，协会还向杨浦区控江街道社区公益基金会捐款2万元，以支持社区建设和公益事业。

**七、加强党建引领提高工作实效**

协会党支部在上级党委的领导下，严格按照工作计划结合实际开展“三会一课”工作，开展党员民主专题生活会。每月组织一次全体党员政治学习。组织员工收看建党100周年庆祝大会直播和党的十九届六中全会新闻发布会，组织观看电影《1921》，使全体员工牢记初心，不忘使命，进一步增强“四个意识”、坚定“四个自信”、做到“两个维护”。通过加强党建引领，不断提高为政府、行业、企业服务的能力。

（夏仁海）

# 上海市新材料协会

上海市新材料协会积极贯彻理事会决议，按照年初提出的“加强协会自身建设，以适应新形势和新任务”的要求，克服疫情带来的困难和各种不确定因素，积极宣贯上海“十四五”新材料发展规划和三年行动计划，在开展“三服务”（即服务政府、服务行业、服务企业）工作中发挥桥梁纽带作用，认真做好新材料产融合作项目的科技创新、投融资、项目落地对接服务工作，组织开展多项“产学研用”交流活动，协会的凝聚力和号召力得到增强，各项工作取得一定成绩。年内新增会员数达到80家，协会党支部获“先进基层党组织”光荣称号，协会被市工经联、市经团联授予“先进协会”荣誉称号。

2021年主要工作：

**一、积极应对疫情带来的困难和挑战，加强协会自身能力建设，促进各项工作、服务职能迈出新步伐，取得新成效**

（一）建立协商交流工作机制，预判疫情等不确定因素对协会工作所带来的压力和影响，对年度工作计划进行再思考、再提练、再细化。每年的岁末年初，协会都会定期召开会员单位座谈会及新年工作推进会，按照各个层级认真听取意见和建议，通过协商交流工作机制和创新“三服务”工作思路，使协会制定的各项工作目标和任务，更符合实际，更切实可行。

（二）对协会现有的管理制度进行充实、修订和完善，进一步增强协会自身能力建设。协会坚持强化内部管理，使秘书处各部门的职责、权限和义务更加明晰；在继续发挥协会服务平台的基础上，增加材料专委会、上海新材料产业基金联盟、上海新材料发展战略咨询专家委员会等3个工作平台；按照专业领域、产业链和生态圈的标准对会员单位开展梳理，进行动态调整，把在行业中有实力、有影响、热心协会公益工作的骨干企业，积极吸纳到协会的领导层中来；推动上海新材料产业链及产融合作蓬勃发展，将服务功能延伸到长三角，并逐步走向全国。

**二、创新工作思路，探索精准服务，坚持共性化服务和个性化服务相结合，制定“2021年协会服务清单”**

（一）围绕协会“三服务、三建设、三提高”的工作目标，强化服务意识，探索精准服务，建立服务清单。协会及时总结开展“三服务”的创新实践和行之有效的做法，对2021年工作从任务、目标、措施、责任等4个方面进行梳理，对服务清单内容组织讨论和完善，力求使服务清单贴近会员单位的实际需求。经过三上三下讨论和修改，形成较为完整的“2021年上海市新材料协会服务清单”。

（二）坚持共性化服务和个性化服务相结合，拓展工作思路，扩充服务渠道，增强特色服务。按照服务清单提出的服务项目，积极拓展工作思路，努力做到：服务政府部门渠道由比较单一的为市经信系统逐步延伸到市军民融合办、市科委等部门；会员服务由事务性服务向创新服务拓展；开发区服务由单纯牵线搭桥向规划服务拓展；长三角服务由一般合作交流向招商引资服务拓展。

（三）深入开展调查研究，做好相关工作对接，坚持服务到位，不搞形式主义。为更好地贯彻落实服务清单，秘书处自我加压，制定3项检验标准：一是年内走访重点会员单位不少于50家，鼓励骨干龙头企业积极参与协会组织的活动；二是持续加强会员队伍建设，年内新增50家会员；三是实行服务清单与个性化、专业化服务并举，在提高整体服务水平和成效的基础上，不断拓展协会的生存和发展空间。从年底统计看，3项标准得到有效执行。

**三、承担上海新材料产业基金联盟秘书处职能，努力拓展产融对接、产融合作的新模式新路径，不断推动新材料产业链、供应链和资金链精准对接**

（一）发挥银行、基金、投资公司和包括企业间投资合作各自优势，完成基金联盟组建，努力打造金融创新联合服务平台。在时间紧、任务重的压力下，协会深入银行、基金、投资公司和新材料企业开展调研走访，围绕创始成员的招募和基金联盟章程进行协商和交流。7月上旬，召开基金联盟筹备工作会议，听取创始成员意见和建议基础上，统一思想认识，原则讨论通过联盟章程。8月中旬，召开上海新材料产业基金联盟成立大会暨联盟第一届理事会第一次会议、及上海市新材料发展战略咨询专家委员会成立大会。

（二）发挥金融在新材料产业发展中的支撑作用，培育新材料产业发展更优生态“土壤”，推动新材料产业链、供应链和资金链精准对接。基金联盟秘书处重点开展4项工作：一是加强宣传推广，多渠道、多层次地推介基金联盟，为基金联盟运作创造良好的社会环境。二是抓好数据库建设，对相关信息和数据进行梳理完善，充实和完善“先进材料项目、龙头企业、产业园区”等3个方面的数据库。三是开展产融对接交流活动，收集到项目逾20项，组织开展碳纤维复合材料专题路演活动、电子化学品新材料产融对接沙龙活动、绿色能源经济主题报告会活动。四是做好项目跟踪服务，对项目企业产品开发中存在的问题，发挥联盟平台资源优势，积极开展对接交流。

**四、围绕行业发展和社会热点，组织成立跨专业、跨领域、跨地域的专业委员会，促进行业科学有序健康发展，积极助推长三角新材料一体化进程**

（一）完成抗菌防疫新材料和可降解材料两个专委会的组建，努力搭建技术交流合作发展平台，打造新材料产业链生态圈。协会牵头组建跨专业、跨领域、跨地域的抗菌防疫新材料和可降解材料两个专委会。两个专委会的创始成员单位近200家，参与活动的企业近500家。行业龙头企业和相关领域的企业加入专委会的积极性很高，社会各界对此给予高度关注。协会对专委会规范化运作非常重视，认真按照协会《章程》和《专委会工作管理办法》开展工作。同时，抓紧工作计划的制订、重要活动的策划、行业调研报告的撰写、行业团体标准制定等各项举措的落实。

（二）依托上海新材料行业平台，加强区域合作，链接有效资源，形成“双循环”发展合力，加快推进“长三角”新材料一体化发展。在两个专委会的协同作用下，上海新材料与长三角新材料区域的合作交流日趋广泛和密切，在扩大与长三角交流合作同时，将服务功能和触角延伸到全国其他地区。先后与深圳内衣行业协会、宁夏宁东、西安国防工业技术创新促进会及福建三明等开发区和新材料行业举办展会开展交流。

**五、以提升职业素质、技能为核心，切实抓好新材料人才培养基地建设，努力建设高质量人才队伍**

按照“加强高技能人才定向培养，做强新材料高技能人才培养基地，开展好各类人才培训项目”的工作要求，协会认真总结经验，研究解决基地建设中存在的问题。培训服务工作涵盖培训基地的建设、师资培训、技师评定、新型学徒制、岗位实训等各类服务，培训人数达1200余人次。协会还重点开展上海市新材料产业技师资格评定工作，并举办“抗菌防疫新材料开发与应用”高级研修班，对推动抗菌防疫新材料技术研究和应用起到积极的作用，也得到参训学员的认可和肯定。

**六、加强协会党组织建设，坚持抓党建促会建，促进协会各项工作争先创优迈上新台阶**

协会党支部在加强党组织建设上，认真贯彻落实市工经联党委关于抓党建促会建的工作要求，结合迎接建党100周年，使党建工作与业务工作相融合，促进争先创优迈上新台阶。一是坚持“三会一课”的党内生活制度，在学习交流中促融合，使经常性专题教育活动常态化。二是围绕提高协会服务能力和服务水平，在服务发展中促融合，努力擦亮协会的金字招牌。三是定期召开党员组织生活扩大会议，开展批评与自我批评，努力促进协会秘书处思想建设和作风建设。四是创建党建共建新形式，充分发挥党建共建优势互补。五是开辟党建工作宣传墙，营造“处处是课堂、时时受教育”的浓厚学习氛围。六是贯彻落实“四项禁令”，严格开展自查活动。

（陈友新）

# 上海市信息安全行业协会

上海市信息安全行业协会（SISA，简称协会）成立于2003年3月，协会下设职业能力教育专业委员会、金融科技安全专业委员会、上海市网络和信息安全服务能力评估办公室、ISG网络安全技能竞赛组委会办公室秘书处、上海市信息安全高技能人才培养基地、上海信息安全职业技能鉴定所。协会现有会员单位200余家，包括信息安全企业及用户单位。

2021年主要工作：

**一、重视产业发展及趋势研究，强化协会的纽带功能**

（一）进一步加强产业发展和应用需求研究工作。协会在国家网络信息安全相关重大政策、法律、标准的框架和原则下，以促进上海网络安全产业发展和治理的良性互动为研究导向，对本行业所属企业的发展现状、产品研发、技术创新、人才培养、产业示范应用等情况进行调查研究，参与《上海信息化年鉴》《上海现代服务业发展报告》等的编制工作，为政府职能部门决策提供参考，为企业发展提供政策支持。此外，协会承担上海市科委网络空间安全领域“十四五”规划研究工作，对市网络空间安全领域前沿共性与应用示范等方向核心关键技术攻关规划研究，为市科委制订网络空间安全领域“十四五”发展规划、编制科研课题申报指南、确定滚动支持项目提供重要参考和依据。

（二）继续推动网络与信息安全服务能力评估和服务单位推荐相关工作。协会在市经信委指导下，于11月中旬发布2021年上海市网络与信息安全服务单位能力评估及2022年服务单位推荐通知，共有50余家单位参评。后续，将根据评估流程组织资料审核、现场抽查和专家评审，发布2022年度上海市网络与信息安全服务单位推荐名单，并报业务主管部门备案。

（三）按计划推进本市信息安全标准化相关工作。上海市信息安全标准化技术委员会（以下简称市信安标委）于2020年9月批准成立，承担上海地区信息安全专业领域标准起草和技术审查等工作，秘书处设在上海市信息安全行业协会。在市网信办和市市场监督管理局的领导下，秘书处根据本市标准化工作的总体安排，以“委员带头、企业为主、专家指导、秘书处协调”的模式，组织开展标准化工作宣传窗口建立、标准化人才队伍培训和学术交流、标准制修订等工作。上半年，市信安标委提出6项地方标准的立项申请，均获市市场监管局审批立项：其中，《车联网服务平台网络安全保护基本要求》《城市轨道交通网络安全通用技术规范》两项标准已完成面向社会征求意见，并已根据意见对标准进行修改后形成标准送审稿；《云密码支撑服务基本要求》《水务工业控制系统网络安全分级分类指南》两项标准正在征求意见阶段；另外两个标准将于2022年3月面向社会公开征求意见。此外，归口到信安标委的《区块链技术安全通用规范》地方标准于2021年7月成功提交标准报批稿。与此同时，《精神科隐私保护和数据脱敏管理标准规范》《网络安全保险安全服务技术要求》《网络安全保险安全服务能力评价指南》等3项团体标准立项通过，相关标准的制修订工作正在按计划推进。

（四）做好网络安全保险专班安全服务组工作。为加快推动网络安全保险产业发展，助力上海打造国际金融中心和建设网络安全产业创新高地，市经信委联合上海银保监局组建工作专班，加快推进网络安全保险服务模式创新。工作专班分为网络安全保险工作组及网络安全服务工作组，其中网络安全服务工作组由协会牵头推进相关工作，主要负责制定网络安全保险安全服务技术标准和能力评估标准，形成网络安全保险服务推荐供应商目录，参与网络安全保险产品设计及相关课题研究。网络安全保险安全服务技术标准和能力评估两项团体标准框架和基本内容已确定，后续将进一步细化和完善。

（五）协助做好2021年重点行业数字化转型安全解决方案揭榜工作。为支撑城市数字化转型，加快形成重点行业网络安全、数据安全新供给，市经信委组织本市重点行业龙头企业，围绕工业互联网、数字新基建等企业数字化场景，编制网络安全需求清单，开展2021年度重点行业数字化转型安全解决方案揭榜工作，从全国61家网络安全企业、研究机构、重点高校的揭榜方案里，最终评选出9项重点行业网络安全优秀解决方案。协会作为揭榜工作的支撑单位，协助完成解决方案需求征集、解决方案揭榜供需双方对接、方案评审、推广宣传等环节的相关工作。

**二、扎实推进网络安全人才培养，为上海网络安全保障工作贡献行业力量**

（一）做好网络和信息安全国家级认证培训工作。作为中国网络安全审查技术与认证中心在上海地区授权开展“信息安全保障人员认证”专业级培训的机构，协会组织开展涉及安全运维、安全集成、风险管理、应急管理与服务和安全软件共5个方向的培训，完成160余人的线上、线下培训和考试组织工作，开班质量、数量和组织工作，均受到中国网络安全审查技术与认证中心高度评价。

（二）做好专业技术人才知识更新工程重点项目。为推动网络安全专业技术人才培养进一步向行业内高层次、急需紧缺和骨干专业技术人员聚焦，持续发挥协会在高研班组织及实施方面的示范引领作用，协会根据上海市人力资源和社会保障局“关于2021年上海市专业技术人才知识更新工程项目”相关要求，于12月组织开办“基于互联网的业务安全和风险控制急需紧缺人才班”“城市数字化转型下的数据安全和隐私保护高级研修班”，来自本市政府职能部门及企事业单位的高级管理人员、信息安全负责人以及高级专业技术人员共100余名学员报名参加。

（三）按要求推进高技能人才培养基地建设工作。在市人社局和市经信委指导下，上海信息安全职业技能鉴定所、上海市信息安全高技能人才培养基地均顺利通过检查评估工作。实训室建设方面，基地积极推进工业控制信息系统安全防护实训室项目验收工作，未来将赋能工控系统信息安全人才培养。此外，协会积极与其他培训机构合作，共同开展《注册信息安全专业人员（CISP）》培训、《注册个人信息保护专业人员（CISP–PIP）》培训和《注册信息安全专业人员渗透测试工程（CISP–PTE）》等培训。

**三、积极开展党建活动，加强协会自身建设**

协会党支部在市工经联党委的直接领导下，贯彻落实市委、市经信工作党委部署和市工经联党委《关于开展党史学习教育的实施方案》相关要求，党支部组织党员积极开展了党史学习教育活动。

协会党支部和党建工作站共同组织党员参观上海龙华革命烈士陵园；组织党员、群众集中收看习近平总书记在建党100周年大会上的重要讲话。中共十九届六中全会召开后，党支部组织党员学习全会公报，并进行讨论。此外，支部组织党员观看抗美援朝题材电影“长津湖”，使大家受到一次深刻的爱国主义教育。在“七一”市工经联党委召开的纪念建党100周年暨“两优一先”表彰大会上，协会党支部被评为“先进基层党组织”，支部一名党员被评为“优秀共产党员”。

（朱方园）

# 上海安全防范报警协会

上海安全防范报警协会成立于1992年。现有会员单位971家，个人会员286人。会员单位包括从事安全技术防范产品科研、开发、生产、经营、推广应用、技术培训、信息服务、安全技术工程设计、施工、维修等技术服务和安全防范行业宣传教育、出版、印刷等企事业单位。

2021年主要工作：

**一、聚焦会员需求，着力推进行业服务**

2021年新入会企业95家，个人会员80人。协会积极支持会员单位参与政府招投标、参与申请知名品牌推荐等活动；鼓励会员单位产品和技术创新，组织专家召开论证会，为创新产品和技术更快地进入市场使用提供依据。为提高会员单位技防项目的评验质量，免费开展预评审服务。联系相关部门，为会员单位融资需求提供解决途径。在全市设立技防项目评审点，便于会员单位就近选择。此外，协会秘书处积极开展走访调研活动，组织多场专题研讨会，探讨行业热点，总结市场痛点与难点，分享行业先进做法与经验。通过每月组织沙龙与答疑活动，及时为会员单位解答业务疑问。

**二、维护行业发展规范，参与相关标准制定**

协会组织相关单位、专家参与上海市地方标准的制修订和本市安防行业技术规范起草工作。2021年发布执行的有“枪支弹药生产、经销、存放、射击场所”“大型活动场所”“航空货运代理企业仓储场所”等3个地方标准；通过审定的有“金融机构”“通信单位”“化工企业”等3个地方标准；已完成编制待审的有“寄递企业”“港口、码头”“渡轮、游览船”等3个地方标准；还在修订中的地方标准有“公交专用停车场（库）”和“游乐场所”。为提升上海技防水平，全面做好本市安全技术防范工作提供了充分的技术保障。

**三、组织职称评审，增加行业人才储备**

为加大行业人才储备，推进安防专业技术人才队伍建设，协会继续开展中高级职称的评审工作。秘书处邀请轻工协会专家及中高级评审专家举办多场专题培训会，为有申报需求的会员单位成员进行最新政策解读、以及申报流程和论文等注意事项的讲解。年内共有42人完成中高级职称评审网上申报注册，符合申报条件并通过审核的共有23人。

**四、开展能力考评，提高行业管理水平**

为提高从业人员整体业务素质和技术能力，协会从2021年开始每年集中组织1～2次的技术能力测试，对于测试成绩合格且满足申报助理工程师资格条件的人员，协会为其发放助理工程师证书。应各会员单位的培训需求，4月26日，协会发布《关于征集第三方培训机构的公告》，面向社会公开征集可承担行业技术培训的培训机构。最终上海德梁安全培训中心等4家培训机构符合征集的要求。4家培训机构已完成2021年度培训计划，总计有3413名从业人员参加培训。

五、加强队伍建设，提升技防专家素质能力

根据《上海市技防专家章程》规定，4月，协会开展技防专家换届选聘工作，收到388位业内人士报名。经过两轮能力测试，按照择优录取的原则，最终取得专家资格的人员合计286位（含33位特邀）。为提升新一届专家的理论水平和业务能力，协会于9月、11月分别举办多场业务培训会。同时，修订《上海安全防范报警协会专家管理委员会工作规则》《上海安全防范报警协会专家违规行为惩戒办法》《复查工作规则》《专家违规行为惩戒听证暂行办法》以及《上海安全防范报警协会安防专家积分规则》，进一步充实和完善技防专家的管理制度。

六、搭建服务平台，增强安防运营服务效能

1月—11月，通过全市技防监管平台共申报新改扩建评审项目2147个（包含金融项目评审合计439个），项目累计总金额约23.85亿元，委派评审专家达4827人次。验收项目合计2039个（累计金额约19.18亿元），委派验收专家4482人次。另外，技防产品服务平台内共注册产品企业971家，已提交申请入库的各系统技防产品累计12916款，审核通过的产品已达到11629款。技防项目监管平台与技防产品服务平台上线以来，共受理2万余个项目，存储近100万路图像。随着平台相关功能的日趋完善，一方面加强社会单位技防设施使用情况的监督和管理；另一方面便于技防管理部门进行实时监管。

七、聚焦行业热点，加大媒体宣传力度

《上海内保与技防》改为双月刊，新会刊聚焦行业热点、难点问题，进一步提升报道专业性和可读性。除会刊外，编辑部还积极拓展网站和微信公众号等新媒体，扩大资讯覆盖面，微信公众号目前粉丝25600余人。上海安防网2021年访问量日均破万，关注度持续上升。此外，协会举办多场通讯员座谈会，围绕原材料短缺、数据安全、个人隐私保护等行业热点问题进行研讨，共有40余位通讯员代表参与。

八、表彰行业先进，开展年度评优活动

为了帮助优秀安防企业树立品牌形象，更好地向社会各界进行推荐，协会开展2020—2021年度优秀安防企业评选表彰活动。秘书处收到40多份申报材料。通过评审组初审、常务理事会投票选举以及网上公示等程序，评选出10家上海市安防行业优秀产品供应商和10家上海安防行业优秀工程（集成）商。

九、开展评级工作，加强内部规范管理

年初，市社团管理局向协会提出拟纳入近期评估的要求，协会秘书处经过研究和相应的初级阶段的筹备，于8月正式启动社团等级评定工作。秘书处根据评级指标体系进行责任分工，并邀请专人就资料整理要点及注意事项进行相关培训，同时与通过评级的多家协会进行交流和取经。秘书处已完成60%的资料整理和归档工作。同时，根据社团评级的要求和党章的规定，协会需要建立独立党支部，相关材料正在准备中。

十、倡导有序竞争，完善团体标准制定工作

为规范行业、倡导有序竞争的市场环境，协会积极开展安防行业团体标准的制定工作，多次召集主管部门、理事单位、行业专家以及法律顾问开展走访、调研，并不断对团标内容进行完善与充实。依托团体标准协会还将打造行业诚信体系，提高优质企业信誉度，扩大优秀企业影响力。同时还开展对违规企业进行通报查处工作，对企业经营过程中的不正当竞争与违规行为进行严格约束。

十一、增强协会影响力，筹备周年庆典活动

2022年是协会成立30周年，为做好纪念活动方案，秘书处认真梳理协会发展历程，罗列各时期代表性事件。同时认真学习多个兄弟协会相关活动方案，拟结合第二十届上海安博会，组织庆典、展示与评选活动，通过制作纪念册、论文集、拍摄宣传片等媒体形式扩大活动影响力，提升协会公共声望。

十二、提升服务效能，召开七届三次理事会

9月，协会召开第七届理事会第三次会议，会议审议通过《协会2021年度主要工作和下半年工作计划的报告》《2021年协会上半年度财务工作报告》《关于协会准备2022年申报社会组织规范化建设评估工作的议案》《上海安全防范报警协会专家管理委员会工作规则》等文件。协会季增令理事长、市局技防办陶焱升副主任出席会议并讲话。

十三、应对调整工作，全力做好各项筹备工作

受疫情影响，原定于2021年8月11日—13日举行的第二十届上海安博会延期至2022年5月17日—19日举办。截至7月底，协会已完成第二十届上海安博会所有筹备搭建、现场活动、观众预登记工作。在确定延期举办后，协会积极有序开展各项工作：做好展会后续宣传工作，通过微信公众号、网站、杂志、各媒体平台发布最新展会信息。结合最新标准和行业趋势及动态更新行业培训及新基建展示专区内容，同时随着长三角安防产业一体化联盟工作进程的推进，进一步更新丰富相关论坛、研讨会和评选活动的内容。保持与市卫健委、世博展览馆的信息沟通，随时了解防疫最新要求，切实做到保障参展、参观人员的安全健康。

十四、丰富会员活动，举办首届羽毛球比赛

5月，协会成功举办首届“黎峰杯”羽毛球大赛，此次羽毛球大赛设男子单打、女子单打、男子双打、女子双打和混合双打等5个项目，受到广大会员单位的积极参与，共有40家单位60余人报名参与大赛给会员单位搭建了一个良好的平台，进一步加强会员单位之间的交流和友谊。

（施赛琴）

# 上海电子商会

上海电子商会(上海电子制造行业协会)成立于2002年4月，是由上海市从事电子业制造、服务、采购经销企业，相关大学、科研院所、信息中心以及协会、学会等单位自愿组成的地区性跨部门、跨所有制具有社团法人资格的行业社团组织。商协会下设流通分会、绿色照明应用专业委员会、智能安防专业委员会、智慧园区产业服务专委会、大健康专委会专家委员会等机构，具有较强的行业代表面和广泛的行业基础。现有会员单位185家。2021年，商协会先后获得“优秀服务机构”“优秀工作站”等多项荣誉称号。

2021年主要工作：

**一、完成中小企业办年度中小企业诉求调研项目**

商协会秉承“服务企业、服务行业、服务政府”宗旨，坚守社会责任，在上海市企业服务云上开设“上海电子制造”店铺，甘当服务企业的“店小二”，并以“店小二”的热情态度、周到的服务，持续做好“上海电子制造”店铺的服务工作。为更精准的为会员单位服务，商协会与上海市中小企业发展服务中心签订《企业诉求协调工作协议》，并摸排行业内企业运行情况，筛选发展趋势平稳、经营状态正常的行业代表性企业，签订《中小微企业运行监测工作》，要求2021年召开二次中小企业诉求会议，市中小企业中心诉求部领导现场倾听企业诉求，并协调企业相关难题，帮助中小企业解决碰到的困难，根据行业企业情况，撰写季度、半年度、年度行业发展报告。

**二、举办节能宣传周**

为迎接2021年安全宣传月、全国节能宣传周，牢固树立“创新、协调、绿色、共享”的新发展理念，商协会联合上海华鑫物业管理顾问有限公司在华鑫慧享城举办主题为“安全保障企业发展、节能创造美好生活”的安全、节能宣传活动。活动推介2020年商协会会员单位31项节能减排(JJ)小组活动评比6项获奖项目，邀请7家会员单位参加节能产品展示并现场实操演示。吸引了百余家单位参与。

**三、成功申请上海市技防工程项目评审场地选用点**

3月，经商协会申请，市安防技术协会组织专家评审，成立“市技防工程评审场地”，旨在扩大为会员单位服务的范围，不断结合会员单位需求组织各项活动，以满足会员单位的实际需求，提高行业技术水准。

**四、加强协会之间交流沟通**

与上海市节能协会就各自的资源优势，签订战略合作框架协议。6月，经市节能协会会长王坚、商协会会长王强二位领导共同推动，商协会与市节能协会签订《战略合作框架协议》，共同推动上海工业领域(电子制造行业)智慧节能、绿色发展。以优势互补、资源共享、互利共赢、共同发展为起点，定期交流沟通、共享资源、注重落实、共同合作、互利共赢、融合发展。

**五、完成仪表电子专业中、高级职称评审**

商协会每年举办职称申报公益培训，及时传递国家及地方出台的有关职称评审最新政策等信息，真正让会员单位得到实惠，受到社会人员和会员单位高度称赞，使商协会在服务中扩大了影响，增强了凝聚力。先后举办多次公益培训，为职称申报人员提供数百次申报咨询服务。

**六、加强会员单位沟通交流，不断提升商协会影响力**

商协会以“每周三为商协会开放日”，举办多项文体活动为载体，不断扩大商协会的活力和影响力。通过开展形式多样的文体活动，互相之间建立了感情，结交了朋友，从而挖掘商机，寻找合作机会。会员开放日的活动，受到中小企业的积极响应，反映良好。

(李 瑾)

# 上海市信息服务业行业协会

上海市信息服务业行业协会成立于2001年1月，是由电信、移动、联通等一批传统互联网领军企业，及美团、优刻得、小红书等一批在线新经济头部企业和新一代互联网企业组成。协会以服务企业、规范行业、发展产业为宗旨，维护信息服务行业的市场秩序和会员单位的合法权益，增强本市信息服务行业的诚信自律管理水平，促进信息服务行业健康发展。现有会员单位300余家。

2021年主要工作：

**一、开展品牌项目建设，持续增强协会影响力**

年内，协会积极参与并着力支撑2021年上海信息消费节、上海在线新经济人物评选、2021 世界人工智能大会园区展、2021 年上海市公益伙伴月系列活动——一平方米的温暖、2021 年上海市产业青年创新大赛等重大活动。

5 月 17 日—6 月 17 日，成功举办“2021 上海信息消费节”。消费节以“数字交响 · 城市焕新”为主题，打造以信息化、智能化、数字化赋能千行百业。活动板块涵盖商业赋能、在线教育、在线文娱、云计算、协同办公、SaaS 服务、AI+、5G+、XR+。通过组织 108 场活动、汇集 3200 种商品，助力 1.3 万家企业数字化转型，面向 ToB、ToC 两类消费群体，为市民带来全新的工作、生活与感官体验。

2020 年 10 月，上海在线“新经济人物评选活动”正式启动，这项工作由上海市经济和信息化委员会、中国新闻社共同指导，中国新闻社上海分社、上海市信息服务业行业协会联合主办。上海 10 家相关领域行业协会共同推荐 65 名候选人参与评选。获奖名单于 5 月 17 日“2021 上海信息消费节”开幕式现场对外公布，相关领导向获奖企业家颁奖。

7 月 7 日，2021 世界人工智能大会特色产业园区展拉开帷幕，此次展览为期 4 天，展区面积 540 平方米，有 10 个区、近 20 个产业园区联合参展，展会期间有 12 位领导莅临展区巡展。

9 月，2021 年上海市公益伙伴月系列活动“一平方米的温暖”有 25 个品牌、592 家门店（上海市 433 家），在全国 11 个省／直辖市、33 个城市用 1 平方米共同做一件事。美团联合上海市信息服务业行业协会主办“一平方米的温暖”公益项目，由上海联劝公益基金会执行落地，关爱和援助上海市困境儿童。

2021 年上海市产业青年创新大赛以青年创新，助力城市数字化转型为主题，围绕全面推进上海城市数字化转型，培育创新文化，引导全社会共治共建共享数字城市。协会作为大赛唯一承办单位，参与构建大赛的报名平台，动员企业与社会报名，对接参赛团队收集项目材料，邀请专家评委参与相关评审，组织开展培训考察主题活动，以及策划组织大赛颁奖大会。

**二、开展日常会员服务，持续加强协会自身建设**

做好会员走访工作，了解行业发展趋势。为进一步加强协会与会员企业之间的交流与合作，协会及会员服务部共走访近 80 家企业，通过走访与交流，深入了解会员企业在疫情期间的生产经营状态和发展需求，关注产业创新能力，充分发挥协会桥梁纽带作用，提高协会的服务水平。

助力企业开展校园招聘会。协会组织企业走进上海交通大学、同济大学、华东理工大学等 11 所高校开展线下漕河泾专场类校园招聘活动。参与招聘会活动的 10 家企业提供 40 余个工作岗位，不仅为本土大学生提供就业便利，也迎合企业在疫情时期下的招聘需求，助力企业招工用工。

**三、开展专业交流活动，持续促进企业发展机遇**

召开上海互联网应用适老化改造任务工作会议。协会于 1 月 28 日、2 月 3 日、4 月 27 日先后召开 3 场关于互联网应用适老化改造会议，旨在推动上海互联网适老化改造，解决“数字鸿沟”。

3 月 18 日，协会召开“龙脊行动”通气会。旨在践行“人民城市人民建、人民城市为人民”重要理念，巩固提升城市能级和核心竞争力，构筑上海未来新的战略优势。此次通气会分 5 批次召开，共邀请 103 家企业参会，会议取得较好成效。

年内，协会邀请 12 家会员单位负责人参加市政府研修培训班，通过培训让企业负责人深刻感悟上海城市发展变迁和产业信息化发展挑战机遇，提高强化企业领导能力和职业素养，提升创新谋未来的历史自觉。

7 月 30 日，由协会协办的上海市重点产业和新兴产业伯乐荟，在市人才大厦会议室举办。上海市人才办、市经信委、市人社局、市科委（外专局）相关负责人就人才落户、资金补贴、子女就学等方面进行政策宣讲和发布。

8 月 13 日，协会召开上海城市数字化转型研讨会。协会秘书长陆雷主持会议。会议旨在了解企业数字化转型过程中的新思路、新举措，共同探讨如何发展缔造有利数字化赋能的社会环境。

**四、开展行业调研与标准化建设，持续强化产业发展**

调研中小企业诉求。协会通过调研走访、座谈交流以及为企业募集服务产品上“企业服务云”等形式，让会员企业增加市场拓展的机会，并直接面对政府提出自身所面临的痛点及难点，现场给出解决方案或途径。最终形成 20 份企业走访记录、2 份企业诉求座谈会诉求汇总分析、4 份季度企业诉求分析及 1 份年度诉求调研总报告，供政府相关部门决策参考。

协会受市经信委委托，承接在线新经济行业调研项目，通过企业走访以及问卷调研等形式，调研上海在线新经济企业的经营状况以及遇到的困难和诉求，并定期整理行业内企业的新亮点和政府的新举措编制成 12 期在线新经济调研简报，提供梳理撰写年度情况发展报告。

3 月起，协会联合文汇报社、上海交通大学等召开多次调研讨论会，共同撰写并拟向全市发布《全球电竞之都排名》《上海市电竞发展现状与发展策略分析》，包含国内外著名电竞城市发展现状、城市电竞产业生态分析、全球电竞之都评价指标构建、上海打造全球电竞之都的指标分析与总体评价，以及上海打造全球电竞之都的策略建议等。

（贺　静）

# 上海市通信制造业行业协会

上海市通信制造业行业协会成立于2002年3月26日，是上海市通信制造业行业企事业单位自愿组成的跨部门、跨所有制的非营利性行业性社会团体法人。下设上海5G创新发展联盟、移动终端、移动互联网应用等专委会，并建立了各专业领域的专家库。协会坚持新发展理念，努力促进行业高质量发展，围绕协会2.0版本创建，以“三认清、三务实、三提高”为工作准则，进一步加强对行业、会员服务工作深度和广度提升，重点针对行业及会员发展需求，创新工作形式，丰富活动内容。现有会员单位100余家。

2021年主要工作：

**一、服务政府，谋篇布局**

协会配合市经信委、市商委、浦东科经委、嘉定科委、浦东产促中心、中科院高研院等政府部门及科研院所参与各类规划、导则、白皮书编制及组织专家开展行业预判与论证工作。协会完成3项课题编制，分别是《关于中美经贸摩擦通信领域受影响情况及行业研判》《浦东新区新一代通信生态研究报告（2021）》《浦东新区5G基站建设白皮书》。通过专题研究，全面反映行业最新态势、观察行业发展动态、梳理行业发展瓶颈及反馈企业发展需求，为行业下阶段发展建言献策。

协会结合国际环境、行业态势，开展上海通信领域企业芯片短缺情况排摸，组织部分业内重点企业参与“移动通信及光通信产业链调研”。协会及时收集行业发展需求，整理反馈会员单位运营诉求，结合缺“芯”问题，重点调研本市涉及的部分终端、网络设备企业，并将企业应对策略分类汇总，组织召开芯片需求企业融资问题专题对接会，帮助企业渡过难关。通过前期调研、企业走访等收集行业资讯，形成《原材料价格上涨对上海通信设备产业影响的情况》等专报材料。

**二、服务行业，高质发展**

依据年初设定的工作计划及疫情防控常态化要求，协会组织开展48次研讨、培训、座谈、沙龙等专题活动，其中按原有计划执行开展工作为30项、结合行业热点、会员需求新增工作为18项，其余9项活动计划因疫情原因取消或延期至2022年举办。

2月23日，2021MWC上海在上海新国际展览中心开幕，协会及上海5G创新发展联盟作为大会战略合作伙伴，组织200余位业内专业人士前往观展，协会成员单位：华为、中兴、诺基亚贝尔、晨讯科技集团、紫光展锐、创远、移远、移为、移柯、芯讯通等产业链有代表性企业积极参展并参与多场专业会议研讨。

随着5G新基建加速发展及应用，为满足行业专业人才需求，6月16日—18日，协会举办为期3天的“新一代移动通信（5G）高级研修班”。研修班以理论与实践相结合，围绕新一代移动通信趋势与特征，面向行业应用及垂直领域，通过专题培训、“5G全球创新港”实地考察调研等多种形式进行系统、全面培训，近50位行业专业技术人员参加。结合后疫情时代，5G赋能新技术热点应用及行业需求，协会及5G联盟组织召开不同领域的应用对接会，如：5G+卫星通信领域对接、5G+智能制造（石化行业）应用对接、5G+智慧医疗（交大医学院）对接、5G+智慧教育（徐汇中学）对接等。

协会密切关注国际贸易形势发展，为行业企业应对跨境贸易、知识产权等相关国际业务开展。10月，组织召开通信领域国际贸易风险防范专题培训会，并多次协助邀请行业企业参加“沪航”贸易高质量发展系列培训会。为进一步促进无线电发射设备的生产、销售企业依法合规经营，及时了解企业在生产、销售无线电发射设备活动中所遇困难和问题，8月，协会组织会员企业参加浦东新区无线电管理政策培训会，就无线电发射设备型号核准”“无线电发射设备销售备案”等政策内容进行宣贯培训。

协会作为上海之帆“一带一路”经贸巡展组委会副主任单位之一，参与主办经贸巡展线上、线下系列活动。6月，协助召开“上海之帆”助力拉脱维亚产品推介会。9月，参与召开“上海之帆”匈牙利产品对接会开幕式。10月，承办2020“上海之帆”经济团体合作伙伴会议智能制造类主题交流对话会，协助企业直观了解海外市场政策、需求及趋势，为企业布局海外市场提供参考建议，帮助企业提升国际竞争力。同时，协会持续支持和协助“上海之帆365线上公共服务平台”的建设，获得组委会给予的感谢和认可。

**三、服务会员，精准发力**

协会通过实地走访、书面征询等方式先后开展259次调研工作。为更好服务会员单位，协会重点依据行业及企业特征，根据企业个性化需求做好对接服务为10余家会员单位出具相关行业推荐意见等。

协会通过日常基础工作的服务获得企业的信任，一是通过每周的信息汇编发放至理事单位及会员单位，让大家获得更多的行业资讯信息。二是通过每月的简报和协会网站信息发布，使得会员单位更好的了解协会动态。三是定时更新自己的微信公众平台，更好地开展好对接工作。四是增设《会员风采》专栏，通过简报、微信、网站等多渠道宣传及推广会员单位业务与发展经验等。五是汇总整理市发改委、市经信委、市商委、市科委、大张江管委会及企业荣誉资质专项资金申报政策，印发《政策汇编》供会员单位参考。

在市经信委电子信息产业处的支持下，协会继续做好行业统计与经济运行分析工作。开展统计报表及经济运行情况的收集工作，以及2021年年报收集整理及审核。协会积极参与本行业“2021全国电子百强推荐工作”。

**四、自身建设，规范有序**

协会积极加强自身建设，共发展会员15家。根据《章程》规定，1月，协会召开第五届第十次理事会，向理事会汇报换届工作计划。4月，召开第六届第一次会员大会及理事会，选举新一届会长、法人及理事代表，顺利完成协会换届工作。根据上海市民政局（上海市社会组织管理局）规范要求，协会召开第六届第二次理事会，审议通过关于协会注册地变更事项，完成社会团体法人登记证书变更、市民政局网上备案及税务迁移相关手续。

协会自2017年获得“4A社会组织”认定以来，不断加强自身业务能力，发挥行业协会功能，以5A评分标准进一步努力自身规范化建设。9月，市民政局（上海市社会组织管理局）委托第三方评估专家组对协会规范化工作进行评估。通过评估，协会对自身建设作全面对照检查，总结经验，查找不足，达到以评促改、以评促建、评建结合、重在规范的目的。12月，正式获得“5A社会组织”认定。

为配合政府部门开展各类抗疫活动、全力协助企业做好复工复产工作，2月，收到来自中共上海市委统战部的感谢信。协会作为上海市进出口公平贸易行业工作站、上海通信制造产业安全预警监测站，创新工作形式和服务功能，及时分析行业贸易动态，推动行业健康发展，协会获得上海产业安全监测与预警研究中心、商务部长三角产业安全监测工作站颁发的2021—2022年产业安全预警“行业数据采集点”授牌。9月，协会获得由市工经联、市经团联颁发的“2019–2020年度先进协会”荣誉证书。

**五、党建引领，求真务实**

协会党支部深入学习习近平新时代中国特色社会主义思想，结合协会实际，对照年度工作目标，强化服务功能、创新活动内容，不断促进党建工作与业务工作的深度融合，各项工作得以圆满完成，党建工作又迈上新台阶。一是抓实理论学习，持续固本强基。坚持“学以致用、以用促学、学用相长”的理念，增强做合格党员的思想自觉和行动自觉，以更加饱满的工作热情和更加务实的工作态度去推进落实好协会的各项目标任务。二是健全党内制度，增强组织活力。支部实行民主议事，落实公开制度。认真做好发展党员的培养，定期对入党积极分子的开展谈心教育。拓展学习路径，凝聚思想共识。开展迎“七一”主题党日活动、红色文化革命教育、组织观看红色电影、开展党支部书记讲党课活动。三是履行社会职责，践行公益初心。联合爱心企业、公益机构，举办专场“特儿”爱心公益活动。协助配合临空园区党委开展党员志愿者公益清扫活动。四是牢记宗旨意识，强化责任担当。引导党员铭记党员身份，求真务实，接地气的制订工作计划。开展调查研究，科学分解任务，更好地服务好会员单位。协会党支部被市工经联党委授予“系统先进基层党组织”称号。

（孙逸瑾）

# 上海市软件行业协会

上海市软件行业协会成立于1986年6月，是国内最早成立的软件行业协会之一，下设信创等7个专业委员会，会员单位超过1500家。协会遵循“行业代表、行业服务、行业自律、行业协调”的工作宗旨，积极发挥行业组织优势，为推动软件产业发展竭诚服务，获得政府、企业和上级协会的认可，被民政部评为“全国先进社会组织”，每年均被中国软件行业协会评为“先进行业协会”。

2021年主要工作：

**一、强化党建、加强领导**

（一）隆重纪念建党百年。协会隆重庆祝建党100周年，组织系列学习实践活动，召开“庆祝建党100周年座谈会”，共同唱响“学党史、悟思想、办实事、开新局”的新时代主旋律，激发行业企业的爱党爱国热情，营造创先争优、共谋发展、和谐进取的高质量发展氛围，吹响新时代新担当新作为的号角。

（二）坚持党的领导，不断加强党支部建设。协会积极向会员单位宣讲认真学习习近平总书记系列讲话精神和中共十九届六中全会精神，凸显强化党对协会的领导地位与作用。以协会党支部的实际行动，指导协会工作的开展。不断加强“支部党员活动室”建设、机制化开展党课教育、组织学习“学习强国”内容、发展新党员和培养支部年轻骨干。并派党员代表赴井冈山革命根据地学习，还开展系列联合主题党日活动。

**二、规范运作、品牌服务**

（一）成功换届奠定新时期发展基础。协会成功换届，选举产生第八届理事会及监事会，选举上海宝信软件股份有限公司董事、总经理、党委副书记王剑虎出任新一届会长，表决聘任姚宝敬担任新一届协会秘书长。

（二）规范运作确保合规守纪。协会组织召开会员代表大会、理事会和监事会，审议、表决通过系列议案，进行2021年度财务审计，严格财务管理与内控，持续加强各项管理制度建设。坚持高质量发展会员原则，吐故纳新，全年新增会员单位252家，会员总数保持在1500余家。

（三）奋发有为收获荣誉。协会获中软协"年度全国软件行业协会先进集体"、市工经联／经团联"年度先进协会""上海市中等职业学校教师市级企业实践'优秀企业实践基地'"和"2021上海信息消费节最佳场景奖"等荣誉，并收获市人社局和全国信标委软工分会的感谢信。

**三、政策支撑、惠企强企**

（一）广泛宣贯惠企政策。协会以线上线下相结合的方式开展"国家重点软件税收优惠""国家鼓励的软件企业税收优惠""专精特新企业""研发费加计扣除""技术合同登记"等10期政策讲座，共计服务会员单位、行业企业近千家。

（二）支撑助力政策落实。协会依据政府部门服务采购合同，保质保量完成国家重点软件企业地方推荐等政策支撑服务，帮助全市软件企业落实税收优惠和财政补贴总计达数亿元。

**四、建设基地、培养人才**

（一）强力支撑世界技能大赛。协会继续强化46届世赛上海选手培养基地的工作，创新选手培养模式，分别为网站设计和云计算等2个项目中提出"高校孵化器""企业实训"计划，获得市人社局高度认可。

（二）积极开展技能认定与培训。协会继续强化国家级高技能人才实训基地建设，编撰完成4本教材，被市人社局批准为"计算机软件测试员"社会化等级认定机构，组织开展7期专项职业能力培训，共培训277人。实训教师促进产教融合，全年共安排27中高职教师进入10余家软件企业开展岗位实践学习活动，并获批基地体系建设项目作为全市基地先行先试的试点单位。

**五、诚信建设、行业自律**

（一）开展信用服务强化诚信建设。协会推荐64家会员完成中软协信用评价的新评、年审、换证等工作，推荐11家会员单位成功入选中软协"中国软件诚信示范企业（2021—2024年）"，占全国总数的12.6%。

（二）开展评估服务推进行业自律。协会依据团体标准在会员单位中开展技能人才和企业竞争力评价活动，并自筹经费在《文汇报》发布评价结果，受到会员企业的热烈欢迎和高度赞誉；还依据团体标准，遵循会员免费、企业自愿的原则开展双软评估服务。此外，2021年协会软件开发价格评估服务也创历史新高，并首次为外省市客户提供服务。

**六、知识产权、保护创新**

（一）诉前调解促进知识产权保护。协会深度参与上海市知识产权法院"诉前调解"工作，全年提供服务超50人（天），案件调解量达12件，案件总标的达1100万元。其中调解成功10件。

（二）优化服务促进知识产权创造。协会面向会员、面向社会开展在线化、平台化的软件知识产权服务。全年代理软件著作权近1600项，服务会员企业超208家，新增中银基金、仁济医院、霍尼韦尔等一大批高质量用户。

**七、调查研究、信息服务**

（一）深入调研反映行业诉求。协会开展7项专题调研，采集近100家会员单位的意见、建议，汇总形成若干调研报告反馈主管部门。同时，协会持续对行业整体和产业热点进行信息收集和跟踪研究，完成专题研究、月报、动态等35项／期，总计近50万字。

（二）推荐会员申报资质荣誉。协会共推荐42家会员单位申报专精特新企业，征集推荐超50家会员单位申报各类项目，取得良好效果。不断优化会员信息服务，协会优化微信公众号及邮件、短信等信息推送服务，广泛收录、编辑产业政策、行业活动、科技创新、会员动态等信息，及时分享广大会员单位。

**八、举办活动、促进交流**

主办承办系列行业活动。协会承办"2021中国程序员节暨全民编程日"等4项大型活动，主办"软件企业数据安全和信息保护主题沙龙"等系列活动；联合、支持会员单位和合作伙伴举办"2021世界人工智能大会云原生论坛"等系列活动，促进行业交流和会员单位的业务拓展，推动加快建设行业生态。

**九、创新机制、升级服务**

（一）创设上海信创工委会。协会在市经信委的指导下，经理事会审议表决批准，成立信创工委会，统合6家市级适配中心，积极开展需求对接、成员交流、标准编制、月报编辑等信创服务。升级协会品牌服务，推出"软协大讲堂"服务品牌及"软协沙龙"，全年共开展活动16期。服务会员单位超800家次，受到广泛欢迎。

（二）协会广泛开展公益活动，组织会员企业向致公党上海市委定点帮扶学校捐赠电脑超200台，向"上海市青少年发展基金会"捐款3万元，开展"党员一日捐"活动，还组织员工为河南夏季水灾区捐款。

（姚宝敬）

# 上海照明电器行业协会

上海照明电器行业协会成立于1996年10月15日，是跨部门、跨系统、跨所有制，既有电光源、灯具及照明电器附件（材料）的生产企业，又有照明电器研究所和高等院校，还有照明电器大型专业市场和经营商家以及照明工程设计、施工服务，集科工贸于一体的面向全行业的社会团体法人。现有会员单位100多家。

2021年主要工作：

**一、坚持新发展理念，主动对接政府，发行业之声，提升行业社会影响力**

（一）参与市经信委上海时尚消费品产业高质量发展三年行动计划的制订。照明行业首次被列入时尚消费品的七大产业领域（纺织服装、绿色食品、家具制造、家电照明、日用化工、文教用品、工艺美术），融入上海未来发展重点产业。协会及协会照明企业多次应邀参加制订“上海时尚消费品产业高质量发展三年行动计划”座谈会、意见听取会。在未来三年行动计划中，提出照明行业要发挥上海照明产业底蕴深厚、市场消费需求量大（家居、景观、文旅）、资源配置高效的优势，以促进产业提质扩容、激发供给需求活力、塑造城市时尚形象为发展主线，推进落实“增品种、提品质、创品牌”战略，提升时尚消费品供给能级，构建要素整合集聚的生态体系，满足人民群众对美好生活的向往，助力打响上海“四大品牌”，为上海建设国际消费中心城市、上海时尚之都、服务国家构建双循环新发展格局注入新动能、提供硬支撑。

（二）鼓励和推荐上海中小型企业申报“专精特新”。从2018年工信部发布《关于开展专精特新“小巨人”企业培育工作的通知》至今，上海照明企业积极参与申报，已有上海市“专精特新”企业5家，工信部“专精特新”小巨人企业2家。

**二、坚持新创机制，行动务实持续推进团标实施及应用：**

（一）持续推进2020年承接的上海市市场监督管理局的标准试点项目，发布的两项团标《中小学校教室照明质量分级评价》及《LED读写作业台灯分级评价》应用落地，并组织开展一系列活动。4月，召开发布会议和专家意见听取专题会议，听取市局标准创新处、照明学会、照明研发头部企业等行业专家意见。特别是邀请到上海市照明学会理事长梁荣庆教授、同济大学建筑与城市规划学院／CIE副主席郝洛西教授对团标的的评价，给予高度肯定其创新和先进性，并提出宝贵意见和建议。特别是对首创教室照明相关标准中提出“节律健康”相关的照明指标要求；首次在教室照明标准文件中指出教室空间明亮程度的重要性；创新性地提出“空间视亮度”的概念，提出相应照明评价指标——眩光约束下的眼部垂直照度；首次将教室照明参数要求分为白天和夜间（晚自习）两种模式，并针对不同时段提出相应要求；首次将教室照明质量进行分级评价，在国家标准和地方标准的照明指标要求基础之上，提出中小学校教室照明质量分级评价要求，分为AAA级、AAAA级、AAAAA级等3个层级。

（二）为体现团标发布创新性和先进性，协会通过上海市质量和标准化研究院的标准文献馆进行该项团体标准查询，结果表明在已发布的国家标准、行业标准、上海地方标准中未发现与本标准主题相同或相近的标准和在已发布的CIE标准中未发现与本标准主题相同或相近的标准。

（三）协会积极响应市局开展关于2021年“上海标准”评价及培育申请工作的通知要求，以团标“中小学校教室照明质量分级评价”作为申报项目，联合复旦大学、时代之光等相关企业一起策划、收集整理相关资料提交。虽然没有评上，但从评上的“上海标准”优秀标准中看到差距，可以加以总结改进。

（四）8月，协会再次申报由上海市市场监督管理局、上海市民政局（上海市社会组织管理局）、上海市工商业联合会关于开展2021年度上海市团体标准典型案例征集。协会申报的“中小学校教室照明质量分级评价”团体标准，经过资料审核、现场答辩后入选，这是对协会发布团体标准的创新性、示范性、实效性的肯定。

**三、坚持新推进措施，团标应用情况良好**

（一）企业应用。13家教室灯具制造企业提出申请，成为团标首批承诺执行和示范企业，其中有自建5A教室照明示范点的上海三思电子工程有限公司、正在筹建的华荣照明，欧普照明，完成校企联合改建教室照明的示范点有7家企业，示范地点在上海应用技术大学漕宝路校区的艺术学院。它们是：欧普照明，杭州宇中高虹、佛山电器照明、深圳福凯、上海智光慧芯、广东三雄极光、嘉兴笨鸟。学校已实现5A示范点的有3家，分别为嘉兴南湖国际实验小学（亚明、子光）、上海市民办平和学校（浙江凯耀）、宁波鄞州区李关弟中学（上海典欧实业）。

（二）检测机构应用。教室照明团体标准所提出的关键性指标——视黑素等效勒克斯EML／视黑素等效日光照度melanopicEDI，已在各教室照明示范样板间的检测工作中得到权威检测机构——国家电光源质量监督检验中心（上海）

/上海时代之光照明电器检测有限公司的应用。并获得中国合格评定国家认可委员会（CNAS）扩项认定，这表明今后在教室照明质量检测中，团标新增的关键性指标具有权威认证许可，从检验机构认定说明团标的可靠性和先进性。

（三）地方社会团体应用。团标正式应用、实施以来，相关地方社会团体在新起草的相关标准文件中进行引用，例如：由广东光亚照明研究院发起，联合多位行业专家共同编写的《教室照明产品及光环境工程评价量化指标》文件的参考文献中，引用了本团体标准。

（四）团标实施后效应。一是社会效应。团标实施后，参与示范点建设的照明企业积极响应，针对教室照明灯具进行产品研发和技术升级，具有更高的品质要求。其中三思、欧普照明、亚明照明、佛山照明、三雄极光、凯耀照明、华荣照明、子光科技、智光慧芯等企业，促进产品向高质量发展，市场竞争力得到显著提升。二是媒体宣传影响力广泛。多家社会媒体单位上百次宣传报道，其中在中国之光网、阿拉丁照明网、中照网等照明领域主流媒体网站上多次对团体标准内容进行解读和介绍。

**四、坚持服务企业，组织对应用结果的认定**

（一）组织颁证和授牌活动。对11家企业授于“团体标准5A示范点”铜牌，明确示范场所，5A示范点证书中明确其灯具产品型号。

（二）助力企业执行团标的宣贯。4月，在全国教育装备展会（厦门站），上照协联合时代之光、复旦大学工程与应用技术研究院在三思展会现场分别作发言，助阵企业宣传。并在凯耀、佛山照明展位上进行颁证仪式，同时走访相关出展教室照明企业，立达信、三雄极光、欧普、阳光、雷士照明、山浦等，调研关于教室照明灯具的情况。

（三）协会标委会工作组召开多次专题会议，检查和总结团标在实施过程中存在的不足，提出对标准中条款进行修订建议。

**五、坚持规范行业、发展产业的宗旨，把握重点搭建好为企业、政府沟通服务平台**

（一）推荐副会长单位罗曼照明科技、三思参加2021年第二届上海设计100+的评选活动。“上海外白渡桥景观提升工程景观照明工程”入选，列服务城市类排名前茅；三思的“智能语音读写台灯”参与评选，入选“上海制造佳品汇”活动中的产品展示和伴手礼。

（二）推荐三思、亚明、易壳、铸辉参加上海节能产品的评审，入选上海节能产品的有易壳的OLE路灯及三思路灯和隧道灯。入选产品可以使用节能标识。

（三）会同灯具城、时代之光参与2021年虹口区3·15的“守护安全、畅通消费”站台和专场活动，并作“守护安全，上海市团体标准·中小学校教室照明质量评价相关指标解读”专题报告。

（四）组织企业参观照明展会。5月，宁波国际照明展览会在宁波国际会展中心举办，参加人员39人，企业单位16家。

（五）10月，江、浙、皖、赣、沪四省一市照明电器协会牵头成立的长三角一体化照明产业联盟主办，主题为“低碳、健康、智能”2021长三角一体化照明产业绿色发展高峰论坛在湖州召开。论坛聚焦产业资本、推进产业协同、整合优质资源实现强强合作，协会参与策划和作“探索中小学校教室健康照明高质量发展”主题报告，并组织企业积极参加。

**六、积极吸纳新会员，建设好协会会员队伍**

年内吸纳新会员企业21家，其中照明研发制造企业12家，有资质的照明工程企业2家，照明控制系统1家。

**七、协会党支部建设**

协会党支部在中国共产党建党100周年之际，组织党员参观上海淞沪抗战纪念馆，接受革命传统教育。开展“缅怀烈士、致敬英雄”主题教育党日活动，参观上海市龙华烈士陵园，参加党课学习，观摩电影《1921》《悬崖之上》，收看庆祝中国共产党成立100周年大会实况。协会党支部召开党员大会民主评议党员，全体党员对照党员标准和入党誓词、对照身边先进典型，联系实际进行个人评议总结，查找在政治思想、学习工作、能力作风等方面的问题和不足，提出努力方向和整改措施。在上海市工经联举行的庆祝建党100周年“七一”表彰大会上获优秀党支部、优秀党员表彰。

（黄振国）

# 上海市信息家电行业协会

上海市信息家电行业协会成立于2002年3月，为上海市信息家电行业企事业单位自愿组成的跨部门、跨所有制的非营利性行业性社会团体法人。2019年5月，在市经信委和市文旅局的支持和指导下，由协会牵头成立上海市超高清视频产业联盟。现有会员单位116家。

2021年主要工作：

**一、坚持党建引领，促进党建与业务融合发展**

协会党支部在市经信工作党委精心指导和市工经联党委

的正确领导下，按照党委要求认真完成各项工作部署，深入学习党的十九届六中全会精神、习近平总书记在建党100周年大会上的重要讲话精神，组织参观中国社会主义青年团中央机关旧址、龙华烈士陵园等红色教育基地，认真开展党史学习教育主题活动，不断强化党建对协会各项工作的引领与融合发展，发挥党员的先锋模范作用，促进协会高质量发展。协会被市工经联评为“先进行业协会”，协会党支部被市工经联党委评为“先进基层党组织”，协会朱静莲秘书长被评为“先进协会工作者”和“优秀党务工作者”。

**二、圆满完成换届工作，推进第六届理事会扬帆起航**

5月31日，协会六届一次会员大会暨六届一次理（监）事会顺利召开，市经信委、市工经联领导出席致辞。大会选举产生第六届理事会和监事会，选举东方明珠新媒体股份有限公司高级副总裁史支焱先生连任协会会长、中科院声学研究所东海站顾亚平站长为第六届监事会监事长。根据会长提名，理事会一致同意聘任朱静莲连任秘书长。协会在新一届理事会的带领下，面对产业发展新的机遇和挑战，继续开拓创新发挥协会积极作用，更好地配合政府部门、更好地为会员单位服务，为推进产业健康发展而不懈努力。

**三、贯彻落实产业政策，推进产业高质量发展取得成效**

在市经信委、市文旅局的大力支持下，充分发挥行业协会的平台聚集作用，贯彻落实产业政策，推进超高清视频产业高质量发展：一是开展超高清专题调研，编制完成《上海市超高清视频产业发展报告》；参与“十四五”规划中关于超高清视频产业部分的编制，超高清视频被列入电子信息产业集群重点发展领域。二是积极配合市经信委，推进“百城千屏”超高清视频落地推广活动。落实好国家六部委联合印发的《关于开展“百城千屏”超高清视频落地推广活动的通知》，促进超高清视频产业全面升级。三是超高清频道建设取得积极进展。2月，中国首个8K电视超高清频道，上海设有上海国际传媒港、上海国家会展中心的海思展厅、数字电视国家工程研究中心等3个接入点，成功实现春晚首次8K超高清直播和央视总台北京冬奥奥林匹克频道在上海有线电视正式上线开播等。四是超高清内容供给不断丰富，各大电视机厂商纷纷推出8K电视新品，进一步推动8K电视市场的快速增长。五是超高清与5G、AI等技术深度融合，催生出更多创新应用场景，进一步激发更多的应用空间和价值。六是搭建行业交流平台，打造超高清品牌论坛。协会每年组织举办“全球家庭互联网大会——超高清论坛”，邀请5G+超高清相关重点会员单位做主题发言，媒体关注度较高，行业中具有一定影响力。

**四、发挥协会平台作用，为政府及会员单位提供服务**

承接政府委托，做好产业政策建言和落实。主要包括：一是协会秘书长出席市经信委行业协会秘书长工作会议，向主管领导汇报产业发展情况与建议。二是配合市经信委编制本市“百城千屏”超高清视频落地推广活动相关工作、参与上海市电子信息产业发展“十四五”规划中关于信息家电和超高清领域的相关内容编制。三是深入调研本市超高清和智慧家庭产业发展现状，向政府主管部门反映行业诉求和发展建议，争取政策支持。四是受市经信委委托，承担上海电子信息制造业统计工作。五是受市商务委委托，年内多次组织会员单位参与产业安全预警、应对贸易摩擦等专题培训和论坛，帮助企业规避贸易摩擦风险，提升企业竞争力。

搭建交流平台，为会员单位提供更多优质服务。主要包括：一是围绕信息家电产业发展热点和重点，召开技术、产品、市场等相关会议活动，促进行业信息及时交流。二是主动关心会员单位的发展，根据会员单位的需求提供相关帮助和服务，比如为会员单位的技术项目实施期间提供专业咨询和指导，帮助会员单位以更高的水平和质量顺利完成项目开发和产业化落地，邀请行业专家为有需要的会员单位进行“元宇宙”等主题的专场培训，竭尽全力为会员提供共性和个性化需求的各项服务。三是协会参与2021世界人工智能大会组织举办，面向会员单位组团100余人参观大会，获得大家的一致好评。四是吸纳典易影音推广机构入会，发挥各自优势，与上海图书馆东馆共同打造“乐听阅享”系列活动品牌、举办上海国际高端影音展等方面展开合作，以优质的音视频内容为载体传播文化，为市民带来更加美好的视听和阅读双重体验。

**五、开展团体标准研制，规范产业发展**

协会开展《专用网络电视软终端总体功能和技术要求》团体标准制定，百视通、东方有线、上海电信互联网部、仪电数字、亦非云等单位共同参与标准编制，该标准已于年底通过专家技术审查。本标准的制定和实施有利于规范IPTV和有线电视软终端产品的设计研发，进一步推进软终端在IPTV、有线电视终端中的应用和推广，逐步实现软终端对传统机顶盒的替代，为用户提供全新的收看方式。

**六、提升综合服务能力，做好相关推优推荐工作**

协会积极参与由市经信委等政府主管部门主编的行业年鉴、白皮书等出版刊物的编写，为提升行业整体影响力以及宣传展示会员单位形象提供平台；为会员单位申报工程师职称提供咨询和指导，帮助会员单位更好地提升人才队伍建设；做好相关荣誉奖项的推优推荐工作，择优推荐行业内优秀人才申报上海市经信委2021年“上海产业菁英”高层次人才选拔、择优推荐会员单位参加市民政局举办的第九届中国老年福祉产品创意创新创业大赛等，帮助会员单位提升品牌影响力。

（朱珍妮）

# 上海市交通电子行业协会

上海市交通电子行业协会成立于2008年7月，涵盖汽车电子、航空电子、船舶电子、轨交电子等领域企业、高校、科研院所。现有会员单位202家。

2021年主要工作：

**一、服务政府，承接课题研究、标准制定等政府购买服务，不断优化国内交通电子行业发展环境**

（一）承接政府课题。协会发挥专家智库、专业咨询团队与协会骨干力量作用，先后承担并完成市经信委、市科委、市院士活动中心、浦东新区科经委委托的多项交通电子产业发展研究软课题。这些课题研究为政府了解行业最新动态，及时制定相关政策提供重要参考依据。

（二）反映行业需求。协会对多家会员单位进行多次走访、沟通和调研，及时了解会员单位的发展情况和亟待解决的问题，积极向政府相关部门反映，并且在市经信委等政府部门的委托和指导下，收集行业统计数据并进行分析，及时向政府反馈行业发展信息，为政府的相关决策提供可靠依据。架起了政府和企业直接沟通的桥梁，及时了解掌握企业对于行业发展的意见建议。

（三）制定行业规范。依据调研和了解的行业基本情况，协助政府部门开展行业规范。协会在2014年获得市质监局批准的上海市首批“社会团体（联盟）标准登记通知证书”的基础上，充分发挥联盟作用，依据行业发展现状，通过召开产业标准研讨会、启动行业标准相关专题研究。结合疫情形势，协会与上海市室内环境净化行业协会共同组织企业编制负压救护车团体标准，于2022年年中正式发布。

**二、服务行业，以交流产生行业共鸣，以项目助推行业示范应用，提升行业影响力**

（一）推进专项应用。协会围绕工信部工业强基专项、上海市发改委战略性新兴产业专项、上海市经信委软件和集成电路专项、工业强基专项、人工智能专项、工业互联网专项，上海市科技专项等，针对交通电子领域的项目指南要求，搭建政企互动平台，通过企业调研、产业分析、行业服务，推动上海智能网联和新能源汽车电子、车联网等领域包括动力底盘、环境感知、智能传感，以及轨道交通、船舶等其他领域中的信号控制、系统软件平台等多项优秀项目的立项、实施和示范应用。

（二）组织专题交流。积极发挥专家委员会和联盟的作用，举办交通电子行业论坛展会、专题座谈会、主题沙龙等，搭建行业内学习交流平台。通过举办活动和会议，组织行业内的专家参会与企业进行交流，不仅为企业提供学习行业政策、获取行业发展信息的途径，也促进交通电子行业的学术沟通和交流，提升行业软实力，进一步增强行业人才储备。

**三、服务企业，搭建合作交流平台，为会员排忧解难、促进企业健康发展**

（一）开展推优认证、技术培训。协会通过专家委员会组织业内专家，以公平公证为原则，为会员提供产品认证、技术鉴定，推荐优秀企业和项目，推荐优秀工作者参加社会评选等；依托会员资源，针对企业的工程设计、工程支持和控制系统研发人员，每年不定期开展设计校核自动化、人工智能知识工程、实时智能优化控制系统、轨道交通信息安全企业创新协同和轨交信号系统功能安全与信息安全等方向的专题知识讲座与培训。

（二）开展企业调研。协会先后走访多家理事和会员企业，深度了解企业的发展情况和发展需求，有针对性的为企业的发展提供服务，及时向政府反馈企业诉求。

（三）开展企业对接。围绕市经信委、市科委、浦东和嘉定、以及张江专项的政策解读，先后组织多场政策宣讲会议，帮助企业更好的了解市区两级在企业资质认定和企业项目申报的相关政策；在汽车电子缺芯的影响下，组织“长三角汽车电子产业链上下游企业供需交流”等多场芯片与供应商对接会议，推进会员企业与芯片企业、芯片企业与上汽集团的合作，力争解决短期的断供影响以及长期国产化替代的目标。

（四）深化跨界、对外合作。组织企业进行跨企业、跨地区、跨行业组织的各类活动，扩大企业视野。协会通过带队或者组织企业参加长三角区域的交流、国际展会等，汇聚多方资源，为企业搭建与外界沟通的良好平台，让企业在学习国内外优秀经验的同时，把握机会推广企业产品，不断为企业跨界、跨地区合作提供新的思路，推动交通电子行业的持续健康发展，为企业开拓海外市场提供了新的渠道。

（五）开展信息服务。根据企业需求，协会在网站服务、工作简报、微信建群等方面加大宣传力度，进一步提升协会的社会公信力和影响力。协会网站内容涵盖协会信息、行业信息、会员服务、合作信息、政策动态等内容，为企业、政府与公众提供及时信息资讯，把握行业发展的最新动态，对拓展协会服务的领域与途径起到了良好的宣传效果。

**四、服务社会，开展社会公益活动，推动企业诚信建设，履行行业社会责任**

（一）推进诚信建设。协会高度重视组织内部的诚信建设，将行业自律与诚信建设视为协会的重要工作。自 2013 年起，协会每年积极参加上海市社团局开展的行业协会自律与诚信建设创建活动，并结合协会实际，制订诚信建设的实施计划，进一步完善组织内部管理制度，认真开展自查自纠，加强协会的信息公开。

（二）开展公益活动。协会依托党建工作站平台，积极组织党员和协会秘书处工作人员积极参与保护生态植树造林、关爱自闭症儿童，进博会文明出行执勤、服务保障进博会，文明出行是我责主题实践等社会公益慈善工作。

（三）履行社会责任。协会积极鼓励会员单位和企业参与社会公益活动，并在有关会议上对企业履行社会责任的途径以及重要性进行宣传，加深企业对社会责任的理解，促使企业发挥作用，参与社会服务，回馈社会，为和谐社会建设贡献力量。

（殳天盛）

# 上海市无线电协会

上海市无线电协会成立于 2003 年 12 月，是由无线电管理研究、设计、生产及运用单位自愿组成的本地区无线电业的专业性、非营利性法人资格的社会团体组织。协会发挥政府与企事业间的桥梁和纽带作用，为政府宏观决策和企业生产经营服务，在行业管理、协调、咨询和技术研究等多方面开展一系列工作，促进无线电技术进步，持续快速健康发展。现有会员单位 96 家。其中副理事长单位 8 家，理事单位 24 家。

2021 年主要工作：

**一、协会自身建设及日常工作**

（一）协会“网站”和“微信公众号”的建设。做好新闻中心、专家园地、行业展厅、协会成员等几大板块的更新工作。努力打造成为公开政府信息，传播行业动态、前沿技术、促进会员互动交流的多功能平台。协会网站全年共发布信息 47 条，微信公众号共发布信息 23 条。

（二）无线电网络设计资质审证。做好会员单位中“无线电通信网络设计资质”的评选和年审工作。严格把关，促进科学组网、规范用频。全年共完成 35 家会员单位的资质审证工作。

（三）3 月，协会顺利通过 2017—2020 年各项财务审计工作。

**二、专项工作开展情况**

（一）政府委托专项工作

1．完成上海无线电考试保障工作。继续协助市经信委执法稽查处做好各类考试的无线电考试保障工作。做到考前人员、车辆和设备准备充分，考间实时监控、严查信号。全年共参与自学考试、会计师考试、英语四六级、中高考以及研究生考试等各类考试的保障工作 15 次。

2．完成崇明区科委考试保障工作。2021 年度崇明区春、秋季高考和初中学业水平考试分别在 1 月和 6 月举行。受崇明区科委委托，为考试提供无线电考试保障服务。分别对民本中学、扬子中学、崇明中学等学校进行考间现场的信号监测工作，顺利完成崇明区重大考试的保障任务。

3．做好“无线电台站验收数据采集委托服务项目”。协助上海市无线电管理局台站处梳理相关频率许可证明、无线电台站设置申请表等资料；核对资料内容的准确性和一致性并录入无线电台站数据库；打印和制作无线电台执照并整理归档。全年共录入台站数据 2002 条。

（二）运营商委托专项工作

1．继续做好运营商基站外部干扰排查服务。积极发挥协会自身技术能力及协调能力，不断完善干扰排查技术和干扰源清除技巧，成为维护公用移动通信电磁环境的有效力量。开展“移动公司疑难干扰小区处理技术服务”项目。全年共完成处理干扰小区数量 400 个。

2．开展“5G 基站电磁辐射量化分析及技术改善方案研究”。在本市范围内选取典型场所进行 5G 基站辐射测试工作并对测试数据分析研究。通过理论计算、模拟仿真和现场验证检测等手段，深入掌握 5G 网络电磁辐射产生的机理及其有效避免辐射限值超标方法。已完成 20 个站点的现场测试并编制完成测试报告。该项目于 12 月顺利通过评审验收。

3．完成《上海市 5G 基站规划和建设电磁辐射技术规范（团标）》的框架。在“5G 基站电磁辐射量化分析及技术改善方案研究”项目的基础上，上海市无线电协会联合上海市无线电监测站共同研究并构建《上海市 5G 基站规划和建设电磁辐射技术规范（团标）》的框架，最终形成能够指导 5G 网络规划和建设的技术规范。

（三）行业管理及研究工作

1．为贯彻国家《智能建筑设计标准》、促进无线对讲系统的发展，上海市无线电协会联合华东建筑设计研究总院、上海建筑设计研究院有限公司共同编制《数字无线专用对讲通信系统信号覆盖工程设计与验收规程》。共召开两次项目组内部审查会并最终定稿。该标准（送审稿）已经提交至上海市建委，正在征集专家意见阶段。

2. 电磁环境测试工作。完成“上海文广集团公司卫星地球站的磁环境测试”工作。为了解卫星地球站周边电磁环境情况，文广公司委托协会进行卫星地球站的电磁环境测试工作。共对4个卫星进行现场测试并完成测试报告。

3. 培训工作。为深入贯彻《上海市无线电管理办法》精神，加强无线电台（站）管理，开展关于“无线电台站相关行政审批流程”的培训工作。参加培训人数为50人，取得了良好的效果。

（沈嘉怿）

# 上海市电子商务行业协会

上海市电子商务行业协会成立于2002年4月，是从事电子商务的企事业单位按照自愿平等原则组成的，经上海市社团管理局注册登记并具有独立法人资格的非营利性行业组织。主要涉及快消品零售网购、大宗商品网上交易、工业电子商务等领域。协会设有直播电商分会，贸易、物流与信息、产业互联网、移动电子商务、电子支付等5个专业委员会，现有会员单位430余家。

2021年主要工作：

**一、推进长三角产业电商合作**

（一）持续贯彻长三角电子商务行业联席会议机制。7月7日，第二届长三角三省一市（江浙皖沪）电子商务行业联席会议在长三角电商中心召开。来自三省一市的电子商务协会负责人、原商务部电商司巡视员兼中国电子商务商协会联盟主席聂林海、直播电商研究院执行院长应中迪等行业组织代表齐聚上海，共同商议联席会议新一年的工作，为打造数字经济发展新高地建言献策，共策长三角电子商务发展新未来。

（二）长三角产业互联网总部基地正式启用、上海长三角产业互联网促进中心正式揭牌入驻西虹桥商务区。基地将充分发挥西虹桥的区位优势、人才优势、资源优势，通过政策聚焦、服务聚焦、生态聚焦，引进产业互联网产业链上下游企业，催生全产业、全场景、全技术的产业互联网应用领域，力争成为全国最有影响力的产业互联网总部聚集的新高地。促进中心将推动产业互联网生态发展，推动政、产、学、研协同，积极融入长三角一体化发展国家战略。

**二、制定推广行业标准，编写发布行业报告**

（一）协会“工业电子商务用户信息（数据）管理规范”团体标准化试点项目申报上海市标准化试点建设案例并申请上海市标准化推进专项资金；推进“短视频直播电商基地运营生态建设与应用”团体标准试点项目标准起草与修订；应邀参加《上海市促进行业协会发展规定》修订实务研究座谈会、《互联网背景下跨境电商消费者权益争议现状调查与解决机制研究》课题调研会、《上海市消费者权益保护条例》修订研讨会等。

（二）编写《上海市产业电子商务专题报告2020》，并在上海市商务委员会《上海市电子商务报告2020》中发布；编写《2021年上海市电子商务行业发展报告》，并在上海市发展与改革委员会《2021年上海市国民经济和社会发展报告》中发布；编写《上海现代服务业发展报告——电子商务行业》，并在上海现代服务业联合会《上海现代服务业发展报告2020》中发布；编写《上海工业年鉴2021》行业协会部分；指导中德制造业研修院、Masterland、CMO训练营、市场易、圆禹营销咨询等参与制定《中国B2B市场营销白皮书》。还在市经信委指导下，开展“提升供应链管理行业能级打造上海高质量产业电商路径”项目研究并出具研究报告。

**三、组织行业交流活动，举办行业前沿研修培训**

（一）协会与上海生产性服务业促进会联合主办“第二届中国（上海）工业品在线交易节”，通过聚焦数字化转型，突出场景驱动，把握内需基点，形成全链路、全生命周期的服务生态，为制造企业提供在线交易所需的多维度、高附加值服务。

（二）协会与上海市国际贸易促进委员会联合主办“2021上海直播电商大会暨上海国际直播设备技术应用展”，会上，长三角电商中心、上海市电子商务协会、浙江省电子商务促进会、江苏省电商协会与安徽省电商协会共同签订长三角直播电商联盟发起倡议书。还成功举办“跨境数字贸易与直播电商赋能”圆桌会议、“数据监管背景下企业的机遇与挑战”行业交流会；指导主办“中国好主播2021直播选品会”“2021华为云电商创新增长峰会”“企业数字化转型研讨会”等。

（三）举办“产业互联网加速企业数字化转型、提升产业能力能级”高级研修班。共邀请6位在产业互联网领域有较深理论研究和丰富实践经验的专家进行授课，43家会员单位和相关企业的61名高、中级管理人员参加学习研修。并组织现场学习考察。为顺应市场发展趋势，助力各大企业商户实现数字化转型升级，快速玩转在线营销新模式，1月14日—15日，上海钢联、欧冶云商、百度上海、宝尊、圣戈班、老凤祥、恒源祥、豫园文化商业集团、上海大剧院等80余家企业参加培训。11月17日、12月10日下午，两次举办“产业互联网加速企业数字化转型高级游学班”活动，助力企业抓住“互联网 +”的契机，成功实现转型升级。网易智企、固安捷、市场易、苏宁易购、塑米信息、来伊份、善诚科技、上海 CA、正泰电器、中信银行、光大银行、仕昊实业、华为、壹沓科技、震坤行、上海钢联、同业云、上海新日升等 18 家企业参加。此外，积极参加上海市高技能人才培养基地教研组活动。

**四、加强与政府及相关组织项目合作**

协会与上海市计量协会联合开展“2021 上海市生鲜电商行业诚信计量示范单位”评选活动，并为 7 家获评上海市生鲜电商行业“诚信计量示范单位”称号的单位授牌。同时组织生鲜电商企业参加 2021 年度电商平台零售商品计量称重专项检查通报宣贯会。在市场监督局指导下，进行电商领域“上海市放心消费优秀示范单位”评价。接待来访的江苏省市场监督管理局进行长三角“放心消费创建工作”调研和经验交流。受市人大委托，聚焦科技创新和制造业相关中小企业，组织会员企业参加上海营商环境问卷调查，反映企业诉求。在市经信委指导下，推荐一批企业负责人参与 2021 年“上海产业菁英”高层次人次选拔，遴选电商企业参与最具投资价值上市培育企业 100 家活动。同时，受市工经联委托，组织 18 家市工经联信息采集样本企业，参加 2021 年第一次问卷调查。受市商联会委托，协助开展“上海礼物”品牌商品和优选经营店的宣传及推荐等工作。

**五、积极开展党建活动，加强协会基础工作**

（一）协会成立临时党支部并积极开展活动，组织员工观看庆祝中国共产党成立 100 周年“奋斗之歌”主题文艺演出，重温中国共产党 100 年来的奋斗之路与中华民族走向繁荣富强的光辉历程。组织党员参加党史学习教育专题会，集体观看《百年奋斗铸辉煌——百组图文讲党史学习教育片》，开启党史学习的第三篇章。联合市经信委生产性服务业处党支部、爱姆意云商党支部共同参观一大会址纪念馆，20 余名党员参加活动。

（二）加强协会基础工作。持续完善协会官方公众号及官方网站，定期举办走进会员企业系列活动，从“走进”到“走近”，加深与会员单位之间交流互动的同时进一步深入了解企业诉求，结合会员单位需求，有针对性地开展供需对接服务，串联起会员企业的生态联结。并注意收集会员企业的满意度信息反馈，不断总结与提高会员服务质量。协会与副会长单位上海淞南都市经济发展有限公司共同举办电商资源对接沙龙活动；与多家理事单位联合举办电商资源对接活动。组织会员企业参加上海国有资本研究院主办的论坛活动。与上海市计算机行业协会、上海行健职业学院签订产教融合倡议书，联合培养电子商务人才。积极参加上海市高技能人才培养基地教研组活动，配合本市高技能人才培养基地培训补贴（资助）专项整治工作。

（高　平）

# 上海电子元器件行业协会

上海电子元器件行业协会经上海社团管理局批准，于 1989 年 5 月成立，协会由上海高等院校、科研单位、各类电子元器件企业自愿组成跨部门、跨所有制非营利性的行业性社团法人，成员企业中电子信息类企业占 80%以上。协会秘书处常设器件、电容器、接插件元件、电子电位器、继电器、电声（磁性）、智能安防、智能照明、智慧园区、电子信息服务健康产业等 10 个专业委员会。现有会员单位 70 家。

2021 年主要工作：

**一、开展交流学习，提升管理水平**

遵循“互惠互利，共同发展”的原则，协会秘书处积极开展走访会员企业活动，倾听会员呼声，为会员单位提供精准服务。组织会员单位参加业务培训、会员沟通交流、参观展览等，为会员单位牵线搭桥，促进会员之间共享资源、共同发展。协会定期组织召开企业管理工作会议和协会主宾月活动，分享交流企业管理的成功经验，助力企业管理水平提升。上海仪电科学仪器股份有限公司、上海咏姿时装有限公司、上海依柯力信息科技（上海）股份公司、上海纳宇电气有限公司等协会多家企业入选 2020 年度上海市“专精特新”企业名单。

**二、开展行业培训，助力企业发展**

协会坚持创新发展理念，积极有效地策划开展节能减排培训及安全生产培训。共举办节能培训班 8 期，共培训相关管理、技术、生产人员 900 余人次，通过节能系列培训，普及节能知识，宣贯节能理念，强化节能意识，引导大家从我做起，从身边事做起，节约用电、节约用水、低碳出行，并鼓励中小微企业加大节能投资，从源头上降低能耗。在 2021 年安全宣传月、全国节能宣传周活动中，为树立“创新、协调、绿色、共享”的新发展理念，协会和相关单位共同举办了以“安全保障企业发展、节能创造美好生活”为主题的为期一周的安全节能宣传活动，通过多种形式的宣贯活动，引导活动参与者以及园区入驻企业人员对“双碳”战略的认识，提高了节能环保从我做起、从身边事做起的自觉性。

2021年新修订的《中华人民共和国安全生产法》于9月正式实施。为了更好地宣贯新版安全法，协会受仪电集团委托开展仪电集团所属单位主要负责人和安全生产管理人员安全培训工作。自2021年8月起，共举办安全培训班4期，其中主要负责人班两期，共80余人；安全生产管理人员班两期，共100余人。培训课程设置《中华人民共和国安全生产法》（修订）《风险分级管控、隐患排查治理、双重预防机制建设》《增强应急管理意识、落实安全生产责任》《安全心理与行为控制》等内容，通过系列培训和安全知识考核，学员们系统学习安全理论知识，进一步增强安全生产工作意识。

**三、组织开展职称申报工作，助力人才队伍建设**

协会积极配合做好仪电集团职称评审申报工作，为行业及会员单位申报职称开展相关培训工作并提供个性化咨询服务，全年约有100多位高级工程师、300多位工程师经协会申报参加评审。

**四、筹建专委会活动，推进产业转型升级**

筹建专委会活动，通过专委会协同企业有专业性、针对性地开展相关专题活动，把握行业动态，采用各种活动形式，在技术、共性问题上沟通交流，通过专委会的活动实现会员单位之间资源共享、共同发展，调动企业的积极性，推动产业转型升级。

**五、加大协会会刊宣传，凸显行业服务功能**

认真做好《电子元器件》内刊的编辑出版工作，定期刊载行业市场需求、发展趋势的分析供会员企业参考，月刊的“杂谈”“专家视点”“产业政策”“行业纵览”“公平贸易”“会员动态”“协会信息”等栏目，内容充实，成为会员单位了解国家方针政策、企业管理、前瞻技术、会员信息以及协会服务的信息平台。

**六、开展各类联谊活动，增强协会凝聚力**

协会坚持每周组织健身活动，每年开展两次女性主题活动，严格落实节假日和会员单位负责人生病家访及生日祝贺制度。通过各类联谊活动和走访，不仅丰富会员单位的业余生活，增强企业家们的健康、提高身体素质，也体现协会的人文关心，有效增进协会与会员单位之间的凝聚力。协会成功举办“联合协会杯”乒乓球友谊赛及“品酒识女人，三月醉桃花”女企业家主题活动，为企业家们搭建平台，互动交流，畅聊工作与生活。

**七、加强协会自身建设，推进健康规范发展**

协会以“服务行业、促进发展”为宗旨，不断加强自身建设，规范内部管理，以章程为核心，独立自主、权责明确，运转协调、制衡有效，推进协会健康规范发展。协会坚持服务宗旨、促进行业发展，在企业和企业之间、企业与政府之间架起一座沟通协调的桥梁，为企业提供各类咨询、教育、培训等有效服务。同时，协会热忱欢迎上海、长江三角洲地区电子元器件企业、海内外有志之士创办新企业的同仁，相互建立友好合作关系，共同推进我国电子元器件行业发展。

（蔡　红）

# 上海家用电器行业协会

上海家用电器行业协会成立于1985年8月，是上海家用电器行业企事业单位自愿组成的跨部门、跨所有制的非营利性行业性社会团体法人。协会坚持“服务政府、服务社会、服务会员单位”的理念，全方位、多角度推进年度工作计划，得到广大会员单位认可。现有会员单位515家。

2021年主要工作：

**一、加强党支部建设，组织开展党建活动**

（一）组织收看庆祝中国共产党成立100周年大会。7月1日，协会党支部组织党员和入党积极分子一起收看建党100周年庆祝大会。

（二）组织收看学习党的十九届六中全会新闻发布会。11月12日，新闻发布会介绍审议通过《中共中央关于党的百年奋斗重大成就和历史经验的决议》成果。协会组织党员及入党积极分子收看后进行热烈讨论。

（三）组织长三角家电协会党支部开展教育。5月18日—19日，协会党支部与上海长三角非织造材料工业协会、江苏省家用电器协会、安徽省信息家电行业协会党支部，联合组织党员及入党积极分子到南京雨花台烈士纪念碑凭吊先烈，参观爱国主义教育基地——中山陵，瞻仰中国近代民主革命家孙中山先生。并就进一步促进长三角家电协会党建活动，进行座谈交流。

**二、重视智能家电产业，推进“长三角”家电发展**

（一）参与“2021年智能家电新材料应用高峰论坛”。11月18日，协会作为承办方之一，与江浙皖协会在安徽合肥，共同举办“2021年智能家电新材料应用高峰论坛”。

（二）深入企业参观了解学习开拓工作思路。3月24日，协会与安徽信息家电行业协会，联合浙江家电协会在嘉兴参观加西贝拉公司生产现场，听取公司负责人关于公司“十四五”发展战略目标介绍。

（三）推进“长三角家电行业合作联盟”工作。尽管遭遇疫情，但长三角家电协会联盟不放松合作，紧扣“一体化”和“高质量”两个关键词，努力在一体化上动脑筋，在高质量上下功夫，在合作共赢上做文章。

**三、发挥社会作用，助力有关部门工作**

（一）产品安全风险监测站有效运转。作为市场监督局产品质量安全风险信息监测站，协会主要做三方面工作。一是通过协会投诉咨询热线，把掌握了解的家电产品消费矛盾消化在社会基层。共接收39起咨询投诉家电产品电话，及时报送市有关部门，协同处置7起。二是质量帮扶工作，走访会员单位，与相关负责人就做好产品质量技术帮扶工作达成一致看法。三是不断改进方法，9月起，选择4家会员单位，协助协会做好产品质量信息反馈工作。与此同时，协会作为市商务委公平贸易工作站，开展相关法律、知识产权讲座等培训工作。

（二）担当社会责任协助节能环保工作。12月，协会与上海现代服务低碳经济协会，商讨联合开办低碳经济引导企业未来发展培训班。派员参加上海市节能环保服务业协会等组织的推进绿色制造体系系列活动和会议，参与上海绿色制造品牌发展研讨会。还分别与市节能环保服务业协会、市节能协会等就重点搭建一站式服务平台开展工作，有效促进政策宣传、标准制定、技术培训和交流推广。

（三）组织会员单位参加法律法规讲座。9月17日，组织会员单位参加山田律师事务所组织的企业法律培训。11月4日，邀请上海华勤基信律师事务所律师在协会统计年会上，就公平贸易反倾销案例做专题讲座，为会员单位生产经营提供案例分析与辅导。不少会员单位进一步认同企业运用法律的必要性，强化运用法律维权和用法律手段来规避风险的意识。

**四、组织协会主要会议，加强会员单位交流**

（一）9月27日，协会组织召开七届理事会会长会议。通报2020年度协会主要工作以及2021年上半年度家电主要产销数据，介绍协会换届工作的主要情况和改选工作计划等。

（二）5月11日，协会召开2020年度家用中央空调主任扩大会议，报告2020年工作，主要有：疫情期间协会为会员单位所做的工作；安装维修能力审核与年检及会员单位技术培训；通过协会信息平台及时发布会员企业动态，运用《中央空调》季刊宣传企业以及品牌推广。

（三）10月18日，协会召开家电维修委员会主任工作会议。通报家电维修专委会上年度工作情况和下半年工作打算；对2021年疫情下家电安装、维修保养、清洗等工作进行研讨。大金空调上海分公司负责人与大家分享售后服务的经验。协会领导对家电清洗标准提出建设性意见，介绍大金在疫情防控及生产经营所做的工作。同时对后疫情时期会员企业的安全生产，疫情防控工作提出要求。

（四）10月28日，协会中央空调专委会召开年会。专家和会员单位围绕低碳经济和企业经营特色作了交流。

**五、采用多种形式，凸现服务宗旨**

（一）组织进行家电维修规范服务培训。9月7日，协会联合上海交电家电商业行业协会、上海电子产品维修服务行业协会对本市各维修服务企业进行规范服务培训，46家品牌企业、维修服务企业领导和相关技术服务人员参加学习培训。要求440家正规服务企业都必须明示收费标准，不得随意增加收取费用，不得小病大修。同时要严格执行常态化疫情防控措施，上门服务时遵守“戴口罩、勤洗手、保持安全距离”等要求。

（二）举办净水机水效标识政策培训。12月24日，协会与中检集团理化检测有限公司联合举办水效标识培训。协会水家电专委会20多家会员单位的30多位老总和部门负责人，就水效标识的格式、规格、内容、检验检测、信息标注、印制、加施和展示等共同关心的问题，作提问交流，加深了认识，表示将按照实施规则要求改进。

（三）采取网上听课培训线下考试。根据上海疫情防控的要求，为防止教室培训可能产生交叉感染的群体事件，协会组织企业（品牌厂或者维修网点）网上听课培训，线下再考试，资料报协会再汇总申报平台，全年完成初训426人和复训1128人的资料申报。平台还首次试行开展长三角地区家电安装维修服务人员的上门服务证培训延伸，作为上海地区夏季安装、维修高峰时的人员储备。

**六、了解企业信息，线上开展“3・15”活动**

（一）主动走访会员单位作沟通交流。协会领导分别拜访大金空调、三菱电机、复旦申花、红心器具、正辉康居、永乐国美、伊美特环保、上海双鹿上菱等会长理事以及会员单位，感谢长期以来对协会工作的大力支持，并就协会所做的主要工作以及将要举行的换届工作概况作介绍，表示不断提高服务水平，更好发挥桥梁纽带作用。

（二）开展“3・15”消费者权益保护日活动。通过网络（网站和微信公众号）和电话等形式开展。协会领导和负责投诉接待人员在现场接待来访人，由信息部相关人员负责网络的投诉处理，及时有效的咨询服务，增强消费者维护自身合法权益的信心。同时，为满足市民的需求，协会根据会员单位空调厂家情况，推荐上海空调清洗优秀企业名单，由市商务委新闻发布会上，向市民隆重推出424家，其中家电协会会员企业247家。为这些企业在工程招投标上提供了权威资质。

（三）积极参与和制定定家电行业团体标准。协会与上海市质量监督检验技术研究院、中检集团理化检测有限公司、汉斯希尔贸易（上海）等6家企业，为避免管道下游的污水回流至上游，共同制定《防污隔断阀》团体标准。该标准的制定，为防污隔断阀的设计、生产、销售和使用提供了依据。上半年，境外疫情形势严峻，国内疫情时有发生，协会邀请市卫健委专家以及近20家空调品牌企业、家电清洗企业进行标准的研讨，并对家电清洗标准、操作规范、作业流程、清洗工具、材料、培训等作商榷，争取早日形成行业标准加以推广实施。

**七、加强监督管理，贴近广大会员单位**

（一）抓申报加强维修单位管理监督。家电维修市场瞬息万变，在当年上报的名录中，存在部分企业因为各种原因不从事家电行业，或者退出家电协会，或者因拆迁、停业造成服务电话打不通情况。所以协会发放推荐名单汇总申报表，要求有关维修服务单位正确申报名称、地址、所在区域、联系人、联系电话，因经营需要变更必须及时反馈协会，协会立即反馈商务委有关部门和12345等服务热线对公示信息进行更新。2021年完成77家公司的复审和7家公司的变更登记。

（二）抓安全工作组织各类培训。在暑期来临前，协会发出通知，要求参与家电维修的会员单位，加强安全生产的宣传教育工作，推动企业安全生产主体责任落实，提高全员安全素质，不断提升安全素养，大力弘扬家电安全文化，有效防范较大事故，坚决遏制重大事故发生。协会加强特种作业安全技术操作证培训，将年度培训与实际业务操作挂钩。根据会员单位需求，协会完成制冷空调培训36人、电焊工11人、电工证2人、登高证93人的线上培训。

（三）推荐申报多种类型的活动。协会把申报市级各类推介评选活动，作为日常主要工作之一，通过报刊、网站、微信公众号以及微信工作群及时发出信息。如“2020年上海市国家外经贸发展专项资金（公平贸易）项目申报”“上海市经济和信息化委员会关于做好直接交易电力用户注册的有关通知”“关于开展2021年度本市高新技术企业认定管理工作”等。2021年，协会获市工经联、市经团联先进协会称号、市商业联合会先进等荣誉证书。

**八、加强内部管理措施，提升主观能动性**

（一）规范人事管理。秘书处与工作人员每年签订劳动合同和退聘人员聘用合同；针对现有工作人员，完善各岗位职责编制工作，进一步加强协会工作人员自律，增强服务能力和水平，为会员单位提供更好服务。

（二）加强财务管理。协会顺利通过2021年度财务审计。财务部门严格按照税务政策要求开展工作，平日按《章程》与《民间非营利组织会计制度》规范财务会计管理工作，通过制度确保会计资料的真实性、及时性和连续性。

（三）信息有效发布。充分利用互联网以及每月《上海家电》报纸和每季《中央空调》杂志，发布刊登各会员单位的管理经验等，集中公示资质信息，以供社会监督和查询；及时更新发表各会员单位的产品信息及经营动态。

（李富春）

# 上海空调清洗行业协会

上海空调清洗行业协会成立于2007年4月（原名“上海空调风管清洗协会”，2011年10月更名为“上海空调清洗行业协会”），是从事空调清洗、净化、消毒、检测服务与相关设备、产品生产、经营以及技术研究开发的企业、事业单位自愿组成的跨部门、跨所有制的非营利性行业性社会团体法人。协会设有4个专业委员会。现有会员单位201家，占行业企业总数的80%左右。

2021年主要工作：

**一、强化党史学习，加强党建引领**

（一）共庆百年华诞，共商党建引领。2021年7月1日，中国共产党建党100周年华诞，中共中央在天安门广场隆重集会庆祝建党百年。协会党支部特邀“光荣在党50年”纪念章获得者刘俊飞同志共同庆祝中国共产党百年华诞，聆听习近平总书记的重要讲话，回顾筚路蓝缕的伟大征程，探讨协会发展的党建引领。协会秘书处全体同仁将谨记党中央的号召，牢记初心使命，坚定理想信念，践行党的宗旨，为国家繁荣，为行业发展，不懈努力，艰苦奋斗。

（二）深入党史学习，传承初心使命。协会党支部积极响应党中央号召，采取“三会一课”和主题党日等形式，结合实际开展主题突出、特色鲜明、形式多样的学习活动。7月，组织全体党员和积极分子学习习近平总书记建党百年重要讲话。8月，组织行业党员和团员参观嘉兴南湖，传承红色信仰。党支部和团总支共同推荐常务副秘书长王彬参加浦东团区委主办的“学党史、强信念、跟党走”主题演讲比赛。11月，参观上海市淞沪抗战纪念馆，开展学党史主题活动。通过党史学习，对于传承红色基因、牢记初心使命、坚持正确方向，深入学习领会习近平新时代中国特色社会主义思想，在新的历史起点上奋力夺取新时代中国特色社会主义伟大胜利，具有重大而深远的意义。

（三）举办“建党百年，行业同行”摄影展。上海空调清洗行业的服务对象是城市的各类建筑和楼宇。有的建筑具有百年历史，有的建筑具有超高楼层，有的建筑具有特殊地位。这些建筑承载建党百年的历史和传承，见证党建百年的辉煌和伟大。协会党支部和工会联合上海盛旺雅洁环境管理有限公司共同举办“建党百年、行业同行”摄影展，征集作品100余件，记录建党百年的辉煌成就，传承建党百年的红色信仰。

**二、整合行业培训资源，完善行业培训体系**

（一）加强行业培训，提升培训质量。协会充分运用线上和线下资源加强行业培训。线下开设空调清洗操作工培训一期，集中空调清洗项目经理培训一期，集中空调循环水处理技术人员培训一期，标准及法规培训两期。线上开设集中空调消毒培训多期，并进行多次工程项目备案及大数据平台操作培训。

（二）整合培训资源，提升培训能力。鉴于行业培训的场地有限，以及实操培训资源不足，协会积极寻求培训资源。协会秘书处重新租赁56平米的办公室，作为30人左右的小型培训场地。上海桥智培训中心更换培训场地，培训场地为500平米左右，正对集中空调清洗的实操培训教室进行规划。另外，协会会长单位上海市安装工程集团有限公司开放中央空调安装培训基地，为空调清洗操作提供实操培训。

（三）梳理培训教材，充实培训内容。对行业培训教材进行梳理，特别是重新编制分体空调的培训教材和培训流程。依据分体空调的不同类型，分别同大金、格力和美的等知名空调生产企业进行协调和沟通，对各类空调的结构、功能以及清洗步骤进行视频录制，以此作为分体空调培训的重要组成部分。

**三、倡导数字化赋能，加快数字化转型**

（一）完善大数据平台构架。协会的集中空调清洗消毒大数据平台于2020年正式发布，在已有的集中空调清洗消毒模块的基础上，2021年增加通风系统检测备案、循环水系统处理、家用分体空调清洗和通风系统在线监测模块，对空调清洗消毒相关的数据进行有效整合，并充分运用数据平台的即时性和可视化优势，为公众提供上海空调清洗消毒的集成式展示。

（二）加快数字化赋能。在大数据平台中，加载通风系统在线监测模块。该模块可通过加装传感器和消毒设备对布点场所的二氧化碳、TVOC、PM2.5、PM10、温度和湿度等指标进行在线监控，实时反映布点场所的空调卫生和空气质量，并对相关数据进行统计分析。该模块的有效加载对空调清洗消毒的操作方式、运营模式等具有深远的影响，对行业的发展进行数字化赋能。

（三）融入数字化经济。6月2日，协会主办室内空气卫生智能化创新管理论坛，就空调清洗消毒数据可视化发展、楼宇轻量化智慧升级时代、后疫情时代的公共卫生数字化预判和空调水处理中军团菌预防等进行论述和探讨，以求取得数字化突破。

**四、关注第三方卫生检测，强化检测流程标准化**

（一）坚守诚信经营，履行社会责任。第三方检测机构作为空调清洗产业链的重要一环，对构建行业诚信、检验工程质量、保障卫生健康至关重要。1月、8月，分别邀请进入行业协会检测机构目录的第三方检测机构就企业的诚信经营、检测流程、社会责任等进行探讨，并要求检测机构必须坚守诚信底线、增强社会责任、保持客观独立、强化内部监管、抵制恶意竞争。

（二）规范检测流程，筹划检测标准。协会对各检测机构的空调卫生检测流程进行收集和梳理，并邀请行业专家和企业代表进行探讨和汇总，初步形成集中空调通风系统检测技术服务流程团体标准初稿，争取于2022年年中发布及实施。

**五、关注常态化疫情防控，提升空调清洗技能水平**

（一）发布“平疫敬人”特刊，弘扬抗疫战疫精神。协会编撰的《“平疫敬人”——2020年空调战役实录》特刊于4月出版，该特刊对上海空调清洗行业在疫情防控期间所做的贡献和努力进行梳理和汇总，记录和汇编令人感动的点点滴滴，弘扬和宣传平凡而伟大的行业精神，延续和传承守护健康的行业使命和行业文化。

（二）关注常态化疫情防控，开设空调卫生防疫论坛。4月1日，协会主办的“空调卫生防疫论坛”正式开讲。论坛围绕空调清洗消毒数据化时代、集中空调系统节能智慧运维解决方案、空调清洗消毒设备的专业化、细菌微生物影响室内空气质量的研究和探索、分体空调清洗市场的分布及服务专业化、赋能中央空调，发挥净化潜能和卫生检测助推行业发展等方面进行探讨和交流，寻求行业的发展契机，推动行业可持续发展。

（三）举办空调清洗技能大赛，提升空调清洗技能水平。3月31日，首届“空调清洗技能展示大赛”隆重举行，大赛以“筑匠心、育匠行、精匠艺”为主题，旨在切磋技艺、交流技术、展示技能。大赛分为分体空调清洗消毒和集中空调清洗消毒两个组别，有12家会员单位参与，激发企业的质量需求，提升行业的技能水平，营造工程优质化和阳光化的行业氛围。

**六、完善行业质量体系，提升行业自律管理**

（一）持续推进安全质量咨询服务。协会于2020年第二季度在行业内推动安全质量咨询服务，2021年度该项工作继续推进，加强企业的现场走访，提升现场质量控制的频率，并完善咨询服务的内部管理流程和评分细则。协会还对相关数据进行汇总统计，形成安全质量咨询服务报告，向理事会进行汇报。

（二）组织安全质量控制月活动。协会于 8 月在行业内组织“安全质量控制月”活动。本次质量月活动组织会员单位签署企业自律、诚信经营承诺书，进行全行业安全质量普查，并对重点关注的项目进行安全质量控制，最终形成质量报告。

（三）完善安全质量体系。协会在行业内建立质量风险反应机制和自律管理反馈机制，接受恶意竞价及安全质量等相关反应，并依据自律管理反馈机制，通过工程文件审阅、工程现场走访、以及第四方检测的引入等，对相关反应进行反馈，完善行业的安全质量体系，提升行业的安全质量水平。

**七、注重行业宣传，倡导行业公益**

（一）注重行业宣传。协会对行业的宣传资源进行重新梳理，对官网和公众号的版面进行微调，对行业的微信群进行整理，提升各宣传平台的宣传量和受众面。特别是下半年协会策划出版会员手册，汇集行业协会的介绍、行规、行约等，汇编与本行业相关的各类法令法规和标准规范，于 11 月正式印刷出版。该会员手册既是行业的宣传手册，又是会员的工具手册，为各会员单位提供便利。

（二）倡导行业公益。7 月，协会与上海市拥军优属基金会共同开展“拥军优属、顾我长城”空调清洗服务，为军休干部家庭清洗空调，得到许多会员单位的大力支持。

（胡慧中）

# 上海锅炉压力容器行业协会

上海锅炉压力容器行业协会成立于 2003 年 12 月，由锅炉压力容器设计、研究、制造、安装、咨询服务等企事业单位自愿组成的跨所有制的非营利性行业性社会团体法人。现有会员单位 79 家，分别由研究院、高等学校、设计院、国企和民企及锅炉压力容器相关企业组成。

2021 年主要工作：

**一、履行《章程》行使职责创造性地开展各项工作**

（一）在做好常态化疫情防控的前提下，协会先后走访 48 家会员单位，接待来访 18 家，听取他们的建议、需求，对会员单位所提出的需求，尽最大努力给予帮助。当得知会员单位遇到困难时，第一时间派专家组成员前往，以“一企一方案”的精准服务，解决企业在生产中如何保证产品质量问题。并在特定会员单位上、下游之间开展合作交流，以“手拉手互助共赢”模式，为 2 家企业成功实现产品对接，并签订首份业务合同。还为 2 家企业实现产品对接，制定出一套行业特许标准进行使用与推广，提升企业产品在市场上的知名度。

（二）召开第四届十一次理事会暨换届改选专题会议。会议审议通过第四届理事会工作报告、监事工作报告和协会财务决算；审议换届改选工作的前期实施情况，章程修改说明，第五届理事会会长、副会长候选单位（候选人）产生说明和候选名单、选举办法，第五届理事会理事、监事候选单位推荐产生说明和候选名单、选举办法，总监票人、监票人名单，第五届会员大会议程；通过第四届十一次理事会暨换届改选专题会议决议。

按章程规定，先后召开第四届十、十二、十三次理事会，审议通过换届改选工作事项。成功召开“第五届第一次会员大会暨第一次理事会”，审议通过“第四届理事会工作报告和监事工作报告及章程修改说明、财务审计报告”等相关文件，选举产生第五届理事会和监事、理事会会长及秘书长的聘任。会上对 26 名同志进行表扬。并通过“第五届第一次会员大会暨第一次理事会决议”。

（三）在市工经联／经团联部署征集优秀百年上海工业故事活动中，多次与会员单位联系，走访沟通并积极配合寻找企业历史资料，上锅的《世界电站锅炉制造的巨头》和上核的《十年磨一剑攻克三代核电主泵》2 篇作品载入《百年上海工业故事》一书，为庆祝建党百年诞辰交出一份满意的答卷。

（四）组织相关专家完成市场监督管理局委托协会 3 项工作：对部分取得锅炉、压力容器、管道生产许可证的单位及锅炉技能单位进行监督和回访抽查；对 6 家锅炉能效测试机构的抽查；对 6 家锅炉解决低氮改造后存在的问题进行调研。并将抽查收集的整改报告、计划等资料整理成册归档备案。还承接浦东新区市场管理局委托的对 6 家锅炉、压力容器、管道生产单位进行年度监督抽查，得到浦东新区市场管理局的认可。

（五）根据“上海市社会组织规范化建设”要求，协会向市民政局申报“创建 4A 级协会”。严格对照民政部《社会组织评估管理办法》和上海市社会组织评估指标 4A 级协会评审的“四级指标”进行内部自查。协会会长高度重视，认真部署，秘书处积极做好迎审准备，多次召开自评专题会议，对协会历年的工作进行规范、有序的梳理，将资料整理成册按时做好迎检工作。经市经信委、市民政局社团管理处委托第三方评估机构专家团队实地评估验收，最终由市社会组织评估委员会评估通过为4A级。并顺利通过年检。

（六）发挥信息平台的导向作用，通过简报、微信群和公众号及时提供政策指导和有价值、可参考的信息，分享和推广企业在“创新驱动发展、经济转型升级”中取得的经验，激发和提升企业的市场竞争力。截至12月，共创办信息简报双月刊6期，并在公众号发布。2月8日，是协会公众号成功开通日，正值迎新春之际，会长代表上海锅炉压力容器行业协会致新春贺词。

（七）在党支部书记的带领下，秘书处全体成员参观“上海工匠馆”，赞扬海派工匠的聪明才智与精湛手艺，亲身感受到“匠魂”传承的魅力，在庆祝建党100周年之际，党支部组织召开“党史”学习教育讨论会，制定6条实施方案，进一步推动协会工作全面发展；根据市工经联党委要求，党支部组织党员收看中共十九届中央委员会第六次全体会议电视新闻发布实况。

**二、加强人才队伍建设提升企业综合竞争力**

（一）先后召开协会会员单位专家座谈调研会和“电站锅炉使用单位双预防安全管理评价工作”培训启动，以及协会（电厂）会员单位、上锅厂、发电设备成套设计研究院的调研技术交流会。通过座谈调研和安全管理评价培训及调研技术交流活动，加深协会（电厂）会员单位对锅炉制造和发电成套设备运行的了解，促进电厂的进步和发展，为电厂间的技术交流创建平台打下良好基础。

（二）经协会组织的技能大师专家的指导，吴泾第二发电厂柏振峰被国华电力局评为首席技能大师，该企业首席技能大师工作室得到国华电力局认可并被闵行区重点关注。协会先后举办技师技术更新和无损检测技师、高级技师职业技能培训，分别有79名和86名企业技师和高级技师参加。同时，经协会初审与筛选，推荐《真空管型中温太阳能蒸汽机组技术及其工业应用和发展前景》论文上报“第六届机械工业高技能人才优秀论文征集评选”。

（三）举行以“技能共享塑制造品牌、人才共育树职业标杆”为主题的第三次“劳模结对”互访活动。此次互访活动是上锅赵黎明与申港锅炉泮延镇双双获得“全国劳动模范”后举办的更具号召力的“劳模结对”活动。“劳模结对”以提升技能水平为目的，通过互帮互学的方式，努力推动双方在企业生产中破解瓶颈，具有积极的现实意义和辐射效应。

（四）年初，协会召开“初级职称专业技术资格认证”颁奖仪式。5月，协会将“一年一度专业技术职称评审通知”通过邮箱、微信群转发各会员单位。截至6月底，参评者需完成网上报名并同时将评审材料一并提交。其间，我们积极配合来电或前来咨询的专业技术人员，答疑解难，耐心为他们指导，为更好服务申报评审工作打好基础。

（徐莉萍）

# 上海市汽车行业协会

上海市汽车行业协会成立于1996年8月29日，由上海地区从事汽车与零部件制造及其相关的单位和科研、院校等法人自愿组成的、跨部门、跨所有制的非营利性的代表汽车行业的经市主管部门批准的社会团体组织。现有各种所有制会员单位258家。

2021年主要工作：

**一、召开协会年度会员大会及理事会**

12月22日，协会第七届第二次会员大会暨第三次理事会、第二次监事会在上汽培训中心3楼报告厅顺利召开，协会100多家会员单位的代表参加会议。本次大会主要议题包括：审议通过《上海市汽车行业协会2021年度工作报告》《法定代表人任期经济责任审计报告》等相关文件，调整协会第七届理事会的部分理事和副会长。

与会代表对协会第七届理事会2021年的工作表示满意；审议并表决通过《法定代表人任期经济责任审计报告》；投票选举上海汽车集团股份有限公司等单位的七位同志为第七届理事会理事。同时，协会第七届第三次理事会、第二次监事会相继召开。通过投票选举，上海汽车集团股份有限公司等单位的三位同志当选为第七届理事会副会长。

**二、做好服务政府、服务会员工作**

协会坚持“深化服务意识，突出工作重点，创新工作思路，加强自身建设”的工作方针，认真开拓各项工作，为推进上海汽车行业转型发展做出积极努力。一是认真完成编写政府和有关主管部门下达的年度市国民经济运行情况（汽车篇）报告；完成市经信委主编的《上海工业年鉴》“行业协会简介”的撰稿工作；组织会员单位完成《中国汽车工业年鉴》的资料编写。二是在“双碳”背景下，市经信委下达在长三角地区推广绿色供应链活动的前期调研任务，协会秘书处积极响应，主动与上汽通用等主机厂沟通交流，传达政府愿望，了解企业困惑，反映行业诉求，为启动长三角地区推广绿色供应链活动做好充分的准备工作，共谋长三角一体化未来发展。为市统计局、市商委、研究中心等有关政府部门提供汽车工业运行发展趋势等有关信息；宣传、组织会员单位落实政府有关部门关于诚信建设、品牌建设、质量安全等一系列的工作任务和工作要求等。三是每月做好全国及上海汽车市场的产销分析、预测，每3个月提供季度报告，同时利用协会网站、微信公众号向各分会和会员通报市场信息。坚持定期编写行业发展报告。协会每2个月组织编写、出版、发行“汽车汽配界”刊物，并下发到各会员企业，让企业进一步了解市场现状和发展趋势，为会员企业更好地适应市场要求，推动企业经济发展提供帮助。

**三、响应市政府规划，同步推进长三角一体化建设**

为促进铸铁特别是球铁的高质量发展，提升中高端球铁件的材质和生产技术水平，协会铸造分会和西安理工大学联合，5月下旬在常州召开“盖包球化技术与推广”专题研讨会，研讨会邀请行业内的知名铸铁专家，以及长三角地区、山西、福建、山东、江西等地的铸造企业领导和工程技术人员，共计80多人参加。

10月25日，协会秘书处组织专家委员会成员赴浙江嘉兴天洪进行企业调研，总结推广该公司由7个中小企业联合整合，组建新公司转型的创新经验，为2022年初召开长三角的制度、科技双创现场研讨会做准备。9月，协会会同东华大学朱世根教授赴安徽合力铸锻厂、含山县铸造企业等单位，就无碳粘土砂绿色清洁铸造技术进行技术介绍和研发推广工作，得到所在单位积极响应，为促进绿色铸造技术示范应用推广，加快推动铸造行业改造提升，实现高质量发展，做出努力。

**四、做好防疫宣传工作、切实帮助企业恢复经济**

年内防疫形势仍然复杂多变，一方面，协会继续向会员单位做好防疫宣传工作，动员会员单位响应政府号召，及时接种疫苗，为全民防疫做出自己的贡献；另一方面，因经济下行压力增大，面对汽车市场复杂多变形势，协会秘书处组织专家到会员企业开展访问考察活动，为当地的汽车产业发展出谋献策，深得政府和企业的欢迎。8月，协会5名资深专家到江苏鼎泰工程材料有限公司现场实地调研、了解疫情影响，围绕轨道交通产品的特殊工艺技术要求，开展专项技术服务，进行现场技术指导，并对该厂的20多位技术人员进行工艺技术培训，帮助企业排忧解难，解决技术难题。

**五、凝心聚力，共谋行业发展**

协会坚持“稳中求进、关键在进”的工作总基调，围绕高质量发展，紧抓市场增长的确定性机遇，积极应对各种不确定性风险和不稳定性挑战，继续优化产销存结构，把握好市场恢复的节奏，增强经济运行的韧性；围绕标志性项目，不断夯实电动智能网联技术底座，全力做强创新引擎；围绕产业链联动，推进创新链、金融链、生态链的循环联动和开放融合发展；上汽及其众多会员单位都从研发、制造、营销等各个领域制定了创新发展的目标和行动路径，为高质量的发展迈出了坚实的步伐；不断提升基础管理效能，全面完成全年各项目标任务，以优异成绩迎接党的二十大和上海市第十二次党代会的胜利召开。

**六、加强自身建设，不断提升社会组织规范化管理**

努力按照“规范化建设”的要求，不断完善理事会工作机制，坚持规范化管理标准，进一步发挥会长单位和理事单位对协会工作的决策、领导作用，发挥秘书处的积极作用，落实工作责任和进度要求，确保各项工作规范、有序地展开。

根据3月22日民政部等22部门联合印发的《关于铲除非法社会组织滋生土壤，净化社会组织生态空间的通知》要求及市民政局号召全市社会组织强化自身管理，进一步打击整治非法社会组织的工作指示，协会秘书处学习文件，按照文件要求开展自查，并通过协会理事会传达打击整治非法社会组织精神，切实履行相关职责，弘扬社会组织正气，传播社会组织服务社会正能量。协会号召会员单位共同坚决抵制非法社会组织，净化社会组织生态空间，通过协会网站、微信等多种渠道，发出上海市汽车行业协会“关于打击整治非法社会组织活动倡议书”，为净化社会组织生态空间作出努力。

（卢益鸣）

# 上海船舶工业行业协会

上海船舶工业行业协会成立于1993年，是中国社会组织4A级行业协会，是上海及周边地区主要从事船舶及其配套设备的研究、设计、制造、修理、经贸、教学的企事业单位自愿组织的跨部门、跨所有制的非营利性的行业性社会团体。现有会员单位96家。

2021年主要工作：

**一、坚持党建引领，加强协会自身政治思想理论指导**

（一）认真落实上级党委工作要求。2021年，是中国共产党建党100周年，根据上海市工业经济联合会党委年度工作要求，着重围绕开展党史教育，继续深化“不忘初心、牢记使命”主题教育，坚定“四个自信”和“二个维护”，始终与习近平同志为核心的党中央保持高度一致；坚持把自学和集中学习相结合，认真落实民主生活会、严格按照要求开展谈心和批评与自我批评；注重带领秘书处非党员同志，共同参加学党史悟明理主题教育，加强整个秘书处的团队建设，提高党的凝聚力，推动协会各项工作的顺利开展。

（二）加强协会党支部建设。根据社会组织4A复评要求，完善和健全协会党支部工作制度，构建党建工作的长效机制，制定《协会党支部组织生活制度》，做到党员党籍规范管理，落实党费缴纳工作。同时结合上级党委年度工作要求，制订《协会2021年度党支部活动计划》，把党建工作融入协会工作的全过程。

（三）深化党史主题学习。年初，协会党支部就把“不忘初心牢记使命”的主题教育列为年度重点工作，坚持以集中学习、结合“学习强国”平台和自学相结合为原则，开展多种形式党建活动。要求党员认真学习《论中国共产党历史》《毛泽东邓小平江泽民胡锦涛关于中国共产党历史论述摘编》《习近平新时代中国特色社会主义思想学习问答》《中国共产党简史》等一系列重要文献，并进行交流学习感悟，开展党史教育专题组织生活会。全年集中开展党史教育活动14次，其中为开好民主生活会进行3次专题学习。在建党100周年之际，党支部书记任大德为全体党员和秘书处全体员工上题为“百年辉煌、建党感悟”的党课；“七一”期间组织收看习近平同志在庆祝中国共产党成立100周年大会上的重要讲话电视直播；组织参观中共一大会址纪念馆、革命历史博物馆等，通过瞻仰伟人缅怀先烈，接受红色革命传统教育，增强不忘初心、牢记使命的意识，提高党员同志政治思想觉悟，进一步激发党员发挥先锋模范作用的主动性和积极性，协会党员祝瑞熙同志获上海市工业经济联合会党委系统“优秀党员”称号。

**二、根据协会整体工作年度安排，完成换届选举工作**

协会秘书处克服人员变动等客观因素，严格按照换届程序，成立换届领导小组和工作组，经过走访和充分发挥民主，广泛听取大家意见，于2月4日召开会员大会，完成第六届理事会换届选举，产生新一届理事会，第一次成立协会监事会，并履行相关程序，完成向民政局报送所有规定的报备资料，取得新的法人登记证。

**三、加强协会自身建设、完成4A复评工作**

5月，秘书处启动相关自评和迎评的准备工作。秘书处各职能部门及全体人员认真对照评估标准开展梳理自查、整改。特别对协会原有的《上海船舶工业行业协会内部控制管理手册》进行梳理，对其中部分章节进行修订完善，补充制定《合同（协议）审批管理办法》《党支部组织生活制度》《员工培训制度》等，为各项工作规范开展提供保障，提升协会的风险管理能力，促进协会的可持续发展。通过完善制度、理顺职能、夯实基础管理，加强风险防控，提升自身能力，8月完成4A复评工作。

**四、根据协会《章程》召开六届二次理事会、监事会**

9月，理事会审议通过上海船舶工业行业协会2021年度上半年工作总结；听取上海船舶工业行业协会2021年上半年度财务收支情况；审议通过上海船舶工业行业协会2021年度上半年财务预算执行情况及预算调整意见；听取对上海市社会组织规范化建设4A复评情况汇报。

**五、优化协会运行机制，加强财务管理和人员培训**

（一）增设秘书长联席会议制度，提高协会管理水平。经六届一次理事会同意，聘任上海外高桥造船有限公司总监兼企划部部长、党支部书记许艳霞、沪东中华造船（集团）有限公司总经理助理兼企划部部长吴继峰、江南造船（集团）有限责任公司综合计划部副部长（主持工作）梁小军为本届协会副秘书长。为更有利开展和拓展协会工作，增设秘书长联席会议制度，确立协会秘书处业务事项的承办制，使部门及个人的工作分工更加具体化、精细化，进一步促使部门间相互交流和沟通。

（二）财务工作得到一步加强。制订预算：根据理事会的要求和工作计划，由各部门分别提出业务预算，经财务测算后编制年度预算报告，报经会长批准下达年度预算指标，根据实际情况形成半年度预算执行情况，报经监事会审核。财务报告及审计：编制完成年度财务收支报告，完成换届选举及法人任期审计工作，经由上海永屹会计事务所出具相关审计报告，并提交会员大会审议通过。完成协会2020年度所得税清算工作。完成投资公司（京微公司）的财务审计事项，以及游艇展项目的收益分成工作。

（三）重视各类专业培训，提升员工自身业务能力。秘书处派员参加由上海新闻出版教育培训中心组织的上海市连续性内部资料性出版物编辑培训；由市标准化协会、市工经联、市经团联组织的关于团体标准培训；市工经联法制服务专委会会议及法律专题培训；市民政局社会团体管理处举办的2021年度市级社会团体负责人能力建设培训班。

**六、坚守协会宗旨，努力做好各项服务**

（一）做好政府的助手。3月，受市经信委委托编制完成2020年《上海船舶工业行业经济运行分析》年度分析报告。上海江南造船厂有限公司及其下属的上海东真船舶工程有限公司向市经信委提出《船舶生产企业生产条件基本要求评价》申请。3月，协会受市经信委委托组织专家评审，两家企业均取得市经信委颁发的《上海市船舶生产企业生产条件评价证书》，为企业生产经营打下坚实基础。协会继续按市经信委委托协议要求，对上海船舶海工行业进行经济运行统计分析，编制完成第一季度、半年度及第三季度《上海市船舶海工行业经济运行分析报告》。配合中船协完成工信部对相关单位统计催报、数据审核等相关工作。受市经信委委托协会对上海交运船舶有限公司提出的《船舶生产企业生产条件基本要求评价》申请，组织现场考察和调研、申请材料的沟通和修改等各项评审准备工作。配合政府有关部门编纂完成《上海工业年鉴》《上海年鉴》《浦东年鉴》的相关内容。

（二）搭建行业平台，共享行业资源。4月1日—3日，上船协与中船协、博华公司共同主办的第二十五届中国（上海）国际船艇及其技术设备展览会在上海世博馆举办，展会期间，协会主办“2021中国国际船艇产业发展论坛”。这次游艇展会和论坛获得圆满成功。7月30日，协会与上海久和船舶科技集团有限公司、上海船东协会联合主办的第九届“船商会”在上海国际会议中心举行。会议以“汇聚船界精英、引领船业发展”为题，就在全球疫情形势严峻、经济形势复杂的大环境下，业界关心的船舶行业如何转型发展、船舶交易现状及趋势分析、银行及融资租赁业如何助力航运发展等问题展开深入讨论。与会人员集思广益，建言献策，共话发展。继续做好企业管理现代化创新成果评审工作。协会收集到来自会员单位关于“企业管理现代化创新成果”42个项目参与评审，最终审定获奖成果40项，其中一等奖5项，二等奖14项，三等奖21项，并向上海市现代化创新成果评委会推荐12个项目参与评选，这些成果反映企业管理的最新趋势，为会员单位提供可学习和借鉴的成功经验。继续做好行业信息共享服务。按期完成《上海船舶工业》3个季度的编辑发行；利用协会微信公众平台及时发布国家有关政策、行业信息、协会业务动态，截至11月底，共发布93期图文消息，232篇信息，发挥新媒体宣传作用。

（三）为企业办实事。积极配合会员单位，对申请2021年度上海市“专精特新”企业向市经信委提出推荐的意见。为使企业产品得到更好发展，运用协会平台对行业相关单位就有关产品进行问卷调查。

（四）扩大对外交流。为推动造船行业腐蚀控制与防护技术的发展，推动行业标准的制修订工作，为相关技术人员提供相互学习和交流的平台，11月18日，协会和AMPP（材料性能与防护协会）联合召开“造船表面处理与腐蚀防护标准技术交流研讨会”，围绕现有的腐蚀防护技术与行业标准互相交流、积极建议，谋划合作共赢、共同发展，并提议下次技术交流活动的主题。继续加强与上海海事法院的联系，积极参加其举办的“服务保障船舶产业发展审判情况通报白皮书”新闻发布会、首届长三角海事司法论坛暨长三角海事司法合作协议签约等有关活动。积极参加市商务委举办的“2021长三角产业安全发展论坛”。为加强跨省同行交流学习，接待湖北省船舶工业行业协会有关人员拜访协会和外高桥造船有限公司，咨询交流关于企业生产条件评价工作的情况。

（徐　辉）

# 上海有色金属行业协会

上海有色金属行业协会成立于2002年1月，下设有色金属信息资讯、会议会展、技术检测、培训鉴定等服务平台。还有全国最大的有色金属交易市场和现货电子交易中心。现有会员单位170家，基本覆盖上海地区主要的有色金属骨干企业，聚集有色金属材料、辅料、制品、装备等制造领域企业和相关的商贸、金融、信息、物流、咨询、会展等单位。

2021年主要工作：

**一、紧贴行业实际，坚持高质量发展目标**

（一）开展行业调研，加强企业间的互动交流。4月—7月，协会组织多家企业先后考察浙江、江西及重庆的部分有色企业和经济开发区。通过走访考察，学习当地金属企业在改革转型、创新发展中的先进理念和具体做法；分享他们在绿色发展、技术创新、拓展市场、加强管理等方面的成功经验。考察团还与当地政府与相关企业就企业生产经营、业态拓展、行业互动等相关议题进行广泛而充分的交流与沟通，进一步发挥协会为政府与企业共同推进有色金属产业高质量发展的桥梁纽带和助力推进作用。

（二）深化产业对接，助推有色新材料的导入与应用

1．注重技术引领，发挥好汽车新材料领域的专家资源。3月初，协会会同上海市汽车工程学会、苏州市压铸技术协会和上海有色网采用线上线下双模式召开“汽车新材料与应用战略合作专家委员会”委员代表工作会议。对加强汽车新材料与应用专业委员会的自身建设，充分发挥专家智囊团的作用，开展更精准、更深入和前瞻性的研究工作，进一步推进汽车材料专业领域新材料研究和应用材料推广，促进主机厂、零部件总成和有色金属材料企业产业链融合发展。

2．注重实地考察，搭建精准高效对接桥梁。3月，协会组织上汽、一汽、吉利、康斯博格等整车零部件专家和企业家17人，走访苏州利达铸造有限公司等4家企业，通过政策、技术、供需等信息交流，为企业展示产品、商务洽谈、拓展市场牵线搭桥；对推动有色新材料与汽车行业从论坛到企业的创新融合发展起到重要推动作用。

3．注重论坛质量，打造汽车新材料产业对接服务首选品牌。9月，由中国有色金属工业协会、中国再生资源产业技术创新战略联盟、上海市经济和信息化委员会、上海市工业经济联合会指导，协会与市汽车工程学会、苏州市压铸

协会共同主办，上海有色网承办的“中国工博会新材料论坛——2021中国汽车新材料应用高峰论坛”在上海召开，本次论坛以“双循环、碳中和、更轻量、更智能”为主题，聚焦汽车产业发展趋势，共议材料解决方案。市经信委副主任张建明与协会会长徐明为上海市新材料发展战略专家委员会的“汽车新材料与应用战略合作专家委员会”揭牌。此外，“第三届2021年最有潜力的汽车材料与铸件产品评选活动”，共收到76家企业递交的103份材料。经过10位专家的评审和推荐，有32家企业分别获得“2021年最具潜力汽车材料创新奖、应用奖和铸件产品奖”。

（三）把握前沿科技，增强品牌影响力。5月，协会与上海市有色金属学会共同发起组织，联合上海交通大学、上海应用技术大学、上海理工大学、太原理工大学共同主办“2021国际层状金属复合材料论坛暨第六届中国铝基复合材料技术与应用研讨会”论坛，邀请30余名金属复合材料领域的知名学者、专家分享本领域最前沿的技术与成果，并围绕层状金属复合材料的技术创新、新材料应用、工艺技术优化、生产装备升级和材料应用发展趋势等内容，与会代表进行深入的交流讨论。11月，由协会与上海家用电器行业协会和安徽省信息家电行业协会共同主办，上海钢联电子商务股份有限公司承办的“2021年世界制造业大会暨2021智能家电新材料应用高峰论坛”在安徽合肥召开。本次论坛得到上海市经济和信息化委员会、安徽省经济和信息化厅、中国钢铁工业协会、上海期货交易所、中国家用电器协会、中国家用电器研究院等单位的支持和指导，吸引了产业链上下游220多家企业、300多人的积极参与。

## 二、聚焦产业重点，强化协会服务功能

（一）发出行业倡议，落实防控措施。按照党中央、国务院和市委、市政府关于疫情防控的部署要求，1月，协会及时发出《关于春节期间疫情防控倡议书》。倡议行业企业要严格落实日常防控措施，贯彻落实做好“外防输入、内防反弹”常态化疫情防控工作。

（二）关注企业诉求，积极建言献策。3月，协会和上海有色金属交易中心联合召开“上海有色金属行业贸易企业代表关于《中华人民共和国印花税法（草案）》征求意见座谈会”。上海物资贸易股份有限公司等16家有色金属现货贸易行业代表企业及负责人参会。会议围绕该《税法（草案）》征求意见稿”和十三届全国人大代表何金碧（迈科集团董事局主席）提出的《关于印花税法（草案）的修改建议》”进行讨论。并将讨论意见建议形成会议纪要，报送全国人大常委会及法制工作委员会，供立法参考。

（三）围绕绿色低碳，践行减排降耗

1．加强培训。9月，协会与上海钢联电子商务有限公司共同举办“上海公平贸易公共服务项目直播培训活动——2021三季度碳达峰线上会议”。

2．修订标准。3月，协会与市能效中心、上海应用技术大学、上海大纪新格工业炉有限公司、上海正英日坩工业燃烧设备有限公司共同修订的《铝及铝合金熔解保温炉节能运行评价指标》（上海市地方标准）通过专家审核。

3．推进试点。4月，全球环境基金“中国再生铝、铅、锌、锂行业绿色生产与可持续发展准备金项目”组一行，到协会副会长单位上海鑫云贵稀金属再生有限公司调研考察。高度评价上海蓄电池环保产业联盟成立7年来对蓄电池回收产业的贡献。联合国开发计划署驻华代表洪云博士听取协会和联盟的工作汇报。

（四）开展预警分析，防范贸易风险。针对有色金属进出口贸易的风险状况，协会定期发布《上海有色金属外贸环境信息简报》，全年共发行24期。5月、11月，两次举办“上海有色金属贸易及产业形势分析培训会”，就有色金属出现罕见的连续上涨，铜铝价格屡创历史新高，国际贸易中不确定因素持续增加等企业关注的问题，进行理性分析和准确判断，指导企业及时理清错综复杂的经济形势；帮助企业关注RCEP组织给企业带来的机遇与挑战，以及铝制品反倾销案例的分析等情况。12月，完成《2021年上海有色金属行业公平贸易发展研究报告》的编纂。完成撰写《2020年上海有色金属行业发展报告》白皮书，发布《2020上海有色金属工业经济运行情况分析》报告。

## 三、坚持服务宗旨，切实加强自身建设

（一）表彰先进，促进凝心聚力。2021年是协会成立20周年的庆典筹备之年。为弘扬先进，凝心聚力，再创辉煌，在民主推荐、充分酝酿、网上公示的基础上，经协会五届理事会审议，决定授予张敏祥等6位同志为“行业突出贡献者”荣誉称号；授予吴小云等10位同志为“行业先进工作者”荣誉称号；授予张景明等8位同志为“协会优秀工作者”荣誉称号；授予上海华峰铝业股份有限公司等22家企业为“先进集体”荣誉称号；授予上海物资贸易股份有限公司等9家企业为“风雨同舟示范企业”荣誉称号。

（二）瞄准目标，申报资质提能级。年初，协会根据上海市人社局对职工职业培训的相关要求，积极推进“企业职业技能等级认定机构”的申报工作，同时召集协会专家和相关职业工种的考评员，开展职业技能职业工种题库的建设工作。11月，获得市人社局授予的“上海有色金属行业企业职业技能等级认定机构”的资质。此外，全年获上海市工程系列（有色金属学科）专业技术职称资格共24人，其中中级职称15人、高级职称9人；获上海有色金属行业专业技术职称资格共18人，其中中级职称8人、高级职称10人。

（三）优势互补，分会建设增活力。搞好搞活分会是协会服务个性化和精细化的重要体现。5月，协会镍钴分会10

周年庆暨嘉兴交流会在嘉兴召开。同月，协会工业炉窑分会2021年会员大会在上海应用技术大学徐汇校区召开。

（四）区域整合，合作联动长三角。按照“长三角有色金属行业创新发展联盟”筹备工作的既定目标，协会与江苏省冶金行业协会、浙江省冶金有色行业协会、江西省铜行业协会、铜陵市铜业协会和新疆有色金属行业协会协同配合，紧锣密鼓地筹建“长三角有色金属行业发展联盟”。年内，新增山东省铝业协会加入联盟筹建。目前联盟章程（草案）、联盟倡议书（征求意见稿）、联盟工作组（筹建）的建议正在听取成员单位意见。

（张建明）

# 上海起重运输机械行业协会

上海起重运输机械行业协会成立于2003年11月，是上海市起重运输机械科研院校、设计制造、安装维修等企事业单位自愿组成的跨地区、跨部门、跨所有制的行业性社会团体法人。主要业务范围：行业调研、技术培训、会展招商、产品推介、技术咨询服务、国内外技术信息交流等。现有会员单位100家。

2021年主要工作：

**一、抗击新冠疫情，鼓励员工就地过节**

新型冠状病毒疫情爆发以来，协会坚决贯彻党中央关于疫情防控各项决策部署，落实中共上海市委、市政府的要求，支持会员企业，把疫情防控作为最重要的任务，把人民群众生命安全和身体健康放在第一位，坚决遏制疫情蔓延势头。按照市政府的要求，坚持多措并举，一手抓防疫，一手抓生产，尽最大努力，减轻疫情对企业造成的负面影响。

1月，协会特向各行业内企业发出倡议，倡导企业积极鼓励员工就地过节；各企业进一步加强组织领导，压实企业疫情防控责任；企业对员工提供“全方面保障”，提升他们的安全感；对员工提供“全方位关心”，提升他们的幸福感；对员工提供“全天候服务”，提升他们的获得感。倡议得到会员单位的广泛响应和支持。

**二、召开市场动态与企业新技术开发信息交流会**

3月24日，协会召开“市场动态与企业新技术开发信息交流会”，通过交流，思想碰撞，产出火花，达到互相促进的目的。参会领导依据各企业自身情况，畅所欲言，作介绍，谈体会，听环保，学技术，论教训，探方向，鼓信心，取得较好效果。协会秘书长张建国向大家通报协会开展行业标准化，会员发展，走访调研，抗击疫情等方面的工作。

**三、完成协会年度团体年检，纳税申报**

根据《社会团体登记管理条例》的有关规定，上海市于2021年3月1日至6月30日实施2020年度社会组织年度检查。年检采取社会组织网上填报和登记管理机关实地抽查相结合的方法。3月22日，协会在网上填报完成年度检查报告书，提交有关年检材料。6月登记管理机关市民政局对协会做出年检合格审核意见。由此顺利完成2020年社会组织的年检。同时，协会严格执行国家税务政策和国家统一会计制度的规定，于4月向国家税务总局上报“企业所得税年度纳税申报表”，完成2020年度纳税申报工作。

根据协会章程，经申请和推荐，发展苏州市睿之恒贸易有限公司、上海铠卫机械科技有限公司、徐州汇力高强标件有限公司为新任协会会员单位。至12月底，协会收到82家会员单位交来会费，占总数的90%，会费收缴完成率在同协会中名列前茅。

**四、提高品牌意识，推进品牌建设**

协会根据市政府品牌推进工作的要求，做好品牌培育示范工程，增强企业的品牌辨识率和溢价能力，推动行业品牌建设再上新台阶。协会会员上海振华重工（集团）股份有限公司为长三角品牌建设联盟副理事长单位，上海科大重工集团有限公司、上海新时达电气股份有限公司、上海久能机电制造有限公司，上海南华机电有限公司为长三角品牌联盟理事单位。5月10日，2021年中国品牌日活动开幕式暨中国品牌发展国际论坛主论坛在上海举行，活动主题为“中国品牌，世界共享；聚力双循环，引领新消费”。上海振华重工以品牌价值14.55亿元名列第29名。

**五、参加市工经联纪念建党百年诞辰双百活动**

上海市工业经济联合会主办的“百年上海工业故事”“百年上海工业主题影像展”两项工作被列入中共上海市委宣传部2021年上半年重点工作。为迎接党的百年诞辰，协会参加编写上海工业百年发展史的工作，走向世界集装箱制造第一的发展范例。协会专访了解港机发展的历史，在振华重工集团党委的重视支持下，此项工作在4月前顺利完成。协会还推荐提供包起帆荣誉会长的事迹、故事、图片和材料，受到编撰组的赞扬和肯定。协会动员有关人员投稿百年上海工业主题影像展，其中以振华发展创业领头人管彤贤故事的摄影获得入围奖。

**六、组织开展2021年度学术论文征集活动，保持刊物网站健康运行**

一是协会和《起重运输机械》杂志社联合组织开展2021年度学术论文征集活动，并作为《起重运输机械》创刊60周年系列庆祝活动。截至9月，共收到3篇论文投稿，经初步审核，1篇要求修改，2篇同意推荐作者投稿到《起重运输机械》刊物网站投稿系统中。二是刊物定期出版，网站健康运行。网站月游览量平均达3000多人次，微信公众号浏览用户增加到近400多户。协会网站采用专人专管，随时更新的形式，保证网站健康运行。同时，协会刊物“行业通讯”坚持每两月出版1期，每年6期，到2021年6月，协会刊物《行业通讯》出版已满100期。协会与《起重运输机械》杂志社合作，定期将行业协会的工作与动态作报道，每2月给每个会员单位赠1本《起重运输机械》当期杂志，供会员单位参阅。协会还参加市经信委主编的2021版《上海工业年鉴》的撰稿工作和市工经联主编的2021版《上海市经济团体联合会年鉴》的撰稿工作。

**七、推进行业团体标准制定**

2019年3月，协会制定发布《上海起重运输机械行业协会团体标准管理办法》，供协会会员单位和社会自愿采用。管理办法发布后，先后有会员单位联系协会，咨询制定行业团体标准的相关问题，上海佩纳沙士吉打机械有限公司已向协会提交团体标准申报书，项目名称为：散货机械抓斗的大修与报废条件。

本标准是在结合国内外产品技术水平，以及用户生产实践的不完全统计数据的基础上进行制定的，有一定的通用性，为用户自行判断散货机械抓斗的大修与报废，提供基础的技术支持与判断依据，有利于产品用户根据实际使用情况，及时检查、判断产品的状态，及时发现安全隐患、做好产品维保，更好地发挥产品效能、延长产品寿命、保证生产安全。

**八、协会组织理事单位赴新时达交流学习**

8月17日，协会组织起重运输行业专家、部分副会长及理事单位一行13人到副会长单位上海新时达电气股份有限公司交流学习，受到该公司热情接待。公司领导详细介绍上海新时达发展壮大历程和现在生产管理经营状况，以及以智能制造为核心的产品和技术规划。大家参观变频器驱动制造、检测、试验、机器人工作站展示区、培训区和制造区，对新时达自主研发的变频器及机器人控制系统、机器人制造机器人智能产线等硬核技术展示的创新成果赞叹不已。

**九、加强党组建设，规范协会工作**

协会把社会组织规范化建设作为推动协会自身建设的强大动力，加强协会党支部建设和内部管理。一是在协会刊物《行业通讯》中开辟《党组建设》专栏，宣传党的十九大精神，发布党课材料，介绍新出台的政策，供行业内党员学习参考。二是协会党支部提倡自学和集中学相结合的方法，提高思想认识；通过开展组织生活，在自我教育的基础上提高党性修养。组织党员参加“学习强国”平台学习，深入学习宣传习近平新时代中国特色社会主义思想。三是每年2次参加市工经联党委组织的党支部书记培训、党课及讲座。3月，协会党支部与市工经联签订《2021年度党风廉政建设责任书》。通过加强党建工作，努力形成组织思想、政治工作新机制，积极发挥党员的先锋模范作用，确保协会各项任务的完成。

（贺锡明）

# 上海铝业行业协会

上海铝业行业协会成立于1989年3月，前身是中国有色金属加工工业协会轻金属分会上海地区协作组，至今已有30多年历史。是上海地区从事铝加工的生产企业和铝加工产业链中设备、贸易、科研等相关企业单位自愿组成的行业性社会团体。现有会员单位172家。

2021年主要工作：

**一、加强协会队伍建设，努力做好服务工作**

协会坚持每月走访多家单位，深度了解企业，主动和企业家交朋友，谈合作，促发展，整合协会平台资源做好服务工作。譬如，协会为礼德铝业牵线搭桥，使32万吨新能源太阳能电站用铝合金材料项目与魏桥创业集团正式签约落户。还多次走访山东邹平，与当地政府、与魏桥创业、创新集团积极沟通项目落户后的配套服务事项，并提出建议。协会积极为上海鑫益瑞杰引进技术改造项目争取政府配套资金，该项目在顺利申报中。另外，根据企业要求，协会邀请同济大学汽车学院高云凯教授赴鑫益瑞杰开展技术咨询活动。

年内，政府出台危废处理系列政策，把铝灰列入危废名录，协会多次开展二次铝灰无害化资源化利用技术研讨活动。宣传江苏海光集团的铝灰无害化资源化处理成果，成功对接奥科宁克、仪征同泰等单位的铝灰处理合作项目。上海巨合在分牌号保级供废铝方面取得显著成效，为此，协会对接华峰铝业等单位开展业务合作，在减排降耗中促进分牌号保级应用再生铝的工作。

**二、加强协会专家队伍建设，积极开展专业技术交流、咨询和服务活动**

协会推进用再生铝生产铝板带项目的科研攻关，9月23

日—25日，协会牵头组织，从全国各地邀请10位专家教授专程赴江西鹰潭，成功举办“江西保太集团20万吨铝板带项目技术研讨会”。这次活动受到保太集团彭保太董事长的积极评价。

7月21日—22日，协会与上海钢联在宁波首次合作成功举办华东铝铸造高峰论坛。为更好服务会员单位，协会积极与中铝系的中铝应用研究院苏州分院、中铝中色研究院苏州分院开展多方面合作互动，推进产学研合作项目的落地。

协会专家委员会和各专业委员会在推进企业技术进步、行业发展中发挥积极作用。自八届三次理事会议以来，协会组织有关专家为相关企业点对点开展技术咨询，出具各类市场占有率、工艺认定、能耗评估等行业证明。

**三、加强协会理事队伍建设**

6月24日，上海铝业行业协会八届三次理事会议在海宁市尖山新区顺利召开。会议听取并审议袁永达秘书长做的《秘书处工作报告》，并就有关议案作具体说明。报告汇报自八届二次理事会议以来协会所展开的工作、关于理事会成员单位增补和调整工作、团体标准的开展情况以及下一阶段的主要工作思路。各位理事和代表对《秘书处工作报告》以及各项议案进行审议，给予充分肯定，并对下一步工作提出希望和建议。

**四、加强协会党总支和秘书处队伍建设，确保协会工作行稳致远、可持续发展**

协会于2019年成立党总支，是上海工业系统第一个成立行业党总支的试点单位，党总支下属5个党支部，也是上海工经联党委第一党建工作站站长单位。协会党总支书记袁永达注重在协会发展中坚持党建引领，积极发挥党员的先锋模范作用和协会各级党组织的战斗堡垒作用。2021年是中国共产党成立100周年，协会党总支认真组织庆祝“中国共产党成立100周年纪念大会”。通过上党课、入党宣誓、知识竞赛、表彰先进、文艺节目多种形式重温党史，激发协会党员和秘书处全体工作人员不忘初心，砥砺前行的强劲动力。在袁永达同志的带领下，积极参加市工经联党委有关活动，开展第一党建工作站各类活动，重视协会党总支和各支部的党建工作，努力反映协会和会员单位需求，坚持发挥党总支的核心作用，推进协会各项工作积极、主动、稳妥、可持续发展。

根据会长要求，协会秘书处坚持老中青相结合，注重培养年轻的新生力量。秘书处一班人坚持学习，勇于开拓，兢兢业业，竭尽全力热心做好服务工作。

（平佳雯）

# 上海市铸造行业协会

上海市铸造行业协会成立于1984年6月，是上海及周边地区的锻造企业及相关企事业单位自愿组成的跨地区、跨部门、跨所有制的非营利性社会团体法人。现有会员单位60家。

2021年主要工作：

**一、协会自身规范化建设**

2月，市工经联开展2019—2020年度先进协会的评比活动。协会经自主申报、实地评审、专家评审和公示，于9月被评为2019—2020年度“先进协会”，获得荣誉证书与奖牌。协会的联合党支部被上海市工业经济联合会党委评为2020年度先进基层党支部。

3月，召开九届四次理事会暨监事会。3月31日，在上海市社会组织网上平台提交社团年检报告，经市经信委与民政局评定后，年检合格。

协会经自评、初评和上海市社会组织规范化建设评估委员会审议终评，被评为3A级行业协会。4月，协会申报规范化建设工作复评，最终通过3A等级评估。

7月，协会参加市民政局开展协会乱收费专项清理整治工作动员线上部署会议。协会对照15项类别自查自纠，并将制定的团体标准、行业标准、收费项目与内容等在网上及时公示。

11月4日，协会秘书长谈悦晨参加社团处组织的2021年度社会团体负责人能力建设培训班。

**二、开展培训与交流活动**

9月，铸造初级工（五级）技能培训班开课，为会员企业的员工进行基础培训。10月27日，协会与铸锻热镀协会联合金山区铸锻热镀协会对金山相关企业进行安全、环保、消防、职业健康培训。会员企业表示培训内容丰富翔实，学到不少新知识，并会将学到的知识运用到工作中。

2021年，协会秘书处共对16家企业进行达标评议。在开展达标评议工作的同时，与上海厂长经理人才有限公司联合拜访10多家企业，针对企业的团队建设、人才培养等问题进行了深入交流，并联手组织“铸造行业发展探讨沙龙——薪火传承·坚守与变革”沙龙与针对企业高管的“双十二”活动，邀请上海市国资委研究室副主任与世界500强法资企业事业部总经理从外部大环境与企业内部分析“十四五”期间经济走势与政策、探讨如何提升企业效率。

三、配合政府服务企业

2020年7月以来，上海市经信委产业园区规划处与智能装备处领导多次召集协会与锻、热、镀协会共同商讨四大工艺发展概况与扶持政策调研。为此，协会连续搜集、调研、分析绝大多数上海市铸造企业数据与信息，完成现状调研报告。2021年，市有关部门又组织两次座谈会，协会邀请几家头部企业代表参加。会议围绕如何推动四大工艺行业高质量发展、支持头部企业成长，发挥标杆品牌示范效应进行深入交流。协会参与3家公司的新增产能项目专家评审会，为市经信委提供行业专家意见。6月30日，协会出席市工经联召开的上海市节能减排JJ小组活动总结交流会，提交7家企业的JJ小组活动项目。

四、服务企业

协会参加万泽绿色集成系统项目验收评审，为多家企业寻找烟气收集净化设备商、造型涂料固化剂废气收集净化设备商及铝灰渣回收处理单位；为瑞典一家机械设备公司提供并购意见，为一家美国公司推荐球墨铸铁生产和加工供应商；给腾辉等企业出具专家评估鉴定意见。全年共收到65份信息调查表：上海市生产型会员单位90家，统计率72%。还有6家新入会会员单位。

五、与兄弟协会交流

5月，参加安徽铸协年会；拜访苏州铸协协会，参观考察苏州铸协理事长单位苏州石川制铁有限公司；组织140人的考察团参观第十九届中国国际铸造博览会。10月11日—12日，山东铸协秘书处张江秘书长率领各企业40多名代表来上海华新合金有限公司与上海东岩机械股份有限公司进行考察交流。

六、其他方面

1月与10月，协会围绕制造业数字化转型，分别作为协办方与上海市工业互联网协会举办“2021工业互联网创新发展大会”暨工业人嘉年华系列活动与“制造业数字化转型思维认知训练营”活动。

3月，协会组建铸造产业链专家服务团队，10多家会员企业推荐的各领域的专家人才通过秘书处审核。

4月—5月，协会陆续接待含山、成都、新疆等地方政府招商办领导；接待上海澜宏金属材料有限公司等企业。

（谈悦晨）

# 上海市焊接行业协会

上海市焊接行业协会（原为上海市焊接协会）成立于1985年，是非营利性社会团体法人。现有会员单位123家。

2021年主要工作：

一、学习贯彻《通知》精神，坚决抵制非法活动

为进一步加大打击整治非法社会组织力度，协会坚决贯彻执行民政部等22部门联合印发的《关于铲除非法社会组织滋生土壤，净化社会组织生态空间的通知》精神，认真组织学习讨论，并根据文件精神立即开展自查。

通过协会网站、微信公众号、《上海焊接》通讯等，宣传打击整治非法社会组织的通知精神，切实履行协会相关职责，弘扬社会组织正气，传播社会组织服务社会的正能量。同时，协会发布《关于参与打击非法社会组织活动的倡议书》。

协会参加上海市民政局召开的上海市行业协会（商会）乱收费专项清理整治工作动员部署线上会议，认真组织学习讨论，贯彻落实对照会议精神，开展自查自纠和整改工作，进一步规范行业协会收费，切实减轻企业负担，制定规范收费行为自律承诺书。

二、坚持协会宗旨，开展各项服务

开展技术交流活动，搭建服务企业平台。4月，协会组织上海部分核电制造企业召开技术交流会，参加会议的领导、核电技术人员及工程技术人员等20余人，对新产品、新技术的介绍交流产生浓厚兴趣。本次会议提供的技术交流平台，得到设备厂商和应用企业一致好评，取得较好的效果。

积极开展技术咨询及培训，更好服务会员单位。协会履行服务企业的职能，在开展技术培训工作方面，与德国莱茵TUV合作联合举办ASME标准，NB/T标准线上培训班。为满足企业的产品检测要求，组织开展目视检测培训班，增强学员对目视检测知识的深入了解和解决实际问题能力，取得较好的效果。继续组织第7期焊接技术专业资格评定培训，经过培训，学员们表示学到很多焊接技术，在实践中得到应用，受到焊接行业的欢迎和好评。经协会培训合格的人员，在工厂产品技术文件上的签字，得到行业内和上海市市场监督部门的认可。为会员单位服务，全年完成各类标准焊工考试2235项，各类焊接工艺评定项目25项。

三、开展行业地区协会合作交流，拓展新思路

加强行业地区合作交流，增进协会联系和沟通。上半年，由中国焊接协会主办，上海市焊接行业协会承办，上海电站辅机厂有限公司、上海通用重工集团有限公司协办的第四届全国焊接行业协会（商会）会长（理事长）、秘书长工

作会议在上海电站辅机厂有限公司召开。出席本次会议的全国各省市地方行业协会组织及中国焊接协会分支机构的理事长和秘书长近40人。会议由协会秘书长彭暐华主持。中国焊接协会副会长兼秘书长李连胜和上海市焊接行业协会会长朱建伟分别致辞。本次会议充分发挥焊接行业协会的桥梁纽带作用，达到“交流信息、探讨新问题，促进新合作，提高行业协会为政府、为行业、为会员，提升社会服务能力和建言献策”的目的。

下半年，协会与上海市焊接学会成功主办第十五届华东六省一市焊接技术交流会，来自华东六省一市等高校、企业及科研院所的170余名代表出席会议，会议的主题为“双循环经济下焊接技术创新和应用”，上海交通大学等会员和理事单位在大会上作主题报告和交流报告。本次会议共征集论文211篇。

之后，协会参加由天津焊接行业协会承办的第20次三市一省行业协会交流会。交流主题是围绕高技能人才培养和校企合作方面的发展，同时结合各协会两年来的工作和特点进行介绍和交流。通过学习交流，不断加强协会与兄弟省市协会的联系和沟通。

积极参与各种展览会议，提升协会影响力。2021年第25届北京埃森焊接与切割展览会在上海举办，协会积极参加，并精心布置展台，展示上海市焊接行业协会的历史发展进程和现状。同年，2021工业互联网创新发展促经济数字化转型生态合作大会在上海成功举办，协会参与由上海市工业互联网协会联合工业领域15个社会组织和280余家企业共同发起的“工业互联网促数字化转型联合倡议”活动。上海市7家行业协会与上海工程技术大学交流会暨“面向企业产教融合高技能人才培养”政产学研用会议在上海工程技术大学召开，协会联系多家协会共同参与。协会首次参与面向企业产教融合高技能人才培养会议，是协会工作的一次新尝试，将推动产教融合高技能人才培养的发展。

**四、履行行业协会职能，承担部分政府转移项目**

完成部分政府转移项目。经过协会的努力工作，年内完成上海市人力资源和社会保障局职业技能鉴定中心钎焊工题库的编写工作。

由中国船舶集团上海船舶工业有限公司主办的“2021年上海市经济和信息化系统职业技能竞赛暨上海船舶职工技能比赛焊工专场”顺利举行。协会作为技术支持单位派出6位焊接考评员，按标准对竞赛试件进行公平、公正的评审。本次焊工技能竞赛为上海即将举办2022年第46届世界技能大赛做好准备、营造氛围、发掘人才。

组织行业节能减排，开展JJ小组活动。协会积极配合市工经联开展企业节能减排工作，组织会员单位汇总上报节能减排项目，参加节能减排项目总结评审，上报总结9项。

**五、依法规范运作，开展各项协会工作**

年初，根据上一届理事会的要求，认真做好协会换届选举工作，顺利召开第九届会员大会和九届一次理事会与监事会，产生新一届理事会与监事会领导成员，确保协会工作的顺利开展。

按照协会章程规定，召开九届一次和九届二次理事会、监事会，听取和审议协会重要工作，通过有关决议，为协会进一步做好工作指明方向。坚持走访会员单位，增强协会凝聚力。开展走访会员单位，了解会员单位的生产经营状况、对协会工作的意见和建议。在协会换届选举后会员单位换牌之际，并为会员单位赠送铜牌。充分发挥协会的桥梁纽带作用，不断增强协会的服务水平。

（余新华）

# 上海市工具行业协会

上海市工具行业协会于1987年建会，成员单位主要是工具五金制造企业。通过30多年发展目前成员单位涵盖了制造、贸易、金融、法务、科研等。会员单位所有制类型有外资、中外合资、股份制、民营等。现有会员单位86家。

2021年主要工作：

**一、坚持在党的领导下发展协会，坚持以法办会、以法治会，发挥党组织的战斗堡垒作用，在政治上确保协会健康发展**

党支部坚持“三会一课”，坚持学习强国，支部书记积极参加党委组织的学习培训和活动，同时组织支部党员参观淞沪抗战纪念馆等活动，开展净化心灵，不忘初心，做一个合格党员，树一面旗的活动，党支部全过程参加协会一切会议和活动，主动联合监事会对协会发展中碰到的问题开展协调工作，顺利完成会长调整工作，协调解决新老会长更换期的房租费用问题。

**二、服务政府，积极参加政府组织的各类培训学习**

协会重视政府职能部门的各类会议、培训和活动，以提高协会秘书处人员的管理水平和业务能力。在协会评比、乱收费等检查工作中，联合监事会严格对照文件逐条自查，确保协会无违规违纪发生。协会积极参加交大召开的社会组织内部治理项目管理和传播座谈会，为政府决策提建议。

**三、走访兄弟协会，学习取经成功经验**

协会组织秘书处走访物流、计算机等“5A”级协会，向他们学习取经，共同探讨新形势下协会发展的新路径。

**四、发挥协会平台作用主动服务会员企业**

2021年起，协会吸收服务型（基础服务和技术服务）企业入会，开展各类（法务、人才）培训（免收费），全面服务于企业。年内，美球机械厂因受疫情影响，企业情况不乐观，协会秘书长主动陪同走访易尔拓，为两家企业牵线搭桥，最终签订定单，解决双方各自需求。帮助困难企业减免会费，帮助发展中企业和优质企业开展合作互帮互助，让企业在发展过程中少走弯路尽快达标。摸家底，开展会员采风工作，年底，协会组织人员开展“探索未来方向——会员采风”系列走访工作，共走访在沪企业40家，行程1100多公里，对会员单位的所有制性质、市场、出口、研发、企业特色、党建等全方位进行摸查统计，根据调查分析，召开理事会讨论2022年工作内容，促进跨行业、跨区域开展行业交流和合作。

（戴　波）

# 上海市热处理行业协会

上海市热处理行业协会成立于1984年，是以上海市热处理企业为主和相关的设计、科研、教育及有关的单位自愿组成的市级社会团体。现有团体会员单位232个，包括航空航天、电气、核电风电、军工、航海、医疗器械、汽车高铁、机械制造等领域和教学、科研以及与热处理领域相关行业。涉及30多个行业的近1万种产品，覆盖全市国企、民企、外企及台资企业等多种所有制形式。

2021年主要工作：

**一、当好政府参谋，努力为企业服务**

协会坚持“发展先进工艺，限制传统工艺，淘汰落后工艺”的导向，大力推进先进工艺装备技术，以“热处理厂点生产基本条件达标”活动为平台，加快行业整体水平的提高。坚持以科学发展观为指导，积极发挥桥梁和纽带作用，当好政府参谋。先后编制上海市热处理行业“十一五”“十二五”“十三五”“十四五”发展规划，为市政府产业结构调整提供有力的支持；努力为企业服务，认真开展教育培训，近10年来协会共热处理高级技师、技师、高级工、中级工、初级工、上岗资格培和热处理专项培训等超过3000人次；组织编写的热处理工初级、中级培训教材广泛被各培训机构采用；组织专家完成《实用热处理手册》的编写工作，并已由上海科技出版社出版并再版发行，此手册实用性强，还体现先进性与上海特色。协会编发的《上海市热处理行业协会通讯》和开设的网站、微信公众号内容丰富，深受会员的欢迎。同时，协会主动维护会员单位的合法权益、维护行业公平竞争，促进热处理行业健康发展，引领广大会员单位，调整企业结构，适时优化升级。在节能减排、环境保护、安全生产、绿色制造等工作中，为上海市先进制造业的发展做出新的贡献。

**二、加强行业自律管理，做好调研咨询培训等工作**

协会接受政府有关部门委托，加强行业自律管理，对本市新老热处理厂点定期进行热处理生产基本条件达标的验收和换发证工作。提高会员单位的社会责任感，配合上海市政府“产业结构调整”做好行业调查工作。

为会员单位提供热处理新技术，新材料、新工艺、新设备，及国家、上海市相关政策咨询服务工作。联合上海交通大学、上海大学、上海工程技术大学和兄弟协会为上海热处理行业推广新技术、新材料，全面提高上海市热处理行业总体水平。

开展以热处理技术为主的培训工作。协会所属的上海热协职业技能鉴定所已获得由上海市人社局颁发的“本市企业职业技能等级认定机构”资格，主要开展行业内和业外（铸造、锻造）技术工人的技术等级的培训和鉴定。2021年度，完成热处理四级工培训63人，热处理上岗证培训180人。同年进行的铸造五级工培训和锻造五级工培训也已进入最后考试阶段。还新开发项目：金属热处理工职业技能知识”竞赛题库、铸造工（铸造造型（芯）工）四级基本题库、锻造工（自由锻）四级基本题库、锻造工（模锻）五级基本题库。

受上海市政府相关部门委托组织专家进行深入调研，先后编制DB31/833—2014（钢铁感应氛热处理工序单位产品能源消耗限额）、DB31/927—2015（黑色金属可控气氛热处理工序单位产品能源消耗限额）、DB31/928—2015（金属真空热处理工位产品能源消耗限额）、DB31/642—2020（金属热处理加工工序能源消耗限额）、DB31/T25—2020（热处理电热设备经济运行与节能监测）、DB31/1213—2020（金属热处理回火工序单位产品能源消耗限额），并经上海市质量技术监督局批准发布。

为使上海的天更蓝、水更清、地更绿，协会努力推进行业绿色热处理工程，积极推进“清洁生产”和“智能制造”，全面提升行业水平。行业生产性热处理企业已通过清洁生产审核的企业达到总数的30%以上，行业部分先进骨干企业已开展第二轮清洁生产审核准备工作。

（安　东）

# 上海市轻工业协会

上海市轻工业协会于2007年6月21日成立，2019年9月换届组成第四届理事会、监事会，是一个由轻工企事业单位以及相关社会组织自愿组成的联合性的5A级社会团体。现有会员单位297家，理事会成员65家（包括上海轻工行业各大集团公司和专业行业协会），监事会成员3家。

2021年主要工作：

**一、主动作为，促进上海时尚消费品产业发展**

按照《上海市国民经济和社会发展第十四个五年规划和二〇三五年远景目标纲要》关于打造时尚高端的现代消费品产业的精神，促进产业转型发展。根据市经信委要求开展相关行业的调研和资料收集工作，为时尚消费品产业的发展建言献策。在中国轻工业联合会起草《关于加快轻工业现代产业体系建设的指导意见》过程中，配合做好相关工作。4月，在上海交通大学举办上海市急需紧缺人才培养项目“智能制造生产运作管理系统的设计与应用”研讨班，为期4天，41名企业高管和专业技术人员参加，为推进企业智能化水平的提升提供人才支撑。9月，开展主题为“以愿景价值观提升质量理念，以数字化转型促进品牌建设”的质量月活动。全行业克服新冠疫情等不利影响，2164家规模以上企业实现产值5126.76亿元，按可比价计算比上年增长11.89%；出口交货值714.31亿元，同比增长8.23%；利润总额506.18亿元，同比增长6.2%。

**二、整合资源，提高协会精准服务的能力和水平**

一是把企业的能源管理和节水工作作为服务会员的重要工作。7月，召开专题会议落实电力迎峰度夏和需求响应，12月，召开迎峰度冬有序用电会议，为季节性、出口和市场重点产品生产企业的电力正常供应发挥作用。组织企业参加2021年上海“全国城市节约用水宣传周”的线上线下活动，促进节水技改。二是加大与科研院校的合作力度。与上海工艺美术职业学院签订战略合作框架协议，多名教师到协会开展产学研实践活动、在《上海轻工业》杂志上发表学术论文。通过轻工科技协会推进新科技的转化。为东锦食品集团、清美食品集团的“营养早餐工程”、美加净日化公司产品的深度开发与中国科学院、上海科学院等牵线搭桥。三是拓展协会的合作领域。开展上海之帆“一带一路”经贸展的参展组织工作。6月，邀集苏浙皖轻工业协会（联社）来沪进行战略合作研讨，助力长三角“三省一市”轻工行业的融合发展。9月—12月，应光明食品集团要求，承接糖业与生猪产业的研究课题，形成分析报告。

**三、以人为本，强化上海轻工的人才培养工作**

一是推进由人力资源和社会保障部、中国轻工业联合会共同主办的首届全国工业设计职业技能大赛上海赛区的工作。下发参赛通知，通过网站和公众号等宣传，走访老凤祥、亚振家居、皮革公司、工艺美院和大众工业学校等进行组织发动，聘请专家对报名人员严格遴选，因地制宜进行集训和赛前辅导。12月16日—19日参加在深圳举行的决赛，上海代表队分别在首饰设计师、家具设计师、陶瓷产品设计师、鞋类设计师等4个赛项中获得3金4银1铜的佳绩，上海市轻工业协会参与组织工作，上海代表队获“优秀组织单位”称号。二是联手上海轻工业工会联合会一如既往开展“上海轻工工匠”的培养选树活动，5月，授予12人2021年“上海轻工工匠”称号。三是继续做好与专业技术职务任职资格评审相配套的继续教育培训工作。5月—8月，举办2021年工程系列轻工专业继续教育线上培训24期、1144人、4796人次，专业课培训提高到30课时，有“智能制造发展与应用”等11个科目。探索开展特有技能培训和鉴定工作。四是完成2021年度上海市工程系列轻工专业技术职务任职资格申报和评审工作，804人获工程师职称，144人获高级工程师职称；受市经信委职改办的委托评审工艺美术系列技术职务任职资格，51人获高级工艺美术师职称，12人获正高级工艺美术师职称。

**四、夯实基础，加强协会自身建设**

一是讲好上海轻工品牌的故事，扩大《上海轻工业》杂志的影响力。刊登理事单位信息100余条、专题报道文章数十篇。更新和丰富杂志栏目，增强知识性、趣味性和可读性。召开杂志社三届二次理事会。根据国家新闻出版署与上海市新闻出版局的要求，搞好年检工作。在市新闻出版局对2021年上海市期刊编校质量检查中被评定为合格。二是做好全市轻工业规模以上企业的季度、半年度、年度经济运行分析，为各专业行业协会和会员单位提供服务。由协会向中国轻工业联合会直接推荐的老凤祥股份有限公司和上海太太乐食品有限公司获得中国轻工业二百强企业（2020年度）称号。三是《上海市志·工业分志·轻工业卷（1978—2010）》编纂工作完成验收稿，进入出版程序。四是注重按章程规范运作。5月13日，召开协会四届三次会员大会暨四届四次理事会，会长王长林主持会议，秘书长苗华报告协会工作，市工经联监事长吴正扬到会讲话。五是健全和完善各项规章制度，特别是加强财务制度建设，严格财务纪律；加强协会的会员管理，大力吸收新会员。协会党支部按照市工经联党委的部署，组织党员开展“四史”教育活动、民主评议党员、发挥党建引领作用。6月，协会党支部被市工经联党委评为先进基层党组织。9月，获上海市工业经济联合会授予的2019—2020年度先进行业协会称号。

（季旅青　范伟民）

# 上海市摩托车行业协会

上海市摩托车行业协会成立于1995年，是上海市研制、生产、销售摩托车的企业自愿组成的跨地区、跨部门、跨所有制的非营利性行业性社会团体法人。协会主要业务为开展行业协调、市场调研分析咨询、情报编辑、信息交流、培训，接受政府委托开展行业统计等（涉及行政许可的，凭许可证开展业务）。现有会员单位52家。

2021年主要工作：

**一、在发展产业方面**

参与开展对电动摩托车充电系统、电机系统以及DCDC变换器等关键零部件的标准制修订，进一步完善电动摩托车技术标准体系。参与开展电动摩托车共享电池标准体系研究，以团体标准为基础，开展上海市轻型电动两轮车换电系统领域的标准体系研究和相关技术标准的制定工作，《电动轻型两轮车换电安全要求》等7项团体标准进行立项公示和草案编制工作，积极推动产业发展。

**二、在服务企业方面**

协会以专家组为核心，开展对摩托车生产企业的服务。已开展的项目有：标准、认证规则培训、技术服务等。如电动摩托车及电动自行车电安全检测、摩托车排放、制动性能试验等技术交流；办好《摩托车行业信息》，为会员单位提供信息服务；开展学术交流活动，帮助企业及会员单位了解摩托车标准，有助于标准的实施、企业产品质量的提升。如开展GB20075–2020《摩托车乘员扶手和脚踏》、QC/T793–2020《摩托车和轻便摩托车空气滤清器》、电动摩托车和电动轻便摩托车用电机及控制器等标准培训研讨，帮助会员单位加深对标准的理解，对于规范企业及相关单位有着积极的作用；协会组织对外交流活动，如小汽油机行业测试工作研讨，通用汽油机电控燃料喷射系统标准体系研讨、上海口岸进口摩托车监管交流等。

**三、在开展科研活动方面**

开展的项目有：电机试验台噪声源识别试验研究、三轮摩托车安全带标准研究、摩托车实际行驶污染物排放RDE可行性研究、电动摩托车和电动轻便摩托车用电池系统测评研究、摩托车和轻便摩托车转向锁止防盗装置研究，参与《摩托车和轻便摩托车污染物排放限值及测量方法（中国第五阶段）》标准研究等。

（黄　岚）

# 上海市电梯行业协会

上海市电梯行业协会成立于1988年，涵盖上海及江苏、浙江长三角电梯产业集群，遍布世界各主要电梯品牌和国内知名电梯品牌公司的生产整机厂50余家，主要电梯配件厂家100多家，以及上海主要的电梯维保企业100多家。上海市电梯行业协会是政府颁发的最高等级5A级行业协会和上海市先进行业协会称号获得者。现有会员单位300家。

2021年主要工作：

**一、深化与企业、政府、社会间联系，为行业建设与发展发挥作用**

走访爱登堡、现代、永大、新时达电气、蒂升、迅达、南迅、跃菱、江菱、新时达工程等30多家企业，深入了解企业的需求与想法。协会秘书处定期向协会会长、监事长、协会理事会汇报工作。一季度，拜访电梯行业的主管单位上海市市场局特设处，主动把协会工作设想和年度计划与特设处领导沟通。加强与其他相关行业协会的往来和沟通。为开展上海市电梯行业协会创建“信得过维保企业”评定活动，主动向市市场局特设处、住建委领导作汇报，6月16日，由市市场监督管理局、市商务委、市应急管理局主办，上海市电梯行业协会、市普陀区市场监督管理局、百联中环购物广场、上海仪电溯源科技有限公司承办的上海市“安心乘梯守护行动”成功举行。参加活动的有电梯制造、维保企业和电梯行业协会党支部组织的18家志愿者队伍、电梯使用单位代表以及广大热心的市民约150人。通过活动，增强企业的社会责任感，也使广大市民更好地了解电梯的安全知识。为使长三角地区电梯行业企业联动发展，协会发起的长三角地区的电梯行业协会联席会议活动，旨在互通信息、交流经验、联动发展，活动已坚持10多年。

**二、推动上海电梯维保业的建设与发展，确保城市电梯公共安全**

上海电梯维保业面对在全市日夜运行的28万台电梯。为了城市电梯的公共安全，推出上海信得过电梯维保企业创建活动，推进电梯维保企业在“专业、安全、诚信”方面展开创建与竞争，以提升电梯维保人员职业技能为基础，倡导电梯维保过程的流程化、规范化和标准化，不断提升电梯维保企业的服务质量和服务水平，提高电梯维保企业的效益和收入，根本改善上海电梯维保市场秩序。经过近半年准备，近40家企业在网上申报。经过协会初步审核，有37家单位获得第一批入选创建信得过企业。9月24日，协会召开新闻发布会，邀请10多家上海各大媒体的记者、住建委、市场局的领导以及上海市物业和房修协会，共同见证首批上海信得过电梯维保企业向全社会发布。上海各大媒体和网络都报道了相关新闻。

**三、深入开展人才培养工作，丰富培训内容、提升培训作用地位**

协会重视行业人才队伍的建设、发展与储备。协会获得首批上海市社会培训评价组织。协会全程主导新考核模式以及制证、发证，承担鉴定工作的全部责任。协会获得用人单位职业技能等级认定机构，取得市人社局颁发的培训机构许可证。5月，基地通过市人社局审核及实地考察评选，协会入选爱登堡潘阿锁为带头人的大师工作室，江菱机电谷建军为首席技师。组织专家完成人社部委托的五、四、三级培训包教材编写工作，四级教材于2021年出版发行。组织2021年度上海市电梯安装维修工职业技能竞赛。受市场监管局委托组织开展以“服务特种设备安全，提升监察工作效能”为主题的特种设备安全监察员（电梯）专项劳动竞赛，全市16个区县，32名市场监察人员参赛。

**四、进一步巩固党建工作，学习与教育内容不断深入**

2021年，上级党委批复同意协会支部更名为：上海市电梯行业协会（上海市电梯培训中心）支部委员会。圆满完成换届选举工作。庆祝中国共产党成立100周年，协会党支部制作建党百年的宣传展板，组织专题党课和主题活动日。党支部坚持党员学习，组织参与各项公益活动，提升党员素质树立党员形象。

**五、加强协会秘书处内部建设，提高完善履职能力**

协会加强对工作人员开展学习与培训，强化协会各部门职责管理，提高履职的精准有效性，确保秘书处代表行业协会工作的正确与公正。

**六、利用协会媒体扩大对外宣传，展示行业企业产品风貌**

积极发挥协会的杂志、网站的作用，利用多媒体多渠道扩大宣传行业新闻与行业动态，鼓舞全行业员工为行业发展增砖添瓦，扩大电梯行业的社会影响力。1月8日，正式上线“上海市电梯行业协会云展厅”，直接将中国电梯的技术、产品和文化展示于世界电梯舞台。确定入驻云展厅的企业数量已达20家，其中14家企业正式上线。协会的中英文网站按实际需要进行改版。协会“上海电梯”微信公众号有效关注人数上升为7387人，比上年提升400人左右，公众号原创也大大增加，平均每天3～5篇推文发送，保持发布及时性和原创率的提高。

**七、制定相关团体标准**

编制《电梯、自动扶梯和自动人行道装潢技术规范》并正式发布。参与上海市市场监督管理局编制的两个地方标准《上海市既有多层住宅加装电梯安全技术要求》《既有多层住宅加装电梯使用管理规范》的起草编制工作。协会编制的《上海市既有住宅加装电梯技术规范》团体标准获上海市市场监督管理局等多部门联合评选的“2021年度上海市团体标准优秀典型案例名单”之一（共计12家）。

（杨　玥）

# 上海市自行车行业协会

上海市自行车行业协会成立于1988年11月，是上海自行车行业企事业单位自愿组成的跨部门、跨所有制的非营利性行业性社会团体法人。协会下设电动车专业委员会分支机构。团体会员全市覆盖率已达行业的90%以上。协会是中国自行车协会的理事单位，并参与GB17761《电动自行车通用技术条件》的修订工作。现有会员单位120余家。

2021年主要工作：

**一、纪念建党100年，加强协会党建工作**

7月1日是中国共产党建党100周年纪念日，协会联合支部召开各种纪念活动。6月19日，协会与上海起点单车俱乐部党员及党员积极分子联合举办“庆建党百年，百公里骑行，追寻红色足迹”骑行党课活动。骑行活动从上海一大会址出发，历时约3.5小时到达浙江嘉兴南湖，在党的诞生地讴歌党的丰功伟绩，发扬红色传统、传承红色基因。6月29日，协会秘书处全体工作人员及凤凰车业党支部成员参加市工经联第十二党建工作站组织的活动。在会长刘兵带领下，参观市益民一厂党史展览馆，开展党史学习教育。在随后召开的座谈会上，全体党员一起重温入党誓词。7月1日，协会秘书处成员集中收看庆祝中国共产党成立100周年大会实况，学习中共中央总书记近平发表的重要讲话。7月30日，召开党史学习教育专题组织生活会，特邀请原自行车协会老书记赵卫东、范丽华为大家上了一堂别开生面的党课。

**二、宣传贯彻《上海市非机动车安全管理条例》**

5月1日，《上海市非机动车安全管理条例》正式实施。4月28日，协会召开八届二次会员大会，对条例进行解读，通过根据《上海市非机动车安全管理条例》相关规定编写的《上海市电动自行车行业自律公约》，并要求企业签约自律公约承诺书。会议还对企业关注的合格证如何过渡等一些上牌登记新规等问题作说明。《上海市非机动车安全管理条例》对行业影响最大的是取消目录管理。在条例发布至实施过渡期内，协会与公安局车辆管理所召开多次会议，研究上牌依据从目录向3C证书过渡的一系列问题，包括对已出厂产品实施阶段性双规制期限的问题，维护了生产企业的利益最大化。

**三、积极参与电动自行车综合治理**

年初，市公安局、市场监督局等有关部门就与协会探讨电动自行车火灾的原因和防范的措施。9月，上海市安全委员会发布《关于深化本市电动自行车消防安全综合治理的实施意见》，对政府各责任部门进行分工，这些分工与协会密切相关。如文件明确提出要“加强蓄电池管理，研究制定本市电动自行车蓄电池安全技术标准”的要求，并确定市经信委为落实的责任部门。针对这些综合治理要求，协会配合政府做了以下工作：

（一）制定锂电池团体标准。10月8日，协会与市经信委、市市场监督局商量明确起草《电动自行车用锂离子蓄电池和充电器安全要求》团体标准的任务。协会在10月中旬召开会长会议进行动员，落实《电动自行车用锂离子蓄电池和充电器安全要求》起草核心成员单位。11月8日，完成标准草稿。11月10日，召开起草小组首次会议进行讨论。11月24日，完成标准的修改，形成征求意见稿向社会公开征求意见，标准起草仅3个月就完成阶段性目标，体现了协会的工作效率。

（二）制定快递车团体标准。10月，协会与邮政协会共同提出制订《快递末端投送设施安全技术和管理规范》团体标准。12月9日，起草小组成立。该标准分4个部分起草第1部分：快递专用两轮电动车、第2部分：锂离子蓄电池和充电器、第3部分：交流充电桩、第4部分：管理规范，标准将于2022年5月完成。

（三）联合认证机构对充换电企业开展自愿性认证。为配合市政府2021年实事项目，落实在500个小区建立电动自行车集中充电设施，保证电动自行车充换电建设和使用的安全，协会在前两年制定的充电桩和换电柜团体标准的基础上与中国质量认证中心（CQC）合作开展电动自行车集中充换电设备第三方自愿性认证工作。5月6日，电动自行车充换电设施技术研讨会暨CQC首批认证证书颁证仪式在上海举行。并向在上海从事充电和换电的6家企业共8个产品颁发认证证书。

（四）参与电动自行车集中充电国标的制定。国家标准《电动自行车集中充电设施技术规范》于10月20日通过专家审定。此标准中许多内容参考协会前两年制定的充电桩和换电柜团体标准，协会成为国标的主要起草单位，执笔起草标准。该国标预计2022年上半年可报批。

（五）制定锂电池回收、梯次利用。6月7日，协会启动与电动自行车综合治理有关的《废旧锂离子动力蓄电池回收管理规范》团体标准的制定工作。通过近半年的起草，11月26日，通过专家审定。该标准于2022年1月1日发布并实施。标准规范锂电池回收行业的行为，对锂电池梯次利用、再生利用作了规定，保证资源的可利用和废旧锂电池的使用安全。

（六）推出电动自行车第三者责任险。11月19日，协会与保险行业联合在协会网站推出“电动自行车第三者责任险”，上海交警及各区公众号也都进行推介。同时，协会还与上海市快递行业协会等相关行业组织共同努力打破快递企业和骑手的三责险投保僵局。协会还进一步与交警部门及主要电动自行车销售商家沟通，争取将此保险进行线上投保，推出更多对骑车族具有普适性的线上保险产品，为安全使用电动自行车保驾护航。

9月17日，在市工商联和市场监督局联合召开的“上海民营经济标准化工作推进会议”上，协会被聘为仅15家单位组成的“上海市民营经济标准化工作委员会商协会组成员单位”。10月26日，协会在全国工商联、国家市场监督总局、上海市人民政府主办的“2021年民营经济标准创新大会”上获得“2021年商会团体标准‘领先者’”称号。

**四、参与共享自行车综合治理**

（一）对奉贤区共公自行车项目进行评估。5月，协会接受奉贤区交通委委托对该区公共自行车的发展进行评估。协会召集有关专家对奉贤区公共自行车项目的现状和问题进行全面调查：向市民进行问卷调查征询对公共自行车去留的意见，对运营的公共自行车的质量现状按10%的抽查比例进行主观评价，并对其中的10%进行实验室试验。经过20天的紧张工作，协会写出7000字的《奉贤区公共自行车项目评估报告》，得出“停止公共自行车项目“的结论，报告还对项目的退出和剩余公共自行车的利用提出建议。该评估报告于5月25日通过专家审定。

（二）制定共享自行车清运服务标准。上海从事共享自行车清理的企业有近100家，鱼龙混杂，其不规范的清运造成共享单车运营企业的巨大负担和损失。为此，市交通委等七个部门根据《上海市人民政府办公厅关于印发（本市开展综合监管“一件事”改革试点工作方案）的通知》要求制订的《“互联网租赁自行车综合监管一件事”改革试点工作方案》中提出“指导市自行车行业协会制订清理回收车辆的第三方企业团体标准”。协会按照市道路运输局要求，启动制定《互联网租赁自行车清运服务规范》团体标准，11月10日，召开部分企业讨论会，12月16日，起草小组成立。12月23日，召开首次工作会议。标准将于2022年3月完成。

**五、自行车志出版**

通过两年的努力，协会于2020年底完成《上海市志·工业篇·轻工卷·自行车章（1978—2010）》的编纂任务。2021年初提交给轻工协会编纂组。通过市志编纂委员会的3次审稿和修改，10月交付出版社。

（罗甲斋）

# 上海市计算机行业协会

上海市计算机行业协会成立于1988年5月，是上海计算机行业企事业单位自愿组成的跨部门、跨所有制的非营利性的以经济类为主的社团法人。协会以“创新、服务、促进、发展”为宗旨，不断创新服务方式，积极开展信息安全、互联网+、区块链、知识产权方面的工作，并取得卓越成效，得到各级领导及社会各界人士的高度认可。现有会员单位192家。

2021年主要工作：

**一、巩固提升协会各项平台服务功能，切实提升服务效率**

（一）做好计算机专业中高级职称评审。一是扩大职称服务工作的覆盖范围。对于专业技术人员在职称申报受理过程中对政策的不清晰，材料准备不充分，导致申报材料缺失，网上申报操作错误等问题，协会加大对职称政策宣传和解读力度，开展线上线下免费职称受理申报流程及政策解读会9场，职称申报宣传范围从原先单个企业宣传深入市北高新园区、临港新片区、张江软件园、外高桥保税区等园区。还在专业技术人员比较集中的园区设立协会职称服务站。申报人可以就近提交职称申报纸质材料。二是严格规范材料审核、构建专业评审机制。5月，发布评审通知，接受中、高级专业系统注册申报1211人，经审核后进入到评审程序的共679人。为更有效、更具针对性地开展评价，协会组织专家调整评价机制和评分标准，重点突出个人业绩和单位贡献，以品德、能力、业绩为导向，分类制定专业评价标准，突出个人技术性、实践性和创新性，鼓励原创性高水平成果工程技术人才申报职称。三是畅通非公经济企业高层次专业技术人才评审通道。协会配合市人社局推荐2名从事计算机技术岗位的优秀的工程技术高层次人才申报高级职称。

（二）承接司法鉴定案例。一是协会鉴定所共承接涉及计算机领域的司法鉴定案例14起，接受相关个人和企业免费咨询及调解达50多起，包括“华劲纸业诉被告人诈骗案”“上海沧达投资经济发展有限公司诉被告上海鑫沙湾旅馆”“王国良报贩卖淫秽物品牟利案”“联想电脑预装windows系统是否为正版案”等。二是加强业务和政策法规学习。协会鉴定所组织执业鉴定人对新颁布的《电子数据鉴定业务规范指引》《关于启动全国司法鉴定管理信息系统开展统计工作的通知》《关于报送司法鉴定行业学习教育和自查核查情况统计表的通知》《上海市司法鉴定收费管理办法》等法律法规文件进行深入学习，提升鉴定人的责任和风险意识。

（三）计算机行业知识产权培训基地。11月，经上海市知识产权局认定，协会作为第一批上海市知识产权培训基地。协会知识产权培训基地的落成为企业在海外知识产权维权、全球化布局、“一带一路”辐射提供专业的专家智库服务、打造国际化的产业链集群提供知识产权的保驾护航。同时通过基地打造，集聚一批国际贸易的企业入驻长三角，推动更多的跨国公司和跨国企业入驻长三角。

（四）积极开展团体标准化工作。一是开展工业互联网平台大数据分析技术规范团体标准化试点项目。1月，协会完成《工业大数据平台数据治理技术规范》等3项团体标准的报批稿。3月，在全国团体标准信息平台发布，包括上海宝信软件股份有限公司、上海宝康电子控制工程有限公司等5家会员单位首期承诺实施。4月，协会启动《工业大数据平台技术规范数据接口服务》标准制定和研讨。12月，完成专家审定，并根据审定提出的意见和修改建议对标准内容进一步修订和完善。二是启动速查手册编制工作，培养兼职标准化人员。协会联合上海市信息系统质量技术协会、上海宝信软件股份有限公司、上海标镕信息科技有限公司、上海承胜科技发展有限公司、上海宝景信息技术发展有限公司、伟翔环保科技发展（上海）有限公司、伟特电脑科技（上海）有限公司等团体标准制定的企业负责人、标工委单位负责人加入《实用GB/T1.1—2020速查手册》的编制工作。

2021年，协会发布5项团体标准：T/SCTA263-2021《实验室信息管理系统技术规范体系管理》、T/SCTA264-2021《实验室信息管理系统技术规范系统控制管理》、T/SCTA005-2021《工业大数据平台数据治理技术规范》、T/SCTA006-2021《工业大数据平台数据建模技术规范》、T/SCTA007-2021《工业大数据平台数据运行监控技术规范》。

（五）开展知识产权海外维权服务培训。协会协助做好第五届国际贸易知识产权海外维权高级研修班在沪举办工作。开展知识产权主题培训。编制《2021区域全面经济伙伴关系协定（RCEP）相关成员国知识产权维权指引》。开展知识产权海外维权案件预警、协调、咨询、应对及企业调研等。

（六）服务企业，对接需求，助推企业发展。一是举办论坛、展览会、企业数字化转型加速营、研讨会等活动。1月12日，协会联合浦东新区知识产权协会、闵行区知识产权协会召开“2021首届长三角知识产权上海论坛暨“‘长三角知识产权精英’颁奖典礼”。论坛聚焦“全链条保护高质量发展”主题，激发创业创新活力，为促进长三角区域经济社会的高质量可持续发展建言献策，贡献智慧和力量。5月19日，协会受邀与《RePrint打印时代》杂志、上海广会会展有限公司等共同主办“第十七届ReChina亚洲打印技术及耗材展览会”。11月18日—19日，由上海市促进中小企业发展协调办公室、上海市中小企业发展服务中心主办，协会与华为云计算技术有限公司承办，华为－上海5G+XR创新中心、上海北外滩（集团）有限公司、紫羚云协办“2021年上海市专精特新企业数字化转型加速营”活动。通过专家授课、学员研讨等多种形式，共同帮助中小企业实现高质量发展。二是组织行业培训、政策咨询活动。3月24日—11月17日，协会召开“上海市工程系列计算机专业职称评审申报讲座”，对企业职工培训如何开展、线上线下怎么结合、地方教育附加补贴申请的要求进行讲解；召开“计算机专业中高级工程师职称申报系列培训”，针对职称申报开展线上培训。成功举办“企业现场管理数字化转型技术培训”基层班。开展两场“2021年中小企业数字化人才政策解读讲座”为120多名中小企业数字化人才，从“职称加分落户政策、人才引进落户、留学回国人员落户、居住证转办本市常住户口、上海居住证积分”等多个方面政策进行详细讲解。三是协会先后走访调研上海自贸试验区管委会外高桥保税区、上海睿财投资管理有限公司、上海市汇业律师事务所、大汉三通控股集团有限公司、上海巨灵信息技术股份有限公司、新联数城（上海）信息技术有限公司、东方美谷等10多家会员企业，了解企业对数字化转型、职称、政策、技术应用等实际需求，精准沟通相关部门进行有效对接并及时解决企业需求，为行业发展打下坚实基础。

**二、以党的百年奋斗史砥砺协会健康前行**

（一）开展党史学习教育活动。协会党支部联合上海电线电缆行业协会党支部、上海塑料行业协会党支部、上海铝业行业协会党总支（上海市工业经济联合会党委第一党建工作站）赴上海市龙华烈士陵园开展“学党史感党恩跟党走”主题党建活动，通过祭扫烈士陵园、参观革命纪念馆、烈士纪念碑前重温入党誓词等活动，推动党史学习教育走深走实。为提升党员的党性修养，按照党史学习教育的要求，协会党支部开展“看红色电影，学百年党史”——庆祝中国共产党成立100周年优秀影片观影活动。通过观影学史，大家深切感受革命先烈们为创建新中国所做出的丰功伟绩和巨大牺牲，纷纷表示在今后的工作中，切实提高政治自觉，提升党性修养，筑牢根基，激发奋进力量，把对党忠诚、为党分忧、为党尽职作为根本政治担当，永葆共产党人政治本色，为协会工作发展增砖添瓦。

（二）庆祝建党100周年系列活动。一是表彰先进典型，凝聚奋进力量。6月，协会党支部组织参加市工经联党委庆祝建党100周年“七一”表彰大会暨党史学习教育专题报告会。协会党支部获“先进基层党组织”称号。协会周晓婷获“优秀共产党员”称号。二是观看“七一勋章”颁授仪式。6

月 29 日，协会党支部组织党员及员工观看“七一勋章”颁授仪式，认真学习习近平总书记在颁授仪式上的重要讲话。三是深入学习建党 100 周年大会上习近平总书记重要讲话，一致表示把学习成效转化为推动计算机行业高质量发展的具体行动。

（三）加强党的组织建设。12 月，顺利完成党支部换届改选工作，党支部增强对党员的政治思想教育，按照标准做好党员的发展工作，发展协会青年干部邵庆为入党积极分子。协会党支部将以新的姿态，从严从实加强党的组织建设，不断提升党组织战斗力、凝聚力，为新时代坚持和发展中国特色社会主义、实现“两个一百年”奋斗目标提供坚强的组织保证。

（周晓婷）

# 上海电器行业协会

上海电器行业协会成立于 1987 年，是以上海地区电器行业的企事业单位及其他经济组织自愿组成的非营利性社会团体法人。现有会员单位 193 家。

2021 年主要工作：

**一、开展调研工作，为会员企业反映诉求**

在经历新冠疫情状况下，对电器行业广大会员企业生产经营带来很大影响。为摸清现状，年初，协会通过走访多家会员企业，并与会员企业交流座谈，掌握企业目前生产、销售状况，有针对性地帮助会员企业解决难题和痛点。同时下发调查问卷，将企业在生产经营过程中遇到的问题和需求，向政府主管部门反映，在可能的条件下帮助解决。

**二、积极落实国家双碳目标实施，为企业开发新品助力**

协会邀请 ABB（中国）有限公司总监张建刚以“赋能实现碳中和共行低碳创新之路”为题，从行业的角度向全体会员企业进行宣讲，帮助会员企业在研发新产品中以“双碳”目标为主攻方向，开发节能减排新产品。组织会员企业参加“2021 科技创新助力碳达峰碳中和”高峰论坛，听取珠海格力电器股份有限公司著名企业家董明珠，申能（集团）有限公司党委副书记、总裁倪斌的精彩宣讲，分享国际、国内绿色能源的发展趋势、行业政策及企业行动经验，对企业在“3060”目标下，可持续发展的机遇和挑战进行深度解读和探讨。

**三、加快企业数字化转型，为提升企业核心竞争力把脉**

为加快推进企业数字化转型，打造企业数字化竞争力，协会组织会员企业赴宁夏力成公司学习考察，参观宁夏力成公司智能配网成套开关设备数字化工厂生产现场，并与宁夏力成管理层就企业数字化转型进行深入探讨，宁沪两地企业交流达到很好效果。协会在上海西门子开关有限公司数字化转型升级改造后，组织部分副会长企业现场参观交流学习。同时组织协会专家赴浙江万控集团、宁波金田集团考察。通过一系列考察交流学习，大家对先进的数字化生产设备和管理系统在企业中应用有新的认识，认为数字化转型不是简单新技术的创新应用，而是发展理念、组织方式、业务模式、经营手段等全方位的转变。

**四、加快品牌建设步伐，为打响上海四大品牌作奉献**

近年来，协会聚集各方力量，助力电器行业优势制造企业打造优秀品牌形象，通过加强品牌建设，挖掘一批优秀企业代表行业积极参与国内、国际市场竞争。广大会员企业积极投入到品牌建设工作中，参与上海品牌的认证、品牌示范引领企业的申报。上海人民电器厂、诺雅克通过上海品牌认证审查，纳杰电气获 2021 年品牌示范引领企业称号。协会与上海家具行业协会联合举办品牌建设讲座，邀请上海市质量协会领导和专家进行主题宣贯，帮助会员企业投入品牌建设工作中。

**五、积极开展团体标准制订，为产业创新定规**

年内，协会组织元件专家组对《低压电器（智能）试验方法》团体标准进行重修订工作，在上海电器科学研究院、上海良信电器股份有限公司分别召开专家会议，对现行国家标准、行业标准的补充内容和标准序号修订进行相应修改和增补。开关柜专家组对《成套开关设备和控制设备制造共用技术要求》团体标准作相应的修订。根据国家“双碳”政策的实施，协会积极开展深入调研，将对广泛用于海上风电、光伏产品开展团体标准的制定，以此满足国家、行业标准的缺失。

**六、做好新产品技术鉴定工作，为企业服务开辟新篇章**

3 月，协会受中国机械工业联合会委托，主持上海电气集团（张家港）变压器有限公司的 11 项电力变压器国家级新产品鉴定工作，此次鉴定进一步加强上海电器行业协会与中国机械工业联合会多领域合作，开辟为会员企业服务的新篇章，为提升企业核心竞争力打下扎实的基础。

**七、充分发挥专家委员会作用，为产业发展布局**

1 月，协会在纳杰电气召开专家组长会议，对 2021 年开展专家活动作具体布置。4 月，在人民电器（上海）公司召开全体会议，学习市经信委“十四五”产业发展规划，依照市经信委提出的“3+6”产业布局进行学习讨论，提出适合电器行业输配电产业发展．的计划，帮助会员企业在产业升级、数字化转型、低压经济方向布局。6月，元件、成套专家组在上海电器科学研究院开展活动，讨论修订《低压电器（智能）试验方法》团体标准。通过开展专家委员会系列活动，称步推进会员企业产业发展。

**八、参与展会、论坛，为产业发展谋略**

6月3日，第十五届国际太阳能光伏与智慧能源展览会在新国际博览中心开幕，作为全球最具影响力的光伏展会，正泰电气、良信电器、常熟开关等多家会员企业参加展会。6月17日，中国电器工业协会主办的全电展在上海如期举行，协会组织多家会员企业参观观摩。9月27日—29日，上海电器科学研究院举行第七届中国电器与能效管理技术高峰论坛，协会作为论坛支持单位组织30多家会员企业参加论坛。10月21日，由中国设备管理协会主办的“2021冶金电气设备应用与自动节能技术交流推介会”在河北唐山举行，协会张家港变压器、华银电气等会员企业参加推介会，张家港变压器刘建华总经理在会上做“大型电炉变压器节能与可靠性研究分析”主题报告，受到参会企业（用户）一致好评。

**九、推动国际合作交流，为企业走向国际市场铺路**

协会参与“上海之帆”经贸巡回展组委会开展的一系列活动，邀请“上海之帆”经贸组委会领导在会员大会上介绍线上与东欧国家进行贸易情况讲解。同时参与“上海之帆”与进博会组委会开展的泰国产品、新加坡产品、斯洛文尼亚产品周等系列活动。协会与“上海之帆”经贸组委会联合主办一场与泰国工商会电气专场线上对接会，上海平高天灵开关有限公司在线上介绍公司产品情况，并与泰国工商会相关人员进行友好互动。通过举办系列交流活动，促进企业与世界各地经贸活动的交往。

**十、加强协会党建工作，为协会工作方向把脉**

协会党支部采取“三会一课”和主题党日等形式，召开形式多样的专题组织生活会。3月，组织全体党员和入党积极分子观看红色电影《悬崖之上》。6月，赴嘉兴南湖参观红色纪念馆。7月，与纳杰电气党支部联合活动，参观周公馆和孙中山纪念馆。协会还组织全体党员参观愚园路历史名人古迹，并参加市工经联主办的“百年上海工业主题影像作品展”。通过开展系列活动，加强协会自身建设，增强工作凝聚力。

（马学能）

# 上海市锻造协会

上海市锻造协会成立于1984年6月，是上海及周边地区的锻造企业及相关企事业单位自愿组成的跨地区、跨部门、跨所有制的非营利性社会团体法人，现有会员66家。

2021年主要工作：

**一、落实碳达峰碳中和，推动清洁生产**

为贯彻落实《中华人民共和国清洁生产促进法》，协会及所属企业按照“清洁生产审核办法”的要求，深入推进清洁生产工作，确保完成《上海市2021—2023年生产环境保护和建设三年行动计划》和《上海市污染防治攻坚战及11个专项行动实施方案》确定的任务，推动工业绿色发展和生态文明建设，助力实现碳达峰碳中和目标。年内，进入市清洁生产审核名录的会员企业有13家，其中自愿性审核企业8家，强制性审核企业5家。

**二、开展职业技能培训，提升企业职业技能水平**

9月，协会根据上海市职业技能鉴定中心授权，经过前期准备和协调等工作，自由锻造五级工职业技能培训班顺利开班。按照企业需要，协会积极配合企业做好上岗培训等工作。同时帮助企业筹备申报锻造其他等级的职业技能培训资质工作。

**三、申报新材料产业名录，争取政府政策支持**

根据市经信委、市生态环境局及市规划资源局联合印发的《上海市新材料产业重点指导目录》（2020年），结合会员单位的实际，协会向市经信委申报新材料等行业头部企业8家单位。

**四、做好日常服务工作**

对接市经信委、市民政局及市工经联，做好会员企业服务工作。配合中国锻压协会开展锻造企业经济运行情况调研工作；组织开展行业自律安全清洁健康生产检查工作；认真落实九届二次理事会暨会员大会事宜等；完成协会年检等其他事项。

**五、加强学习，与时俱进**

随着行业的细分和协会的裂变增长，要求协会工作者树立信心，不断加强学习，与时俱进，努力工作，逐步实现在资源组织、文化创建、服务高端等领域真正起到把控和引领作用，成为企业名副其实的会员之家。

（殷达义）

# 上海重型装备制造行业协会

上海重型装备制造行业协会成立于2004年12月，是上海及周边地区从事重型装备研发与制造的企事业单位自愿组成的跨部门、跨所有制的非营利性行业性社会团体法人。现有会员单位80多家。

2021年主要工作：

**一、充分发挥平台作用，积极开展为会员服务**

（一）加强交流合作，促进行业转型发展。4月16日，以“机器赋能、智创未来”为主题的工业机器人应用研讨会在上海发那科机器人有限公司成功举办，本次活动由协会和上海临港产业区企业协会联合主办，得到承办方上海发那科机器人有限公司的鼎立支持，两家协会共报名参加企业35家，近70位企业领导和专家参加。大家参观上海发那科机器人有限公司产品陈列中心、技术中心、培训机构，并诚邀上海发那科机器人有限公司机器人动力系统销售和技术团队分享智能机器人系统和集成的成功案例。

（二）加强宣传、扩大影响力。2021年是党的百年华诞，协会积极参与市工经联策划的系列纪念活动。协会同市工经联推荐提供上海重型机器厂的《万吨水压机：一曲自力更生的赞歌》、上海电气电站设备发电机厂的《世界第一台双水内冷发电机诞生记》、世邦科技集团的《世界矿机第一钻》、上上德盛集团自传体式的《中国不锈钢管制造业的翘楚》等4篇故事，编入《百年上海工业故事》一书，已由上海人民出版社出版。

（三）关注政策动向，服务会员。上半年，协会牵头帮助闵行区一家企业申报成功区级财政补贴，资助企业提高技术能级。2021年，因疫情等关系，市财政资助政策直至年底前一个月才发口头通知，且入围门槛提高。协会秘书处迅速应对，指导企业及时申报。经协会努力，市区一家企业及时完成申报。年初，该企业申报项目通过区级预审，并上报市经信委，进入下轮审批程序。协会秘书处多次拜访第一机床厂、核电设备公司等企业，上门宣传惠企政策，为企业今后发展做好储备。同时，协会利用一切机会适时向兄弟协会及其他制造型企业宣传国家政策导向，尤其是国家“3060”双碳政策。协会不断宣传国家的“清洁生产促进法”，参与市经信委和市生态环境局组织的2021年度企业清洁生产审核申报工作，有两家会员单位通过申报初审，列入考察名单。

（四）利用自身资源组织与整合的优势，继续做好专项服务工作。协会发挥特有的资质优势，开展工程系列职称评审工作。协会在前期做大量调研工作，查阅相关政策和各机构评委的做法。7月初，协会秘书处再一次梳理协会的技术职称评审办法，走访相关兄弟协会，走访政府主管机关咨询法规，进一步完善协会的技术职称任职资格评审办法，确保评审办法更规范、更标准、更具操作性。年底前，协会职称评审委员会举办辅导培训会，对有申报需求的会员单位申报者进行集中辅导培训，参培人员近20人。协会秘书处编写简明、翔实、易懂的PPT辅导材料，专家老师在会上讲解、答疑，帮助申报者提高写作工作总结和论文的效率和质量，得到参培人员的一致好评。

**二、加强自身建设与管理，确保协会合法合规健康运行**

（一）协会如期换届改选，确保合法合规健康运行。9月23日，协会五届一次会员大会暨五届一次理（监）事会会议召开。为保证协会理事会、监事会按计划换届改选，秘书处提前半年多积极准备，成立换届改选领导班子及工作小组，及时向政府主管部门市社团局、市经信委及市工经联的领导汇报情况，得到政府部门领导大力支持，也得到各会员单位无私的帮助以及社会各界的关心，使协会换届改选工作顺利完成。

新一届理事会依靠会员单位的参与和支持，全面深入贯彻落实新发展理念，进一步加强协会平台建设，加强对会员单位的宣传推介，加强会员队伍建设，加强对外交流合作与共建共享，加强特色增值服务工作，加强协会内部管理和风险管控，确保协会各项工作与活动合法合规。

（二）加强会员队伍建设，进一步提高协会整体实力。年内，成功发展上海长肯试验设备有限公司、博盛钢业集团（上海分公司）2家新会员企业。

**三、加强党建工作，认真落实协会的主题教育活动**

年初，协会党支部按上级党委的要求，紧紧围绕“学党史、悟思想、办实事、开新局”主题，结合庆祝建党百年纪念活动，深入开展党史学习教育，制订工作计划，组织党员开展各项活动。5月，由第七党建工作站发起，协会支部与锻造协会、铸造协会、热处理协会、焊接协会及电镀协会联合支部的全体党员赴国歌展示馆开展党建主题教育活动，提升党员的爱党爱国意识。党支部组织全体党员观看庆祝中国共产党成立100周年大会直播，认真聆听和学习习近平总书记在会上的重要讲话。参观学习中共一大会址，重温党史，牢记初心，坚定党性，让党员和员工坚定理想信念，激发奋进之力，在本职岗位上开拓创新、奋勇向前。

通过努力，协会工作得到各界的肯定，获得上海市机械工程学会“先进专业委员会”称号、上海市工业经济联合会颁发的“2019—2020年度先进协会”称号，以及上海市现代服务业联合会的年度“优秀活动奖”。

（傅　桢）

# 上海市建筑材料行业协会

上海市建筑材料行业协会成立于1986年12月，设有流通、建筑陶瓷卫生洁具、地板、定制家居、新型墙体和建筑节能材料、采暖与舒适家居、建筑钢材、建筑绿化、创意与工程设计、干混砂浆、新材料等11个专业委员会（分会）。现有会员单位900余家。

2021年主要工作：

## 一、协会服务协调的功能不断释放

（一）以企业需求为导向，主动对接开展各类咨询服务。吃透相关政策、文件的要求，主动与有需求的企业沟通，提供政策技术等咨询1万余次，对于上门咨询的企业提供电脑操作、资料详解等细致耐心的服务。

（二）信息化服务手段不断完善加强。及时完成上海市建材行业诚信信息系统基础开发，新型墙体材料、建筑节能材料、钢筋加工等子行业诚信信息登记模块，并对电子质保书使用模块等实现线上运行，方便建材企业和用户。同时，“上海建材信息网”以党建引领和服务企业为导向，框架结构进一步优化。

（三）调研工作频次高重点明，精准服务政府、行业、企业。完成编撰2020年度多个建材子行业发展报告，其中新型墙体材料、建筑节能材料、钢筋混凝土结构用钢筋等行业发展报告上报市住建委等。组织或配合参与多项行业调研，了解行业发展现状及企业经营情况，探讨行业发展思路，为政府制修订产业政策等提供建议和决策参考。

## 二、协会自律代表的势能不断提升

（一）强化行业质量诚信管理，弘扬行业先进和行业工匠精神。针对产品质量提升、固废综合利用、企业质量管理体系等给出企业提升方案。加强行业自律管理，规范企业行为，定期开展行业质量诚信检查，作为纳入市政府批准的行业评优活动。部分优秀会员企业获得“上海市建材协会先进单位”荣誉称号，成为代表上海建材行业整体形象的金字招牌。倡导“劳动光荣、技能宝贵、创造伟大”的工匠精神，开展定制家居、采暖等行业的技能比武，提高行业整体技能素质。

（二）标准化工作以“双碳”战略为指导，引导行业自律方向。编制代表行业发展方向，技术发展水平的标准，共编制5个团标、参编1个行标、4个地标，形成绿色、低碳、环保、服务规范等主题系列标准编制的总体原则。贯标活动按下启动键，组织开展“建筑全装修系列团体标准发布暨全装修样板房参观”活动，就团标推广应用及在全装修工程中出现的痛点、难点展开讨论。

（三）代表行业、组织企业配合做好相关工作。完成向中国建筑材料联合会组织编纂的《中国建筑材料工业年鉴》和市经信委主编的《上海工业年鉴》提供上海市建材行业相关资料。

配合参加《上海市禁止或者限制生产和使用的用于建设工程的材料目录（第五批）》专项检查；配合市经信委征集建材工业智能制造数字转型典型案例工作；协助良浦、菲林格尔、建工装饰、谷元等申报典型案例。组织多家会员企业参加市市场监管局、市经信委《2021年上海市重点产品质量攻关成果申报》，协会获优秀组织奖；会员单位上海复培新材料科技有限公司获“建筑楼板高抗裂混凝土保温隔声性能攻关”二等奖；上海模卡建筑工程科技发展有限公司获“混凝土模卡砌块预制墙质量攻关”三等奖。

## 三、协会党建引领的合能指引前行

（一）开展庆祝中国共产党成立100周年系列活动。5月31日，协会党支部、协会举办“庆百年华诞启发展新航——庆祝建党100周年系列活动”。构建协会党建工作品牌——党建1+1。经调研，摸清会员单位党建基本情况，助力协会和会员单位党建联建，引领带动促进行业工作，把“党建1+1”品牌打造成引领服务、互联互动的交流合作平台。6月21日—25日，开展“建材心向党，奋斗新征程——上海建材行业党史知识”线上竞赛。数百家企业近2万人次踊跃参赛，营造团结奋进、开创新局的浓厚庆祝氛围。征集《回顾发展路启航新未来——上海建材企业发展掠影》图片，100余家企业提供2000余张珍贵图片资料，精选编辑成册。图册以企业发展的微观视角，折射出在党的坚强领导下，建材行业的时代变化和生生不息的奋斗精神，展示出上海建材行业成长轨迹。开展团队互促进阅读忆初心——红色经典阅读活动，数百人在认真阅读推荐的红色书籍后，撷取书中的精华，选取感触最深的一段话，向经典致敬。

（二）按章依规办会，认真扎实开展党建工作。3月，召开协会八届二次会员大会暨第二次理事会。8月，召开八届三次理事会，向会员、理事单位报告工作。围绕“学党史、悟思想、办实事、开新局”，开展党史学习教育，认真做好

“三会一课”，开展理论学习、组织参观、观影、党员轮流上党课、行走的党课等形式多样的实践学习活动。

2021 年，协会党支部分别获中共上海市经济和信息化工作委员会“先进基层党组织”和中共上海市工业经济联合会委员会“先进基层党组织”荣誉称号。

（张春玲）

# 上海市模具行业协会

上海市模具行业协会成立于 1994 年 12 月，由上海市模具行业生产、经营的企业和有关高校、科研机构等以及其他相关经济组织自愿组成，实行行业服务和自律管理的行业性、非营利性社会团体法人。协会理事会下设经营管理、模具技术、模具标准件、模具材料、信息化、标准化、汽车模具、教育培训、特种加工和专家等 10 个专业委员会，各专业委员会活动基本上覆盖了整个模具行业，现有会员单位 250 家。

2021 年主要工作：

**一、开展党建活动，加强队伍建设**

在庆祝中国共产党成立 100 周年之际，深入学习贯彻习近平新时代中国特色社会主义思想和党的十九大以及十九届历次全会精神，扎实推进党建工作，进一步发挥协会党支部示范引领作用。协会党支部定期召开组织生活会议，组织观看红色主题电影《1921》《七一建党百年庆祝大会》和《党的光辉历程》；参加市工经联党委召开的党史学习教育活动动员暨党建工作会议。在市工经联党委“两优一先”活动中，协会党建工作得到市工经联党委的认可，侯小鸣书记获“优秀党务工作者”称号，邵正彪副秘书长获“优秀共产党员称号”。

市工经联第十党建工作站由模具、工具、冷冻空调、空调清洗四家协会组成，协会作为工作站站长单位，牵头召开一次工作站工作会议；组织参观上海淞沪抗战纪念馆，重温两次淞沪抗战史迹，学史明理，学史增信，学史崇德，学史力行。还与昆山模协党支部共赴沙家浜纪念馆开展党建联建活动，近距离感受芦荡火种，鱼水情深，提升党建工作质量，推动协会之间交流和建设。

**二、加强内部治理，规范协会工作**

（一）按照章程规定召开会议。7 月 30 日，协会召开六届二次理事（扩大）会。9 月 30 日，召开六届二次专委会主任工作会议。11 月 26 日，召开六届二次会长工作会议和监事会工作会议，通报协会各项重大事项，探讨行业的现状及未来发展方向。

（二）制定行业性指导文件。为更好发挥协会功能，规范行业，发展产业，引领行业绿色、高质量、可持续发展路线，修订《上海市模具行业规约》，制定《上海模具行业“十四五”发展规划建议》，依据国家和地方五年发展规划，形成《“十四五”发展规划》合订本。还制定“上海市模具行业协会团体标准管理办法”，并在“全国团体标准信息平台”上登记注册协会团体标准编号“T/SDMTA”。

（三）抓好载体建设。协会会刊、网站、微信公众号、微信工作交流群是协会日常服务会员，与会员进行沟通和交流的最有效载体和窗口，四大自媒体建设直接体现协会为会员单位服务的质量和协会的整体形象。

（四）获评 4A 级行业协会。围绕“创一流服务品质、建一流行业协会”，达到以评促建，不断规范内部管理，提升服务能力的目的，协会成立评估工作小组，对照《上海市行业协会商会评估指标》标准，逐类、逐项、逐条地明确评估要求和要点，协会秘书处全体工作人员共同努力，梳理协会近 3 年所有档案。9 月 22 日，召开社团组织规范化建设评估评审会，经上海市社会组织评估委员会审议，协会获评为 4A 级行业协会。

（五）获“先进行业协会”和“协会先进工作者”称号。协会本着服务企业、规范行业、发展产业的宗旨，全力以赴为企业提供服务，为上海经济发展和社会和谐稳定作出积极贡献，得到市工经联系统肯定。协会被评为 2019—2020 年度先进行业协会称号，协会副秘书长邵正彪被评为 2019—2020 年度协会先进工作者称号。

**三、发挥协会优势，认真抓好落实**

（一）深入会员单位，倾听企业诉求。把握行业发展动态，了解企业需求，反映企业呼声。协会秘书处坚持每周至少走访 1 ～ 2 家会员单位，先后走访、接待上海德真工贸有限公司、上海三维精密模具制造有限公司、上海精典范精密制造有限公司等 50 余家会员单位，出席副会长单位爱堃智能系统（上海）股份有限公司举办的乔迁庆典，陪同浙江正泰电器股份有限公司参访安波福中央电气（上海）有限公司中国模具中心，探讨交流企业内部自动化制造建设经验。

（二）举办国际模展，提升企业品牌。6 月 29 日—7 月 2 日，第二十一届中国国际模具技术和设备展览会（DMC2021）在上海虹桥国家会展中心成功举办，协会作为本届展会东道主及参办单位，组织 28 家企业参展。通过展会，企业提升知名度，开拓市场，协会扩大社会影响力，得到来自社会各界的广泛好评。

（三）深化校企合作，对接人才市场。针对模具行业就业市场上普遍存在“企业招工难”“毕业生就业难”现象，协会非常重视校企对接工作，通过公众号扩散会员企业求职招聘信息；组织会员企业参加由上海理工大学、上海工程技术大学举办的春、秋季系列校园招聘会；与集成电路、焊接、铸造、锻造、热处理、电镀协会共聚上海工程技术大学，召开“面向企业产教融合高技能人才培养”交流会议，创新高校、协会、企业间的合作形式，实现合作共赢，并共同签署战略合作框架协议。

（四）开展普法教育，增强风险意识。为帮助企业家加强法律知识普及，规避企业经营过程中潜在风险，协会会刊增添《模具与法务》专栏，邀请协会法律顾问撰写《再谈公司的公章管理》《事实劳动关系还是加工承揽关系——模具行业中存在的“用工”性质认定问题》《劳动争议案件中的几个主要问题》等文章，组织会员单位参加上海山田律师事务所举办的《民法典》专题沙龙讲座，邀请黄志鹏律师针对行业常见的问题作“模具行业加工承揽的法律风险防范”报告等。

（五）强化平台赋能，推动数字经济。为推进行业网络互联化，协会与中模云平台达成战略合作关系，打造5G时代以模具为支撑节点的上下游供应链和产业链互联网服务体系，重点推出中模云商城，围绕模具配件、标准件、材料、加工设备、耗材等领域，逐步形成模具企业线上采购新业态。已有会员单位入驻平台网上商城。

（六）加强协会互动，共享工作心得。切实加强与上海各行业协会、地方各模具协会之间的联系，分享协会工作经验，交流行业发展动态，为协会更好服务会员单位提供思路与方法。协会先后拜访嘉兴市模具行业协会、宁波市模具行业协会、余姚市模具工业协会和南通市模具协会；参加“中国模具工业协会第九届理事会第二次（扩大）会议”；参加上海市润滑油品行业协会、浙江省模具工业联合会、厦门市模具行业协会换届改选大会，组织会员单位赴浙江省慈溪市分别参观宁波横河模具股份有限公司等三家模具企业。加强各地同行工作交流，共同分享行业发展经验。

（七）对接政府部门，架起桥梁作用。协会及时向企业传达政府有关政策，帮助国内外市场经济动态，开拓国内外市场。与市民政局、市工经联、市商务委等有关部门保持紧密联系，积极配合市商务委公平贸易处工作，申报“2021年公平贸易公共服务项目”，参加“上海市进出口公平贸易行业工作站工作会议”“上海产业安全预警培训会”“第四届中国国际进口博览会专业观众信息系统培训”等会议，并将相关会议精神传达至会员企业。此外，紧紧依靠会员单位，贴近企业需求，不断开拓创新、砥砺前行，助推上海模具产业高质量发展，推动上海“智造”品牌建设。

（邵正彪）

# 上海市化工行业协会

上海市化工行业协会成立于1997年6月，为上海化工行业同业企业以及其他相关经济组织自愿组成、实行行业服务和自律管理的非营利性社会团体法人。协会以服务企业、服务行业、服务政府和服务社会为宗旨，开展行业管理、咨询、培训、编辑刊物、组织合作交流交往等活动。现有会员单位230家。

2021年，上海化学原料和化学制品制造业、化学纤维制造业以及橡胶和塑料制品业实现工业总产值4611.31亿元，占全市规模以上工业总产值的11.67%；实现营业收入4140.8亿元，占全市规模以上工业营业收入的9.23%；完成利润435.75亿元，占全市规模以上工业利润的14.27%。

2021年主要工作：

**一、发挥平台导引作用，助力行业应对国际贸易摩擦**

（一）开展线上、线下经贸活动，为企业拓展国际市场。与“上海之帆”经贸巡展组委会合作，组织企业参加“上海之帆”塞尔维亚产品周、斯洛文尼亚产品周等国家周活动；参加商业对接和“上海之帆”经济团体合作伙伴会议（BTPC），与“一带一路”沿线国家开展经贸活动；与外国客商开展线下和线上互动，拓展线上经济新业务。采取一系列举措形成完善、有效的沟通机制，会员企业通过这一平台实现了合作共赢。

（二）开展上海化工出口产品供应链安全调研。协会牵头，组织相关企业和专家，针对上海化工企业在经贸摩擦中受影响较深的有关产品开展调查分析，组织20家代表性企业参与产业安全监测与预警信息填报，并在此基础上形成上海化工产品进出口供应链安全专题研究报告，为产业安全预警提供信息。

（三）开展国际贸易知识培训，加强双循环下地区间交流。组织化工出口基地企业参加市商务委举办的“沪航”贸易高质量发展培训班、高端国际经贸商事调解人才培训班等；举办化工出口基地外贸培训班，就上海化工产品进出口供应链安全、应对国际贸易摩擦及贸易壁垒等问题进行深入讲解，增强企业应对能力。召开以“内外需双循环下的化工供应链安全”为主题的2021华东地区第18次化工协作交流会。会议就产业基础再造和供应链提升，加强科技创新和技术攻关，强化关键环节、关键领域、关键产品保障能力，发出行业协会的声音，贡献行业协会的智慧与力量。

**二、尽心尽职，为企业提供全方位优质服务**

（一）提高培训质量，在拓展渠道上发力。一是拓展渠道，开展合作培训。与化工园区、企业及高等院校合作开展安全生产知识培训。与民营企业合作，加大对民营企业员工的安全培训。同金山区浦消职业技能培训中心合作，举办易燃易爆从业人员安全培训等。二是开展有针对性培训，做到缺啥补啥。举办班组长安全管理知识培训；氯碱公司在规定时间内完成对所有员工培训，确保员工按时换证；针对外地企业特殊要求，专程送训上门，按照当地政府对化工企业的要求，开展有针对性的培训。三是规范培训管理，探索线上培训。全年共开设各类培训班58期，培训学员比上年增加50.61%。四是开展专题培训。会同华谊集团、化工区企业协会举办节能减排(JJ)小组活动相关知识培训，近200名员工参加培训并通过考核获得培训合格证。开展交流辅导：在2020—2021化工行业节能减排(JJ)小组活动现场交流会上，上海氯碱化工、奥威日化作JJ小组活动经验介绍。

（二）创响“上海品牌”，助力企业品牌建设。参与《上海市质量白皮书（2021)》编撰，完成化工行业质量提升、品牌培育以及经济运行情况报告。推荐上海制皂（集团）有限公司董事长黄有为申报上海市质量金奖（个人）。参与市工经联组织的“百年百家品牌企业评选”活动，6家会员单位入选并被授予荣誉称号。举办“质量品牌走进园区”宣讲活动。

**三、发挥协会管理优势，为政府提供精准服务**

（一）协会充分发挥行业管理优势，主动承担社会第三方服务职能，为政府部门加强行业管理、规划行业发展建言献策，为政府决策当好参谋、做好助手。一是承接27项上海市应急管理局委托的行政许可第三方技术审查项目，完成氯碱化工、试四赫维申请“国内首次化工工艺安全论证”；受上海海关、市应急管理局委托，组织“上海海关危险化学品检验监管安全管理规程”材料，完成“上海海关进口危险化学品海关执法安全风险评估”。二是承接上海化工区产业绿色发展专项扶持提标改造项目技术审核”；整理编写《关于长江经济带发展负面清单指南（试行)》，为长江经济带科学发展建议献策。三是承担市经信委“上海市禁化武许可及批后监管专项协助项目”。对25家监控化学品生产、使用、经营企业《接受核查预案》《视察前情况介绍》等文件逐一评估，为接受国际核查做好充分准备。

（二）服务社会主动作为有担当。协会在筑牢安全堤坝、加强易制毒化学品管理等社会服务方面尽心尽职。一是举办第五届危险化学品安全知识竞赛，1.3万余人参加网络竞赛。为金山区投保企业提供咨询服务，全年服务企业计划127家，实际完成96家。二是主动作为有担当强化易制毒化学品管理。利用“长三角化工一体化发展联盟”平台，建立强化易制毒化学品管理联防联治机制。深入推进基层禁毒联防联动机制。对易制毒化学品生产经营企业开展技术服务和隐患排查；组织相关企业的责任人、管理人员和从业人员就加强易制毒化学品管理向社会做出承诺，发现生产经营中的隐患，监管中的漏洞，提出整改意见和建议。强化对管制类物品监控。

（三）规范管理提升素质，自身建设增强能力。协会在加强科学、规范管理上狠下功夫，通过建章立制、规范管理，拓展业务，促进协会管理规范化、制度化。加强协会党组织建设。开展专题党课活动，组织党员和员工赴遵义接受革命传统教育，参观张闻天纪念馆，缅怀老一辈无产阶级革命家的丰功伟绩，在临港片区感受改革开放的丰硕成果等。一系列党建活动充分调动和发挥员工的主观能动性，倡导遵章守纪、增强服务意识，营造团结协作的工作氛围。

（杨盛平）

# 上海市电力行业协会

上海市电力行业协会成立于2004年9月，现有会员单位总数217家。其中，发供电单位65家，建设和施工单位70家，设备制造及物资供应单位50家，科研院校32家。

2021年主要工作：

**一、聚焦核心能力，强化服务政府功能**

（一）参与政策制定，明确政府参谋定位。协会积极参与市发改委组织的《上海电力市场改革总体方案研究》，该课题总体方案经上海市委副书记、市长、市政府党组书记龚正批准实施。

（二）发挥桥梁纽带作用，加快政府政策落地。协会受市发改委委托，承办上海市电力市场主体成员专项培训，帮助电力市场主体单位相关人员深入理解上海电力中长期和现货市场交易规则，满足电力市场建设和启动试运行的实际需求。

（三）延续编史修志传统，助力政府资政明鉴。协会组织推进《上海市志（1978—2010）·工业分志·电业卷》的编纂工作。历时10年，组织近100家电力单位共同参与，完成153.9万字5000余页的出版稿、1000万字的长编，于6月21日正式出版，向中国共产党建党100周年献礼。

（四）启动公益支持，彰显协会社会责任。协会参与2021年上海市“全国科普日”活动，主题为“打造‘疫情’时期‘近零碳’楼宇”公益讲座直播活动，开展“现场＋网络”双维度的科普公益宣传。

**二、搭建服务平台，凸显行业价值**

（一）锚定“双碳”目标任务，服务行业绿色转型。在协会推动下成立新能源和综合智慧能源专委会，并召开“上海市电力行业协会综合智慧能源（新能源）首届论坛”。

（二）持续推进标准化建设，强化行业指导功能。制定《上海市电力行业协会团体标准制（修）订工作细则》，先后开展5项团体标准的立项评审工作，完成协会首个团体标准《直流换流站选相合闸调试方法》；联合国网上海电力科学院、上海交通大学等单位共同编制全国电力行业第一个“双碳”团体标准（区域配电网碳排放核算标准），填补国内分布式电源的配电网碳排放核算标准的空白。

（三）全面开展课题研究，赋能行业高质量发展。组织行业专家开展“上海电力行业高质量发展水平多维综合评价体系研究”和“上海电力行业高质量发展指数2.0升级版及其应用指导书设计”系列研究，对电力行业高质量发展指数编制流程与方法进行探索。

（四）发挥智库功能，助力行业跨界融合。完善专家库结构，构建覆盖电力行业全产业链的权威专家库，以适应“双碳”形势，满足综合智慧能源和新能源领域发展需求。

**三、发挥桥梁纽带作用，提升服务会员水平**

（一）丰富会员服务形式，紧密贴合企业实际需求。协会正、副秘书长带队走访60余家会员单位，为企业提供政策咨询服务和有效解决方案，先后两次组织召开新入会会员交流座谈会，有效提升协会与新会员的粘合度；组织召开四大分会会长和秘书长联席会议、建设施工分会和科研院校分会会员大会，增进会员单位间的沟通合作。

（二）扎实开展群众性质量提升活动，激发行业创新活力。推荐21个优秀质量管理小组成果和14个质量信得过班组成果，参加上海市质量协会和中国水利电力质量协会的成果发布和评优；推荐5名优秀工作者，参与上海市质量管理奖卓越领导者、杰出质量经理和质量工匠的角逐；组织会员单位参加2021年上海市企业管理现代化创新成果的申报工作，推荐创新成果11个。在2021年中国水利电力质量协会QC小组评选中，由协会推荐、指导和培训的10个QC小组分别荣获3个一等奖、4个二等奖、3个三等奖，获奖率达100%。

**四、挖掘潜在需求，开辟人才建设新路**

（一）积极开展行业培训，培育行业领军人才。会同国投交大智慧能源创新学院、国网英大碳资产管理（上海）有限公司三方合作，组织举办“碳达峰、碳中和与企业碳管理培训班”；首次组织开展售电公司业务培训，上海及外省市36家单位的主要负责同志参加，与上海电力股份有限公司联合主办2021年新能源和综合智慧能源培训，促进各会员单位间相互交流学习。

（二）不断尝试多元职业技能竞赛，扩大行业影响力。成功举办2021年上海市电力行业配电线路工（不停电作业）职业技能竞赛，获奖选手取得市级劳动作业能手称号；与共青团上海市经济和信息化系统工作委员会共同主办2021年该系统三维数字化设计职业技能竞赛。

（三）充分发挥平台优势，满足会员单位职称技能、认定需求。完成市人社局批准的专项职业能力项目开发；与国网上海信通公司合作，完成信息通讯网络线路员4个技能等级、1个题库的开发；通过市人社局职业技能等级认定评价机构备案申报，为会员单位职业技能等级培训、评价、发证提供全面服务。依据政策文件，向市人社局推荐技能大师工作室资助一名、首席技师资助两名。

（四）深化培训合作机构管理，加快打造融“产、学、研”为一体的高技能人才基地。完成与上海电力大学培训业务合作协议签约，并举行上海市高技能人才培养基地实施单位挂牌仪式；分别与上海交通大学国投智慧能源创新学院和上海久隆电力进修学院签署战略合作协议、培训服务框架协议，为协会打造融“产、学、研”为一体的高技能人才基地提供有力支撑。

**五、践行行业自律，营造风清气正环境**

（一）大力推动信用评价体系建设，打造“信用电力”品牌。积极履行行业自律责任，建立“中国电力企业联合会电力行业信用体系建设办公室上海电力行业评价中心”，为会员单位招投标和银行信贷提供信用评价支撑。

（二）主动接受社会监督，树立形直影正行业形象。顺利通过市人社局高技能人才培养基地培训补贴（资助资金）专项整治工作稽查组检查，协会高技能人才基地整体管理体系框架获得肯定。

（三）发布《上海市电力行业协会规范收费行为自律承诺书》，带头维护市场秩序。明确承诺“不强制收费、不重复收费、不违规收费、依法依规合理规范收费”，为打造一流营商环境、促进经济建设和社会稳定树立标杆。

**六、夯实自身建设，护航协会发展行稳致远**

（一）深化党建引领，助推协会领航发展。协会党支部结合上级党委专题学习要求，深刻领会“不忘初心，牢记使命”的时代要求，开展“寄语颂党情，展望未来路”建党100周年寄语、“学习电力史”座谈会活动暨《上海市志·工业分志·电业卷（1978—2010）》赠书仪式、陈云纪念馆及练塘1000千伏变电站学习参观等活动。在市工经联党委“两优一先”评选工作中，协会党支部获“先进基层党组织”光荣称号，2名同志分别获优秀党务工作者和优秀共产党员称号。

（二）加强宣传报道，促进行业品牌价值流转。协会官方网站、《上海电力行业信息》杂志和“上海市电力行业协会”公众号已形成“三位一体”的品牌宣传阵地。全年协会公众号总用户数增长126.1%，品牌传播能级日益提升；多篇稿件获央媒等主流媒体采用，品牌宣传力度持续加强；推出微信小程序，搭建多功能服务平台；组织会员单位参与东方财经浦东频道“创赢未来”电力专场录制，帮助企业品牌广泛传播。

（三）坚持“5A”标准，日益完善内部治理体系。加强制度建设和梳理工作，全年共制定和梳理内部管理制度六大类33项；完善人事日常管理工作，建立人员档案和月度绩效考评机制，推进秘书处人力资源优化；顺利完成协会5年一个周期的民间非营利组织在国税部门的认定和备案工作。

（咸弘敏）

# 上海防静电工业协会

上海防静电工业协会成立于2004年，是上海市一级行业协会、社会团体法人，会员主要包括防静电领域的生产、施工、检测研发和使用单位，多年来一直潜心致力于静电领域的产业发展、行业自律、标准化推进、防静电知识普及、防静电技术咨询和检测培训服务等相关工作。协会业务范围是：技术咨询、监测、中介，组织培训、展览、交流，标准制定，政府委托的工作及其他相关业务。现有会员单位96家。

2021年主要工作：

**一、深刻认识新冠肺炎疫情防控的重要性与紧迫性，采取有效措施，防止疫情蔓延**

协会各单位时刻关注主流媒体的疫情动态，科学面对疫情，积极正确引导群众，树立信心，科学防控，稳定大局。关心职工生活疾苦和身体健康状况。及时做好帮扶，济困，解难工作。加强疫情防护知识的宣传，落实防护措施，增强员工自我防护意识。合理补充营养。做好疫情预案，发现异情，及时报告，及早隔离，阻止疫情进一步扩散。

**二、众多仁人志士采取不同方式，向疫情严重地区捐款捐物**

捐款捐物单位有：浙江天开电子材料有限公司、深圳市中明科技股份有限公司、卫利国际科贸（上海）有限公司、厦门象屿康惠科技有限公司、黄山佳美奇科技有限公司、上海雷卯电子科技有限公司、享贺实业发展（上海）有限公司、苏州鸿博斯特超净科技股份有限公司、中山市荣业化工原料有限公司、深圳市思力铭科技有限公司等，体现了“一方有难，八方支援”的传统美德。

协会秘书处联系各个会员，各企业了解落实传达上级防控疫情的通知、要求及措施，收集防疫过程中的动态、信息。秘书处先后印发《万众一心众志成城坚决打赢疫情防控狙击战——致上海防静电工业协会全体会员的倡议书》《关于积极做好疫情防控，有序返岗复工的意见》《关于支持企业复工复产，发挥协会作用的通知》，以及致上海防静电工业协会会员的感谢信等。

**三、坚持一手抓疫情防控，一手抓各项工作的开展**

协会精准分层、分区做好防控，有序、周密地做好复工复产的一切准备工作，要求各会员单位关心、了解员工的工作、生活、身体状况以及家庭情况。加强员工健康监测和个人防护，继续做好“少外出、带口罩、勤洗手、少聚集”。做好工作场所、食堂、宿舍的消毒与防控，不松懈，不麻痹，不侥幸。企业上下，齐心协力，有序抗击疫情，做好复工复产工作。

**四、发挥行业协会作用，更好为会员企业服务，推动企业尽快有序复工复产**

协会及时向会员征询在复工复产中，材料供应、物流运输、资金保障、招工用工等环节遇到的困难，了解各企业现状和产业链上下游情况，及时向政府主管部门反馈，帮助企业尽快恢复产能，正常运行。

（刘黎俊）

# 上海市标准化协会

上海市标准化协会成立于1981年4月，是上海市从事标准化工作的社会团体。设有组织、科普学术、技术咨询、教育培训等4个工作委员会，以及汽车、化工、纺织、船舶、轻工、机电、仪电、宇航、航空、包装印刷、信息、能源、服务、蔬菜、种植、水产、饲料、粮油、林业、有色金属、建筑建材、康复等22个专业委员会。协会多次获得中标协、市科协、市质监局等部门授予的示范单位、先进集体、四星级学会等荣誉。现有团体会员单位220家，个人会员1200余名。

2021年主要工作：

**一、健全组织建设和内部管理**

（一）重视党建引领，开展党建工作。2021年，正值中国共产党百年华诞，协会注重加强党员队伍的思想建设与组织建设，坚持深入推进"两学一做"学习教育常态化，开展庆祝建党百年系列活动，组织学习"四史"、国家"十四五"规划，积极发展入党积极分子，促进协会党员队伍年轻化。

为努力适应新时代党的建设工作新要求，进一步凝心聚力、深化社区发展，推动党建引领下的社区治理能级提升，协会与曹杨新村街道社区党委开展党建共建工作。凭借专业优势，与曹杨新村街道共同推动《电动自行车沿街道路充电桩建设管理规范》等区级标准的制定工作。

（二）成功举办庆祝上海市标准化协会成立40周年活动。在协会成立40周年之际，广大会员齐聚一堂，共同纪念这一时刻。来自中标协、市市场局、市科协、长三角标准化组织的领导和代表到场祝贺。40年来，协会始终紧跟标准化改革发展趋势，勇担标准化发展时代使命。将标准化的理念、方法、工具广泛传播，为社会各界提供专业的标准化技术支撑。

（三）信息化平台建设。截至11月30日，在微信公众号方面，全年微信文章推送阅读量8.8万余次，文章被转发分享3100余次，收藏250次，共发布63次。其中船舶、康复、纺织、信息等专业委员会也踊跃投稿，共同推进协会信息平台的建设。同时，在继承往年良好做法的基础上，在部分公益活动和培训课程的开设过程中启用微信直播功能，每场都能吸引上千人次观看，效果显著。

**二、开展各类科普学术活动**

（一）举办庆祝第52届世界标准日活动。10月14日是第52届"世界标准日"，主题为"标准促进可持续发展共建更加美好的世界"。协会围绕世界标准日主题举办庆祝第52届世界标准日的活动，给社会公众做了《金融标准化服务助推绿色低碳可持续发展》《标准化助力优质服务的可持续发展》《上海标准的培育和发展》等专题报告，通过线下活动线上直播联动的方式，扩大活动影响力。

（二）推动长三角区域标准化一体化合作。为进一步落实长三角一体化发展国家战略，切实发挥团体标准在区域一体化经济活动和社会发展中的技术支撑作用，长三角四地标准化社会组织根据资源共享、优势互补、共赢发展、互利互惠的原则，建立"长三角一体化团体标准化促进平台"。平台成立后，根据合作协议，适时举办"数字化转型与标准化"长三角学术论文征集和交流等活动，推动区域标准化学术水平提高。

（三）组织丰富的节能标准化知识科普活动。在全国节能宣传周期间，由市市场局主办，协会承办的"掌上节能周——节能降碳，绿色发展"线上活动顺利举行。通过专题讲解，现场互动参观的形式，动员社会各界学习节能标准化知识，为实现双碳目标做出努力。此次线上活动吸引1100余人次观看，并收到近3万次的点赞，活动形式的创新受到大家的欢迎。

**三、不断提升技术咨询服务水平**

（一）完成服务标准化技术委员会换届工作。协会经过精心筹备，顺利完成服务标准化技术委员会的换届工作。服标委围绕上海服务业发展的需求，组织编写上海服务业发展纲要，制定一批地方服务标准，培训一批服务标准化人才，推进一批服务业标准化示范试点。为未来建立上海现代服务业标准体系提供方向。还作为专业的第三方评价机构，受"上海标准"的评价委员会的委托，对年内申报的3项上海标准开展评价工作，经评价专家组一致认为上海隧道股份有限公司的《隧道服务规范》标准具有先进性，报终评委员会审议并通过。

（二）积极配合政府，开展"双随机、一公开"监督检查。协会积极联系各区市场局标准化行政主管部门，为各区量身定制相应的服务方案，提供许多的增值服务，包括现场监督技术支撑、检查前的现场人员培训等，与10个区签订154余项标准合法性评价的技术服务合同。在服务过程中，从专家初评、集中复评、拟制报告、报告复核、报告终核等环节相关内容进行严格把关，出具的评价报告得到各区市场局的好评。

（三）提供优质标准化技术咨询服务。相继完成66项企业标准制修订一站式综合服务；完成具有海派文化特色的《“上海老字号”评价规范》，通推动“海派”文化的传承；完成宝山区市场局委托的《社区居民公共客厅环境通用要求》《社区居民公共客厅服务要求》《社区居民公共客厅评价规范》《市政道路清扫质量要求》等4项标准的草案起草；完成金山市场局委托的《社会治理“党建引领、四治一体”建设规范》。同时，开展1项团体标准化试点咨询，组织召开14项协会团体标准的制定工作，并制定协会《团体标准工作流程》，进一步规范协会的团体标准化工作。

**四、举办各类标准化专业培训**

全年协会共举办各类培训12场，线下学员近600人，线上学员人数3600余人。一是协会推出经典培训课程，共举办标准化岗位培训4场，学员们表示满意。二是标准宣贯送上门，服务企业零距离上门培训。协会为中船重工711所和上海轴承技术研究所提供上门培训。选派权威讲师上门授课，培训效果达到预期。优质的师资、精心的课程编排及周到的服务，受到两家单位领导及学员的肯定。三是协会共举办标准化大讲堂2场，旅游标准化讲座1场（均为公益讲座），采取线上线下相结合的模式。其中，标准化大讲堂知识讲座受欢迎程度最高，除现场60余名学员外，线上超过3600余人参加讲座。2场培训均获满分评价。

（王荣昌）

# 上海橡胶工业同业公会

上海橡胶工业同业公会成立于1986年12月，为上海市橡胶行业同业企业以及其他相关经济组织自愿组成，实行行业服务和自律管理的行业性、非营利性的社会团体法人。现有企业会员80多家，分别从事轮胎、胶鞋、胶带、胶管、各类胶种和用途的橡胶制品及橡胶机械、模具、橡胶原辅材料的生产和经营。拥有双钱、回力、双箭、骆驼等多个著名品牌。

2021年主要工作：

**一、开好年会，使之成为履行章程、沟通合作的平台**

5月19日，上海橡胶工业同业公会在上海彭浦橡胶制品有限公司召开十届四次会员大会暨理事会，上海橡胶工业同业公会理事长，上海回力鞋业董事长、总经理陈波主持。上海彭浦橡胶制品有限公司董事长吴秋华作为东道主致欢迎词。会议审议通过2020年工作总结（草案）、2020年会费收支情况报告（草案）、2020年监事会工作报告（草案）和2021年工作计划（草案），宣读《关于参与打击非法社会组织活动的倡议书》，上海塑料研究所副总工程李敏在会上作技术交流，介绍新开发的橡胶制品。与会者表示，公会将继续以服务企业、规范行业、发展产业为宗旨，积极引导企业坚持绿色发展、抓好科技进步，努力提升中国制造能力，在国际国内双循环的战略实施下，做好做优上海橡胶企业的金字招牌，努力实现高质量发展。会后，与会者参观江苏冠联科技股份有限公司，对该公司近几年的快速发展表示赞赏。

**二、优化功能，为会员单位提供精准服务**

公会坚持从“三个度上”做文章，在理解和解读国家政策上讲究高度、在服务范围上讲究宽度、在服务质量上讲究深度，积极打造“企业热爱、行业认可、政府信赖”的专业性行业协会，不断适应政府、企业的创新需求。着力在“二十字”工作法上下功夫，即把握政策、创新思路、提升能力、当好桥梁、深化服务。公会积极遵循国家的发展战略，融入长三角一体化发展，开拓新的发展空间，全年发展的2家新会员单位都是来自长三角地区，通过期刊正式亮相。

公会始终以需求为导向、以市场为目标，着力帮助企业补短板、破瓶颈，解决实际问题。如，有的会员单位因在环境评估过程中遇到一些“卡脖子”问题，公会及时给予工作指导，开出“良方”。有的单位因产品生产过程中出现问题，质量总是达不到用户的需求，非常着急地找到公会，公会马上联系技术委员会专家，帮这些单位解决棘手问题。

**三、加强自律，提高办会能力**

运用好公会微信群这个载体，提高微信群的活跃度。公会发动大家对有的会员单位评选行业“十佳”进行投票；有的会员单位推出新产品，也乐意通过微信群进行分享；有的求购原材料，也把微信群作为一条途径，大家相互提供线索，体现公会“一家亲”抱团取暖的融洽氛围。

接受会员单位对于收费行为的监督。8月底，上海市社会团体管理局就上海市各协会、商会收费等情况开展调研，为《上海市促进行业协会发展规定》修订提供第一手资料。9月初，公会通过期刊、微信群发布《上海市行业协会规范收费行为自律承诺书》，接受各会员单位的监督。至年底，未发现因不当收费而受到举报的行为发生。

公会秘书处人员积极参加各类培训，包括参加社团局举办的社团负责人能力建设、社会团体标准培训等。通过培训，进一步规范办会，提高工作人员组织协调、开拓创新和破解难题等能力。

**四、加强党建，发挥党支部的战斗堡垒作用**

公会党支部积极贯彻落实中共十九大和历次重要全会精神，特别是习近平总书记系列重要讲话精神，认真开展“四史”学习教育，以自学和集中学相结合、“一个党员一课题”方式，充分利用中宣部“学习强国”平台，切实提高党员理论素养，用理论知识指导实践，不断提升工作的针对性和有效性。在市工经联党委“学习强国”成绩排名中有3名党员始终处于前50名。一名老同志党员获“光荣在党50年”纪念章。

为庆祝中国共产党成立100周年，党支部组织集中收看大会实况，开展上党课等“十个一”活动。组织全体党员每季参加市工经联党委第八工作站组织的各类参观活动。党支部每月有活动，加强党建基础台账工作，得到上级党组织的肯定，再次被市工经联党委评为“先进党支部”。

（薛丽萍）

# 上海涂料染料行业协会

上海涂料染料行业协会成立于1987年1月，会员单位主要分布在上海市和长三角地区，行业产品从涂料、油漆到涂料原材料，从纺织染料、食用色素到油墨和有机、无机颜料，从涂料、染料助剂到化工专用机械，从大化工到精细化工产品，广泛应用于国民经济各个领域。现有会员单位228家。

2021年主要工作：

**一、组织专题交流会，促进行业转型发展**

4月28日，协会召开2021年九届四次会员大会暨第十届“绿色涂料发展论坛”和“安全生态染料颜料发展论坛”，近400名行业领导、专家、教授，以及会长、理事和会员单位参加会议。会议围绕“推进涂料、染料、颜料生态优化和绿色发展”主题展开深入探讨，助力行业安全绿色可持续发展。

10月19日—22日，承办浙江舟山“2021年海峡两岸国际有机颜料行业年会暨智能、安全、低碳发展”论坛，为执行国家“双碳”政策及应对限电限产影响，推动有机颜料智能、安全、低碳发展，230多名代表参会。

**二、搭建合作与交流平台，服务会员，助力企业创新发展**

加强与业外交流合作，提升协会服务能力。学习兄弟协会先进经验，与上海聚氨酯工业协会合作，优化协会服务内容；与上海市新材料协会交流会员服务内容，进行经验分享；与成都涂协交流，共同推进四川涂料与上海涂料企业间的合作；与上海浦江社会组织创新研究院等交流。

**三、优化协会信息平台，为会员单位及时提供有效信息**

协会利用网站、“上海涂染”微信公众号和《上海染料》杂志等平台资源，发布协会动态，以及行业技术开发、产业发展等信息，让会员单位及时了解协会工作动态和行业情报信息。公众号每月发布一期，及时通报协会活动、行业经济数据、技术发展动向和上市会员单位等方面的信息。同时，在微信理事群、会员群、培训班群等发布，让会员单位及时掌握行业发展趋势和协会动态。协会对网站进行重新构建，增加相关功能，优化网站架构，用户使用更加方便，网页更加美观。协会网站发布政策法规、行业标准、行业发展动向、协会动态等相关信息。

《上海染料》从1971年10月创始至今已走过50个年头。10月25日，在龙盛集团上海地区总部（新泰仓库），协会举办的《上海染料》创刊50周年纪念座谈活动，重温期刊办刊方向，共谋发展目标。在服务政府、行业、企业和民生方面发挥了重要作用。

**四、加强团体标准的制定工作，促进行业技术进步**

1月，协会召开“低SVOC绿色水性内墙涂料”（T/SHCDA000003-2021）立项工作会议，得到企业积极响应，有13家企业参与团体标准编制，协会成立团标编写工作小组，制订工作计划。同时，协会按照制定的《水性建筑涂料固体废物属性鉴别及管理要求》（T/SHCDA000001-2020）标准实施细则和工作流程，开展团体标准在行业的申请、检测、审查等工作，组织专家和相关企业开展“团标管理固体废物”执行情况“回头看”的现场交流。

**五、组织培训，参加展览会，为企业技术服务**

9月7日—9日，举办线上“第二十二期全国有机颜料技术应用培训班”，围绕安全生产、化纤原液着色、水性用有机颜料、新材料新机会等四大主题，分设20多个分会场，参与学员达到200多人。

6月，在宁波召开“2021中国绿色涂料涂装交流合作大会”，协会组织华谊精化、巴斯夫新材料、华谊涂料、山东阳光、南通密炼等企业参加活动，及时了解绿色工业涂料涂装及绿色工业涂料产业链发展和在绿色制造方面取得的应用成果，为会员单位面向市场和拓展市场起到了很好的促进作用。

参加由市工经联组织的上海外资招商投资洽谈会——钦州港绿色化工专场会议，为会员单位提供在广西钦州建厂的投资机会。走访金山二工区等企业，组织13家单位成立联合展位参加涂料展，对于展位的宣传内容及展位布局等与企业积极沟通。

（郑家琨）

# 上海塑料行业协会

上海塑料行业协会成立于1990年2月，会员经营涵盖整个塑料产业链，会员企业主要包括塑料原料、塑料制品、塑料助剂、塑料模具和塑料加工机械等。现有会员企业188家。

2021年主要工作：

**一、调研咨询工作**

年内，协会走访上海普利特复合材料股份有限公司、上海展通实业有限公司、上海大汇塑业有限公司（上海大汇）上海合诚精细化工有限公司、上海朗亿功能材料有限公司、光明乳业研究院等10余家企业，通过走访，促进相关上下游会员单位间的合作，使他们的相关技术和产品不断应用于市场。同时，完成3篇调查咨询报告。

**二、专委会工作**

4月14日，抗菌材料专业委员会在雅式CHINAPLAS 2021国际橡塑展的同期活动中，协办“2021橡塑抗菌技术新风向发展峰会”。4月24日，专委会主任单位——上海展通实业有限公司，在上海大学举行“2021绿色材料设计论坛”，并与其合作成立“上海大学 & 展通绿色材料联合实验室”，这种校企结合将有利于绿色材料设计的很好实现。

3月25日，可（生物）降解材料专业委员会在上海举办“2021中国生物降解材料高峰论坛”。11月18日，在上海举办“2021第三届生物降解材料高峰论坛”，借助于线下活动交流，帮助企业把握机遇，推动生物降解材料行业持续健康发展。

9月16日—17日，工程塑料专业委员会在苏州举办“改性塑料功能助剂应用技术论坛”，嘉宾们同与会者一起分享了许多塑料添加剂的成功应用实例和经验教训，使大家获益匪浅。

**三、展会工作**

4月13日—16日，2021雅式的“CHINAPLAS国际橡塑展”在深圳国际会展中心举办。协会作为协办单位，引荐中国石化参展，其中，约有30余家会员企业在展览会上亮相。展前，协会组织邀请华东六省二市塑料行业协会领导、会员企业和业内企业相关人员前往观展。展会期间，协会领导参加中国石化主办的“塑料循环绿色行动联盟产业联合示范发布会”，并同中国石化等25家企业一道发起“塑料循环产业联合绿色行动联盟”的倡议活动。

**四、团体标准制定工作**

协会是全国团体标准信息平台上的注册单位。协会组织上海新上化高分子材料有限公司等企业编制“腹膜透析袋用聚氯乙烯薄膜”团体标准，于2月、3月，分别在上海市市场监督管理局网站和全国团体标准信息平台上发布，5月1日起执行。

协会组织上海展通实业有限公司和上海膜益信息科技有限公司等企业，编制《高分子材料抑菌防霉性能的直观测试方法》团体标准，并于7月20日—8月5日，在全国团体标准信息平台上公示；11月26日—12月12日，在全国团体标准信息平台和协会网站上就该标准的征求意见稿公开征集意见；12月26日，在上海市市场监督管理局网站和全国团体标准信息平台上发布（2022年1月10日起执行）。

**五、服务政府工作**

3月，市经信委节能和综合利用处、市能效中心，两次召集协会部分会员及相关业内企业，就上海开展塑料制品绿色设计进行调研和交流。为实现国家“十四五”计划和“碳达峰、碳中和”双碳目标以及人们向往美好生活环境的需要，协会咨询部撰写《上海塑料制品绿色设计工作专题报告》和《上海市关于推进塑料制品绿色设计的工作方案》，分别在3月和4月提交给市经信委和市能效中心。

协会还向市经信委提供《上海工业年鉴》中有关塑料内容的资料、向市社团局提供上海市社会团体年度检查报告书、向中国塑料加工工业协会提供《中国塑料工业年鉴》“上海市篇”的年鉴资料，还完成由市轻工协会牵头的1978—2010年市轻工志“塑料制品篇”编纂工作。

**六、党建工作**

根据市工经联党委系统党史学习教育要求，协会党支部采取“三会一课”和主题党日等形式，召开形式多样的专题组织生活会。3月22日，党支部倡导党员做塑料绿色循环经济的推进者，积极开展碳排放达峰行动，并就应对气候变化融入生态环境保护工作进行交流。7月6日，党支部组织参观“百年上海工业影像作品展”工业影像展和国歌展示馆，参观国歌展示馆更让我们详细了解国歌背后许多动人故事。7月19日，由党支部书记侯培民传达市工经联党委党史学习教育的有关工作指示以及开展支部“七一”党员系列活动的情况；会上，推出党员学习的“微党课”平台，候书记结合自己学习党史的体会给支部党员上党课。党支部积极参加市工经联党委第一党建工作站在上海市龙华烈士陵园开展“学党史感党恩跟党走”主题党建活动，观看红色电影《金刚川》。6月29日，市工经联第一党建工作站召开“中国共产党成立100周年庆祝大会”，协会党支部参加并表演朗诵《暂别还是永别》节目。协会党支部被上海市工经联党委授予“2020—2021年先进党支部”。

**七、宣传及评审工作**

全年协会官网、内部通讯年报道协会活动信息55篇，撰写和摘录专业性以及科普性文章21篇。2021年名优品牌评审，共新评和复评6家企业，其中5个复评产品、1个为新认定产品被评为行业名优产品；职称评审，共有8家企业16名专业技术人员通过评审，取得专业技术职称，其中高级5人，中级5人，初级6人。全年共吸纳新会员19家，不断扩大行业覆盖面，增强协会凝聚力和影响力。

（徐旭璟）

# 上海日用化学品行业协会

上海日用化学品行业协会成立于2006年，是由上海化妆品、香精香料、洗涤用品、口腔护理用品组成的行业协会。现有会员企业290家。

2021年主要工作：

**一、经济运行稳中有升，销售收入增幅明显，区域经济发展规模扩大**

上海日用化学品行业以品牌为抓手，以创新为发展前提，以围绕市场需求为宗旨，通过国内外双循环相促进，依据行业发展和结构调整，着力打响“上海制造”品牌，2021年上海日用化学品行业生产与效益保持增长态势，比上年增长13.3%。全行业规模以上企业工业企业产值401亿元，按可比价格计算同比增长11.3%；实现销售产值397亿元，同比增长14.4%，扭转2019年下降1%的状况。

利润与税金方面，比上年增长5%，主营业务收入410亿元，同比增长15%；利润总额98亿元，同比增长12%。

出口交货值方面，增长5%。

区域经济发展明显，奉贤“东方美谷”诞生5年来“从无到有、从有到优”，已形成国内规模领先的美丽健康产业集群，正从“中国化妆品产业之都”向“世界化妆品之都”奋力前行，成为上海五大新城和五型经济的标志。

**二、发布化妆品产业三年行动计划成为行业风向标**

由市经信委、市药监局联合发布的《上海市化妆品产业高质量发展三年行动计划》，提出化妆品产业是满足人民美好生活向往的美丽产业，是上海打造时尚消费品高端产业集群，推动经济高质量发展，加快建设国际时尚之都的重要抓手。还明确时尚消费品领域是上海重点发展3+6产业的之一。行动计划发布后，协会着重做好3项重点工作：一是成立化妆品企业家专业委员会，对照行业重点发展领域实施前沿科技、医研共创、中国植物特色资源，检测检验、标准领先、人才培养方面进行深入探讨，力求在3年内让整个行业成为领先于国内和国际大都市的产业，专委会企业家还主动认领发展规模课题等。二是承担行业缺失的标准任务，奉贤区市场局提出《东方美谷内包材质量验收规范指南》《化妆品生产企业质量安全数字化转型评价指南》2项标准。其中数字化转型是对企业质量工作业务重新定义，通过利用现代技术和通信手段改变企业为客户创造价值的方式，促进企业数字化转型更加高效，取得更好成就。2项标准均为国内首创，为大部分头部企业认可采纳。三是配合药监局提出的2个课题进行充分讨论。即以上海家化联合股份有限公司为主起草的《医研共创化妆品开发设计规范》课题，充分利用医学资源深入研究产品开发的途径、科学护肤的新方法、新资源、新原料，让产品更加符合化妆品的特征；由相宜本草为主起草的中国植物资源体系建设的课题，从中国2000年文明史和文化积累的角度，研究中国特色植物资源化妆品是以中国传统护肤理论为指导，以化妆品已使用原料范围内的中国特色植物原料和原料间的优化组合为主要功效，结合中国传统优势项目和相关技术研究开发的具有中国特色的化妆品。此课题通过讨论将组织团体标准的制定，让更多企业参与和完善。

**三、以品牌差异化为动力，以渠道创新为发展举措努力开拓市场**

协会开展5个维度的品牌100+和设计100+，及首店经济，双十一、双十二、双旦等线上线下融合活动，引导企业积极开拓品牌新纪元，使传统品牌获得新生，新锐品牌获得进展，老字号品牌获得提升。上海家化围绕“123经营方针”深化公司经营改革，护肤美妆品类实现超25%的增速，大幅超过行业平均水平；同时，电商业务快速增长。公司推行的品牌、品类差异化发展策略取得阶段性成果。林清轩连续开展2021年春夏寻光之旅，山茶花籽油保密配方入库上海中心宝库1号，企业第三次获“高新技术企业”称号，完成B轮融资，入选上海市重点商标保护名录和第四届进博会上海综合形象展区。林清轩作为化妆品企业家专委会的首任主席单位，节能减排绿色工厂林清轩被评为“上海市品牌引领示范企业”。上美化妆品集团有限公司以争取IPO上市为契机，韩束商标入选《第九批上海市重点商标保护名录》。该名录旨在对有较高知名度、较大市场影响力的注册商标予以保护，作为“上海制造名片”，受到政府和市场的高度肯定。一叶子“想桃就桃”营销活动上线，收获亿级曝光，为双十一大促销售赋能。红色小象入选“超级新‘申’代品牌力A计划”。10月15日，红色小象应邀出席上海市首发经济联盟活动，获“引领性本土品牌”称号。上美集团开启校企开放日活动，与高校学生共创产品。10月27日，上美校企开放日活动圆满落幕，来自香港大学、复旦大学、中国科学院大学、华东理工大学等多所知名高校的硕士、博士生打卡上美。在科研workshop中，同学们担任“产品共创官”，与科研人员一起深度脑暴，赋能上美目标用户洞察、新品开发和品牌升级。Asnami妈妈护肤五件套通过老爸评测团队的严格检测，获老爸评测绿标认证。Asnami秉承“探秘深海，传承肌肤修护原力”的品牌理念，每款产品通过不少于30项检测，温和不刺激。实践证明，企业的努力才有市场的活力。这些企业和品牌连续参加上海100+的活动，以品牌优势获得市场好评。

**四、主动为产品出口服务，努力开创国际市场**

行业出口主要是做品牌代工，本土品牌出口，主要有上海美加净牙膏，年出口3000万美元，为国内最好的出口企业之一。另外，上海制皂每年出口近2000万美元。上海家化出口近500万美元。按主营业务划分，上海化妆品企业中，品牌企业将近40家，占30%，其中，生产企业10家、服务企业（原料厂、包材厂、研究院等）10家。为减轻企业负担，协会坚持做好面向企业的出口证明，为企业出口报关提供帮助和服务。为提高检验检测的水平，协会联合检验机构出台四项检验标准分别是《化妆品紧致、抗皱功效测试－体外成纤维细胞I型胶原蛋白含量测定》《化妆品紧致抗皱体外角质层形成细胞活性氧胶原蛋白含量测定》《化妆品舒缓功效测试体外TNF炎症因子含量测定》等。

努力开展行业检验员和质量安全负责人实务操作培训。协会根据企业实际需求，按照国家法规要求，针对企业对产品质量负责的各个领域开展实务操作培训，涉及微生物检验、理化检验、不良反应、备案需求、质量体系、配方设计、经营管理、代工需求、功效检测、安全评估等，为质量安全打下良好基础。

坚持协会党支部党员的先锋模范作用和学习制度，在纪念中国共产党成立100周年的日子里，组织参观学习老一辈革命家的丰功伟绩，以弘扬伟大建党精神，坚定历史自信，不忘初心使命，学党史，悟思想，办实事，开新局，通过开展党性分析和批评与自我批评，迈向第二个百年目标新征程。

（金　坚）

# 上海市生物医药行业协会

上海市生物医药行业协会成立于2002年12月19日，是由从事生物医药业的企业、机构及相关单位自愿组成的跨部门、跨所有制的非营利性行业性社团法人。行业涵盖现代生物技术和医药领域从研发、生产到流通整个产业链。现有会员单位218家。

2021年主要工作：

**一、强化产业支撑推动行业转型升级发展**

（一）整合资源、稳步推进产业研究咨询服务。协会着力做好3项工作：一是决策咨询，承担完成市经信委下达的《上海生物医药产业发展“十四五”规划（送审稿）》和《长三角生物医药产业协同发展行动方案研究》；围绕长三角生物医药产业链基础资源、产业断链风险和合作、揭榜、建议等提出“两图三清单”。二是课题研究，累计为市发改委、市经信委、市食药监局、普陀区经信委、浦东科经委、张江管委会等政府部门提供十余份研究报告。三是标准建立，组织开展由上海徐汇策源健康智能科技成果转化发展中心牵头研究制定的《健康医疗技术转移及转化平台服务标准》，该标准填补了上海医疗健康领域在技术转移及转化服务的规范空白。

（二）发挥服务和导向作用，努力成为行业和会员单位的好帮手。一是桥梁纽带方面：协会与市经信委生物医药产业处、上海市生物医药产业促进中心共同组织召开“长三角生物医药协同发展课题座谈会”；与市科创办分别组织召开“上海抗体产业链座谈会”“上海医疗器械产业座谈会”；与浦东经科委等共同召开“放射性同位素实验室废弃物处置研讨会”。在市商务委指导下，协会分别举办四场不同主题的培训班。同时，积极参与中国国际进口博览会相关的对接工作，围绕国际经贸协定、知识产权等编写2份专报。与上海市生物医药科技发展中心、复旦大学张江研究院共同发起成立“上海市生物医药投融资发展基金联盟”。二是培训方面：年内共开设13个线上课程及12个线下课程，截至10月，线上线下培训人次共5000余人次。举办上海市2021年专业技术人才知识更新工程细胞免疫治疗紧缺人才班。协会分别与上海应用技术大学和临港集团、上海医药职工大学、上海医药学校等联手，成立上海应用技术大学现代制药产业学院和临港产业大学生物医药学院；还与上海农林职业技术学院等发起成立上海市高职高专院校现代农业与生技术类专业教学指导委员会。组织召开疫苗制品工评价方案专家研讨会，经过前期多次专家讨论会和相关企业调研，已完成疫苗制品工的评价方案（初稿）。三是活动及宣传方面：协会积极主办、承办或组办20余项国内外大型专业会议，汇聚精英，群策群力，共融发展。同时，及时高质做宣传：1月—12月共计出版《上海医药》会刊12期、网站更新信息共4830条、发送医药信息简报（电子版）46期。还作为市商务委上海技术性贸易措施公共服务平台（生物行业示范点），已编发20期信息简报。

（三）发挥资源优势，提高项目推荐和咨询质量。协会帮助和指导相关企业项目落地、申报政府支持等，如张江科学城用地项目、上海市战略新兴产业发展专项资金、临港新片区项目建设用地等。提供咨询证明服务，依靠专家库资源和统计信息的优势，积极为企业提供技术咨询服务，为企业市场占有率、申报专精特新“小巨人”等出具证明。

（四）围绕着长三角一体化，加快转型升级融合发展的高质效能。协会与市生物医药产业促进中心承担并开展市经信委的长三角生物医药产业协同发展研究工作。组织召开“长三角生物医药产业高质量协同发展论坛”和“长三角生物医药产业发展论坛”等，并联合启东市政府发起成立“浦东·启东跨江融合生命健康产业联盟”。协会参与编写《制药工业大气污染物排放标准》，此文件由上海市人民政府、江苏省人民政府、浙江省人民政府、安徽省人民政府批准。

**二、强化内部管理，规范运作提高服务水平**

（一）坚持法人治理结构，健全规范化管理。为深入贯彻落实《上海市民政局关于开展进一步打击整治非法社会组织有关事项的公告》（以下简称“公告”）及《关于号召全市社会组织强化自身管理积极响应进一步打击整治非法社会组织工作的提示》要求，协会理事会组建的工作小组迅速行动，全面部署开展本协会专项行动，并号召全体会员单位，坚决支持严厉打击整治非法社会组织，坚决抵制非法社会组织活动，坚决不给非法社会组织提供便利。

（二）抓住建党百年契机，增强党建工作实效。根据中共中央《关于中国共产党成立100周年庆祝活动的通知》、中共上海市委“党旗在基层一线高高飘扬——以实际行动庆祝中国共产党成立100周年”系列活动部署，以及市委组织部的要求，市经信工作党委组织处向全系统单位征集党支部工作案例，协会编撰稿件入选刊登在《支部生活》中，充分展示市经信系统基层党建的创新成果。

协会理事会党的工作小组组织协会理事会全体理事和监事会全体监事参观中共一大纪念馆，重温建党历程，坚定理想信念。协会党支部组织秘书处党员、职工观看建党100周年大会直播。观后，每位党员形成心得体会互相交流学习。根据市工经联党委党史学习教育领导小组办公室的要求，协会党支部组织党员召开专题组织生活会。同时，组织全体员工集中观看红色电影《1921》，追忆百年党史，重温峥嵘岁月。

党支部编写《中国共产党历史学习资料之一》《中国共产党历史学习资料之二》。邀请市工经联党委委员、监事长吴正扬为全体党员、群众上专题党课。全年党支部书记陈少雄先后组织大家进行30次党课学习。同时，党支部还分别与交行上海分行业务部党支部、中行上海分行张江支行进行党建联建活动。

协会党支部组织召开民主生活会。民主测评结果表明，无“不合格”党员。同时，党支部对照查摆的问题和党员群众提出的意见，列出整改事项、作出整改承诺。并重视发展新党员，不断为组织发展提供新鲜血液，注入新的生机。

（三）激励生命科学领域研发和产业化的持续创新能力。谈家桢生命科学奖创设于2008年5月，是谈家桢先生提议，由联合基因科技有限公司捐资创立，并经科技部批准的生命科学技术奖项，其后得到上海复星医药（集团）有限公司和上海白玉兰谈家桢生命科学发展基金会（简称谈家桢基金会）的资助，由谈家桢生命科学奖奖励委员会组织，上海市生物医药行业协会承办，每年评选并颁奖。2020年第十三届谈家桢生命科学奖申报工作因疫情原因延迟，再启动后，于2021年10月23日在广州中山大学召开第十三届谈家桢生命科学奖颁奖典礼。2021年第十四届谈家桢生命科学奖5月开始启动，2022年顺利完成网络函评、评审专家委员会会评与奖励委员会终评，颁奖典礼将择时于南昌大学举行。

（四）凸显社会责任，促进行业自律和发展。协会从2014年开始连续向社会公开发布年度所属生物医药行业社会责任报告，并组织复星医药、上海医药等会员单位与协会共同发布社会责任报告。2021年协会获市经团联“上海市企业社会责任报告发布优秀企业”称号。

2021年，协会以“不忘初心、牢记使命”的党史学习教育为主线，以“强调研保供链提质量精产业”为主题，扎实推进协会工作，得到上级部门充分肯定，协会获上海市商务委“2020年度上海市优秀进出口公平贸易行业工作站”称号、市工经联党委2019—2020年度先进基层党组织称号、市工经联“先进行业协会”称号、上海市现代服务业联合会“特殊贡献奖”。协会秘书长、党支部书记陈少雄获市工经联党委授予的“2019—2020年度市工经联优秀党务工作者”荣誉。

（赵　婷）

# 上海医药行业协会

上海医药行业协会成立于1987年，是上海制药工业、生物医药、药品辅料、药品包装材料、制药机械、科研院所等单位自愿组成的跨部门、跨所有制的行业性社会团体法人。现有会员单位245家。

2021年主要工作：

## 一、深化行业品牌和标准化工作

经相关各方共同努力，完成年度上海医药行业企业品牌建设指数评价并形成报告，完成年度上海医药行业名优产品评选。发布3个行业团体标准：生物工艺中一次性使用系统生产技术规范、自体CAR-T细胞药品供应链管理规范、药品生产数字化质量保证技术要求。协会《窄治疗指数药物质量评价及标准制订的通用技术要求》团体标准获评“上海标准”。

与药审中心合作编制《数据可靠性检查案例汇编》，完成市场监督管理局委托的《上海市生物医药行业质量状况报告》项目；完成市经信委委托的易制毒管控设备监管委托项目合同签订及培训；完成2020年度上海医药行业社会责任报告编撰及发布；落实相关会员单位每季度易制毒管控设备报备表的日常管理。

## 二、拓展行业高技能人才培训工作

一是组织线上系列培训工作。根据上海市医药专业技术人员继续教育基地线上培训课程为60学时的要求。在2020年已有39学时的基础上，对新增的21学时，主要包括2020年版中国药典和注册模块相关内容。学员已选课次约4870多次。二是组织线下系列培训工作。2021年线下培训的学时数为30学时，在协会新技术新技能专委会的协助下，再次开发出深受学员欢迎的培训内容。包括：中国药品法规最新热点，药品监管趋严形势下企业应对措施、医药行业高质量发展与药品监管科学等。有135家企业近400名工程技术人员，约1164人次参加系列培训。三是为配合12月1日正式实施《药物警戒质量管理规范》，举办为期3天的“药物警戒专员高级研讨班”，通过小班化研讨、案例推演、小组讨论等多种形式，受到上海及长三角生物医药企业的高度关注和积极参与，学员全部通过继续教育的学时考试。同时，完成上海上药中西制药有限公司等会员企业的定制培训服务。

## 三、推动产学研用学术服务工作

一是承接市经信委委托课题研究“连续制造技术促进本市制造业转型发展”。研究目标是清晰阐述药品连续制造的技术特点、国内外应用现状及先进经验，总结上海开展连续制造技术的基础优势和条件，梳理连续制造技术应用面临的困难和瓶颈，探索上海生物医药产业应用连续技术促进制造业转型发展的思路，并提出推进连续制造技术应用的蓝图、路线图及施工图，形成研究报告。二是启动2021年窄治疗指数药物研究。在市医保局、卫健委和药监局的指导下，组织开展关于窄治疗指数药物的系列研究，重点关注窄治疗指数药物的科学管理和规范使用，助力药品全生命周期质量管理体系建设，形成科学监管意见。三是组织召开“药物警戒质量管理研讨会”。为帮助业界积极做好执行GVP的准备工作，落实药物警戒体系企业主体责任，强化药物警戒质量管理合规性，协会于7月20日下午召开药物警戒质量管理研讨会。上海市药品和医疗器械不良反应监测中心领导，复星医药、上海恒瑞、上海医药、百济神州、复旦复华、现代制药、国药国际等企业的相关负责同志，以及药物警戒第三方服务机构太美医疗参加会议。四是组织召开上海生物医药产业发展政策解读会。8月25日，特邀市经信委生物医药产业处负责人做政策解读报告，有5000多人观看会议直播内容。配合市经信委举办组织“2021上海国际生物医药产业周”系列活动之“产医融合”学术论坛。

## 四、开展行业统计分析和咨询服务工作

3月10日，召开统计年会，部署年度统计工作。年内，相继完成工信部统计年报工作、中国医药统计网统计月报工作、采购经理调查指数报表工作等。做好医药行业运行分析报告，从国内整体经济情况、全国医药工业完成情况、上海生物医药完成情况、医药市场的情况以及医药行业发展趋势5个方面进行分析，重点对上海生物医药产业的现状、重点品种的情况及上海企业的研发创新与落地情况等进行分析。按时将《2021年上半年医药行业运行分析报告》《2021年上海生物医药行业运行情况、存在问题及发展思路》报告，报送国家统计局上海调查总队。参加“上海市生物医药产业政策环评”座谈会，为上海生物医药产业的规划、环境管理和风险管控等建言献策。并根据市经信委要求，整理全球前20强企业在中国的研发及产业布局情况。

2021年，协会重点工作取得较好成果，会员队伍持续发展壮大，行业影响力明显提升，赢得政府相关部门、会员企业和社会各界的认可和好评，获上海市民政局颁发的“品牌社会组织”和上海市工经联颁发的上海市先进行业协会、先进基层党组织等荣誉称号。

（姬云程）

# 上海中药行业协会

上海中药行业协会成立于1989年12月，是以上海市中药工商企业为主体，集科、工、贸于一体的综合性的社会团体。设立中药饮片专业委员会、中药制药专业委员会和参茸专业委员会。协会立足“服务、自律、代表、协调”四项基本职能，围绕中药经济发展，加强调查研究，强化信息沟通；坚持开展特色服务工作，提升行业社会影响力；加强自律管理，推进行业诚信建设；弘扬中医药文化，促进中药产业的转型升级。现有会员单位233家。

2021年，上海中药工业的主营业务收入为122.9亿元，比上年增长5.6%；利润总额12.7亿元，同比下降9.7%；中药饮片主营业务收入为55.4亿元，同比增长12.4%；利润总额为5.4亿元，同比增长23.2%。中药饮片、中成药（剔除个别中成药企业外），均为2位数增长，饮片完成更好。

2021年主要工作：

**一、当好政企桥梁，促进行业发展**

（一）制订中药行业“十四五”发展规划。年初，协会召开调研会，拟定调研提纲并要求企业填写“十四五”期间主要经济指标及主要产品销量、产品研发等情况的调研表，7家中成药生产企业和4家中药饮片生产企业参会。在调研基础上，协会起草《上海中药行业“十四五”发展规划建议书》（讨论稿），又在工业企业联络员会议上听取意见，进行修改，最终形成近5000字的《上海中药发展“十四五”发展规划有关建议》，报市经信委生物医药处。

（二）为市人大、市政府发布文件建言献策。协会在深入调研的基础上，为《上海市中医药条例》《关于加快中医药特色发展若干政策措施的通知》《上海市医保支持中医药传承创新发展若干措施》《关于“十四五”时期促进药品流通行业高质量发展指导意见（征求意见稿）》和《关于促进上海市药品零售行业健康发展的若干意见》等十多个重要文件征求意见提供建议。

（三）积极为企业解决急难愁事。协会召开坐堂中医门诊部座谈会，了解20家坐堂中医门诊部在发展中存在的问题及尚需改进的建议，起草关于《坐堂中医门诊部的针推项目纳保、“辩证治疗费”收取的报告》，报市医保局，受到重视，该局里召集有关部门专题会议，由协会作情况说明，使政策障碍问题得到排除。又如由于医保管理部门整顿中药饮片的医保编码，中华老字号企业群力草药店门诊部部分长期使用有效的草药品种面临被取消，协会通过调研，召开3次协调会，形成专题报告，得到有关部门支持，使问题妥善解决。饮片企业反映2018版炮规内容有误问题及黄曲霉素检测规定问题等，均给予解决方法。

（四）配合做好“疫情防控哨点建设”。协会积极参与市商务委、市药监局“疫情防控哨点建设”工作和进一步加强网售处方药、止咳退烧药的监管工作，为常态化防疫工作作出努力。

**二、开展调查研究，把握行业脉络**

（一）开展中药生产企业实地调研。年初，协会领导带队先后走访上海凯宝药业股份有限公司、上海和黄药业有限公司、上海雷允上药业有限公司、上海现代中医药股份有限公司及上海玉丹药业有限公司等5家企业，这五家不同所有制的企业2020年营收额占到全部中成药企业的46.7%，具有一定的代表性。调研中，协会领导与企业交流沟通，指导支招，提供建议。并将企业发展瓶颈及主要问题梳理汇总，向市有关部门反映，为政府制定政策提供参考。

（二）开展野山参市场调研。为做好野山参团标和野山参文化节工作，协会与市消保委保健办联合选择团标起草和其它零售企业进行在售野山参拍照调研，并设计“盲评”规则和评议表，组织专家对从数百张野山参照片中挑选57支参进行“盲评”，合格率为73%，团标起草零售企业合格率为84%，明显高于和其他零售企业。说明野山参市场确实存在良莠不齐，需要制定团标予以规范。行业专家也对首次采用“盲评”给予肯定。

**三、推进饮片溯源，建立追溯体系（溯源工作）**

（一）动员布置溯源工作。5月1日，《上海市中医药条例》正式实施。为贯彻溯源条例，8月17日，协会召开溯源工作研讨会，市中管局、市药监局相关领导莅临指导。5家试点中医医院药剂科主任和八家试点饮片企业负责人出席，会上对溯源饮片进行定义，明确现阶段加快推进溯源工作的目标任务。同时，修订发布《溯源管理办法》。根据溯源工作进展，对《上海中药饮片质量追溯体系建设管理办法（试行）》各章内容进行增删修订，并正式行文发布。

（二）制定溯源饮片品种质量提升标准。为做好中药饮片的分级管理，协会多次组织行业专家会议，对70个溯源饮片品种的质量提升标准进行逐个讨论，其中对首批试点的11个品种进行修订，正式行文发布。同时，完成59个品种的标准制定，至此已形成“11+59+X”溯源饮片品种的推进安排。

（三）推进溯源信息平台系统建设。根据溯源管理办法要求，协会积极落实第三方专业服务商，对溯源饮片的追溯要求细化到字段，及分类管理，并运用系统核验实施对关键环节预警和管理，上海中药饮片质量信息追溯系统实验平台初步建设完成，实现药材资料线上备案、饮片溯源信息上传、二维码追溯等基础功能。还注册溯源中药饮片商标。从法律上保护使用溯源饮片的权益。

（四）加强外省市合作交流。为做好溯源工作，对接源头资源，协会分别接待四川、广西、云南等政府带队中药产业代表团，与这些中药材大省开展溯源信息交流，其中与云南省中药材种植养殖行业协会共同举办沪滇中药质量追溯工作交流座谈会，共商溯源工作及产业对接。还借助于全国中药材共建共享联盟大会组织“中药材采购专题会议”，让沪上企业了解全国药材产区和产品情况，让全国主要产地对接上海市场提供平台。

**四、建设行业标准提升自律水平**

（一）制定《野山参质量规格团体标准》。上海是我国野山参的主要市场之一，规范野山参市场受到行业和市消保委的高度关注，协会在市消保委的具体指导下，组织行业专家进行标准的编写工作，经专家4次的讨论修订，1次起草企业相关负责人联席会议讨论，反复征求9家起草企业的意见，最终完成评审稿经专家评审会评审通过，完成《野山参质量规格团体标准》制定，并于11月正式发布（标准号：T/SCC001-2021）。已有11家上海主流品牌企业承诺执行。

（二）申报专项资金项目和推进标准化工作。协会于2018年承接的《医疗机构委托煎药质量管理规范》作为市市场监管局22家试点项目之一，已通过黄浦区市场局初审。同时，为提高全社会对团体标准的认识，引领社会团体更好制定和实施高水平的团体标准，2021年度，市市场监管局、市民政局、市工商联联合开展上海市团体标准典型案例征集宣传活动，还发起团标案例申报，将《上海中药行业中药煎药质量管理规范》团标作为案例，并获得“上海市团体标准良好典型案例”称号和嘉奖。

**五、开展行风检查，加强行业规范**

（一）开展夏季防霉保质检查。中药防霉保质检查的面比较广，协会坚持“抓源头，保重点，注重全过程”的要求，组织检查62家中药饮片生产及流通企业，从检查情况来看，总体好于2020年，中药饮片虫蛀、霉变、结串等变异现象较往年有所减少。工作有始有终，从印发检查通知，到开展检查，再召开防霉保质检查总结大会等。

（二）坚持煎药加工常态化检查。医疗机构委托煎药管理是有关政府部门交给协会的任务，根据市中管局的要求，协会全年进行日常检查31家次，评审18家，合格15家（其中新申请8家、复评2家、迁址4家）。

（三）发挥行风检查员队伍作用。协会重视加强行风检查员队伍建设，召开行风检查员会议3次，行风自律检查606家次（包括参与防霉保质检查），在检查中所发现的问题都与相关企业的质量管理部门及时反馈，要求及时整改。

**六、弘扬传统文化，促进产业发展**

（一）主办“第七届上海野山参文化节”。经协会与承办单位上药神象的精心筹备，开幕式融入“野山参质量规格团体标准”发布会、医学专家为中医医生就野山参临床应用专题讲座成为活动的亮点，有11家野山参品牌企业的代表在会上公开承诺执行团标。

（二）主办品牌香囊线上展示评价活动。协会在市消保委指导下，举办“传承精华守正创新2021年上海中药行业品牌香囊展示评价活动，参与选项48款，线上消费者投票总数35116票，经专家盲评，评选出上海中药行业品质香囊8家10款。还举办10场“我来动手做香囊”的DIY活动，受到广大消费者的积极参与和热情肯定。

（三）参与“3·15”消费者权益保护日活动。协会配合市消保委保健办举办“3·15”消费者权益保护日活动，活动得到虹口区政府的重视和支持，协会所提供的贵重滋补药材免费咨询活动得到消费者的欢迎。

（四）协助市商务委举办“五五购物节”。协会积极参与“2021首届上海健康消费节”的筹备工作，配合市商务委有关部门联合本市中药老字号企业和“五大新城”的药品零售企业，设计筹备符合新的市场形势的促销和服务项目等方案，宣传中医药文化，促进中药商业的复苏和发展，为办好“五五购物节”贡献一份力量。市商务委为此给协会发来感谢信。

（朱嗣方）

# 上海保健品行业协会

上海保健品行业协会成立于1985年7月5日，是由生产、经营保健品等相关产品企业及有关事业、科研单位与科技工作者自愿组成的专业性的非营利性社会团体法人。现有会员单位185家。

2021年主要工作：

**一、开展市场调研，助推保健食品产业高质量发展**

为了贯彻落实国家市场监管总局关于对保健食品专项整治的通知要求，推动上海保健食品市场规范和产业高质量发展，协会会同有关部门共同开展上海保健食品产业高质量发展的战略课题研究，全面了解和分析上海保健食品行业现状及面临的问题，提出切实可行的解决措施方案，并召开推动保健食品规范及高质量发展研讨会，上海社会科学院、部分区市场监管局及部分保健食品生产企业负责人参加研讨。

研讨会后，协会对20家保健食品经营企业开展问卷调查，将2020年和2017年销售数据相比较，20家单位有12家单位保健食品销售额不同程度下降，8家单位有所增长。从调查数据分析可看到，近几年保健食品三大主要传统销售模式发生较大变化，传统电商平台、海外代购、跨境电商、微商营销等电商渠道增长较快，药店及商超分销渠道明显萎缩。通过调研分析，协会认为保健食品作为大健康产业的重要组成部分，将会保持向上发展态势，因此，应推动上海保健食品行业健康发展。

**二、走访会员企业，努力为会员企业排忧解难**

2021年，协会新一届领导班子和秘书处成员为更多了解会员单位生产经营情况、遇到的困难和问题，先后走访80余家会员单位。协会经常组织安排单位之间交流和业务对接活动及座谈交流，加深会员企业之间相互了解和寻求双方合作的机会。针对有些会员企业反映的难点热点问题，协会及时向政府有关部门反映沟通，有的会员企业对国家政策法规不够了解，协会及时上门给予指导。对会员企业反映的无论是新品申报、产品结构调整，还是产品市场的开拓、营销渠道的对接，协会尽可提供力所能及的帮助。

**三、搭建展示平台，探索保健食品营销新模式**

为了帮助会员单位拓展产品新渠道，开辟新市场，4月21日，协会召开部分会员单位新零售营销工作研讨会，20余家会员单位参加研讨会。围绕在加快数字化发展进程中，保健食品企业如何实行转型升级？如何打造新消费品牌？如何借助于移动互联网平台布局自己的线上渠道，开辟新的营销阵地？与会人员结合企业实际情况献计献策，希望协会利用自身优势，实际资源整合，并运用社交电商、私域电商、社团营销、直播带货等各种新零售营销模式带领会员企业抱团取暖，共同发展。协会充分听取广大会员单位建议，并针对保健食品的这个特殊行业的实际情况提出搭建上海保健食品展示平台的构想。

搭建上海保健食品展示平台既是一项落实保健食品科普宣传深入开展的有效活动，加深广大消费者对保健食品的认知，也是利用协会优势，实现资源整合，努力打造专业的保健食品服务平台的重大举措。平台将以保健食品展示为主，同时考虑到协会会员单位产品结构情况，增加营养食品、参茸滋补品两大区域。平台产品将在协会网站、公众号及协会杂志专刊上发布。

**四、组织专业培训，帮助企业加深对法律法规的认识理解**

近年来，随着国家关于特殊食品、保健食品相关的一系列法律法规颁布，协会及时以多种方式进行宣传贯彻，帮助会员单位更好地理解法规要求。针对一些会员单位不知情或对新出台的政策法规了解不深，协会根据这些会员单位的需求，及时上门给予解答辅导，加深会员单位对国家政策法规的理解，便于这些单位在产品研发、生产和经营环节中及时调整，同时协会集中组织会员企业学习培训。6月，在第十二届中国国际健康产品博览会、2021年亚洲天然即营养保健品展期间，协会与上海博华国际展览公司联合举办第三届营养与特殊食品创新发展论坛，演讲嘉宾从政府、行业协会、企业等不同角度对特殊食品、保健食品相关的法律法规进行解读分享。协会下属保健食品、婴幼儿配方乳粉、特殊医学用途食品相关生产经营单位100余人参加论坛，论坛还安排现场提问解答环节，针对一些企业对某些政策法规不解之处或碰到的问题专家们一一解答，收到较好效果。

（朱惠雄）

# 上海市食品协会

上海市食品协会建立于1982年，是上海最早建立的行业协会之一，设有烘焙、品牌、生鲜等9个专委会，协会下属上海现代职业技能培训中心（学校）和上海高技能人才培训中心和职业技能鉴定中心；以及法律服务工作室等部室和机构，会员企业销售额占上海市食品类销售70%以上。现有会员企业460家。

2021年主要工作：

**一、注重引领，增强协会的吸引力和凝聚力**

协会加强党的领导，开展主题党日活动，认真组织学习贯彻习近平总书记“七一”重要讲话精神，将党史学习教育推向新高潮，推动各项工作顺利开展。一是协会通过构建协会与会员企业的“命运、事业、利益”共同体，强化协会与会员企业休戚与共的联结，推动协会和企业的各项工作稳步开展。二是牢固树立群众观点，坚持群众路线，把保持与会员企业密切联系视为协会工作的生命线，从关心和服务会员企业角度出发，及时向政府有关部门反映会员企业的合理诉求，加强企业与政府有关部门的沟通，努力维护会员企业的合法权益。三是进一步加强秘书处的各项制度建设，提高秘书处工作人员的服务能力、工作能力；努力保障会员企业的知情权、参与权、表达权、选择权、监督权，增强协会对会员企业的吸引力和凝聚力；真心实意为会员企业办实事、做好事、解难事，做会员企业的贴心人，使协会成为学习型、服务型、创新型的“会员之家”。

**二、注重务实，将协会工作融入企业发展之中**

协会坚持“务实创新”的工作思路，将各项工作的着眼点放在上海食品行业发展大格局上，融入推进食品行业高速发展之中。

借助平台。协会借助于上海市消保委平台，与市消保委联合举办蝴蝶酥、鲜肉月饼评测、咖啡展示等活动；借助于上海市中小企业发展服务中心平台，增强为会员企业服务的针对性，引导会员企业正确运用政策法规，解决在生产经营中遇到的各类问题。

注重创新。协会组织业内创意、设计大师，建立文创专委会，为有需求的会员企业提高产业“高度”、增强产业“厚度”、拉长产业“长度”，为上海食品行业构筑厚实的产业底板，打造以设计为驱动、时尚为策源、品牌为引领的上海食品行业品牌企业和品牌群。

优化服务。协会紧紧围绕食品行业中心任务，牢固树立“会员为根、服务为本”的工作理念，努力为会员企业提供展示和交流的平台。还与相关部门合作，先后参与主办“上海咖啡文化周”活动；参与主办“上海首届‘来伊份’食品文化节”；参与主办食品药品联络委员会第11次活动、参加上海市商业联合会组织的赴大丰农场调研等活动。

为进一步满足会员企业的获得感、幸福感和安全感，协会推出一系列民心工程。如水产流通分会深入水产流通企业，了解企业诉求，及时向市场管理部门和政府有关部门反映会员企业的诉求。

提升功能。协会苦练内功，努力提升为政府、企业和社会服务的功能。积极做好食品工业企业诚信管理体系（IMS）工作，先后组织评审员对上海海融食品科技股份有限公司、上海盒成食品有限公司、上海久利食品有限公司、上海乐惠米业有限公司、上海清美绿色食品集团有限公司等5家企业进行监督评价；对上海百事食品有限公司、百事食品（中国）有限公司、不凡帝范梅勒糖果（中国）有限公司、可口可乐饮料（上海）有限公司－上海浓缩液厂、上海良友海狮油脂实业有限公司等19家企业进行再评价。同时，协会开展行业运行情况分析，完成25家月饼企业的销售统计工作，开展规上食品工业企业产销存报表汇总整理工作，统计上海市食品行业经济运行情况，撰写经济运行分析报告，编撰《2020年上海食品行业发展报告》。

加强合作。协会在国内外合作交流的渠道更为通畅，合作交流活动比上年有大幅提升。协会密切与长三角地区，以及山东等地政府相关部门和食品（工业）协会的联系与交流；积极参与长三角食品产业创新合作联盟开展的各项活动；鼓励上海食品企业，到全国各地乃至海外开辟新市场。

**三、注重育人，搭建高技能人才培养平台**

为适应发展新格局，协会通过现代食品职业技能培训中心积极搭建高技能人才培养平台，营造有利于高技能人才脱颖而出的良好氛围。从社会、企业、职工等3个层面，将技能培训与业内职工的属性对齐，将提升技能的途径和解决方案对齐，将高技能人才培养的嵌入方式和路径对齐。并通过多种形式的高技能人才培养途径和人才鉴定，以及月饼技能竞赛等活动，加快高技能人才培养步伐。协会积极参与国家和世界性的职业技能大赛的选手培养、选拔、集训和参赛保障等工作，受到社会各界和有关部门的好评。同时，协会充分发挥“现代食品职业技能培训中心”“高技能人才培养基地”“企业职业技能等级认定评价机构”这三个平台作用，通过培育高技能人才、培养劳模工匠，营造“劳动最光荣”

的良好氛围，为技能人才成长开辟快速通道。

四、注重稳增长，力保上海食品工业正常运行

2021 年，上海食品工业虽受疫情影响，但在各方努力下，生产基本恢复正常，实现增长；销售回升，利润增长。全年生产销售呈现先扬后抑的态势。全市 425 家规模以上食品工业企业完成工业总产值 1295.83 亿元，比上年增长 9.8%。食品制造业涨幅达到 11.5%，为近 5 年来最高。

全年完成营业收入 1560.18 亿元，同比增长 10.9%；实现利润 132.92 亿元，同比增长 8.3%；缴纳税金 47.98 亿元，同比增长 15.5%。

（沈源琼）

# 上海硅酸盐工业协会

上海硅酸盐工业协会成立于 2003 年 12 月 5 日，是由江浙沪等地区从事陶瓷、玻璃、晶体、耐火、建筑材料、无机能源、无机生物和环保、无机涂层及膜材料的生产、设备、检测仪器等制造企业，以及与之相关的大专院校、科研和设计咨询机构组成的社会团体。协会以”促进新型无机材料产业发展，加快传统硅酸盐材料技术改造和进步”为宗旨，积极开展企业技术培训、技术咨询、国内外信息交流、新产品联合设计、联合试制和推广等服务。现有会员单位 80 余家。

2021 年主要工作：

一、聚焦百年党史学习，规范行业诚信从业

协会认真履行市经信委、市社团局、市工经联的工作部署，按照上级党委关于加强社会组织党建工作的要求，抓好党史学习和庆祝建党 100 周年的主题活动，发挥政治引领作用。在学党史的过程中汲取奋进新征程的磅礴力量，深化理论学习，提高思想政治素质，抓好组织建设，筑牢战斗堡垒，传承红色血脉，多形式开展活动 30 余次。协会联合党支部在市工经联党委召开的庆祝建党 100 周年“七一”表彰大会上，受到大会表彰，获“先进基层党组织”称号。

二、坚持创新，精准服务实体经济

在疫期防控常态阶段，协会先后走访和接待来访企事业单位 10 余次，包括上海吉驰科技有限公司、上海英科环保公司、上海市建筑科学研究院有限公司、上海罗金光电科技有限公司、河北河间市政府、宜兴丁蜀镇等，提供点对点科技服务，为企业研发生产提供有力支撑，促进创新资源共享，更好地发挥专业优势和平台优势，服务以企业为主体的技术创新体系。一是受法院和企业委托，为长三角地区和广东、湖南、黑龙江等地的企业，进行 7 项科技鉴定、出庭质证，为行业企业维权解难，为企业发展保驾护航。二是开展无机材料行业职称评审，树立用人导向，激发员工活力。25 位企事业高校申报人通过高中初级职称评审。三是年内组织制定发布 8 项团体标准，以规范行业发展，包括《海洋地震勘探固缆压电检波器》《海洋地震勘探固缆检波器检波器用压电陶瓷元件》《碳化硼－碳化硅芯块中微量元素的测定电感耦合等离子体发射光谱法》《核电用碳化硼基堆芯材料无机阴离子（F−、Cl−、Br−、I−）的测定离子色谱法》《碳化硼－氧化铝芯块中氟的测定高温水解－离子选择电极法》《玻璃窑炉用变压吸附全氧供气系统》《玻璃用透明隔热涂料》《镁铝尖晶石透明陶瓷》。

三、主办高端会议和行业展会，深化国际科技合作

发挥专业渠道、平台优势，为促进行业“产、学、研、用”，协会定期举办专题研讨会和展会，帮助国内外厂商进行市场拓展、促进经贸往来，提供品牌展示、技术交流和经贸洽谈平台，共同促进精细陶瓷产业的发展。

5 月 6 日，由中硅会主办、协会支持协办的第 31 届中国国际玻璃工业技术展览会（ChinaGlass2021）延期一年后在上海新国际博览中心开幕。展会为促进国际国内玻璃行业全产业链双循环搭建交流平台，共吸引 23 个国家和地区的 900 多家厂商参展，超 4 万人次专业观众到场参观。展会期间，协会组织玻璃行业的领军企业中国建材、格拉司通、洛阳兰迪器等公司，举办 10 场技术讲座和新品发布会。

玻璃展前召开的“国际先进玻璃研讨会”以“节能环保、资源再利用及新工艺新材料”为主题，国内外高校、企业和科研院所 200 余位专家和代表进行有关玻璃制造理论模拟、学术研究、设备材料、生产实践、热工窑炉等 5 个方面共 53 场学术报告。

（顾中华）

# 上海针织服装服饰行业协会

上海针织服装服饰行业协会成立于1987年5月。会员主要由针织服装、文胸、袜子、服饰、时尚产业等企业组成。会员单位中汇聚了上海乃至全国有影响力的著名品牌，有三枪、古今、安莉芳、恒源祥、北极绒、帕兰朵、民光、海螺、华高、凤凰、钟牌414、菊花、鹅牌、飞马、东珠等品牌并荣获“中国驰名商标”“中国名牌”“上海著名商标”等称号。现有会员单位99家，其中：民营企业70家、国企22家、合资和外资企业7家。

2021年主要工作：

**一、在调研中获得更深认知，在访谈中达到更好沟通**

协会根据行业所面临的一系列情况，结合企业急需解决的诸多问题，开展集中调研访谈工作，秘书处先后走访15家会员单位，企业性质涵盖制造业、外贸企业、时尚产业、科技公司等，具有一定的代表性。

一是制造业板块。生产企业普遍呈现出相当大的不确定性，企业订单、原材料、运输成本变化无常，企业压力剧增。同时，企业还经历线下销售所产生的各种困难，以及线上销售所碰到的模式瓶颈。因此，更多生产企业尝试新业态的发展，对创新网络平台也有积极思考。

二是纺织定制。纺织定制发展趋势比较良好。但是，也面临着各种难题需要逐一解决。企业需要通过创新实践、融合新的要素、延长多元化的产业、完善生态体系、创新网络化管理等一系列手段不断做大做强。

三是外贸企业。外贸订单不确定因素与日俱增，影响范围扩大，影响时间延长。外贸企业在积极抗疫的同时加快国际化步伐，做好平台管理，为出口企业加快转型创出新路。

四是品牌加工企业。企业规模大到如申洲国际，小到100余人的加工单位，都是加工国际国内的知名品牌。小的加工企业的生存发展，不仅要体现生产环节，还要注重研发环节，只有注重产品质量、模式升级、技术改造，才能体现企业的生命力。

五是时尚产业。作为前途无量的新兴产业，时尚产业的不断进步和快速发展会给协会许多企业注入新的活力。其时尚性、前瞻性、开拓性和创造性将带来优质的合作资源。

六是科技公司。新的科技公司的加入，是在双循环、新发展的格局下进一步拓展协会服务功能的一个举措，希望能够与这些单位有更好的合作与发展。

在调研分析的基础上，协会根据行业的实际情况，结合“十四五”发展的规划纲要，提炼出包括上海制造、时尚品牌、数字经济、长三角一体化等几方面的想法，在理事会上与理事们进行深入探讨，同时提出下一阶段工作思路。

**二、在交流中寻找有效线索，在服务中获得双方默契**

协会共为会员单位牵线搭桥20多次，包括技术支援、政策咨询、品牌信息、销售合作等，均取得一定的效果。在各方共同努力下，企业之间的交流日益频繁，经贸互通工作正常有序展开。协会积极帮助会员企业开辟新的途径，得到会员单位的充分信任，企业一旦遇到问题，总会在第一时间找到协会，彼此之间互信互帮。

**三、在发展中展示平台功能，在互动中加深企业友谊**

女企业家联谊会平台的会员单位和服务功能逐渐扩大，协会和会员单位之间的互动更加卓有成效。3月30日，在卓维700文化创意园，12位新老女企业家相聚，围绕“疫情以来企业家如何破危机、为振兴企业奋力扬榷”主题热烈发言，提出不少真知灼见。

8月，召开理事会，上海纺织时尚发展有限公司、上海恒源祥商超有限公司、上海东珠针织服装有限公司、上海纺织博物馆的领导先后就加快时尚产业转型升级、深耕电商平台、传统针织企业如何突破重围、发挥纺博馆资源优势等话题进行交流发言，介绍各自企业在发展创新过程中所做的积极努力，以及为应对危机克服困难所走的不寻常之路。通过平台功能的有效发挥，会员单位之间的交流日益频繁，商贸互通时有发生，协会十分期待这一现象能够不断延伸，并取得实效。

**四、在学习中加强自身建设，在实践中提高服务能力**

加强与中针协的联系，加大与中针协的互动。6月，中针协林云峰会长、瞿静副会长兼秘书长莅临协会调研指导工作，协会杨希鹍秘书长汇报工作，宋钦成副秘书长介绍时尚产业的发展趋势，并希望更好地同中针协展开咨询、策划、对接和交流。林云峰会长、瞿静副会长给予很好评价，认为协会开展的许多工作都是有前瞻性的，包括量子科技的推广与应用等，有相当的战略眼光。

认真开展协会党支部建设，积极参与建党100周年活动，组织党员开展“四史”学习教育，按照《党章》规定进行党支部的改选工作，加强党支部的战斗堡垒作用。落实岗位责任制，以认真负责的态度，全力推动协会工作健康、有序、深入开展。

（闻天恋）

# 上海纺织协会

上海纺织协会（以下简称：纺协）成立于2008年，是上海纺织服装产业的联合会，涵盖生产制造、国内外贸易、商业、科研院校、设计及品牌营销、时尚创意园区和服装、家用纺织品、非织造材料、纺织品商业行业协会（学会）社团机构等多种经营类别，并辐射至长三角，具有广泛的覆盖面和代表性。纺协下设纺协时尚产业、产业用纺织品、长三角毛纺织、棉纺织印染、纺织机械器材等5家分会，并设有上海纺织协会信息中心、时尚创研中心、时尚产业创新服务中心、纺织产品质量管理中心和熔喷技术专业委员会、大虹桥服装服饰出口创新基地专业委员会等，是推动上海纺织服装企业转型发展的专业服务机构和促进上海时尚之都建设的重要平台。现有会员企业超过390家。

2021年主要工作：

**一、助推行业高质量、可持续发展**

（一）强化调研体系，做好行业运行分析。为有效助推企业积极应对疫情带来的负面影响和抵御市场风险，在市经信委的指导下，纺协完善“上海市消费品工业经济运行”跟综分析平台，实施“三个加强一个提升”，即加强头部企业和代表性企业针对性调研；加强行业综合数据统计和分析；加强政策和形势的判研与发布；提升信息监测与研究的质量。在此基础上编制完成全市轻纺行业季度和年度运行分析报告、编纂完成2021年新版《上海纺织产业发展报告白皮书》。

（二）把握行业趋势，助促企业适应“双循环”发展新格局。一是针对“双循环下外贸企业转型发展面临的系统性难题”，通过专题交流、“月月会”论坛、会员沙龙活动等形式，助促企业把握趋势、明确未来的发展方向。二是围绕加快形成以国内大循环为主体，国内国际双循环相互促进的发展新格局，会同工商银行上海分行举办“共享新机遇，共建双循环，金融助力上海贸易发展”“坚定信心、保持定力、推促外贸工作稳定增长”专题研讨会，特邀市商务委副主任解读近期政府促进外贸发展的相关政策。三是引导企业通过数字化转型加快服务延伸，寻求业务稳定；运用智能量体软件，整合供应链管理，积极开拓跨境垂直电商业务，将传统的B2B延伸服务到C端；通过3D模拟设计系统，将产品设计快速交付给客户，同时将方案，直接发送到智能生产设备，实现供应链的快速反应。

（三）积极应对中美摩擦，帮促企业规避贸易风险。纺协举办纺织出口企业国际贸易风险合规培训会，进行针对性国际贸易风险防范与合规培训，近30家外贸企业50余人参加培训，接受专业机构的合规体检和风险评估。请中国银行为会员企业作“人民币双向波动弹性增强背景下的企业汇率风险管理”演讲。

（四）强化“上海市大虹桥国家外贸转型升级基地（服装服饰）”公共服务平台在行业中的引领作用。一是定期收集经济运行数据，分析发展状况并与本市、全国同行进行对标分析。二是确定主题定期组织基地企业研讨交流，及时总结基地企业转型升级、高质量发展和实施品牌战略的成果，拓展基地功能、集聚优势效应，形成更大合力。三是不断壮大基地队伍，成员企业从15家发展至46家，企业结构从原国有企业占87%，逐步发展至民营和其他所有所有制企业占67.4%。四是在专项资金精准落地方面，主动服务，帮助会员企业顺利享受政策红利。

（五）不断发挥纺协在长三角集聚、协调、合作、交流的平台作用。采用线上线下相结合的形式继续与国际国内的纺织服装协会和企业建立广泛的互动和合作。参加“盛泽时尚周长三角丝绸时尚论坛”“2021宁波时尚节暨24届宁波国际服装节”；协同举办“长三角工艺美术精品展暨时尚生活博览会”，举行“沪赣纺织服装行业合作相关事宜洽谈会”，形成合作共识。

（六）“跨界、融合、时尚、公益”。纺协作为上海时尚之都建设平台之一，在跨界融合结合时尚与公益上作成功尝试。一是在第16个世界卒中日来临之际，在勃林格殷格翰大中华区提供支持下发起举办“分秒Bi争，全家行”跨界设计发布会，发布会围绕“卒中、家庭、关怀、拯救、急救”等关键词，将卒中急救的理念传递给更多人；最终28个涵盖时尚家居、文创类设计作品脱颖而出。二是纺协跨界融合文创与上海市佛肚轩竹文化创作中心联手创建“上海纺织协会残艺助行残疾人创业就业实训基地”，以竹编技艺为载体，让残疾人学门能居家增收的技能，助促进全社会真正形成关心关爱残疾人士的良好氛围。

**二、加强标准引领，推促质量提升**

（一）建立团体标准化工作机制，规范行业企业运行。年初，纺协在市市场监督局标准创新处的推动下，组建由商协会、相关政府部门、大学、科研院所等专家组成的团标专业委员会，秘书处设立团标专委会办公室，建立健全工作机制，制定工作实施方案。完成“全国团体标准信息平台”上的注册，启动纺协团体标准化工作开展。

（二）以市场为导向，启动《一次性非医用平面口罩》团体标准的制定工作。针对市民使用最广泛的一次性非医用平面口罩，缺少统一、适用的标准，在市市场监管局指导下，纺协启动《一次性非医用平面口罩》团体标准编制工作，成立标准起草组，确定13家参编单位和主要执笔人。

（三）以创新为动力，完成《一次性非医用平面口罩》团体标准编制发布。编制团队在研制《一次性非医用平面口罩》团标的过程中，在现有国内口罩相关标准的基础上，对关键技术指标进行优化调整和提升；精准匹配市民实际使用需求，首次提出口罩头带长度一致性、对染色和印花口罩色牢度的考核、及口罩头带拉伸弹性回复率要求；使用团标专用标识，打造本市一次性口罩整体质量品牌。9月1日，《一次性非医用平面口罩》（T/SHFZ01-2021）正式发布。已有23家口罩生产企业承诺执行，占口罩生产企业的62.2%以上。本标准已被认定为“上海市团体标准典型案例”。

**三、强化桥梁纽带，急政府所急，想企业所想**

（一）举办政策对接和政府专项资金解读会，推动政策落地。面对复杂和不确定的国内外经济形势，纺协主动与市经信委、市商务委和各级政府部门建立良好的沟通机制。举行重点民营企业老总“月月会”、不定期举行大虹桥基地成员企业主题讨论会、会员代表大会，围绕新政策出台，针对性地邀请相关政府部门和有关专家对政府重大战略决策、产业扶持政策、行业发展动态等进行解读，帮助企业理解政策、用好政策，争取政策支持做好对接与服务，同时积极为会员企业争取项目课题，举办政策对接和政府专项资金解读会，推动项目政策落地。

（二）畅通政企沟通渠道，及时倾听企业诉求。纺协秘书处深入调研，综合分析遇到的共性困难和问题：一是原材料价格大幅上涨，棉纱氨纶等常用原材料价格节节攀升；二是汇率波动，人民币对美元汇率一直处于高位，对外贸出口造成不利影响；三是海运价格飙涨，且国际海运市场一箱难求；四是国内服装制造业不景气，造成生产工厂劳动力不足，制约服装出口。由于上述因素，导致大虹桥基地整体贸易盈利能力下降。

（三）参与制订《上海市时尚消费品产业高质量发展三年行动计划》。纺协作为支撑上海市时尚消费品七大领域之一纺织服装行业的联合会，根据市经信委都市产业处的要求，对上海纺织服装行业进行全方位排摸，排出营业收入1000亿元以上的企业1家、100亿元以上的企业1家、50亿元以上的企业3家、10亿元以上的企业18家；“专精特新”代表性企业18家；每年在上海举办的涉及纺织服装行业或本协会参与的重大展览展会活动共有6项；并提出上海纺织服装产业的发展方向传统制造向智能制造转型、发展重点数字化手段的应用程度、发展路径稳住基本盘，强化生产制造能力与贸易能力，打造企业在产业链关键节点上的不可替代地位及对发展行动计划的建议。

**四、注重专业性创新性，推动能力提升**

（一）党建引领，发挥政治核心作用。围绕庆祝建党100周年，把持续学好“四史”作为教育党员牢记初心使命、加强党总支建设的重要途径和抓手。进一步运用好党建工作站平台，交流经验、分享资源、协同发展。一是由纺协党总支与家纺协会党支部组成的工经联党委第四党建工作站，组织开展“挖掘红色资源系列活动”；弘扬上海纺织工人英雄史迹，参观百年上海纺织工人英雄史迹图片展、观看《上海纺织工人运动》影视片等传承红色基因、永葆政治本色、勇于担当作为。二是深入学习贯彻习近平总书记在庆祝中国共产党成立100周年大会上的重要讲话精神，举行“初心不忘、使命永记”系列教育活动和专题组织生活。组织参观南昌起义纪念馆、庐山会议纪念馆、走访市“两新”组织上海永优服装有限公司，与长宁区新华路街道红庄居委会党组织开展共建活动。

（二）能力提升，切实做好服务。一是不断加强秘书处队伍建设，纺协45岁以下工作人员占团队在编工作人员总数的40%以上。积极组织秘书处成员参加各种业务培训，不断提升团队的学习、创新、服务和执行能力。二是持续开展规范化建设，进一步完善各项规章制度，并注重职责明确，责任到人，日趋完善内控流程和激励机制。三是完善提升上海纺织协会官网和纺协微信公众号，努力成为政府与企业的交流窗口，会员单位之间的沟通桥梁和展示风采的平台。四是注重强化会员管理，扩大会员发展，建立会员随访制度，强化各分会、专委和中心的建设和管理，共同推进上海纺织服装产业发展。

（章微玲）

# 上海长三角非织造材料工业协会

上海长三角非织造材料工业协会成立于2004年，于2006年10月更名为上海长三角非织造材料工业协会。现有会员单位135家，包括长三角四省一市（江浙皖闽沪）的非织造材料企业及相关单位。

2021年主要工作：

**一、牢记初心使命，团结一致抗击疫情**

面对疫情初期防疫物资不匹配的情况，协会组织相关会员企业，奋力拼搏，仅用一个月时间将口罩、防护服等防疫物资极度紧张达到供需平衡的转换，并在后期成为全球抗疫物资重要生产地，体现中国非织造行业产业链的配套优势，发挥非织造材料阻断突发病毒性疾病快速传播不可或缺、无可替代的作用，充分展示企业家的社会责任心。

**二、聚焦行业结构调整、技术创新，推动行业可持续健康发展**

协会牢固树立忧患意识和责任意识，按照“服务企业、规范行业、发展产业”，大力促进行业供给侧结构改革，更加注重协会服务能力的提高，更加注重行业诚信建设以及行业社会责任建设，努力实现行业平稳发展。

**三、走访行业内重点企业、了解在结构调整中企业所面临的困难与诉求**

协会了解企业困难与诉求，千方百计帮助会员企业共克时艰、化危为机，不仅为行业和企业传递大量以创新驱动、调整产品结构、谋求新发展的信息服务。更为企业在抗疫战役及结构调整、合理释放产能中，传递大量相关的政策信息，充分发挥协会的桥梁纽带作用。

**四、积极参与政府有关部门组织的专题研讨及课题研究**

协会先后参与市商委“产业预警平台”“应对海外贸易风险政策”专项工作；完成市商委的“防疫物资国际贸易遭遇美欧贸易摩擦及不公平措施应对”服务采购项目；从7月开始协会落实专人每月编印2期信息简报等相关工作；编制年度行业分析报告（现状、趋势及防疫物资国际贸易遭遇美欧贸易摩擦及不公平措施应对的预警服务）；发布《长三角非织造行业“十四五”发展规划》。

**五、参加标准制修订工作**

年内协会共发布《面膜护肤用非织造布第一部分水刺法》《生物降解非织造材料》《抗菌抗病毒非织造材料》等3项团体标准。

**六、做好在长三角地区开展技术职称的申报与评审工作**

协会在长三角非织造行业内开展技术人员任职资格认证申报及评审工作。推进职业技能培训和水平评价工作。完成2021年度非织造行业职称评价评定工作。

**七、组织非织造企业参加第十九届上海国际非织造材料展览会（SINCE）+ANEX2021亚洲非织造材料展览会等**

7月21日—23日，协会组织非织造企业参加在上海世博展览馆举办的2021第十九届上海国际非织造材料展览会（SINCE）+ANEX2021亚洲非织造材料展览会。23日下午，由全球三大洲非织造材料协会ANFA、EDANA、INDA共同联合发起的全球非织造材料峰会隆重举行。海内外专家、学者现场分享全球非织造材料行业现状和发展趋势，为中国和世界非织造材料工业进一步发展提供最新信息、技术动态、市场状况。

**八、为会员单位提供服务**

协会为行业中的高新技术企业复审指导、培训等工作提供服务；组织企业参加大专院校毕业生招聘会，帮助企业招聘合格人才；为企业申报“小巨人”企业、高新技术企业、品牌以及专利等知识产权方面培训服务；为企业提升质量体系提供服务；为会员企业提供国内外行业发展信息，编发协会秘书处6期快讯。

**九、加强协会自身建设**

努力把协会建设成为党和政府放心、广大会员信任、社会各界认可、协会职工满意的现代社会组织。一是加强协会党建工作。按照市工经联党委工作部署，认真开展开展党史学习教育活动，深入学习习近平总书记在建党100周年大会上的重要讲话、党的十九届六中全会精神，通过开展主题学习教育，大家的责任感、使命感不断增强，党组织的政治核心和战斗堡垒作用、党员的先锋模范作用得到发挥。二是办会理念不断深化、内部建设不断规范，业务平台不断完善、工作领域不断拓展、服务能力不断提高，自身建设取得一定的成绩。

（黄雪娟）

# 上海市家用纺织品行业协会

上海市家用纺织品行业协会，其前身为1987年经上海市纺织工业局批准，由毛巾被单、手帕和制线织带等3个行业的工业企业联合发起组建的上海市纺织复制行业协会。1992年12月，经市民政局批准，更名为上海市家用纺织品行业协会。现有会员单位100家，88%为民营企业。

2021年，上海纺织品行业实现工业产值183.27亿元，比上年增长6.3%；主营业务收入182.5亿元，同比增长6.6%；出口交货值58.5亿元，同比增长12.1%；利润13.6亿元，同比增长10.5%。

2021年主要工作：

**一、深化家纺品牌建设，提高行业核心竞争力**

（一）配合开展品牌培育。为推进家纺品牌的培育，协会动员6家企业参与工信部和纺织工业联合会开展重点培育品牌跟踪与申报；组织企业参与市经信委开展的设计引领示范企业和品牌引领示范企业培育工作，6家企业获得设计引领示范企业的荣誉。在工信部和中国纺织联合会开展培育和推广2021年度十大类纺织创新产品活动中，协会组织企业积极申报，11家企业的产品获得创新成果奖项。市经信委开展市设计100+、品牌100+和时尚100+的申报评选，协会组织申报的5家企业荣获品牌100+；2家企业的产品获设计100+；3家获入围奖；1家企业的产品获得时尚100+。

（二）组织品牌建设相关活动。在品牌日期间，协会组织企业。参加市政府和中国纺织联合会举办的品牌活动。10余家企业参加“聚力双循环，引领新消费”为主题的第七届中国品牌经济（上海）论坛，15家企业参加国家发改委、工信部、市政府主办，中国纺织工业联合会承办的“新时代新价值新生态”为主题的中国品牌国际发展论坛——纺织行业分论坛。由于论坛内容丰富精彩，让与会者颇有收获和借鉴。

在庆祝中国共产党建党100周年之际，市经团联开展“百年上海工业．我最喜爱的十个品牌”市民投票活动。协会组织企业参与，行业中有8个品牌入围100个“百年上海工业知名品牌，其中2家获“百年上海工业·我最喜爱的十个品牌”（消费品类）称号。协会还与环球互通品牌服务有限公司合作，共建一站式品牌服务平台并上线，让企业在知识产权保护、信息数据查询等方面获得共赢。

（三）提供品牌建设相关服务。协会积极宣传和组织企业申报文化创意、品牌、中小企业发展等专项资金，为企业出具申报的推荐函和行业排行等证明材料，请专家为企业提供咨询等服务工作；引导企业开展质量兴业活动，提高家纺产品品质和安全。在2021年中国家纺质量大会上，上海有5家企业获得质量奖项；协会组织会员单位参加中国家纺行业协会“张謇杯”设计大赛，上海有8个产品获得奖项；协会还对2022年2月实施的GB/T22796–2021《床上用品》新标准，请专家为企业进行解读。

**二、实施数字化赋能推进产业转型升级**

（一）组织培训交流活动。为运用数字技术开拓营销新模式，协会与字节跳动团队联手，举办“字节跳动、上海家纺＆家具线下沙龙”活动，请字节跳动的讲师就如何做好实体经济数字化转型、直播链路及信息流新产品等作详细授课培训，并让与会者分享抖音电商运行的优秀案例；多次组织企业收看线上人工智能培训、人工智能大会直播。

（二）总结宣传典型案例。协会配合市经信委，组织3家企业总结数字化在创意设计、财务管理、生产管理体系赋能典型案例，在行业中广泛宣传，帮助企业拓展思路，学习借鉴。

（三）开展对接服务工作。协会作为支持单位，参与市工业互联网创新发展促进数字化转型的系列活动，组织企业参加考察、交流活动，助力企业数字化转型的推进；为企业推介微信营销、直播等数字赋能的专门机构；组织企业参观中国国际纺织机械展，引导企业使用自动化、智能化的设备，推进技术进步和提高生产效率。

**三、坚持改革创新，促进经济稳步增长**

（一）强化经济运行监测分析。坚持做好30家重点企业主要经济指标月报表，上报市统计局、市经信委、中国家纺协会；每季度向市经信委上报行业经济运行情况；每半年编报上海家纺行业经济运行情况分析报告，向政府报送、向企业发布；认真完成《上海纺织产业发展报告》家纺篇的编写工作。

（二）开展调研交流活动。协会认真组织春季开工情况、专精特新企业履行社会责任、营商环境情况、外贸企业合规情况等方面的问卷调研；组织企业参加第二届制造佳品汇活动，促进时尚消费品的营销；开展资源共享，组织4家开发功能性新材料企业与相关企业的对接；组织企业参加与“一带一路”沿线国家的产品对接和“上海之帆”365平台；组织企业参加高端国际经贸商事调解人才培训、厂房租赁对接及与银行合作等。

（三）承接市商务委交办的项目。协会承接的有《新形势下上海纺织品服装国际贸易分析和风险规避》项目，先后完成《RCEP 对上海纺织服装业的机遇与挑战》《新形势下上海纺织服装业应对“新疆棉事件”的国际贸易分析和风险防范》专项研究报告；编写 24 期外贸信息简报，向企业发布和政府报送。针对美欧国家就新疆棉的问题对我纺织产品进出口贸易采取单方面不公平措施，在市商务委指导下，协会与锦天城律师事务所精诚合作，并联合纺织、服装、针织服装服饰等协会，开展“纺织企业国际贸易风险防范”培训体检活动，为 31 家企业提供合规风险排查报告，提出防控风险建议。组织外贸企业申报上海贸易调整援助支持资金，有 5 家企业获近 100 万元专项资金。

**四、加强协会自身建设，提升履职服务水平**

（一）加强秘书处建设。重视思想政治建设和业务能力的提升，拓展服务领域，履行服务职能，协会被上海市工业经济联合会评为 2019—2020 年先进集体；被上海市商务委评为优秀行业进出口公平贸易行业工作站；在建党 100 周年之际，秘书处党支部组织党员认真学党史、悟思想、办实事，协会党支部被市工经联党委评为优秀党支部；协会工作也得到中国家纺行业协会的充分肯定，获得质量工作服务与自律典型案例的奖牌。

（二）重视发挥专家委员会作用。请专家们解读政府政策、开展技术业务的咨询服务、帮助承接项目专项资金等，受到了企业的欢迎。

（三）加强与会员企业的互动。通过微信公众号、网站、协会微信群等渠道，传递信息、加强互动、共享资源。

（吴淑仪）

# 上海市室内装饰行业协会

上海市室内装饰行业协会成立于 1987 年 10 月 15 日。会员企业主要包括家装、工装、设计、监理、材料等五大板块。协会秉持“聚心、合力、共赢”的发展理念，深入贯彻“服务企业、规范行业、发展产业”的办会宗旨，通过全体会员的共同努力，取得一定的成绩。全年新吸收会员 116 家，现有会员 509 家。

2021 年主要工作：

**一、依照章程、履行职责，换届会议取得圆满成功**

4 月 8 日，协会第九届第一次会员大会暨第一次理事会在浦东星河湾酒店召开。中国室内装饰协会、市经信委、市工经联、上海消费者保护委员会有关领导及部门负责人应邀出席会议。大会审议通过上海市室内装饰行业协会第八届理事会工作报告、监事会工作报告、理事会财务收支审计情况报告等相关文件。大会以无记名投标选举上海聚通装饰集团有限公司董事长徐国俭为协会第九届会长，选举上海市室内装潢工程有限公司总裁张国强、上海统帅装饰工程集团有限公司董事长杨海、上海盛业实业有限公司董事长吴军、上海进念佳园装潢有限公司总经理陈军等 32 位为副会长，选举上海雅凯建筑集团有限公司董事长李伟为监事长，聘任从国梁为秘书长。

**二、勠力同心、砥砺奋进，深入开展建党 100 周年活动**

6 月 6 日，协会党支部联合上海银行第二、第四党支部组织以“学党史、铸初心、行千里、聚力量”为主题的支部共建“微行走”活动，参观上海历史博物馆、五卅广场、沐恩堂等，举行共建签约仪式。6 月 18 日，协会名誉会长邵令敏，会长徐国俭、党支部书记、秘书长从国梁等专程看望协会第一届秘书长、协会筹备创始人之一宗汉兴老先生。7 月 1 日，协会秘书处集中学习“庆祝中国共产党成立 100 周年大会”精神。8 月 23 日，武警上海市总队原副政委，原武警上海指挥学院院长教授，上海市 11 届政协委员张长东受邀宣讲，学习贯彻习近平总书记“七一”重要讲话精神。9 月 9 日，协会携手大爱助行专项基金，积极参与由上海宋庆龄基金会、中华少年儿童慈善救助基金会联合发起的“一起捐”，为脑瘫患儿的医疗康复筹集善款、播种希望。

通过集中学习、依托红色活动，不断加强党员同志思想建设、组织建设和作风建设，激发党员学习热情，把学习融入实践，从历史中汲取精神力量，从实践中提高觉悟，充分发挥党支部的政治核心作用，充分发挥党支部的先锋模范和战斗堡垒作用。

**三、提升服务、科学管理，发布《住宅装饰装修质量验收规范》团体标准**

10 月 13 日，由上海市消费者权益保护委员会提出并牵头，上海市室内装饰行业协会 7 家住宅装饰龙头企业主要起草，近 40 家企业参编，共同制定的《住宅装饰装修质量验收规范》团体标准正式对外发布，该团标从装修材料验收、水电隐蔽工程验收、泥木工程验收、涂装工程验收和竣工验收方面作了细化要求。在团体标准初稿形成阶段，协会动员上海聚通装饰集团有限公司、上海波涛（集团）有限公司、上海红蚂蚁装潢设计有限公司、沪尚茗居网络科技有限公司 4 家企业，专门录制规范小视频，陆续在市消保委网站及微信公众号上发布，旨在让消费者便捷直观地通过团标学习家装验收技术；在验收过程中较为凸出的细节问题上，协会组织聚通、统帅、波涛、云兰、红蚂蚁 5 家会员企业分享 15 个装修小案例，用图文并茂的形式，逐项逐条逐点地解析施工过程中的要点。团标的发布推广，使装饰施工企业有章可循，使装饰消费者有据可查，使室内装饰行业有规可依。有效减少消费者在住宅装修中的烦恼，遏制劣质企业敷衍了事、以次充好等行为，倡导装饰企业规范施工，精耕细作，带动整个室内装饰行业规范化建设，促进室内装饰行业高质量发展。

**四、匠心品质、精益求精，举办“2021 室内装饰技能比武大赛”**

5 月 14 日，在市轻工业工会联合会的提议下，协会与轻工工会联合主办的“2021 室内装饰技能比武大赛”顺利举行。大赛旨在深入学习《人力资源社会保障部关于组织开展 2021 年全国行业职业技能竞赛的通知》精神，贯彻落实习近平总书记对技能人才工作的系列重要指示和致首届全国职业技能大赛贺信，在全社会大力弘扬劳模精神、劳动精神、工匠精神；宣传执行由上海市消费者保护委员会牵头，上海市室内装饰行业协会所属 40 余家会员企业联合参编制定的《住宅装饰装修质量验收规范》，依托大赛实操展示，与消费者同频共振、互融共进，让装饰企业和消费者共同学习团体标准；通过活动载体，提升装饰行业服务质量，培育室内装饰专业领域技术骨干人员，并借助赛事影响，吸引社会关注室内装饰蓝领工。

11 月 14 日，以“树匠心、宣标准、提技能”为主题的“2021 室内装饰技能比武大赛”总决赛在浦东新区银霄路 393 号（百安居龙阳店广场）举行，大赛同时得到上海爱迪技术发展有限公司、浙江伟星商贸有限公司上海分公司、爱康企业集团上海有限公司的大力支持。通过大赛，探索一条培育应用型人才的路子，实现以赛促学、以赛促训、以赛促评、以赛促建的目的，为推动装饰行业稳定、有序、健康发展提供人才保障。

**五、做强分母、做大分子，充分发挥分支机构纽带作用**

协会推进分支机构改选工作，发挥各分支机构伞面辐射作用。在九届一次会员大会召开后，协会保留室内装饰监理专业委员会、设计学术专业委员会、住宅装饰装修专业委员会、装饰材料专业委员会等 4 个专委会，新增公共建筑专业委员会。5 个专委会通力合作，促进交流，充分发挥企业与企业、企业与协会、企业与政府之间的桥梁纽带作用，开展形式多样、内容丰富的专委会活动。

一是凝心聚力、加强沟通，多次开展材料企业和工装企业交流座谈会。发挥协会平台作用，促使会员精准了解，实现企业各取所需。二是重视安全、尊重人权，组织“安全施工 · 劳务用工”系列讲座，提高企业管理者的安全意识，杜绝违章指挥与作业，发现安全隐患及时纠正和消除，保证工程项目的安全施工。三是开展“2021 年上海国际室内设计节”设计师评选活动。协会开展“2021 年上海国际室内设计节”设计大赛，广大会员企业踊跃报名、积极参与。设计节组委会从设计理念、艺术表达、使用材料、技能水平等方面进行评定，最终评选出“优秀设计师”和“新锐设计师”各 10 名。四是取长补短、互通有无，开展多形式走访交流等活动。4 月 27 日—28 日，协会开展“美丽工厂行”活动，组织家装企业走访参观慈溪公牛集团和方太集团，以此减少环节让利上海住宅装饰消费者。9 月 17 日，室内装饰监理专业委员会在徐汇区桂平路 353 号召开会议，就监理施工价格标准修订等工作进行讨论。10 月 15 日，住宅装饰装修专业委员会会议在杭州君悦酒店举行，会议重点讨论发挥两地优势，推进沪杭装饰行业的可持续发展。

**六、党建合作、让利惠民，优质装企入驻工人新村**

1 月 22 日，曹杨新村街道与协会就曹杨一村成套改造居民回搬装修情况召开专题研讨会，旨在帮助居民解决好成套改造的“最后一公里”，由政府搭建平台，协会与曹杨新村街道办事处、普陀区住房保障和房屋管理局、西部集团签订四方共建协议，合作落实“曹杨一村旧住房成套改造室内装饰工程”项目。

协会接到此项任务后，党支部牵头紧急召开项目专题会议，落实改造工程要求细则，商议并起草承担项目承诺书。在综合权衡项目验收时间、项目施工要求、项目经济承担力等因素后，决定由住宅装饰装修专业委员会向骨干企业发出意向征集，数十家装饰企业积极报名参加，经综合评价、层层筛选，推选出 10 家历年行业信用评分等级名列前茅，获评“诚信企业”荣誉的会员企业参与承接该惠民利民项目任务。

（茅锈树）

# 上海工艺美术行业协会

上海工艺美术行业协会成立于1996年2月，是上海工艺美术生产、经营、科研、教育、设计及服务行业企事业单位自愿组成的跨部门跨所有制的社会团体组织。现有会员单位300余家。

2021年主要工作：

**一、又好又快开展市工艺美术精品、市工艺美术大师评审工作**

2021年，在市经信委都市产业处指导下，制订《第五批上海市工艺美术精品评审认定方案》《第四批上海市工艺美术大师评审认定方案》，并先后启动申报工作。经过申报受理、材料审核、申报作品实物公示、专业小组推荐、评审会议等程序，从357件参加申报作品实物公示展中，最终评审认定97件第五批上海市工艺美术精品，其中工艺雕刻43件、工艺家具7件、漆器工艺5件、工艺陶瓷10件、金属工艺5件、首饰工艺9件、工艺织毯1件、工艺编织1件、其他工艺美术8件。于6月下旬颁发上海市工艺美术精品证书。

5月10日，协会启动受理申报第四批上海市工艺美术大师工作，协会秘书处共收到申报者135名，经过申报者作品实名公示、网上申报、面试、送交材料等，进入专家评审的共118名。经过向市经信委上报方案，申报作品实名公示、申请破格面试、受理申报材料、评审委员会评审、公证处作程序公证，58人被评审为第四批上海市工艺美术大师，经过公示程序，报市经信委后在上海工艺美术博物馆召开第四批上海市工艺美术大师颁证会，市经信委阮力副主任出席并颁证。根据中国轻工业联合会安排，协会配合第八届中国工艺美术大师的评选开展相关调研。9月，协会上报上海工艺美术产业调研情况，调研问卷主要涉及现有“国大师”及“市大师”的整体情况、产业规模、大专院校、配套政策等。

**二、认真落实“中轻联”工作，加强行业交流**

4月，完成中国轻工业联合会部署的“中国工艺美术大师自律”年度资料更新及登记，协助上海21位“国大师”进行网上系统填报工作。

5月，开展“工艺美术大师传承创新基地”申报活动，根据中国轻工业联合会创建基地的要求，协会上报6家市工艺美术大师工作室创新基地，待批准。

9月，应上海市轻工业协会邀，协会作为“2021年上海市行业职业技能竞赛”——首饰设计师、陶瓷设计师赛项的承办单位，组织动员该两项赛事，后经组委会专家遴选，挑选出职工组和学生组选手参赛，并配合轻工协会落实选手集训工作。全国工业设计职业技能大赛于12月16日—19日在深圳市龙华区人力资源服务产业区举办。首饰设计师赛项上海老凤祥首饰研究所和上海工艺美术职业学院分别获得职工组和学生组银奖；陶瓷产品设计师获得学生组银奖。

**三、中级职称评审工作上台阶**

发现人才、培养人才的重要抓手是服务好工艺美术中级职称的申报工作。在市经信委职称改革办公室（简称职改办）、市人力资源社会保障局指导下（简称人社局），协会开办培训辅导进修班，由职改办负责人主讲申报职称的政策等。3月，召开“工艺美术专业继续教育课程研讨会”，邀请职改办、各领域专家、学者、院校教师研究学科组配套10门专业讲座课程，同时还和上海张江信息技术专修学院合作，针对“视觉传达学科组”新增6门电脑绘图、动漫设计的专业课程。自5月人社局官网发布中级任职资格评审通知后，历时四个月，共计2000余人次参加进修班学习。2021年，协会有591人在人社局职称申报系统注册，510人提交申报材料，最终458人网上材料审核通过，并于11月6日和13日参加手绘测评和电脑绘图测评，457人进入学科组评审环节。在12月20日召开的工艺美术中级任职资格评审会上，359人评审通过，通过率78.5%。

**四、完成高研班培训工作**

在市人社局、市经信委的指导下，由协会主办的《大数据时代工艺美术转型升级趋势》高级研修班于2021年11月14日—16日在上海工艺美术博物馆举行。来自工艺美术、服装设计、产品设计、平面设计等专业，且具有高级工艺美术师、中级工艺美术师职称的55名专业技术人员参加培训。本次高研班采用授课讲解与研讨相结合、案例讲解与授课采用集中的上课方式。协会在开班前对于课程设置做广泛调研，多方了解学员诉求，听取行业内外专家们的意见，选择一套适合当今工艺美术专业高端人才需要的培训课程。充实完善上海工艺美术初、中、副高、正高人才队伍，为行业“十四五”发展提供保证。

**五、服务“十四五”，完成两轮“行动计划”评估报告**

在市经信委指导下，加强协会发展的战略性研究，建设工艺美术产业智库。通过“每日简讯”服务政府、服务行业、服务会员、服务长三角城市工艺美术行业协会、服务全国各省市工艺美术行业协会、服务中国轻工业联合会等行业社会组织、服务工艺美术爱好者。根据工信部、中轻联的要求，引领、指导上海康宇、乐印琥珀、老凤祥珐琅有限公司先后拟写《室内外琉璃艺术装饰件制作标准》《琥珀蜜蜡首饰镶嵌品标准》《铜、锌合金饰品标准》《珐琅首饰饰品标准》等，为上海工艺美术行业高质量发展打好基础。在市经信委都市产业处指导下完成《中国工艺美术协会中国工艺美术“十四五”规划建议》《上海16个区工艺美术产业“十四五规划”研究报告》《上海市工艺美术产业发展三年创新计划（暂定名）（2022—2024年）》《2020年上海工艺美术产业发展研究报告》《2021年各季度行业统计研究报告》《传统工艺美术创新产品研究报告》《上海工业年鉴》《上海现代服务业年鉴》《轻工业志》（1990—2010年）《上海时尚消费品产业提高供给能级路径研究》大纲等，扩大上海工艺美术行业协会的影响，为上海工艺美术行业“十四五”开局之年打下基础。行业协会继续抓紧并跟踪《中国工艺美术全集》（上海卷）的后续编写工作，服务、督促主编们对编写《中国工艺美术全集》的进度，及时调整工作计划，为完成《中国工艺美术全集》（上海卷）做出应有的贡献。

**六、采集长三角工艺美术大师数据**

为推进长三角区域工艺美术数据库建设，为“泛长三角工艺美术产业联盟”（简称联盟）各城市成员单位服务，进一步做好数字化建设工作，协助联盟办公室，邀请专业软件公司编写数据库，提供给联盟各成员单位共享使用。协会协助联盟办公室制定《长三角工艺美术大师数据库数据采集和管理》《长三角工艺美术大师数据库〈数据采集和录入〉标准》两套规范性文件。协助联盟办公室通过现场安装和远程指导、方式，为联盟成员单位成功安装工艺美术行业专家库。截至2021年底，工艺美术行业专家库完成收集行业专家、工艺美术大师数据信息160多人，有力推动大师数据的集聚性和规模化效应。

**七、抓好协会组织建设，助推产业发展**

为落实协会五届七次理事会审议通过的专委会组建调整的建议，把协会红木雕刻艺术专委会调整为上海工艺美术行业协会红木艺术专委会、水晶艺术专委会、玉石琥珀蜜蜡雕刻艺术专委会；组建微雕微型艺术专委会、砚台印钮文房雕刻艺术专委会等，助推时尚工艺美术品、美学生活用品产业的发展。协会、各专委会积极开展助推工艺美术产业发展的活动，如攀登——工艺美术创作作品展，砚台印钮文房雕刻艺专委会的“文房雅器”活动，香文化专委会的“申香杯”香事用具精品展等。支持企业、工作室探索新模式，如上海工艺美术行业协会销售服务平台（直播营销）；第二季度协助承办第二届长三角工艺美术精品展暨时尚生活用品博览会；协会与上海工艺美术博物馆主办2021上海新锐首饰设计大赛作品展，入选200多位参赛者创意作品，通过活动发现设计人才，为上海设计之都建设添彩，为营造良好的设计环境助力。协办第十六届老凤祥杯上海旅游商品设计大赛，以“抖出你的上海礼物”为主题，扩大上海各旅游景点的影响，促进旅游纪念品的销售；促进上下游产业链的发展，促进产业的高质量发展。

**八、服务“老凤祥”等企业，助力“五五购物节”**

“十四五”开局之年，协会抓住行业重点企业老凤祥开展服务，围绕老凤祥“十四五”千亿元目标，其中制造业300亿～400亿元目标，引领行业企业与之配套。“五五购物节”上珠宝黄金饰品销售比上年增长45%，其中老凤祥第30届首饰博览会第一。“五一”期间，上海珠宝黄金首饰品零售近1.4亿元。协会与上海嘉禾主办“2021年春季艺术品拍卖会”并签订战略合作框架。7月，举行现当代工艺美术专场预展“美巧嘉秀”及拍卖会，探索上海打造工艺美术品拍卖集聚地、探索工艺美术销售新的载体。3月5日—8日，由中国工艺美术协会主办的“第56届全国工艺品交易会”在福州市海峡国际会展中心举办，同期举办“2021‘金凤凰’创新产品设计大赛”，展现中国传统工艺美术的技艺、装饰和文化，体现当代工艺美术工作者在材料、技术、工艺和理念方面的传承与创新，突出作品的传统性、学术性和当代价值。上海展团引入巴基斯坦企业参展，让观众欣赏到来自异域风情的手工丝毯和各式家具，并获得一金一优的成绩。8月，由中国旅游协会、中国工艺美术学会主办的“2021中国（大连）国际文化旅游产业交易博览会”在大连星海会展中心举办。本届博览会以“文旅融合品质生活”为主题，吸引来自全国100多个地区的参展商参展。展会期间举办“2021‘中艺杯’工艺美术优秀作品大赛”，上海展团获得一金、两银、一铜。

**九、加强协会秘书处自身建设**

在理事会领导下，协会秘书处向工业系统先进行业协会学习，完善内部管理制度，提高工作效率，被评为上海市工业经济联合会2019—2020年度先进行业协会。协会秘书处的党员们加强自身学习并积极参加党支部组织的学习培训交流活动：如参观龙华烈士陵园、建党100周年展览、学习习近平总书记在建党100周年大会上的讲话，学习党的十九届六中全会决议等，在工作中发挥应有的作用。

（柴晶鑫）

# 上海宝玉石行业协会

上海宝玉石行业协会成立于1996年5月。2006年8月，上海市宝玉石协会和上海珠宝玉石加工行业协会合并重组为上海宝玉石行业协会。现有会员单位481家。

2021年主要工作：

**一、坚持政治引领，加强制度建设**

协会积极发挥党组织的引领作用，坚持以党的创新理论为指导，学习领会习近平新时代中国特色社会主义思想，坚定文化自信，贯彻落实党的十九大会议精神，加强理论学习，拓展社会实践。组织开展党员学习活动，加强对《社会组织评比达标表彰活动管理暂行规定》《国务院办公厅关于进一步规范行业协会商会收费的通知》等社会团体相关法律法规文件的学习；深入学习习总书记在全国宣传思想工作会议上的重要讲话、在中国文联十一大开幕式上的的重要讲话等精神，深刻理解用自强不息、厚德载物的文化创造，展示中国文艺新气象，铸就中华文化新辉煌的现实意义。

7月1日，协会联合安徽省玉石雕刻商会开展庆祝中国共产党建党100周年“百年征程波澜壮阔，百年初心历久弥坚”活动。通过活动，增强党员不忘初心，牢记使命，立足岗位，努力工作。

7月8日，协会召开六届四次会长会议和六届四次理事会，协会有关领导在会上通报2021年上半年的工作情况及后续工作推进要求，审议表决通过第六届理事会理事变更增补名单，并为协会第六届理事会专家专业委员会、珠宝首饰专业委员、玉石雕刻专业委员会、有机宝石专业委员会、教育培训专业委员会、检测评估专业委员会授牌。审议通过《上海宝玉石行业协会秘书处财务报销制度》《上海宝玉石行业协会团体标准管理办法》等工作制度，进一步梳理和完善协会内部管理制度，严格落实各项会议和财务等制度，完善监督机制，确保协会各项工作正常有序开展。协会还十分重视深化规范化建设，坚持将协会活动通知、重要工作进展等通过网站、协会微信公众号向会员公开。

**二、发挥平台作用，组织会员活动**

协会倡导的“行动起来，活跃起来”成为丰富组织活动，提高服务质量的一个抓手。一是发挥协会优势，推动宝玉石科普。受黄浦区市场监督管理局委托，参与该区珠宝玉石检测行业能级提升专项工作；参与制定《珠宝玉石检验检测机构良好能力规范》团体标准；编辑出版《珠宝玉石选购指南》；组织“珠宝玉石科普讲座进社区”公益讲座（打浦桥街道），发挥社会辐射效应；开展珠宝玉石销售企业专项培训，为会员单位搭建平台，学习新政策，交流新技术。二是参与筹备协办2021玉之东西——齐家文化与当代玉文化的对话、2021上海钻石文化节、2021年中国非物质文化遗产海派玉雕艺术邀请展、大国工匠文化传承等行业内各类活动。

**三、推进人才培养，发挥辐射效应**

3月，协会正式启动面对会员单位的第五届玉石雕刻大师评审和第三届首饰设计师评审工作。评审坚持公开、公平、公正的原则，严格把关；经过初审，培训考核，和综合评定后共评选出上海特级玉雕大师5名、上海玉雕大师20名、上海玉雕师12名以及首饰设计大师2名，高级首饰设计师9名、首饰设计师15名。

上海玉石雕刻大师评选从2011年第一届至2021年第五届，共评选出上海特级玉雕大师29名、上海玉雕大师127名、上海玉雕师70名。海外大师2名（其中上海特级玉雕大师1名、上海玉雕大师1名）。首饰设计师评选从2017年第一届评选至2021年第三届，共评选出首饰设计大师2名，高级首饰设计师12名、首饰设计师23名。

4月，协会通过职业技能等级认定备案评审，成为上海市企业职业技能等级认定机构。并备案通过贵金属首饰与宝玉石检验员（五级至一级）的职业培训项目。之后，经协会认定合格、颁发的技能等级证书将与国家职业资格证书具有同等效力，参训和认定人员可以更多地享受国家和地方关于技能人才的各项政策红利。

7月—8月，开展技师继续教育培训，共48人参加。本次培训开设上海高技能人才培养与激励政策、双循环经济后中国城市产业定位和上海“十四五”产业发展、色彩体系和色彩管理学、玉珠宝首饰的跨界突破以及现代玉雕理念及趋势、知识产权服务及案例分享等围绕行业发展、结合企业实际的课程内容，采用课堂授课、参观学习、交流互动等形式，进一步提升行业技师、高级技师的职业素养，促进知识结构不断更新，倡导高技能人才与时俱进、终身学习的理念。

（*庄绍白*）

# 上海市乐器行业协会

上海市乐器行业协会成立于2004年。现有会员单位60家，理事单位15家，会长单位为上海民族乐器一厂。主要为乐器生产、销售、教学及乐器配套生产等企业。

2021年主要工作：

**一、日常工作有序开展**

6月18日、9月15日，协会召开五届（七次）和五届（八次）理事大会，分析经济形势，制定协会主要工作和发展方向。增补上海民族乐器二厂、上海国展展览中心有限公司两家为理事单位，新增江苏奇美乐器有限公司为会员单位，扩大协会影响力。

9月15日，召开五届八次理事会会任命黄婷为协会秘书长。加强协会领导力量，保持人员稳定，各项工作井然有序的开展，明确各自工作范围和职责，共同担负起协会的管理和发展重任。

**二、积极把握宏观形势、促进行业共同发展**

在五届（七次）理事会上，特邀上海社会科学院原副院长张兆安做《当前经济形势与上海未来发展》的专题报告。张副院长用精练幽默的语言，生动形象地从世界宏观经济形势、中国经济形势、上海未来发展面临的机遇与挑战等方面，深入浅出地解读上海“十四五”规划内容，并与参会人员进行互动，气氛热烈。在扩大协会影响力的同时，履行协会职能，给各会员单位提供交流学习的平台，互促互进，在行业内取得更显著成绩。

**三、加强和上级单位的沟通与学习**

12月17日，市经信委综合规划处处长赵广君和市民政局社团处副处长姜琦莅临上海市乐器行业协会会长单位，上海民族乐器一厂有限公司调研，参观企业的民族乐器陈列馆。会长王国振、副会长叶晖、秘书长黄婷、办公室主任成伟霞陪同参观并进行座谈交流。两位处长对协会发展提出新的期望，希望协会进一步加强信息化管理，完善规范管理制度，积极贯彻社会团体工作的各项要求，取得长足发展。

（黄　婷）

# 上海市钟表行业协会

上海市钟表行业协会成立于1996年，是上海市钟表、钟表配件及计时仪器行业企事业单位自愿组成的跨部门、跨所有制的非营利性行业性的社会团体法人。涵盖上海地区的钟表制造、营销、科研、教育、培训等方面的精干主体。现有各种所有制会员单位70多家。

协会宗旨是：遵守国家的宪法、法律、法规、规章制度和政策，贯彻国家关于发展国民经济的各项方针政策；发挥本行业协会在社会主义市场经济中的积极作用，遵守社会道德风尚，为政府和企业进行双向服务；维护会员合法权益，协调会员之间关系，维护公平竞争，促进上海钟表行业的经济技术发展。

2021年主要工作：

**一、围绕“四大品牌”建设，在促进有效服务上积极实践**

（一）支持重点企业不断创新做强。借助于协会的服务平台，对重点企业进行调研，提出建议，鼓励和支持重点企业技术创新活动，推荐高新技术企业认定、上海市“专精特新”企业申报，上海市促进文化创意产业发展财政扶持资金项目申报、企业“新型师带徒”项目申请等，共建品牌技术创新和技能人才培养机制。

（二）引导会员企业创优品牌。5月，上海牌手表、上海珐艺时钟携最新设计的新品又一次入选“上海设计100+”榜单，凸显上海产品引领性、迭代性、原创性“的引领。7月10日，在庆祝中国共产党成立100周年之际，市工经联、市经团联举行“百年上海工业百个知名品牌揭晓”暨“百年上海工业影像作品展”活动颁奖典礼。上海牌手表等获“百年上海工业百个知名品牌”殊荣。11月，上海牌手表获“上海好商标”称号。

（三）支持企业参加进博会。协会多家企业及品牌积极参加第四届中国国际进口博览会，上海牌腕表携首发新品“致敬50’s”系列及诸多重点产品在上海综合形象馆“智造未来”板块亮相登场。斯沃琪集团知名制表品牌TISSOT天梭表携精美时计新品再度惊艳亮相。作为全球著名的奢侈品集团之一，历峰集团再次以集团身份参展，并设立多个品牌展厅，主题为“匠心与创新”，展示世界顶级手表品牌。中外钟表品牌在进博会舞台同场积极回应“新时代，共享未来”

的进博会主题口号，为推动国内市场消费、满足消费新需求积极建言献策。

**二、构建协会工作交流、信息传递新“桥梁”**

（一）完善上海钟表网站的信息建设，在发布协会工作信息的同时，收集大量时效性与适用性兼备的信息进行及时推送。

（二）在2021年开通上海钟表公众微信号，以微信平台进行：钟表资讯、协会工作、钟表培训、钟表技能等板块的信息传播。

（三）精心编辑《上海钟表》杂志。

（四）适时建立多个微信工作群。如：会员工作群、培训工作群、大赛工作群等。网络、新媒体等成为协会与会员企业开展工作交流、信息传递的纽带，四位一体的信息传播载体也成为广大会员和社会各界了解协会工作、掌握市场行情的有效窗口。

**三、围绕提升行业职工技能开展培训与技能认定**

（一）实施职工技能等级认定。2020年12月，协会被批准成为上海市企业职业技能认定机构后，2021年先后建立与上海职业技能等级备案申报平台网络OSLT通道、技能人才评价证书全国联网OSTA系统通道、上海市人力资源和社会保障局职业技能信息系统同道。建立考评员、督导员、认定管理队伍和制度并进行培训。设立3个钟表技能等级认定考核点。认定钟表维修工初级22名，钟表维修工中级41名、钟表维修工高级3名，涉及行业企业8家。

（二）试点开展新型师傅带徒弟。在企业支持下，协会先后与杨浦、闵行区人力资源和社会保障局建立新型师傅带徒弟工作机制，相关企业确定由师傅带教，并与徒弟签定带教协议，建立培训带教手册，共签定带教协议工种36份，其中机械机心装配工23名，机械机心检验检测工13名。

（三）响应技能驱动中国，举办行业技能大赛。为迎接上海46届世界技能大赛，在上海市职业技能竞赛组委会、上海市职业技能鉴定中心的指导下，11月7日，上海市钟表行业协会、上海轻工业工会联合会、上海市工业技术学校举办“以匠心刻录时间，携品牌开创未来”上海市职业技能大赛——2021上海钟表行业钟表维修工职业技能竞赛。10多家企业近70名选手踊跃报名。竞赛组委会先以3个团队分别进行初赛，最终由50名选手进入决赛。协会同时以“钟表品牌与工匠精神——上海经典钟表品牌与技能人才”为主题，从品牌建设、技能人才、创新设计、钟表文化等4个不同维度进行开赛前后二周的实物、图片展及互动活动。

（四）开展师资培训工作。2021年，协会组织由企业高级管理人员、企业工程师、企业设计人员、学校专业老师共40名，聘请中国钟表大师、国际日内瓦钟表“金手指”奖评委、国家级钟表设计大师对其进行授课培训。

**四、开拓创新不断提升协会服务功能**

协会在建设服务平台上进行探索和创新，初步形成三大平台：会员企业的服务平台、技能培训的推进平台、信息传播交流平台。通过三大平台，大胆探索新形势下充分发挥协会作用的新路子，不断提升协会服务功能。9月，协会被上海市工经联、市经团联授予“2019—2020年度先进协会”称号。

（蔡辉明）

# 上海市糖制食品协会

上海市糖制食品协会成立于1988年6月（原名为上海市糖制食品工业专业协会），是由上海地区从事食糖、糖果、巧克力、糕点、饼干、冷冻饮品、休闲食品、馅料等生产经营企业和科研院所、大专院校等单位自愿参加组成的，跨部门、跨所有制的非营利性行业性社会团体法人。

协会现有会员单位102家，涵盖上海市场90%中西糕点的经营大户和食糖经营龙头企业，囊括上海现有的15家经营焙烤食品、糖制食品的中华老字号企业。会员企业生产的焙烤糖制食品在上海的市场占有率达到70%，月饼市场占有率达到87%，食糖市场占有率达到90%。

协会会员单位共有中国驰名商标2家、国家非物质文化遗产1家、上海名牌产品6家7种类、上海市著名商标14家、2021年上海名特优产品35家120种。

2021年主要工作：

**一、居中守正临危不乱，共同抗疫保供应**

为做好新冠疫情防控工作，确保春节市场平稳有序，满足市民的消费需求，协会传达市疫情防控领导小组会议精神和市商委要求，从严从紧从细从实抓好元旦春节期间疫情防控。倡仪各会员单位开发新品种，抓生产保质量，在营销模式上进行转型和创新，线上线下同时互动，朋友圈自媒体集体上阵，各电商平台几乎都能看到协会企业活跃的身影，成为上海抗疫阵线中最贴近民生的一道风景线。协会连续进行专题报道，让会员企业及时了解行业内各企业为抗疫所做的各种努力，收到很好效果。

**二、优化营商环境，确保提供安全放心食品**

规范产销，确保食品安全。各企业以“食以安为先”的经营理念，自觉严格做好以食品安全为重点的食品产销工作，把控食品安全，落实新冠疫情防控措施，确保夏令食品安全，确保市民群众放心消费、安全消费。6月—9月是上海黄梅天湿热气候和盛夏高温期。协会提出夏令食品产销严格落实3项措施：一是组织食品排查抽查。经市场监管局抽查，青团合格率100%，粽子抽查合格率100%，月饼抽查合格率100%。上海糖制食品行业交出令人满意的答卷。二是加大食品安全宣传力度。6月12日，在《协会信息》上发出《加强防霉保质确保夏令食品安全》的通知，提醒企业确保夏令食品安全。12月25日，《协会信息》上再次发出《开展2021年元旦春节双节活动迎新年的意见》，在行业内弘扬劳模精神，营造学劳模、赶先进的良好氛围。三是加强引导，稳定产品价格。协会通过广泛宣传、市场预测、交流沟通、规范经营等多种形式引导企业稳物价、少涨价，确保上海食品市场价格基本平稳。部分企业还推出多种优惠促销措施，让利给消费者。

**三、引领消费需求，拓展节令食品市场**

引领消费需求，做好市场分析预测。协会通过调查研究，收集各种相关数据，了解市场信息，把握食品市场走势，及时写出春节期间市场分析预测和中秋月饼市场分析预测，及时刊登在协会信息上，为企业决策提供参考。

做精做强节令食品产销。协会及时做好传统节日商品宣传，跟踪报道销售热点，宣传企业新产品和营销新举措，引导企业不失时机发展节令食品生产，拓展上海节令食品市场。由于各项工作准备充分，加上各企业努力拓展线上销售，粽子销售业绩再创新高。其中元祖食品公司的粽子销售在上年突破1亿元大关的基础上再上升9%，达到1.167亿元，质量上乘受到上海市民的欢迎。

为规范青团产销，确保青团质量。3月16日，协会组织2021年上海青团质量交流推介活动。从报名参加的14家企业中推荐出34种青团，作为向市民推介的2021年上海优质青团。经市质检部门专家和行业高级技师按标准确认，并在3月18日《劳动报》上进行公示。协会向14家获奖企业颁发证书，以示鼓励。5月18日，协会举办上海名特优食品质量交流活动，助推上海5·5购物节活动。各会员企业积极参与，参与质量交流的产品涵盖中西式糕点、粽子、面包、饼干、糖果、巧克力、休闲食品等七大类。9月1日，聘请专家高级技师以及行业能手组成评审组，对数十家企业的月饼进行质量技术交流评审，共有34家企业的90种月饼被评为“2020年名特优月饼”。更好地向社会展示特色美食、“非遗”和“老字号”美食，在传承和弘扬传统美食文化中发挥积极作用。

**四、努力服务会员，强化信息交流，做好品牌建设。**

办好协会信息。全年协会秘书处共发行《上海糖制食品信息》24期。为进一步倡导绿色环保以及节约开支、降低协会办公成本，协会信息纸质期刊改为每月2期的线上发布。

为企业排忧解难办实事。协会与各成员单位保持密切沟通，企业有咨询的问题都通过手机和微信与协会取得联系。协会及时指导规范生产，解答有关政策法规、为企业业务牵线搭桥，深受企业欢迎，多项业务取得成功。

利用微信平台服务会员，发布行业最新市场信息及有关政策法规。每周一次6～8条信息，及时为会员发布新产品，营销活动，介绍政策法规，特别是政府支持企业的28条政策及企业技术交流信息等。

根据《中华人民共和国食品安全法》及其实施条例规定，对食品安全国家标准评审委员会秘书处组织起草的《食品安全国家标准预包装食品营养标签通则（征求意见稿）》，组织会员单位认真研究，提出修改建议。

5月23日，组织会员企业参加消保委主办的上海特色伴手评测活动（食品类）专场，52家企业、81件产品参加评测。7月19日，组织会员单位开展推荐评选上海旅游商品“优选经营店”活动。6月23日，组织20家会员企业50余人在国家会展中心参观2021年第二十一届健康天然原料、食品配料中国展、2021年上海国际食品加工与包装机械展览会。

推荐会员企业参加商联会主办的抗疫情先进企业、个人、领军人物评选。有5家企业获先进集体、6位个人获先进个人称号。

（邹建国）

# 上海市豆制品行业协会

上海市豆制品行业协会成立于1986年9月，现有会员87家，其中豆制品生产企业61家，相关企业26家，为5A级社团组织。

2021年主要工作：

**一、以防控新冠疫情为己任，支持会员企业做好生产和市场供应**

突出重点，把握节点，协会会同会员单位着力抓好7项工作：一是把防疫放在突出位置，认真落实防疫措施，确保不出现疫情风险。二是增加大豆等原辅料、生产物质储备量，保证突发疫情时生产有足够的使用量。三是提前做好各大节日期间热销产品生产、储备工作，确保产品供应充足、不断供。四是提前做好各时段生产人员安排，确保流水线能正常生产。五是建立主要负责人值班巡查制度，对各类突发事件制订应急预案，有效预防和处置突发事件。六是切实做好食品安全和安全生产工作，确保不发生食品安全群体性事件和安全生产事故。七是保持豆制品价格稳定，凭送货单上市销售，明码标价，严禁以次充好、哄抬价格等违法行为。

**二、以食品安全为根本，多措并举，推动食品安全体系建设高质量发展**

首先，在会员企业中形成四方面共识并认真践行：一是从有利于保护行业企业出发，发挥专业特长，积极参与涉及本行业国家标准修订工作，提出合理化建议，使标准更加科学合理完善。二是将豆制品生产机械化、智能化建设放在重要位置，通过介绍、引荐、实地考察等手段，不断提高豆制品生产企业机械化程度。三是主动牵头，组织相关人员去先进食品企业参观学习、开拓视野，促进本行业食品安全水平进一步提高。四是加强行业内的信息交流。

其次，召开追溯体系现场会，对盒装内酯豆腐生产过程智能化追溯体系总结出“不增加或很少增加原有工作量，进一步提升企业管理水平，追溯数据客观、真实、可靠、全面，增强团队合作精神，融合 HACCP 管理体系一些共性数据，从而提升各个体系数字化建设的效能”等五大优点。汉康公司和艺杏公司均以高分通过“上海市市场管理监督局的食品生产企业过程智能化追溯体系建设情况”测试。还组织召开“落实新发展理念，建设绿色低碳行业”为主题的环境安全工作观摩学习研讨会，通过现场参观清美公司废水、油烟、垃圾等环保设施处理运行管理过程和对污泥、豆渣环保处理问题的进一步研讨，形成推动企业绿色生产的重要共识。

**三、以送货单管理和卫生检查、产品抽查为抓手，源头控制，保证豆制品产品质量**

为加强送货单追溯管理，协会秘书处与上海恒超印务有限公司一起研讨，通过革新设备，将送货单号码由 7 位升级为 8 位，确保送货单追溯的唯一性。5 月—6 月，协会安排专门时间，组织专门人员，对行业内部分豆制品生产企业（包括部分购买送货单的非会员企业）的食品安全卫生情况进行抽查；对抽取的 23 个大豆样品进行非转基因成分检测。从抽查结果看，企业间的食品安全卫生状况良莠不齐，好的企业自我加压，高标准严要求，越来越好。如太仓红美公司、嘉善管老太公司、上海银龙公司等企业。对卫生状况较差的企业，检查人员不姑息，不迁就，当场开出整改通知书。对部分生产厂家的豆浆、内酯豆腐等产品的质量抽查，经市食品研究所检测中心检测，均符合相应标准要求。

**四、以学习贯彻标准法规为动力，推动豆芽产品质量整体再上一个新的台阶**

为推动豆芽产业高质量发展，让市民吃到安全放心豆芽，协会开展多项活动。一是召开豆芽生产企业负责人会议，对《豆芽工业化生产卫生规范》食品安全地方标准征求修订意见，总结阶段性工作，对少数豆芽生产企业违法使用添加剂问题提出忠告。二是与市市场监督局联手，共同探讨本市豆芽生产发展之策，形成共识。三是对来沪销售豆芽的企业逐一考察，准许生产卫生状况好的企业入沪，脏乱差企业禁止进入上海市场。

**五、组织企业参加各种展览会，开拓视野，为研发、生产更多更好的豆制产品和机器设备创造条件**

在 2021 中国国际大豆食品加工技术及设备展览会上，上海清美公司“大师礼盒”包装设计时尚漂亮；安吉祖名公司新推出的鲜腐乳绿色环保；上海旺欣公司的立式 550 磨浆机，台州中苗公司研发的第 11 代多功能豆芽自动干洗线，上海昆布公司改良后的自动称重包装机等产品，吸引众多参观者的兴趣和关注。温州永进公司制造的全自动豆干生产线和超宽型厚百页生产线、北京康得利公司制造的自动点浆凝固机、浙江中禾公司制造的机械手折叠薄百页流水线、上海眷厚公司制造的老豆腐自动切块装盒流水线、连云港日丰钙镁公司的无水无渣全豆环保工艺解决方案等，也给展会增添了许多亮点。

**六、深入一线企业调查研究，为企业发展把脉谋划**

协会领导加强一线生产企业的情况调查研究，与企业人员共同寻找解决问题的良方。在太仓红美公司调研时，对有些企业采用低价竞争方式抢夺市场份额的问题，要求秘书处就此问题进行针对性的调查研究，提出解决问题的建议，供政府有关职能部门制定政策时参考，防止不良企业的低价恶性竞争。在上海每多公司调研时，鼓励其在为豆制品生产企业做好配套服务过程中不断研发新产品，以适应市场和豆制品生产企业需求。在太仓彬彬公司调研时，就公司管理、豆制品企业新生代接班人等问题进行有益切磋。在苏州芳芝公司调研时，着重探讨豆制品生产制作过程中的技术问题。企业希望协会能经常组织一些类似活动，让企业在相互交流活动中，获取更多可用信息，为企业发展获得更多“红利”。

**七、推进品牌建设，多家会员企业获得知名品牌、优秀企业等荣誉称号**

在 2021 年中国豆制品行业品牌企业 50 强评比中，清美、祖名、汉康、艺杏、杭豆、金记、维扬、龙伟等 8 家会员企业榜上有名；清美公司获上海市质量金奖和“百年上海工业百个知名品牌”；祖名、杭豆获杭州菜篮子重点商品保供稳定骨干企业认定；第十六届上海使用农产品品牌发展年度论坛上，艺杏公司和阳洋公司分别获得金篮子品牌、畅销品牌荣誉称号；金记公司获得质量管理优秀奖、江苏省质量标杆等荣誉称号。

（赵 鸿）

# 上海市酿酒专业协会

上海市酿酒专业协会创建于1989年2月，是上海市专门从事酒类生产和经营相关的企业及有关酒类科研、教育等单位自愿组织的跨部门、跨系统的行业组织，现有会员单位89家，涵盖上海市啤酒、黄酒、葡萄酒、白酒、老白酒、配制酒、洋酒等所有酒种的生产企业和部分酒类经销商，其中酒类生产企业占上海合法酒类生产企业的50%，包含国有、三资、私有、股份合作等性质的企业，其会员企业的产量占全市酒品产量的95%以上。

2021年主要工作：

**一、克服疫情困难，发展生产，满足需要**

在常态化防疫的面前，协会向全体会员企业提出建议，要求各会员企业千万不要忽视疫情的反复，提高警惕，尽量不聚集，不举行室内外大型活动，非必要尽可能不举行市场推广活动，尤其是啤酒企业。会员企业努力克服困难，积极探索在疫情当下，想新招，发展生产，满足消费需求，使全行业总体产销量没有受到大的影响，有些企业反而有增长。同时，防疫取得较好结果，基本做到防疫、复工、复产顺利推进。协会尽可能及时帮助解决企业的需要，有些与政府相关部门沟通、协调，争取政府的帮助；有些在会员企业间、上下游之间、相关行业协会间协调解决。

**二、实施名牌战略，开展酒类品牌建设的系列活动**

开展“上海市名优（酒类）食品评选活动。协会继续组织开展上海市名优食品的评比活动，与上海食品协会合作，推荐20只酒类产品评为为上海市名优食品。

开展“金樽”酒品市场推广活动。本届活动共收到30余家企业申报，由专业机构依据品牌、质量、销量等综合维度确定初步推荐名单，再由上海市酿酒专业协会组织行业内专家，依据参评酒品的视觉、味觉、整体感觉和产品典型性等指标进行现场评审打分，并综合市场调查、评审专家意见对各酒品进行评审，最终入选荣誉榜共12家企业，涉及12个酒品，3家经销商，酒品中包含黄酒4个，白酒6个，红酒1个，鸡尾酒1个。

组织参加上海特色伴手礼评测活动。市消保委开展“2021上海特色伴手礼评测”活动，协会推荐黄酒、白酒等会员企业申报伴手礼评测产品。经过专家评委和消费者现场评测，在全市60个“上海特色伴手礼”产品中，会员企业金枫的石库门黄酒、神仙酒厂的白酒神仙大曲等位列其中。

组织参加“上海礼物”的活动。春节期间，市商联会组织“上海礼物”选择、评定活动。协会积极响应，动员6家企业9个产品参与活动。最终8个产品被评上“上海礼物”，在旅游节期间得到游客的欢迎。

**三、依法维护会员和消费者正当权益，开展职业技能品评大赛**

中国酒业协会组织开展全国葡萄酒职业技能大赛暨全国葡萄酒评酒委员的培训考评活动。协会积极响应，与市轻工工会共同组织选拔、审核、推荐葡萄酒上海参赛代表，并在全国评酒比赛中获得较好名次。同时，协助举办“2021全国理性饮酒宣传周”上海分会场活动，协会组织21家会员企业参与线上线下理性饮酒活动，邀请市连锁经营协会、市餐饮行业协会、市糖烟酒茶协会等协会及其相关会员企业参与活动。协会还应会员企业的要求，协调处理市场监管部门对会员企业在涉及广告宣传、市场运作、食品安全生产等方面的问题，尽可能维护会员企业的合法权益；遇到消费者投诉会员企业或咨询酒类产品相关安全质量问题时，协会依据行规行约以及酒标的通用标识等答疑解惑，消除消费者的误解和疑虑。此外，协会召开“酿酒行业锅炉产品和改造案例技术交流会”，将最新型的锅炉产品、使用案例、维护经验和优秀企业推荐给酿酒行业各相关企业，帮助企业着力加强技术创新、促进产业转型升级，为实现上海节能减排目标奠定物质基础和技术保障。协会组织会员企业参加第三届中国国际进口博览会、国际环球食品展，增进国际间交流。

（吴建华）

# 上海市物流协会

上海市物流协会是在成立于1993年3月的上海物资流通行业协会的基础上改组重建的，是上海物流企事业单位自愿组建的跨部门、跨所有制的非营利性社团法人。现有会员单位620家左右。

2021年主要工作：

**一、着眼全局，为物流业发展谋大事**

（一）推进物流高质量发展和顶层设计，向市人大建言献策并获得政府采纳。3月5日，协会应邀参加由市人大财经委主持、市政府相关委办领导和有关专家参加的“关于加快制定《上海市促进物流产业发展条例》”座谈会。在市人大第十五届人大第五次会议期间，18名人大代表提出关于加快制定“上海市促进物流产业发展条例”的议案。人大代表的议案正是汲取和采纳协会报告的主要内容和有关建议基础上形成的。座谈会就此结案，引起与会各方的高度重视。此后，市政府召开市长办公会议，明确由市发改委为全市物流业牵头部门，为全市物流业有序发展提供有力保障。

（二）推动面向全市的社会物流统计取得标志性进展。一是协会会同市发改委、复旦大学物流研究院制定《上海市物流统计报表制度（2021—2022年）》，并经市统计局发文同意执行（沪统审字〔2021〕7号）。这是全市第一个有关物流业统计的规范文件，从根本上解决开展社会物流统计的问题。二是在2019年试验填报70家物流企业数据的基础上，联系落实近200家企业作为统计样本，以扩大样本范围。三是组织三次统计培训会议，物流企业和、批发、零售业企业相关负责人员参加。四是建立统计工作小组和工作群，开展收集、汇总分析等工作，为样本企业提供交流的平台。截至12月底，共回收物流企业填报数据99份，工业企业、批发零售企业填报数据97份。为客观掌握本市物流行业的规模、结构和运行状况，推动物流高质量发展发挥重要作用。

（三）保障通行资源，担负起全市商贸流通部分物流企业市区通行证的统一申领。市商务委将全市商贸部分物流企业的市区通行证申领工作交由协会承接。协会为30家商贸企业和物流企业的城市配送提供车辆申报咨询，联系交警总队争取中心城区通行证发放数量，确保城市商贸物流配送的顺利进行，满足民生需求。配合市商务委做好“扶大扶优重点企业城市配送货运车”通行证相关信息统计、申领和发放管理。全年汇总申报车辆计960台信息，配合交警总队审核和登录，发放通行证共计141套。

（四）建成上海市冷链服务大数据中心。在市商务委的指导下，在市粮食和物资储备局、市市场监管局、市交通委、市经信委等部门的支持下，协会3年多的数据积累，经过半年多的时间开发完成。这些数据在疫情防控、配合市政府防疫物资抢运、上海港冷藏箱疏港、冷库信息追溯、进口冷链食品中转查验等方面发挥重要作用。

**二、立足行业，为物流业发展多出力**

（一）在2021年长三角物流发展联席会议和长三角现代物流合作联盟主席团秘书处工作会议上，就如何深化长三角物流业一体化发展的议题，协会常务副秘书长陈震提出六点建议，包括深化信用建设、物流统计、标准化建设、智能化装备、教育培训和示范区社团及企业的深度融合等6个方面，得到来自三省一市（苏浙皖沪）物流行业协会代表完全赞同，会议通过“六点建议”，将组织实施和落实。

（二）协会组织合作联盟成员积极融入长三角物流区域合作。在联盟第一次秘书长联席会议上，协会常务副秘书长陈震通报在江苏省南京市举行的长三角物流联席会议暨合作联盟秘书处会议情况以及关于深化长三角物流一体化发展的“六点建议”。之后，协会组织联盟成员参加在苏州市举行的2021中国（江苏）长三角物流发展合作论坛，就长三角物流一体化合作进行交流。协会还主持联盟第二次秘书长联席会议，就长三角区域和联盟的合作进行积极商讨，取得共识。

（三）制定物流团体标准，为行业标准化发展提供服务。由协会制定的《物流企业数字化应用规范》和《物流企业数字化能力等级评价》两项团体标准，经企事业单位、科研院校讨论和专家评审，已获批准为上海市地方标准，成为物流企业开展数字化工作的主要依据。

协会冷链分会经过3年时间编著和多轮修改的《冷链物流用前置仓技术运营规范》团体标准，于9月正式对外发布，此团标填补国内空白。

**三、服务企业，为市场主体办实事**

（一）开展国家标准物流企业评估。协会评估办组织开展国家标准物流企业评估，推动上海物流企业的标准化、规范化，新评国家标准A级物流企业19家，其中5A级2家、4A级12家、3A级5家。

（二）开展物流企业技能人才培训。结合上海产业高技能人才培训，开展仓储管理员工岗前、转岗、管理知识、财务、安全作业等多项培训工作。围绕物流发展重点，分别举办进口冷链食品安全保障、物流与智能装备技术应用实例2个高研班培训，培训企业计126家。开展职业技能培训和鉴定工作，共2期有79位学员考试合格获得专项职业能力证书。

（三）组织参加物流竞赛活动。开展行业内市级二类企业竞赛活动，共有29位选手参加，并通过竞赛考试合格获得专项职业证书。“供应链管理师”项目获得上海市新职业技术技能大赛一等奖。与逆向物流分会开展的第五届云丰杯绿色物流与逆向物流设计比赛，吸引来自全国18个省（市）、74所高校、319支团队的积极参与。与产教融合专业委员会开展的第5届电商物流供应链“精英杯”竞赛，有160支队伍参赛。组织物流服务师认证申报，并获得物流服务师认证评价机构资质。完成11位中职教师和6位高职教师到物流企业进行企业实践工作活动。还为3批共101位中高职学生为期2个月到物流企业进行实践活动。

（四）信用建设向中小企业进一步推进。协会把信用服务从A级物流企业扩展到社会物流企业，进一步向中小物流企业延伸信用评级，举办信用培训和沙龙等活动，使中小物流企业了解信用、用好信用。将协会的行业信用信息共享平台窗口服务菜单进行调整升级，打通与中小物流企业的信用信息对接。完成16家企业的信用评级报告，以及证书制作和企业、行业指数。

（五）协会产教融合专业委员会在上海商学院举行成立大会。参加会议的有专委会的理事单位、会员单位和来自企业、高校、教学研究机构和协会的分支机构等代表共60余人。专委会将依靠会员，依托学界和业界优势，加强产教研融合，在物流科技推广，物流人才教育培养等方面，为上海物流产业作出新贡献。会上进行专委会揭牌和为理事单位及会员单位授牌。4月，协会调解中心举行揭牌仪式，浦静波会长等领导为调解中心揭牌。正式开始向会员单位和社会各界开放，为企业解忧排难，积极为企业提供良好的服务。

（六）举办物流数智化论坛。协会会同上海市物流学会和慕尼黑展览（上海）有限公司联合举办“上海物流数智化论坛”。参加论坛的有上海和兄弟省市物流行业及企业代表、高校物流专业教授和专家共90余人。协会和物流学会参与主办了主题为“发展现代物流体系，服务新发展格局”的2021上海物流日高峰论坛。市有关部门、各行业负责人、各大专院校和研究机构专家以及物流业领军企业、先进企业的负责人和代表近300人出席。在物流行业与长三角地区，约5000人线上观看大会实况。

**四、规范发展，加强党建，协会建设取得新提高**

（一）举行协会三届五次会员代表大会暨理事会议。4月，协会在静安铂尔曼酒店5楼会议厅举行第三届第五次会员代表大会暨理事会会议。市商务委、市发改委、市经信委、市交通委等政府主管部门处室负责人到会指导。协会会长浦静波、协会监事长高端出席会议。会议审议并通过《关于上海市物流协会2020年工作的回顾总结和协会2021年重点工作安排的报告》等文件。宣读面向行业的“弘扬劳模精神，实现新的跨越”的倡议书。

（二）加强协会的党建活动。一是学习“七一”重要讲话精神。认真组织本单位党员和干部群众集中收听收看庆祝中国共产党成立100周年纪念大会直播实况，聆听习近平总书记的“七一”重要讲话。二是举行党史专题党课学习。三是组织召开专题组织生活会，交流学习体会，查找差距不足，引导广大党员增强“四个意识”、坚定“四个自信”、做到“两个维护”。四是组织党员群众观摩党史题材优秀影片。五是以自学为主，结合集中交流学深悟透党史精髓。六是做好党员“十个一”套餐，组织党员和群众为河南水灾受损失进行捐款。在市工经联党委举行的庆祝建党100周年、七一表彰大会上，协会党支部获“上海市工业经济联合会党委系统先进基层党组织”称号，党支部书记、协会常务副秘书长陈震被授予“上海市工业经济联合会党委系统优秀党务工作者”荣誉称号；党支部委员、会员部部长张瑞坤被授予“上海市工业经济联合会党委系统优秀共产党员”荣誉称号。

（朱泽榕）

# 上海市会展行业协会

上海市会展行业协会成立于2020年4月，是上海市从事会议、展览及相关业务的企事业单位自愿组成的跨部门、跨所有制、非营利性社会团体。现有会员单位665家。

2021年主要工作：

**一、努力推进复工复展，发挥桥梁和纽带作用**

（一）及时发布疫苗接种信息为复展提供安全保证。面对会展业复工复展严峻形势，协会始终绷紧疫情防控这根弦。3月，秘书处根据市商务委要求，及时发布疫苗接种登记事项，让原本不知道通过何种渠道才能获取疫苗接种信息的会员及时接种，为3月后的展会提供安全保证。也使会员企业，尤其是民营企业切实感受到协会就是会员之家。

（二）积极反映诉求努力推进复展。上海会展业的复展之路走得极其艰难。春节后停摆、3月中旬重启、7月底随着其他省市的疫情突现再次停摆、10月“有限复展”、进博会后再次停摆等阶段，协会深切感受到会员企业的焦虑和困难，努力为复展做积极的推进。从9月4日上海疫情清零起，协会在第一时间向市政府专报反映上海会展业具备防控条件下复展意见建议等。至11月底已多次专报，反映企业的诉求及复展呼声。同时，协会积极配合市商务委、市社团局等部门，提供人才落户会展业重点机构名单；填报养老产业关联度系数；开展社会化职业技能等级认定、对营商环境进行调研，按时完成并通过市民政局的年检。

**二、协会及会员企业继续助力进博会**

（一）会员企业继续助力进博会。上海东浩兰生会展（集团）有限公司、上海市国际展览有限公司、上海欣越国际货物运输代理有限公司等近100家会员企业始终以最优服务完成各项筹备工作。尤其是应对第四届进博会非常严格的防疫要求，会员单位克服各种困难严格遵照执行，为进博会圆满收官做出贡献。

（二）协会领导走访进博会参展企业。国际展览业协会（UFI）名誉主席、协会党委书记陈先进；党委副书记、会长桑敬民等协会领导亲临进博会现场，与参展企业慕尼黑展览（上海）有限公司、米奥兰特、德马吉国际展览有限公司、上海景桥会展服务有限公司、智奥会展（上海）有限公司，就新冠疫情冲击下，会展企业如何在这百年未有之大变局，双循环格局下发展会展业，建设国际会展之都等热点、焦点问题进行交流。

（三）协会与多批外省市进博会代表团交流。进博会期间，协会接待山西省外资外贸发展协会、长沙市政府会展办、福州招商集团等外省市参观团，与协会及会长单位上海百文会展有限公司一起座谈交流，共同探讨中国会展业的发展前景。

**三、积极推进绿色会展行业可持续发展**

（一）启动绿色会展团标编制。协会认真贯彻国务院《关于加快建立健全绿色低碳循环发展经济体系的指导意见》，认真领会“推进会展业绿色发展，指导制定行业相关绿色标准，推动办展设施循环使用”的重要意义。协会适时启动绿色会展团体标准的编制，在编制过程中秉持绿色发展理念，以低碳、零排放举办绿色会展（展览）为目标，倡导会展企业建立绿色会展（展览）运营与管理制度，想方设法采取措施，“减少用量、重复利用、循环再生、合理替代”，减少与限制会展（展览）垃圾与污染，以实际行动推进会展业“绿色、低碳、可持续”发展。

（二）举办以“纸质展具引领绿色会展新风向”的主题沙龙。为推进行业绿色会展发展，协会举办绿色环保纸质展具主题沙龙，市委宣传部副部长、市新闻出版局局长徐炯，协会党委书记陈先进莅临致辞。协会90余家主承办、展示工程企业以及纸质展具的研发公司踊跃参与，分享纸质展具与会展行业融合应用的案例，共同探讨绿色会展的发展前景。

**四、做好会员服务，提升协会凝聚力和公信力。**

（一）沙龙活动主题始终围绕会员关注焦点、行业发展热点和关键点。全年协会举办3期沙龙：第一期主题是解读《境外非政府组织境内活动管理法》，邀请市公安局境外非政府组织管理办公室警官，介绍《中华人民共和国境外非政府组织境内活动管理法》并现场为会员答疑。第二期主题是借助于6月2日全球展览日之际，协会携手IAEE、腾讯等企业合作主办“数字引领转型，创新服务模式”的沙龙。第三期主题是在上海书展暨“书香中国”期间，举办以“纸质展具引领绿色会展新风向”的沙龙。参会代表紧紧围绕推进行业绿色会展展开头脑风暴，纸质展具与会展行业融合应用，为绿色会展的发展提供了新的思路。协会沙龙活动的开展，提升了协会服务会员的质量。

（二）根据行业发展特点，进一步优化展示工程企业资质评估工作。年初，协会参照市政府项目招投标的相关要求，经过慎重比对，从3家应标的评估公司中录用2家，正式签约成为企业资质评估项目的第三方评估公司。同时，整合出一套较完善的评估体系。全年共76家企业参评，经专家按规定程序评估，最终评定出一级资质32家、二级资质20家、三级资质25家。该资质已成为企业参与政府项目投标、承揽业务的重要依据。

（三）依托长三角会展研究院开展行业培训，完成会展管理中级和高级水平认证培训班。上半年，完成会展管理高级水平认证培训班。来自上海、无锡、南京等地的42位业内同仁，为期5天，认真聆听15位长三角会展研究院特聘专家在国际会展业形势、宏观经济形势分析、企业资本运作等方面的精彩授课，完成论文撰写、答辩后，获得上海对外经贸大学、上海市会展行业协会共同盖章的上海市会展专业技术水平认证（会展管理高级）证书。下半年，完成会展管理中级水平认证培训班。78位来自主承办、展示工程、配套服务等产业上下游企业的业内同仁共同接受“推进会展的智能化管理”“会展项目组织实务”“新时代背景下的会展企业文化建设”等方面的培训，由企业资深管理者、高校教授等专家精英授课；获得上海对外经贸大学、上海市会展行业协会共同盖章的上海市会展专业技术水平认证（会展管理中级）证书。会展管理初级水平认证培训班继续与会员单位合作，全年举办9期讲解员培训，来自全国各地规划馆的150位讲解员完成培训，获得协会颁发的会展管理初级（讲解员）证书。协会还为即将毕业的会展专业在校生开展相关培训，22名在校生获得上海市会展管理专业技术水平认证（初级）证书。

（四）严格入会企业质量，提升会员队伍整体素质。截至11月底，新入会企业85家，因业务转型等原因退会35家，合计有效会员665家。其中展览、会议主承办89

家，占 13.4%；场馆 21 家，占 3.2%；展示工程 466 家，占 70.0%；其他会展相关促进机构、院校、配套服务等企业 89 家，占比 13.4%。有效会员中，国有、社会团体、事业单位合计 48 家，占 7.2%；外资 80 家，占 12.0%；民营 537 家，占 80.8%。

**五、开展对外交流活动，协会影响力不断提升**

（一）有序推进长三角会展联盟工作。联盟秘书处完成《长三角会展联盟行动计划（2020—2022）》编制工作，并得到联盟主席团认可，联盟工作按照行动计划建立秘书长工作制、信息交流机制、盟员入会制等各项工作有序推进。长三角会展联盟 LOGO 完成设计并启用，微信公众号于 10 月开通，累计推送各类行业信息 430 条。

（二）联席会议机制助推全国行业间的交流。由协会等 4 家省级会展行业协会发起的全国省级会展行业协会联席会议，自 2018 年成立以来已举办 5 次全国性行业会议，成为全国同行交流的重要活动平台。联席会议通过微信群、微信公众号建立畅通的信息沟通机制，各地行业信息互通有无，重要活动也积极参与、互相宣传。

**六、加强党的领导，发挥引领作用**

（一）提高政治站位，发挥引领作用。协会党委始终做到 3 个坚持：一是坚持站在“加强党的全面领导”的政治高度，认识行业党建工作重要意义。二是坚持放在中心大局的视野宽度，把握行业党建工作目标任务。三是坚持立足新形势下行业发展的特点规律，创新行业党建工作方式方法。

（二）扎实开展党史学习教育。紧跟上级党委工作节奏，做到 2 个及时、迅速推进。一是及时成立党史学习教育工作小组，党委书记担任组长，党委副书记担任副组长，党委其他成员任组员。二是及时召开支部书记会，进行动员部署和细化工作安排，并跟进日常学习和督促指导。结合行业中心工作，党委书记带头上党课，以上率下狠抓落实。组织党员收看习近平总书记庆祝中国共产党成立 100 周年大会上的重要讲话和党史学习教育专题视频。

（三）严把党员“入口”关，做好党员发展工作。党委始终按照“控制总量、优化结构、提高质量、发挥作用”十六字方针，严格发展党员工作程序，做好党员发展工作。全年发展党员 4 名，审批预备党员转正 2 名，选送 3 名同志参加上级党委举办的入党积极分子培训班，选送 3 名同志参加发展对象培训班，输送 3 名新党员参加上级党委组织的新党员理想信念教育学习班，为党组织增添新鲜血液，注入活力。

（陈　虹）

# 上海人才服务行业协会

上海人才服务行业协会成立于 2002 年 4 月 9 日，是上海市人力资源和社会保障服务机构行业企事业单位自愿组成的跨部门、跨所有制非营利性的行业性社会团体法人。现有会员单位 668 家。

协会坚持以“配合政府、服务市场、做大产业”为宗旨，以“做强、做大人力资源服务业”为总体目标，以人力资源和人才服务助推经济发展，以质量和标准推动行业规范，积极开展各项工作，先后获得“全国先进社会组织”“第四届中国质量奖提名奖”“5A 级社会组织”“上海市人才理论研究基地”“上海市市级机关先进基层党组织”上海市委组织部“党支部建设示范点”等荣誉称号。

2021 年主要工作：

**一、协助政府出台政策，承接政府职能转移**

（一）反映行业诉求，协助政府出台政策。协会积极配合市级机关行业协会党委、市人社局、市民政局、市市场监督管理局、市税务局、市社保中心等部门，开展市级机关行业协会商会人员思想动态调研、人力资源服务业各业态发展情况调研、“互联网 +”对人力资源服务业的影响调研、人力资源服务机构海外贸易情况调研、上海市推进质量品牌建设工作调研等工作，为制定推进行业规范及政策，打造行业品牌标杆发挥积极作用。

（二）承接先试先行政策平台。一是在张江管委会、静安区科委的支持下，协会作为“张江国家自主创新示范区人才服务平台（闸北园）”，先后搭建包括人才测评平台、人才外包平台、人才法务平台、人才税务平台、人才招聘平台等在内的综合服务平台，通过开展人力资源财税、金融培训、企业灵活用工情况、人员需求情况、培训情况调研等项目，形成集线上、线下一体，园区人才、技术、项目和资金有效配置与整合的新模式和新机制。二是在市科协的指导、静安区委区政府的关心支持下，协会作为“海智计划（静安）工作基地”的市场化运作平台。创新组建海智计划静安基地专家团、海外站点联盟，挂牌成立“海智计划静安工作基地白领驿家青年成长空间”和“CDP 青年成长空间”，累计为 200 多人次海外留学生、50 多个项目进行引进指导和入驻辅导，为上海引进多领域的项目和人才。三是在市人社局、市职业技能鉴定中心的支持下，协会成功开展“劳动关系协调员”职业技能等级认定项目，共 379 名考生参加认定，为培养专业的“劳动关系协调”技能人才队伍，推进劳动关系和谐发展发挥积极作用。

**二、以统计研究为蓝本，引领行业科学发展**

（一）建立健全行业统计体系。协会根据业态发展情况，不断健全行业统计标准，完善行业统计口径，定期开展人力资源派遣、外包、人事代理、网络招聘、高级人才寻访等业态的统计，为企业制定发展战略、政府出台行业政策提供基础数据。协会组建专家团队，持续推动人力资源服务产品创新及企业发展模式创新。一方面，不断加强人力资源外包产品研究，制定人力资源外包服务标准，规范人力资源外包市场；另一方面，积极探索新形势下灵活用工、线上培训等服务产品，推动疫情之下薪税服务、电子合同、人力资源 SAAS 等产品的创新升级，为行业的科技赋能增效提供产品支持。

（二）输出人力资源“上海模式”，配合产业园区规划升级。协会配合市人社局，在不断研究中国上海人力资源服务产业园发展模式的基础上，探索上海“一园多区”的建园模式，为杨浦、闵行、长宁、青浦等区的人力资源服务产业园建设进行服务与规划，推进人力资源服务行业集聚，提升人力资源服务能级。在上海模式的基础上，将“上海人力资源服务产业园区”模式积极向全国各地复制推广，协助呼和浩特、赤峰、宜宾、成都、营口等地人力资源服务产业建设，为当地产业园区的发展和服务职能的升级提供助力。协会还配合上海市律师协会、体育总会等行业协会商会开展行业人才调研和规划工作，以人力资源服务和人才服务推动各地经济的发展。

（三）研究业态发展，开展企业战略咨询。协会作为组织部授牌的上海市人才理论研究基地，牵头及参与《中国人力资源服务业蓝皮书》《上海经济年鉴》《上海现代服务业发展报告》、人科院《党建引领下的行业协会平台化建设探索》、劳科院《中国人力资源服务产业园发展报告》等多个研究项目和书籍的编撰；组织编写出版《上海人才服务行业发展蓝皮书》，联合上海市劳动保障学会，共同发布《灵活用工实务手册》；先后为薪太软、人瑞集团、财才网、上海地铁人力、网班教育等多家会员单位提供战略咨询、活动咨询、项目咨询、上市咨询等，为业内机构寻求合作、转型发展提供平台。

**三、以自律规范为基础，推进市场有序发展**

（一）完善行业标准体系。一是牵头并参与国家标准制定。协会积极参与起草《高级人才寻访服务规范》《现场招聘会服务规范》《人才测评服务业务规范》等多项国家标准。还牵头起草完成《人力资源外包服务规范》《人力资源服务术语》两项国家标准。二是编制行业地方标准。在国家标准的基础上，协会牵头起草上海市地方标准《人力资源派遣服务规范》《人才测评服务规范》《高级人才寻访服务质量要求和评价方法》《人力资源咨询服务规范》《人力资源外包服务规范》5 项地方标准。其中 3 项分别获市标准化优秀技术成果二等与三等奖。三是制定上海人力资源服务行业团体标准。2017 年，协会牵头编制并发布国内首个行业社会团体标准——《人力资源外包服务先进性质量要求》，被中华全国工商业联合会评选为“2021 年商会团体标准‘领先者’”。年初，协会联合上海市注册税务师协会，编制并发布《薪税师职业技能评价规范》团体标准，为“薪税师”新职业的人才评价工作提供标准依据。此外，协会组织开展上海市社会团体标准《高级人才寻访服务先进性质量要求》制定工作，推进行业规范运营。

（二）推动标准宣贯与培训。在全国人力资源服务标准化技术委员会的支持下，协会作为“人力资源服务业国家标准宣贯及标准化试点平台”，积极向人力资源服务机构宣贯行业标准，发布贯标机构的榜单。共有 650 家次人力资源服务机构参与贯标工作。同时，协会定期开展从业人员标准化培训，受静安区人力资源和社会保障局委托，成功举办“标准化助推人力资源服务行业发展——人力资源服务机构标准化培训”，线下培训近 60 位人力资源服务机构代表参加。

（三）推动国家标准化试点工作。协会配合市人社局申请组建“上海市人力资源服务标准化技术委员会”，搭建标委会领导团队和委员团队，为行业标准化工作的深入发展搭建更大的平台；配合市人社局、市市场监督管理局，组织 4 家会员单位申报“2022 年度国家服务业标准试点”项目。积极创建“上海市人力资源和社会保障服务标准化试点”；推进长三角人力资源服务行业一体化、标准化发展。与浙江省、江苏省、安徽省人力资源服务协会代表共同在线签订《长三角地区人力资源服务行业协会框架合作协议》，实现长三角地区人力资源服务行业资源共享、优势互补、共同发展。

**四、以服务会员为使命，推进产业国际化发展**

（一）构建会员服务平台，推进国际交流合作。一是协会致力于构建会员服务平台，嫁接会员与会员、会员与政府、会员与行业协会、会员与市场、会员与国内、会员与国际的六类商机。成立派遣、猎头、招聘、测评、培训、咨询、薪酬、法务等 16 个专业小组，并根据会员单位需求，定期与政府部门、国内外同行以及其他行业进行交流合作，开展专业的行业国际研讨会，组织会员单位赴国外考察，推进会员单位的战略、服务、顾问及技术水平国际化发展。二是年内协会召开 16 场行业发展座谈会，了解会员发展瓶颈和需求，推进会员交流与合作；多次举办小型会员沙龙活动，协助薪太软、社保科技、蓝白律所、劳达等会员单位组织分享交流活动，汇集行业智慧，不断完善服务产品。成功举办“上交会国际人力资源服务论坛”，组织会员单位及企业 HR 参加“第一届全国人力资源服务业发展大会”“中国人力资源技术大会”“长三角及上海十佳‘HR’评选”等国内外行业活动，积极推动同行间的区域合作。三是协会组织开展上海人力资源服务机构百强统计、人力资源服务诚信机构创建、优秀人力资源服务供应商推荐等活动，配合市人社局创新开展“上海伯乐奖励计划”，发布上海人力资源服务机构百强榜单及百强机构案例汇编，打造“上海服务”标杆形象，更好实现机构输出、产品输出、模式输出。

（二）承担社会责任，开展行业培训。在市人社局的支持下，协会自2008年起开展“人才服务进校园”系列活动。通过不断的完善和创新，活动开辟网络招聘进校园、招聘会进校园、实训基地进校园、职业测评进校园、培训项目进校园、“特色活动”进校园等活动板块。2021年，活动共发布网络招聘岗位数1930个，参与企业425家次，投递简历数3000份，举办线上招聘会10场，现场招聘会7场，现场参与学生数约1万人次，举办特色活动5场，帮助大学生做好职业生涯规划，为进入职场做好充分的准备。

（三）以人才培训为抓手，提升行业服务质量。一是承接政府委托培训，协会受市、区人社部门委托开展从业人员公益培训5次，针对人力资源服务新业态、合规化、标准化发展等话题展开培训，培训从业人员近800人。二是开展行业各业态培训项目。协会组织业内专家，定期开展高级人才寻访、人力资源外包、财税、薪酬等培训项目，培训从业人员700余人。三是开展公益类培训项目。协会根据行业热点，通过线上线下相结合的方式，定期开展公益类培训讲坛，共组织10期人力资源大讲坛，培训从业人员6000余人。

**五、加强秘书处建设，建立科学的管理体系**

协会以“党建促进行政，服务产业发展”为指导，号召所有工作人员“岗位成才、岗位建功”。协会秘书处不断改进工作方法，努力提升员工的工作能效，在市市场监督管理局的推荐下，协会的“四位一体”管理体系获得由国家市场监督管理总局评选的“第四届中国质量奖提名奖”。协会党支部开展党史学习教育系列活动，前往外高桥保税区、上海金融信息中心开展主题党日学习，与上海外高桥保税区国际人才服务有限公司开展支部共建。此外，支部培养新鲜血液，成功发展一名预备党员。协会党支部获“上海市市级机关先进基层党组织”、上海市委组织部“党支部建设示范点”等荣誉称号。

（毛毓郁）

# 上海市物联网行业协会

上海市物联网行业协会成立于2012年，现有会员单位400余家。截至2021年12月31日，协会对接服务过的企业超过14470家，对接服务过的行业从业人员超过42577人；连续10年举办全球物联网峰会，是长三角物联网产教融合联合体的秘书处单位，负责物联中国产教融合推进工作；国家级高技能人才培训基地，行业内影响力覆盖百万余人。

2021年主要工作：

**一、遵守法律法规和国家政策**

严格遵守《国务院办公厅关于进一步规范行业协会商会收费的通知》规定，不强制入会和强制收费，按章程规范吸收新会员，收取相应会费。积极配合民政执法部门和市经信委加强社会组织执法监管工作，妥善处理上海首席信息官联盟相关事务。按照国家有关规定，积极履行国家级高技能人才培训基地各项职责，加强对行业人才的服务和培养。

**二、认真履行登记手续和做好换届**

按照规定完成延期换届申报工作，因受疫情影响，无法按时在1月完成换届工作。根据登记部门的指引，召开理事会表决同意延期举办换届大会，并向登记部门申报领取延期的社会团队法人登记证书。4月，及时启动换届工作，抓住窗口期召开全员大会，完成相关议程。之后严格按照国家有关规定，依照章程的要求成功举行换届大会，并及时履行相关登记手续。

**三、依规调整法人代表和加强队伍建设**

遵照市委组织部“局级干部不再适合担任协会法定代表人”的要求，按照章程规定经会员大会通过更换法定代表人。根据业务发展，协会全职工作人员从25人增长至30人，硕士以上学历比例为26.7%。工作人员中党员7名、新发展党员1名、入党积极份子1名。

**四、加强财务管理和坚持服务会员**

坚持审慎运营的原则，坚持量入为出，加强财务管理。每年保持适当的利润节余，实现可持续发展。坚持服务会员和行业的原则，将收入主要用于服务会员企业、服务行业建设和发展，促进行业生态发展和成熟。

**五、开展承诺服务和信息公开活动**

协会将所提供的服务列成菜单式，并向社会公布。经梳理，形成《服务能力清单》，共三类服务：一是找到靠谱的合作伙伴5项；二是个人职业技能提升服务9项；三是企业数智化能力提升服务3项。行业企业和从业人员只需选择并填写相应的需求，协会工作人员主动联系对方并提供相应的服务。

## 六、按照章程开展活动

协会制定11项智慧健康养老相关的标准，其中3项获得市政府有关部门的采信。积极扩展评估论证、咨询中介服务等业务，开展两化融合贯标咨询服务。将人才培训业务作为协会当前重点业务，承担“物联网安装调试员”首批职业技能等级认定工作的试点任务。

（鲁青卿）

HIGHLY
海立
三十而立
从XIN启航
1992
2022
科技
创新
智能
制造
多元
应用
领先，不止步
Keep Leading
海立·冷暖世界

# 上海万泽精密铸造有限公司

上海万泽精密铸造有限公司(上海万泽)坐落在上海市工业综合开发区。总占地面积 96 亩,建筑面积 11.6 万平方米。包括 3 栋生产厂房,1 栋办公楼, 3 栋研发楼。

总投资 7.5 亿元人民币。

上海万泽成立于 2015 年 1 月,于 2017 年 5 月破土动工,2018 年 8 月一期项目完成了基础建设及设备安装调试,顺利具备生产条件,创下了国内类似项目建设速度之最。

上海万泽聚焦高端制造业,定位国内领先、国际一流的航空发动机及燃机轮机高温合金、钛合金热部件供应商,并通过合理的柔性生产设计,将产品应用领域延伸到了车用涡轮增压器及高品质不锈钢部件。能为客户提供全品类优质精密铸件。

上海万泽具有国际领先的硬件条件,所有核心设备均为全球顶尖品牌,包括 MPI 压蜡机、VA 智能制壳系统、CONSARC 真空感应浇铸炉、ALD 单晶定向浇铸炉、LBBC 脱蜡釜及脱芯釜等。另外,公司也重视软实力建设,目前申请专利 48 项,已获授权 32 项。在创建伊始,便引进了基于金蝶 K3 平台的 ERP 模块和西门子 Teamcenter 系统。

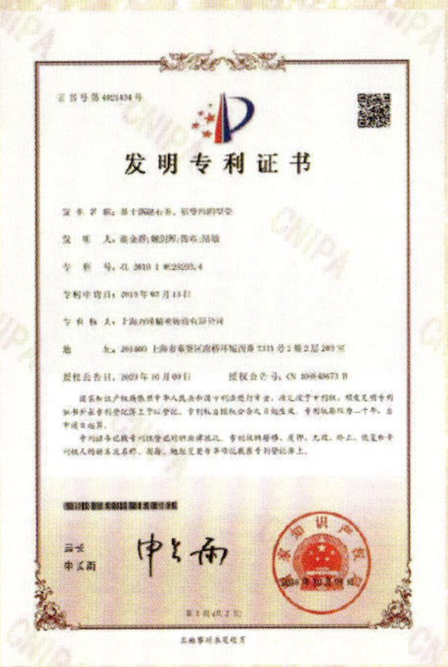


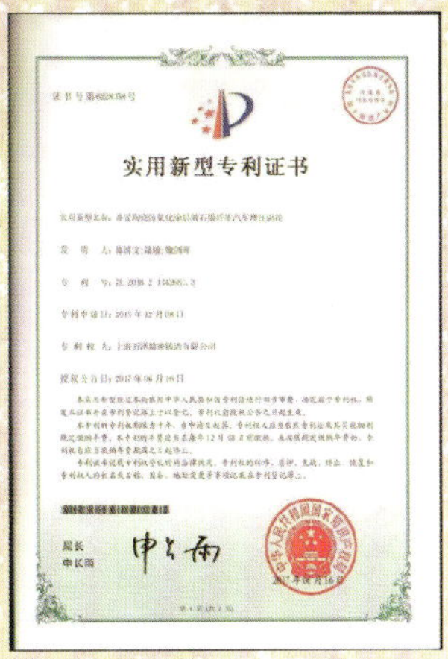


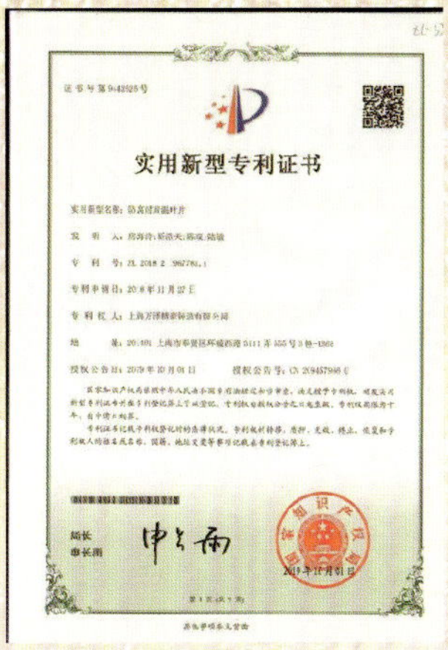


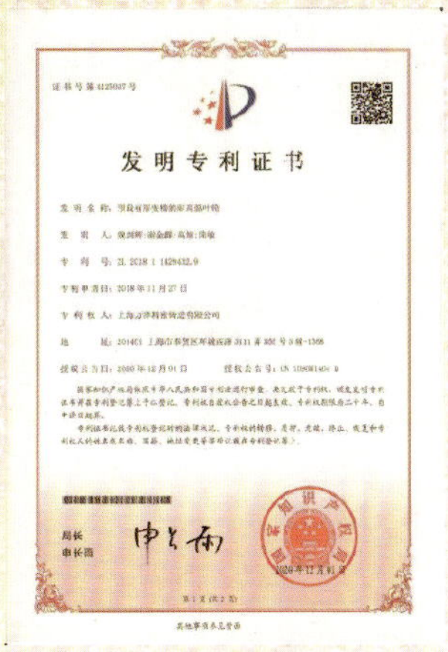

计划逐步推进MES 系统,实现工程师、现场操作员、生产设备和生产环境的智能互联。

上海万泽秉承以市场及客户为导向,差异化竞争的理念。在解决一般典型产品工艺问题的基础上,精确定位市场痛点,攻坚克难,掌握了一系列客户需要、市场紧缺的专有技术,如小面厚比铸件整体细晶技术、复杂薄壁结构件热控凝固技术、高 Al+Ti 合金补焊技术等。形成了上海万泽的核心竞争力，并得到客户的广泛认可。上海万泽通过了 IATF16949，ISO9001 等体系认证，并获得上海市高新技术企业称号。作为一家年轻的企业，已经开始为美国 Wabtec 运输、英国 RR、中航工业、中航商发、博马科技等知名 OEM 提供批量及研制产品。

上海万泽是上海市第一批工业强基支持项目，并获 2018 年工信部“绿色制造系统集成”项目，同时承担多项与航空发动机、燃气轮机热端精密铸件相关的国家及省部级科研攻关项目。在 2020 年成为上海市第二批绿色制造体系示范单位,2021 年 12 月承担了上海市高新技术成果转化项目,2022 年初成立了上海市技术创新中心。目前,上海万泽的产品已经批量提供美国 Wabtec 第二、第三、第四代内燃机车增压器叶片,中航商发长江系列发动机动力涡轮转动及导向叶片,博马科技 5 种类型汽车增压器叶轮,以及国内外多型燃气轮机动力涡轮转动及导向叶片等。

上海万泽是一家具有丰富经验的实力型研发企业，拥有多名博士作为主要的技术骨干，具有高、中级技术职称的员工多人,为了开发出真正适合企业需求的产品,企业特聘请各行业专家作为咨询顾问,紧密跟踪绿色精密铸造方面的技术，不断优化产品，坚持自主创新，取得了“外置陶瓷防氧化涂层的石墨纤维汽车增压涡轮”“基于熔融石英、抗变形的型壳”“防腐耐高温叶片”“预设有形变槽的耐高温叶轮”等 38 项专利，不断实现了产品设计制造新技术、新工艺、新突破。

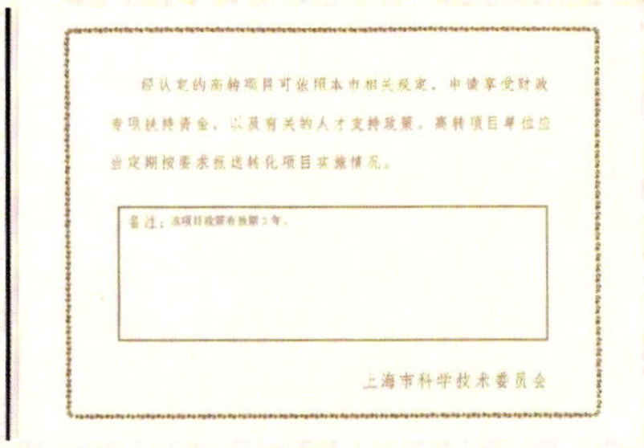

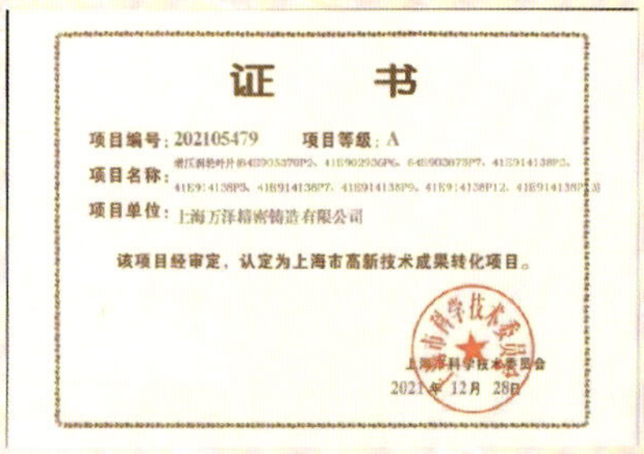

# 上海本优机械有限公司

上海本优机械有限公司是一家专注于健康装备领域的高新技术企业。公司集科研开发、工艺设计、设备制造、安装调试及培训为一体，专业提供果蔬汁、乳品饮料、综合食品以及生物发酵/制药、精细化工等整线解决方案。

科技改变生活，创新引领未来。经过多年的努力与积累，公司依托自身专业、强大的科研开发团队，共获得60多项实用新型专利、发明专利及软件著作权等，被上海市科委评为上海市高新技术企业、金山区科技小巨人和智能制造代表企业。

本优生产基地——江苏本优机械有限公司拥有7个生产车间，现代化专业厂房40000多平方米，从激光下料到各种精密加工等所有工序均配置了国内外顶尖的设备。助推本优从传统制造业向现代信息化、智能化企业转变。

本优坚持品质与创新结合，配备专职检测员对产品做相应的检验试验记录，同时引进PLM/ERP等先进信息化管理系统，从设计到每一个生产安装环节，均执行严格的品质可控和可追溯的标准，从根本上确保生产线系统的科学高效及各种单机产品零瑕疵、零缺陷。

“信誉铸本优，精品迎未来”，优秀的品质背后是本优人客户至上的服务理念，发展至今公司拥有完善的销售与售后服务体系。已与养元、光明、香飘飘、农夫山泉、汇源、王老吉、冠芳山楂树下、南方黑芝麻、维维、亨氏、银鹭、扬子江、修正、天士力、国药肽谷、蜜雪冰城、圣农、恒都等一线领军企业深度合作，建立了长期合作伙伴关系。

天道酬勤，地道酬善，业到酬精，人道酬诚。本优将勤、善、精、诚的文化基因注入到企业发展中。从而塑造出一支具有高度凝聚力和专业度的顶尖团队，本优人高标准的要求、高效率的工作、高质量的服务，以精益求精的匠人精神，用专业和细节为产品注入灵魂。

经过多年的发展，本优已成长为中国食品机械前处理行业领军企业，产品远销100多个国家。我们的愿景是成为一家让员工实现梦想、为客户创造价值、受同行尊重的公司。核心价值观是诚信、拼搏、创新、高效。我们将一直秉承愿景和核心价值观，持续为行业赋能，与客户携手一起走向新的辉煌！

本优机械，以人为先，以诚为基，以质为本，与客户同行，优享未来！

东芝空调诞生于 1935 年。1999 年 4 月，株式会社东芝将她的空调设备事业部门单独分离出来 ,与美国开利公司组成全新的公司: 东芝开利株式会社。2002 年，东芝空调进入中国。随着东芝空调在中国的蓬勃发展，东芝开利株式会社于 2006 年 10 月成立了在中国的子公司东芝开利空调销售(上海)有限公司，推进东芝空调在中国的持续发展。

东芝于1980年和1981年研发并量产世界首台商用及家用变频分体式空调，并获得电气及电子工程师协会 (IEEE)「IEEE 里程碑」认证。这是 IEEE 自 1963 年成立以来，在暖通空调行业颁发的第一个「IEEE 里程碑」。

东芝拥有 18 年全变频空调系统制造经验。2020 年东芝空调推出 SMMS-u 直流变速多联式中央空调，系统容量最大 120HP，本产品获得 2020 年度全日本节能大奖金奖：经济产业大臣奖。2022 年，东芝空调再次荣获全日本节能大奖，这也是东芝空调第 31 次获此殊荣。

# 上海电气集团中央研究院

## 简介

上海电气集团中央研究院成立于 2004 年 9 月，是上海电气开放式科技创新体系和集团内外协同创新双循环的重要组成部分。中央研究院以“科技赋能，专业第一”为主责主业，以“提升科研能力和水平”为安身立命之根本，以“就近服务、就近赋能”，服务电气集团整体发展为第一要务，深耕“低碳技术、数字化技术、机器人技术”三棵技术树，打造“工业大望楼、壹号埠、知识产权服务”三大平台，以核心技术撬动相关产业同向发力，以专业能力赋能产业集团协同发展，持续推动更专业、更开放、更透明、更敏捷的科研创新组织体系的构建和创新文化氛围的营造。

中央研究院坚持面向工业、面向主业、面向集团发展战略，以打造上海电气体系化作战能力的技术平台为目标，持续培育和提升协同引领能力和聚集资源能力，力争在创新内循环中成为集团技术支撑和共性技术发展的协同平台、在创新外循环中成为各种创新要素聚集的桥头堡和支撑点努力为推动集团实现高质量发展作出更大贡献。

# 上海第一机床厂有限公司

百万千瓦级反应堆堆内构件吊篮筒体

华龙一号发运

上海第一机床厂有限公司是上海电气集团股份有限公司全资子公司，隶属于上海电气核电集团有限公司，是一家专业从事核电站核岛主设备——堆内构件、控制棒驱动机构和核燃料装卸料系统制造的国家高新技术企业。作为新中国最早的核电装备制造企业之一，公司拥有近 40 年核电装备制造历史，先后创造出核电装备领域“二十项中国第一”，是国内堆内构件和控制棒驱动机构领域业绩最突出、技术路线最全面、市场占有率最高的专业核电装备制造企业，产能居世界第一。

公司位于国家级现代装备制造业基地——上海临港重装备产业区，先后承担国家“863”计划、国家科技重大专项等多项科研攻关项目。公司与国内外知名企业和科研院所开展广泛合作，已全面掌握当今世界最先进的第三代核电技术华龙一号、国和一号 CAP1400、AP1000、EPR 以及第四代高温气冷堆的堆内构件和控制棒驱动机构制造技术，并加快推进新一代堆型产品的研制。

“永争第一，争创一流”——上海第一机床厂有限公司聚焦国家战略，传承和发扬上海电气的“首创精神”，紧紧围绕“共铸核心力，同护核安全”的文化愿景，不断加强“质量稳定、交付准时、技术先进、成本领先、市场主导”五个核心竞争力建设，全力打造受行业尊敬的世界一流企业，为中国、为世界奉献一颗澎湃的绿色之“芯”！

上部堆内构件吊装

高温高压试验台架

上部堆内构件吊装

# 上海烟草机械有限责任公司

上海烟草机械有限责任公司创建于1952年，前身为新中国成立的第一家烟草机械厂——上海烟草公司机械厂。上世纪八十年代被列为中国烟草总公司首批烟机生产定点企业。目前，已经成为中国烟草行业具有“窗口”定位、发挥引领示范作用的装备制造基地。

公司产品主要为中速、高速及超高速全系列烟草包装成套设备，用户遍布全国卷烟工业企业，在国内市场居于主导地位，并出口至多个国家和地区。公司围绕高端装备制造和智能制造，积极在数控机床、汽车、模具、机器人、商用飞机等非烟机械领域寻求战略合作，不断拓展非烟业务范围。

公司连续多年入选中国工业专业设备制造行业排头兵企业，位列中国机械500强；被评为上海市高新技术企业、上海市文明单位，同时荣获上海5G+智慧工厂、上海市花园单位、上海市质量管理奖、上海市模范集体等称号；产品多次获国家级和省部级科技进步奖、优质产品等荣誉；被国家人力资源和社会保障部列入第一批国家高技能人才培养示范基地，并被授予“国家技能人才培育突出贡献奖单位”称号。

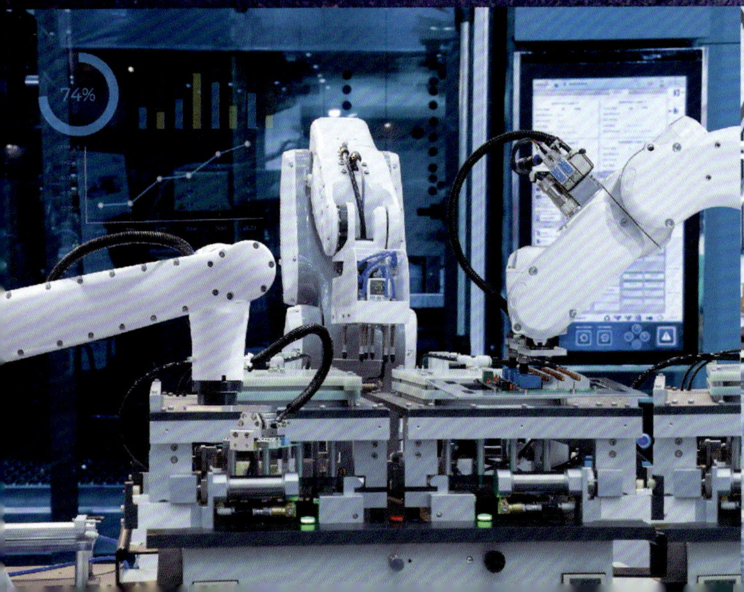
74%

# 上海新亚药业闵行有限公司

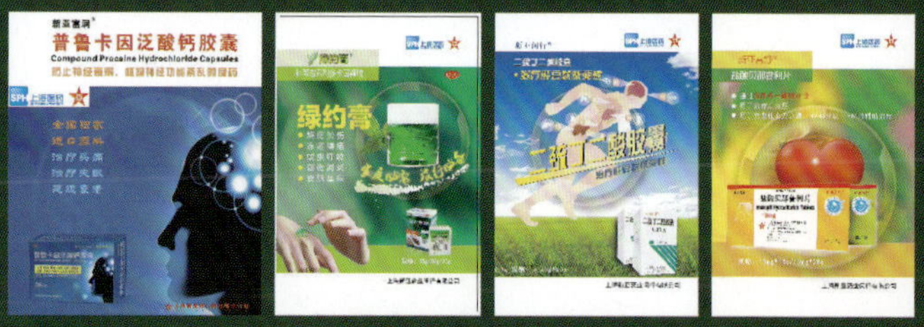


上海新亚药业闵行有限公司成立于 1986 年，属于上海医药集团下属三级子公司，上药新亚药业有限公司全资子公司，注册资金为人民币 5750 万元，占地面积 44000 平方米，是一家集科研、生产、销售为一体的高新技术企业。公司产品分 9 个剂型，拥有 88 个品种、100 个规格的产品批文，在品种结构上目前已经形成以抗高血压药物、抗感染药物和以消化系统药物为主的口服给药体系，以及形成以抗细菌、真菌、病毒、湿疹和烫伤为主的外用药给药体系。

林可霉素利多卡因凝胶（绿药膏）为新亚首创的凝胶制剂，国内市场占有率历年排名第一。盐酸贝那普利片为上药集团重点产品，其产品市场销量逐年上升，市场占有率稳居前三。头孢克肟分散片，复方磺胺甲噁唑片，复方酮康唑软膏及阿莫西林克拉维酸钾分散片（0.5g）的行业排名位居前三。

公司依靠科技发展，不断追求创新，累计获得发明专利授权 10 项、实用新型专利授权 11 项、外观设计专利授权 11 项；获得新药证书 13 项，参编技术标准 28 项。公司拥有专有技术 1 项，独家掌握解毒药物“二巯基丁二酸胶囊的生产技术”，该产品目前为国内独家产品。公司的盐酸贝那普利片、盐酸舍曲林胶囊等产品的技术先进且质量稳定。

公司累计拥有注册商标 37 个。新亚绿药膏连续被评为“上海名牌产品”，复方酮康唑软膏被评为“上海名优产品”，单硝酸异山梨酯片（新亚丹消片）获得上海市科学技术进步奖三等奖，二巯丁二酸获得国家科学技术进步二等奖，在国内市场享有较高的声誉。

公司持续聚焦产品结构的规划，对重点产品持续进行二次开发，不断提升产品的质量标准，降低产品生产中的质量风险。现开展仿制药产品一致性评价产品 10 个，已有 6 个品种 9 个规格通过仿制药品一致性评价，旨在进一步巩固主要产品的技术和市场优势。其中盐酸贝那普利和马来酸依那普利片分别中标国家及省级带量采购。

公司将现有的存量资源、闲置产能释放出来，寻求进一步地发展，促进了多个 CMO 的合作事项，在 MAH 开始试点之初，便携手拜耳医药合作开展药品上市持有人制度的申报工作，成为闵行首家 MAH 的生产企业。加强高技术含量产品的合作关系，形成更规范更专业的药品生产企业的管理优势。

近年来，公司加强与交大、华理、上海计生所等学术单位合作，开展了多项产学研项目。历年来，承接了上海市科委、经信委的多项省部级科研项目，包括头孢制剂产业化项目、抗生素固体制剂车间（非青非头区域）GMP 技术改造、盐酸洛哌丁胺胶囊工艺提升等，成功实施了阿莫西林克拉维酸钾分散片和盐酸贝那普利片等 4 项高新技术成果转化项目。荣获上海市文明单位，上海市高新技术企业、上海市科技小巨人培育企业、闵行区级科研机构等多项称号。

公司砥砺前行，不断进步，已稳步发展为管理规范专业，市场占有率高，技术精且不断创新的“虽小而精”之企业！

# 上海朝晖药业有限公司

上海朝晖药业有限公司成立于 1958 年，前身系“上海第二军医大学朝晖制药厂”，隶属中央军委，现属上海复星医药集团全资子公司，是一家专业从事药品研发、生产、销售于一体的高新技术企业，并致力于成为“仿创结合的一流制药企业”。

朝晖药业业绩一直稳步增长，近五年的销售收入复合增长率 18.16%，净利润复合增长率 20.62%。

公司的主要产品涉及注射麻醉剂、抗皮肤感染、抗肿瘤、糖尿病等多个特色专科领域，销售网络遍布全国各级医院，产品安全有效，质量可靠，其中“可元”“比卡鲁胺片”等多年被评为上海市名牌产品和行业名优产品。

公司硬件实力雄厚，拥有国内外先进的生产设备设施，全力打造柔性和一体化智能生产线。

公司拥有有效专利 31 项，其中发明专利 13 项，拥有注册商标 50 件，获得国家一类、二类、四类新药证书共计 17 项，参与制定标准 18 件，累计获得药品再注册批件 30 余项。2019 年被评为上海市科技小巨人优秀企业，2020 年荣获上海市“绿色工厂”称号，2021 年荣获国家级“绿色工厂”称号。公司有 7 个产品通过药品一致性评价，其中三个产品为国内首家过评，在医药赛道上取得领先地位。

公司将披荆斩棘，在探索产品创新、工业化 4.0、绿色环保的路上不断前行。

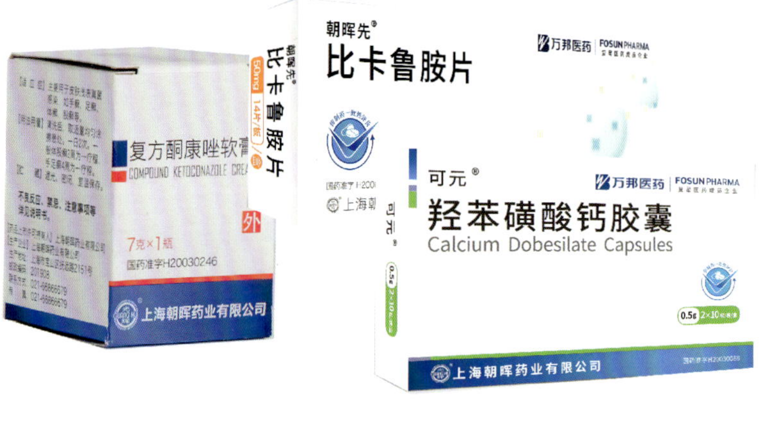

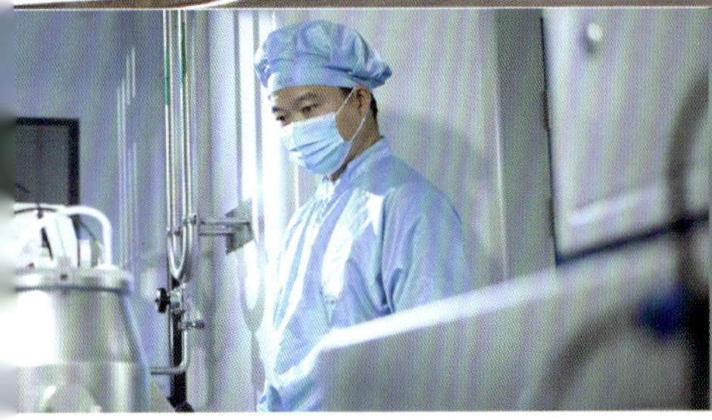

# 上海美迪西生物医药股份有限公司

上海美迪西生物医药股份有限公司是成立于 2004 年的中外合资企业，被誉为中国最顶尖的药物研发外包服务公司（CRO）之一。公司在上海浦东拥有 3 个研发中心分别为：上海张江研发中心、上海川沙研发中心和上海南汇研发中心。2019 年 11 月 5 日，公司于上海证券交易所科创板正式挂牌上市，股票代码为 688202，美迪西是科创板第 45 家上市公司，也是全国首家登陆科创板的 CRO 企业。美迪西致力于为全球的医药企业和科研机构提供全方位的符合国内及国际申报标准的一站式新药研发服务公司，公司拥有 18 年的新药研发经验，1100 多家全球活跃客户，2000 余名新药研发科学家及研发服务人员，7 万多平方米实验室和研发设施，已拥有超过 430 种药效模型的成熟建模技术，其中超过 270 种肿瘤模型，并建成了相应的蛋白质 / 抗体药代动力学研究平台、抗体药物一站式研发外包产业化平台等，为赋能创新药物的研发打下了坚实的基础。已经帮助客户取得 165 个新药临床批件，是最早提供整套临床前批件申请同时符合中国 GLP 和美国 GLP 标准的 CRO 公司之一；中国最早为国际提供临床前动物试验的 CRO 公司之一；中国最早提供结构生物学及化学生物学服务的 CRO 公司之一；中国最早提供“国外药企 - CRO - 国内药企”三方合作的 CRO 公司之一；最早通过 AAALAC 认证之一，符合 US FDA 和 CFDA 的 GLP 标准；中国 GLP 认证及中国本土最早实现国际化公司之一。

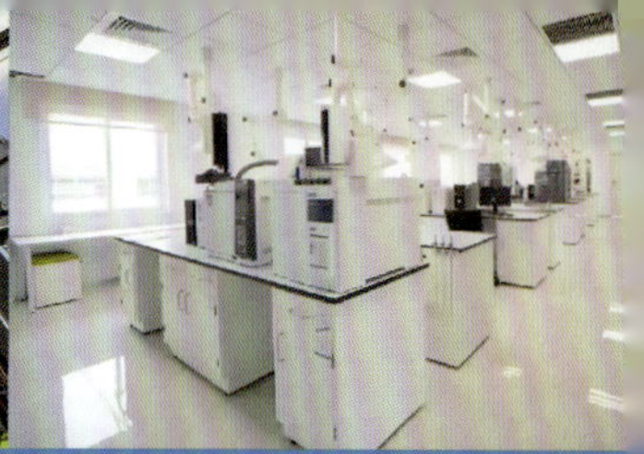

# 上海中西三维药业有限公司

上海中西三维药业有限公司是上海医药直属企业，由具有百年历史沉淀的原上海中西药业股份有限公司和国内大型制药企业上海三维制药有限公司强强联合组建而成，是上海医药发展特色原料药和配套制剂的承载企业。目前，公司主要有上海中西三维药业有限公司星火生产基地、上海上药中西制药有限公司制剂生产基地和上海金河生物制药有限公司金和生产基地。

公司积极贯彻新发展理念，聚焦精神神经、抗风湿免疫等治疗领域，积极推动产业布局调整、产品结构优化、管理模式创新、产品质量提升、智能绿色制造，充分挖掘“原料药 + 制剂”产业链优势，持续加大研发投入，创新和丰富产品线，核心产品“纷乐”在国内市场占有率达 80%，可持续发展能力快速提升，盈利能力居行业领先水平。

公司技术力量较为雄厚，连续多年被评为上海市企业技术中心。数年以来，公司一直保持着稳健的发展，特别是新药品种依靠自身的终端力量，取得突破性的成就，在各自的领域风采斐然。氟西汀胶囊、右佐匹克隆片、度洛西汀胶囊先后通过药品一致性评价。

2020 年公司重点产品磷酸氯喹片、硫酸羟氯喹片先后成为《关于新型冠状病毒感染的肺炎诊疗方案（第六版）》、“上海方案”抗疫首选药品。公司党委科学预判、精心组织，组织广大党员职工第一时间复工复产，产能提高 150%，确保抗疫药品生产保供。2020 年公司累计向国家工信部、中国红十字总会等单位捐赠抗疫药品价值近千万元，为抗击疫情贡献国企力量，体现了国企能力与担当。

公司引入“智”药理念，实施智能化制造系统（DCS、ERP、LIMS、MES），未来将在星火开发区建设一个具有高等级、高附加值、高毛利、低能耗的，且符合新版 GMP 标准、生产设施达到国际先进水平的大型现代化原料药生产基地。公司将借助聚焦发展的品种技术质量优势，打造特色原料药出口品牌。在欧美高端市场之外，进一步加强对新兴国家市场的注册开发，以此推进相关制剂产品的国际化。面对风起云涌的医药市场，中西三维在致力于为人类健康缔造更多福音的同时，将执着于提高快速反应、快速决策、快速执行的能力，执着于提高自主创新的能力和核心竞争力。

公司塑造“纷乐”文化品牌，健全员工职业发展通道，加大人才引进和内部培训，持续推进绩效文化，健全以业绩为导向的员工收入增长机制，激发员工的价值创造，将绩效文化工作成效转化为企业发展的活力和竞争实力。先后获评上海市五一劳动奖状、上海市文明单位，国家工信部“绿色工厂”等荣誉称号。

如今，中西三维正站在新的历史起点，实施新的发展战略，在全球范围内谋求最广泛的合作和更大的发展，与各界朋友共创美好的未来！

# 百岳特生物技术（上海）有限公司

## 一、投资方情况

大江生医股份有限公司成立于1980年，2013年在中国台湾挂牌上市，于2005年成立子公司上海百岳特。2021年正式提出“打造生物整合设计商社”的理念，开启并购元年。集团目前有大江生医、上海百岳特、大江生活、光腾新药、和康生技、沛富生技等多家子公司，产品覆盖保健食品/饮品、功效原料、护肤品、日用品、医疗器材和宠物食品等多领域，未来也将在生命健康及生活消费上下游的多个领域进行拓展，打造更多价值链。

上海百岳特公司业务以研发和生产经营功能性保健食品、饮品及保养护肤品为主。公司从消费者需求出发，结合先进的研发制程、科学化效果验证、与客户建立互助型伙伴关系，三项核心策略将企业从ODM（委托设计代工）成功转型为CDMO（委托研究开发暨生产服务）企业。目前与众多国际知名品牌建立合作关系，产品远销日韩、东南亚、欧美、澳新等60多个国家，服务全世界76.5%人口。更同时在经济、环境与社会三方面积极实践与发展，为企业、环境与社会创造永续价值、开拓共荣潜能。

## 二、百岳特生物技术（上海）有限公司金山项目一期情况

2012年，大江生医在金山工业区投资设立百岳特生物技术（上海）有限公司，作为大江生医在华东地区的生产基地，2016年，百岳特生物技术（上海）有限公司正式启动，主要生产胶原蛋白饮料、果蔬饮料等功能性饮料。目前，百岳特公司注册资本3920万美元，占地面积约22亩，建筑面积约1万平方米。

2021年公司完成产值61135万元，税收6410万元。

## 三、百岳特生物技术（上海）有限公司金山项目二期情况

2019年，计划扩大投资，建设二期功能性食品及化妆品综合生产基地建设项目，集研发、生产、总部功能于一体。二期项目计划总投资2亿美元，分两阶段开发200亩土地。其中，第一阶段建设130亩土地，总投资1亿美元，规划总建筑面积14万平方米，从事功能性食品及化妆品的生产及研发。项目预计五年内达产，预计年产值约17亿元，年税收约1.7亿元。

# 上海朗脉洁净技术股份有限公司

上海朗脉洁净技术股份有限公司自成立以来，始终秉承“专业成就未来”的理念，一直致力于为中国制药行业提供专业的洁净技术整体解决方案，主营业务包括洁净室的设计与建设、洁净工艺系统和设备的设计与制造、车间自动化和智能化系统的设计与建设、GMP 咨询和验证服务等。

上海朗脉作为企业总部，成立于 2002 年，注册资本 3.49 亿元，拥有员工 500 余人，2011 年在江苏常州投资 2.5 亿元建设了制造基地，建立了覆盖全国的销售与服务网络。朗脉聘请有多位国内外技术专家，核心技术人员拥有 10 年以上专业经验，建立了集技术服务、设计施工、咨询验证、质量控制及售后服务于一体的专业化技术团队，先后为 GE 医疗、罗氏制药、复星医药、中国生物医药集团、石药集团、齐鲁制药等百余家知名制药企业提供服务，协助多家客户通过了 FDA、EMEA、TGA、UK 等国外认证和中国 GMP 认证、WHO 预认证。

经过多年发展，朗脉已成为本行业技术领先、实力突出的优势品牌，通过了 ISO9001 质量管理体系认证、ISO14001 环境管理体系认证和 ISO45001 职业健康安全管理体系认证。公司先后被评为高新技术企业、上海市企业技术中心、上海市科技小巨人企业、上海市“专精特新”企业、上海民营服务业企业 100 强、上海市模范职工之家、上海市和谐劳动关系达标企业、上海市守合同重信用 AAA 级企业等荣誉。

上海朗脉洁净技术股份有限公司
Shanghai Macroprocess Lustration Technology Co., Ltd.
公司地址：上海市闵行区集心路168号6号楼5层(201100)
Add: 5F, Building 6, No.168 Jixin Rd. Minhang District, Shanghai, China (201100)
公司总机/Switchboard: 021-54306717 传真/Fax: 021-54306718
www.macroprocess.com

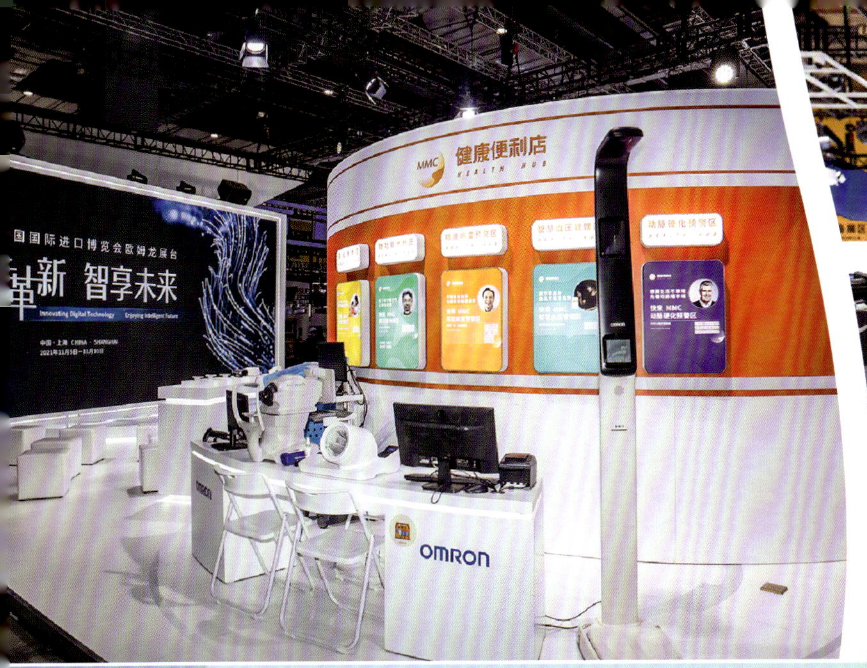

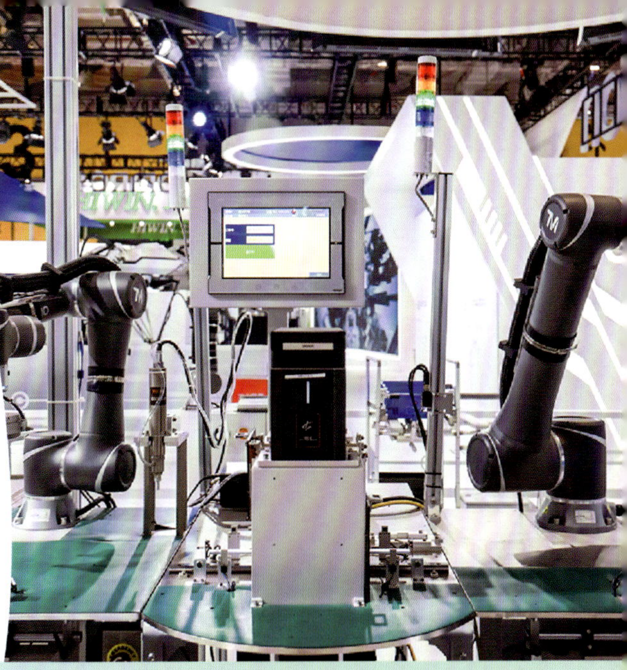

# 欧姆龙(中国)有限公司上海分公司

作为全球知名的自动化控制及电子设备制造厂商，欧姆龙着眼于“新常态时代”下各行各业面临的发展课题，通过 Sensing(传感)& Control(控制)+Think(思考)的核心技术，为社会、生产、生活、健康等领域持续提供创新的解决方案

## “智造革新”助中国制造业高质量发展

欧姆龙针对劳动密集型制造业，提供基于“i-Automation”理念生产现场解决方案——人机协作智能化单元生产线(CLCS)。CLCS 实现最优化的人机协作，提供智能化自律的 IE 改善、以及 AI 帮助操作人员学习技能等应用。CLCS 所实现的高效柔性的生产现场管理，为各企业在疫情期间，满足稳定供货需求提供了科学的解决方案。保证生产现场的人员安全、生产效率、稳定供给，改善了生产品质，培育了多样化人才。

## 深化在华承诺 创领未来医疗

在“健康中国 2030”战略大背景下，欧姆龙健康医疗持续优化核心技术，在各领域打造智慧化科技应用的专业设备，致力于实现赋能行业“新基建”，加码慢病管理防控基层力量，让更多的国民获得幸福与健康。2021 年，欧姆龙健康医疗携健康中国企业行动，推出 MMC 企业版，帮助企业建立员工健康管理服务平台，进一步推动智慧医疗发展。此外欧姆龙健康医疗持续致力于普及慢病管理意识及知识，联合南方周末发布《“呼吸无阻 一路同行”关注慢阻肺纪录片》，帮助提升行业内外人群对慢阻肺疾病的重视与深度认知。

在国内国际“双循环”新发展格局的构建下，中国社会正在稳步前进，不断加速各行业的转型升级以及前沿技术创新的步伐。欧姆龙始终秉承着“创造更美好社会”的企业使命，不断革新，致力于实现长期可持续发展，贡献社会。

BIOTECAN

宝藤·精准医学领导者

# 上海宝藤生物医药科技股份有限公司

## 覆盖生命全周期

超过2000项精准医学临床检测服务，覆盖肿瘤、慢病、妇幼、感染、肠道微生态疾病

## 辐射医院全科室

医院全疾病领域相关内科、外科、儿科、产科、妇科、老年科、门诊等全科室覆盖

## 100+ 联合分子医学中心

## 2000+ 精准医学服务项目

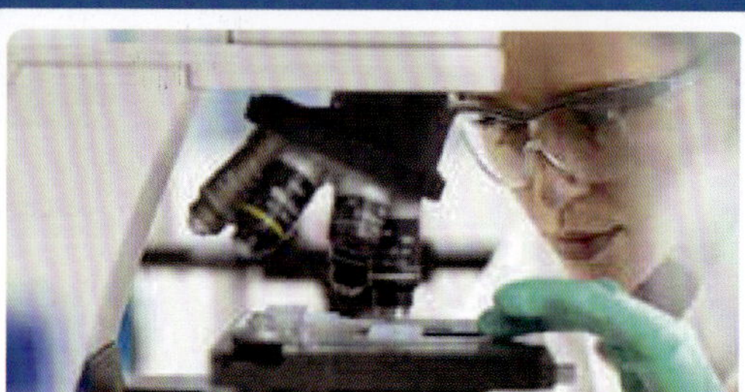

上海宝藤生物医药科技股份有限公司成立于2008年，现拥有十九家子公司（上海宝藤医学检验中心、上海张江转化医学研发中心、上海赛汇医疗科技有限公司、上海宝藤健康管理有限公司、北京宝藤生物科技有限公司、河南宝藤国控生物科技有限公司等），是我国精准医学领域的领军企业。

公司采用严格的质量管理体系，严格按照国家GLP标准进行质量管理，以多年满分的成绩通过CAP（美国病理学家协会）室间质评和国内临床基因扩增实验室认证（PCR实验室认证）等，同时汇聚了国内外领先技术人才，专业从事分子诊断和医学大数据集成分析引擎开发与临床应用，致力于用最先进的技术为大众提供最优质的精准医学服务。

- 国家863计划承担单位（生物医学大数据开发与利用关键技术研究）
- 国家分子医学转化科学中心承建单位
- 国家博士后科研工作站
- 张江国家自主创新示范区–医学大数据公共服务平台
- 张江国家自主创新示范区–精准医疗示范应用基地
- 上海市高新技术企业

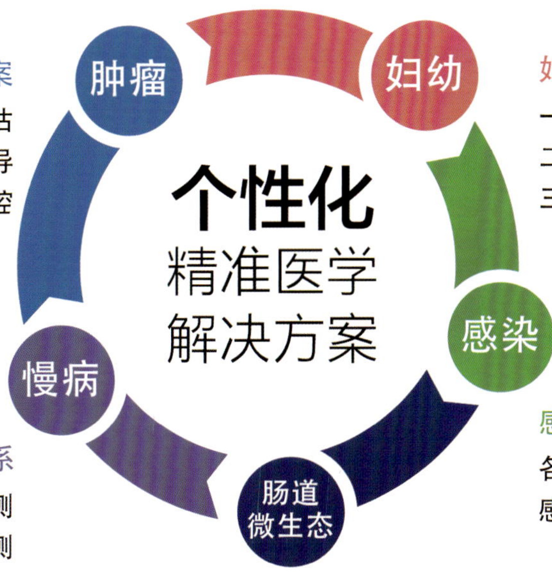


肿瘤精准医疗解决方案
肿瘤早期风险评估
肿瘤个体化用药指导
肿瘤负荷实时监控

妇幼健康完整解决方案
一级预防（孕前检查）
二级预防（孕期筛查）
三级预防（新生儿疾病筛查和诊断）

感染类疾病检测
各系统感染病原体检测
感染宏基因检测

慢病健康管理体系
脑血管疾病风险相关检测
精准用药指导基因检测
遗传性慢病致病基因检测

肠道微生态诊疗体系
肠道微生态平衡检测
肠道微生态治疗

## 多组学技术平台

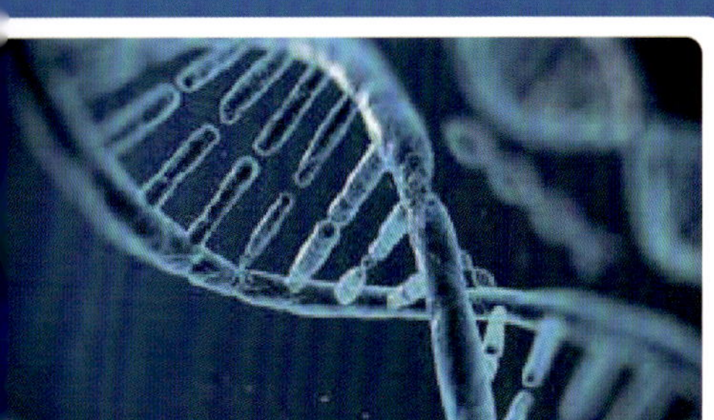

## 重点防疫企业

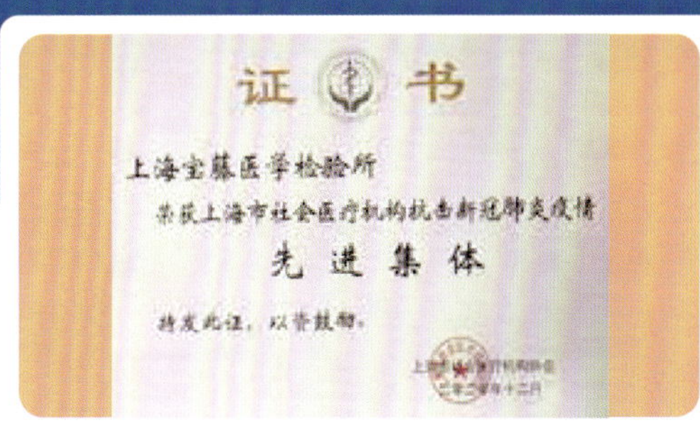

# 如新(中国)日用保健品有限公司

NU SKIN 如新集团(以下简称如新)于 1984 年创立于美国犹他州普罗沃市，并于 1996 年在纽约证券交易所挂牌上市，业务遍及亚洲、美洲、欧洲、非洲及太平洋地区等全球近 50 个市场，是一家深耕于个人保养品和营养补充品领域的跨国企业。如新整合了先进科技和阵容强大的科研团队，打造业界领先的科研中心，持续为市场研发出优质、创新的产品。2021 年，如新全球营收在 27 亿美元。2003 年，如新进入中国大陆市场。截至 2021 年，如新在中国大陆总资产额约 32 亿人民币。(其中包括 2021 年的 IT 投资金额)。

凝聚 30 多年来的抗老研究经验，如新创新提出 ageLOC 科技理念，推出产品 + 居家美容仪器的组合方式，开启"智能科技 + 私人定制"的护肤新时代，在快速增长的居家美容仪器市场奠定优势。如新 ageLOC 系列美容仪器矩阵，包括 ageLOC Me 新智我、ageLOC Galvanic 修身美颜 Spa、ageLOC Galvanic 美体 Spa、ageLOC LumiSpa 新动机，以及 ageLOC Boost 瓷光机等。因其"早晚焕肤、日夜养肤、周周抗老(一周为一个体验周期)的全方位一体化科技护肤方案而受到全球消费者的青睐，Nu Skin(如新)连续四年荣获由欧睿国际评选的 2017 年 -2020 年全球零售额第一的居家美容仪器系列品牌。

进入中国大陆市场以来，如新始终秉持"善的力量"价值观，一直以来积极响应并第一时间组织捐赠善款和物资，参与紧急救灾援助及灾后重建。2021 年 7 月，如新向中国扶贫基金会捐赠总价值超 147 万元的款物，驰援河南受灾地区，全力协助抗洪

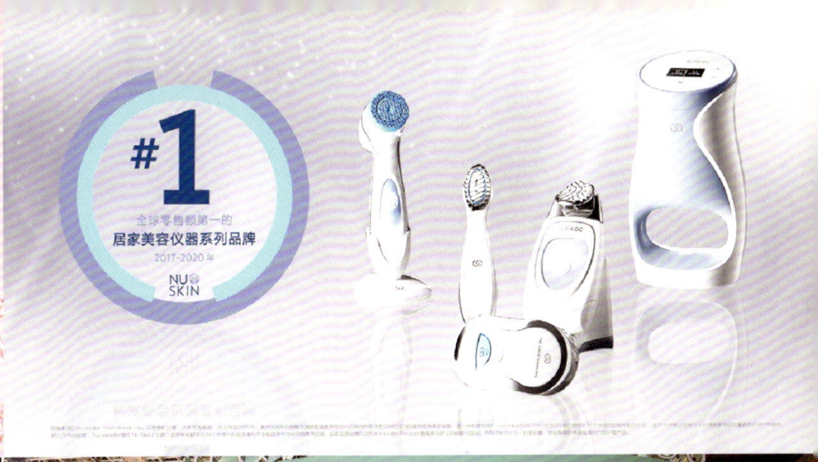

救灾工作。10 月，又向中国儿童少年基金会捐赠 4,500 包蜜儿餐，总价值人民币 900,000 元物资用于山西水灾区的学校，帮助 36 所学校 3000 多位受灾的学校学生。蜜儿餐救济食品在历次救灾中发挥了重要作用，为灾区儿童的日常饮食及成长助力。据了解，截至目前如新向灾区共计捐助总价值超过 1 亿 3 千万元人民币的款项和物资。至 2021 年，如新集团通过自身蜜儿餐滋养计划为儿童提供的蜜儿餐数量全球累计达 7.5 亿份。

2021 年 5 月 7 日，首届中国国际消费品博览会在海南海口盛大开幕，如新以“系统化抗衰老解决方案”为主题进行参展，携旗下 ageLOC 等系列护肤美容产品亮相，为消费者们带来了优质、创新、由内而外一体化的高效护肤消费体验。

近年来，如新不断加深在中国的实践，多次参展中国重量级国际展会，更深入地参与中国经济社会发展重要活动。

2021 年 11 月 5 日 -10 日，世界瞩目的第四届中国国际进口博览会在上海盛大举办，和往届一样，展会上名企云集，各家创新科技成果及产品琳琅满目。而作为深耕美丽健康领域的跨国企业，如新二度参展，以“科技力量 创造未来健康美”为主题，展台也将以充满科技感的“未来城”为造型，融合品牌创新科技力和守护未来的责任感之创意，分为时光隧道、自然探索馆、美丽研究所、健康能量场以及“空瓶回收”项目等五个部分展示创新产品及企业社会责任实践成果。深度表达如新希望通过不断创新的科技产品，满足中国消费者对健康美的需求。

除了向全世界的消费者展现其王牌产品——ageLOC 系列美容仪产品，还重磅推出了两款口服营养补充品新品——妍控胶原水光饮果味饮料和如新集团推出 ageLOC Meta。从“美丽”到“健康”，如新以科技赋能更多爱美人士，满足美颜需求升级。

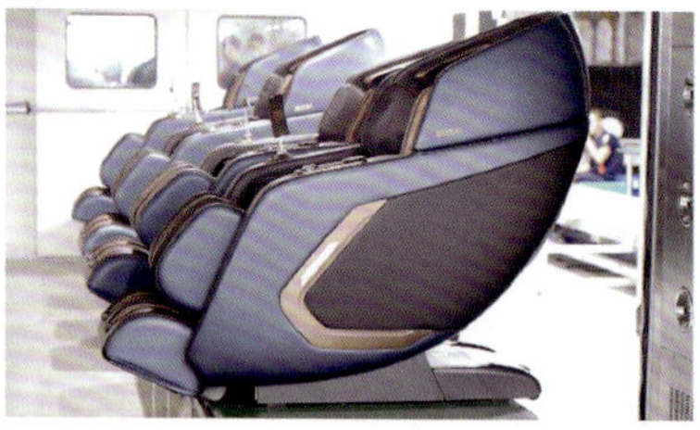

# 上海荣泰健康科技股份有限公司

上海荣泰健康科技股份有限公司成立于 2002 年，品牌创立于 1997 年，于 2017 年 1 月 11 日 A 股上市（股票简称：荣泰健康，股票代码：603579）。专注于时尚健康电器的研发、设计、制造和销售。

荣泰健康在以“进入千万家庭，服务亿万用户”为企业愿景的同时，一直关注科研创新，在产品上不断突破延伸，打造出系列智能按摩椅、按摩器、按摩垫等健康产品。致力于以最舒服的方式，让人们的生活更健康！

荣泰健康已经拥有发明、实用新型和外观设计专利达 400 多项。曾先后被授予工信部第二批“专精特新”小巨人企业、中国驰名商标、第五批“工业品牌培育示范企业”、上海市五一劳动奖状、科技小巨人企业、高新技术企业、上海市认定企业技术中心、上海市文明单位、海关 AEO 高级认证、上海市设计引领示范企业等多项荣誉。

荣泰健康以科技的力量，成就全球用户的健康生活，坚持使用节能环保的材料，以先进的制造方式，争当业内环境贡献模范企业，为中国节能环保领域作出贡献。目前荣泰企业通过了 ISO9001 质量体系认证、ISO13485 质量管理体系认证、ISO14001 环境管理体系认证、GB/T 29490 知识产权管理体系认证，产品获得了 CE，CB，ETL，RoHS，PSE，FCC 等多项品质和安全认证。

凭借卓越的产品和良好的服务，“荣泰，更专业的按摩椅”已经享誉海内外，产品畅销全国，并远销东南亚、中东、欧洲和北美等国家和地区。目前荣泰健康在全球累计销售 2400000+ 台按摩椅。

昊海生物科技
Haohai Biological Technology
688366.SH
06826.HK

# 上海昊海生物科技股份有限公司

## 9个新产品

NMPA

**盐酸莫西沙星滴眼液**
获得NMPA批准注册

**猪纤维蛋白粘合剂**
获得NMPA批准注册

**人工晶状体植入系统**
获得NMPA批准注册

**折叠式人工晶状体（扩充屈光度及尺寸）**
获得NMPA批准注册

**预装式非球面人工晶状体**
获得NMPA批准注册

**亲水肝素表面处理人工晶状体**
获得NMPA批准注册

CE

**疏水非球面散光矫正人工晶状体**
获得欧盟CE认证

**疏水模注非球面人工晶状体**
获得欧盟CE认证

FDA

**欧华美科-镭科光电 Laser Therapy System激光理疗仪**
获得FDA510k批准上市

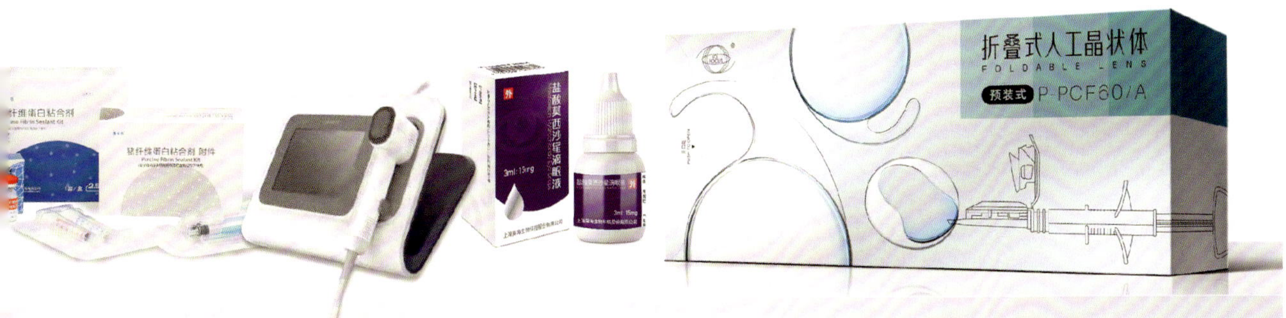

上海昊海生物科技股份有限公司（简称昊海生科或公司）成立于2007年，是一家致力于研发、生产、销售医用生物材料的高科技生物医药企业。公司于2015年4月30日在香港联交所主板成功上市，并于2019年10月30日在科创板上市，成为首家“H+科创板”生物医药企业（股票代码：06826.HK，688366.SH）。公司专注于医用生物材料市场中快速增长的治疗领域，包括眼科、医美、骨科、外科，为人类健康事业作贡献。秉承客户至上、以人为本、开拓创新、追求卓越的价值观，立志成为全球医用生物材料市场的领导者。2021年度，昊海生科实现营业收入17.67亿元，归母净利润达到3.52亿元。

作为中国医用生物材料领域的领军企业之一，昊海生科在全球拥有300余名研发技术人员，拥有国家级企业技术中心、国家级博士后科研工作站、两个国家级研发平台，以及多个省部级技术及研发转化平台和一个上海市院士专家工作站，并已在中国、美国、英国、法国、以色列建立一体化的联动研发体系，形成国际、国内一体化的研发布局。公司不断加大研发投入，2021年研发投入占比约9.5%。公司产品及技术曾两次荣获国家科学技术进步二等奖，已获得发明专利超90项，依靠科技创新打造企业未来发展的智慧引擎。

依托强大的研发能力与投资并购战略，公司在2021年先后收购欧华美科，拓展医美光电设备领域；投资肉毒素研发公司Eirion；收购亨泰视觉、南鹏光学，获得OK镜产品“迈儿康myOK”以及“亨泰Hiline”的独家经销权。在2021年先后获批国产第一款盐酸莫西沙星滴眼液、自主研发的猪纤维蛋白粘合剂药品及多款人工晶状体产品，丰富了不同板块的产品系列，不断满足不同患者的多元化市场需求，进一步增强公司产品的综合竞争力和市场拓展能力。公司的主打产品“玻璃酸钠注射液”荣获2020年度上海市高新技术成果转化百佳项目，全资子公司其胜生物的“仿生人工玻璃体的研制和玻璃体再生的新型治疗方式项目”荣获2021年度全国颠覆性技术创新大赛最高奖项——优胜项目称号。公司旗下的九大明星产品获评2020年度上海医药行业名优产品，2021年昊海生科获得上海制造业100强、上海民营制造业100强、上海新兴产业100强三项殊荣。

“昊天鹰击，海阔鱼跃”，昊海生科将不断进取，推进国际化发展战略，持续拓展核心技术在新领域、新适应症上的运用，不断提升公司的综合实力，加快实现相关生物医用材料产品在中国市场的进口替代。

华领医药技术(上海)有限公司
Hua Medicine (shanghai) Ltd.

中西合璧 | 联合创新
患者为先·良药为民·创新为本

## 公司概述

华领医药是一家立足中国，针对全球糖尿病患者尚未满足的临床需求，研发全球原创新药的生物技术公司。华领医药汇聚全球高端人才和科技资源，以国际顶级生物医药投资团队为依托，成功实现了全球首创糖尿病新药 Dorzagliatin（HMS5552）在中国完成药品可开发性临床验证，率先进入注册性临床试验阶段。公司已在中国开展 2 个 III 期临床试验，分别针对新发未经治疗的和二甲双胍治疗失效的 2 型糖尿病患者人群。公司将启动药品生命周期管理相关临床试验，并拓展糖尿病个性化治疗和管理的先进理念，联合中国和美国糖尿病领域专家，实现对糖尿病和代谢性疾病及其并发症的有效控制。

2010
- 天使融资
- 华领开曼

2012
- HMS5552申报中国临床I期

2013
- HMS5552获得临床I期批件

2014
- HMS5552申报临床II期
- 完成A轮2,500万美元融资

2015
- HMS5552获得II/III期临床批件
- 完成B轮融资2,500万美元

2016
- 完成II期临床 CFDA批准HMS5552进入临床III期
- 完成C轮5,000万美元融资

2017
- 启动HMS5552注册临床试验
- 组建商业运营团队

2018
- HMS5552 II期临床研究结果在《柳叶刀》子刊发表
- 香港 IPO Stock Code: HK 2552
- 完成D&E轮1.1亿美元融资

上海市浦东张江高科技园区爱迪生路275号, 201203
275 Ai Di Sheng Road, Zhangjiang Hi-Tech Park, Pudong, Shanghai 201203

电话: +86 21 5886 5299
+86 21 5886 6110
www.huamedicine.com

欢迎关注“华领医药”微信公众号

# 上海优宁维生物科技股份有限公司

## 公司简介

总部大楼

科研大楼

物流中心

冷链仓库

上海优宁维生物科技股份有限公司（www.univ-bio.com）成立于2004年底。成立以来，公司一直专注于抗体及相关产品领域，是国内专业的抗体供应商和抗体专家。公司目前在全国设有36个办事处，我们的优质服务就在您身边！

公司本着向正、向善、向上的企业价值观，为全国超过5万名终端客户提供专业、全面、便捷、安全的产品和服务。我们的客户包括大学、企业、医院、制药公司和生物技术公司等。

**WILSON**
上海威尔逊光电仪器有限公司
WILSON INSTRUMENTS (SHA) CO., LTD.

# 上海威尔逊光电仪器有限公司

上海威尔逊光电仪器有限公司，成立于1995年8月，是一家专业从事微创手术器械的厂家，是集研发、制造、推广应用于一体的高新技术企业。所拥有的“WILSON”和”Heyinove“品牌，已成为行业内的精品品牌代表。

## 企业主营业务产品

1. 一次性使用活组织取样钳；
2. 一次性使用电圈套器；
3. 一次性使用内镜注射针；
4. 取出异物钳；
5. 硬性内镜钳；

威尔逊作为老牌的医疗企业秉持“工匠精神”开拓进取，在业内创造了多项第一：

2000 年：获得国内首家活检钳注册证

2002 年：国内第一台内窥镜器械超声波清洗机制造商

2007 年：国内第一家生产 5F-4F 泌尿内镜钳的企业

2009 年：生产了国内第一支十二指肠乳头切开刀的企业

企业成立至今先后取得了 IS013485 体系认证、CE 认证、CMDCAS 产品认证、FDA 产品认证等。获得多种产品专利三十多项。

## 研医合作项目

已承担上海市科委生物医药领域科技支撑项目（三类内镜注射针注册临床试验、一次性使用活组织取样钳），产学研医合作项目（消化内镜胆道取石、外科胆道镜取石、泌尿科输尿管肾镜取石）。

威尔逊现位于上海市青浦区徐泾镇双浜路258号（近上海国家会展中心），是集生产制造与行政办公于一体总面积约8000 m²的厂房，其中包括近2000 m²的十万级净化车间。

2018 年 8 月上海威尔逊光电仪器有限公司正式加入深圳开立生物医疗科技股份有限公司，成为深圳开立全资子公司。

威尔逊未来的发展方向是立足于现有产品的基础上，完善消化科产品线。

# 上海熙华检测技术服务股份有限公司

上海熙华检测技术服务股份有限公司成立于2015年，位于张江药谷核心区和周浦国际医学园区，是一家专注于生物样本分析、仿制药一致性评价的生物医药企业，国内领先的符合国际规范的药物临床试验生物样本分析第三方实验室，上海市仿制药一致性评价专业技术服务平台，国家药品监督管理局高级研修学院“临床试验生物样本分析质量管理培训班”承办单位，中国药科大学生物样本分析联合实验室，上海市高新技术企业，上海市科技小巨人企业，上海市“专精特新企”业，浦东新区企业研发机构。

公司拥有一支由海归博士领衔的优秀研发和服务团队，管理团队曾先后任职于国际知名药企和 CRO 公司，精通国内外生物分析的法规和质量体系，在药物临床试验生物样本分析领域积累了丰富的经验。现有营业场地 3000 多平方米，服务设备齐全，配套400多台近6000万元的仪器设备，包括三重四极杆串联质谱仪31台，超敏因子电化学发光分析仪2台，可提供生物等效性(BE)评价、临床药代动力学(PK)研究、生物样本分析、临床试验稽查与咨询、仿制药开发等技术服务项目。

公司自成立以来，注重技术积累，已建立300个化学药、50个生物药的生物分析方法学，承担600多个品种的BE/PK研究，其中100多个项目通过NMPA的现场核查或免检。

公司坚持“质量至上，严守时限”的服务理念，与100多家国内外知名药企、临床CRO和高校研究所建立广泛的合作关系。

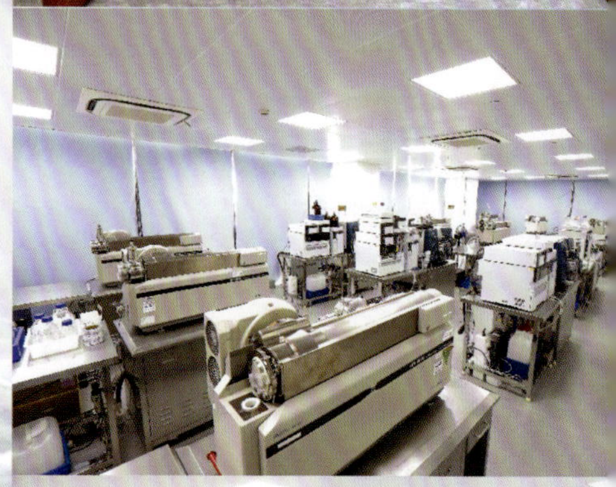

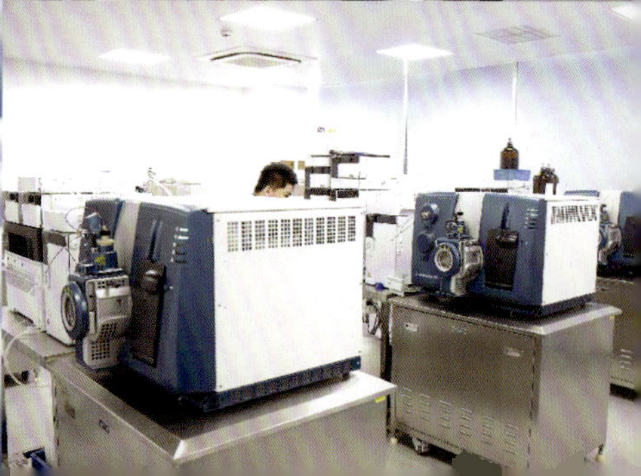

# 上海兆维科技发展有限公司

公司注册成立于2001年,是一家致力于核苷、核苷酸、修饰性核苷、亚磷酰胺、生物酶等产品研发、生产的上海市高新技术企业,曾先后荣获上海市科技小巨人培育企业、上海市专利工作试点企业、上海市科技小巨人企业等称号,主要创始人来自中科院生科所、国际医药研究所等国内外知名生物医药企业。公司现有厂房占地逾46000平方米,通过质量、环境、职业安全与健康、信息安全等国际体系标准认证,可年产各类核苷系列产品50吨以上,拥有全球最大的亚磷酰胺修饰性核苷产品生产线,产量居世界首位。经过多年的培育和努力,公司现已成为全球核酸药物核心原材料的龙头,进入国际知名药企的供应商名录,产品已遍布美国、欧洲及亚洲各国,几乎覆盖全球核酸药物所有600多个研发项目包括近200个临床,同时也成为国内外mRNA新冠疫苗核心原材料的最大的供应商。

公司在美国旧金山、日本东京、香港设有子公司,在上海闵行生产基地内、上海徐汇聚科生物园区内、美国加州湾区等地设有多个研发实验室,每年研制开发的新产品数百项。截至目前,公司仍然是国内少数几家能够生产高品质(纯度高于99.9%)单磷酸脱氧核苷(dNMP)、三磷酸脱氧核苷(dNTP)、三磷酸核糖核苷(NTP)、多种修饰性核苷、多种亚磷酰胺等产品的专业生产商。

随着合成生物学的不断发展,核酸平台所引领的产业将逐步成熟,目前全球已有多个核酸类药物获批上市,拥有超百个核酸类药物正在进行临床试验,未来前景不可估量。

上海兆维科技发展有限公司将不断进取、勇于创新,为人类的健康事业竭尽所能!

沃比医疗 Wallaby Medical 沃比医疗控股有限公司

沃比医疗 Wallaby Medical

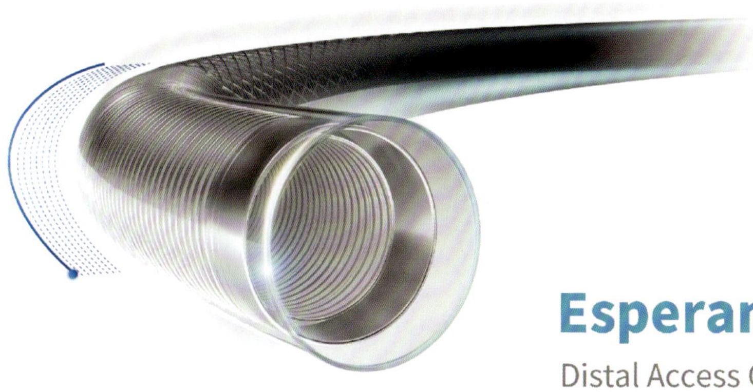

**Esperance®**

Distal Access Catheter

远端通路导管

远端通路导管适用于一般性血管内使用，包括神经血管和外周血管系统，远端通路导管可用于辅助输送治疗装置。

**Esperance®抽吸导管**

- 抽吸导管适用于继发于颅内大血管闭塞的急性缺血性脑卒中患者的血运重建。

沃比医疗 Wallaby Medical

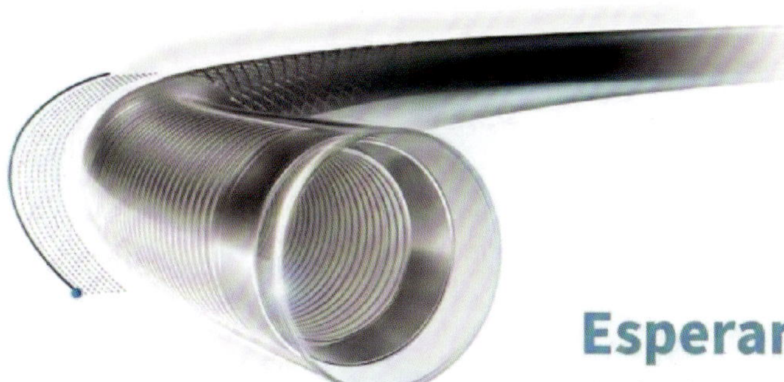

**Esperance®**

Aspiration Catheter

抽吸导管

沃比医疗 Wallaby Medical 沃比医疗控股有限公司

沃比医疗 Wallaby Medical

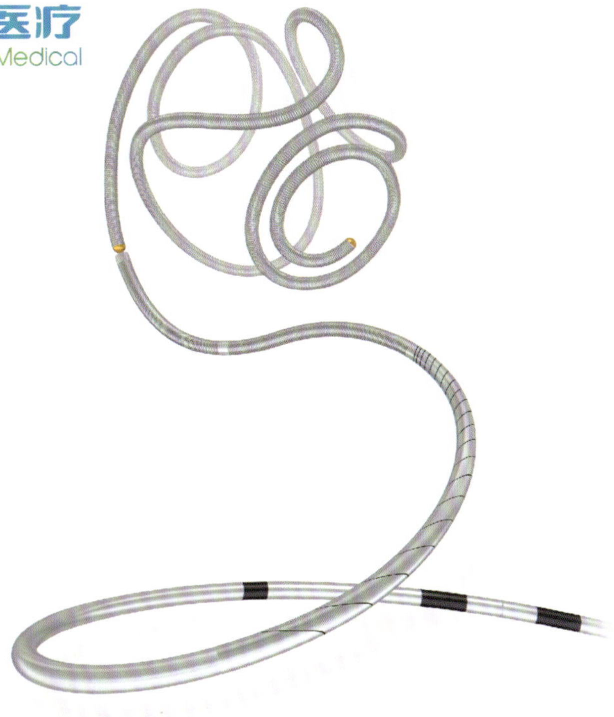

Avenir™
Coil System
机械解脱弹簧圈

®适用于颅内动脉瘤和其他神经血管畸形(如动静脉畸形和动静脉瘘)的血管内栓塞，以及周围血管的动脉和静脉栓塞。

沃比医疗控股有限公司(以下简称沃比医疗)成立于 2015 年 12 月，专注于为神经血管疾病的治疗开发创新、突破性和经临床验证的技术和解决方案。2022 年 4 月，沃比医疗成功收购了德国的全球神经介入行业的领先企业 phenox GmbH (以下简称 phenox)。收购完成后沃比医疗拥有完整且具有全球市场竞争力的神经介入产品组合，在全球现拥有 5 个研发中心、3 个生产基地及超过 580 位员工，已获或待获全球专利超过 350 项。

沃比医疗的愿景是：成为全球挽救中风患者生命最多的医疗科技公司。作为一家全球业务分部广泛的综合性跨国医疗科技企业，沃比医疗的产品在全球 52 个国家和地区销售，包括中国、美国、欧洲主要经济体及日本等。其中，Avenir™机械解脱弹簧圈已获得美国、欧盟、中国和日本的认证。Esperance® 抽吸导管(6F)和远端通路导管已获中国上市许可，Esperance® 抽吸导管(6F/5F)获得美国上市许可。pRESET 取栓支架，p64 和 p48 血流导向装置均已在欧洲获得上市许可。其他已上市的用于治疗卒中的创新医疗器械还包括支撑弹簧圈支架、分叉动脉瘤栓塞植入装置和血管通路产品等。

全景医学影像
UNIVERSAL MEDICAL IMAGING

全景 | 致力于疑难病诊断的专业医疗机构

精准影像的追寻者·深度健检的实践者·专属医疗的提供者

上海全景医学影像科技股份有限公司（以下简称全景 ）是国内第三方医学影像行业的龙头企业，是国家政策鼓励的连锁化、品牌化发展的医疗集团，是致力于疑难病诊断的专业医疗机构，主营业务包括重大疾病的影像诊断，以及基于疑难病诊断能力开展深度绿色健检、多学科联合会诊、专属医疗等创新医疗服务。

全景医学影像的愿景和追求：打造值得托付和信赖的知名医疗品牌

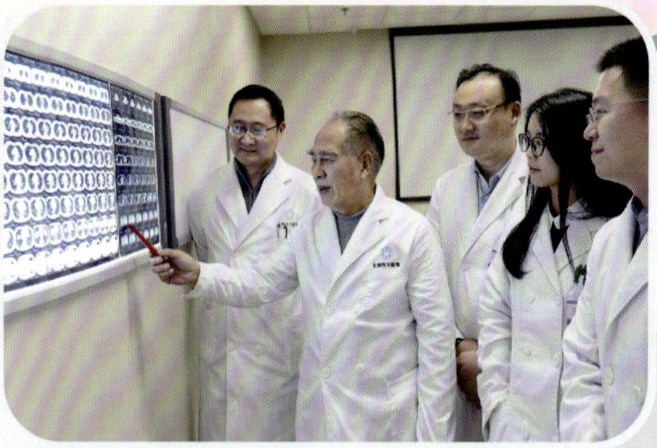

全景拥有各类全职专业人才600余名，其中博导、教授、主任医师、副主任医师等高级职称80余名，包括国家科技成果二等奖、省市级科技进步一等奖获得者。配备全球前沿的“多模态”影像筛查设备——PET/MR，以及西门子、GE、飞利浦的PET/CT、双源螺旋CT、MR（磁共振）等一系列影像诊断设备，可筛查全身多种良恶性肿瘤、心脑血管疾病和神经系统疾病。

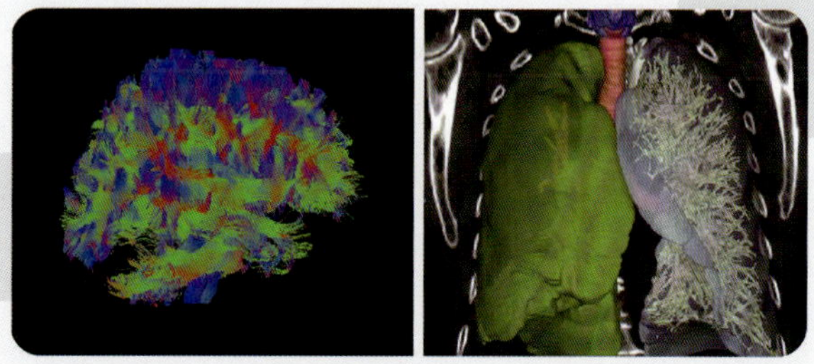

作为第三方独立医学影像诊断行业的领跑者，全景创新地提出“融合”概念，即将临床与影像融合，通过“问计于临床”，开展基于临床需求的影像检查，至今已形成一套完善的影像检查体系，涵盖从影像扫描流程到专家诊断，质量监控的一整套方案，助力临床诊疗服务。

在“专业立身、学术引领”的发展理念牵引下，全景自成立伊始就极重视科研，协同临床开展烟雾病、癫痫病灶定位、脑PET/MR影像量化分析、肝脏脂肪定量分析、关节软骨病损等一系列科研合作；积极参与各地科委、卫健委的课题研究、专利申请等。全力投入“专精特新”影像技术的临床应用。2020年，“基于$^{18}$F-FDG的模拟脑血流灌注参数成像方法”取得全国发明专利。全景各中心多次参加国内外一流学术会议，发表多篇SCI文章，并连续3年入选全球影响力最大的核医学和分子影像盛会（SNMMI），总共有16篇文章被录取。目前，全景与上海交大、腾讯医疗等高等院校、企业合作，参与国家科技部的人工智能重大项目，也获得2019年上海市产业转型升级发展专项资金支持，牵头进行体部恶性肿瘤的相关人工智能诊断系统研发项目。上海徐汇、杭州、广州中心已被评为国家高新技术企业，科研投入和产出稳步增加。

全景以集团化、连锁化为发展目标。目前，上海（徐汇、虹口）、北京、杭州、广州、重庆、天津、成都、徐州已运营，未来将形成覆盖15个以上重要城市的专业化、标准化连锁医疗服务网络。

西比曼生物科技集团
Cellular Biomedicine Group, Inc.

## 公司简介

西比曼生物科技集团(CBMG)是一家从事癌症免疫疗法和退行性疾病干细胞疗法的生物制药公司。CBMG汇集世界创新技术和行业顶尖科学家，为重症患者研发安全的治疗方法。

我们的目标是基于公司内部研发的技术以及通过收购，许可和合作获得的技术，开发安全有效的细胞药物疗法，填补中美两国的巨大医疗需求缺口。

- CBMG利用通过GMP实验室生产出的产品，在中国进行免疫肿瘤学和干细胞临床试验，并拥有中国食品药品管理总局细胞调控追踪记录。
- GMP设施包括多条按照中国和美国的GMP标准进行设计和管理的独立细胞生产线。

## 战略合作伙伴

诺华(瑞士制药公司)，与CBMG达成战略协议，CBMG将负责在中国制造和供应嵌合抗原受体T细胞(CAR-T)疗法Kymriah® (tisagenlecleucel)

Kymriah® 是Novartis AG的注册商标。请在下列网址参阅完整的Kymriah®处方信息，包括黑框警告和药物指南：www. Kymriah.com。Kymriah®被批准用于美国，欧盟和加拿大的某些适应症。

NOVARTIS

GE医疗生命科学，和CBMG建立联合技术实验室，与CBMG共同开发高质量的CAR-T和干细胞制造工业控制流程。

GE Healthcare

赛默飞世尔，与CBMG建立联合细胞疗法技术创新应用中心，专注于细胞疗法自动化制造系统的研发。

ThermoFisher SCIENTIFIC

## 西比曼临床研发管线: 肿瘤（免疫细胞）

| 中国市场 / 美国市场 | 在研产品 | 适应症 | 临床前研发 | 1期临床 | 2期(注册)临床 |
|---|---|---|---|---|---|
| CAR-T | Anti-BCMA CAR | 多发性骨髓瘤 | ✓ | | |
| | Anti-CD20 CAR ★ | 非霍奇金淋巴瘤 | ✓ | | |
| | Anti-CD19,CD20 BiCAR ★ | 非霍奇金淋巴瘤 | ✓ | | |
| | *Armored CAR | 实体瘤 | ✓ | | |
| TCR-T | AFP TCR-T | 肝细胞癌 | ✓ | | |
| TIL | TIL1 ( combo w/ anti-PD-1) | 非小细胞肺癌 | ✓ | | |
| | TIL2 ( combo w/ anti-PD-1) | 多种实体瘤 | | | |

* 与全球大药厂合作开发新型铠装CAR-T 细胞，用于治疗实体瘤　TCR-T = T细胞受体-T细胞（疗法）　TIL = 肿瘤浸润性淋巴细胞

TIL 1 = 传统/经典 TIL　TIL 2 = 新生抗原反应性 TIL　combo w/ anti-PD-1 = 联合抗PD-1治疗

★，双双遴选美国临床肿瘤学会（ASCO）2021年度讲台报告

## 西比曼临床研发管线: 再生医学（干细胞）

| 中国市场 | 在研产品 | 适应症 | 临床前研发 | 1期临床 | 2期临床 | 3期(注册)临床 |
|---|---|---|---|---|---|---|
| haMPC | ReJoin® (自体) | KOA | ✓ | ✓ | | |
| haMSC Exosome | AlloJoin® (通用型) | KOA | ✓ | ✓ | | |
| | Revit-Exo® (通用型) | ARDS | ✓ | | | |

haMPC = 人脂肪组织来源间充质祖细胞　haMSC Exosome = 人脂肪组织来源间充质干细胞外泌体　Exo = 外泌体

KOA = 膝骨关节炎　ARDS = 急性呼吸窘迫综合症

2019年1月，西比曼 AlloJoin®（异体）干细胞产品获批中国首个干细胞疗法注册临床试验（IND），获准直接进入2期临床试验。

电话：021-5406 9990　电子邮箱：pr@cellbiomedgroup.com　网址：www.cellbiomedgroup.com

# 上海朔茂网络科技有限公司

上海朔茂网络科技有限公司成立于2014年，是一家以健康科技发展及临床实用性为导向的医疗科技企业。主营呼吸系统整体解决方案并专注鼻腔健康领域。在职员工39名，其中研发人员占总人数70%。研发团队的专业涉及医学、机器学习算法、软件、嵌入式、自动化等多个领域，具有良好的研发能力。

据相关专项调查显示，在上呼吸道感染和肺炎等呼吸系统的感染疾病中，80%是由于鼻腔不清洁或是缺乏应有的护理保健引起的。鼻腔的清洁护理一直是人们所忽视的领域，随着公众对空气质量的关注，以及相关临床研究的不断推进，鼻腔护理逐渐进入人们的生活。其中鼻腔冲洗作为一种安全、便捷、经济的鼻腔护理方式。随着鼻腔护理理念的逐步普及与人民对生活质量要求的提高，鼻腔护理医疗器械市场增长迅速。我公司注重增强原创技术研发能力、原创产品生产能力以及新产品渠道培育能力，能积极研发生产新产品并加强市场推广力度，专注于鼻腔健康领域。提出“科学规范鼻腔冲洗”概念，致力推动鼻腔清洁日常化。目前市售鼻腔护理产品系列实现了全年龄阶段覆盖、多场景适用。根据儿童生理结构特征研发了适合儿童的电动压力喷雾洗鼻器。并根据场景需求研发医用、家用、外出便携等不同系列鼻腔护理产品。

面向医院自主研发推动型的兼具耗材和设备，为耳鼻喉手术提供整体解决方案。在耳鼻喉科领域的研发、生产和服务医生与患者的综合实力强，能通过自主研发、授权引进等多模式去服务未被满足的临床需求，不断扩充产品线，并结合自主创新能力为耳鼻喉科医生带来更安全、更有效及更便利的手术体验，也为患者带来更经济、更安全有效的治疗方式。

在服务层面以新型互联网医疗为基础，打造线上线下一体化的创新业态。致力于推动耳鼻喉领域大健康产品创新与服务生态建设。

## 用科技让更多人得到规范高效的诊疗

# 上海普锐赛司实业有限公司

我公司始创于1993年，总部坐落于上海市金山区张堰镇汇科路358号，注册资本2800万元，资产总额约6700万元，公司占地面积约35000平方米，员工200多名，年销售额2亿元。历经二十多年的发展，公司已成为集设计开发、模具制造、精密压铸、数控加工和表面处理于一体的精密铸造企业。公司已通过质量、环境、职业健康安全及汽车工业IATF16949体系认证。普锐赛司也是上海市压铸行业持证企业和上海市压铸协会理事单位，获评为上海市高新技术企业、上海市"专精特新"企业、上海市和谐劳动关系达标企业、金山区工程技术研究中心、金山区科技小巨人企业、税务A级信用等级企业等光荣称号，2017年开始与上海大学合作成立科技研创中心，主攻新能源汽车、机器人及医疗器材项目。2021年获得金山区区长质量奖。

# 上海机器人产业园

SIPR 上海机器人产业园 Shanghai Industrial Park Of Robotics

上海机器人产业园位于宝山区顾村镇，总占地面积 3.09 平方公里，工业建设用地面积 2279.7 亩。园区于 1994 年成立，2012 年被市经信委命名为上海机器人产业园（宝山），是上海首家以机器人命名的园区。2014 年纳入张江高新区宝山园，并成为上海市首批转型升级试点区。2018 年获批授牌国家机器人检测评定中心、上海市机器人研发与转化功能型平台、上海机器人产业技术研究院。2020 年授牌上海机器人产业园，成为上海首批 26 个特色产业园之一。2021 年成为宝山区经济数字化转型十大示范场景，并认定为 2021 年上海市知识产权试点园区。2021 年园区在上海市开发区协会全市小型园区综合考评中位列第 5 名（2020 年为第 8 名），在全市 107 个开发区综合评价中排 19 名（2020 年为 28 名）。

目前，园区共入驻企业 241 家，日本发那科、德国赛赫智能、奥地利伏能士等多家机器人领域的龙头企业，以及鑫燕隆、快仓（宝山）全球智能机器人研发总部、联东 U 谷、汽车产业互联网等以智能装备制造为主体的总部型企业都已落户园区，国家机器人检测中心等科研机构也已正式落地，费勉仪器、太洋科技等科创企业不断集聚，机器人及智能制造上下游产业生态链日臻完善。

作为宝山智能智造的主阵地、科创中心主阵地的核心承载区和成果转化区，上海机器人产业园紧扣宝山“打造科创主阵地、推进城市北转型”的战略主线，紧紧围绕机器人及智能制造产业定位，依托园区显著的区位优势、产业优势、资源优势，通过“区域 + 产业 + 创新”政策叠加，以世界级机器人龙头企业为突破口，以研发创新平台与能力建设为支撑，以“制造 + 应用”为产业发展重点，引导优质产业项目向园区集聚，构建机器人及智能制造产业集群，不断提升产业生态环境、产业生态能级以及服务管理水平，加速打造北上海智能制造新高地。

# 上海海隆软件有限公司

上海海隆软件有限公司成立于 1989 年。经过三十多年的发展已成长为一家能为客户提供从需求分析，系统设计、开发到运营维护全方面的解决方案的 IT 供应商。公司现有近 3500 多名员工，分布在上海、北京、南京、昆山、无锡、南通、杭州及日本的东京，大阪，名古屋等地。2021 年销售额近 12 亿元人民币。

我们在金融业务上积累的丰富的经验和技术储备，软件开发业务集中在银行、保险、证券、移动互联网等领域，并且在物流、交通管理、硬件系统集成等多个领域也有涉足。我们的客户遍布日本、中国、美国等，日本是我们的主要市场，野村综合研究所、瑞穗情报综研等众多日本大企业都成为我们的长期合作伙伴。我们也在积极开拓和扩大中国国内市场。

我们始终坚持客户第一的服务理念，坚持技术创新、服务创新，用我们不断提升的技术能力、业务能力和开发实力，以及良好的品质赢得了客户的极大信赖和支持。在成长过程中，我们也遇到了像 2003 年的非典、2008 年的全球金融危机、2011 年的日本大地震以及 2020 年以来至今还在肆虐的新冠病毒侵袭等各种困难时期，在公司的积极应对，员工的配合以及客户的支持下，我们最后都顺利渡过危机，同时让公司更加团结一心，客户关系更加紧密，让公司不断壮大和发展。我们全体同仁的不断努力也得到回报，我们始终走在软件行业的前沿，在对日软件服务行业始终处在领先地位，在信息技术贸易出口领域连年得到表彰。

随着 IT 技术的不断发展，公司也在人工智能、大数据、区块链、云平台等领域加大技术研发，致力于金融科技领域有更新更高的发展。中国在新一轮的改革开放中，主导推进世界自由贸易，推动建设开放型世界经济、支持经济全球化。作为一家面向海外业务的 IT 企业更是需要加大研发投入，持续走在技术革命的最前列，引领潮流，并利用我们的技术优势、人员优势和地域优势抓住这次锲机，在这个大浪潮中贡献我们的智慧和力量，同时发展壮大我们的企业。

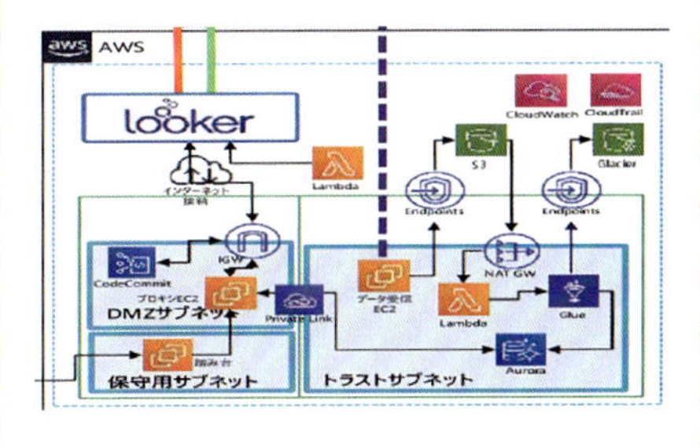


基于AWS分析组件的数据报表系统结构

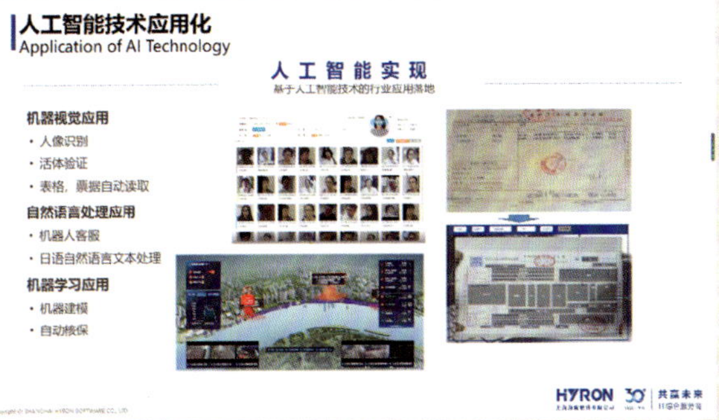


让我们为打造国际一流综合 IT 服务供应商，成为百年企业而不断努力！

## [ 深兰科技简介 ]

深兰科技创立于2014年，是快速成长的人工智能领先企业，作为AI产业生态制造者，在自动驾驶、智能机器人、工业智能化、智能大健康AI医疗等领域深度布局。公司以“人工智能 服务民生”为理念，致力于人工智能基础研究和应用开发。依托自主知识产权的计算机视觉、生物智能、自动驾驶、认知智能等核心技术，在CVPR、ICCV、ECCV、ACL、NAACL、KDD、NeurIPS及AAAI等众多世界计算机科学及人工智能领域顶级赛事上获得40余项冠军，被国家工信部授予“专精特新”小巨人企业称号。

## [ 奖项荣誉 ]

**40+ 世界冠军**　　**90+ 世界前三**

国际计算机科学&人工智能领域获得顶级大赛优胜成绩

深兰团队作为人工智能领域的先锋代表，凭借其多年积累的深厚AI技术水平，多次征战众多国际顶级大赛战胜**清华、中科院、MIT、谷歌、微软、腾讯、阿里**等知名机构。

## [ 科研力量 / 深兰科学院 ]

| 人工智能研究院<br>上海 北京 | 科学计算研究院<br>上海 常州 | 智能汽车研究院<br>上海 深圳 | 自动化研究院<br>上海 济南 | 生命及AI脑科学院<br>上海 | 前沿科技研究院<br>上海 | 联合科研机构<br>上海 北京<br>新加坡 长沙 |
|---|---|---|---|---|---|---|
| 算法研究<br>数据科学<br>认知智能 | FPGA 硬件加速平台<br>SOC多核存算一体计算<br>五岳边缘计算模块 | 自动驾驶<br>智能汽车整车设计 | 机器人技术<br>工业智能化 | 计算生物学<br>AI 脑科学 | 超同态加密计算<br>场方程理论的计算生物学<br>脉冲神经网络感知<br>安全可信的人机共驾系统 | 院士专家工作站<br>上海交通大学<br>中南大学<br>上海大学<br>新加坡国立大学 |

## [业务领域 ]

### 自动驾驶

依托深兰科学院以视觉为主的多传感器融合技术，结合精准定位导航、强化学习的决策系统和最优化车辆安全的规划控制技术，打造平台级自动驾驶车辆级解决方案，包括熊猫智能公交车、熊猫移动零售车、熊猫移动餐车、熊猫出租车等产品，其中正向设计的熊猫智能公交车是国内唯一持有上海、深圳、广州、长沙和武汉5个城市自动驾驶测试和商用牌照并获得工信部整车目录公告的商用车，也是全球首批自动驾驶商用牌照的获得者，已经在上海天津广州深圳等多个城市上路运行。

熊猫移动餐车

熊猫出租车

小熊猫出租车（自动驾驶）

芭提雅自动驾驶移动零售车

熊猫公交（自动驾驶）

正向设计的五款熊猫汽车

拥有100%自主IP

## 智能机器人

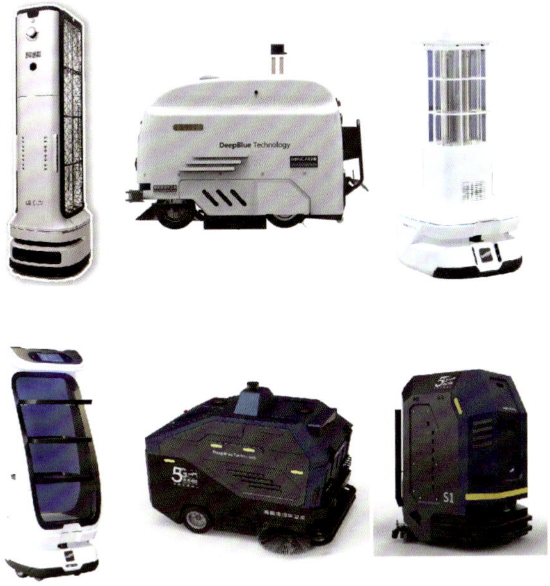

依托深兰科学院在计算机视觉、导航技术、路径规划、人机交互、生物识别等领域的AI技术积累，深入智能机器人各个细分领域，先后研发出清洁、消毒、送餐等多款行业领先的智能机器人，并且出口订单处于国内领先地位，其中和韩国LG集团签署的数万台消毒机器人采购订单创造全球单笔智能机器人采购订单记录，研发的其他产品也在家庭看护、清洁、草坪护理、餐饮、机场和超市服务等领域逐渐扩大海内外市场份额。目前，深兰科技以人工智能赋能机器人产业化落地，在全国范围内打造了多个规模化智能机器人研发制造基地，满足海内外高速增长的市场需求。

## 工业智能化

凭借国际领先的计算机视觉、自动机器学习等核心技术，致力于实现视觉检测、视觉测量、视觉定位和柔性控制、无人化巡检、大数据计算预防性维护、工业智联等，采用软硬一体化交付模式，面向细分行业提供AI驱动的智能装备和系统等新型“AI+制造”的智能化升级服务。目前，服务了医药制造、木材加工、机械加工、水务、航空、汽车零部件等领域的行业头部客户，超过半数为世界500强企业。检测的产品在国内和国际行业占比超过50%，其中研发的医药灯检设备、顶空气体分析设备等产品打破了国际技术垄断，实现进口替代，技术处于国际领先地位。

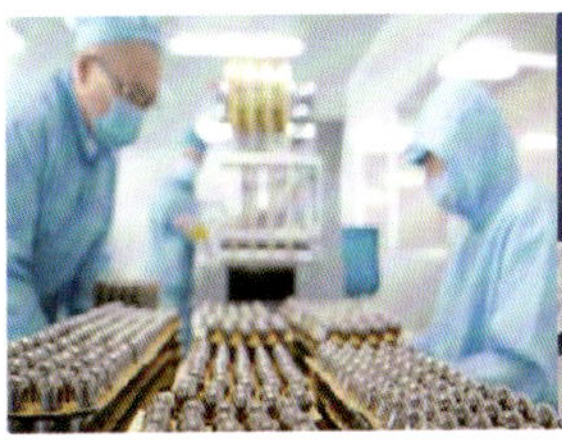

医药行业

钢铁行业

木材行业

芯片封装

纺织品检测

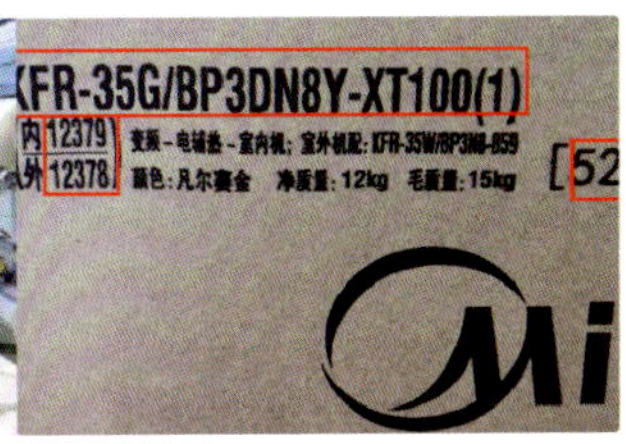


OCR字符检测

## AI医疗

依托深兰科学院在生物智能、基因检测、脑机接口、红外及3D成像、深度学习算法等前沿领域的技术积累，在智能大健康领域实现了科技成果的转化与应用。目前，研发的AI生理检测系统、AI生理热图健康监测仪等产品可以帮助用户预测多种生理健康指标、可以对人体各个系统、器官、组织进行分析筛查，帮助用户尽早发现和治疗慢性病或肿瘤疾病。

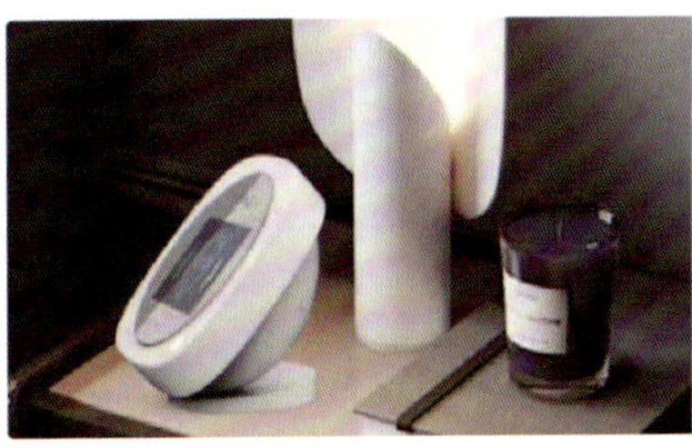

全球首个基于基因技术的健康体检设备--扁鹊系统

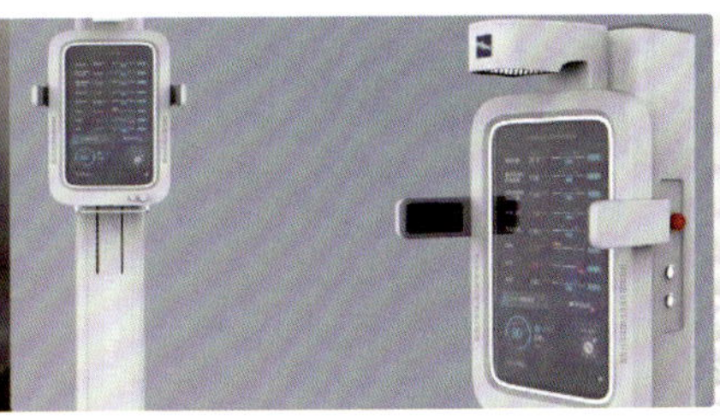

深兰自研的AI视觉生理热图的疾病医诊设备--华佗系统

深兰自研的AI染色体核型生殖遗传自动检测系统

# 上海帆声图像科技有限公司

帆声科技，成立于2012年，是一家专注于制造产业升级，为客户提供一站式缺陷检测解决方案的智能装备企业。专攻用于离散制造智能化和确保品质的智能检测系统。

总部位于上海金桥自贸区，同时在苏州、惠州、武汉和四川等地建有多个研发与生产交付基地。

2011 基于光谱及视觉技术，推出中国首台鉴定设备

2012 帆声图像成立，并首次将自学习能力概念应用于图像处理软件

2013 业界首推高速液晶显示器电极微划伤检测设备

2015 业界首家交付模组全制程 AOI 设备

2018 武汉研发中心成立，完成液晶模组信号源及电测系统研发并量产交付，行业核心客户历史突破

将以人工为基础的产品品质标准，快速转换成智能化标准的工艺品质缺陷检测系统及设备，实现人工检测及质量体系的完美替代。公司产品包含：

1、显示模组及画面缺陷，绑定缺陷及工艺过程的外观缺陷检测；

2、模组检测系统，CELL 检测系统，OLED 检测系统，老化检测系统；

3、涉及中大尺寸显示器的视觉检测及其他信号检测的整体解决方案。

提供高效、高适应性的深度定制服务，全面满足以控制品质、提高良率及减少人力成本为主的客户需求，堪称人工智能与工业应用结合的成功典范。

企业拥有完全自主知识产权的核心图像智能算法，光学研发能力并自主研发智能视觉识别软件，及给予独立操作系统的核心板平台的电测系列产品。

并在华南、华中等地，拥有全资控股的组装测试工厂。是国内首家能够提供智能显示模组全制程缺陷检测解决方案的供应商。

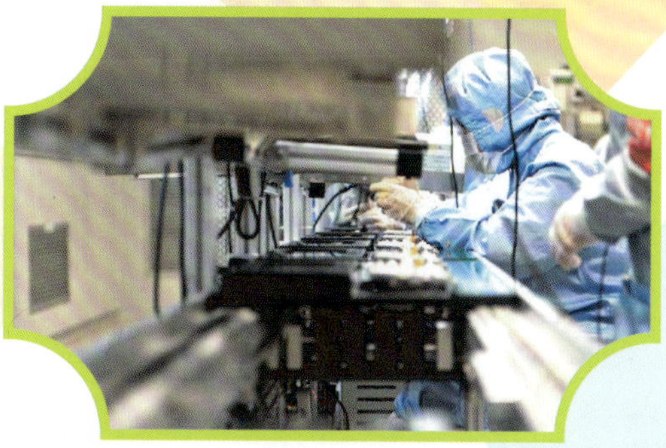

企业拥有领先行业的工业人工智能研发团队，平均视觉领域经验7年以上。

截止至今，获得众多行业专利，其中包含发明专利，实用新型专利，软件著作权，外观专利等多项专利。

受益市场各行业对检测设备产品需求扩大，帆声迎来重大发展机遇。据全国已投产和建设中的检测设备需求估算，AOI 市场总规模已超500亿！

“创新、合众、感恩”，帆声将继续坚持自主创新之路，深耕细作全球市场，通过人工智能技术实现对于跨行业的开发和应用，服务涵盖于显示、汽车、医疗、食品、军工等众多领域。致力持续成为中国国产视觉检测行业的领跑者！

# 上海魔秀智能科技有限公司

上海魔秀智能科技有限公司成立于 2019 年，主要从事商业数字场景应用设计开发、数据交互算法以及上海市各级政府数字化转型项目中各条线一线工作人员信息采集与信息交互场景设计研发。公司设计并研发的 AR 商业导览系统及智能错峰停车系统均数国内领先。

魔秀智能不仅具备数字场景软硬件设计研发能力，其不留存数据、仅交换分拣的数据处理规则属国内首创。魔秀智能致力于未来商业场景的探索与研发，着手于商业与旅游、文化、科技及艺术的跨界场景设计，并广泛应用于各个商业领域，而旗下 VMALL 商业直播平台，也是目前国内首个专注于商业综合体的私域商业综艺直播平台。

魔秀智能于 2019 年在上海成立 CAIL 商业场景应用与人工智能实验室，至今已与百度、腾讯、阿里、华为、喜马拉雅等国内知名头部公司均有不同领域的合作。

未来 5 年的主要发展方向将着重于公共数据交互算法、分布式数字场景、商文旅融合 AR 导览与可交互 3D 模型、数字城市综合运营管理、数字建造、数字景区、商业社交以及数字人民币、数字虚拟偶像应用场景等领域。

## 数字商业微生态场景

## 数 字 城 运　数 智 前 行

# 爱孚迪（上海）制造系统工程有限公司

爱孚迪（上海）制造系统工程有限公司 2004 年落户上海嘉定，是国际领先的柔性自动化生产线和智能制造整体解决方案提供商，控股股东为上海复星高科技（集团）有限公司。公司核心客户为宝马、奔驰等一线整车企业，同时逐步扩展到新能源电池等新兴行业和领域头部客户，近三年公司稳步经营，年均订单额达人民币 10 亿左右。除了交钥匙工程，强大的科研及项目服务团队可以为客户研发创新产品和解决方案，进行工厂规划，对客户进行针对性的教育培训和优质的售后服务，旨在打造智能装备“展示培训、研发设计、生产制造、系统集成、方案支持和综合服务”多位一体的闭环生态系统。

2021 年爱孚迪获评嘉定区综合实力奖金奖、第四届嘉定区质量创新奖、嘉定区高技能人才培育示范单位（试点）、上海市企业技术中心”等荣誉，同时凭借多件杰出的智能化、数字化解决方案被评为嘉定区工业互联网专业服务商推荐单位。

爱孚迪顺应深化制造业与互联网融合趋势，全面推进企业自身及产品与服务的数字化转型，通过公司专有的软件 RF:Suite 开发并推广虚拟试生产和数字化模拟技术，全球首次完成具有全流程虚拟焊接和装配功能的汽车生产线交付，并现实化了人机协作的总装线设计；通过“面向智能工厂的数字化双胞胎解决方案创新平台建设项目”落地数字孪生技术；随着 MEB，敏实等电池盒项目及一些新能源客户需求，优化了 MES 系统在行业中应用；发展“Bestfit”等机器视觉的应用，使用激光测距传感器和 3D 相机协同测量，做到最佳匹配。在上海除助力上汽通用金桥凯迪拉克无人工厂建设，上汽大众 MEB 电池舱智能生产线建设的同时，也为其他行业提供智能制造系统解决方案。

爱孚迪将以客户需求为依托，抢抓智能化发展新机遇，打造数字经济新优势，加速“5G+ 数字孪生”先导应用，公司未来两年将着力发展汽车智能工厂、离散自动化工程、制造执行系统、数字化工厂开发平台，并大力推广铝制电池仓智能生产系统及面向智能工厂的数字化双胞胎解决方案，助力智能工厂建设及数字化转型。

# 上海嘉柏利通科技股份有限公司

Shanghai Jiabo Litong Technology Co.,Ltd.

上股交科创板股票代码：300385

## 01 关于我们

公司是全球洁净区高端智能综合管理系统解决方案服务商，
CCTV《影响力对话》栏目组合作伙伴。公司专业从事洁净
智能综合管理系统、智能防护穿戴装备的研发、生产及销售，
心技术位于国内领先水平，拥有55项知识产权证书，其中发
专利8项。公司荣获"国家高新技术企业"和上海市"专精
新"企业等称号，并于2020年在上海股权交易中心科创板挂
。公司产品广泛应用于制药、生物、电子、食品等领域，产
的品质与服务得到广大客户的高度认可，现拥有国内外客户
000多家。

## 02 我们的业务

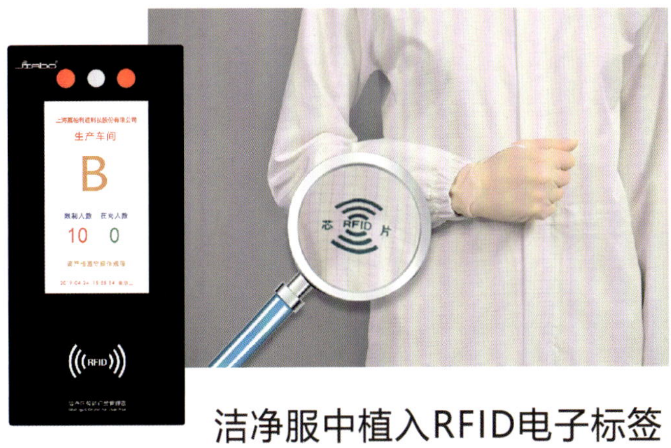


洁净服中植入RFID电子标签

洁净区人员智能综合管理系统化

解决方案提供商！

**嘉柏利通旗下拥有两大事业部**

一是智能化事业部，主要产品为智能门禁系统与智能洁净服，拥有自主知识产权和软硬件管理系统，为制药、电子等高要求行业提供人员和物资的多角度、综合化智能在线管理新模式。

二是防护用品事业部，主要产品为洁净服、洁净鞋、防护眼罩、专业清洗剂以及配套系列产品。

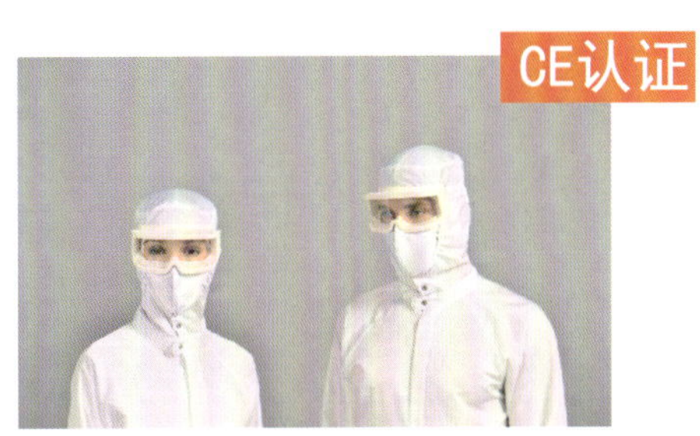


防护眼罩


上海市闵行区江月路999号奇亚特中心3幢6层
生产基地：奇亚特中心8幢

021-64119930 64119931 64119932

http://www.shjiabo.com

上海仪电显示材料有限公司，是中国大陆首家五代线液晶显示面板用彩色滤光片（也称彩膜）独立制造商，公司产品在龙腾光电、京东方、天马、信利等面板厂组成液晶面板后，供应给三星、华为、小米、OPPO、联想、迈腾医疗等知名终端厂商。公司先后获得工信部智能制造试点示范、工信部制造业单项冠军示范企业、上海市企业技术中心等荣誉，是五代彩色滤光片行业领军企业。

近年来，公司确立产业链纵向发展战略，成立昆山仪电显示材料有限公司，扩大生产规模，国内市场占有率提升至75%以上；同时坚持以核心技术驱动知识产权成果转化，推出视角可切换彩色滤光片、半反半透显示彩色滤光片、高光学性能彩色滤光片等系列新产品，在产业市场上从国内领军迈向国际领先。

2021年仪电显示材料推进智能工厂建设，先后获批工信部智能制造优秀场景、闵行区智能工厂荣誉，并积极创建上海市级智能工厂。

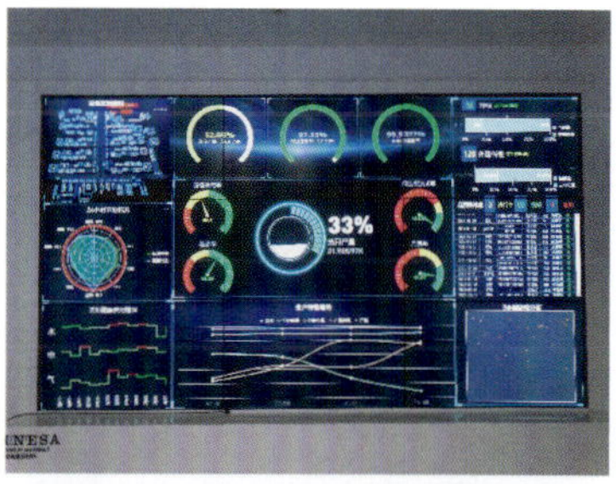

# 上海西门子线路保护系统有限公司

上海西门子线路保护系统有限公司（简称 SCPS）主要生产小型断路器（MCB）、剩余电流动作断路器（RCBO）、剩余电流装置（RCD）、隔离开关（Switch-disconnector）、附件（Accessory）、自动转换开关电器（ATSE）等，以及其他电气线路保护类产品，广泛用于电力设备终端线路保护，为城市基础设施提供保障。

SCPS 成立于 1995 年，是西门子（中国）有限公司与上海电气集团股份有限公司共同投资组建的中外合资企业。公司于 2015 年 10 月搬入位于金山区时代大道的全新的现代化厂房。新厂房地理位置更优越，交通更便利。新工厂的设计产能是之前的一倍多，为我们提供了持续业务投资和增长的空间，SCPS 得以不断推动产品国产化、产线自动化和工厂数字化进程的全速前进。

我们拥有实力强大的研发中心。SCPS 研发部成立至今，授权专利达 45 个，被总部授予“全球第二大电子类产品研发中心”称号。2021 年，获得上海市“金山区工程技术中心”称号。SCPS 成为西门子在中国电气研发领域的重要引擎。比如，2019 年新上市的紧凑型电弧故障保护断路器和直流塑壳漏电保护断路器，由我们独立研发和生产，是西门子小型断路器的最新一代产品，也代表了全球先进技术。2021 年，研发并生产带通讯功能的低压保护产品，通过无线通讯技术，将数据实时的传送到中继器或者云端，实现产品的遥测、遥信、遥控和遥调四遥功能，开启了通讯产品的新纪元。

移动式 TPM 设备管体系统

亮灯式物料配送系统

激光影印自动生产线

SCPS 深度优化产线并稳步推进自动化。从最早的手工测试设备，到引入首台进口全自动测试设备，尝试首条自主设计的自动化测试设备成功，再到自主研发的首条智能化测试线顺利投产，SCPS 开创自己独特的自动化之路的同时，对零部件及总装的自动化也在进行积极探索。并且 SCPS 持续深耕数字化工厂建设，集中统一用户权限管理，以流程为驱动，搭建数字化平台持续集成工厂的数字化应用。

作为西门子低压产品事业部全球生产网络中的一个关键运营公司，上海西门子线路保护系统有限公司秉承以客户为导向的管理，通过提供高质量的产品和一流的服务，很好地适应变化的市场条件，以向我们的客户提供充足的，可靠的产品和更快的响应，获得了客户和市场的一致认可！

展望未来，上海西门子线路保护系统有限公司明确定义了更高的发展目标，并积极倡导主人翁精神的企业文化，不断奋斗，力争卓越。上海西门子线路保护系统有限公司正沿着达成目标的轨道不断前进！开启发展的新篇章！

# 豪威集团简介

# OMNIVISION GROUP PROFILE

上海浦东新区上科路88号，201210

+86 21 6175 9888

sales.cn@corp.ovt.com

www.omnivision-group.com

豪威集团-上海韦尔半导体股份有限公司（SH：603501）是全球排名前列的中国半导体设计公司。集团总部位于上海，研发中心与业务网络遍布全球，年出货量超过135亿颗。豪威集团致力于提供传感器解决方案、模拟解决方案和触屏与显示解决方案，助力客户在手机、安防监控、汽车电子、可穿戴设备、IoT、笔记本电脑、消费电子、工业、医疗等领域解决技术挑战，满足与日俱增的人工智能与绿色能源需求。

“赋能科技，感知无限。”豪威集团将充分完善全球战略性布局，凭借持续的技术创新、高度协同的供应链与客户群以及多元杰出的人才，优势互补、资源共享、协同并进实现规模效应，秉承技术创新，提升客户满意度和粘性，为客户提供更好的产品与服务并借此与客户一起为全球消费者创造更大的价值。

OmniVision Group - Will Semiconductor Co., Ltd. (SH: 603501) is a global leading IC design company in China. With worldwide Research & Development centers and business networks, OmniVision’s headquarter is located in Shanghai and annual shipment is 13.5 billion+. By delivering Sensor Solutions, Analog Solutions as well as Touch and Display Solutions, OmniVision Group is committed to helping customers in mobile, security, automotive, wearable devices, IoT, computing, consumer electronics, industry and medical to solve technical challenges and meeting increasing demands for artificial intelligence (AI) and green energy.

“Empower the Sensing by Technology.” OmniVision Group aspires to fully improve its global strategic presence, leveraging the complementary advantages, resource sharing and synergy of continuous innovation, high synergy for supply chains and clients and diversified talents to enable scale effect. Adhering to technological innovation to improve customers’ satisfaction and stickiness, OmniVision Group will continuously provide superior products and service to create greater value for our global customers.

OMNIVISION™

# 整体解决方案

## FOCUSED SEGMENTS WITH TOTAL SOLUTIONS

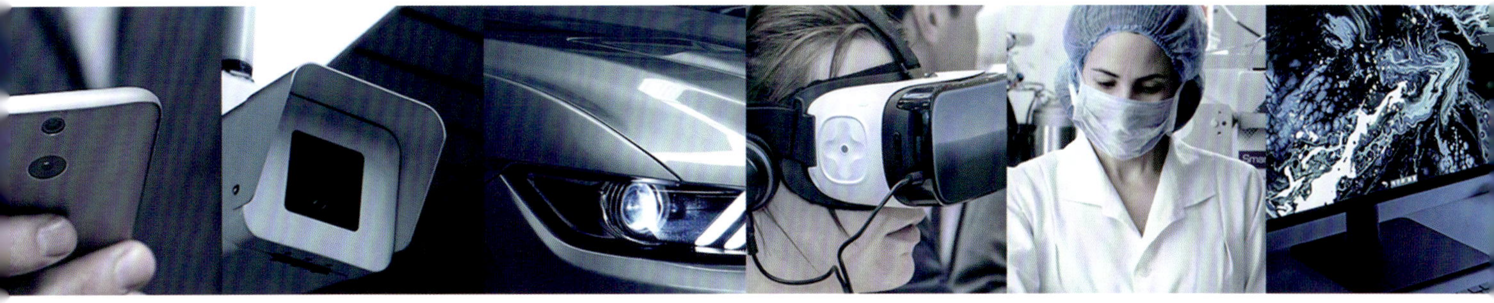

安防监控 Security | 电脑平板 Computing | 工业 Industry | 可穿戴设备 Wearable | 物联网 IOT | 汽车电子 Automotive | 手持设备 Mobile | 消费电子 Consumer Electronics | 医疗 Medical

# 持续完善产品组合 (3+N)

## CONTINUOUSLY ENHANCED PORTFOLIO FOR COMPLETE SOLUTIONS (3+N)

图像传感器
COMS
CCC – Camera Cube Chip included

模拟与分立器件
Analog
& Discrete

触控与显示驱动
Touch & Display
Driver

微处理单元
MCU

高速传输
Serdes

液晶覆硅
LCOS

射频器件
RF Device

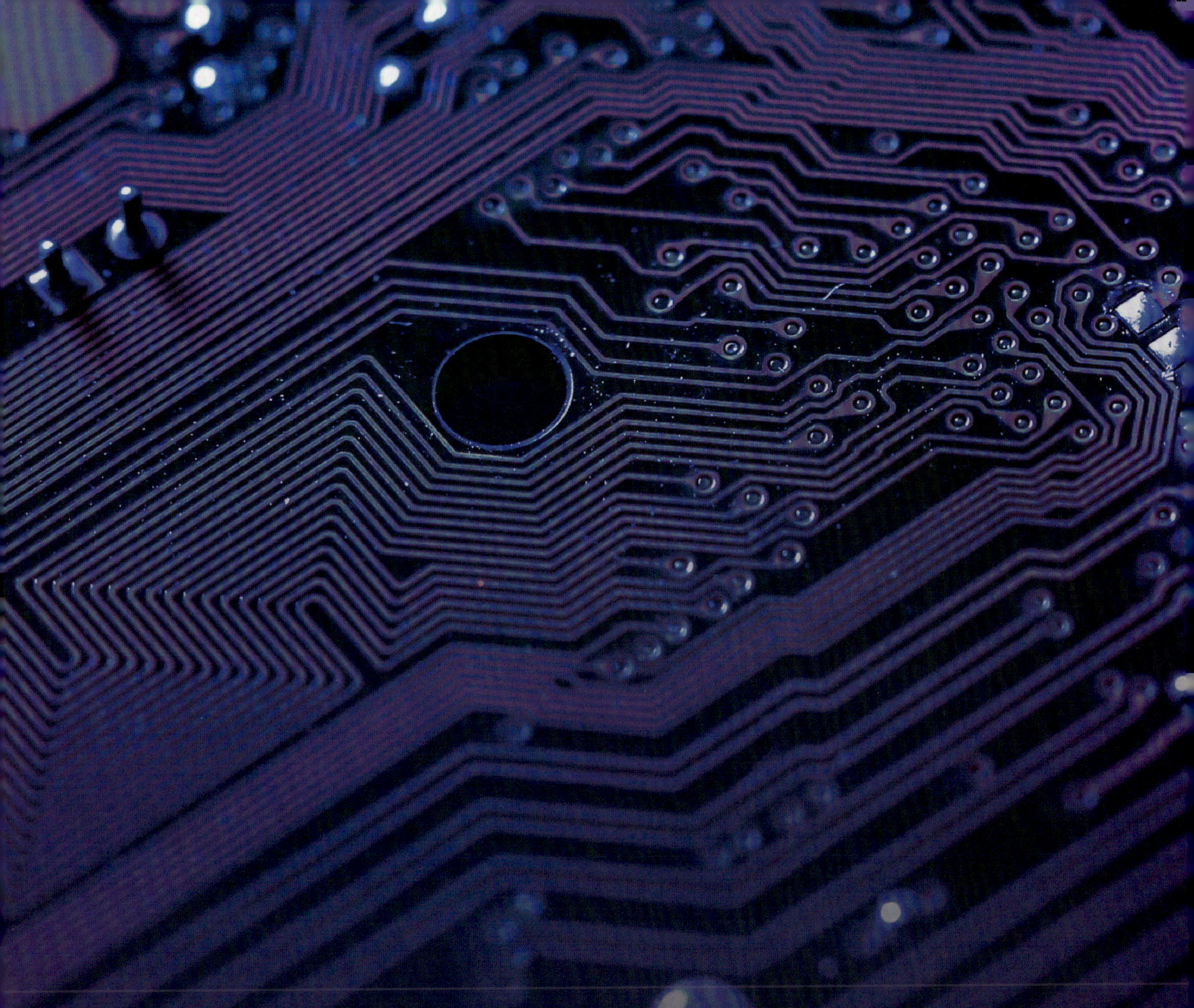

# 打造全球一流的高性能GPU芯片公司

沐曦集成电路（上海）有限公司（简称：沐曦）致力于为异构计算提供高性能GPU芯片和解决方案。公司于2020年9月成立于上海，并在北京、南京、成都、杭州、深圳和武汉等地分别建立了全资子公司暨研发中心。

沐曦自成立之日起即保持着高速的成长性，展示出强大的人才号召力、产业资源聚集力、产品研发执行力和产业生态上下游布局能力。目前，沐曦已与服务器OEM、大数据中心、互联网运营商等行业客户建立了紧密的合作关系，并与众多知名高校和研究机构密切开展产学研合作，快速推进产业上下游生态的建设。

沐曦核心团队成员平均拥有近20年高性能GPU产品端到端研发经验，曾主导过十多款世界主流高性能GPU产品研发，包括GPU架构定义、GPU IP设计、GPU SoC设计及GPU系统解决方案的量产交付全流程，是技术完备、设计和产业化经验丰富的团队。

沐曦高性能GPU芯片及解决方案具有完全自主研发的全新专利架构、兼容国际主流生态的完整软件栈，在AI推理、AI训练、高性能数据分析、科学计算、数据中心、云游戏与元宇宙等众多前沿领域具有广泛的应用前景，能够为数字经济的发展提供强大的算力支持。

上海 | 北京 | 南京 | 成都 | 杭州 | 深圳 | 武汉
pr@metax-tech.com
www.metax-tech.com
METAX 沐曦
雄“芯”壮志·创造不凡
Make the Difference, Mark the Future

# 上海无线电设备研究所

上海无线电设备研究所是我国从事精确制导、空间探测与遥感、数据通信、智能交通等领域技术研究、产品研制的国家重点科研单位。经过近六十年的发展，在专业技术、科研能力、人才队伍和企业文化等方面取得了瞩目的成绩，目前拥有一个国家级重点实验室、两个上海市级重点实验室和工程技术中心，综合实力处于国内领先水平，致力建设成为世界一流精确制导专业研究所。现有国家百千万人才工程专家、政府特殊津贴专家、省部级学术技术带头人、高级工程师等人才350余人，先后承担数百项国家级、省部级重点科研项目，取得省部级以上科技成果200余项，拥有专利560余项，荣获全国五一劳动奖状、全国五四红旗团委、全国模范职工之家、国资委深化人才发展体制机制改革示范企业等，蝉联上海市文明单位、上海市高新技术企业。

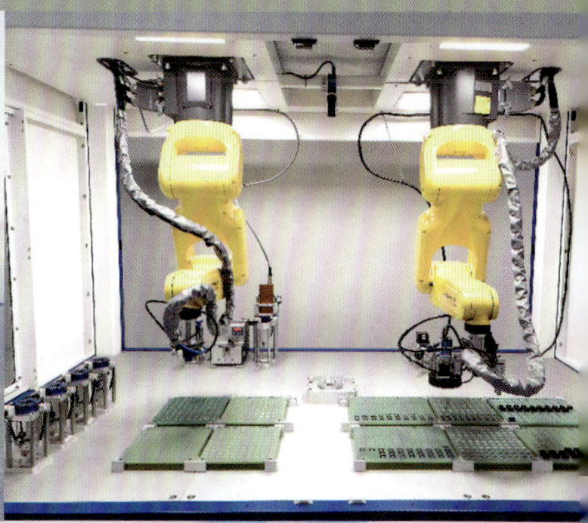

# 上海复控华龙微系统技术有限公司

上海复控华龙微系统技术有限公司（以下简称公司）是国内首家发布北斗卫星导航基带处理芯片的企业，由国内首家赴香港上市 IC 设计企业——上海复旦微电子集团股份有限公司发起成立，2020 年进一步引入了以上海市军民融合产业股份投资基金领投的战略合作伙伴。公司基于深厚的片上系统芯片（System on a Chip）、嵌入式系统（Embedded system）及应用解决方案的技术积累，以北斗卫星导航、RFID 等为核心技术，构建"+ 北斗"核心技术平台，以农林渔、海洋应用、基础建设、公共安全、铁路等为主要业务领域，完整掌握北斗芯片、模组、行业"整机 + 云服务"整体解决方案。

公司于 2007 年 10 月注册成立，坐落于上海宝山区长江软件园，注册资本人民币 7200 万元。自成立以来，通过了"GJB9001C-2017""ISO9001:2015"质量体系认证及国家二级保密资格认证，是上海市集成电路设计企业、上海市高新技术企业、浦东新区研发机构，经国家人事部授权设立的"博士后科研工作站"，2016 年 7 月获得首届"宝山区区长质量奖"，2016 年 11 月公司参与研制的"北斗导航与位置服务关键技术及产业化"项目获得上海市科技进步特等奖，2017 年 5 月获得第八届中国卫星导航学术年会北斗卫星导航应用产业推广贡献奖，2017 年 11 月获得上海市质量攻关三等奖，2017 年 12 月获得国家科学技术进步奖二等奖，2019 年获得上海市高新技术成果转化项目自主创新十强。

公司拥有完整的科研开发团队，该团队源自上海最早的集成电路设计和行业解决方案队伍，平均从事研发时间逾十年，尤其在北斗及片上系统芯片、嵌入式系统和行业整体解决方案开发方面拥有丰富的技术积累，曾先后承担并完成国家重点技术创新项目、国家创新基金项目及上海市重点技术开发等项目十余项。

2022 年是北斗系统由北斗二号向北斗三号全面升级转移的关键一年，北斗系统将籍此为全球用户提供全时段全天候高精度定位授时及短报文服务，复控华龙仍将聚焦自主创新北斗核心集成电路研发，重点开展北斗三号系列芯片产品的产业化推广工作，为北斗产业蓬勃发展添砖加瓦。此外，复控华龙于 2019 年启动了自主可控民用电子雷管控制芯片的研制，取得了多项技术创新，系列产品获得了行业应用，通过 2022 年的深入应用推广，必将在"十四五"为国家民爆的科技进步与产业升级做出重大的贡献。

# 华院计算技术（上海）股份有限公司

华院计算技术（上海）股份有限公司是领先的数据技术和人工智能公司，公司成立于2002年，以“让世界更智慧”为愿景，以算法研究和创新应用为核心，致力于数学应用与计算技术发展，着力发展认知智能技术，提供底层智能引擎，引领算法自主创新，为社会治理、工业、金融、零售等行业提供智能化的产品和服务，推动行业智能化的转型和升级。

华院计算以赋能企业“数据智能”为使命，从计算智能、感知智能，到认知智能，一直在大数据／人工智能领域处于领先位置。自成立以来，华院计算为电信、金融、政府、电商／零售、医疗／健康、工业／制造等行业和领域提供大数据和AI产品及应用解决方案，实施项目总计600+。

## 智能钢铁

Uni-Steel 飞钢安监系统是华院计算基于图像识别及智能算法自主开发，用于钢轨轧线中轧机出口状态的智能安全监测系统。

系统结合多个算法体系，确保系统准确、快速、稳定地对钢轨轧制状态进行实时监测钢轨发生头部弯曲时，及时报警通知操作人员干预和修正。一旦监测出飞钢问题，自动启动声光报警，提醒现场人员安全撤离，同时控制主传动停机，防止发生安全事故。

Uni-Steel 飞钢安监系统通过集成信息化、智能化技术及产品，以赋能企业“数据智能”为使命，确保人员及生产设备安全，协助钢铁生产企业提高生产过程管理质量以及完成自动化、信息化、智能化技术转型和升级。

## 智能焦化

Uni-Coal 智能焦化系统是华院计算基于认知智能技术及机器学习技术自主研发，为解决焦化行业配煤问题而推出的认知智能应用系统。

Uni-Coal 智能焦化系统核心功能是智能配煤，系统采用认知智能算法与专家配煤经验相结合的方式构建数学模型，可以通过小数据学习的方式，自动升级迭代配煤模型，快速适应复杂的煤种变化。Uni-Coal 智能配煤模型可以帮助企业优化配煤结构，减少优质炼焦煤使用比例，降低生产成本，稳定焦炭质量，提高配煤效率。

Uni-Coal 智能焦化系统提供完善的数字化流程管控，包含实时数据中心的数据看板、智能配煤、智能煤仓、库存管理、客户管理等模块，分别从原料煤质量数据库、原料煤供应商数据库、最优配煤方案生成、配比方案比较、焦炭质量预测、化产负荷预测、焦炭数据库、煤焦评价体系、排班排产计划、原料煤采购计划、客户反馈管理等功能上，全面实现采购、生产、销售全流程信息化、智能化，实现科学采购原料、优化配煤方案、严控工艺流程、优化库存等。

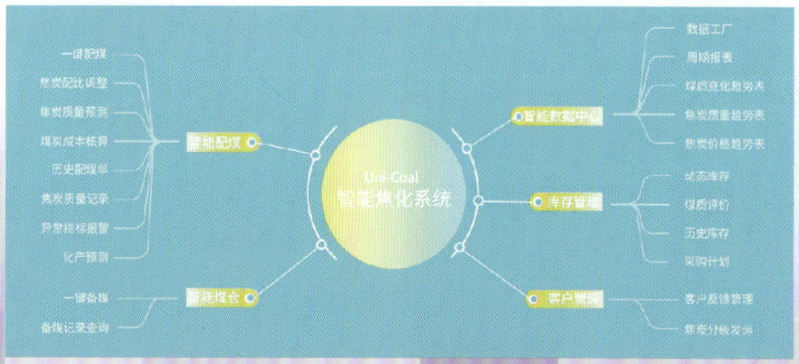

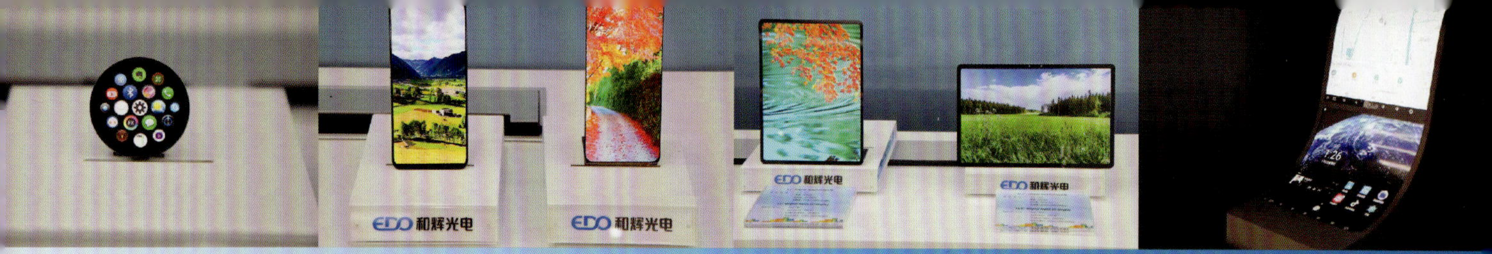


上海和辉光电股份有限公司(股票代码：688538)成立于2012年10月，专注于中小尺寸高解析AMOLED半导体显示面板的研发、生产及销售，目前注册资本138.9亿元。公司是高新技术企业、国家知识产权优势企业、绿色工厂示范单位，并被国务院国企改革领导小组办公室列入“科改示范企业”，同时荣膺“上海知识产权创新奖”等众多奖项。

公司成立至今近十年内先后建成第4.5代AMOLED生产线和第6代AMOLED生产线，其中公司第6代AMOLED生产线项目的顺利建成投产极大提升了和辉光电的企业能级。2018至2021年营业收入年复合增长率为71.08%，多种产品已实现向华为、联想、传音、小米和上汽等国内一线品牌稳定供货。据国际数据公司Omdia统计，2021年公司智能穿戴AMOLED半导体显示面板出货量位列全球第2名、国内第1名；智能手机AMOLED半导体显示面板出货量位列全球第5名、国内第3名；平板/笔记本电脑AMOLED半导体显示面板出货量位列全球第2名，国内第1名，特别在平板电脑领域，公司是国内首家量产出货平板/笔记本电脑类AMOLED半导体显示面板的行业厂商。目前和辉光电已发展成为在国内外AMOLED产业有一定影响力并可代表上海市新型显示产业发展水平的企业。

为更好地发挥公司技术创新及规模经济优势，实现持续发展，公司于2021年5月28日正式登陆科创板上市。上市募集资金主要用于建设第6代AMOLED生产线产能扩充项目，将实现第6代AMOLED生产线产能由每月3万片大板提升到4.5万片大板，该项目是2022年上海市重大工程建设项目。

# 上海和辉光电股份有限公司

上海威贸电子股份有限公司

股票代码：833346
www.shwmdz.com

威贸电子
Weimao Electronic

## 企业简介

上海威贸电子股份有限公司创立于1988年9月，是一家集研发、生产、销售、服务于一体的工业连接方案集成制造商。公司专注于为客户提供含电线、线束组件、注塑结构件、PCBA、线圈的一站式整体解决方案，产品涵盖汽车（含新能源汽车）、智能家电、工业自动化、高铁、医疗、净水环保等领域。

公司凭借丰富的技术积累与完善的集成能力，与众多细分行业龙头企业和跨国集团建立了长期合作伙伴关系，为其提供各类智能连接和控制模块的设计研发及定制生产。公司注重产品质量与可持续发展，先后获得ISO9001 质量体系认证、ISO14001环境管理体系认证，IAFT169491汽车质量体系认证和美国UL认证，产品符合相关行业标准以及欧盟ROHS、REACH 标准。

公司于2015年8月登陆新三板市场，股票代码833346，并于2022年2月转板上市，正式登陆北京证券交易所。

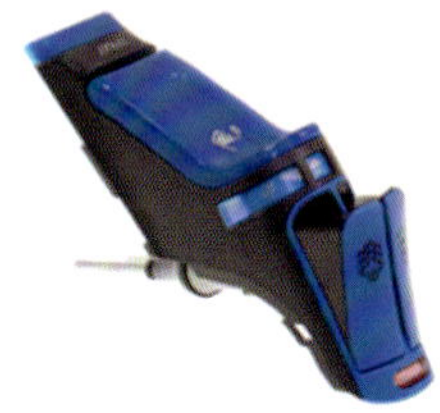

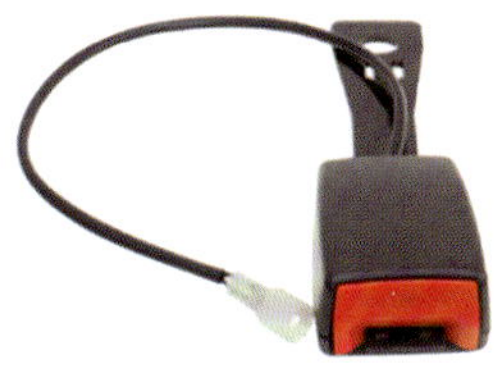

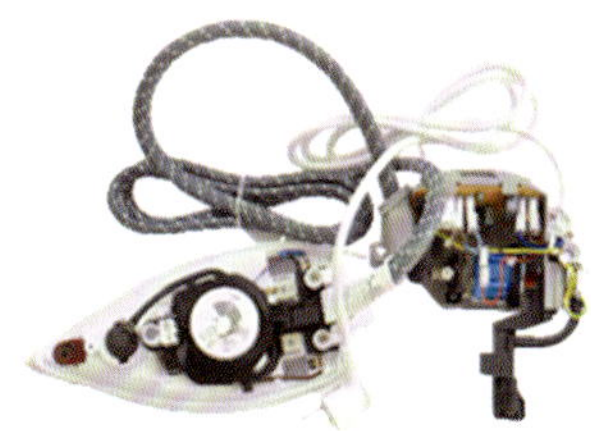

## 企业理念

为客户创造更多的价值。

## 质量方针

精益求精、持续改进。

## 涉及领域

### 新能源汽车/汽车

作为公司主要客户领域，公司为汽车行业客户提供新能源电动大巴整车高低压线束，汽车各类灯线、方向盘柱锁控制线、点火线圈线束、后备箱自动升降马达控制线、油门踏板线束等汽车电子部件线束。

### 净水环保

我们为全世界知名净水器设备品牌提供各类线束，如水质探测TDS线束，变压器线束，光电传感器线束，设备电源线，转接线等。严格的质量要求与优质的材料选择确保了我们的终端客户每天能喝到安全、健康的饮用水。

### 高铁

为高铁客户长期提供多种型号的温度传感器线束。产品广泛应用于和谐号、复兴号。

### 智能家电

与欧洲多个小家电巨头合作10多年，为其高端家电如电熨斗、扫地机器人等提供各类塑料件、线束及组装服务。

### 工业自动化

提供各类工业自动化设备连接线、带PCB控制线等，精湛的工艺以及精密稳定的波峰焊机器确保我司线束产品稳定可靠，并持续为工业4.0提供解决方案。

新工厂：上海市青浦区练塘镇练东路28号
老工厂：上海市青浦区练塘镇朱枫公路6189弄58号
（Tel：021-5982-3521；Fax. +86 (21) 54251188）

公司地址：上海市徐汇区肇嘉浜路807号15楼C座，
邮编：200032　Tel. +86 (21) 64860000

苏州工厂地址：江苏省苏州市太湖新城镇宛平社区同安西路94号.
Tel. 0512-63398589　Fax. 0512-63197386

专注电子产品智造

苏试宜特
CHINAiSTI TESTING SERVICE
集成电路与汽车零部件
一站式整合验证分析服务平台
Your Faithful Lab Partner
Wafer
PCB
PCBA
End Products
IC 设计
线路板
组装厂
终端成品
Components
Board Level
Module
晶圆切割
快速封装
样品制备
失效分析
芯片线路修改
材料分析
可靠度验证
板阶可靠度验证
汽车电子可靠度验证
苏试宜特(上海)检测技术股份有限公司
上海 - 深圳 - 厦门 - 北京 - 天津 - 成都 - 西安
800-988-0501
marketing_cn@chinaisti.com

# 上海众新信息科技有限公司

上海众新信息科技有限公司成立于 2015 年，位于上海张江高科技园区，是一家专业从事高性能计算平台产品的开发、设计、集成和销售的高新技术企业。公司拥有一支高素质的研发团队，在硬件设计、底层固件及系统管理软件开发、高速信号仿真、散热结构设计、系统集成、客户定制化开发及产品生命周期管理等方面拥有丰富的经验，具有行业领先的工业产品设计实力与经验，拥有服务国际大客户和为军工、航天、网安、医疗、监控等专用领域定制化设计的丰富经验。

上海众新信息科技有限公司产品线丰富，自主研发了国产自主可控立方体超级计算机，国产兆芯 x86 服务器，COM Express 嵌入式电脑模块，ATCA 刀片服务器，CompactPCI 等其它嵌入式工业级计算机产品。公司研制的立方体超级计算机自主可控，计算效率高，能耗低，在分子动力学领域有独特的优势。公司研制的安全可信可控的高性能计算平台产品，尤其在国产网络安全设备方面一直占主导地位，所开发的产品广泛应用于医疗电子、工业控制、电信、大数据、网络安全、航天军工，轨道交通，测试测量、科研以及教育等众多领域。

上海众新信息科技有限公司坚持自主研发，不断加深与顶级半导体公司的技术合作，以软硬件技术为依托，以雄厚的技术力量为基础，致力于适合中国国情的产品研发与销售，以弹性多元化的合作方式为客户提供优质快速的全方位解决方案，为客户提供咨询、设计、生产等全方位服务和强有力的技术支持，并提供卓有成效的用户培训和完善的售后服务，以帮助企业改进产品质量。公司核心技术产品已获得多项专利及软件著作权，并已连续两次通过 ISO 质量管理体系认证，2021 年公司顺利通过国家级高新技术企业复审，使公司科技化管理水平又迈上了一个新台阶。我们将紧跟尖端嵌入式技术发展的趋势，以过硬的技术，诚挚的态度，更好的服务于各行业客户。

# 中国兵器装备集团上海电控研究所

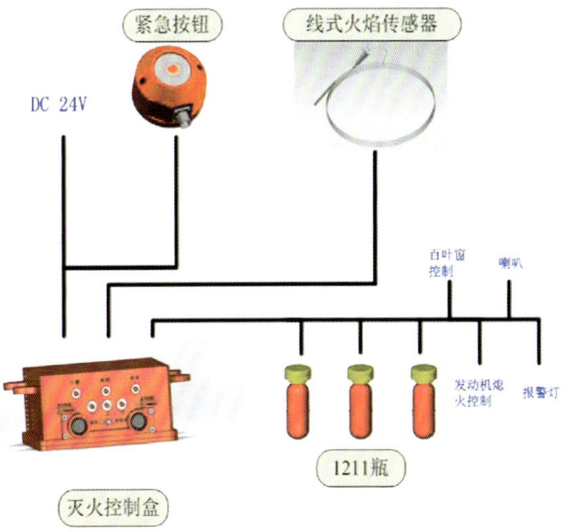


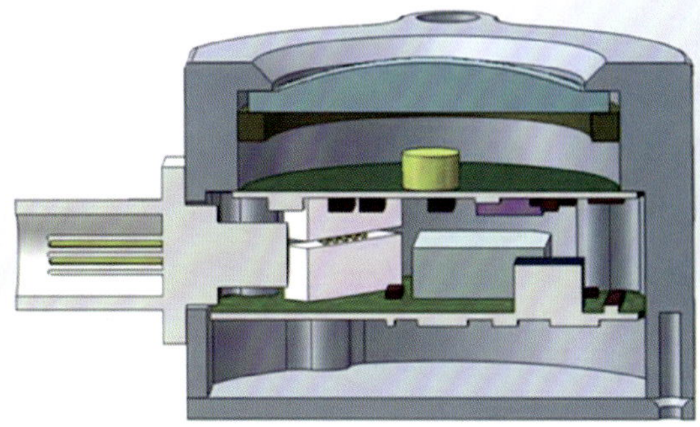

中国兵器装备集团上海电控研究所成立于1986年3月，是集科研、生产、试制于一体的科研事业单位，隶属于中国兵器装备集团有限公司，坐落于上海市杨浦区，下设上海赛克实业有限公司和上海北通导控科技发展有限公司两家全资子公司。主要专业领域为灭火抑爆技术、光电旋转技术、北斗通信技术，是目前国内唯一在陆军武器装备领域掌握光纤集成旋转连接传输核心技术并实现相关产品产业化的单位，是兵器装备集团公司北斗导航领域的唯一技术依托单位，是上海市国防科技工业协会理事单位，是上海市杨浦区企业技术中心。中国兵器装备集团上海电控研究所成立以来先后荣获部级以上科技进步奖100余项，获得专利120余项，被国务院国有资产监督管理委员会评为“先进集体”，连续十一届荣获上海市文明单位、连续数年获得“上海市平安单位”和“上海市诚信创建企业”称号。

综合型灭火装置：综合型灭火装置是基于分布式光纤测温技术基础上研制的军用车辆火焰探测及灭火设备，其覆盖范围与性能指标均较第二代线式火焰探测器有显著的提高，实现了动力舱温度区域化精确感知、火灾门限灵活设定、温升异常快速预警响应，解决了特种车辆灭火领域测温精度低、火焰定位难、火灾漏报误报的技术问题，具备高精度、高灵敏度、温度连续测量的能力，具有抗干扰能力强、体积小、高可靠性、低成本等特点。

高探测率复合光学探测：紫红外复合火焰探测方式，集成度高探测灵敏度高，能够快速识别火情或干扰光源，抗干扰能力强、响应速度快，小型化，低功耗、低成本、高可靠设计。

高精度北斗多模式定位定向设备：高精度北斗多模式定位定向设备，能够接收和处理BD2 RDSS、BD2 RNSS、GPS等多种无线电导航系统信号，全天候、实时、连续为协同单元体系提供卫星定位、定向、通信、位置监控与处理支持，实现位置监控、短语通信、还可提供统一时间支持，满足指挥系统对精度授时和实时报文通信的需求。应用于各类车辆及无人机，利用北斗卫星给车辆及无人机提供实现定位、定向、测速、授时、短报文通信等，同时可接收基准站通信差分信息，实现高精度定位，可作为集群协同作战指挥的通讯手段。

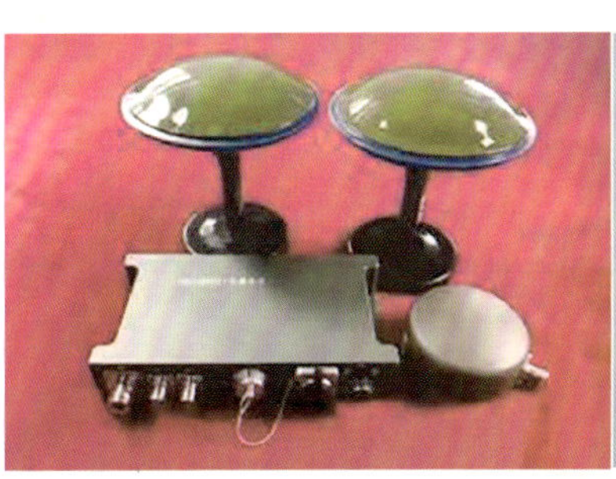

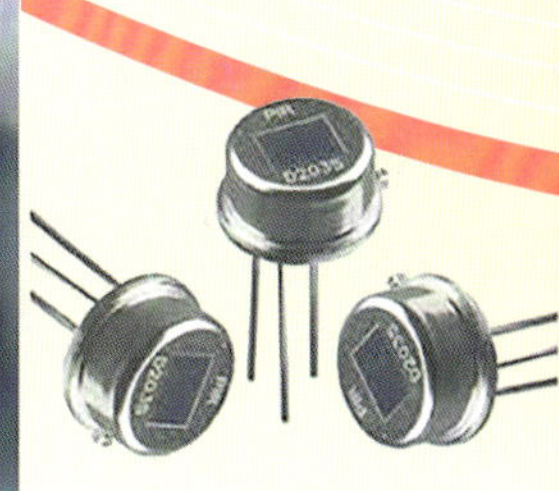

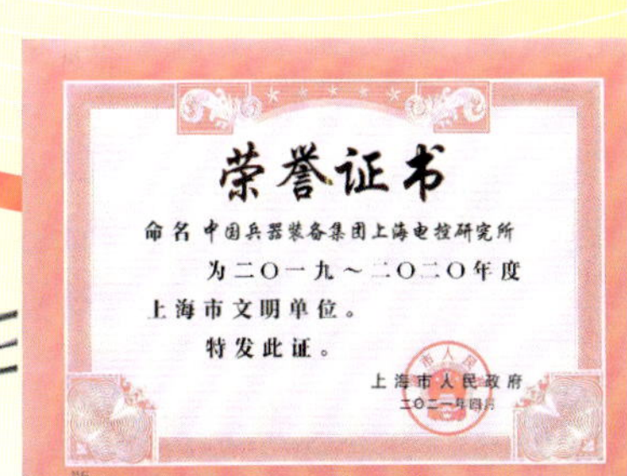

# 北京华大九天科技股份有限公司

北京华大九天科技股份有限公司（简称“华大九天”）成立于 2009 年，一直聚焦于 EDA 工具的开发、销售及相关服务业务。

华大九天持续推进 EDA 领域的新技术产业化落地，目前具备了模拟电路设计全流程 EDA 工具系统、数字电路设计 EDA 工具、平板显示电路设计全流程 EDA 工具系统以及晶圆制造 EDA 工具的核心技术，并已完全实现了相关产品的产业化应用。截至 2020 年 12 月 31 日，公司共拥有已授权发明专利 144 项，软件著作权 50 项。公司曾荣获“第二届集成电路产业技术创新奖（成果产业化奖）”、“中国半导体创新产品和技术奖”、“第八届中国电子信息博览会创新奖”等多项荣誉。

在 EDA 产品方面，模拟电路设计全流程 EDA 工具系统支持 28nm 工艺制程，电路仿真工具支持最先进的 5nm 工艺，性能国际领先，该系统包括原理图编辑工具、版图编辑工具、电路仿真工具、物理验证工具、寄生 参数提取工具和可靠性分析工具等，为用户提供了从电路到版图、从设计到验证的一站式完整解决方案。

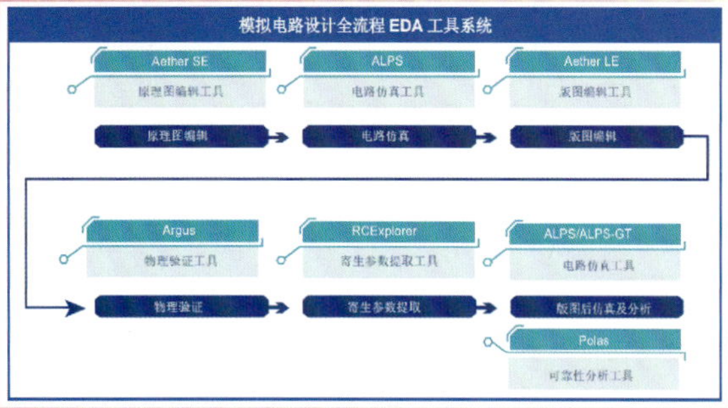


数字电路设计 EDA 工具，除个别工具外，均达到国际领先水平，可支持 5nm 量产工艺制程，主要工具如下图所示：

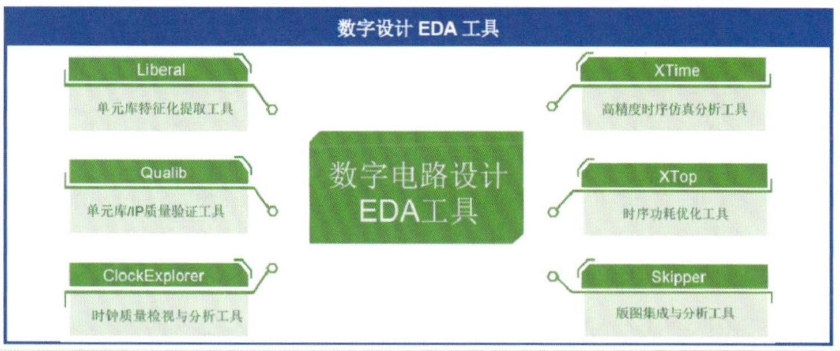


平板显示电路设计全流程 EDA 工具系统，可为用户提供从电路到版图、从设计到验证的一站式完整解决方案。

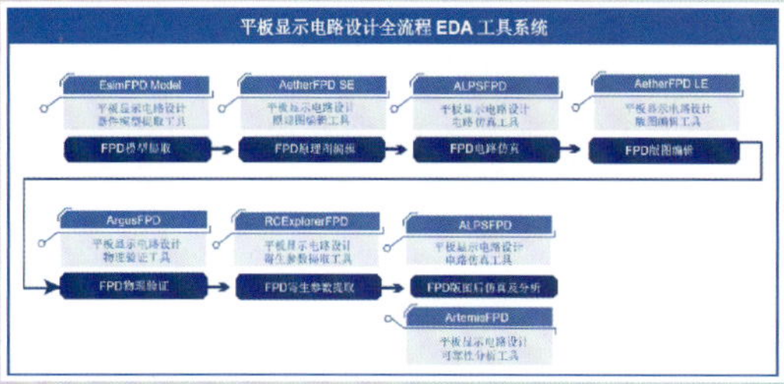


公司针对晶圆制造厂的工艺开发和 IP 设计需求，提供了相关的晶圆制造 EDA 工具，包括器件模型提取工具、存储器编译器开发工具、单元库特征化提取工具、单元库 /IP 质量验证工具、版图集成与分析工具以及模拟电路设计全流程 EDA 工具等，为晶圆制 造厂提供了重要的技术支撑。目前公司晶圆制造 EDA 工具已得到用户的广泛认可。

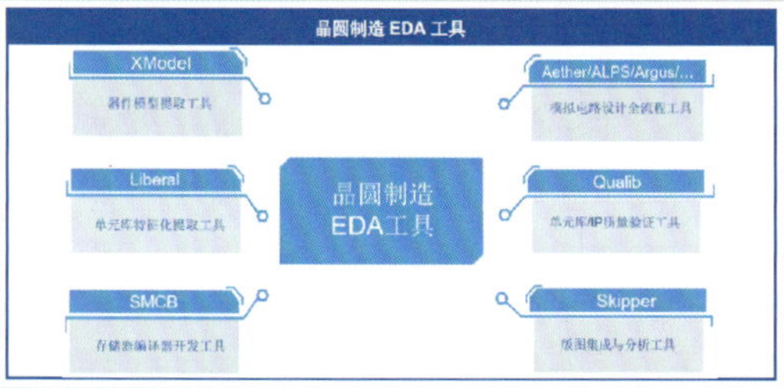


华大九天总部位于北京，在南京、上海、成都和深圳设有全资子公司，上海华大九天信息科技有限公司，注册资本金人民币 10 亿元，布局新一代 EDA 技术，努力打造满足集成电路设计、制造、封测全产业链的 EDA 工具平台。公司会积极配合上海市集成电路产业发展规划布局，立足临港，贴近服务长三角产业客户，大力建设上海九天，未来打造成为华大九天 EDA 全球业务运营中心、主要研发中心以及结算中心，给公司下一步发展腾飞奠定基础，下辖南京九天公司，成都九天公司，韩国九天公司。

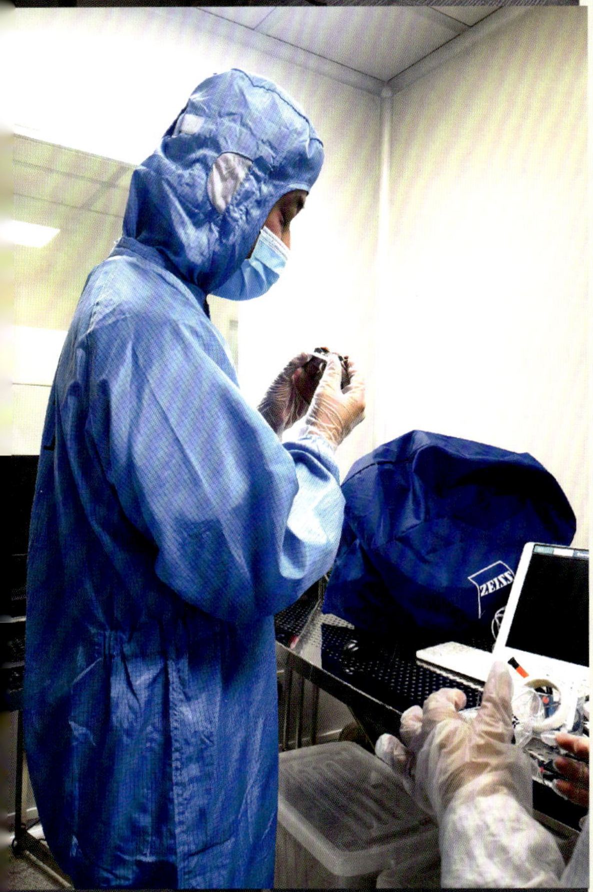

# 中天弘宇集成电路有限责任公司

中天弘宇集成电路有限责任公司（简称中天弘宇）成立于2018年，总部位于上海浦东新区张江高科技园区内。中天弘宇专注于快闪存储器(Flash Memory)的研发、应用和市场推广领域。

中天弘宇以国际首创、国内自主原创的“二次电子倍增注入浮栅“原理为基础，以自主、原创、可控的知识产权专利发明为契机，实现了中国存储芯片领域原创专利零的突破，并进一步拓展应用领域及国际市场，为全球数字信息化浪潮提供优质的存储解决方案。

中天弘宇研发成功的新型快闪存储器具有以下突出的特性和前景：

- 完整、自主的知识产权
- 先进、独特的创新成果
- 提升现有闪存规格参数
- 拓展海量数据存储市场

中天弘宇充分运用“二次电子倍增注入浮栅”的物理现象，并利用其进行了创新结构设计，初步构建了拥有国内、国际完整自主知识产权专利的系列新型高性能快闪存储器产品，实现了中国集成电路存储器领域零的突破，“在非易失存储领域属国际首创技术”。该项发明成果已在中、日、美、韩和台湾地区申请了成体系的原创性发明专利，其中多项已获批，另有近百项在审批中。

## 1. 中天弘宇 – 技术创新及优势

中天弘宇运用国际首创、国内自主原创的“二次电子倍增注入浮栅”的物理原理，在不改变原材料构成、工艺实现的条件下，对标传统的闪存系列产品，用自主原创的发明成果构造了全新的存储器底层技术体系，形成新型高性能存储器系列产品，属于自主、原创、可控的先进存储技术。

中天弘宇创造性地对闪存存储进行了重构，突破了20多年来阻碍闪存存储技术缩微扩容发展的瓶颈，使得其在同样的工艺条件下，可以做到大容量、小面积、低功耗，且有效的解决大规模数据存储、运行一体化的世界性难题。

## 2. 中天弘宇 – 产品发展规划

中天弘宇完整地规划了嵌入式、独立式到完整应用领域的系列产品，将按规划、分步骤地进行产业化应用。例如：

- 嵌入式闪存（eFlash）是充分运用”二次电子倍增注入浮栅“的原理，加上独特的折叠栅结构，在完全具备现有eFlash的特性的同时，具有更小的面积、更低的功耗等突出优势；
- 独立式闪存产品是基于我们的独创原理设计的，完全具有现有NOR Flash功能的存储器，且具有低功耗和大容量优势。在现有工艺技术条件下量产，产品具有功耗低、面积小的优势；
- 系列产品持续开发中……

# 波克科技股份有限公司

波克科技股份有限公司（以下简称波克城市）2010 年于上海市普陀区注册成立，目前拥有员工 1000 余名。波克城市连续五年被评为中国互联网百强企业，2021 年位列 53 位，同时先后被认定为国家高新技术企业、上海市级企业技术中心、上海软件和信息技术服务业百强、普陀区独角兽企业。公司成立至今，累计纳税超 50 亿元。

波克城市立足于精品休闲游戏的全球化研发与发行，致力于成为世界领先的数字文化娱乐平台，旗下拥有《猫咪公寓》系列、《Tile Master》《爆炒江湖》《我是航天员》等精品休闲游戏。目前，波克城市在全球拥有超过 5 亿的注册用户，月活跃用户超过 6000 万人，其中海外市场占比超 70%。

2018 年来，波克城市紧跟国家“一带一路”倡议，开启游戏出海战略，从本地化、推广方式、用户行为习惯等多个角度不断迭代出海策略，逐渐形成自身独特的出海方法论。波克城市业务范围已覆盖 200 多个国家和地区。

波克城市一直持续探索游戏正向价值的更多可能性，基于自身深耕游戏行业多年的经验，逐渐形成“游戏 +”创新发展模式，即以游戏为载体，将游戏与科普、教育、医疗、体育、公益、艺术等领域相融合，用游戏跨界“赋能”这些传统领域。

“游戏 + 科普”是波克城市最早的探索方向，目前已推出多款科普小游戏，题材覆盖垃圾分类、科学防疫、生物多样性、四史学习等多个方向。2021 年，波克城市与新华网达成战略合作，携手研发《我是航天员》科普手游，将科普与游戏玩法深度结合，计划将其打造成航天科普的线上据点，旨在以寓教于乐的游戏形式普及航天知识、传播航天精神。

2021 年，波克城市提出“游戏化数字疗法”战略，旨在通过“游戏 + 医疗”的机制，提高医疗服务效率与可及性，创新医患交互的方式与体验。2022 年，波克城市正式发布了儿童斜弱视康复训练软件《快乐视界星球 • 视觉训练系统》，该软件已获得国家药品监督管理局资格认证，旨在用游戏化手段切实有效地解决小朋友在弱视治疗过程中，存在的依从性、有效性等问题。

波克城市自成立以来，一直坚持通过公益行为践行企业社会责任。2019 年，波克城市发起成立上海波克公益基金会，先后和不同的社会公益组织、儿童医院、贫困地区小学联合开展过各类公益项目，包括白血病患儿关爱项目、云南助学项目、拥军系列公益活动等。波克城市自成立以来已累计捐款捐物超 3800 万元，携手波克公益帮扶近 4 万人，支持开展公益活动近 400 场，公益足迹走过全国 7 个省份。

# 东方有线网络有限公司

东方有线网络有限公司成立于 1998 年 12 月，前身是上海有线电视台网络部。是最早经国务院批准的全国有线电视系统内的“视频、音频、数据服务三网合一”试点单位，上海市认证的“高新技术企业”。

公司是上海市唯一的有线电视网络运营商，业务涵盖高清互动电视、个人宽带、企业数据、智慧城市、物联网等相关领域，是国内业务品种最丰富的全业务有线网络运营商之一。公司注册资本 15 亿元，旗下设立 5 家分公司、11 家控股子公司、4 家参股子公司，拥有员工 4500 余人。

目前公司已实现全市 700 多万户有线网络覆盖，全网传输近 180 套高标清频道，其中 70 余套高清频道、2 套 4K 超高清频道，超过 70 余万小时的在线点播视频服务。未来，东方有线将继续朝着打造全业务、高价值、高服务的综合运营商的方向努力，目标建成集广电传媒、通讯、城市信息化为一体的新型基础网络和应用平台以及上海市公共服务信息化主平台。

# 中国联合网络通信有限公司上海市分公司

中国联合网络通信集团有限公司（简称中国联通）于2009年1月6日由原中国网通和原中国联通合并重组而成，是整体进行混合所有制改革试点的中央企业。公司在2021年《财富》世界500强中位列第260位。

2021年12月6日，在2021中国联通合作伙伴大会上中国联通董事长刘烈宏发布了集团新发展战略，以"强基固本、守正创新、融合开放"新战略为1条主线，明确了中国联通"数字信息基础设施运营服务国家队、网络强国数字中国智慧社会建设主力军、数字技术融合创新排头兵"3个新定位，锚定"大联接、大计算、大数据、大应用、大安全"5大主航道，对新时代中国联通当好国家队、主力军和排头兵，明确了新的定位、布局和路径。

中国联合网络通信有限公司上海市分公司（简称上海联通）与中国联通集团同步完成融合重组，是中国联通在上海的重要分支机构，拥有包括移动和固定通信业务在内的全业务经营能力。按照上海主要行政区划分，上海联通下设13个区分公司，全面服务于对口区域的经济建设和社会发展。近年来，先后设立自贸区临港新片区分公司、张江高新区分公司，服务临港新片区开发建设和浦东高水平改革开放。为服务数字经济，上海联通不断优化组织机构，专门设立智慧城市、智能制造、金融科技、云网生态、现代服务业、交通物流、教育医卫7个事业部，联通（上海）产业互联网有限公司，服务上海城市数字化转型需求，满足各行各业数字化转型需要。设有联通创新创业投资（上海）有限公司、网络AI中心、产业互联网5G+AI应用孵化实验室、长三角办公室/虹桥商务区推进办公室，承接国家、集团和上海地方政府有关决策部署。

融合以来，在上海市委、市政府和集团公司的正确领导下，上海联通基于自身资源禀赋，在5G、云、大、物、智、安等领域加快业务布局，走出了一条以创新为引领的差异化发展道路，打造了商飞5G未来工厂、瑞金医院5G应急救援项目等系列标杆之作，公司科创人才占比达40%，队伍年轻、有活力、创新能力强。"十三五"期间，上海联通收入、利润等关键业绩指标持续改善，效益持续增长，圆满完成混改第一个三年盈利计划目标，由一个紧凑型企业向中等规模企业迈进。

在经济效益稳步增长的同时，上海联通始终坚持党建统领全局，成功探索打造了"融入式"党建，深化推动文明创建工作，先后荣获全国文明单位、全国五一劳动奖状、上海市文明行业、上海市企业文化建设示范基地、国防邮电系统最美职工之家等荣誉，蝉联3届全国文明单位称号，蝉联9届上海市文明单位称号。

"十四五"期间，上海联通将按照集团新战略的要求，争当开路先锋，加大新技术先行先试，加快新应用领先实践，加速新空间拓展增长，力争打造成为一个创新领域更为领先、数字化运营能力更强、要素配置效率更高、服务质量更优、企业治理效能更好、企业活力更充沛、政治生态更优、员工幸福指数更高、社会各界更为信赖的行业领先的综合数字服务运营商，成为数字经济建设的主力军，实现上海联通在新征程上的新跨越、新发展，成为集团公司实践新发展战略新征程的引领区，为上海经济建设和社会发展贡献力量。

灿瑞科技 ORIENT-CHIP

# 上海灿瑞科技股份有限公司

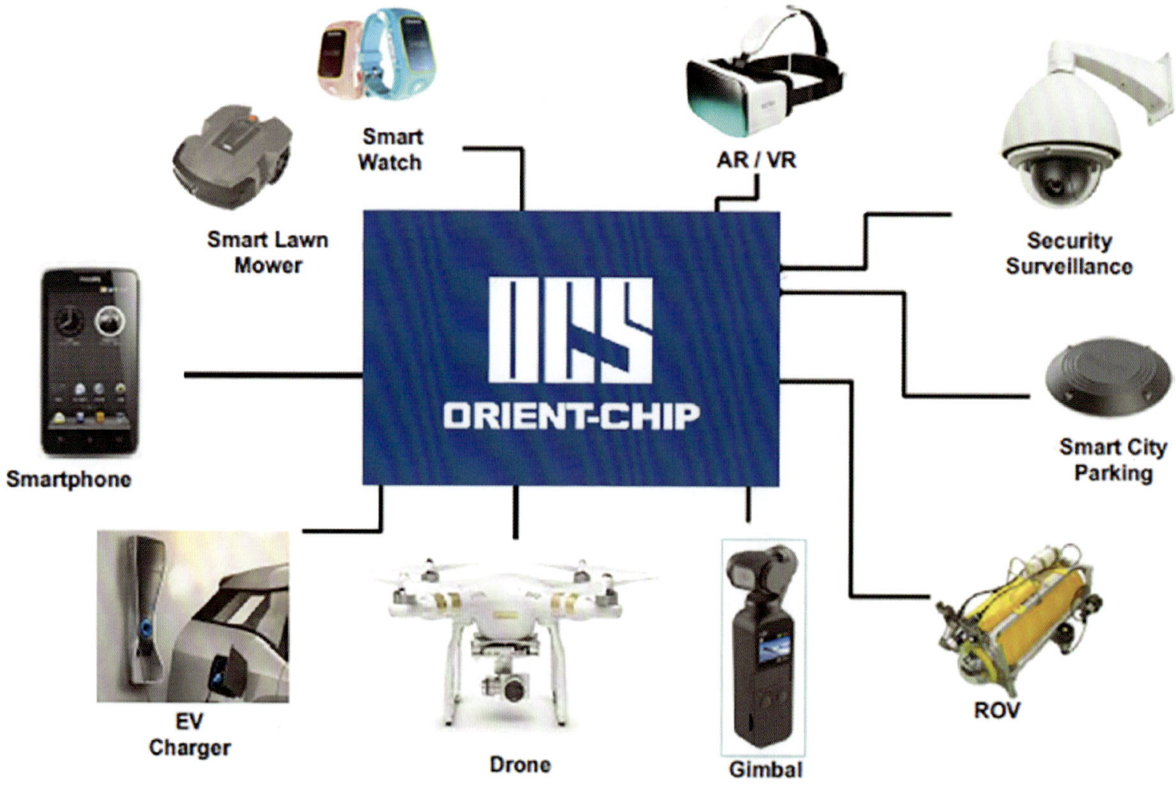


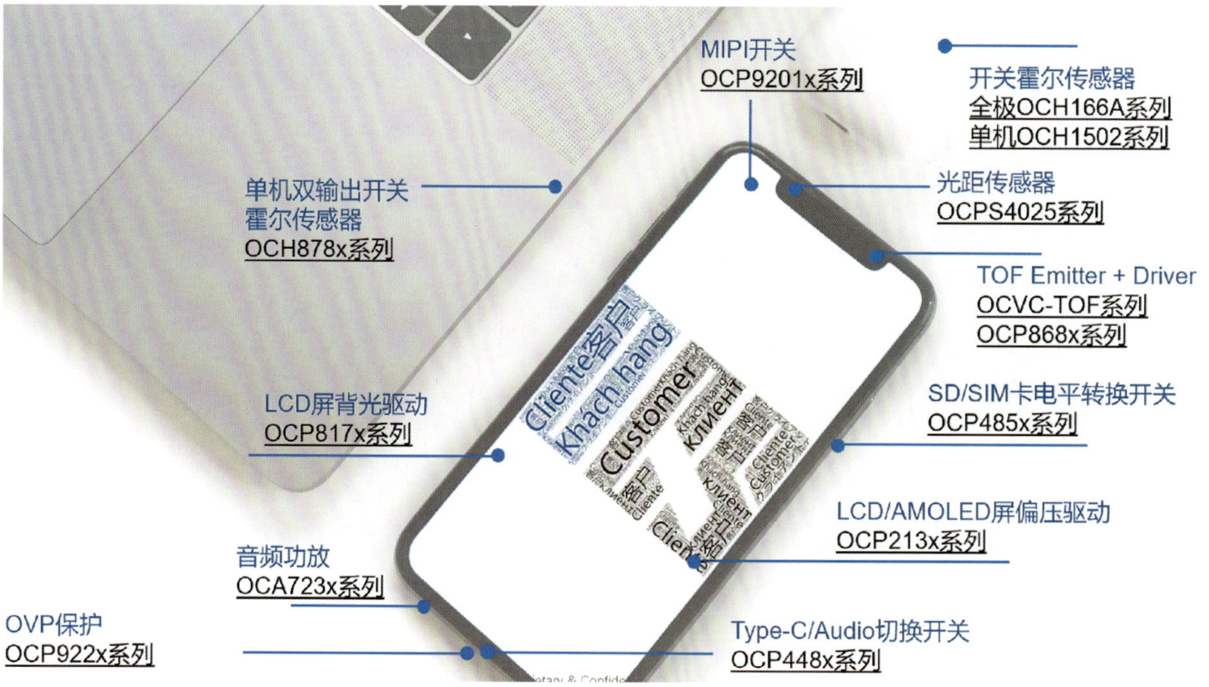

上海灿瑞科技股份有限公司(以下称灿瑞科技)，成立于 2005 年 9 月 13 日。凭借多年的研发积累、产品线纵深发展以及对客户需求的精准把握，发行人产品覆盖了众多国内外知名品牌客户，包括格力、美的、海尔等智能家居品牌，漫步者、JBL 等可穿戴设备品牌，蚂蚁集团等金融安全品牌，海康威视等智能安防品牌，Danfoss、英威腾等工业设备品牌，小米、传音、三星、LG、OPPO、VIVO 和联想等行业知名手机品牌以及闻泰、龙旗、华勤、中诺等智能硬件 ODM 企业。公司封装测试主要为自研芯片提供服务以保障产品质量和交期，部分对其他客户提供封测服务，随着公司经营规模的增长和持续投资，封装测试服务整体产能和收入规模持续增长。

公司专注于高性能数模混合集成电路及模拟集成电路的研发设计，经过十余年的业务积累和人才培育，在智能传感器芯片、电源管理芯片等细分领域建立了丰富的核心技术储备。形成超过 400 款智能传感器芯片产品，实现了高可靠性、高精度、低噪声、超低功耗、集成化等关键技术突破，主要产品的技术性能达到国际先进水平，可以与国际知名磁传感器芯片厂商的同类产品竞争。在电源管理芯片领域形成超过 150 款电源管理芯片产品，在低功耗、过压过流过温保护、转换效率等方面建立了自身的技术优势。公司已取得境内专利 62 项(其中发明专利 27 项)，境外专利 16 项(其中发明专利 12 项)，集成电路布图设计专有权 59 项，软件著作权 7 项，形成完整的自主知识产权体系。公司系工信部“专精特新”小巨人、上海市科技小巨人企业、上海市“专精特新”中小企业、上海市专利试点企业和上海市集成电路行业协会理事单位，公司“高性能磁传感器系统及芯片关键技术的研发和应用”课题于 2020 年荣获上海市科技进步奖二等奖。

汽车电子

可穿戴设备

智能安防

变频器

手机

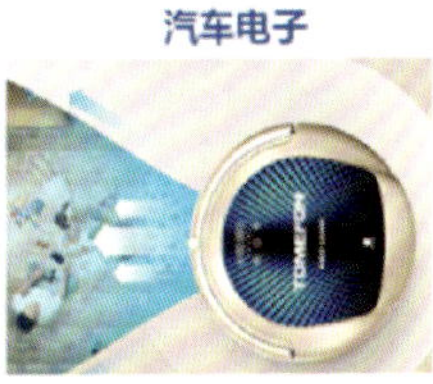
扫地机器人

数据中心

平板电脑

电视

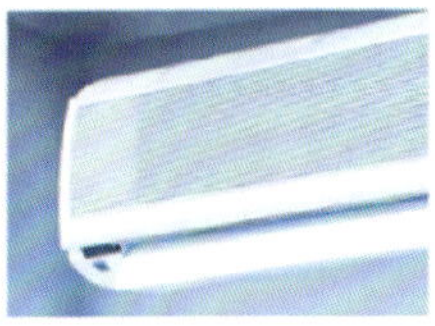
空调

# 上海远景科创智能科技有限公司

以“为人类的可持续未来解决挑战”为使命，远景科技集团（Envision Group）是一家全球领先的绿色科技企业。远景集团通过技术创新让风电和储能成为“新煤炭”，电池和氢燃料成为“新石油”，智能物联网成为“新电网”，零碳产业园成为“新基建”，培育“新工业”体系，致力成为全球企业、政府与机构的“零碳技术伙伴”，推动全球绿色能源转型。远景凭借为解决日益严峻的气候危机而取得的零碳技术创新成就 21/22 连续两年荣登 2021 年《财富》“改变世界的 50 家企业”全球榜单前列。

远景智能（Envision Digital）是远景科技集团（Envision Group）旗下全球领先的零碳和 AIoT 技术公司，致力成为企业和政府的零碳技术伙伴。公司拥有世界一流的 AIoT 技术，面向可再生能源、城市基础设施和碳管理等场景打造智能产品和解决方案，助力世界各地政府和公司实现数字化与低碳化转型。

EnOS™ 是远景智能自主研发的智能物联操作系统，在全球连接和管理逾 2 亿台智能设备和 400GW 的能源资产。远景智能的客户和合作伙伴覆盖全球各个领域，包括国家能源集团、中国广核、微软、埃森哲、新加坡政府科技局、新加坡港口集团、日产、泰国国家石油公司和道达尔等。公司在中国、新加坡、法国、日本、德国、挪威、荷兰、英国和美国拥有 1000 多名员工和 16 个办事处。

### EnOS™智能物联网操作系统

远景智能构筑了全球领先的智能物联操作系统 EnOS™，以快速可靠的设备连接、广泛验证的算法和分析模型、高效灵活的通用服务为特色，开发了超过 360 种算法，连接超过 3000 种设备模型，拥有超过 100 个通用服务组件。EnOS™平台目前连接和管理着全球接近 400GW 的新能源资产，相当于全球新能源装机总量的 20% 以上，赋能和加速企业、政府、机构客户零碳转型。

EnOS™提供预构建的低碳与数字化应用，以及全套完整的设备接入和管理、应用使能和分析功能，重点关注能源、公用事业、制造业及运输业等资产密集型行业。EnOS™的开源设计致力于避免厂商绑定，支持私有云、公共云和混合云部署，并提供从边缘到云端的高度适配性和灵活性。

2021 年，远景智能在 EnOS™平台上开发了“方舟”碳管理系统这一超级应用，用人工智能 + 物联网 + 大数据技术相结合的方式，提供实时碳足迹监测，自动生成碳排放报告，同时模拟及优化减排路径，一站式实现碳中和闭环。目前，远景“方舟”碳管理系统为全球超过 300 家客户提供端到端的数字化碳管理服务，协助减排和管理的二氧化碳总量超过 10 亿吨。

致力于以“数字化赋能碳中和”，远景智能通过 AIoT 技术和应用，创造了多个行业“第一”：打造全球首个零碳产业园，成为首个航空领域零碳技术伙伴，建立首个银行领域零碳技术伙伴关系并助力绿色金融等。远景智能凭借其产品的深度和广度，以及行业快速部署能力，重新定义了行业标准，并入选 Gartner 工业物联网魔力象限，处于全球领先地位。

# 新国脉数字文化股份有限公司

新国脉数字文化股份有限公司是中国电信旗下A股上市公司，成立于1992年11月24日，并于1993年4月7日在上海证券交易所挂牌上市（证券代码为600640），是我国邮电系统第一家上市公司。2012年公司实施重大资产重组，是中国电信集团公司的控股子公司。

公司以“科技文化赋能，共创美好生活”为使命，致力打造成为“科技文化型、服务集成型、创业创新型”的领先的数字文化科技公司。公司三大业务板块：数字内容、数字营销和数字文旅。

在数字内容方面，新国脉集中力量打造数字内容中心统一平台及统一入口，加快推进“平台＋终端＋应用＋内容＋生态”能力升级，加强数据整合，打造内容运营生态体系，满足面向个人及家庭用户的各类数字生活服务需求，丰富中国电信数字化产品集群。致力在2-3年内，打造成为国内一流的数字内容服务提供商。

在数字营销方面，新国脉发挥运营资源优势，整合积分、权益、大数据、融合等能力，形成多元化数字营销产品及能力输出，为运营商及行业合作伙伴提供一体化数字营销解决方案，形成有影响力的数字营销品牌，力争在2-3年内打造成为国内知名的数字营销服务提供商。

在数字文旅方面，新国脉持续打造XR数字孪生、5G+AI、XR内容生产等核心能力，充分发挥一站式整合策划服务、线上线下融合服务、数字化场景应用服务、社会化营销传播服务四大差异化优势能力，力争在2-3年内打造成为国内领先的数字文旅服务提供商。

平台+终端+应用+内容+生态，打造内容运营生态体系
致力成为国内一流的数字内容服务提供商

为运营商及行业合作伙伴提供一体化数字营销解决方案
打造成为国内知名的数字营销服务提供商

打造XR数字孪生、5G+AI、XR内容生产等核心能力
致力成为国内领先的数字文旅服务提供商

## 29年专注数智元码云

上海梦创双杨数据科技股份有限公司成立于2011年，公司秉承“智能化助力数字化”的使命，以上海数字政务工程技术研究中心为依托，以国产替代（信创）为突破点，以拥有完全自主知识产权的国产低代码数智云平台（数智码云）为核心技术，助力政企构建数字原生组织，专注于**“数智大脑、数智协同、数智教育”**三大领域，实现政企“决策更科学、管理更高效、执行更有力、服务更精准、数养大提升”五大核心目标，致力于成为最懂党政企行业的数智化转型服务专家，是国内低代码领域的先行者、专注者和开拓者，服务超过1万家客户，被互联网周刊评选为信创独角兽企业。

**DreamCode**

国内首家积木式搭建低代码开发云平台，服务全国近万家政企客户、近百家头部客户，累计销售超过30亿元。

**DreamBase**

上交所历史数据核心分析引擎，替代德国SAP HANA，自2016年开始使用。该项目团队荣获2013年福布斯人物。

**DreamDos**

搭建政企常用数智化场景，实现开箱即用，随需而变，千人千面。

**DreamBI**

实现多屏合一的智能化建模、可视化分析、动态化展示、交互式体验。

### 强大的研发实力

公司是上海大数据联盟副理事长单位，拥有近200项知识产权，以及CMMI5等多项资质。公司拥有雄厚的研发实力，在全国率先实现拥有自主知识产权的信创低代码开发云平台，并在全国近百个头部客户应用。

### 上海数字政务工程技术研究中心

公司与复旦、交大、同济、华师大共同建设由原教育部吴启迪副部长担任技术委员会主任的“上海数字政务工程技术研究中心”，对低代码开发、数字孪生、联邦学习、人工智能、大数据和区块链等城市数字化转型的共性平台和服务进行研究与建设实践。

### 国有资本投资企业

航天投资控股 增资入股

仪电集团合资 仪电双杨

工信部下属国资合资
工信梦创（北京）

市北高新合资
市北数智创新管理学院

### 核心客户

公司为中共中央办公厅、国务院办公厅、全国政协等头部客户提供了服务；在部委客户的覆盖率近60%；共为7家省级政府客户提供了服务，在省级政府客户的覆盖率超过20%；在省级党校客户的覆盖率超过70%；在省级统计局客户的覆盖率超过40%；且为较多市县级政府提供了优质的服务。

梦创双杨公众号
扫码关注我们

# 2022·上海工业年鉴

SHANGHAI INDUSTRIAL YEARBOOK

# 2021 年上海市经济和信息化大事记

## 1 月

**4 日**　上海市举行重大项目集中开工活动。全市 64 个重大项目集中开工，总投资 2734 亿元，涉及高端产业、科技创新、基础设施和重大民生等领域。

**9 日**　智能驾驶全出行链创新示范区开园暨百度阿波罗项目签约仪式在奉贤区临港南桥智行生态谷举行。市经信委主任吴金城出席仪式并致辞。

**12 日**　上海举行生物医药产医和产融协同对接会。市经信委总工程师刘平出席会议并致辞。

2021 工业互联网创新发展促经济数字化转型大会举办。工业和信息化部副部长刘烈宏发表视频致辞，中共上海市委常委、副市长吴清出席大会并致辞，上海市政府副秘书长陈鸣波，工业互联网产业联盟秘书长、中国信息通信研究院副院长余晓晖，上海市经信委主任吴金城、副主任张英，上海市通信管理局局长陈皆重、副局长王天广，上海市人力资源和社会保障局副局长张岚，以及浦东新区、虹口区、宝山区、闵行区、金山区、松江区、青浦区分管领导出席会议。本次大会以"数字赋能，焕然新生"为主题，打响 2021 年上海经济数字化转型的发令枪，激发数字经济潜能，焕起发展新活力。

**13 日**　2021 工业互联网创新发展促经济数字化转型高级研修班举办。市经信委副主任张英出席并致辞，华东理工大学副校长、中国工程院院士钱锋作主旨演讲。

**15 日**　市经信委主任吴金城主持召开数字化转型企业座谈会，与盒马、趣头条、掌门教育等企业就新零售、数字内容、在线教育等行业的数字化转型实践进行交流。市经信委副主任张英参加座谈。

2021 年生物芯片产业生态发展论坛暨开放式创新中心启动仪式在沪举行，市经信委副主任傅新华出席论坛及仪式并致辞，市科委、市国资委、市教委、市科创办、浦东新区等有关负责同志出席仪式。

**19 日**　市委常委、副市长吴清带队赴上海电器科学研究所（集团）有限公司调研，了解企业在推进数字化转型方面的工作情况。

**20 日**　市经信委主任吴金城、副主任张英带队赴市城运中心和市大数据中心开展数字化转型专题调研。市政府办公厅副主任、市城运中心常务副主任徐惠丽，市政府办公厅副主任、市大数据中心主任朱宗尧参加调研。

**22 日**　上海召开以"激发企业创新活力提升产业链现代化水平"为主题的产业技术创新大会暨上海企业技术中心创新联盟大会。

**26 日**　市经信委主任吴金城、副主任张英一行赴上海晶众信息科技有限公司、上海天数智芯半导体有限公司调研座谈，听取关于高精地图、云端智能芯片等人工智能重点领域发展情况的汇报。

市经信委主任吴金城带队前往上海市电化教育馆开展教育领域数字化转型专题调研，并听取相关部门、机构、学校、企业关于推进数字化转型工作的情况介绍。市教委副主任李永智参加调研。

**28 日**　上海市智能网联汽车及应用标准化技术委员会成立大会在上海机动车检测认证技术研究中心有限公司举行。市经信委副主任张建明出席并讲话。

## 2 月

**2 日**　第 22 届中国国际工业博览会"好新闻"座谈会暨三方深化合作备忘录签署仪式举行。第 22 届中国国际工博会组委会办公室副主任、市经信委副主任戎之勤出席座谈会和签约仪式并讲话，组委会新闻部部长、市政府新闻办副主任尹欣，复旦大学新闻学院党委书记、执行院长张涛甫等出席会议，并向获奖新闻记者颁奖。

**3 日**　临港新片区举办"2021 年生物医药产业项目集中签约"仪式。市经信委总工程师刘平出席活动并讲话。

**4 日**　上海城市数字化转型专家咨询会举行，中共上海市委书记李强主持会议并指出，全面推进城市数字化转型是上海事关全局、事关长远的重大战略，要深入贯彻落实习近平总书记考察上海重要讲话和在浦东开发开放 30 周年庆祝大会上重要讲话精神，坚持谋划为先、应用为王、技术为基、制度为要，以整体性转变、全方位赋能、革命性重塑，全力打造具有世界影响力的国际数字之都，力争在开局之年抓出新成效、见到新气象。

市经信委主任吴金城、副主任张建明一行赴中国铁塔股份有限公司上海分公司调研，察看公司 NB 机房和监控中心，并就数字化转型开展座谈交流。

**5日** 上海生物制药产业创新联盟成立大会在上海汇博中心顺利召开。市经信委总工程师刘平出席并为上海生物制药产业创新联盟揭牌。会议通过联盟章程和组织机构名单。

**20日** 上海市政府与地平线集团在沪签署战略合作框架协议。市委常委、副市长吴清，地平线集团创始人兼首席执行官余凯出席并见证签约仪式。市政府副秘书长陈鸣波与地平线集团联合创始人兼首席运营官陶霏雯代表双方签署协议。

**24日** 市经信工作党委、市经信委召开2021年工作会议。市委常委、副市长吴清出席会议并讲话，市政府副秘书长陈鸣波主持会议，市经信工作党委书记沈军作党委工作报告，市经信工作党委副书记、市经信委主任吴金城代表市经济信息化委作工作报告。

## 3月

**1日** 东航集团与中国商飞公司在上海正式签署首批5架C919大型客机购机合同。市委常委、副市长吴清，市政府副秘书长陈鸣波出席并见证合同签署活动。东航集团董事长刘绍勇、中国商飞董事长贺东风等出席。

**9日** 市委常委、副市长吴清带队赴苏州，考察苏州工业园区及旭创科技、恒力集团、盛虹控股等民营企业。市经信委主任吴金城、副主任戎之勤参加。

**11日** 市委常委、副市长吴清赴卡斯柯信号有限公司、上海合合信息科技股份有限公司调研，并与市北高新园区及6家代表企业座谈交流。市经信委主任吴金城，静安区区委书记于勇、区长王华参加。

市经信委主任吴金城带队赴千寻位置网络有限公司、上海晓信信息科技有限公司（晓黑板）调研，了解企业技术创新、产品研发、应用落地等最新进展。

**12日** 市经信委主任吴金城主持召开经济数字化转型行动方案意见征询座谈会，就上海经济数字化转型行动方案的内容与市委研究室、市政府研究室、相关重点区、行业企业和科研院所进行交流。

**17日** 市经信委副主任戎之勤出席由莫斯科市主办的“新冠肺炎与经济：城市应对新的全球挑战”线上多边论坛，就疫情对上海经济的影响以及上海市政府支持企业抗疫复产的相关政策举措进行交流发言。

**18日** 市委常委、副市长吴清赴上海兆言网络科技有限公司、上海商米科技集团股份有限公司调研并召开座谈会，与大创智示范区及7家代表企业座谈交流。

**24日** 市经信委主任吴金城主持召开“十四五”先进制造业规划专家座谈会，就上海市先进制造业“十四五”规划的内容与政府部门、企业家、科研院所和行业协会进行交流。

**29日** 2021年中国国际进口博览会参展商联盟——集成电路专委会、智慧出行及新能源专委会联合成立仪式在国家会展中心（上海）举行。市经信委副主任傅新华出席仪式并致辞，为新成立的2个专委会揭牌。

**30日** 在首届全国优化中小企业发展环境论坛上，工信部中小企业发展促进中心发布《2020年度中小企业发展环境评估报告》，上海在36个参评城市中综合排名第一。

**31日** 2021年上海市文化创意产业推进工作会议在上海展览中心友谊会堂召开。市委常委、副市长吴清，市委常委、市委宣传部部长周慧琳出席会议并讲话。

天数智芯公司在沪正式发布其全自主研发的高性能云端7纳米GPGPU云端训练芯片BI及加速卡。

## 4月

**1日** 上海市物联网行业协会召开第三届会员大会，选举产生新一届理事会、监事会和秘书长，顺利完成换届选举工作。

**2日** 市经信委主任吴金城带队到华勤技术股份有限公司调研，观看公司展厅、XBD研发中心，与邱文生等公司创始团队进行交流讨论。

上海市增材制造标准化技术委员会成立大会在上海材料研究所举行。

**7日** 2021年上海全球投资促进大会在上海中心举行。总投资4898亿元的216个重大产业项目集中签约。上海面向全球投资者和各界人士，开展嘉定、青浦、松江、奉贤、南汇五个新城的产业招商推介，介绍五个新城战略定位和发展目标，推进“一城一名园”建设。大会重点推介40个特色产业园区和3个民营企业总部集聚区，围绕三大先导产业发展、产业链补链强链、服务城市数字化转型、民营经济等方面，确保做到“五好五不缺”。

**8日** 长三角产业互联网总部基地启用仪式暨上海产业互联网有限公司入驻仪式在青浦西虹桥商务区举行。

为进一步服务北京及周边地区企业和机构参与2021世界人工智能大会，大会北京推介会在中关村召开。

**10日** 工业和信息化部在拉萨市召开第四次全国工业和信息化系统援藏工作座谈会，深入贯彻中央第七次西藏工作座谈会精神。市经信委副主任戎之勤出席会议并代表市经信委与西藏日喀则市经信局签署《上海市经济信息化委西藏日喀则市经济信息化局关于对口支援西藏工作协议》。

2021上海首席信息官联盟会员大会暨长三角城市数字化转型高峰论坛举办。本次大会以“城市数字化转型”为主题，由市经信委指导，上海首席信息官联盟主办，市经信委总工程师刘平出席会议并致辞。

12 日 上海市工业设计中心、首批设计引领示范企业授牌暨 2021 年上海设计、时尚、品牌系列工作通气会在花园坊节能环保产业园举行。市经信委副主任阮力出席会议并讲话。

14 日 长三角机器人产业链协同工作推进会在上海召开，市经信委副主任张建明，江苏、浙江、安徽省有关负责同志出席。

“乐龄申城 · G 生活”志愿服务活动启动仪式在静安区青少年活动中心举行。

15 日 市委组织部、市委党校、市数字化办、市经信委共同举办的“领导干部数字化转型专题研讨班”在市委党校正式开班。市委常委、副市长吴清出席研讨班并作开班动员，市政府副秘书长陈鸣波作专题授课。市委组织部副部长孙甘霖主持开班式。市经信工作党委书记沈军、市经信委主任吴金城等出席。

16 日 市委常委、副市长吴清带队赴京拜访中国五矿集团有限公司、中国航空发动机集团有限公司等央企集团总部，重点交流央企发展规划及后续在沪战略布局。

2021 世界人工智能大会筹备通气会在上海世博中心召开。

第八届中国（上海）国际技术进出口交易会——第三届中国国际服务机器人创新发展大会召开。市经信委副主任张建明出席并讲话。

“新一代感知基础设施加速城市数字化转型”主题论坛在上海国际会议中心举行。会上，国内首家“城市物联感知服务中心”揭牌成立，同时启动上线“城市物联感知场景服务平台”。

22 日 市委常委、副市长吴清，中国工程院副院长钟志华共同主持召开中国工程院院士专家成果展示与转化中心领导小组会议，总结上阶段工作经验，研究部署下一步推进计划，加快推进院士成果转化中心建设。市政府副秘书长陈鸣波、中国工程院秘书长陈建峰出席会议，市经信委副主任傅新华代表领导小组办公室汇报工作。

中国工程院院士专家成果展示与转化中心揭牌开馆后，举行首场学术论坛。

上海市集成电路行业协会成立 20 周年大会暨“长三角集成电路融合创新发展产业联盟”揭牌仪式在上海国际中心举行。

23 日 中国移动上海公司“全光智慧城市全球第一城”发布会在沪举行。

25 日 上海市生物医药产业发展领导小组 2021 年第一次会议召开。市委常委、副市长、市生物医药产业发展领导小组组长吴清出席会议并讲话。市政府副秘书长、市生物医药产业发展领导小组副组长陈鸣波主持会议。市生物医药产业发展领导小组副组长、办公室主任，市经信委主任吴金城，市经信委副主任刘平等出席。

28 日 “2021 第二届中国（上海）工业品在线交易节”在金色炉台 · 中国宝武钢铁会博中心开幕。市委常委、副市长吴清出席开幕式并宣布交易节开幕，市政府副秘书长陈鸣波主持开幕式。市经信委主任吴金城、宝山区区委书记陈杰出席开幕式并致辞，宝山区区长高奕奕、中国工程院院士吴志强出席。

## 5 月

7 日 全国数据交易中心 2021 联席工作会议在上海召开。北京、天津、内蒙古、上海、江苏、浙江、安徽、山东、湖北、湖南、广东、广西、海南、重庆、四川、深圳等 16 个省、市数据交易机构代表齐聚上海，共同探讨数据交易发展趋势、面临挑战、关键环节解决方案以及协同机制。

8 日 市委常委、副市长吴清带队赴京拜访中国通用技术（集团）控股有限责任公司总部，重点交流相关发展规划及在沪谋划布局。市经信委副主任戎之勤参与拜访。

11 日 市经信委、浦东新区政府、徐汇区政府与小冰公司在沪签署战略合作框架协议。市委常委、副市长吴清，市政府副秘书长陈鸣波，小冰公司董事长沈向洋出席并见证签约。

第五届丝绸之路国际博览会暨中国东西部合作与投资洽谈会在西安国际会展中心正式开幕。24 家“专精特新”企业代表上海参展。展会期间，上海市代表团团长、市政协副主席、市工商联主席寿子琪到上海展区巡展。

13 日 上海市民营经济发展联席会议召开第六次全体会议。会议通报上海民营经济发展总体情况和 2020 年联席会议工作推进情况，部署 2021 年联席会议重点工作安排。市委常委、统战部部长郑钢森出席会议并讲话。市政协副主席、市工商联主席寿子琪主持会议。市政府副秘书长陈鸣波出席会议并讲话。市经信委主任吴金城、副主任戎之勤出席会议。

15 日 全球知名的生物医药协会百华协会（The BayHelix Group）第十八届年会暨“对话生命蓝湾”活动在临港新片区举办。市经信委主任吴金城出席并讲话。

17 日 工业和信息化部与上海市联合举办的国家信息消费城市行（上海站）暨上海信息消费节在上海国际时尚中心正式拉开帷幕，活动历时一个月。上海市委常委、副市长吴清致辞并宣布信息消费节开幕，工业和信息化部信息技术发展司副司长江明涛代表工信部为大会致辞。

**18日** 罗氏中国加速器启动仪式在沪举行。上海市副市长宗明，市经信委副主任戎之勤、市商务委、市科委、浦东新区政府等相关单位负责人出席启动仪式并共同点亮启动装置。

**19日** 大数据普惠金融应用2.0签约暨启动会正式启动。

**20日** 中小企业发展基金浙普（上海）创业投资合伙企业在沪召开成立大会，正式宣告设立。市经信委副主任戎之勤出席致辞祝贺，并为公司揭牌。

**21日** 2021阿里巴巴诸神之战 & 宝马“互联网＋汽车”赛道全球总决赛在上海金桥顺利收官。

**26日** 2021年度长三角地区合作与发展联席会议在江苏无锡举行，会上举行长三角一体化发展合作事项签约仪式。其间，在上海市常务副市长陈寅、江苏省常务副省长樊金龙、浙江省常务副省长陈金彪、安徽省常务副省长邓向阳见证下，上海市经信委主任吴金城、江苏省工信厅厅长谢志成、浙江省经信厅厅长徐旭、安徽省经信厅厅长牛弩韬分别代表三省一市经济和信息化部门签署《联合开展产业链补链固链强链行动合作协议》，共同实施产业链补链固链强链行动，积极探索新发展格局的长三角路径。

## 6月

**1日** 上海市经信委、上饶市人民政府战略合作框架协议签约仪式举行。市经信委主任吴金城、上饶市委书记史文斌出席签约仪式。

**9日** 上海市投资促进工作领导小组会议召开。会上，市委常委、副市长吴清部署全市招商引资工作。市委副书记、市长、市投资促进工作领导小组组长龚正指出：要精准研判明形势，既要看到发展中的有利条件，又要正视面临的困难和压力，善于在机遇和挑战中开拓新空间。要精准发力增效能，把握好投资导向，更多投向符合上海产业发展方向的优质项目。副市长宗明出席。

**9日** 第六届国际氢能与燃料电池汽车大会在嘉定区汽车会展中心召开。

**23日** 云南白药上海国际中心举行奠基仪式，该项目是云南白药集团生物医药大健康产业面向高端化、智能化、国际化发展的重要举措。市经信委副主任戎之勤出席奠基仪式并致辞。

**29日** 中国光学光电子行业协会液晶分会和日经BP主办的2021中国上海国际显示产业高峰论坛在沪举行，市经信委副主任傅新华出席并致辞。

**30日** 上海新材料产业金融创新发展座谈会在市政协召开。市政协主席董云虎出席，为上海新材料产业基金联盟揭牌，向黄崇祺、丁文江、朱美芳三位院士专家颁发“上海市新材料产业发展战略咨询专家委员会”聘书。会上，市经信委主任吴金城介绍新材料产业金融创新发展工作情况，部分基金公司、新材料企业和行业协会围绕推进新材料产业链产融对接深入交流。

## 7月

**8日** 2021世界人工智能大会在上海世博中心开幕。上海市委书记李强在开幕式上致辞时指出，要深入贯彻落实习近平总书记重要指示精神，更加有力发挥人工智能的“头雁效应”，把人工智能作为全面推进城市数字化转型的重要驱动力，在打造智能经济、创造智享生活、塑造智慧治理上迈出更大步伐，加快建设更具国际影响力的人工智能“上海高地”，努力成为全球人工智能发展的最佳试验场和重要风向标，让智能时代的美好图景在上海这座城市得到充分演绎和生动展现。工业和信息化部部长肖亚庆出席并致辞。市委副书记、市长龚正主持。市政协主席董云虎、市委副书记于绍良出席开幕式。

**10日** 以“智联世界，众智成城”为主题的2021世界人工智能大会圆满落幕。大会汇聚1000余位演讲嘉宾，在线观看总人次达3.52亿，26个上海人工智能产业创新集群项目签约，11个上海数字生活标杆场景发布，在大会闭幕式上，市委副书记、市长龚正为上海市人工智能标准化技术委员会、中国（上海）数字城市研究院揭牌。市委常委、副市长吴清对大会成果进行总结。

**14日** 市服务企业联席会议召开中小企业发展环境专题会暨市区中小企业工作会议，市服务企业联席会议办公室主任、市经信委副主任戎之勤出席会议并讲话。

**15日** 2021年上海市产业园区和结构调整工作领导小组会议召开。市委常委、副市长、领导小组组长吴清出席会议并讲话。市政府副秘书长陈鸣波主持会议并对落实年度工作任务提出要求。会上，市经信委总工程师张宏韬代表市产业园区和结构调整工作领导小组办公室汇报2020年以来工作推进情况和下阶段工作要点。嘉定区、金山区代表作交流发言。

**16日** 市经信工作党委、市经信委召开季度工作会议，贯彻落实十一届市委十一次全会和市委季度工作会议精神，部署三季度重点工作。市经信工作党委书记沈军，市经信工作党委副书记、市经信委主任吴金城出席会议并讲话。

## 8月

**6日** 国家广播电视总局科技司、中国广播电视网络集团有限公司在上海进行的 5GNR 广播大塔试验完成塔外天线等设备的布放及系统调试，基本完成东方明珠电视塔 5GNR 广播大塔试验建站工作，在国内率先完成并具备试验条件。

**9 日** 市委常委、副市长吴清赴国网上海市北供电公司调研电力迎峰度夏工作，重点了解市北供电公司迎峰度夏电力运行和台风“烟花”造成的故障抢修情况。市政府副秘书长陈鸣波参加调研，市经信委副主任刘平、国网上海市电力公司总经理阮前途陪同。

**16 日** 市委、市政府聚焦经济高质量发展主题，举行经济数字化转型现场推进会。市委书记、城市数字化转型工作领导小组组长李强指出，谁能占据经济数字化新赛道，谁就能更好掌握未来发展主动权。抓住数据要素和数字生态“两大支撑”，努力把上海打造成为数字应用渗透最充分、数字技术基础最扎实、数字产业集群最丰富、数字要素资源最活跃、数字生态系统最具竞争力的城市之一。市委副书记、市长、城市数字化转型工作领导小组组长龚正主持会议。会上通报全市经济数字化转型工作推进情况，中国商飞、杨浦区代表作交流发言。

**17 日** 上海市人民政府与中国联合网络通信集团有限公司在沪签署“十四五”战略合作协议。市委书记李强，市委副书记、市长龚正会见中国联通董事长王晓初、总经理陈忠岳一行。市委常委、副市长吴清与陈忠岳代表双方签约，共同围绕提升信息基础设施能级、加快构建高等级计算能力、数字化转型场景应用、数据要素开放共享、数字技术供给能力等方面深化合作对接。

**18 日** 上海市人民政府与宁德时代新能源科技股份有限公在沪签署战略合作框架协议。市委书记李强会见宁德时代董事长曾毓群一行。市委副书记、市长龚正出席签约仪式。市经信委、闵行区政府、上海交通大学与宁德时代共同签署未来能源研究院战略合作框架协议，临港新片区管委会、临港集团与宁德时代共同签署生产基地投资协议。

**20 日** 上海市人民政府与中国电信集团有限公司在沪签署“十四五”战略合作协议。市委书记李强，市委副书记、市长龚正会见中国电信董事长柯瑞文、总经理李正茂一行。龚正、柯瑞文出席签约仪式。市委常委、副市长吴清与李正茂代表双方签约。双方将共同围绕“双千兆宽带城市”能级提升、新一代信息技术研发与成果转化、城市数字化转型场景应用、信息基础设施保障等方面持续加大投入，深化合作对接。

**25 日** 上海市人民政府与中国船舶集团有限公司在沪签署合作协议。市委书记李强，市委副书记、市长龚正会见中国船舶集团董事长雷凡培、总经理杨金成一行。龚正、雷凡培出席签约仪式。市委常委、副市长吴清与杨金成代表双方签约。根据协议，中国船舶集团将加大在沪发展力度，加快在沪产业布局调整，大力推进船海创新资源在沪集聚发展，努力提升船海装备产业发展能级以及产业链、供应链现代化水平，为服务国家战略和助力上海城市发展做出更大贡献。

**25 日** 上海市人民政府与中国海洋石油集团有限公司在沪签署战略合作协议。市委书记李强，市委副书记、市长龚正会见中国海油董事长汪东进一行。龚正、汪东进出席签约仪式。市委常委、副市长吴清与中国海油副总经理周立伟代表双方签约。根据协议，双方将在油气田开发、清洁能源供应、高端装备制造等领域开展合作，推动能源多元化供应，推进战略性新兴产业发展，打造国际化的能源交易平台，加强金融合作。

**27 日** 2021 年上海新材料产融合作发展大会暨上海新材料产业重点项目产融合作（路演）在普陀区中环国际酒店举办。市政协主席董云虎出席并讲话，市委常委、副市长吴清为上海市新材料产业发展战略咨询专家委员会揭牌，市政协秘书长贝晓曦、市政府副秘书长陈鸣波出席，市经信委主任吴金城发布上海市先进材料高质量发展三年行动计划。

**30 日** 市经信委、浦东新区政府与蒙牛乳业在沪签署深化战略合作框架协议。市委常委、副市长吴清，市政府副秘书长陈鸣波，市政府副秘书长、浦东新区区长杭迎伟，中粮集团董事长吕军出席并见证签约。根据协议，三方将共同推进蒙牛乳业新业务板块建设。蒙牛将在沪设立数字生物科技、资本运营平台、国际业务总部等预计未来 5 年蒙牛在沪投资约 400 亿元。

## 9 月

**6 日** 市经信委主任吴金城赴中船邮轮科技发展有限公司和上海均瑶集团有限公司调研。听取中船邮轮科技的邮轮设计与建造、供应链生态体系建设以及加强资源整合情况、华模科技航空训练模拟设备技术攻关和发展规划、陶铝研究院陶瓷合金产品开发和应用推广的情况介绍。

**10 日** “IPv6+”创新城市高峰论坛在上海、北京两地顺利举办。本次高峰论坛以“激发网络源力，共筑数智底座，焕新数字之城”为主题，采用两地联动的方式，同时有 300 多家企事业单位通过直播平台共同参会。中国工程院院士、推进 IPv6 规模部署专家委员会主任邬贺铨发布《上海 IPv6 创新发展白皮书》。白皮书显示，上海 IPv6 规模部署已走在全国前列。

**25 日** 中国电气装备集团有限公司成立大会在上海举行。上海市委书记李强，国务院国资委党委书记、主任郝鹏共同为中国电气装备集团成立揭牌，上海市委常委、副市长吴清，中国电气装备集团总经理周群代表双方签署战略合作协议。根据协议，双方将充分发挥中国电气装备集团在电气装备和先进储能、清洁能源发电与并网、海上风电等战略性产业上的优势，推动集团创新发展资源在沪集聚，合力打造世界级先进制造业集群。

**28 日** 首届“光华杯”千兆光网应用创新大赛启动仪式在北京国家会议中心举行。市委常委、副市长吴清吴清在致辞中指出，推动千兆光网发展，基础在“建”、关键在“用”。在工业和信息化部的指导和支持下，中国信息通信研究院和上海市经济信息化委、上海市通信管理局联合主办“光华杯”千兆光网应用创新大赛，体现国家主管部门对行业发展的高度重视和对上海发展基础的肯定。上海将以筹备本次大赛为契机，进一步推动千兆光网的应用部署和产业发展。

## 10 月

**11 日** 上海国际生物医药产业周在世博中心拉开帷幕。市委书记李强出席开幕活动。市委副书记、市长龚正，工业和信息化部副部长辛国斌分别致辞。本次产业周以“共济未来驱动新生”为主题，以线上线下相结合方式举办，中外知名科学家、投资人以及生物医药企业负责人等 1000 余人参会，依托生物医药产业园区、国际知名企业、投资机构等举办 20 场高端活动，全方位展示上海生物医药产业发展成果，创造生物医药领域投资机遇和合作空间。

**18 日** 第四批上海市工艺美术大师颁证会在上海工艺美术博物馆召开。市经信委副主任阮力出席并讲话。2002 年以来，全市评选出四批共 167 位“上海市工艺美术大师”，涵盖贵金属首饰、玉、石雕刻、珐琅、琉璃、陶瓷、艺术家具等领域，其中 18 位代表上海获“中国工艺美术大师”荣誉称号。

**19 日** 市政府举行新闻发布会，邀请市政府副秘书长陈鸣波介绍《关于加快推动基础研究高质量发展的若干意见》相关情况。市科委副主任朱启高、上海科创办执行副主任彭崧、市教委副主任毛丽娟、市经信委总工程师张宏韬出席发布会，共同回答记者提问，强调“十四五”期间将围绕“3+6”新型产业体系，强化企业创新主体地位，着力疏通基础研究、应用研究和产业化双向链接的快车道。

**21 日** 上海市生物医药产品注册指导服务工作站授牌仪式在市政府举行。副市长陈通出席并讲话，市政府副秘书长尚玉英为 12 个首批生物医药产品注册指导服务工作站授牌。

**22 日** 2021 世界工业设计大会在烟台开幕，上海市经信委副主任阮力出席大会。会上举行首批国家工业设计研究院授牌仪式，中国工业设计（上海）研究院股份有限公司成功入选。

**26 日** 市经信工作党委、市经信委召开季度工作会议，贯彻落实市委、市政府季度工作会议精神，部署四季度重点工作。市经信工作党委书记沈军，市经信工作党委副书记、市经信委主任吴金城出席会议并讲话。

## 11 月

**2 日** 上海市投资促进服务中心联合中国银行上海市分行举行“携手进博，共话投资”投资上海推介会。

**3 日** 2020 年度国家科学技术奖在京揭晓。2020 年国家科学技术奖共评选出 275 个项目（人选、组织），上海共有 48 项牵头或合作完成的重大科技成果获奖，占全国获奖总数的 17.45%，连续 5 年获奖比例超过 15%。其中，上海共有 12 家市级以上企业技术中心单位获奖，累计获奖 13 项，占上海企业获奖项目（人）的 85.7%。上海联影医疗科技有限公司、中国建筑第八工程局有限公司获得 3 项科技进步一等奖；上海隧道工程有限公司、光明乳业股份有限公司等 8 家企业获得 8 项科技进步二等奖；上海德福伦化纤有限公司、上海港湾基础建设（集团）股份有限公司获得 2 项技术发明类二等奖。

**11 日** 上海城市群燃料电池汽车示范应用工作第一次联席会议在上海国际汽车城创新港顺利召开。按照国家《关于开展燃料电池汽车示范应用的通知》要求，上海牵头协同苏州、南通、嘉兴、淄博、鄂尔多斯以及宁东，组建“1+6”上海燃料电池汽车示范城市群，以“百站、千亿、万辆”为战略目标，打造成为国内产业规模最大、生态环境最优、整体竞争力最强的燃料电池产业集群。

**12 日—14 日** 2021（第八届）中国国际石墨烯创新大会在上海大学举行，市政协主席董云虎出席总结大会并讲话。

**15 日** 第 39 次上海 – 横滨经济技术交流会议以视频形式在上海和日本横滨两地成功召开。上海代表团团长、市经信委主任吴金城、市经信委副主任戎之勤出席会议。上海、横滨两市代表团就上一阶段经济技术领域的合作情况进行总结，并明确下一阶段合作计划。

**25 日** 上海数据交易所揭牌成立仪式暨 2021 上海全球数商大会在沪举行。市委副书记、市长龚正为上海数据交易所揭牌并启动全数字化交易系统，工业和信息化部副部长徐晓兰、副市长张为分别致辞。市委常委、浦东新区区委书记朱芝松为交易所首单交易颁发纪念证书。会上，浦东新区发布促进数商集聚创新发展政策，未来将发挥数据交易所的辐射功能，以张江科学城和临港新片区为重要载体，建设数据要素产业集聚区，加快推动重点产业数字化转型。30 家数商代表还进行现场签约。

**26 日** “G60 星链”产业基地启航仪式在松江区临港松江科技城举行。“G60 星链”产业基地位于松江区临港松江科技城，由松江区、联和投资、临港集团三方共同打造，规划占地面积 121 亩、建筑面积约 20 万平方米，计划总投资约 20 亿元，将建设数字化卫星制造工厂、卫星在轨测运控中心、卫星互联网运营中心，预计于 2023 年投入使用。

## 12 月

**2 日** 市委、市政府聚焦高效能治理主题举行治理数字化转型现场推进会。市委书记、城市数字化转型工作领导小组组长李强在会上指出，要深入贯彻落实习近平总书记考察上海重要讲话精神，认真践行人民城市重要理念，把治理数字化作为推进城市治理现代化的关键路径，以完善和用好城市运行数字体征体系为重点，全面提高治理数字化水平，努力打造更具活力、更有竞争力的数字生态系统，实现高效能治理、彰显善治效能，谱写新时代“城市，让生活更美好”的新篇章。市委副书记、市长、城市数字化转型工作领导小组组长龚正主持会议。市委副书记于绍良出席会议。市委常委、常务副市长吴清通报并部署治理数字化转型相关工作。

**6 日** “第五期上海市重点培育创业企业创始人培训班”在上海市委党校正式开班。市经信工作党委书记沈军出席仪式并做动员，市经信委副主任戎之勤主持开班仪式。共有 70 名来自重点培育创业企业的创始人和高管参加培训。

**7 日** 上海海纳工程院在普陀区正式揭牌成立。市委常委、常务副市长吴清为海纳工程院揭牌。市经信委、普陀区政府、海纳工程院签署三方合作协议，共同推进海纳工程院建设。

**8 日** 首届中小企业服务专员技能比武大赛决赛在大零号湾举行。本次大赛是面向本市中小企业服务专员的首届赛事，是上海市推介区域优化营商环境的亮点举措。自 2021 年 10 月 11 日正式启动以来，大赛共吸引来自 16 个区中小企业服务体系的近 2400 名服务专员报名。

**20 日** 市市场监管局、市经信委联合发布《关于推动上海市数字广告业高质量发展的指导意见》。该指导意见是国内首个针对数字广告业发展领域的省级政策文件，明确提出将上海建设成为“国际数字广告之都”的目标。市经济信息化委以新一代信息技术与广告业融合发展为核心，强化设计驱动和品牌引领，推进研发应用及数字赋能，完善基础设施和跨界融合，巩固提升广告业核心竞争力。

**22 日** 世界首条 35 千伏公里级超导电缆示范工程在沪正式投入运行，标志着国内新型电力系统建设领域关键技术取得重大突破，解决窄通道大容量输电难题。市委副书记、市长龚正出席投运启动仪式并宣布投运，市政协主席董云虎和国家电网总经理张智刚为上海超导制造业创新中心揭牌，副市长张为致辞。

**24 日** 中国船舶集团有限公司总部迁驻上海大会在沪举行，全面开启中国船舶集团更好服从服务国家重大战略、扎根上海、加快建设世界一流船舶集团的新征程。上海市委书记李强、国务委员王勇出席并共同为迁驻后的“中国船舶集团有限公司”揭牌。国务院副秘书长王志清，工业和信息化部总工程师田玉龙，国务院国资委秘书长彭华岗，上海市领导吴清、诸葛宇杰、张为，国家有关部委和中央企业、金融机构、高校负责同志，中国船舶集团有关负责同志参加相关活动。

**25 日** 上海市优秀企业家表彰大会在上海国际会议中心隆重举行，副市长张为出席会议并讲话。副市长张为、市政府副秘书长陈鸣波、市经信委主任吴金城、市国资委主任白廷辉、市委组织部部务委员蒋云锋、市经信委副主任戎之勤、市企联会长刘家平一同为万忠培等 20 位“2019—2020 年度上海市优秀企业家”、刘宏等 10 名“2019—2020 年度上海市优秀企业家提名奖”企业家颁奖。吴金城宣读表彰决定和获奖名单。

（孙伯强）

# 2022·上海工业年鉴

SHANGHAI INDUSTRIAL YEARBOOK

# 2021 年部分法律法规、政策目录

## 国家及部委法律、法规、规章、文件



## 上海市法规、规章及文件



## 规范性文件

# 中华人民共和国数据安全法

主席令第八十四号

（2021 年 6 月 10 日第十三届全国人民代表大会常务委员会第二十九次会议通过）

《中华人民共和国数据安全法》已由中华人民共和国第十三届全国人民代表大会常务委员会第二十九次会议于 2021 年 6 月 10 日通过，现予公布，自 2021 年 9 月 1 日起施行。

中华人民共和国主席　习近平

2021 年 6 月 10 日

## 第一章　总则

**第一条**　为了规范数据处理活动，保障数据安全，促进数据开发利用，保护个人、组织的合法权益，维护国家主权、安全和发展利益，制定本法。

**第二条**　在中华人民共和国境内开展数据处理活动及其安全监管，适用本法。

在中华人民共和国境外开展数据处理活动，损害中华人民共和国国家安全、公共利益或者公民、组织合法权益的，依法追究法律责任。

**第三条**　本法所称数据，是指任何以电子或者其他方式对信息的记录。

数据处理，包括数据的收集、存储、使用、加工、传输、提供、公开等。

数据安全，是指通过采取必要措施，确保数据处于有效保护和合法利用的状态，以及具备保障持续安全状态的能力。

**第四条**　维护数据安全，应当坚持总体国家安全观，建立健全数据安全治理体系，提高数据安全保障能力。

**第五条**　中央国家安全领导机构负责国家数据安全工作的决策和议事协调，研究制定、指导实施国家数据安全战略和有关重大方针政策，统筹协调国家数据安全的重大事项和重要工作，建立国家数据安全工作协调机制。

**第六条**　各地区、各部门对本地区、本部门工作中收集和产生的数据及数据安全负责。

工业、电信、交通、金融、自然资源、卫生健康、教育、科技等主管部门承担本行业、本领域数据安全监管职责。

公安机关、国家安全机关等依照本法和有关法律、行政法规的规定，在各自职责范围内承担数据安全监管职责。

国家网信部门依照本法和有关法律、行政法规的规定，负责统筹协调网络数据安全和相关监管工作。

**第七条**　国家保护个人、组织与数据有关的权益，鼓励数据依法合理有效利用，保障数据依法有序自由流动，促进以数据为关键要素的数字经济发展。

**第八条**　开展数据处理活动，应当遵守法律、法规，尊重社会公德和伦理，遵守商业道德和职业道德，诚实守信，履行数据安全保护义务，承担社会责任，不得危害国家安全、公共利益，不得损害个人、组织的合法权益。

**第九条**　国家支持开展数据安全知识宣传普及，提高全社会的数据安全保护意识和水平，推动有关部门、行业组织、科研机构、企业、个人等共同参与数据安全保护工作，形成全社会共同维护数据安全和促进发展的良好环境。

**第十条**　相关行业组织按照章程，依法制定数据安全行为规范和团体标准，加强行业自律，指导会员加强数据安全保护，提高数据安全保护水平，促进行业健康发展。

**第十一条**　国家积极开展数据安全治理、数据开发利用等领域的国际交流与合作，参与数据安全相关国际规则和标准的制定，促进数据跨境安全、自由流动。

**第十二条**　任何个人、组织都有权对违反本法规定的行为向有关主管部门投诉、举报。收到投诉、举报的部门应当及时依法处理。

有关主管部门应当对投诉、举报人的相关信息予以保密，保护投诉、举报人的合法权益。

## 第二章 数据安全与发展

**第十三条** 国家统筹发展和安全，坚持以数据开发利用和产业发展促进数据安全，以数据安全保障数据开发利用和产业发展。

**第十四条** 国家实施大数据战略，推进数据基础设施建设，鼓励和支持数据在各行业、各领域的创新应用。

省级以上人民政府应当将数字经济发展纳入本级国民经济和社会发展规划，并根据需要制定数字经济发展规划。

**第十五条** 国家支持开发利用数据提升公共服务的智能化水平。提供智能化公共服务，应当充分考虑老年人、残疾人的需求，避免对老年人、残疾人的日常生活造成障碍。

**第十六条** 国家支持数据开发利用和数据安全技术研究，鼓励数据开发利用和数据安全等领域的技术推广和商业创新，培育、发展数据开发利用和数据安全产品、产业体系。

**第十七条** 国家推进数据开发利用技术和数据安全标准体系建设。国务院标准化行政主管部门和国务院有关部门根据各自的职责，组织制定并适时修订有关数据开发利用技术、产品和数据安全相关标准。国家支持企业、社会团体和教育、科研机构等参与标准制定。

**第十八条** 国家促进数据安全检测评估、认证等服务的发展，支持数据安全检测评估、认证等专业机构依法开展服务活动。

国家支持有关部门、行业组织、企业、教育和科研机构、有关专业机构等在数据安全风险评估、防范、处置等方面开展协作。

**第十九条** 国家建立健全数据交易管理制度，规范数据交易行为，培育数据交易市场。

**第二十条** 国家支持教育、科研机构和企业等开展数据开发利用技术和数据安全相关教育和培训，采取多种方式培养数据开发利用技术和数据安全专业人才，促进人才交流。

## 第三章 数据安全制度

**第二十一条** 国家建立数据分类分级保护制度，根据数据在经济社会发展中的重要程度，以及一旦遭到篡改、破坏、泄露或者非法获取、非法利用，对国家安全、公共利益或者个人、组织合法权益造成的危害程度，对数据实行分类分级保护。国家数据安全工作协调机制统筹协调有关部门制定重要数据目录，加强对重要数据的保护。

关系国家安全、国民经济命脉、重要民生、重大公共利益等数据属于国家核心数据，实行更加严格的管理制度。

各地区、各部门应当按照数据分类分级保护制度，确定本地区、本部门以及相关行业、领域的重要数据具体目录，对列入目录的数据进行重点保护。

**第二十二条** 国家建立集中统一、高效权威的数据安全风险评估、报告、信息共享、监测预警机制。国家数据安全工作协调机制统筹协调有关部门加强数据安全风险信息的获取、分析、研判、预警工作。

**第二十三条** 国家建立数据安全应急处置机制。发生数据安全事件，有关主管部门应当依法启动应急预案，采取相应的应急处置措施，防止危害扩大，消除安全隐患，并及时向社会发布与公众有关的警示信息。

**第二十四条** 国家建立数据安全审查制度，对影响或者可能影响国家安全的数据处理活动进行国家安全审查。

依法作出的安全审查决定为最终决定。

**第二十五条** 国家对与维护国家安全和利益、履行国际义务相关的属于管制物项的数据依法实施出口管制。

**第二十六条** 任何国家或者地区在与数据和数据开发利用技术等有关的投资、贸易等方面对中华人民共和国采取歧视性的禁止、限制或者其他类似措施的，中华人民共和国可以根据实际情况对该国家或者地区对等采取措施。

## 第四章 数据安全保护义务

**第二十七条** 开展数据处理活动应当依照法律、法规的规定，建立健全全流程数据安全管理制度，组织开展数据安全教育培训，采取相应的技术措施和其他必要措施，保障数据安全。利用互联网等信息网络开展数据处理活动，应当在网络安全等级保护制度的基础上，履行上述数据安全保护义务。

重要数据的处理者应当明确数据安全负责人和管理机构，落实数据安全保护责任。

**第二十八条** 开展数据处理活动以及研究开发数据新技术，应当有利于促进经济社会发展，增进人民福祉，符合社会公德和伦理。

**第二十九条** 开展数据处理活动应当加强风险监测，发现数据安全缺陷、漏洞等风险时，应当立即采取补救措施；发生数据安全事件时，应当立即采取处置措施，按照规定及时告知用户并向有关主管部门报告。

**第三十条** 重要数据的处理者应当按照规定对其数据处理活动定期开展风险评估，并向有关主管部门报送风险评估报告。

风险评估报告应当包括处理的重要数据的种类、数量，开展数据处理活动的情况，面临的数据安全风险及其应对措施等。

**第三十一条** 关键信息基础设施的运营者在中华人民共和国境内运营中收集和产生的重要数据的出境安全管理，适用《中华人民共和国网络安全法》的规定；其他数据处理者在中华人民共和国境内运营中收集和产生的重要数据的出境安全管理办法，由国家网信部门会同国务院有关部门制定。

**第三十二条** 任何组织、个人收集数据，应当采取合法、正当的方式，不得窃取或者以其他非法方式获取数据。

法律、行政法规对收集、使用数据的目的、范围有规定的，应当在法律、行政法规规定的目的和范围内收集、使用数据。

**第三十三条** 从事数据交易中介服务的机构提供服务，应当要求数据提供方说明数据来源，审核交易双方的身份，并留存审核、交易记录。

**第三十四条** 法律、行政法规规定提供数据处理相关服务应当取得行政许可的，服务提供者应当依法取得许可。

**第三十五条** 公安机关、国家安全机关因依法维护国家安全或者侦查犯罪的需要调取数据，应当按照国家有关规定，经过严格的批准手续，依法进行，有关组织、个人应当予以配合。

**第三十六条** 中华人民共和国主管机关根据有关法律和中华人民共和国缔结或者参加的国际条约、协定，或者按照平等互惠原则，处理外国司法或者执法机构关于提供数据的请求。非经中华人民共和国主管机关批准，境内的组织、个人不得向外国司法或者执法机构提供存储于中华人民共和国境内的数据。

## 第五章 政务数据安全与开放

**第三十七条** 国家大力推进电子政务建设，提高政务数据的科学性、准确性、时效性，提升运用数据服务经济社会发展的能力。

**第三十八条** 国家机关为履行法定职责的需要收集、使用数据，应当在其履行法定职责的范围内依照法律、行政法规规定的条件和程序进行；对在履行职责中知悉的个人隐私、个人信息、商业秘密、保密商务信息等数据应当依法予以保密，不得泄露或者非法向他人提供。

**第三十九条** 国家机关应当依照法律、行政法规的规定，建立健全数据安全管理制度，落实数据安全保护责任，保障政务数据安全。

**第四十条** 国家机关委托他人建设、维护电子政务系统，存储、加工政务数据，应当经过严格的批准程序，并应当监督受托方履行相应的数据安全保护义务。受托方应当依照法律、法规的规定和合同约定履行数据安全保护义务，不得擅自留存、使用、泄露或者向他人提供政务数据。

**第四十一条** 国家机关应当遵循公正、公平、便民的原则，按照规定及时、准确地公开政务数据。依法不予公开的除外。

**第四十二条** 国家制定政务数据开放目录，构建统一规范、互联互通、安全可控的政务数据开放平台，推动政务数据开放利用。

**第四十三条** 法律、法规授权的具有管理公共事务职能的组织为履行法定职责开展数据处理活动，适用本章规定。

## 第六章 法律责任

**第四十四条** 有关主管部门在履行数据安全监管职责中，发现数据处理活动存在较大安全风险的，可以按照规定的权限和程序对有关组织、个人进行约谈，并要求有关组织、个人采取措施进行整改，消除隐患。

**第四十五条** 开展数据处理活动的组织、个人不履行本法第二十七条、第二十九条、第三十条规定的数据安全保护义务的，由有关主管部门责令改正，给予警告，可以并处五万元以上五十万元以下罚款，对直接负责的主管人员和其他直接责任人员可以处一万元以上十万元以下罚款；拒不改正或者造成大量数据泄露等严重后果的，处五十万元以上二百万元以下罚款，并可以责令暂停相关业务、停业整顿、吊销相关业务许可证或者吊销营业执照，对直接负责的主管人员和其他直接责任人员处五万元以上二十万元以下罚款。

违反国家核心数据管理制度，危害国家主权、安全和发展利益的，由有关主管部门处二百万元以上一千万元以下罚款，并根据情况责令暂停相关业务、停业整顿、吊销相关业务许可证或者吊销营业执照；构成犯罪的，依法追究刑事责任。

**第四十六条** 违反本法第三十一条规定，向境外提供重要数据的，由有关主管部门责令改正，给予警告，可以并处十万元以上一百万元以下罚款，对直接负责的主管人员和其他直接责任人员可以处一万元以上十万元以下罚款；情节严重的，处一百万元以上一千万元以下罚款，并可以责令暂停相关业务、停业整顿、吊销相关业务许可证或者吊销营业执照，对直接负责的主管人员和其他直接责任人员处十万元以上一百万元以下罚款。

**第四十七条** 从事数据交易中介服务的机构未履行本法第三十三条规定的义务的，由有关主管部门责令改正，没收违法所得，处违法所得一倍以上十倍以下罚款，没有违法所得或者违法所得不足十万元的，处十万元以上一百万元以下罚款，并可以责令暂停相关业务、停业整顿、吊销相关业务许可证或者吊销营业执照；对直接负责的主管人员和其他直接责任人员处一万元以上十万元以下罚款。

**第四十八条** 违反本法第三十五条规定，拒不配合数据调取的，由有关主管部门责令改正，给予警告，并处五万元以上五十万元以下罚款，对直接负责的主管人员和其他直接责任人员处一万元以上十万元以下罚款。

违反本法第三十六条规定，未经主管机关批准向外国司法或者执法机构提供数据的，由有关主管部门给予警告，可以并处十万元以上一百万元以下罚款，对直接负责的主管人员和其他直接责任人员可以处一万元以上十万元以下罚款；造成严重后果的，处一百万元以上五百万元以下罚款，并可以责令暂停相关业务、停业整顿、吊销相关业务许可证或者吊销营业执照，对直接负责的主管人员和其他直接责任人员处五万元以上五十万元以下罚款。

**第四十九条** 国家机关不履行本法规定的数据安全保护义务的，对直接负责的主管人员和其他直接责任人员依法给予处分。

**第五十条** 履行数据安全监管职责的国家工作人员玩忽职守、滥用职权、徇私舞弊的，依法给予处分。

**第五十一条** 窃取或者以其他非法方式获取数据，开展数据处理活动排除、限制竞争，或者损害个人、组织合法权益的，依照有关法律、行政法规的规定处罚。

**第五十二条** 违反本法规定，给他人造成损害的，依法承担民事责任。

违反本法规定，构成违反治安管理行为的，依法给予治安管理处罚；构成犯罪的，依法追究刑事责任。

### 第七章 附则

**第五十三条** 开展涉及国家秘密的数据处理活动，适用《中华人民共和国保守国家秘密法》等法律、行政法规的规定。

在统计、档案工作中开展数据处理活动，开展涉及个人信息的数据处理活动，还应当遵守有关法律、行政法规的规定。

**第五十四条** 军事数据安全保护的办法，由中央军事委员会依据本法另行制定。

**第五十五条** 本法自 2021 年 9 月 1 日起施行。

# 中华人民共和国个人信息保护法

主席令第九十一号

（2021 年 8 月 20 日第十三届全国人民代表大会常务委员会第三十次会议通过）

《中华人民共和国个人信息保护法》已由中华人民共和国第十三届全国人民代表大会常务委员会第三十次会议于 2021 年 8 月 20 日通过，现予公布，自 2021 年 11 月 1 日起施行。

中华人民共和国主席 习近平

2021 年 8 月 20 日

### 第一章 总则

**第一条** 为了保护个人信息权益，规范个人信息处理活动，促进个人信息合理利用，根据宪法，制定本法。

**第二条** 自然人的个人信息受法律保护，任何组织、个人不得侵害自然人的个人信息权益。

**第三条** 在中华人民共和国境内处理自然人个人信息的活动，适用本法。

在中华人民共和国境外处理中华人民共和国境内自然人个人信息的活动，有下列情形之一的，也适用本法：

（一）以向境内自然人提供产品或者服务为目的；

（二）分析、评估境内自然人的行为；

（三）法律、行政法规规定的其他情形。

**第四条** 个人信息是以电子或者其他方式记录的与已识别或者可识别的自然人有关的各种信息，不包括匿名化处理后的信息。

个人信息的处理包括个人信息的收集、存储、使用、加工、传输、提供、公开、删除等。

**第五条** 处理个人信息应当遵循合法、正当、必要和诚信原则，不得通过误导、欺诈、胁迫等方式处理个人信息。

**第六条** 处理个人信息应当具有明确、合理的目的，并应当与处理目的直接相关，采取对个人权益影响最小的方式。

收集个人信息，应当限于实现处理目的的最小范围，不得过度收集个人信息。

**第七条** 处理个人信息应当遵循公开、透明原则，公开个人信息处理规则，明示处理的目的、方式和范围。

**第八条** 处理个人信息应当保证个人信息的质量，避免因个人信息不准确、不完整对个人权益造成不利影响。

**第九条** 个人信息处理者应当对其个人信息处理活动负责，并采取必要措施保障所处理的个人信息的安全。

**第十条** 任何组织、个人不得非法收集、使用、加工、传输他人个人信息，不得非法买卖、提供或者公开他人个人信息；不得从事危害国家安全、公共利益的个人信息处理活动。

**第十一条** 国家建立健全个人信息保护制度，预防和惩治侵害个人信息权益的行为，加强个人信息保护宣传教育，推动形成政府、企业、相关社会组织、公众共同参与个人信息保护的良好环境。

**第十二条** 国家积极参与个人信息保护国际规则的制定，促进个人信息保护方面的国际交流与合作，推动与其他国家、地区、国际组织之间的个人信息保护规则、标准等互认。

## 第二章 个人信息处理规则

### 第一节 一般规定

**第十三条** 符合下列情形之一的，个人信息处理者方可处理个人信息：

（一）取得个人的同意；

（二）为订立、履行个人作为一方当事人的合同所必需，或者按照依法制定的劳动规章制度和依法签订的集体合同实施人力资源管理所必需；

（三）为履行法定职责或者法定义务所必需；

（四）为应对突发公共卫生事件，或者紧急情况下为保护自然人的生命健康和财产安全所必需；

（五）为公共利益实施新闻报道、舆论监督等行为，在合理的范围内处理个人信息；

（六）依照本法规定在合理的范围内处理个人自行公开或者其他已经合法公开的个人信息；

（七）法律、行政法规规定的其他情形。

依照本法其他有关规定，处理个人信息应当取得个人同意，但是有前款第二项至第七项规定情形的，不需取得个人同意。

**第十四条** 基于个人同意处理个人信息的，该同意应当由个人在充分知情的前提下自愿、明确作出。法律、行政法规规定处理个人信息应当取得个人单独同意或者书面同意的，从其规定。

个人信息的处理目的、处理方式和处理的个人信息种类发生变更的，应当重新取得个人同意。

**第十五条** 基于个人同意处理个人信息的，个人有权撤回其同意。个人信息处理者应当提供便捷的撤回同意的方式。

个人撤回同意，不影响撤回前基于个人同意已进行的个人信息处理活动的效力。

**第十六条** 个人信息处理者不得以个人不同意处理其个人信息或者撤回同意为由，拒绝提供产品或者服务；处理个人信息属于提供产品或者服务所必需的除外。

**第十七条** 个人信息处理者在处理个人信息前，应当以显著方式、清晰易懂的语言真实、准确、完整地向个人告知下列事项：

（一）个人信息处理者的名称或者姓名和联系方式；

（二）个人信息的处理目的、处理方式，处理的个人信息种类、保存期限；

（三）个人行使本法规定权利的方式和程序；

（四）法律、行政法规规定应当告知的其他事项。

前款规定事项发生变更的，应当将变更部分告知个人。

个人信息处理者通过制定个人信息处理规则的方式告知第一款规定事项的，处理规则应当公开，并且便于查阅和保存。

**第十八条** 个人信息处理者处理个人信息，有法律、行政法规规定应当保密或者不需要告知的情形的，可以不向个人告知前条第一款规定的事项。

紧急情况下为保护自然人的生命健康和财产安全无法及时向个人告知的，个人信息处理者应当在紧急情况消除后及时告知。

**第十九条** 除法律、行政法规另有规定外，个人信息的保存期限应当为实现处理目的所必要的最短时间。

**第二十条** 两个以上的个人信息处理者共同决定个人信息的处理目的和处理方式的，应当约定各自的权利和义务。但是，该约定不影响个人向其中任何一个个人信息处理者要求行使本法规定的权利。

个人信息处理者共同处理个人信息，侵害个人信息权益造成损害的，应当依法承担连带责任。

**第二十一条** 个人信息处理者委托处理个人信息的，应当与受托人约定委托处理的目的、期限、处理方式、个人信息的种类、保护措施以及双方的权利和义务等，并对受托人的个人信息处理活动进行监督。

受托人应当按照约定处理个人信息，不得超出约定的处理目的、处理方式等处理个人信息；委托合同不生效、无效、被撤销或者终止的，受托人应当将个人信息返还个人信息处理者或者予以删除，不得保留。

未经个人信息处理者同意，受托人不得转委托他人处理个人信息。

**第二十二条** 个人信息处理者因合并、分立、解散、被宣告破产等原因需要转移个人信息的，应当向个人告知接收方的名称或者姓名和联系方式。接收方应当继续履行个人信息处理者的义务。接收方变更原先的处理目的、处理方式的，应当依照本法规定重新取得个人同意。

**第二十三条** 个人信息处理者向其他个人信息处理者提供其处理的个人信息的，应当向个人告知接收方的名称或者姓名、联系方式、处理目的、处理方式和个人信息的种类，并取得个人的单独同意。接收方应当在上述处理目的、处理方式和个人信息的种类等范围内处理个人信息。接收方变更原先的处理目的、处理方式的，应当依照本法规定重新取得个人同意。

**第二十四条** 个人信息处理者利用个人信息进行自动化决策，应当保证决策的透明度和结果公平、公正，不得对个人在交易价格等交易条件上实行不合理的差别待遇。

通过自动化决策方式向个人进行信息推送、商业营销，应当同时提供不针对其个人特征的选项，或者向个人提供便捷的拒绝方式。

通过自动化决策方式作出对个人权益有重大影响的决定，个人有权要求个人信息处理者予以说明，并有权拒绝个人信息处理者仅通过自动化决策的方式作出决定。

**第二十五条** 个人信息处理者不得公开其处理的个人信息，取得个人单独同意的除外。

**第二十六条** 在公共场所安装图像采集、个人身份识别设备，应当为维护公共安全所必需，遵守国家有关规定，并设置显著的提示标识。所收集的个人图像、身份识别信息只能用于维护公共安全的目的，不得用于其他目的；取得个人单独同意的除外。

**第二十七条** 个人信息处理者可以在合理的范围内处理个人自行公开或者其他已经合法公开的个人信息；个人明确拒绝的除外。个人信息处理者处理已公开的个人信息，对个人权益有重大影响的，应当依照本法规定取得个人同意。

### 第二节 敏感个人信息的处理规则

**第二十八条** 敏感个人信息是一旦泄露或者非法使用，容易导致自然人的人格尊严受到侵害或者人身、财产安全受到危害的个人信息，包括生物识别、宗教信仰、特定身份、医疗健康、金融账户、行踪轨迹等信息，以及不满十四周岁未成年人的个人信息。

只有在具有特定的目的和充分的必要性，并采取严格保护措施的情形下，个人信息处理者方可处理敏感个人信息。

**第二十九条** 处理敏感个人信息应当取得个人的单独同意；法律、行政法规规定处理敏感个人信息应当取得书面同意的，从其规定。

**第三十条** 个人信息处理者处理敏感个人信息的，除本法第十七条第一款规定的事项外，还应当向个人告知处理敏感个人信息的必要性以及对个人权益的影响；依照本法规定可以不向个人告知的除外。

**第三十一条** 个人信息处理者处理不满十四周岁未成年人个人信息的，应当取得未成年人的父母或者其他监护人的同意。

个人信息处理者处理不满十四周岁未成年人个人信息的，应当制定专门的个人信息处理规则。

**第三十二条** 法律、行政法规对处理敏感个人信息规定应当取得相关行政许可或者作出其他限制的，从其规定。

### 第三节 国家机关处理个人信息的特别规定

**第三十三条** 国家机关处理个人信息的活动，适用本法；本节有特别规定的，适用本节规定。

**第三十四条** 国家机关为履行法定职责处理个人信息，应当依照法律、行政法规规定的权限、程序进行，不得超出履行法定职责所必需的范围和限度。

**第三十五条** 国家机关为履行法定职责处理个人信息，应当依照本法规定履行告知义务；有本法第十八条第一款规定的情形，或者告知将妨碍国家机关履行法定职责的除外。

**第三十六条** 国家机关处理的个人信息应当在中华人民共和国境内存储；确需向境外提供的，应当进行安全评估。安全评估可以要求有关部门提供支持与协助。

**第三十七条** 法律、法规授权的具有管理公共事务职能的组织为履行法定职责处理个人信息，适用本法关于国家机关处理个人信息的规定。

## 第三章　个人信息跨境提供的规则

**第三十八条**　个人信息处理者因业务等需要，确需向中华人民共和国境外提供个人信息的，应当具备下列条件之一：

（一）依照本法第四十条的规定通过国家网信部门组织的安全评估；

（二）按照国家网信部门的规定经专业机构进行个人信息保护认证；

（三）按照国家网信部门制定的标准合同与境外接收方订立合同，约定双方的权利和义务；

（四）法律、行政法规或者国家网信部门规定的其他条件。

中华人民共和国缔结或者参加的国际条约、协定对向中华人民共和国境外提供个人信息的条件等有规定的，可以按照其规定执行。

个人信息处理者应当采取必要措施，保障境外接收方处理个人信息的活动达到本法规定的个人信息保护标准。

**第三十九条**　个人信息处理者向中华人民共和国境外提供个人信息的，应当向个人告知境外接收方的名称或者姓名、联系方式、处理目的、处理方式、个人信息的种类以及个人向境外接收方行使本法规定权利的方式和程序等事项，并取得个人的单独同意。

**第四十条**　关键信息基础设施运营者和处理个人信息达到国家网信部门规定数量的个人信息处理者，应当将在中华人民共和国境内收集和产生的个人信息存储在境内。确需向境外提供的，应当通过国家网信部门组织的安全评估；法律、行政法规和国家网信部门规定可以不进行安全评估的，从其规定。

**第四十一条**　中华人民共和国主管机关根据有关法律和中华人民共和国缔结或者参加的国际条约、协定，或者按照平等互惠原则，处理外国司法或者执法机构关于提供存储于境内个人信息的请求。非经中华人民共和国主管机关批准，个人信息处理者不得向外国司法或者执法机构提供存储于中华人民共和国境内的个人信息。

**第四十二条**　境外的组织、个人从事侵害中华人民共和国公民的个人信息权益，或者危害中华人民共和国国家安全、公共利益的个人信息处理活动的，国家网信部门可以将其列入限制或者禁止个人信息提供清单，予以公告，并采取限制或者禁止向其提供个人信息等措施。

**第四十三条**　任何国家或者地区在个人信息保护方面对中华人民共和国采取歧视性的禁止、限制或者其他类似措施的，中华人民共和国可以根据实际情况对该国家或者地区对等采取措施。

## 第四章　个人在个人信息处理活动中的权利

**第四十四条**　个人对其个人信息的处理享有知情权、决定权，有权限制或者拒绝他人对其个人信息进行处理；法律、行政法规另有规定的除外。

**第四十五条**　个人有权向个人信息处理者查阅、复制其个人信息；有本法第十八条第一款、第三十五条规定情形的除外。

个人请求查阅、复制其个人信息的，个人信息处理者应当及时提供。

个人请求将个人信息转移至其指定的个人信息处理者，符合国家网信部门规定条件的，个人信息处理者应当提供转移的途径。

**第四十六条**　个人发现其个人信息不准确或者不完整的，有权请求个人信息处理者更正、补充。

个人请求更正、补充其个人信息的，个人信息处理者应当对其个人信息予以核实，并及时更正、补充。

**第四十七条**　有下列情形之一的，个人信息处理者应当主动删除个人信息；个人信息处理者未删除的，个人有权请求删除：

（一）处理目的已实现、无法实现或者为实现处理目的不再必要；

（二）个人信息处理者停止提供产品或者服务，或者保存期限已届满；

（三）个人撤回同意；

（四）个人信息处理者违反法律、行政法规或者违反约定处理个人信息；

（五）法律、行政法规规定的其他情形。

法律、行政法规规定的保存期限未届满，或者删除个人信息从技术上难以实现的，个人信息处理者应当停止除存储和采取必要的安全保护措施之外的处理。

**第四十八条**　个人有权要求个人信息处理者对其个人信息处理规则进行解释说明。

**第四十九条**　自然人死亡的，其近亲属为了自身的合法、正当利益，可以对死者的相关个人信息行使本章规定的查阅、复制、更正、删除等权利；死者生前另有安排的除外。

**第五十条**　个人信息处理者应当建立便捷的个人行使权利的申请受理和处理机制。拒绝个人行使权利的请求的，应当说明理由。

个人信息处理者拒绝个人行使权利的请求的，个人可以依法向人民法院提起诉讼。

## 第五章 个人信息处理者的义务

**第五十一条** 个人信息处理者应当根据个人信息的处理目的、处理方式、个人信息的种类以及对个人权益的影响、可能存在的安全风险等，采取下列措施确保个人信息处理活动符合法律、行政法规的规定，并防止未经授权的访问以及个人信息泄露、篡改、丢失：

（一）制定内部管理制度和操作规程；

（二）对个人信息实行分类管理；

（三）采取相应的加密、去标识化等安全技术措施；

（四）合理确定个人信息处理的操作权限，并定期对从业人员进行安全教育和培训；

（五）制定并组织实施个人信息安全事件应急预案；

（六）法律、行政法规规定的其他措施。

**第五十二条** 处理个人信息达到国家网信部门规定数量的个人信息处理者应当指定个人信息保护负责人，负责对个人信息处理活动以及采取的保护措施等进行监督。

个人信息处理者应当公开个人信息保护负责人的联系方式，并将个人信息保护负责人的姓名、联系方式等报送履行个人信息保护职责的部门。

**第五十三条** 本法第三条第二款规定的中华人民共和国境外的个人信息处理者，应当在中华人民共和国境内设立专门机构或者指定代表，负责处理个人信息保护相关事务，并将有关机构的名称或者代表的姓名、联系方式等报送履行个人信息保护职责的部门。

**第五十四条** 个人信息处理者应当定期对其处理个人信息遵守法律、行政法规的情况进行合规审计。

**第五十五条** 有下列情形之一的，个人信息处理者应当事前进行个人信息保护影响评估，并对处理情况进行记录：

（一）处理敏感个人信息；

（二）利用个人信息进行自动化决策；

（三）委托处理个人信息、向其他个人信息处理者提供个人信息、公开个人信息；

（四）向境外提供个人信息；

（五）其他对个人权益有重大影响的个人信息处理活动。

**第五十六条** 个人信息保护影响评估应当包括下列内容：

（一）个人信息的处理目的、处理方式等是否合法、正当、必要；

（二）对个人权益的影响及安全风险；

（三）所采取的保护措施是否合法、有效并与风险程度相适应。

个人信息保护影响评估报告和处理情况记录应当至少保存三年。

**第五十七条** 发生或者可能发生个人信息泄露、篡改、丢失的，个人信息处理者应当立即采取补救措施，并通知履行个人信息保护职责的部门和个人。通知应当包括下列事项：

（一）发生或者可能发生个人信息泄露、篡改、丢失的信息种类、原因和可能造成的危害；

（二）个人信息处理者采取的补救措施和个人可以采取的减轻危害的措施；

（三）个人信息处理者的联系方式。

个人信息处理者采取措施能够有效避免信息泄露、篡改、丢失造成危害的，个人信息处理者可以不通知个人；履行个人信息保护职责的部门认为可能造成危害的，有权要求个人信息处理者通知个人。

**第五十八条** 提供重要互联网平台服务、用户数量巨大、业务类型复杂的个人信息处理者，应当履行下列义务：

（一）按照国家规定建立健全个人信息保护合规制度体系，成立主要由外部成员组成的独立机构对个人信息保护情况进行监督；

（二）遵循公开、公平、公正的原则，制定平台规则，明确平台内产品或者服务提供者处理个人信息的规范和保护个人信息的义务；

（三）对严重违反法律、行政法规处理个人信息的平台内的产品或者服务提供者，停止提供服务；

（四）定期发布个人信息保护社会责任报告，接受社会监督。

**第五十九条** 接受委托处理个人信息的受托人，应当依照本法和有关法律、行政法规的规定，采取必要措施保障所处理的个人信息的安全，并协助个人信息处理者履行本法规定的义务。

## 第六章 履行个人信息保护职责的部门

**第六十条** 国家网信部门负责统筹协调个人信息保护工作和相关监督管理工作。国务院有关部门依照本法和有关法律、行政法规的规定，在各自职责范围内负责个人信息保护和监督管理工作。

县级以上地方人民政府有关部门的个人信息保护和监督管理职责，按照国家有关规定确定。

前两款规定的部门统称为履行个人信息保护职责的部门。

**第六十一条** 履行个人信息保护职责的部门履行下列个人信息保护职责：

（一）开展个人信息保护宣传教育，指导、监督个人信息处理者开展个人信息保护工作；

（二）接受、处理与个人信息保护有关的投诉、举报；

（三）组织对应用程序等个人信息保护情况进行测评，并公布测评结果；

（四）调查、处理违法个人信息处理活动；

（五）法律、行政法规规定的其他职责。

**第六十二条** 国家网信部门统筹协调有关部门依据本法推进下列个人信息保护工作：

（一）制定个人信息保护具体规则、标准；

（二）针对小型个人信息处理者、处理敏感个人信息以及人脸识别、人工智能等新技术、新应用，制定专门的个人信息保护规则、标准；

（三）支持研究开发和推广应用安全、方便的电子身份认证技术，推进网络身份认证公共服务建设；

（四）推进个人信息保护社会化服务体系建设，支持有关机构开展个人信息保护评估、认证服务；

（五）完善个人信息保护投诉、举报工作机制。

**第六十三条** 履行个人信息保护职责的部门履行个人信息保护职责，可以采取下列措施：

（一）询问有关当事人，调查与个人信息处理活动有关的情况；

（二）查阅、复制当事人与个人信息处理活动有关的合同、记录、账簿以及其他有关资料；

（三）实施现场检查，对涉嫌违法的个人信息处理活动进行调查；

（四）检查与个人信息处理活动有关的设备、物品；对有证据证明是用于违法个人信息处理活动的设备、物品，向本部门主要负责人书面报告并经批准，可以查封或者扣押。

履行个人信息保护职责的部门依法履行职责，当事人应当予以协助、配合，不得拒绝、阻挠。

**第六十四条** 履行个人信息保护职责的部门在履行职责中，发现个人信息处理活动存在较大风险或者发生个人信息安全事件的，可以按照规定的权限和程序对该个人信息处理者的法定代表人或者主要负责人进行约谈，或者要求个人信息处理者委托专业机构对其个人信息处理活动进行合规审计。个人信息处理者应当按照要求采取措施，进行整改，消除隐患。

履行个人信息保护职责的部门在履行职责中，发现违法处理个人信息涉嫌犯罪的，应当及时移送公安机关依法处理。

**第六十五条** 任何组织、个人有权对违法个人信息处理活动向履行个人信息保护职责的部门进行投诉、举报。收到投诉、举报的部门应当依法及时处理，并将处理结果告知投诉、举报人。

履行个人信息保护职责的部门应当公布接受投诉、举报的联系方式。

## 第七章 法律责任

**第六十六条** 违反本法规定处理个人信息，或者处理个人信息未履行本法规定的个人信息保护义务的，由履行个人信息保护职责的部门责令改正，给予警告，没收违法所得，对违法处理个人信息的应用程序，责令暂停或者终止提供服务；拒不改正的，并处一百万元以下罚款；对直接负责的主管人员和其他直接责任人员处一万元以上十万元以下罚款。

有前款规定的违法行为，情节严重的，由省级以上履行个人信息保护职责的部门责令改正，没收违法所得，并处五千万元以下或者上一年度营业额百分之五以下罚款，并可以责令暂停相关业务或者停业整顿、通报有关主管部门吊销相关业务许可或者吊销营业执照；对直接负责的主管人员和其他直接责任人员处十万元以上一百万元以下罚款，并可以决定禁止其在一定期限内担任相关企业的董事、监事、高级管理人员和个人信息保护负责人。

**第六十七条** 有本法规定的违法行为的，依照有关法律、行政法规的规定记入信用档案，并予以公示。

**第六十八条** 国家机关不履行本法规定的个人信息保护义务的，由其上级机关或者履行个人信息保护职责的部门责令改正；对直接负责的主管人员和其他直接责任人员依法给予处分。

履行个人信息保护职责的部门的工作人员玩忽职守、滥用职权、徇私舞弊，尚不构成犯罪的，依法给予处分。

**第六十九条** 处理个人信息侵害个人信息权益造成损害，个人信息处理者不能证明自己没有过错的，应当承担损害赔偿等侵权责任。

前款规定的损害赔偿责任按照个人因此受到的损失或者个人信息处理者因此获得的利益确定；个人因此受到的损失和个人信息处理者因此获得的利益难以确定的，根据实际情况确定赔偿数额。

**第七十条** 个人信息处理者违反本法规定处理个人信息，侵害众多个人的权益的，人民检察院、法律规定的消费者组织和由国家网信部门确定的组织可以依法向人民法院提起诉讼。

**第七十一条** 违反本法规定，构成违反治安管理行为的，依法给予治安管理处罚；构成犯罪的，依法追究刑事责任。

## 第八章 附则

**第七十二条** 自然人因个人或者家庭事务处理个人信息

的，不适用本法。

法律对各级人民政府及其有关部门组织实施的统计、档案管理活动中的个人信息处理有规定的，适用其规定。

**第七十三条** 本法下列用语的含义：

（一）个人信息处理者，是指在个人信息处理活动中自主决定处理目的、处理方式的组织、个人。

（二）自动化决策，是指通过计算机程序自动分析、评估个人的行为习惯、兴趣爱好或者经济、健康、信用状况等，并进行决策的活动。

（三）去标识化，是指个人信息经过处理，使其在不借助额外信息的情况下无法识别特定自然人的过程。

（四）匿名化，是指个人信息经过处理无法识别特定自然人且不能复原的过程。

**第七十四条** 本法自2021年11月1日起施行。

# 关键信息基础设施安全保护条例

国务院令第745号

《关键信息基础设施安全保护条例》已经2021年4月27日国务院第133次常务会议通过，现予公布，自2021年9月1日起施行。

总理　李克强

2021年7月30日

## 第一章　总则

**第一条** 为了保障关键信息基础设施安全，维护网络安全，根据《中华人民共和国网络安全法》，制定本条例。

**第二条** 本条例所称关键信息基础设施，是指公共通信和信息服务、能源、交通、水利、金融、公共服务、电子政务、国防科技工业等重要行业和领域的，以及其他一旦遭到破坏、丧失功能或者数据泄露，可能严重危害国家安全、国计民生、公共利益的重要网络设施、信息系统等。

**第三条** 在国家网信部门统筹协调下，国务院公安部门负责指导监督关键信息基础设施安全保护工作。国务院电信主管部门和其他有关部门依照本条例和有关法律、行政法规的规定，在各自职责范围内负责关键信息基础设施安全保护和监督管理工作。

省级人民政府有关部门依据各自职责对关键信息基础设施实施安全保护和监督管理。

**第四条** 关键信息基础设施安全保护坚持综合协调、分工负责、依法保护，强化和落实关键信息基础设施运营者（以下简称运营者）主体责任，充分发挥政府及社会各方面的作用，共同保护关键信息基础设施安全。

**第五条** 国家对关键信息基础设施实行重点保护，采取措施，监测、防御、处置来源于中华人民共和国境内外的网络安全风险和威胁，保护关键信息基础设施免受攻击、侵入、干扰和破坏，依法惩治危害关键信息基础设施安全的违法犯罪活动。

任何个人和组织不得实施非法侵入、干扰、破坏关键信息基础设施的活动，不得危害关键信息基础设施安全。

**第六条** 运营者依照本条例和有关法律、行政法规的规定以及国家标准的强制性要求，在网络安全等级保护的基础上，采取技术保护措施和其他必要措施，应对网络安全事件，防范网络攻击和违法犯罪活动，保障关键信息基础设施安全稳定运行，维护数据的完整性、保密性和可用性。

**第七条** 对在关键信息基础设施安全保护工作中取得显著成绩或者作出突出贡献的单位和个人，按照国家有关规定给予表彰。

## 第二章　关键信息基础设施认定

**第八条** 本条例第二条涉及的重要行业和领域的主管部门、监督管理部门是负责关键信息基础设施安全保护工作的部门（以下简称保护工作部门）。

**第九条** 保护工作部门结合本行业、本领域实际，制定关键信息基础设施认定规则，并报国务院公安部门备案。

制定认定规则应当主要考虑下列因素：

（一）网络设施、信息系统等对于本行业、本领域关键核心业务的重要程度；

（二）网络设施、信息系统等一旦遭到破坏、丧失功能或者数据泄露可能带来的危害程度；

（三）对其他行业和领域的关联性影响。

**第十条** 保护工作部门根据认定规则负责组织认定本行业、本领域的关键信息基础设施，及时将认定结果通知运营者，并通报国务院公安部门。

**第十一条** 关键信息基础设施发生较大变化，可能影响其认定结果的，运营者应当及时将相关情况报告保护工作部门。保护工作部门自收到报告之日起3个月内完成重新认定，将认定结果通知运营者，并通报国务院公安部门。

## 第三章 运营者责任义务

**第十二条** 安全保护措施应当与关键信息基础设施同步规划、同步建设、同步使用。

**第十三条** 运营者应当建立健全网络安全保护制度和责任制，保障人力、财力、物力投入。运营者的主要负责人对关键信息基础设施安全保护负总责，领导关键信息基础设施安全保护和重大网络安全事件处置工作，组织研究解决重大网络安全问题。

**第十四条** 运营者应当设置专门安全管理机构，并对专门安全管理机构负责人和关键岗位人员进行安全背景审查。审查时，公安机关、国家安全机关应当予以协助。

**第十五条** 专门安全管理机构具体负责本单位的关键信息基础设施安全保护工作，履行下列职责：

（一）建立健全网络安全管理、评价考核制度，拟订关键信息基础设施安全保护计划；

（二）组织推动网络安全防护能力建设，开展网络安全监测、检测和风险评估；

（三）按照国家及行业网络安全事件应急预案，制定本单位应急预案，定期开展应急演练，处置网络安全事件；

（四）认定网络安全关键岗位，组织开展网络安全工作考核，提出奖励和惩处建议；

（五）组织网络安全教育、培训；

（六）履行个人信息和数据安全保护责任，建立健全个人信息和数据安全保护制度；

（七）对关键信息基础设施设计、建设、运行、维护等服务实施安全管理；

（八）按照规定报告网络安全事件和重要事项。

**第十六条** 运营者应当保障专门安全管理机构的运行经费、配备相应的人员，开展与网络安全和信息化有关的决策应当有专门安全管理机构人员参与。

**第十七条** 运营者应当自行或者委托网络安全服务机构对关键信息基础设施每年至少进行一次网络安全检测和风险评估，对发现的安全问题及时整改，并按照保护工作部门要求报送情况。

**第十八条** 关键信息基础设施发生重大网络安全事件或者发现重大网络安全威胁时，运营者应当按照有关规定向保护工作部门、公安机关报告。

发生关键信息基础设施整体中断运行或者主要功能故障、国家基础信息以及其他重要数据泄露、较大规模个人信息泄露、造成较大经济损失、违法信息较大范围传播等特别重大网络安全事件或者发现特别重大网络安全威胁时，保护工作部门应当在收到报告后，及时向国家网信部门、国务院公安部门报告。

**第十九条** 运营者应当优先采购安全可信的网络产品和服务；采购网络产品和服务可能影响国家安全的，应当按照国家网络安全规定通过安全审查。

**第二十条** 运营者采购网络产品和服务，应当按照国家有关规定与网络产品和服务提供者签订安全保密协议，明确提供者的技术支持和安全保密义务与责任，并对义务与责任履行情况进行监督。

**第二十一条** 运营者发生合并、分立、解散等情况，应当及时报告保护工作部门，并按照保护工作部门的要求对关键信息基础设施进行处置，确保安全。

## 第四章 保障和促进

**第二十二条** 保护工作部门应当制定本行业、本领域关键信息基础设施安全规划，明确保护目标、基本要求、工作任务、具体措施。

**第二十三条** 国家网信部门统筹协调有关部门建立网络安全信息共享机制，及时汇总、研判、共享、发布网络安全威胁、漏洞、事件等信息，促进有关部门、保护工作部门、运营者以及网络安全服务机构等之间的网络安全信息共享。

**第二十四条** 保护工作部门应当建立健全本行业、本领域的关键信息基础设施网络安全监测预警制度，及时掌握本行业、本领域关键信息基础设施运行状况、安全态势，预警通报网络安全威胁和隐患，指导做好安全防范工作。

**第二十五条** 保护工作部门应当按照国家网络安全事件应急预案的要求，建立健全本行业、本领域的网络安全事件应急预案，定期组织应急演练；指导运营者做好网络安全事件应对处置，并根据需要组织提供技术支持与协助。

**第二十六条** 保护工作部门应当定期组织开展本行业、本领域关键信息基础设施网络安全检查检测，指导监督运营者及时整改安全隐患、完善安全措施。

**第二十七条** 国家网信部门统筹协调国务院公安部门、保护工作部门对关键信息基础设施进行网络安全检查检测，提出改进措施。

有关部门在开展关键信息基础设施网络安全检查时，应当加强协同配合、信息沟通，避免不必要的检查和交叉重复检查。检查工作不得收取费用，不得要求被检查单位购买指定品牌或者指定生产、销售单位的产品和服务。

**第二十八条** 运营者对保护工作部门开展的关键信息基础设施网络安全检查检测工作，以及公安、国家安全、保密行政管理、密码管理等有关部门依法开展的关键信息基础设施网络安全检查工作应当予以配合。

**第二十九条** 在关键信息基础设施安全保护工作中，国家网信部门和国务院电信主管部门、国务院公安部门等应当根据保护工作部门的需要，及时提供技术支持和协助。

**第三十条** 网信部门、公安机关、保护工作部门等有关部门，网络安全服务机构及其工作人员对于在关键信息基础设施安全保护工作中获取的信息，只能用于维护网络安全，并严格按照有关法律、行政法规的要求确保信息安全，不得泄露、出售或者非法向他人提供。

**第三十一条** 未经国家网信部门、国务院公安部门批准或者保护工作部门、运营者授权，任何个人和组织不得对关键信息基础设施实施漏洞探测、渗透性测试等可能影响或者危害关键信息基础设施安全的活动。对基础电信网络实施漏洞探测、渗透性测试等活动，应当事先向国务院电信主管部门报告。

**第三十二条** 国家采取措施，优先保障能源、电信等关键信息基础设施安全运行。

能源、电信行业应当采取措施，为其他行业和领域的关键信息基础设施安全运行提供重点保障。

**第三十三条** 公安机关、国家安全机关依据各自职责依法加强关键信息基础设施安全保卫，防范打击针对和利用关键信息基础设施实施的违法犯罪活动。

**第三十四条** 国家制定和完善关键信息基础设施安全标准，指导、规范关键信息基础设施安全保护工作。

**第三十五条** 国家采取措施，鼓励网络安全专门人才从事关键信息基础设施安全保护工作；将运营者安全管理人员、安全技术人员培训纳入国家继续教育体系。

**第三十六条** 国家支持关键信息基础设施安全防护技术创新和产业发展，组织力量实施关键信息基础设施安全技术攻关。

**第三十七条** 国家加强网络安全服务机构建设和管理，制定管理要求并加强监督指导，不断提升服务机构能力水平，充分发挥其在关键信息基础设施安全保护中的作用。

**第三十八条** 国家加强网络安全军民融合，军地协同保护关键信息基础设施安全。

## 第五章 法律责任

**第三十九条** 运营者有下列情形之一的，由有关主管部门依据职责责令改正，给予警告；拒不改正或者导致危害网络安全等后果的，处10万元以上100万元以下罚款，对直接负责的主管人员处1万元以上10万元以下罚款：

（一）在关键信息基础设施发生较大变化，可能影响其认定结果时未及时将相关情况报告保护工作部门的；

（二）安全保护措施未与关键信息基础设施同步规划、同步建设、同步使用的；

（三）未建立健全网络安全保护制度和责任制的；

（四）未设置专门安全管理机构的；

（五）未对专门安全管理机构负责人和关键岗位人员进行安全背景审查的；

（六）开展与网络安全和信息化有关的决策没有专门安全管理机构人员参与的；

（七）专门安全管理机构未履行本条例第十五条规定的职责的；

（八）未对关键信息基础设施每年至少进行一次网络安全检测和风险评估，未对发现的安全问题及时整改，或者未按照保护工作部门要求报送情况的；

（九）采购网络产品和服务，未按照国家有关规定与网络产品和服务提供者签订安全保密协议的；

（十）发生合并、分立、解散等情况，未及时报告保护工作部门，或者未按照保护工作部门的要求对关键信息基础设施进行处置的。

**第四十条** 运营者在关键信息基础设施发生重大网络安全事件或者发现重大网络安全威胁时，未按照有关规定向保护工作部门、公安机关报告的，由保护工作部门、公安机关依据职责责令改正，给予警告；拒不改正或者导致危害网络安全等后果的，处10万元以上100万元以下罚款，对直接负责的主管人员处1万元以上10万元以下罚款。

**第四十一条** 运营者采购可能影响国家安全的网络产品和服务，未按照国家网络安全规定进行安全审查的，由国家网信部门等有关主管部门依据职责责令改正，处采购金额1倍以上10倍以下罚款，对直接负责的主管人员和其他直接责任人员处1万元以上10万元以下罚款。

**第四十二条** 运营者对保护工作部门开展的关键信息基础设施网络安全检查检测工作，以及公安、国家安全、保密行政管理、密码管理等有关部门依法开展的关键信息基础设施网络安全检查工作不予配合的，由有关主管部门责令改正；拒不改正的，处5万元以上50万元以下罚款，对直接负责的主管人员和其他直接责任人员处1万元以上10万元以下罚款；情节严重的，依法追究相应法律责任。

**第四十三条** 实施非法侵入、干扰、破坏关键信息基础设施，危害其安全的活动尚不构成犯罪的，依照《中华人民共和国网络安全法》有关规定，由公安机关没收违法所得，处5日以下拘留，可以并处5万元以上50万元以下罚款；情节较重的，处5日以上15日以下拘留，可以并处10万元以上100万元以下罚款。

单位有前款行为的，由公安机关没收违法所得，处10万元以上100万元以下罚款，并对直接负责的主管人员和其他直接责任人员依照前款规定处罚。

违反本条例第五条第二款和第三十一条规定，受到治安管理处罚的人员，5年内不得从事网络安全管理和网络运营关键岗位的工作；受到刑事处罚的人员，终身不得从事网络安全管理和网络运营关键岗位的工作。

**第四十四条** 网信部门、公安机关、保护工作部门和其他有关部门及其工作人员未履行关键信息基础设施安全保护和监督管理职责或者玩忽职守、滥用职权、徇私舞弊的，依法对直接负责的主管人员和其他直接责任人员给予处分。

**第四十五条** 公安机关、保护工作部门和其他有关部门在开展关键信息基础设施网络安全检查工作中收取费用，或者要求被检查单位购买指定品牌或者指定生产、销售单位的产品和服务的，由其上级机关责令改正，退还收取的费用；情节严重的，依法对直接负责的主管人员和其他直接责任人员给予处分。

**第四十六条** 网信部门、公安机关、保护工作部门等有关部门、网络安全服务机构及其工作人员将在关键信息基础设施安全保护工作中获取的信息用于其他用途，或者泄露、出售、非法向他人提供的，依法对直接负责的主管人员和其他直接责任人员给予处分。

**第四十七条** 关键信息基础设施发生重大和特别重大网络安全事件，经调查确定为责任事故的，除应当查明运营者责任并依法予以追究外，还应查明相关网络安全服务机构及有关部门的责任，对有失职、渎职及其他违法行为的，依法追究责任。

**第四十八条** 电子政务关键信息基础设施的运营者不履行本条例规定的网络安全保护义务的，依照《中华人民共和国网络安全法》有关规定予以处理。

**第四十九条** 违反本条例规定，给他人造成损害的，依法承担民事责任。

违反本条例规定，构成违反治安管理行为的，依法给予治安管理处罚；构成犯罪的，依法追究刑事责任。

## 第六章 附则

**第五十条** 存储、处理涉及国家秘密信息的关键信息基础设施的安全保护，还应当遵守保密法律、行政法规的规定。

关键信息基础设施中的密码使用和管理，还应当遵守相关法律、行政法规的规定。

**第五十一条** 本条例自2021年9月1日起施行。

# 工业和信息化部关于印发《保障中小企业款项支付投诉处理暂行办法》的通知

工信部企业〔2021〕224号

各省、自治区、直辖市及新疆生产建设兵团工业和信息化主管部门：

现将《保障中小企业款项支付投诉处理暂行办法》印发给你们，请认真遵照执行。

工业和信息化部

2021年12月30日

# 保障中小企业款项支付投诉处理暂行办法

**第一条** 为了促进机关、事业单位和大型企业及时支付中小企业款项，规范投诉受理、处理程序，维护中小企业合法权益，根据《中华人民共和国中小企业促进法》《保障中小企业款项支付条例》等法律、法规，制定本办法。

**第二条** 中小企业就机关、事业单位和大型企业违反合同约定拒绝或者迟延支付货物、工程、服务款项提起投诉，省级以上人民政府负责中小企业促进工作综合管理的部门受理投诉，有关部门、地方人民政府对投诉做出处理，适用本办法。

其中，中小企业是指在中华人民共和国境内依法设立，依据国务院批准的《中小企业划型标准规定》确定的中型企业、小型企业和微型企业；大型企业是指中小企业以外的企业。

**第三条** 本办法所称投诉人，是指认为机关、事业单位和大型企业违反合同约定拒绝履行付款义务，或未在合同约定及法律、行政法规规定的期限内向其支付货物、工程、服务款项，为维护自身合法权益而提起投诉的中小企业。

本办法所称被投诉人，是指因与中小企业发生货物、工程、服务款项争议而被投诉的机关、事业单位和大型企业。

**第四条** 省级以上人民政府负责中小企业促进工作综合管理的部门作为受理投诉部门，应当建立便利、顺畅的投诉渠道，并向社会公布。投诉渠道可包括网络平台、电话、传真、信函等适当的方式。

**第五条** 投诉人根据本办法提出投诉的，应当通过受理投诉部门公布的投诉渠道进行。

投诉人在投诉时应当有具体的投诉事项和事实根据，并对提供材料的真实性负责。投诉人不得捏造、歪曲事实，不得进行虚假、恶意投诉。

**第六条** 投诉人应按要求提交投诉材料。投诉材料应当包括下列主要内容：

（一）投诉人名称、统一社会信用代码、企业营业执照扫描件（复印件）、企业规模类型、联系人及联系电话、通讯地址；

（二）被投诉人名称、统一社会信用代码、单位类型、企业规模类型、住所地址、联系人及联系电话；

（三）具体的投诉请求以及相关事实、证据材料；

（四）投诉事项未被人民法院、仲裁机构、其他行政管理部门或者行业协会等社会调解机构受理或者处理的承诺。

投诉材料应当由法定代表人或者主要负责人签字并加盖公章。

**第七条** 投诉有下列情形之一的，不予受理：

（一）非因机关、事业单位和大型企业向中小企业采购货物、工程、服务而发生欠款的；

（二）人民法院、仲裁机构、其他行政管理部门或者行业协会等社会调解机构已经受理或者处理的；

（三）法律、行政法规、部门规章规定不予受理的其他情形。

**第八条** 受理投诉部门收到投诉后，应当在10个工作日内进行审查。

对符合要求的投诉，应当予以受理，并告知投诉人。

投诉材料内容不完整的，告知投诉人补充投诉材料后重新提交投诉。

投诉不予受理的，告知投诉人并说明理由。

**第九条** 受理投诉部门应当按照“属地管理、分级负责，谁主管谁负责”的原则，自正式受理之日起10个工作日内，将投诉材料转交给有关部门、地方人民政府处理。

**第十条** 有关部门、地方人民政府对受理投诉部门转交的投诉事项应当依法及时处理。投诉人、被投诉人以及与投诉事项有关的单位及人员应当如实反映情况，并提供相关证据。

**第十一条** 投诉人可向受理投诉部门申请撤回投诉，投诉处理程序自受理投诉部门收到撤回申请当日终止。受理投诉部门应及时将投诉人撤回投诉的信息告知处理投诉部门。

**第十二条** 处理投诉部门应当自收到投诉材料之日起30日内将处理结果告知投诉人，并反馈受理投诉部门。案情复杂或有其他特殊原因的，可适当延长，但最长不超过90日。

**第十三条** 受理投诉部门督促处理投诉部门在规定的时限内反馈处理结果；对投诉处理情况建立定期报告制度，对未按规定反馈投诉事项处理结果，或在处理投诉事项时存在推诿、敷衍、拖延、弄虚作假等情形的进行工作通报。

**第十四条** 受理投诉部门对群众反映强烈的拖欠典型案例可予以公开曝光。

经调查、核实，依法认定机关、事业单位和大型企业不履行及时支付中小企业款项义务，情节严重的，受理投诉部门可依法依规将其失信信息纳入全国信用信息共享平台，并将相关涉企信息通过“信用中国”网站和企业信用信息公示系统向社会公示，依法实施失信惩戒。

**第十五条** 处理投诉部门在调查、处理投诉的过程中，发现被投诉的机关、事业单位和大型企业存在违反《保障中小企业款项支付条例》情形的，应将相关情况告知受理投诉部门，由其转交有关部门依法依规处理。

**第十六条** 省级以上人民政府建立督查制度，对及时支付中小企业款项工作进行监督检查。审计机关依法对机关、事业单位和国有大型企业支付中小企业款项情况实施审计监督。

**第十七条** 相关部门及其工作人员对于在受理、处理投诉过程中知悉的国家秘密、商业秘密、个人隐私和个人信息，应当予以保密，不得泄露或向他人非法提供。

**第十八条** 被投诉人为部分或全部使用财政资金向中小企业采购货物、工程、服务的团体组织的，参照本办法对机关、事业单位的有关规定执行。

**第十九条** 本办法自发布之日起施行。

# 推进上海经济数字化转型　赋能高质量发展行动方案（2021—2023 年）

经济数字化转型是上海面向未来打造发展新动能的必由之路。为贯彻落实市委、市政府关于全面推进上海城市数字化转型的决策部署，推动经济数字化转型，提高经济发展质量，制定本行动方案。

## 一、指导思想

深入贯彻党的十九大和十九届二中、三中、四中、五中全会精神，坚持以习近平新时代中国特色社会主义思想为指导，牢牢把握推进网络强国、数字中国建设的战略要求，全面落实习近平总书记考察上海重要讲话和在浦东开发开放 30 周年庆祝大会上重要讲话精神，以深化“五个中心”建设、做优“五型经济”、强化“四大功能”为导向，把握“五大新城”建设机遇，坚持整体性转变、全方位赋能、革命性重塑，立足全网赋能，高质量构筑数字基因、厚植数字红利，全面激活数字产业化引擎动力，着力强化数字技术策源功能，壮大新业态、新模式、新品牌；立足应对新周期，高起点规划数字经济新赛道，大力激发产业数字化创新活力，着力强化数字融合应用赋能，促进产业基础高级化和产业链现代化；立足跨融结合，高水平布局新供给、服务新需求，持续提升经济数字化转型生态支撑力，着力强化创新要素、载体、制度等公共供给，全面推进数字经济与实体经济的深度融合、整体转型，构建服务新发展格局的战略新优势。

## 二、转型目标

大力探索经济数字化“四量”转型示范路径，着力推动经济存量增效、增量创新、流量赋能、质量引领，打造转型发展的全新动能。到 2023 年，将上海打造成为世界级的创新型产业集聚区、数字经济与实体经济融合发展示范区、经济数字化转型生态建设引领区，成为数字经济国际创新合作典范之城。

——经济“存量”基础能级提升。数字新基建能力保持全国领先，全球信息枢纽城市基本建成，关键核心技术创新和智能产品转化力度全面增强，在集成电路、人工智能、工业软件等领域集中突破 100+ 关键技术、形成 100+ 标准化算法产品、培育 100+ 智能硬件产品。

——产业“增量”动能全面释放。在线新经济增长极作用显现，业态模式持续创新，数字经济核心产业增加值突破 6000 亿元，引育 100+ 新生代互联网企业和数字经济龙头企业，打造 50+ 市值超百亿的流量型企业。

——要素“流量”活力迸发。知识化、质量型数据体系基本建成，创新型、标志性场景发现和转化机制基本确立；数据和场景新要素促成经济加速循环。聚焦经济领域高质量数据集，实现泽（Z）级突破，建成标志性场景 1000+，新要素倍增效应持续增长。

——生态“质量”整体跃升。多元主体高效参与，政策环境更趋完善，数字技术与实体经济融合的标准规范体系基本健全，标准化试点成效显著，形成 100+ 有效标准供给，产教深度融合、产融创新活跃，经济数字化为科创板注入源头活水。

## 三、全面激活数字产业化引擎动力

加快释放产业“增量”动能。把握产业技术变革及数字化、融合化发展方向，推动数字产业化，软件和信息服务业规模突破 12000 亿元，电子信息产业规模达 8000 亿元。

### （一）硬核新技术专项行动

做强数字经济核心产业，全面增强关键核心技术创新和产业转化力度，大力提升软件业能级、高端智能装备和智能终端供给水平，打造具有国际竞争力的高端数字产业集群和强大数字赋能体系。

1．加强关键数字技术突破

加快布局关键共性和前瞻引领的数字技术，夯实产业化发展基础。聚焦高端芯片、传感器、操作系统等关键领域，加快推进基础理论、装备材料、工艺等研发突破与迭代应用，实施人工智能产业“模都”计划，突破先进算法模型和智能芯片技术。加强通用处理器、云计算系统和软件核心技术一体化研发。前瞻布局量子计算、量子通信、神经芯片、DNA 存储等前沿技术。支持数字技术和通用软硬件的开源开放，建设开源数字社区。鼓励建设重点领域检测验证平台及关键检测设备研发和产业技术基础数据库，做强一批企业技术研发中心和工程技术研究中心。（责任部门：市经济信息化委、市发展改革委、市科委）

2. 加快软件和智能产品升级

大力发展基础软件、工业软件，创新行业软件应用，推进融合智能产品创新迭代。推动基础软件产业化升级，支持组建软件创新联合体，实施信创工程。创新突破工业软件，加快研发设计、模拟仿真、生产管控（EDA、CAD、CAE、PLM）等核心软件的基础再造。优化行业软件供给，发展小程序等新型轻量化软件，开展能源、交通等领域的行业软件首版次定制应用。创新融合智能产品，大力发展工业级智能硬件，增强智能机器人、智能网联汽车、智能船舶、无人机的供给能力。（责任部门：市经济信息化委、市发展改革委、市科委）

3. 推动信息服务高端演进

聚焦云计算、区块链、大数据及电信服务，着力推动信息服务高端化转型。实施“云海计划”，建设新型云平台和服务设施，深化云边协同的服务业态，推进升级版的上云上平台。实施区块链创新工程，建设新型区块链服务网络，打造与金融、城市治理、卫生健康等场景深度融合的应用示范。深耕大数据服务，加快数据、算法、算力“三位一体”产业布局，核心企业突破1000家，核心产值达3500亿元。壮大电信基础服务，鼓励发展各类电信增值业务。推动形成一批高水平数字化转型综合解决方案供应商，打造一批专业的数据、平台、算法、安全的服务标杆企业和“单项冠军”。（责任部门：市经济信息化委、市发展改革委、市科委、市通信管理局）

（二）在线新经济专项行动

把握“五型经济”发展规律，统筹在线新经济12个发展方向，推动服务型经济加速，打造创新型经济载体，培育流量型经济，全力打响新生代互联网经济品牌。

4. 打响服务型经济品牌

聚焦数字文创、新零售、在线设计，提升在线新经济品牌影响力。创新数字内容服务，加速发展短视频、网络直播等在线文娱，探索云上博物馆等文化服务新模式。发展生鲜电商零售，推动智能取物柜等“无接触”配送服务。构筑全球设计资源网络，围绕汽车、电子、时尚健康等领域，增强复杂产品研发设计在线协同能力。培育一批引领行业创新、推动效率变革的企业家群体，打造100+美誉度高、创新性强的在线新经济品牌。（责任部门：市经济信息化委、市发展改革委、市商务委、市文化旅游局、相关各区）

5. 厚植创新型经济土壤

打造发展载体、优化制度环境，促进在线新经济企业集群集聚发展。重点建设“张江在线”“长阳秀带”等发展新地标，打造在线新经济产业首选地和集成应用场。完善就业保障体系，开展在线新经济平台灵活就业人员申办个体工商户试点，探索个体工商户经营者住所属地托管试点，创新管理和服务规程。营造试错容错的制度环境，对在线互联网服务业态，建立轻微违法违规行为免罚清单。降低医疗、教育、养老等线上服务准入门槛，推动线下线上互通互认。培育100+掌握核心技术、拥有自主知识产权、具有国际竞争力的高成长性创新企业。（责任部门：市经济信息化委、市教委、上海科创办、市人力资源社会保障局、市卫生健康委、市市场监管局、市税务局、相关各区）

6. 推动流量型业态创新

鼓励线上线下场景融合，发展多种平台经济，提升规模链接能力和流量运营能级。优化远程办公新模式，开展无边界协同、全场景协作。鼓励在线支付新模式，支持生物识别、智能设备等技术应用。打造出行新模式，推进智能网联汽车商业化应用，加快“人－车－路－云”协同布局。鼓励在线教育、在线医疗模式创新、生态完善、规范发展。培育100+具有行业领先地位、国际竞争力的在线产品和服务。（责任部门：市经济信息化委、市发展改革委、市商务委、市科委、市交通委、市文化旅游局、市卫生健康委）

## 四、全面激发产业数字化创新活力

加快提升经济“存量”能级。推动数字技术与一二三产业深度融合，深化“一业一策”，推进制造、商务、金融、科技、航运、农业等领域更深层次数字化转型。实现工业化和信息化、服务业和制造业更高水平融合，规模以上企业数字化转型比例达到70%，全行业平均提质3%、增效8%、降本8%。

（三）制造新模式专项行动

推进制造业提质增效，实施“工赋上海”计划，加快工业互联网创新发展，加强两化融合2.0贯标，以“知识化、质量型、数字孪生”为主线，推动数字化转型“由点及链及圈”，增强“上海制造”品牌的数字化竞争力，为保障制造业增加值占地区生产总值比例处于合理区间提供有力支撑。

7. 促进企业数字化增效

以智能示范工厂建设为抓手，建设数字孪生企业，增强数字化设计、智能化制造、精益化管理、个性化定制、网络化协同、服务化延伸能力。推动电子信息、汽车、高端装备、先进材料、生物医药、建造等领域打造虚拟样机、建设柔性产线，发展数字化转型赋能中心，培育5G全连接示范工厂，推进企业组织、设备及关键工序应连尽连和改造优化。深化CAX（CAE/CAD/CAM）等核心工业软件、工业级智能硬件、智能机器人等智能产品的应用，培育 10+ 智能制造创新融合解决方案和服务提供商。打造“知识制造”集群、“绿色制造”典范、“智能制造”样板，建设 100+ 示范工厂。（责任部门：市经济信息化委、市发展改革委、市科委、市住房城乡建设管理委、市国资委、相关各区）

8．促进“双链”数字化增智

以数据融通为纽带，促进产业链供应链稳定运行。聚焦电子信息、生物医药、汽车、能源、钢铁、化工、航空、航天、核电、化工等 10 个领域，打造数字供应链体系。建设“双链”知识图谱，精准感知运行态势，完善实时监测、自动预警、快速修复机制。发挥链主枢纽作用，激发中小企业双创活力，促进产用融通和上下游协同攻关，实现强链固链。分级分类培育 10 个新型工业电商平台，打造 10 个供应链金融标杆示范。（责任部门：市经济信息化委、市发展改革委）

9．促进平台生态数字化增能

以平台为核心，推动制造业生态圈整体能级提升。聚焦三大先导产业、六大产业集群，实施“一业一指引”，打造“一业一标杆”。鼓励龙头企业建设 20 个具有行业影响力的工业互联网平台，推动工业互联网和消费互联网“两网贯通”，加快消费力向生产力的转化，打造 10 个以上标识解析二级节点，带动 20 万中小企业上平台。繁荣合作生态，培育 20 个工业互联网综合解决方案服务商，增强工业大数据、知识图谱和智能算法供给水平。聚焦关键工序、关键环节，加快工业场景规划和开放，建设 1000+ 场景并 APP 化。促进工业园区数字化转型，打造特色突出、功能集聚的新型工业化示范基地。（责任部门：市经济信息化委、市发展改革委、市科委、市国资委、临港新片区管委会、浦东新区、宝山区、嘉定区、松江区等相关各区）

10．促进行业深度转型

聚焦重点领域，深化产业数字化转型新路径。生命健康领域，聚焦新药研发、临床实验、生产加工、供应链管理及营销等环节，推动建设全链综合赋能平台，数据驱动打造透明供应链。电子信息领域，聚焦集成电路和通信制造板块，以良率提升为导向，建设数字孪生工厂，推动云设计、云制造，促进智能装配、工业数据和知识、算法的综合应用。汽车领域，聚焦整车、零部件、汽车服务以及车路协同等板块，提高以柔性制造为核心的汽车总装数字化能力、供应链高效集成能力，深化便捷出行，推动软件定义汽车。先进材料领域，聚焦钢铁和化工板块，加快工业数据集成共享，打造业务流程、知识体系、逻辑架构和工业机理高度统一的平台载体，建设世界级场景，实现供应链、生态圈更大范围覆盖、更深层次应用。高端装备领域，聚焦航空、航天、船舶、能源（核电）板块，推动复杂产品设计、生产、服务的全过程数字孪生，建设虚拟样机，推动云仿真、云评估、云验证。时尚消费品领域，聚焦食品、纺织、化妆品板块，以消费升级带动制造转型，畅通消费端到制造端的数据断头路，建设“两网贯通”的枢纽平台，推动“toB”和“toC”全面融合。（责任部门：市经济信息化委、市发展改革委、市科委、市国资委）

（四）商务新业态专项行动

推动商贸服务创优增值，加快释放数字技术和数据资源的赋能效应，推动商业形态、口岸服务、贸易载体和生态的数字化转型，着力提升上海国际贸易中心影响力。

11．优化商业形态

推动商业主体、商业品牌、商业活动数字化焕新，建设商业转型标杆。打造上海网络新消费品牌，在智慧零售、智慧供应链、生活服务、直播电商、云会展和商务信用等领域，增强数字技术在商业场景的深度应用。打造“五五购物节”等一批具有全国影响力、线上线下联动的节庆活动平台。建设示范性数字商圈商街和直播电商基地，完善建设规范。创建一批商业数字化转型示范区。构建覆盖 15 分钟社区生活圈和住宅小区的智能末端配送体系，形成 10 家左右千亿级电商平台。（责任部门：市商务委、市经济信息化委、相关各区）

12．优化口岸服务

推动数据赋能国际贸易单一窗口，打造口岸数字闭环。深化中国（上海）国际贸易单一窗口建设，推动长三角合作共建“服务专区”，增强区域辐射能力。打造口岸综合性大数据枢纽节点，深化口岸数据应用，建立智慧口岸服务体系。加强数字联防联控，推动口岸管理数字闭环运转，面向国际贸易全流程，建设基于数字化多场景融合的一站式业务办理平台。推进与 APEC、RCEP 有关经济体开展物流可视化、贸易合规等试点，形成高效率、低成本、便利化跨境网络贸易通道，推动跨境贸易营商环境再上新台阶。（责任部门：市商务委、市发展改革委（长三办）、市经济信息化委、市地方金融监管局、临港新片区管委会）

13．优化数字贸易国际枢纽港功能

大力发展数字贸易新模式新业态，加快建设要素有序流动、功能完善、总部集聚的数字贸易枢纽港。打造有海外影响力的原创 IP，拓展数字内容平台、应用商店等发行推广渠道，培育数字化外包平台，加快原创内容出海步伐。建设数字贸易会展合作平台、交易促进平台，推动数字贸易国际合作。打造进博平台西虹桥数据法庭，提供贸易法治化、便利化服务。推动中国（上海）国际技术进出口交易会等品牌活动上云，支持全球范围内数字内容、服务与产品的展示、交流、对接。培育100+有全球竞争力的数字贸易重点企业，提升浦东软件园国家数字服务出口基地能级，创建虹桥临空经济示范区国家数字服务出口基地，构建错位发展、优势互补的数字贸易区域发展格局。（责任部门：市商务委、市经济信息化委、市委网信办、市文化旅游局、市地方金融监管局、市知识产权局、市高级人民法院）

14．优化贸易生态

优化跨境电商发展环境，加快功能设施和载体建设，完善连通海外的营销网络。持续推动跨境电商公共服务平台建设，提升跨境电商运营中心、物流中心、结算中心的数字化能级，推动空海港口岸、海关特殊监管区域、优势产业带增设一批跨境电商示范园区。支持企业线上营销网络建设，加快共建共享"海外仓"，打响"出海优品"品牌，提升外贸数字化管理能力。加快国际商事法院建设，构建跨国贸易平台纠纷解决机制。（责任部门：市商务委、市发展改革委、市经济信息化委、市高级人民法院、相关各区）

（五）金融新科技专项行动

推动金融业提效增值，深化数字人民币试点场景，增强机构数字化服务能级，拓展金融服务半径，提升金融服务的便利性和普惠性。

15．开展数字人民币试点

推进数字人民币应用。按照人民银行统筹部署，按"先易后难、安全可控"原则分阶段推进。推动线下和线上支付、硬钱包、交通出行、政务民生、公益领域、长三角一体化示范区、进博会等场景落地。（责任部门：人民银行上海总部、市地方金融监管局）

16．深化普惠金融试点

深入推进大数据普惠金融2.0专项工程。优化公共数据供给，扩大民政、财政、三农、税务等领域政务数据开放，推动与社会数据融合应用。扩大试点范围，支持银行、保险、金融市场及其他符合条件的金融机构和科技企业参与，建立试点准入评估和成效评价机制。再造业务流程，深度利用数据智能，推动风控和金融模型重构，支持打造普惠特征显著的信贷产品和金融服务。普惠金融贷款投放超2000亿元，服务企业数量实现倍增。（责任部门：市地方金融监管局、上海银保监局、市经济信息化委、市民政局、市财政局、市农业农村委、市大数据中心）

17．延展数字金融服务模式

加快金融机构数字化变革和服务重塑，推动金融市场高水平转型。推动金融机构"总分支点"形态重塑，聚焦数字化获客、全球化运营与风险控制等方面，创新指尖上的金融服务。鼓励金融机构运用金融科技手段推动金融服务APP化，提高线上服务量，提升网点运行效率。推动一批"开放银行"试点，发展智能投顾，建设"互联网＋医疗健康＋保险"的一体化服务平台。深化金融市场数字应用，增强资产交易、支付清算、登记托管、交易监管等关键环节的智能化水平。培育集聚一批具有国际知名度和影响力的金融科技龙头企业，创新一批新型金融服务品牌。（责任部门：市地方金融监管局、人民银行上海总部、上海银保监局、上海证监局、市经济信息化委）

（六）科创新生态专项行动

推动科创增效赋智，以数字化加快提升科技创新效能，完善科创设施、科创资源等体系，做强科学计算，提升上海科技创新竞争力。

18．完善科创设施

推进重大科学设施数字化、智能化。加强硬X射线自由电子激光装置、转化医学设施（上海）等国家重大科技基础设施的智能化水平。建设电镜中心、全系列先进医学影像平台、集成电路装备材料和成套工艺规模化验证平台，为产业创新提供工具和能力保证。优化建设集成电路、智能制造、大数据等领域的研发与转化功能型平台，搭建科学装置、工程化平台、中间试验线、数据标准库等，更好支撑新兴产业技术创新发展。（责任部门：市科委、市发展改革委、市经济信息化委、上海科创办、浦东新区）

19．完善科创资源

建设科研大数据中心和处理平台，优化创新要素资源配置。重点建成"张江国际脑库""智慧情报平台"等科研数据示范项目。建设科创在线协同平台，推进设计、检测、实验、分析、成果转化等全过程数字化，赋能科技创新全链条。建设全球科技人才数据库，完善千万级科技人才数据画像体系，健全基础研究、应用研究和产业人才评价指标体系。（责任部门：市科委、浦东新区）

20．做强科学计算

建设计算科学高地，打造科学计算应用枢纽。加强数据驱动计算、新型弹性计算架构等领域的基础研究，着力在人工神经网络、进化计算、计算群体智能、人工免疫系统和模糊系统等方面取得突破。打造重点领域计算应用高地，聚焦生命科学、物质材料（纳米）科学、能源等领域，建设基于高性能计算的算法模型试验场和计算孵化中心，建成科研高质量数据集和知识图谱，促进重点领域的科学大数据的规模汇聚和分享，带动高端科研人员的全球协同。（责任部门：市科委、市经济信息化委、上海科创办）

（七）航运新枢纽专项行动

推动航运枢纽连接增效，以数字化提升海空枢纽、邮轮母港的服务效率和品质，强化现代航运服务业对内集聚和对外辐射能力，增强上海国际航运中心全球航运资源的配置能力。

21．建设智能海（空）港

立足建设更加智能的海港、航道、邮轮港和空港，打造一批标志性场景和功能性设施。推进自动驾驶船舶、自动化码头和堆场建设，完善港口集疏运系统。推进洋山港智能重卡示范运营项目。建设高等级航道监测体系，打造长江口航道数字管理平台，完善高等级电子航道图，实现通航态势实时感知。建设智慧邮轮港，增强船舶能耗智能管控和分析决策能力。建设“数字孪生机场”，全面推广电子运单，打造航空货运信息综合服务公共平台，建成“机场大脑”。推广智能理货、智能检验等新模式应用。（责任部门：市交通委、市发展改革委、市经济信息化委、市商务委）

22．升级航运服务体系

夯实航运数据基础，创新发展航运金融、海事服务，增强数字化应急保障能力。建设航运数据中心，支持航运“链主”企业、功能性机构建设航运大数据联合实验室，探索建立船联、箱联、港联、货联的中枢节点。提升航运金融服务水平，试点航运保险、融资租赁、供应链金融等数字化创新，深入推动区块链等数字技术综合应用。优化航运公共服务能力，加快“智慧海事审判”“智慧仲裁”的建设和应用，加强国际航运中心的检察服务保障能力。提升新华－波罗的海航运指数影响力，打造新型航运数据服务品牌。提升港口助航保障、船岸服务、水上搜救、气象灾害应对等在内的数字化综合应急保障能力。（责任部门：市交通委、市经济信息化委、市商务委、市司法局、市地方金融监管局、市气象局、市人民检察院、市高级人民法院）

23．推动航运全球协同

提升港航信息服务水平，加快多平台协同联动。加快长三角区域港航协同、机场运行联动，建设集装箱江海联运公共信息服务平台，深化与长江经济带重点口岸跨区域互联，支持多式联运发展。加快推进全球航运商业网络（GSBN），推进与“E卡纵横”“港航纵横”的流程协作和数据互通，加强与中国（上海）国际贸易单一窗口的多平台协同。依托亚太示范电子口岸，积极推动和参与航运数字化全球标准规范的研究制定和应用推广。（责任部门：市交通委、市发展改革委（长三办）、市经济信息化委、市商务委）

（八）农业新体验专项行动

推动农业生产智慧精准，聚焦生产流通全过程、产地环境全天候、作物属性全要素，建设综合赋能平台，打造智慧示范农场，为地产优质农产品赋予数字化品质内涵。

24．打造数字农业标杆平台

打造农业“一张图”，增强农机农技数字化水平，推动“申农码”全域应用。完善农业空间信息基础，加快数字农田建设，完成农业种植、渔业养殖、河流、土壤潜力等实有信息采集，编制涉农关键要素基本名录。推动农机智能化升级，农技数字化提升，建设涵盖农业生产、生态、流通、安全等全领域的综合平台，提升农产品数据附加值。丰富农业知识图谱，运用“申农码”打造规模化种（养）、管、收、销全品种、全区域、全过程的生产作业模式，完善设施农业数字气象服务体系。（责任部门：市农业农村委、市经济信息化委、市委网信办、市生态环境局、市市场监管局、市气象局）

25．打造智慧示范农场

推广农业机器人，高水平建设无人农场。加快农业机器人的创新迭代和推广应用，面向果园、菜园、稻田、蟹场、猪场等场景，打造种（养）、采摘农业数字孪生示范点，提升病虫害诊断、水肥药投入、无人驾驶、冷链物流、加工仓储、安全溯源、沉浸式销售等智能化水平。发展无人农场，建成3万亩水稻生产无人农场，3–5个智慧蔬果生产基地，若干个食用菌、蔬菜种苗、花卉园艺等植物工厂。（责任部门：市农业农村委、市经济信息化委、市市场监管局、浦东新区、嘉定区、金山区、松江区、青浦区、崇明区）

此外，立足填补盲区、补齐短板，持续推动生态环保、建筑、水资源综合利用等领域加快数字化转型升级，以新需求培育新市场，更好激发创新创业，推动数字经济发展壮大。

## 五、全面提升经济数字化转型生态承载力

加快生态“质量”跃升。构建数字规则体系和基础设施体系，营造开放、健康、安全、法治的数字生态，更好激活数据要素潜能，提升新型基础设施能级，营造创新主体活跃、标杆示范显著、标准规范引领的综合支撑体系。

（九）数据新要素专项行动

更好激活数据“流量”。探索建立数据要素市场体系，深化数据资源市场化配置、资产化管理、场景化开放、便利化流通的新格局。全方位增强城市数据要素禀赋优势，打造要素流通、设施互通、产业融通、机制畅通的国际数据港。

26．推进数据要素流通加速

发展数据要素市场，完善多层次数据交易流通机制。探索建立数据交易所并在浦东实质性运营，建立健全数据确权交易流通制度，推动数据要素资产化、资本化。聚焦重点领域，加快培育数据经纪、数据信托、数据审计等新业态、新模式、新职业。加强行业自律，培育规范的数据交易平台和市场主体，发展数据资产评估、登记结算、交易撮合、合规咨询、争议仲裁等市场运营体系。增强要素交易流通的普惠功能，培育新型数据消费主体，探索建立反垄断审查机制。（责任部门：市经济信息化委、市政府办公厅、市委网信办、

市发展改革委、市市场监管局、市地方金融监管局、市大数据中心、浦东新区）

27．推进公共数据开放提质

深化数据治理，促进公共数据高水平开放。开展公共数据治理，建设100个高质量、安全态、大规模的开放数据集，建立以效果为导向的开放数据质量评估评价体系。推动公共数据高水平共享，强化多层次连通赋能。优化公共数据开放平台，完善公共数据资源目录和责任清单制度，加快应用数据“可用不可见”的可信开放技术框架。坚持市场主体，围绕公共数据开放的全生命周期服务，培育10+第三方运营机构。（责任部门：市经济信息化委、市大数据中心、市委网信办、相关各部门）

28．推进数据创新应用

更好推动数据赋能百业，深化应用创新机制。围绕普惠金融、企业征信、便捷出行、生命健康、产业链供应链等领域建设一批数据融合应用场景。鼓励企业深化政企数据融合创新，推出一批数据产品和服务品牌，更好服务民生品质和发展质量。创新融合应用机制，支持纺织、新材料、药品研发、智能网联汽车、航运等领域新增建设一批大数据联合创新实验室，试点建设大数据创新联合体。持续深化国家大数据示范基地创新成果，创建以数据产业为代表的新型工业化示范基地或特色园区。（责任部门：市经济信息化委、市政府办公厅、市科委、市交通委、市卫生健康委、市药品监管局、相关各区）

29．推进国际数据港建设

探索建立对标全球的数据要素载体，以临港新片区为先导，建设国际数据港。探索要素便利流通机制，在生产制造、金融服务、跨境商贸、航运物流等领域，开展数据跨境试点，建设国际数据流通公共服务平台。推动增值电信业务开放，IDC、CDN、ISP、在线数据处理与交易处理业务、信息服务业务等5项增值电信业务试点对外资100%开放。推进数据产业“一、十、百、千”布局，启动建设1个核心承载区——临港“信息飞鱼”，推动10个标志性企业试点开展跨境数据流通实践，汇聚100+数据智能头部企业，产业规模突破1000亿元。完善通达全球的数据港设施体系，建设国际海光缆、国际互联网专用通道等枢纽设施，扩容亚太互联网交换中心（APIX），推进人工智能公共算力平台建设。增强国际数据港的辐射带动，加快对张江、陆家嘴等区域的梯度延伸，推进临港新片区和虹桥商务区联动，依托临港新片区一体化信息管理服务平台和中国（上海）国际贸易单一窗口，共建全球数字贸易港。（责任部门：市经济信息化委、市发展改革委、市委网信办、市商务委、市地方金融监管局、市通信管理局、临港新片区管委会、虹桥商务区管委会）

（十）数字新基建专项行动

围绕“连接、计算、融合”打造新一代信息基础设施底座，为经济数字化转型提供高速泛在、智能融合的承载基础。

30．推动网络连接能力提升

实施“双千兆宽带城市加速度计划”，增强用户感知水平。建设5G精品网络，推进多云多网联动，推动千行百业基础设施再造，聚焦园区、楼宇、商圈，推动网络连接泛在、智敏、融合，赋能经济各领域数字化转型。推动北斗通导一体化应用，围绕5G、F5G、IDC、海光缆、卫星地球站等，建设新型基础设施动态感知监测体系。建成6万个5G基站，5G渗透率超过70%，海光缆容量达35T，国际出口带宽达10T。（责任部门：市经济信息化委、市通信管理局、相关各区）

31．推动计算集群能级提升

统筹空间、用能、规模，推动数据中心存算一体布局。实施计算增效计划，构建高性能计算体系，打造“E级”超算载体；构建人工智能加速器体系，建设存算一体的专业数据中心；构建边缘计算节点体系，建设内容、网络、存储、计算四位一体的边缘计算资源池。加快布局全国一体化大数据中心体系的上海枢纽节点。建成存算一体的数据中心机架10万个，边缘计算资源池30个。（责任部门：市经济信息化委、市发展改革委、市科委、市通信管理局、相关各区）

32．推动传统设施融合提升

推动传统基础设施数字化转型，打造城市更新新规范。优化新能源终端布局，持续推动电力物联网智能化改造；打造智慧道路，试点智慧车列，建设车路协同体系，创建国家智慧城市基础设施与智能网联汽车协同发展试点示范区；完善智慧零售和末端配送设施，支持物流枢纽、物流园区、仓储设施的智能化升级。（责任部门：市经济信息化委、市发展改革委、市商务委、市住房城乡建设管理委、市交通委、市通信管理局、浦东新区、嘉定区、奉贤区、临港新片区管委会）

（十一）网络安全保护专项行动

构筑网络安全立体保护体系，建设更具韧性的城市安全中枢，打造分类分级的数据安全体系，增强网络安全产业发展竞争力。

33．增强网络安全韧度

建设韧性城市，分层分域建设网络安全中枢体系，打造更具韧性的关键信息基础设施和系统。建设数字安全技术底座，完善网络安全监测、分析、追踪、评估等能力。强化重点行业、重点领域网络安全等级保护，打造服务产业本质安全的智能监管设施和态势感知平台，增强运行监测和分析预

警能力。（责任部门：市经济信息化委、市委网信办、市通信管理局）

34．加强数据和个人信息保护力度

加强底线思维，分类分级保障数据安全。推进数据能力成熟度评估，加强对数据资源全流程安全评估，开展伦理道德等社会规则研究和风险防范干预。规范生物特征、用户习惯等信息的采集和使用，推进数据跨境流通安全评估。打击网络违法犯罪活动，健全互联网不良信息举报和发现机制，加大治理力度，深入推进网络安全知识技能宣传普及。（责任部门：市委网信办、市经济信息化委、市公安局、市司法局、市通信管理局）

35．增强网络安全产业发展厚度

增强核心技术能力，促进安全产业规模发展。加快网络安全监测、数字版权、个人隐私保护等安全技术突破。推动云安全、风险评估、电子认证等安全软件和服务发展，增强在复杂网络环境下的适应能力。强化网络安全产业上下游协同，建设一批网络安全特色产业园区和集群，构建行业共性平台，建立安全服务规范和能力评估机制。打造国家级网络安全产业高地，产业规模突破300亿元。（责任部门：市经济信息化委、市委网信办、市通信管理局）

（十二）综合支撑专项行动

加强组织推进，建立包容审慎的政策法规体系，发挥市场作用，营造多元主体竞相参与的氛围，深化产教融合、产融结合，完善经济数字化转型人才链、资金链，构建多层次、全方位的标准规范体系。

36．完善组织推进机制

强化组织实施，依托“市数字化办”整体统筹和综合协调，推进跨区域、跨部门、跨层级的组织协同联动。坚持“管行业、管区域就要管数字化转型”，推动各领域、各区域经济数字化转型，按照“一区一特色”“一业一品牌”的要求，拟定行动方案，细化任务和举措，形成符合各自实践的主攻方向和特色品牌。聚焦供需两侧，完善一批特色政策、推出一批特色场景、打造一批标杆企业、发布一批标杆榜单。加快推动“五大新城”建设城市级数字化转型示范区，推动临港新片区、张江科学城、G60科创走廊、市北数智生态园、北外滩、大创智、嘉宝智慧湾等园区建设经济数字化转型样板区。（责任部门：市数字化办、各部门、各区）

37．优化发展政策环境

构建相应的政策法规体系，开展数据综合立法，编制重点行业数据跨境流通指引。健全共享经济、平台经济和新个体经济管理规范，探索无人驾驶、在线医疗等监管框架。加大市区两级专项资金支持，强化产业高质量发展、战略性新兴产业等专项资金支持力度，研究等同研发投入的认定机制，深化国资国企数字化转型投入视同利润的模式。健全财税政策，引导社会资金投入，探索设立数字化转型基金，建设项目资源池，强化各层级重大项目衔接。（责任部门：市发展改革委、市数字化办、市政府办公厅、市经济信息化委、市财政局、市市场监管局、市国资委、市司法局、相关各区）

38．激发多元主体活力

推动经济数字化转型领域“揭榜挂帅”，强化市场主体功能，形成各类所有制企业共同发展的繁荣生态。高质量推进国资国企工业互联网促数字化转型专项工程，实施“一把手”负责制，创新场景和数据开放机制，完善绩效评估和考核评价。支持外资企业设立数字技术研发机构、云服务中心，推动数字经济功能型总部落地，加大对中小民营企业产品和解决方案的购买力度，建立完善解决方案和产品名录发布机制。建设工赋学院等产教融合品牌，支持企业打造数字化转型人才培养教育和实训基地。鼓励银行、保险等金融机构依法合规进行产品和服务创新，支持经济数字化转型重点企业科创板上市。以数字化再造行业组织，提升桥梁纽带和智库支撑作用。建设一批行业数字化转型促进中心。开展经济数字化转型领域创新大赛，组建赛事联盟。（责任部门：市数字化办、市发展改革委、市经济信息化委、市商务委、市教委、市人力资源社会保障局、市地方金融监管局、市国资委、相关各区）

39．完善标准规范体系

加强信息技术、公共数据、信息安全、卫生信息等地方标准化技术委员会的统一归口管理，建立多层次的数字化标准规范体系。鼓励企业积极参与数字化转型国际、国家标准制定，加快数据、工业互联网等领域国家标准、行业标准的先行先试。创设一批“能用、管用、好用”的数字化标准规范，推进标准化试点示范，鼓励企业创设行业性建设导则。探索制定经济数字化转型指标体系，量化考核评价，定期组织评估评价。建立健全包括数字经济核心产业等统计监测体系。（责任部门：市数字化办、市市场监管局、市政府办公厅、市发展改革委、市经济信息化委、市统计局、市委网信办）

40．推动开放合作

加强国际交流，建立国际组织、产业联盟、知名企业等多层次沟通协作机制，打造标准与规则合作试验田。深化部市合作与区域联动，共建一批枢纽型、网络化、功能性载体和项目，搭建高水平展会、赛事等交流平台。推动长三角数字化转型跨区域合作，推进产业链协同互补、整体应用示范和基础设施统筹。着力建设长三角工业互联网、智能网联汽车等一体化示范区。（责任部门：市数字化办、各部门、相关各区）

# 上海市人民政府办公厅关于促进本市生物医药产业高质量发展的若干意见

沪府办规〔2021〕5 号

各区人民政府，市政府各委、办、局：

为进一步发挥生物医药产业引领作用，加快建设具有国际影响力的生物医药产业创新高地，全力打造世界级生物医药产业集群，经市政府同意，现就促进本市生物医药产业高质量发展提出若干意见如下：

## 一、明确总体要求

（一）主要目标。立足上海生物医药产业发展基础，抓好优势领域突破、创新策源引领、重点区域发展、生态环境建设和龙头企业打造，建立“研发 + 临床 + 制造 + 应用”全产业链政策支持体系，完善“1+5+X”生物医药产业基地新布局，实施产业高质量发展重大工程。通过三年的努力，全市生物医药制造业年度工业总产值力争达到 1800 亿元。

（二）支持领域。药品领域，主要包括抗体药物、新型疫苗、基因治疗、细胞治疗等高端生物制品，创新化学药及高端制剂，现代中药等。高端医疗器械领域，主要包括高端影像设备、高端植介入器械及耗材、手术治疗及生命支持设备、高端康复辅具、体外诊断仪器和试剂、生物医用材料等。先进装备及材料领域，主要包括生命科学领域精密科研仪器、制药装备和高端原辅料等。其他领域，包括新型服务外包、数字化医疗（医药）产品和服务等。

（三）支持对象。在本市范围内登记注册的，从事药品、医疗器械、生物技术和生命科学科研仪器等领域研发、生产、专业服务的企事业单位或民办非企业单位。对技术含量高、应用前景好、示范带动作用强，处于产业链关键环节的产品、平台和项目，予以优先支持。

## 二、提升创新策源能力

（一）建设国家科技创新战略型平台。主动承担国家重大发展战略任务，依托重点单位打造国家药物科技创新战略型平台，围绕新靶标、新位点、新机制、新分子实体，加强前沿领域高水平基础研究，争取若干国家重大科技基础设施和高级别生物安全实验室落地。（责任单位：市科委、市卫生健康委、市发展改革委）

（二）布局市级科技重大专项和创新研究机构。聚焦生命科学基础前沿领域，继续布局一批市级科技重大专项，鼓励科技创新骨干企业承担相关攻关任务。聚焦重大传染病防控和生物安全等重点领域，支持相关单位整合优势研究力量，建设若干具有重要影响力的创新研究机构。（责任单位：市科委、市卫生健康委、市发展改革委、市财政局）

## 三、加强创新产品研发支持

（一）支持创新药研发。对已在国内开展Ⅰ期、Ⅱ期、Ⅲ期临床试验，由本市注册申请人获得许可并在本市生产的 1 类化学药、1 类生物制品和 1 类中药，按照不同临床试验阶段，择优给予不超过研发投入 40%，最高分别为 500 万元、1000 万元、3000 万元资金支持；每个单位每年累计支持额度不超过 1 亿元。（责任单位：市科委、市经济信息化委、市药品监管局、市财政局）

（二）支持改良型新药研发。对具有较高技术含量、安全性有效性具有明显优势，在国内完成Ⅱ期、Ⅲ期临床试验，由本市注册申请人获得许可并在本市生产的改良型新药，择优给予不超过研发投入 20%，最高分别为 500 万、1000 万元资金支持；每个单位每年累计支持额度不超过 2000 万元。（责任单位：市科委、市经济信息化委、市药品监管局、市财政局）

（三）支持创新医疗器械研发。对进入国家和本市创新医疗器械特别审查程序的医疗器械产品，给予不超过 200 万元资金支持；对进入上述程序、首次取得医疗器械注册证并在本市生产的产品，再给予不超过研发投入 40%，最高 500 万元资金支持；每个单位每年累计支持额度不超过 1500 万元。（责任单位：市科委、市经济信息化委、市药品监管局、市财政局）

（四）推动研发用物品及特殊物品通关便利化。建立研发用物品进口多部门联合评估和监管机制，搭建覆盖通关全过程的信息互通和监管平台，建立本市生物医药试点企业和物品“白名单”，简化清单内企业相关物品前置审批手续，便利企业通关。在全市试点推广出入境特殊物品联合监管机制，加强安全监管。（责任单位：市经济信息化委、市商务委、上海海关、市药品监管局、市科委、上海科创办）

（五）支持开拓海外市场。本市研发生产的创新药和高端医疗器械通过 FDA（美国食品药品监督管理局）、EMA（欧洲药品管理局）、CE（欧洲共同体）、PMDA（日本药品医疗器械局）或 WHO（世界卫生组织）等国际机构注册，并在相关国外市场实现销售的，经评选认定，给予不超过研发投入 30%，最高 1000 万元一次性资金支持。（责任单位：市经济信息化委、市药品监管局、市财政局）

## 四、强化临床研究转化与医企协同

（一）加强临床研究成果转化激励。依托“促进市级医院临床技能与临床创新行动计划”，支持相关医院开展临床研究及成果转化。对经认定的临床研究床位不纳入医疗机构床位数管理，不做病床效益、周转率、使用率考核。对在临床研究成果转化中做出主要贡献的医务人员，允许其职务科技成果转化现金奖励计入当年单位绩效工资总量，但不受总量限制，不纳入总量基数。（责任单位：申康医院发展中心、市卫生健康委、市人力资源社会保障局、市财政局）

（二）建立医院伦理协作审查工作机制。建立本市医院伦理委员会协作审查机制，开展多中心临床研究协作伦理审查。签署协作审查协议的各医院伦理委员会可在遵循国家相关法规、指南的原则下，探索对多中心临床研究实行伦理审查结果互认。（责任单位：市卫生健康委、市药品监管局、申康医院发展中心）

（三）完善临床研究支撑平台体系。统一本市临床生物样本库信息采集标准，实现数据汇集，优化样本共享机制。制订卫生健康大数据开放分级分类标准，建设医疗大数据开放基础设施，推动临床数据向企业有序开放。依托高级别生物安全实验室，加强菌毒种库的能力建设。启动市级专病数据库建设。（责任单位：市卫生健康委、市科委、申康医院发展中心、市经济信息化委、市财政局）

（四）提升产医融合创新能力。建立产医融合示范基地和医企对接工作机制，健全市级医院医企协同研究创新平台和临床试验数字化管理平台。支持有条件机构建设研究型医院，与企业联合建立技术转化平台。支持研究型医院开展自制体外诊断试剂试点和临床试验用药拓展性同情使用。支持有条件医疗机构挂牌院内临床研究中心。支持示范性研究型病房改造建设。（责任单位：市经济信息化委、市卫生健康委、申康医院发展中心、市科委、市药品监管局、市财政局）

## 五、打响“张江研发＋上海制造”品牌

（一）提升产业链现代化水平。对生物医药领域核心技术攻关、关键专业化服务平台建设及重大产品产业化项目，给予不超过核定新增投资 30%，最高 1500 万元资金支持。重大项目列入本市战略性新兴产业发展专项，给予最高 1 亿元资金支持。依托市科技创新行动计划持续支持药物和医疗器械研发。（责任单位：市经济信息化委、市发展改革委、市科委、市财政局）

（二）推进制造业数字化、智能化、绿色化转型。促进新一代信息技术与制造业深度融合，给予不超过核定项目总投资或合同金额的 20%，最高 1000 万元资金支持。鼓励企业加强高端化、智能化、绿色化改造，给予不超过核定项目总投入的 10%，最高 5000 万元资金支持。推进药品连续制造审评标准研究，推广技术应用示范，鼓励微反应器等绿色化、小型化生产设备及工艺开发。（责任单位：市经济信息化委、市药品监管局、市财政局）

（三）推广合同研发生产组织等新模式。鼓励通过合同生产组织（CMO）或合同研发生产组织（CDMO）方式，委托开展研发生产活动，对受委托企业（委托双方须无投资关联情况）生产的单个品种，给予首次交易合同金额的 20%，最高 500 万元资金支持；单个企业每年资助最高 1000 万元。允许本市符合条件的中药生产企业进行中药配方颗粒科研、生产及临床使用，鼓励中药标准化体系建设。（责任单位：市经济信息化委、市药品监管局、市财政局、市卫生健康委、市医保局）

（四）有序提升产业空间承载能力。相关区政府对区内的市级生物医药特色园区未来 3—5 年新推出的产业、物业空间指标予以量化分解，市生物医药产业发展领导小组（以下简称“领导小组”）办公室对指标落实情况进行逐年考核。在符合产业功能导向和项目主导产业用途的前提下，在张江科学城和临港新片区试点允许受让人自主确定土地产业用途比例。（责任单位：相关区政府、领导小组办公室、市规划资源局、市生态环境局、上海科创办、临港新片区管委会）

（五）优化生物医药环境准入管理。对符合条件的生物医药特色园区，加快推动规划环评与项目环评联动，简化环评办理流程。市级重大产业项目享受绿色审批通道，污染物排放总量指标由三级分配调整为全区或全市统筹。对处理生物医药园区内危险废弃物的专业机构，鼓励各区按照危险废弃物处置量给予补贴。（责任单位：市生态环境局、市经济信息化委、市药品监管局、相关区政府）

（六）推动园区特色化发展和区区联动合作。优化生物医药产业基地布局，重点打造以“张江药谷”为引领的张江生物医药产业集群，持续建设临港新片区、奉贤、金山、宝山、闵行5个集聚发展产业基地，在徐汇、松江、青浦、嘉定、普陀等区培育特色产业载体；加强对跨区产业合作项目的指导协调，加快构建全链条的产业信息平台，探索完善区区合作和利益分享机制。（责任单位：领导小组办公室、市科委、市规划资源局、上海科创办、市药品监管局、市卫生健康委、申康医院发展中心、相关区政府）

## 六、加快创新产品应用推广

（一）优化创新产品入院流程。对纳入国家或本市创新医疗器械特别审查程序、确定可另行收费的医疗器械注册上市产品，可直接获得本市收费编码，并在阳光平台挂网采购。成立市医疗机构药事管理与药物治疗学委员会，为本市药事管理和药学服务等工作提供技术支持。组织医疗机构成立医疗器械临床使用管理委员会，负责指导和监督医疗器械临床使用行为。（责任单位：市医保局、市药品监管局、市卫生健康委、申康医院发展中心）

（二）支持创新产品应用示范。对列入《上海市创新产品推荐目录》的创新产品，实行政府首购和订购。加大创新医疗设备首购力度，提高政府采购份额。对高端医疗器械首台和新材料首批次，给予不超过销售合同金额的20%，最高分别为3000万元和300万元资金支持。支持开展创新产品上市后再评价。（责任单位：市经济信息化委、市卫生健康委、市财政局）

（三）开展人工智能辅助诊断系统购买服务试点。允许试点医院向服务商协议购买获得三类医疗器械注册证的人工智能辅助诊断系统技术服务。试点医院购买服务应对临床应用效果开展卫生经济学评价，按照系统使用次数向服务商支付费用，并实行年度支付总量控制。（责任单位：申康医院发展中心、市卫生健康委、市药品监管局、市经济信息化委、市财政局）

（四）加强医保体系对创新产品应用支撑。争取将各类创新产品纳入国家药品常规目录或谈判药品目录。将符合条件的诊疗项目、医用耗材纳入本市医保目录。完善“医保—企业”面对面机制。发挥本市商业保险等金融服务作用，构建多层次医疗保障体系，丰富医疗保险产品供给，加快惠及更多需求人群。（责任单位：市医保局、市卫生健康委、市经济信息化委、申康医院发展中心）

## 七、实施打造世界级生物医药产业集群三年行动

（一）实施产业高质量发展重大工程。重点实施重大基础科研平台建设、产业关键核心技术攻关、创新服务载体建设、临床转化能力提升、产业链补链固链强链、先进制造水平提升、产业空间承载能力提升、创新产品推广等8个产业高质量发展重大工程，加快打造世界级产业集群。（责任单位：市经济信息化委、市科委、市发展改革委及各有关单位）

（二）健全产业创新服务体系。召开国际化高水平产业大会。支持各类生物医药专业服务机构和组织发展。对生物医药领域孵化器、加速器建设项目，按照本市新型基础设施建设有关政策予以贴息支持。对各类企业实施“管家式”个性化服务与精准扶持。建设药品和医疗器械数字化监管平台，提升监管效率。在生物医药产业相关园区建立产品注册指导服务工作站，提升注册审评效率。（责任单位：市经济信息化委、市科委、市发展改革委、上海科创办、市药品监管局）

（三）培育壮大龙头企业和创新型企业。支持本市龙头企业加强资本运作和模式创新，强化研发引领与制造支撑，推进全球化发展。鼓励本市生物医药企业通过自主创新、收购并购等方式发展壮大。加强招商引资，吸引国内外优质企业在沪设立各类总部、研发中心、生产基地等。鼓励市级生物医药特色园区所在区出台促进龙头企业发展的特色政策。支持生物医药领域供应链服务企业创新发展。（责任单位：市经济信息化委、市商务委、市国资委、相关区政府）

（四）打造人才高地。建立本市生物医药重点企业清单，并实行动态管理，将重点企业纳入人才引进直接落户机构重点支持范围。对重点企业引进或推荐的符合条件的高层次人才，经领导小组办公室审定后向市人才办推荐，支持申报各类人才培养计划。深化推进产教融合试点，支持生物医药重点企业建设高技能人才培养基地。（责任单位：领导小组办公室、市委组织部、市人力资源社会保障局、市公安局、市发展改革委）

（五）创新产业金融服务模式。持续推动生物医药企业登陆科创板上市融资。发挥本市政策性担保基金作用，支持开展“新药贷”等金融产品创新试点。持续扩大上海生物医药产业股权投资基金规模。对经认定的创投机构发起或作为有限合伙人出资生物医药基金时，简化相关主体登记手续。对符合条件的国有创投机构采用代表性市场估值参与市场投资项目时，允许其事后办理国资评估备案。（责任单位：市地方金融监管局、市经济信息化委、市财政局、市市场监管局、市发展改革委、市国资委）

本若干意见自2021年6月1日起实施，有效期至2024年5月31日。本若干意见与本市其他同类政策意见有重复的，按照“从优、就高、不重复”的原则予以支持。

上海市人民政府办公厅

2021年4月16日

# 上海市数据条例

上海市人民代表大会常务委员会公告〔十五届〕第九十四号

(2021 年 11 月 25 日上海市第十五届人民代表大会常务委员会第三十七次会议通过)

《上海市数据条例》已由上海市第十五届人民代表大会常务委员会第三十七次会议于 2021 年 11 月 25 日通过，现予公布，自 2022 年 1 月 1 日起施行。

上海市人民代表大会常务委员会

2021 年 11 月 25 日

## 第一章　总则

**第一条**　为了保护自然人、法人和非法人组织与数据有关的权益，规范数据处理活动，促进数据依法有序自由流动，保障数据安全，加快数据要素市场培育，推动数字经济更好服务和融入新发展格局，根据《中华人民共和国数据安全法》《中华人民共和国个人信息保护法》等法律、行政法规，结合本市实际，制定本条例。

**第二条**　本条例中下列用语的含义：

（一）数据，是指任何以电子或者其他方式对信息的记录。

（二）数据处理，包括数据的收集、存储、使用、加工、传输、提供、公开等。

（三）数据安全，是指通过采取必要措施，确保数据处于有效保护和合法利用的状态，以及具备保障持续安全状态的能力。

（四）公共数据，是指本市国家机关、事业单位，经依法授权具有管理公共事务职能的组织，以及供水、供电、供气、公共交通等提供公共服务的组织（以下统称公共管理和服务机构），在履行公共管理和服务职责过程中收集和产生的数据。

**第三条**　本市坚持促进发展和监管规范并举，统筹推进数据权益保护、数据流通利用、数据安全管理，完善支持数字经济发展的体制机制，充分发挥数据在实现治理体系和治理能力现代化、推动经济社会发展中的作用。

**第四条**　市人民政府应当将数据开发利用和产业发展、数字经济发展纳入国民经济和社会发展规划，建立健全数据治理和流通利用体系，促进公共数据社会化开发利用，协调解决数据开发利用、产业发展和数据安全工作中的重大问题，推动数字经济发展和城市数字化转型。

区人民政府应当按照全市总体要求和部署，做好本行政区域数据发展和管理相关工作，创新推广数字化转型应用场景。

乡镇人民政府、街道办事处应当在基层治理中，推进数据的有效应用，提升治理效能。

**第五条**　市政府办公厅负责统筹规划、综合协调全市数据发展和管理工作，促进数据综合治理和流通利用，推进、指导、监督全市公共数据工作。

市发展改革部门负责统筹本市新型基础设施规划建设和数字经济发展，推进本市数字化重大体制机制改革、综合政策制定以及区域联动等工作。

市经济信息化部门负责协调推进本市公共数据开放、社会经济各领域数据开发应用和产业发展，统筹推进信息基础设施规划、建设和发展，推动产业数字化、数字产业化等工作。

市网信部门负责统筹协调本市个人信息保护、网络数据安全和相关监管工作。

市公安、国家安全机关在各自职责范围内承担数据安全监管职责。

市财政、人力资源社会保障、市场监管、统计、物价等部门在各自职责范围内履行相关职责。

市大数据中心具体承担本市公共数据的集中统一管理，推动数据的融合应用。

**第六条**　本市实行数据工作与业务工作协同管理，管区域必须管数字化转型、管行业必须管数字化转型，加强运用数字化手段，提升治理能力和治理水平。

本市鼓励各区、各部门、各企业事业单位建立首席数据官制度。首席数据官由本区域、本部门、本单位相关负责人担任。

**第七条** 市人民政府设立由高校、科研机构、企业、相关部门的专家组成的数据专家委员会。数据专家委员会开展数据权益保护、数据流通利用、数据安全管理等方面的研究、评估，为本市数据发展和管理工作提供专业意见。

**第八条** 本市加强数字基础设施规划和布局，提升电子政务云、电子政务外网等的服务能力，建设新一代通信网络、数据中心、人工智能平台等重大基础设施，建立完善网络、存储、计算、安全等数字基础设施体系。

**第九条** 市、区有关部门应当将数据领域高层次、高学历、高技能以及紧缺人才纳入人才支持政策体系；完善专业技术职称体系，创新数据人才评价与激励机制，健全数据人才服务和保障机制。

本市加强数据领域相关知识和技术的宣传、教育、培训，提升公众数字素养和数字技能，将数字化能力培养纳入公共管理和服务机构教育培训体系。

**第十条** 市标准化行政主管部门应当会同市政府办公厅、市有关部门加强数据标准体系的统筹建设和管理。

市数据标准化技术组织应当推动建立和完善本市数据基础性、通用性地方标准。

**第十一条** 本市支持数据相关行业协会和组织发展。行业协会和组织应当依法制定并推动实施相关团体标准和行业规范，反映会员合理诉求和建议，加强行业自律，提供信息、技术、培训等服务，引导会员依法开展数据处理活动，配合有关部门开展行业监管，促进行业健康发展。

## 第二章 数据权益保障

### 第一节 一般规定

**第十二条** 本市依法保护自然人对其个人信息享有的人格权益。

本市依法保护自然人、法人和非法人组织

在使用、加工等数据处理活动中形成的法定或者约定的财产权益，以及在数字经济发展中有关数据创新活动取得的合法财产权益。

**第十三条** 自然人、法人和非法人组织可以通过合法、正当的方式收集数据。收集已公开的数据，不得违反法律、行政法规的规定或者侵犯他人的合法权益。法律、行政法规对数据收集的目的和范围有规定的，应当在法律、行政法规规定的目的和范围内收集。

**第十四条** 自然人、法人和非法人组织对其合法取得的数据，可以依法使用、加工。法律、行政法规另有规定或者当事人另有约定的除外。

**第十五条** 自然人、法人和非法人组织可以依法开展数据交易活动。法律、行政法规另有规定的除外。

**第十六条** 市、区人民政府及其有关部门可以依法要求相关自然人、法人和非法人组织提供突发事件处置工作所必需的数据。

要求自然人、法人和非法人组织提供数据的，应当在其履行法定职责的范围内依照法定的条件和程序进行，并明确数据使用的目的、范围、方式、期限。收集的数据不得用于与突发事件处置工作无关的事项。对在履行职责中知悉的个人隐私、个人信息、商业秘密、保密商务信息等应当依法予以保密，不得泄露或者非法向他人提供。

**第十七条** 自然人、法人和非法人组织开展数据处理活动、行使相关数据权益，应当遵守法律、法规，尊重社会公德和伦理，遵守商业道德，诚实守信，不得危害国家安全和公共利益，不得损害他人的合法权益。

### 第二节 个人信息特别保护

**第十八条** 除法律、行政法规另有规定外，处理个人信息的，应当取得个人同意。个人信息的处理目的、处理方式和处理的个人信息种类发生变更的，应当重新取得个人同意。

处理个人自行公开或者其他已经合法公开的个人信息，应当依法在合理的范围内进行；个人明确拒绝的除外。处理已公开的个人信息，对个人权益有重大影响的，应当依法取得个人同意。

**第十九条** 基于个人同意处理个人信息的，应当保证个人在充分知情的前提下自愿、明确作出同意，不得通过误导、欺诈、胁迫等违背其真实意愿的方式取得同意。法律、行政法规规定处理个人信息应当取得个人单独同意或者书面同意的，从其规定。

处理者在提供产品或者服务时，不得以个人不同意处理其个人信息或者撤回同意为由，拒绝提供产品或者服务；处理个人信息属于提供产品或者服务所必需的除外。

**第二十条** 处理个人信息前，应当向个人告知下列事项：

（一）处理者的名称或者姓名和联系方式；

（二）处理个人信息的目的、方式；

（三）处理的个人信息种类、保存期限；

（四）个人依法享有的权利以及行使权利的方式和程序；

（五）法律、行政法规规定应当告知的其他事项。

处理者应当以显著方式、清晰易懂的语言真实、准确、完整地告知前款事项。

**第二十一条** 个人发现其个人信息不准确或者不完整的，有权请求处理者更正、补充。

有下列情形之一的，处理者应当主动删除个人信息；处理者未删除的，个人有权请求删除：

（一）处理目的已实现、无法实现或者为实现处理目的不再必要；

（二）处理者停止提供产品或者服务，或者保存期限已届满；

（三）个人撤回同意；

（四）处理者违反法律、行政法规或者违反约定处理个人信息；

（五）法律、行政法规规定的其他情形。

对属于本条第一款、第二款情形的，处理者应当分别予以更正、补充、删除。法律、行政法规另有规定的，从其规定。

**第二十二条** 处理自然人生物识别信息的，应当具有特定的目的和充分的必要性，并采取严格的保护措施。处理生物识别信息应当取得个人的单独同意；法律、行政法规另有规定的，从其规定。

**第二十三条** 在本市商场、超市、公园、景区、公共文化体育场馆、宾馆等公共场所，以及居住小区、商务楼宇等区域，安装图像采集、个人身份识别设备，应当为维护公共安全所必需，遵守国家有关规定，并设置显著标识。

所收集的个人图像、身份识别信息，只能用于维护公共安全的目的，不得用于其他目的；取得个人单独同意的除外。

本条第一款规定的公共场所或者区域，不得以图像采集、个人身份识别技术作为出入该场所或者区域的唯一验证方式。

**第二十四条** 利用个人信息进行自动化决策，应当遵循合法、正当、必要、诚信的原则，保证决策的透明度和结果的公平、公正，不得对个人在交易价格等交易条件上实行不合理的差别待遇。

通过自动化决策方式向个人进行信息推送、商业营销的，应当同时提供不针对其个人特征的选项，或者向个人提供便捷的拒绝方式。

通过自动化决策方式作出对个人权益有重大影响的决定，个人有权要求处理者予以说明，并有权拒绝处理者仅通过自动化决策的方式作出决定。

## 第三章 公共数据

### 第一节 一般规定

**第二十五条** 本市健全公共数据资源体系，加强公共数据治理，提高公共数据共享效率，扩大公共数据有序开放，构建统一协调的公共数据运营机制，推进公共数据和其他数据融合应用，充分发挥公共数据在推动城市数字化转型和促进经济社会发展中的驱动作用。

**第二十六条** 负责本系统、行业公共数据管理的市级部门（以下简称市级责任部门）应当依据业务职能，制定本系统、行业公共数据资源规划，完善管理制度和标准规范，组织开展本系统、行业数据的收集、归集、治理、共享、开放、应用及其相关质量和安全管理。公共数据管理涉及多个部门或者责任不明确的，由市政府办公厅指定市级责任部门。

区人民政府明确的公共数据主管部门，负责统筹开展本行政区域公共数据管理工作，接受市政府办公厅的业务指导。

**第二十七条** 市大数据资源平台和区大数据资源分平台（以下统称大数据资源平台）是本市依托电子政务云实施全市公共数据归集、整合、共享、开放、运营的统一基础设施，由市大数据中心负责统一规划。

本市财政资金保障运行的公共管理和服务机构不得新建跨部门、跨层级的公共数据资源平台、共享和开放渠道；已经建成的，应当按照有关规定进行整合。

**第二十八条** 本市建立全市统一的公共数据目录管理体系。公共管理和服务机构在依法履行公共管理和服务职责过程中收集和产生的数据，以及依法委托第三方收集和产生的数据，应当纳入公共数据目录。

市政府办公厅负责制定目录编制规范。市级责任部门应当按照数据与业务对应的原则，编制本系统、行业公共数据目录，明确公共数据的来源、更新频率、安全等级、共享开放属性等要素。区公共数据主管部门可以根据实际需要，对未纳入市级责任部门公共数据目录的公共数据编制区域补充目录。

**第二十九条** 本市对公共数据实行分类管理。市大数据中心应当根据公共数据的通用性、基础性、重要性和数据来源属性等制定公共数据分类规则和标准，明确不同类别公共数据的管理要求，在公共数据全生命周期采取差异化管理措施。

市级责任部门应当按照公共数据分类规则和标准确定公共数据类别，落实差异化管理措施。

**第三十条** 公共管理和服务机构收集数据应当符合本单

位法定职责，遵循合法、正当、必要的原则。可以通过共享方式获取的公共数据，不得重复收集。

需要依托区有关部门收集的视频、物联等数据量大、实时性强的公共数据，由区公共数据主管部门根据市级责任部门需求统筹开展收集，并依托区大数据资源分平台存储。

**第三十一条** 通过市大数据资源平台治理的公共数据，可以按照数据的区域属性回传至大数据资源分平台，支持各区开展数据应用。

**第三十二条** 本市财政资金保障运行的公共管理和服务机构为依法履行职责，可以申请采购非公共数据。市政府办公厅负责统筹市级公共管理和服务机构的非公共数据采购需求，市大数据中心负责统一实施。区公共数据主管部门负责统筹本行政区域个性化采购需求，自行组织采购。

**第三十三条** 本市国家机关、事业单位以及经依法授权具有管理公共事务职能的组织应当及时向大数据资源平台归集公共数据。其他公共管理和服务机构的公共数据可以按照逻辑集中、物理分散的方式实施归集，但具有公共管理和服务应用需求的公共数据应当向大数据资源平台归集。

市大数据中心根据公共数据分类管理要求对相关数据实施统一归集，保障数据向大数据资源平台归集的实时性、完整性和准确性。

已归集的公共数据发生变更、失效等情形的，公共管理和服务机构应当及时更新。

**第三十四条** 市大数据中心应当统筹规划并组织实施自然人、法人、自然资源和空间地理等基础数据库建设。

市级责任部门应当按照本市公共数据管理要求，规划和建设本系统、行业业务应用专题库，并会同相关部门规划和建设重点行业领域主题库。

**第三十五条** 市级责任部门应当建立健全本系统、行业公共数据质量管理体系，加强数据质量管控。

市大数据中心应当按照市政府办公厅明确的监督管理规则，组织开展公共数据的质量监督，对数据质量进行实时监测和定期评估，并建立异议与更正管理制度。

**第三十六条** 市政府办公厅应当建立日常公共数据管理工作监督检查机制，对公共管理和服务机构的公共数据目录编制工作、质量管理、共享、开放等情况开展监督检查。

市政府办公厅应当对市级责任部门和各区开展公共数据工作的成效情况定期组织考核评价，考核评价结果纳入各级领导班子和领导干部年度绩效考核。

**第三十七条** 本市财政资金保障运行的公共管理和服务机构开展公共数据收集、归集、治理、共享、开放及其质量和安全管理等工作涉及的经费，纳入市、区财政预算。

## 第二节 公共数据共享和开放

**第三十八条** 公共管理和服务机构之间共享公共数据，应当以共享为原则，不共享为例外。公共数据应当通过大数据资源平台进行共享。

公共管理和服务机构应当根据履职需要，提出数据需求清单；根据法定职责，明确本单位可以共享的数据责任清单；对法律、法规明确规定不能共享的数据，经市政府办公厅审核后，列入负面清单。

市政府办公厅应当建立以共享需求清单、责任清单和负面清单为基础的公共数据共享机制。

**第三十九条** 公共管理和服务机构提出共享需求的，应当明确应用场景，并承诺其真实性、合规性、安全性。对未列入负面清单的公共数据，可以直接共享，但不得超出依法履行职责的必要范围；对未列入公共数据目录的公共数据，市级责任部门应当在收到共享需求之日起十五个工作日内进行确认后编入公共数据目录并提供共享。

公共管理和服务机构超出依法履行职责的必要范围，通过大数据资源平台获取其他机构共享数据的，市大数据中心应当在发现后立即停止其获取超出必要范围的数据。

**第四十条** 公共管理和服务机构向自然人、法人和非法人组织提供服务时，需要使用其他部门数据的，应当使用大数据资源平台提供的最新数据。

公共管理和服务机构应当建立共享数据管理机制，通过共享获取的公共数据，应当用于本单位依法履行职责的需要，不得以任何形式提供给第三方，也不得用于其他任何目的。

**第四十一条** 本市以需求导向、分级分类、公平公开、安全可控、统一标准、便捷高效为原则，推动公共数据面向社会开放，并持续扩大公共数据开放范围。

公共数据按照开放类型分为无条件开放、有条件开放和非开放三类。涉及个人隐私、个人信息、商业秘密、保密商务信息，或者法律、法规规定不得开放的，列入非开放类；对数据安全和处理能力要求较高、时效性较强或者需要持续获取的公共数据，列入有条件开放类；其他公共数据列入无条件开放类。

非开放类公共数据依法进行脱密、脱敏处理，或者相关权利人同意开放的，可以列入无条件开放或者有条件开放类。对有条件开放类公共数据，自然人、法人和非法人组织可以通过市大数据资源平台提出数据开放请求，相关公共管理和服务机构应当按照规定处理。

**第四十二条** 本市依托市大数据资源平台向社会开放公共数据。

市级责任部门、区人民政府以及其他公共管理和服务机构分别负责本系统、行业、本行政区域和本单位的公共数据开放，在公共数据目录范围内制定公共数据开放清单，明确数据的开放范围、开放类型、开放条件和更新频率等，并动态调整。

公共数据开放具体规则，由市经济信息化部门制定。

**第四十三条** 本市制定相关政策，组织开展公共数据开放和开发利用的创新试点，鼓励自然人、法人和非法人组织对公共数据进行深度加工和增值使用。

### 第三节 公共数据授权运营

**第四十四条** 本市建立公共数据授权运营机制，提高公共数据社会化开发利用水平。

市政府办公厅应当组织制定公共数据授权运营管理办法，明确授权主体，授权条件、程序、数据范围，运营平台的服务和使用机制，运营行为规范，以及运营评价和退出情形等内容。市大数据中心应当根据公共数据授权运营管理办法对被授权运营主体实施日常监督管理。

**第四十五条** 被授权运营主体应当在授权范围内，依托统一规划的公共数据运营平台提供的安全可信环境，实施数据开发利用，并提供数据产品和服务。

市政府办公厅应当会同市网信等相关部门和数据专家委员会，对被授权运营主体规划的应用场景进行合规性和安全风险等评估。

授权运营的数据涉及个人隐私、个人信息、商业秘密、保密商务信息的，处理该数据应当符合相关法律、法规的规定。

市政府办公厅、市大数据中心、被授权运营主体等部门和单位，应当依法履行数据安全保护义务。

**第四十六条** 通过公共数据授权运营形成的数据产品和服务，可以依托公共数据运营平台进行交易撮合、合同签订、业务结算等；通过其他途径签订合同的，应当在公共数据运营平台备案。

## 第四章 数据要素市场

### 第一节 一般规定

**第四十七条** 市人民政府应当按照国家要求，深化数据要素市场化配置改革，制定促进政策，培育公平、开放、有序、诚信的数据要素市场，建立资产评估、登记结算、交易撮合、争议解决等市场运营体系，促进数据要素依法有序流动。

**第四十八条** 市政府办公厅应当制定政策，鼓励和引导市场主体依法开展数据共享、开放、交易、合作，促进跨区域、跨行业的数据流通利用。

**第四十九条** 本市制定政策，培育数据要素市场主体，鼓励研发数据技术、推进数据应用，深度挖掘数据价值，通过实质性加工和创新性劳动形成数据产品和服务。

**第五十条** 本市探索构建数据资产评估指标体系，建立数据资产评估制度，开展数据资产凭证试点，反映数据要素的资产价值。

**第五十一条** 市相关主管部门应当建立健全数据要素配置的统计指标体系和评估评价指南，科学评价各区、各部门、各领域的数据对经济社会发展的贡献度。

**第五十二条** 市场主体应当加强数据质量管理，确保数据真实、准确、完整。

市场主体对数据的使用应当遵守反垄断、反不正当竞争、消费者权益保护等法律、法规的规定。

### 第二节 数据交易

**第五十三条** 本市支持数据交易服务机构有序发展，为数据交易提供数据资产、数据合规性、数据质量等第三方评估以及交易撮合、交易代理、专业咨询、数据经纪、数据交付等专业服务。

本市建立健全数据交易服务机构管理制度，加强对服务机构的监管，规范服务人员的执业行为。

**第五十四条** 数据交易服务机构应当建立规范透明、安全可控、可追溯的数据交易服务环境，制定交易服务流程、内部管理制度，并采取有效措施保护数据安全，保护个人隐私、个人信息、商业秘密、保密商务信息。

**第五十五条** 本市鼓励数据交易活动，有下列情形之一的，不得交易：

（一）危害国家安全、公共利益，侵害个人隐私的；

（二）未经合法权利人授权同意的；

（三）法律、法规规定禁止交易的其他情形。

**第五十六条** 市场主体可以通过依法设立的数据交易所进行数据交易，也可以依法自行交易。

**第五十七条** 从事数据交易活动的市场主体可以依法自主定价。

市相关主管部门应当组织相关行业协会等制订数据交易价格评估导则，构建交易价格评估指标。

## 第五章 数据资源开发和应用

**第五十八条** 本市支持数据资源开发和应用，发挥海量数据和丰富应用场景优势，鼓励和引导全社会参与经济、生活、治理等领域全面数字化转型，提升城市软实力。

**第五十九条**　本市通过标准制定、政策支持等方式，支持数据基础研究和关键核心技术攻关，发展高端数据产品和服务。

本市培育壮大数据收集存储、加工处理、交易流通等数据核心产业，发展大数据、云计算、人工智能、区块链、高端软件、物联网等产业。

**第六十条**　本市促进数据技术与实体经济深度融合，推动数据赋能经济数字化转型，支持传统产业转型升级，催生新产业、新业态、新模式。本市鼓励各类企业开展数据融合应用，加快生产制造、科技研发、金融服务、商贸流通、航运物流、农业等领域的数据赋能，推动产业互联网和消费互联网贯通发展。

**第六十一条**　本市促进数据技术和服务业深度融合，推动数据赋能生活数字化转型，提高公共卫生、医疗、教育、养老、就业等基本民生领域和商业、文娱、体育、旅游等质量民生领域的数字化水平。本市制定政策，支持网站、手机应用程序、智慧终端设施、各类公共服务设施面向残疾人和老年人开展适应性数字化改造。

**第六十二条**　本市促进数据技术与政府管理、服务、运行深度融合，推动数据赋能治理数字化转型，深化政务服务“一网通办”、城市运行“一网统管”建设，推进经济治理、社会治理、城市治理领域重点综合场景应用体系构建，通过治理数字化转型驱动超大城市治理模式创新。

**第六十三条**　本市鼓励重点领域产业大数据枢纽建设，融合数据、算法、算力，建设综合性创新平台和行业数据中心。

本市推动国家和地方大数据实验室、产业创新中心、技术创新中心、工程研究中心、企业技术中心，以及研发与转化功能型平台、新型研发组织等建设。

**第六十四条**　本市建设数字化转型示范区，支持新城等重点区域同步规划关键信息基础设施，完善产业空间、生活空间、城市空间等领域数据资源的全生命周期管理机制。

市、区人民政府应当根据本市产业功能布局，推动园区整体数字化转型，发展智能制造、在线新经济、大数据、人工智能等数字产业园区。

## 第六章　浦东新区数据改革

**第六十五条**　本市支持浦东新区高水平改革开放、打造社会主义现代化建设引领区，推进数据权属界定、开放共享、交易流通、监督管理等标准制定和系统建设。

**第六十六条**　本市支持浦东新区探索与海关、统计、税务、人民银行、银保监等国家有关部门建立数据共享使用机制，对浦东新区相关的公共数据实现实时共享。

浦东新区应当结合重大风险防范、营商环境提升、公共服务优化等重大改革创新工作，明确数据应用场景需求。

浦东新区应当健全各区级公共管理和服务机构之间的公共数据共享机制。

**第六十七条**　本市按照国家要求，在浦东新区设立数据交易所并运营。

数据交易所应当按照相关法律、行政法规和有关主管部门的规定，为数据交易提供场所与设施，组织和监管数据交易。

数据交易所应当制订数据交易规则和其他有关业务规则，探索建立分类分层的新型数据综合交易机制，组织对数据交易进行合规性审查、登记清算、信息披露，确保数据交易公平有序、安全可控、全程可追溯。

浦东新区鼓励和引导市场主体依法通过数据交易所进行交易。

**第六十八条**　本市根据国家部署，推进国际数据港建设，聚焦中国（上海）自由贸易试验区临港新片区（以下简称临港新片区），构建国际互联网数据专用通道、功能型数据中心等新型基础设施，打造全球数据汇聚流转枢纽平台。

**第六十九条**　本市依照国家相关法律、法规的规定，在临港新片区内探索制定低风险跨境流动数据目录，促进数据跨境安全、自由流动。在临港新片区内依法开展跨境数据活动的自然人、法人和非法人组织，应当按照要求报送相关信息。

**第七十条**　本市按照国家相关要求，采取措施，支持浦东新区培育国际化数据产业，引进相关企业和项目。

本市支持浦东新区建立算法评价标准体系，推动算法知识产权保护。

本市支持在浦东新区建设行业性数据枢纽，打造基础设施和平台，促进重大产业链供应链数据互联互通。

**第七十一条**　本市支持浦东新区加强数据交易相关的数字信任体系建设，创新融合大数据、区块链、零信任等技术，构建数字信任基础设施，保障可信数据交易服务。

## 第七章　长三角区域数据合作

**第七十二条**　本市按照国家部署，协同长三角区域其他省建设全国一体化大数据中心体系长三角国家枢纽节点，优化数据中心和存算资源布局，引导数据中心集约化、规模化、绿色化发展，推动算力、数据、应用资源集约化和服务化创新，全面支撑长三角区域各行业数字化升级和产业数字化转型。

**第七十三条** 本市与长三角区域其他省共同开展长三角区域数据标准化体系建设，按照区域数据共享需要，共同建立数据资源目录、基础库、专题库、主题库、数据共享、数据质量和安全管理等基础性标准和规范，促进数据资源共享和利用。

**第七十四条** 本市依托全国一体化政务服务平台建设长三角数据共享交换平台，支撑长三角区域数据共享共用、业务协同和场景应用建设，推动数据有效流动和开发利用。

本市与长三角区域其他省共同推动建立以需求清单、责任清单和共享数据资源目录为基础的长三角区域数据共享机制。

**第七十五条** 本市与长三角区域其他省共同推动建立跨区域数据异议核实与处理、数据对账机制，确保各省级行政区域提供的数据与长三角数据共享交换平台数据的一致性，实现数据可对账、可校验、可稽核，问题可追溯、可处理。

**第七十六条** 本市与长三角区域其他省共同促进数字认证体系、电子证照等的跨区域互认互通，支撑政务服务和城市运行管理跨区域协同。

**第七十七条** 本市与长三角区域其他省共同推动区块链、隐私计算等数据安全流通技术的利用，建立跨区域的数据融合开发利用机制，发挥数据在跨区域协同发展中的创新驱动作用。

## 第八章 数据安全

**第七十八条** 本市实行数据安全责任制，数据处理者是数据安全责任主体。

数据同时存在多个处理者的，各数据处理者承担相应的安全责任。

数据处理者发生变更的，由新的数据处理者承担数据安全保护责任。

**第七十九条** 开展数据处理活动，应当履行以下义务，保障数据安全：

（一）依照法律、法规的规定，建立健全全流程数据安全管理制度和技术保护机制；

（二）组织开展数据安全教育培训；

（三）采取相应的技术措施和其他的必要措施，确保数据安全，防止数据篡改、泄露、毁损、丢失或者非法获取、非法利用；

（四）加强风险监测，发现数据安全缺陷、漏洞等风险时，应当立即采取补救措施；

（五）发生数据安全事件时，应当立即采取处置措施，按照规定及时告知用户并向有关主管部门报告；

（六）利用互联网等信息网络开展数据处理活动，应当在网络安全等级保护制度的基础上，履行上述数据安全保护义务；

（七）法律、法规规定的其他数据安全保护义务。

**第八十条** 本市按照国家要求，建立健全数据分类分级保护制度，推动本地区数据安全治理工作。

本市建立重要数据目录管理机制，对列入目录的数据进行重点保护。重要数据的具体目录由市政府办公厅会同市网信等部门编制，并按照规定报送国家有关部门。

**第八十一条** 重要数据处理者应当明确数据安全责任人和管理机构，按照规定定期对其数据处理活动开展风险评估，并依法向有关主管部门报送风险评估报告。

处理重要数据应当按照法律、行政法规及国家有关规定执行。

**第八十二条** 市级责任部门应当制定本系统、行业公共数据安全管理制度，并根据国家和本市数据分类分级相关要求对公共数据进行分级，在数据收集、使用和人员管理等业务环节承担安全责任。

属于市大数据中心实施信息化工作范围的，市大数据中心应当对公共数据的传输、存储、加工等技术环节承担安全责任，并按照数据等级采取安全防护措施。

**第八十三条** 本市按照国家统一部署，建立健全集中统一的数据安全风险评估、报告、信息共享、监测预警机制，加强本地区数据安全风险信息的获取、分析、研判、预警工作。

**第八十四条** 本市按照国家统一部署，建立健全数据安全应急处置机制。发生数据安全事件，市网信部门应当会同市公安机关依照相关应急预案，采取应急处置措施，防止危害扩大，消除安全隐患，并及时向社会发布与公众有关的警示信息。

**第八十五条** 本市支持数据安全检测评估、认证等专业机构依法开展服务活动。

本市支持有关部门、行业组织、企业、教育和科研机构、有关专业机构等在数据安全风险评估、防范、处置等方面开展协作。

## 第九章 法律责任

**第八十六条** 违反本条例规定，法律、行政法规有规定的，从其规定。

**第八十七条** 国家机关、履行公共管理和服务职责的事业单位及其工作人员有下列行为之一的，由本级人民政府或者上级主管部门责令改正；情节严重的，由有权机关对直接负责的主管人员和其他直接责任人员依法给予处分：

（一）未按照本条例第十六条第二款规定收集或者使用数据的；

（二）违反本条例第二十七条第二款规定，擅自新建跨部门、跨层级的数据资源平台、共享、开放渠道，或者未按规定进行整合的；

（三）未按照本条例第二十八条规定编制公共数据目录的；

（四）未按照本条例第三十条、第三十三条、第三十八条、第三十九条、第四十条、第四十二条规定收集、归集、共享、开放公共数据的；

（五）未按照本条例第三十五条第一款规定履行公共数据质量管理义务的；

（六）未通过公共数据开放或者授权运营等法定渠道，擅自将公共数据提供给市场主体的。

**第八十八条**　违反本条例规定，依法受到行政处罚的，相关信息纳入本市公共信用信息服务平台，由有关部门依法开展联合惩戒。

**第八十九条**　违反本条例规定处理个人信息，侵害众多个人的权益的，人民检察院、市消费者权益保护委员会，以及由国家网信部门确定的组织，可以依法向人民法院提起诉讼。

## 第十章　附则

**第九十条**　除本条例第二条第四项规定的公共管理和服务机构外，运行经费由本市各级财政保障的单位、中央国家机关派驻本市的相关管理单位以及通信、民航、铁路等单位在依法履行公共管理和服务职责过程中收集和产生的各类数据，参照公共数据的有关规定执行。法律、行政法规另有规定的，从其规定。

**第九十一条**　本条例自 2022 年 1 月 1 日起施行。

# 关于印发《上海市促进产业结构调整差别电价实施管理办法》的通知

沪经信规范〔2021〕1号

各区人民政府，市政府相关委、办、局：

《上海市促进产业结构调整差别电价实施管理办法》已经市政府同意，现印发给你们，请认真按照执行。

上海市经济和信息化委员会

上海市发展和改革委员会

上海市财政局

2021年3月29日

# 上海市促进产业结构调整差别电价实施管理办法

**第一条（目的依据）**

为加快淘汰落后产能、促进节能降耗、推进本市产业结构调整、加快转变经济发展方式，根据《国家发展改革委关于全面深化价格机制改革的意见》（发改价格〔2017〕1941号）》、《国家发展改革委关于创新和完善促进绿色发展价格机制的意见》（发改价格规〔2018〕943号）、《十六部门关于利用综合标准依法依规推动落后产能退出的指导意见》（工信部联产业〔2017〕30号）、《上海市供用电条例》和《关于本市促进资源高效率配置推动产业高质量发展的若干意见》（沪府发〔2018〕41号）等规定，结合本市实际，制订本办法。

**第二条（差别电价的涵义）**

本办法所称差别电价，是指按照国家和本市产业政策的有关规定，对符合差别电价对象认定标准的情况，根据国家和本市有关加价政策，向所属企业加收高于普通电价的电费。

**第三条（实施差别电价对象认定标准）**

企业存在以下情形之一的，可对其实施差别电价：

（一）列入国家及本市产业结构调整指导目录限制类和淘汰类的；

（二）生产单位产品能耗超过国家或本市颁布的强制性限额标准的；

（三）列入本市各区通过实施资源利用效率评价制度认定为D类（整治淘汰类）且列入产业结构调整计划的；

（四）其他国家及本市相关文件规定的。

**第四条（加收标准）**

（一）计量范围

1．加收对象用电量能够通过市电力企业安装的收费电表（按照国家计量标准）单独计量的，仅对该对象用电量加收差别电价。

2．加收对象用电量不能单独计量的，对全部用电量加收差别电价。

（二）加价标准

1．限制类装置用电量每千瓦时加价0.20元；淘汰类装置用电量每千瓦时加价0.50元。

2．对单位产品能耗超过限额标准一倍（含）以内的，比照限制类装置电价加价标准执行；对单位产品能耗超过限额标准一倍以上的，比照淘汰类装置电价加价标准执行。

3．对实施资源利用效率评价制度认定为D类（整治淘汰类）且列入产业结构调整计划的，对企业全部用电量，每千瓦时加价0.50元。

存在本办法第三条（认定标准）中多项情形的，按照就高原则执行，但不重复执行。

**第五条（职责分工）**

上海市经济和信息化委员会（以下简称“市经济信息化委”）负责总体协调差别电价政策制定和完善，根据国家淘汰落后及化解过剩产能等相关要求研究制订和调整差别电价实施范围等。

上海市发展和改革委员会（以下简称“市发展改革委”）负责制订和调整差别电价加收标准、绩效评价等。

上海市财政局（以下简称“市财政局”）负责差别电价增加的电费收入的核算管理、拨付使用、监督等。

各区人民政府负责统筹推进差别电价执行工作。

**第六条（操作程序）**

（一）筛选

各区产业部门根据差别电价认定标准，筛选提出拟执行差别电价的企业名单，并向社会进行公示。根据公示结果审定最终执行差别电价的企业名单，报送市经济信息化委并通知执行差别电价的企业。

（二）执行

市经济信息化委根据各区报送的企业名单通知市电力公司加收差别电价电费。市电力公司按月收缴差别电价电费。

（三）退出

调整后导入项目符合本市有关产业规定时，或通过改造提升符合产业规定的，相关主体可书面向所在区产业部门提出停止执行差别电价申请。经相关部门核实符合退出条件的，报送市经济信息化委退出执行差别电价；不符合退出条件的，继续执行差别电价。

**第七条（电费收缴）**

市电力公司按照执行差别电价的企业名单，及时足额收取差别电价电费，对差别电价电费收入单独立账管理，并监测执行差别电价的企业日常用电情况。

市电力公司须在月度终了后10个工作日内，将差别电价增加的电费收入全额上缴市级财政，纳入市级财政预算。

**第八条（监督和管理）**

各区产业部门负责日常管理，每年向市经济信息化委上报本区差别电价执行情况，如发现重大问题，及时上报。

市电力公司负责对执行差别电价的企业用电和电费收缴情况进行监测，并及时向市经济信息化委、市发展改革委上报有关情况。

市经济信息化委会同市产业园区和结构调整工作领导小组有关成员单位对各区执行差别电价情况进行监督检查。

**第九条（资金使用及监督管理）**

差别电价增加的电费收入作为本市节能减排专项资金的来源之一，专门用于本市节能减排专项工作，监督管理按照有关规定执行。

**第十条（违规处理）**

相关部门、机构、企业如存在瞒报、伪造、篡改数据，骗取、挪用、截留专项资金等违规行为的，依照相关法律法规及有关规定进行处理。

**第十一条（争议处理）**

执行差别电价的企业对执行过程有异议的，主要由各区相关部门处理解决，市经济信息化委加强指导和协调处理；对执行差别电价所引起的法律争议，依照相关法律程序解决。

**第十二条（附则）**

本办法由市经济信息化委、市发展改革委、市财政局负责解释。

本办法自2021年5月17日起施行，有效期至2026年5月16日止。

# 关于对《建立健全上海市城镇非居民用水超定额累进加价制度的实施方案》涉及“两高一剩”等行业企业执行更高加价标准的通知

沪经信规范〔2021〕2号

各区人民政府，市政府相关委、办、局，市、区公共供水企业：

为推进节约用水工作，促进水资源节约利用和产业结构调整，经市政府同意，依据《国家发展改革委住房城乡建设部关于加快建立健全城镇非居民用水超定额累进加价制度的指导意见》（发改价格〔2017〕1792号）、《关于本市促进资源高效率配置推动产业高质量发展的若干意见》（沪府发〔2018〕41号），现对《建立健全上海市城镇非居民用水超定额累进加价制度的实施方案》（沪发改规范〔2019〕9号）中涉及“两高一剩”等行业企业执行更高加价标准的有关要求通知如下。

上海市经济和信息化委员会

上海市发展和改革委员会

上海市水务局

2021年11月4日

## 一、加价对象

本市城镇公共供水管网供水的非居民用水户，符合以下一项或者多项情形的，为“两高一剩”等行业落后产能和低效企业：

（一）企业单位产品能耗超过国家或者本市颁布的强制性限额标准；

（二）企业存在列入国家和本市《产业结构调整指导目录》的限制和淘汰类工艺、设备和产品；

（三）本市各区通过实施资源利用效率评价制度，评价为“整治淘汰类”（D类）且列入产业结构调整计划的企业。

## 二、加价标准

由市属供水管网供水的非居民用水户“两高一剩”等行业落后产能和低效企业，在本市非居民用水超定额累进加价制度基础上，按用水量实行更高的供水价格加价（以下简称差别水价）：

第一档为定额内（含）用水，按照价格主管部门公布的非居民用户供水价格（即基准供水价格）标准执行；

第二档为超定额20%（含）以内的用水，除正常缴纳水费外，按照基准供水价格标准的1倍加收水费；

第三档为超定额20%至50%（含）的用水，除正常缴纳水费外，按照基准供水价格标准的2倍加收水费；

第四档为超定额50%以上的用水，除正常缴纳水费外，按照基准供水价格标准的3倍加收水费。

由区属供水管网供水的非居民用水户，由各区参照市属供水管网区域内的相关规定执行差别水价。

## 三、操作程序

（一）执行

各区产业主管部门根据本通知内容，通过检查、清查、普查、审计等方式，形成拟执行差别水价的企业名单，向社会进行公示。根据公示结果审定最终执行差别水价的企业名称、水表号、用水地址等信息，报送市经济信息化委并通知拟被执行差别水价的企业。

市经济信息化委汇总确定各区报送的企业信息后，将拟被执行差别水价的企业名单函送市水务局。

市水务局根据拟被执行差别水价的企业名单，书面通知有关水务部门或者公共供水企业执行差别水价。

公共供水企业在接到通知后，按季度为周期从下一季度开始及时足额加收差别水价水费。

（二）退出

被执行差别水价企业完成相关改造、调整后，认为不再符合本通知中加价对象情形的，可以书面向所在区产业主管部门提出停止执行差别水价申请。

区产业主管部门收到停止执行差别水价申请后，可以组织相关部门或者第三方核实。经核实达到改造、调整要求的，由区产业主管部门报送市经济信息化委，并由市经济信息化委将退出名单函送市水务局，市水务局通知相关水务部门或者供水企业停止执行差别水价。该被执行差别水价企业从提出申请日的下一季度开始停止执行差别水价，如提出申请日的下一季度差别水价水费已收取，收费部门应予退回。经核实没有达到改造、调整要求的，继续执行差别水价。

**四、其他事项**

加价项目、计费周期、水费用途等事项参照《上海市非居民用水超定额累进加价制度实施细则》（沪水务规范〔2020〕5号）文件执行。

本通知自2021年12月13日起实施，有效期至2026年12月12日。

# 关于印发《上海市智能网联汽车测试与示范实施办法》的通知

沪经信规范〔2021〕3号

有关单位：

为深入贯彻落实习近平总书记考察上海重要讲话精神，支撑上海建设世界级汽车产业中心，加快推动新技术应用和产业转型升级，进一步落实《新能源汽车产业发展规划（2021—2035年）》《智能汽车创新发展战略》《智能网联汽车道路测试与示范应用管理规范（试行）》，坚持创新包容、安全有序的指导原则，规范本市智能网联汽车测试与示范工作，我们联合制定了《上海市智能网联汽车测试与示范实施办法》。现印发给你们，请遵照执行。

特此通知。

上海市经济和信息化委员会
上海市公安局
上海市交通委员会
2021年10月22日

# 上海市智能网联汽车测试与示范实施办法

## 第一章 总则

**第一条** 为深入贯彻落实习近平总书记考察上海重要讲话精神，支撑上海建设世界级汽车产业中心，加快推动新技术应用和产业转型升级，进一步落实《新能源汽车产业发展规划（2021—2035年）》《智能汽车创新发展战略》《智能网联汽车道路测试与示范应用管理规范（试行）》，坚持创新包容、安全有序的指导原则，规范本市智能网联汽车测试与示范工作，特制定本办法。

**第二条** 智能网联汽车在本市行政区域内的各类道路上（含划定范围内的高速公路、城市快速路），开展道路测试、示范应用、示范运营（以下统称“测试与示范”）等活动，适用本办法。

**第三条** 上海市经济和信息化委员会、上海市公安局、上海市交通委员会共同成立上海市智能网联汽车测试与示范推进工作小组（以下简称“推进工作小组”），负责本办法的实施，推进智能网联汽车产业和技术发展，并且逐步实现商业化落地。推进工作小组可以委托第三方机构对本市智能网联汽车测试与示范工作提供相关技术支撑。

**第四条** 推进工作小组分阶段分批次划定智能网联汽车测试与示范道路，在有条件地区试点全域开放。用于智能网联汽车测试与示范的道路应当符合以下条件：

（一）无明显的道路交通安全隐患；

（二）道路标志标线符合国家相关标准要求；

（三）实现监控全覆盖或者覆盖重点路段，监控记录保存不少于 30 天。

## 第二章 测试与示范申请

**第五条** 测试与示范主体按照保障安全、由易到难、循序渐进的原则，达到一定测试或者示范里程并且期间未发生因车辆原因造成的安全事故，符合相关技术和资质要求并且通过相关测试和评审后，方可从低风险等级道路升级为高风险等级道路，方可从道路测试升级为示范应用和示范运营，方可从低技术等级自动驾驶升级为高技术等级自动驾驶。

支持浦东新区根据国家和本市有关授权规定，制定完全自动驾驶智能网联汽车测试与应用的管理措施，有序报备实施，逐步向本市其他有条件的区域复制推广。

**第六条** 测试与示范主体申请智能网联汽车测试与示范的流程如下：

（一）测试与示范主体、驾驶人及车辆符合相关要求（见附件 1），提交相应申请材料；

（二）依据自动驾驶功能和对应设计运行范围，接受相关形式审查并作承诺，在测试区（场）等特定区域进行充分的实车测试（见附件 2），符合国家和本市相关标准规范、测试要求以及测试评价规则；

（三）安装相关监控装置，将相关数据接入推进工作小组指定的官方数据监控平台；

（四）符合要求的测试与示范主体可以凭相关材料，向本市公安机关交通管理部门申领机动车临时行驶车号牌。

### 第一节 道路测试

**第七条** 道路测试的申请材料包括：

（一）测试车辆的自动驾驶功能等级声明及自动驾驶功能对应设计运行范围说明；

（二）道路测试风险分析及应对方案，针对车辆网络和数据安全的管理制度、保障机制、验证情况和相应承诺书。对具有网联功能或者远程控制功能的车辆，应当提供网络安全风险评估结果及采取的风险应对措施材料；

（三）测试主体在测试区（场）等特定区域通过相应测试的相关材料；

（四）其他相关材料。

**第八条** 道路测试主体申请增加道路测试车辆数量，应当说明必要性并提交相关申请材料。对于车型、设计运行范围、软件系统和硬件配置相同的车辆，经过测试机构一致性抽检后，无需重复进行相同项目的测试。

**第九条** 自动驾驶功能等级注明为高度自动驾驶（含以上）的，应当通过区域内部道路测试、网络安全测试和数据安全测试。声明含自动泊车功能的，还应当通过地下或者区域内部道路测试。

**第十条** 道路测试过程中，除经专业培训的测试人员、用于模拟货物的配重和测试数据记录设备外，测试车辆不得搭载其他与测试无关的人员和货物。

**第十一条** 在其他省、市取得道路测试资格，并且在本市申请相同或者类似测试的，可以结合国家有关规定和主体已开展测试的情况，简化申请流程和测试项目。

### 第二节 示范应用

**第十二条** 示范应用的申请材料包括：

（一）道路测试阶段完整总结报告；

（二）示范应用方案介绍，包含但不限于：运行模式、组织架构、组织方式、行驶路线、运行时段、运营调度、管理平台、操作流程、预约方式、人员筛选、服务监督、安全管理制度和相应承诺等；

（三）示范车辆性能说明材料，包括在开放道路通过相应测试的相关材料，模拟仿真测试报告等；

（四）志愿者招募方案或者物流方案、风险告知书、应急保障预案、购买保险凭据材料、合法合规性材料等；

（五）其他相关材料。

**第十三条** 示范应用主体应当具备开展示范应用运营等相关业务能力，不得向服务对象收取费用。示范应用不得超出道路测试申请获得的区域范围和时间段。

### 第三节 示范运营

**第十四条** 示范运营的申请材料包括：

（一）示范应用阶段完整总结报告；

（二）示范运营方案介绍，包含但不限于：运行模式、组织架构、组织方式、行驶路线、运行时段、运营调度、管理平台、操作流程、预约方式、人员筛选、服务监督、安全管理制度、合作协议和相应承诺等；

（三）申请主体和申请驾驶人相应运营资质的证明材料；

（四）示范车辆性能说明材料，包括在开放道路通过相应测试的证明材料，模拟仿真测试报告等；

（五）应急保障预案、购买保险凭据材料、合法合规性材料等；

（六）其他相关材料。

**第十五条** 示范运营主体应当具备道路运输资质和能力，或者与具备道路运输资质和能力的单位合作，可以向服务对象收取一定费用。收费标准应当在示范运营方案里载明，面向不特定对象收费的，应当向社会公示收费标准。示范运营不得超出示范应用申请确定的区域范围和时间段。

### 第四节 完全自动驾驶测试和示范

**第十六条** 完全自动驾驶测试和示范的申请材料包括：

（一）道路测试和示范应用阶段完整总结报告；

（二）测试主体在测试区（场）等特定区域通过相应测试的相关材料，模拟仿真测试报告等；

（三）风险分析及应对方案，针对车辆网络和数据安全的管理制度、保障机制、验证情况和相应承诺；网络安全保障能力、软件升级管理、产品网络安全过程保障等说明材料及整车网络安全测试验证情况说明（包括测试指标、测试方法、测试环境、测试结果等）；

（四）其他相关材料。

**第十七条** 申请开展完全自动驾驶测试和示范的，应当符合相关技术要求并且通过相关测试后，分步分阶段实施。完全自动驾驶测试和示范申请区域不得超出有安全员测试和示范申请确定的区域范围。

优先支持在机场、港口和产业园区等特定场景开展接驳、托运、配送、环卫、泊车等测试和应用。

## 第三章 测试与示范管理要求

### 第一节 基本要求

**第十八条** 测试与示范过程应当遵守相关法律法规，保证过程合规并且接受合规性检查。测试与示范主体应当严格按照确定的特定区域和特定时间段开展测试与示范工作。测试与示范过程中不得在道路上开展制动性能试验。

**第十九条** 测试与示范车辆的车身应当标示醒目的字体和图样，提醒周边车辆及其他道路使用者注意，不得干扰周边正常道路交通活动。

**第二十条** 测试与示范驾驶人应当始终监控测试车辆运行状态及周围环境，当发现测试车辆处于不适合自动驾驶的状态或者系统提示需要人工操作时应当及时接管车辆。

**第二十一条** 在示范应用和示范运营过程中，应当保护相关参与者的合法权益。搭载的人员和货物不得超出道路测试车辆的额定乘员和核定载质量，不得搭载危险货物。

**第二十二条** 开展网联相关测试前，测试与示范主体应当与相关网络运营商对测试范围的移动通信信号传输质量、车辆之间的联络状态、远程平台、冗余系统进行严格的初始检查与监测，确保远程平台和车辆正常运行。

**第二十三条** 驾驶人、路段、车辆功能、软件系统、关键零部件等发生重大变更的，需向推进工作小组提交变更说明或者视情况完成相应的核查后，方可继续开展测试与示范。

**第二十四条** 道路测试申请主体须每半年向推进工作小组提交道路测试总结报告，示范应用、示范运营申请主体须每季度向推进工作小组提交测试与示范总结报告。

**第二十五条** 发生以下情况的，推进工作小组可以暂停或者终止测试与示范：

（一）发生交通违法或者事故；

（二）侵害志愿者或者乘客利益、违规泄露和使用个人信息等行为；

（三）未按照获批的车辆、周期、路段、时间、驾驶人等开展测试与示范；

（四）故意瞒报交通违法和事故、提交虚假报告和数据、虚假宣传、扰乱正常秩序；

（五）无故消极停滞测试与示范活动；

（六）其他违反法律法规的行为。

被暂停或者终止测试与示范的，1个月内不得提交申请；对累计出现2次终止测试与示范的，推进工作小组不再受理该主体的相关申请。

### 第二节 网络及数据安全

**第二十六条** 测试与示范主体应当按照《中华人民共和国网络安全法》《中华人民共和国数据安全法》《中华人民共和国测绘法》《中华人民共和国地图管理条例》等相关法律法规要求，加强数据和网络安全保障能力建设，建立覆盖智能网联汽车整车和关键零部件全生命周期的网络安全防护体系，对软件升级进行全流程管理，依法保护个人信息和数据安全。推进工作小组应对测试与示范主体的企业网络安全保障能力开展定期评测。

**第二十七条** 测试与示范主体应当依法妥善处理数据收集、使用和传输等环节，应当符合以下要求：

（一）履行安全保护责任，采取相关措施保障数据安全、完整和可用；

（二）建立个人信息保护制度，做好信息收集和使用规则告知；

（三）测试与示范活动中产生的数据需要出境的，按照相关法律法规执行；

（四）不得对外发送虚假数据，干扰其他车辆和设备的正常运行。

### 第三节 交通事故处理

**第二十八条** 在测试与示范期间发生交通事故的，涉事主体应当立即暂停测试与示范工作，保护现场并迅速报警，并且于24小时内将事故信息、5日内将事故分析材料报送推进工作小组。

**第二十九条** 推进工作小组根据公安交通管理部门判定的事故等级和责任程度，对涉事主体进行约谈并督促整改，涉事主体整改完成后方可申请恢复测试与示范工作。

## 第四章 附则

**第三十条** 本办法有关名词解释：

（一）智能网联汽车是指搭载先进的车载传感器、控制器、执行器等装置，并融合现代通信与网络技术，实现车与X（人、车、路、云端等）智能信息交换、共享，具备复杂环境感知、智能决策、协同控制等功能，可以实现安全、高效、舒适、节能行驶，并最终可实现替代人来操作的新一代汽车。智能网联汽车通常也被称为智能汽车、自动驾驶汽车等。

智能网联汽车自动驾驶功能分为有条件自动驾驶、高度自动驾驶和完全自动驾驶三个技术等级。

（二）测试与示范主体是指提出申请、组织开展智能网联汽车测试与示范，同时承担相应法律责任的单位。主体应当具备开展相关业务的资质且有赔偿能力，应当实时记录行驶数据并建立相应的安全保障体系。

（三）测试与示范驾驶人是指经申请主体授权，负责测试与示范安全运行，并且在出现紧急情况时采取应急措施的人员。驾驶人应当能够在紧急情况下对车辆进行及时接管控制，在必要时及时采取相应安全措施。

（四）测试与示范车辆是指申请用于测试与示范的智能网联汽车，包括乘用车、商用车以及具备特殊功能的自动驾驶或者自动作业车辆（低速汽车、轮式机器人等视具体情况审定），应当满足功能安全、预期功能安全和网络安全等过程保障要求。

（五）监控装置是指具备监测测试驾驶人驾驶行为、采集车辆运行数据、实时向监管平台传输等功能的设备。监控的数据类型包括但不限于车辆位置、速度、加速度等运动状态信息，车内驾驶人状态数据，自动驾驶系统状态数据等。

（六）道路测试是指在本市行政区域范围内各类道路上（含划定范围内的高速公路、城市快速路）开展的智能网联汽车自动驾驶功能测试活动。

（七）示范应用是指在本市行政区域范围内各类道路上（含划定范围内的高速公路、城市快速路）开展的智能网联汽车模拟实际载人、载物或者特种作业的运行活动。

（八）示范运营是指在具备相关营运资质后（或者和具备营运资质的企业合作），在本市行政区域范围内开展特定路线的智能网联汽车载人、载物或者特种作业的商业化试运营活动。

（九）完全自动驾驶是指系统在任何可行驶条件下持续地执行全部动态驾驶任务并自动执行最小风险策略。

（十）测试区（场）是指拥有相关资质，并具备智能网联汽车自动驾驶功能测试所需道路、环境条件、相关设施和测试评价能力的单位。

（十一）软件升级是根据需要，将某版本的软件程序或者配置参数更新到另一个版本并启用的过程。

（十二）志愿者是指具备完全民事行为能力或者有监护人随行保障的不具备完全民事行为能力，且充分了解智能网联汽车道路载人示范应用的内容、范围及风险，自愿参与示范应用并且已签署相关协议的自然人。未成年志愿者可以在监护人陪护下参与示范应用体验。

**第三十一条** 本办法由市经济信息化委、市公安局、市交通委负责解释。

**第三十二条** 本办法自2021年11月1日起施行，有效期至2026年10月31日。

# 附件 1：测试与示范主体、驾驶人及车辆相关要求

**第一条** 申请道路测试的主体应当符合以下条件：

（一）在中华人民共和国境内登记注册的独立法人单位；

（二）具备汽车及零部件制造、技术研发、试验检测或者出行服务等智能网联汽车相关业务能力；

（三）具备足够的赔偿能力；

（四）具有智能网联汽车自动驾驶功能测试评价规程；

（五）具备实时远程监控的能力，并签署相关承诺书；

（六）具备事件记录、分析和重现的能力；

（七）具备系统的人员培训和安全保障体系；

（八）具备网络安全保障能力，满足软件升级管理要求；

（九）法律、行政法规、规章规定的其他条件。

申请示范应用的主体除满足条件（一）至（九）外，还应当符合以下条件：

（十）由多个独立法人单位联合组成的申请主体，其中应当至少有一个单位具备示范应用运营服务能力，且各单位应当签署运营服务及相关侵权责任划分的相关协议；

（十一）采取有效措施保障测试志愿者的人身安全，购买每车每座位不低于100万元的座位险和必要的商业保险（如人身意外险等）。

申请完全自动驾驶测试和示范的主体除满足条件（一）至（九）外，还应当符合以下条件：

（十二）建立远程平台和接管保障机制；

（十三）建立完善的通信系统，用于车辆与远程平台实时移动通信。

申请示范运营的主体除满足条件（一）至（十一）外，还应当符合以下条件：

（十四）申请主体应具备运营服务能力和相关资质。

**第二条** 测试与示范驾驶人应当符合以下条件：

（一）取得相应准驾车型驾驶证并且有3年以上驾驶经历，熟悉本市测试区域有关道路情况；

（二）最近连续3个记分周期内无记满12分记录；

（三）最近1年内无超速50%以上、超员、超载、违反交通信号灯通行等严重交通违法行为记录；

（四）无酒驾、毒驾记录；

（五）无致人死亡或者重伤的交通事故责任记录；

（六）未达到国家法定退休年龄，并与申请主体或者运营方签订劳动合同或者劳务合同；

（七）经申请主体或者培训单位培训，熟悉测试规程，掌握自动驾驶系统相关知识，具有50小时以上自动驾驶系统操作经验，具备紧急状态下应急处置能力，并提交相关证明材料；

（八）参与示范运营的驾驶人应具备相应的道路运输行业从业资质；

（九）法律、行政法规、规章规定的其他条件。

**第三条** 测试与示范车辆应当符合以下条件：

（一）未办理过机动车注册登记；

（二）满足对应车辆类型除耐久性以外的强制性检验项目要求，或者经相关第三方检测机构检验合格的开发阶段样车。对因实现自动驾驶功能而无法满足强制性检验要求的个别项目，需提供其未降低车辆安全性能的证明；

（三）具备“人工操作（包括远程控制）”和“自动驾驶”两种模式，能以安全、快速、简单的方式实现模式转换并有相应的提醒，确保在任何情况下都能切换到人工操作模式；

（四）具备车辆状态记录、存储及在线监控功能，能实时向官方数据监管平台回传下列第1至7项信息，传输频率不低于1Hz，并自动记录和存储下列各项信息在车辆事故或者失效状况发生前至少90秒的数据，数据存储时间不少于1年：

1．车辆标识信息（唯一性信息）；

2．车辆控制模式（自动驾驶状态／人工驾驶状态）；

3．车辆位置和行驶里程；

4．车辆速度、加速度、行驶方向等运动状态；

5．车内安全员情况（如有）；

6．车辆接收远程控制指令情况（如有）；

7．软件版本信息；

8．车辆灯光、信号实时状态；

9．车辆外部360度视频监控情况；

10．人机交互情况；

11．车辆和自动驾驶系统故障信息（如有）；

12．其他信息；

（五）具有健全的网络安全、数据安全防护措施以及软件升级等能力，当测试车辆网络异常或者受到网络攻击导致

功能失效时，仍然能够转为最小风险运行模式；

（六）具有显著的标志图案；

（七）法律、行政法规、规章规定的其他条件。

完全自动驾驶车辆除满足条件（一）至（七）外，还应符合以下条件：

（八）具有系统冗余，确保在系统发生故障或者运行状态超出设计运行范围时，测试车辆应能够立即转为最小风险运行模式并通知操作员进行人工接管或者进行远程协助；

（九）能清晰分辨控制命令来源。

示范运营车辆除满足条件（一）至（七）外，还应当符合以下条件：

（十）车辆需符合运营车辆的技术条件，并建立完备的运营系统，具备相应的运营服务设施，接入市交通委的相关平台。

# 附件 2：智能网联汽车自动驾驶功能和数据网络安全测试项目

| 序 | 测试项目 |
|---|---|
| 1 | 交通信号识别及响应（包括交通信号灯、交通标志、交通标线等） |
| 2 | 道路交通基础设施与障碍物识别及响应 |
| 3 | 行人与非机动车识别及响应（包括横穿道路和沿道路行驶） |
| 4 | 周边车辆行驶状态识别及响应（包括影响本车行驶的周边车辆加减速、切入、切出及静止等状态） |
| 5 | 车辆定位 |
| 6 | 自动紧急避险（包括自动驾驶系统开启及关闭状态） |
| 7 | 动态驾驶任务干预及接管 |
| 8 | 风险减缓策略 |
| 9 | 网联协作式驾驶能力测试 |
| 10 | 地下及内部道路测试（包括地下视野遮挡区域动态响应、自动泊车与自动驶出、全流程自主代客泊车等场景） |
| 11 | 车辆信息传输安全测试（车辆信息传输安全测试、车辆安全漏洞测试、误操作测试、车辆外部连接安全测试、关键数据安全测试等） |
| 12 | 软件升级测试（升级前条件符合性、升级包安全下载和安全校验、升级前校验、升级过程信息提示、升级结果提示等） |

# 2022·上海工业年鉴

SHANGHAI
INDUSTRIAL
YEARBOOK

# 历年工业总产值及指数（1978—2021）

（单位：亿元）

| 年份 | 工业总产值（亿元） | 工业总产值指数（以1978年为100） | 工业总产值指数（以上年为100） |
|---|---|---|---|
| 1978 | 514.01 | 100.0 | |
| 1979 | 556.30 | 108.6 | 108.6 |
| 1980 | 598.75 | 115.7 | 106.5 |
| 1981 | 620.12 | 120.0 | 103.7 |
| 1982 | 634.65 | 125.6 | 104.7 |
| 1983 | 663.53 | 134.4 | 107.0 |
| 1984 | 728.12 | 147.7 | 109.9 |
| 1985 | 862.73 | 167.7 | 113.5 |
| 1986 | 952.21 | 177.0 | 105.5 |
| 1987 | 1073.84 | 188.9 | 106.7 |
| 1988 | 1304.66 | 208.8 | 110.5 |
| 1989 | 1524.67 | 215.0 | 103.0 |
| 1990 | 1642.75 | 223.6 | 104.0 |
| 1991 | 1947.18 | 255.2 | 114.1 |
| 1992 | 2429.96 | 306.7 | 120.2 |
| 1993 | 3327.04 | 368.2 | 120.1 |
| 1994 | 4255.19 | 435.3 | 118.2 |
| 1995 | 5349.53 | 510.9 | 117.4 |
| （1995） | （4547.47） | | |
| 1996 | 5126.22 | 590.1 | 115.5 |
| 1997 | 5649.93 | 675.7 | 114.5 |
| 1998 | 5763.67 | 728.5 | 107.8 |
| 1999 | 6213.24 | 805.1 | 110.5 |
| 2000 | 7022.98 | 913.7 | 113.5 |
| 2001 | 7806.18 | 1063.8 | 116.4 |
| 2002 | 8730.00 | 1219.1 | 114.6 |
| 2003 | 11708.49 | 1601.9 | 131.4 |
| 2004 | 14595.29 | 1927.1 | 120.3 |
| 2005 | 16876.78 | 2195.0 | 113.9 |
| 2006 | 19631.23 | 2500.1 | 113.9 |
| 2007 | 23108.63 | 2892.6 | 115.7 |
| 2008 | 25968.38 | 3126.9 | 108.1 |
| 2009 | 24888.08 | 3227.0 | 103.2 |
| 2010 | 31038.57 | 3966.0 | 122.9 |
| 2011 | 33834.44 | 4227.8 | 106.6 |
| 2012 | 33186.41 | 4215.1 | 99.7 |
| 2013 | 33899.38 | 4396.3 | 104.3 |
| 2014 | 34071.19 | 4466.7 | 101.6 |
| 2015 | 33211.57 | 4444.3 | 99.5 |
| 2016 | 33079.72 | 4475.4 | 100.7 |
| 2017 | 36094.36 | 4766.3 | 106.5 |
| 2018 | 36451.84 | 4828.3 | 101.3 |
| 2019 | 35487.05 | 4813.8 | 99.7 |
| 2020 | 37052.59 | 4890.8 | 101.6 |
| 2021 | 42013.99 | 5389.7 | 110.2 |

注：从1996年开始，工业总产值按新规定计算，括号内数为1995年新规定数。以下同。
资料来源：上海市统计局。

# 2021 年规模以上工业企业主要指标（一）

（单位：万元）

| 类别 | 平均用工人数（人） | 工业总产值 | 营业收入 | 营业成本 | 销售费用 |
|---|---|---|---|---|---|
| **总计** | **1832353** | **399750085** | **454023301** | **371045578** | **14805301** |
| **按登记注册类型分** | | | | | |
| 内资 | 951328 | 178697687 | 213358654 | 173970210 | 6328211 |
| 国有 | 10698 | 1749425 | 1868635 | 1510448 | 30181 |
| 集体 | 3183 | 217874 | 257565 | 215840 | 8650 |
| 股份合作 | 1503 | 337762 | 344402 | 317022 | 3483 |
| 国有与集体联营 | 415 | 12237 | 17299 | 22875 | 63 |
| 国有独资公司 | 66594 | 18721838 | 21747445 | 20252208 | 247396 |
| 其他有限责任公司 | 253584 | 65297540 | 73868414 | 56324431 | 1373885 |
| 股份有限公司 | 98683 | 26787964 | 41902297 | 36545631 | 1632713 |
| 私营独资 | 6329 | 664856 | 696512 | 572477 | 17694 |
| 私营合伙 | 2075 | 187584 | 179926 | 137924 | 7593 |
| 私营有限责任公司 | 437925 | 52890788 | 57668482 | 46382073 | 2272316 |
| 私营股份有限公司 | 70087 | 11804538 | 14776782 | 11660717 | 732514 |
| 其他内资 | 252 | 25282 | 30895 | 28563 | 1723 |
| 港澳台商投资 | 257470 | 65851926 | 67671725 | 58180926 | 1979941 |
| 与港澳台商合资经营 | 62342 | 16302779 | 17801329 | 14114035 | 418439 |
| 与港澳台商合作经营 | 3846 | 346248 | 370019 | 280227 | 34423 |
| 港澳台商独资 | 177387 | 45773605 | 45827546 | 40962137 | 1306268 |
| 港澳台商投资股份有限公司 | 12972 | 3363723 | 3608423 | 2783470 | 218111 |
| 其他港澳台商投资 | 923 | 65571 | 64409 | 41056 | 2701 |
| 外商投资 | 623555 | 155200473 | 172992922 | 138894442 | 6497148 |
| 中外合资经营 | 172417 | 69657467 | 75888330 | 60497002 | 1700089 |
| 中外合作经营 | 20339 | 2816341 | 3149201 | 2484735 | 262187 |
| 外商独资企业 | 403983 | 78447925 | 89068967 | 71796920 | 4410678 |
| 外商投资股份有限公司 | 20336 | 3744816 | 4294096 | 3664961 | 84282 |
| 其他外商投资 | 6480 | 533924 | 592328 | 450825 | 39912 |
| **按控股情况分** | | | | | |
| 国有控股 | 361010 | 141519134 | 169991938 | 139153200 | 2604949 |
| 集体控股 | 19511 | 2935507 | 2971015 | 2457828 | 91929 |
| 私人控股 | 684381 | 89523895 | 101034947 | 80692208 | 4329580 |
| 港澳台控股 | 221351 | 54041168 | 55137191 | 48252416 | 1720576 |
| 外商控股 | 543132 | 110961949 | 124067814 | 99879403 | 6031240 |
| 其他控股 | 2968 | 768432 | 820397 | 610523 | 27026 |
| **按企业规模分** | | | | | |
| 大型企业 | 624392 | 190505847 | 218687200 | 179315629 | 5231141 |
| 中型企业 | 470575 | 89039881 | 101385412 | 81916452 | 4679206 |
| 小型企业 | 737386 | 120204357 | 133950689 | 109813497 | 4894954 |

资料来源：上海市统计局。

# 2021 年规模以上工业企业主要指标（二）

（单位：万元）

| 类　别 | 营业税金及附加 | 利润总额 | 税金总额 | 亏损企业亏损额 | 流动资产合计 |
|---|---|---|---|---|---|
| **总计** | **11019408** | **31646323** | **18923176** | **3979274** | **316837627** |
| **按登记注册类型分** | | | | | |
| 内资 | 7891788 | 15216534 | 12309729 | 2572362 | 179960049 |
| 国有 | 5617 | 256702 | 70533 | 15306 | 2131641 |
| 集体 | 1015 | 9704 | 6683 | 6014 | 292456 |
| 股份合作 | 919 | 6900 | 9354 | 644 | 128313 |
| 国有与集体联营 | 73 | −5598 | 363 | 9652 | 10646 |
| 国有独资公司 | 71446 | 249353 | 531412 | 349046 | 15787585 |
| 其他有限责任公司 | 7316880 | 5241256 | 9367344 | 1264729 | 63269973 |
| 股份有限公司 | 264103 | 4377241 | 618658 | 277555 | 36894025 |
| 私营独资 | 2584 | 45768 | 28600 | 2260 | 532506 |
| 私营合伙 | 662 | 16780 | 5505 | 1332 | 128164 |
| 私营有限责任公司 | 184307 | 3754378 | 1364590 | 586975 | 45995684 |
| 私营股份有限公司 | 44168 | 1264589 | 306549 | 58066 | 14782147 |
| 其他内资 | 15 | −538 | 138 | 783 | 6909 |
| 港澳台商投资 | 1442596 | 3628175 | 2069080 | 707661 | 33736911 |
| 与港澳台商合资经营 | 1357622 | 1179473 | 1686135 | 159640 | 9579142 |
| 与港澳台商合作经营 | 1291 | 25675 | 10181 | 1218 | 273514 |
| 港澳台商独资 | 74445 | 1934243 | 300522 | 479426 | 20293884 |
| 港澳台商投资股份有限公司 | 9032 | 472691 | 71086 | 67227 | 3533997 |
| 其他港澳台商投资 | 207 | 16094 | 1157 | 150 | 56374 |
| 外商投资 | 1685024 | 12801614 | 4544366 | 699251 | 103140668 |
| 中外合资经营 | 1426864 | 5344581 | 3086964 | 224338 | 41401710 |
| 中外合作经营 | 10525 | 225855 | 68129 | 11219 | 2250521 |
| 外商独资企业 | 230327 | 6906947 | 1351359 | 452204 | 53266964 |
| 外商投资股份有限公司 | 15477 | 247530 | 22038 | 8045 | 5813141 |
| 其他外商投资 | 1831 | 76702 | 15877 | 3445 | 408332 |
| **按控股情况分** | | | | | |
| 国有控股 | 10252054 | 10785404 | 14189672 | 1796386 | 117187654 |
| 集体控股 | 7559 | 189168 | 36675 | 20857 | 3878161 |
| 私人控股 | 311179 | 7351572 | 2211762 | 964691 | 85307250 |
| 港澳台控股 | 100658 | 3116186 | 470728 | 585101 | 27797860 |
| 外商控股 | 345277 | 10081100 | 1983468 | 601245 | 82167552 |
| 其他控股 | 2682 | 122893 | 30870 | 10995 | 499150 |
| **按企业规模分** | | | | | |
| 大型企业 | 10278248 | 14376611 | 14137417 | 1408224 | 138864557 |
| 中型企业 | 318700 | 8126700 | 1905129 | 1013034 | 75775525 |
| 小型企业 | 422461 | 9143012 | 2880629 | 1558016 | 102197545 |

资料来源：上海市统计局。

# 2021年规模以上工业企业主要指标（三）

（单位：万元）

| 类　别 | 存货 | 其中：产成品存货 | 资产总计 | 流动负债合计 | 负债合计 |
|---|---|---|---|---|---|
| **总计** | **64669375** | **20797302** | **536424115** | **218506418** | **261920929** |
| **按登记注册类型分** | | | | | |
| 内资 | 34578875 | 10991589 | 324272404 | 118005403 | 148853167 |
| 国有 | 476254 | 53244 | 2947216 | 1629986 | 1880904 |
| 集体 | 76372 | 22915 | 387917 | 159572 | 184773 |
| 股份合作 | 46371 | 20515 | 148878 | 40708 | 43320 |
| 国有与集体联营 | 7498 | 1264 | 14517 | 3089 | 3111 |
| 国有独资公司 | 3618563 | 384456 | 48835503 | 17643607 | 23932307 |
| 其他有限责任公司 | 13457686 | 3936392 | 98026974 | 38324104 | 48640985 |
| 股份有限公司 | 4223941 | 1226480 | 88668614 | 23289793 | 32446596 |
| 私营独资 | 90602 | 43041 | 647813 | 357312 | 377063 |
| 私营合伙 | 42078 | 25752 | 162636 | 74915 | 80029 |
| 私营有限责任公司 | 9799584 | 4264504 | 62144248 | 29023625 | 32856845 |
| 私营股份有限公司 | 2739189 | 1012288 | 22280861 | 7454566 | 8403112 |
| 其他内资 | 739 | 739 | 7227 | 4124 | 4124 |
| 港澳台商投资 | 7036508 | 2336139 | 54890408 | 24896502 | 27774027 |
| 与港澳台商合资经营 | 2081030 | 602909 | 18481563 | 6415720 | 7523033 |
| 与港澳台商合作经营 | 56484 | 16469 | 361471 | 167519 | 189583 |
| 港澳台商独资 | 4315035 | 1535839 | 29852652 | 16584705 | 17865466 |
| 港澳台商投资股份有限公司 | 576223 | 177572 | 6025536 | 1708943 | 2171494 |
| 其他港澳台商投资 | 7737 | 3351 | 169187 | 19615 | 24450 |
| 外商投资 | 23053991 | 7469574 | 157261304 | 75604513 | 85293735 |
| 中外合资经营 | 8194893 | 3514292 | 68401011 | 35929324 | 39183810 |
| 中外合作经营 | 392541 | 136298 | 2760354 | 1077909 | 1146950 |
| 外商独资企业 | 11859349 | 3657429 | 73690402 | 34120868 | 37547811 |
| 外商投资股份有限公司 | 2531043 | 130228 | 11901719 | 4243862 | 7177272 |
| 其他外商投资 | 76165 | 31326 | 507817 | 232550 | 237893 |
| **按控股情况分** | | | | | |
| 国有控股 | 21805027 | 5750580 | 246104044 | 93475348 | 119573826 |
| 集体控股 | 832757 | 438803 | 5170774 | 1362133 | 1525106 |
| 私人控股 | 17091363 | 7000378 | 121913822 | 51933968 | 58963542 |
| 港澳台控股 | 5769322 | 2028905 | 44152612 | 20855300 | 22854555 |
| 外商控股 | 19040371 | 5528972 | 118184085 | 50591376 | 58633982 |
| 其他控股 | 130535 | 49665 | 898779 | 288293 | 369917 |
| **按企业规模分** | | | | | |
| 大型企业 | 27417295 | 7165603 | 269438149 | 106567607 | 131765874 |
| 中型企业 | 15859242 | 5439514 | 121430372 | 50282500 | 58744302 |
| 小型企业 | 21392838 | 8192186 | 145555594 | 61656311 | 71410753 |

资料来源：上海市统计局。

# 2021 年规模以上工业企业主要指标（四）

（单位：万元）

| 类　别 | 所有者权益 | 成本费用总额 | 管理费用 | 财务费用 |
|---|---|---|---|---|
| **总计** | **274501557** | **419908413** | **21504448** | **333374** |
| **按登记注册类型分** | | | | |
| 内资 | 175419153 | 196953201 | 9228036 | 525758 |
| 国有 | 1066311 | 1788013 | 155813 | −5226 |
| 集体 | 203144 | 251505 | 25427 | −939 |
| 股份合作 | 105559 | 340451 | 14171 | 3094 |
| 国有与集体联营 | 11406 | 22872 | −56 | −10 |
| 国有独资公司 | 24903195 | 21837828 | 685888 | 68873 |
| 其他有限责任公司 | 49385980 | 62482516 | 3024174 | −190465 |
| 股份有限公司 | 56222017 | 41231718 | 961638 | 221986 |
| 私营独资 | 270749 | 649034 | 47247 | 3070 |
| 私营合伙 | 82607 | 162930 | 12934 | 1061 |
| 私营有限责任公司 | 29287335 | 54404189 | 3598336 | 355606 |
| 私营股份有限公司 | 13877746 | 13750839 | 701686 | 68701 |
| 其他内资 | 3103 | 31308 | 779 | 8 |
| 港澳台商投资 | 27116376 | 63189254 | 1833277 | −66832 |
| 与港澳台商合资经营 | 10958529 | 15451313 | 601363 | 16588 |
| 与港澳台商合作经营 | 171887 | 345991 | 24980 | 1397 |
| 港澳台商独资 | 11987183 | 43934947 | 1042691 | −101330 |
| 港澳台商投资股份有限公司 | 3854041 | 3401635 | 157208 | 16901 |
| 其他港澳台商投资 | 144736 | 55368 | 7034 | −389 |
| 外商投资 | 71966028 | 159765959 | 10443136 | −125552 |
| 中外合资经营 | 29217199 | 69777599 | 5295827 | −120826 |
| 中外合作经营 | 1613404 | 2918216 | 144791 | 446 |
| 外商独资企业 | 36141054 | 82357393 | 4784393 | −69770 |
| 外商投资股份有限公司 | 4724447 | 4171749 | 180053 | 65799 |
| 其他外商投资 | 269924 | 541002 | 38073 | −1202 |
| **按控股情况分** | | | | |
| 国有控股 | 126530213 | 154662803 | 7956899 | −165766 |
| 集体控股 | 3645667 | 2817732 | 160420 | −2025 |
| 私人控股 | 62950199 | 94780299 | 5531139 | 574482 |
| 港澳台控股 | 21298053 | 52443059 | 1476274 | −69050 |
| 外商控股 | 59548564 | 114500397 | 6338685 | −8951 |
| 其他控股 | 528861 | 704124 | 41031 | 4683 |
| **按企业规模分** | | | | |
| 大型企业 | 137672274 | 199574625 | 9303217 | −604374 |
| 中型企业 | 62686065 | 94308778 | 4591680 | 381285 |
| 小型企业 | 74143218 | 126025010 | 7609551 | 556463 |

资料来源：上海市统计局。

# 2021 年国有控股工业企业主要指标

（单位：万元）

| 指　标 | 国有控股企业 | 其　中 | |
|---|---|---|---|
| | | # 大型企业 | # 中型企业 |
| 工业总产值 | 141519134 | 103232072 | 18716955 |
| 平均用工人数（人） | 361010 | 229235 | 72506 |
| 年末资产总计 | 246104044 | 184254002 | 34927784 |
| 流动资产合计 | 117187654 | 83176192 | 18624930 |
| # 存货 | 21805027 | 15202788 | 3848019 |
| # 产成品存货 | 5750580 | 3692298 | 1113610 |
| 年末负债合计 | 119573826 | 86176002 | 19595451 |
| 年末所有者权益 | 126530213 | 98078000 | 15332332 |
| 营业收入 | 169991938 | 125007004 | 22980155 |
| 营业成本 | 139153200 | 99030262 | 20418839 |
| 销售费用 | 2604949 | 1792804 | 493552 |
| 税金及附加 | 10252054 | 10096541 | 78300 |
| 管理费用 | 7956899 | 6485802 | 732563 |
| 财务费用 | −165766 | −471898 | 201500 |
| 营业利润 | 10750178 | 8751017 | 1021157 |
| 利润总额 | 10785404 | 8676662 | 1033469 |
| 税金总额 | 14189672 | 13262698 | 446733 |
| 亏损企业亏损额 | 1796386 | 934815 | 487503 |
| 本年应交增值税 | 3937618 | 3166157 | 368432 |

资料来源：上海市统计局。

# 2021 年工业企业经济效益指数

| 类别 | 营业收入利润率（%） | 每百元营业收入中的成本（元） | 每百元营业收入中的费用（元） | 每百元资产实现的营业收入（元） | 人均营业收入（万元/人） | 资产负债率（%） | 产成品存货周转天数（天） | 应收账款平均回收期（天） |
|---|---|---|---|---|---|---|---|---|
| **总计** | **6.97** | **81.72** | **10.76** | **84.64** | **247.78** | **48.83** | **20.18** | **67.16** |
| 国有控股 | 6.34 | 81.86 | 9.12 | 69.07 | 470.88 | 48.59 | 14.88 | 45.15 |
| **按隶属关系分** | | | | | | | | |
| 中央 | 5.96 | 79.53 | 5.14 | 66.92 | 477.84 | 45.35 | 11.76 | 37.17 |
| 地方及其他 | 7.18 | 82.18 | 11.92 | 89.53 | 225.38 | 49.79 | 21.86 | 73.35 |
| **按企业规模分** | | | | | | | | |
| 大型 | 6.57 | 82.00 | 9.26 | 81.16 | 350.24 | 48.90 | 14.39 | 48.02 |
| 中型 | 8.02 | 80.80 | 12.22 | 83.49 | 215.45 | 48.38 | 23.91 | 79.50 |
| 小型 | 6.83 | 81.98 | 12.10 | 92.03 | 181.66 | 49.06 | 26.86 | 89.07 |

资料来源：上海市统计局。

# 上海市高技术产业（制造业）主要情况（2020—2021年）

（单位：万元）

| 类　别 | 平均用工人数（人） | 工业总产值 | 年末资产总计 | 营业收入 | 营业成本 | 利润总额 | 税金总额 |
|---|---|---|---|---|---|---|---|
| **2021年总计** | **448806** | **79962834** | **111011553** | **84113313** | **69589214** | **5464598** | **1168305** |
| **占全市比重（%）** | **24.5** | **20.0** | **20.7** | **18.5** | **18.8** | **17.3** | **6.2** |
| **按控股情况分** | | | | | | | |
| 国有控股 | 72293 | 9481755 | 28390485 | 9583398 | 7520359 | 322090 | 261909 |
| 集体控股 | 3898 | 441403 | 899667 | 472037 | 262372 | 61342 | 1714 |
| 私人控股 | 124190 | 16550553 | 28411474 | 18099764 | 12667878 | 2280265 | 468423 |
| 港澳台商控股 | 92673 | 23477017 | 19367944 | 24023164 | 21768754 | 946133 | 82210 |
| 外商控股 | 155207 | 29879556 | 33818392 | 31811226 | 27291505 | 1837866 | 349825 |
| 其他控股 | 545 | 132550 | 123592 | 123724 | 78347 | 16902 | 4224 |
| **按技术领域分** | | | | | | | |
| 医药制造业 | 62174 | 10973295 | 22030299 | 11191081 | 5931590 | 1903978 | 518498 |
| 航空、航天器及设备制造业 | 32566 | 3149848 | 6068717 | 3296560 | 2775200 | −46320 | 63799 |
| 电子及通信设备制造业 | 217014 | 38600199 | 63449798 | 40976451 | 35628633 | 2153986 | 290601 |
| 计算机及办公设备制造业 | 72440 | 19376998 | 7646742 | 19895100 | 19450485 | 175127 | 34174 |
| 医疗仪器设备及仪器仪表制造业 | 64549 | 7753184 | 11745641 | 8649260 | 5708307 | 1271889 | 260994 |
| 信息化学品制造业 | 63 | 109311 | 70355 | 104862 | 94999 | 5939 | 241 |
| **2020年总计** | **444377** | **77218781** | **97516804** | **78860841** | **66397363** | **4286602** | **766569** |
| **占全市比重（%）** | **24.2** | **21.9** | **19.7** | **20.0** | **20.8** | **14.9** | **4.3** |
| **按控股情况分** | | | | | | | |
| 国有控股 | 69636 | 8125201 | 23416565 | 8062440 | 6427795 | −98525 | 151087 |
| 集体控股 | 1143 | 109282 | 166053 | 99924 | 73691 | 11478 | 2788 |
| 私人控股 | 89153 | 11726166 | 19314702 | 12361369 | 8492664 | 1432450 | 305869 |
| 港澳台商控股 | 87593 | 22255866 | 17359935 | 22696570 | 20799929 | 1138090 | 58889 |
| 外商控股 | 182820 | 33174004 | 34347680 | 33755971 | 29266814 | 1669108 | 233652 |
| 其他控股 | 14032 | 1828262 | 2911869 | 1884568 | 1336470 | 134002 | 14283 |
| **按技术领域分** | | | | | | | |
| 医药制造业 | 60831 | 10279969 | 19575880 | 10143808 | 5119180 | 1713282 | 428064 |
| 航空、航天器及设备制造业 | 31419 | 2812081 | 5459292 | 2893288 | 2667922 | −276141 | 37784 |
| 电子及通信设备制造业 | 224914 | 38894150 | 55242580 | 39732375 | 35334902 | 1559066 | 82405 |
| 计算机及办公设备制造业 | 66180 | 18625015 | 7062733 | 18965530 | 18622146 | 213859 | 14200 |
| 医疗仪器设备及仪器仪表制造业 | 60972 | 6534717 | 10120544 | 7051688 | 4587067 | 1071199 | 203652 |
| 信息化学品制造业 | 61 | 72848 | 55775 | 74152 | 66146 | 5337 | 464 |

资料来源：上海市统计局。

# 2021 年各区工业企业主要指标

（单位：万元）

| 地 区 | 平均用工人数（万人） | 工业总产值 | 年末资产总计 | 营业收入 | 营业成本 | 利润总额 | 税金总额 |
|---|---|---|---|---|---|---|---|
| **总计** | **183.24** | **399750085** | **536424115** | **454023301** | **371045578** | **31646323** | **18923176** |
| # 浦东新区 | 45.65 | 125151490 | 183145273 | 136334616 | 117140116 | 8369852 | 3535461 |
| 黄浦区 | 0.32 | 459744 | 933317 | 774124 | 578418 | 171441 | 29045 |
| 徐汇区 | 2.30 | 7838932 | 9094357 | 11361572 | 9841290 | 596792 | 176098 |
| 长宁区 | 2.02 | 1539306 | 3078413 | 1595772 | 1122667 | 84799 | 52503 |
| 静安区 | 0.59 | 550475 | 1430155 | 620057 | 487047 | 46342 | 46829 |
| 普陀区 | 1.35 | 1608031 | 3134277 | 1999347 | 1596782 | 107426 | 55559 |
| 虹口区 | 0.23 | 583536 | 1787283 | 790078 | 701049 | 55658 | 8852 |
| 杨浦区 | 1.33 | 7411241 | 22516390 | 13786391 | 4456116 | 2339326 | 7577011 |
| 闵行区 | 18.24 | 37355511 | 48668739 | 42008707 | 32803360 | 3672163 | 954953 |
| 宝山区 | 8.83 | 26452561 | 41554567 | 35772279 | 31980490 | 2007346 | 315974 |
| 嘉定区 | 26.54 | 55101190 | 56824215 | 60334250 | 46857007 | 4180283 | 2184821 |
| 金山区 | 12.53 | 25044160 | 27750538 | 27542596 | 22697576 | 1335829 | 1888239 |
| 奉贤区 | 16.30 | 24274672 | 30460345 | 26160379 | 20436924 | 2349410 | 602803 |
| 松江区 | 27.30 | 46125461 | 41965796 | 49650482 | 42668105 | 2569591 | 653028 |
| 青浦区 | 13.38 | 17937144 | 24333163 | 20292495 | 16034791 | 1397069 | 465929 |
| 崇明区 | 4.43 | 4895812 | 11039174 | 5321370 | 4828788 | 1666 | 33311 |

资料来源：上海市统计局。

# 2021年都市型工业基本情况

（单位：万元）

| 类 别 | 平均用工人数（人） | 工业总产值 | 年末资产总计 | 营业收入 | 营业成本 | 利润总额 | 税金总额 |
|---|---|---|---|---|---|---|---|
| **总计** | **294341** | **40010238** | **43258192** | **47714287** | **37505608** | **3770077** | **1121859** |
| **按登记注册类型分** | | | | | | | |
| 内资 | 153829 | 22054639 | 24786074 | 27034936 | 22527300 | 1985691 | 544415 |
| 国有 | 3368 | 1086722 | 1352271 | 1197413 | 931268 | 240318 | 28776 |
| 集体 | 417 | 10091 | 66935 | 39958 | 24856 | 9312 | 1690 |
| 股份合作 | 129 | 5788 | 6898 | 5865 | 5328 | 105 | 312 |
| 国有与集体联营 | 61 | 3044 | 723 | 3197 | 2931 | 37 | 78 |
| 国有独资公司 | 6511 | 1210853 | 1005597 | 1291015 | 1100542 | 26224 | 28223 |
| 其他有限责任公司 | 27862 | 7231650 | 6101153 | 9673126 | 8713990 | 534908 | 121147 |
| 股份有限公司 | 13649 | 1418900 | 3167738 | 2407107 | 1790863 | 363916 | 57389 |
| 私营独资 | 969 | 103169 | 115864 | 105507 | 87096 | 3758 | 5874 |
| 私营合伙 | 380 | 14703 | 8664 | 13905 | 10991 | −775 | 159 |
| 私营有限责任公司 | 88144 | 9240842 | 8878237 | 10228199 | 8395987 | 556982 | 230382 |
| 私营股份有限公司 | 12112 | 1709591 | 4076611 | 2050010 | 1445280 | 251690 | 70385 |
| 其他内资 | 227 | 19285 | 5383 | 19634 | 18169 | −783 | |
| 港澳台商投资 | 54167 | 5087099 | 5976929 | 5625976 | 4190806 | 279736 | 142904 |
| 与港澳台商合资经营 | 14084 | 1022468 | 1378756 | 1191338 | 934356 | 46093 | 39328 |
| 与港澳台商合作经营 | 1006 | 75454 | 112316 | 77451 | 61669 | 5872 | 1585 |
| 港澳台商独资 | 36557 | 3627840 | 3548725 | 3901961 | 2834026 | 155357 | 88455 |
| 港澳台商投资股份有限公司 | 2182 | 333601 | 920593 | 428235 | 338050 | 71591 | 12758 |
| 其他港澳台商投资 | 338 | 27736 | 16540 | 26992 | 22705 | 823 | 777 |
| 外商投资 | 86345 | 12868501 | 12495189 | 15053375 | 10787502 | 1504649 | 434540 |
| 中外合资经营 | 12420 | 1652880 | 1507319 | 1737349 | 1385142 | 126495 | 29955 |
| 中外合作经营 | 9472 | 946078 | 937285 | 1053941 | 757133 | 78548 | 30221 |
| 外资企业 | 60694 | 9928246 | 9668817 | 11889756 | 8389852 | 1239428 | 362432 |
| 外商投资股份有限公司 | 1046 | 123088 | 133088 | 126939 | 88958 | 15386 | 3881 |
| 其他外商投资 | 2713 | 218209 | 248680 | 245391 | 166416 | 44792 | 8052 |
| **按企业规模分** | | | | | | | |
| 大型企业 | 64116 | 8203760 | 9783148 | 10103630 | 6835397 | 1150715 | 316649 |
| 中型企业 | 89592 | 14311513 | 13664566 | 17381224 | 13923596 | 1492348 | 397165 |
| 小型企业 | 140633 | 17494965 | 19810478 | 20229434 | 16746615 | 1127015 | 408044 |
| **按行业分** | | | | | | | |
| 服装服饰业 | 23943 | 2122511 | 2177626 | 2661250 | 2253144 | 119148 | 36021 |
| 食品加工制造业 | 89832 | 12297327 | 13406680 | 14970267 | 10965788 | 1254119 | 471024 |
| 包装、印刷业 | 32454 | 3156658 | 3745817 | 3445432 | 2854901 | 117590 | 95521 |
| 室内装饰用品制造业 | 51275 | 6710761 | 7345117 | 7464511 | 6062646 | 590038 | 160376 |
| 化妆品及清洁洗涤用品制造业 | 32729 | 5595481 | 7250951 | 6502329 | 4543030 | 668702 | 207162 |
| 工艺美术品、旅游用品制造业 | 33838 | 6348582 | 5001192 | 8546177 | 7509948 | 677957 | 104549 |
| 小型电子信息产品制造业 | 30270 | 3778920 | 4330809 | 4124320 | 3316152 | 342524 | 47204 |

（续表）

| 类　别 | 平均用工人数（人） | 工业总产值 | 年末资产总计 | 营业收入 | 营业成本 | 利润总额 | 税金总额 |
|---|---|---|---|---|---|---|---|
| **按地区分**： | | | | | | | |
| # 浦东新区 | 44699 | 6970338 | 8121283 | 8294938 | 6787392 | 699699 | 168839 |
| 黄浦区 | 2529 | 271801 | 379027 | 576547 | 436658 | 133953 | 16788 |
| 徐汇区 | 2757 | 4005909 | 1721869 | 5744326 | 5457756 | 257402 | 44304 |
| 长宁区 | 3348 | 94278 | 162526 | 117723 | 131203 | −40409 | 4636 |
| 静安区 | 1302 | 68331 | 105563 | 82633 | 59036 | 4168 | 5131 |
| 普陀区 | 5844 | 535300 | 1052727 | 650411 | 515132 | 9434 | 21199 |
| 虹口区 | 463 | 15389 | 14271 | 19080 | 11499 | 2155 | 1402 |
| 杨浦区 | 1440 | 179372 | 179496 | 220607 | 188299 | 11013 | 7656 |
| 闵行区 | 33527 | 5392632 | 5740156 | 6767679 | 4789331 | 688137 | 229308 |
| 宝山区 | 9676 | 913124 | 1197663 | 1057818 | 796958 | 51242 | 25019 |
| 嘉定区 | 43403 | 5508698 | 5878897 | 6410130 | 5146889 | 368613 | 131159 |
| 金山区 | 23489 | 3625681 | 3975013 | 3808942 | 3122551 | 297207 | 75171 |
| 奉贤区 | 41139 | 4064381 | 4768072 | 4692327 | 3213224 | 645672 | 154692 |
| 松江区 | 49828 | 5339669 | 6054989 | 6007026 | 4406066 | 427797 | 146252 |
| 青浦区 | 28960 | 2776958 | 3671622 | 3000378 | 2227043 | 191444 | 87239 |
| 崇明区 | 1753 | 153384 | 138425 | 155079 | 138851 | 1598 | 1519 |

资料来源：上海市统计局。

# 2021年主要工业产品生产、销售和库存

| 产品名称 | 年初库存 | 生产量 | 销售量 | 年末库存 |
|---|---|---|---|---|
| 饲料（吨） | 13161 | 1111614 | 1108247 | 7779 |
| #配合饲料（吨） | 3099 | 707593 | 702548 | 5593 |
| 混合饲料（吨） | 180 | 43106 | 40774 | 285 |
| 精制食用植物油（吨） | 84183 | 559528 | 609414 | 34296 |
| 乳制品（吨） | 1283 | 544253 | 543013 | 2521 |
| 罐头（吨） | 8064 | 33132 | 37705 | 3491 |
| 啤酒（千升） | 7449 | 278913 | 280753 | 5466 |
| 黄酒（千升） | 6565 | 41419 | 47864 | 120 |
| 饮料（吨） | 339780 | 3024863 | 2930940 | 434963 |
| 卷烟（万支） | 631268 | 8752175 | 8823409 | 556604 |
| 纱（吨） | 1232 | 13010 | 12881 | 1361 |
| 布（万米） | 651 | 6458 | 6501 | 608 |
| #棉布（万米） | 30 | 1321 | 1321 | 30 |
| 棉混纺布（混纺交织布）（万米） | 44 | 672 | 692 | 24 |
| 化学纤维布（纯化纤布）（万米） | 577 | 4465 | 4489 | 554 |
| 服装（万件） | 3518 | 29048 | 29182 | 3271 |
| 皮革鞋靴（万双） | 100 | 321 | 324 | 97 |
| 机制纸及纸板（吨） | 49278 | 405875 | 350475 | 55149 |
| 硫酸（折100%）（吨） | 1326 | 58862 | 59125 | 1062 |
| 烧碱（折100%）（吨） | 5018 | 763731 | 712535 | 6417 |
| 乙烯（吨） | 14924 | 1948666 | 417915 | 26988 |
| 纯苯（吨） | 14100 | 817518 | 483392 | 13470 |
| 冰乙酸（冰醋酸）（吨） | 13951 | 719793 | 721849 | 10869 |
| 农用氮、磷、钾化学肥料总计（折纯）（吨） | 134 | 10908 | 10858 | 184 |
| #氮肥（折含N100%）（吨） | 99 | 9836 | 9822 | 112 |
| 化学农药原药（折有效成分100%）（吨） | 1762 | 13691 | 13876 | 1577 |
| 涂料（吨） | 150852 | 2681284 | 2676843 | 144864 |
| 初级形态塑料（吨） | 106977 | 3458089 | 3451907 | 97193 |
| 合成橡胶（吨） | 31114 | 286414 | 252173 | 39937 |
| 合成纤维单体（吨） | 46260 | 1540736 | 1392509 | 26932 |
| 合成纤维聚合物（吨） | 67388 | 1126818 | 1047588 | 107355 |
| 合成洗涤剂（吨） | 27727 | 613588 | 607870 | 32259 |
| 化学药品原药（吨） | 2465 | 50031 | 46569 | 3712 |
| 中成药（吨） | 1572 | 5723 | 5977 | 1308 |
| 化学纤维（吨） | 21869 | 324739 | 310362 | 36209 |
| #合成纤维（吨） | 21807 | 324226 | 309859 | 36145 |
| 橡胶轮胎外胎（条） | 302882 | 7297520 | 7018218 | 582184 |
| 塑料制品（吨） | 258295 | 2150552 | 2071105 | 306455 |
| #农用薄膜（吨） | 1285 | 28460 | 27298 | 2150 |
| 水泥（吨） | 41168 | 4349705 | 4276406 | 16197 |

（续表）

| 产品名称 | 年初库存 | 生产量 | 销售量 | 年末库存 |
| --- | --- | --- | --- | --- |
| 生铁（吨） |  | 13909729 | 9258 |  |
| 粗钢（吨） | 2644 | 15770642 | 257992 | 3786 |
| 钢材（吨） | 432521 | 19414321 | 19450533 | 373144 |
| #中板（吨） | 14460 | 674943 | 681067 | 8336 |
| 冷轧薄板（吨） | 9902 | 204776 | 207152 | 7526 |
| 中厚宽钢带（吨） | 51066 | 3194662 | 3220898 | 24830 |
| 热轧薄宽钢带（吨） | 12966 | 989063 | 988484 | 13545 |
| 冷轧薄宽钢带（吨） | 56756 | 3478880 | 3468755 | 66413 |
| 镀层板（带）（吨） | 80412 | 4337665 | 4322115 | 95961 |
| 涂层板（吨） | 5244 | 649082 | 646286 | 8040 |
| 电工钢板（带）（吨） | 50540 | 1184130 | 1193730 | 40940 |
| 无缝钢管（吨） | 18990 | 663557 | 663909 | 18638 |
| 铜材（铜加工材）（吨） | 10594 | 418838 | 416566 | 8394 |
| 铝材（吨） | 55899 | 500120 | 508290 | 46908 |
| 日用不锈钢制品（吨） | 4959 | 44364 | 41750 | 7531 |
| 电站锅炉（蒸发量吨） | 7767 | 16197 | 12939 | 11024 |
| 发动机（千瓦） | 11799924 | 278843403 | 193828109 | 7889884 |
| 金属切削机床（台） | 796 | 4564 | 4640 | 719 |
| #数控金属切削机床（台） | 177 | 1433 | 1463 | 146 |
| 汽车（辆） | 10962 | 2833207 | 2826386 | 17355 |
| #基本型乘用车（轿车）（辆） | 8794 | 1451578 | 1455696 | 4580 |
| 客车（辆） | 1380 | 86226 | 83834 | 3772 |
| #新能源汽车（辆） | 8939 | 631912 | 631932 | 8766 |
| 民用钢质船舶（载重吨） |  | 5539700 | 5539700 |  |
| 发电机组（发电设备）（千瓦） | 4778520 | 15374720 | 15024850 | 5128390 |
| 两轮脚踏自行车（辆） | 8000 | 1133913 | 1133913 | 8000 |
| 交流电动机（千瓦） | 2620455 | 30800454 | 30544035 | 2854804 |
| 电力电缆（千米） | 482280 | 2855405 | 3081645 | 245632 |
| 光缆（芯千米） | 478495 | 6062044 | 5696676 | 843863 |
| 家用电冰箱（台） | 92 |  |  | 92 |
| 房间空气调节器（台） | 147834 | 2610421 | 2608922 | 152209 |
| 家用吸排油烟机（台） | 32735 | 86759 | 104772 | 14722 |
| 电饭锅（个） |  | 45206 | 45206 |  |
| 微波炉（台） | 63816 | 2535445 | 2549046 | 48939 |
| 家用洗衣机（台） | 34203 | 1298838 | 1300306 | 32735 |
| 家用吸尘器（台） | 36468 | 1123430 | 1083343 | 56949 |
| 家用燃气热水器（台） | 41656 | 2071721 | 2038862 | 70521 |
| 微型计算机设备（台） | 5691472 | 30932715 | 31499836 | 5124351 |
| 移动通信手持机（手机）（台） | 1764671 | 28922425 | 30060388 | 571157 |
| #智能手机（台） | 1764671 | 28922425 | 30060388 | 571157 |

（续表）

| 产品名称 | 年初库存 | 生产量 | 销售量 | 年末库存 |
| --- | --- | --- | --- | --- |
| 彩色电视机（台） | 36100 | 1535049 | 1544853 | 26296 |
| #液晶电视机（台） | 36100 | 1535049 | 1544853 | 26296 |
| #智能电视（台） | 20700 | 1535049 | 1544851 | 10898 |
| 集成电路（万块） | 89497 | 3649451 | 3602889 | 134294 |
| 集成电路圆片（万片） | 55 | 1117 | 1097 | 74 |
| 表（万只） |  | 303224 | 303224 |  |
| 光学仪器（台） | 9427 | 1282327 | 1282736 | 9018 |
| 天然原油（吨） | 27235 | 509385 | 515172 | 22199 |
| 汽油（吨） | 70932 | 5415977 | 5446534 | 40375 |
| 煤油（吨） | 31413 | 2136752 | 2136350 | 31814 |
| 柴油（吨） | 61179 | 5525797 | 5517534 | 67625 |
| 润滑油（吨） | 17976 | 506174 | 518799 | 23567 |
| 燃料油（吨） | 2217 | 1315946 | 1311033 | 7131 |
| 焦炭（吨） |  | 5408619 | 957000 |  |
| 发电量（万千瓦小时） |  | 9567799 | 8089809 |  |

资料来源：上海市统计局。

# 上海东欣软件工程有限公司

上海东欣软件工程有限公司是中国船舶工业集团下属沪东中华造船(集团)有限公司的全资控股企业，是上海市高新技术企业。公司成立于2002年3月，注册于中国(上海)自由贸易试验区浦东软件园。公司专业从事造船企业及相关行业的软件产品和软件项目的咨询、开发应用、实施服务以及系统集成业务，为造船企业提供综合性、全方位信息化解决方案，也是国内唯一能为船舶行业完整提供自主产权的CAD、PDM、ERP、MES产品的软件公司。

东欣软件以构建数字化造船信息集成平台，实现船舶设计、制造、管理一体化，推动企业数字化造船发展，帮助企业成功为己任，为国内超过220余家企业、设计院所、院校成功提供了信息化服务。东欣软件连续多年被上海市评为上海市明星软件企业，其产品也多次被评为“上海市企业信息化十佳优秀解决方案”。2009年被上海市认定为上海市高新技术企业。

上海东欣软件工程有限公司多年来一直专注于数字化造船领域，是国内规模最大的造船企业信息化全面解决方案提供商之一，在国内造船企业有很高的信誉度。

上海东欣软件工程有限公司位于上海浦东新区金桥，现有员工130余人。团队拥有强大、丰富的项目研发和实施经验，为大型复杂软件的研发创造了良好的环境条件。公司遵循科学的研发和实施规范，通过项目管理体系、项目实施组织、质量保障技术等手段，并不断持续改进，有效保证项目的质量。

东欣软件将努力：

用创新、前沿的技术打造最优秀的数字化造船信息集成平台。

用务实、真诚的服务成为最优秀的造船软件实施服务商。

## 行业自主软件领航者 independent software industry leader

公司拥有具有自主知识产权的造船设计软件（SPD）、造船产品数据管理软件SPDM和造船ERP（造船生产计划、造船物流管理、工时管理、船舶成本管理、船舶质量管理和车间制造执行手续）软件，拥有软件著作权和软件产品证书近20项。

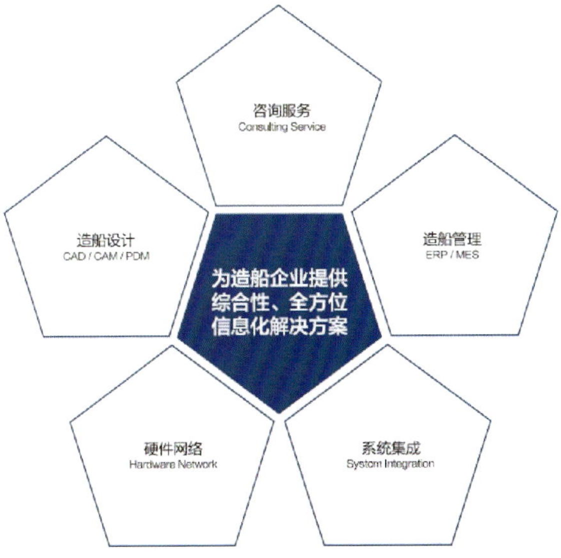


## 公司大事记 + 荣誉资质 Company memorabilia + honorary qualification

**2002年3月**
公司成立

**2002年12月**
公司ERP产品—SMS V1.0发布

**2008年**
改制成为沪东中华全资子公司，同年发布SPD V3.0，用户数突破100家

**2009年10月**
“造船设计软件SPD”获第三届上海市企业信息化十佳优秀解决方案“自主产权SPD系统的应用实施”获第三届上海市企业信息化十佳成功案例

**2011年**
一直荣获上海市明星软件企业（创新型），2011年8月发布SMS V3.0

**2012年12月**
通过ISO9001:2008质量管理体系的认证审核取得认证证书

**2014年12月**
“基于国内自主软件技术的造船能力提升应用研究”获中船集团科技进步奖二等奖

**2016年12月**
通过ISO9001:2015质量管理体系的认证审核，取得认证证书

**2021年9月**
HDSPD V6.0发布

**2002年8月**
公司第一款软件产品SPD V1.0正式发布

**2005年8月**
SPD V2.0发布

**2009年10月**
获上海市高新技术企业称号

**2009年**
中船集团公司指定SPD作为自主版权船舶设计软件在中船集团旗下单位试点应用

**2012年8月**
SPD V4.0发布

**2014年**
东欣船舶产品设计软件SPD V3.0”产品获评“2014年度上海市优秀软件产品”

**2016年11月**
“船舶三维设计平台（SPD系统）的深化开发与应用”分获上海市、中船集团科技进步奖三等奖

**2017年8月**
SPD V5.0发布

# 上海华诚金锐信息技术有限公司

上海华诚金锐信息技术有限公司是中国电子科技集团公司在申威自主可控战略布局中重点打造的唯一一家整机产业化平台，定位于面向政务、国防、金融、能源等关键行业，提供高性能申威服务器产品及相关服务。公司目前已基于申威平台形成通用机架式服务器系列产品，采用国产高性能处理器、国产操作系统等核心基础软硬件，构建自主可控电科申威高性能服务器产品及技术体系，推动自主可控服务器产品供应链及服务保障体系建设，形成基于电科申威的全国产替代应用示范并规模化应用推广。

## 完全自主可控，保障信息安全

申威处理器拥有完全的自主知识产权，拥有自己的指令集和微结构，作为国产平台中自主可控度最高水平的代表产品，具有高度的自主发展空间，不受供应链断供及授权威胁，不受开源社区技术体制发展限制，长期技术发展及产品交付有依托、有保障。

华诚金锐基于申威高性能处理器推出了多款申威服务器，具有强大的计算能力及丰富的 I/O 扩展特性，为数据中心、云环境等大规模部署和远程分布式应用提供便捷的管理能力，保障党政、国家重点行业信息系统和业务系统的安全可控。

## 专业源于专注，成功源于坚持

华诚金锐面向关键信息基础设施国产替代需求，紧紧围绕中国电科申威自主可控产业布局，构建了从产品设计、工程实现、适配验证到产品交付的完整产业链条能力。研发团队专注于申威服务器产品的自主研发，快速打造出自主创新服务器系列产品，是第一家入围信创目录的申威服务器整机厂商，并自主建成了全国第一条申威服务器生产线，构建了十万级服务器快速交付的供应链能力。

## 过硬的技术路径，强大的研发能力

申威处理器发端于神威 - 太湖之光超级计算机，技术体制采用 SIMD 单指令多数据流架构，数据处理充分并行，非常适宜大数据处理的流处理应用场景。公司基于申威 6B（3231）处理器研发了通用型、专用型、高密度存储、异构 AI 等面向不同应用领域的申威服务器产品。2021 年 9 月，公司在世界互联网大会发布了全新的申威 6B 四路服务器，该款服务器具有计算密度高、存储性能好以及网络速度快的特点，在高性能计算、异构计算、AI 计算、机器学习、数据库、云计算、大数据等数字化应用场景下具有卓越性能。

## 从“芯”到“云”，构建电科申威生态

秉持“小核心，大外围”原则，华诚金锐积极参与构建电科特色申威生态，以神威睿思内核为基础，与主流国产服务器操作系统（统信 UOS、麒麟、普华等）充分适配，根据信创领域、国防及专用领域差异化的技术和安全特性要求，多线并进，开展国产基础软件的适配调优工作。

作为国内申威生态的推动者，中国电科举集团之力，构建了从芯到云、面向关键行业信息系统全面自主可控的申威计算全产业链体系布局。申威服务器支持的信息系统目前已在党政协同办公、央企集团信息系统、国防大数据应用系统等场景落地并批量部署。未来，申威产业生态将迅速发展壮大，成为构建自主信息产业体系的中坚力量。

# 上海心河信息技術有限公司

上海心河信息技术有限公司（简称上海心河）是一家信息技术领域独立的检验检测机构。具有国家认监委颁发的检验检测机构资质认定证书（CMA），国家认可委颁发的 CNAS 实验室认可证书，信息安全风险评估一级证书（CCRC），首批国家“工业互联网安全评估评测机构”等权威资质。上海心河是上海市高新技术企业及上海市软件企业，是上海市科协授权挂牌的上海市院士专家工作站，是创新券的市级服务机构，曾荣获上海市科学技术一等奖等殊荣。

上海心河信息技术有限公司是国家信息中心软件评测上海中心，以及国家信息中心信息与网络安全部、应急管理部通信信息中心在上海地区唯一的合作单位。

心河信息深耕软件评测领域，坚持严谨的软件评测流程和规范，稳健经营、持续创新、开放合作，为客户提供专业的第三方评测服务。

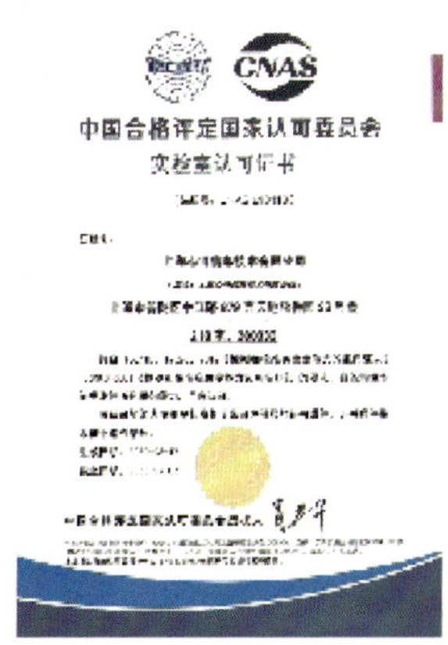

# 融会贯通，一目了

Autodesk Construction Cloud　提供贯穿整个项目周期的数字化施工解决方案。通过一站式的平台，您可以将团队、数据和施工流程互联互通，从而增强协作，降低成本和提高效率。凭借云软件掌握项目的最新动态与信息是在预算中如期完工的诀窍。

# 宝武清洁能源有限公司

宝武清洁能源有限公司（简称宝武清能）于 2019 年 11 月 28 日注册成立，是中国宝武钢铁集团有限公司专业化从事清洁能源产业的平台公司。目前注册资本 58 亿元，托管资产逾百亿。公司总部位于上海宝山，二十多个基地遍及广东、重庆、湖北、安徽、河南、山西、云南、内蒙古、新疆、西藏等省、自治区、直辖市。

宝武清能以“构建钢铁低碳能源保障体系，助推清洁能源行业技术革命”作为使命，依托宝武集团的资源成本、空间布局优势，深度整合集团内外清洁能源资源，大力推进产业发展，以专业化的能源资源、技术、服务与产品，构建钢铁供应链的绿色能源网络。愿景是成为冶金清洁能源行业引领者。

公司目前有两大主要业务——

1. 钢铁清洁能源资源产业。氢能产业：在建 / 拟建加氢站 20 座，百余辆氢能重卡在上海宝山、湖北武汉、广东韶关投入使用，并与清华大学、上海交大、中核集团、中国航天 811 所、上汽捷氢等十多家生态圈伙伴联合推进氢能相关研究，不断研发出新的低成本制氢路径、开发出新的氢能应用场景。绿电产业：公司是国内主要的分布式光伏发电供应商之一，两年来，在宝武集团范围内已投资超过 20 亿元，开发分布式光伏项目超过 540MW，其中已投运项目 150MW 以上，在建项目近 400MW。上述项目全部建成后，年均将为集团贡献绿电约 5.5 亿度，折合减排二氧化碳约 43 万吨。天然气产业：为超过 50 万户居民提供燃气保障。碳资产管理：经营管理宝武碳资产平台并推进相关业务。

2. 绿色工业气体基础业务。公司现有约 200 万 Nm3/h 制氧产能，是国内主要的工业气体供应商之一。并不断发展与之相匹配的项目建设及运营能力；新成立专业化平台公司——宝武气体有限公司，在同步发展气体业务的基础上，将力量进一步集中和聚焦到新能源产业，更好践行国家双碳战略。

上述两大业务基础之上，公司致力于发展多种清洁能源相关“专精特新”产业链产品。如与氢能产业链接，开发氢能特种装备“氢行者”“氢觉者”“氢动者”等；与气体业务链接，发展稀有气体、特种气体，其中稀有气体（氙气）国内市占率达 39%，对破解半导体行业电子气、航天推进剂等“卡脖子”难题具有重要意义。

公司积极推动科技创新工作，形成“五大方向、十大领域”的研发布局，累计申请 343 项专利，获得授权专利 244 项，并布局海外专利，认定技术秘密 217 项，荣获上海“工人先锋号”等荣誉称号。

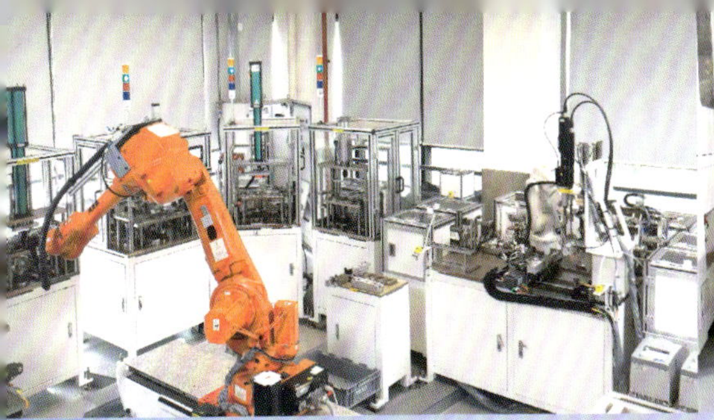

机器人柔性装配线

AGV 智能物流

机器人综合柔性生产线

# 上海诺玛液压系统有限公司

上海诺玛液压系统有限公司成立于 2005 年，公司始终聚焦电液伺服比例控制先进技术，以引领电液伺服比例技术进步，推动国内液压行业发展，打破国外技术垄断，实现高端液压阀的全面国产化替代为使命。公司是国内最早进行高端电液伺服比例控制阀规模化研发、生产和销售的高科技民营企业，以此核心技术服务于国内工程机械、农业机械、煤炭机械、冶金装备、军工装备等众多领域，主要客户包括三一集团、中联重科、山东临工集团、徐工集团等众多国内头部企业，产品获得了市场的广泛认可。目前拥有上海诺格智能系统工程有限公司、上海临港诺玛机电科技发展有限公司、湖南诺玛液压科技有限公司三家子公司，在上海市莘庄工业区、中国(上海)自由贸易试验区临港新片区翡翠园、湖南省长沙国家级经济技术开发区设有生产研发基地。

诺玛液压凭借自身的人才和技术优势，依托完善的服务体系，不断推出高性能、专业化的电液伺服比例产品。经过多年的潜心探索与发展，取得了令人瞩目的成绩，获得国家重点“专精特新”小巨人企业、国家智能制造优秀应用场景企业、中国制造隐形冠军企业、上海市高新技术企业、上海市科技小巨人企业、上海市智能工厂、上海市“专精特新”企业、闵行区企业技术中心等多项荣誉称号，并先后承担了工信部、上海市工业强基工程，科技部重点研发计划等多项科研攻关项目，是国内液压领域最具发展潜力和影响力的公司之一。

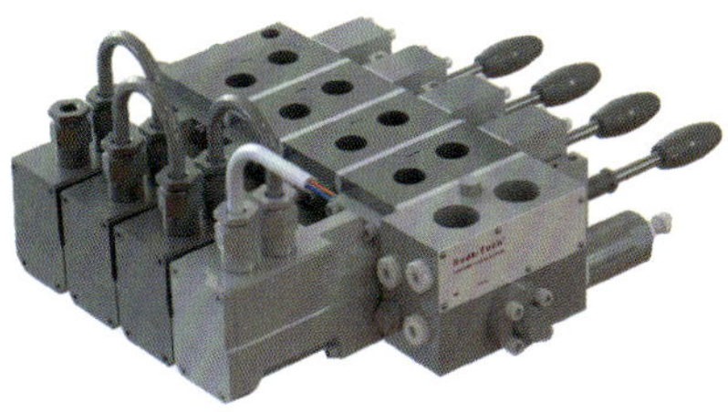

防爆总线比例多路阀

比例插装阀组

电液伺服阀

# 中核法马通（上海）锆合金管材有限公司

中核法马通（上海）锆合金管材有限公司（简称 CAST）系由中国特大型央企中核集团公司通过其子公司与法国法马通公司于 2010 年分别出资成立的中法合资企业。公司注册资本 1.5 亿元人民币，总投资额 4.5 亿元人民币。

CAST 专注于生产和销售中国民用核电站重要元件 -- 锆合金包壳管。主要生产工序有轧制、热处理、化学处理、矫直、喷砂、抛光、精定长、无损检测和表面检验等。全车间采用空调恒温控制，环境干净、整洁。

CAST 以严苛的质量要求生产出令顾客满意的产品，同时高度关注安全、环境和员工的职业健康，为员工提供良好的福利待遇、安全舒适的工作环境以及专业的培训。公司系松江区重点扶持企业，符合条件的员工可享受到各类 G60 人才优惠政策。

CNNC FRAMATOME Shanghai Tubing Company Limited

CNNC FRAMATOME Shanghai Tubing Company Limited (hereinafter shorted as CAST) is a Sino-French joint venture established in 2010 by China National Nuclear Corporation (CNNC), a large state-owned enterprise in China, through its subsidiary and Framatome France. The registered capital of CAST is 150 MRMB and the total investment is 450 MRMB.

CAST focuses on the production and sale of zirconium alloy cladding tubes, an important component for China's civil nuclear power plants. The main production processes are rolling, heat treatment, chemical treatment, straightening, sandblasting, polishing, UT/EC and visual inspection. The whole workshop adopts constant temperature control with air conditioner, and the environment is clean and tidy.

CAST produces the products that satisfy customer with strict quality requirements, while paying close attention to safety, environment and occupational health of employees. CAST provides employees with favorable benefits, safe and comfortable working environment and professional trainings. CAST is a key enterprise in Songjiang District. Employees meeting certain conditions might enjoy different kinds of preferential policies for G60 talents.

Company Address: No. 559 Changshi Road, Songjiang District (Shihudang area)

**公司地址：松江区长石路 559 号（石湖荡镇塔汇地区）**

## 企业的成长历程

上海弘智金属制品有限公司成立于1996年，公司占地面积8,700平方米。以生产电机壳、散热器为主。为发展生产、扩大规模，于2019年在嘉兴平湖建立第二个生产基地：平湖弘智金属制品有限公司，占地面积35,000平方米，以生产汽车零部件为主。

## 企业目标

企业精神：客户的满意是我们永恒不变的追求
企业格言：质量和信誉
质量方针：以质求精、稳步发展、持续改进、满足客户
环境方针：创造舒适和谐环境，为可持续发展做贡献
发展目标：零缺陷、零距离、依照科技进步、定位国际一流企业
经营理念：系统化、国际化、规模化、规范化、专业化
产品理念：追求卓越、缔造完美
员工理念：乐业、敬业、专业
管理理念：成功来自创新、发展来自合作
企业口号：节约能源、降低成本
企业名言：事无大小、追求完美

## 企业规模

目前两家公司拥有职工约500人，各类技术及管理人员约80余人。

企业拥有固定资产7000多万元，目前拥有各类设备超过100台次。

企业年销售额约2.5亿元（2021年度），产品主要销往日本、德国、英国、捷克等国家，目前主要客户有椿本、EBM、西门子、三菱、安川、日立、ABB等等。

## 企业发展

公司投入大吨位压铸机及数控加工等自动化、半自动化设备，以提高企业加工能力和质量控制水平。

公司目前全面推进5S现场管理，过程质量控制等管理手段，目的打造一支有战斗力、坚强、有凝聚力的团队。

公司本着“以人为本”的管理理念，通过制度化管理，公正、公平、公开的开展工作，给员工营造一个和谐团结的工作环境。

# 上海弘智金属制品有限公司

# 格朗吉斯铝业(上海)有限公司

格朗吉斯铝业(上海)有限公司于 1996 年在上海正式落户。经过二十多年的发展,如今它已成长为中国乃至亚洲最大的热交换器轧制铝材研发制造基地。

格朗吉斯上海年产 12 万吨热交换器轧制铝材,在 Gränges 全球战略中占据着举足轻重的地位。格朗吉斯上海投资额超过 10 亿元人民币,拥有先进设备 30 多台套,各项指标都堪为行业之最。这里,每天有超过 500 名优秀员工为客户创造价值。

我们的愿景是以创新的铝材工程设计来改变世界。我们拥有世界领先的研发创新中心,业务遍布欧亚美三大洲。我们通过研发、产品开发以及产品全寿命周期内的技术支持来为客户提供帮助。因此 Gränges 能够开发出更轻、更智能、更可持续的材料,帮助客户提高经济效率并减少对环境的影响。

# 上海上电漕泾发电有限公司

上海上电漕泾发电有限公司(以下简称漕泾电厂)坐落于上海化学工业区西端，毗邻金山区漕泾镇，紧靠杭州湾北岸，作为国内首个以“上大压小”核准建成的百万千瓦超超临界燃煤电厂，是国家电力投资集团公司首座建成投产的百万等级燃煤电厂，由上海电力股份有限公司和申能股份有限公司按照总股本的65%与35%比例合资成立。漕泾电厂被列为上海市“十一五”重大工程项目，也是2010年上海世博会配套工程之一，工程于2007年12月18日正式开工，1号、2号机组分别于2010年1月、4月建成投产。

漕泾电厂建有国内首座210米高度异形烟囱，配套建设一座3.5万吨级卸煤码头，可停靠5万吨级煤船。采用主汽压26.25MPa、主汽温600℃的超超临界发电技术。锅炉是滑压运行燃煤直流塔式炉，一次再热、露天布置、全悬吊钢结构锅炉。汽轮机是单轴、四缸四排、凝汽式汽轮机。发电机是水氢氢冷却方式，无刷励磁。锅炉、汽机、发电机三大主设备和绝大部分辅机均采用国产设备，国产化率达到95%以上。2011年，荣获工程建设行业规格最高的国家级荣誉“国家优质工程金质奖”，并入选“国优三十周年经典工程”，也是国家电投第一个获此殊荣的燃煤电厂。

漕泾电厂以集团公司“三商”战略为指引，积极打造“一主两翼”发展格局。于2014年实施供热改造，改造在国内百万等级燃煤电厂中属首次。目前单机高、中压同时供热可达200t/h，降低供电煤耗3.7g/kwh，在进一步提升化工区整体供热可靠性的同时拓宽了盈利空间。于2018年开始在行业内首次检验1000MW机组在处置含水率高达60%的污水厂污泥的适应性。该项目于2019年10月21日获得上海市生态环境局批复，成为上海地区首个批准通过、建成投产的火电厂污泥处置项目。2021年该项目进行了升级改造，目前年可处置含水率60%污泥22万吨，为城市污泥减量化、无害化、资源化处置提供了新思路。

漕泾电厂坚持创新驱动发展战略，紧盯发展方向，深入开展全领域、全环节创新工作。先后开展状态检修管理、基于人工智能的火电厂灰库安全清理机器人应用研究、设备状态三维可视化管理、圆形煤场堆取料机无人值守、基于数字孪生体技术的火电智能应用研究与开发等项目的系统建设。于2019年，顺利通过中国水利电力质量管理协会组织的现场验收，成为上海电力首家获得“全国电力行业卓越绩效标杆(AAAA)”称号的企业；同年，通过国家高新技术企业资质认定，成为上海地区现阶段唯一一家高新技术发电企业。

展望未来，漕泾电厂将本着“创新创造，持续奋斗，和谐共生”的企业精神，围绕“安全、创新、卓越”的价值观，不忘初心，持续奋斗，敢于担当，主动作为，优化机组运行，推进节能减碳，促进绿色发展、创新发展、和谐发展。

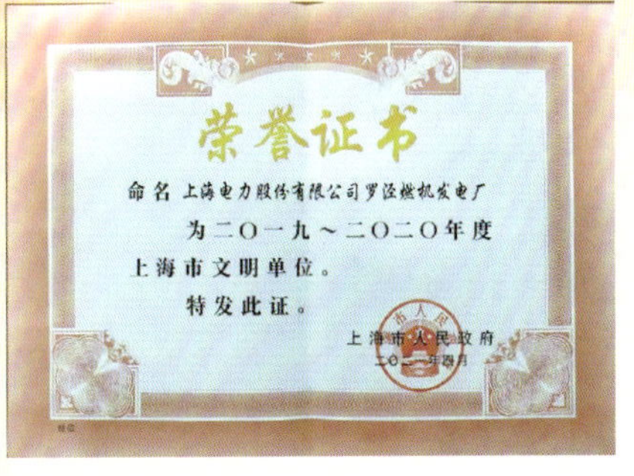
荣誉证书

命名 上海电力股份有限公司罗泾燃机发电厂

为二〇一九～二〇二〇年度

上海市文明单位。

特发此证。

上海市人民政府

上海电力股份有限公司罗泾燃机发电厂原属宝钢集团自备电厂，2013 年被上海电力股份有限公司收购并改造，目前是上海市燃气公用调峰电厂，属于上海电力全资电厂。电厂位于上海市宝山区川雄路 300 号，距离长江约 1 公里，区域面积总计 39.52 万平方米(约为 593 亩)。

罗泾电厂天然气改造工程从 2014 年 8 月 1 日开始，至 2015 年 5 月机组正式投入商业运行。2014 年 12 月 31 日，收到上海市发展改革委关于罗泾燃机电厂转为公用电厂的核准批复，标志着罗泾电厂正式加入上海市调峰电厂序列，转性成为面向社会、服务公众的公用电厂的一份子。同时也标志着上海电力在上海北翼能源基地发展清洁能源和资源储备的战略部署又向前迈进了坚实的一步。

罗泾电厂以“奉献绿色能源，服务社会大众”为使命，旨在打造上海电力 9E 燃机系列标杆机组，坚持现代能源发展的清洁、低碳、循环利用方向，优化机组运行，推进节能降耗，减少环保排放，促进绿色发展、创新发展、和谐发展。

# 上海电力股份有限公司罗泾燃机发电厂

# 上海电力能源科技有限公司

上海电力能源科技有限公司（以下简称能源科技公司或公司）系国家电投上海电力（股票代码：600021）下属的国有企业，是一家主要以清洁能源投资、运营、服务为一体的多业务能源科技公司。

能源科技公司创立于 2021 年 3 月，由原上海上电电力运营有限公司与上海上电电力工程有限公司重组成立。公司聚焦“3060”碳达峰、碳中和目标，坚持以绿色发展为主线，致力于可再生能源、综合智慧能源、清洁高效火电及海外业务等领域，开展投资运营、运行维护、检修技改、工程服务等业务。公司具体经营范围主要包括：能源领域内的技术开发、技术服务、技术咨询、技术转让、技术推广，投资运营；电力成套设备及其附件的设计、安装、调试、运行、维护、检修，电力设施承装、承修、承试；各类工程建设活动，工程管理服务，建设工程监理；合同能源管理，企业管理咨询，人力资源服务；环境污染防治及咨询服务，检验检测服务等。

公司资质完备，具备承装（修、试）电力设施二级许可证、电力工程施工总承包贰级许可证、安全生产许可证、锅炉维修 1 级许可证、起重机械 A 级许可证、压力管道安装许可证、辐射安全许可证等资质证书，中核集团合格供应商证书、对外劳务合作经验资质、检验检测机构资质（CMA）、再生资源回收经营资质等。公司通过挪威船级社（DNV）ISO9001 质量管理体系认证、ISO14001 环境管理体系认证及 OHSAS18001 职业健康安全管理体系认证。

公司现有员工 1271 人，其中本科及以上学历 343 人，中高级职称 141 人，高级技师 22 人，技师 128 人，高级工 422 人。为提升“能源科技”品牌效应，公司多措并举加快培养高素质人才队伍，打造核心竞争力。

公司始终紧跟国家电投及上海电力的发展战略，秉持“专业、高效、融合、创新”理念，以客户为中心，突出业绩导向，强化价值理念和风险理念，在精耕常规火电业务的基础上，重点在差异化检修、可再生能源、综合智慧能源、燃机、海外业务等领域进行市场布局与拓展，致力于打造核心竞争力，为客户提供增值服务。

同时公司充分发挥上海电力海外电站服务平台作用，积极开拓海外业务，依托土耳其胡努特鲁电厂、塞尔维亚潘切沃电站运维项目的实施以及惠生浮式发电运维项目的跟进，为公司培养储备大量核心专业运维检专业人才，提升服务能力，增强市场竞争力，满足公司持续高质量发展需求。

此外公司着力通过改进优化项目管理模式、内部资源共享、将属地用工补充纳入一体化管理体系等方式，有效降低项目成本，提升项目服务质量和客户满意度，以实现对火电传统业务的提质增效。

在能源投资领域，公司以“自主开发为主，合作并购为辅”的发展思路以及“以点带面、全员发展”的举措，创新思维，立足于长三角经济带，面向全国，加强跨界合作，寻找优质项目投资机会。有效化解风险，公司成立当年就在新能源项目自主开发、项目并购、合作开发方面均取得历史性突破。目前公司已完成 14 个光伏电站共 334MW 华西并购项目，并自主开发完成江苏丹阳大力神 18MW 屋顶光伏项目，合作开发的天津工大 6MW 分布式光伏发电项目目前已完成项目核准，从而为公司从单一服务型向投资型、管理型、服务型企业转型迈出坚实一步。

公司还积极探索适合公司新能源运维检与生产管控模式，全面提升新能源电站度电利润，多措并举增加电站电量，做到“颗粒归仓、度电必争”，最大程度提高项目盈利水平；并通过自有新能源电站光伏板技改，光伏板梯级利用，推广农村户用光伏板项目，大力推进实施乡村振兴、县域开发工作。

公司极其注重与外部互利共赢，与广泛的外部市场利益相关方建立有效联系，达成共识；并与外部客户和环境相协调；公司在专长领域里，致力于用经验和成果为客户提供超预期的客户满意度。且在取得良好经济效益的同时，公司注重于企业创新精神的倡导，激发员工创新想法并努力实现，从不断实践的成功与失败中总结经验，利用程序化做事取得成功。

公司有以价值观为基础的企业文化，并努力使之落地生根，故公司始终坚持以客户为中心、以奋斗者为本，通过与内外部客户的文化融合，全面提升项目质量，为客户创造更大的效益，实现多方共赢。与此同时，公司着力于对人才的培养，为员工职业生涯规划设计了行政、技术双轨制人才发展通道。但员工也深知，仅有激情的工作作风还不够，他们的行为必须受到公司行为规范、程序和诚信原则的约束。所以公司严格的要求没有限制员工的创造力和工作激情，相反，它吸引了一大批敬业认真的员工，他们中的每一个人每一天都在为创建更加出色的能源科技公司，为公司早日能够“成为世界一流清洁能源服务商”企业愿景而努力。

# 上海外高桥第二发电有限责任公司

SHANGHAI WAIGAOQIAO NO 2 POWER GENERATION CO LTD

上海外高桥第二发电有限责任公司成立于2000年，地处上海市浦东新区东北端，长江入海口南岸，毗邻中国(上海)自由贸易区和外高桥港区，由申能股份有限公司、国电电力发展股份有限公司、上海电力股份有限公司按4∶4∶2比例共同投资建设，拥有两台国内首次建设的900MW超临界进口燃煤发电机组，项目利用世界银行贷款，为国家“十五”规划重点项目。 两台机组分别于2004年4月和9月投入商业运行，引领了中国百万等级火电机组建设、运营的源头，推动了中国电力装备制造业的跨越式发展，标志着我国电力工业实现向百万等级机组建设和运营发展，在中国电力工业发展史上具有重要里程碑意义，曾被誉为“中华第一机组”。

投产以来，公司经济、社会、环保效益良好，生产经营效益在上海地区大型火电企业中名列前茅，主要技术经济指标保持国内同类型机组先进水平，机组环保减排实现超低排放，远低于国际先进地区水平，已成为上海电网的骨干发电企业。近年来，公司以建设综合竞争能力最强火电企业为目标，主动顺应“互联网+”发展趋势，积极践行“两化”深度融合要求，大力推进规范化、数字化、信息化、智能化建设，编制了《智慧电厂建设规划(2018-2020)》，签订了“智慧电厂”建设战略合作协议，启动建设覆盖生产管理全业务、全层级、全过程的信息数据平台，构筑智慧生产、智慧管理、智慧经营和智慧党建四大功能板块，着力建设国内首家真正意义上的百万千万等级“智慧电厂”。

国家电网
STATE GRID

# 国网上海浦东供电公司

国网上海浦东供电公司隶属于国网上海市电力公司，属国家大型企业，2010 年 1 月挂牌成立，并于 2012 年 12 月升格为国家电网公司大型重点供电企业，主要承担浦东新区的电网规划、建设和供电服务任务。

国网上海浦东供电公司担负着浦东新区共约 1210 平方公里的供电任务。网内拥有 4 座 500 千伏变电站、32 座 220 千伏变电站、47 座 110 千伏变电站和 201 座 35 千伏变电站，35 千伏及以上变电总容量 29713.5 兆伏安；1208 座 10 千伏开关站，各类变配电站 2 万余座，架空 10563 公里，电缆 30423 公里。截至 2021 年底，公司供电服务客户达到 254.37 万户，历史最高负荷 786.379 万千瓦，2021 年售电量 382.10 亿千瓦时，平均电价 653.61 元／千千瓦时，线损率 3.41%，综合电压合格率 99.997%，城网供电可靠率 99.999%，劳动生产率达 677.32 万元／人 · 年。

1 月 7 日，上海高挂低温橙色预警，浦东公司电缆运维人员在室外零下 5 度环境下巡视陆家嘴地区重要电缆线路。

4 月 8 日，浦东公司客户经理前往龙阳路地铁基地光伏项目现场指导用户维护事宜

3 月 31 日，浦东公司线路运行人员正在对辖区内新悦路沿线高压线路开展区域联防巡视，确保供电线路平稳运行。

4 月 21 日，浦东公司配电运行人员在中国馆附近巡视配电设备，确保设备可靠运行。

# 国网上海市电力公司

国网上海市电力公司是从事上海电力输、配、售的特大型企业，统一调度上海电网，参与制订、实施上海电力、电网发展规划和农村电气化等工作，并对全市的安全用电、节约用电进行监督和指导。

国网上海市电力公司管辖的上海市电网位于长江三角洲的东南前缘，北靠长江，东临东海，与江苏、浙江两省接壤。供电营业区覆盖整个上海市行政区。截至2018年底，国网上海市电力公司管辖各类电网企业、发电企业、施工、科研、能源服务、培训中心等单位27家，共有职工13366人。到2018年底，35千伏及以上变电站1146座，输电线路2.74万公里，全市装机容量2524.82万千瓦；最大市外来电1676.2万千瓦，最高用电负荷3268.2万千瓦，年售电量1325.83亿千瓦时。

国家电网
STATE GRID
你用电·我用心
Your Power Our Care
24小时供电服务热线
95598
国网上海市电力公司
SHANGHAI MUNICIPAL ELECTRIC POWER COMPANY
企业网址：www.sh.sgcc.com.cn

# 上海泽鑫电力科技股份有限公司

上海泽鑫电力科技股份有限公司成立于 2013 年，注册资金 3456 万元，是一家专业从事智能电网、新能源应用领域的软硬件研发和技术服务等工作，坚持以自主研发、科技创新为主的高新技术企业和软件企业。公司于 2016 年 8 月 12 日在全国中小企业股份转让系统正式挂牌，股票简称：泽鑫科技，证券代码：838587。2021 年入选国家级“专精特新”小巨人企业。

公司主要从事智能电网领域的产品研发及技术服务业务，公司拥有核心研发团队，核心骨干均来自浙江大学、上海交通大学、西安交通大学、华北电力大学、上海电力学院、东南大学等知名学府。公司在电力信息采集与分析、基于电力大数据的故障分析与诊断等方面具有深厚的专业积累。

公司主要产品包括：继电保护故障信息系统、二次设备在线监视与分析系统、变压器风冷智能控制系统、继电保护设备状态监测与诊断系统、基于电力物联网技术的压板智能管控系统。正在研发的产品有：基于国家电网调度云平台的新一代二次设备在线监视与分析产品，以及基于电力物联网的变压器内部电机潜油泵智能监测系统等。同时公司积极布局泛在电力物联网相关领域，在电力设备智能感知、智能运维等细分领域着手布局，已经研发了相关产品，能够为客户提供全面的解决方案。

凭借继电保护故障信息系统的创新研发，公司成功跻身智能电网继电保护状态监测与故障信息处理领域的领先企业，并首创风冷智能控制系统和刀闸智能控制系统，为国家电网、南方电网以及各大发电厂提供智能解决方案，全面提升国内电网安全运行水平，进一步提高能源应用效率，并减小电网运行对环境的影响。

自公司创立以来，公司管理层及全体员工一直秉承脚踏实地的“工匠”精神，深耕智能电网有关细分领城，为国家的电网安全运行提供了有力的支撑。目前，主站业绩覆盖了国内 95% 以上的省市，包括国网华东分部、西南分部、黑龙江、辽宁、湖南、四川、新疆、青海、甘肃等电网调控中心，成为智能电网领域的中流砥柱。

# 上海电力股份有限公司吴泾热电厂

## 公·司·简·介

上海电力股份有限公司吴泾热电厂（以下简称电厂），前身是上海吴泾热电厂，位于黄浦江上游西岸，成立于1958年8月，是大型的火力供热发电电厂。1998年8月，改制成立上海电力股份有限公司吴泾热电厂，为上海电力股份有限公司的独资电厂，现拥有2台300MW级亚临界燃煤供热发电机组，另代管上海吴泾发电有限责任公司2台300MW机组。

500 千伏虹杨输变电工程竣工投运

久隆电力集团设计的上海市北展祥110千伏输变电工程展祥变电站效果图

架空线入地拆除施工

新江湾 110 千伏主变吊装

上海久隆电力(集团)有限公司成立于1995年，是国网上海市电力公司直属企业，公司以国内外电力工程综合服务为主，业务涉及输配电设计、电力设施安装、电力配套服务、管理咨询等领域。

公司拥有电力工程总承包壹级、输变电工程专业承包壹级、设计(送电、变电)乙级、工程咨询丙级、消防设施工程专业承包二级、城市及道路照明工程三级、中国电力建设行业协会“调试”乙级和国家进出口企业等资质以及承装(修、试)电力设施一级许可证。公司多次荣获全国用户满意企业、全国守合同重信用企业、全国精神文明建设工作先进单位、中国工程建设信用AAA级企业、中国诚信企业和全国电力行业质量特别奖等称号，16次获评上海市重点工程实事立功竞赛优秀公司，1次上海市重点工程实事立功竞赛金杯公司，2017年、2018年连续两年获得上海市五一劳动奖状，是国家电网系统省管产业单位优秀施工示范企业。

近年来，公司围绕用户需求深化EPC+S服务，努力为客户提供从前期咨询、设计、施工、物资采购和运维为一体的全过程服务，优质完成了500千伏世博(静安)输变电、虹杨500千伏输变电等一批重点工程，实施了中国联通浦江数据中心110千伏变电站工程、吴淞港国际邮轮码头岸电、中移动临港数据中心供电配套、新江湾220千伏输变电、黄浦区董家渡金融城配电、星港国际变电站和山东济南东城220千伏架空线落地、苏州居配接入工程设计、西安东北部330千伏架空输电线路迁改落地工程等重大用户项目任务。

公司紧紧跟踪国际、国内电力前沿技术，着力发展提高企业核心竞争优势的电力施工技术，全电压等级电缆敷设、接头具有国际顶尖水平，近年来优质完成电缆敷设单线长度逾4000公里，接头数约10000相；变压器检测中心获得国家级CNAS实验室授权，具备变压器电试及油化两大类检测能力；在国内六氟化硫电气设备的安装、调试、检修、电气试验等业务拥有先进的技术优势。

进入新时代，公司提出“建设集咨询、设计、施工、运维为一体的现代能源综合服务公司”的战略目标，努力为企业、为客户、为社会创造更大价值。“服务于心、力能永续”，久隆始终为您提供无可替代的精诚服务！

# 上海久隆电力(集团)有限公司

2021 年 10 月 30 日 6 号锅炉大板梁吊装
（拍摄者：管志豪 地点：石洞口一厂）

# 华能上海石洞口第一电厂

2021 年 11 月 26 日主厂房屋架吊装
（拍摄者：管志豪 地点：石洞口一厂）

2021.12.18 汽机房行车主梁吊装工作顺利完成（拍摄者：张国珺，地点：石洞口一厂）

2021 年 4 月 1 日 5 号锅炉钢架吊装
（拍摄者：管志豪 地点：石洞口一厂）

2021.9.27 五号锅炉大板梁开始吊装
（拍摄者：施云峰，地点：石洞口一厂）

华能上海石洞口第一电厂（原上海石洞口发电厂、上海石洞口发电有限责任公司）系我国“七五”期间重点能源建设工程项目，全国特大型企业，上海电网第一座超百万容量的现代化港口电站，装有 4 台国产第一批 30 万千瓦亚临界燃煤机组。电厂于 1982 年 4 月筹建，1985 年 3 月打桩，1987 年 12 月第一台机组并网发电，1990 年 5 月 4 台机组全部投产。

建厂以来，电厂曾先后荣获上海市优秀企业，全国电力系统安全文明生产达标企业，环境保护先进单位，全国部门造林绿化“四百佳”单位，国家电力公司“九五”期间安全生产先进单位，上海市和华能集团公司文明单位，华能系统创建“四好”领导班子先进集体等荣誉称号。电厂秉承华能的企业宗旨、理念和精神，深化改革，规范管理，负重自强，奋力拼搏，努力把电厂建设成对公司发展不断作出贡献，员工自身价值得到充分体现，和谐而又充满活力的节约环保型企业。

电厂坚持把职工健康安全放在首位，动态完善疫情防控措施和应急预案，特别做好基建项目疫情防控应急预案，统筹抓好精准防疫和生产经营基建等各项工作。

电厂全面推进 2 台 65 万千瓦等容量煤电替代项目，该项目于 2019 年 8 月 30 日获得核准，目前已顺利完成了主厂房区域基础出零米、锅炉钢结构吊装、主厂房结构到顶和侧煤仓结构到顶等节点目标，基建各项工作稳步推进。

国家核电技术有限公司（简称国家核电）成立于2007年5月22日，隶属于国家电力投资集团有限公司（简称国家电投）。公司是经国务院授权，代表国家对外签约，受让第三代先进核电技术，实施相关工程设计和项目管理，通过消化吸收再创新形成中国核电技术品牌的主体，是实现第三代核电技术引进、工程建设和自主化发展的主要载体和研发平台。

上海核工程研究设计院有限公司（简称上海核工院）始建于1970年2月8日，前身是“七二八工程研究设计院”，与中国核电同时起步，隶属于国家电投，是国家核电平台管理单位。公司主营业务为核电研发、设计、工程建设管理和服务，具备核工业行业设计、工程造价、建设项目环境影响评价等一系列甲级资质，现有员工2700余名，拥有一支核电专业领域高级专家和核心技术人才队伍。

历史上，创造中国核电三个“第一”。独立自主研发设计中国大陆第一座核电站——秦山核电站，奠基中国核电研发、设计、标准、材料、燃料、设备、审评、人才八大体系，被誉为“国之光荣”；总包设计中国第一个出口核电站——巴基斯坦恰希玛核电站，被誉为“南南合作的成功典范”；是秦山三期的总体技术支持单位，开创国内大型核电站工程设计和项目管理与国际接轨的先例。

二次创业，攀登三代核电自主创新高地。2007年，党中央、国务院作出“引进先进技术、统一技术路线、高起点实现我国核电自主化”这一重大战略决策，上海核工院是第三代先进核电技术AP1000引进消化吸收再创新的技术主体，联合产业上下游单位，依托国家科技重大专项，完成三代核电自主化，建成世界首批4台AP1000机组，成功研发“国和一号”（CAP1400）大型先进压水堆核电型号。

新时期，打造具有全球竞争力的核能研发和AE平台。2019年8月，按照“研发+AE”的模式，国家电投整合核电研发、设计、工程管理及寿期服务等相关资源，重组国家核电技术有限公司（上海核工院）。新国家核电（上海核工院）实行“两块牌子、一个本部”一体化管理模式，统筹协调推进核能技术研发、运用推广及产业链协同发展，牵头实施核能研发课题与任务，负责工程总承包，集先进核能研发、设计、采购、建造、调试于一体，具有完整的核岛全岛设计能力，实现以设计为龙头的EPCS完全贯通，全力打造具有全球竞争力的一流核能技术创新和工程建设平台。

# 国家核电技术有限公司

# 上海电气风电集团股份有限公司

上海电气风电集团(股票代码：688660)，以“创造有未来的能源”为使命，推动风电成为重要的未来能源，为用户创造更大的价值。

公司业务涉及风电机组智能设计制造、风场智能运维、风资源评估、数字化风场投资开发、风电场资产智能管理、智慧能源等，目前风机产品实现 1.25MW-11MW 风电机组海陆市场全覆盖。

上海电气风电集团依托上海、北京、丹麦等 7 大研发中心构建起全球技术研发体系，推进风电行业创新发展；依托福建莆田、广东汕头等 11 个制造生产基地和 7 个海陆服务大区，为客户打造极致的交付体验与服务保障；基于物联网、云计算、人工智能、大数据等先进理念打造的 Iwind 数据中心可以为风资源评估、风电场智能诊断运维、风场资产智能管理等提供强有力的平台支撑，借力数字化、智能化为客户实现降本增益。

上海电气风电集团长期致力于推动可再生能源的创新和发展，为提升可再生能源比例降低碳排放，为实现绿色、低碳的地球环境而努力。

捷氢科技
SHPT

# 上海捷氢科技股份有限公司

上海捷氢科技股份有限公司(简称捷氢科技)成立于2018年6月27日,以加快燃料电池产业化为己任,致力于推动氢能与燃料电池行业的发展,开创氢能时代新篇章。

捷氢科技汇聚国内外燃料电池的中坚力量,核心团队来自"燃料电池+量产汽车"等专业背景,具有资深燃料电池电堆、料电池系统、整车开发及应用经验。

捷氢科技为行业提供燃料电池产品及工程服务,已完成多款燃料电池电堆和燃料电池系统的产品开发,功率涵6kW~230kW,广泛应用于乘用车、轻型客车、城市客车、公路客车、轻中重型卡车、机车、叉车、拖车等诸多领域,并可展应用于分布式发电、热电联供和船舶、航空等非车用领域。

2021年5月,捷氢科技上海新园区投入运营,园区拥有研发办公、测试验证、生产制造、氢气供应四大功能,产线覆盖膜极、燃料电池电堆、燃料电池系统、储氢系统全系列产品。

## 捷氢启源™ PROME P4H 燃料电池系统

- ·额定功率130kW
- ·功率密度722W/kg
- ·耐久性15,000hrs
- ·25s内实现-30℃快速无辅热启动
- ·适用于中重卡、团体客车等车型

## 捷氢启源™ PROME M4H 燃料电池电堆

- ·额定功率163kW
- ·电堆体积功率密度4.2kW/L
- ·自制高性能膜电极
- ·非贵金属涂层双极板
- ·耐久性15,000hrs

上海捷氢科技股份有限公司
,97!32!4::7!3511
醢爆〃鈷呼嶼嫄喋僆2899諩
xxx/tiqu/dpn

西气东输工程于 2000 年 2 月启动，2002 年 7 月全线开工，2004 年底正式商业运营。西气东输管道公司成立于 2000 年 3 月。2020 年 10 月 1 日，按照国家油气管网运营机制改革部署，整体划转至国家管网集团公司。公司所辖管网横亘西东、纵贯南北、联通海外、服务万家，形成了“西气东输、南气北上、海气登陆”的多气源、多通道互联互通供气网络，打造了系统完备、安全高效的生产经营管控体系，发挥着国家油气管网骨干枢纽的重要作用。

公司目前主要运营西一线、西二线、西三线甘宁交界以东 5 条干线管道、6 条支干线、17 条联络线、60 条支线，264 座站场、641 座阀室，运营管道总长 16070 千米，途经 20 个省（市、区）和香港特别行政区，形成了“西气东输、川气东送、南气北上、海气登陆”的多气源、多通道互联互通的供气格局，管网年一次管输能力超 1850 亿方，下游用户 613 家。公司现有班子成员 7 名，设有 14 个职能部门、19 个二级单位，管理川气东送、海南省管网等集团公司控股单位 9 个，江苏省天然气、江西省天然气等参股单位 7 个。现有员工 3500 余人，其中党员 1896 人，资产总额超 1900 亿元。自商业运营以来，公司累计实现天然气管输商品量 7259 亿方，管输收入 2625.14 亿元，税前利润 1434.39 亿元（不含天然气销售业务）。

公司先后荣获“全国五一劳动奖状”“全国文明单位”，首届“国家环境友好工程第一名”“国家开发建设项目水土保持示范工程第一名”“新中国成立六十周年百项经典暨精品工程”。“西气东输工程技术及应用”“我国油气战略通道建设与运行关键技术”获国家科学技术进步一等奖。

# 国家管网集团联合管道有限责任公司西气东输分公司

# 上海海能信息科技股份有限公司

配变负荷智能监控及防烧预警管理系统现场带电安装

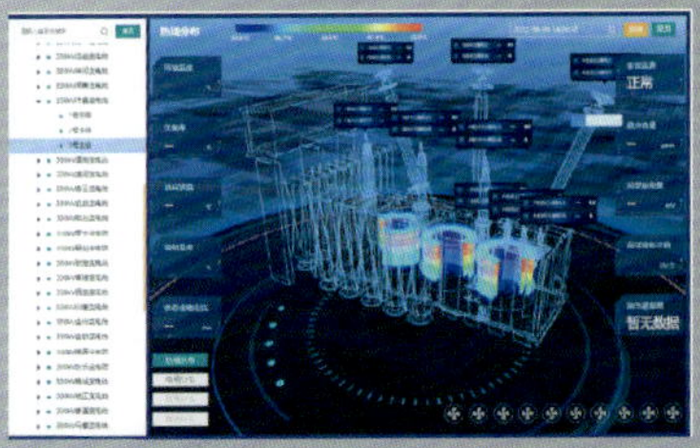

陕西省变电站数字孪生综合感知项目

上海海能信息科技股份有限公司创建于 2003 年 7 月，坐落于张江科学城，是一家集研发、制造、销售、服务于一体的高新技术企业。公司专业从事电力、冶金领域内的关键设备的检测与控制技术，并为实现上述领域内系统设备的状态监测和生产过程自动化提供解决方案，拥有强大的研发、生产能力和完善的销售、服务网络。

公司 2006 年被评为高新技术企业；2012 年公司的工程技术中心被认定为浦东新区区级研发机构；2012 年公司被认定为上海市科技小巨人培育企业；2018 年被评为上海市“专精特新”中小企业、获得张江高科技园区“科技创新最具潜力奖”；2021 年，国家工信部授予“专精特新”小巨人企业称号；2022 年，成为第三批重点“小巨人”企业。

通过研究开发，形成以下 5 大类电力行业产品：

1、变电产品：（1）变压器动态负荷智能管理系统；（2）变压器状态综合感知系统；（3）变压器光声光谱监测系统。

2、输电线路产品：（1）输电线路分布式故障诊断系统；（2）输电线路动态负荷智能管理系统；（3）输电线路关键线夹运行状态智能预警系统；（4）输电线路防外力破坏警示装置。

3、配电网架空线路产品：配电网架空线路动态负荷智能管理系统。

4、配电变压器产品：（1）配变负荷智能监控及防烧预警管理系统；（2）无源无线温度传感器及管理系统。

5、区域电网类：局域电网动态负荷安全经济管理系统等。

公司产品主要为国家电网、南方电网等电力企业服务，至今已有几千套的挂网运行，在线监测装置及其管理系统能够安全、稳定、可靠运行，在解决热稳定限额问题、提升电网经济效益、降控人为决策风险等方面，为广大客户提供了有力的技术和信息支撑，充分展现了公司产品在技术先进性、产品领先性、质量可靠性、运行稳定性、预测科学性和结论可信性等方面的优势，得到了用户的广泛好评。相关应用情况，在 CCTV13 频道和《国家电网报》均有报道。

变压器动态负荷智能管理系统

输电线路动态负荷智能管理系统

# CHINA TOWER 中国铁塔 中国铁塔股份有限公司上海市分公司

中国铁塔股份有限公司上海市分公司（下称上海铁塔）于 2014 年 11 月 18 日揭牌成立。7 年来，上海铁塔快速成长为城市通信基础设施建设的主力军、国家队，勇担 5G 新基建战略先行者重任，坚持统筹集约建设与高质量发展，优质高效推动 5G 规模部署，深化共享内涵，为聚力推进城市数字化转型，助力上海加快建设具有世界影响力的国际数字之都贡献“铁塔力量”。截至目前，上海铁塔拥有站址数量 2.4 万余座，资产规模超 65 亿元，助力上海 5G 基站密度达到 7.6 个 / 平方千米，排名全国第一，5G 分流比超过 30%，成为全国第一个突破 30% 的省份，荣获 2021 年上海市 5G 建设工作表现突出企业。

上海铁塔发挥规模化建设、专业化运营优势，坚持“能共享不新建、能共建不独建”的共享模式，实现行业降本、政府增效、民生受益，得到社会和资本市场的广泛认可。7 年来基站建设规模超行业过去 10 年的总量，共享比例从原有的 13% 大幅提升至 70%，资源利用效率和基站建设速度显著提高，为社会经济高质量发展奠定基础。运营商业务立足成为国际一流的信息通信基础设施综合服务商，截至 2021 年，完成 5G 基站建设 3.7 万个；承建地铁信号覆盖总里程 220 公里；承建楼宇及大型场馆室内信号分布项目 2000 余个，覆盖面积 1.3 亿平方米；为杨浦、南浦、徐浦、卢浦大桥，地铁 18、15、14 号线完成信号覆盖；统筹社会资源，持续推动 5G 基站和精品网建设，助力各行各业的数字化转型与智能化升级。此外，圆满完成历届中国国际进口博览会，“建党 100 周年庆祝活动”“两会”“世界顶尖科学家论坛”等 40 余次重保工作，积极抗击汛期、台风“烟花”“灿都”等自然灾害，受到社会各界广泛认可，确保全市移动通信网络稳定运行。

上海铁塔与徐汇区政府签署《推动徐汇区数字化转型框架协议》

“十四五”开局之年，公司深化“一体两翼”战略，“两翼”业务成为新增长点，铁塔智联立足成为具有核心竞争力的信息应用服务商，加速“通信塔”向“数字塔”转变，利用铁塔资源和互联网，提供数据采集、中高点视频监控等服务，将传统“通信塔”应用于长江禁渔、地震监测、森林防火等工作，融入社会管理，服务千行百业。目前，上海铁塔已经为 31 个行业提供了基于铁塔站址的信息化应用服务，进一步放大铁塔的共享效益。

上海铁塔携手三家运营商与上海城投、隧道股份签署框架协议

铁塔能源立足成为具有核心竞争力的新能源应用服务商，针对轻型电动车续航短、充电难、充电不安全等社会性难题，部署以智能换电网络为代表的新型能源数字基础设施，满足广大居民和骑手们对于安全、便捷充换电的需求。截至目前，已覆盖全市 4000 个点位，服务居民、外卖骑手、快递小哥超过 2 万人，每天充电、智能换电超 4 万次。

目前，上海铁塔已与普陀、杨浦、长宁、徐汇、闵行等区政府签署数字化转型战略合作协议，全方位赋能数字经济转型；与地震局、海事局、气象局、铁路局、绿地集团、国网电力、中国邮政、申通地铁、机场集团、上海信投等 60 家政府、企业签署战略合作协议，合作涵盖绿化市容、市政、环保、气象、地震、海事、公安与应急管理等领域，推动跨行业、跨领域资源共享，共创互利共赢新局面。

铁塔智联利用通信塔实现气象观测，延伸共享内涵。

上海铁塔发力 5G 新基建 助力城市数字化转型

铁塔能源为闵行区七宝万科打造“骑手之家”换电服务站，为骑手提供便捷换电服务。

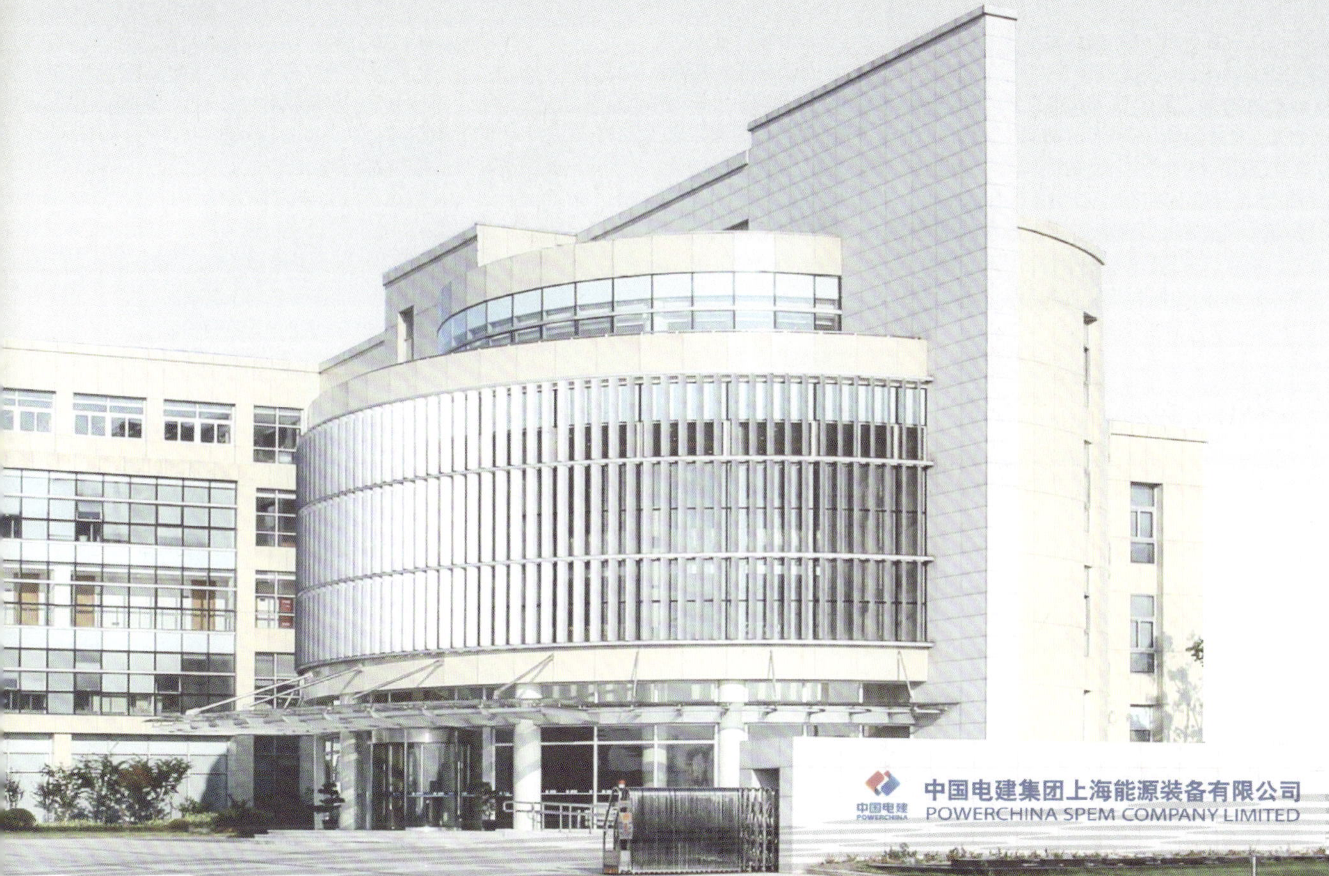
中国电建集团上海能源装备有限公司
POWERCHINA SPEM COMPANY LIMITED

中国电建集团上海能源装备有限公司，原名上海电力修造总厂有限公司，始建于1956年4月，是世界500强企业中国电力建设集团有限公司全资子公司，注册资本金5亿元。

公司秉承“自强不息、勇于超越”的企业精神，长期致力于研发、制造电站调速锅炉给水泵组、高温高压电站阀门、焊接材料、散料装卸机械、特种车辆、生物质发电、脱硫脱硝、光热熔盐泵、电网电气产品、电站节能改造整体方案的提供等，产品远销海外三十多个国家地区，业务涵盖电力、水利、军工、航天、交通、运输、造船、港口、核工业、石油化工、矿山冶金、光热光伏、节能环保等领域。中国电建集团上海能源装备公司以领先的技术，诚信的理念，全方位的顾客服务方案，全球性的战略视野，现已发展成为集产品研发、设备制造、工程成套和技术服务四大功能为一体的现代化能源装备制造企业。

华能如东 300 兆瓦海上风电场工程由中交第三航务工程局有限公司宁波分公司承建，是当时亚洲最大的海上风电场，总投资为 53.2 亿元，装机容量 302.4 兆瓦。该项目建成后，每年节约标煤达 25.3 万吨，减少二氧化碳排放量 54.2 万吨、减少二氧化硫排放量 1209 吨、减少灰渣排放 9.8 万吨，减少烟尘排放 2.3 万吨，节约用水 237.3 万立方米，节能减排效果显著。

据悉，该工程基础结构型式和风机机型多样，基础型式包括单桩基础和高桩承台基础，风机机型包括上海电气 4.0 兆瓦、远景能源 4.2 兆瓦、重庆海装 5.0 兆瓦等。针对不同机型，项目部通过"风华号"支腿船采用单叶片吊装及叶轮整体吊装两种工艺，顺利完成了风机的安装，并创造了 24 小时安装一台风机的记录。

工程 5.0 兆瓦风机叶轮直径达 171 米，为当时国内之最，给风机安装实施及船机设备选择带来不少困难。面对难题，项目团队逐个突破，研发的高性能无收缩水泥基灌浆料，确保了高桩承台靠船套管与钢管桩有效连接。高桩承台预埋螺栓应用了陆域预拼装、海上整体安装工艺，保证了法兰垫板安装精度满足设计要求。开发的桁架式承重系统新工艺提高了工效，同时增加了钢套箱整体安装质量和结构安全系数。

该工程曾获得中国电力科技进步一等奖、优秀设计一等奖、中国水运建设行业协会科学技术二等奖、发明专利 1 项、省部级工法 2 项、质量管理成果奖 2 项、发表论文 6 篇。工程被选入《鸟瞰中国》纪录片，成为新的"中国名片"。

本项目为海上风电大规模建设提供了标杆范本，不仅推动了我国海上风电技术进步、新能源建设再上一个新台阶，也带动了海上风电产业链的持续、健康发展。

# 中交第三航务工程局有限公司

国内首条高架轨道交通——上海地铁3号线

# 中铁上海设计院集团有限公司

中铁上海设计院集团有限公司（以下简称上海院）是全国勘察设计收入50强的国有大型综合甲级设计企业，是世界500强中国铁建下属的核心子企业，持有工程设计综合资质甲级、对外承包工程资格证书等9项资格证书。自2009年以来先后获得了上海市高新技术企业、科技小巨人企业，上海市创新型企业、上海市专利试点企业，通过了上海市企业技术中心认定，2020年入选国务院百户“科改示范行动”科技型企业。公司现有各类用工3000余人，拥有全国工程勘察设计大师1人、享受国务院政府特殊津贴专家3人、省部级专家20余人，在岗职工中中高级职称1600余人、各类注册人员600余人次。

集团大楼

中铁上海院以“一业为本、两个市场、六大板块、五大领域、高质量发展”为总体发展思路，坚持以勘察设计为本，开拓国内、国外两个市场，形成了勘察设计、工程总承包、投融资、全过程咨询、智能制造、运营维管六大板块，拓展铁路、轨道交通、建筑、市政、新兴产业五大领域，实现高质量发展。

本世纪中国在海外修建的最长铁路——安哥拉本格拉铁路

上海院注重科创平台和研发团队建设，以科改示范行动为抓手，以企业技术中心为平台，为员工构建完善的研发机构运营机制。目前，上海院已建立“8+1”研发中心（研究基地）科创平台，分别为城市地下空间技术研发中心、市域铁路研发中心、智慧勘测研发中心、城市运维与智能交通研发中心、综合发展规划与生态保护研发中心、装配式与智慧建造研发中心、特长深埋隧道工程研发中心和区域铁路、市域（郊）和区域城际铁路一体化运控系统工程研究中心以及轨道交通联合研究基地。各中心驻足国内领先、国际先进，坚持自主创新、集成创新与引进消化吸收再创新相结合，在重大技术领域和新兴产业方面发挥研发引领和技术支撑作用，形成上海院专业特色和优质品牌，为“品质铁建”建设提供强大的发展助力。

成都地铁10号线双流机场站

关注福斯中国
微信公众号
高效的金属加工厂
Efficient metalworking
最节能的汽油机和
蒸汽涡轮机
Energy-optimized
gas and steam
turbines
沼气厂
Biogas plants
低能耗引擎和变速箱
Low-consumption
engines and gearboxes
环保的农林业
Environmentally
friendly forestry
and agriculture
风力场
Wind farms
Technology
that pays back
LUBRICANTS.
TECHNOLOGY.
PEOPLE.
FUCHS
德国福斯润滑油
福斯润滑油（中国）有限公司
上海市嘉定区南翔高科技园区嘉绣路888号
电话：+86 21 3912 2000
www.fuchs.com.cn

# 丰罗绝缘材料(上海)有限公司

丰罗绝缘材料作为瑞士一家历史悠久的上市公司，成立于1803年。我们的产品着重于发电机，旋转电机，复合材料和加工。丰罗是全球市场的技术领导者和唯一一家能为电机提供全套绝缘材料，加工设备和服务的公司。

我们为该市场的发展作出了杰出贡献，开发了众多该新技术产品，确保稳步提高输出功率，缩小电机体积。

我们有以下优势可以令客户满意：

所有绝缘材料的一站式资源；

已获得认可的系统组分相容性；

丰罗拥有材料和系统的测试中心；

制造技术和设备；

应用工程咨询服务；

绝缘材料和系统培训。

为满足全球市场的需求，丰罗集团分别在瑞士、法国、意大利、德国、中国、印度、美国等国家和地区建立工厂。

丰罗绝缘材料(上海)有限公司成立于2006年，位于上海市松江区民强路1235号，总建筑面积为4454m²。主要产品应用于低压电气绝缘的柔性复合材料以及耐高压云母带和防火云母带的生产和销售，以及用于高铁的电磁线及绝缘漆。

丰罗绝缘材料(上海)有限公司作为电气行业的绝缘材料供应商之一，也是汽车行业多个著名品牌汽车的一级/二级供应商。

公司年产绝缘纸复合材料500吨、云母带产品600吨、绝缘树脂产品1200吨。公司配备完善的复合分切等生产设备，以及环保和安全设备设施。

## 长春 LNG 应急调峰储备站 PMC 项目

作为长春市城市 LNG 应急调峰储配站工程的项目管理服务单位，公司将为业主提供涉及前期、招标、造价、勘察、设计、工程施工、材料设备等全过程项目管理服务。长春市城市 LNG 应急调峰储配站总占地面积 21 万平方米，工程总投资近 8.3 亿元，项目建成后可实现储气规模 6000 万立方米。该项目的建设，依托中俄东线天然气管道、国家“哈沈天然气干线”天然气资源，对当地大力发展液化天然气清洁燃料项目，改善周边地区大气环境质量，以及保障长春市中心城区供气的安全性、可靠性、连续性和稳定性，促进城市的经济和社会持续健康发展，具有十分重要的政治和经济意义。

## 上海驿蓝能源科技有限公司加氢充电合建站项目

该站是目前全球规模最大、等级最高的氢燃料电池车加氢站，坐落于上海化工区，每日氢气供应能力达到了 1920 公斤，相当于每天可为 100 辆大巴、300 辆商务轻客、500 辆乘用车提供加注服务。该站是全国首个管道输氢的加氢站、全国首个商业化加氢母站和全国首个商业化 70MPa 加氢站，被誉为全国氢燃料建设领域的“技术范本”和“商业模板”。该站还实现了加氢站、充电站的合二为一，通过设计引入智能微电网系统，即光－储－充互补的智慧微网，隧道股份燃气设计公司在充电停车位罩棚上设置了光伏发电系统，为站内设备运行及车辆充电提供了部分电能。其中光伏发电系统容量达到 100kW，储能系统电池容量达到 400kWh，具备并网逆变系统功能。

## 海南中油深南 LNG 储备库项目

由公司设计完成的海南中油深南 LNG 储备库工程，是国内首个二级 LNG 接收站，为 2 万吨以下小型 LNG 船和省级 LNG 车用市场配套服务；该储备库利用高压管道储气和 CNG 装车外输，实现非管输的 BOG 处理工艺，工艺设备成熟可靠，降低项目工程投资；储罐的地基基础设计根据当地地质条件，因地制宜，采用自然地基，在确保安全可靠的前提下，节省工程造价；设计解决了小型 LNG 船舶和与现有装卸臂之间的船岸接口匹配问题。

## 上海天然气主干管网系统工程项目

工程主要包括“西气东输”上海城市输气管网工程（一期）和上海天然气主干管网二期工程两部分。该项目于国内首次在城镇规划敷设 6.0Mpa 天然气超高压管网，并编制了上海市工程建设规范《城镇高压、超高压天然气管道工程技术规程》（DGJ08-102-2003 J10263-2003）；首次提出规划和建设城市天然气安全应急储备体系；首次提出 LNG 调峰气源与高压管道储气联合调峰的方案；建设完成了全国领先的天然气生产调度管理中心；在天然气主干管网设计施工工程中，实现多个突破；填补国内空白，编写上海市工程建设规范《液化天然气事故备用调峰站设计规程》（DGJ08-2014-2007 J10938-2007）。该项目的建设为推动上海市天然气行业的发展起到了决定性的作用，也为我国其他省市天然气主干管网系统的规划建设提供了重要的参考。

# 上海燃气工程设计研究有限公司

# 上海天然气管网有限公司

上海天然气管网有限公司在上海市燃气改革的大潮中应运而生，由申能股份和上海燃气集团共同投资组建，主要负责统一投资、建设和管理上海天然气主干输气管网系统，负责落实各种气源的统一接收工作，供应上海地区各直供大用户和区域性燃气销售公司。

公司自2000年成立以来，按照打造上游气源多元化、统一规划建设“一张网”的模式，在上级集团的支持下，建管并举，主要围绕主干管网规划和建设、天然气供需平衡、管网安全运行、企业自身发展等方面开展工作。

历经二十余年的建设和发展，目前在全市范围内形成了南北贯通、东西互补、两环多射的主干网布局，管网规模发展到800多公里管道，17座有人站，44座无人站，以及液化天然气分公司(5个LNG储罐，总容量32万立方米)，并建立了数字化中央管理控制系统，实现了各种气源的接收。除了向城市燃气销售企业输送天然气外，还直接向电厂、化工等企业供气，年输气规模近100亿立方米。

公司将在做好安全供气的基础上，进一步完善管网布局，提升应急储备能力，为加快上海市能源结构调整以及天然气的综合利用，满足现代化城市可持续发展的要求不断努力。

# 上海立得催化剂有限公司

上海立得催化剂有限公司（以下简称公司）是为打破国外催化剂垄断，于 2000 年由茂名石化公司与上海化工研究院以院企合作模式筹备组建，2001 年 1 月 8 日，由中国石化、上海化工研究院、茂名石化按照 40%、40%、20% 的股份比例投资并正式注册成立，由于 2004 年中国石化催化剂业务重组，公司股权结构变为：中国石化催化剂有限公司持股 60%，上海化工研究院持股 40%。公司位于上海市金山区，坐落于美丽的杭州湾畔，主营研发生产石油化工核心产业链中的高端产品 - 聚烯烃催化剂。

为更好的满足日益增长的市场需求，2016 年，经过 15 年产业耕耘之后，公司通过整体搬迁、扩能升级，建设成为目前拥有 7 条聚烯烃催化剂生产线、1 个模块化催化剂加料系统的撬装制作工场，配套尾气处理系统、公用工程系统、消防安保防护系统。公司聚烯烃催化剂生产工艺绿色环保、简洁高效，具备自行开发并产业化能力，聚烯烃催化剂年生产能力 620 吨 / 年（干基）。

公司产品分为镁 - 钛系、铬系、镁 - 钛 - 钒系三大类，由 SCG、SLC、SLH、SLT、SLS、NTR 和茂金属聚乙烯七个系列共 49 种聚烯烃催化剂组成，配套产品有 5 种模块化催化剂加料系统、2 种催化剂在线还原剂、1 种表面化学处理剂。产品适用于 Univation 气相流化床、Innovene 气相流化床、Borstar 双峰等 8 种聚乙烯生产工艺。

公司坚决贯彻习近平总书记生态文明思想，作为国有精细化工生产型企业，通过推动绿色技术创新不断优化尾气治理、完成清洁能源替代、持续节能减排，将绿色发展理念植入每个成员的自觉行动，形成了极具特色的绿色文化，以央企独有的责任担当践行企业绿色发展的承诺。2021 年，公司入选国家工信部绿色制造名单，荣获“国家级绿色工厂”称号。

公司拥有一支由聚烯烃催化剂专家、产业化开发专家及高端科研人员组成的研发团队，拥有授权专利 33 项、国家科技进步奖 1 项、上海市科学技术进步奖 4 项、中国石油化工集团公司科学技术进步奖 6 项，参与制定了 2 项国家标准和 2 项行业标准，自 2002 年至今持续被评为“高新技术企业”。

公司拥有一支由具有丰富聚烯烃装置生产运行管理经验的高级技术专家组成的技术服务团队，可为广大用户提供聚乙烯装置原始开工指导、各类型催化剂应用、各类专用料开发、催化剂加料系统改造、生产异常诊断、生产工艺优化等方面的一站式、全过程、全方位技术服务。

公司是国内领跑、国际知名的聚烯烃催化剂制造商、供应商和服务商，近年来客户数量、产品销量快速增长。主要客户包括中国石化、中国石油、中国海油以及煤化工领域大型化工企业，海外主要销往中东、印尼、菲律宾、韩国、美国和印度等多个国家和地区。

# 上海明华电力科技有限公司

SHANGHAI MINGHUA ELECTRIC POWER SCIENCE & TECHNOLOGY CO., LTD.

一站式 全方位 精准化

公司遵循“超前性思维、产业性发展、实用性成果”的科技型企业发展思路，积极拓展能源领域的市场需求，致力于能源领域的技术研发、技术服务、技术咨询、技术监督、产品研发与应用推广、工程调试，为能源企业提供强有力的技术支撑和保障，专业面覆盖火力发电、燃机－联合循环、核电（常规岛）、水电、风电、光伏、储能、综合智慧能源、氢能等重点技术领域。

## 发展历程

**1954**

华东电力试验研究所成立，是华东电网下属重要的区域型电力科研机构

**1996**

明华电力作为华东电试院下属负控项目公司成立。

**2007**

华东院电源侧业务整体注入明华电力，以职工持股会民营机制实体化运作。

**2012**

明华电力整建制被国家电投旗下的上海电力全资收购

**2020**

公司深化机制改革，激发企业内生动力，促进企业创新发展

## 资信荣誉

¤ 上海市市级企业技术中心
¤ 上海市高新技术企业
¤ 电力工程调试资质
¤ 特种设备检验检测机构资质
¤ 承试电力设施许可证
¤ 实验室计量认证（CMA）
¤ “三标体系”认证（DNV · GL）
¤ “综合升级改造”性能试验认定单位（国家能源局颁）
¤ 国家守合同重信用企业
¤ 上海市科技小巨人企业
¤ 上海市“专精特新”中小企业
¤ 企业信用评价 AAA 级信用企业
¤ 上海市文明单位
¤ 上海市五一劳动奖状
¤ 上海市工人先锋号
¤ 上海市经济信息化系统党支部建设示范点
¤ 上海市“五一巾帼创新工作室”
……

## 技术机构

国家电投集团仿真技术研究中心
国家电投集团火电产业创新中心热工控制技术分中心
国家电投集团综合智慧能源产业创新分中心
国家电投集团水电产业创新中心试验研究分中心
上海市综合能源系统人工智能工程技术研究中心（共建单位）
上海市大数据联合创新实验室（共建单位）
……

## 业务领域

高效清洁煤电
燃机联合循环
综合智慧能源
新能源（风光储）
环境保护低碳化
常规水电及抽蓄

## 技术体系

USC\CC\CFB\PSU\CHP、设计计算、仿真研究、运行优化、技术监督、智能控制、安全防护、态势感知、工控安全、通讯技术、遥感遥测、交直流微电网技术、失效分析、寿命管理、故障诊断、状态评估、污染物治理、废弃物处理、碳核查、信息技术、数字平台、预测技术、网源协调、泛能互补、泛在物联、火储联合、风光储协调、储能系统集成

地址：上海市杨浦区长阳路 1687 号长阳创谷 E 楼 200090
电话：021－25102222
传真：021－65557000

上海国际旅游度假区新能源有限公司是由华电福新能源股份有限公司、上海申迪(集团)有限公司、上海益流能源（集团）有限公司共同组建,并由该公司负责投资、建设、运营、管理上海迪士尼天然气分布式能源站。

该能源站位于上海国际旅游度假区核心区,占地面积约2万平方米,能源站总装机容量约22MW,集燃气分布式、分布式光伏、充电桩等多种能源和多项先进技术为一体，一站式满足四种能源(冷、热媒水、压缩空气、电)供应需求,是度假区范围内首个功能性配套项目,也是全球六家迪士尼项目中唯一以第三方运维管理的配套分布式能源站,共同打造了中美双方"迪士尼全球标准与本地最佳实践相结合"的典型案例。

该能源站按照以冷 / 热定电的原则设计 , 采用将能源站集中控制系统与用户侧能源管理系统有效集成,可根据用户侧能源需求情况适时调整站内各子系统的运行工况,在适时满足用户侧能源需求的同时,保证站内各系统始终处于高效运行状态；采用了大温差制冷技术,可实现9.6度大温差,降低了系统的整体能耗,提高余热设备效率；采用了冷热调峰设备满足了用户不同时段的能源需求,同时通过水蓄冷技术的运用将在低谷时多余能量收集起来,在高峰时释放出去,从而大大提高了整个系统的能源利用效率,实现能源的梯级利用。

2016年以来,上海国际旅游度假区新能源有限公司开展分布式光伏发电项目,建设规模770kW,包括地面光伏370kW,光伏车棚44kWp,屋面光伏286kW,风力发电6kW以及利用旧电池配置1套3kW/10kWh储能。采用330Wp单晶硅组件及2台3kW微型风力发电机，每年可为电网提供清洁电能40.4万kWh。按照火电煤耗每度电耗标准煤306g,投运后每年可节约标准煤120吨，减排二氧化碳为321吨，减排二氧化硫为3吨。此外,每年还可减少大量的灰渣及烟尘排放,节约用水,并减少相应的废水排放,有力地推动当地的绿色新能源的发展。

上海国际旅游度假区新能源有限公司在保障供能的前提下，节约标准煤2万余吨/年，减排二氧化硫1000吨/年,烟尘160吨/年,二氧化碳约6万吨/年，大大降低了主题乐园的开发和运营成本,将园区的能源利用效率提高了三倍,同时减少温室气体排放60%,对于保护地区生态环境、发展低碳经济具有重大意义。

# 上海神力科技有限公司

## 一、简介

上海神力科技有限公司，成立于1998年6月，是我国第一家从事国产质子交换膜燃料电池产品研发和生产的新能源高新技术企业。自成立开始，始终专注于燃料电池技术的研发与产业化应用，公司以质子交换膜燃料电池技术研发、系统集成、电堆及核心零部件的研发、生产制造和产业化实践作为发展目标，是国内燃料电池技术研发和产业化的先行者，是中国燃料电池行业的旗帜性企业。

神力科技汇聚国内外燃料电池的中坚力量，核心技术团队在燃料电池系统、电堆和柔性石墨双极板方面积累了丰富的产品开发经验，建立了完整的正向开发体系和流程，先后开发了5代燃料电池系统和电堆，累计申请专利600多项，在中国燃料电池企业中排名第一，起草近40项国家、地方和团体标准。

公司专注于燃料电池自主技术研发和批量化生产，拥有深厚的技术积累。在过去20多年中积累了大量的设计经验、测试数据、研究方法等，形成了一套特有的技术开发流程，掌握了燃料电池开发和应用中的核心技术，掌握双极板等核心零部件设计、电堆集成到测试装备的正向开发能力。秉承“核心技术买不来”“落后就要挨打”的理念，技术团队夜以继日地攻坚克难，实现了柔性石墨双极板的全国产化和批量化，突破了大功率石墨板电堆的技术难点，率先实现了燃料电池大功率系统的集成优化，公司通过自主技术积累和创新保障来生产的燃料电池产品具备与国际先进水平竞争的性能和质量。

自2017年起，神力科技率先在国内投入上亿元建设燃料电池测试中心，建立了材料级、电堆级、系统级多维度验证评价体系。积累各种测试协议3600多项，3年内累计各类测试验证时间超过13万小时；拥有自主知识产权的数据自动化分析专家系统，可自动处理20多种测试项目。2019年8月成为国内首家获得CNAS认可的企业燃料电池实验室，并于2021年获得扩项批准，累计有97项检测能力获得认可。公司测试中心出具的结果报告可获国际承认。

## 二、发展历程

神力科技承担了从“九五”至“十四五”40多项国家“863计划”等重大专项课题。作为主力参与了2008年北京奥运会、2009年美国加州伙伴计划和2010年上海世博会等重大示范运行项目，装载有神力科技燃料电池发动机的乘用车和商用车累计50余套。在本次2022年北京冬(残)奥会上，有455辆搭载有神力科技自主燃料电池产品的车辆在冬奥赛场上承担运动员、工作人员、志愿者和运动员生鲜食物的运送。

## 三、资质荣誉

神力科技荣获中国交通运输领域特等奖、上海市科学技术发明一等奖、北京市科学技术进步一等奖、上海市科学技术进步奖、科技奥运团队合作奖、世博会先进集体等荣誉称号。公司拥有上海市燃料电池电堆及材料工程技术研究中心、上海市“专精特新”企业、上海市企业技术中心、院士专家工作站、上海市科技小巨人企业、上海市专利示范企业、上海市服务型制造示范平台、上海市科普教育基地等称号。

## 四、产品应用

神力科技自主开发的新一代燃料电池石墨板电堆实现了单堆146kW、双堆288kW，堆芯体积功率密度≥ 4 kW/L，设计寿命≥15000小时，-35℃低功率快速自启动和-40℃低温储存。

该产品通过超薄膨胀石墨板设计开发、高可靠性单电池密封结构设计、高集成化和高电气绝缘性的复合端板设计、宽操作条件和高性能优化等创新举措的应用，使产品的安全性、通用性、环境适应性、经济性、耐久与可靠性得以大幅提升。

全自主燃料电池产品累计出货量超过200 MW，在全国16个省市自治区实现装车运行1000余台，累计行驶里程超过4000万公里，累计行驶时间超过130万小时。

神力科技 SinoFuelCell

# 上海神力科技有限公司

## 五、2022年北京冬(残)奥会示范应用

神力科技作为燃料电池届的双奥“选手”，服务过2008年北京奥运会和2022年北京冬奥会。本届冬(残)奥会上，神力科技不仅提供燃料电池产品，同时还承担着冬奥会、冬残奥会交通运输领域保障任务，以保障冬(残)奥会的顺利进行。

神力科技燃料电池产品在-30℃极寒低温环境下无辅热启动，上至1900米高海拔，绕过14道弯，在以“山连山，连绵不断，沟套沟，难以计数”闻名的张家口崇礼赛区里，从容应对极寒山区环境。

自冬奥开幕式之后，神力科技保障人员24小时守候。他们连续奋战42天，累计值守672小时，坚持赛前3小时、赛后1小时，全面开展车辆巡检和保养工作，坚持“零故障、零缺陷、零失误”标准，做好每一项保障工作。

本届冬(残)奥会上，约有一半的氢燃料电池汽车搭载了神力科技燃料电池产品，车辆沿太子城高铁站－云顶滑雪公园站、冬奥村－跳台滑雪站、跳台滑雪站、越野滑雪中心等路线承担冬(残)奥会运动员、裁判员、工作人员的转运工作，总行驶里程约110万公里，运行服务时长超36000小时，累计减少二氧化碳排放量逾千吨，相当于种植了6万颗梭梭树，兑现了绿色冬奥对世界的承诺。

中国以实际行动兑现“绿色办奥”的庄严承诺，也向世界集中展现了中国坚持绿色发展、建设美丽中国的坚强决心和不懈努力。神力科技作为绿色科技燃料电池产品供应商，为安全、精彩的冬奥盛会做出了积极贡献。

## 六、国内首款量产氢燃料电池轿车搭载神力科技电堆

中国首款量产氢燃烧电池轿车长安深蓝SL03搭载神力科技电堆，于今年4月正式亮相。

在过去两年中，神力科技团队与长安新能源团队紧密合作，为深蓝SL03氢电车型量身定制了一款电堆产品B970，以保证系统的最优化设计。作为国内首款量产车型，长安深蓝的氢燃料电池系统可实现1kg氢气发电20.5度的超高发电效率，综合工况续航里程可达700km以上，“CLTC工况下”百公里氢能耗只需0.65kg，可实现3分钟超快补能。神力科技通过与长安新能源的合作开发，将商业化应用场景进一步拓展到燃料电池乘用车领域，为国内燃料电池乘用车发展注入加速剂。

# 巴斯夫催化剂（上海）有限公司

## 单位概况

2006年6月，巴斯夫并购安格公司，并于次年7月更名为巴斯夫催化剂（上海）有限公司。公司生产机动车排放控制催化剂，用于汽油车、柴油车及摩托车。公司于2000年7月起投入商业运营。

作为全球领先的催化剂供应商，巴斯夫在废气排放控制领域有着卓越的技术成就。所生产的催化剂产品在市场上有着广泛的应用，包括汽车、摩托车和柴油机等三大领域，如汽车尾气三元催化转换器、摩托车尾气催化剂、柴油机尾气催化剂等。这些产品保护着我们共同呼吸的空气。

巴斯夫催化剂（上海）有限公司以优质的解决方案服务于客户，能够帮助客户满足国家现行排放标准以及将来更加严格的汽车尾气排放标准。其技术一直在同行业中占有领先地位，并在扩大产能、技术研发方面都有很大的投资，以保持其长期以来对市场的承诺，我们将继续竭诚为中国市场及客户提供最优质的服务。

巴斯夫催化剂（上海）有限公司一贯重视产品质量管理与提高，同时致力于环境保护，对相关环境因素进行科学管理和持续改进，已通过了TS16949质量管理体系、ISO14001环境管理体系、ISO50001能源管理体系、OHSAS18001职业卫生安全管理体系。

## 社会责任

巴斯夫催化剂和中国环境科学研究院（环科院）保持长期研发合作，在过去10年成功研发合作基础上，巴斯夫于2014年签署新的战略合作协议，携手应对严峻的大气污染问题，特别是北京和华北地区的雾霾。

中国环境科学研究院隶属于中华人民共和国环境保护部，是国家级社会公益非营利性环境保护科研机构。双方的合作将聚焦三大领域：首先，巴斯夫和环科院将共同研究中国市场汽车后处理装置的试验评价与监管，借鉴欧洲和北美的先进经验，为制定相关的技术政策和监测措施提供支持；另外，双方也将联合开展中国在用汽车排放状况研究；以及节能环保领跑者技术研究。

在巴斯夫催化剂，我们将经济效益、社会责任及环境保护结合在一起，通过研发与创新，帮助客户在各行各业满足当前和未来的社会需求。不仅多次获得客户颁发的优秀供应商奖项，更获得行业协会等组织颁发的奖项。

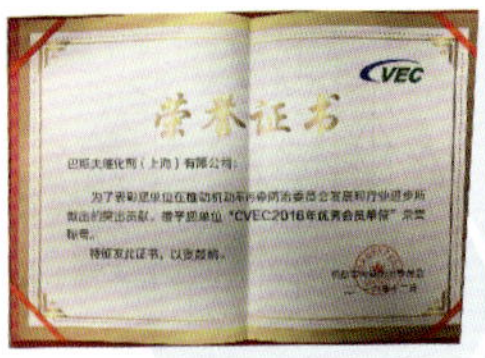


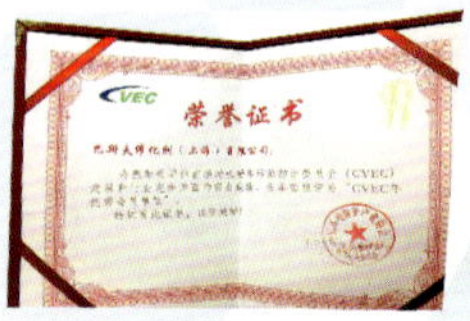

## 单位文化

根据“创造化学新作用”这一战略，巴斯夫制定了远大的目标，继续巩固全球领先化工公司的地位。我们致力于推动可持续发展的未来，并将其融入公司宗旨：创造化学新作用——追求可持续发展的未来。我们希望创造一个充满活力的未来，为提高每个人的生活品质作出贡献。为此，我们充分利用现有资源，为客户和社会创造化学新作用。

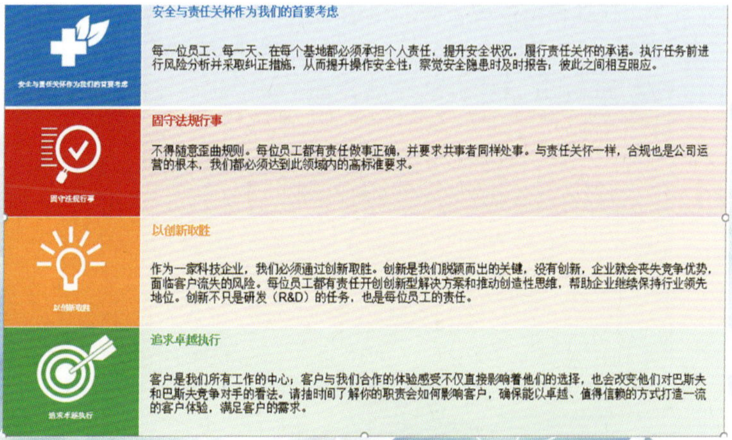


1. 我们从以下方面落实企业宗旨

负责任地进行采购与生产／成为公平可靠的合作伙伴／汇聚创新思想，发掘满足市场需求的最佳解决方案

2. 我们的战略原则

凝聚集团整体力量增加价值。巴斯夫的一体化理念在业内独树一帜。涵盖生产一体化、技术一体化、专知一体化以及全球所有相关的客户行业，这个复杂而又具有盈利性的体系将在未来不断扩大。我们以此整合自身优势，凝聚集团整体力量增加价值。

追求创新帮助客户更加成功。巴斯夫将更贴近客户需求，利用创新的可持续发展解决方案帮助客户获得成功。通过与客户及研究机构的密切合作，巴斯夫整合了化学、生物、物理、材料科学、工程等领域的专业知识，共同开发定制产品、功能性材料、系统解决方案和工艺技术。

引领可持续发展的解决方案。未来，可持续性更是新商业机遇的起点。因此，巴斯夫高度重视可持续性与创新，并将其视为促进盈利增长的重要动力。

建立最佳团队。全球敬业称职的优秀员工是巴斯夫追求可持续发展未来的关键因素。为了建立最佳团队，我们为员工提供了优越的工作环境和具有包容性的领导文化，鼓励相互信任、相互尊重，并追求最高绩效。

3. 我们的价值

公司战略的成功实施取决于我们如何行动：这就是我们价值观的意义所在。这套价值观将引导我们与社会、合作伙伴和同事之间的互动与协作。

创造力：为了寻求创新和可持续发展解决方案，我们勇于追求大胆设想。我们集合不同领域的专业知识，建立合作伙伴关系以开发增值的创新解决方案。我们不断改进产品、服务和解决方案。

开放性：我们重视多元化一无论是人、观点，还是经验。我们鼓励以坦诚、尊重和互信为基础的对话。我们致力于发展人才，不断提高他们的能力。

责任感：我们承担作为社会一员的责任。因此，我们严格遵守合规标准，并且在安全方面从不妥协。

企业家精神：无论作为个人还是一个团队，巴斯夫的所有员工都为公司的成功作出贡献。我们将市场需求转化为客户解决方案，而取得这些成就源于我们对工作的全心投入，并勇于承担责任。

# 上海金发科技发展有限公司

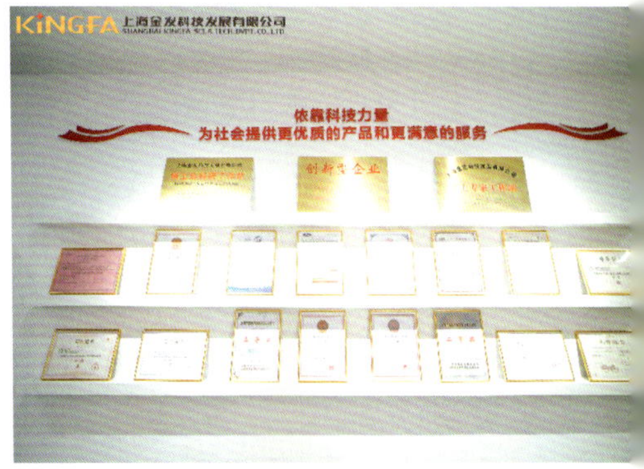


上海金发科技发展有限公司是一家专业从事先进高分子新材料研发、制造、销售和服务的高新技术企业。公司位于青浦区朱家角工业园区，正式成立于 2001 年 10 月，注册资本 3.7 亿元，占地面积 285.12 亩。

公司注重高层次、复合型、创新型人才团队建设，重视提升企业的研发创新能力，建立了上海市认定企业技术中心、上海工程塑料功能化工程技术研究中心、企业博士后科研工作站和院士专家工作站，采用引进和培养相结合的方式构建以中青年专家为主的人才梯队，形成一支学术水平高、创新能力强、结构合理的研发团队。研发团队中博士 18 名，硕士 153 名，包括了全国劳动模范、全国五一劳动奖章获奖者、国务院特殊津贴专家、上海市领军人才、上海市优秀技术带头人、上海工匠、上海市青年科技启明星、上海市青年五四奖章等技术骨干。

公司每年投入大量资金用于科技研发活动，不断根据市场需求，开发具有领先水平的先进高分子新材料。累计申请专利 1545 件(含联合申请)，其中发明专利超过 81.2%，提交 PCT 申请的专利 50 项，累计授权专利 693 项。制修订国际标准 3 项、国家标准 17 项、行业标准 3 项、团体标准 2 项以及企业产品标准 40 余项，技术达到国际先进水平。先后承担国家重大产业技术开发专项、上海市高新技术产业化重点项目、上海市科研计划项目等重大项目。

上海金发科技始终坚持以社会利益为兴企之本，以产业报国为己任，勇于承担社会责任，力争用金发力量为公众创造价值，为经济发展贡献力量，为社会进步发挥作用。

# 运研材料科技(上海)有限公司

运研材料科技(上海)有限公司是一家致力于功能性新材料研发、制造和销售的国家高新技术企业，总部与研发中心位于上海临港松江科技城，是上海市科技小巨人培育企业和上海市松江区一类重点扶持企业。在山西运城投资建设了一座占地 50 余亩，拥有 4 个甲类车间的现代化新材料工厂，工厂主要从事微球材料的生产。

公司专注于微球的研发和生产，产品广泛应用于光伏减反射涂层、电子标签涂层、自修抗污涂层、汽车轻量化、舰船内饰、高铁内饰、航天航空，军工装备制造以及鞋材纺织等其他材料减重等相关领域。公司研发的热膨胀发泡微球，成为了国内唯一的具有生产装置的内资企业，完成了国外产品进口替代，填补了国内在这个行业的诸多产品空白，保障了国家在这个行业的供应链安全。运研光伏材料涵盖光伏玻璃减反射涂层和高反涂层，并成功研发出双层减反射镀膜液，目前性能行业领先。

运研依靠雄厚的技术力量，先进的合成理念和生产工艺，严谨的管理方式，着力打造“SK”和“RICC”两大新材料业务品牌，愿景是成为高分子功能材料领域最具前瞻性、竞争性、创新性的领导者，建设具有国际竞争力的科技企业集团。

上海实业振泰化工有限公司是由上实投资(上海)有限公司、上海奉贤工业总公司、上海宗巍科技发展有限公司三方合资组建的混合所有制企业(国资占主导),前身为建于1970年的奉贤盐化厂,为奉贤县与华东师范大学联合在奉贤柘林镇筹建并作为华东师范大学化学系的教学实习基地的地方全民国有企业。1988年,再次与华东师范大学协作,重新引进华东师范大学化学系特种硅钢级氧化镁生产技术,生产特种硅钢级氧化镁产品,供武汉钢铁公司应用,填补了国内空白。1992年,企业从柘林搬移扩建到位于奉贤区南桥镇运河北路588号的现址。2022年期间,位于舜工路30号(上海化学工业区内)的新厂区扩建工程已经基本建设完毕,近期即将投入生产,现已拥有年产30000余吨特种氧化镁系列产品产业基地和年产30000余吨的原料配套基地。公司是拥有自主知识产权、集科研、生产、销售一体化的专业镁系列产品的现代化企业,目前拥有知识产权34项,其中授权专利15项,有5项为高价值专利,2020评为上海市专利试点企业。

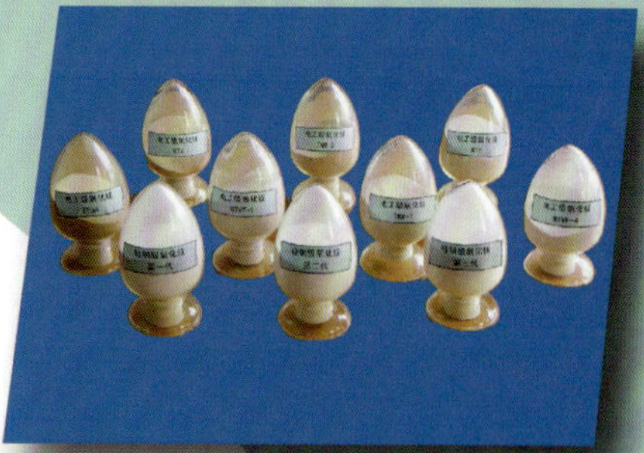

公司现有资产3亿元,员工143名,研究生、本科生等科研人员占职工总数的30%以上,研发经费投入占销售总额的4%以上,年产值达到2亿元以上。

公司长期坚持以市场需求为导向,以科技创新为手段,以华东师范大学、上海应用技术学院等大专院校为技术后盾,建立了科研—生产—销售为一体的完整的技术创新体系,完成了从重大原材料结构的调整、生产工艺技术改革,到成功开发适应市场需要的产品的全过程,打造了个性化的、独特的、强于他人的、能保持企业长期稳定发展的竞争优势。

振泰品牌产品技术领先、品质稳定、服务优质,历年来销售持续增长。其主打产品特种硅钢级氧化镁产品曾荣获国家教育委员会颁发的科技进步一等奖、上海市优秀产学研联合工程项目一等奖。产品被评为上海市新材料优秀产品、中国化工行业卓越品牌等。公司全面实施贯彻ISO9001:2000质量管理、ISO14001:2004环境管理、OHSAS18001-1999职业健康安全管理体系认证。连续被认定为上海市高新技术企业、上海市外商投资先进技术企业、上海市专精特新企业。并获得全国精神文明建设先进单位、全国重合同守信用单位、全国模范职工之家、上海市文明单位等多项殊荣,被全国轻工业协会评选为全国轻工业百强企业专项能力榜单等。

# 上海实业振泰化工有限公司

全市首家数字孪生水厂--南市水厂

黄浦江上游水源地金泽水库新增取水泵站工程

泰和污水处理厂

中共一大会址重点保障区域防汛应急演练

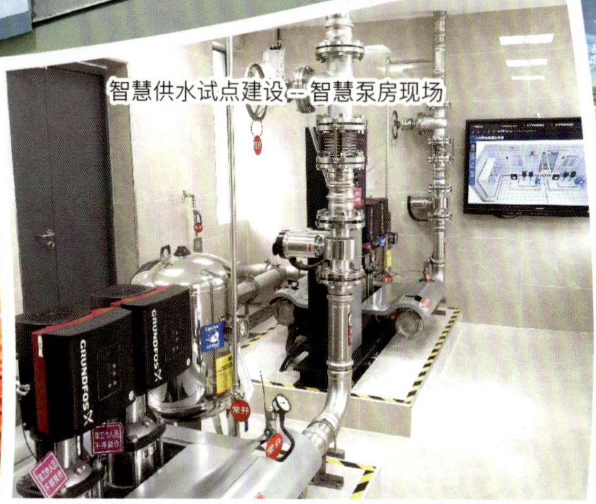

智慧供水试点建设--智慧泵房现场

城投水务数字孪生与仿真平台

上海城投水务(集团)有限公司成立于2014年，隶属于上海城投(集团)有限公司，从业人员近9000人。

集团以保障民生、服务社会、提供公共产品和服务为主要目标，全力满足上海市经济和社会发展对供排水的需求，承担中心城区和部分郊区的原水与自来水供应、防汛排水、污水处理、污泥处置和水务领域重大工程建设，为上海市提供水务整体保障。

供水热线员工在接听用户来电

集团拥有原水供应能力1810万立方米/日，原水管渠长度435.64公里；自来水供应能力902.3万立方米/日，服务面积约1836平方公里；防汛能力2195.8立方米/秒，排水干线长度189公里；污水处理能力512.3万立方米/日，污泥处理能力1062.25吨干基/日。

经过近年来的业务整合及转型发展，集团已成为具有核心竞争力的水务领域重大项目建设主体和城市安全运营主体，在供水水质、资产规模、科研水平等方面均居国内同行业领先水平，是全国单体城市综合水处理能力最大的企业之一。集团先后荣获全国模范劳动关系和谐企业、上海市五一劳动奖状、上海市质量管理奖、上海市重点工程实事立功竞赛金杯公司、市国资委红旗党组织等多项荣誉称号，多个工程荣获中国建设工程鲁班奖、中国土木工程詹天佑奖，并涌现出了全国劳模、上海市劳模、上海工匠等一批先进典型。

集团牢牢把握卓越的水务基础设施和公共服务整体解决方案提供商这一定位，致力于当好城市建设和运营管理的主力军，当好服务全市重大任务的突击队，争做国企改革和创新发展的先行者，对标"最高标准、最好水平"，努力成为全市经济高质量发展和高品质生活的助推器，成为城市精细化管理的标杆和生态环境保护的标兵，在上海建设卓越的全球城市、生态之城和超大城市精细化管理中发挥更大的作用。

**企业使命：城市水务保障者·和谐生态营造者**

**企业愿景：让城市生活更美好**

**核心价值观：创新、专业、诚信、负责**

**理念文化：百年上海水务·追求卓越品质**

黄浦江上游原水系统--金泽水库

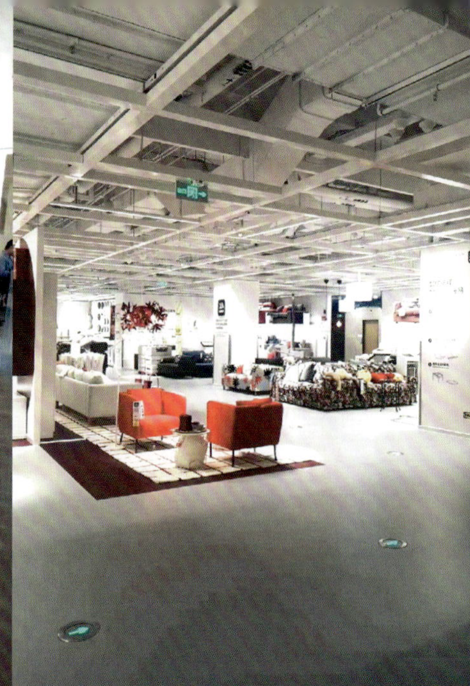

# 上海舜睿新材料股份有限公司

上海舜睿新材料股份有限公司成立于2012年，专注于地面新材料技术领域的研究开发与应用，于2020年通过国家高新技术企业认定，成为国内装饰新材料行业创新标杆性企业，并致力于推动环保节能装修新材料的健康发展。同时本公司为中国建筑装饰材料协会和中国建筑装饰行业协会会员单位。主要经营PVC塑胶地板，橡胶地板，亚麻地板，运动地板，SPC石塑地板，WPC地板等新型环保装饰材料，被广泛应用于办公楼、酒店、学校、医院、养老院、幼儿园、展览馆等各精装修场所，引领行业流行新趋势。公司本着以人为本，服务至上的经营理念，通过几年的市场耕耘及不断加大研发，将众多新技术，新材料应用于国内各大标志性工程项目中，已为微软中国、欧莱雅、平安集团、太平人寿、汉堡王、万豪酒店、香格里拉酒店、国家电网、东方航空、上海电气、戴姆勒汽车、上汽集团、VOLVO汽车、SOHO中国等多家世界五百强企业，以及中国建筑，上海建工集团等国内知名建筑工程企业提供优质的产品及服务。同时公司拥有技术精湛，服务一流的安装及售后团队，欢迎各行业人士，新老客户咨询洽谈，合作共赢。

# 上海紫泉标签有限公司

上海紫泉标签有限公司成立于 2002 年，投资总额 4500 万美元，公司于 2010 年在广东清远投资成立了广东紫泉标签有限公司。公司主要生产热收缩膜标签、绕贴标签、不干胶标签、模内标签、LDPE 弹性标签等各类标签、高透明 PE 热收缩彩膜以及卫生用品包装等产品。年产销各类标签 300 亿张、高透明 PE 热收缩彩膜 1.5 万吨、卫生用品包装袋 8 亿只。

公司拥有从日本、意大利、丹麦、德国引进的生产设备和质量检测设备数十台。这些国际一流水准的设备为确保产品的质量奠定了物质基础。

公司注重管理和技术创新，通过了 DNV 的 ISO9001:2008 质量体系认证，又先后实施了 ERP、6S、SOP、TPM 等管理。公司设有技术研发中心，具有雄厚的技术实力，现有国家发明专利授权 8 项，实用新型专利授权 14 项，是上海市高新技术企业和上海市科技小巨人企业。

多年来，公司与可口可乐、百事可乐、宝洁、联合利华、雀巢等国际品牌建立了良好的合作关系，也是农夫山泉、统一、伊利、光明等众多国内知名企业的主要供应商。

紫泉作风：脚踏实地地干、只争朝夕地赶

紫泉精神：胸怀大志、脚踏实地、励精图治、争创一流

地址：上海市闵行区颛兴路 1288 号

电话：021-51598200

青岛国际会议中心

萧山机场

前海国际会议中心

埃及新行政首都 CBD 项目标志塔工程

上海 JW 万豪项目 .

西安幸福林带绿化效果图

中装协科学技术奖
科技创新工程奖 2 项

华夏奖 1 项

中装协科学技术奖
科技创新成果奖 3 项

山东省建筑科学技术奖 3 项

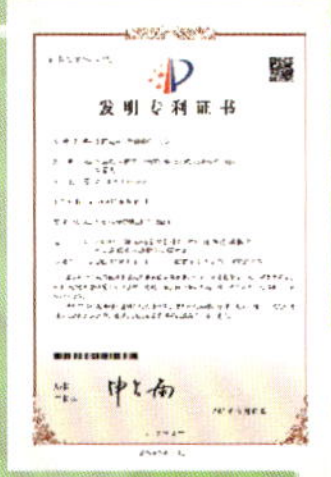


授权专利 285 项
（其中发明专利 23 项）

中安协科学技术奖 1 项

詹天佑奖 4 项

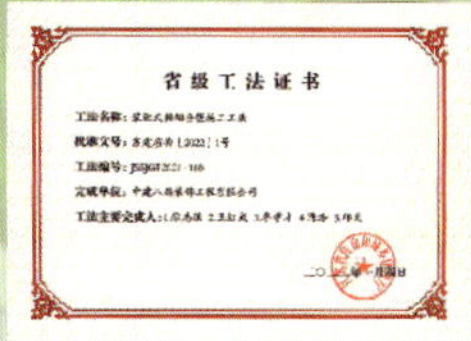


国家级工法 2 项

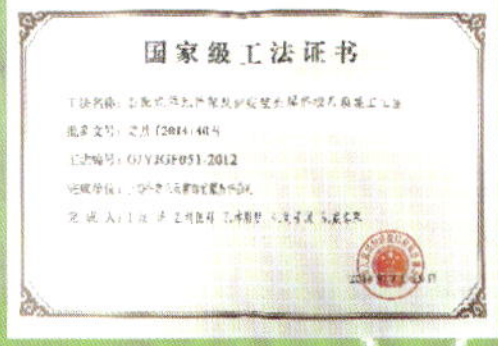


省部级工法 43 项

## 铁军传承，匠心缔造建筑品质

作为重大工程建设的专业主力军，中建八局装饰公司积极参与“长三角”地区建设，始终践行“履约为先、服务至上”的理念，完美履约上海地铁 15 号线、18 号线，上海中金所、览海康复医院、国家会展中心、JW 万豪侯爵酒店等重点项目，交付了章堰村、百联大厦、三湘大厦等乡村振兴、旧城改造和民生工程，企业品牌不断擦亮。

积极响应上海市立功竞赛总体部署，以“建功十四五、奋进新征程”为主题，以“三保三促”为目标，以“五比五赛”为内容，开展长三角地区重点工程劳动竞赛。以竞赛为平台，推进学习培训、技能比武、关心关爱三大平台建设，不断促进产业工人技能素质提升；着力发挥铁军文化优势，将党建联建、创双优、三号联创等内容融入竞赛活动，不断丰富竞赛内涵，强化竞赛影响力；多渠道多方式广泛宣传，营造浓厚竞赛氛围，充分激发职工参与热情，有力推动公司科技创新及成果转化。疫情初期，英勇逆行，不辱使命，援建武汉雷神山医院，践行央企担当，彰显铁军风范。

公司荣获上海市五一劳动奖状、上海市文明单位、上海市模范集体、上海市重点工程实事立功竞赛“金杯公司”“先进集体”等多项殊荣。

# 上海东隆纺织科技(集团)有限公司

上海东隆纺织科技(集团)有限公司成立于 1997 年,位于上海市青浦区,是一家集研发设计、生产销售为一体,功能齐全、设备先进的现代化纺织服装企业。公司通过实施"集团化、国际化、高端转型"的多元化发展战略,成为拥有境内外 21 家分支机构的中大型企业集团。2021 年集团旗下公司实现销售收入共计约 38 亿元,实现净利润 3.15 亿元,上缴税金超过 8000 万元。

有一种温暖叫羽绒,有一种羽绒叫东隆,羽绒是东隆的灵魂。上海东隆依托近 30 年的生产管理经验,不断完善优化自身的产业链结构,建成了一条从鸭鹅养殖到羽绒原料到服装、家纺制品设计生产的完整产业链条,现有 14 个生产基地,分布在江苏、安徽、图们、河南以及缅甸等地区。作为一家生产型企业,东隆始终坚持用心做好制造业,始终将产品的品质放在第一位,连续通过 ISO9001 质量管理体系、ISO14001 环境管理、OEKOTEX100 安全信心纺织品 、RDS 羽绒追溯以及 IDFL 国际羽绒实验室 DOWNPASS 认证,安全生产标准的认证,确保每一件东隆生产的产品不断满足客户的需求。

上海东隆先后获得中国羽绒行业杰出贡献奖、中国羽绒行业功勋企业、中国羽绒行业优秀企业、上海市品牌培育示范企业,连续多年评为上海市工业销售收入 100 强、上海民营企业 100 强等荣誉称号。

上海东隆不断努力创新,围绕产品研发,发扬工匠精神,使"东隆"产品在国际国内并进,不断提升东隆的品牌价值,创建羽绒第一品牌,争做行业的领头羊。

MERCURY

水星家纺

## 品牌文化

上海水星家用纺织品股份有限公司是水星控股集团下属主要成员企业，也是中国现代家纺业的重要奠基者。经过十多年的发展，已快速成为集研发、设计、生产、销售于一体，专注于家用纺织品行业的专业化、多品牌企业，公司生产、销售、渠道规模及综合实力居行业前三，2009 年通过上海市高新技术企业评审，2017 年成功登陆上海证券交易所。公司坐落于上海奉贤综合工业开发区，下辖上海百丽丝家纺有限公司、上海水星电子商务有限公司、河北水星家用纺织品有限公司、浙江星贵纺织品有限公司、上海水星家纺海安有限公司、上海水星家纺海门有限公司等，拥有“水星”“百丽丝”两大著名家纺品牌。

公司总部工业园自主生产能力处于同行业领先地位，拥有国内先进的电脑绗缝、制被等多条生产线，实现了“日产万件，衣被天下”的生产能力。公司按照现代企业制度的标准，结合自身实际不断规范企业管理，从 2001 年开始先后导入并在同行业中率先通过 ISO9001、ISO14001、0HSAS18001 管理体系认证以及 ERP 信息系统建设，在质量、环境、安全、职业健康、信息管理方面在同行业中处于领先水平。

公司产品涵盖床罩多件套、被子、枕芯、单件组合、靠坐垫、儿童用品、夏令用品、毛毯等八大系列 300 多个品种。一直以来坚持“人无我有、人有我优”的产品开发原则，始终贴近广大消费者的真实消费需求，使老百姓消费得起的、有品位有档次的床上用品走进了千家万户。

水星家纺采取以连锁专卖为主要销售方式的特许营销模式，营销网点遍布全国各省市，目前在全国各地拥有 2700 多家专卖店、商场专柜。在追求渠道网络数量拓展的同时，公司特别注重网络质量的提升，通过在全国建立区域营销中心不断强化对营销网络的规范化管理，形成了以经销商、直营和电商销售渠道为主，国际贸易、电视购物、团购为辅，形式多样、消费者覆盖广、成长空间大的规模化立体销售网络。

公司在行业内较早实施品牌战略，通过产品品质、CIS 形象推广、市场宣传等方式在国内外树立了良好的品牌形象。先后荣获“中国驰名商标”“中国 500 最具价值品牌”“中国纺织服装行业品牌价值 50 强企业”“中国纺织工业协会开发贡献奖”“上海市文明单位”“上海市五星级诚信创建企业”“奉贤区第七届区长质量金奖”、2018 年中国纺织工业联合会“重点跟踪培育的中国服装家纺自主品牌企业”“2019 年上海民营企业 100 强”“2020 年奉贤区工商联（总商会）抗击新冠肺炎疫情先进单位”等一系列荣誉称号。

公司高度重视科技创新工作，致力于高性能、绿色环保及可降解纤维为主体材料的家纺产品的研究与开发。采取与国内专业院校、科研机构合作，建立家纺技术中心、家纺实验室、研究生实习基地，通过整合社会行业资源，优势互补，互惠互利，共同开展家纺技术研究和开发，推动行业技术攻关和突破，2016 年度奉贤区中小企业专利新产品项目（天丝和精梳棉交织超柔家纺套件）、天猫家居家纺 2017 年度最具影响力品牌、天猫“TES 年度消费者最喜爱品牌”、2017 年度纺织十大创新产品（黄金搭档被）、2018 年度十大类纺织创新产品（丝路传奇）、2019 年硅藻土纤维科技获得中国纺工联“科技进步二等奖”，并建立了上海市科协“院士专家工作站”、2020 年度质量口碑典范品牌、中纺联 2020 年科技进步二等奖（功能性微胶囊制备及应用关键技术研发与产业化）。截至 2019 年年底，获得发明专利 36 项，实用新型专利 39 项，外观设计专利 76 项，并有多项发明专利处于受理和实审阶段；先后被认定为工信部“工业企业知识产权应用试点企业”“上海市知识产权优势企业”“上海市专利工作示范企业”“上海市专利试点（培育）企业”“奉贤区小巨人企业”“奉贤区企业技术中心”“奉贤区纤维新材料工程技术研究中心”。

# 上海大博文鞋业有限公司

DX1-511 白高帮升级

DM9925-1 深兰

DM9926 荧光绿

FY-21L040 粉

FY-21L010 米

DT14-01 白

**公司介绍：** 上海大博文鞋业有限公司是经上海市市场监督管理局浦东分局批准注册的企业。公司成立于一九九三年，是由上海兰生股份有限公司和上海大孚橡胶总厂组建，隶属上海国资委东浩兰生集团下属企业。大博文飞跃鞋的传承历史可追溯到上世纪三十年代的大孚橡胶厂，跨越了几代人。主要生产橡胶布面运动鞋、休闲鞋。产品曾获上海市名牌产品、全国质量检验稳定合格产品等称号。

**品牌故事：** 大博文飞跃以其式样朴素、美观大方、海绵中底、穿着舒适、穿脱方便、经济实惠而被广泛用于少林武僧、田径运动员的日常训练。而今，大博文飞跃鞋不仅传承经典而且还融合潮流时尚元素，它的红白蓝配色，国货精品，一直是时尚达人的单品。

**品牌优势：** 因为时尚潮流、轻软舒适、经久耐穿，Feiyue 大博文 从它诞生起就一路红红火火，一件海魂衫搭配一双 Feiyue 大博文 鞋，可是当时“弄潮儿”们的时尚标配。作为风靡国际的国潮经典品牌，在中国更具有强大的文化底蕴，“大博文飞跃”势必使其成为快速持续发展，最具有投资价值的国潮经典品牌之一。

**文化影响力：** 蕴含数十年，历史积淀文化传承，成为一个时代的经典。

**明星影响力：** 风靡全球，受影星、名模、时尚达人的青睐。

**市场影响力：** 商铺(店)遍布中国，销往世界多个国家。

**公司秉承：** 体育运动是民生健康之本，大博文是民生健康之基，大博文努力塑造时尚、健身、运动新形象。

# 上海城建物资有限公司

上海城建物资有限公司（以下简称城建物资、公司）系隧道股份（上海城建集团公司）专业子公司，成立于1979年，注册资本1.85亿元，资产总额超过50亿元，年销售总额60亿元以上。

城建物资以"致力于成为中国最卓越的新材料综合服务商及生态圈资源集成商"为愿景，充分结合隧道股份中长期规划对城建物资之定位，并结合国家产业政策变化，以"一体两翼、科技赋能"为总体战略目标，致力于做大新材料的产、学、研、用、孵、投为一体的新材料服务产业规模。大力发展以绿色高性能商品混凝土、装配式建筑为主的材料新实业，大力发展和以"阳光采购云平台"为基础，创新供应链的服务模式的材料新贸易两翼，加大科研投入，公司充分利用材料新科技与工业互联网、5G、云计算、区块链等新一代互联网技术为产业赋能，培育新材料数据服务产业，提高服务业的占比，充分调动科研开发人员的积极性和创造力，调整组织架构以适应服务业的发展，打造成一家技术壁垒高、模式创新强、产品有核心竞争力的新材料集团。

近年来城建物资所获荣誉：全国优秀企业、中国混凝土行业协会优秀企业、中国混凝土行业绿色生产示范单位、中国房屋建筑构件生产十强企业、预制混凝土行业十佳创新企业奖、全国装配式建筑产业基地、全国模范职工之家、上海市文明单位、上海市五一劳动奖状、上海市重点工程实事立功竞赛优秀公司、五星级诚信创建企业、治安安全合格单位、上海市循环经济和资源综合利用示范企业、上海市建设工程施工行业十大领军企业、上海市装配式建筑产业基地等。

企业核心价值观：和谐为本，追求卓越。企业精神：工作求精，管理求严，质量求优，服务求实。企业使命：质量造福万代，创新连接未来。企业愿景：致力于成为中国最卓越的新材料综合服务商。

城建物资秉承"一流质量、一流服务、一流管理、一流信誉"的经营理念，贯彻"合格产品、优质服务、科学管理、持续发展"的工作方针，以和谐发展的思想理念牢牢抓住市场机遇，推进技术创新，提升管理能级，为适应全球经济形式的新变化，调整经济发展方式，调整管理工作重点，深化企业改革，转变产业结构，大力发展生产服务业、绿色环保节能新材料、产业互联网等战略新兴产业，使城建物资成为产业格局合理、产权多元、资产优质、管理先进的最卓越新型材料综合服务商和具有强劲发展潜力的上市公司，为进一步发展我国的城市建设事业作出贡献。

## 企业概况

上海市固体废物处置有限公司（以下简称固处公司），成立于 2001 年 10 月，注册资本 45942 万元人民币，隶属于上海城投（集团）有限公司，是由政府投资建设、企业化运营、承担政府托底保障职能的重大环境保护设施，是上海市行政区域内首个集危险废物填埋、医疗废物焚烧、危险废物焚烧、医用一次性医塑回收利用和一般工业固废填埋于一体的集约化、专业化处理处置单位。

历年来，固处公司先后通过多项国际管理体系认证，获得国家环境保护科学技术奖二等奖、上海市高新技术企业等多项国家级、市级技术领域奖项，并被授予全国安全文化建设示范企业、中国环境保护产业协会医疗废物和危险废物焚烧处理处置培训基地、上海市危险废物应急处置指定单位、上海市环境教育基地等荣誉。

## 业务简介

（一）危险废物填埋

作为上海市唯一（崇明除外）的危险废物填埋处置单位，固处公司危险废物一期填埋库于 2002 年建成投运，总库容 30.38 万立方米，于 2016 年 1 月完成封场；危险废物二期填埋库于 2015 年建成投运，总库容 30.2 万立方米，填埋能力 3 万吨 / 年；老港危险废物刚性填埋库于 2021 年开工建设，预计于 2022 年建成。

（二）危险废物（医疗废物）焚烧

作为上海市唯一（崇明除外）的医疗废物收运处置单位，固处公司嘉定基地拥有的三条医疗废物焚烧线已稳定运营 10 余载，采用成熟的回转窑焚烧技术，总处理能力为 122 吨 / 天。

2018 年 12 月，固处公司在浦东老港固体废弃物综合利用基地内启动医疗废物及危险废物焚烧处置项目的建设工作，并于 2021 年 1 月建成投运。三条焚烧线的许可处理规模为 240 吨 / 天，处置类别覆盖 18 大类，223 小类危险废物。

（三）医用一次性塑料输液瓶（袋）回收利用处置

作为上海市唯一指定的医用一次性塑料、玻璃输液瓶（袋）的回收处理单位，固处公司回收医院使用后产生的一次性塑料、玻璃输液瓶（袋），并对回收的塑料、玻璃进行分选、清洗、破碎，最终实现其资源化处理与利用。该项目于 2014 年建成投运，玻璃、塑料的回收能力分别为 10 吨 / 天。

（四）一般工业固废填埋

作为上海市唯一的工业固体废物处置场项目的建设运营单位，固处公司于 2007 年在浦东老港固体废弃物综合利用基地内启动上海市工业固体废物处置场的建设工作，并于 2011 年底建成投入运行，该填埋场总库容 25.6 万立方米，设计处理规模为 51.7 吨 / 天。一般工业固废二期项目已于 2021 年开工建设，预计于 2022 年建成投产。

固处公司将持续以“保障城市环境安全运营”的主人翁精神努力践行“当好城市建设和运营管理的主力军、服务全市重大任务的突击队”的光荣使命。

# 上海市固体废物处置有限公司

# 美迪科(上海)包装材料有限公司

## 一、公司概述

美迪科(上海)包装材料有限公司(以下简称美迪科)成立于2003年7月，注册地址为奉贤区奉城镇奉坚路233号，注册资本3000万元人民币的内资企业，法人代表－杨建刚。美迪科公司占地6.6亩，建筑面积4400平方米，是专业生产医疗器械灭菌包装及包装材料、消毒器械、医疗器械的国家级高新技术企业，2019年生产总值22365千万元、上缴利税566万元。

美迪科主要产品为：医疗器械灭菌包装材料及包装袋、二类消毒器械(消毒灭菌指示包装袋)、二类医疗器械(防护服及其他防护产品)。

## 二、投资方背景介绍

美迪科公司是由上海富森包装纸业(66.67%)，自然人－江华(23.33%)、钱海根(10%)共同出资成立。上海富森包装纸业成立于2000年1月，是美国杜邦特卫强材料在中国区的唯一经销商。

## 三、企业荣誉

美迪科公司是上海医疗器械行业协会会员单位、中国医疗器械包装协会理事单位、中国卫生监督协会消毒专业委员会理事企业、上海市高新技术企业协会初始会员单位、中国印刷协会理事单位。

2016年获得：奉贤区企业技术中心荣誉称号、奉贤区科技小巨人企业、上海市奉贤区印刷协会颁发的爱心企业和销售状元荣誉称号、消毒器械和干燥剂包装两项产品获得上海市名牌产品荣誉称号、奉贤区“四新”企业称号。

2017年荣获：上海市“专精特新”企业称号。

2018年被上海市奉贤区知识产权局评为专利试点企业，并申报成功“专利新产品”、研发产品“易剥离膜打孔顶头袋”荣获全国包装委员会包装科技技术三等奖、被上海市包装技术协会授予“上海包装创新企业”称号、获得“中国卫生监督协会消毒与感染控制专业委员会”认可，成立“基层医疗机构消毒供应技能培训实施基地”、研发的“基于杜邦特卫强Tyvek材料的全封闭隔离防护服的示范应用”项目申报奉贤区工业强基项目并获得认可。

2019年组建奉贤区工程技术研究中心并申报获得认可、再次荣获上海市“专精特新”企业称号；美迪科公司通过ISO13485体系认证，消毒器械系列产品通过美国FDA510K认证；通过安全生产标准化三级企业认证；通过知识产权管理体系认证。拥有授权发明专利5项，实用新型专利17项，软件著作权3项。

## 四、企业特色

美迪科是美国杜邦公司在中国地区的医用级Tyvek材料唯一授权经销商和指定加工商；公司专注于医疗器械领域和新型材料的研发，拥有符合GMP标准的10万级无尘净化车间数千平方米，拥有进口4色柔印机，涂布机、光控分切机、全自动制袋机等先进设备，还拥有先进水平的质量检测设备。工艺流程从电脑设计、制版、涂布、印刷、分切、制袋等形成一条龙生产。我公司建立了区级研发中心，每年投入不低于销售额5%的研发费用，建立了一支年轻的研发团队，并通过和杜邦(中国)有限公司的技术合作，不断开拓新技术、新工艺、新材料、新产品。其中最具代表的：研发投入了国内唯一“气刀涂胶生产线”填补了国内空白；研发的消毒器械“医疗器械灭菌指示包装”项目荣获国家科技型中小企业技术创新基金立项支持并且已顺利通过国家验收，现已销售到国内2000家三甲医院，并通过美国FDA认证进入日本、美国等国家；2020年因新型冠状病毒的影响，公司从车间改造、购置机器、采购原材料，到招聘工人、医疗器械“两证”审批仅用半个月，实现二次创业完成向医疗器械研发、生产企业的转型。

“不畏艰险、勇攀高峰”是美迪科的精神，美迪科未来将专注实现工业4.0；医疗器械的研发、销售、医护人员培训；生命科技，这三个新型领域为目标，持续发展。

为医护人员
提供完美的
安全防护

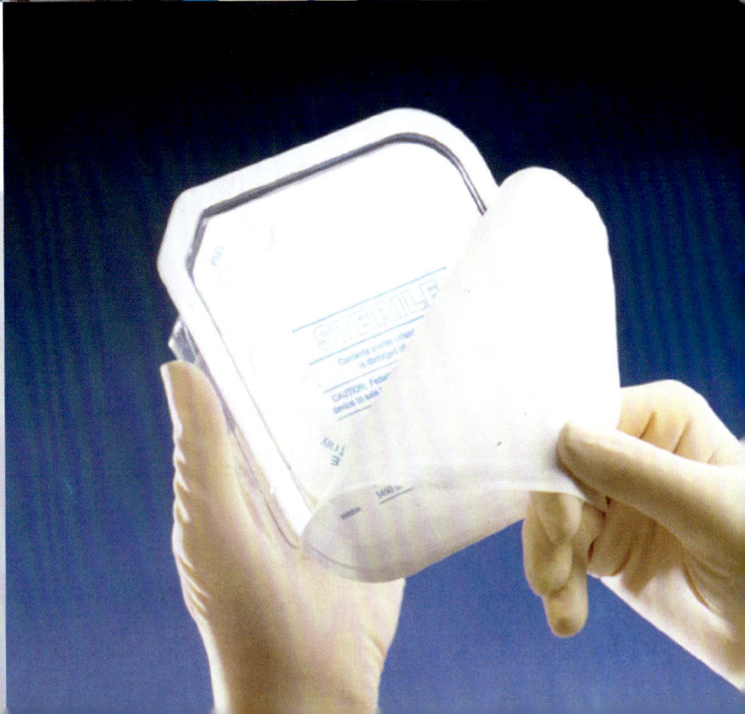

上海闵行荣成纸业有限公司，厂区座落在闵行区东方经济城徐治路 1 号，邻靠地铁 8 号线三期上海轨道交通浦江线、S32 高速公路， 交通便捷。

公司注册资本 1200 万美元，总投资额为 2980 万美元，土地面积 55754 平方米，厂房面积 23018 平方米。拥有先进的 1.8 米复瓦机一台，印刷开槽回轧机壹台、Inline 八尺印贴机及 inline 九尺印贴机及多台相关辅助设备。

公司技术力量雄厚，拥有出色的产品设计工程师及总部团队，熟练的操作工人和高素质的管理人员，还有完善的产品测试设备和完善的质量保证体系，并秉承了荣成环科股份有限公司的严谨敬业、一丝不苟、精益求精的工作作风，注重科技化、专业化、专注化、省人化，自动化及企业文化。确保产品质量稳定可靠。目前产品被广泛用于化工、医药、食品、化妆品、饮料、电子、家具、建材等行业产品的外包装纸箱。尤其是被一些跨国公司列为首选包装材料。

荣成主要产品分为低碳造纸、绿色包装、能源环保三大类。

低碳造纸包括牛皮纸板与瓦楞芯纸；绿色包装包括瓦楞纸板及纸箱；能源环保包括汽电共生、焚化炉、空气污染防治、废水处理、水污染回收工程等规划、设计统包及委托代营运。

公司注重专业化策略，启动企业改造计划，不再生产需要木浆的产品，为环境保护作出了自己的贡献。公司专门生产包装用各类瓦楞纸板、纸箱、纸栈板产品。

## 上海古林国际印务有限公司

上海古林国际印务有限公司创建于一九九四年七月，是由日本古林纸工株式会社和上海包装造纸＜集团＞有限公司合资组建的综合性包装企业。

本公司注册地址：上海市闸北区陈家宅路56号，注册资金1000万美元。其中日方占股份60%，中方占股份40%。本公司充分发挥日本印刷包装界先进技术及经营管理方式，在日本古林纸工株式会社八十余年来制造纸容器的丰厚经验和独特技术的基础上，将款式设计、生产技术、质量管理、售前售后服务融合一体，形成了可迅速满足客户的产销体制，赢得了众多著名制药公司（世界500强制药公司）和化妆品公司的信赖，并成为他们最重要的供应商。

由于本公司不断采用创新工艺技术，采用BACD、折光、荧光、线条等多种综合一体的高科技防伪印刷手段的产品，已达到世界包装行业先进水平行列。

本公司坚持奉行以包装奉献社会的经营理念和“让客户更满意”的方针，1991年和2004年率先在全行业中荣获ISO9001质量管理体系和ISO14001环境管理体系认证。

万达村农村生活污水处理站

上海电气
SHANGHAI ELECTRIC

# 上海华普电缆有限公司
Shanghai Huapu Cable Co., LTD

# 环保型改性聚丙烯（PP）绝缘电缆

## 产品介绍：

上海华普电缆有限公司在国内电缆行业中，率先提出研究开发环保型改性聚丙烯绝缘材料及环保型改性聚丙烯（PP）绝缘电缆，并与上海交通大学组成研发团队，联合研制成功。产品在2018年10月通过了中国电力企业联合会组织的新产品技术鉴定，该产品综合技术性能达到国际先进水平，引领国内电缆行业的发展。

上海华普电缆有限公司研发的PP绝缘材料属于热塑性材料，额定工作温度能达到105℃，由于不需要进行交联过程，所以，在绝缘内部没有因交联副产物带来的气孔、杂质、水分等，其空间电荷影响较小。因此，PP材料无论是应用到直流电缆还是交流电缆，机械性能和电气性能均优于XLPE材料，是其理想的替代材料。另外，PP材料是一种环保型材料，与交联电缆相比生产和使用过程中减少二氧化碳排放40%，电缆生命终止后，绝缘材料可循环再利用，符合国家“双碳”战略和环保政策。

上海华普电缆有限公司拥有从环保型PP绝缘新材料到PP电缆制造工艺的自主知识产权。该产品PPV-10kV　3*400电缆的样品自2020年初在上海市市南供电公司丰谷110kV变电站10kV送出端成功挂网，良好运行已满两年。

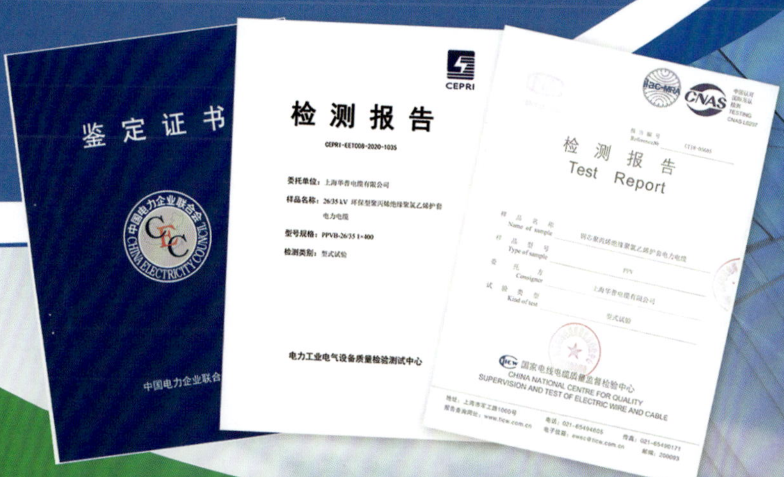

地址：上海市闵行区光华路2800号　电话：021-54982996（PP电缆事业部）

# 中国人民解放军第四七二四工厂

## （上海海鹰机械厂）

中国人民解放军第四七二四工厂，又名上海海鹰机械厂，是海军装备部直属的装备保障性企业，组建于1958年4月，地处上海市静安区场中路3127号，占地面积438亩，现有职工1500余名，总资产近32亿元。

建厂60多年来，在上级党委的正确领导下，经过几代海鹰人的不懈努力，尤其是“十二五”“十三五”期间专项建设，工厂已经从小到大、由弱变强，具有专业齐全、设备精良、技术全面、管理科学、质量可靠、环境整洁等众多优势，是一家具有一定生产规模和实力的航空装备维修保障企业。

在企业经济建设发展中，工厂始终坚持以党的方针和政策指导改革发展工作，以装备保障性企业的使命任务为立足点，以狠抓技术、质量和基础管理为动力，以全面提升企业综合维修保障能力为目标，全面规划、周密部署、精心组织、合理安排，促进了企业快速发展，取得了良好的军事效益和经济效益。近年来，工厂通过了装备承制资格、高新技术企业、质量管理体系、环境和职业健康安全管理体系、党群管理体系等认证。获得了上海市文明单位、上海市“守合同、重信用”AAA级企业、全国企业文化建设先进单位、全国质量奖、全国文明单位等荣誉称号。

# 上海金山环境再生能源有限公司

上海金山环境再生能源有限公司为上海环境集团股份有限公司全资子公司，系政府特许经营权项目，特许经营期 30 年。

本公司位于上海市金山区第二工业区海金路 728 号，占地面积 109.7 亩。一期项目总投资约 4.71 亿元人民币，于 2009 年 12 月开工，2013 年建成投产。一期扩容 + 二期扩建项目总投资约 5.55 亿人民币，于 2019 年 3 月开工，2021 年 9 月完成 72+24 小时试生产。金山能源公司配置了 3 条焚烧线，2 台 15 兆瓦汽轮发电机组，日处理生活垃圾量 1500 吨，年处理生活垃圾量约 50 万吨；年处理污泥量 5 万吨，年发电量可达 2.3 亿度。

本公司的烟气净化处理工艺采用“SNCR+PNCR（备用）+ 半干法（氢氧化钙）+ 干法（碳酸氢钠）+ 活性炭喷射 + 袋式除尘器 +SCR”。满足欧盟标准 EU2010/75/EU、国家标准《生活垃圾焚烧污染控制标准》GB18485-2014、上海市地方标准《生活垃圾焚烧大气污染物排放标准》DB31/768-2013 的排放指标。焚烧产生的飞灰采用“螯合剂”稳定化处理工艺，经稳定化处理后的飞灰送至政府指定危废填埋场填埋处理；炉渣由具备相关资质单位进行处理；垃圾渗滤液经过厌氧、好氧等一系列处理后达到城市纳管标准后输送至金山二工区污水处理厂进一步处理。

本公司的市政污泥处置项目占地面积约 7.2 亩，总投资约 0.84 亿人民币，于 2016 年 4 月开工，2017 年 7 月投产。本项目的主体工艺为“深度脱水污泥干化 + 焚烧”，设计规模为 150 吨 / 天（含水率 60%），干化后的污泥含水率 30%，与生活垃圾混合焚烧。污泥干化处置解决了金山区 6 座水质净化厂（枫泾、枫亭、兴塔、廊下、新江、第二工业区）污泥的出路。

公司始终坚持“安全、环保、提质、增效”的发展理念，致力打造一流的生活垃圾末端处置中心。公司先后获得 AAA 级生活垃圾焚烧厂、上海市和谐劳动关系达标企业、安全生产标准化二级企业、上海城投集团文明单位、金山区环境教育基地等荣誉。

太古地产
SWIRE PROPERTIES

太古地产是香港及中国内地领先的综合项目发展商、业主和营运商。公司尤其专注发展商业项目，在通过活化市区环境以创造长远价值方面，拥有卓越的成绩。太古地产于 1972 年在香港成立，并于香港联合交易所主板上市，包括旗下附属公司在内聘任员工总数逾 5,800 人。

公司业务涵盖三大主要范畴：(i)物业投资，即发展、租赁及管理商业、零售及住宅物业作长远投资；(ii)物业买卖，即发展及兴建物业项目，主要为供出售的优质住宅项目；(iii)酒店投资。

太古地产的优势集中于构思、设计、发展和管理具规模及影响力的商业项目，累积近 50 年的实力和经验。(https://www.swireproperties.com/zh-cn/)

## 投资物业组合

### 香港

太古地产的投资物业组合主要包括办公楼和零售物业、服务式住宅、酒店及高尚住宅项目。公司香港应占投资物业组合总楼面面积约 1,380 万平方呎(约 128 万平方米),主要物业包括太古坊、太古城中心及太古广场,尽显太古地产建设社区的优势。

### 中国内地

太古地产中国内地的北京、上海、广州和成都共落成了六个以零售为主导的综合发展项目,包括北京的三里屯太古里及颐堤港、上海的兴业太古汇及前滩太古里、广州太古汇和成都远洋太古里。公司在中国内地已落成物业组合总楼面面积约 130 万平方米。

### 上海兴业太古汇

兴业太古汇是一个以零售为主导的大型综合发展项目，位于上海南京西路中央商圈。项目位置优越，交通便捷，包括一个购物商场、两座办公楼、三间酒店及服务式住宅，总楼面面积约 354 万平方呎(逾 32.8 万平方米)。兴业太古汇于 2017 年正式开业，而项目内由太古酒店管理的镛舍于 2018 年开业。公司持有此项目 50% 权益。

### 上海前滩太古里

前滩太古里位于上海前滩国际商务区中心地带，是太古地产与陆家嘴集团联合发展的零售项目，也是太古地产在中国内地的第三个太古里项目。项目总楼面面积逾 124 万平方呎（约 12 万平方米）。前滩太古里承袭太古里独特的品牌基因，采用开放式、里巷交错的建筑布局，同时推广「Wellness」和可持续发展理念。公司持有此项目 50% 权益，于 2021 年 9 月开业。

### 上海张园

太古地产与上海静安置业集团合资成立管理公司，共同保育及活化上海张园石库门历史建筑群成为上海文化及商业新地标。预计该项目地上楼面面积约 6 万平方米，并将重塑成国际级创新文化场所、高端办公空间、特色住宅公寓、一家精品酒店及一系列特色零售餐饮选择。项目的地下空间将实现南京西路地铁站（2 号线、12 号线和 13 号线）的交通换乘及与周边社区互联互通。公司持有此合资项目 60% 权益。

### 海外市场

除香港以外，太古地产于美国、印度尼西亚及越南亦有投资。

可持续发展

### 太古地产 2030 可持续发展策略

可持续发展是太古地产经营理念和企业文化的核心。为进一步巩固公司对可持续发展的承诺，太古地产制定了 2030 可持续发展愿景，目标是到 2030 年前成为可持续发展表现领先全球同业的发展商。为达成这个愿景，公司围绕五大支柱制定了 2030 可持续发展策略，以社区营造为核心，通过创新衍变的过程，打造充满活力的高质量可持续社区。这需要采取以人为本的方针，持续投放资源培育人才，同时加强伙伴协作，建立互惠互利的长远伙伴关系。与此同时，公司致力提升环境效益，积极贡献社区，并凭借良好的企业管治和高尚的职业操守，创造可持续经济效益。

2019 年，太古地产成为中国内地和香港首个长远减碳目标获科学基础目标倡议组织（SBTi）批核的地产发展商，推动公司减碳行动。太古地产亦于 2020 年 12 月参与「Business Ambition for 1.5° C」全球联署运动，承诺进一步提升科学基础目标，以配合将全球暖化升幅控制在 1.5° C 以内。

太古地产的可持续发展工作荣获全球可持续发展标准及指数认可，包括于 2020 年连续四年成为唯一一家获纳入道琼斯可持续发展世界指数的香港企业，并位列全球地产业界表现最佳的首 5%。公司亦获以投资者为本、评估企业环境、社会及管治表现的全球组织全球房地产可持续标准（GRESB）评为「全球业界领导者」。

中国银行 BANK OF CHINA
上海市分行 SHANGHAI BRANCH
中银科技成长贷
适用对象
高新技术企业、科技型中小企业或专精特新企业
优先支持已完成A轮融资的科技型企业
在科技创新领域拥有一定技术优势
授信方案
贷款品种：3年期以内流动资金贷款，固定资产贷款。
贷款额度：1000万至8000万元人民币或等值外币。
还款来源
除传统还款来源外，重点支持以下业务场景：
场景一 #投联模式#
进行新一轮股权融资的科技型企业，并将股权融资款作为还款来源
场景二 #补贴模式#
针对获得国家或地方政府补贴的科技型企业，并将补贴款作为还款来源
场景三 #上市模式#
针对已进入上市辅导期或已纳入政府部门上市培育库的拟上市科技型企业，并将上市募集资金作为还款来源
产品特色
优化业务流程 快速审批通道
创新评估模式 引入技术打分
专项贷款规模 提供优惠利率
担保方式
以信用贷款为主，支持知识产权质押、应收账款质押等多种担保方式。

# 中国工商银行上海市分行金融支持上海科创中心建设情况

为助力上海科创中心建设以及进一步支持上海集成电路、人工智能、生物医药的三大产业发展，2018 年 11 月工商银行在上海设立了总行级科创企业金融服务中心(上海)，中心立足上海，辐射长三角，通过探索科创企业金融服务专营模式，提供科创企业信贷等金融服务支持。

工商银行上海分行紧密聚焦上海科创中心建设和打造上海“集成电路、生物医药、人工智能”世界级产业集群的国家战略。截至目前，工行上海分行科创企业表内外融资已超千亿元，其中表内贷款超 900 亿元，累计服务科创企业超 5000 户。为此，工行也相继荣获了上海市金融工作局“上海金融创新奖”、工行系统内最高荣誉“工银卓越奖”、长三角资本服务基地“优秀合作伙伴奖”、人民银行“上海市金融创新案例优秀奖”等一系列行内外重大奖项和荣誉。

## 一、以金融创新为推手，打造“五专”服务体系

工行上海科创中心通过设置市场拓展、产品创新、派驻制投审以及贷后管理为一体的组织形式实现科创金融的专业化经营，同时以科创中心为引领，以张江科技支行、自贸新片区分行为标杆行，以 10 家支行为重点行，构建了一点突破、全面推进的“1+2+N”科创金融业务组织架构。工行上海科创中心内部按照行业分设业务团队，目前围绕上海“3+X”三大产业高地和战略新兴产业，设立“集成电路、生物医药、人工智能”三个专业团队，配备具有理工科和相关专业背景的人才，并赋予三个专业团队在新材料、新能源和智能制造等“X”领域专业推进职能，通过设立行业团队，增强了科创中心在市场规划、客户营销以及初审筛选、贷后管理等专业化能力。此外，工行上海科创中心建立了科创业务专项审议制度，派驻科创金融专职审查团队，实施科创项目专项集体审议，提升专业度和审查效率；采用科创企业专属评级和授信模型，并结合“外部专家”+“内部评审”协同机制，打破科创企业认知的玻璃门，有效解决了科创企业“看不懂、不敢贷”的问题。

工行上海科创中心创新专属产品、创设专有基金，满足科创类企业多样的金融需求。通过创新和试点科创贷、独角兽贷、可认股安排权、科创知产贷等专属产品，已形成了覆盖全生命周期的科创企业产品库。通过工银资本、工银国际以及工银中金长三角科创基金等工银品牌主动管理基金股权为科创企业提供品牌赋能和集团联动金融服务；通过武岳峰、上汽创新以及 Finteck 等工行以 LP 方式参与基金的股权投资，为科创企业提供产业战略支持。

## 二、构建“四全”金融服务，与科创企业共同成长

科创金融“四全”服务是结合工行创新产品，充分发挥现有牌照优势、渠道优势、品牌优势以及全球化优势，为科创企业提供“全周期、全主体、全产品、全球化”的覆盖各纬度的完整金融产品和服务系统。

“全周期”金融服务，为早期、成长初期、成熟期以及转型期等处于不同阶段的科创企业提供相适配的金融产品和服务。从早期股权投资、创业专项贷款到后期营运资金、项目贷款、并购融资等。

“全主体”金融服务，是聚焦各类科技创新主体金融需求，不仅支持科创企业自身经营以及重大项目产业化需求，也支持海外高层引进人才、国内优秀人才创新创业金融需求；不仅支持科创企业创业主体，也支持科研院所持续开展技术创新和研发、共性技术平台建设融资需求。

“全产品”金融服务，对于科创企业的金融不仅局限于融资上的金融服务，还可以包括股权融资、工商注册、财务人事资金打理、跨区域现金管理、供应链上下游管理、法人理财以及个人金融、私人银行等一系列金融服务和产品。

“全球化”金融服务，充分利用工商银行集团在 48 个国家和地区国家和地区拥有 428 家境外机构的海外布局和服务能力，为企业金融跨境开户、资金池搭建、跨境结售汇，跨境收并购、贷款以及发债等全球金融提供一揽子金融服务解决方案。

ICBC
ICBC

中信易贷
小微企业 · 轻松贷
科技"贷"动 共创未来
中信银行科创e贷
就这么容易！

江苏银行
BANK OF JIANGSU
上海分行
Shanghai Branch

# 人才贷

额度**高** 期限**长** 担保**活** 利率**优** 办理**快** 用途**全**

江苏银行为上海各类人才
创办企业用于其技术升级、市场拓展、
生产经营等用途的贷款业务

## 产品特点

**额度高** 企业贷授信额度最高**3000**万元，个人贷授信额度最高**1000**万元

**期限长** 企业贷贷款期限最长可达**5**年;个人贷贷款期限最长可达**10**年

**担保活** 结合人才及企业资信情况，提供**信用**、**知识产权质押**等多种担保方式

**利率优** 人才专属优惠利率

**办理快** 支持**线上申请**，开通绿色审批通道，**快速审批**、**随借随还**

**用途全** 可用于产品生产、市场推广、技术升级等日常经营周转，以及研发、检测、生产等固定资产购置或建设

江苏银行上海分行
服务各类优秀人才

扫码体验
人才服务百宝箱

# 宁波银行上海分行

宁波银行成立于1997年4月，是国内首家在深圳证券交易所挂牌的城市商业银行。

资本净额1862亿元

总资产超1.9万亿元

员工人数超2.4万人

全球银行排名

103位

上海分行成立于2007年5月，是首家入驻上海的异地城商行分行，在政府和监管部门、广大客户及社会各界的大力支持下，上海分行各项业务取得长足发展，在存贷款规模、盈利能力和资产质量等方面取得了良好的经营业绩。

总资产超1500亿元

存款规模1200亿元

贷款规模400亿元

不良率0.88%

全上海经营机构

24家

# 平安养老保险股份有限公司上海分公司

平安养老保险股份有限公司上海分公司（以下简称平安养老险上海分公司或分公司)2007 年 3 月在上海成立，主要经营以年金为主的养老资产管理，以企业员工福利保障和城乡居民大病保障为主的保险业务，具备企业年金、职业年金、基本养老金、第三方资管等资质。公司拥有优秀的专业团队，截至 2021 年末，公司员工总数 600 余人。

自 2007 年成立以来，分公司紧紧抓住了平安养老险成立快速发展、做大做强的历史机遇，公司业务规模不断扩大，经营绩效持续提升。截至 2021 年末，保费规模 27.05 亿元，市场份额 39.2%。

作为市场上首批同时拥有受托、投资、帐管三项资格的专业养老险公司，平安养老险上海分公司凭借平安养老险强大的专业能力和集团强大的后台 IT 系统，为上海地区广大客户提供“三位一体”的年金服务。在 2021 年上海市机关事业单位职业年金计划受托人评选中，平安养老险脱颖而出，成功中标。

同时，作为企业保险福利的供应商，平安养老险上海分公司全面关注员工健康，协助企业完善员工福利体系，十几年间为众多行业知名企业提供优质保险服务，受到广大客户的普遍认可。

放眼未来，平安养[illegible]上海分公司将以“专业的养老资产管理机构”和“专业的民生福利[illegible]务服务民生保障的重任，坚持创新、协调[illegible]将更加聚焦民生服务事业并支持养老健康产业[illegible]所养、病有所医、贫有所助”的民生问题，为全面建成小[illegible]的贡献。

开设专窗
上海市企业服务云
助力企业 复工复产
上海益企服
政策查询
防疫指导
诉求协调
复工自查
复工意向
上海市企业服务云
上海市企业服务云视频号
上海市企业服务云抖音号
“上海益企服”微信小程序

**图书在版编目（CIP）数据**

上海工业年鉴. 2022 / 上海市经济和信息化委员会编 . — 上海 ：上海社会科学院出版社，2022
ISBN 978-7-5520-3947-4

Ⅰ.①上… Ⅱ.①上… Ⅲ.①地方工业经济—上海—2022 — 年鉴 Ⅳ.①F427.51-54

中国版本图书馆 CIP 数据核字（2022）第 155348 号

**上海工业年鉴（2022）**

**编　　者**：上海市经济和信息化委员会
**责任编辑**：董汉玲
**封面设计**：上海宝舜会展服务中心
**出版发行**：上海社会科学院出版社
上海市顺昌路 622 号　电话 021-63315947　邮编 200025
http://www.sassp.cn　E-mail: sassp@sassp.cn
**照　　排**：上海宝舜会展服务中心
**印　　刷**：上海新艺印刷有限公司
**开　　本**：889 毫米 × 1194 毫米　1/16
**印　　张**：43.25
**插　　页**：12
**字　　数**：999 千
**版　　次**：2022 年 8 月第 1 版　2022 年 8 月第 1 次印刷

ISBN 978-7-5520-3947-4/F · 713　定价：448.00 元